# Statistische Tabellen Zur Währungs-frage Der Österreichisch-ungarischen Monarchie...

## Austria. Finanz-ministerium

# Statistische Tabellen

zur

# Währungs-Frage

der

## Österreichisch-ungarischen Monarchie.

Verfasst im k. k. Finanz-Ministerium.

Wien.

Aus der kaiserlich-königlichen Hof- und Staatsdruckerei.

1892.

# Inhalt.

## Erster Abschnitt.

### Die Edelmetall-Production.

## Zweiter Abschnitt.

### Übersicht der wichtigsten bestehenden Münzgesetze.

#### Rechnungswert verschiedener Währungs-Münzeinheiten in österreichischer Währung.

## Dritter Abschnitt.

### Edelmetallmarkt, Wert der Edelmetalle, Wertverhältnis zwischen Gold und Silber.

# Vierter Abschnitt.

## Die Edelmetallbewegung.

# Fünfter Abschnitt.

## 5. Britisch-Indien.

# Sechster Abschnitt.

## Ausmünzungen.

# Neunter Abschnitt.

## Disconto. Wechselcurse.

# Zehnter Abschnitt.

## Die österreichische Währung. Das Papiergeld und das Silbergeld in ihrer Wertgestaltung.

# Eilfter Abschnitt.

## Geldumlauf. Edelmetall-Vorrath.

# Zwölfter Abschnitt.

## Creditverkehr.

## Dreizehnter Abschnitt.

### Der auswärtige Handel.

## Vierzehnter Abschnitt.

### Effectencurse.

# Fünfzehnter Abschnitt.

## Daten zur Zahlungsbilanz.

# Sechszehnter Abschnitt.

## Preise, Löhne, Kaufkraft des Geldes.

## Siebzehnter Abschnitt.

### Hypothekarlastenstand und dessen Bewegung. Jahresaufbau der Hypothekarbelastung. Zinsfuß.

# Erster Abschnitt.

# Die Edelmetallproduction.

Tabellen 1—8.

Tabelle 1.

# Allgemeine Übersicht der Edelmetall-Production 1493—1889.

| Perioden | | Production nach Gewicht in Kilogrammen | | | | Procentverhältnis der Production zwischen | | Periodenweises Procentverhältnis der Gesammt-Production von | |
| --- | --- | --- | --- | --- | --- | --- | --- | --- | --- |
| | | Gold fein | | Silber fein | | | | | |
| | | Jahres-Durchschnitt | Summe | Jahres-Durchschnitt | Summe | Gold | Silber | Gold | Silber |
| 1493—1520 | 28 Jahre | 5.800 | 162.400 | 47.000 | 1,316.000 | 11·0 | 89·0 | . . . . | . . . . |
| 1521—1544 | 24 " | 7.160 | 171.840 | 90.200 | 2,164.800 | 7·4 | 92·6 | | |
| 1545—1560 | 16 " | 8.510 | 136.160 | 311.600 | 4,985.600 | 2·7 | 97·3 | | |
| 1561—1580 | 20 " | 6.840 | 136.800 | 299.500 | 5,990.000 | 2·2 | 97·8 | | |
| 1581—1600 | 20 " | 7.380 | 147.600 | 418.900 | 8,378.000 | 1·7 | 98·3 | | |
| **1493—1600** | **108 Jahre** | **6.970** | **753.800** | **250.216** | **22,834.400** | **3·1** | **96·9** | **15·86** | **15·24** |
| 1601—1620 | 20 Jahre | 8.520 | 170.400 | 422.900 | 8,458 000 | 2·0 | 98·0 | | |
| 1621—1640 | 20 " | 8.300 | 166.000 | 393.600 | 7,872 000 | 2·1 | 97·9 | | |
| 1641—1660 | 20 " | 8.770 | 175.400 | 366.300 | 7,326.000 | 2·3 | 97·3 | | |
| 1661—1680 | 20 " | 9.260 | 185.200 | 337.000 | 6,740.000 | 2·7 | 97·3 | | |
| 1681—1700 | 20 " | 10.765 | 215.300 | 341 900 | 6,838.000 | 3·1 | 96·9 | | |
| **1601—1700** | **100 Jahre** | **9.123** | **912.300** | **372.340** | **37,234.000** | **2·4** | **97·6** | **19·20** | **24·85** |
| 1701—1720 | 20 Jahre | 12.820 | 256.400 | 355.600 | 7,112.000 | 3·5 | 96·5 | | |
| 1721—1740 | 20 " | 19.080 | 381.600 | 431.200 | 8,624.000 | 4·2 | 95·8 | | |
| 1741—1760 | 20 " | 24.610 | 492.200 | 533 145 | 10,662.900 | 4·4 | 95·6 | | |
| 1761—1780 | 20 " | 20.705 | 414.100 | 652.740 | 13,054.800 | 3·1 | 96·9 | | |
| 1781—1800 | 20 " | 17.790 | 355.800 | 879·060 | 17,581.200 | 2·0 | 98·0 | | |
| **1701—1800** | **100 Jahre** | **19.001** | **1,900.100** | **570.349** | **57,034.900** | **3·1** | **96·9** | **39·99** | **38·07** |
| 1801—1810 | 10 Jahre | 17.778 | 177.780 | 894.150 | 8,941.500 | 1·9 | 98·1 | | |
| 1811—1820 | 10 " | 11.445 | 114.450 | 540.770 | 5,407.700 | 2·1 | 97·9 | | |
| 1821—1830 | 10 " | 14.216 | 142.160 | 460.560 | 4,605.600 | 3·0 | 97·0 | | |
| 1831—1840 | 10 " | 20.289 | 202.890 | 596.450 | 5,964.500 | 3·3 | 96·7 | | |
| 1841—1850 | 10 " | 54.759 | 547.590 | 780.415 | 7,804.150 | 6·6 | 93·4 | | |
| **1801—1850** | **50 Jahre** | **23.697** | **1,184.870** | **654.469** | **32,723.450** | **3·5** | **96·5** | **24·95** | **21·84** |
| **1493—1850** | **358 Jahre** | **13.273** | **4,752.070** | **418.510** | **149,826.750** | **3·1** | **96·9** | **100·00** | **100·00** |
| 1851—1855 | 5 Jahre | 199.388 | 996.940 | 886.115 | 4,430.575 | 18·4 | 81·6 | 15·5 | 7·7 |
| 1856—1860 | 5 " | 201.750 | 1,008.750 | 904.990 | 4,524.950 | 18·2 | 81·8 | 15·7 | 8·0 |
| 1861—1865 | 5 " | 185.057 | 925.285 | 1,101.150 | 5,505.750 | 14·4 | 85·6 | 15·2 | 11·7 |
| 1866—1870 | 5 " | 195.026 | 975.130 | 1,339.085 | 6,695.425 | 12·7 | 87·3 | 13·6 | 17·2 |
| 1871—1875 | 5 " | 173.904 | 869.520 | 1,969.425 | 9,847.125 | 8·1 | 91·9 | 13·5 | 21·4 |
| 1876—1880 | 5 " | 172.414 | 862.070 | 2,450.252 | 12,251.260 | 6·6 | 93·4 | | |
| 1881 | | . . . . | 160.678 | . . . . | 2,586.700 | 5·8 | 94·2 | | |
| 1882 | | . . . . | 153.817 | . . . . | 2,733.100 | 5·3 | 94·7 | | |
| 1883 | | . . . . | 148.884 | . . . . | 2,775.700 | 5·1 | 94·9 | | |
| 1884 | | . . . . | 155.748 | . . . . | 2,910.800 | 5·1 | 94·9 | | |
| 1885 | | . . . . | 155.972 | . . . . | 3,036 000 | 4·9 | 95·1 | | |
| **1881—1885** | **5 Jahre** | **155.020** | **775.099** | **2,808.360** | **14,041.800** | **5·2** | **94·8** | **12·1** | **24·5** |
| **1851—1885** | **35 Jahre** | **183.222** | **6,412.794** | **1,637 055** | **57,296.885** | **10·1** | **89·9** | **100·0** | **100·0** |
| **1493—1850** | | | **4,752.070** | | **149,826.750** | **3·1** | **96·9** | **42·6** | **72·3** |
| **1851—1885** | | | **6,412.794** | | **57,296.885** | **10·1** | **89·9** | **57·4** | **27·7** |
| **1493—1885** | | | **11,164.864** | | **207,123.635** | **5·1** | **94·9** | **100·0** | **100·0** |
| 1886 | | . . . . | 160.793 | . . . . | 3,021.200 | 5·1 | 94·9 | . . . . | . . . . |
| 1887 | | . . . . | 158.247 | . . . . | 3,324.600 | 4·5 | 95·5 | | |
| 1888 | | . . . . | 164.090 | . . . . | 3,673.300 | 4·3 | 95·7 | | |
| 1889 | | . . . . | 176.272 | . . . . | 4,237 000 | 4·0 | 96·0 | | |
| **1886—1889** | **4 Jahre** | **164.851** | **659.402** | **3,564.025** | **14,256.100** | **4·4** | **95·6** | **. . . .** | **. . . .** |
| **1851—1889** | **39 Jahre** | **181.338** | **7,072.196** | **1,834.664** | **71,552.885** | **9·0** | **91·0** | **. . . .** | **. . . .** |
| **1493—1889** | **397 Jahre** | **—** | **11,824.266** | **—** | **221,379.735** | **5·1** | **94·9** | **. . . .** | **. . . .** |
| | | | | **233,204.001** | | | | | |

1*

# Übersicht der Goldproduction einiger Länder

### Nach Gewicht

| Perioden (Jahre) | 1 Österreich-Ungarn | | 2 Deutschland | | 3 Russland | | 4 Afrika | | 5 Mexiko, Brasilien, Columbia | | 6 Peru, Bolivia (Potosi), Chili | |
|---|---|---|---|---|---|---|---|---|---|---|---|---|
| | Durchschnitt | Summe | Durchschnitt | Summe | Durchschnitt | Summe | Durchschnitt | Summe | Durchschnitt | Summe | Durchschnitt | Summe |
| 1493–1520 28 J. | 2.000 | 56.000·0 | | | | | 3.000 | 84.000 | | | | |
| 1521–1544 24 „ | 1.500 | 36.000·0 | | | | | 2.400 | 57.600 | 2.210 | 53.040 | 700 | 16.800 |
| 1545–1560 16 „ | 1.000 | 16.000·0 | | | | | 2.000 | 32.000 | 2.160 | 34.560 | 3.300 | 52.800 |
| 1561–1580 20 „ | 1.000 | 20.000·0 | | | | | 2.000 | 40.000 | 2.340 | 46.800 | 1.450 | 29.000 |
| 1581–1600 20 „ | 1.000 | 20.000·0 | | | | | 2.000 | 40.000 | 2.480 | 49.600 | 1.850 | 37.000 |
| 1601–1620 20 „ | 1.000 | 20.000·0 | | | | | 2.000 | 40.000 | 3.420 | 68.400 | 2.050 | 41.000 |
| 1621–1640 20 „ | 1.000 | 20.000·0 | | | | | 2.000 | 40.000 | 3.400 | 68.000 | 1.850 | 37.000 |
| 1641–1660 20 „ | 1.000 | 20.000·0 | | | | | 2.000 | 40.000 | 3.870 | 77.400 | 1.850 | 37.000 |
| 1661–1680 20 „ | 1.000 | 20.000·0 | | | | | 2.000 | 40.000 | 4.360 | 87.200 | 1.850 | 37.000 |
| 1681–1700 20 „ | 1.000 | 20.000·0 | | | | | 2.000 | 40.000 | 5.865 | 117.300 | 1.850 | 37.000 |
| 1701–1720 20 „ | 1.000 | 20.000·0 | | | | | 2.000 | 40.000 | 8.270 | 165.400 | 1.500 | 30.000 |
| 1721–1740 20 „ | 1.000 | 20.000·0 | | | | | 2.000 | 40.000 | 14.530 | 290.600 | 1.500 | 30.000 |
| 1741–1760 20 „ | 1.000 | 20.000·0 | | | 40 | 800 | 1.500 | 30.000 | 20.420 | 408.400 | 1.600 | 32.000 |
| 1761–1780 20 „ | 1.000 | 20.000·0 | | | 95 | 1.900 | 1.500 | 30.000 | 15.660 | 313.200 | 2.400 | 48.000 |
| 1781–1800 20 „ | 1.280 | 25.600·0 | | | 130 | 2.600 | 1.500 | 30.000 | 11.180 | 223.600 | 3.650 | 73.000 |
| 1801–1810 10 „ | 1.000 | 10.000·0 | | | 165 | 1.650 | 1.200 | 12.000 | 10.513 | 105.130 | 4.890 | 48.900 |
| 1811–1820 10 „ | 1.000 | 10.000·0 | | | 315 | 3.150 | 1.200 | 12.000 | 5.830 | 58.300 | 3.050 | 30.500 |
| 1821–1830 10 „ | 1.135 | 11.350·0 | | | 3.375 | 33.750 | 1.200 | 12.000 | 6.376 | 63.760 | 1.920 | 19.200 |
| 1831–1840 19 „ | 1.625 | 16.250·0 | | | 7.050 | 70.500 | 1.200 | 12.000 | 7.164 | 71.640 | 2.250 | 22.500 |
| 1841–1850 10 „ | 1.950 | 19.500·0 | | | 22.515 | 225.150 | 1.500 | 15.000 | 7.794 | 77.940 | 2.200 | 22.000 |
| 1851–1855 5 „ | 1.775 | 8.875·0 | | | 24.730 | 123.650 | 1.500 | 7.500 | 7.710 | 38.550 | 1.800 | 9.000 |
| 1856–1860 5 „ | 1.560 | 7.800·0 | | | 26.570 | 132.850 | 1.500 | 7.500 | 6.978 | 34.890 | 1.650 | 8.250 |
| 1861–1865 5 „ | 1.690 | 8.450·0 | | | 24.084 | 120.420 | 1.500 | 7.500 | 7.649 | 38.245 | 1.800 | 9.000 |
| 1866–1870 5 „ | 1.650 | 8.250·0 | | | 30.050 | 150.250 | 1.500 | 7.500 | 7.040 | 35.200 | 1.800 | 9.000 |
| 1871–1875 5 „ | 1.395 | 6.975·0 | | | 33.380 | 166.900 | 3.000 | 15.000 | 7.240 | 36.200 | 2.760 | 13.800 |
| 1876 | | 1.903·6 | | | | 33.600 | | | | 7.200 | | |
| 1877 | | 1.713·3 | | | | 41.000 | In Rubrik 10 enthalten | | | 7.100 | In Rubrik 10 enthalten | |
| 1878 | | 1.824·1 | | | | 42.100 | | | | 7.200 | | |
| 1879 | | 1.610·6 | | | | 42.600 | | | | 7.100 | | |
| 1880 | | 1.645·3 | | | | 41.100 | | | | 6.700 | | |
| 1876–1880 | 1.739 | 8.697·1 | | | 40.140 | 200.700 | | | 7.060 | 35.300 | | |
| 1881 | | 1.597·3 | | 380·7 | | 33.700 | | 1.500 [1] | | 1.800 [2] | | 400 |
| 1882 | | 1.740·8 | | 376·2 | | 33.100 | | 1.500 | | 1.400 | | 400 |
| 1883 | | 1.647·0 | | 457·0 | | 32.800 | | 1.500 | | 1.440 | | 600 |
| 1884 | | 1.711·0 | | 557·0 | | 32.700 | | 1.600 | | 1.780 | | 600 |
| 1885 | | 1.744·6 | | 1.377·4 | | 30.200 | | 2.000 | | 1.300 | | 700 |
| 1881–1885 | 1.688·2 | 8.440·7 | 629·8 | 3.148·3 | 32.500 | 162.500 | 1.620 | 8.100 | 1.444 | 7.220 | 540 | 2.700 |
| 1886 | | 1.805·0 | | 1.066 | | 30.872 | | 2.200 | | 924 | | 700 |
| 1887 | | 1.878·0 | | 2.251 | | 30.232 | | 2.900 | | 1.240 | | 1.500 |
| 1888 | | 1.816·3 | | 1.792·7 | | 32.052 | | 6.800 | | 1.465 | | 1.500 |
| 1889 | | 2.190·0 | | 1.989 | | 34.867 | | 12.200 | | 1.362 | | 1.500 |
| 1890 | | (2.104·0) | | | | (33.810) | | | | | | |
| 1886–1889 | 1.924 | 7.697·3 | 1.774 | 7.098·7 | 32.006 | 128.023 | 6.025 | 24.100 | 1.248 | 4.991 | 1.300 | 5.200 |

[1] Vom Jahre 1881 an Südafrika und Guinea
[2] Vom Jahre 1881 an Mexiko allein.
[3] Vom Jahre 1881 an Columbia und Guyana.
[4] Vom Jahre 1881 an China allein
[5] Summe und Durchschnitt inclusive des Jahres 1890.

# (Staaten) der Welt 1493—1890.

(Kilogramm).

| 7 Venezuela, Guyana | | 8 Vereinigte Staaten | | 9 Britisch-Nordamerika | | 10 Australien (Australasien) | | 11 China, Ostindien, Japan | | 12 Andere Länder | | 13 Zusammen nach Soetbeer | | 14 nach dem Münzdirector der Vereinigten Staaten | |
|---|---|---|---|---|---|---|---|---|---|---|---|---|---|---|---|
| Durchschnitt | Summe | Durchschnitt | Summe | Durchschnitt | Summe | Durchschnitt | Summe | Durchschnitt | Summe | Durchschnitt | Summe | Durchschnitt | Summe | Durchschnitt | Summe |
| | | | | | | | | | | 800 | 22.400 | 5.800 | 162.400 | | |
| | | | | | | | | | | 350 | 8.400 | 7.160 | 171.840 | | |
| | | | | | | | | | | 50 | 800 | 8.510 | 136.160 | | |
| | | | | | | | | | | 50 | 1.000 | 6.840 | 136.800 | | |
| | | | | | | | | | | 50 | 1.000 | 7.380 | 147.600 | | |
| | | | | | | | | | | 50 | 1.000 | 8.520 | 170.400 | | |
| | | | | | | | | | | 50 | 1.000 | 8.300 | 166.000 | | |
| | | | | | | | | | | 50 | 1.000 | 8.770 | 175.400 | | |
| | | | | | | | | | | 50 | 1.000 | 9.260 | 185.200 | | |
| | | | | | | | | | | 50 | 1.000 | 10.765 | 215.300 | | |
| | | | | | | | | | | 50 | 1.000 | 12.820 | 256.400 | | |
| | | | | | | | | | | 50 | 1.000 | 19.080 | 381.600 | | |
| | | | | | | | | | | 50 | 1.000 | 24.610 | 492.200 | | |
| | | | | | | | | | | 50 | 1.000 | 20.705 | 414.100 | | |
| | | | | | | | | | | 50 | 1.000 | 17.790 | 355.800 | | |
| | | | | | | | | | | 50 | 500 | 17.818 | 178.180 | | |
| | | | | | | | | | | 50 | 500 | 11.445 | 114.450 | | |
| | | 110 | 1.100 | | | | | | | 100 | 1.000 | 14.216 | 142.160 | | |
| | | 850 | 8.500 | | | | | | | 150 | 1.500 | 20.369 | 203.690 | | |
| | | 17.600 | 176.000 | | | | | | | 1.200 | 12.000 | 54.759 | 547.590 | | |
| | | 88.800 | 444.000 | | | 69.573 | 347.865 | | | 3.500 | 17.500 | 199.388 | 996.940 | | |
| | | 77.100 | 385.500 | | | 82.392 | 411.960 | | | 4.000 | 20.000 | 201.750 | 1.008.750 | | |
| | | 66.700 | 333.500 | | | 77.634 | 388.170 | | | 4.000 | 20.000 | 185.057 | 925.285 | | |
| | | 76.000 | 380.000 | | | 73.526 | 367.630 | | | 3.500 | 17.500 | 195.026 | 975.130 | | |
| | | 59.500 | 297.500 | | | 63.129 | 315.645 | | | 3.500 | 17.500 | 173.904 | 869.520 | | |
| | | | 60.000 | | | | 49.156 | | | | | | 165.956 | | |
| | | | 70.300 | | | | 45.045 | | | | | | 179.445 | | |
| | | | 76.800 | | | | 43.747 | | | | | | 185.847 | | |
| | | | 58.300 | | | | 43.307 | | | | | | 167.307 | | |
| | | | 54.200 | | | | 45.215 | | | | | | 163.515 | | |
| | | 63.920 | 319.600 | | | 45.294 | 226.470 | | | 14.261 | 71.305 | 172.414 | 862.070 | | |
| | [a)] 10.400 | | 52.200 | | 1.000 | | 45.600 | | [a)] 11.000 | | 1.600 | | 160.678 | | 154.830 |
| | 10.700 | | 48.900 | | 1.000 | | 44.100 | | 9.000 | | 1.600 | | 153.517 | | 153.325 |
| | 12.000 | | 45.140 | | 1.400 | | 40.900 | | 9.400 | | 1.600 | | 144.884 | | 143.539 |
| | 13.800 | | 46.300 | | 1.500 | | 42.600 | | 11.000 | | 1.600 | | 155.744 | | 153.070 |
| | 11.800 | | 47.850 | | 1.700 | | 41.300 | | 14.000 | | 2.000 | | 155.972 | | 163.099 |
| 11.740 | 58.700 | 48.078 | 240.390 | 1.320 | 6.600 | 42.900 | 214.500 | 10.880 | 54.400 | 1.680 | 8.400 | 155.020 | 775.099 | 153.572 | 767.863 |
| | 10.200 | | 52.663 | | 2.002 | | 39.761 | | 16.600 | | 2.000 | | 160.793 | | 159.488 |
| | 9.200 | | 49.654 | | 1.773 | | 41.119 | | 14.500 | | 2.000 | | 159.247 | | 159.150 |
| | 8.100 | | 49.917 | | 1.673 | | 42.974 | | 14.000 | | 2.000 | | 164.090 | | 165.800 |
| | 8.300 | | 49.363 | | 1.919 | | 49.784 | | 10.800 | | 2.000 | | 176.272 | | 182.020 |
| | | | (49.421) | | | | | | | | | | | | 177.899 |
| 8.950 | 35.800 | 50.397 | 201.587 | 1.842 | 7.367 | 43.409 | 173.638 | 13.975 | 55.900 | 2.000 | 8.000 | 164.850 | 659.402 | 165.870 [b)] | 843.352 [b)] |

*Note (Spalte 11, vertikal): In den früheren Jahren nicht berücksichtigt, daher auch in der Hauptsumme nicht enthalten.*

**Tabelle 3.**

# Übersicht der Silberproduction einiger Länder

Nach Gewicht

| | 1 | | 2 | | 3 | | 4 | |
|---|---|---|---|---|---|---|---|---|
| **Perioden** (Jahre) | Österreich-Ungarn | | Deutschland | | Großbritannien | | Vereinigte Staaten | |
| | Durchschnitt | Summe | Durchschnitt | Summe | Durchschnitt | Summe | Durchschnitt | Summe |
| 1493—1520 28 Jahre | 24.000 | 672.000 | 11.000 | 308.000 | . . . . | . . . . | | |
| 1521—1544 24 „ | 32.000 | 768.000 | 15.000 | 360.000 | . . . . | . . . . | | |
| 1545—1560 16 „ | 30.000 | 480.000 | 19.400 | 310.400 | . . . . | . . . . | | |
| 1561—1580 20 „ | 23.500 | 470.000 | 15.000 | 300.000 | . . . . | . . . . | | |
| 1581—1600 20 „ | 17.000 | 340.000 | 14.300 | 286.000 | . . . . | . . . . | | |
| 1601—1620 20 „ | 11.000 | 220.000 | 10.400 | 208.000 | . . . . | . . . . | | |
| 1621—1640 20 „ | 8.000 | 160.000 | 6.000 | 120.000 | . . . . | . . . . | | |
| 1641—1660 20 „ | 8.000 | 160.000 | 6.500 | 130.000 | . . . . | . . . . | | |
| 1661—1680 20 „ | 10.000 | 200.000 | 7.000 | 140.000 | . . . . | . . . . | | |
| 1681—1700 20 „ | 10.000 | 200.000 | 11.400 | 228.000 | . . . . | . . . . | | |
| 1701—1720 20 „ | 10.000 | 200.000 | 15.300 | 306.000 | . . . . | . . . . | | |
| 1721—1740 20 „ | 12.500 | 250.000 | 25.200 | 504.000 | . . . . | . . . . | | |
| 1741—1760 20 „ | 24.000 | 480.000 | 21.100 | 422.000 | . . . . | . . . . | | |
| 1761—1780 20 „ | 24.000 | 480.000 | 18.100 | 362.000 | . . . . | . . . . | | |
| 1781—1800 20 „ | 26.000 | 520.000 | 23.900 | 478.000 | . . . . | . . . . | | |
| 1801—1810 10 „ | 29.500 | 295.000 | 20.900 | 209.000 | . . . . | . . . . | | |
| 1811—1820 10 „ | 25.000 | 250.000 | 23.700 | 237.000 | . . . . | . . . . | | |
| 1821—1830 10 „ | 21.000 | 210.000 | 28.200 | 282.000 | . . . . | . . . . | | |
| 1831—1840 10 „ | 20.000 | 200.400 | 29.800 | 298.000 | . . . . | . . . . | | |
| 1841—1850 10 „ | 30.600 | 306.000 | 36.000 | 360.000 | . . . . | . . . . | | |
| 1851—1855 5 „ | 35.000 | 175.000 | 48.960 | 244.800 | . . . . | . . . . | 8.300 | 41.500 |
| 1856—1860 5 „ | 31.700 | 158.500 | 61.510 | 307.550 | . . . . | . . . . | 6.200 | 31.000 |
| 1861—1865 5 „ | 36.500 | 182.500 | 68.320 | 341.600 | . . . . | . . . . | 174.000 | 870.000 |
| 1866—1870 5 „ | 39.970 | 199.850 | 89.125 | 445.625 | . . . . | . . . . | 301.000 | 1,505.000 |
| 1871—1875 5 „ | 38.550 | 192.750 | 143.080 | 715.400 | . . . . | . . . . | 564.000 | 2,820.000 |
| 1876 | . . . . | 42.947 | . . . . | 139.779 | . . . . | . . . . | . . . . | 933.000 |
| 1877 | . . . . | 47.675 | . . . . | 147.612 | | | . . . . | 957.000 |
| 1878 | . . . . | 44.662 | . . . . | 167.988 | | | . . . . | 1,089.376 |
| 1879 | . . . . | 44.195 | . . . . | 177.507 | | | . . . . | 981.000 |
| 1880 | . . . . | 42.701 | . . . . | 186.011 | | | . . . . | 942.987 |
| 1876—1880 5 Jahre | 44.036 | 240.180 | 163.779 | 818.897 | . . . . | . . . . | 980.672 | 4,903.363 |
| 1881 | . . . . | 44.942 | . . . . | 187.000 | . . . . | 99.000 | . . . . | 1,034.700 |
| 1882 | . . . . | 47.663 | . . . . | 215.000 | . . . . | 109.000 | . . . . | 1,126.100 |
| 1883 | . . . . | 49.335 | . . . . | 285.100 | . . . . | 145.000 | . . . . | 1,111.600 |
| 1884 | . . . . | 49.907 | . . . . | 248.100 | . . . . | 153.000 | . . . . | 1,174.200 |
| 1885 | . . . . | 52.748 | . . . . | 309.400 | . . . . | 159.000 | . . . . | 1,241.600 |
| 1881—1885 5 Jahre | 49.719 | 248.595 | 238.920 | 1,194.600 | 133.000 | 665.000 | 1,137.640 | 5,688.200 |
| 1886 | . . . . | 51.739 | . . . . | 319.600 | . . . . | 164.000 | . . . . | 1,227.000 |
| 1887 | . . . . | 54.097 | . . . . | 267.600 | . . . . | 219.000 | . . . . | 1,373.000 |
| 1888 | . . . . | 52.018 | . . . . | 406.600 | . . . . | 245.000 | . . . . | 1,558.100 |
| 1889 | . . . . | 52.651 | . . . . | 403.000 | . . . . | 361.000 | . . . . | 1,683.000 |
| 1890 | . . . . | (50.613) | . . . . | (402.000) | . . . . | . . . . | . . . . | (1,800.000) |
| 1886—1889 4 Jahre | 52.626 | 210.505 | 374.200 | 1,496.800 | 247.250 | 989.000 | 1,460.275 | 5,841.100 |

[1] Vom Jahre 1881 inclusive Colombia.
[2] Summe und Durchschnitt inclusive des Jahres 1890.

| 5 | | 6 | | 7 | | 8 | | 9 | | 10 | |
|---|---|---|---|---|---|---|---|---|---|---|---|
| Mexiko | | Peru, Chili, Bolivia, Argentinien | | Russland | | Andere Länder | | Zusammen | | | |
| | | | | | | | | nach Soetbeer | | nach dem Münz-Director der Vereinigten Staaten | |
| Durchschnitt | Summe | Durchschnitt | Summe | Durchschnitt | Summe | Durchschnitt | Summe | Durchschnitt | Summe | Durchschnitt | Summe |
| . . . | . . . | . . . | . . . | . . . | . . . | 12.000 | 336.000 | 47.000 | 1,316.000 | . . . | . . . |
| 3.400 | 81.600 | 27 300 | 655.200 | . . . | . . . | 12.500 | 300.000 | 90.200 | 2,164.800 | . . . | . . . |
| 15.000 | 240 000 | 231 200 | 3,699.200 | . . . | . . . | 16.000 | 256.000 | 311.600 | 4,985.600 | | |
| 50.200 | 1,004.000 | 197.800 | 3,956.000 | . . . | . . . | 13.000 | 260.000 | 299.500 | 5,990.000 | | |
| 74.300 | 1,486.000 | 300.300 | 6,006.000 | . . | . . . | 13.000 | 260.000 | 418.900 | 8,378.000 | | |
| 81.200 | 1,624.000 | 309.300 | 6,186.000 | | | 11.000 | 220.000 | 422.900 | 8,458.000 | | |
| 88.200 | 1,764.000 | 275.400 | 5,508.000 | | | 16.000 | 320.000 | 393.600 | 7,872.000 | | |
| 95.200 | 1,904.000 | 242.600 | 4,852.000 | | | 14.000 | 280.000 | 366.300 | 7,326.000 | | |
| 102.100 | 2,042.000 | 203.900 | 4,078.000 | | | 14.000 | 280.000 | 337.000 | 6,740.000 | | |
| 110.200 | 2,204.000 | 196.300 | 3,926.000 | | | 14.000 | 280 000 | 341.900 | 6,838.000 | | |
| 163.800 | 3,276.000 | 152.500 | 3,050.000 | | | 14.000 | 280.000 | 355.600 | 7,112.000 | | |
| 230.800 | 4,616.000 | 148.200 | 2,964.000 | . . . | . . . | 14.500 | 290.000 | 431.200 | 8,624.000 | | |
| 301.000 | 6,020.000 | 163.100 | 3,262.000 | 7.945 | 158.900 | 16.000 | 320.000 | 533.145 | 10,662.900 | | |
| 366.400 | 7,328.000 | 207.100 | 4,142.000 | 20.140 | 402.800 | 17.000 | 340 000 | 652.740 | 13,054.800 | | |
| 562.400 | 11,248 000 | 231.400 | 4,628.000 | 20.360 | 407 200 | 15.000 | 300 000 | 879.060 | 17,581.200 | | |
| 553.800 | 5,538.000 | 254.800 | 2,548.000 | 20.150 | 201.500 | 15.000 | 150.000 | 892.150 | 8,941.500 | | |
| 312 000 | 3,120.000 | 142.300 | 1,423.000 | 22.770 | 227.700 | 15.000 | 150.000 | 540.770 | 5,407.700 | | |
| 264.800 | 2,648.000 | 106.300 | 1,063.000 | 23.260 | 232.600 | 17.000 | 170 000 | 460.560 | 4,605.600 | | |
| 331.000 | 3,310.000 | 171 000 | 1,710.000 | 20.610 | 206.100 | 24.000 | 240.000 | 596.650 | 5,964.500 | | |
| 420.300 | 4,203.000 | 219.000 | 2,190.000 | 19.515 | 195.150 | 55.000 | 550.000 | 780.415 | 7,804.150 | | |
| 466.100 | 2,330.500 | 218.600 | 1,093.000 | 17.155 | 85.775 | 92.000 | 460.000 | 886.115 | 4,430.575 | | |
| 447.800 | 2,239.000 | 190.400 | 952.000 | 26.570 | 132.850 | 140.810 | 704.050 | 904.990 | 4,524.950 | | |
| 473.000 | 2,365.000 | 194.200 | 971.000 | 24.084 | 120.420 | 131.046 | 655 230 | 1,101.150 | 5,505.750 | | |
| 520.900 | 2,604.500 | 209.800 | 1,049 000 | 30.050 | 150.250 | 148.240 | 741.200 | 1,339.085 | 6,695.425 | | |
| 601.800 | 3,009.000 | 374.700 | 1,873.500 | 33.380 | 166.900 | 213.915 | 1,069.575 | 1,969.425 | 9,847.125 | | |
| . . . | 601.000 | . . . | 350.000 | von hier ab in Rubrik 8 enthalten | | . . . | 252.053 | . . . | 2,323.779 | | |
| . . . | 634.000 | . . . | 350.000 | | | . . . | 252 325 | . . . | 2,348.612 | | |
| . . . | 644.000 | . . . | 350 000 | | | . . . | 251 338 | . . . | 2,551.364 | | |
| . . . | 699.000 | . . . | 350.000 | | | . . . | 251.805 | . . . | 2,507.507 | | |
| . . . | 701.000 | . . . | 350.000 | | | . . . | 252.299 | . . . | 2,479.998 | | |
| **655.800** | **3,279 000** | **350.000** | **1,750 000** | | | **251.964** | **1,259.820** | **2,450.252** | **12,251.260** | | |
| . . . | 721.000 | 1) | 365.000 | | | 131 058 | | . . . | 2,586.700 | | 2,454.500 |
| . . . | 738.000 | | 365.000 | | | 132 337 | | . . . | 2,733.100 | | 2,690.573 |
| . . . | 739.000 | . . . | 365.000 | | | 130 665 | | . . . | 2,775.700 | | 2,774.000 |
| . . . | 785.000 | | 365.000 | | | 135.093 | | . . . | 2,910.300 | | 2,538.000 |
| . . . | 771.000 | | 365 000 | | | 137 252 | | . . . | 3,036.000 | | 2,851.800 |
| **750.800** | **3,754.000** | **365.000** | **1,825.000** | | | **133.281** | **666 405** | **2,808.360** | **14,041.800** | **2,861.660** | **13,304.400** |
| . . . | 728 600 | . . . | 400.000 | | | 130.261 | | . . . | 3,021.200 | | 2,901.800 |
| . . . | 750.000 | . . . | 415.000 | | | 145.903 | | . . . | 3,324.600 | | 2,990.400 |
| . . . | 848.600 | . . . | 415.000 | | | 147.982 | | . . . | 3,673.300 | | 3,385.600 |
| . . . | 1,175.000 | . . . | 415.000 | | | 147.349 | | . . . | 4,237.000 | | 3,820.000 |
| | | | | | | | | | | 2) | 4,127.700 |
| **875.550** | **3,502.200** | **411.250** | **1,645.000** | | | **142.874** | **571.495** | **3,564.025** | **14,256.100** | **3,443.100** | 3) **17,215.500** |

Tabelle 4.

# Die Edelmetall-Production der Welt in
### Nach Dr. Soetbeer.

## A. Gold

| | Länder | 1493—1850 | 1851—1855 | 1856—1860 | 1861—1865 | 1866—1870 |
|---|---|---|---|---|---|---|
| 1 | Österreich-Ungarn . . . . . . . | 8·9 | 0·8 | 0·7 | 0·9 | 0·8 |
| 2 | Deutschland . . . . . . . . . . | | | | | |
| 3 | Russland . . . . . . . . . . . | 7·2 | 12·4 | 13·2 | 13·0 | 15·4 |
| 4 | Vereinigte Staaten von Nord-Amerika . . | 3·9 | 44·6 | 38·3 | 36·0 | 38·9 |
| 5 | Brit. Nord-Amerika . . . . . . . | | | | | |
| 6 | Mexiko ¹) . . . . | 50·1 | 3·8 | 8·4 | 4·1 | 3·6 |
| 7 | Colombia, Guyana . . . . . . . | | | | | |
| 8 | Peru, Bolivia, Chili . . . . . . | 14·4 | 0·8 | 0·8 | 1·0 | 0·9 |
| 9 | Afrika (Süd-Afrika, Guinea) . . . . . | 14·5 | 0·8 | 0·7 | 0·8 | 0·8 |
| 10 | China . . . . . . | | | | | |
| 11 | Australien . . . . . . . . . . | | 35·0 | 40·9 | 42·0 | 37·7 |
| 12 | Übrige Länder . . . . . . . . | 1·0 | 1·8 | 2·0 | 2·2 | 1·9 |
| | Zusammen . | 100 | 100 | 100 | 100 | 100 |

## B. Silber

| | | 1493—1850 | 1851—1855 | 1856—1860 | 1861—1865 | 1866—1870 |
|---|---|---|---|---|---|---|
| 1 | Österreich-Ungarn . . . . . . . | 4·5 | 4·0 | 3·5 | 3·3 | 3·0 |
| 2 | Deutschland . . . . . . . . . | 3·9 | 5·5 | 6·7 | 6·2 | 6·7 |
| 3 | Großbritannien . . . . . . . . | | | | | |
| 4 | Russland . . . . . . . . . . | 1·4 | 2·0 | 2·9 | 2·2 | 2·2 |
| 5 | Vereinigte Staaten von Nord-Amerika . . . | | 0·9 | 1·0 | 15·8 | 22·5 |
| 6 | Mexiko . . . . . . . . | 42·5 | 52·6 | 49·4 | 43·0 | 38·9 |
| 7 | Peru, Bolivia, Chili . . . . . | 44·0 | 24·6 | 21·0 | 17·6 | 15·6 |
| 8 | Andere Länder . . . . . . . | 3·7 | 10·4 | 15·5 | 11·9 | 11·1 |
| | Zusammen . | 100 | 100 | 100 | 100 | 100 |

¹) Bis 1880 außer Mexico auch Brasilien und Colombia.
²) Vordem ist Colombia unter Mexico berechnet und Guyana nicht besonders ausgewiesen.
³) Vordem nicht berücksichtigt.
⁴) Vordem unter andere Länder berücksichtigt.

Tabelle 5.

# Edelmetall-Production der österreichisch-
### (Nach Gewicht in

| Jahr | Gold | | | | | | | |
|---|---|---|---|---|---|---|---|---|
| | Im Reichsrathe vertretene Königreiche und Länder | | Länder der ungarischen Krone | | Zusammen | | Nach Procenten | |
| | Durchschnitt | Summe | Durchschnitt | Summe | Durchschnitt | Summe | Österreich | Ungarn |
| 1819—1830 12 Jahre | 31·5 | 378 | 1 101·70 | 13.220·00 | 1.133·20 | 13.598·00 | 2·8 | 97·2 |
| 1831—1840 10 Jahre | 31·3 | 313 | 1.593·70 | 15.937·00 | 1.625·00 | 16.250·00 | 1·9 | 98·1 |
| 1841—1847 7 Jahre | 25·3 | 177 | 1.923·33 | 13.463·36 | 1.948·63 | 13.640·36 | 1·3 | 98·7 |

# Auftheilung auf einzelne Länder 1493—1889.
(Percentual nach Gewichts-Verhältnissen.)

| A. Gold | | | | | | |
|---|---|---|---|---|---|---|
| 1871—1875 | 1876—1880 | 1881—1885 | 1886 | 1887 | 1888 | 1889 |
| 0·8 | 1·0 | 0·2 | 0·7 | 1·5 | 1·1 | 1·2 |
| · · · · · · · | · · · · · · · | 1·1 | 1·1 | 1·2 | 1·1 | 1·1 |
| 19·2 | 23·3 | 21·0 | 19·2 | 19·2 | 19·6 | 19·9 |
| 34·2 | 37·1 | 31·0 | 32·8 | 30·4 | 30·5 | 28·0 |
| · · · · · · · | · · · · · · · | 0·9 | 1·3 | 1·1 | 1·0 | 1·1 |
| 4·2 | 4·3 | 0·9 | 0·6 | 0·8 | 0·9 | 0·7 |
| · · · · · · · | · · · · · · · | 7·6 ²) | 8·3 | 5·9 | 4·9 | 4·7 |
| 1·6 | 1·5 | 0·3 | 0·4 | 1·0 | 0·9 | 0·9 |
| 1·7 | 1·1 | 1·0 | 1·4 | 1·9 | 4·1 | 7·0 |
| · · · · · · · | · · · · · · · | 7·0 ²) | 10·3 | 9·2 | 8·5 | 6·0 |
| 36·3 | 26·3 | 27·7 | 24·7 | 26·0 | 26·2 | 28·3 |
| 2 | 5·4 | 1·1 | 1·2 | 1·8 | 1·2 | 1·1 |
| 100 | 100 | 100 | 100 | 100 | 100 | 100 |

| B. Silber | | | | | | |
|---|---|---|---|---|---|---|
| 1·9 | 2·0 | 1·8 | 1·7 | 1·6 | 1·5 | 1·3 |
| 7·3 | 6·7 | 8·5 | 10·6 | 11·0 | 11·0 | 9·5 |
| · · · · · · · | · · · · · · · | 4·7 ⁴) | 5·4 | 6·6 | 6·7 | 8·5 |
| 1·7 | 0·4 | 0·3 | 0·4 | 0·4 | 0·4 | 0·3 |
| 28·6 | 40·0 | 40·4 | 40·6 | 41·3 | 42·4 | 39·7 |
| 30·6 | 26·7 | 26·7 | 24·1 | 22·6 | 23·1 | 27·7 |
| 19·0 | 14·3 | 13·2 | 13·3 | 12·5 | 11·3 | 9·8 |
| 10·9 | 9·9 | 4·4 | 3·9 | 4·0 | 3·6 | 3·2 |
| 100 | 100 | 100 | 100 | 100 | 100 | 100 |

# ungarischen Monarchie 1819—1890.
Kilogramm fein.)

| Silber | | | | | | | | | | Anmerkung |
|---|---|---|---|---|---|---|---|---|---|---|
| Im Reichsrathe vertretene Königreiche und Länder | | Länder der ungarischen Krone | | Zusammen | | Nach Procenten | | Procent | | |
| | | | | | | Im Reichsrathe vertretene Königreiche und Länder | Länder der ungarischen Krone | Gold | Silber | |
| Durchschnitt | Summe | Durchschnitt | Summe | Durchschnitt | Summe | | | | | |
| 5.164·0 | 61.969 | 15.663·0 | 187.961 | 20.827·0 | 249.930 | 24·8 | 75·2 | 5·2 | 94·8 | Von 1819 bis 1857 waren die Origi-nal - Angaben in Wiener Mark = 280·668 Gramm; von 1859 bis 1869 in Münz-Pfund = 500 Gramm. |
| 6.902·7 | 69.027 | 20.088·2 | 200.882 | 26.990·9 | 269.909 | 25·6 | 74·4 | 5·7 | 94·3 | |
| 8.426·3 | 59.984 | 21.193·5 | 148.355 | 29.619·8 | 207.339 | 28·5 | 71·5 | 6·2 | 93·8 | |
| | | | | | | | | | | |

10

Tabelle 5. (Fortsetzung.)

| Jahr | Gold | | | | | | | |
|---|---|---|---|---|---|---|---|---|
| | Im Reichsrathe vertretene Königreiche und Länder | | Länder der ungarischen Krone | | Zusammen | | Nach Procenten | |
| | Einzeln | Zusammen | Einzeln | Summe | Einzeln | Summe | Österreich | Ungarn |
| 1848 | 26.100 | . . . . . . | ¹) | . . . . . . | . . . . . . | . . . . . . | . . . . . . | . . . . . . |
| 1849 | 13.700 | | ¹) | | | | | |
| 1850 | 5.100 | | 1 642 700 | | | 1.647.800 | 0.30 | 99.70 |
| 1851 | 14.594 | | 1.904.893 | | 1.919.487 | | 0.70 | 99.30 |
| 1852 | 24.979 | | 1.650.991 | | 1.675.970 | | 1.50 | 98.50 |
| 1853 | 29.189 | | 1.736.771 | | 1.765.960 | | 1.70 | 98.30 |
| 1854 | 47.152 | | 1.740.698 | | 1.787.850 | | 2.70 | 97.30 |
| 1855 | 30.452 | 146.366 | 1.702.108 | 8.735.461 | 1.732.560 | 8.881.827 | 1.80 | 98.20 |
| Durchschnitt 1851—1855 | . . . . . . | 29.273 | . . . . . . | 1.747.092 | . . . . . . | 1 776.365 | 1.70 | 98.30 |
| 1856 | 21.331 | | 1 337 099 | | 1.358.430 | | 1.60 | 98.40 |
| 1857 | 17.401 | | 1.506.349 | | 1 523.750 | | 1.10 | 98.90 |
| 1858 | . . . . . . | | . . . . . . | | 1.386.500 | | . . . . . . | . . . . . . |
| 1859 | 29.536 | | 1.617.084 | | 1.646.620 | | 1.80 | 98.20 |
| 1860 | 19.750 | *) 88.018 | 1 575.600 | *) 6 036.132 | 1.595.350 | 7.510.650 | 1.20 | 98.80 |
| 1856—1860 | . . . . . . | *) 22.004 | . . . . . . | *) 1.509.033 | . . . . . . | 1 502.130 | *) 1.42 | *) 98.58 |
| 1861 | 20.850 | | 1.567.250 | | 1.588.100 | | 1.30 | 98.70 |
| 1862 | 21.300 | | 1.708.650 | | 1.729.950 | | 1.20 | 98.80 |
| 1863 | 15.650 | | 1.498.100 | | 1.513.750 | | 1.00 | 99.00 |
| 1864 | 25.600 | | 1.773.400 | | 1.799.000 | | 1.40 | 98.60 |
| 1865 | 26.700 | 110.100 | 1.797.250 | 8.344.650 | 1.823.950 | 8.454.750 | 1.50 | 98.50 |
| 1861—1865 | . . . . . . | 22.020 | . . . . . . | 1.668.930 | . . . . . . | 1.690.950 | 1.28 | 98.72 |
| 1866 | 24.000 | | 1.614.500 | | 1.638.500 | | 1.50 | 98.50 |
| 1867 | 23.800 | | 1.827.300 | | 1.851.100 | | 1.30 | 98.70 |
| 1868 | 21.400 | | 1.660.700 | | 1.682.100 | | 1.30 | 98.70 |
| 1869 | 16.000 | | 1.557.350 | | 1.573.350 | | 1.00 | 99.00 |
| 1870 | 16.110 | 101.310 | 1.482.340 | 8.142.190 | 1.498.450 | 8.243.500 | 1.10 | 98.90 |
| 1866—1870 | . . . . . . | 20.262 | . . . . . . | 1 628.438 | . . . . . . | 1.648.700 | 1.24 | 98.76 |
| 1871 | 8.960 | | 1.392.150 | | 1 401.110 | | 0.60 | 99.40 |
| 1872 | 9.610 | | 1.434.180 | | 1.443.790 | | 0.70 | 99.30 |
| 1873 | 5.270 | | 1.233.420 | | 1.238.690 | | 0.40 | 99.60 |
| 1874 | 14.585 | | 1.291.160 | | 1.305.745 | | 1.10 | 98.90 |
| 1875 | 14.517 | 52.942 | 1.576.980 | 6.927.890 | 1.591.497 | 6.980.832 | 0.90 | 99.10 |
| 1871—1875 | . . . . . . | 10.588 | . . . . . . | 1.385.578 | . . . . . . | 1.396.166 | 0.74 | 99.26 |
| 1876 | 13.590 | | 1.890.030 | | 1.903.620 | | 0.70 | 99.30 |
| 1877 | 8.710 | | 1.704.710 | | 1 713.420 | | 0.50 | 99.50 |
| 1878 | 16.925 | | 1.807.200 | | 1.824.125 | | 0.90 | 99.10 |
| 1879 | 17.000 | | 1.593.650 | | 1.610.650 | | 1.10 | 98.90 |
| 1880 | 41.336 | 97.561 | 1.604.070 | 8.599.660 | 1.645.406 | 8.697.221 | 2.50 | 97.50 |
| 1876—1880 | . . . . . . | 19.512 | . . . . . . | 1 719.932 | . . . . . . | 1.739.444 | 1.12 | 98.88 |
| 1881 | 18.671 | | 1.578.600 | | 1.597.271 | | 1.20 | 98.80 |
| 1882 | 16.464 | | 1.724.300 | | 1.740.764 | | 0.90 | 99.10 |
| 1883 | 18.248 | | 1.628.840 | | 1.647.088 | | 1.10 | 98.90 |
| 1884 | 27.077 | | 1.684.580 | | 1.711.657 | | 1.60 | 98.40 |
| 1885 | 25.325 | 105.785 | 1 719.300 | 8.335.620 | 1.744.625 | 8.441.405 | 1.50 | 98.50 |
| 1881—1885 | . . . . . . | 21.157 | . . . . . . | 1.667.124 | . . . . . . | 1.688.281 | 1.26 | 98.74 |
| 1886 | 16.843 | | 1.788.740 | | 1.805.583 | | 0.90 | 99.10 |
| 1887 | 16.175 | | 1.861.920 | | 1.878.095 | | 0.90 | 99.10 |
| 1888 | 9.890 | | 1.806.420 | | 1.816.310 | | 0.50 | 99.50 |
| 1889 | 13.162 | | 2.184.838 | | 2.198.000 | | 0.60 | 99.40 |
| 1890 | 21.573 | 77.643 | 2.082.427 | 9.724.345 | 2.104.000 | 9.801.988 | 1.02 | 98.98 |
| 1886—1890 | . . . . . . | 15.529 | . . . . . . | 1.944.869 | . . . . . . | 1.960.398 | 0.79 | 99.21 |

## Silber

| Im Reichsrathe vertretene Königreiche und Länder | | Länder der ungarischen Krone | | Zusammen | | Nach Procenten | | Procent | | Anmerkung |
|---|---|---|---|---|---|---|---|---|---|---|
| Einzeln | Summe | Einzeln | Summe | Einzeln | Summe | Im Reichsrathe vertretene Königreiche und Länder | Länder der ungarischen Krone | Gold | Silber | |
| 11.330.200 | | ¹) | | | | | | | | ¹) In den Tafeln der Statistik der österreichischen Monarchie fehlen diesfalls die Daten. |
| 13.203.400 | | ¹) | | | | | | | | |
| 12.956.990 | | 20.648.500 | | 33.605.490 | | 38·6 | 61·4 | 4·7 | 95·3 | |
| | 13.521.285 | | 21.604.360 | | 35.125.595 | 38·34 | 61·66 | 4·92 | 95·1* | |
| 11.796.195 | | 22.709.128 | | 34.505.323 | | 34·2 | 65·8 | 5·3 | 94·7 | |
| 12.054.690 | | 20.780.380 | | 32.835.070 | | 36·7 | 63·3 | 4·9 | 95·1 | |
| 11.838.570 | | 22.128.710 | | 33.967.280 | | 34·9 | 65·1 | 4·9 | 95·1 | |
| 15.509.850 | | 22.189.050 | | 37.698.900 | | 41·1 | 58·9 | 4·5 | 95·5 | |
| 16.406.870 | 67.606.175 | 20.214.530 | 108.021.798 | 36.621.400 | 175.627.973 | 44·8 | 55·2 | 4·5 | 95·5 | |
| | 13.521.235 | | 21.604.360 | | 35.125.595 | 38·34 | 61·66 | 4·92 | 95·1* | |
| 13.563.550 | | 18.520.780 | | 32.084.280 | | 42·3 | 57·7 | 4·1 | 95·9 | |
| 12.588.390 | | 16.961.460 | | 29.549.840 | | 42·6 | 57·4 | 4·9 | 95·1 | |
| ¹) | | ¹) | | 29.108.000 | | | | 4·6 | 95·4 | |
| 13.693.100 | *) | 20.833.900 | | 34.527.000 | | 39·7 | 60·3 | 4·6 | 95·4 | *) Exclusive 1858. |
| 14.192.000 | *) 34.037.030 | 19.902.000 | *) 76.318.090 | 34.094.000 | 159.363.120 | 41·6 | 58·4 | 4·5 | 95·5 | |
| | 13.509.360 | | *) 19.054.520 | | 31.872.620 | *) 41·55 | *) 58·45 | 4·55 | 95·46 | |
| 15.284.500 | | 18.574.000 | | 33.858.500 | | 45·1 | 54·9 | 4·5 | 95·5 | |
| 13.734.000 | | 17.885.500 | | 31.619.500 | | 43·3 | 56·7 | 5·2 | 94·8 | |
| 15.316.500 | | 20.001.500 | | 35.318.000 | | 43·4 | 56·6 | 4·1 | 95·9 | |
| 13.840.500 | | 26.122.500 | | 40.963.000 | | 36·2 | 63·8 | 4·2 | 95·8 | |
| 14.722.500 | 73.898.000 | 26.127.500 | 108.711.000 | 40.850.000 | 182.609.000 | 36·0 | 64·0 | 4·3 | 95·7 | |
| | 14.779.600 | | 21.742.200 | | 36.521.800 | 40·8 | 59·2 | 4·46 | 95·54 | |
| 12.943.500 | | 26.828.000 | | 39.771.500 | | 32·5 | 67·5 | 4·0 | 96·0 | |
| 13.855.500 | | 27.113.000 | | 40.968.500 | | 33·8 | 66·2 | 4·3 | 95·7 | |
| 14.865.000 | | 27.010.000 | | 41.875.000 | | 35·5 | 64·5 | 3·9 | 96·1 | |
| 15.233.000 | | 26.007.000 | | 41.240.000 | | 36·9 | 63·1 | 3·7 | 96·3 | |
| 15.535.510 | 72.432.510 | 20.455.780 | 127.413.780 | 35.991.290 | 199.846.290 | 43·2 | 56·8 | 4·0 | 96·0 | |
| | 14.486.502 | | 25.482.756 | | 39.969.258 | 36·38 | 63·62 | 3·98 | 96·02 | |
| 16.341.000 | | 20.127.440 | | 36.468.440 | | 44·8 | 55·2 | 3·7 | 96·3 | |
| 16.894.000 | | 17.136.330 | | 34.030.330 | | 49·6 | 50·4 | 4·1 | 95·9 | |
| 19.064.000 | | 18.576.590 | | 37.640.590 | | 50·6 | 49·4 | 3·2 | 96·8 | |
| 21.084.600 | | 17.421.260 | | 38.505.860 | | 54·8 | 45·2 | 3·3 | 96·7 | |
| 24.848.400 | 98.232.000 | 21.235.660 | 94.497.280 | 46.084.060 | 192.729.280 | 53·9 | 46·1 | 3·3 | 96·7 | |
| | 19.646.400 | | 18.899.456 | | 38.545.856 | 50·74 | 49·26 | 3·52 | 96·48 | |
| 25.165.990 | | 22.781.380 | | 47.947.370 | | 52·5 | 47·5 | 3·8 | 96·2 | |
| 27.168.880 | | 20.506.390 | | 47.675.270 | | 57·0 | 43·0 | 3·5 | 96·5 | |
| 29.090.500 | | 19.571.150 | | 48.661.650 | | 59·8 | 40·2 | 3·6 | 96·4 | |
| 29.534.700 | | 18.660.980 | | 48.195.680 | | 61·3 | 38·7 | 3·2 | 96·8 | |
| 30.257.290 | 141.217.360 | 17.443.810 | 98.963.710 | 47.701.100 | 240.181.070 | 63·4 | 36·6 | 3·3 | 96·7 | |
| | 28.243.472 | | 19.792.742 | | 48.036.214 | 58·8 | 41·2 | 3·48 | 96·52 | |
| 31.359.600 | | 17.583.060 | | 48.942.660 | | 64·1 | 35·9 | 3·2 | 96·8 | |
| 31.094.740 | | 16.568.230 | | 47.662.970 | | 65·2 | 34·8 | 3·5 | 96·5 | |
| 32.626.320 | | 16.708.340 | | 49.334.760 | | 66·1 | 33·9 | 3·2 | 96·8 | |
| 34.856.870 | | 15.049.940 | | 49.906.810 | | 69·8 | 30·2 | 3·3 | 96·7 | |
| 36.076.500 | 166.014.130 | 16.671.650 | 82.581.220 | 52.748.150 | 248.595.350 | 67·3 | 32·7 | 3·2 | 96·8 | |
| | 33.202.826 | | 16.516.244 | | 49.719.070 | 66·5 | 33·5 | 3·28 | 96·72 | |
| 35.696.570 | | 16.042.890 | | 51.739.460 | | 69·0 | 31·0 | 3·4 | 96·6 | |
| 36.432.570 | | 17.664.990 | | 54.097.560 | | 67·3 | 32·7 | 3·4 | 96·6 | |
| 35.325.800 | | 16.692.950 | | 52.018.750 | | 67·9 | 32·1 | 3·4 | 96·6 | |
| 35.435.350 | | 17.215.650 | | 52.651.000 | | 65·4 | 34·6 | 4·1 | 95·9 | |
| 35.862.696 | 178.752.986 | 14.750.304 | 82.366.784 | 50.613.000 | 261.119.770 | 70·2 | 29·8 | 4·0 | 96·0 | |
| | 35.750.597 | | 16.473.357 | | 52.223.954 | 68·46 | 31·54 | 3·7 | 96·3 | |

Tabelle 6.

# Goldproduction einzelner der im Reichsrathe vertretenen Königreiche und Länder 1875—1890.

### Nach Gewicht (Kilogramm).

| Jahre | Böhmen | Salzburg | Tirol | Kärnten | Zusammen |
|---|---|---|---|---|---|
| 1875 | 0·2275 | 14·2900 | . . . . . . . | . . . . . . . | 14·5175 |
| 1876 | 0·5854 | 13·0080 | . . . . . . . | . . . . . . . | 13·5934 |
| 1877 | 0·0800 | 8·6300 | . . . . . . . | . . . . . . . | 8·7100 |
| 1878 | 0·1300 | 16·7950 | . . . . . . . | . . . . . . . | 16·9250 |
| 1879 | 0·0400 | 16·9600 | . . . . . . . | . . . . . . . | 17·0000 |
| 1880 | 0·0500 | 17·6900 | 23·596 | . . . . . . . | 41·3360 |
| 1881 | . . . . . . . | 10·9370 | 7·734 | . . . . . . . | 18·6710 |
| 1882 | . . . . . . . | 14·0490 | 2·415 | . . . . . . . | 16·4640 |
| 1883 | . . . . . . . | 15·7540 | 2·494 | . . . . . . . | 18·2480 |
| 1884 | 0·0480 | 18·6490 | 8·380 | . . . . . . . | 27·0770 |
| 1885 | 0·0300 | 23·1410 | 2·154 | . . . . . . . | 25·3250 |
| 1886 | 0·0400 | 16·8030 | . . . . . . . | . . . . . . . | 16·8430 |
| 1887 | 1·0270 | 13·1000 | 2·048 | . . . . . . . | 16·1750 |
| 1888 | 0·8370 | 8·9790 | . . . . . . . | 0·074 | 9·8900 |
| 1889 | 1·6840 | 11·4780 | . . . . . . . | . . . . . . . | 13·1620 |
| 1890 | 10·0734 | 11·5000 | . . . . . . . | . . . . . . . | 21·5734 |

Tabelle 7.

# Silberproduction einzelner der im Reichsrathe vertretenen Königreiche und Länder 1875—1890.

### Nach Gewicht (Kilogramm).

| Jahre | Böhmen | Steiermark | Tirol | Krain | Zusammen |
|---|---|---|---|---|---|
| 1875 | 22.856·622 | 18·000 | 1.973·778 | . . . . . . . | 24.848·400 |
| 1876 | 23.749·760 | 54·700 | 1.361·526 | . . . . . . . | 25.165·986 |
| 1877 | 27.014·872 | 154·013 | . . . . . . . | . . . . . . . | 27.168·885 |
| 1878 | 28.878·500 | 212·000 | . . . . . . . | . . . . . . . | 29.090·500 |
| 1879 | 29.325·000 | 209·700 | . . . . . . . | . . . . . . . | 29.534·700 |
| 1880 | 29.877·000 | 178·178 | 202·115 | . . . . . . . | 30.257·293 |
| 1881 | 30.646·000 | 207·000 | 506·608 | . . . . . . . | 31.359·608 |
| 1882 | 30.926·000 | 168·742 | . . . . . . . | . . . . . . . | 31.094·742 |
| 1883 | 32.511·000 | 115·417 | . . . . . . . | . . . . . . . | 32.626·417 |
| 1884 | 34.707·000 | 102·289 | 47·584 | . . . . . . . | 34.856·873 |
| 1885 | 35.522·000 | 131·711 | 422·791 | . . . . . . . | 36.076·502 |
| 1886 | 35.539·000 | 116·648 | . . . . . . . | 40·918 | 35.696·566 |
| 1887 | 35.046·000 | 54·830 | 80·745 | . . . . . . . | 35.181·575 |
| 1888 | 35.073·000 | 54·647 | 95·900 | 102·256 | 35.325·803 |
| 1889 | 35.056·000 | 32·489 | . . . . . . . | 346·861 | 35.435·350 |
| 1890 | 35.101·000 | . . . . . . . | 147·020 | 614·676 | 35.862·696 |

Tabelle 8.

# Edelmetallproduction der im Reichsrathe vertretenen Königreiche und Länder.

## Nach Producenten im Hüttenbetriebe.

### Nach Gewicht (Kilogramm).

| Jahr | Gold | | | Silber | | |
|---|---|---|---|---|---|---|
| | Staat | Privat | Zusammen | Staat | Privat | Zusammen |
| 1874 | 7·430 | 7·1550 | 14·5850 | 21.012·660 | 72·000 | 21.084·660 |
| 1875 | 8·120 | 6·3975 | 14·5175 | 24.830·400 | 18·000 | 24.848·400 |
| 1876 | 6·618 | 6·3900 | 13·0080 | 25.111·286 | 54·700 | 25.165·986 |
| 1877 | 5·700 | 3·0100 | 8·7100 | 27.014·872 | 154·013 | 27.168·885 |
| 1878 | 9·100 | 7·8250 | 16·9250 | 28.878·500 | 212·000 | 29.090·500 |
| 1879 | 7·100 | 9·9000 | 17·0000 | 29.325·000 | 209·700 | 29.534·700 |
| 1880 | 23·596 | 17·7400 | 41·3360 | 30.079·115 | 178·178 | 30.257·293 |
| 1881 | 7·344 | 11·3270 | 18·6710 | 31.152·603 | 207·000 | 31.359·603 |
| 1882 | 3·000 | 13·4640 | 16·4640 | 30.926·000 | 168·742 | 31.094·742 |
| 1883 | · · · · · · · · · | 18·2480 | 18·2480 | 32.511·000 | 115·417 | 32.626·417 |
| 1884 | 8·380 | 18·6970 | 27·0770 | 34.754·584 | 102·289 | 34.856·873 |
| 1885 | 2·154 | 23·1710 | 25·3250 | 35.944·791 | 131·711 | 36.076·502 |
| 1886 | · · · · · · · · · | 16·8430 | 16·8430 | 35.539·000 | 157·566 | 35.696·566 |
| 1887 | · · · · · · · · · | 16·1750 | 16·1750 | 35.126·745 | 54·830 | 35.181·575 |
| 1888 | · · · · · · · · · | 9·8900 | 9·8900 | 35.168·900 | 156·903 | 35.325·803 |
| 1889 | · · · · · · · · · | 13·1620 | 13·1620 | 35.056·000 | 379·350 | 35.435·350 |
| 1890 | · · · · · · · · · | 21·5734 | 21·5734 | 35.248·020 | 614·676 | 35.862·696 |

| Jahr | Percentualverhältnis | | | | | |
|---|---|---|---|---|---|---|
| | Staat | Privat | Zusammen | Staat | Privat | Zusammen |
| 1874 | 50·9 | 49·1 | 100 | 99·7 | 0·3 | 100 |
| 1875 | 55·9 | 44·1 | 100 | 99·9 | 0·1 | 100 |
| 1876 | 50·9 | 49·1 | 100 | 99·8 | 0·2 | 100 |
| 1877 | 65·4 | 34·6 | 100 | 99·4 | 0·6 | 100 |
| 1878 | 53·8 | 46·2 | 100 | 99·3 | 0·7 | 100 |
| 1879 | 41·8 | 58·2 | 100 | 99·3 | 0·7 | 100 |
| 1880 | 57·1 | 42·9 | 100 | 99·4 | 0·6 | 100 |
| 1881 | 39·3 | 60·7 | 100 | 99·3 | 0·7 | 100 |
| 1882 | 18·2 | 81·8 | 100 | 99·5 | 0·5 | 100 |
| 1883 | · · · · · · · · · | 100·0 | 100 | 99·6 | 0·4 | 100 |
| 1884 | 30·9 | 69·1 | 100 | 99·7 | 0·3 | 100 |
| 1885 | 8·5 | 91·5 | 100 | 99·6 | 0·4 | 100 |
| 1886 | · · · · · · · · · | 100·0 | 100 | 99·6 | 0·4 | 100 |
| 1887 | · · · · · · · · · | 100·0 | 100 | 99·8 | 0·2 | 100 |
| 1888 | · · · · · · · · · | 100·0 | 100 | 99·6 | 0·4 | 100 |
| 1889 | · · · · · · · · · | 100·0 | 100 | 98·9 | 1·1 | 100 |
| 1890 | · · · · · · · · · | 100·0 | 100 | 98·3 | 1·7 | 100 |

# Erläuterungen.

Der Statistik der Edelmetallproduction ist die Soetbeer'sche Erforschung zugrunde gelegt. Die betreffenden Werke Soetbeer's sind: „Edelmetallproduction und Wertverhältnis zwischen Gold und Silber seit der Entdeckung Amerikas u. s. w., Gotha 1879 (Petermann, E. H. 13)", „Materialien zur Erläuterung und Beurtheilung der wirtschaftlichen Edelmetalverhältnisse und der Währungsfrage, 2. Auflage, Berlin 1886" und „Edelmetallgewinnung und Verwendung in den Jahren 1881 bis 1890" in dem Jahrbuche für National-Ökonomie und Statistik 1891.

Zur Vergleichung sind die Productionsangaben des Münzdirectors der Vereinigten Staaten von Nordamerika nach den Münzberichten desselben vom Jahre 1881 ab beigesetzt. Wie Soetbeer und der amerikanische Münzdirector darlegen, sind ihre Angaben die Resultate von methodisch verschiedenen Forschungen. Soetbeer sucht die hüttenmäßige, der amerikanische Münzdirector dagegen die bergmännische Production festzustellen. Es ergibt sich daher auch nach den Berichten der amerikanischen Münzdirection eine andere Aufteilung der Production auf die einzelnen Länder als nach Soetbeer. Gegenüber der Tabelle 4 finden wir sonach die Betheiligung der einzelnen Länder an der Production im Durchschnitte der Jahre 1885—1889 nach dem amerikanischen Münzdirector folgendermaßen:

| A. Gold. | | B. Silber. | |
|---|---|---|---|
| Vereinigte Staaten | 30·9 Procent | Vereinigte Staaten | 42·3 Procent |
| Australasien | 26·5 „ | Mexico | 30·2 „ |
| Mexico | 0·7 „ | Australasien | 2·0 „ |
| Russland | 20·5 „ | Österreich-Ungarn | 1·6 „ |
| Deutschland | 1·0 „ | Spanien | 1·7 „ |
| Österreich-Ungarn | 1·1 „ | Frankreich | 1·6 „ |
| Canada | 1·1 „ | Bolivia | 6·8 „ |
| Colombia | 2·5 „ | Chili | 5·8 „ |
| Chili | 1·0 „ | Peru | 2·3 „ |
| Venezuela | 2·5 „ | Andere Länder | 5·7 „ |
| Brasilien | 0·6 „ | Summe . 100·0 Procent | |
| Afrika | 3·3 „ | | |
| China | 6·6 „ | | |
| Andere Länder | 1·7 „ | | |
| Summe . 100·0 Procent | | | |

Die sämmtlichen tabellarischen Angaben beziehen sich ausschließlich auf das Gewicht in Kilogramm fein $\left(\frac{1000}{1000}\right)$.

Die Edelmetallproduction der österreichisch-ungarischen Monarchie (Tabelle 5), sowie die genaueren Nachweisungen für die im Reichsrathe vertretenen Königreiche und Länder (Tabellen 6—7) sind einheimischer Literatur, respective amtlichen Quellen entnommen: für 1819 bis 1847 J. Hain's Handbuch der Statistik II., Seite 161 ff. von 1848 ab den Tafeln der Statistik der österreichischen Monarchie, den Mittheilungen aus dem Gebiete der Statistik und den statistischen Jahr- und Handbüchern, insbesondere auch dem gemeinsamen statistischem Handbuche der österreichisch-ungarischen Monarchie, endlich auch dem statistischen Jahrbuche des k. k. Ackerbauministeriums.

# Zweiter Abschnitt.

## Übersicht der wichtigsten bestehenden Münzgesetze.

## Rechnungswert verschiedener Währungs-Münzeinheiten in österreichischer Währung.

Tabellen 9—12.

**Tabelle 9.**

# Synoptisch-systematische Tafel über die bestehenden gesetz-
### a) Courant-

| 1 | 2 | 3 | 4 | 5 | 6 | 7 | 8 | 9 |
|---|---|---|---|---|---|---|---|---|
| Länder | Datum der Münz-Grundgesetze | Münzgewicht étalon monétaire | Name der Währung | Metall der Währung | Gesetzliche Relation | Münzeinheit | Münzfuß | Stückelung |
| Österreichisch-ungarische Monarchie | Kaif. Pat. 19./IX., 1857, 169 R. G. Bl., Kaif. Pat. v. 27./IV. 1858, 63 R. G. Bl., Gef. v. 21./XII. 1867, 141 R. G. Bl. Gef. v. 21./V. 1887, Art. XII. | Zoll-Pfund = 500 g ¹) | Österreichische Währung | Silber | — | Gulden zu 100 kr. | per Zoll-Pfund fein 45 fl. | 1 fl. 2 „ ¼ „ |
| Deutschland | R. G. 4./XII. 1871 und 9./VII. 1873. | Zoll-Pfund = 500 g | Deutsche Reichs-Mark-Währung | Gold | — | Mark zu 100 Pf. | per Zoll-Pfund fein 1395 Mk. | 5 M. 10 „ 20 „ |
| Lateinische Münz-Union | 28./III. 1803, resp. Münzconvention v. 23./XII. 1865. ²) | Kilogramm | Franc-Währung | Gold und Silber | 1 : 15·5 | Francs in Gold und Silber zu 100 Cs. | per Kilogramm Münzgold 3100 Frcs. Gold, per Kilogramm Münzsilber 200 Frcs. Silber | 100 Frcs. Gold 50 „ „ 20 „ „ 10 „ „ 5 „ „ 5 „ Silber |
| Großbritannien und Irland | Acte 56. Georg III. 22./VI. c. 68 (1816), Coinage Act 4./IV. 1870. | 1 Troy-Pfund zu 12 Unzen (oz.) „ 20 Penny weight „ 24 Troy-Grains (5760 Troy-Grains) 1 Troy-Pfund = 373·24195 g 1 Unze = 31·1034962 g 1 Penny = 1·5551 g 1 Grain = 0·06479 g | Pfund Sterling-Währung | Gold | | Sovereign = 1 Pfund Sterling zu 20 Sh. zu 12 Pence | 1 Troy Unze Standard Gold = 3 Pfund 17 Sh. 10½ Pence | 1 Sovereign ½ „ 2 „ 5 „ |

1) Durch das Gesetz vom 28. Juli 1871, Nr. 16 R. G. Bl. ex 1872 wurde die metrische Maß- und Gewichts-Ordnung allgemein eingeführt, welche am 1. Januar 1876 ausschließlich in Wirksamkeit getreten ist. Das Münzgewicht ist sonach seitdem ein Kilogramm = zwei früheren Münzpfunden.

2) Die Münz-Union wurde am 23. December 1865 zwischen Frankreich, Belgien, Italien und der Schweiz mit Kraft vom 1. August 1866 bis 1. Jänner 1880 abgeschlossen. 1868 trat Griechenland bei. Durch Zusatz-Conventionen wurde in den Jahren 1874, 1875, 1876 und 1877 die Contingentierung der Courant-Silber-Prägung durchgeführt. Bei der Erneuerung der Münz-Convention bis 1. Jänner 1886 durch Vertrag vom

# lichen Währungen der wichtigsten Länder.
## Münzen.

| 10 | 11 | 12 | 13 | 14 | 15 | | 16 | 17 | | 18 |
|---|---|---|---|---|---|---|---|---|---|---|
| Münzgröße | Rohgewicht poids légal | Feinheit titre | Feingewicht | Stücke per 1 kg fein | Remedium an | | Passiergewicht (über das Remedium) | Prägung für Private | | Gesetzliche Rücklösung |
| | | | | | Feinheit titre | Rohgewicht en poids | | Recht | Prägungskosten | |
| 1 fl. = 29 mm<br>2 „ = 36 mm<br>¼ „ = 23 mm | 1 fl. = 12·3457 g<br>2 „ = 24·6914 g<br>¼ „ = 5·3419 g | $\frac{900}{1000}$<br><br>$\frac{520}{1000}$ | 11·1111 g<br>22·2222 g<br>2·7777 g | 90 fl. | $\frac{3}{1000}$<br>$\frac{3}{1000}$<br>$\frac{5}{1000}$ | $\frac{4}{1000}$<br>$\frac{3}{1000}$<br>$\frac{10}{1000}$ | — | fistiert | 1% | |
| 20 M. = 22½ mm<br>10 „ = 19½ mm<br>5 „ = 17 mm | 20 M. = 7·96495 g<br>10 „ = 3·98247 g<br>5 „ = 1·991238 g | $\frac{900}{1000}$ | 7·168458 g<br>3·584229 g<br>1·792114 g<br>1 M. = 0·358422939 g | 2790 Mk. | $\frac{2}{1000}$ | $\frac{2\cdot5}{1000}$<br>$\frac{4}{1000}$ | $\frac{5}{1000}$<br>$\frac{8}{1000}$ | 20 Markstücke | Maximum 7 Mark per Pfund fein | gesetzlich auf Staatskosten bei Minimalgewicht<br>20 M. 7·92513<br>10 „ 3·96257<br>5 „ 1·97531 |
| Gold:<br>100 = 35 mm<br>50 = 28 mm<br>20 = 21 mm<br>10 = 19 mm<br>5 = 17 mm<br>Silber:<br>5 = 37 mm | 100 = 32·25806 g<br>50 = 16·12903 g<br>20 = 6·45161 g<br>10 = 3·22580 g<br>5 = 1·61290 g<br><br>5 = 25·0000 g | $\frac{900}{1000}$<br><br><br><br><br>$\frac{900}{1000}$ | 100 = 29·0322 g<br>50 = 14·5161 g<br>20 = 5·8064 g<br>10 = 2·9032 g<br>5 = 1·4516 g<br>1 Fr. in Gold = 0·2903225 g<br>1 Fr. in Silber = 4·5 g<br>5 Fr. in Silber = 22·5 g | 3444⁴/₉ Frcs. Gold<br><br>222²/₉ Frcs. Silber | $\frac{2}{1000}$<br><br><br>$\frac{2}{1000}$ | $\frac{1}{1000}$<br>$\frac{2}{1000}$<br>$\frac{3}{1000}$<br>$\frac{3}{1000}$ | Gold ½%<br><br>Silber 1% | Gold frei<br><br>Silber fistiert | 7⁴/₉ Francs per kg fein<br><br>1½ Francs per kg fein | — |
| — | 1 = 7·988056 g<br>½ = 3·9940 g<br>2 = 15·9761 g<br>5 = 39·9403 g | $\frac{11/12 = 916.667}{1000}$ | 7·322385 g<br>3·6612 g<br>14·6448 g<br>36·6119 g | 136½ | $\frac{2}{1000}$ | $\frac{2\,1/12}{1000}$ | 6·3% 1 Sov.<br>8·3% ½ Sov. | frei | keine; Bankgebür per Unze 1½ d. | Münzen unter Passiergewicht sind popular zerstörbar |

5. November 1878 wurde die Silber-Courant-Prägung gänzlich eingestellt. (Italien einige Ausnahmen.) Im Jahre 1885 wurde die Union bis 1. Jänner 1891 und bedingt für weiter hinaus verlängert. Das französische Gesetz vom Jahre 1803 wurde zuerst durch das Gesetz vom 14. Juli 1866 (Beschränkung des Silber-Courant-Geldes auf die 5 Frcs.-Stücke) grundsätzlich modificiert. Es erfolgte ferner mit Min.-Decr. vom 6. September 1873 die Beschränkung der Silberprägung für Private auf 0·2 Mill. Francs per Tag in Paris und 80.000 Francs in Bordeaux, mit Min.-Decr. vom 19. September 1873 auf 0·1 Mill., resp. 60.000 Francs, mit Min.-Decr. vom 28. Mai 1874 auf 75.000, resp. 25.000 Francs. Das Gesetz vom 5. August 1876 schloß die Münzstätten für die Einbringung von Silber durch Private. Analog gestaltete sich die Münzgesetzgebung in den anderen Unions-Staaten.

Tabelle 9. (Fortſetzung.)

| 1 | 2 | 3 | 4 | 5 | 6 | 7 | 8 | 9 |
|---|---|---|---|---|---|---|---|---|
| Länder | Datum der Münz-Grundgeſetze étalon monétaire | Münzgewicht étalon monétaire | Name der Währung | Metall der Währung | Geſetzliche Relation | Münzeinheit | Münzfuß | Stückelung |
| Britiſch-Jndien | 17./VIII. 1835 | Tola (neue) = 11·6638 g | Compagnie-Rupien-Währung | Silber | — | Rupie | 1 Tola = 1 Rupie | 1 Rupie 2 Rupien ½ Rupie ¼ „ ⅛ „ |
| Niederlande | Geſ. 26./XI. 1847, „ 6./VI. 1875 | 1 niederl. Pfund = 1 Kilogramm | Holländiſch-niederländiſche Gulden-Währung | Gold und Silber | 1 : 15⅝ | Gulden zu 100 Cs. | 1 niederl. Pfund = 1458 fl. 31 Cs. Gold 1 kg rauh = 100 fl. Silber | Gold: 10 fl. 5 „ Silber: 1 fl. ½ „ 2½ „ = Rixdaler |
| Skandina-viſche Union | Münzconvention 18./XII. 1872. Schwediſch. Geſ. v. 30./V. 1873. Dänemark 23./V. 1873. Norweg. 17./IV. 1875. | Kilogramm | Gold-Kronen-Währung | Gold | — | Krone zu 100 Öre | 1 kg fein = 2480 Kronen | 20 Kronen 10 „ |
| Rußland | Münz-Geſ. 20./VI. 2./VII. 1810. | 1 ruſſiſch Pfund zu 96 Solotnik zu 96 Doli = 409·5115 g, reſp. 4·266 g, „ 0·044 g | Silber-Rubel-Währung | Silber | — | Silber-Rubel zu 100 Kopeken | 100 Silber-Rubel = 5 Pfund 6 Sol. 1 ruſſ. Pfund = 22³⁶/₄₅ Silb. Rubel | 1 Silber-Rubel ½ „ „ ¼ „ „ |
| | Geſ. v. 17./XII. 1885 mit Kraft v. 1./I. 1886. | | Ruſſiſche Silber- und Gold-Rubel-Währung | Silber und Gold | 1 : 15½ | Rubel zu 100 Kopeken | 1 Silb. Rub. = 4 Sol. 21 D. Silber fein ½ Jmp. Gold = 1 Sol. 34·68 D. fein Gold | 1 Silber-Rubel ½ „ „ ¼ „ „ 10 Gold-Rubel (Jmperial) 5 Gold-Rubel (Halb-Jmperial) |
| Vereinigte Staaten von Nord-Amerika | Geſ. v. 1./IV. 1873, „ 28./II. 1878 (Bland-Bill). Geſ. v. Juli 1890 (Silber-Bill). | engl. Troy-Pfund | Dollars-Währung | Gold und Silber | 1 . 16 (genau 1 : 15·988) | Dollar zu 100 Cents | 1 Gold-Dollar = 23·22 Troy-Grains fein oder 25·8 Troy-Grains rauh 1 Silber-Dollar = 371¼ Troygr. fein oder 412½ Troygr. rauh. | Dollar 3 Dollars ½ Dollar Double-Eagle = 20 D. Eagle = 10 „ ½ Eagle = 5 „ 1 Silber-Dollar |

¹) Prägungsbeginn: Silber 13 April, Gold 13 Mai 1886.
²) Durch Geſetz von 14. Jänner 1875 iſt die Goldprägung frei, für Legierung und Schmelzung werden kleine Gebüren eingehoben.

| 10 | 11 | 12 | 13 | 14 | 15 | | 16 | 17 | | 18 |
|---|---|---|---|---|---|---|---|---|---|---|
| Münzgröße | Rohgewicht poids légal | Feinheit titre | Feingewicht | Stücke per 1 kg fein | **Remedium an** | | Paſſiergewicht (über das Remedium) | **Prägung für Private** | | Geſetzliche Rücklöſung |
| | | | | | Feinheit titre | Rohgewicht en poids | | Recht | Prägungs= koſten | |
| — | 180 Troygrs = 11·6638 g | $^{11}/_{12} = \frac{916.667}{1000}$ | 10·69182 g | 93½ — | — | — | 2% | frei | 2¼% | — |
| — | Gold: 10 fl. = 6·720 g | $\frac{900}{1000}$ | 1 fl. Gold = 0·6048 g 10 fl. = 6·048 g | 1653 fl. 43 Ct. | $\frac{1/2}{1000}$ | $\frac{1^{1/}}{1000}$ | — | Gold frei | 5 fl per kg | — |
| | Silber: 1 fl. = 10 g ½ „ = 5 g Rthbal. = 25 g | $\frac{945}{1000}$ | 9·450 g 4·725 g 23·625 g | 105 fl 82 Ct. | $\frac{1 1/2}{1000}$ | $1 fl. = \frac{3}{1000}$ $1/2 fl. = \frac{5}{1000}$ $Rthb. = \frac{2}{1000}$ | | Silber ſiſtiert | 1 fl per kg | |
| — | 20 Kr. = 8·9605 g 10 „ = 4·48025 g | $\frac{900}{1000}$ | 8·064516 g 4·032258 g | 2480 Kr. | $\frac{1 1/2}{1000}$ $\frac{1/2}{1000}$ | $20 Kr. = \frac{1 1/2}{1000}$ $10 Kr. = \frac{2}{1000}$ | 2% an Staatscaſſen ½% Privat | frei | per kg fein 20 Kr. = ¼% 10 Kr. = ½% | nach vertragsm. Bedingnis bei ½% Gewichts= verluſt |
| — | 1 S.R. = 20·731b g | $\frac{868.056}{1000}$ | 17·99611 g | 55½ R. | — | $1 R. = \frac{857}{1000}$ $1/2 R. = \frac{1286}{1000}$ $1/4 R. = \frac{1715}{1000}$ | — | ſuſpend. Geſetz v. 9./IX. 1876 | — | — |
| | S. R. = 19 990 g G. ½ J. = 6·451 g | $\frac{900}{1000}$ $\frac{900}{1000}$ | S. R. = 17·9961 g G. ½ J. = 5·806 g | S. 55½ R. G. 861 „ | — | — | — | Silber ſiſtiert [1] Gold frei | Gold 3% | — |
| — | Doll. = 1·6718 g Silb.=Doll. = 26·7295 g | $\frac{900}{1000}$ $\frac{900}{1000}$ | 1 Doll. = 1·5046316 g 1 Doll. = 24·0566 g | G. 664·6152 Doll. G. 41·5688 Doll. | $\frac{1}{1000}$ $\frac{3}{1000}$ | ¼ Troygr. 3½ $\frac{3 1/2}{1000}$ | nach Jahren (nach 20 Jahren ½%) | Gold frei Silber beſtimmtes geſetzliches Contingent für amtl. Prägung | Gold ⅕% [2] — | — |

**b) Scheide-Monnaie**

| 1 | 2 | 3 | 4 | 5 | 6 | 7 |
|---|---|---|---|---|---|---|
| Länder | Gesetzliche Bestimmung | Metall | Name | Münzfuß | Stückelung | Münzgröße Durchmesser |
| Österreichisch-ungarische Monarchie | Ges. v. 1./VII. 1868 Nr. 84 R. G. Bl. | Silber | Silber-Scheidemünze | per 1 ℔ fein Silber: 375 Stück à 20 kr. / 750 „ „ 10 „ / 1500 „ „ 5 „ | 20 kr. / 10 „ / 5 „ | 20 kr. 21 mm / 10 „ 18 „ / 5 „ 14 „ |
|  | Pat. v. 19./IX. 1857 Nr. 169 R. G. Bl. / K. Vbg v. 21./X. 1860 Nr. 230 R. G. Bl. | Kupfer | Kreuzer | 1 ℔ Kupfer = 150 kr. | 1 kr. / ½ „ / 4 „ | 19 mm 1 kr. / 17 „ ½ „ / 27 „ 4 „ |
| Deutschland | Ges. v. 9./VII. 1873. | Silber | Silber-Mark | 200 M. per Kilogramm fein Silber | 5 M. / 2 „ / 1 „ / 50 Pf. / 20 „ | 38 mm / 28 „ / 24 „ / 20 „ / 16 „ |
|  |  | Nickel |  | 1 ℔ = 75 Theile Kupfer / 25 „ Nickel | 10 „ / 5 „ | 21 „ / 18 „ |
|  |  | Kupfer |  | 1 ℔ = 95 „ Kupfer / 4 „ Zinn / 1 „ Zink | 2 „ / 1 „ | 20 „ / 17½ „ |
| Latein-Münz-Union | Ges. v. 6./V. 1852, 25./V. 1864, 14. VII. 1866 | Silber / Kupfer (Bronze) | . | 100 per Kilogramm / 200 „ „ / 400 „ „ / 1000 „ „ / 10 Gramm / 5 „ / 2 „ / 1 „ | 2 Francs / 1 Franc / 50 Centimes / 20 „ / 10 „ / 5 „ / 2 „ / 1 „ | . |
| Niederlande | Ges. v. 6./VII. 1875. | Silber | Cents-Stück | 1 niederländisches ℔ roh = 279·72 Stücke à 25 Cts. / = 699·30 Stücke à 10 Cts. / = 1398·60 „ „ 5 Cts. | 25 Cts. / 10 „ / 5 „ | . |
|  | ebenso. | Kupfer | Cent | . | 1 Cent / ½ „ / 2½ Cts. | . |

*) Die Staaten untereinander bis 100 Frcs., die Privaten nur im Ausgabsstaate bis 50 Frcs.

# Münzen.
## d'appoints.

| 8 | 9 | 10 | 11 Remedium an | | 12 | 13 |
|---|---|---|---|---|---|---|
| Rohgewicht | Feinheit | Feingewicht | Feinheit | Rohgewicht | Gesetzliche Zahlkraft | Gesetzliche Ausgabe respective Contingent |
| per 1 ℔ rauh. Silber<br>187½ Stück<br>300 „<br>525 „ | 20 kr. $\frac{500}{1000}$<br>10 „ $\frac{400}{1000}$<br>5 „ $\frac{350}{1000}$ | . | 20 kr. $\frac{5}{1000}$<br>10 „ $\frac{10}{1000}$<br>5 „ $\frac{15}{1000}$ | $\frac{10}{1000}$<br>$\frac{15}{1000}$<br>$\frac{20}{1000}$ | bei öffentlichen Cassen bis 5 fl.<br>Private bis 2 fl. | 12 Mill. fl. Ö. W. zuzüglich 0·3 Mill. ungarischer Kupferscheidemünze |
| 4 kr. = 0·0266 ℔ | . | . | . | . | bei öffentlichen Cassen bis 5 fl.<br>Private bis 50 kr. | Ausgabe nur über besondere gesetzliche Verfügung |
| 5 M. = 27·777 g<br>2 „ = 11·111 „<br>1 „ = 5·555 „<br>½ „ = 2·777 „<br>⅕ „ = 1·111 „<br>10 Pf. = 4·000 „<br>5 „ = 2·500 „<br>2 „ = 2·3333 „<br>1 „ = 2 „ | $\frac{900}{1000}$ | per Mark 5 Gramm resp. 25 Gramm<br>10 „<br>5 „<br>2·5 „<br>1 „ | $\frac{3}{1000}$ | $\frac{10}{1000}$ | bis 20 Mark<br><br>bis 1 Mark<br>bis 1 Mark | 10 Mark per Kopf der Bevölkerung<br>2½ Mark Nickel per Kopf<br>2½ Mark Kupfer per Kopf |
| 2 Francs = 10 g<br>1 Franc = 5 „<br>50 Ctms. = 2·5 „<br>20 „ = 1 „<br>10 „ = 10 „<br>5 „ = 5 „<br>2 „ = 2 „<br>1 „ = 1 „ | $\frac{835}{1000}$<br>95 Theil Kupfer<br>4 „ Zinn<br>1 „ Zink | 8 35 g<br>4·1715 „<br>2·0875 „<br>0·835 „ | $\frac{3}{1000}$<br><br>$\frac{105}{1000}$ | $\frac{50}{1000}$ | 50 Francs *)<br>5 Francs | 6 Francs per Kopf |
| 3·575 g<br>1·400 „<br>0·685 „ | $\frac{640}{1000}$ | 2·288 g<br>0·896 „<br>0·438 „ | $\frac{4}{1000}$ | $\frac{10}{1000}$<br>$\frac{12}{1000}$ | bis 10 fl. | . |
| 3·845 g<br>1·922 „<br>9·610 „ | . | . | . | . | bis 1 fl. | |

**Tabelle 10.** (Fortsetzung.)

| 1 | 2 | 3 | 4 | 5 | 6 | 7 |
|---|---|---|---|---|---|---|
| Länder | Gesetzliche Bestimmung | Metall | Name | Münzfuß | Stückelung | Münzgröße Durchmesser |
| Scandinavische Union | Münz-Convention 1872, Gesetz. | Silber | Silber-Krone | 66·6 per Kilogramm rauh<br>133 „ „ „<br>200 „ „ „<br>250 „ „ „<br>413 „ „ „<br>689 „ „ „ | 2 Kronen ¹)<br>1 Krone ²)<br>50 Öre ³)<br>40 „ ⁴)<br>25 „ ⁵)<br>10 „ ⁶) | . |
| | | Kupfer | Öre | 125 per Kilogramm<br>20 „ „<br>500 „ „ | 5 Öre<br>2 „<br>1 „ | |
| Großbritannien und Irland | 4./IV. 1870. | Silber | Krone<br>½ „<br>Florin<br>Shilling<br>Pence<br><br>Penny | Das Verhältnis zwischen Gold und Silber 1 : 14·28781 | 1 Krone = 5 sh.<br>½ „ = 2 „ 6 p.<br>1 Fl = 2 sh.<br>1 sh<br>6 p.<br>4 „<br>3 „<br>2 „<br>1 „ | . |
| | 17./XII. 1860. | Kupfer | Penny<br>½ „<br>¼ „ (Farthing) | 95 Theile Kupfer<br>4 „ Zinn<br>1 „ Zink<br><br>aus 1 ℔ Kupfer:<br>à 1 Penny 48 Stück<br>„ ½ Pence 80 „<br>„ ¼ „ 160 „ | . |
| Britisch Indien | 17./VIII. 1835. | Silber | Rupie<br>¼ „<br>⅛ „ (Farthing) | | | vollkommen der |
| | | Kupfer | Pie | | 1 Pies<br>½ „<br>⅓ „ | |
| Rußland | 21./III.\n2./IV. 1867. | Silber | Silber-Kopeken | | 20 Kopeken<br>15 „ = poln.<br>1 fl.<br>10 Kopeken<br>5 „ | . |
| | „ | Kupfer | Kopeken | 32 Rubel Nennwert =<br>1 Pud = 16·3805 kg | 5 Kopeken<br>3 „<br>2 „<br>1 „<br>½ „<br>¼ „ | . |
| | | Bronze | | 50 Rubel Nennwert =<br>1 Pud | | |
| Vereinigte Staaten von Nordamerika | Ges. v. 1. IV. 1873. | Silber | Cents | | 50 Cents<br>25 „<br>20 „<br>10 „ | |
| | | Nickel | Cents | | 5 „<br>3 „ | |
| | | Kupfer | Cents | | 1 Cent | |

| 8 | 9 | 10 | 11 | | 12 | 13 |
|---|---|---|---|---|---|---|
| | | | Remedium an | | | Gesetzliche Ausgabe |
| Rohgewicht | Feinheit | Feingewicht | Feinheit | Rohgewicht | Gesetzliche Zahlkraft | respective Contingent |
| 15 $g$ $^{1)}$ | $\frac{800}{1000}$ | 12 $g$ | | | $^{1)}$ 20 Kronen | |
| 7·5 $g$ $^{2)}$ | | 6 $g$ | | | $^{2)}$ | |
| 5 $g$ $^{3)}$ | | 3 $g$ | | | $^{3)}$ | |
| 4 $g$ $^{4)}$ | $\frac{600}{1000}$ | 2·4 $g$ | | | $^{4)}$ 5 Kronen | |
| 2·420 $g$ $^{5)}$ | | 1·452 $g$ | | | $^{5)}$ | |
| 1·450 $g$ $^{6)}$ | $\frac{400}{1000}$ | 0·580 $g$ | | | $^{6)}$ | |
| 8 $g$ | 95 Theile Kupfer | | | | 1 Krone | |
| 4 $g$ | 4 „ Zinn | | | | | |
| 2 $g$ | 1 Theil Zink | | | | | |
| 28·276 $g$ | | 26·155 $g$ | 1 Pennyw. | 1 Pennyw | 40 sh. oder 2 ₤ Sterling | besondere gesetzliche Verfügung |
| 14·138 $g$ | | 13·077 $g$ | | | | |
| 11·310 $g$ | | 10·461 $g$ | | | | |
| 5·655 $g$ | $\frac{925}{1000}$ | 5·230 $g$ | | | | |
| 2·828 $g$ | | 2·615 $g$ | | | | |
| 1·885 $g$ | | 1·743 $g$ | | | | |
| 1·414 $g$ | | 1·307 $g$ | | | | |
| 0·942 $g$ | | 0·871 $g$ | | | | |
| 0·471 $g$ | | 0·435 $g$ | | | | |
| 9·450 $g$ | | | | | Kupfer 6 sh. | ebenso |
| 5·670 $g$ | | | | | | |
| 2·830 $g$ | | | | | | |
| Silber-Rupie entsprechend | | | | | bis 1 Rupie Silber | |
| 2·610 $g$ | | | | | bis 1 Rupie Silber | |
| 4·079 $g$ | $\frac{500}{1000}$ | 2·039 $g$ | | | 3 Rubel | |
| 3·059 $g$ | | 1·529 $g$ | | | | |
| 2·039 $g$ | | 1·019 $g$ | | | | |
| 1·019 $g$ | | 0·509 $g$ | | | | |
| 25·5945 $g$ = 5 Kopeken Kupfer | | | | | 3 Rubel | |
| 16·352 = 5 Kopeken Bronze | | | | | | |
| 12·50 $g$ | $\frac{900}{1000}$ | 11·25 $g$ | | | 5 Dollars | besonderes Gesetz |
| 6·25 $g$ | | 5·625 $g$ | | | | |
| 5·00 $g$ | | 4·50 $g$ | | | | |
| 2·50 $g$ | | 2·25 $g$ | | | | |
| 5·000 $g$ | 75 Theile Kupfer | | | | | |
| 1·944 $g$ | 25 „ Nickel | | | | | |
| 3·110 $g$ | ganz fein | | | | | |

| 1 | 2 | 3 | 4 | 5 | 6 | 7 | 8 | 9 |
|---|---|---|---|---|---|---|---|---|
| Länder | Gesetzliche Bestimmung | Münz-Metall | Name der Münze | Münzfuß | Münzgröße (Durchmesser) | Stückelung | Rohgewicht | Feinheit |
| Österreichisch-ungarische Monarchie | Pat. v. 19./9. 1857, Nr. 169 R. G. Bl. Vertrag v. 13./6. 1867,[1] Nr. 122 R. G. Bl. | Silber | Vereinsthaler | 30 aus 1 Pfd. fein | 1 Th. = 33 mm 2 Th. = 41 mm | 1 Thaler 2 „ | 18·5185 g | $\frac{900}{1000}$ |
| | Pat. v. 19./9. 1857, Nr. 169 R. G. Bl., Art. 19 | Silber | Levantiner-Thaler | 12 Thaler aus 1 Wiener Mark fein = 0·561288 ℔ oder 0·280644 kg | — | — | 28·0668 g | $\frac{833\frac{1}{3}}{1000}$ |
| | Pat. v. 19./9. 1857, Nr. 169 R. G. Bl., Art. 20 | Gold | Ducaten | 81 $^{189}/_{244}$ aus 1 Wiener Mark fein | — | 1fache Ducaten 4fache „ | 3·4909 g | $\frac{986\frac{1}{9}}{1000}$ |
| | Ges. v. 9./3. 1870, Nr. 22 R. G. Bl | Gold | Goldmünzen zu 8 fl. und 4 fl. | aus 1 Münz-Pfd. ($^{81}/_{10}$) 155 à 4 fl. 77½ à 8 fl. | 4 fl. = 19 mm 8 fl. = 21 mm | 4 fl.-Stücke 8 fl.-Stücke | 3·22580 g 6·45161 g | $\frac{900}{1000}$ |
| Britisch-Indien | Ges. v. 1./1. 1853 | Gold | Mohur | 1 Mohur = 1 neues Tola | — | 1 Mohur oder 15 Rupien ⅔ Mohur oder 10 Rupien ⅓ Mohur oder 5 Rupien 2 Mohur oder 30 Rupien | 11·6638 g | $\frac{916\frac{2}{3}}{1000}$ |
| Niederlande | Ges. v. 26./11. 1847 | Gold | Ducaten (Doppelducaten) | — | — | 1 Ducaten 2 „ | 3·494 g 6·988 g | $\frac{983}{1000}$ |
| Vereinigte Staaten | Ges. v. 12./2. 1873 | Silber | Trade-Dollar | auf 1 amerik. ℔ rauh = 13·715 Stück (1 amerik. ℔ = 373·242 g) | — | 1 Trade Dollar | 27·2156 g | $\frac{900}{1000}$ |

[1] In Gemäßheit des Art. 2 dieses Vertrages sind vom Schlusse des Jahres 1867 an keine Vereinsthaler mehr geprägt worden.

münzen.

| 10 | 11 | | 12 | 13 | 14 | | |
|---|---|---|---|---|---|---|---|
| Feingewicht | Remedium an | | Passiergewicht | Gesetzliche Zahlkraft | Prägung für Parteien | | |
| | Feinheit | Rohgewicht | | | Recht | Kosten | |
| 16·6667 $g$ | $\frac{3}{1000}$ | 2 Thaler $= \frac{3}{1000}$ 1 Thaler $= \frac{4}{1000}$ | — | 1 fl. 50 kr. ö. W. | aufgehoben | — | |
| 23·3890 $g$ | — | — | — | keine; früher 2 fl. Conv. Münze | frei | 1½ % | |
| 3·4424 $g$ | — | — | 3·487 bei Zollzahlungen | Zollzahlungen 4 fl. 74 kr. in Gold, Cassacurs 4 fl. 80 kr. | frei | ½ % vom Werte | |
| 5 2·9032 $g$ ·80645 $g$ | $\frac{1}{1000}$ | $\frac{2}{1000}$ | 4 fl. = 3·220 8 fl. = 6·440 | Zoll 8 fl. resp. 4 fl., Cassacurs 8 fl. 10 kr. resp. 4 fl. 5 kr. | frei | ½ % vom Werte | |
| 10·6918 $g$ | — | — | — | keine | frei | 1 % resp. 1¼ % | |
| 3·4346 $g$ 6·8692 $g$ | $\frac{½}{1000}$ | $\frac{1½}{1000}$ $\frac{1}{1000}$ bei Doppel-Dukaten | — | — | frei | 3 fl. per Klgr. | |
| 24·494 $g$ | $\frac{3}{1000}$ | 1½ Troygrän oder $\frac{1}{280}$ | — | seit 1876 nur Handelsmünze | seit 1878 nicht mehr geprägt | | |

Tabelle 12.

# Rechnungswert verschiedener Währungsmünzeinheiten in österreichischer Währung.

### Rechnungsmaß: Das Feingewicht und die französische Relation: 1 : 15½.

| | |
|---|---|
| 1 Gulden niederländischer Währung, Gold oder Silber . . . . . . . . . | = 85·05 kr. österr. Währ. |
| 1 Franc der lateinischen Münz-Union, Gold oder Silber . . . . . | = 40·5 „ „ „ |
| 1 Krone der scandinavischen Münz-Union . . . . . . . . . . | = 54 „ „ „ |
| 1 Mark der R. W. . . . . . . . . . . | = 50 „ „ „ |
| 1 engl. £ Sterling . . . . . . . . . . . | = 10 fl. 21 kr. (21·475) kr. österr. Währ. |
| 1 mexikan. Peso oder harter Piaster (24·4330 Gramm fein) . . . . | = 2 „ 20 „ (19·9) „ „ „ |
| 1 Trade Dollar d. B. St. v. Nordamerika (24·4935 Gramm fein) . . | = 2 „ 20 „ (20·45) „ „ „ |
| 1 Standard Dollar (24·0566 Gramm fein) . . . . . . . . . | = 2 „ 16 „ österr. Währ. |
| 1 Indische Rupie, Comp. . . . . . . . . . | = 96 „ österr. Währ. (96·23) |
| 1 russischer Silber-Rubel alten Courants (17·9961 Gramm fein) . . | } 1 fl. 62 kr. (61·965) kr. österr. Währ. |
| 1 „ „ von 1886 (17·996 Gramm fein) . . . . | |
| 1 spanischer Duro = 5 Pesetas (22·5 Gramm fein) . . . . . . . | = 2 „ 02½ „ kr. österr. Währ. |
| 1 portugiesische Krone . . . . . . . . . | = 22 „ 68 kr. (67·865) kr. österr. Währ |

Nach dem 19. Jahres-Münzberichte des Directors der Münzen der Vereinigten Staaten wurde für den 1. October 1891 in Gemäßheit des Gesetzes vom 14. Juli 1890 der Handelswert des österr. Silberguldens mit 35·7 Cents, der indischen Rupie mit 34·3 Cents, des mexicanischen Dollars mit 78·5 Cents und des russischen Silberrubels mit 58·8 Cents vom Schatzsecretär nach dem innern Werte derselben festgestellt. Die Silber-Münzen von Ländern mit Gold- oder Doppelwährung sind in der Parität der Goldmünzen gehalten.

———————

# Erläuterungen.

Nebst den amtlichen Quellen wurde von Literatur benützt:

H. v. Habdank-Hankiewicz: Bestimmungen über Münzwesen, Staatspapiergeld und Staatsschuld in Österreich. Wien, 1887.

J. Gruber: Die österreichische Gesetzgebung über Münze. Papiergeld und Geldzahlungen. Wien, 1886.

Brabel J.: Über Staats-Crediteffecten, Münzen und Wechsel. Wien 1889.

R. Koch: Die Reichsgesetzgebung über Münz- und Bankwesen ꝛc. Berlin, 1885.

Noback Friedrich: Münz-, Maß- und Gewichtsbuch. 2 Auflage. Leipzig, 1877.

H. Costes: Question monétaire. Paris, 1884.

Österreichische statistische Monatschrift, XI. Jahrgang, XI. und XII. Heft. Wien, 1885.

Reports of the director of the mint. Washington.

# Dritter Abschnitt.

# Edelmetallmarkt. Wert der Edelmetalle. Wertverhältnis zwischen Gold und Silber.

### Tabellen 13—23.

Tabelle 18.

# Silber-Preis in London 1851—1891.

## Berechnete Wertrelation zwischen Gold und Silber 1493—1891.

| Jahre | Silber-Preis per Unze Standard, nach den Marktberichten von Pixley & Abell | | | Nach dem Jahres-Durchschnittspreise berechnete Wertrelation*) | Jahre | Silber-Preis per Unze Standard, nach den Marktberichten von Pixley & Abell | | | Nach dem Jahres-Durchschnittspreise berechnete Wertrelation*) |
|---|---|---|---|---|---|---|---|---|---|
| | Maximum | Jahres-Durchschnitt | Minimum | | | Maximum | Jahres-Durchschnitt | Minimum | |
| vor 1500 | . . . . | . . . . | . . . . | ca 10 1/2 | 1861 | 61 1/4 | 60 13/16 | 60 1/8 | 15·38 |
| 1501—1520 | . . . . | . . . . | . . . . | 10·75 | 1862 | 61 7/8 | 61 7/16 | 61 | 15·32 |
| 1521—1540 | . . . . | . . . . | . . . . | 11·25 | 1863 | 61 3/4 | 61 3/8 | 61 | 15·29 |
| 1541—1560 | . . . . | . . . . | . . . . | 11·30 | 1864 | 62 1/2 | 61 3/8 | 60 5/8 | 15·29 |
| 1561—1580 | . . . . | . . . . | . . . . | 11 1/2 | 1865 | 61 7/8 | 61 1/16 | 60 1/2 | 15·32 |
| 1581—1600 | . . . . | . . . . | . . . . | 11·80 | 1866 | 62 1/4 | 61 1/8 | 60 3/8 | 15·27 |
| 1601—1620 | . . . . | . . . . | . . . . | 12·25 | 1867 | 61 1/4 | 60 9/16 | 60 5/16 | 15·40 |
| 1621—1640 | . . . . | . . . . | . . . . | 14 | 1868 | 61 1/8 | 60 1/2 | 60 1/8 | 15·52 |
| 1641—1660 | . . . . | . . . . | . . . . | 14 1/2 | 1869 | 61 | 60 7/16 | 60 | 15·53 |
| 1661—1700 | . . . . | . . . . | . . . . | 15 | 1870 | 62 | 60 9/16 | 60 3/8 | 15·45 |
| 1701—1720 | . . . . | . . . . | . . . . | 15·21 | 1871 | 61 | 60 1/2 | 60 3/16 | 15·51 |
| 1721—1740 | . . . . | . . . . | . . . . | 15·08 | 1872 | 61 1/8 | 60 5/16 | 59 1/4 | 15·56 |
| 1741—1760 | . . . . | . . . . | . . . . | 14·75 | 1873 | 59 15/16 | 59 1/4 | 57 7/8 | 15·95 |
| 1761—1780 | . . . . | . . . . | . . . . | 14·73 | 1874 | 59 1/2 | 58 5/16 | 57 1/4 | 16·05 |
| 1781—1800 | . . . . | . . . . | . . . . | 15·09 | 1875 | 57 5/8 | 56 7/8 | 55 1/2 | 16·54 |
| 1801—1810 | . . . . | . . . . | . . . . | 15·61 | 1876 | 58 1/2 | 52 3/4 | 46 3/4 | 17 72 |
| 1811—1820 | . . . . | . . . . | . . . . | 15·51 | 1877 | 58 1/4 | 54 13/16 | 53 1/2 | 17·24 |
| 1821—1830 | . . . . | . . . . | . . . . | 15·80 | 1878 | 55 1/4 | 52 9/16 | 49 1/2 | 17·96 |
| 1831—1840 | . . . . | . . . . | . . . . | 15·75 | 1879 | 53 3/4 | 51 1/4 | 48 7/8 | 18 31 |
| 1841—1850 | . . . . | . . . . | . . . . | 15·83 | 1880 | 52 7/8 | 52 1/4 | 51 5/8 | 18·00 |
| 1851 | 61 5/8 | 61 | 60 | 15·35 | 1881 | 52 7/8 | 51 11/16 | 50 7/8 | 18·15 |
| 1852 | 61 7/8 | 60 1/2 | 59 7/8 | 15·42 | 1882 | 52 7/16 | 51 5/8 | 50 | 18·17 |
| 1853 | 62 3/8 | 61 1/2 | 60 5/8 | 15·35 | 1883 | 51 3/16 | 50 9/16 | 50 | 18·62 |
| 1854 | 61 7/8 | 61 1/2 | 60 7/8 | 15·22 | 1884 | 51 3/8 | 50 5/8 | 49 1/2 | 18·58 |
| 1855 | 61 5/8 | 61 5/16 | 60 | 15·32 | 1885 | 50 | 48·48 | 47 1/4 | 19·45 |
| 1856 | 62 1/4 | 61 5/16 | 60 1/2 | 15·31 | 1886 | 46 7/8 | 45·34 | 42 3/8 | 20·79 |
| 1857 | 62 3/8 | 61 3/4 | 61 | 15·24 | 1887 | 47 1/8 | 44·61 | 43 1/4 | 21·13 |
| 1858 | 61 7/8 | 61 5/16 | 60 3/4 | 15·26 | 1888 | 44 9/16 | 42·71 | 41 5/8 | 22·07 |
| 1859 | 62 3/4 | 62 1/16 | 61 3/4 | 15·22 | 1889 | 44 3/8 | 42·73 | 41 15/16 | 22·06 |
| 1860 | 62 3/8 | 61 11/16 | 61 1/8 | 15 25 | 1890 | 54 5/8 | 47·70 | 43 5/8 | 19 77 |
| | | | | | 1891 | 48 3/4 | 45·06 | 43 1/2 | 20 93 |

*) Für die historische Zeit nach Soetbeer.

Tabelle 14.

# Wert der in den Jahren 1493—1890 producierten Edelmetalle.

## Summen in 1000 Mark deutscher Reichswährung.

| Jahre | Gold | Silber | Procentverhältnis | | Gold und Silber | 1 kg Silber zu Mark |
|---|---|---|---|---|---|---|
| | | | Gold | Silber | | |
| 1493—1520 | 453.096 | 342.160 | 57·0 | 43·0 | 795.256 | 260 |
| 1521—1544 | 479.424 | 536.880 | 47·2 | 52·8 | 1,016.304 | 248 |
| 1545—1560 | 379.872 | 1,231.440 | 23·6 | 76·4 | 1,611.312 | 247 |
| 1561—1580 | 381.660 | 1,455.580 | 20·8 | 79·2 | 1,837.240 | 243 |
| 1581—1600 | 411.800 | 1,977.200 | 17·2 | 82·8 | 2,389.000 | 236 |
| 1601—1620 | 475.420 | 1,928.420 | 19·8 | 80·2 | 2,403.840 | 228 |
| 1621—1640 | 463.140 | 1,566.520 | 22·8 | 77·2 | 2,029.660 | 199 |
| 1641—1660 | 489.360 | 1,406.600 | 25·8 | 74·2 | 1,895.960 | 192 |
| 1661—1680 | 516.700 | 1,253.640 | 29·2 | 70·8 | 1,770.340 | 186 |
| 1681—1700 | 600.680 | 1,271.860 | 32·1 | 67·9 | 1,872.540 | 186 |
| 1701—1720 | 715.360 | 1,301.500 | 35·5 | 64·5 | 2,016.860 | 183 |
| 1721—1740 | 1,064.660 | 1,595.440 | 40·0 | 60·0 | 2,660.100 | 185 |
| 1741—1760 | 1,373.240 | 2,015.280 | 40·5 | 59·5 | 3,388.520 | 189 |
| 1761—1780 | 1,155.340 | 2,480.420 | 31·8 | 68·2 | 3,635.760 | 190 |
| 1781—1800 | 992.680 | 3,252.520 | 23·4 | 76·6 | 4,245.200 | 185 |
| 1801—1810 | 496.000 | 1,600.530 | 23·7 | 76·3 | 2,096.530 | 179 |
| 1811—1820 | 319.320 | 973.390 | 24·7 | 75·3 | 1,292.710 | 180 |
| 1821—1830 | 396·630 | 815.190 | 32·7 | 67·3 | 1,211.820 | 177 |
| 1831—1840 | 566.060 | 1,055.720 | 34·9 | 65·1 | 1,621.780 | 177 |
| 1841—1850 | 1,527.770 | 1,373.530 | 52·7 | 47·3 | 2,901.300 | 176 |
| 1851—1855 | 2,781.540 | 801.935 | 77·6 | 22·4 | 3,583.475 | 181 |
| 1856—1860 | 2,814.495 | 823.545 | 77·4 | 22·6 | 3,638.040 | 182 |
| 1861—1865 | 2,581.630 | 996.540 | 72·1 | 27·9 | 3,578.170 | 181 |
| 1866—1870 | 2,720.695 | 1,198.480 | 69·4 | 30·6 | 3,919.175 | 179 |
| 1871—1875 | 2,426.035 | 1,723.245 | 58·5 | 41·5 | 4,149.280 | 175 |
| 1876—1880 | 2,405.225 | 1,910.310 | 55·7 | 44·3 | 4,315.535 | 156 |
| 1881—1885 | 2,162.530 | 2,106.270 | 50·7 | 49·3 | 4,268.800 | 150 |
| 1886—1889 | 1,839.736 | 1,853.292 | 49·8 | 50·2 | 3,693.028 | 130 |
| 1493—1850 | 13,258.212 | 29,433.820 | 31·1 | 68·9 | 42,692.032 | . . . . . . . |
| 1851—1870 | 10,898.360 | 3,820.500 | 74·1 | 25·9 | 14,718.860 | . . . . . . . |
| 1851—1889 | 19,731.886 | 11,413.617 | 63·4 | 36·6 | 31,145.503 | . . . . . . . |
| 1871—1889 | 8,833.526 | 7,593.117 | 53·8 | 46·2 | 16,426.643 | . . . . . . . |

**Tabelle 16.**

# Vergleichung des Marktpreises der Unze Standard Gold in London mit dem gesetzlichen Münzpreise.

## 1878 — 1891.

(1 Unze Standard Gold = 77·875 sh.)

| Monat | 1878 sh. | 1878 d. | 1879 sh. | 1879 d. | 1880 sh. | 1880 d. | 1881 sh. | 1881 d. | 1882 sh. | 1882 d. | 1883 sh. | 1883 d. | 1884 sh. | 1884 d. | 1885 sh. | 1885 d. | 1886 sh. | 1886 d. | 1887 sh. | 1887 d. | 1888 sh. | 1888 d. | 1889 sh. | 1889 d. | 1890 sh. | 1890 d. | 1891 sh. | 1891 d. |
|---|---|---|---|---|---|---|---|---|---|---|---|---|---|---|---|---|---|---|---|---|---|---|---|---|---|---|---|---|
| Jänner | · · | · · | 77 | 9 | 77 | 9 | 77 | 9·000 | · · | · · | 77 | 9·000 | 77 | 9·000 | 77 | 9·900 | 77 | 9·000 | 77 | 9·000 | 77 | 9·500 | 77 | 9 | 77 | 9 | 77 | 10 |
| Februar | 77 | 10·000 | 77 | 9 | 77 | 9 | 77 | 9·400 | 77 | 9·000 | 77 | 9·000 | 77 | 9·000 | 77 | 9·500 | 77 | 9·000 | 77 | 9·000 | 77 | 9·000 | 77 | 9 | 77 | 9 | 77 | 10 |
| März | 77 | 10·000 | 77 | 9 | 77 | 9 | 77 | 9·000 | 77 | 9·000 | 77 | 9·000 | 77 | 9·000 | 77 | 9·000 | 77 | 9·500 | 77 | 9·000 | 77 | 9·000 | 77 | 9 | 77 | 9 | 77 | 9 |
| April | 77 | 10·000 | 77 | 9 | 77 | 9 | 77 | 9·000 | 77 | 10·500 | 77 | 10·000 | 77 | 9·000 | 77 | 9·000 | 77 | 9·000 | 77 | 9·000 | 77 | 10·000 | 77 | 9 | 77 | 9·25 | 77 | 9 |
| Mai | 77 | 9·500 | 77 | 9 | 77 | 9 | 77 | 9·000 | 77 | 9·000 | 77 | 9·000 | 77 | 9·300 | 77 | 9·000 | 77 | 9·000 | 77 | 9·000 | 77 | 9·750 | 77 | 9 | 77 | 9·75 | 77 | 9 |
| Juni | 77 | 9·500 | 77 | 9 | 77 | 9 | 77 | 9·000 | 77 | 9·500 | 77 | 9·000 | 77 | 10·000 | 77 | 9·250 | 77 | 9·000 | 77 | 9·000 | 77 | 9·000 | 77 | 9 | 77 | 10 | 77 | 9·50 |
| Juli | 77 | 9·500 | 77 | 9 | 77 | 9 | 77 | 9·000 | 77 | 10·000 | 77 | 9·000 | 77 | 9·500 | 77 | 9·000 | 77 | 9·000 | 77 | 9·000 | 77 | 9·000 | 77 | 9 | 77 | 9 | 77 | 9·25 |
| August | 77 | 9·500 | 77 | 9 | 77 | 9 | 77 | 10·000 | 77 | 9·000 | 77 | 9·000 | 77 | 10·000 | 77 | 9·750 | 77 | 9·000 | 77 | 9·000 | 77 | 9·200 | 77 | 9 | 77 | 9 | 77 | 9·25 |
| September | 77 | 9·000 | 77 | 9 | 77 | 9 | 77 | 9·000 | 77 | 9·000 | 77 | 9·000 | 77 | 9·500 | 77 | 9·500 | 77 | 9·000 | 77 | 9·000 | 77 | 9·000 | 77 | 9 | 77 | 10 | 77 | 10 |
| October | 77 | 9·000 | 77 | 9 | 77 | 9 | 77 | 9·500 | 77 | 9·000 | 77 | 9·500 | 77 | 9·500 | 77 | 9·750 | 77 | 9·000 | 77 | 9·000 | 77 | 9·000 | 77 | 9 | 77 | 9 | 77 | 11 |
| November | 77 | 9·000 | 77 | 9 | 77 | 9 | 77 | · | 77 | 9·500 | 77 | 9·250 | 77 | 9·000 | 77 | 9·500 | 77 | 9·000 | 77 | 9·000 | 77 | 9·000 | 77 | 9 | 77 | 11 | 77 | 11·50 |
| December | 77 | 9·000 | 77 | 9 | 77 | 9 | · · | · · | 77 | 9·000 | 77 | 9·000 | 77 | 9·000 | 77 | 9·000 | 77 | 9·500 | 77 | 9·500 | 77 | 9·000 | 77 | 9 | 77 | 11 | 77 | 11·50 |
| Jahres-Durchschnitt | 77 | 9·455 (77·788) | 77 | 9 (77·75) | 77 | 9 (77·75) | 77 | 9·136 (77·761) | 77 | 9·818 (77·763) | 77 | 9·146 (77·762) | 77 | 9·292 (77·774) | 77 | 9·188 (77·7637) | 77 | 9·083 (77·757) | 77 | 9·042 (77·7535) | 77 | 9·188 (77·7657) | 77 | 9 (77·75) | 77 | 9·4164 (77·7847) | 77 | 10·226 (77·8624) |
| Maximum | 77 | 10·000 | | | | | 77 | 10·000 | 77 | 10·500 | 77 | 10·000 | 77 | 10·000 | 77 | 9·750 | 77 | 9·500 | 77 | 9·500 | 77 | 10·000 | | | 77 | 11 | 77 | 11·5 |
| Minimum | 77 | 9·000 | | | | | 77 | 9·000 | 77 | 9·000 | 77 | 9·000 | 77 | 9·000 | 77 | 9·000 | 77 | 9·000 | 77 | 9·000 | 77 | 9·000 | | | 77 | 9 | 77 | 9 |
| Differenz zwischen Maximum und Minimum | | 1·000 | | | | | | 1·000 | | 1·500 | | 1·000 | | 1·000 | | 0·750 | | 0·500 | | 0·500 | | 1·000 | | | | 2·000 | | 2·500 |
| Differenz geg. über dem Münzpreise | | — 0·087 sh. | | — 0·125 sh. | | — 0·125 sh. | | — 0·137 sh. | | — 0·0985 sh. | | — 0·113 sh. | | — 0·101 sh. | | — 0·1093 sh. | | — 0·118 sh. | | — 0·1215 sh. | | — 0·1083 sh. | | — 0·125 sh. | | — 0·0933 sh. | | — 0·0226 sh. |
| in Procenten | | — 0·11 | | — 0·16 | | — 0·16 | | — 0·14 | | — 0·12 | | — 0·14 | | — 0·13 | | — 0·14 | | — 0·15 | | — 0·156 | | — 0·14 | | — 0·16 | | — 0·12 | | — 0·03 |
| Größte Schwankung 1878—1891 | | — 0·13 % | | | | | | | | | | | | | | | | | | | | | | | | | | |

# Platzpreise von Gold und Silber

(Nach Costes: Question

| Jahre | Wertrelation gesetzliche | Wertrelation thatsächliche | Gold per Kilogramm fein 1000/1000 gesetzlicher Werth ohne Prägungskosten | nach dem Prägungstarife | thatsächlicher Platzpreis | thatsächlicher Platzpreis gegenüber dem Münzpreise + oder — | % |
|---|---|---|---|---|---|---|---|
| 1841 | 1 : 15·5 | 15·63 | 3.444 Frcs. 44 Cs. | aucien tarif 3.434 Frcs. 44 Cs., also weniger 10 Frcs. 1) | 3.455·04 | + 20·60 | — |
| 1842 | | 15·81 | | | 3.480·80 | + 46·36 | — |
| 1843 | | | | | 3.482·52 | + 48·08 | — |
| 1844 | | 15·78 | | | 3.477·37 | + 42·93 | — |
| 1845 | | | | | 3.477·37 | + 42·93 | — |
| 1846 | | 15·76 | | | 3.485·95 | + 51·51 | + 1·5 Maximum |
| 1847 | | 15·78 | | | 3.482·52 | + 48·08 | — |
| 1848 | | 15·73 | | | 3.475·65 | + 41·21 | — |
| 1849 | | 15·78 | | | 3.480·80 | + 46·36 | — |
| 1850 | | 15·54 | | | 3.436·15 | + 1·71 | — |
| **1841—1850** | | **15·74** | | | **3.473·42** | **+ 38·98** | **+ 1·1** |
| 1851 | | 15·52 | | | 3.434·44 | — | Parität |
| 1852 | | 15·49 | | | 3.444·70 | + 10·26 | |
| 1853 | | 15·45 | | nouveau tarif 1./IV. 1854 3437 Frcs. = 0·216% also weniger 7 Frcs. 44 Cs. | 3.432·73 | — 1·71 | |
| 1854 | | 15·34 | | | 3.426·69 | — 10·31 | — 0·298 Minimum |
| 1855 | | 15·48 | | | 3.433·95 | — 3·05 | |
| 1856 | | 15·46 | | | 3.455·04 | + 18·04 | |
| 1857 | | 15·32 | | | 3.456·66 | + 19·66 | |
| 1858 | | 15·48 | | | 3.434·44 | — 2·56 | |
| 1859 | | 15·33 | | | 3.434·44 | — 2·56 | |
| 1860 | | 15·37 | | | 3.434·58 | — 2·42 | |
| **1851—1860** | | **15·42** | | | **3.439·35** | **+ 2·53** | **+ 0·07** |
| 1861 | | 15·46 | | | 3.443·50 | + 6·50 | |
| 1862 | | 15·40 | | | 3.438·18 | + 1·18 | |
| 1863 | | 15·37 | | | 3.440·07 | + 3·07 | |
| 1864 | | 15·38 | | | 3.446·60 | + 9·60 | |
| 1865 | | 15·54 | | | 3.442·67 | + 5·67 | |
| **1861—1865** | | **15·43** | | | **3.442·20** | **+ 5·20** | **+ 0·15** |
| **1851—1865** | | **15·42** | | | **3.440·28** | **+ 3·66** | **+ 0·11** |
| 1866 | | 15·34 | | | 3.436·27 | — 0·73 | |
| 1867 | | 15·51 | | | 3.438·87 | + 1·87 | |
| 1868 | | | | | 3.435·58 | — 1·42 | |
| 1869 | | 15·55 | | | 3.436·82 | — 0·18 | |
| 1870 | | | | | 3.437·99 | + 0·99 | |
| **1861—1870** | | **15·46** | | | **3.437·11** | **+ 0·11** | **+ 0·003** |
| 1871 | | 15·44 | | | 3.472·80 | + 35·80 | |
| 1872 | | 15·50 | | | 3.469·70 | + 32·70 | |
| **1866—1872** | | **15·50** | | 1841 bis 1872 mit Berücksichtigung des Tarifwechsels 3435 Frcs. 78 Cs. | **3.446·86** | **+ 9·86** | **+ 0·286** |
| **1841—1872** | | **15·54** | | | **3.451·90** | **+ 16·12** | **+ 0·466** |

Größe der Schwankung des Platzpreises . . . . . . . . . . . . . . . . . . . . . . . . . . . 1·798

# in Paris 1841 — 1872.

monétaire Seite 206.)

| Silber | | | | | Anmerkung |
|---|---|---|---|---|---|
| | | per Kilogramm fein $\frac{1000}{1000}$ | | | |
| gesetzlicher Wert ohne Prägungskosten | nach dem Prägungstarife | thatsächlicher Platzpreis | thatsächlicher Platzpreis gegenüber dem Münzpreise | | |
| | | | + oder — | % | |
| 222 Frcs. 22 Cs. | ancien tarif 218 Frcs. 88 Cs., also weniger 3 Frcs. 34 Cs. [1] | 220·31 | + 1·43 | | [1] Für die Jahre 1841—1849 resp. 1854 wurden die Prägungskosten nach dem damaligen gesetzlichen Tarife eingesetzt und sind dadurch Costes Daten berichtigt. |
| | | 220·09 | + 1·21 | | |
| | | 220·31 | + 1·43 | | |
| | | 220·42 | + 1·54 | | |
| | | 220·42 | + 1·54 | | |
| | | 221·18 | + 2·30 | | |
| | | 220·75 | + 1·87 | | |
| | nouveau tarif I./X. 1849 220 Frcs. 56 Cs. = 0·747 °/₀, also weniger 1 Frc. 66 Cs. | 220·86 | + 1·98 | | |
| | | 220·56 | — | Parität | |
| | | 221·07 | + 0·51 | Minimum + 0·23 | |
| | | **220·60** | **+ 1·40** | **+ 0·63** | |
| | | 221·29 | + 0·73 | | |
| | | 222·39 | + 1·83 | | |
| | | 222·17 | + 1·61 | | |
| | | 223·42 | + 2·86 | | |
| | | 221·85 | + 1·29 | | |
| | | 223·50 | + 2·94 | | |
| | | 225·56 | + 5·00 | Maximum + 2·266 | |
| | | 221·92 | + 1·36 | | |
| | | 224·05 | + 3·49 | | |
| | | 223·46 | + 2·90 | | |
| | | **222·67** | **+ 2·11** | **+ 0·9** | |
| | | 222·66 | + 2·10 | | |
| | | 223·24 | + 2·68 | | |
| | | 223·87 | + 3·31 | | |
| | | 224·13 | + 3·57 | | |
| | | 221·58 | + 1·02 | | |
| | | **223·10** | **+ 2·54** | **+ 1·2** | |
| | | **222·99** | **+ 2·43** | **+ 1·1** | |
| | | 223·97 | + 3·41 | | |
| | | 221·76 | + 1·20 | | |
| | | 220·89 | + 0·33 | | |
| | | 221·02 | + 0·46 | | |
| | | 221·03 | + 0·47 | | |
| | | **221·73** | **+ 1·17** | **+ 0·5** | |
| | | 224·84 | + 4·28 | | |
| | | 223·03 | + 2·47 | | |
| | 1841 bis 1872 mit Berücksichtigung des Tarifwechsels 220 Frcs. 14 Cs. | **222·36** | **+ 1·80** | **+ 0·8** | |
| | | **222·11** | **+ 1·97** | **+ 0·89** | |
| . . . . . . . . | . | . . . . . . . | . . . . . . . . . | 2·036 | |

# Wert des Pfundes Sterling in Unzen Silber, respective im internationalen Handel gegen Silberwährung 1841—1872.

| Jahre | Silberpreis per Unze Standard in Pence | 1 £ = x Unzen Standard Silber | Maximum Minimum | Differenz zum Ge-sammt-Durchschnitte 3·9604 | Schwankung | | |
|---|---|---|---|---|---|---|---|
| | | | | | größte | in Procenten | |
| 1841 | 60·1250 | 3·9913 | | | | | |
| 1842 | 59·5000 | 4·0336 | | | | | |
| 1843 | 59·1875 | 4·0549 | | | | | |
| 1844 | 59·5000 | 4·0336 | | | | | |
| 1845 | 59·2500 | 4·0506 | | | | | |
| **1841—1845** | **59·5125** | **4·0328** | . . . . . . . | **+ 0·0724** | | **+ 1·88** | |
| 1846 | 59·0000 | 4·0678 | Maximum | + 0·1074 | | + 2·70 | |
| 1847 | 59·6875 | 4·0209 | | | | | |
| 1848 | 59·3950 | 4·0407 | | | | | |
| 1849 | 59·7500 | 4·0167 | | | | | |
| 1850 | 60·0625 | 3·9958 | | | | | |
| **1846—1850** | **59·5790** | **4·0284** | . . . . . . . | **+ 0·0680** | | **+ 1·70** | |
| 1851 | 61·0000 | 3·9344 | | | | | |
| 1852 | 60·5000 | 3·9669 | | | | | |
| 1853 | 61·5000 | 3·9024 | | | | | |
| 1854 | 61·5000 | 3·9024 | | | 0·2007 | | 5·06% |
| 1855 | 61·3125 | 3·9144 | | | | | |
| **1851—1855** | **61·1625** | **3·9241** | . . . . . . . | **— 0·0363** | | **— 0·90** | |
| 1856 | 61·3125 | 3·9144 | | | | | |
| 1857 | 61·7500 | 3·8866 | | | | | |
| 1858 | 61·3125 | 3·9144 | | | | | |
| 1859 | 62·0625 | 3·8671 | Minimum | — 0·0933 | | — 2·36 | |
| 1860 | 61·6875 | 3·8905 | | | | | |
| **1856—1860** | **61·6250** | **3·8946** | . . . . . . . | **— 0·0658** | | **— 1·66** | |
| 1861 | 60·8125 | 3·9466 | | | | | |
| 1862 | 61·4375 | 3·9064 | | | | | |
| 1863 | 61·3750 | 3·9104 | | | | | |
| 1864 | 61·3750 | 3·9104 | | | | | |
| 1865 | 61·0625 | 3·9304 | | | | | |
| **1860—1865** | **61·2125** | **3·9208** | . . . . . . . | **— 0·0396** | | **— 1·00** | |
| 1866 | 61·1250 | 3·9264 | | | | | |
| 1867 | 60·5625 | 3·9628 | | | | | |
| 1868 | 60·5000 | 3·9669 | | | | | |
| 1869 | 60·4375 | 3·9710 | | | | | |
| 1870 | 60·5625 | 3·9628 | | | | | |
| **1866—1870** | **60·6375** | **3·9580** | . . . . . . . | **— 0·0024** | | **— 0·06** | |
| 1871 | 60·5625 | 3·9628 | | | | | |
| 1872 | 60·2500 | 3·9800 | | | | | |
| **1860—1872** | **60·5714** | **3·9618** | . . . . . . . | **+ 0·0014** | | **+ 0·03** | |
| **1841—1872** | **00·6105** | **3·9604** | | | | | |

Tabelle 18.

# Berechneter effectiver Wert des Silbergeldes der Doppelwährung der lateinischen Münzunion 1873—1891.[1]

| Jahre | Relation zwischen Gold und Silber | Gesetzlicher Silber-Münz-wert ohne Prägekosten | Preis per Kilogramm feines Silber $\frac{1000}{1000}$ in Francs | Gegenüber der Münzparität | |
|---|---|---|---|---|---|
| | | | | — um | in Procenten |
| 1873 | 15·09 | 222·22 | Maximum 216·63 | 5·59 | — 2·50 |
| 1874 | 16·17 | . . . . . . . . | 213·01 | 9·21 | . . . . . . . . . |
| 1875 | 16·58 | . . . . . . . . | 207·75 | 14·47 | . . . . . . . . . |
| **1873—1875** | **16·22** | . . . . . . . . | **212·46** | **9·76** | **— 4·39** |
| 1876 | 17·75 | . . . . . . . . | 194·04 | 28·18 | . . . . . . . . . |
| 1877 | 17·22 | . . . . . . . . | 200·00 | 22·22 | . . . . . . . . . |
| 1878 | 17·96 | . . . . . . . . | 191·79 | 30·43 | . . . . . . . . . |
| 1879 | 18·44 | . . . . . . . . | 186·79 | 35·43 | . . . . . . . . . |
| 1880 | 18·11 | . . . . . . . . | 190·19 | 32·03 | . . . . . . . . . |
| **1876—1880** | **17·90** | . . . . . . . . | **192·56** | **29·66** | **— 13·35** |
| **1873—1880** | **17·27** | . . . . . . . . | **200·03** | **22·19** | **— 9·98** |
| 1881 | 18·21 | . . . . . . . . | 189·15 | 33·07 | . . . . . . . . . |
| 1882 | 18·21 | . . . . . . . . | 189·15 | 33·07 | . . . . . . . . . |
| 1883 | 18·64 | . . . . . . . . | 184·80 | 37·42 | . . . . . . . . . |
| 1884 | 18·62 | . . . . . . . . | 184·99 | 37·23 | . . . . . . . . . |
| 1885 | 19·45 | . . . . . . . . | 177·09 | 45·13 | . . . . . . . . . |
| **1881—1885** | **18·63** | . . . . . . . . | **185·04** | **37·18** | **— 18·07** |
| 1886 | 20·79 | . . . . . . . . | 165·67 | 56·54 | . . . . . . . . . |
| 1887 | 21·13 | . . . . . . . . | 163·01 | 59·21 | . . . . . . . . . |
| 1888 | 22·07 | . . . . . . . . | Minimum 156·07 | 66·15 | — 29·77 |
| 1889 | 22·06 | . . . . . . . . | 156·14 | 66·08 | . . . . . . . . . |
| 1890 | 19·77 | . . . . . . . . | 174·22 | 48·00 | . . . . . . . . . |
| **1886—1890** | **21·16** | . . . . . . . . | **162·77** | **59·45** | |
| **1891** | **20·93** | . . . . . . . . | **164·57** | **57·65** | |

[1] Hinsichtlich der Beschränkung und Sistirung der freien Silberprägung vergleiche die Anmerkung zur Tabelle 9.

Tabelle 19.

# Wechselcurse London auf Berlin 1878—1891.

| Jahre | Berlin, 3 Monate per 1 £ in deutscher Reichs-Währung | Maximum Minimum | Gegenüber der Parität per 20·42 + | Schwankungs-Procent gegenüber der Parität | Größte Schwankung in Procenten |
|---|---|---|---|---|---|
| 1878 | 20·610 | . . . . . . . . | 0·190 | 0·93 | |
| 1879 | 20·580 | . . . . . . . . | 0·160 | 0·78 | |
| 1880 | 20·610 | . . . . . . . . | 0·190 | 0·93 | |
| 1881 | 20·690 | Minimum | 0·270 | **1·32** | |
| 1882 | 20·680 | . . . . . . . . | 0·260 | 1·27 | |
| 1883 | 20·650 | . . . . . . . . | 0·230 | 1·12 | } 1% |
| 1884 | 20·480 | Maximum | 0·060 | **0·29** | |
| 1885 | 20·600 | . . . . . . . . | 0·180 | 0·88 | |
| 1886 | 20·540 | . . . . . . . . | 0·120 | 0·58 | |
| 1887 | 20·550 | . . . . . . . . | 0·130 | 0·63 | |
| 1888 | 20·550 | . . . . . . . . | 0·130 | 0·63 | |
| 1889 | 20·625 | . . . . . . . . | 0·205 | 1·00 | |
| 1890 | 20·624 | . . . . . . . . | 0·204 | 1·00 | |
| 1891 | 20·550 | . . . . . . . . | 0·130 | 0·63 | |

**Tabelle 20.**

# Die preußische Silberwährung und der Preis des Barrensilbers (Hamburger Mark Banco).

## Berechnung des Wertes des preußischen Thalers 1841—1869.[1])

| Jahre | Berechnete Metallparität x preußische Thaler für 300 Hamburger Mark Banco | Cours der preußischen Thaler in Hamburg: höchster | Cours der preußischen Thaler in Hamburg: niedrigster | Cours der preußischen Thaler in Hamburg: durchschnittlicher | Durchschnitts-Wechselcours Berlin auf Hamburg per 300 Mark Banco | Vergleich mit der Parität: + oder — | Vergleich mit der Parität: % (per 100 Thaler) | Größte Schwankung der Procent-Abweichung | Durchschnittscours für Sichtwechsel Hamburg auf Berlin [3]) | Vergleich mit der Parität [1]): + oder — | Vergleich mit der Parität [1]): % (per 100 Thaler) | Größte Schwankung der Procent-Abweichung |
|---|---|---|---|---|---|---|---|---|---|---|---|---|
| 1841—1850 | [2]) 151·35 | 149·0625 | 151·6875 | 150·3125 | . . . . . . | + 1·0375 | + 0·680 | . . . . . . | . . . . . . | . . . . . . | . . . . . . | |
| 1850 | . . . . . . | . . . . . . | . . . . . . | . . . . . . | . . . . . . | . . . . . . | . . . . . . | . . . . . . | 151 9/16 | — 1/16 | — 0·040 | |
| 1851 | . . . . . . | 150·0000 | 151·6250 | 150·8125 | . . . . . . | + 0·5375 | + 0·350 | . . . . . . | 151 7/16 | + 1/16 | + 0·040 | |
| 1852 | . . . . . . | 151·0000 | 152·7500 | 152·0000 | . . . . . . | — 0·6500 | — 0·430 | . . . . . . | 152 11/16 | — 1 3/16 | — 0·780 | |
| 1853 | . . . . . . | 150·7500 | 152·8750 | 152·0000 | . . . . . . | — 0·6500 | — 0·430 | . . . . . . | 152 7/8 | — 1 3/8 | — 0·907 | |
| 1854 | . . . . . . | 148·2500 | 150·8750 | **149·3750** Maximum | . . . . . . | + **1·9750** | + **1·304** | | **150 5/8** Maximum | + 7/8 | + **0·577** | |
| 1855 | . . . . . . | 148·2500 | 152·2500 | 149·6875 | . . . . . . | + 1·6625 | + 1·097 | **2·063%** | 150 3/4 | + 3/4 | + 0·496 | **2·64%** |
| 1856 | . . . . . . | 151·3750 | 153·2500 | **152·5000** Minimum | . . . . . . | — **1·1500** | — **0·759** | | **154 5/8** Minimum | — **3 1/8** | — **2·063** | |
| 1857 | . . . . . . | . . . . . . | . . . . . . | . . . . . . | 149·88 | + 1·4700 | + 0·970 | . . . . . . | 153 7/16 | — 1 15/16 | — 1·278 | |
| 1858 | . . . . . . | . . . . . . | . . . . . . | . . . . . . | 150·50 | + 0·8500 | + 0·570 | . . . . . . | 152 | — 1/2 | — 0·330 | |
| 1859 | . . . . . . | . . . . . . | . . . . . . | . . . . . . | **149·25** Maximum | + **2·1000** | + **1·387** | | 151 5/8 | — 1/8 | — 0·080 | |
| 1860 | . . . . . . | . . . . . . | . . . . . . | . . . . . . | 149·63 | + 1·7200 | + 1·136 | | 151 3/16 | + 5/16 | + 0·206 | |
| 1861 | . . . . . . | . . . . . . | . . . . . . | . . . . . . | 149·88 | + 1·4700 | + 0·970 | **1·321%** | 152 3/16 | — 11/16 | — 0·450 | |
| 1862 | . . . . . . | . . . . . . | . . . . . . | . . . . . . | 151·25 | + 0·1000 | + 0·066 | | 152 7/16 | — 15/16 | — 0·618 | |
| 1863 | . . . . . . | . . . . . . | . . . . . . | . . . . . . | 150·13 | + 1·2200 | + 0·806 | | 153 5/8 | — 2 1/8 | — 1·400 | |
| 1864 | . . . . . . | . . . . . . | . . . . . . | . . . . . . | **151·25** Minimum | + **0·1000** | + **0·066** | | 153 1/2 | — 2 | — 1·320 | |
| 1865 | . . . . . . | . . . . . . | . . . . . . | . . . . . . | 150·88 | + 0·4700 | + 0·310 | . . . . . . | 153 3/4 | — 2 1/4 | — 1·480 | |
| 1866 | . . . . . . | . . . . . . | . . . . . . | . . . . . . | . . . . . . | . . . . . . | . . . . . . | . . . . . . | 153 3/16 | — 1 13/16 | — 1·196 | |
| 1867 | . . . . . . | . . . . . . | . . . . . . | . . . . . . | . . . . . . | . . . . . . | . . . . . . | . . . . . . | 151 13/16 | — 5/16 | — 0·206 | |
| 1868 | . . . . . . | . . . . . . | . . . . . . | . . . . . . | . . . . . . | . . . . . . | . . . . . . | . . . . . . | 151 5/8 | — 1/8 | — 0·080 | |
| 1869 | . . . . . . | . . . . . . | . . . . . . | . . . . . . | . . . . . . | . . . . . . | . . . . . . | . . . . . . | 152 1/16 | — 9/16 | — 0·370 | |

**Anmerkung**

1) S. Soetbeer's Denkschrift.

2) Gesetzlich trat eine Änderung der Parität erst am 1. Juli 1868 ein. Danach sind 300 Hamburger Mark-Banco = 151·6854 Thaler.

Arendt berechnet die Parität für 1850 bis 1869 einheitlich mit 151 1/2 Thaler.

3) Aus Otto Arendt „Die internationale Zahlungsbilanz Deutschlands".

Tabelle 22.

# Mittelpreis des Silbers per Kilogramm fein in den im Reichsrathe vertretenen Königreichen und Ländern

am Erzeugungsorte (Hüttenbetrieb) und berechneter durchschnittlicher Jahresmarktpreis des Kilogramm Fein-Silber loco London in österreichischer Währung 1874—1890.

| Jahre | Mittelpreis am Erzeugungsorte pro Kilogramm (Jahrbuch des k. k. Ackerbauministeriums) | | Durchschnittlicher Preis per Unze Standard in London | Durchschnittlicher Wechselcurs in Wien auf London per 10 Pfd. Sterling | | Berechneter mittlerer Marktpreis von Silber in österreichischer Währung per 1 kg fein | | Mittelpreis + oder — Londoner Marktpreis | | Anmerkung |
|---|---|---|---|---|---|---|---|---|---|---|
| | fl. | kr. | Pence | fl. | kr. | fl. | kr. | fl. | kr. | |
| 1874 | 93 | 21·5 | 58·3125 | 110 | 91 | 93 | 73 | — .... | 51·5 | Engl. Standard Silber = 0·925 fein. |
| 1875 | 91 | 84·5 | 56·75 | 111 | 78 | 91 | 93 | — .... | 08·5 | 1 Unze = 28·75 g fein. |
| 1876 | 93 | 59·0 | 53·05 | 121 | 32 | 93 | 27 | + .... | 32·0 | 1 kg fein = 34·782608 Unzen Standard. |
| 1877 | 89 | 10·6 | 54·71 | 122 | 17 | 96 | 86 | — 7 | 75·4 | Fehler − $\frac{2}{100.000}$ |
| 1878 | 91 | 24·4 | 52·55 | 118 | 99 | 90 | 61 | + .... | 63·4 | 1 Pfund Sterling = 240 Pence. |
| 1879 | 89 | 9·0 | 51·31 | 117 | 30 | 87 | 22 | + 1 | 87·0 | |
| 1880 | 89 | 10·6 | 52·21 | 117 | 83 | 89 | 15 | — .... | 4·4 | |
| 1881 | 89 | 9 9 | 51·83 | 117 | 83 | 88 | 50 | + .... | 59·9 | |
| 1882 | 89 | 9·8 | 51·72 | 119 | 60 | 89 | 64 | — .... | 54·2 | |
| 1883 | 89 | 9·8 | 50·75 | 120 | ... | 88 | 25 | + .... | 84·8 | |
| 1884 | 89 | 9.8 | 50·63 | 121 | 89 | 89 | 43 | — .... | 33·2 | |
| 1885 | 89 | 9·4 | 43·48 | 124 | 92 | 87 | 76 | + 1 | 33·4 | |
| 1886 | 89 | 9·9 | 45·34 | 126 | 1 | 82 | 80 | + 6 | 29·9 | |
| 1887 | 89 | 15·9 | 44·61 | 126 | 61 | 81 | 85 | + 7 | 30·9 | |
| 1888 | 89 | 29·0 | 42·71 | 124 | 22 | 76 | 88 | + 12 | 41·0 | |
| 1889 | 89 | 9·0 | 42 73 | 120 | ... | 74 | 31 | + 14 | 78·0 | |
| 1890 | 89 | 10 | 47·70 | 116 | 06 | 80 | 18 | + 8 | 92 | |

*) Wibiram.

# Ausbreitung der verschiedenen Metallwährungen in den wichtigsten Ländern nach

| Jahre | Goldwährung | | Silberwährung | | Doppelwährung | | Summe | |
|---|---|---|---|---|---|---|---|---|
| | Gebiet | Einwohnerzahl | Gebiet | Einwohnerzahl | Gebiet | Einwohnerzahl | Gebiet | Einwohnerzahl |
| 1840 | 314.950 | 24,684.000 | 8,907.710 | 306,415.000 | 3,758.680 | 58,315.000 | 12,976.340 | 389,414.000 |
| 1850 | 314.950 | 27,435.000 | 9,593.580 | 307,758.000 | 5,097.820 | 64,700.000 | 15,006.350 | 399,893.000 |
| 1860 | 407.030 | 31,244.000 | 4,122.840 | 261,113.000 | 5,299.253 | 75,395.000 | 9,829.123 | 367,752.000 |
| 1870 | 407.030 | 34,143.000 | 3,605.590 | 245,349.000 | 1,109.840 | 61,141.000 | 5,122.460 | 340,633.000 |
| 1880 | 1,741.530 | 89,435.000 | 2,227.400 | 195,840.000 | 10,430.140 | 115,786.000 | 14,399.070 | 401,061.000 |
| 1890 | 1,741.530 | 99,959.000 | 2,455.320 | 198,790.000 | 10,430.140 | 131,857.000 | 14,626.990 | 430,606.000 |

# Gebietsumfang und Einwohnerzahl 1840, 1850, 1860, 1870, 1880 und 1890.

| Dieselben in Procenten | | | | | | | | Gold-Production | Silber-Production | Wert-Relation | Name der Länder, deren Währung berücksichtigt wurde | Anmerkung |
|---|---|---|---|---|---|---|---|---|---|---|---|---|
| Goldwährung | | Silberwährung | | Doppel-währung | | Summe | | | | | | |
| Gebiet | Einwohnerzahl | Gebiet | Einwohnerzahl | Gebiet | Einwohnerzahl | Gebiet | Einwohnerzahl | in Procenten ²) | | | | |
| 2·4 | 6·4 | 68·6 | 78·7 | 29·0 | 14·9 | 100 | | 3·3 | 96·7 | 15·64 | **Goldwährung.** Großbritannien und Irland.<br>**Silberwährung.** Österreich-Ungarn, Deutschland, Neapel, Schweiz, Scandinavien, Belgien, Spanien, Portugal, Russland, Br. Indien.<br>**Doppelwährung.** Frankreich, Sardinien, Vereinigte Staaten und Niederlande. | Die absoluten Zahlen erheben keinen Anspruch auf exacte, sondern nur auf beiläufige Richtigkeit. Dieselben sind den verschiedenen Jahrbüchern für die bezeichneten Jahre entnommen. Angabe des Gebietes in ☐ km. |
| 2·0 | 6·8 | 64·0 | 76·9 | 34·0 | 16·3 | 100 | | 6·6 | 93·4 | 15·70 | **Goldwährung.** Großbritannien und Irland.<br>**Silberwährung.** Deutschland, Neapel, Schweiz, Niederlande, Scandinavien, Belgien, Spanien, Portugal, Russland, Br. Indien.<br>**Doppelwährung.** Frankreich, Sardinien, Vereinigte Staaten.<br>**Papierwährung.** Österreich-Ungarn. | |
| 4·1 | 8·5 | 41·9 | 71·0 | 54·0 | 20·5 | 100 | | 18·2 | 81·8 | 15·29 | **Goldwährung.** Großbritannien und Irland, Portugal.<br>**Silberwährung.** Deutschland, Schweiz, Niederlande, Scandinavien, Belgien, Spanien, Br. Indien.<br>**Doppelwährung.** Frankreich, Sardinien, Vereinigte Staaten.<br>**Papierwährung.** Österreich-Ungarn und Russland. | |
| 7·9 | 10·0 | 70·4 | 72·0 | 21·7 | 18·0 | 100 | | 12·7 | 87·3 | 15·57 | **Goldwährung.** Großbritannien und Irland, Portugal.<br>**Silberwährung.** Deutschland, Niederlande, Scandinavien, Br. Indien.<br>**Doppelwährung.** Frankreich, Belgien, Schweiz, Spanien.<br>**Papierwährung.** Österreich-Ungarn, Russland, Italien und Vereinigte Staaten. | |
| 12·1 | 22·4 | 15·5 | 48·8 | 72·4 | 28·8 | 100 | | 6·6 | 93·4 | 18·06 | **Goldwährung.** Großbritannien und Irland, Portugal, Deutschland, Scandinavien.<br>**Silberwährung.** Br. Indien.<br>**Doppelwährung.** ¹) Frankreich, Belgien, Schweiz, Spanien, Niederlande, Vereinigte Staaten.<br>**Papierwährung.** Österreich-Ungarn, Russland und Italien. | ¹) Mit Ausnahme Spaniens, „hinkend" (étalon boiteux).<br>²) Vergleiche die Tabelle 1. |
| 11·9 | 23·2 | 16·8 | 46·2 | 71·3 | 30·6 | 100 | | 4·2 | 95·8 | 22·06 (1889) | **Goldwährung.** Großbritannien und Irland, Portugal, Deutschland, Scandinavien.<br>**Silberwährung.** Br. Indien.<br>**Doppelwährung.** ¹) Frankreich, Belgien, Schweiz, Spanien, Niederlande, Vereinigte Staaten.<br>**Papierwährung.** Österreich-Ungarn und Russland. | |

# Erläuterungen.

Die Bedeutung der bestehenden internationalen Währungsfrage ist in der im k. k. Finanz-Ministerium verfaßten Denkschrift über den „Gang der Währungsfrage" entwickelt. Hier werden die Thatsachen dargelegt, auf welchen diese Denkschrift aufgebaut ist. Dabei tritt die Erscheinung hervor, daß die Edelmetalle im Verkehre denselben ökonomischen Bedingungen unterliegen wie andere wirtschaftliche Güter. Insoferne sie aber den Geldstoff abgeben, welcher quantitativ und qualitativ der allgemeine Preismaßstab ist, treten sie in eine ganz besondere Beziehung. Eine besondere Verwicklung auf dem so gearteten Edelmetallmarkte ist dadurch im Voraus ermöglicht, daß die beiden Edelmetalle in der Geldeigenschaft concurrieren, doch aber nothwendigerweise in ihrer Wertgestaltung von den jedem derselben eigenen ursächlichen Bedingungen abhängig sind. Die Verschiedenheit dieser causalen Umstände kann zu großen und bleibenden Preisveränderungen der beiden Edelmetalle unter sich führen. Wegen der berührten Mannigfaltigkeit dieser Umstände ist es von der äußersten Schwierigkeit, Maß und Bedeutung jedes einzelnen derselben beweiskräftig herauszuheben. Die Erhebung und Erörterung dieses Sachverhaltes ist noch nicht abgeschlossen und das Resultat der Untersuchungen ist vielfach ein ungewisses.

Das Wertverhältnis der beiden Edelmetalle unterlag bereits einmal im 17. Jahrhunderte heftigen Schwankungen, welche mit der bedeutenden Erniedrigung des Wertes des Silbers gegen Gold abschlossen. Unserer Zeit wurde neuerdings eine so bedenkliche Lage des Edelmetallmarktes zutheil. Ihr Eintritt war nicht vorauszusehen und der Deutschen Gesetzgebung lag die Absicht der Störung des Marktes ferne, als sie den Übergang zur Goldwährung in Deutschland verfügte. Es scheint wohl ein Zusammentreffen von Ursachen zu sein, vor deren Wirkung die lateinische Münzunion die Waffen strecken mußte. Bisher haben sich die ergriffenen Gegenmaßregeln als ungenügend erwiesen. Ein Jahr nach Erlaß der Acte vom 14. Juli 1890 war das Silber auf den früheren niedrigen Preisstand zurückgelangt. Es scheint aber noch immer in New-York der Anbot die Nachfrage zu überbieten, da auch zu mäßigen Bedingungen stets flottante Vorräthe auf dem Markte vorhanden sind. Sonder Zweifel ist in den europäischen Culturländern und in den Vereinigten Staaten das Gold bereits das maßgebende Währungsmetall geworden, dennoch konnte aber der Markt dabei nicht gesunden. Dies zeigt die auffällige Thatsache der internationalen Bekriegung wegen des gegenseitigen Golderwerbes, wie auch die Thatsache, daß mit Ausnahme der englischen Bank und in neuerer Zeit wohl auch der deutschen Reichsbank die Bankliquidirung in Gold grundsätzlichen Schwierigkeiten begegnet. Dennoch leidet der gemeine Verkehr infolge einer Reihe künstlich erdachter und mit Sorgfalt angewandter Mittel nicht unter dieser „Seltenheit" des gelben Metalles und ist sogar von den bedenklichen Wirkungen bewahrt geblieben, welche eine freie Bethätigung der Wertverhältnisse auf dem Markte auf die Währungen der Culturstaaten hätte zur Folge haben müssen. Diese neuartigen und dem Ansehen nach in Weiterbildung begriffenen Währungs- und Münzverhältnisse haben dem Münzrechte des Staates neuerdings eine gewinnbringende Chance für die Staatsfinanzen verschafft. Für die solide englische Münzwirtschaft weiset Mr. Fremantle, Director der Münze in London, nach, daß der Münzgewinn aus dem Titel der Seignorage bei der Londoner Münze mit Rücksicht auf die Münzrate von 66 d. per Unze und die jeweilige Marktrate betrug:

| | |
|---|---|
| 1870 | 9 Procent. |
| 1873 | 12¼ „ |
| 1875 | 16 „ |
| 1878 | 31³⁄₄ „ |
| 1880 | 26⁵⁄₈ „ |
| 1881 | 27½ „ |
| 1882 | 28 „ |
| 1883 | 30 „ |
| 1884 | 30³⁄₄ „ |
| 1885 | 36 „ |
| 1886 | 41¹³⁄₁₆ „ |
| 1887 | 48 „ |
| 1888 | 53³⁄₄ „ |
| 1889 | 54 „ |
| 1890 | 35½ „ |

Im Gegensatze zu den europäischen Culturstaaten und zu den Vereinigten Staaten von Nordamerika blieb in Mexiko, in Asien und Afrika die freie Silberwährung herrschend, ohne daß sie, wie hinsichtlich einiger dieser Silberwährungsländer nachgewiesen ist, dem nationalen Gedeihen einen Schaden gebracht hätte. Ja, im Gegentheile ließ das gleichzeitige Prosperieren einiger dieser Länder sogar den Gedanken aufkommen, daß eben die differenten Währungsverhältnisse für die Goldwährungsländer von Nachtheil sein könnte.

Wenn als Merkmal einer gesunden Währung die Wertbeständigkeit des Geldes als solchen gegenüber dem thatsächlichen Marktpreise des Währungsmetalles angesehen wird, so gibt der kräftig ausgeübte Monometallismus sei es des Goldes oder des Silbers hiezu eine große Chance. Dagegen erscheint das andere Metall dann als Ware, welche gegenüber dem Währungsmetalle oft größeren Schwankungen ausgesetzt ist, als solche unter dem ausgleichenden Einflusse eines thatsächlich geübten Bimetallismus einzutreten pflegten. Diese Ausgleichung der Preisschwankungen und ihre Beschränkung auf ein bestimmtes Oscillationsmaß sind überhaupt die leitenden Gedanken der bimetallistischen Richtung.

Von den thatsächlichen Erscheinungen ist hervorzuheben, daß in Großbritannien in der in diesen Tabellen verzeichneten Periode keine, überhaupt aber seit der Consolidierung der Goldwährung niemals eine nennenswerte, die Bankgebür überschreitende Schwankung um Mehr oder Weniger des Marktgoldpreises stattfand. Aus den Acten der Enquete sur la question monétaire, Paris 1872, Seite 77, ist folgender Bericht der Commission von 1869 ersichtlich:

| | Gold | Silber |
|---|---|---|
| 1850 | Prime: + 12 bis 15 Frcs. per Mille | entspr. Perte |
| 1851 | pari | pari |
| 1854 | Perte: — 3 bis 4 Frcs. per Mille | entspr. Perte |
| 1857 | entspr. Perte | Prime: + 30 Frcs. per Mille oder 3 Procent (Indischer Krieg). |
| 1861, 1862, 1863 | S. 100. Beide weichen oft von der Parität ab (in Prime), aber in ungleichem Maße. | |
| 1866 | entspr. Perte | Prime: 25 Frcs. per Mille oder $2^1/_2$ Procent. |

Seit der Einstellung der Silberprägung in den Ländern mit Doppelwährung und Einführung der Goldwährung mit Beibehaltung von Silbercirculation in Währungseigenschaft (hinkende Goldwährung) haben die Prämien und die Prämienpolitik eine besondere Bedeutung gewonnen. Münzpolitisch muss in der Möglichkeit der Handhabung einer solchen Prämienpolitik die eigentliche Wichtigkeit der Herstellung oder Erhaltung einer Doppel- oder hinkenden Goldwährung erkannt werden. Während Länder mit vollkommen durchgeführter einfacher Währung lediglich auf die Discontopolitik beschränkt sind. Von der Bank von Frankreich ist bekannt, dass sie eine solche Prämienpolitik organisch zum Schutze ihrer Goldbestände handhabt. Sie erhob zeitweise Prämien bis zu 1 Procent.

Die hier hervorgehobenen statistischen Gesichtspunkte betreffen den Marktpreis der Edelmetalle und das Verhalten desselben zu den Währungen der einzelnen Länder, ferner das Wertverhältnis der beiden Edelmetalle untereinander. Ihr Verhalten im allgemeinen Warenverkehre oder, preistechnisch gesprochen, ihre Kaufkraft wird später berührt werden.

Durch die Tabellen 21 und 23 soll das historische Wertverhältnis der Edelmetalle im Zusammenhalte zweier sehr wichtiger Factoren der Wertbildung dargestellt werden.

Literarisch wurden benützt:

Soetbeer: Denkschrift, betreffend die Einführung der Goldwährung in Deutschland u. s. w., Hamburg, 1856, H. Costes a. a. O. O. Haupt: L'histoire monétaire 1886, O. Arendt: Die internationale Zahlungsbilanz Deutschlands, Berlin, 1878 und J. Landesberger: Währungssystem und Relation, Wien, 1891.

# Vierter Abschnitt.

# Die Edelmetallbewegung.

―――

## Tabellen 24—46.

Tabelle 24.

# Ausländischer Edelmetallverkehr.
## Großbritannien und Irland.
### In Pfund Sterling.

| Jahre | Gold | | | | Silber | | | |
|---|---|---|---|---|---|---|---|---|
| | Einfuhr | Ausfuhr | Mehreinfuhr | Mehrausfuhr | Einfuhr | Ausfuhr | Mehreinfuhr | Mehrausfuhr |
| | Pfund Sterling | | | | | | | |
| **Im Durchschnitt der Jahre** | | | | | | | | |
| **1858—1860** | 19,225.169 | 15,429.919 | 3,795.250 | . . . . . . | 10,622.011 | 11,520.897 | . . . . . . | 898.886 |
| **1861—1870** | 17,162.034 | 11,615.330 | 5,546.704 | . . . . . . | 9,092.190 | 9,023.367 | 68.823 | . . . . . . |
| **Im Jahre** | | | | | | | | |
| 1871 | 21,618.924 | 20,698.275 | 920.649 | . . . . . . | 16,521.903 | 13,062.396 | 3,459.507 | . . . . . . |
| 1872 | 18,469.442 | 19,748.916 | . . . . . . | 1,279.474 | 11,138.570 | 10,586.945 | 551.625 | . . . . . . |
| 1873 | 20,611.165 | 19,071.220 | 1,539.945 | . . . . . . | 12,988.066 | 9,828.065 | 3,160.001 | . . . . . . |
| 1874 | 18,081.019 | 10,641.636 | 7,439.383 | . . . . . . | 12,298.169 | 12,211.957 | 86.212 | . . . . . . |
| 1875 | 23,140.834 | 18,648.296 | 4,492.538 | . . . . . . | 10,123.955 | 8,979.746 | 1,144.209 | . . . . . . |
| 1876 | 23,475.975 | 16,515.748 | 6,960.227 | . . . . . . | 13,578.269 | 12,948.334 | 629.935 | . . . . . . |
| 1877 | 15,441.985 | 20,361.386 | . . . . . . | 4,919.401 | 21,710.814 | 19,436.733 | 2,274.081 | . . . . . . |
| 1878 | 20,871.410 | 14,968.507 | 5,902.903 | . . . . . . | 11,551.545 | 11,718.039 | . . . . . . | 166.494 |
| 1879 | 13,368.675 | 17,578.818 | . . . . . . | 4,210.143 | 10,786.863 | 11,006.094 | . . . . . . | 219.231 |
| 1880 | 9,454.861 | 11,828.822 | . . . . . . | 2,373.961 | 6,799.022 | 7,060.681 | . . . . . . | 261.659 |
| **Im Durchschnitt der Jahre** | | | | | | | | |
| **1871—1880** | 18,453.429 | 17,006.162 | 1,447.267 | . . . . . . | 12,749.718 | 11,683.899 | 1,065.819 | . . . . . . |
| **Im Jahre** | | | | | | | | |
| 1881 | 9,963.006 | 15,498.837 | . . . . . . | 5,535.831 | 6,901.402 | 7,003.982 | . . . . . . | 102.580 |
| 1882 | 14,376.559 | 12,023.804 | 2,352.755 | . . . . . . | 9,242.925 | 8,965.454 | 277.471 | . . . . . . |
| 1883 | 7,755.800 | 7,091.365 | 664.435 | . . . . . . | 9,468.002 | 9,322.846 | 145.156 | . . . . . . |
| 1884 | 10,744.408 | 12,012.839 | . . . . . . | 1,268.431 | 9,633.495 | 9,986.383 | . . . . . . | 352.888 |
| 1885 | 13,376.561 | 11,930.818 | 1,445.743 | . . . . . . | 9,433.605 | 9,852.287 | . . . . . . | 418.682 |
| **Im Durchschnitt der Jahre** | | | | | | | | |
| **1881—1885** | 11,243.267 | 11,711.533 | . . . . . . | 468.266 | 8,935.886 | 9,026.190 | . . . . . . | 90.304 |
| **Im Jahre** | | | | | | | | |
| 1886 | 13,392.256 | 13,783.706 | . . . . . . | 391.450 | 7,471.639 | 7,223.699 | 247.940 | . . . . . . |
| 1887 | 9,955.326 | 9,323.614 | 631.712 | . . . . . . | 7,819.488 | 7,807.404 | 12.084 | . . . . . . |
| 1888 | 15,787.588 | 14,944.143 | 843.445 | . . . . . . | 6,213.940 | 7,615.428 | . . . . . . | 1,401.488 |
| 1889 | 17,914.039 | 14,455.318 | 3,458.721 | . . . . . . | 9,185.400 | 10,666.312 | . . . . . . | 1,480.912 |
| 1890 | 23,568.049 | 14,306.688 | 9,261.361 | . . . . . . | 10,385.659 | 10,863.384 | . . . . . . | 477.725 |
| **Im Durchschnitt der Jahre** | | | | | | | | |
| **1886—1890** | 16,123.452 | 13,362.694 | 2,760.758 | . . . . . . | 8,215.215 | 8,835.245 | . . . . . . | 620.030 |

Tabelle 25.

# Ausländischer Edelmetallverkehr.

## Frankreich.

### In Francs.

| Jahre | Gold | | | | Silber | | | |
|---|---|---|---|---|---|---|---|---|
| | Einfuhr | Ausfuhr | Mehreinfuhr | Mehrausfuhr | Einfuhr | Ausfuhr | Mehreinfuhr | Mehrausfuhr |
| | Francs | | | | | | | |
| **Im Durchschnitt der Jahre** | | | | | | | | |
| 1851—1860 | 413,994.000 | 95,559.000 | 318,435.000 | . . . . . . | 140,174.000 | 279,139.000 | . . . . . . | 138,965.000 |
| 1861—1870 | 456,431.000 | 265,417.000 | 191,014.000 | . . . . . . | 196,492.000 | 166,027.000 | 30,465.000 | . . . . . . |
| **Im Jahre** | | | | | | | | |
| 1871 | 143,862.000 | 357,676.000 | . . . . . . | 213,814.000 | 157,191.000 | 141,674.000 | 15,517.000 | . . . . . . |
| 1872 | 141,861.000 | 194,754.000 | . . . . . . | 52,893.000 | 240,874.000 | 138,624.000 | 102,250.000 | . . . . . . |
| 1873 | 175,594.000 | 284,233.000 | . . . . . . | 108,639.000 | 389,034.000 | 207,536.000 | 181,498.000 | . . . . . . |
| 1874 | 517,045.000 | 85,795.000 | 431,250.000 | . . . . . . | 434,415.000 | 73,481.000 | 360,934.000 | . . . . . . |
| 1875 | 608,014.000 | 137,693.000 | 470,321.000 | . . . . . . | 266,782.000 | 81,440.000 | 185,342.000 | . . . . . . |
| 1876 | 598,307.000 | 94,655.000 | 503,652.000 | . . . . . . | 205,191.000 | 64,775.000 | 140,416.000 | . . . . . . |
| 1877 | 534,697.000 | 98,961.000 | 435,736.000 | . . . . . . | 148,156.000 | 42,196.000 | 105,960.000 | . . . . . . |
| 1878 | 364,376.000 | 127,972.000 | 236,404.000 | . . . . . . | 179,044.000 | 60,210.000 | 118,834.000 | . . . . . . |
| 1879 | 194,009.000 | 361,527.000 | . . . . . . | 167,518.000 | 137,839.000 | 62,176.000 | 75,663.000 | . . . . . . |
| 1880 | 194,846.000 | 407,968.000 | . . . . . . | 213,122.000 | 100,969.000 | 62,181.000 | 38,788.000 | . . . . . . |
| **Im Durchschnitt der Jahre** | | | | | | | | |
| 1871—1880 | 347,261.000 | 215,123.000 | 132,138.000 | . . . . . . | 225,949.000 | 93,429.000 | 132,520.000 | . . . . . . |
| **Im Jahre** | | | | | | | | |
| 1881 | 233,470.000 | 223,080.000 | 10,390.000 | . . . . . . | 130,115.000 | 79,022.000 | 51,093.000 | . . . . . . |
| 1882 | 283,437.000 | 192,065.000 | 91,372.000 | . . . . . . | 128,047.000 | 157,244.000 | . . . . . . | 29,197.000 |
| 1883 | 64,570.000 | 134,864.000 | . . . . . . | 70,294.000 | 81,440.000 | 95,944.000 | . . . . . . | 14,504.000 |
| 1884 | 127,451.000 | 81,901.000 | 45,550.000 | . . . . . . | 101,040.000 | 46,314.000 | 54,726.000 | . . . . . . |
| 1885 | 243,619.443 | 201,121.668 | 42,497.775 | . . . . . . | 235,778.705 | 137,726.130 | 98,052.575 | . . . . . . |
| **Im Durchschnitt der Jahre** | | | | | | | | |
| 1881—1885 | 190,509.488 | 166,606.833 | 23,903.155 | . . . . . . | 135,284.141 | 103,250.026 | 32,034.115 | . . . . . . |
| **Im Jahre** | | | | | | | | |
| 1886 | 260,904.969 | 198,100.536 | 62,804.433 | . . . . . . | 184,033.280 | 134,320.395 | 49,712.885 | . . . . . . |
| 1887 | 93,172.104 | 258,081.974 | . . . . . . | 164,909.870 | 178,003.068 | 138,543.143 | 39,459.925 | . . . . . . |
| 1888 | 101,113.822 | 192,412.965 | . . . . . . | 91,299.143 | 164,093.201 | 108,921.840 | 55,171.361 | . . . . . . |
| 1889 | 337,622.402 | 129,399.748 | 208,222.654 | . . . . . . | 110,626.491 | 102,688.324 | 7,938.167 | . . . . . . |
| 1890 | 116,726.408 | 249,498.004 | . . . . . . | 132,771.596 | 137,898.631 | 107,890.319 | 30,008.312 | . . . . . . |
| **Im Durchschnitt der Jahre** | | | | | | | | |
| 1886—1890 | 181,907.941 | 205,498.645 | . . . . . . | 23,590.704 | 154,930.934 | 118,472.804 | 36,458.130 | . . . . . . |

## Übersicht.

| Jahre | Gold | | | | Silber | | | |
|---|---|---|---|---|---|---|---|---|
| 1815—1821 *) | 314,000.000 | 387,000.000 | . . . . . . | 73,000.000 | 314,000.000 | 387,000.000 | . . . . . . | 73,000.000 |
| 1822—1836 | 396,000.000 | 410,000.000 | . . . . . . | 14,000.000 | 2,418,000.000 | 856,000.000 | 1,562,000.000 | . . . . . . |
| 1837—1852 | 514,000.000 | 388,000.000 | 126,000.000 | . . . . . . | 2,672,000.000 | 1,047,000.000 | 1,625,000.000 | . . . . . . |
| 1853—1864 | 5,446,000.000 | 2,086,000.000 | 3,360,000.000 | . . . . . . | 1,778,000.000 | 3,501,000.000 | . . . . . . | 1,723,000.000 |
| 1865—1870 | 3,084,000.000 | 1,454,000.000 | 1,630,000.000 | . . . . . . | 1,232,000.000 | 670,000.000 | 562,000.000 | . . . . . . |
| 1815—1870 | 9,754,000.000 | 4,725,000.000 | 5,029,000.000 | . . . . . . | 8,414,000.000 | 6,461,000.000 | 1,953,000.000 | . . . . . . |
| 1871—1890 | 5,334,697.145 | 4,011,754.892 | 1,322,942.253 | . . . . . . | 3,710,565.376 | 2,012,904.151 | 1,697,661.225 | . . . . . . |

*) Von 1815—1836 nach der Schätzung der Enquete von 1869; von 1837 ab nach den handelsstatistischen amtlichen Ausweisen.

Tabelle 26.

# Ausländischer Edelmetallverkehr.
## Italien.
### In Lire ital.

| Jahre | Gold und Silber | | Gold und Silber | |
|---|---|---|---|---|
| | Einfuhr | Ausfuhr | Mehreinfuhr | Mehrausfuhr |
| | Lire | | | |
| 1862 | 154.702 | 1,046 970 | . . . . . . . | 892.268 |
| 1863 | 209.595 | 402.416 | . . . . . . . | 192.821 |
| 1864 | 154.430 | 189.762 | . . . . . . . | 35.332 |
| 1865 | 34.465 | 743.440 | . . . . . . . | 708.975 |
| 1866 | 1,364.170 | 4,691.000 | . . . . . . . | 3,326.830 |
| 1867 | 1,481.877 | 7,753.740 | . . . . . . . | 6,271.863 |
| 1868 | 1,457.665 | 1,473.710 | . . . . . . . | 16.045 |
| 1869 | 1,512.700 | 157.040 | 1,355.660 | . . . . . . . |
| 1870 | 1,350.610 | 974.550 | 376.060 | . . . . . . . |
| 1871 | 2,242.415 | 10,870.041 | . . . . . . . | 8,627.626 |
| 1872 | 4,101.706 | 4,938.420 | . . . . . . . | 836.714 |
| 1873 | 25,482.131 | 1,765.770 | 23,716.361 | . . . . . . . |
| 1874 | 9,347.410 | 7,269.926 | 2,077.484 | . . . . . . . |
| 1875 | 8,389.584 | 11,391.681 | . . . . . . . | 3,002.097 |
| 1876 | 20,142.515 | 8,356.398 | 11,786.117 | . . . . . . . |
| 1877 | 14,722.378 | 19,221.108 | . . . . . . . | 4,498.730 |

| Jahre | Gold | | | | Silber | | | |
|---|---|---|---|---|---|---|---|---|
| | Einfuhr | Ausfuhr | Mehreinfuhr | Mehrausfuhr | Einfuhr | Ausfuhr | Mehreinfuhr | Mehrausfuhr |
| | Lire | | | | | | | |
| 1878 | 7,864.120 | 20,443.940 | . . . . . . | 12.579.820 | 3,823.510 | 26,258.870 | . . . . . . | 22,435.860 |
| 1879 | 9,455.160 | 33,218.240 | . . . . . . | 23,763.080 | 5,167.760 | 1,943.110 | 3,224.650 | . . . . . . |
| 1880 | 15,435.560 | 15,871.500 | | 435.940 | 24,035.945 | 12,943.390 | 11,092.555 | . . . . . . |
| 1881 | 74,361.300 | 20,503.100 | 53,858.200 | . . . . . . | 18,937.770 | 7,472.310 | 11,465.460 | |
| 1882 | 63,959.900 | 1,155.100 | 62,804.800 | . . . . . . | 55,456.250 | 5,104.430 | 50,351.820 | |
| 1883 | 42,075.000 | 8,373.700 | 33,701.300 | . . . . . . | 52,008.025 | 9,945.930 | 42,062.095 | |
| 1884 | 20,428.800 | 11,768.100 | 8,660.700 | . . . . . . | 5,656.600 | 19,242.125 | . . . . . . | 13,585.525 |
| 1885 | 11,698.700 | 101,337.800 | . . . . . . | 89,639.100 | 105,772.105 | 87,164.980 | 18,607.125 | . . . . . . |
| Im Durchschnitte der Jahre 1881—1885 | 42,504.740 | 28,627.560 | 13,877.180 | | 47,566.150 | 25,785.955 | 21,780.195 | . . . . . . |
| Im Jahre 1886 | 10,692.200 | 9,320.000 | 1,372.200 | . . . . . . | 45,645.220 | 45,833.200 | . . . . . . | 187.980 |
| 1887 | 7,774.500 | 24,380.600 | . . . . . . | 16,606.100 | 81,227.540 | 86,126.480 | . . . . . . | 4,898.940 |
| 1888 | 7,423.000 | 22,657.700 | . . . . . . | 15,234.700 | 59,607.400 | 52,821.000 | 6,786.400 | . . . . . . |
| 1889 | 15,990.600 | 18,212.900 | . . . . . . | 2,222.300 | 33,622.200 | 36,845.200 | . . . . . . | 3,223.000 |
| 1890 | 9,913.600 | 19,778.300 | . . . . . . | 9,864.700 | 47,734.400 | 46,876.800 | 857.600 | . . . . . . |
| Im Durchschnitte der Jahre 1886—1890 | 10,358.780 | 18,869.900 | . . . . . . | 8,511.120 | 53,567.352 | 53,700.536 | . . . . . . | 133.184 |

Diese Daten sind aus den Zollregistern des Königreiches gezogen. Professor Ferraris hat nach Soetbeer's Mat. S 54 z. B. für die Jahre 1883 bis 1885 die Bilanz wie folgt gezogen.

|  | Gold | | Silber | |
|---|---|---|---|---|
| | + o. — Einfuhr | | + o. — Einfuhr | |
| 1883 | + 22,477.331 | | 1883 | + 54,161.326 |
| 1884 | + 146.607 | | 1884 | — 18,166.870 |
| 1885 | — 115,379 156 | | 1885 | — 8,421.513 |

Tabelle 27.

# Ausländischer Edelmetallverkehr.
## Schweiz.
### In Francs.

| Jahre | Gold | | | | Silber | | | |
|---|---|---|---|---|---|---|---|---|
| | Einfuhr | Ausfuhr | Mehreinfuhr | Mehrausfuhr | Einfuhr | Ausfuhr | Mehreinfuhr | Mehrausfuhr |
| 1878 | 9,644.432 | 9,299.988 | 344.444 | . . . . . . | 15,466.512 | 5,888.830 | 9,577.682 | . . . . . . |
| 1879 | 15,499.980 | 4,477.772 | 11,022.208 | . . . . . . | 15,755.398 | 999.990 | 14,755.408 | . . . . . . |
| 1880 | 14,811.092 | 7,922.212 | 6,888.880 | . . . . . . | 27,155.284 | 2,444.420 | 24,710.864 | . . . . . . |
| 1881 | 11,022.208 | 3,444.444 | 7,577.764 | . . . . . . | 25,288.636 | 2,333.310 | 22,955.326 | . . . . . . |
| 1882 | 14,466.648 | 2,755.552 | 11,711.096 | . . . . . . | 24,333.090 | 7,866.588 | 16,466.502 | . . . . . . |
| 1883 | 25,833.300 | 6,544.436 | 19,288.864 | . . . . . . | 20,199.798 | 5,377.724 | 14,822.074 | . . . . . . |
| 1884 | 13,088.872 | 688.888 | 12,399.984 | . . . . . . | 15,510.956 | 4,155.514 | 11,355.442 | . . . . . . |
| ¹) 1885 | 28,776.097 | 32,122.643 | | 3,346.546 | | | | |
| 1886 | 13,075.094 | 10,006.098 | 3,088.996 | . . . . . . | 27,680.612 | 17,756.711 | 9,923.901 | . . . . . . |
| 1887 | 15,282.980 | 11,580.207 | 3,702.773 | . . . . . . | 32,061.235 | 18,600.925 | 13,460.310 | . . . . . . |
| 1888 | 14,910.981 | 9,737.432 | 5,173.549 | . . . . . . | 33,679.441 | 18,284.261 | 15,395.180 | . . . . . . |
| 1889 | 34,168.804 | 5,533.193 | 28,635.611 | . . . . . . | 45,999.250 | 14,738.733 | 31,260.517 | . . . . . . |
| 1890 | 31,702.336 | 6,356.517 | 25,345.819 | . . . . . . | 44,157.460 | 19,916.040 | 24,241.420 | . . . . . . |

¹) Ein- und Ausfuhr von Gold und Silber zusammen.

Tabelle 28.

# Vereinigte Staaten.
### In Dollars.

| Im Durchschnitt der Jahre | Gold und Silber | | |
|---|---|---|---|
| | Einfuhr | Ausfuhr | Mehrausfuhr |
| | Dollars | | |
| 1851—1855 | 5,151.817 | 39,432.522 | 34,280.705 |
| 1856—1860 | 10,385.770 | 59,589.841 | 49,204.071 |
| 1861—1863 | 24,112.923 | 43,611.777 | 19,498.854 |

| Jahre | Gold | | | | Silber | | | |
|---|---|---|---|---|---|---|---|---|
| | Einfuhr | Ausfuhr | Mehreinfuhr | Mehrausfuhr | Einfuhr | Ausfuhr | Mehreinfuhr | Mehrausfuhr |
| | Dollars | | | | | | | |
| 1871 | 6,883.561 | 66,686.208 | . . . . . . | 59,802.647 | 14,386.463 | 31,755.780 | . . . . . . | 17,369.317 |
| 1872 | 8,717.458 | 49,548.760 | . . . . . . | 40,831.302 | 5,026.231 | 30,328.774 | . . . . . . | 25,302.543 |
| 1873 | 8,682.447 | 44,856.715 | . . . . . . | 36,174.268 | 12,798.490 | 39,751.859 | . . . . . . | 26,953.369 |
| 1874 | 19,503.137 | 34,042.420 | . . . . . . | 14,539.283 | 8,951.769 | 32,587.985 | . . . . . . | 25,636.216 |
| 1875 | 13,696.793 | 66,980.977 | . . . . . . | 53,284.184 | 7,203.924 | 25,151.165 | . . . . . . | 17,947.241 |
| 1876 | 7,992.709 | 31,177.050 | . . . . . . | 23,184.341 | 7,943.972 | 25,329.252 | . . . . . . | 17,385.280 |
| 1877 | 26,246.234 | 26,590.374 | . . . . . . | 344.140 | 14,528.180 | 29,571.863 | . . . . . . | 15,043.683 |
| 1878 | 13,330.215 | 9,204.455 | 4,125.760 | . . . . . . | 16,491.099 | 24,535.670 | . . . . . . | 8,044.571 |
| 1879 | 5,624.948 | 4,587.614 | 1,037.334 | . . . . . . | 14,671.052 | 20,409.827 | . . . . . . | 5,738.775 |
| 1880 | 80,758.396 | 3,639.025 | 77,119.371 | . . . . . . | 12,275.914 | 13,503.894 | . . . . . . | 1,227.980 |
| 1881 | 100,031.259 | 2,565.132 | 97,466.127 | . . . . . . | 10,544.238 | 16,841.715 | . . . . . . | 6,297.477 |
| 1882 | 34,377.054 | 32,587.880 | 1,789.174 | . . . . . . | 8,095.336 | 16,829.599 | . . . . . . | 8,734.263 |
| 1883 | 17,734.149 | 11,600.888 | 6,133.261 | . . . . . . | 10,755.242 | 20,219.445 | . . . . . . | 9,464.203 |
| 1884 | 22,831.317 | 41,081.957 | . . . . . . | 18,250.640 | 14,594.945 | 26,051.326 | . . . . . . | 11,456.381 |
| 1885 | 26,691.696 | 8,477.892 | 18,213.804 | . . . . . . | 16,550.627 | 33,753.683 | . . . . . . | 17,203.006 |
| 1886 | 20,743.349 | 42,952.191 | . . . . . . | 22,208.842 | 17,850.307 | 29,511.219 | . . . . . . | 11,660.912 |
| 1887 | 42,910.601 | 9,701.187 | 33,209.414 | . . . . . . | 17,260.191 | 26,296.504 | . . . . . . | 9,036.313 |
| 1888 | 43,934.317 | 18,376.234 | 25,558.083 | . . . . . . | 15,403.189 | 28,027.949 | . . . . . . | 12,624.760 |
| 1889 | 10,284.858 | 59,951.685 | . . . . . . | 49,666.827 | 18,678.215 | 36,689.248 | . . . . . . | 18,011.033 |
| 1890 | 12,943.342 | 17,274.491 | . . . . . . | 4,331.149 | 21,032.984 | 34,873.929 | . . . . . . | 13,840.945 |
| **Im Durchschnitt der Jahre** | | | | | | | | |
| **1861—1870** | **11,117.585** | **58,757.387** | . . . . . . | **47,639.803** | **5,369.798** | **16,818.279** | . . . . . . | **11,348.481** |
| **1871—1875** | **11,496.679** | **52,423.010** | . . . . . . | **40,926.337** | **9,673.373** | **31,915.112** | . . . . . . | **22,241.737** |
| **1876—1880** | **26,790.500** | **15,039.703** | **11,750.797** | . . . . . . | **13,182.043** | **22,670.101** | . . . . . . | **9,488.058** |
| **1881—1885** | **40,333.065** | **19,262.750** | **21,070.345** | . . . . . . | **12,106.077** | **23,739.143** | . . . . . . | **10,631.066** |
| **1886—1890** | **26,163.294** | **29,651.158** | . . . . . . | **3,487.864** | **18,044.977** | **31,079.769** | . . . . . . | **13,034.792** |

Anmerkung: Im Fiscaljahre 1. Juli 1890 bis 30. Juni 1891 wurden (einschließlich von 214.800 Dollar Golderzen) 18,516.112 Dollar in Gold eingeführt und (einschließlich von Golderzen per 34.661 Dollar) 86,482.880 Dollar ausgeführt. Die Bilanz schließt daher passiv mit 67,946.768 Dollar. Der Verkehr mit Großbritannien schließt 45,589.603 Dollar zu Gunsten dieses Landes, der mit Deutschland mit 13.771.565 Dollar zu Gunsten Deutschlands, und jener mit Frankreich mit 14,184.165 Dollar zu Gunsten Frankreichs ab. In demselben Jahre wurden 26.278.916 Dollar Silber eingeführt und 28,588.551 Dollar ausgeführt. Es betrug daher die Mehreinfuhr 2,745.365 Dollar. Von Mexiko allein wurden 13 Millionen Dollar Silber und 8·7 Millionen Dollar Silbererze eingeführt, 12·7 Millionen Dollar wurden nach England ausgeführt.

Tabelle 29.

# Ausländischer Edelmetallverkehr.
## Belgien.
### In Francs.

| | Gold und Silber | | | |
|---|---|---|---|---|
| | Einfuhr | Ausfuhr | Mehreinfuhr | Mehrausfuhr |
| | Francs | | | |
| Im Durchschnitte der Jahre | | | | |
| 1852—1855 | 41,834.059 | 57,891 088 | . . . . . . . . . . | 16,057.029 |
| 1856—1860 | 64,146.218 | 188,693.803 | . . . . . . . . . . | 124,547.585 |
| 1861—1865 | 37,410.242 | 134,283.694 | . . . . . . . . . . | 96,873.452 |
| 1866—1870 | 75,151.688 | 23,870.658 | 51,281.030 | . . . . . . . . . . |
| 1871—1875 | 199,223 368 | 18,077.993 | 181,145.375 | . . . . . . . . . . |

| | Gold | | | Silber | | |
|---|---|---|---|---|---|---|
| | Einfuhr | Ausfuhr | + oder — Einfuhr | Einfuhr | Ausfuhr | + oder — Einfuhr |
| | Francs | | | | | |
| Im Durchschnitt der Jahre 1876—1880 | 8,313.212 | 928.804 | + 7,384.408 | 6,352.738 | 780.036 | + 5,572.702 |
| Im Jahre | | | | | | |
| 1881 | 1,299.170 | 62.000 | + 1,237.170 | 22,932.680 | 17,539.300 | + 5,393.380 |
| 1882 | 16,422.810 | 19,116.780 | — 2,693.970 | 30,556.200 | 2,249.320 | + 28,306.880 |
| 1883 | 2,470.510 | 16,723.360 | — 14,252.850 | 87,306.820 | 18,221.520 | + 69,085.300 |
| 1884 | 6,748.310 | 20,920.320 | — 14,172.010 | 36,873.580 | 9,795.700 | + 27,077.880 |
| 1885 | 15,287.861 | 4,040.244 | + 11,247.617 | 3,004.590 | 325.030 | + 2,679.560 |
| Im Durchschnitt der Jahre 1881—1885 | 8,445.732 | 12,172.541 | — 3,726.809 | 36,134.774 | 9,626.174 | + 26,508.600 |
| Im Jahre | | | | | | |
| 1886 | 10,856.562 | 2,709.808 | + 8,146.754 | 13,446.210 | 875.080 | + 12,571.130 |
| 1887 | 3,962.926 | 180.003 | + 3,782.923 | 1,383.660 | 909.390 | + 474.270 |
| 1888 | 5,998.440 | 344.441 | + 5,653.999 | 9,106.200 | 3,939.020 | + 5,167.180 |
| 1889 | 70,208.020 | 2,417.996 | + 67,790.024 | 53,840.572 | 7,824.144 | + 46,016.428 |
| 1890 | 47,681.383 | 1,012.665 | + 46,668.718 | 54,897.673 | 6,111.494 | + 48,786.179 |
| Im Durchschnitt der Jahre 1886—1890 | 27,741.466 | 1,332 943 | 26,408.483 | 26,534.863 | 3,931.826 | + 22,603 037 |

7

# Ausländischer Edelmetallverkehr.
## Deutschland (Zollgebiet.)
### In Mark deutscher Reichswährung.

| Jahre | Gold | | | | Silber | | | |
|---|---|---|---|---|---|---|---|---|
| | Einfuhr | Ausfuhr | Mehreinfuhr | Mehrausfuhr | Einfuhr | Ausfuhr | Mehreinfuhr | Mehrausfuhr |
| | Mark | | | | | | | |
| 1872 | 35,280.000 | 101,880.000 | . . . . . . | 66,600.000 | 171,000.000 | 72,090.000 | 98,910.000 | . . . . . . |
| 1873 | 354,000.000 | 52,935.000 | 301,065.000 | . . . . . . | 147,300.000 | 134,100.000 | 13,200.000 | . . . . . . |
| 1874 | 17,550.000 | 35,100.000 | . . . . . . | 17,550.000 | 50,640.000 | 71,766.000 | . . . . . . | 21,126.000 |
| 1875 | 15,400.000 | 28,000.000 | . . . . . . | 12,600.000 | 30,320.000 | 38,880.000 | . . . . . . | 8,560.000 |
| 1876 | 88,200.000 | 22,400.000 | 65,800.000 | . . . . . . | 23,040.000 | 35,334.000 | . . . . . . | 12,294.000 |
| 1877 | 73,000.000 | 46,500.000 | 26,500.000 | . . . . . . | 29,860.000 | 19,656.000 | 10,204.000 | . . . . . . |
| 1878 | 168,600.000 | 1,400.000 | 167,200.000 | . . . . . . | 40,000.000 | 27,924.000 | 12,076.000 | . . . . . . |
| 1879 | 86,800.000 | 5,600.000 | 81,200.000 | . . . . . . | 32,750.000 | 40,200.000 | . . . . . . | 7,450.000 |
| 1880 | 20,850.000 | 29,683.000 | . . . . . . | 8,833.000 | 18,346.000 | 21,084.000 | . . . . . . | 2,738.000 |
| 1881 | 14,078.000 | 45,645.000 | . . . . . . | 31,567.000 | 13,205.000 | 17,503.000 | . . . . . . | 4,298.000 |
| 1882 | 28,641.000 | 39,226.000 | . . . . . . | 10,585.000 | 6,518.000 | 14,362.000 | . . . . . . | 7,844.000 |
| 1883 | 20,854.000 | 42,132.000 | . . . . . . | 21,278.000 | 6,311.000 | 20,662.000 | . . . . . . | 14,351.000 |
| 1884 | 18,424.000 | 33,083.000 | . . . . . . | 14,659.000 | 5,701.000 | 31,379.000 | . . . . . . | 25,678.000 |
| 1885 | 42,551.000 | 24,528.000 | 18,023.000 | . . . . . . | 2,987.000 | 19,407.000 | . . . . . . | 16,420.000 |
| Im Durchschnitt der Jahre 1881—1885 | 24,909.600 | 36,922.800 | . . . . . . | 12,013.200 | 6,944.400 | 20,662.600 | . . . . . . | 13,718.200 |
| Im Jahre | | | | | | | | |
| 1886 | 46,858.000 | 23,205.000 | 23,653.000 | . . . . . . | 9,710.000 | 42,613.000 | . . . . . . | 32,903.000 |
| 1887 | 55,433.000 | 16,781.000 | 38,652.000 | . . . . . . | 8,659.000 | 38,081.000 | . . . . . . | 29,422.000 |
| 1888 | 134,217.000 | 100,288.000 | 33,929.000 | . . . . . . | 10,941.000 | 46,455.000 | . . . . . . | 35,514.000 |
| 1889 | 73,005.900 | 57,471.200 | 15,534.700 | . . . . . . | 9,473.400 | 58,547.600 | . . . . . . | 49,074.200 |
| 1890 | 111,223.300 | 45,449.100 | 65,774.200 | . . . . . . | 13,200.600 | 56,480.000 | . . . . . . | 43,279.400 |
| Im Durchschnitt der Jahre 1886—1890 | 84,147.440 | 48,638.860 | 35,508.580 | . . . . . . | 10,396.800 | 48,435.320 | . . . . . . | 38,038.520 |

Tabelle 81.

# Ausländischer Edelmetallverkehr.
## Niederlande.
### In niederländischen Gulden.

| Im Durchschnitt der Jahre | Gold und Silber | | | |
|---|---|---|---|---|
| | Einfuhr | Ausfuhr | Mehreinfuhr | Mehrausfuhr |
| | Gulden | | | |
| 1851—1855 | 11,271.269 | 10,136.948 | 1,134.321 | . . . . . |
| 1856—1860 | 17,149.000 | 13,427.871 | 3,721.129 | . . . . . |
| 1861—1865 | 13,335.151 | 18,392.899 | . . . . . | 5,057.748 |
| 1866—1870 | 21,157.817 | 13,004.681 | 8,153.136 | . . . . . |
| 1871—1875 | 25,247.515 | 9,254.794 | 15,992.721 | . . . . . |

| Im Durchschnitt der Jahre | Gold | | | | Silber | | | |
|---|---|---|---|---|---|---|---|---|
| | Einfuhr | Ausfuhr | Mehreinfuhr | Mehrausfuhr | Einfuhr | Ausfuhr | Mehreinfuhr | Mehrausfuhr |
| | Gulden | | | | | | | |
| **1876—1880** | **11,213.559** | **2,258.168** | **8,955.391** | . . . . . | **6,603.793** | **4,239.293** | **2,364.500** | . . . . . |
| **Im Jahre** | | | | | | | | |
| 1881 | 6,638.410 | 7,917.920 | . . . . . | 1,279.510 | 2,429.977 | 48.526 | 2,381.451 | . . . . . |
| 1882 | 9,985.120 | 4,607.987 | 5,377.133 | . . . . . | 2,639.895 | 66.530 | 2,573.365 | . . . . . |
| 1883 | 28,342.544 | 767.773 | 27,574.771 | . . . . . | 2,303.644 | 276.757 | 2,026.887 | . . . . . |
| 1884 | 14,074.680 | 2,004.500 | 12,070.180 | . . . . . | 1,757.983 | 1,057.525 | 700.458 | . . . . . |
| 1885 | 16,406.800 | 1,049.660 | 15,357.140 | . . . . . | 2,363.479 | 712.547 | 1,650.932 | . . . . . |
| **1881—1885** | **15,089.511** | **3,269.568** | **11,819.943** | . . . . . | **2,298.995** | **432.377** | **1,866.618** | . . . . . |
| **Im Jahre** | | | | | | | | |
| 1886 | 27,890.731 | 1,915.950 | 25,974.781 | . . . . . | 1,424.903 | 28.902 | 1,396.001 | . . . . . |
| 1887 | 3,106.945 | 1.500 | 3,105.445 | . . . . . | 769.881 | 117.984 | 651.897 | . . . . . |
| 1888 | 9,369.297 | 13,814.516 | . . . . . | 4.445.219 | 963.527 | 4,058.000 | . . . . . | 3,094.473 |
| 1889 | 2,459.838 | 2,047.000 | 412.838 | . . . . . | 658.698 | 16.588.700 | . . . . . | 15,930.002 |
| 1890 | 6,527.245 | 567.557 | 5,959.688 | . . . . . | 1,372.895 | 7,671.500 | . . . . . | 6,298.805 |
| **1886—1890** | **9,870.811** | **3,669.305** | **6,201.506** | . . . . . | **1,037.941** | **5,693.617** | . . . . . | **4,655.076** |

# Ausländischer Edelmetallverkehr.

Tabelle 32.

## Russland (als Gesammtland).

Nach dem Statistical Abstract for the principal and other foreign countries.

### In Silberrubel.

| Jahre | Gold und Silber | | | |
|---|---|---|---|---|
| | Einfuhr Silberrubel | Ausfuhr Silberrubel | Mehreinfuhr Silberrubel | Mehrausfuhr Silberrubel |
| 1871 | 7,421.000 | 17,675.000 | . | 10,254.000 |
| 1872 | 13,039.000 | 7,905.000 | 5,134.000 | . |
| 1873 | 20,552.000 | 14,664.000 | 5,888.000 | . |
| 1874 | 16,630.000 | 17,496.000 | . | 866.000 |
| 1875 | 6,441.000 | 28,035.000 | . | 21,594.000 |
| 1876 | 5,426.000 | 103,254.000 | . | 97,828.000 |
| 1877 | 10,950.000 | 19,251.000 | . | 8,301.000 |
| 1878 | 16,523.000 | 14,156.000 | 2,367.000 | . |
| 1879 | 14,770.000 | 10,188.000 | 4,582.000 | . |
| 1880 | 12,390.000 | 28,778.000 | . | 16,388.000 |
| 1881 | 9,946.000 | 68,988.000 | . | 59,042.000 |
| 1882 | 9,774.000 | 80,518.000 | . | 70,744.000 |
| 1883 | 6,555.000 | 21,953.000 | . | 15,398.000 |
| 1884 | 5,851.000 | 5,339.000 | 512.000 | . |
| 1885 | 6,795.000 | 8,549.000 | . | 1,754.000 |
| Im Durchschnitt der Jahre 1881—1885 | 7,784.200 | 37,069.400 | . | 29,285.200 |
| 1886 | 7,155.000 | 16,780.000 | . | 9,575.000 |
| 1887 | 6,264.000 | 21,786.000 | . | 15,522.000 |
| 1888 | 31,913.000 | 39,053.000 | . | 7,140.000 |
| 1889 | 13,577.000 | 23,079.000 | . | 9,502.000 |
| 1890 | *) 26,313.000 | **) 23,957.000 | 2,356.000 | . |
| Im Durchschnitte 1886—1890 | 17,044.400 | 24,931.000 | . | 7,878.600 |

*) Hievon entfallen auf Gold 65·2 %, auf Silber 34·8 %
**) " " " " 77·9 % " 22·1 %

Tabelle 33.

## Chili.

Nach dem Statistical Abstract for the principal and other foreign countries.

### In 1000 Livre Sterling (1 Peso Fuerte = 4 sh. 2 d.).

Im Specialhandel.

| Jahre | Gold und Silber | | | |
|---|---|---|---|---|
| | Einfuhr | Ausfuhr | Mehreinfuhr | Mehrausfuhr |
| 1873 | 318 | 1.029 | . | 711 |
| 1874 | 26 | 889 | . | 863 |
| 1875 | 71 | 1.343 | . | 1.272 |
| 1876 | 68 | 1.040 | . | 972 |
| 1877 | 66 | 364 | . | 298 |
| 1878 | 37 | 381 | . | 344 |
| 1879 | 11 | 514 | . | 503 |
| 1880 | 9 | 961 | . | 952 |
| 1881 | 24 | 606 | . | 582 |
| 1882 | 6 | 820 | . | 814 |
| 1883 | 71 | 1.366 | . | 1.295 |
| 1884 | 12 | 1.277 | . | 1.265 |
| 1885 | 32 | 1.566 | . | 1.534 |
| Im Durchschnitt der Jahre 1881—1885 | 29 | 1.127 | . | 1.098 |
| 1886 | 64 | 1.543 | . | 1.479 |
| 1887 | 18 | 1.871 | . | 1.853 |
| 1888 | 41 | 1.828 | . | 1.787 |
| 1889 | 93 | 1.257 | . | 1.164 |

Tabelle 34.

## Argentinische Republik.

Nach dem Statistical Abstract for the principal and other foreign countries.

### In 1000 Livre Sterling (1 Peso nac. = 4 sh.).

Im Generalhandel.

| Jahre | Gold und Silber | | | |
|---|---|---|---|---|
| | Einfuhr | Ausfuhr | Mehreinfuhr | Mehrausfuhr |
| 1881 | 859 | 618 | 241 | . |
| 1882 | 555 | 460 | 95 | . |
| 1883 | 487 | 981 | . | 494 |
| 1884 | 982 | 902 | 80 | . |
| 1885 | 1.261 | 1.689 | . | 428 |
| Im Durchschnitt der Jahre 1881—1885 | 829 | 930 | . | 101 |
| 1886 | 4.127 | 1.672 | 2.455 | . |
| 1887 | 1.950 | 1.975 | . | 25 |
| 1888 | 8.962 | 1.747 | 7.215 | . |
| 1889 | 2.350 | 5.686 | . | 3.336 |

Tabelle 35.

## Mexiko.

Nach dem Statistical Abstract for the principal and other foreign countries.

### In Dollars (Posos) = 4 sh. 2 pence.

| Jahre | Ausfuhr von Gold und Silber |
|---|---|
| 1879 | 21,492.000 |
| 1880 | 22,036.000 |
| 1881 | 19,259.000 |
| 1882 | 17,064.000 |
| 1883 | 29,629.000 |
| 1884 | 33,473.000 |
| 1885 | 33,774.000 |
| Im Durchschnitt der Jahre 1881—1885 | 26,639.800 |
| 1886 | 29,906.000 |
| 1887 | 33,561.000 |
| 1888 | 31,006.000 |
| 1889 | 33,785.000 |

**Tabelle 36.**

# Ausländischer Edelmetallverkehr.
## Japan.
Nach dem Statistical Abstract for the principal and other foreign countries.
### In 1000 Livre Sterling (1 Yen = 4 Shilling 2 Pence).
#### Im Generalhandel.

| Jahre | Gold und Silber | | | |
|---|---|---|---|---|
| | Einfuhr | Ausfuhr | Mehreinfuhr | Mehrausfuhr |
| 1875 | 62 | 3.055 | . . . . . . . . . . . . . . . | 2.993 |
| 1876 | 1.722 | 2.241 | . . . . . . . . . . . . . . . | 519 |
| 1877 | 453 | 1.967 | . . . . . . . . . . . . . . . | 1.514 |
| 1878 | 456 | 1 735 | . . . . . . . . . . . . . . . | 1.279 |
| 1879 | 653 | 2.662 | . . . . . . . . . . . . . . . | 2.009 |
| 1880 | 782 | 2.755 | . . . . . . . . . . . . . . . | 1.973 |
| 1881 | 434 | 1.563 | . . . . . . . . . . . . . . . | 1.129 |
| 1882 | 1.253 | 827 | 426 | . . . . . . . . . . . . . . . |
| 1883 | 1.128 | 575 | 553 | . . . . . . . . . . . . . . . |
| 1884 | 1·038 | 912 | 126 | . . . . . . . . . . . . . . . |
| 1885 | 1 321 | 745 | 576 | . . . . . . . . . . . . . . . |
| Im Durchschnitte der Jahre 1881—1885 | **1.035** | **925** | **110** | . . . . . . . . . . . . . . . |
| 1886 | 1.490 | 1.564 | . . . . . . . . . . . . . . . | 74 |
| 1887 | 1 405 | 1.747 | . . . . . . . . . . . . . . . | 342 |
| 1888 | 1 310 | 1 175 | 135 | . . . . . . . . . . . . . . . |
| 1889 | 2.170 | 795 | 1.375 | . . . . . . . . . . . . . . . |

**Tabelle 37.**

## China.
(Nach Soetbeer.)

| Jahre | Silber | | | | Gold | | | | Anmerkung |
|---|---|---|---|---|---|---|---|---|---|
| | Einfuhr | | Ausfuhr | | Einfuhr | Ausfuhr | Mehreinfuhr | Mehrausfuhr | |
| | Sycee Shanghai Taels | Mexikanische Dollars | Sycee Shanghai Taels | Mexikanische Dollar | Gold-Shanghai-Taels | | | | |
| 1881 | 14,109.488 | 13,406.037 | 13,835.636 | 5,516.570 | 1,350.392 | 820.464 | 529.928 | . . . . . . | Nach Kilogrammen betrug durchschnittlich 1881—1885: |
| 1882 | 23,908.944 | 18,471 967 | 17.884.084 | 12,427 871 | 1,325.086 | 881.715 | 443.371 | . . . . . . | Die Einfuhr von Silber . 909.885 kg |
| 1883 | 14,203.193 | 10,674.167 | 10.738.355 | 8,276 033 | 1,426.173 | 1,224.629 | 201.544 | . . . . . . | „ Ausfuhr „ . 745.455 kg |
| 1884 | 15,850.067 | 12,410.787 | 14,348.048 | 4,236.585 | 302.476 | 869.708 | . . . . . . | 567.232 | daher eine jährliche Mehreinfuhr von . . . . 163.880 kg |
| 1885 | 14,080.668 | 8,111 205 | 22,679.887 | 2,888.527 | 2,617 426 | 4,755 051 | . . . . . . | 2.137.625 | Im ganzen betrug vom Jahre 1881—1885 die Mehreinfuhr von Silber . 819.400 kg |
| Summe 1881—1885 Im Durchschnitte der Jahre | 82,152.360 | 63,074.163 | 79,481.010 | 33,345.086 | 7,021.553 | 8,551.567 | . . . . . . | 1,530.014 | Ergebnis bei folgender Annahme: 1 Sycee Shanghai Taël = 36·716 g Fein-Silber |
| **1881—1885** | **16,430.472** | **12,614.833** | **15,896.202** | **6,669.017** | **1,404.311** | **1,710.313** | . . . . . . | **306.002** | 1 Mexikanischer Dollar = 26 368 g Fein-Silber |

**Tabelle 38.**

## Australien.
Nach dem Statistical Abstract for the Colonial possessions.

| Jahre | Reine Goldausfuhr nach nicht australischen Ländern | | Jahre | Reine Goldausfuhr nach nicht australischen Ländern | |
|---|---|---|---|---|---|
| | nach Kilogramm | nach £ | | nach Kilogramm | nach £ |
| 1851 | 6.570 | 897.000 | 1872 | 55.630 | 7.597.000 |
| 1852 | 69 370 | 9.474.000 | 1873 | 67.747 | 9.252.000 |
| 1853 | 76.200 | 10.406.000 | 1874 | 55.094 | 7,524.000 |
| 1854 | 75.120 | 10.259.000 | 1875 | 50.290 | 6.868.000 |
| 1855 | 81.040 | 11.067.000 | 1876 | 40.998 | 5.599.000 |
| 1856 | 91·860 | 12.545.000 | 1877 | 54.962 | 7.506.000 |
| 1857 | 82.960 | 11.330.000 | 1878 | 42.946 | 5.865.000 |
| 1858 | 83.620 | 11.420.000 | 1879 | 19.851 | 2.711.000 |
| 1859 | 85.240 | 11.641.000 | 1880 | 33.192 | 4.533.000 |
| 1860 | 74.590 | 10.187.000 | 1881 | 49.675 | 6.784.000 |
| 1861 | 79.990 | 10.917.000 | 1882 | 40.522 | 5.534.000 |
| 1862 | 76.560 | 10.456.000 | 1883 | 37.264 | 5.089.000 |
| 1863 | 83.980 | 11.469.000 | 1884 | 8.626 | 1.178.000 |
| 1864 | 66.090 | 9.026.000 | 1885 | 38.538 | 5.263.000 |
| 1865 | 69.810 | 9.534.000 | Im Durchschnitte der Jahre 1881—1885 | **34.925** | **4,769.600** |
| 1866 | 70.430 | 9.618.000 | 1886 | 24 720 | 3.376.000 |
| 1867 | 64.420 | 8.798.000 | 1887 | 13 920 | 1.901.000 |
| 1868 | 68.470 | 9.351.000 | 1888 | 39.240 | 5.359.000 |
| 1869 | 76.030 | 10.383.000 | 1889 | 38.850 | 5.306.000 |
| 1870 | 60.320 | 8.238.000 | | | |
| 1871 | 55.690 | 7.605.000 | | | |

**Tabelle 89.**

# Übersicht der declarierten Werte der eingetragenen Gold= (Barren und Münzen) gegenüber einzelnen wichtigeren Ländern

| 1 | 2 | | | 3 | | | 4 | | | 5 | | |
|---|---|---|---|---|---|---|---|---|---|---|---|---|
| | Ausland | | | Deutschland | | | Niederlande | | | Belgien | | |
| Jahre | von Einfuhr | nach Ausfuhr | + oder — Einfuhr | von Einfuhr | nach Ausfuhr | + oder — Einfuhr | von Einfuhr | nach Ausfuhr | + oder — Einfuhr | von Einfuhr | nach Ausfuhr | + oder — Einfuhr |
| 1874 | 47.600 | .... | + 47.600 | 85.106 | 132.000 | — 46.894 | 10.713 | 478.026 | — 467.313 | 186.114 | 527.200 | — 341.086 |
| 1875 | .... | .... | .... | 409.098 | 6.405.737 | — 5.996.639 | 6.013 | 1.066.470 | — 1.060.457 | 324.244 | 1.142.099 | — 817.855 |
| 1876 | 2.660.895 | .... | + 2.660.895 | 703.114 | 2.222.509 | — 1.519.395 | 12.133 | 416.211 | — 404.078 | 1.966.566 | 45.305 | + 1.921.261 |
| 1877 | .... | 699 | — 699 | 430.029 | 8.343.485 | — 7.913.456 | 73.026 | 22.303 | + 50.723 | 522.683 | 38.569 | + 484.114 |
| 1878 | .... | 98.500 | — 98.500 | 1.040.388 | 4.484.758 | — 3.444.370 | 30.534 | 41.992 | — 11.458 | 947.640 | 797.221 | + 150.419 |
| 1879 | .... | 71 | — 71 | 90.776 | 2.924.215 | — 2.833.439 | 26.691 | 461.384 | — 434.693 | 735.189 | 151.087 | + 584.102 |
| 1880 | .... | .... | .... | 216.221 | 126.148 | + 90.073 | 256.712 | 75.597 | + 181.115 | 553.124 | 16.636 | + 536.488 |
| 1881 | 44.000 | .... | + 44.000 | 442.866 | 610.919 | — 168.053 | 765.133 | 1.333 | + 763.800 | 363.121 | 7.275 | + 355.846 |
| 1882 | .... | .... | .... | 53.035 | 599.802 | — 546.767 | 863.074 | 247.379 | + 615.695 | 452.295 | 8.188 | + 444.107 |
| 1883 | .... | .... | .... | 157.496 | 189.018 | — 31.522 | 1.126.686 | 834.542 | + 292.144 | 453.157 | 5.842 | + 447.315 |
| 1884 | .... | .... | .... | 71.519 | 288.296 | — 216.777 | 261.568 | 1.390.040 | — 1.128.472 | 861.119 | 82.658 | + 778.461 |
| 1885 | .... | .... | .... | 217.696 | 3.159.932 | — 2.942.236 | 28.068 | 378.704 | — 350.636 | 1.047.959 | 132.812 | + 915.147 |
| 1886 | .... | .... | .... | 39.375 | 634.108 | — 594.733 | 93.913 | 827.707 | — 733.794 | 444.742 | 31.230 | + 413.512 |
| 1887 | .... | .... | .... | 28.357 | 2.627.619 | — 2.599.262 | 154.526 | 41.946 | + 112.580 | 520.417 | 6.908 | + 513.509 |
| 1888 | .... | 1.301.200 | — 1.301.200 | 216.272 | 1.182.882 | — 966.610 | 1.047.168 | 520.763 | + 526.405 | 591.707 | 1.422 | + 590.285 |
| 1889 | .... | .... | .... | 186.443 | 334.476 | — 148.033 | 2.250.934 | 183.910 | + 2.067.024 | 450.222 | 271.282 | + 178.940 |
| 1890 | .... | .... | .... | 204.040 | 1.634.020 | — 1.429.980 | 3.104.733 | 246.580 | + 2.858.153 | 658.762 | 51 | + 658.711 |
| 1874—1890 | 2.752.495 | 1.395.470 | + 1.357.025 | 4.591.831 | 35.899.924 | — 31.308.093 | 10.111.625 | 7.234.887 | + 2.876.738 | 11.079.061 | 3.265.785 | + 7.813.276 |
| Percentual zur Gesammtsumme | 1·05 | 0·59 | + 1·41 | 1·76 | 15·22 | — 48·58 | 3·87 | 3·06 | + 2·97 | 4·25 | 1·38 | + 8·09 |

# Ein- und Ausfuhr des vereinigten Königreiches Großbritannien und Irland des Verkehres in Livres Sterling.

| | 6 | | | 7 | | | 8 | | | 9 | | |
|---|---|---|---|---|---|---|---|---|---|---|---|---|
| | Frankreich | | | Britisch S. Afrika | | | Britisch Indien | | | China | | |
| | von Einfuhr | nach Ausfuhr | + oder − Einfuhr | von Einfuhr | nach Ausfuhr | + oder − Einfuhr | von Einfuhr | nach Ausfuhr | + oder − Einfuhr | von Einfuhr | nach Ausfuhr | + oder − Einfuhr |
| | 740.395 | 5,433.712 | − 4,698.317 | 306.695 | 10.583 | + 296.112 | 263.135 | 25.075 | + 238.060 | 282.586 | . . . . | + 282.586 |
| | 2,022.964 | 5,251.444 | − 3,228.480 | 244.034 | . . . . | + 244.034 | 91.405 | 77.722 | + 13.683 | 341.669 | . . . . | + 341.669 |
| | 1,427.024 | 4,188.566 | − 2,761.542 | 279.785 | 230.000 | + 49.785 | 1,289.979 | 216.771 | + 1,073.208 | 808.018 | . . . . | + 808.018 |
| | 872.800 | 6,147.504 | − 5,274.704 | 66.922 | 484.946 | − 418.024 | 986.792 | 609.513 | + 377.279 | 186.594 | . . . . | + 186.594 |
| | 5,908.078 | 4,599.429 | + 1,308.649 | 46.980 | 346.500 | − 299.520 | 1,102.472 | 232.953 | + 869.519 | 429.975 | 300 | + 429.675 |
| | 2,905.323 | 695.710 | + 2,209.613 | 31.952 | 1,730.000 | − 1,698.048 | 1,465.694 | 218.675 | + 1,247.019 | 809.497 | . . . . | + 809.497 |
| | 2,118.036 | 602.218 | + 1,515.818 | 247.714 | 20 | + 247.694 | 1.050 | 865.821 | − 864.771 | 14.121 | 150 | + 13.971 |
| | 2,129.539 | 1,088.945 | + 1,040.594 | 38.749 | 540.000 | − 501.251 | 26.418 | 987.762 | − 961.349 | 19.954 | . . . . | + 19.954 |
| | 1,832.361 | 3,289.947 | − 1,457.586 | 74.395 | 6.000 | + 68.395 | 3.550 | 1,244.727 | − 1,241.177 | 6.243 | 10.000 | − 3.757 |
| | 1,294.688 | 101.234 | + 1,193.454 | 438.517 | . . . . | + 438.517 | 191.747 | 935.079 | − 743.332 | 193.552 | . . . . | + 193.552 |
| | 1,951.145 | 263.334 | + 1,687.811 | 171.908 | 100.000 | + 71.908 | 16.163 | 1,392.834 | − 1,376.671 | 68.521 | . . . . | + 68.521 |
| | 1,786.686 | 118.280 | + 1,668.406 | 543.086 | . . . . | + 543.086 | 268.989 | 423.939 | − 154.950 | 1,190.743 | . . . . | + 1,190.743 |
| | 1,349.514 | 1,180.695 | + 168.819 | 271.470 | 195.000 | + 76.470 | 634.494 | 383.821 | + 250.673 | 1,158.297 | 100 | + 1,158.197 |
| | 1,920.726 | 24.158 | + 1,896.568 | 230.942 | 715.055 | − 484.113 | 131.212 | 847.952 | − 716.740 | 1,051.520 | . . . . | + 1,051.520 |
| | 3,107.301 | 2.634 | + 3,104.667 | 847.054 | 1,420.394 | − 573.340 | 260.031 | 631.913 | − 371.882 | 1,052.741 | 18 | + 1,052.723 |
| | 1,672.651 | 1,692.156 | − 19.505 | 1,441.787 | 2,390.680 | − 948.893 | 320.397 | 1,669.486 | − 1,349.089 | 598.130 | . . . . | + 598.130 |
| | 4,848.085 | 812.996 | + 4,035.089 | 1,876.677 | 750.000 | + 1,126.677 | 458.596 | 2,796.941 | − 2,338.345 | 260.026 | . . . . | + 260.026 |
| | 37,887.316 | 35,492.962 | + 2,394.354 | 7,158.667 | 8,919.178 | − 1,760.511 | 7,512.119 | 13,560.984 | − 6,048.865 | 8,472.187 | 10.568 | + 8,461.619 |
| | 14·51 | 15·04 | + 2·48 | 2·74 | 3·79 | − 2·45 | 2·95 | 5·75 | − 3·42 | 3·25 | . . . . | + 3·76 |

Süd-Amerika. (Brasilien

# Übersicht der declarierten Werte der eingetragenen Gold= (Barren und Münzen) gegenüber einzelnen wichtigeren Ländern

| 1 | 10 | | | 11 | | | 12 | | | 13 | | |
|---|---|---|---|---|---|---|---|---|---|---|---|---|
| | **Australien** | | | **Vereinigte Staaten** | | | **Mexiko** South-America, W. Indies. ¹) | | | **Brasilien** | | |
| **Jahre** | von Einfuhr | nach Ausfuhr | + oder − Einfuhr | von Einfuhr | nach Ausfuhr | + oder − Einfuhr | von Einfuhr | nach Ausfuhr | + oder − Einfuhr | von Einfuhr | nach Ausfuhr | + oder − Einfuhr |
| 1874 | 6,720.878 | . . . . | + 6,720.878 | 4,508.740 | 9.095 | + 4,499.645 | 2,492.828 | 1,375.960 | + 1,116.868 | 371.584 | 500.767 | − 129.183 |
| 1875 | 6,640.881 | 20.500 | + 6,620.381 | 8,257.664 | 576.659 | + 7,681.005 | 1,386.300 | 983.109 | + 403.191 | 257.415 | 977.697 | − 720.282 |
| 1876 | 4,956.777 | 10.000 | + 4,946.777 | 4,371.705 | 3,524.286 | + 847.419 | 1,859.725 | 955.180 | + 904.545 | 582.245 | 244.059 | + 338.186 |
| 1877 | 6,655.438 | . . . . | + 6,655.438 | 2,061.918 | 1,167.630 | + 894.288 | 920.586 | 443.781 | + 476.805 | 251.973 | 239.001 | + 12.972 |
| 1878 | 5,680.591 | 10.005 | + 5,670.586 | 866.333 | 828.750 | + 37.583 | 1,276.071 | 687.427 | + 588.644 | 315.141 | 121.573 | + 193.568 |
| 1879 | 3,184.562 | 86 | + 3,184.476 | 388.250 | 6,949.078 | − 6,560.828 | 933.720 | 893.217 | + 40.503 | 442.267 | 179.400 | + 262.867 |
| 1880 | 3,612.344 | 10.000 | + 3,602.344 | 55.365 | 5,511.887 | − 5,456.522 | 681.004 | 1,091.597 | − 410.593 | 172.022 | 658.683 | − 486.661 |
| 1881 | 4,470.186 | 40 | + 4,470.146 | 23.191 | 7,386.753 | − 7,363.562 | 616.031 | 1,154.274 | − 538.243 | 230.386 | 430.202 | − 199.816 |
| 1882 | 2,996.549 | . . . . | + 2,996.549 | 6,099.783 | 92.202 | + 6,007.581 | 596.781 | 614,079 | − 17.298 | 142.399 | 155.287 | − 12.888 |
| 1883 | 2,256.128 | 390 | + 2,256.738 | 9.777 | 937.515 | − 927.738 | 685.461 | 1,226.560 | − 541.099 | 131.541 | 275.718 | − 144.177 |
| 1884 | 709.388 | 920.000 | − 210.612 | 5,072.094 | 2,183.803 | + 2,888.291 | 731.390 | 1,052.701 | − 321.311 | 142.217 | 435.064 | − 292.847 |
| 1885 | 3,737.424 | . . . . | + 3,737.424 | 909.044 | 299.332 | + 609.712 | 1,930.473 | 1,751.807 | + 178.666 | 421.427 | 192.240 | + 229.187 |
| 1886 | 2,725.870 | 140.000 | + 2,585.870 | 3,021.542 | 2,995.065 | + 26.477 | 1,465.019 | 4,266.005 | − 2,800.986 | 541.211 | 285.184 | + 256.027 |
| 1887 | 320.797 | 50.217 | + 270.580 | 37.010 | 1,760.764 | − 1,723.754 | 2,836.600 | 1,725.982 | + 1,110.618 | 141.060 | 209.335 | − 68.275 |
| 1888 | 3,945.119 | 205 | + 3,944.914 | 2,251.369 | 3.939 | + 2,247.430 | 698.913 | 7,382.815 | − 6,683.902 | 86.649 | 355.981 | − 269.332 |
| 1889 | 4,168.729 | 297 | + 4,168.432 | 2,796.831 | 10.300 | + 2,786.531 | 2,723.559 | 748.528 | + 1,975.031 | 77.608 | 3,348.462 | − 3,270.854 |
| 1890 | 2,096.874 | . . . . | + 2,096.874 | 2,594.259 | 1,011.617 | + 1,582.642 | 1,898.923 | 655.463 | + 1,243.460 | 2,512.948 | 1,199.614 | + 1,313.334 |
| 1874—1890 | 64,878.535 | 1,161.740 | + 63,716.795 | 43,324.875 | 35,248.675 | + 8,076.200 | 23,733.384 | 26,958.485 | − 3,225.101 | 6,820.093 | 9,808.267 | − 2,988.174 |
| Percentual zur Gesammtsumme | 24·89 | 0·49 | + 65·98 | 16·62 | 14·94 | + 8·36 | 9·10 | 11·43 | − 4·49 | 2·61 | 4·15 | − 4·16 |

# Ein= und Ausfuhr des vereinigten Königreiches Großbritannien und Irland des Verkehres in Livres Sterling.

| 14 | | | 15 | | | 16 | | | 17 |
|---|---|---|---|---|---|---|---|---|---|
| **Westküste von Afrika** | | | **Andere Länder** | | | **Hauptsummen** | | | **Anmerkung** |
| von Einfuhr | nach Ausfuhr | + oder − Einfuhr | von Einfuhr | nach Ausfuhr | + oder − Einfuhr | von Einfuhr | nach Ausfuhr | + oder − Einfuhr | |
| 136.263 | 35,070 | + 101.193 | 1,928.382 | 2,114.148 | − 185.766 | 18,081.019 | 10,641.636 | + 7,439.383 | [1] Mexiko, West-Indien und Süd-Amerika. (Brasilien ausgenommen.) |
| 117.321 | 14,029 | + 103.292 | 3,041.826 | 2,132.830 | + 908.996 | 23,140.834 | 18,648.296 | + 4,492.538 | |
| 145.511 | 14,588 | + 130.923 | 2,412.498 | 4,448.273 | − 2,035.775 | 23,475.975 | 16,515.748 | + 6,960.227 | |
| 120.542 | 23.513 | + 97.029 | 2,292.682 | 2,952.942 | − 660.260 | 15,441.985 | 20,373.886 | − 4,931.901 | |
| 122.497 | 23.117 | + 99.380 | 3,104.710 | 2,700.982 | − 308.422 | 20,871.410 | 14,968.507 | + 5,902.903 | |
| 115.167 | 14.490 | + 100.677 | 2,239.587 | 3,361.405 | − 1,121.818 | 13,368.675 | 17,578.818 | − 4,210.143 | |
| 125.980 | 52.680 | + 73.300 | 1,401.168 | 2,817.385 | − 1,416.217 | 9,454.861 | 11,828.822 | − 2,373.961 | |
| 96.092 | 17.425 | + 78.667 | 697.345 | 3,203.909 | − 2,506.564 | 9,963.006 | 15,498.837 | − 5,535.831 | |
| 110.782 | 32.231 | + 78.551 | 1,145.312 | 5,723.927 | − 4,578.615 | 14,376.559 | 12,023.804 | + 2,352.755 | |
| 95.092 | 37.932 | + 57.160 | 721.958 | 2,547.570 | − 1,825.612 | 7,755.800 | 7,091.365 | + 664.435 | |
| 116.926 | 34.240 | + 82.686 | 570.450 | 3,869.869 | − 3,299.419 | 10,744.408 | 12,012.839 | − 1,268.431 | |
| 232.680 | 4.538 | + 228.142 | 1,062.286 | 5,469.234 | − 4,406.948 | 13,376.561 | 11,930.818 | + 1,445.743 | |
| 137.602 | 25,692 | + 111.910 | 1,509.207 | 2,789.099 | − 1,279.892 | 13,392.256 | 13,783.706 | − 391.450 | |
| 148.045 | 5.531 | + 142.514 | 2,434.114 | 1,308.147 | + 1,125.967 | 9,955.326 | 9,323.614 | + 631.712 | |
| 147.040 | 12.287 | + 134.753 | 1,536.224 | 2,177.690 | − 641.466 | 15,787.588 | 14,944.143 | + 843.445 | |
| 169.777 | 18.712 | + 151.065 | 1,056.971 | 3,787.326 | − 2,730.355 | 17,914.039 | 14,455.318 | + 3,458.721 | |
| 150,765 | 32.718 | + 118.052 | 2,903.356 | 5,166.396 | − 2,263.040 | 23,568.044 | 14,306.688 | + 9,261.356 | |
| 2,288.082 | 398.788 | + 1,889.294 | 30,058.076 | 56,571.132 | − 26,513.056 | 260,668.346 | 235,926.845 | + 24,741.501 | |
| | | | | | | Gesammt-Verkehr 496,595.191, hievon Überschußprocent der Mehreinfuhr 4·9 | | | |
| 0·87 | 0·17 | + 1·95 | 11·53 | 23·99 | − 36·90 | 100 | 100 | { + 100 − 100 | |

# Übersicht des declarierten Wertes der registrierten Ein- und Ausfuhr von Irland gegenüber einzelnen Ländern

| 1 | 2 | | | 3 | | | 4 | | |
|---|---|---|---|---|---|---|---|---|---|
| | Deutschland | | | Niederlande | | | Belgien | | |
| Jahre | von Einfuhr | nach Ausfuhr | + oder — Einfuhr | von Einfuhr | nach Ausfuhr | + oder — Einfuhr | von Einfuhr | nach Ausfuhr | + oder — Einfuhr |
| 1874 | 2,351.968 | 117.088 | + 2,234.880 | 156.060 | 212.003 | — 55.943 | 262.758 | 634.580 | — 371.822 |
| 1875 | 1,152.523 | 101.696 | + 1,050.827 | 8.498 | 191.122 | — 182.624 | 65.099 | 171.763 | — 106.664 |
| 1876 | 5,364.060 | 190.902 | + 5,173.158 | 131.247 | 204.413 | — 73.166 | 42.479 | 196.747 | — 154.268 |
| 1877 | 13,747.558 | 64.620 | + 13,682.938 | 35.257 | 81.108 | — 45.851 | 72.119 | 20.549 | + 51.570 |
| 1878 | 3,999.402 | 1,473.876 | + 2,525.526 | 54.673 | 125.244 | — 70.571 | 45.614 | 45.842 | — 228 |
| 1879 | 784.134 | 1,723.251 | — 939.117 | 8.744 | 134.611 | — 125.867 | 40.344 | 13.348 | + 26.996 |
| 1880 | 407.393 | 466.719 | — 59.326 | 4.785 | 267.342 | — 262.557 | 16.116 | 22.885 | — 6.769 |
| 1881 | 222.720 | 765.361 | — 542.641 | 1.949 | 185.904 | — 183.955 | 47.975 | 12.976 | + 34.999 |
| 1882 | 558.198 | 149.776 | + 408.422 | 5.322 | 159.087 | — 153.765 | 34.585 | 24.809 | + 9.776 |
| 1883 | 289.663 | 283.800 | + 5.863 | 19.395 | 106.921 | — 87.526 | 27.244 | 402 | + 26.842 |
| 1884 | 362.764 | 14.524 | + 348.240 | 7.987 | 36.898 | — 28.911 | 61.926 | 5.179 | + 56.747 |
| 1885 | 117.320 | 39.453 | + 377.867 | 5.484 | 89.384 | — 83.900 | 102.530 | 30.235 | + 72.295 |
| 1886 | 415.854 | 12.625 | + 403.229 | 5.993 | 32.246 | — 26.253 | 52.782 | 850 | + 51.932 |
| 1887 | 612.331 | 148.328 | + 464.003 | 6.703 | 10.947 | — 4.244 | 114.678 | 14.160 | + 100.518 |
| 1888 | 307.416 | 241.335 | + 66.081 | 3.207 | 13.158 | — 9.951 | 75.963 | 560 | + 75.403 |
| 1889 | 257.349 | 39.257 | + 218.092 | 3.133 | 6.651 | — 3.518 | 127.139 | 810 | + 126.329 |
| 1890 | 662.210 | 104.612 | + 557.598 | 15.364 | 47.068 | — 31.704 | 444.254 | 2.280 | + 441.974 |
| 1874—1890 | 31,912.863 | 5,937.223 | + 25,975.640 | 473.801 | 1,904.107 | — 1,430.306 | 1,633.605 | 1,197.975 | + 435.630 |
| Percentual zur Gesamtsumme | 18·49 | 3·44 | + 19·28 | 0·28 | 1·10 | — 1·06 | 0·95 | 0·69 | + 0·31 |

# Silber= (Barren und Münzen) des vereinigten Königreiches Großbritannien und (Staaten) in Livres Sterling.

| | 5 | | | 6 | | | 7 | |
|---|---|---|---|---|---|---|---|---|
| | Frankreich | | | Spanien, Canarische Inseln | | | Britisch Indien | |
| von Einfuhr | nach Ausfuhr | + oder − Einfuhr | von Einfuhr | nach Ausfuhr | + oder − Einfuhr | von Einfuhr | nach Ausfuhr | + oder − Einfuhr |
| 1,172.272 | 1,321.658 | − 149.886 | 539 | 1,882.312 | − 1,881.773 | 17.858 | 307.225 | − 289.367 |
| 1,392.305 | 2,449.730 | − 1,057.425 | 1.062 | 1,679.030 | − 1,677.968 | 122.157 | 3,231.266 | − 3,109.109 |
| 1,340.828 | 1,832.919 | − 492.091 | 3.993 | 174.200 | − 170.207 | 220.708 | 8,229 124 | − 8,008.416 |
| 1,521.300 | 767.574 | + 753.726 | 6.748 | 1,553.890 | − 1,547.142 | 71.570 | 14,313.643 | − 14,242.073 |
| 1,740.657 | 2,190.877 | − 450.220 | 13.710 | 663.242 | − 649.532 | 136.680 | 4,219.413 | − 4,082.733 |
| 2,346.584 | 722.683 | + 1,623.901 | 32.806 | 183.778 | − 150.972 | 126.124 | 6,046.560 | − 5,920.436 |
| 2,068.635 | 173.444 | + 1,895.191 | 25.891 | 2.597 | + 23.294 | 193.305 | 4,321.507 | − 4,128.202 |
| 1,458 961 | 704.089 | + 754.872 | 25.497 | 340.384 | − 314.887 | 124.116 | 3,391.271 | − 3,267.155 |
| 2,643.208 | 350.213 | + 2,292.995 | 48.249 | 1,186.149 | − 1,137.900 | 74.132 | 5,986.495 | − 5,912.363 |
| 2,069.628 | 188.915 | + 1,880.713 | 37.985 | 1,186.815 | − 1,148.830 | 79.911 | 6,107 422 | − 6,027.511 |
| 1,727.708 | 633.146 | + 1,094.562 | 68.986 | 448.314 | − 379.328 | 38.690 | 7,577.118 | − 7,538.428 |
| 1,725.293 | 1,490.936 | + 234.357 | 114.120 | 308.180 | − 194.060 | 81.921 | 7,108.635 | − 7,026.714 |
| 1,186.979 | 1,019.485 | + 167.494 | 79.348 | 191.984 | − 112.636 | 73.906 | 4,886.277 | − 4,812.371 |
| 1,241.930 | 474.629 | + 767.301 | 120.057 | 126.400 | − 6.343 | 34.742 | 5,098.518 | − 5,063.776 |
| 840.427 | 545.023 | + 295.404 | 160.096 | 93 616 | + 66.480 | 15.466 | 5,361.360 | − 5,345.894 |
| 2,280.522 | 126.411 | + 2,154 111 | 159.154 | 102 | + 159.052 | . . . . . . | 8,170.797 | − 8,170.797 |
| 2,022.016 | 457.739 | + 1,564.277 | 123.252 | 403.205 | − 279.953 | 16.830 | 8,009 014 | − 7,992.184 |
| 28,779.253 | 15,449.471 | + 13,329.782 | 1,021.493 | 10,424.198 | − 9,402.705 | 1,428.116 | 102,365.645 | − 100,937.529 |
| 16·70 | 8.96 | + 9·96 | 0·59 | 6·05 | − 6·97 | 0·82 | 59 35 | − 75 |

# Übersicht des declarierten Wertes der registrierten Ein= und Ausfuhr von Irland gegenüber einzelnen Ländern

| 1 | 8 | | | 9 | | | 10 | | |
|---|---|---|---|---|---|---|---|---|---|
| | China | | | Vereinigte Staaten | | | Mexiko | | |
| Jahre | von Einfuhr | nach Ausfuhr | + oder — Einfuhr | von Einfuhr | nach Ausfuhr | + oder — Einfuhr | von Einfuhr | nach Ausfuhr | + oder — Einfuhr |
| 1874 | 371.741 | 24.800 | + 346.941 | 3,476.622 | 25.250 | + 3,451.372 | 3,931.823 | . . . . . | + 3,931.823 |
| 1875 | 112.730 | 863.131 | — 750.401 | 3,181.227 | 89.280 | + 3,091.947 | 3,362.666 | . . . . . | + 3,362.666 |
| 1876 | 16.072 | 1,249.729 | — 1,233.657 | 2,637.234 | 378.441 | + 2,258.793 | 3,079.318 | 100 | + 3,079.218 |
| 1877 | 472 | 2,047.685 | — 2,047.213 | 2,615.921 | 297.890 | + 2,318.031 | 3,352.674 | . . . . . | + 3,352.674 |
| 1878 | 1.449 | 1,620.756 | — 1,619.307 | 1,617.179 | 1,082.820 | + 534.359 | 3,519.847 | . . . . . | + 3,519.847 |
| 1879 | 348.908 | 527.492 | — 178.584 | 2,595.729 | 614.320 | + 1,981.409 | 3,581.272 | . . . . . | + 3,581.272 |
| 1880 | 23.948 | 1,125.552 | — 1,101.604 | 1,198.567 | 33.520 | + 1,165.047 | 2,382.492 | . . . . . | + 2,382.492 |
| 1881 | 12.448 | 962.587 | — 950.139 | 2,598.333 | 31.343 | + 2,566.990 | 1,965.615 | . . . . . | + 1,965.615 |
| 1882 | 34.828 | 436.775 | — 401.947 | 1,922.466 | 29.420 | + 1,893.046 | 3,308.682 | . . . . . | + 3,308.682 |
| 1883 | 57.179 | 917.552 | — 860.373 | 2,803.543 | 48.650 | + 2,754.893 | 3,787.881 | . . . . . | + 3,787.881 |
| 1884 | . . . . . . | 761.134 | — 761.134 | 2,629.316 | 8.332 | + 2,620.984 | 4,397.298 | . . . . . | + 4,397.298 |
| 1885 | 917 | 375.135 | — 374.218 | 2,804.512 | 6.011 | + 2,798.501 | 3,688.544 | . . . . . | + 3,688.544 |
| 1886 | . . . . . . | 427.262 | — 427.262 | 1,697.184 | 2.865 | + 1,694.319 | 3,430.399 | . . . . . | + 3,430.399 |
| 1887 | . . . . . . | 332.175 | — 332.175 | 2,213.744 | 35.349 | + 2,178.395 | 3,268.474 | . . . . . | + 3,268.474 |
| 1888 | 220 | 149.345 | — 149.125 | 2,383.743 | 32.319 | + 2,351.424 | 2,256.466 | . . . . . | + 2,256.466 |
| 1889 | 63 | 404.711 | — 404.648 | 3,975.943 | 31.150 | + 3,914.793 | 2,137.580 | . . . . . | + 2,137.580 |
| 1890 | 55.933 | 447.240 | — 391.307 | 4,057.709 | 629.048 | + 3,428.661 | 2,495.453 | . . . . . | + 2,495.453 |
| 1874—1890 | 1,036.908 | 12,673.061 | — 11,636.153 | 44,408.972 | 3,376.008 | + 41,032.964 | 53,946.484 | 100 | + 53,946.384 |
| Percentual zur Gesammtsumme | 0·60 | 7·34 | — 8·65 | 25·71 | 1·96 | + 30·45 | 31·25 | . . . . . | + 40 |

# Silber= (Barren und Münzen) des vereinigten Königreiches Großbritannien und (Staaten) in Livres Sterling.

| | 11 | | | 12 | |
| --- | --- | --- | --- | --- | --- |
| Andere Länder | | | Zusammen | | |
| von Einfuhr | nach Ausfuhr | + oder — Einfuhr | von Einfuhr | nach Ausfuhr | + oder — Einfuhr |
| 556.528 | 7,687.041 — | 7,180.513 | 12,298.169 | 12,211.957 + | 86.212 |
| 725.688 | 202.728 + | 522.960 | 10,123.955 | 8,979.746 + | 1,144.209 |
| 742.330 | 491.759 + | 250.571 | 13,578.269 | 12,948.334 + | 629.935 |
| 287.195 | 289.774 — | 2.579 | 21,710.814 | 19,436.733 + | 2,274.081 |
| 422.334 | 295.969 + | 126.365 | 11,551.545 | 11,718.089 — | 166.494 |
| 922.218 | 1,040.051 — | 117. 88 | 10,786.863 | 11,006.094 — | 219.231 |
| 477.890 | 647.115 — | 169.225 | 6,799.022 | 7,060.681 — | 261.659 |
| 443.788 | 610.067 — | 166.279 | 6,901.402 | 7,003.982 — | 102.580 |
| 613.255 | 642.730 — | 29.475 | 9,242.925 | 8,965.454 + | 277.471 |
| 295.573 | 482.369 — | 186.796 | 9,468.002 | 9,322.846 + | 145.156 |
| 338.820 | 501.738 — | 162.918 | 9,633.495 | 9,986.383 — | 352.888 |
| 492.964 | 404.318 + | 88.646 | 9,433.605 | 9,852.287 — | 418.682 |
| 529.194 | 650.105 — | 120.911 | 7,471.639 | 7,223.699 + | 247.940 |
| 206.779 | 1,566.898 — | 1,360.119 | 7,819.438 | 7,807.404 + | 12.034 |
| 170.936 | 1,178.712 — | 1,007.776 | 6,213.940 | 7,615.428 — | 1,401.488 |
| 244.517 | 1,886.423 — | 1,641.906 | 9 185.400 | 10,666.312 — | 1,480 912 |
| 492.638 | 583.378 — | 90.740 | 10,385.659 | 10,683.384 — | 297.725 |
| 7,962.647 | 19,160.975 — | 11,198.328 | 172,604.142 | 172,488.763 + | 115 379 |
| 4·61 | 11·11 — | 8·32 | 100 | 100 | { + 100 — 100 |

**Tabelle 41.**

# Ausländischer Edelmetallverkehr der österreichisch-ungarischen Monarchie.

## I. Ein- und Ausfuhr nach Menge (Gewicht Kilogramm).

| Im Jahre | Durchschnitts-Silber-Agio in Procenten | Durchschnitts-Gold-Agio in Procenten das 20 Frcs.-Stück zu 8 fl. Gold gerechnet | Einfuhr Gold (exclusive Kräze) | Einfuhr Silber (exclusive Kräze) | Einfuhr Goldmünzen | Einfuhr Silbermünzen | Zusammen | Ausfuhr Gold (exclusive Kräze) | Ausfuhr Silber (exclusive Kräze) | Ausfuhr Goldmünzen | Ausfuhr Silbermünzen | Zusammen | Gold und Silbermünzen nach dem Wert erklärt [1] Einfuhr | Ausfuhr (in Tausenden Gulden österr. Währ.) |
|---|---|---|---|---|---|---|---|---|---|---|---|---|---|---|
| 1855 | 21·6 | . . . | 3.058 | 7.425 | 34.800 | | **45.283** | . . . | . . . | | 4.900 | **4.900** | 1.593 | 3.254 |
| 1856 | 5·4 | . . . | 5.505 | ²)218.410 | 48.750 | | **272.665** | . . . | 124 | | 4.629 | **4.753** | 1.593 | 3.254 |
| 1857 | 5·5 | . . . | 21 | ²)194.540 | 58.550 | | **253.111** | 18 | ³)85.791 | | 12.570 | **98.379** | 1.522 | 1.286 |
| 1858 | 4·1 | . . . | 19 | ²)175.083 | {8.250 / seit 1. März 1858 / 8.250 / 235.950} | | **427.552** | 31 | 167 | {3.607 / 5.169} | 410.616 | **419.590** | 1.467 | 1.284 |
| 1859 | 20·6 | . . . | 1.500 ²) | 108.661 | 18.600 | 308.200 | **436.961** | 3 | 63 | 14.696 | 539.882 | **554.644** | 2.850 | 5.968 |
| 1860 | 32·3 | . . . | 583 ²) | 140.635 | 9.850 | 83.150 | **234.218** | 14 | 152 | 12.543 | 387.897 | **400.606** | 1.722 | 6.292 |
| 1861 | 41·7 | . . . | 285 | 60.697 | 9.715 | 117.022 | **187.719** | 17 | 12 | 9.198 | 182.210 | **191.437** | 1.722 | 6.292 |
| 1862 | 28·1 | . . . | 570 | 8.155 | 10.715 | 101.966 | **121.406** | 87 | 318 | 12.086 | 152.684 | **165.175** | 1.605 | 5.774 |
| 1863 | 13·2 | . . . | 656 | 12.706 | 15.140 | 110.690 | **139.192** | 324 | 192 | 12.013 | 88.767 | **101.296** | 1.667 | 8.515 |
| 1864 | 15·9 | . . . | 51 | 15.959 | 8.491 | 61.740 | **86.241** | 4 | 56 | 8.934 | 148.981 | **157.975** | 1.099 | 5.233 |
| 1865 | 8·4 | . . . | 29 | 5.352 | 6.369 | 149.030 | **160.780** | . . . | 1 | 6.989 | 87.535 | **94.525** | 1.996 | 5.232 |
| 1866 | 20·0 | . . . | 22 | 3.909 | 9.434 | 166.135 | **179.500** | . . . | 75 | 7.565 | ⁴)446.709 | **454.349** | 2.263 | 6.076 |
| 1867 | 24·8 | . . . | 514 | 7.089 | 12.263 | 102.260 | **122.126** | . . . | 31 | 6.596 | 140.885 | **147.512** | 2.043 | 19.718 |
| 1868 | 14·8 | . . . | 88 | 46.329 | 11.456 | 160.579 | **218.452** | . . . | 156 | 4.006 | 136.025 | **140.187** | 2.300 | 23.192 |
| 1869 | 21·3 | . . . | 3 | 4.232 | 20.029 | 159.743 | **184.007** | 47 | 595 | 5.891 | 66.361 | **72.894** | 2.580 | 14.487 |
| 1870 | 22·2 | . . . | 69 | 3.603 | 24.180 | 107.598 | **135.450** | 14 | 515 | 10.846 | 148.930 | **160.305** | 3.031 | 9.057 |
| 1871 | 20·6 | . . . | 13 | 44.082 | 40.592 | 57.581 | **142.268** | . . . | 414 | 14.611 | 272.953 | **287.978** | 2.170 | 16.091 |
| 1872 | 9·5 | . . . | 106 | 23.272 | 23.452 | 52.474 | **99.304** | 3 | 13.845 | 8.920 | 481.335 | **504.103** | 1.985 | 16.016 |
| 1873 | 8·6 | 10·8 | 13 | 79.126 | 18.615 | 118.776 | **216.530** | 37 | 8 | 3.135 | 244.312 | **247.492** | 2.110 | 7.809 |
| 1874 | 5·2 | 11·2 | 100 | 23.506 | 6.971 | 99.931 | **130.508** | 20 | 142 | 426 | 177.431 | **178.019** | 1.322 | 4.129 |
| 1875 | 3·4 | 11·7 | 17 | 79.882 | 2.990 | 39.240 | **122.129** | 3 | 762 | 2.419 | 136.228 | **139.412** | 2.021 | 4.575 |
| 1876 | 4·7 | 20·8 | 48 | 116.454 | 15.428 | 50.108 | **182.038** | 113 | 13.120 | 4.169 | 298.401 | **315.803** | 738 | 1.452 |
| 1877 | 9·5 | 22·9 | 116 | 96.012 | 12.931 | 39.210 | **148.269** | 8 | 388 | 4.143 | 114.645 | **119.184** | 898 | 875 |
| 1878 | 2·7 | 18·0 | 72 | 397.645 | 10.101 | 46.978 | **454.796** | . . . | 186 | 2.800 | 132.739 | **135.725** | 1.672 | 1.678 |
| 1879 | 0·0 | 16·3 | 713 | 430.073 | 15.018 | 69.794 | **515.598** | 72 | 11.627 | 2.114 | 53.040 | **66.853** | 1.201 | 1.462 |
| 1880 | 0·0 | 17·3 | 195 | 60.033 | 15.698 | 26.972 | **102.898** | 148 | 10.914 | 2.134 | 187.148 | **200.344** | 2.848 | 3.863 |
| 1881 | 0·0 | 16·7 | 542 | 126.859 | 13.620 | 63.367 | **204.388** | . . . | 1.937 | 1.502 | 13.739 | **17.178** | 607 | 2.531 |
| 1882 | 0·0 | 18·8 | 1.263 | 22.922 | 11.393 | 14.681 | **50.259** | . . . | 218 | 3.002 | 556.977 | **560.197** | 983 | 2.360 |
| 1883 | 0·0 | 19·0 | 225 | 67.787 | 9.436 | 8.885 | **86.336** | 189 | 131 | 1.268 | 2.194 | **3.782** | 885 | 1.827 |
| 1884 | 0·0 | 20·8 | 42 | 14.331 | 7.098 | 6.912 | **28.383** | 71 | 624 | 2.012 | 65.254 | **67.961** | 571 | 1.674 |
| 1885 | 0·0 | 23·6 | 128 | 31.737 | 5.640 | 7.028 | **44.533** | 218 | 263 | 2.695 | 44.754 | **47.930** | 518 | 831 |
| 1886 | 0·0 | 24·9 | 60 | 28.720 | 4.690 | 3.876 | **37.346** | . . . | 18 | 679 | 291 | **988** | 654 | 643 |
| 1887 | 0·0 | 25·3 | 59 | 21.491 | 4.951 | 10.955 | **37.456** | 4 | 230 | 2.249 | 11.029 | **13.512** | 605 | 467 |
| 1888 | 0·0 | 23·3 | 181 | 32.724 | 15.708 | 3.952 | **52.565** | 7 | 113 | 6.814 | 9.617 | **16.551** | 342 | 777 |
| 1889 | 0·0 | 18·6 | 226 | 48.071 | 14.758 | 6.032 | **64.087** | 191 | 76 | 5.028 | 1.270 | **6.565** | 243 | 524 |
| 1890 | 0·0 | 15·5 | 526 | 26.894 | 28.022 | 5.098 | **60.540** | . . . | 129 | 2.609 | 942 | **3.680** | 116 | 325 |
| 1855–1878 | 15·2 | . . . | 13.458 | 1,872.764 | {150.350 / 295.572} | 2,868.361 | **4,700.505** | 743 | 117.113 | {25.706 / 157.155} | 4,795.526 | **5,096.243** | 43.969 | 177.539 |
| 1879–1890 | 0·0 | . . . | 4.160 | 906.642 | 146.032 | 227.555 | **1,244.399** | 900 | 26.280 | 32.106 | 946.255 | **1,005.541** | 9.573 | 17.224 |
| **Summe** | . . . | . . . | 17.618 | 2,779.406 | {150.350 / 441.604} | 2,595.916 | **5,944.894** | 1.643 | 143.393 | {25.706 / 189.261} | 5,741.781 | **6,101.784** | 53.542 | 194.763 |

¹) Verkehr auf den Schiffen der Donau-Dampfschiffahrts-Gesellschaft.
²) Meist für die priv. österr. Nationalbank und das k. k. Münzamt.
³) Darunter Silberanlehen seitens der priv. österr. Nationalbank an die Stadt Hamburg
⁴) Darunter Kriegskosten an Preußen

Tabelle 42.      63

# Ausländischer Edelmetallverkehr der österreichisch-ungarischen Monarchie.

## II. Ein- und Ausfuhr nach dem Handelswerte.

| Im Jahre | Handelswert der Einfuhr: | | | | | | Handelswert der Ausfuhr: | | | | | | Die Einfuhr war größer (+) oder geringer (—) um |
|---|---|---|---|---|---|---|---|---|---|---|---|---|---|
| | Gold (inclusive Goldkrätze) | Silber (inclusive Silberkrätze) | Goldmünzen | Silbermünzen | Gold- und Silbermünzen gemengt | Im ganzen | Gold (inclusive Goldkrätze) | Silber (inclusive Silberkrätze) | Goldmünzen | Silbermünzen | Gold- und Silbermünzen gemengt | Im ganzen | |
| | in Tausenden von Gulden österreichischer Währung | | | | | | | | | | | | |
| 1855 | 3.853 | 686 | ? | ? | 5.176 | 9.715·0 | .... | .... | ? | ? | 3.793 | 3.793·0 | + 5.922·0 |
| 1856 | 6.936 | 20.182 | ? | ? | 5.590 | 32.708·0 | .... | 9 | ? | ? | 3.763 | 3.772·0 | + 28.936·0 |
| 1857 | 26 | 17.976 | ? | ? | 7.033 | 25.035·0 | 17 | 5.945 | ? | ? | 2.354 | 8.340·0 | + 16.689·0 |
| 1858 | 23 | 15.407 | 9.922 | 18.878 | 2.351 | 46.581·0 | 28 | 11 | 6.204 | 32.849 | 1.681 | 40.773·0 | + 5.808·0 |
| 1859 | 1.800 | 9.562 | 22.282 | 24.558 | 2.850 | 61.052·0 | 3 | 4 | 17.635 | 43.191 | 5.968 | 66.801·0 | — 5.749·0 |
| Summe | 12.638 | 63.813 | 32.204 | 43.436 | 23.000 | 175.091·0 | 48 | 5.969 | 23.839 | 76.040 | 17.589 | 123.485·0 | + 51.606·0 |
| Durchschnitt | .... | .... | .... | .... | .... | 35.018·2 | .... | .... | .... | .... | .... | 24.697·0 | + 10.321·2 |
| 1860 | 700 | 12.976 | 11.828 | 6.985 | 1.722 | 33.611·0 | 13 | 16 | 15.051 | 33.964 | 6.292 | 55.330·0 | — 21.719·0 |
| 1861 | 342 | 5.341 | 11.658 | 9.362 | 1.722 | 28.425·0 | 16 | 1 | 14.037 | 14.577 | 6.292 | 31.923·0 | — 3.498·0 |
| 1862 | 684 | 718 | 12.858 | 8.157 | 1.605 | 24.022·0 | 78 | 21 | 14.503 | 12.215 | 5.774 | 32.591·0 | — 8.569·0 |
| 1863 | 788 | 1.118 | 18.168 | 8.855 | 1.667 | 30.596·0 | 291 | 13 | 14.416 | 7.101 | 8.515 | 30.336·0 | + 260·0 |
| 1864 | 61 | 1.404 | 10.189 | 4.939 | 1.099 | 17.692·0 | 3 | 4 | 10.721 | 11.919 | 5.233 | 27.880·0 | — 10.188·0 |
| Summe | 2.575 | 20.957 | 64.701 | 38.298 | 7.815 | 134.346·0 | 401 | 49 | 65.728 | 79.776 | 32.106 | 178.060·0 | — 43.714·0 |
| Durchschnitt | .... | .... | .... | .... | .... | 26.869·2 | .... | .... | .... | .... | .... | 35.612·0 | — 8.742·8 |
| 1865 | 35 | 471 | 7.643 | 11.923 | 1.996 | 22.068·0 | .... | .... | 8.387 | 7.003 | 5.232 | 20.622·0 | + 1.446·0 |
| 1866 | 27 | 344 | 11.321 | 13.291 | 2.263 | 27.246·0 | .... | 5 | 9.079 | 35.737 | 6.076 | 50.897·0 | — 23.651·0 |
| 1867 | 616 | 623 | 14.716 | 8.181 | 2.043 | 26.179·0 | .... | 2 | 7.915 | 11.271 | 19.718 | 38.906·0 | — 12.727·0 |
| 1868 | 106 | 4.077 | 13.747 | 12.846 | 2.300 | 33.076·0 | 42 | 10 | 4.808 | 10.882 | 23.192 | 38.934·0 | — 5.858·0 |
| 1869 | 4 | 372 | 24.034 | 12.783 | 2.580 | 39.770·0 | .... | 39 | 7.070 | 5.309 | 14.487 | 26.905·0 | + 12.865·0 |
| Summe | 788 | 5.887 | 71.461 | 59.024 | 11.182 | 148.339·0 | 42 | 56 | 37.259 | 70.202 | 68.705 | 176.264·0 | — 27.925·0 |
| Durchschnitt | .... | .... | .... | .... | .... | 29.667·8 | .... | .... | .... | .... | .... | 35.252·8 | — 5.585·0 |
| 1870 | 83 | 317 | 29.017 | 8.608 | 3.031 | 41.056·0 | 13 | 34 | 13.015 | 11.914 | 9.056 | 34.032·0 | + 7.024·0 |
| 1871 | 16 | 3.879 | 48.711 | 4.666 | 2.170 | 59.382·0 | .... | 28 | 17.583 | 21.836 | 16.031 | 55.488·0 | + 3.894·0 |
| 1872 | 126 | 2.048 | 28.142 | 4.198 | 1.985 | 36.499·0 | 2 | 914 | 10.705 | 38.507 | 16.016 | 66.144·0 | — 29.645·0 |
| 1873 | 15 | 6.963 | 22.338 | 9.502 | 2.110 | 40.928·0 | 33 | 1 | 3.762 | 19.545 | 7.809 | 31.150·0 | + 9.778·0 |
| 1874 | 120 | 2.068 | 8.366 | 7.994 | 1.322 | 19.870·0 | 67 | 9 | 511 | 14.195 | 4.129 | 18.911·0 | + 959·0 |
| Summe | 360 | 15.275 | 136.574 | 34.908 | 10.618 | 197.735·0 | 115 | 986 | 45.526 | 105.997 | 53.101 | 205.725·0 | — 7.990·0 |
| Durchschnitt | .... | .... | .... | .... | .... | 39.547·0 | .... | .... | .... | .... | .... | 41.145·0 | — 1.598·0 |
| 1875 | 22 | 7.040 | 3.887 | 3.139 | 2.021 | 16.099·0 | 4 | 61 | 3.145 | 10.898 | 4.575 | 18.683·0 | — 2.584·0 |
| 1876 | 63 | 9.782 | 20.982 | 3.758 | 738 | 35.323·0 | 158 | 1.102 | 5.837 | 22.380 | 1.452 | 30.929·0 | + 4.394·0 |
| 1877 | 157 | 8.065 | 18.284 | 2.941 | 898 | 30.345·0 | 12 | 33 | 6.032 | 8.598 | 875 | 15.550·0 | + 14.795·0 |
| 1878 | 96 | 53.402 | 14.000 | 3.523 | 1.672 | 52.693·0 | .... | 16 | 3.996 | 9.955 | 1.678 | 15.645·0 | + 37.048·0 |
| 1879 | 856 | 36.124 | 20.274 | 5.235 | 1.201 | 63.690·0 | 113 | 994 | 2.960 | 3.978 | 1.402 | 9.447·0 | + 54.243·0 |
| Summe | 1.194 | 94.403 | 77.427 | 18.596 | 6.530 | 198.150·0 | 287 | 2.206 | 21.970 | 55.809 | 9.982 | 90.254·0 | + 107.896·0 |
| Durchschnitt | .... | .... | .... | .... | .... | 39.630·0 | .... | .... | .... | .... | .... | 18.050·8 | + 21.579·2 |
| 1880 | 240 | 5.020 | 21.977 | 2.104 | 2.848 | 32.189·0 | 128 | 854 | 3.094 | 14.598 | 3.863 | 22.537·0 | + 9.652·0 |
| 1881 | 726 | 11.158 | 19.008 | 4.943 | 607 | 36.502·0 | 19 | 157 | 2.178 | 1.030 | 2.531 | 5.915·0 | + 30.587·0 |
| 1882 | 1.857 | 2.003 | 16.646 | 1.055 | 983 | 22.544·0 | 22 | 65 | 4.386 | 42.032 | 2.360 | 48.860·0 | — 26.316·0 |
| 1883 | 262 | 5.959 | 13.965 | 667 | 885 | 21.738·0 | 242 | 16 | 1.902 | 167 | 1.827 | 4.154·0 | + 17.584·0 |
| 1884 | 62 | 1.260 | 10.292 | 484 | 571 | 12.669·0 | 122 | 119 | 3.018 | 4.894 | 1.674 | 9.827·0 | + 2.842·0 |
| Summe | 3.147 | 25.400 | 81.948 | 9.253 | 5.894 | 125.642·0 | 533 | 1.206 | 14.578 | 62.721 | 12.255 | 91.293·0 | + 34.349·0 |
| Durchschnitt | .... | .... | .... | .... | .... | 25.128·4 | .... | .... | .... | .... | .... | 18.258·6 | + 6.869·8 |
| 1885 | 189 | 2.662 | 8.460 | 457 | 518 | 12.286·0 | 272 | 45 | 4.177 | 3.357 | 831 | 8.682·0 | + 3.598·0 |
| 1886 | 90 | 2.324 | 7.269 | 244 | 654 | 10.581·0 | 31 | 16 | 1.086 | 21 | 643 | 1.797·0 | + 8.784·0 |
| 1887 | 88 | 1.744 | 7.674 | 741 | 605 | 10.852·0 | 48 | 57 | 3.598 | 750 | 467 | 4.915·0 | + 5.937·0 |
| 1888 | 223 | 2.440 | 23.876 | 257 | 342 | 27.138·0 | 44 | 98 | 10.630 | 606 | 777 | 12.155·0 | + 14.983·0 |
| 1889 | 277 | 3.186 | 22.187 | 332 | 243 | 26.175·0 | 274 | 50 | 7.793 | 80 | 524 | 8.726·0 | + 17.449·0 |
| Summe | 867 | 12.356 | 69.466 | 2.031 | 2.362 | 87.026·0 | 664 | 271 | 27.284 | 4.814 | 3.242 | 36.275·0 | + 50.751·0 |
| 1890 | 787 | 2.144 | 40.072 | 316 | 116 | 43.435·0 | 15 | 18 | 3.861 | 64 | 325 | 4.283·0 | + 39.152·0 |
| Im ganzen | 22.356 | 240.235 | 573.803 | 205.859 | 67.517 | 1,109.786·0 | 2.105 | 10.761 | 240.045 | 455.423 | 197.305 | 905.639·0 | + 204.125·0 |
| % | 2·01 | 21·65 | 51·71 | 18·55 | 6·08 | 100 | 0·23 | 1·19 | 26·50 | 50·29 | 21·79 | 100 | .... |
| Davon 1858—1890 | 11.535 | 201.391 | 573.803 | 205.859 | 49.718 | 1,042.306·0 | 2.088 | 4.807 | 240.045 | 455.423 | 187.365 | 889.728·0 | + 152.578·0 |
| Pro Jahr | 349 | 6.103 | 17.388 | 6.238 | 1.507 | 31.585·0 | 63 | 146 | 7.274 | 13.801 | 5.677 | 26.961·0 | + 4.624·0 |

Tabelle 48.

# Ausländischer Edelmetallverkehr der österreichisch-ungarischen Monarchie.

## Mengen in Kilogramm.

Mit Angabe der Grenzen des Verkehres.

| Ein- und Austritts-Grenzen | Gold 1855—1890 | | Goldmünzen 1858—1890 | | Gold und Gold-münzen 1855—1890 | | Silber 1855—1890 | | Silbermünzen 1858—1890 | | Silber und Silber-münzen 1855—1890 | | Gold- und Silber-münzen (gemengt) 1855—1857 | |
|---|---|---|---|---|---|---|---|---|---|---|---|---|---|---|
| | Einfuhr | Ausfuhr | Einfuhr | Ausfuhr | Einfuhr | Ausfuhr | Einfuhr | Ausfuhr | Einfuhr | Ausfuhr | Einfuhr | Ausfuhr | Einfuhr | Ausfuhr |
| Süd-Deutschland . . . . . . . | 2.016 | 379 | 225.783 | 31.366 | 227.799 | 31 745 | 454.183 | 8.784 | 917.503 | 1,275.195 | 1,371.686 | 1,283.979 | 4.725 | 1.120 |
| Sachsen . . . . . . . . . | 4.018 | 168 | 50.021 | 3.612 | 54.039 | 3.780 | 1,236 506 | 18.485 | 750.523 | 1,158.000 | 1,987.029 | 1,176.485 | 54.170 | 11.159 |
| Preußen . . . . . . . | 10.381 | 51 | 34.792 | 18.251 | 45.173 | 18 302 | 1,065.772 | 87.570 | 251.226 | 643.906 | 1,316.998 | 731.476 | 28.570 | 685 |
| Summe . | 16.415 | 598 | 310.596 | 53.229 | 327.011 | 53.827 | 2,756.461 | 114.889 | 1,919.252 | 3,077.101 | 4,675.713 | 3,191.940 | 87.465 | 12.964 |
| Rußland . . . . . . . . . | 66 | . | 1.726 | 1.039 | 1.792 | 1.039 | 4.448 | 71 | 2 643 | 10.010 | 7.091 | 10.081 | 451 | 215 |
| Rumänien, Serbien, Türkei und Montenegro . . . . . | 241 | 209 | 43.435 | 21.540 | 43.676 | 21.749 | 2.227 | 301 | 129.818 | 91.174 | 132.045 | 91.475 | 45.588 | 6.281 |
| Italien . . . . . . . . | 4 | 402 | 9.906 | 10.873 | 9.910 | 11.275 | 468 | 23.817 | 91 193 | 1,347.610 | 91.661 | 1,371.427 | 37 | 339 |
| Schweiz . . . . . . . | 21 | . | 739 | 1.285 | 760 | 1.285 | 229 | 101 | 2.237 | 2.547 | 2.466 | 2.648 | 73 | 19 |
| Triest . . . . . . . . | 226 | 419 | 73.554 | 98.491 | 73.780 | 98.910 | 13.606 | 4.264 | 352.301 | 1,152.047 | 365.907 | 1,156.311 | 7.081 | 5.874 |
| Sonstige Häfen . . . . . . . | 645 | 15 | 1.648 | 2.804 | 2.293 | 2.819 | 1.967 | . | 98.472 | 61.292 | 100.439 | 61.292 | 9.655 | 14 |
| Im ganzen . | 17.618 | 1.643 | 441.604 | 189.261 | 459.222 | 190.904 | 2,779.406 | 143.393 | 2,595.916 | 5,741.781 | 5,375.322 | 5,885.174 | 150.350 | 25.706 |

**Tabelle 44.**

# Wert der Ein- und Ausfuhr

## an Edelmetallen und Münzen aus edlen Metallen in den Jahren 1855—1890

### mit Angabe der Grenzen des Verkehres.

*in Millionen von überschuldeten Gulden österreichischer Währung*

| Im Jahre | Durchschnitts-Goldagio in Procenten | Durchschnitts-Silberagio in Procenten | Wert der Einfuhr über die Grenze gegen | | | | | | | | | | | | Wert der Ausfuhr über die Grenze gegen | | | | | | | | | | | |
|---|---|---|---|---|---|---|---|---|---|---|---|---|---|---|---|---|---|---|---|---|---|---|---|---|---|---|
| | | | Deutschland: Süd-Deutschland | Sachsen | Preußen | zusammen | Rußland | Rumänien | Serbien, die Türkei und Montenegro | Italien | die Schweiz | Triest | sonstige Häfen | Im ganzen | Deutschland: Süd-Deutschland | Sachsen | Preußen | zusammen | Rußland | Rumänien | Serbien, die Türkei und Montenegro | Italien | die Schweiz | Triest | sonstige Häfen | Im ganzen |
| 1855 | | 21·6 | 3·80 | 3·80 | 3·00 | 6·80 | | 3·2 | 3·0 | | | | | 9·80 | | | | 0·30 | | | 3·5 | | | | | 3·80 |
| 1856 | | 5·4 | 2·10 | 27·10 | 14·10 | 29·30 | | 3·2 | 3·4 | | | 1·00 | | 39·70 | | 0·30 | 5·70 | 6·30 | | | 3·7 | | | | | 3·80 |
| 1857 | | 4·1 | 6·30 | 13·70 | 10·50 | 30·50 | | 3·7 | 3·4 | | 0·80 | 2·50 | | 46·80 | | 0·80 | 9·60 | 6·94 | | | 1·4 | 9·4 | | 0·40 | 3·00 | 8·30 |
| 1858 | | 20·5 | 18·00 | 14·40 | 7·40 | 39·30 | | 6·4 | 7·4 | | 0·10 | 2·70 | | 61·10 | | 10·10 | 10·80 | 28·40 | | | 1·3 | 19·7 | | 4·70 | 40·80 |
| 1859 | | 23·2 | 19·70 | 10·10 | 3·40 | 19·30 | | 2·5 | 12·5 | | | 5·80 | | 33·40 | | 11·60 | 5·90 | 29·90 | | | 7·3 | 8·3 | | 0·10 | 55·40 |
| 1860 | | 41·7 | 10·10 | 1·00 | 2·60 | 14·00 | | 1·8 | 3·4 | | | 4·80 | | 24·10 | | 2·60 | 5·80 | 12·70 | | | 11·2 | 0·2 | | 31·90 |
| 1861 | | 26·1 | 3·20 | 1·40 | 4·30 | 8·50 | | 1·6 | 4·6 | | | 4·80 | | 20·40 | | 3·70 | 1·10 | 12·70 | | | 8·0 | 0·4 | | 32·60 |
| 1862 | | 13·2 | 6·70 | 4·00 | 12·90 | 22·20 | | 0·6 | 3·7 | | | 5·40 | | 34·10 | | 0·90 | 0·04 | 5·70 | | | 7·0 | | | 30·60 |
| 1863 | | 15·9 | 6·60 | 4·30 | 2·70 | 12·70 | | 0·8 | 3·6 | | | 4·70 | | 17·70 | | 3·00 | 0·60 | 9·40 | | | 9·3 | 0·3 | | 27·60 |
| 1864 | | | 11·90 | 4·00 | 2·70 | 14·70 | | 1·1 | | | | 0·10 | | 28·10 | | 3·70 | | 5·70 | | 3·5 | 0·3 | | | | | 20·60 |
| 1865 | | 30·0 | 12·20 | 3·00 | 2·60 | 16·40 | | 3·4 | | | | 6·00 | | 27·30 | | 0·90 | 29·00 | 40·70 | | 1·4 | 4·10 | | 4·00 | 79·90 |
| 1866 | | 24·1 | 10·70 | 2·70 | 3·70 | 22·30 | | 2·6 | | 0·10 | | 9·70 | | 33·10 | | 3·60 | 0·40 | 0·80 | | 1·0 | 5·2 | 0·3 | | 7·10 | 39·00 |
| 1867 | 10·8 | 14·8 | 18·00 | 7·70 | 0·40 | 21·30 | | 2·5 | | | 0·10 | | | 33·10 | | 10·60 | 0·10 | 7·30 | | 1·8 | 20·0 | 0·5 | | 4·00 | 38·90 |
| 1868 | 11·7 | 21·3 | 15·00 | 5·40 | 0·50 | 21·30 | | 1·6 | | | 0·20 | | | 41·90 | | 11·80 | 0·50 | 12·60 | 0·10 | 0·7 | 13·7 | | | 4·00 | 26·90 |
| 1869 | 11·2 | 20·6 | 16·90 | 3·40 | 0·10 | 48·50 | | 1·5 | | | 0·30 | | | 36·40 | | 13·80 | 1·90 | 20·90 | | 1·2 | 15·1 | | | 18·80 | 55·50 |
| 1871 | 39·5 | | 27·00 | 27·00 | 4·20 | 34·50 | 1·40 | 1·6 | | | 8·30 | | | 40·40 | | 6·20 | 2·90 | 36·20 | 0·30 | 2·4 | 13·7 | 1·6 | | 6·20 | 34·00 |
| 1872 | 18·0 | | 7·70 | 14·50 | 2·90 | 14·50 | | 0·6 | | | 6·10 | | | 19·10 | | 3·10 | 0·10 | 4·80 | | 0·9 | 6·6 | 6·0 | | 3·90 | 31·30 |
| 1873 | 17·3 | | 7·70 | 2·80 | 1·80 | 16·10 | | 1·6 | | | 4·20 | | | 30·30 | | 0·10 | 0·10 | 4·30 | 0·10 | 0·5 | 4·0 | 8·0 | | 17·70 | 30·90 |
| 1874 | 18·7 | | 11·90 | 1·00 | 0·30 | 28·40 | | 0·4 | | | | 0·10 | | 52·70 | | 1·70 | 0·20 | 4·20 | | 0·2 | 1·2 | 0·1 | | 10·40 | 15·40 |
| 1875 | 19·0 | | 17·80 | 6·90 | 6·90 | 46·20 | | 0·9 | | | | 0·10 | | 63·70 | | 4·80 | 2·30 | 9·70 | | 2·6 | 4·3 | | 3·10 | 9·50 |
| 1876 | 20·5 | | 13·40 | 9·90 | 9·90 | 57·00 | | 0·6 | | | | 0·10 | | 36·50 | | 2·60 | 4·80 | 7·30 | | 0·6 | 3·2 | | | 5·60 |
| 1877 | 23·6 | | 14·40 | 3·60 | 0·30 | 30·60 | | 1·4 | | 0·10 | | 0·60 | 0·80 | 27·40 | | 5·00 | 1·30 | 4·80 | | 1·7 | 34·8 | | 6·00 | 48·90 |
| 1878 | 24·9 | | 11·60 | 2·40 | 0·30 | 20·40 | 0·10 | 0·6 | | | | 0·60 | | 24·70 | | 0·60 | 0·78 | 0·10 | | 3·0 | 4·5 | | 0·60 | 9·60 |
| 1879 | 25·3 | | 8·90 | 2·40 | 0·70 | 11·50 | | 0·1 | | | | 0·10 | 0·90 | 12·70 | | 0·70 | 0·10 | 0·40 | | 1·4 | 3·2 | | 0·70 | 8·70 |
| 1881 | 23·9 | | 8·20 | 1·70 | 0·10 | 9·80 | | 0·1 | | | | 0·70 | | 10·90 | | 0·70 | 2·10 | 0·10 | | 0·7 | 0·7 | 0·10 | 3·70 | 1·80 |
| 1882 | 18·9 | | 17·60 | 2·70 | 6·30 | 8·20 | 0·10 | 1·0 | | | 0·20 | 0·60 | | 27·10 | | 2·10 | 4·80 | 7·20 | | 1·0 | 3·8 | 0·10 | 3·10 | 4·90 |
| 1890 | 16·5 | | 36·30 | 9·30 | 0·80 | 40·40 | 0·10 | 1·2 | | | 0·30 | 0·80 | | 43·50 | | 0·70 | 0·90 | 1·00 | | 9·7 | 0·80 | 0·20 | 1·60 | 4·30 |
| **Summe** | | | 415·10 | 243·00 | 173·90 | 831·40 | 2·50 | 47·70 | 42·08 | 18·60 | 1·00 | 121·20 | 12·30 | 1.110·40 | 143·60 | 100·40 | 81·90 | 325·90 | 2·10 | 58·30 | 39·50 | 119·20 | 1·64 | 213·10 | 8·10 | 906·30 |
| **pro Jahr** | | | 11·53 | 6·75 | 4·81 | 23·09 | 0·07 | 3·42 | | 0·52 | 0·08 | 3·37 | 0·34 | 30·84 | 3·99 | 2·79 | 2·28 | 9·04 | 0·06 | 6·56 | | 3·33 | 0·04 | 5·92 | 0·22 | 25·17 |

**Tabelle 45.**

# Übersicht des ausländischen Edelmetallverkehres der österreichisch-ungarischen Monarchie 1868—1890.

### In Tausenden Gulden österr. Währung.

| Jahr | Gold | | | Silber | | | Gold und Silber | | | Zusammen | | |
|---|---|---|---|---|---|---|---|---|---|---|---|---|
| | Einfuhr | Ausfuhr | ± Einfuhr | Einfuhr | Ausfuhr | ± Einfuhr | Einfuhr | Ausfuhr | ± Einfuhr | Einfuhr | Ausfuhr | ± Einfuhr |
| 1868 | 13.853·0 | 4.850·0 | +9.003·0 | 16.923·0 | 10.892·0 | +6.031·0 | 2.301·0 | 23.192·0 | —20.891·0 | 33.077·0 | 38.934·0 | —5.857·0 |
| 1869 | 24.038·0 | 7.070·0 | +16.968·0 | 13.152·0 | 5.348·0 | +7.804·0 | 2.585·0 | 14.487·0 | —11.902·0 | 39.775·0 | 26.905·0 | +12.870·0 |
| 1870 | 29.100·0 | 13.028·0 | +16.072·0 | 8.925·0 | 11.948·0 | —3.023·0 | 3.032·0 | 9.085·0 | —6.053·0 | 41.057·0 | 34.061·0 | +6.996·0 |
| 1871 | 48.727·0 | 17.533·0 | +31.194·0 | 8.485·0 | 21.864·0 | —13.379·0 | 2.170·0 | 16.091·0 | —13.921·0 | 59.382·0 | 55.488·0 | +3.894·0 |
| 1872 | 28.268·0 | 10.707·0 | +17.561·0 | 6.246·0 | 39.421·0 | —33.175·0 | 1.985·0 | 16.016·0 | —14.031·0 | 36.499·0 | 66.144·0 | —29.645·0 |
| 1873 | 22.353·0 | 3.795·0 | +18.558·0 | 16.465·0 | 19.546·0 | —3.081·0 | 2.110·0 | 7.809·0 | —5.699·0 | 40.928·0 | 31.150·0 | +9.778·0 |
| 1874 | 8.486·0 | 578·0 | +7.908·0 | 10.062·0 | 14.204·0 | —4.142·0 | 1.322·0 | 4.129·0 | —2.807·0 | 19.870·0 | 18.911·0 | +959·0 |
| 1875 | 3.909·0 | 3.149·0 | +760·0 | 10.169·0 | 10.959·0 | —790·0 | 2.021·0 | 4.575·0 | —2.554·0 | 16.099·0 | 18.683·0 | —2.584·0 |
| Summe. | 111.743·0 | 35.762·0 | +75.981·0 | 51.427·0 | 105.994·0 | —54.567·0 | 9.608·0 | 48.620·0 | —39.012·0 | 172.778·0 | 190.376·0 | —17.598·0 |
| Im Durchschnitt der Jahre 1871—1875 | 22.348·6 | 7.152·4 | +15.196·2 | 10.285·4 | 21.198·8 | —10.913·4 | 1.921·6 | 9.724·0 | —7.802·4 | 34.555·6 | 38.075·2 | —3.519·6 |
| Im Jahre | | | | | | | | | | | | |
| 1876 | 21.045·0 | 5.995·0 | +15.050·0 | 13.540·0 | 23.482·0 | —9.942·0 | 738·0 | 1.452·0 | —714·0 | 35.323·0 | 30.929·0 | +4.394·0 |
| 1877 | 18.441·0 | 6.044·0 | +12.397·0 | 11.006·0 | 8.631·0 | +2.375·0 | 898·0 | 875·0 | +23·0 | 30.345·0 | 15.550·0 | +14.795·0 |
| 1878 | 14.096·0 | 3.996·0 | +10.100·0 | 36.925·0 | 9.971·0 | +26.954·0 | 1.672·0 | 1.678·0 | —6·0 | 52.693·0 | 15.645·0 | +37.048·0 |
| 1879 | 21.130·0 | 3.073·0 | +18.057·0 | 41.359·0 | 4.972·0 | +36.387·0 | 1.201·0 | 1.402·0 | —201·0 | 63.690·0 | 9.447·0 | +54.243·0 |
| 1880 | 22.217·0 | 3.222·0 | +18.995·0 | 7.124·0 | 15.452·0 | —8.328·0 | 2.848·0 | 3.863·0 | —1.015·0 | 32.189·0 | 22.537·0 | +9.652·0 |
| Summe. | 96.929·0 | 22.330·0 | +74.599·0 | 109.954·0 | 62.508·0 | +47.446·0 | 7.357·0 | 9.270·0 | —1.913·0 | 214.240·0 | 94.108·0 | +120.132·0 |
| Im Durchschnitt der Jahre 1876—1880 | 19.385·8 | 4.466·0 | +14.919·8 | 21.990·8 | 12.501·6 | +9.489·2 | 1.471·4 | 1.854·0 | —382·6 | 42.848·0 | 18.821·6 | +24.026·4 |
| Im Jahre | | | | | | | | | | | | |
| 1881 | 19.794·0 | 2.197·0 | +17.597·0 | 16.101·0 | 1.187·0 | +14.914·0 | 607·0 | 2.531·0 | —1.924·0 | 36.502·0 | 5.915·0 | +30.587·0 |
| 1882 | 18.503·0 | 4.408·0 | +14.095·0 | 3.058·0 | 42.092·0 | —39.034·0 | 983·0 | 2.360·0 | —1.377·0 | 22.544·0 | 48.860·0 | —26.316·0 |
| 1883 | 14.227·0 | 2.144·0 | +12.083·0 | 6.626·0 | 183·0 | +6.443·0 | 885·0 | 1.827·0 | —942·0 | 21.738·0 | 4.154·0 | +17.584·0 |
| 1884 | 10.354·0 | 3.140·0 | +7.214·0 | 1.744·0 | 5.013·0 | —3.269·0 | 571·0 | 1.674·0 | —1.103·0 | 12.669·0 | 9.827·0 | +2.842·0 |
| 1885 | 8.643·0 | 4.449·0 | +4.194·0 | 3.119·0 | 3.402·0 | —283·0 | 518·0 | 831·0 | —313·0 | 12.280·0 | 8.682·0 | +3.598·0 |
| Summe. | 71.521·0 | 16.338·0 | +55.183·0 | 30.648·0 | 51.877·0 | —21.229·0 | 3.564·0 | 9.223·0 | —5.659·0 | 105.733·0 | 77.438·0 | +28.295·0 |
| Im Durchschnitt der Jahre 1881—1885 | 14.304·2 | 3.267·6 | +11.036·6 | 6.129·6 | 10.375·4 | —4.245·8 | 712·8 | 1.844·6 | —1.131·8 | 21.146·6 | 15.487·6 | +5.659·0 |
| Im Jahre | | | | | | | | | | | | |
| 1886 | 7.359·0 | 1.117·0 | +6.242·0 | 2.568·0 | 37·0 | +2.531·0 | 654·0 | 643·0 | +11·0 | 10.581·0 | 1.797·0 | +8.784·0 |
| 1887 | 7.782·0 | 3.641·0 | +4.121·0 | 2.485·0 | 807·0 | +1.678·0 | 605·0 | 467·0 | +138·0 | 10.852·0 | 4.915·0 | +5.937·0 |
| 1888 | 24.099·0 | 10.674·0 | +13.425·0 | 2.697·0 | 704·0 | +1.993·0 | 342·0 | 777·0 | —435·0 | 27.138·0 | 12.155·0 | +14.983·0 |
| 1889 | 22.414·0 | 8.067·0 | +14.347·0 | 3.518·0 | 135·0 | +3.383·0 | 243·0 | 524·0 | —281·0 | 26.175·0 | 8.726·0 | +17.449·0 |
| 1890 | 40.859·0 | 3.876·0 | +36.983·0 | 2.460·0 | 82·0 | +2.378·0 | 116·0 | 325·0 | —209·0 | 43.435·0 | 4.283·0 | +39.152·0 |
| Summe. | 102.493·0 | 27.375·0 | +75.118·0 | 13.728·0 | 1.765·0 | +11.963·0 | 1.960·0 | 2.736·0 | —776·0 | 118.181·0 | 31.876·0 | +86.305·0 |
| Im Durchschnitt der Jahre 1886—1890 | 20.498·6 | 5.475·0 | +15.023·6 | 2.745·6 | 353·0 | +2.392·6 | 392·0 | 547·2 | —155·2 | 23.636·2 | 6.375·2 | +17.261·0 |

Tabelle 46.

# Ausländischer Verkehr Frankreichs in Edelmetallen und größtentheils aus Edelmetall bestehenden Waren im Jahre 1887.

(Aus dem Tableau du Commerce de la France.)

| Gegenstand | In Francs | | | | |
|---|---|---|---|---|---|
| | Einfuhr | Ausfuhr | Mehreinfuhr | Mehrausfuhr | Werteinheit |
| I. Gold roh, in Massen, Stäben, Barren, Pulver, Bruchgold und Münzen . . . . . | 93,172.104 | 258,081.974 | . . . . . . . . . | 164,909.870 | Münzgesetzliche |
| II. Silber roh, in Massen, Stäben, Barren, Pulver, Bruchsilber und Münzen . . . . . | 178,003.068 | 138,543.143 | 39,459.925 | . . . . . . . . . | Münzgesetzliche |
| III. Orfévrerie (Gold- und Silberschmiedearbeit): a) Gold . . . . . . . . . b) Silber . . . . . . . . . | 266.724 2,556.200 | 361.702 3,106.111 | . . . . . . . . . . . . . . . . . . | 94.978 549.911 | Per Gramm —·60 —·40 |
| IV. Bijouterie (Schmuck): a) Gold, Platin . . . . . . . . . b) Silber . . . . . . . . . | 41,885.789 3,753.426 | 51,345.573 6,438.996 | . . . . . . . . . . . . . . . . . . | 9,459.884 2,685.570 | Per Gramm 3·50 —·50 |
| V. Taschenuhren, (gold.) . . . . . . . . | 10,812.450 | 10,508.340 | 304.110 | . . . . . . . . . | Per Stück 110.— |
| VI. Blattgold (battu en feuilles) . . . . . | 1,499.194 | 2,171.363 | . . . . . . . . . | 672.169 | Per Gramm 3·20 |
| VII. Gold und Platin, gezogen und gestreckt . | 7,113.672 | 4,085.877 | 3,027.795 | . . . . . . . . . | Per Gramm 3.— |
| VIII. Gold und Platin, gesponnen . . . . . . | 241.155 | 663.587 | . . . . . . . . . | 422.432 | Per Gramm —·50 |

# Erläuterungen.

Die Statistik der Edelmetallbewegung gehört zu den wichtigsten und interessantesten Theilen der gesammten Münzstatistik. Sowohl die Daten der Bewegung, als ihre Resultate, dann die aus der Zahl und Größe der verkehrten Mengen sich ergebende Intensität der Bewegung sind maßgebende Factoren zur Beurtheilung des Zustandes der Volkswirtschaft.

Es kann nicht gesagt werden, daß diese Aufgaben verkannt werden, aber leider wird ihnen noch wenig entsprochen.

Erstlich umfaßt die Münzstatistik unter Edelmetallbewegung nicht den gesammten Edelmetallverkehr, sondern nur den Verkehr in Münzen und Barren, in Bruchgold und ähnlichen Sorten. Es ist also grundsätzlich nur die Absicht, diese Specien der Bewegung zu verfolgen. Es ist nun aber nicht möglich in der Verwendung der Edelmetalle eine feste Grenze zu ziehen. Die Verwendung als Münze und zu Münzzwecken und dann zu Geräthen, Schmucksachen u. s. w. haben seit jeher in beständiger Abwechslung und gegenseitiger Abhilfe gestanden, große Beträge von Münzen und Barren sind fortwährend ihren Geldzwecken wieder entzogen und verarbeitet und umgekehrt sind goldene und silberne Geräthe und Schmucksachen ebenso häufig eingeschmolzen und als Geld verwendet worden (Soetbeer). Es liegt daher auf der Hand, daß nur eine allen Edelmetallverkehr begreifende Statistik der Edelmetallbewegung wirklich genaue Nachrichten zu erbringen vermöchte.

Tabelle Nr. 46 stellt dieses Mißverhältnis an einem Beispiele aus der französischen Handelsstatistik dar.

Zweitens ist die Zuverlässigkeit der statistischen Daten selbst eine nur geringe; Soetbeer hat durch Vergleichung der Ausweise mehrerer Länder, über den Verkehr untereinander, schlagend diese Mangelhaftigkeit nachgewiesen, außerdem aber auch durch einzelne vorgekommene Fälle. Englands Statistik ist ebenfalls von Fehlern nicht frei, allein Soetbeer's Vergleichung der englischen mit der Statistik der Vereinigten Staaten von Nordamerika hat doch eine verhältnismäßig große Übereinstimmung ergeben.

In gleicher Weise zeigt sich die Mangelhaftigkeit dieser Statistik, wenn die Nachweisung des königlich italienischen Schatzamtes, laut welcher vom 1. April 1881 bis 15. Februar 1883 durch Barsendungen 435,999.975 Lire und zwar 398,222.185 Lire Gold und 37,777.790 Lire Silber an dasselbe vom Auslande gelangten, welche bis zum 12. April 1883 intact in den königlichen Kassen verblieben, mit den statistischen Ausweisen der gleichzeitigen ausländischen Edelmetallbewegung verglichen werden. Nach derselben hat in den Jahren 1881 bis 1883 überhaupt nur eine Einfuhr von 180,396.200 Lire Gold und 126,402.045 Lire Silber, zusammen von 306,798.245 Lire stattgefunden, während die Netto-Goldeinfuhr in diesen Jahren sogar nur 150,364.300 Lire, die Netto-Silbereinfuhr 103,879.375 Lire betrug, so daß die Steigerung des Edelmetallbesitzes Italiens nur 254,243.675 Lire betragen haben könnte. In der Statistik des ausländischen Edelmetallverkehres Deutschlands (Zollgebiet) kommen die Silberverkäufe der Jahre 1873 bis 1879 per 7,102.862 Pfund Fein-Silber = 710,286.200 Mark nicht zum Ausdruck, denn für die Jahre 1874 bis 1876 ist nur eine Mehrausfuhr von Silber per 41,980.000 Mark nachgewiesen, für die Jahre 1877 und 1878 sogar eine Mehreinfuhr von Silber per 22,280.000 Mark. Dabei ist Hamburgs ausländischer Verkehr nicht inbegriffen. Die englische Handelsstatistik weist dagegen für die Jahre 1874 bis 1878 eine Mehreinfuhr von Silber aus Deutschland mit 24,667.329 Pfund Sterling = 493,344.580 Mark nach. Ähnlich ließe sich die auffallende Nichtübereinstimmung der Handelsausweise mit den thatsächlichen Verhältnissen in andern Fällen nachweisen. Der Grund dieser Mangelhaftigkeit ist theilweise gegenständlich gegeben, theilweise aber auch in der Mangelhaftigkeit der bisherigen Zollstatistik, namentlich des Ausfuhrhandels zu suchen. Wäre für diesen Theil der Edelmetallstatistik besser vorgesorgt, so würde es möglich sein, die Bilanz des Welt-Edelmetallverkehres zu ziehen. Unter den gegenwärtigen Umständen geben selbst die reichlichen Nachrichten des amerikanischen Münzamtes hiezu noch keinen Anhalt. Es wird dies demnach als eine Aufgabe der Zukunft anzusehen sein.

Trotz dieser nicht günstigen Sachlage schien es aus den beregten Gründen nothwendig, dieses Thema nicht ohne Ausführlichkeit zu behandeln.

Bei der Auswahl der Länder waren die bedeutendsten Productionen, der größte Verkehr und der bedeutendste Consum an Edelmetallen die maßgebenden Gesichtspunkte.

Die Daten sind den officiellen handelsstatistischen Ausweisen entnommen.

Die Tabellen Nr. 39 und 40 geben das Gesammtbild des Edelmetallverkehres Englands.

# Fünfter Abschnitt.

# Britisch-Indien.

Tabellen 47—55.

Tabelle 47.

# Ausländischer Edelmetallverkehr von Britisch-Indien.

### In Ten Rupees = 1 Pfund Sterling.

| Jahre | A. Silber Einfuhr | Ausfuhr | Mehreinfuhr | Mehrausfuhr | Werth der Rupie in Pence Sterling nach dem Cours der Council-Bills | B. Gold Einfuhr | Ausfuhr | Mehreinfuhr | Mehrausfuhr | Mehreinfuhr % Silber | Gold |
|---|---|---|---|---|---|---|---|---|---|---|---|
| 1860/61 | 6,434.600·0 | 1,106.600 | 5,328.000·0 | ···· | ···· | 4,242.441·0 | 3,872·0 | 4,232.569·0 | ···· | ···· | ···· |
| 1861/62 | 9,761.500·0 | 675.100 | 9,086.400·0 | ···· | 23,867·0 | 5,190.432·0 | 6.007·0 | 5,184.425·0 | ···· | ···· | ···· |
| 1862/63 | 13,697.400·0 | 1,072.200 | 12,650.200·0 | ···· | 23,920·0 | 6,881.669·0 | 33,410·0 | 6,848.159·0 | ···· | ···· | ···· |
| 1863/64 | 14,037.300·0 | 1,241.400 | 12,796.900·0 | ···· | 23,947·0 | 8,925.412·0 | 27,106·0 | 8,898.306·0 | ···· | ···· | ···· |
| 1864/65 | 11,488.300·0 | 1,409.300 | 10,078.800·0 | ···· | 23,876·0 | 9,875.082·0 | 35,068·0 | 9,839.964·0 | ···· | ···· | ···· |
| **1860/61—1864/65** | **11,009.500·0** | **1,101.720** | **9,905.040·0** | ···· | **23,892·5** | **7,022.977·2** | **22,292·0** | **7,000.655·6** | ···· | **56·75** | **41·25** |
| 1865/66 | 20,184.400·0 | 1,515.700 | 18,668.700·0 | ···· | 23,835·0 | 6,372.894·0 | 648.418·0 | 5,724.476·0 | ···· | ···· | ···· |
| 1866/67 | 8,655.400·0 | 1,692.400 | 6,963.000·0 | ···· | 23,064·0 | 4,581.472·0 | 739.144·0 | 3,842.328·0 | ···· | ···· | ···· |
| 1867/68 | 6,998.400·0 | 1,403.500 | 5,593.900·0 | ···· | 23,190·0 | 4,775.924·0 | 166.467·0 | 4,609.467·0 | ···· | ···· | ···· |
| 1868/69 | 8,979.000·0 | 1,378.000 | 7,601.000·0 | ···· | 23,197·0 | 5,176.976·0 | 17.624·0 | 5,159.352·0 | ···· | ···· | ···· |
| 1869/70 | 8,264.400·0 | 944.100 | 7,320.300·0 | ···· | 23,267·0 | 5,690.400·0 | 98.283·0 | 5,592.117·0 | ···· | ···· | ···· |
| **1865/66—1869/70** | **10,616.320·0** | **1,387.140** | **9,229.380·0** | ···· | **23,310·6** | **5,319.533·2** | **333.987·2** | **4,985.546·0** | ···· | **65·91** | **34·59** |
| 1870/71 | 2,662.900·0 | 1,720.900 | 941.900·0 | ···· | 22,495·0 | 2,782.574·0 | 500.453·0 | 2,282.121·0 | ···· | ···· | ···· |
| 1871/72 | 5,000.000·0 | 1,467.700 | 6,532.300·0 | ···· | 23,126·0 | 3,573.778·0 | 8.434·0 | 3,565.344·0 | ···· | ···· | ···· |
| 1872/73 | 15,776.500·0 | 1,219.100 | 694.100·0 | ···· | 22,754·0 | 2,622.371·0 | 79.009·0 | 2,543.362·0 | ···· | ···· | ···· |
| 1873/74 | 4,143.700·0 | 1,647.900 | 2,495.800·0 | ···· | 22,351·0 | 1,648.807·0 | 266.169·0 | 1,382.638·0 | ···· | ···· | ···· |
| 1874/75 | 6,051.800·0 | 1,404.600 | 4,642.200·0 | ···· | 22,156·0 | 2,089.286·0 | 215.701·0 | 1,873.585·0 | ···· | ···· | ···· |
| **1870/71—1874/75** | **4,553.180·0** | **1,492.920** | **3,061.260·0** | ···· | **22,576·4** | **2,543.353·2** | **213.953·2** | **2,329.400·0** | ···· | **56·79** | **43·21** |
| 1875/76 | 3,464.300·0 | 190.900 | 3,273.400·0 | ···· | 21,625·0 | 1,836.381·0 | 291.200·0 | 1,545.181·0 | ···· | ···· | ···· |
| 1876/77 | 9,992.400·0 | 2,793.500 | 7,198.900·0 | ···· | 20,608·0 | 1,443.712·0 | 1,236.362·0 | 207.350·0 | ···· | ···· | ···· |
| 1877/78 | 15,776.100·0 | 1,100.200 | 14,676.900·0 | ···· | 20,791·0 | 1,110.708·0 | 1,578.927·0 | 468.129·0 | ···· | ···· | ···· |
| 1878/79 | 5,598.699·0 | 1,623.000 | 3,970.699·0 | ···· | 19,734·0 | 1,468.060·0 | 2,359.233·0 | ···· | ···· | ···· | ···· |
| 1879/80 | 9,605.002·0 | 1,735.200 | 7,869.802·0 | ···· | 19,981·0 | 2,860.498·0 | 299.689·0 | 1,750.504·0 | 896.173 | ···· | ···· |
| **1875/76—1879/80** | **5,586.350·2** | **1,588.560** | **7,397.920·2** | ···· | **20,535·8** | **1,675.492·6** | **1,059.501·3** | **614.988·2** | ···· | **92·32** | **7·68** |
| 1880/81 | 5,316.150·0 | 1,428.500 | 3,892.650·0 | ···· | 19,956·0 | 3,672.058·0 | 16.659·0 | 3,655.199·0 | ···· | ···· | ···· |
| 1881/82 | 6,466.889·0 | 1,087.300 | 5,379.089·0 | ···· | 19,895·0 | 4,856.492·0 | 12.408·0 | 4,843.484·0 | ···· | ···· | ···· |
| 1882/83 | 8,358.022·0 | 877.795 | 7,480.227·0 | ···· | 19,525·0 | 5,095.135·0 | 164.264·0 | 4,930.871·0 | ···· | ···· | ···· |
| 1883/84 | 7,406.606·0 | 1,039.900 | 6,365.306·0 | ···· | 19,536·0 | 5,469.457·0 | 6.852·0 | 5,462.605·0 | ···· | ···· | ···· |
| 1884/85 | 9,100.673·0 | 1,864.390 | 7,236.376·0 | ···· | 19,808·0 | 4,778.172·0 | 106.236·0 | 4,671.936·0 | ···· | ···· | ···· |
| **1880/81—1884/85** | **7,329.918·0·6** | **1,251.230** | **6,078.710·6** | ···· | **19,644·0** | **4,774.242·8** | **61.343·8** | **4,712.899·0** | ···· | **56·33** | **43·67** |
| 1885/86 | 12,386.260·0 | 779.632 | 11,606.628·0 | ···· | 18,540 | 3,091.541·0 | 328.606·0 | 2,762.935·0 | ···· | 80·77 | 19·23 |
| 1886/87 | 8,219.761·0 | 1,064.000 | 7,155.761·0 | ···· | 17,441·0 | 2,813.568·0 | 636.493·0 | 2,177.265·0 | ···· | 76·67 | 23·23 |
| 1887/88 | 10,689.803·0 | 1,361.000 | 9,328.803·0 | ···· | 16,898·0 | 3,236.063·0 | 243.572·0 | 2,992.481·0 | ···· | 75·52 | 24·48 |
| 1888/89 | 10,725.672·0 | 1,479.193 | 9,246.479·0 | ···· | 16,379·0 | 3,119.068·0 | 305.164·0 | 2,813.904·0 | ···· | 76·67 | 23·33 |
| 1889/90 | 12,388.474·0 | 1,450.598 | 10,937.876·0 | ···· | 16,660·0 | 5,071.027·0 | 455.724·0 | 4,615.303·0 | ···· | 70·33 | 29·67 |
| **1885/86—1889/90** | **10,862.035·0** | **1,226.885·6** | **9,635.149·4** | ···· | **17,162·6** | **3,470.253·4** | **397.009·8** | **3,072.343·6** | ···· | **75·42** | **24·18** |
| **Summe 1860/61—1889/90** | **207,594.319·0** | **39,742.315** | **227,851.301·0** | ···· | ···· | **124,024.362·0** | **10,344.362·0** | **114,575.400·0** | **896,173** | **66·56** | **33·44** |

Tabelle 48.

# Gesammte Gold= und Silberausmünzungen in Britisch=Indien.
## Ohne Umprägung, in 10 Rupien.

| Jahre | Gold | Silber | Kupfer | Zusammen |
|---|---|---|---|---|
| 1835—1855 | . . . . . . . . . . . | 69,510.000 | . . . . . . . . . . . | 69,510.000 |
| 1855/56—1859/60 | . . . . . . . . . . . | 47,599.000 | . . . . . . . . . . . | 47,599.000 |
| 1861—1878 | . . . . . . . . . . . | 119,765.000 | . . . . . . . . . . . | 119,765.000 |
| 1878—1879 | 85 | 7,210.770 | 66.648 | 7,277.503 |
| 1879—1880 | 14.780 | 10,256.967 | 70.790 | 10,342.487 |
| 1880—1881 | 13.355 | 4,249.676 | 18.560 | 4,281.591 |
| 1881—1882 | 33.970 | 2,186.275 | 8.996 | 2,229.241 |
| 1882—1883 | 17.494 | 6,508.458 | 107.679 | 6,633.631 |
| 1883—1884 | . . . . . . . . . . . | 3,663.401 | 137.363 | 3,800.764 |
| 1884—1885 | 12.965 | 5,794.232 | 105.471 | 5,912.668 |
| 1885—1886 | 22.585 | 10,285.587 | 81.361 | 10,389.513 |
| 1886—1887 | . . . . . . . . . . . | 4,616.536 | 117.128 | 4,733.664 |
| 1887—1888 | . . . . . . . . . . . | 10,788.424 | 170.336 | 10,958.760 |
| 1888—1889 | 22.609 | 7,282.254 | 101.504 | 7,406.367 |
| 1889—1890 | 23.050 | 8,551.160 | 204.468 | 8,778.678 |
| 1880/81—1889/90 | 146.028 | 63,925.983 | 1,052.866 | 65,124.877 |
| 1835—1889/90 | 160.843 | 318,267.720 | 1,190.304 | 319,618.867 |

Tabelle 49.

# Allgemeine Handelsbilanz von Britisch=Indien mit Ausschluss der Edelmetalle im Verkehre zur See.
## In 10 Rupien.

| Jahre | Waren- | | | Jahre | Waren- | | |
|---|---|---|---|---|---|---|---|
| | Einfuhr | Ausfuhr | Mehrausfuhr | | Einfuhr | Ausfuhr | Mehrausfuhr |
| 1845/46—1847/50 | 9,045.300 | 15,819.500 | 6,774.200 | 1881—1882 | 49,113.400 | 81,968.500 | 32,855.100 |
| 1850/51—1854/55 | 11,547.100 | 19,346.100 | 7,799.000 | 1882—1883 | 52,095.700 | 83,485.100 | 31,389.400 |
| 1855/56—1859/60 | 17,881.900 | 26,731.200 | 8,849.300 | 1883—1884 | 55,279.300 | 88,176.100 | 32,896.800 |
| 1860/61—1865/66 | 28,021.900 | 52,715.100 | 24,693.200 | 1884—1885 | 55,703.100 | 83,255.300 | 27,552.200 |
| 1866—1870 | 33,626.200 | 50,719.900 | 17,093.700 | 1885—1886 | 55,655.900 | 83,881.300 | 28,225.400 |
| 1871—1875/76 | 34,582.800 | 57,576.600 | 22,994.300 | 1886—1887 | 61,777.400 | 88,470.100 | 26,692.700 |
| 1876—1877 | 37,440.600 | 61,013.900 | 23,573.300 | 1887—1888 | 65,004.600 | 90,543.700 | 25,539.100 |
| 1877—1878 | 41,464.200 | 65,222.300 | 23,758.100 | 1888—1889 | 69,440.467 | 97,049.532 | 27,609.065 |
| 1878—1879 | 37,800.600 | 60,937.500 | 23,136.900 | 1889—1890 | 69/197.489 | 103,460.398 | 34,262.909 |
| 1879—1880 | 41,166.000 | 67,212.400 | 26,046.400 | 1870/71—1879/80 | 192,453.700 | 311,962.700 | 119,509.000 |
| 1880—1881 | 53,116.800 | 74,580.600 | 21,463.800 | 1880/81—1889/90 | 586,384.156 | 874,870.580 | 288,486.474 |

Tabelle 50.

# Handelsbilanz, einschließlich der Edelmetalle, zwischen Britisch=Indien und der österr.=ungar. Monarchie.
## Nach dem Statistical Abstract for British-India.

| Jahre | In 10 Rupien = Ein Pfund Sterling | | | |
|---|---|---|---|---|
| | Einfuhr in Indien | Ausfuhr aus Indien | Mehreinfuhr | Mehrausfuhr |
| 1878—1879 | 122.332 | 1,394.910 | . . . . . . . . . . . | 1,272.578 |
| 1879—1880 | 156.068 | 1,860.015 | . . . . . . . . . . . | 1,703.947 |
| 1880—1881 | 426.222 | 2,226.010 | . . . . . . . . . . . | 1,799.788 |
| 1881—1882 | 357.758 | 2,436.516 | . . . . . . . . . . . | 2,078.758 |
| 1882—1883 | 614.548 | 2,602.556 | . . . . . . . . . . . | 1,988.008 |
| 1883—1884 | 647.956 | 2,252.389 | . . . . . . . . . . . | 1,604.433 |
| 1884—1885 | 789.387 | 2,350.810 | . . . . . . . . . . . | 1,561.423 |
| 1885—1886 | 653.105 | 2,015.057 | . . . . . . . . . . . | 1,361.952 |
| 1886—1887 | 804.479 | 2,640.154 | . . . . . . . . . . . | 1,835.675 |
| 1887—1888 | 851.646 | 2,737.236 | . . . . . . . . . . . | 1,885.590 |
| 1888—1889 | 905.403 | 3,051.487 | . . . . . . . . . . . | 2,146.084 |
| 1889—1890 | 812.603 | 2,973.768 | . . . . . . . . . . . | 2,161.165 |
| 1880/81—1889/90 | 6,863.107 | 25,285.983 | . . . . . . . . . . . | 18,422.876 |

Tabelle 51.

# Daten zur Zahlungs-Bilanz von Britisch-Indien.

| Jahre | Handels-Bilanz Mehrausfuhr | Edelmetall Mehreinfuhr | Erlös der verkauften Regierungswechsel | Curswert der Rupie in Pence Sterling | Cursverlust beim Verkauf der Regierungswechsel [2] | Gesammte fundierte und nicht fundierte Schuld |
|---|---|---|---|---|---|---|
| | in 10 Rupies | | | | in 10 Rupies | |
| 1860/61 | | 9,560.569 | [1] 797 | . . . . . . . . | . . . . . . . . | . . . . . . . . |
| 1861/62 | | 14,270.825 | 1,193.728 | 23·718 | . . . . . . . . | . . . . . . . . |
| 1862/63 | | 19,398.359 | 6,641.576 | 23·718 | . . . . . . . . | . . . . . . . . |
| 1863/64 | 24,693.200 | 21,695.106 | 8,979.521 | 23·718 | . . . . . . . . | . . . . . . . . |
| 1864/65 | | 19,918.764 | 1,789.473 | 23·718 | . . . . . . . . | . . . . . . . . |
| 1865/66 | | 24,393.176 | 6,998.899 | 23·718 | . . . . . . . . | . . . . . . . . |
| 1866/67 | | 10,805.328 | 5,613.786 | 23·000 | | . . . . . . . . |
| 1867/68 | | 10,243.367 | 4,137.285 | 23·190 | 144.533 | . . . . . . . . |
| 1868/69 | 17,093.700 | 13,760.352 | 3,705.741 | 23·197 | 128.259 | . . . . . . . . |
| 1869/70 | | 12,912.417 | 6,980.122 | 23·267 | 219.878 | . . . . . . . . |
| 1870/71 | | 3,224.021 | 8,443.509 | 22·495 | 564.991 | . . . . . . . . |
| 1871/72 | | 10,097.644 | 10,310.339 | 23·126 | 389.661 | . . . . . . . . |
| 1872/73 | | 3,237.462 | 13,939.095 | 22·754 | 763.405 | . . . . . . . . |
| 1873/74 | 22,994.300 | 3,878.438 | 13,285.678 | 22·351 | 980.022 | . . . . . . . . |
| 1874/75 | | 6,515.735 | 10,841.614 | 22·156 | 902.085 | . . . . . . . . |
| 1875/76 | | 4,818.531 | 12,389.613 | 21·625 | 1,360.387 | . . . . . . . . |
| 1876/77 | 23,573.300 | 7,406.250 | 12,695.799 | 20·508 | 2,161.713 | . . . . . . . . |
| 1877/78 | 23,758.100 | 15,144.429 | 10,134.455 | 20·791 | 1,564.045 | . . . . . . . . |
| 1878/79 | 23,136.900 | 3,074.526 | 13,948.565 | 19·794 | 2,963.796 | 86,877.821 |
| 1879/80 | 26,046.400 | 9,620.306 | 15,261.810 | 19·961 | 3,088.190 | 91,506.846 |
| 1880/81 | 21,463.800 | 7,547.855 | 15,239.677 | 19·956 | 3,088.023 | 95,782.357 |
| 1881/82 | 32,855.100 | 10,223.073 | 18,412.429 | 19·895 | 3,798.506 | 98,784.414 |
| 1882/83 | 31,389.400 | 12,411.098 | 15,120.521 | 19·525 | 3,465.138 | 100,651.862 |
| 1883/84 | 32,896.800 | 11,867.711 | 17,599.805 | 19·536 | 4,021.741 | 103,503.456 |
| 1884/85 | 27,552.200 | 11,908.311 | 13,758.909 | 19·308 | 3,343.303 | 104,450.406 |
| 1885/86 | 28,225.400 | 14,369.563 | 10,292.692 | 18·254 | 3,239.845 | 100,717.480 |
| 1886/87 | 26,692.700 | 9,332.826 | 12,136.279 | 17·441 | 4,564.036 | 101,442.979 |
| 1887/88 | 25,539.100 | 12,221.284 | 15,358.577 | 16·898 | 6,453.822 | 107,805.696 |
| 1888/89 | 27,609.065 | 12,060.613 | 14,262.859 | 16·379 | 6,636.263 | 111,585.949 |
| 1889/90 | 34,262.909 | 15,553.179 | 15,474.496 | 16·566 | 6,944.168 | 113,437.052 |
| 1870/71—1879/80 | 119,509.000 | 67,913.515 | 121,250.477 | 21·556 | | |
| 1880/81—1889/90 | 288,486.474 | 117,495.513 | 147,666.244 | 18·376 | Summe: 60,785.810 | Summe: 1,216,546.318 |
| 1868/69—1889/90 | . . . . . . . . | 212,081.797 | 279,602.584 | 20·263 | | |

[1] Aufstand in Indien. Keine Abnahme von Regierungswechseln.
[2] Der Cursverlust ist gegenüber dem von der britischen Regierung angenommenen Werte von 10 Rupien = 1 Pfd. Sterling berechnet.

Tabelle 52.

# Preise in einigen Marktorten von Britisch-Indien.

| Jahre | Markt-Preise in Rupien | | | | | | | | | | | | | | | | | | Silberpreis in London nach dem Wochenbericht per Unze Standard in Pence | | Werth der Rupie in Pence nach dem officiellen course der Gehalt-stelle | |
| | Calcutta | | | | | | Madras | | | | | | Bombay | | | | | | | | | |
| | ordinärer Reis | | Salz | | Weizen | | ordinärer Reis | | Salz | | Weizen | | ordinärer Reis | | Salz | | Weizen | | | | | |
| | absolut | Verhält-Zahl | absolut | Verhält-Zahl | absolut | Verhält-Zahl | absolut | Verhält-Zahl | absolut | Verhält-Zahl | absolut | Verhält-Zahl | absolut | Verhält-Zahl | absolut | Verhält-Zahl | absolut | Verhält-Zahl | absolut | Verhält-Zahl | absolut | Verhält-Zahl |
|---|---|---|---|---|---|---|---|---|---|---|---|---|---|---|---|---|---|---|---|---|---|---|
| 1865—1869 | 14·15 | 100·0 | · | · | 15·83 | 100·0 | 10·48 | 100·0 | · | · | 19·30 | 100·0 | 6·04 | 100·0 | · | · | 8·52 | 100·0 | 60·9/16 | 100·0 | 23·254 | 100·0 |
| 1870 | 14·83 | 118·9 | · | · | 14·49 | 91·1 | 13·00 | 124·8 | · | · | 15·37 | 82·7 | 7·84 | 129·8 | · | · | 8·95 | 105·0 | 60·9/16 | 99·7 | 22·435 | 96·7 |
| 1871 | 20·09 | 141·3 | · | · | 16·91 | 106·5 | 12·57 | 120·0 | · | · | 20·41 | 121·3 | 7·33 | 121·3 | · | · | 9·19 | 107·8 | 60·1/2 | 99·5 | 23·128 | 99·5 |
| 1872 | 19·07 | 134·7 | · | · | 14·14 | 89·3 | 8·88 | 84·8 | · | · | 22·42 | 116·1 | 7·10 | 117·5 | · | · | 10·35 | 123·6 | 60·3/8 | 99·2 | 22·704 | 97·8 |
| 1873 | 12·11 | 85·6 | · | · | 11·50 | 72·8 | 9·71 | 93·1 | · | · | 20·00 | 103·6 | 12·55 | 207·9 | · | · | 11·64 | 136·6 | 59·1/4 | 97·5 | 22·351 | 96·1 |
| 1874 | 12·11 | 85·6 | · | · | 12·45 | 78·7 | 9·81 | 94·0 | · | · | 20·14 | 104·3 | 13·87 | 229·6 | · | · | 12·33 | 144·7 | 58·5/16 | 96·1 | 22·136 | 95·3 |
| 1875 | 14·26 | 100·7 | · | · | 16·14 | 102·0 | 11·42 | 109·5 | · | · | 22·01 | 114·0 | 11·32 | 187·4 | · | · | 10·36 | 121·5 | 56·7/8 | 93·3 | 22·361 | 96·1 |
| 1876 | 11·66 | 83·8 | · | · | 17·13 | 108·2 | 14·36 | 111·4 | · | · | 25·71 | 133·3 | 9·06 | 149·8 | · | · | 11·64 | 136·6 | 53·06 | 90·0 | 22·136 | 95·2 |
| 1877 | 14·20 | 100·3 | · | · | 13·28 | 83·9 | 11·63 | 111·5 | · | · | 19·81 | 102·6 | 9·06 | 149·8 | · | · | 8·21 | 96·3 | 54·71 | 90·4 | 21·791 | 93·8 |
| 1878 | 10·43 | 73·7 | · | · | 10·95 | 69·2 | 8·77 | 84·1 | · | · | 14·67 | 76·0 | 9·74 | 161·3 | · | · | 6·95 | 81·5 | 52·56 | 86·8 | 20·791 | 89·4 |
| 1879 | 10·83 | 76·3 | 9·83 | 100·0 | 11·29 | 71·3 | 10·36 | 99·0 | · | · | 17·50 | 90·7 | 10·11 | 167·3 | · | · | 6·36 | 74·6 | 51·31 | 84·4 | 20·566 | 88·2 |
| 1880 | 12·72 | 89·9 | 13·14 | 133·6 | 13·28 | 83·9 | 13·78 | 131·1 | 11·35 | 100·0 | 16·93 | 87·8 | 11·14 | 184·1 | 13·16 | 100·0 | 8·93 | 104·8 | 52·21 | 85·9 | 20·760 | 88·0 |
| 1881 | 16·83 | 118·9 | 13·66 | 139·0 | 15·33 | 96·8 | 13·78 | 132·1 | 11·08 | 102·2 | 12·94 | 98·1 | 11·05 | 187·3 | 13·62 | 103·3 | 8·95 | 104·8 | 51·83 | 85·2 | 20·560 | 85·4 |
| 1882 | 16·31 | 115·3 | 12·66 | 128·8 | 14·32 | 90·4 | 14·19 | 136·6 | 11·83 | 104·1 | 12·92 | 90·7 | 12·41 | 205·4 | 12·92 | 102·2 | 10·37 | 121·7 | 51·72 | 85·0 | 19·870 | 85·4 |
| 1883 | 15·61 | 110·3 | 13·66 | 131·0 | 14·17 | 89·5 | 14·19 | 129·4 | 11·53 | 103·6 | 13·62 | 91·5 | 12·03 | 199·1 | 12·85 | 100·1 | 9·93 | 116·5 | 51·22 | 84·3 | 19·630 | 84·1 |
| 1884 | 11·76 | 83·1 | 12·66 | 126·6 | 16·02 | 101·2 | 13·16 | 107·3 | 11·79 | 104·3 | 13·16 | 87·9 | 11·05 | 182·9 | 13·31 | 105·7 | 9·94 | 116·6 | 50·63 | 83·9 | 19·482 | 83·8 |
| 1885 | 9·95 | 70·4 | 12·55 | 127·8 | 13·45 | 85·0 | 13·39 | 107·2 | 11·94 | 105·3 | 13·16 | 84·4 | 11·14 | 184·1 | 13·12 | 105·7 | 10·88 | 127·6 | 48·48 | 79·8 | 17·969 | 77·3 |
| 1886 | 14·24 | 100·6 | 13·35 | 134·7 | 15·14 | 95·6 | 12·68 | 97·6 | 11·94 | 105·3 | 13·31 | 80·7 | 10·92 | 180·8 | 13·31 | 106·8 | 11·38 | 133·5 | 45·34 | 74·6 | 17·497 | 75·3 |
| 1887 | 17·33 | 122·7 | 13·07 | 120·6 | 14·17 | 89·6 | 13·39 | 97·0 | 11·21 | 98·9 | 13·31 | 80·4 | 11·14 | 184·4 | 13·12 | 105·7 | 11·22 | 131·6 | 44·61 | 73·4 | 17·116 | 73·6 |
| 1888 | 16·62 | 117·4 | 10·70 | 108·9 | 12·98 | 82·0 | 14·70 | 89·6 | 12·55 | 121·8 | 17·29 | 89·6 | 10·78 | 178·5 | 12·85 | 108·1 | 9·60 | 112·7 | 42·71 | 70·4 | 16·366 | 70·4 |
| 1889 | 13·45 | 95·1 | 10·30 | 105·9 | 12·92 | 81·6 | 14·21 | 97·1 | 10·91 | 116·3 | 17·72 | 89·6 | 10·70 | 177·2 | 12·85 | 106·5 | 9·91 | 116·3 | 42·79 | 70·3 | 16·392 | 70·5 |
| 1890 | 13·48 | 95·3 | 10·41 | 105·8 | 13·35 | 84·3 | 12·37 | 84·6 | 11·19 | 118·9 | 16·33 | 84·6 | 11·16 | 184·9 | 12·57 | 97·1 | 10·49 | 123·1 | 47·70 | 78·5 | 18·018 | 79·6 |

# Tabelle 53.

Graphische Darstellung der Bewegung des Londoner Silber-Preises und des Rupiencurses nach Verhältniszahlen.
1865—1890.

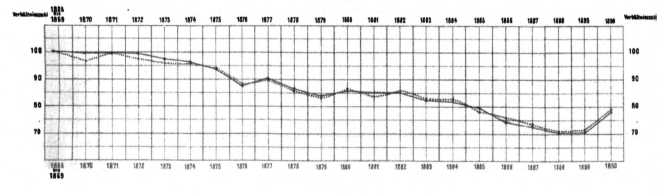

## Erklärung:

Londoner Silberpreis = ———

Rupiencurs . . . . = •••••••••

K.k. Hof-u.Staatsdruckerei.

# Tabelle 54.

Graphische Darstellung der Bewegung der Weizen-Markt-Preise und des Rupiencurses nach Verhältniszahlen.
1865—1890.

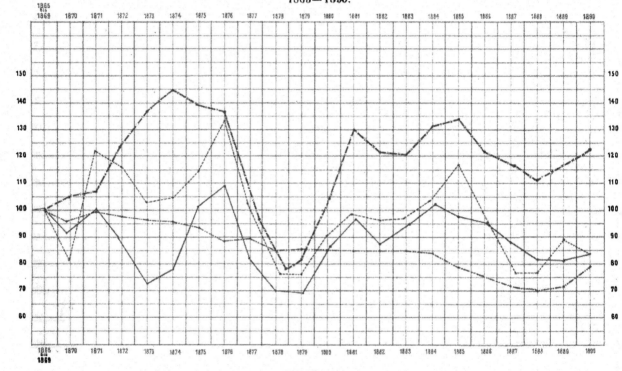

## Erklärung:

Calcutta-Weizenpreis ═ ──────────
Delhi-        „    ═ ············
Bombay-       „    ═ ──∨──∩──∩──
Rupiencurs  . . . . ═ ──·──··──·

K.k Hof u. Staatsdruckerei.

# Tabelle 55.

Graphische Darstellung der Bewegung der Reis-Markt-Preise und des Rupiencurses nach Verhältniszahlen.
1865—1890.

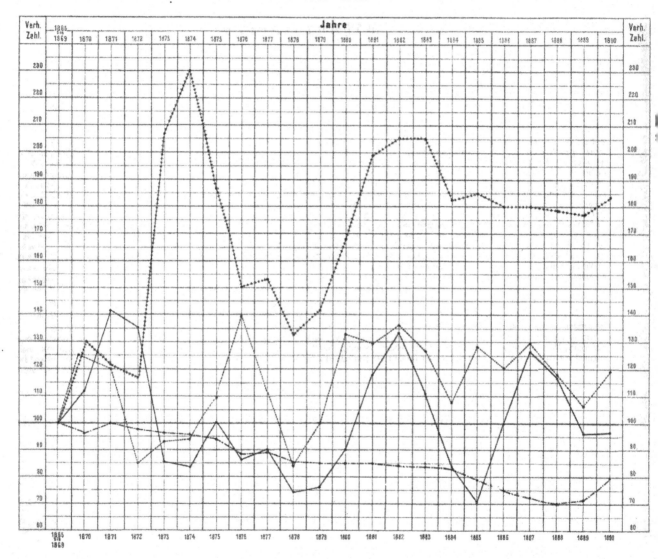

## Erklärung:

Calcutta-Reispreis = ——————
Delhi- „ = ·············
Bombay- „ = +++++++
Rupienpreis · · = — · · — · · —

K. k. Hof-u Staatsdruckerei.

# Erläuterungen.

- - - ...

Nach dem Statistical Abstract for British-India, Annual Report of the deputy master of the mint, 1890 London.

Die monetären Verhältnisse des britisch-indischen Reiches erscheinen deshalb von besonderem Belange, weil sich in demselben troß der für das Silber so ungünstigen Gestaltung des allgemeinen Edelmetallmarktes die Landes-Silberwährung in ihrer Totalität erhalten hat. Es kommen dadurch zu beobachten: Die gleichzeitige Gestaltung des Silberpreises und die des Rupiencurses, wobei es wichtig ist, die das Zahlungsverhältnis außerhalb des Reiches am meisten beeinflussenden Umstände hervorzuheben. Ein specielles Interesse gewährt die Beobachtung der Handelsbilanz, welche Beobachtung jedoch erst bei einem Eingehen auf die speciellen Länder und Gegenstände des ausländischen Verkehres analytischen Wert bekommen könnte. Was den in Tabelle 47 eingezeichneten Edelmetallverkehr zur See betrifft, so sind für die Einfuhr von Gold maßgebend: England, Afrika, asiatische Länder und Australien. In den Jahren 1885/86 bis 1889/90 entfielen auf England 34 Procent, auf Afrika 7 Procent, auf asiatische Länder 42 Procent, auf Australien 14 Procent der gesammten Einfuhr zur See. Von der Ausfuhr von Gold entfallen auf England allein 97 Procent. Die Silbereinfuhr fand hauptsächlich von England, von Amerika und den asiatischen Staaten statt. Die Procentzahlen sind: 66, 6, 22. Die Ausfuhr von Silber fand hauptsächlich nach Afrika und nach asiatischen Ländern statt; zusammen mit 72 Procent der gesammten Ausfuhr. Der Edelmetallverkehr zu Lande ist für 1885/86 bis 1889/90 (Silber und Gold nicht geschieden): Die Ausfuhr mit 13,000.000, die Einfuhr mit 33,500.000 Rupien als registrirt ausgewiesen. Im Münzberichte des Mr. Fremantle ist nur der Seeverkehr berücksichtigt. Nach demselben wurden im Fiscaljahre 1889/90 für netto 46 Millionen Rupien Gold eingeführt, von welchem nur für 215.785 Rupien ins Münzamt gelangten. Im gleichen Zeitraume wurde an Silber ein Betrag von 109 Millionen Rupien netto eingeführt, von welchen 85.5 Millionen zur Münzung gelangten. Unter der Kraft der Paper Currency Acte wurden von 1885/86 bis 1889/90 von der gesammten Silbernettoeinfuhr per 481 Millionen Rupien 343.9 Millionen Rupien in die Münze abgeführt.

Vom gesammten Handelsverkehr zur See, einschließlich des Edelmetallwertes, entfallen in den Jahren 1885/86 bis 1889/90 von der Einfuhr 76 Procent, von der Ausfuhr 38.5 Procent auf den Verkehr mit Großbritannien und Irland.

Die Preisgestaltung einiger wichtiger Consumartikel auf einigen Märkten des britisch-indischen Reiches im Zusammenhalte mit der internationalen Veränderung des Wertes der Rupien ist in den Tabellen 52, 54 und 55 besonders verfolgt worden. Die in der Tabelle 52 verzeichneten Preise sind zu verstehen als berechnete Quantitäten in Seers (von 80 Tolah, 1 Seer = 2·057 Pfunde), welche per 1 Rupie verkauft worden sind. Abgesehen von der Wichtigkeit der verschiedenen neuen amtlichen Publicationen, ist die eingehendste Beurtheilung der Währungsfrage Indiens im Schlussberichte der königlich englischen Gold- und Silbercommission zu finden.

# Sechster Abschnitt.

# Ausmünzungen.

## Tabellen 56—73.

Tabelle 56.

# Ausmünzungen in der österreichisch-ungarischen

a) Nach Geld-

Gold-

| Jahre | Kronen | | | Ducaten | | |
|---|---|---|---|---|---|---|
| | ganze | halbe | Summe | vierfache | einfache | Summe |
| 1 | 2 | 3 | 4 | 5 | 6 | 7 |
| 1858 | à 13·75 fl. 1,067.220·00 | 310.131·25 | 1,377.351·25 | à 18·9316445 fl. 477.929·36 | à 4·73291113 fl. 3,617.345·05 | 4,095.274·41 |
| 1859 | à 13·50 fl. 217.269·00 | 2,881.473·75 | 3,098.742·75 | à 18·587432 fl. 244.034·40 | à 4·646858 fl. 6,956.867·15 | 7,200.901·55 |
| 1860 | 7.519·50 | 1,644.981·75 | 1,652.501·25 | 117.156·59 | 6,508.050·33 | 6,625.206·92 |
| 1861 | 27.135·00 | 513.222·75 | 540.357·75 | 142.454·08 | 8,677.742·83 | 8,820.196·91 |
| 1862 | . . . . | . . . . | . . . . | 166.246·00 | 7,206.886·74 | 7,373.132·74 |
| 1863 | 13.500·00 | 270·00 | 13.770·00 | 415.577·82 | 14,970.806·31 | 15,386.384·13 |
| 1864 | 20.655·00 | 6.615·00 | 27.270·00 | 925.542·63 | 5,312.153·54 | 6,237.696·17 |
| 1865 | 37.800·00 | 9.112·50 | 46.912·50 | 421.209·81 | 3,857.050·30 | 4,278.260·11 |
| 1866 | . . . . | . . . . | . . . . | 157.305·44 | 4,124.532·76 | 4,281.838·20 |
| 1867 | . . . . | . . . . | . . . . | 296.376·61 | 5,436.559·23 | 5,732.935·84 |
| 1868 | . . . . | . . . . | . . . . | 317.213·13 | 5,342.748·44 | 5,659.961·57 |
| 1869 | . . . . | . . . . | . . . . | à 19·20 fl. 359.808·00 | à 4·80 fl. 2,779.108·80 | 3,138.916·80 |
| 1870 | . . . . | . . . . | . . . . | 230.592·00 | 1,564.555·20 | 1,795.147·20 |
| 1871 | . . . . | . . . . | . . . . | 362.035·20 | 3,215.808·00 | 3,577.843·20 |
| 1872 | . . . . | . . . . | . . . . | 472.128·00 | 3,821.472·00 | 4,293.600·00 |
| 1873 | . . . . | . . . . | . . . . | 463.180·80 | 2,474.956·80 | 2,938.137·60 |
| 1874 | . . . . | . . . . | . . . . | 297.139·20 | 1,693.099·20 | 1,990.238·40 |
| 1875 | . . . . | . . . . | . . . . | 223.353·60 | 885.542·40 | 1,108.896·00 |
| 1876 | . . . . | . . . . | . . . . | 100.665·60 | 3,263.265·60 | 3,363.931·20 |
| 1877 | . . . . | . . . . | . . . . | 114.624·00 | 3,950.208·00 | 4,064.832·00 |
| 1878 | . . . . | . . . . | . . . . | 448.819·20 | 1,348.622·40 | 1,797.441·60 |
| 1879 | . . . . | . . . . | . . . . | 561.504·00 | 1,752.993·60 | 2,314.497·60 |
| 1880 | . . . . | . . . . | . . . . | 441.638·40 | 1,660.737·60 | 2,102.376·00 |
| 1881 | . . . . | . . . . | . . . . | 666.451·20 | 2,288.985·60 | 2,955.436·80 |
| 1882 | . . . . | . . . . | . . . . | 552.422·40 | 1,871.563·20 | 2,423.985·60 |
| 1883 | . . . . | . . . . | . . . . | 705.388·80 | 1,961.467·20 | 2,666.856·00 |
| 1884 | . . . . | . . . . | . . . . | 672.672·00 | 1,142.587·20 | 1,815.259·20 |
| 1885 | . . . . | . . . . | . . . . | 536.486·40 | 1,235.644·80 | 1,772.131·20 |
| 1886 | . . . . | . . . . | . . . . | 351.782·40 | 1,395.384·00 | 1,747.166·40 |
| 1887 | . . . . | . . . . | . . . . | 517.382·40 | 1,070.664·00 | 1,588.046·40 |
| 1888 | . . . . | . . . . | . . . . | 685.670·40 | 1,482.571·20 | 2,168.241·60 |
| 1889 | . . . . | . . . . | . . . . | 598.771·20 | 1,606.982·40 | 2,205.753·60 |
| 1890 | . . . . | . . . . | . . . . | 907.948·80 | 1,794.528·00 | 2,702.476·80 |
| 1891 | . . . . | . . . . | . . . . | 1,033.843·20 | 1,558.003·20 | 2,591.846·40 |
| 1858—1891 | 1,891.098·50 | 5,865.807·00 | 6,756.905·50 | 14,965.853·07 | 117,829.498·08 | 132,814.846·15 |
| Percentual . { | . . . . | . . . . | 3·22 | . . . . | . . . . | 63·89 |

# Monarchie vom Jahre 1858 bis 1891.

beträgen.

| | Goldgulden | | | | Silbermünzen | | | | | Gesammtbetrag der Ausmünzung |
| | 8-Guldenstücke (20 Francs) | 4-Guldenstücke (10 Francs) | Summe | Zusammen | Levantiner-thaler | Vereinsthaler doppelte | einfache | Summe | | |
|---|---|---|---|---|---|---|---|---|---|---|
| | 8 | 9 | 10 | 11 | 12 | 13 | 14 | 15 | | 32 |
| | | | | | à 2·10483 fl. | à 3 fl. | à 1·50 fl. | | | |
| | . . . . | . . . . | . . . . | 5,472.625·66 | 9,239.430·57 | 4.932 | 13,731.361·50 | 13,736.293·50 | 48 | 60,281.647·96 |
| | . . . . | . . . . | . . . . | 10,299.644·30 | 2,055.448·58 | . . . . | 7,423.054·50 | 7,423.054·50 | 61 | 70,934.849·24 |
| | . . . . | . . . . | . . . . | 8,277.708·17 | 47.674·41 | . . . . | 2,429.935·50 | 2,429.935·50 | 75 | 46,900.721·33 |
| | . . . . | . . . . | . . . . | 9,860.554·66 | . . . . | . . . . | 4,709.824·50 | 4,709.824·50 | 72 | 33,547.877·63 |
| | . . . . | . . . . | . . . . | 7,373.132·74 | 95.538·25 | . . . . | 1,497.438·00 | 1,497.438·00 | 09 | 20,357.524·08 |
| | . . . . | . . . . | . . . . | 15,400.154·13 | 3,016.249·35 | . . . . | 3,313.245·00 | 3,313.245·00 | 47 | 27,156.892·45 |
| | . . . . | . . . . | . . . . | 6,264.966·17 | 8,377.109·31 | . . . . | 3,953.697·00 | 3,953.697·00 | 00 | 21,894.639·48 |
| | . . . . | . . . . | . . . . | 4,325.172·61 | 4,573.099·81 | 22.275 | 3,126.945·00 | 3,149.220·00 | 00 | 14,218.863·42 |
| | . . . . | . . . . | . . . . | 4,281.838·20 | 1,159.418·47 | 31.185 | 3,884.107·50 | 3,915.292·50 | 50 | 11,925.002·67 |
| | . . . . | . . . . | . . . . | 5,732.935·84 | 3,144.153·59 | 24.900 | 2,520.873·00 | 2,545.773·00 | 75 | 13,590.391·18 |
| | . . . . | . . . . | . . . . | 5,659.961·57 | 7,349.436·40 | . . . . | 252.456·00 | 252.456·00 | 52 | 23,696.650·49 |
| | . . . . | . . . . | . . . . | 3,138.916·80 | 33.677·29 | . . . . | . . . . | . . . . | 06 | 18,235.231·15 |
| | à 8·10 fl. | à 4·05 fl. | | | | | | | | |
| | 1,591.350·30 | 554.222·25 | 2,145.572·55 | 3,940.719·75 | 195.475·59 | . . . . | . . . . | . . . . | 10 | 23,461.788·44 |
| | 1,509.937·20 | 481.168·35 | 1,991.105·55 | 5,568.948·75 | 22.942·65 | . . . . | . . . . | . . . . | 50 | 14,716.827·90 |
| | 2,254.602·60 | 235.175·40 | 2,489.778·00 | 6,783.378·00 | 233.846·65 | . . . . | . . . . | . . . . | 50 | 16,520.320·15 |
| | 2,167.560·00 | 54.205·80 | 2,221.765·80 | 5,159.902·80 | 727.583·04 | . . . . | . . . . | . . . . | 10 | 16,478.728·14 |
| | 2,283.381·90 | 33.327·45 | 2,316.709·35 | 4,306.947·75 | 5,218.013·53 | . . . . | . . . . | . . . . | 10 | 14,376.151·58 |
| | 2,810.084·40 | 43.262·10 | 2,853.346·50 | 3,962.242·50 | 6,971.520·39 | . . . . | . . . . | . . . . | 00 | 18,320.410·29 |
| | 3,646.944·00 | 97.357·95 | 3,744.301·95 | 7,108.233·15 | 10,639.585·21 | . . . . | . . . . | . . . . | 00 | 29,402.258·96 |
| | 3,549.023·10 | 110.338·20 | 3,659.361·30 | 7,724.193·30 | 199.089·59 | . . . . | . . . . | . . . . | 70 | 24,391.056·59 |
| | 3,506.149·80 | 87.714·90 | 3,593.864·70 | 5,391.906·30 | 3,854.514·91 | . . . . | . . . . | . . . . | 44 | 34,424.484·75 |
| | 2,825.012·70 | 50.086·35 | 2,875.099·05 | 5,189.596·65 | 2,939.466·39 | . . . . | . . . . | . . . . | 44 | 72,205.807·88 |
| | 2,940.178·50 | 59.842·80 | 3,000.021·30 | 5,102.397·30 | 140.756·32 | . . . . | . . . . | . . . . | 00 | 17,311.488·42 |
| | 2,999.397·60 | 81.433·35 | 3,080.830·95 | 6,036.267·75 | 337.743·18 | . . . . | . . . . | . . . . | 01 | 28,796.703·24 |
| | 3,392.466·30 | 54.067·50 | 3,446.533·80 | 5,870.519·40 | 172.591·88 | . . . . | . . . . | . . . . | 04 | 14,167.598·32 |
| | 2,683.068·30 | 63.119·25 | 2,746.187·55 | 5,413.043·55 | 648.990·76 | . . . . | . . . . | . . . . | 07 | 19,713.373·58 |
| | 3,039.128·10 | 247.256·55 | 3,286.384·65 | 5,101.648·85 | 3,110.648·89 | . . . . | . . . . | . . . . | 0 | 15,449.738·74 |
| | 3,606.492·60 | 413.820·90 | 4,020.313·50 | 5,792.444·70 | 2,919.170·27 | . . . . | . . . . | . . . . | 5 | 14,897.606·72 |
| | 3,663.370·80 | 158.217·30 | 3,821.588·10 | 5,568.754·50 | 634.856·89 | . . . . | . . . . | . . . . | 3 | 15,241.798·32 |
| | 3,793.545·90 | 157.310·10 | 3,950.856·00 | 5,538.902·40 | 3,175.928·11 | . . . . | . . . . | . . . . | 7 | 17,386.582·48 |
| | 3,318.294·60 | 213.949·35 | 3,532.243·95 | 5,700.485·55 | 2,340.150·46 | . . . . | . . . . | . . . . | 5 | 17,448.207·26 |
| | 4,529.430·90 | 100.889·55 | 4,630.320·45 | 6,836.074·05 | 1,522.002·88 | . . . . | . . . . | . . . . | 0 | 16,502.792·93 |
| | 3,016.213·20 | 129.340·80 | 3,145.554·00 | 5,848.030·80 | 985.165·88 | . . . . | . . . . | . . . . | 0 | 13,941.360·88 |
| | 3,220.373·70 | 174.421·35 | 3,394.795·05 | 5,986.641·45 | 349.822·74 | . . . . | . . . . | . . . . | 9 | 13,361.323·18 |
| | 85,246.006·50 | 3,600.526·95 | 69,946.533·45 | 209,518.285·10 | 85,831.102·24 | 83.292 | 46,842.937·50 | 46,926.229·50 | 4 | 831,175.594·88 |
| | | | 33·39 | 100·00 | 15·28 | | | 8·36 | 0 | |
| | | | | 25·21 | . . . . | | | | 4 | 100·00 |

# Ausmünzungen in der österreichisch-ungarischen

a) Nach Geld-

| Jahre | Silbermünzen | | | | | Scheide | | |
|---|---|---|---|---|---|---|---|---|
| | Guldenstücke | | | | Zusammen | aus | | |
| | à 2 Gulden | à 1 Gulden | à ¼ Gulden | Summe | | à 10 Kreuzer | à 5 Kreuzer | Summe |
| 1 | 16 | 17 | 18 | 19 | 20 | 21 | 22 | 23 |
| 1858 | . . . . . . | 21,172.588 | 9,836.178·75 | 31,008.766·75 | 53,984.490·82 | . . . . . . | | . . . . . . |
| 1859 | 1,098.140 | 31,841.454 | 14,712.849·25 | 47,652.443·25 | 57,130.946·33 | 464.381·00 | 253.061·85 | 717.442·85 |
| 1860 | 27.598 | 24,737.119 | 8,576.845·50 | 33,341.562·50 | 35,819.172·41 | 271.367·40 | 11.342·55 | 282.709·95 |
| 1861 | . . . . . . | 14,658.697 | 2,098.532·75 | 16,757.229·75 | 21,467.054·25 | 96.231·00 | . . . . . . | 96.231·00 |
| 1862 | 30.978 | 4,810.360 | 5,779.877·00 | 10,621.215·00 | 12,214.191·25 | 40.059·00 | . . . . . . | 40.059·00 |
| 1863 | 48.632 | 4,276.093 | 861.844·50 | 5,186.569·50 | 11,516.063·85 | 68.125·00 | 50.625·00 | 118.750·00 |
| 1864 | 62.274 | 1,464.971 | 1,252.355·00 | 2,779.600·00 | 15,110.406·81 | 108.628·00 | 96.125·00 | 204.753·00 |
| 1865 | 144.696 | 1,827.709 | 20.000·00 | 1,992.405·00 | 9,714.724·81 | 119.828·00 | | 119.828·00 |
| 1866 | 149.270 | 2,191.159 | 200.837·00 | 2,541.266·00 | 7,615.976·97 | . . . . . . | . . . . . . | . . . . . . |
| 1867 | 89.100 | 1,959.445 | 28.665·00 | 2,077.210·00 | 7,767.136·59 | 5.850·00 | 3.468·75 | 9.318·75 |
| 1868 | 122.634 | 1,622.301 | 69.381·00 | 1,814.316·00 | 9,416.208·40 | . . . . . . | . . . . . . | . . . . . . |
| 1869 | 175.510 | 1,758.537 | . . . . . . | 1,934.047·00 | 1,967.724·29 | | | |
| 1870 | 337.446 | 4,918.644 | 1·989·00 | 5,258.079·00 | 5,453.554·59 | . . . . . . | . . . . . . | . . . . . . |
| 1871 | 204.768 | 8,134.255 | 28.548·00 | 8,367.571·00 | 8,890.513·65 | | | |
| 1872 | 182.898 | 8,181.380 | 26.091·00 | 8,390.369·00 | 8,624.215·65 | | | |
| 1873 | 197.478 | 10,218.125 | 12.004·00 | 10,427.607·00 | 11,155.190·04 | | | |
| 1874 | 158.112 | 4,560.707 | . . . . . . | 4,718.819·00 | 9,936.832·53 | | | |
| 1875 | 211.896 | 7,127.245 | 5.002·00 | 7,344.143·00 | 14,915.663·99 | | | |
| 1876 | 183.708 | 11,418.884 | . . . . . . | 11,602.592·00 | 22,242.177·21 | | | |
| 1877 | 210.114 | 16,204.652 | . . . . . . | 16,414.766·00 | 16,613.855·59 | | | |
| 1878 | 294.516 | 24,680.446 | . . . . . . | 24,974.962·00 | 28,829.476·91 | | | |
| 1879 | 1,102.086 | 63,241.269 | . . . . . . | 64,343.355·00 | 66,682.821·39 | | | |
| 1880 | 165.402 | 10,319.242 | . . . . . . | 10,484.644·00 | 10,625.400·32 | | | |
| 1881 | 208.008 | 21,622.494 | . . . . . . | 21,830.502·00 | 22,168.245·18 | | | |
| 1882 | 241.542 | 7,373.446 | . . . . . . | 7,614.988·00 | 7,787.579·88 | | | |
| 1883 | 139.158 | 13,076.730 | . . . . . . | 13,215.888·00 | 13,864.878·76 | | | |
| 1884 | 174.592 | 6,024.850 | . . . . . . | 6,199.442·00 | 9,310.090·89 | | | |
| 1885 | 156.202 | 5,063.624 | . . . . . . | 5,219.826·00 | 8,138.996·27 | | | |
| 1886 | 185.976 | 8,275.501 | . . . . . . | 8,461.477·00 | 9,096.333·89 | | | |
| 1887 | 234.998 | 7,714.296 | . . . . . . | 7,949.294·00 | 11,125.222·11 | | | |
| 1888 | 146.900 | 8,413.405 | . . . . . . | 8,560.305·00 | 10,900.455·46 | | | |
| 1889 | 293.886 | 7,026.934 | . . . . . . | 7,320.820·00 | 8,842.822·88 | | | |
| 1890 | 207.360 | 6,185.678 | . . . . . . | 6,393.038·00 | 7,378.203·88 | | | |
| 1891 | 234.702 | 5,713.813 | . . . . . . | 5,948.515·00 | 6,298.337·74 | | | |
| 1858—1891 | 7,420.580 | 377,816.058 | 43,510.999·75 | 428,747.682·75 | 561,504.964·49 | 1,169.469·40 | 414.623·15 | 1,584.092·55 |
| Percentual . | . . . . . | . . . . . | . . . . . | 76·36 | 100·00 / 67·55 | . . . . . | . . . . . | 2·63 |

¹) Darunter um 406.400 Gulden Stücke italienischen Gepräges.
²) Stücke italienischen Gepräges.
³) Durch Umprägung von ³/₁₀ Kreuzerstücken.
⁴) Durch Umprägung von 20 Kreuzerstücken.
⁵) Durch Umprägung von abgenützten Silberscheidemünzen.
⁶) Davon 37.680 fl. durch Umprägung von Vierkreuzerstücken und 2.180 fl. durch Umprägung von abgenützten Einkreuzerstücken.
⁷) Durch Umprägung.

# Monarchie vom Jahre 1858 bis 1891.

beträgen.

| m ü n z e n | | | | | | | | Gesammtbetrag der Ausmünzung |
|---|---|---|---|---|---|---|---|---|
| Silber | | | aus Kupfer | | | | Zusammen | |
| à 20 Kreuzer | à 10 Kreuzer | Summe | à 4 Kreuzer | à 1 Kreuzer | 5/10 Kreuzer | Summe | | |
| 24 | 25 | 26 | 27 | 28 | 29 | 30 | 31 | 32 |
| . . . . . | . . . . . | . . . . . | . . . . . | 674.150·48 | 150.381·00 | 824.531·48 | 824.531·48 | 60,281.647·96 |
| . . . . . | . . . . . | . . . . . | . . . . . | 2,516.689·67 | 270.126·09 | 2,786.815·76 | 3,504.258·61 | 70,934.849·24 |
| . . . . . | . . . . . | . . . . . | 62.355·00 | 2,297.034·75 | 161.741·05 | 2,521.130·80 | 2,803.840·75 | 46,900.721·33 |
| . . . . . | . . . . . | . . . . . | 1,454.163·80 | 1,124.155·57 | 45.718·35 | 2,624.037·72 | 2,720.268·72 | 33,547.877·63 |
| . . . . . | . . . . . | . . . . . | 15.306·28 [2] | 612.938·31 [2] | 101.897·50 | 730.141·09 | 770.200·09 | 20,357.524·08 |
| . . . . . | . . . . . | . . . . . | 34.275·00 | 92.649·47 | . . . . . | 126.924·47 | 240.674·47 | 27,156.892·45 |
| . . . . . | . . . . . | . . . . . | 266.624·00 | . . . . . | 47.890·00 | 314.514·00 | 519.267·00 | 21,894.639·48 |
| . . . . . | . . . . . | . . . . . | 8.978·00 | . . . . . | 50.160·00 | 59.138·00 | 178.966·00 | 14,218.863·42 |
| . . . . . | . . . . . | . . . . . | . . . . . | . . . . . | 27.187·50 | 27.187·50 | 27.187·50 | 11,925.002·67 |
| . . . . . | . . . . . | . . . . . | . . . . . | . . . . . | . . . . . | . . . . . | 9.318·75 | 13,590.391·18 |
| 6,776.881·60 | 1,594.316·30 | 8,371.197·90 | 123.971·92 | 125.310·70 | . . . . . | 249.282·62 | 8,620.480·52 | 23,696.650·49 |
| 8,565.631·80 | 4,512.230·90 | 13,077.862·70 | . . . . . | 50.727·36 | . . . . . | 50.727·36 | 13,128.590·06 | 18,235.231·15 |
| 8,225.364·60 | 5,842.149·50 | 14,067.514·10 | . . . . . | . . . . . | . . . . . | . . . . . | 14,067.514·10 | 23,461.788·44 |
| 66.901·40 | 650.464·10 | 717.365·50 | 20.000·00 | 20.000·00 | . . . . . | 40.000·00 [3] | 757.365·50 | 14,716.827·90 |
| 372.288·20 | 715.438·30 | 1,087.726·50 | 5.000·00 | 20.000·00 | . . . . . | 25.000·00 [3] | 1,112.726·50 | 16,520.320·15 |
| . . . . . | 106.605·30 | 106.605·30 | . . . . . | 57.030·00 | . . . . . | 57.030·00 [3] | 163.635·30 | 16,478.728·14 |
| . . . . . | 132.371·30 | 132.371·30 | . . . . . | . . . . . | . . . . . | . . . . . | 132.371·30 | 14,376.151·58 |
| . . . . . | 42.504·40 | 42.504·40 | . . . . . | . . . . . | . . . . . | . . . . . | 42.504·40 | 18,320.410·29 |
| . . . . . | 51.848·60 | 51.848·60 | . . . . . | . . . . . | . . . . . | . . . . . | 51.848·60 | 29,402.258·96 |
| . . . . . | 46.007·70 | 46.007·70 | . . . . . | . . . . . | 7.000·00 | 7.000·00 | 53.007·70 | 24,391.056·59 |
| . . . . . | . . . . . | . . . . . | . . . . . | 203.701·54 | . . . . . | 203.701·54 | 203.701·54 | 34,424.484·75 |
| . . . . . | 48.300·00 [4] | 48.300·00 | . . . . . | 285.089·84 | . . . . . | 285.089·84 | 333.389·84 | 72,205.807·88 |
| . . . . . | 1,583.685·80 [4] | 1,583.685·80 | . . . . . | . . . . . | . . . . . | . . . . . | 1,583.685·80 | 17,311.483·42 |
| . . . . . | 69.862·00 [4] | 69.862·00 | . . . . . | 501.328·31 | 21.000·00 | 522.328·31 | 592.190·31 | 28,796.703·24 |
| . . . . . | . . . . . | . . . . . | . . . . . | 497.499·04 | 12.000·00 | 509.499·04 | 509.499·04 | 14,167.598·32 |
| . . . . . | . . . . . | . . . . . | . . . . . | 435.351·27 | . . . . . | 435.351·27 | 435.351·27 | 19,713.273·58 |
| . . . . . | 1,038.004·00 [4] | 1,038.004·00 | . . . . . | . . . . . | . . . . . | . . . . . | 1,038.004·00 | 15,449.738·74 |
| . . . . . | 466.106·20 [4] | 466.106·20 | . . . . . | 490.059·55 | 10.000·00 | 500.059·55 | 966.165·75 | 14,897.606·72 |
| . . . . . | . . . . . | . . . . . | . . . . . | 566.709·93 | 10.000·00 | 576.709·93 | 576.709·93 | 15,241.798·32 |
| . . . . . | 402.568·90 [5] | 402.568·90 | . . . . . | 305.089·07 | 14.800·00 | 319.889·07 | 722.457·97 | 17,386.582·48 |
| . . . . . | 543.924·80 [5] | 543.924·80 | . . . . . | 287.141·45 | 16.200·00 | 303.341·45 | 847.266·25 | 17,448.207·26 |
| . . . . . | 551.906·00 [5] | 551.906·00 | . . . . . | 241.990·00 [6] | 30.000·00 | 271.990·00 | 823.896·00 | 16,502.792·93 |
| . . . . . | 624.116·20 | 624.116·20 | . . . . . | 91.010·00 | . . . . . | 91.010·00 | 715.126·20 | 13,941.360·88 |
| . . . . . | 665.137·40 [7] | 665.137·40 | . . . . . | 401.206·59 | 10.000·00 | 411.206·59 | 1,076.343·99 | 13,361.323·18 |
| 24,007.067·60 | 19,687.547·70 | 43,694.615·30 | 1,990.673·00 | 11,896.862·90 | 986.101·49 | 14,873.687·89 | 60,152.845·24 | 881,175.594·88 |
| . . . . . | . . . . . | 72·64 | . . . . . | . . . . . | . . . . . | 24·73 | 100·00 | |
| . . . . . | . . . . . | . . . . . | . . . . . | . . . . . | . . . . . | . . . . . | 7·24 | 100·00 |

# Ausmünzungen in der österreichisch-ungarischen

Gold-

| Jahre | Kronen | | | Ducaten | | |
|---|---|---|---|---|---|---|
| | ganze | halbe | Summe | vierfache | einfache | Summe |
| 1 | 2 | 3 | 4 | 5 | 6 | 7 |
| 1858 | à 18·75 fl. 77.616 | 45.110 | 122.776 | à 18·9316444 fl. 25.245 | à 4·7829111 fl. 764.296 | 789.541 |
| 1859 | à 13·50 fl. 16.094 | 426.885 | 442.979 | à 18·587432 fl. 13.129 | à 4·646858 fl. 1,497.112 | 1,510.241 |
| 1860 | 557 | 243.701 | 244.258 | 6.303 | 1,400.527 | 1,406.830 |
| 1861 | 2.010 | 76.033 | 78.043 | 7.664 | 1,867.443 | 1,875.107 |
| 1862 | . . . . | . . . . | . . . . | 8.944 | 1,550.916 | 1,559.860 |
| 1863 | 1.000 | 40 | 1.040 | 22.358 | 3,221.705 | 3,244.063 |
| 1864 | 1.530 | 980 | 2.510 | 49.794 | 1,143.171 | 1,192.965 |
| 1865 | 2.800 | 1.350 | 4.150 | 22.661 | 830.034 | 852.695 |
| 1866 | . . . . | . . . . | . . . . | 8.463 | 887.596 | 896.059 |
| 1867 | . . . . | . . . . | . . . . | 15.945 | 1,169.943 | 1,185.888 |
| 1868 | . . . . | . . . . | . . . . | 17.066 | 1,149.755 | 1,166.821 |
| 1869 | . . . . | . . . . | . . . . | à 19·20 fl. 18.740 | à 4·80 fl. 578.981 | 597.721 |
| 1870 | . . . . | . . . . | . . . . | 12.010 | 325.949 | 337.959 |
| 1871 | . . . . | . . . . | . . . . | 18.856 | 669.960 | 688.816 |
| 1872 | . . . . | . . . . | . . . . | 24.590 | 796.140 | 820.730 |
| 1873 | . . . . | . . . . | . . . . | 24.124 | 515.616 | 539.740 |
| 1874 | . . . . | . . . . | . . . . | 15.476 | 352.729 | 368.205 |
| 1875 | . . . . | . . . . | . . . . | 11.633 | 184.488 | 196.121 |
| 1876 | . . . . | . . . . | . . . . | 5.243 | 679.847 | 685.090 |
| 1877 | . . . . | . . . . | . . . . | 5.970 | 822.960 | 828.930 |
| 1878 | . . . . | . . . . | . . . . | 23.376 | 280.963 | 304.339 |
| 1879 | . . . . | . . . . | . . . . | 29.245 | 365.207 | 394.452 |
| 1880 | . . . . | . . . . | . . . . | 23.002 | 345.987 | 368.989 |
| 1881 | . . . . | . . . . | . . . . | 34.711 | 476.872 | 511.583 |
| 1882 | . . . . | . . . . | . . . . | 28.772 | 389.909 | 418.681 |
| 1883 | . . . . | . . . . | . . . . | 36.739 | 408.639 | 445.378 |
| 1884 | . . . . | . . . . | . . . . | 35.035 | 238.039 | 273.074 |
| 1885 | . . . . | . . . . | . . . . | 27.942 | 257.426 | 285.368 |
| 1886 | . . . . | . . . . | . . . . | 18.322 | 290.705 | 309.027 |
| 1887 | . . . . | . . . . | . . . . | 26.947 | 223.055 | 250.002 |
| 1888 | . . . . | . . . . | . . . . | 35.712 | 308.869 | 344.581 |
| 1889 | . . . . | . . . . | . . . . | 31.186 | 334.788 | 365.974 |
| 1890 | . . . . | . . . . | . . . . | 47.289 | 373.860 | 421.149 |
| 1891 | . . . . | . . . . | . . . . | 53.846 | 324.584 | 378.430 |
| 1859—1891 | 101.607 | 794.099 | 895.706 | 786.338 | 25,028.071 | 25,814.409 |

# Monarchie vom Jahre 1858 bis 1891.

Stückzahl.

| münzen | | | | Silbermünzen | | | | Gesammtanzahl der ausgeprägten Stücke |
| --- | --- | --- | --- | --- | --- | --- | --- | --- |
| Goldgulden | | | Zusammen | Levantiner-thaler | Vereinsthaler | | | |
| 8-Gulbenstücke (20 Francs) | 4-Gulbenstücke (10 Francs) | Summe | | | doppelte | einfache | Summe | |
| 8 | 9 | 10 | 11 | 12 | 13 | 14 | 15 | 32 |
| . . . . . | . . . . . | . . . . . | 912.267 | À 2·10483 fl. 4,389.632 | À 3 fl. 1.644 | À 1·50 fl. 9,154.241 | 9,155.885 | 172,466.335 |
| . . . . . | . . . . . | . . . . . | 1,953.220 | 976.539 | . . . . . | 4,948.703 | 4,948.703 | 414,519.615 |
| . . . . . | . . . . . | . . . . . | 1,651.088 | 22.650 | . . . . . | 1,619.957 | 1,619.957 | 328,903.080 |
| . . . . . | . . . . . | . . . . . | 1,953.150 | . . . . . | . . . . . | 3,139.883 | 3,139.883 | 187,021.493 |
| . . . . . | . . . . . | . . . . . | 1,559.860 | 45.390 | | 998.292 | 998.292 | 113,005.452 |
| . . . . . | . . . . . | . . . . . | 3,245.103 | 1,433.013 | . . . . . | 2,208.830 | 2,208.830 | 26,400.305 |
| . . . . . | . . . . . | . . . . . | 1,195.475 | 3,979.945 | . . . . . | 2,635.798 | 2,635.798 | 33,569.126 |
| . . . . . | . . . . . | . . . . . | 856.845 | 2,172.669 | 7.425 | 2,084.630 | 2,092.055 | 18,556.356 |
| . . . . . | . . . . . | . . . . . | 896.059 | 550.837 | 10.395 | 2,589.405 | 2,599.800 | 12,553.338 |
| . . . . . | . . . . . | . . . . . | 1,185.888 | 1,493.780 | 8.300 | 1,680.582 | 1,688.882 | 6,615.080 |
| . . . . . | . . . . . | . . . . . | 1,166.821 | 3,491.700 | . . . . . | 168.304 | 168.304 | 72,245.906 |
| | | . . . . . | 597.721 | 16.000 | . . . . . | . . . . . | . . . . . | 95,483.217 |
| à 8·10 fl. | à 4·05 fl. | | | | | | | |
| 196.463 | 136.845 | 333.308 | 671.267 | 92.870 | . . . . . | . . . . . | . . . . . | 105,407.778 |
| 186.412 | 118.807 | 305.219 | 994.035 | 10.900 | . . . . . | . . . . . | . . . . . | 18,694.914 |
| 278.346 | 58.068 | 336.414 | 1,157.144 | 111.100 | . . . . . | . . . . . | . . . . . | 20,786.261 |
| 267.600 | 13.384 | 280.984 | 820.724 | 345.673 | . . . . . | . . . . . | . . . . . | 18,300.330 |
| 281.899 | 8.229 | 290.128 | 658.333 | 2,479.066 | . . . . . | . . . . . | . . . . . | 9,100.875 |
| 346.924 | 10.682 | 357.606 | 553.727 | 3,312.153 | . . . . . | . . . . . | . . . . . | 11,544.125 |
| 450.240 | 24.039 | 474.279 | 1,159.369 | 5,054.842 | . . . . . | . . . . . | . . . . . | 18,243.435 |
| 438.151 | 27.244 | 465.395 | 1,294.325 | 94.587 | . . . . . | . . . . . | . . . . . | 19,558.698 |
| 432.858 | 21.658 | 454.516 | 758.855 | 1,831.271 | . . . . . | . . . . . | . . . . . | 47,787.984 |
| 348.767 | 12.367 | 361.134 | 755.586 | 1,111.475 | . . . . . | . . . . . | . . . . . | 94,651.357 |
| 362.985 | 14.776 | 377.761 | 746.750 | 66.873 | . . . . . | . . . . . | . . . . . | 27,052.424 |
| 370.296 | 20.107 | 390.403 | 901.986 | 160.461 | . . . . . | . . . . . | . . . . . | 77,820.396 |
| 418.823 | 13.350 | 432.173 | 850.854 | 81.998 | . . . . . | . . . . . | . . . . . | 60,576.973 |
| 331.243 | 15.585 | 346.828 | 792.206 | 308.334 | . . . . . | . . . . . | . . . . . | 57,781.976 |
| 375.201 | 61.051 | 436.252 | 709.326 | 1,477.862 | . . . . . | . . . . . | . . . . . | 18,679.374 |
| 445.246 | 102.178 | 547.424 | 832.792 | 1,386.891 | . . . . . | . . . . . | . . . . . | 63,028.425 |
| 452.268 | 39.066 | 491.334 | 800.361 | 301.619 | . . . . . | . . . . . | . . . . . | 68,141.462 |
| 468.339 | 38.842 | 507.181 | 757.183 | 1,508.876 | . . . . . | . . . . . | . . . . . | 47,592.450 |
| 409.666 | 52.827 | 462.493 | 807.074 | 1,111.800 | . . . . . | . . . . . | . . . . . | 47,799.122 |
| 559.189 | 24.911 | 584.100 | 950.074 | 723.100 | . . . . . | . . . . . | . . . . . | 44,565.111 |
| 372.372 | 31.936 | 404.308 | 825.457 | 468.050 | . . . . . | . . . . . | . . . . . | 22,925.027 |
| 397.577 | 43.067 | 440.644 | 819.074 | 166.200 | . . . . . | . . . . . | . . . . . | 55,588.471 |
| 8,190.865 | 889.019 | 9,079.884 | 35,789.999 | 40,778.156 | 27.764 | 31,228.625 | 31,256.389 | 2.486,966.271 |

Tabelle 57.

# Ausmünzungen in der österreichisch-ungarischen

b) Nach der

| Jahre | Silbermünzen | | | | | Scheide- | | |
|---|---|---|---|---|---|---|---|---|
| | Guldenstücke | | | | Zusammen | a u s | | |
| | à 2 Gulden | à 1 Gulden | à ¼ Gulden | Summe | | à 10 Kreuzer | à 5 Kreuzer | Summe |
| 1 | 16 | 17 | 18 | 19 | 20 | 21 | 22 | 23 |
| 1858 | . . . . . . | 21,172.588 | 39,344.715 | 60,517.303 | 74,062.820 | . . . . . . | . . . . . . | . . . . . . |
| 1859 | 549.070 | 31,841.454 | 58,851.397 | 91,241.921 | 97,167.163 | 4,643.810 | 5,061.237 | 9,705.047 |
| 1860 | 13.799 | 24,737.119 | 34,307.382 | 59,058.300 | 60,700.907 | 2,713.674 | 226.851 | 2,940.525 |
| 1861 | . . . . . . | 14,658.697 | 8,394.131 | 23,052.828 | 26,192.711 | 962.310 | . . . . . . | 962.310 |
| 1862 | 15.489 | 4,810.360 | 23,119.508 | 27,945.357 | 28,989.039 | 400.590 | . . . . . . | 400.590 |
| 1863 | 24.316 | 4,276.093 | 3,447.378 | 7,747.787 | 11,389.630 | 631.250 | 1,012.500 | 1,643.750 |
| 1864 | 31.137 | 1,464.971 | 5,009.420 | 6,505.528 | 13,121.271 | 1,086.280 | 1,922.500 | 3,008.780 |
| 1865 | 72.348 | 1,827.709 | 80.000 | 1,980.057 | 6,244.781 | 1,198.280 | . . . . . . | 1,198.280 |
| 1866 | 74.635 | 2,191.159 | 803.348 | 3,069.142 | 6,219.779 | . . . . . . | . . . . . . | . . . . . . |
| 1867 | 44.550 | 1,959.445 | 114.660 | 2,118.655 | 5,301.317 | 58.500 | 69.375 | 127.875 |
| 1868 | 61.317 | 1,622.301 | 277.524 | 1,961.142 | 5,621.146 | . . . . . . | . . . . . . | . . . . . . |
| 1869 | 87.755 | 1,758.537 | . . . . . . | 1,846.292 | 1,862.292 | . . . . . . | . . . . . . | . . . . . . |
| 1870 | 168.723 | 4,918.644 | 7.956 | 5,095.323 | 5,188.193 | . . . . . . | . . . . . . | . . . . . . |
| 1871 | 102.384 | 8,134.255 | 114.192 | 8,350.831 | 8,361.731 | . . . . . . | . . . . . . | . . . . . . |
| 1872 | 91.449 | 8,181.380 | 104.364 | 8,377.193 | 8,488.293 | . . . . . . | . . . . . . | . . . . . . |
| 1873 | 98.739 | 10,218.125 | 48.016 | 10,364.880 | 10,710.553 | . . . . . . | . . . . . . | . . . . . . |
| 1874 | 79.056 | 4,560.707 | . . . . . . | 4,639.763 | 7,118.829 | . . . . . . | . . . . . . | . . . . . . |
| 1875 | 105.948 | 7,127.245 | 20.008 | 7,253.201 | 10,565.354 | . . . . . . | . . . . . . | . . . . . . |
| 1876 | 91.854 | 11,418.884 | . . . . . . | 11,510.738 | 16,565.580 | . . . . . . | . . . . . . | . . . . . . |
| 1877 | 105.057 | 16,204.652 | . . . . . . | 16,309.709 | 16,404.296 | . . . . . . | . . . . . . | . . . . . . |
| 1878 | 147.258 | 24,680.446 | . . . | 24,827.704 | 26,658.975 | . . . . . . | . . . . . . | . . . . . . |
| 1879 | 551.043 | 63,241.269 | . . . . . . | 63,792.312 | 64,903.787 | . . . . . . | . . . . . . | . . . . . . |
| 1880 | 82.701 | 10,319.242 | . . . . . . | 10,401.943 | 10,468.816 | . . . . . . | . . . . . . | . . . . . . |
| 1881 | 104.004 | 21,622.494 | . . . . . . | 21,726.498 | 21,886.959 | . . . . . . | . . . . . . | . . . . . . |
| 1882 | 120.771 | 7,373.446 | . . . . . . | 7,494.217 | 7,576.215 | . . . . . . | . . . . . . | . . . . . . |
| 1883 | 69.579 | 13,076.730 | . . . . . . | 13,146.309 | 13,454.643 | . . . . . . | . . . . . . | . . . . . . |
| 1884 | 87.296 | 6,024.850 | . . . . . . | 6,112.146 | 7,590.008 | . . . . . . | . . . . . . | . . . . . . |
| 1885 | 78.101 | 5,063.624 | . . . . . . | 5,141.725 | 6,528.616 | . . . . . . | . . . . . . | . . . . . . |
| 1886 | 92.988 | 8,275.501 | . . . | 8,368.489 | 8,670.108 | . . . . . . | . . . . . . | . . . . . . |
| 1887 | 117.499 | 7,714.296 | . . . | 7,831.795 | 9,340.671 | . . . . . . | . . . . . . | . . . . . . |
| 1888 | 73.450 | 8,413.405 | . . . | 8,486.855 | 9,598.655 | . . . . . . | . . . . . . | . . . . . . |
| 1889 | 146.943 | 7,026.934 | . . . | 7,173.877 | 7,896.977 | . . . . . . | . . . . . . | . . . . . . |
| 1890 | 103.680 | 6,185.678 | . . . | 6,289.358 | 6,757.408 | . . . . . . | . . . . . . | . . . . . . |
| 1891 | 117.351 | 5,713.813 | . . . . . | 5,831.164 | 5,997.364 | . . . . . . | . . . . . . | . . . . . . |
| 1859—1891 | 3,710.290 | 377,816.053 | 174,043.999 | 555,570.342 | 627,604.887 | 11,694.694 | 8,292.463 | 19,987.157 |

¹) Stücke italienischen Gepräges.
²) Durch Umprägung von ⁵/₁₀-Kreuzerstücken.
³) Durch Umprägung von 20-Kreuzerstücken.
⁴) Durch Umprägung von abgenützter Silberscheidemünze.
⁵) Davon 4,000.000 Stücke durch Umprägung von Vier- und Einkreuzerstücken.

# Monarchie vom Jahre 1858 bis 1891.

Stückzahl.

| münzen | | | | | | | | Gesammtanzahl |
|---|---|---|---|---|---|---|---|---|
| Silber | | | aus Kupfer | | | | Zusammen | der ausgeprägten Stücke |
| à 20 Kreuzer | à 10 Kreuzer | Summe | à 4 Kreuzer | à 1 Kreuzer | à 5/10 Kreuzer | Summe | | |
| 24 | 25 | 26 | 27 | 28 | 29 | 30 | 31 | 32 |
| ...... | ...... | ...... | ...... | 67,415.048 | 30,076.200 | 97,491.248 | 97,491.248 | 172,466.335 |
| ...... | ...... | ...... | ...... | 251,668.967 | 54,025.218 | 305,694.185 | 315,399.282 | 414,519.615 |
| ...... | ...... | ...... | 1,558.875 | 229,703.475 | 32,348.210 | 263,610.560 | 266,551.085 | 328,903.080 |
| ...... | ...... | ...... | 36,354.095 | 112,415.557 | 9,143.670 | 157,913.322 | 158,875.632 | 187,021.493 |
| ...... | ...... | ...... | 382.632 | 1) 20,653.881 / 40,640.000 | 1) 20,379.500 | 82,055.963 | 82,456.553 | 113,005.452 |
| ...... | ...... | ...... | 856.875 | 9,264.947 | ...... | 10,121.822 | 11,765.572 | 26,400.305 |
| ...... | ...... | ...... | 6,665.600 | ...... | 9,578.000 | 16,243.600 | 19,252.380 | 33,569.126 |
| ...... | ...... | ...... | 224.450 | ...... | 10,032.000 | 10,256.450 | 11,454.730 | 18,556.356 |
| ...... | ...... | ...... | ...... | ...... | 5,437.500 | 5,437.500 | 5,437.500 | 12,553.338 |
| ...... | ...... | ...... | ...... | ...... | ...... | ...... | 127.875 | 6,615.080 |
| 33,884.408 | 15,943.163 | 49,827.571 | 3,099.298 | 12,531.070 | ...... | 15,630.368 | 65,457.939 | 72,245.906 |
| 42,828.159 | 45,122.309 | 87,950.468 | ...... | 5,072.736 | ...... | 5,072.736 | 93,023.204 | 95,483.217 |
| 41,126.823 | 58,421.495 | 99,548.318 | ...... | ...... | ...... | ...... | 99,548.318 | 105,407.778 |
| 334.507 | 6,504.641 | 6,839.148 | 500.000 | 2,000.000 | ...... | 2) 2,500.000 | 9,339.148 | 18,694.914 |
| 1,861.441 | 7,154.383 | 9,015.824 | 125.000 | 2,000.000 | ...... | 2) 2,125.000 | 11,140.824 | 20,786.261 |
| ...... | 1,066.053 | 1,066.053 | ...... | 5,703.000 | ...... | 2) 5,703.000 | 6,769.053 | 18,300.830 |
| ...... | 1,323.713 | 1,323.713 | ...... | ...... | ...... | ...... | 1,323.713 | 9,100.875 |
| ...... | 425.044 | 425.044 | ...... | ...... | ...... | ...... | 425.044 | 11,544.125 |
| ...... | 518.486 | 518.486 | ...... | ...... | ...... | ...... | 518.486 | 18,243.435 |
| ...... | 460.077 | 460.077 | ...... | ...... | 1,400.000 | 1,400.000 | 1,860.077 | 19,558.698 |
| ...... | ...... | ...... | ...... | 20,370.154 | ...... | 20,370.154 | 20,370.154 | 47,787.984 |
| ...... | 3) 483.000 | 483.000 | ...... | 28,508.984 | ...... | 28,508.984 | 28,991.984 | 94,651.357 |
| ...... | 3) 15,836.858 | 15,836.858 | ...... | ...... | ...... | ...... | 15,836.858 | 27,052.424 |
| ...... | 3) 698.620 | 698.620 | ...... | 50,132.831 | 4,200.000 | 54,332.831 | 55,031.451 | 77,820.396 |
| ...... | ...... | ...... | ...... | 49,749.904 | 2,400.000 | 52,149.904 | 52,149.904 | 60,576.973 |
| ...... | ...... | ...... | ...... | 43,535.127 | ...... | 43,535.127 | 43,535.127 | 57,781.976 |
| ...... | 3) 10,380.040 | 10,380.040 | ...... | ...... | ...... | ...... | 10,380.040 | 18,679.374 |
| ...... | 3) 4,661.062 | 4,661.062 | ...... | 49,005.955 | 2,000.000 | 51,005.955 | 55,667.017 | 63,028.425 |
| ...... | ...... | ...... | ...... | 56,670.993 | 2,000.000 | 58,670.993 | 58,670.993 | 68,141.462 |
| ...... | 4) 4,025.689 | 4,025.689 | ...... | 30,508.907 | 2,960.000 | 33,468.907 | 37,494.596 | 47,592.450 |
| ...... | 4) 5,439.248 | 5,439.248 | ...... | 28,714.145 | 3,240.000 | 31,954.145 | 37,393.393 | 47,799.122 |
| ...... | 4) 5,519.060 | 5,519.060 | ...... | 5) 24,199.000 | 6,000.000 | 30,199.000 | 35,718.060 | 44,565.111 |
| ...... | 6,241.162 | 6,241.162 | ...... | 9,101 000 | ...... | 9,101 000 | 15,342.162 | 22,925.027 |
| ...... | 6,651.374 | 6,651.374 | ...... | 40,120.659 | 2,000.000 | 42,120.659 | 48,772 033 | 55,588.471 |
| 120,065.838 | 196,875.477 | 316,910.815 | 49,766.825 | 1.189,686.290 | 197,220.298 | 1.436,673.413 | 1.778,571.385 | 2.436,966.271 |

# Ausmünzungen in den im Reichsrathe

### K. K. Hauptmünzamt

#### a) Nach Geld-

| Jahre | Goldmünzen | | | | | | | Levantiner-thaler | Silber- | |
| | Ducaten | | | Goldgulden | | | Zusammen | | Gulden- | |
| | vierfache | einfache | Summe | 8-Gulden-stücke (20 Francs) | 4-Gulden-stücke (10 Francs) | Summe | | | à 2 Gulden | à 1 Gulden |
| 1 | 2 | 3 | 4 | 5 | 6 | 7 | 8 | 9 | 10 | 11 |
| 1868 | à 18·587432 fl. 317.213·13 | à 4·646858 fl. 2,891.786·33 | 3,208.999·46 | . . . . . | . . . . . | | 3,208.999·46 | à 2·10483 fl. 7,349.436·40 | 122.634 | 782.231 |
| 1869 | à 19·20 fl. 359.808·00 | à 4·80 fl. 1,052.256·00 | 1,412.064·00 | . . . . . | . . . . . | | 1,412.064·00 | 33.677·29 | 175.510 | 902.664 |
| 1870 | 230.592·00 | 1,223.760·00 | 1,454.352·00 | à 8·10 fl. 204.646·50 | à 4·05 fl. 30.132·00 | 234.778·50 | 1,689.130·50 | 195.475·59 | 337.446 | 3,037.035 |
| 1871 | 362.035·20 | 3,215.808·00 | 3,577.843·20 | 273.699·00 | 26.993·25 | 300.692·25 | 3,878.535·45 | 22.942·65 | 204.768 | 5,446.521 |
| 1872 | 472.128·00 | 3,821.472·00 | 4,293.600·00 | 41.998·50 | 20.088·00 | 62.086·50 | 4,355.686·50 | 233.846·65 | 182.898 | 4,725.135 |
| 1873 | 463.180·80 | 2,474.956·80 | 2,938.137·60 | 187.069·50 | . . . . . | 187.069·50 | 3,125.207·10 | 727.583·04 | 197.478 | 7,879.761 |
| 1874 | 297.139·20 | 1,693.099·20 | 1,990.238·40 | 336.474·00 | . . . . . | 336.474·00 | 2,326.712·40 | 5,218.013·53 | 158.112 | 2,479.005 |
| 1875 | 223.353·60 | 885.542·40 | 1,108.896·00 | 699.734·70 | . . . . . | 699.734·70 | 1,808.630·70 | 6,971.520·39 | 211.898 | 5,053.287 |
| 1876 | 100.665·60 | 3,263.265·60 | 3,363.931·20 | 1,185.192·00 | . . . . . | 1,185.192·00 | 4,549.123·20 | 10,639.585·21 | 183.708 | 7,282.710 |
| 1877 | 114.624·00 | 3,948.038·40 | 4,062.662·40 | 1,014.055·20 | 12.166·20 | 1,026.221·40 | 5,088.883·80 | 199.089·59 | 210.114 | 13,963.266 |
| 1878 | 448.819·20 | 1,348.622·40 | 1,797.441·60 | 1,013.334·30 | 27.621·00 | 1,040.955·30 | 2,838.396·90 | 8,854.514·91 | 294.516 | 18,963.072 |
| 1879 | 561.504·00 | 1,735.468·80 | 2,296.972·80 | 349.482·60 | . . . . . | 349.482·60 | 2,646.455·40 | 2,339.466·39 [2] | 1,102.086 | 37,485.342 |
| 1880 | 441.638·40 | 1,636.377·60 | 2,078.016·00 | 498.660·30 | 9.031·50 | 507.691·80 | 2,585.707·80 | 140.756·32 | 165.402 | 6,504.624 |
| 1881 | 666.451·20 | 2,288.985·60 | 2,955.436·80 | 498.206·70 | 33.898·50 | 532.105·20 | 3,487.542·00 | 337.743·18 | 208.008 | 6,127.731 |
| 1882 | 552.422·40 | 1,871.563·20 | 2,423.985·60 | 928.835·10 | . . . . . | 928.835·10 | 3,352.820·70 | 172.591·88 | 241.542 | 5,476.005 |
| 1883 | 705.388·80 | 1,961.467·20 | 2,666.856·00 | 249.593·40 | 15.066·00 | 264.659·40 | 2,931.515·40 | 648.990·76 | 139.158 | 6,035.954 |
| 1884 | 672.672·00 | 1,142.587·20 | 1,815.259·20 | 737.229·60 | 30.447·90 | 767.677·50 | 2,582.936·70 | 3,110.648·89 | 174.592 | 4,303.125 |
| 1885 | 536.486·40 | 1,235.438·40 | 1,771.924·80 | 1,444.375·80 | 153.499·05 | 1,597.874·85 | 3,369.799·65 | 2,919.170·27 | 156.202 | 3,391.538 |
| 1886 | 351.782·40 | 1,395.384·00 | 1,747.166·40 | 1,131.221·70 | . . . . . | 1,131.221·70 | 2,878.388·10 | 634.856·89 | 185.976 | 6,709.534 |
| 1887 | 517.382·40 | 1,070.664·00 | 1,588.046·40 | 1,411.238·70 | . . . . . | 1,411.238·70 | 2,999.285·10 | 3,175.928·11 | 234.998 | 5,692.232 |
| 1888 | 685.670·40 | 1,482.571·20 | 2,168.241·60 | 919.503·90 | 16.787·25 | 936.291·15 | 3,104.532·75 | 2,340.150·46 | 146.900 | 6,572.045 |
| 1889 | 598.771·20 | 1,606.982·40 | 2,205.753·60 | 1,683.333·90 | 23.113·35 | 1,706.447·25 | 3,912.200·85 | 1,522.002·88 | 293.886 | 5,052.537 |
| 1890 | 907.948·80 | 1,794.528·00 | 2,702.476·80 | 349.523·10 | 11.935·35 | 361.458·45 | 3,063.935·25 | 985.165·88 | 207.360 | 4,168.886 |
| 1891 | 1,033.843·20 | 1,558.003·20 | 2,591.846·40 | 156.945·60 | 44.817·30 | 201.762·90 | 2,793.609·30 | 349.822·74 | 234.702 | 4,243.950 |
| 1868—1891 | 11,621.520·33 | 46,598.627·93 | 58,220.148·26 | 15,314.354·10 | 455.596·65 | 15,769.950·75 | 73,990.099·01 | 54,122.979·90 | 5,769.892 | 172,833.190 |

[1] Umprägung von ⁵/₁₀-Kreuzer-Stücken.
[2] Darunter 854.180 fl. Geschichtsmünzen.
[3] Umprägung von 20-Kreuzer-Stücken.
[4] Durch Umprägung von 20-Kreuzer- und 10-Kreuzer-Stücken.
[5] Davon: 40.000 fl. durch Umprägung von Vier- und Einkreuzer-Stücken.

# vertretenen Königreichen und Ländern. 1868—1891.

## in Wien.

### beträgen.

| münzen | | | Scheidemünzen | | | | | | | | Gesammtbetrag der Ausprägung |
|---|---|---|---|---|---|---|---|---|---|---|---|
| Stücke | | Zusammen | aus Silber | | | aus Kupfer | | | | Zusammen | |
| à ¼ Gulden | Summe | | à 20 Kreuzer | à 10 Kreuzer | Summe | à 4 Kreuzer | à 1 Kreuzer | à 5/10 Kreuzer | Summe | | |
| 12 | 13 | 14 | 15 | 16 | 17 | 18 | 19 | 20 | 21 | 22 | 23 |
| 69.381 | 974.246 | 8,323.682·40 | 5,924.201 | 1,168.168·00 | 7,092.369·00 | . . . . | . . . . | . . . . | . . . . | 7,092.369·00 | 18,625.050·86 |
| . . . . . | 1,078.174 | 1,111.851·29 | 6,208.421 | 2,962.827·00 | 9,171.248·00 | | | | | 9,171.248·00 | 11,695.163·29 |
| 1.989 | 3,436.470 | 3,631.945·59 | 5,964.375 | 3,487.830·90 | 9,452.205·90 | | | | | 9,452.205·90 | 14,773.281·99 |
| 28.548 | 5,679.837 | 5,702.779·65 | . . . . . | 170.008·00 | 170.008·00 | 20.000 | 20.000 | . . . . | 1)40.000 | 210.008·00 | 9,791.323·10 |
| 26.091 | 4,934.124 | 5,167.970·65 | 115.127 | 600.046·10 | 715.173·10 | 5.000 | 20.000 | . . . . | 1)25.000 | 740.173·10 | 10,263.830·25 |
| 12.004 | 8,089.243 | 8,816.826·04 | . . . . . | . . . . . | | | 20.000 | . . . . | 1)20.000 | 20.000·00 | 11,962.033·14 |
| . . . . . | 2,637.117 | 7,855.130·53 | | | | | | | . . . | | 10,181.842·93 |
| 5.002 | 5,270.185 | 12,241.705·39 | | | | | | | | | 14,050.336·09 |
| . . . . . | 7,466.418 | 18,106.003·21 | | | | | | | | | 22,655.126·41 |
| . . . . . | 14,173.380 | 14,372.469·59 | | | | | | 7.000 | 7.000 | 7.000 | 19,468.353·39 |
| . . . . . | 19,257.588 | 23,112.102·91 | | | | | 158.920 | | 158.920 | 158.920·00 | 26,109.419·81 |
| . . . . . | 38,587.428 | 40,926.894·39 | . . . . | 3)48.300·00 | 48.300 | . . . | 184.080 | | 184.080 | 232.380·00 | 43,805.729·79 |
| . . . . . | 6,670.026 | 6,810.782·32 | . . . . | 3)1,583.685·80 | 1,583.685·80 | | | | | 1,583.685·80 | 10,980.175·92 |
| . . . . . | 6,335.739 | 6,673.482·18 | . . . . | 3)69.862·00 | 69.862·00 | | 379.000 | 21.000 | 400.000 | 469.862·00 | 10,630.886·18 |
| . . . . . | 5,717.547 | 5,890.138·88 | | | | | 300.000 | | 300.000 | 300.000·00 | 9,542.959·58 |
| . . . . . | 6,175.112 | 6,824.102·76 | | | | | 350.000 | | 350.000 | 350.000·00 | 10,105.618·16 |
| . . . . . | 4,477.717 | 7,588.365·89 | . . . . | 3)1,038.004·00 | 1,038.004·00 | | | | | 1,038.004·00 | 11,209.306·59 |
| . . . . | 3,547.740 | 6,466.910·27 | . . . . | 3)466.106·20 | 466.106·20 | . . . | 290.000 | 10.000 | 300.000 | 766.106·20 | 10,602.816·12 |
| . . . . . | 6,895.510 | 7,530.366·89 | | | | | 390.000 | 10.000 | 400.000 | 400.000·00 | 10,808.754·99 |
| . . . . . | 5,927.230 | 9,103.158·11 | . . . . | 4)400.032·00 | 400.032·00 | | 185.200 | 14.800 | 200.000 | 600.032·00 | 12,702.475·21 |
| . . . . . | 6,718.945 | 9,059.095·46 | . . . . | 4)508.162·00 | 508.162·00 | | 183.800 | 16.200 | 200.000 | 708.162·00 | 12,871.790·21 |
| . . . . . | 5,346.423 | 6,868.425·88 | . . . . | 4)551.906·00 | 551.906·00 | . . . | 5)241.990 | 30.000 | 271.990 | 823.896·00 | 11,604.522·73 |
| . . . . . | 4,371.246 | 5,356.411·88 | . . . . | 624.116·20 | 624.116·20 | . . . | 91.010 | . . . . | 91.010 | 715.126·20 | 9,135.473·33 |
| . . . . . | 4,478.652 | 4,828.474·74 | . . . . | 665.137·40 | 665.137·40 | . . . | 238.490 | 10.000 | 248.490 | 913.627·40 | 8,535.711·44 |
| 143.015 | 178,246.097 | 232,369.076·90 | 18,212.124 | 14,844.191·60 | 32,556.815·60 | 25.000 | 3,052.490 | 119.000 | 3,196.490 | 35,752.805·60 | 342,111.981·51 |

Tabelle 59.

# Ausmünzungen in den im Reichsrathe

K. k. Hauptmünzamt

b) Nach der

| Jahre | Goldmünzen | | | | | | | Silber- | | |
| | Ducaten | | | Goldgulden | | | Zusammen | Levantiner-thaler | Gulden- | |
| | vierfache | einfache | Summe | 8-Gulden-stücke (20 Francs) | 4-Gulden-stücke (10 Francs) | Summe | | | à 2 Gulden | à 1 Gulden |
| 1 | 2 | 3 | 4 | 5 | 6 | 7 | 8 | 9 | 10 | 11 |
| 1868 | à 18·587432 fl. 17.066 | à 4·646858 fl. 622.310 | 639.376 | . . . . | . . . . | | 639.376 | à 2·10483 fl. 3,491.700 | 61.317 | 782.231 |
| 1869 | à 19·20 fl. 18.740 | à 4·80 fl. 219.220 | 237.960 | . . . . | . . . . | | 237.960 | 16.000 | 87.755 | 902.664 |
| 1870 | 12.010 | 254.950 | 266.960 | à 8·10 fl. 25.265 | à 4·05 fl. 7.440 | 32.705 | 299 665 | 92.870 | 168.723 | 3,097.035 |
| 1871 | 18.856 | 669.960 | 688.816 | 33.790 | 6.665 | 40.455 | 729.271 | 10.900 | 102.384 | 5,446.521 |
| 1872 | 24.590 | 796.140 | 820.730 | 5.185 | 4.960 | 10.145 | 830.875 | 111.100 | 91.449 | 4,725.135 |
| 1873 | 24.124 | 515.616 | 539.740 | 23.095 | . . . . . | 23.095 | 562.835 | 345.673 | 98.739 | 7,879.761 |
| 1874 | 15.476 | 352.729 | 368.205 | 41.540 | . . . . . | 41.540 | 409.745 | 2,479.066 | 79.056 | 2,479.005 |
| 1875 | 11.633 | 184.488 | 196.121 | 86.387 | . . . . . | 86.387 | 282.508 | 3,312.153 | 105.948 | 5,053.287 |
| 1876 | 5.243 | 679.847 | 685.090 | 146.320 | . . . . . | 146.320 | 831.410 | 5,054.842 | 91.854 | 7,282.710 |
| 1877 | 5.970 | 822.508 | 828.478 | 125.192 | 3.004 | 128.196 | 956.674 | 94.587 | 105.057 | 13,963.266 |
| 1878 | 23.376 | 280.963 | 304.339 | 125.103 | 6.820 | 131.923 | 436.262 | 1,831.271 | 147.258 | 18,963.072 |
| 1879 | 29.245 | 361.556 | 390.801 | 43.146 | . . . . . | 43.146 | 433.947 | 1,111.475 (²) | 551.043 | 37,485.342 |
| 1880 | 23.002 | 340.912 | 363.914 | 61.563 | 2.230 | 63.793 | 427.707 | 66.873 | 82.701 | 6,504.624 |
| 1881 | 34.711 | 476 872 | 511.583 | 61.507 | 8 370 | 69 877 | 581.460 | 160.461 | 104.004 | 6,127.731 |
| 1882 | 28.772 | 389.909 | 418.681 | 114.671 | . . . . . | 114.671 | 533.352 | 81.998 | 120.771 | 5,476.005 |
| 1883 | 36.739 | 408.639 | 445.378 | 30.814 | 3.720 | 34.534 | 479.912 | 308.334 | 69.579 | 6,035.954 |
| 1884 | 35.035 | 238.039 | 273.074 | 91.016 | 7.518 | 98.534 | 371.608 | 1,477.862 | 87.296 | 4,303.125 |
| 1885 | 27.942 | 257.383 | 285.325 | 178.318 | 37.901 | 216.219 | 501.544 | 1,886.891 | 78.101 | 3,391.538 |
| 1886 | 18.322 | 290.705 | 309.027 | 139.657 | . . . . . | 139.657 | 448.684 | 301.619 | 92.988 | 6,709.534 |
| 1887 | 26.947 | 223.055 | 250.002 | 174.227 | . . . . . | 174.227 | 424.229 | 1,508.876 | 117.499 | 5,692.232 |
| 1888 | 35.712 | 308.869 | 344.581 | 113.519 | 4.145 | 117.664 | 462.245 | 1,111.800 | 73.450 | 6,572.045 |
| 1889 | 31.186 | 334.788 | 365.974 | 207.819 | 5.707 | 213.526 | 579.500 | 728.100 | 146.943 | 5,052.537 |
| 1890 | 47.289 | 373.860 | 421.149 | 43.151 | 2.947 | 46.098 | 467.247 | 468.050 | 103.680 | 4,163.886 |
| 1891 | 53.846 | 324.584 | 378.430 | 19.376 | 11 066 | 30.442 | 408.872 | 166.200 | 117.351 | 4,243.950 |
| 1868—1891 | 605.832 | 9,727.902 | 10,333.734 | 1,890.661 | 112.493 | 2,003.154 | 12,336.888 | 25,713.701 | 2,884.946 | 172,333.190 |

¹) Aus halben Kreuzern umgeprägt.
²) Darunter 477.090 Stück Geschichtsmünzen.
³) Durch Umprägung von 20 Kreuzer-Stücken.
⁴) Durch Umprägung von 20-Kreuzer- und 10-Kreuzer-Stücken.
  Davon 4,000.000 Stücke durch Umprägung von Vier- und Einkreuzer-Stücken.

# vertretenen Königreichen und Ländern. 1868—1891.

## in Wien.

### Stückzahl.

| münzen | | | Scheidemünzen | | | | | | | | Gesammt-anzahl der ausgeprägten Stücke |
|---|---|---|---|---|---|---|---|---|---|---|---|
| Stücke | | | aus Silber | | | aus Kupfer | | | | | |
| à ¼ Gulden | Summe | Zusammen | à 20 Kreuzer | à 10 Kreuzer | Summe | à 4 Kreuzer | à 1 Kreuzer | à 5/10 Kreuzer | Summe | Zusammen | |
| 12 | 13 | 14 | 15 | 16 | 17 | 18 | 19 | 20 | 21 | 22 | 23 |
| 277.524 | 1,121.072 | 4,612.772 | 29,621.005 | 11,681.680 | 41,302.685 | . . . . . | | | | 41,302.685 | 46,554.833 |
| . . . . . | 990.419 | 1,006.419 | 31,042.105 | 29,628.270 | 60,670.375 | | | | | 60,670.375 | 61,914.754 |
| 7.956 | 3,273.714 | 3,366.584 | 29,821.875 | 34,878.309 | 64,700.184 | . . . . . | | | | 64,700.184 | 68,366.433 |
| 114.192 | 5,663.097 | 5,673.997 | . . . . . | 1,700.080 | 1,700.080 | 500.000 | 2,000.000 | . . . . . | ¹) 2,500.000 | 4,200.080 | 10,603.348 |
| 104.364 | 4,920.948 | 5,032.048 | 575.635 | 6,000.461 | 6,576.096 | 125.000 | 2,000.000 | . . . . . | ¹) 2,125.000 | 8,701.096 | 14,564.019 |
| 48.016 | 8,026.516 | 8,372.189 | . . . . . | . . . . . | . . . . . | | 2,000.000 | . . . . . | ¹) 2,000.000 | 2,000.000 | 10,935.024 |
| . . . . . | 2,558.061 | 5,037.127 | | | | | | | | | 5,446.872 |
| 20.008 | 5,179.243 | 8,491.396 | | | | | | | | | 8,773.904 |
| . . . . . | 7,374.564 | 12,429.406 | | | | | | | | | 13,260.816 |
| . . . . . | 14,068.323 | 14,162.910 | | | | | | 1,400.000 | 1,400.000 | 1,400.000 | 16,519.584 |
| . . . . . | 19,110.330 | 20,941.601 | | | | | 15,892.000 | | 15,892.000 | 15,892.000 | 37,269.863 |
| . . . . . | 38,036.385 | 39,147.860 | . . . . . | ²) 483.000 | 483.000 | . . . . | 18,408.000 | | 18,408.000 | 18,891.000 | 58,472.807 |
| . . . . . | 6,587.325 | 6,654.198 | . . . . . | ²) 15,836.858 | 15,836.858 | | | | | 15,836.858 | 22,918.763 |
| . . . . . | 6,231.735 | 6,392.196 | . . . . . | ²) 698.620 | 698.620 | | 37,900.000 | 4,200.000 | 42,100.000 | 42,798.620 | 49,772.276 |
| . . . . . | 5,596.776 | 5,678.774 | | | | | 30,000.000 | | 30,000.000 | 30,000.000 | 36,212.126 |
| . . . . . | 6,105.533 | 6,413.867 | | | | | 35,000.000 | | 35,000.000 | 35,000.000 | 41,893.779 |
| . . . . . | 4,390.421 | 5,868.283 | . . . . . | ²) 10,380.040 | 10,380.040 | | | | | 10,380.040 | 16,619.931 |
| . . . . . | 3,469.639 | 4,856.530 | . . . . . | ²) 4,661.062 | 4,661.062 | . . . . | 29,000.000 | 2,000.000 | 31,000.000 | 35,661.062 | 41,019.136 |
| . . . . . | 6,802.522 | 7,104.141 | . . . . . | . . . . . | . . . . . | | 39,000.000 | 2,000.000 | 41,000.000 | 41,000.000 | 48,552.825 |
| . . . . . | 5,809.731 | 7,318.607 | . . . . . | ²) 4,000.320 | 4,000.320 | | 18,520.000 | 2,960.000 | 21,480.000 | 25,480.320 | 33,223.156 |
| . . . . . | 6,645.495 | 7,757.295 | . . . . . | ²) 5,081.620 | 5,081.620 | | 18,380.000 | 3,240.000 | 21,620.000 | 26,701.620 | 34,921.160 |
| . . . . . | 5,199.480 | 5,922.580 | . . . . . | ²) 5,519.060 | 5,519.060 | . . . . | 24,199.000 ⁵) | 6,000.000 | 30,199.000 | 35,718.060 | 42,220.140 |
| . . . . . | 4,267.566 | 4,735.616 | | | 6,241.162 | 6,241.162 | . . . . | 9,101.000 | . . . . . | 9,101.000 | 15,342.162 | 20,545.025 |
| . . . . . | 4,361.301 | 4,527.501 | . . . . . | 6,651.374 | 6,651.374 | . . . . | 23,849.000 | 2,000.000 | 25,849.000 | 32,500.374 | 37,436.747 |
| 572.060 | 175,790.196 | 201,506.897 | 91,060.620 | 148,441.916 | 234,502.536 | 625.000 | 305,249.000 | 23,800.000 | 329,674.000 | 564,176.536 | 778,017.321 |

# Ausweis über die bei dem k. k. Hauptmünzamte in Wien seit 1857 bewirkten Ummünzungen von Silber-Courantstücken und von Kupferscheidemünzen österr. Whrg.

| Jahr | Eingulden | | Viertelgulden | | Vierkreuzer | | Einkreuzer | | Halbkreuzer | |
|---|---|---|---|---|---|---|---|---|---|---|
| | kg | fl. | kg | fl. | kg | fl. | kg | fl. | kg | fl. |
| 1857/67 | . . . . | . . . | . . . . | . . . | . . . . | . . . | . . . . | . . . | . . . . | . . . |
| 1868 | 10.698·90 | 867.600 | 106·50 | 5.000 | | | | | | |
| 1869 | 5.229·18 | 424.000 | | | | | | | | |
| 1870 | | | | | | | | | | |
| 1871 | | | | | | | | | 14.804 | 45.000 |
| 1872 | | | | | | | | | 13.150 | 40.000 |
| 1873 | | | | | | | | | | |
| 1874 | | | 32.255·07 | 1,532.972 | | | | | | |
| 1875 | | | 58.065·87 | 2,760.000 | | | | | | |
| 1876 | | | 8.413·62 | 400.000 | | | | | | |
| 1877 | | | 21.041·93 | 1,000.324 | | | | | | |
| 1878 | | | 3.578·62 | 170.338 | | | | | | |
| 1879 | | | 29.695·26 | 1,400.000 | | | | | | |
| 1880 | | | 4.233·72 | 200.000 | | | | | | |
| 1881 | | | 10.579·92 | 500.000 | | | | | | |
| 1882 | | | 21.168·50 | 1,000.000 | | | | | | |
| 1883 | | | 8.482·49 | 401.285 | | | | | | |
| 1884 | | | 21.214·21 | 1,000.184 | | | | | | |
| 1885 | | | 31.819·10 | 1,500.000 | | | | | | |
| 1886 | | | 10.604·17 | 500.000 | | | | | | |
| 1887 | | | 31.798·70 | 1,500.584 | | | | | | |
| 1888 | | | 14.896·16 | 700.959 | | | | | | |
| 1889 | | | 12.724·78 | 600.000 | 11.806·90 | 37.820 | 659 · | 2.180 | | |
| 1890 | | | 5.309·83 | 250.000 | 4.963·10 | 16.000 | 1.218·10 | 4.000 | | |
| Zusammen | 15.928·08 | 1,291.600 | 325.988·45 | 15,421.646 | 16.770 | 53.820 | 1.877·10 | 6.180 | 27.954 | 85.000 |
| | in Silberscheidemünze | | in Courant Silber | | in 1 kr. Stücke | | | | in 4 und 1 kr. Stücke | |

Tabelle 60. (Fortsetzung.)

Außerdem kamen folgende Silberscheidemünzen zur Einlösung, für welche mit Ausschluß jener ungarischen Gepräges per 120.000 fl. wieder Silberscheidemünzen hinausgegeben wurden.

| | Stücke zu | | |
|---|---|---|---|
| | 20 fr. | 10 fr. | Zusammen |
| 1877 | 992 fl. 40 fr. | . . . . . . . | 992 fl. 40 fr. |
| 1878 | 727 „ 40 „ | . . . . . . . | 727 „ 40 „ |
| 1879 | 500.000 „ — „ | . . . . . . . | 500.000 „ — „ |
| 1880 | 1,200.000 „ — „ | . . . . . . . | 1,200.000 „ — „ |
| 1881 | . . . . . . . | . . . . . . . | . . . . . . . |
| 1882 | . . . . . . . | 1.214 fl. 30 fr. | 1.214 fl. 30 fr. |
| 1883 | 500.000 fl. — fr. | 1.477 „ 90 „ | 501.477 „ 90 „ |
| 1884 | 1,001.300 „ — „ | 300 . — „ | 1,001.600 „ — „ |
| 1885 | . . . . . . . | 1.400 „ — „ | 1.400 „ — „ |
| 1886 | . . . . . . . | . . . . . . . | . . . . . . . |
| 1887 | 17.228 fl. 40 fr. | 382.771 fl. 60 fr. | 400.000 fl. — fr. |
| 1888 | 760.000 „ — „ | 100.000 „ — „ | 860.000 „ — „ |
| 1889 | 100.000 „ — „ | 300.000 „ — „ | 400.000 „ — „ |
| Summen | 4,080.248 fl. 20 fr. | 787.163 fl. 80 fr. | 4,867.412 fl. — fr. |

Silberscheidemünzen wurden seit dem Jahre 1873 vom Wiener Hauptmünzamte nicht neu emittiert, sondern nur umgeprägt.

# Ausmünzungen in den Ländern der
## Königlich-ungarisches Münzamt in Kremnitz und
### a) Nach Geld-

| | | Goldmünzen | | | | | | | Silber- | | | |
|---|---|---|---|---|---|---|---|---|---|---|---|---|
| Jahre | Münzamt | Ducaten | | | Goldgulden | | | Zusammen | Einfache Vereinsthaler | Gulden- | | |
| | | vierfache | einfache | Summe | 8-Guldenstücke (20 Francs) | 4-Guldenstücke (10 Francs) | Summe | | | à 2 Gulden | à 1 Gulden | à ¼ Gulden |
| 1 | 2 | 3 | 4 | 5 | 6 | 7 | 8 | 9 | 10 | 11 | 12 | 13 |
| | | à 18·587432 fl. | à 4·646858 fl. | | | | | | à 1 fl. 50 kr | | | |
| 1868 Kremnitz | | | 592.618·46 | 592.618·46 | | | | 592.618·46 | | | 573.584 | |
| 1868 Karlsburg | | | 1,858.343·65 | 1,858.343·65 | | | | 1,858.343·65 | 252.456 | | 266.486 | |
| Zusammen | | | 2,450.962·11 | 2,450.962·11 | | | | 2,450.962·11 | 252.456 | | 810.070 | |
| | | à 19 fl. 20 kr. | à 4 fl. 80 kr. | | | | | | | | | |
| 1869 Kremnitz | | | 428.812·80 | 428.812·80 | | | | 428.812·80 | | | 493.698 | |
| 1869 Karlsburg | | | 1,298.040·00 | 1,298.040·00 | | | | 1,298.040·00 | | | 362.175 | |
| Zusammen | | | 1,726.852·80 | 1,726.852·80 | | | | 1,726.852·80 | | | 855.878 | |
| | | | | | à 8 fl. 10 kr. | à 4 fl. 05 kr. | | | | | | |
| 1870 Kremnitz | | | 82.934·40 | 82.934·40 | 371.709·00 | 326.968·65 | 698.677·65 | 781.612·05 | | | 1,253.687 | |
| 1870 Karlsburg | | | 257.860·80 | 257.860·80 | 1,014.994·80 | 197.121·60 | 1,212.116·40 | 1,469.977·20 | | | 567.922 | |
| Zusammen | | | 340.795·20 | 340.795·20 | 1,886.703·80 | 524.090·25 | 1,910.794·05 | 2,251.589·25 | | | 1,821.609 | |
| 1871 Kremnitz | | | | | 612.157·50 | 450.125·10 | 1,062.282·60 | 1,062.282·60 | | | 2,444.984 | |
| 1871 Karlsburg | | | | | 624.080·70 | 4.050·00 | 628.130·70 | 628.130·70 | | | 242.750 | |
| Zusammen | | | | | 1,236.238·20 | 454.175·10 | 1,690.413·30 | 1,690.413·30 | | | 2,687.734 | |
| 1872 | Kremnitz | | | | 2,212.604·10 | 215.087·40 | 2,427.691·50 | 2,427.691·50 | | | 3,456.245 | |
| 1873 | | | | | 1,980.490·50 | 54.205·20 | 2,034.695·70 | 2,034.695·70 | | | 2,338.364 | |
| 1874 | | | | | 1,946.907·90 | 33.327·45 | 1,980.235·35 | 1,980.235·35 | | | 2,081.702 | |
| 1875 | | | | | 2,110.349·70 | 43.262·10 | 2,153.611·80 | 2,153.611·80 | | | 2,073.958 | |
| 1876 | | | | | 2,461.752·00 | 97.357·95 | 2,559.109·95 | 2,559.109·95 | | | 4,136.174 | |
| 1877 | | | 2.169·60 | 2.169·60 | 2,534.967·90 | 98.172·00 | 2,633.139·90 | 2,635.309·50 | | | 2,241.386 | |
| 1878 | | | | | 2,492.815·50 | 60.093·90 | 2,552.909·40 | 2,552.909·40 | | | 5,717.374 | |
| 1879 | | | 17.524·80 | 17.524·80 | 2,475.530·10 | 50.086·35 | 2,525.616·45 | 2,543.141·25 | | | 25,755.927 | |
| 1880 | | | 24.360·00 | 24.360·00 | 2,441.518·20 | 50.811·30 | 2,492.329·50 | 2,516.689·50 | | | 3,814.618 | |
| 1881 | | | | | 2,501.190·90 | 47.534·85 | 2,548.725·75 | 2,548.725·75 | | | 15,494.763 | |
| 1882 | | | | | 2,463.631·20 | 54.067·50 | 2,517.698·70 | 2,517.698·70 | | | 1,897.441 | |
| 1883 | | | | | 2,433.474·90 | 48.053·25 | 2,481.528·15 | 2,481.528·15 | | | 7,040.776 | |
| 1884 | | | | | 2,301.898·50 | 216.808·65 | 2,518.707·15 | 2,518.707·15 | | | 1,721.725 | |
| 1885 | | | 206·40 | 206·40 | 2,162.116·80 | 260.321·85 | 2,422.438·65 | 2,422.645·05 | | | 1,672.086 | |
| 1886 | | | | | 2,532.149·10 | 158.217·30 | 2,690.366·40 | 2,690.366·40 | | | 1,565.967 | |
| 1887 | | | | | 2,382.307·20 | 157.310·10 | 2,539.617·30 | 2,539.617·30 | | | 2,022.064 | |
| 1888 | | | | | 2,398.790·70 | 197.162·10 | 2,595.952·80 | 2,595.952·80 | | | 1,841.360 | |
| 1889 | | | | | 2,846.097·00 | 77.776·20 | 2,923.873·20 | 2,923.873·20 | | | 1,974.397 | |
| 1890 | | | | | 2,666.690·10 | 117.405·45 | 2,784.095·55 | 2,784.095·55 | | | 2,021.792 | |
| 1891 | | | | | 3,063.428·10 | 129.604·05 | 3,193.032·15 | 3,193.032·15 | | | 1,469.863 | |
| 1868—1891 | | | 4,562.870·91 | 4,562.870·91 | 51,031.652·40 | 3,144.930·30 | 54,176.582·70 | 58,739.453·61 | 252.456 | | 96,543.268 | |

¹) Durch Umprägung von ³/₁₀ Kreuzerstücken.
²) Durch Umprägung von abgenützter Silberscheidemünze.

# ungarischen Krone 1868–1891.

## königlich-ungarisches Münzamt in Karlsburg.

beträgen.

| münzen | | Scheidemünzen | | | | | | | | Gesammtbetrag der Ausmünzung |
|---|---|---|---|---|---|---|---|---|---|---|
| stücke | | aus Silber | | | aus Kupfer | | | | | |
| Summe | Zusammen | à 20 Kreuzer | à 10 Kreuzer | Summe | à 4 Kreuzer | à 1 Kreuzer | à 5/10 Kreuzer | Summe | Zusammen | |
| 14 | 15 | 16 | 17 | 18 | 19 | 20 | 21 | 22 | 23 | 24 |
| 573.584 | 573.584 | 644.811 40 | 324.997·50 | 969.808·90 | 123.971·92 | 125.310·70 | .... | 249.282·62 | 1,219.091·52 | 2,385.293·98 |
| 266.486 | 518.942 | 207.869·20 | 101.150·80 | 309.020·00 | ..... | ..... | .... | .... | 309.020·00 | 2,686.305·65 |
| 840.070 | 1,092.526 | 852.680·60 | 426.148·30 | 1,278.828·90 | 123.971·92 | 125.310·70 | .... | 249.282·62 | 1,528.111·52 | 5,071.599·63 |
| 493.698 | 493.698 | 1,897.491·00 | 1,274 676·70 | 3,172.167·7 | ..... | 50.727·36 | .... | 50.727·36 | 3,222.895·06 | 4,145 405·86 |
| 362.175 | 362.175 | 459.719·80 | 274.727·20 | 734.447·00 | | | | | 734.447·00 | 2,394.662·00 |
| 855.873 | 855.873 | 2,357.210·80 | 1,549.403·90 | 3,906.614·70 | | 50.727·36 | | 50.727·36 | 3,957.342·06 | 6,540.067·86 |
| 1,253.687 | 1,253.687 | 818.449·00 | 2,051.158·20 | 2,869.607·20 | | | | | 2,869.607·20 | 4,904.906·25 |
| 567.922 | 567.922 | 1,442.540·60 | 303.160·40 | 1,745.701·00 | | | | | 1,745.701·00 | 3,783.600·20 |
| 1,821.609 | 1,821.609 | 2,260.989·60 | 2,354.818·60 | 4,615.808·20 | | | | | 4,615.808·20 | 8,688.506·45 |
| 2,444.984 | 2,444.984 | 66.901·40 | 142.177·10 | 209.078·50 | | | | | 209.078·50 | 3,716.345·10 |
| 242.750 | 242.750 | | 338.279·00 | 338.279·00 | | | | | 338.279·00 | 1,209.159·70 |
| 2,687.734 | 2,687.784 | 66.901·40 | 480.456·10 | 547.357·50 | | | | | 547.357·50 | 4,925.504·80 |
| 3,456.245 | 3,456.245 | 257.161·20 | 115.392·20 | 372.553·40 | | | | | 372.553·40 | 6,256.489·90 |
| 2,338.364 | 2,338.364 | | 106.605·30 | 106.605·30 | | 1) 37.030·00 | | 37.030·00 | 143.635·30 | 4,516.695·00 |
| 2,081.702 | 2,081.702 | | 132.371·30 | 132.371·30 | | | | | 132.371·30 | 4,194.308·65 |
| 2,073.958 | 2,073.958 | | 42.504·40 | 42.504·40 | | | | | 42.504·40 | 4,270.074·20 |
| 4,136.174 | 4,136.174 | | 51.848·60 | 51.848·60 | | | | | 51.848·60 | 6,747.132·55 |
| 2,241.386 | 2,241.386 | | 46.007·70 | 46.007·70 | | | | | 46.007·70 | 4,922.703·20 |
| 5,717.374 | 5,717.374 | | | | | 44.781·54 | | 44.781·54 | 44.781·54 | 8,315.064·94 |
| 25,755.927 | 25,755.927 | | | | | 101.009·84 | | 101.009·84 | 101.009·84 | 28,400.078·09 |
| 3,814.618 | 3,814.618 | | | | | | | | | 6,531.307·50 |
| 15,494.763 | 15,494.763 | | | | | 122.328·31 | | 122.328·31 | 122.328·31 | 18,165.817·06 |
| 1,897.441 | 1,897.441 | | | | | 197.499·04 | 12.000 | 209.499·04 | 209.499·04 | 4,624.638·74 |
| 7,040.776 | 7,040.776 | | | | | 85.351·27 | | 85.351·27 | 85.351·27 | 9,607.655·42 |
| 1,721.725 | 1,721.725 | | | | | | | | | 4,240.432·15 |
| 1,672.086 | 1,672.086 | | | | | 200.059·55 | | 200.059·55 | 200.059·55 | 4,294.790·60 |
| 1,565.967 | 1,565.967 | | | | | 176.709·93 | | 176.709·93 | 176.709·93 | 4,433.043·33 |
| 2,022.064 | 2,022.064 | | 2) 2.536·90 | 2.536·90 | | 119.889·07 | | 119.889·07 | 122.425·97 | 4,684.107·27 |
| 1,841.360 | 1,841.360 | | 3) 35.762·80 | 35.762·80 | | 103.341·45 | | 103.341·45 | 139.104·25 | 4,576.417·05 |
| 1,974.397 | 1,974.397 | | | | | | | | | 4,898.270·20 |
| 2,021.792 | 2,021.792 | | | | | | | | | 4,805.887·55 |
| 1,469.863 | 1,469.863 | | | | | 162.716·59 | | 162.716·59 | 162.716·59 | 4,825.611·74 |
| 96,543.268 | 96,795.724 | 5,794.943·60 | 5,343.356·10 | 11,138.299·70 | 123.971·92 | 1,526.754·65 | 12.000 | 1,662.726·57 | 12,801.026·27 | 168,886.203·88 |

# Ausmünzungen in den Ländern der

## Königliches ungarisches Münzamt in Kremnitz und

### b) Nach der

| Jahre | Münzamt | Goldmünzen | | | | | | | Silber- | | | |
|---|---|---|---|---|---|---|---|---|---|---|---|---|
| | | Ducaten | | | Goldgulden | | | Zusammen | Einfache Vereinsthaler | Gulden- | | |
| | | vierfache | einfache | Summe | 8-Guldenstücke (20 Frcs.) | 4-Guldenstücke (10 Frcs.) | Summe | | | à 2 Gulden | à 1 Gulden | à ¼ Gulden |
| 1 | 2 | 3 | 4 | 5 | 6 | 7 | 8 | 9 | 10 | 11 | 12 | 13 |
| | | | à 4·646858 fl. | | | | | | à 1 fl. 50 kr. ö. W. | | | |
| 1868 | Kremnitz . . . | . . . | 127.531 | 127.531 | . . . . . | . . . . . | | 127.531 | . . . . . | . . . | 573.584 | . . . |
| | Karlsburg . . | . . . | 399.914 | 399.914 | . . . . . | . . . . . | | 399.914 | 168.304 | . . . | 266.486 | . . . |
| | Zusammen | . . . | 527.445 | 527.445 | | | | 527.445 | 168.304 | | 840.070 | . . . |
| | | | à 4·80 fl. | | | | | | | | | |
| 1869 | Kremnitz . . . | . . . | 89.336 | 89.336 | . . . . . | . . . . . | | 89.336 | . . . . . | . . . | 493.698 | . . . |
| | Karlsburg . . | . . . | 270.425 | 270.425 | . . . . . | . . . . . | | 270.425 | . . . . . | . . . | 362.175 | . . . |
| | Zusammen | . . . | 359.761 | 359.761 | | | | 359.761 | | | 855.873 | . . . |
| | | | | | 8·10 fl | 4·05 fl. | | | | | | |
| 1870 | Kremnitz . . . | . . . | 17.278 | 17.278 | 45.890 | 80.733 | 126.623 | 143.901 | . . . . . | . . . | 1,253.687 | . . . |
| | Karlsburg . . | . . . | 53.721 | 53.721 | 125.308 | 48.672 | 173.980 | 227.701 | . . . . . | . . . | 567.922 | . . . |
| | Zusammen | . . . | 70.999 | 70.999 | 171.198 | 129.405 | 300.603 | 371.602 | | | 1,821.609 | . . . |
| 1871 | Kremnitz . . . | . . . | . . . . . | . . . . . | 75.575 | 111.142 | 186.717 | 186.717 | . . . . . | . . . | 2,444.984 | . . . |
| | Karlsburg . . | . . . | . . . . . | . . . . . | 77.047 | 1.000 | 78.047 | 78.047 | . . . . . | . . . | 242.750 | . . . |
| | Zusammen | . . . | . . . . . | . . . . . | 152.622 | 112.142 | 264.764 | 264.764 | | | 2,687.784 | . . . |
| 1872 | | . . . . . | . . . . . | . . . . . | 273.161 | 53.108 | 326.269 | 326.269 | . . . . . | . . . | 3,456.245 | . . . |
| 1873 | | . . . . . | . . . . . | . . . . . | 244.505 | 13.384 | 257.889 | 257.889 | . . . . . | . . . | 2,338.364 | . . . |
| 1874 | | . . . . . | . . . . . | . . . . . | 240.359 | 8.229 | 248.588 | 248.588 | . . . . . | . . . | 2,081.702 | . . . |
| 1875 | | . . . . . | . . . . . | . . . . . | 260.537 | 10.682 | 271.219 | 271.219 | . . . . . | . . . | 2,073.958 | . . . |
| 1876 | | . . . . . | . . . . . | . . . . . | 303.920 | 24.039 | 327.959 | 327.959 | . . . . . | . . . | 4,186.174 | . . . |
| 1877 | | . . . . . | 452 | 452 | 312.959 | 24.240 | 337.199 | 337.651 | . . . . . | . . . | 2,241.386 | . . . |
| 1878 | | . . . . . | . . . . . | . . . . . | 307.755 | 14.838 | 322.593 | 322.593 | . . . . . | . . . | 5,717.374 | . . . |
| 1879 | | . . . | 3.651 | 3.651 | 305.621 | 12.367 | 317.988 | 321.639 | . . . . . | . . . | 25,755.927 | . . . |
| 1880 | | . . . | 5.075 | 5.075 | 301.422 | 12.546 | 313.968 | 319.043 | . . . . . | . . . | 3,814.618 | . . . |
| 1881 | Kremnitz . . | . . . | . . . . . | . . . . . | 308.789 | 11.737 | 320.526 | 320.526 | . . . . . | . . . | 15,494.763 | . . . |
| 1882 | | . . . | . . . . . | . . . . . | 304.152 | 13.350 | 317.502 | 317.502 | . . . . . | . . . | 1,897.441 | . . . |
| 1883 | | . . . | . . . . . | . . . . . | 300.429 | 11.865 | 312.294 | 312.294 | . . . . . | . . . | 7,040.776 | . . . |
| 1884 | | . . . | . . . . . | . . . . . | 284.185 | 53.533 | 337.718 | 337.718 | . . . . . | . . . | 1,721.725 | . . . |
| 1885 | | . . . | 43 | 43 | 266.928 | 64.277 | 331.205 | 331.248 | . . . . . | . . . | 1,672.086 | . . . |
| 1886 | | . . . | . . . . . | . . . . . | 312.611 | 39.066 | 351.677 | 351.677 | . . . . . | . . . | 1,565.967 | . . . |
| 1887 | | . . . | . . . . . | . . . . . | 294.112 | 38.842 | 332.954 | 332.954 | . . . . . | . . . | 2,022.064 | . . . |
| 1888 | | . . . | . . . . . | . . . . . | 296.147 | 48.682 | 344.829 | 344.829 | . . . . . | . . . | 1,841.360 | . . . |
| 1889 | | . . . | . . . . . | . . . . . | 351.370 | 19.204 | 370.574 | 370.574 | . . . . . | . . . | 1,974.397 | . . . |
| 1890 | | . . . | . . . . . | . . . . . | 329.221 | 28.989 | 358.210 | 358.210 | . . . . . | . . . | 2,021.792 | . . . |
| 1891 | | . . . | . . . . . | . . . . . | 378.201 | 32.001 | 410.202 | 410.202 | . . . . . | . . . | 1,469.863 | . . . |
| 1868—1891 | . . . . . | | 967.426 | 967.426 | 6,300.204 | 776.526 | 7,076.730 | 8,044.156 | 168.304 | . . . | 96,543.296 | . . . |

[1]) Durch Umprägung von 2/10 Kreuzerstücken.
[2]) Durch Umprägung von abgenützter Silberscheidemünze.

# ungarifchen Krone 1868--1891.

## königlifches ungarifches Münzamt in Karlsburg.

### Stückzahl.

| münzen | | Scheidemünzen | | | | | | | | Gefammtzahl |
|---|---|---|---|---|---|---|---|---|---|---|
| Stücke | | aus Silber | | | aus Kupfer | | | | | der ausgeprägten Stücke |
| Summe | Zufammen | à 20 Kreuzer | à 10 Kreuzer | Summe | à 4 Kreuzer | à 1 Kreuzer | à 5/10 Kreuzer | Summe | Zufammen | |
| 14 | 15 | 16 | 17 | 18 | 19 | 20 | 21 | 22 | 23 | 24 |
| 573.584 | 573.584 | 3,224.057 | 3,249.975 | 6,474.032 | 3,099.298 | 12,531.070 | .... | 15,630.368 | 22,104.400 | 22,805.515 |
| 266.486 | 434.790 | 1,039.346 | 1,011.508 | 2,050.854 | .... | .... | .... | .... | 2,050.854 | 2,885.558 |
| 840.070 | 1,008.874 | 4,263.403 | 4,261.488 | 8,524.886 | 3,099.298 | 12,531.070 | .... | 15,630.368 | 24,155.254 | 25,691.073 |
| 493.698 | 493.698 | 9,487.455 | 12,746.767 | 22,234.222 | | 5,072.736 | | 5,072.736 | 27,306.958 | 27,889.992 |
| 362.175 | 362.175 | 2,298.599 | 2,747.272 | 5,045.871 | | | | | 5,045.871 | 5,678.471 |
| 855.873 | 855.873 | 11,786.054 | 15,494.039 | 27,280.093 | ..... | 5,072.736 | | 5,072.736 | 32,352.829 | 33,568.463 |
| 1,253.687 | 1,253.687 | 4,092.245 | 20,511.582 | 24,603.827 | | | | | 24,603.827 | 26,001.415 |
| 567.922 | 567.922 | 7,212.708 | 3,031.604 | 10,244.307 | | | | | 10,244.307 | 11,039.930 |
| 1,821.609 | 1,821.609 | 11,804.948 | 23,543.186 | 34,848.134 | | | | | 34,848.134 | 37,041.345 |
| 2,444.984 | 2,444.984 | 334.507 | 1,421.771 | 1,756.278 | | | | | 1,756.278 | 4,387.979 |
| 242.750 | 242.750 | .... | 3,382.790 | 3,382.790 | | | | | 3,382.790 | 3,703.587 |
| 2,687.734 | 2,687.734 | 334.507 | 4,804.561 | 5,139.068 | ..... | | | | 5,139.068 | 8,091.566 |
| 3,456.245 | 3,456.245 | 1,285.806 | 1,153.922 | 2,439.728 | | | | | 2,439.728 | 6,222.242 |
| 2,338.364 | 2,338.364 | .... | 1,066.053 | 1,066.053 | ..... | 1) 3,703.000 | | 3,703.000 | 4,769.053 | 7,365.306 |
| 2,081.702 | 2,081.702 | .... | 1,323.713 | 1,323.713 | | | | | 1,323.713 | 3,654.003 |
| 2,073.958 | 2,073.958 | .... | 425.044 | 425.044 | | | | | 425.044 | 2,770.221 |
| 4,136.174 | 4,136.174 | .... | 518.486 | 518.486 | | | | | 518.486 | 4,982.619 |
| 2,241.386 | 2,241.386 | .... | 460.077 | 460.077 | | | | | 460.077 | 3,039.114 |
| 5,717.374 | 5,717.374 | ..... | ..... | ..... | ..... | 4,478.154 | .... | 4,478.154 | 4,478.154 | 10,518.121 |
| 25,755.927 | 25,755.927 | | | | | 10,100.984 | | 10,100.984 | 10,100.984 | 36,178.550 |
| 3,814.618 | 3,814.618 | | | | | | | | | 4,133.661 |
| 15,494.763 | 15,494.763 | | | | | 12,232.831 | | 12,232.831 | 12,232.831 | 28,048.120 |
| 1,897.441 | 1,897.441 | | | | | 19,749.904 | 2,400.000 | 22,149.904 | 22,149.904 | 24,364.847 |
| 7,040.776 | 7,040.776 | | | | | 8,535.127 | | 8,535.127 | 8,535.127 | 15,888.197 |
| 1,721.725 | 1,721.725 | | | | | | | | | 2,059.448 |
| 1,672.086 | 1,672.086 | | | | | 20,005.955 | | 20,005.955 | 20,005.955 | 22,009.289 |
| 1,565.967 | 1,565.967 | | | | | 17,670.993 | | 17,670.993 | 17,670.993 | 19,588.637 |
| 2,022.064 | 2,022.064 | 2) | 25.369 | 25.369 | | 11,988.907 | | 11,988.907 | 12,014.276 | 14,369.294 |
| 1,841.360 | 1,841.360 | 2) | 357.628 | 357.628 | | 10,334.145 | | 10,334.145 | 10,691.773 | 12,877.962 |
| 1,974.397 | 1,974.397 | | | | | | | | | 2,344.971 |
| 2,021.792 | 2,021.792 | | | | | | | | | 2,380.002 |
| 1,469.863 | 1,469.863 | | | | | 16,271.659 | | 16,271.659 | 16,271.659 | 18,151.724 |
| 96,543.268 | 96,711.572 | 28,974.718 | 53,433.561 | 82,408.279 | 3,099.298 | 152,675.465 | 2,400.000 | 158,174.763 | 240,586.042 | 345,888.770 |

Tabelle 63.

# Ausmünzungen von Reichs- Gold-, Silber- und Kupfer- (Bronze-) Münzen durch die königliche Münze in London, und Münzeinlösungen.

### In Pfunden Sterling.

| | 1. Gold | | | 2. Silber | | | 3. Kupfer | |
|---|---|---|---|---|---|---|---|---|
| Jahre | gemünzt | durchschnittliche Summe per Jahr Mill. L. | zur Ummünzung eingezogen | Jahre | gemünzt | zur Ummünzung eingezogen | Jahre | gemünzt |
| 1816—1847 | 90,029.763 | 2·8 | | 1816—1821 | 7,500.000 | .... | | |
| 1848—1857 | 55,239.686 | 5·5 | ¹) 14,137.000 | 1822—1833 | 1,800.000 | .... | | |
| 1858—1860 | 7,002.241 | 2·3 | | 1834—1845 | .... | .... | 1860—1870 | 1,045.367 |
| 1861—1870 | 51,449.301 | 5·1 | | | 2,957.940 | | 1871—1880 | 430.227 |
| 1871—1880 | 42,398.785 | 4·2 | | 1881 | 7,079.490 | | | |
| 1881 | .... | .... | .... | 1881 | 997.128 | 382.392 | 1881—1885 | 242.217 |
| 1882 | .... | .... | .... | 1882 | 209.880 | 91.926 | | |
| 1883 | 1,403.713 | .... | 3,445.968 | 1883 | 1,274.328 | 383.415 | | |
| 1884 | 2,324.015 | .... | 973.437 | 1884 | 658.548 | 207.933 | | |
| 1885 | 2,973.487 | .... | 1,249.918 | 1885 | 720.918 | 284.238 | | |
| 1886 | .... | .... | 2,301.206 | 1886 | 417.384 | 185.116 | 1886 | 51.669 |
| 1887 | 1,908.686 | .... | 1,668.472 | 1887 | 861.498 | 353.831 | 1887 | 45.173 |
| 1888 | 2,032.900 | .... | | 1888 | 756.578 | 235.881 | 1888 | 39.499 |
| 1889 | 7,500.778 | .... | | 1889 | 2,224.926 | 232.092 | 1889 | 67.573 |
| 1890 | 7,680.262 | .... | ²) 3,248.437 | 1890 | 1,712.161 | 296.897 | 1890 | 89.450 |
| 1881—1890 | 25,823.859 | 2.58 | .... | 1881—1890 | 9,833.849 | 2,653.522 | 1881—1890 | 535.584 |
| Summe .. | 271,943.617 | .... | 27,024.438 | .... | 29,170.779 | 2,653.521 | .... | 2,011.175 |
| Ab eingezogen . | 27,024.438 | .... | | .... | 2,653.522 | | | |
| bleibt + ... | 244,919.179 | .... | 27,024.438 | .... | 26,517.257 | 2,653.521 | .... | ³) 2,011.175 |

¹) Bank-Convention vom Jahre 1842.
²) Münz-Acte vom Jahre 1889. — Einlösung von Vor-Victoria-Gold-Münzen
³) Hievon 1,884.000 £ für das Königreich.

Tabelle 64.

# Ausmünzungen von Gold durch die Münzen in Sydney und Melbourne in Australien.

### In Pfunden Sterling.

| Jahre | Gemünzt in Pfund Sterling ¹) | Jahre | Gemünzt in Pfund Sterling ¹) |
|---|---|---|---|
| 1855 | 512.500 | 1874 | 3,898.000 |
| 1856 | 1,220.000 | 1875 | 4,010.000 |
| 1857 | 767.500 | 1876 | 3,767.000 |
| 1858 | 1,343.000 | 1877 | 3,117.000 |
| 1859 | 1,221.000 | 1878 | 3,493.000 |
| 1860 | 1,651.500 | 1879 | 4,153.000 |
| 1861 | 1,719.250 | 1880 | 4,551.800 |
| 1862 | 2,477.500 | 1881 | 3,736.800 |
| 1863 | 1,534.750 | 1882 | 3,843.000 |
| 1864 | 2,698.500 | 1883 | 3,268.000 |
| 1865 | 2,271.500 | 1884 | 4,561.000 |
| 1866 | 2,911.000 | 1885 | 4,458.000 |
| 1867 | 2,401.000 | 1886 | 4,625.174 |
| 1868 | 2,319.000 | 1887 | 4,953.237 |
| 1769 | 1,279.000 | 1888 | 5,013.394 |
| 1870 | 1,220.000 | 1889 | 6,026.000 |
| 1871 | 2,814.000 | 1890 | 5,924.000 |
| 1872 | 2,741.000 | ²) 1855—1890 | 108,312.905 |
| 1873 | 2,312.500 | | |

¹) Die Münze in Sydney trat am 15. Mai 1855 und die Münze in Melbourne trat am 12. Juni 1872 in Function. Diese Anstalten gelten als Zweiganstalten der königlichen Münze in London zur Ausprägung von Goldmünzen und sind die australischen Münzen jenen des Mutterlandes durchwegs gleichgestellt.
²) Nachweislich sind von 1880—1889: 48·9% dieser Goldmünzen direct an die englische Bank gelangt.

Tabelle 65.

# Ausmünzungen in Frankreich.

## A. Nach dem Betrage in Francs.

| Jahre | Goldmünzen (Francs) | Silbercourant (Francs) | Jahre | Goldmünzen (Francs) | Silbercourant (Francs) |
|---|---|---|---|---|---|
| 1851 | 269,709.570 | 59,327.309 | 1872 | . . . . | 389.190 |
| 1852 | 27,028.270 | 71,918.446 | 1873 | . . . . | 154,649.045 |
| 1853 | 312,964.020 | 20,099.488 | 1874 | 24,319.700 | 59,996.010 |
| 1854 | 526,528.200 | 2,123.887 | 1875 | 234,912.000 | 75,000.000 |
| 1855 | 447,427.820 | 25,500.206 | 1876 | 176,493.160 | 52,661.315 |
| 1856 | 508,281.995 | 54,422.214 | 1877 | 255,181.140 | 16,464.285 |
| 1857 | 572,561.225 | 3,809.611 | 1878 | 185,318.100 | 1,521.420 |
| 1858 | 488,689.635 | 8,663.569 | 1879 | 24,610.540 | . . . . |
| 1859 | 702,697.790 | 8,401.814 | 1880 | . . . . | . . . . |
| 1860 | 428,452.425 | 8,084.199 | 1881 | 2,167.000 | . . . . |
| 1861 | 98,216.400 | 2,518.050 | 1882 | 3,742.000 | . . . . |
| 1862 | 214,241.990 | 2,519.398 | 1883 | . . . . | . . . . |
| 1863 | 210,230.640 | 329.610 | 1884 | . . . . | . . . . |
| 1864 | 273,843.765 | 7,296.610 | 1885 | 289.400 | . . . . |
| 1865 | 161,886.835 | 485.670 | 1886 | 23,586.700 | . . . . |
| 1866 | 365,082.925 | 189.465 | 1887 | 24,668.190 | . . . . |
| 1867 | 198,579.510 | 54,051.560 | 1888 | 554.140 | . . . . |
| 1868 | 340,076.685 | 93,620.550 | 1889 | 17,478.254 | . . . . |
| 1869 | 234,186.190 | 58,264.285 | 1890 | 20,597.442 | . . . . |
| 1870 | 55,394.800 | 53,648.350 | | | |
| 1871 | 50,169.880 | 4,710.905 | | | |

## B. Nach der Stückelung.

### Gold

| Stücke zu | 1803—1885 | 1886 | 1887 | 1888 | 1803—1888 |
|---|---|---|---|---|---|
| 100 Francs | 51,654.900 | 3,889.200 | 36.510 | . . . . | 55,580.610 |
| 50 " | 46,833.400 | . . . . | . . . . | . . . . | 46,833.400 |
| 40 " | 204,432.360 | . . . . | . . . . | . . . . | 204,432.360 |
| 20 " | 7,172,462.900 | 19,697.500 | 24,631.680 | 554.140 | 7,217,346.220 |
| 10 " | 965,051.690 | . . . . | . . . . | . . . . | 965,051.690 |
| 5 " | 210,947.190 | . . . . | . . . . | . . . . | 210,947.190 |
| Summe . | 8,651,382.440 ¹) | 23,586.700 | 24,668.190 | 554.140 | 8,700,191.470 |

¹) Ummünzungen von Stücken zu 10 und 5 Francs per 71,082.860 Francs sind bereits abgezogen.

### Silber

| Stücke zu | 1795—1885 | 1886 | 1887 | 1888 | 1795—1888 |
|---|---|---|---|---|---|
| 5 Francs | 5,060,606.240 | . . . . | . . . . | . . . . | 5,060,606.240 |
| 2 " | 81,144.084 | . . . . | 4,685.896 | 261.002 | 86,090.982 |
| 1 Franc | 104,985.552 | . . . . | 3,291.930 | 3,244.069 | 111,521.551 |
| 50 Centimes | 48,439.259 | 154.379 | 932.853 | 2,258.553 | 51,785.044 |
| 20 " | 2,504.728 | . . . . | . . . . | . . . . | 2,504.728 |
| Summe . | 5,297,679.863 ²) | 154.379 | 8,910.679 | 5,763.624 | 5,312,508.545 |

²) Hievon sind 222,166.304 Francs eingezogene Scheidemünzen bereits abgezogen.

### Kupfer (Bronze)

| Jahre | Beträge |
|---|---|
| 1852—1885 | 64,191.225 |
| 1886 | 200.000 |
| 1887 | 200.000 |
| 1888 | 200.000 |
| 1852—1888 | 64,791.225 |

**Tabelle 66.**

# Ausmünzung in Italien.

## A. Nach dem Betrage in Lire.

| Jahr | Gold | Silber, Courant | Silber-Scheidemünze | Bronze | Summe |
|------|------|-----------------|---------------------|--------|-------|
| 1862—1890 | 424,181.370 | 364.637.025 | 202.400.000 | 76.190.442 | 1.067,408.837 |
| | | 567,037.025 | | | |

## B. Nach der Stückelung.

| Gold | Silber (5 Lire-Stücke) | Silber-Scheidemünze | Nickel- und Kupfer- (Bronze-) Münze | |
|------|------------------------|---------------------|--------------------------------------|---|
| 100 Lire = 829.600<br>50 „ = 238.000<br>20 „ = 410.225.680<br>10 „ = 9,864.260<br>5 „ = 3,023.830 | | 2 Lire = 80,000.000<br>1 „ = 92,000.000<br>50 Ctsi. = 30,000.000 | 10 Ctsi. = 46,797.079<br>5 „ = 24,690.444<br>2 „ = 2,897.159<br>1 „ = 1,805.760 | |
| Summe 424,181.370 | 364,637.025 | 202,400.000 | 76,190.442 | 1.067,408.837 |

**Tabelle 67.**

# Ausmünzung in Belgien.

| Jahr | Gold | Silber | Jahr | Gold | Silber |
|------|------|--------|------|------|--------|
| 1832—1853 | . . . . . . . | 140,000.000 | 1872 | . . . . . . . | 10,225.000 |
| 1854 | . . . . . . . | . . . . . . . | 1873 | . . . . . . . | 111,704.795 |
| 1855 | . . . . . . . | . . . . . . . | 1874 | 60,927.000 | 12,000.000 |
| 1856 | . . . . . . . | . . . . . . . | 1875 | 82,685.060 | 14,904.705 |
| 1857 | . . . . . . . | . . . . . . . | 1876 | 41,393.640 | 10,799.425 |
| 1858 | . . . . . . . | 90.510 | 1877 | 118,181.400 | . . . . . . . |
| 1859 | . . . . . . . | . . . . . . . | 1878 | 51,108.000 | . . . . . . . |
| 1860 | . . . . . . . | . . . . . . . | 1879 | . . . . . . . | . . . . . . . |
| 1861 | . . . . . . . | . . . . . . . | 1880 | . . . . . . . | . . . . . . . |
| 1862 | . . . . . . . | . . . . . . . | | | |
| 1863 | . . . . . . . | . . . . . . . | 1881 | . . . . . . . | . . . . . . . |
| 1864 | . . . . . . . | . . . . . . . | 1882 | 10,446.200 | . . . . . . . |
| 1865 | 20,522.060 | 4,536.800 | 1883 | . . . . . . . | . . . . . . . |
| 1866 | 10,639.260 | . . . . . . . | 1884 | . . . . . . . | . . . . . . . |
| 1867 | 26,826.140 | 18,465.720 | 1885 | . . . . . . . | . . . . . . . |
| 1868 | 27,634.980 | 32,852.820 | 1886 | . . . . . . . | . . . . . . . |
| 1869 | 24,689.480 | 63,287.710 | 1887 | . . . . . . . | . . . . . . . |
| 1870 | 63,824.060 | 52,340.375 | 1888 | . . . . . . . | . . . . . . . |
| 1871 | 45,179.440 | 23,917.170 | 1889 | . . . . . . . | . . . . . . . |
| | | | 1890 | . . . . . . . | . . . . . . . |

**Tabelle 68.**

# Ausmünzung in der Schweiz 1851—1885.

| | | | | | Percentual |
|---|---|---|---|---|------------|
| Gold . . . . . . . | 5,000.000 | | | | 13·18 |
| Silber (Courant) . . . . . . . | 10,478.000 | { | 1851—1865 2,500.000<br>1866—1885 7,978.000 | } | 27·60 |
| Silber-Scheidemünze . . . . . | 18,000.000 | | | | 47·42 |
| Nickel . . . . . . . | 3,910.000 | . . . . . . . | | | 10·30 |
| Bronze . . . . | 570.000 | | | | 1·50 |
| | Summe . [1])37,958.000 Frcs. | | | | 100·00 |

[1]) Von 1886 bis 1890 sind 9,585.507 Frcs in Gold gemünzt worden.

**Tabelle 69.**

# Ausmünzungen in den Staaten der lateinischen Münzunion.
## In Millionen Francs.

| Länder | Jahre | In Gold | In Silber 5 Francs-Stücke | In Silber-scheidemünze | Contingent für Silber-Courant 1874—1879 | Firirung der Silberscheidemünze-Emission |
|---|---|---|---|---|---|---|
| Frankreich . . . . . . | bis 1865 | 6.501·0 | 4.435·0 | . . . . . | . . . . . | . . . . . |
| | 1866—1890 | 2.236·8 | 625·0 | 237·0 | 216·0 | . . . . . |
| Summe . . . . | | 8.737·8 | 5.060·0 | 237·0 | 216·0 | 256·0 |
| Italien . . . . . . | 1862—1865 | 186·0 | 5·6 | . . . . . | . . . . . | . . . . . |
| | 1866—1890 | 238·2 | 359·0 | 170·0 | 193·0 | . . . . . |
| Summe . . . . | | 424.2 | 364·6 | 170·0 | 193·0 | 182·4*) |
| Belgien . . . . . | bis 1865 | 20·5 | 145·0 | . . . . . | . . . . . | . . . . . |
| | 1866—1890 | 534.7 | 350·0 | 33·0 | 45·2 | . . . . . |
| Summe . . . . | | 555·2 | 495·0 | 33·0 | 45·2 | 35·8 |
| Schweiz . . . . . | bis 1865 | . . . . . | 2·5 | . . . . . | . . . . . | . . . . . |
| | 1866—1890 | 9·5 | 7·978 | 18·0 | 28·8 | . . . . . |
| Summe . . . . | | 9·5 | 10·478 | 18·0 | 28·8 | 19.0 |
| Griechenland . . . . . | 1866—1890 | 12·0 | 15·4 | 10·8 | 18·0 | 15·0 |
| Hauptsummen . . . | bis 1865 | 6.707·5 | 4.588·1 | . . . . . | . . . . . | . . . . . |
| | 1866—1890 | 3.031·2 | 1.357·878 | 468·8 | 501·0 | . . . . . |
| Zusammen . . . . | | 9.738·7 | 5.945·478 | 468·8 | 501·0 | 508·2 |

*) Außerdem 20 Millionen Lire zur Ummünzung früherer Courantmünze in Scheidemünze (0·835).

**Tabelle 70.**

# Ausmünzungen in Deutschland.
## In 1000 Mark.

| Jahre | 1. Gold | | | | 2. Silber | | | | | | Nickel | Bronze | Summe |
|---|---|---|---|---|---|---|---|---|---|---|---|---|---|
| | 20 Mk. | 10 Mk. | 5 Mk. | Summe | 5 Mk. | 2 Mk. | 1 Mk. | 50 Pf. | 20 Pf. | Summe | | | |
| 1872—1890 | 1,999.315·0 | 500.253·4 | 27.960·1 | 2,527.528·5 | 74.096·6 | 104.956·5 | 178.982·6 | 71.483·5 | 22.714·7 | 452.233·9 | 46.171·6 | 11.870·1 | 3,037.304·1 |
| Percentual | 79·10 | 19·79 | 1·11 | 100 | 16·38 | 23·21 | 39·58 | 15·81 | 5·02 | 100 | . . . . . | . . . . . | . . . . . |
| | . . . . . | . . . . . | . . . . . | 83·21 | . . . . . | . . . . . | . . . . . | . . . . . | . . . . . | 14·89 | 1·52 | 0·38 | 100 |

Anmerkung. 1 Münzpfund fein Gold = 1.395 Mark Gold, 1 Kilogramm = 2.790 Mark Gold.
1 Kilogramm fein Silber = 200 Mark.
Ummünzungen der Reichsmünzen sind bereits abgezogen.

**Tabelle 71.**

# Ausmünzungen in den Vereinigten Staaten von Nordamerika.

| Jahre | Gold-Dollars | Silber-Dollars | Jahre | Gold-Dollars | Silber-Dollars |
|---|---|---|---|---|---|
| 1851 | 62.614.492 | 774.397 | 1876 | 46,579.452 | 24.503.307 |
| 1852 | 56.846.187 | 999.410 | 1877 | 43,999.864 | 28.393.045 |
| 1853 | 39.377.909 | 9.077.571 | 1878 | 49,786.052 | 28.518.850 |
| 1854 | 25.915.962 | 8.619.270 | 1879 | 39,080.080 | 27.569.776 |
| 1855 | 29.387.968 | 3.501.245 | 1880 | 62,303.279 | 27.411.693 |
| 1856 | 35.673.188 | 5.142.240 | 1881 | 96,850.890 | 27.940.163 |
| 1857 | 32.214.040 | 5.478.760 | 1882 | 65,887.685 | 27.973.132 |
| 1858 | 22.938.413 | 8.495.370 | 1883 | 29,241.990 | 29.246.968 |
| 1859 | 14.780.570 | 3.284.450 | 1884 | 23,991.756 | 28.534.866 |
| 1860 | 23.473.654 | 2.259.390 | 1885 | 27,773.012 | 28.962.176 |
| 1861 | 83.395.530 | 3.783.740 | | | |
| 1862 | 20.875.997 | 1.252.516 | 1851—1885 | 1.287,302.352 | 371.275.492 |
| 1863 | 22.445.482 | 809.267 | | | |
| 1864 | 20.081.415 | 609.917 | | 1.658,577.844 | |
| 1865 | 28.295.107 | 691.005 | | | |
| 1866 | 31.435.945 | 982.409 | | Percentual | |
| 1867 | 23.828.625 | 908.876 | | | |
| 1868 | 19.371.387 | 1.074.343 | 1851—1885 | 77·62 | 22·38 |
| 1869 | 17.582.987 | 1.266.143 | | | |
| 1870 | 23.198.787 | 1.378.255 | 1886 | 28.945.542 | 32.086.709 |
| 1871 | 21.032.685 | 3.104.038 | 1887 | 23.972.383 | 35.191.081 |
| 1872 | 21.812.645 | 2.504.488 | 1888 | 31.380.808 | 33.026.606 |
| 1873 | 57.022.747 | 4.024.747 | 1889 | 21.413.931 | 25.496.683 |
| 1874 | 35.254.630 | 6.851.776 | 1890 | 20.467.182 | 39.202.908 |
| 1875 | 32.951.940 | 15.347.893 | | | |
| | | | 1851—1890 | 1.413,482.198 | 536.278.479 |
| | | | | 1.949,760.677 | |
| | | | 1851—1890 | Percentual | |
| | | | | 72·5 | 27·5 |

**Tabelle 72.**

# Übersicht der Ausmünzungen von Gold und Silber in den wichtigsten Staaten der Welt nach dem Nennwerte der betreffenden Währung und nach Gewicht (Kilogramm).

| Länder | Währung | Zeitraum | Nach Wert | | | | Gold und Silber | Nach Gewicht | | | | Gold und Silber |
|---|---|---|---|---|---|---|---|---|---|---|---|---|
| | | | absolut | | in Procenten | | | absolut | | in Procenten | | |
| | | | Gold | Silber | Gold | Silber | | Gold | Silber | Gold | Silber | |
| Deutschland | in deutschen Reichsmark | 1873—1885 | 1.928,891.600 | 444,491.483 | 81·27 | 18·73 | 2.373,383.083 | 691.359·0 | 2.222,457·0 | 23·73 | 76·27 | 2.913,816·0 |
| | | 1873—1889 | 2.428,558.000 | 452,236.000 | 84·30 | 15·70 | 2.880,794.000 | 870.451·0 | 2.261,180·0 | 27·80 | 72·20 | 3.131,631·0 |
| Latein. Münzunion | in Francs | 1851—1885 | 8.458,573.400 | Courant 1.695,033.556 | 79·62 | 15·96 | 10.622,789.427 | 2.455,718·0 | 7.627,651·0 | 20·39 | 63·34 | 12.042,206·0 |
| | | | | Scheidem. 469,182.471 | | 4·42 | | | | | 16·27 | |
| Großbritannien | in Pf. Sterl. | 1851—1885 | 157,059.147 | 14,548.351 | 91·52 | 8·48 | 171,607.498 | 1.150,023·0 | 1.522,040·0 | 43·04 | 56·96 | 2.672,063·0 |
| Australien | in Pf. Sterl. | 1855—1885 | 77,313.100 | ... | 100·00 | ... | 77,313.100 | 566.117·5 | ... | 100·00 | ... | 566.117·5 |
| Vereinigte Staaten | in Dollars | 1851—1885 | 1.287,302.352 | 371,275.492 | 77·62 | 22·38 | 1.658,577.844 | 1.936,915·8 | 8.931,404·0 | 17·83 | 82·17 | 10.868,318·8 |
| Niederlande | in holländischen Gulden | 1840—1874 | ... | Courant 481,000.000 | 100·00 | ... | 545,010.000 | ... | 4.356,000·0 | ... | 100·00 | 4.486,946·0 |
| | | 1875—1885 | 74,985.000 | ... | ... | 100·00 | | 45.350·0 | ... | 100·00 | ... | |
| | | 1840—1885 | 74,985.000 | Silb. Scheidem. 9,025.000 | 13·75 | 86·25 | | 45.350·0 | 85.596·0 | 1·01 | 98·99 | |
| | | | | 470,025.000 | | | | | 4.441,596·0 | | | |
| Rußland | in Rubeln | 1851—1885 | 806,000.000 | Courant 40,852.000 | 87·15 | 12·85 | 924,943.000 | 936.007·8 | 734,927·0 | 37·93 | 62·07 | 2.467,227·0 |
| | | 1857—1885 | | Silb. Scheidem. 78,091.000 | | | | | 796.293·0 | | | |
| | | | | 118,943.000 | | | | | 1.531,220·0 | | | |
| Standinavien | in Kronen | 1873—1885 | 94,462.925 | 39,438.572 | 70·55 | 29·45 | 133,901.497 | 38.090·0 | 236.631·0 | 13·87 | 86·13 | 274.721·0 |
| Spanien | in Pesetas | 1876—1885 | 921,654.890 | Courant 411,643.030 | 60·68 | 27·10 | 1.518,853.108 | 267.574·8 | 1.852,393·0 | 9·24 | 63·99 | 2.894,660·8 |
| | | | | Scheidem. 185,555.188 | | 12·22 | | | 774.693·0 | | 26·77 | |
| | | | | 597,198.218 | | | | | 2.627,086·0 | | | |
| Portugal | in Milreis | 1854—1885 | 6,675.000 | 8,817.436 | 43·09 | 56·91 | 15,492.436 | 10.851·8 | 202.065·6 | 5·10 | 94·90 | 212.917·? |
| Brit. Indien | in Rupees | 1835—1884 | ... | 270.946,000.000 *) | ... | 100·00 | 270.946,000.000 | ... | ... | ... | 100·00 | |
| Mexico | in Piastern | 1537—1884 | 121,395.233 | 3.086,298.214 | 3·78 | 96·22 | 3.207,693.447 | 179.576·0 | 75.407,524·0 | 0·24 | 99·76 | 75.587,100·0 |
| | | 1537—1889 | 123,005.108 | 3.219,246.360 | | | | | | | | |
| Österreichisch-ungarische Monarchie | in Gulden ö. W. | 1858—1889 | 197,609.153 | 547,828.422 | 26·50 | 73·50 | 745,487.575 | 143.626·0 | 6.086,982·0 | 2·30 | 97·70 | 6.230,608·0 |

*) Eine Rupie = 19·6089 Pence.

Tabelle 73.

# Ausmünzungen nach Perioden in den hauptsächlichsten Culturländern. 1851—1885.

(Nach Soetbeer.)

| Perioden | Gold | Silber | Procentweises Verhältnis | |
|---|---|---|---|---|
| | Tausend Mark | Tausend Mark nach dem Nennwerte | Gold % | Silber % |
| 1851—1855 | 3,331.106 | 457.580 | 87·9 | 12·1 |
| 1856—1860 | 3,587.387 | 922.290 | 79·5 | 20·5 |
| 1861—1865 | 3,130.764 | 707.430 | 81·6 | 18·4 |
| 1866—1870 | 2,578.198 | 1,172.180 | 68·7 | 31·3 |
| 1871—1875 | 3,791.344 | 1,387.908 | 73·2 | 26·8 |
| 1876—1880 | 3,888.634 | 1,738.499 | 69·1 | 30·9 |
| 1881—1885 | 2,796.996 | 1,120.312 [1]) | 71·4 | 28·6 |
| **1851—1885** | **23,104.429** | **7,506.199** | **75·5** | **24·5** |

Geprägt wurden insbesondere

| | in Landeswährung | in deutscher Reichswährung |
|---|---|---|
| Großbritannien | 3,860.802 Livre Sterling = | 77,216 040 |
| Vereinigte Staaten (Courant) | 141,891 174 Dollars = | 614,388.783 |
| Deutschland | = | 20,413.329 |
| Österr.-ungar. Monarchie (Courant) | 62,843.761 Gulden = | 125.887.522 |
| Rußland (Courant) | 10,315.982 Rubel = | 33,423.619 |
| Scandinavien | 3,922.283 Kronen = | 4,236.066 |
| Spanien (Courant) | 80,000.000 Pesetas = | 60,000.000 |

[1]) In Frankreich, Italien, Belgien und in den Niederlanden wurde in dieser Periode Silber-Courant gar nicht, Silber-Scheidemünze in dem ausgewiesenen, nicht bedeutenden Betrage geprägt.

Nach dem Berichte des amerikanischen Münz-Directors.

| | | | | |
|---|---|---|---|---|
| In denselben Ländern 1886—1890 | 2,678.639 | 1,187.151 | 69·3 | 30·7 |
| In Mexiko, Indien und Japan | 32.081 | 1,595.383 | 1·9 | 98·1 |
| In beiden zusammen . . | 2,710.720 | 2,782.534 | 49·4 | 50·6 |

Aus allen Theilen der Welt sind dem Münzamte der vereinigten Staaten von 1888 bis 1890 Ausmünzungen per 875 Millionen Dollars Gold und Silber nachgewiesen worden, wovon entfallen auf:

| | Millionen Dollars | Millionen Dollars | | |
|---|---|---|---|---|
| 1888 | 134·8 | 134·9 | 50·0 | 50·0 |
| 1889 | 168·9 | 138·4 | 55·0 | 45·0 |
| 1890 | 149·0 | 149·4 | 49·4 | 50·6 |

# Erläuterungen.

(Tabellen 56—73.)

(Literatur: Soetbeer a. a. O., Haupt: „Histoire monétaire" und aus Quellen der amtlichen Statistiken der verschiedenen Länder.)

Die Zahl der Länder, deren Ausmünzungen in besonderer Weise Berücksichtigung fanden, wurde absichtlich begrenzt. Es ist hier keine solche Umfassung wie bei den früheren Abschnitten nöthig. Dagegen wurden die Ausmünzungen der in Betracht kommenden Länder genauer analysiert.

Im Allgemeinen gehört dieser Theil der Edelmetallstatistik zu den verläßlichsten.

Allgemeinen Gesichtspunkten trägt die Soetbeer entnommene Tabelle Nr. 73 Rechnung, welche einen Beitrag zur Begründung der Veränderung der Wertrelation zwischen Gold und Silber in der neuesten Zeit darstellt.

Eine directe Gegenüberstellung der Quanten der Ausmünzungen und der Productionswerte ist nicht zulässig, weil bei den Münzungsausweisen vielfach nicht die einheimischen Ummünzungen, niemals aber die Ummünzungen ausländischer Münzen ausgeschieden sind und auch die in die Münzämter gelieferten Barren nicht immer unmittelbar der Production entstammen.

# Siebenter Abſchnitt.

# Induſtrielle Verwendung.

## Tabellen 74—81.

Tabelle 74.

# Punzierungen in den im Reichsrathe vertretenen

Punzierte Waren

| Gattung der Waren | 1868 | 1869 | 1870 | 1871 | 1872 | 1873 | 1874 | 1875 | 1876 | 1877 | 1878 | 1879 |
|---|---|---|---|---|---|---|---|---|---|---|---|---|
| **Barren.** | | | | | | | | | | | | |
| 1. Inländische Gold-barren | . . . | . . . | . . . | . . . | . . . | . . . | . . . | . . . | . . . | . . . | . . . | . . . |
| Inländische Silber-barren | . . . | . . . | . . . | . . . | . . . | . . . | . . . | . . . | . . . | . . . | . . . | . . . |
| 2. Ausländische Gold-barren | . . . | . . . | . . . | . . . | . . . | . . . | . . . | 1·790 | . . . | . . . | 7·1850 | 13·6400 |
| Ausländische Silber-barren | . . . | . . . | . . . | 14·125 | . . . | . . . | . . . | . . . | . . . | . . . | 10.290·7470 | 14.054·2900 |
| **Draht.** | | | | | | | | | | | | |
| 1. Inländischer vergol-deter | 6.065·000 | 5.947·945 | 4.187·750 | 4.048·275 | 4.306·175 | 4.093·190 | 3.544·990 | 2.806·875 | 2 319·67800 | 1.884·8050 | 2.216·7340 | 2.268·5620 |
| Inländischer weißer | 1.237·000 | 1.333·945 | 964·900 | 1 091·870 | 1.333·645 | 1.248·120 | 1.082·460 | 957·015 | 826·81600 | 735·7650 | 646·8440 | 655·9200 |
| 2. Ausländischer ver-goldeter | . . . | . . . | 3·420 | 8·950 | . . . | 26·920 | 58·700 | 47·750 | 21·65000 | 9·4050 | 0·6000 | 1·1400 |
| Ausländischer weißer | 11·255 | 16·180 | 88·065 | 6·905 | 37·095 | 9·125 | 6·165 | 9·870 | 4·81000 | 1·7700 | 3·0850 | . . . |
| **Geräthe.** | | | | | | | | | | | | |
| 1. Inländisches Gold | 2.013·442 | 2.462·778 | 2.494·229 | 3.017·521 | 3.658·996 | 3.617·072 | 2.598·640 | 2.353·890 | 1.804·88925 | 1.713·8160 | 1.913·2067 | 2.008·3832 |
| Inländisches Silber | 23.688·666 | 24.949·923 | 24.517·872 | 29.008·727 | 38.150·477 | 35.223·710 | 26.633·718 | 25.664·210 | 21.746·58500 | 20.888·2150 | 23.454·5900 | 27.198·8220 |
| 2. Ausländisches Gold*) | 845·559 | 994·923 | 940·041 | 1.265·728 | 1.522·917 | 1.492·869 | 1.001·135 | 1.104·627 | 812·13370 | 855·8237 | 1.046·2925 | 1.315·9162 |
| Ausländisches Sil-ber*) | 4.569·596 | 5.290·487 | 4.837·585 | 5.987·337 | 7.741·425 | 8.300·140 | 5.233·160 | 4.901·348 | 3.862·95500 | 4.673·3550 | 5.484·9150 | 6.583·6750 |
| *) Hievon Taschen-uhren: | | | | | | | | | | | | |
| Goldene, Stück | . . . | . . . | 26.439·000 | 32.711·000 | 40.124·000 | 46.029·000 | 31.830·000 | 33.302·000 | 26.972·00000 | 30.952·0000 | 38.734·0000 | 50.551·0000 |
| Goldene, Gewicht | . . . | . . . | 394·165 | 481·987 | 622·390 | 691·720 | 427·320 | 462·580 | 376·42970 | 436·1637 | 576·2887 | 719·0525 |
| Silberne, Stück | . . . | . . . | 126.999·000 | 165.827·000 | 198.470·000 | 183.069·000 | 132.751·000 | 127.516·000 | 92.235·00000 | 107.216·0000 | 113.820·0000 | 152.955·0000 |
| Silberne, Gewicht | . . . | . . . | 2.726·030 | 3.726·280 | 4.449·545 | 4.227·255 | 3.038·942 | 2.947·780 | 2.085·14500 | 2.555·3700 | 2.747·4050 | 3.681·4850 |

# Königreichen und Ländern 1868—1891.

in Kilogrammen

| 1880 | 1881 | 1882 | 1883 | 1884 | 1885 | 1886 | 1887 | 1888 | 1889 | 1890 | 1891 |
|---|---|---|---|---|---|---|---|---|---|---|---|
| . . . . . | . . . . . | 52·143 | . . . . . | . . . . . | . . . . . | . . . . . | . . . . . | . . . . . | . . . . . | . . . . . | . . . . . |
| . . . . . | . . . . . | . . . . . | . . . . . | . . . . . | . . . . . | 8·6650 | 0·660 | . . . . . | . . . . . | . . . . . | . . . . . |
| . . . . . | 3·0400 | 1.477·522 | . . . . . | . . . . . | 0·5070 | 1·8450 | . . . . . | 1·800 | . . . . . | 988·350 | . . . . . |
| 10·1700 | . . . . . | . . . . | 155·9500 | 561·1100 | . . . . . | 211·6460 | 1.018·992 | 18·810 | 4·940 | 3·707 | 4.103 |
| 2.291·4160 | 2.419·6020 | 2.234·033 | 2.221·3010 | 2.092·8260 | 2.005·8790 | 1.984·2980 | 1.924·858 | 1.974·790 | 2.059·724 | 2.755·848 | 2.966.412 |
| 728·9490 | 660·2780 | 579·162 | 599·6340 | 519·8740 | 546·1990 | 554·1320 | 522·577 | 541·035 | 565·731 | 709·122 | 749·233 |
| 0·7050 | 0·1800 | 1·175 | 3·9000 | 8·4400 | 45·1100 | 2·2150 | 14·770 | 54·555 | 56·894 | 66·261 | 21·345 |
| 0·8100 | . . . . . | 0·890 | 0·1000 | 11·8200 | . . . . . | 9·6900 | 13·145 | 27·065 | 7·418 | 19·295 | 7·198 |
| 2.079·8837 | 2.310·6179 | 2.463·390 | 2.573·9730 | 2.743·5520 | 2.525·3790 | 2.557·0475 | 2.705·440 | 2.730·211 | 3.039·618 | 3.182·990 | 3.207·198 |
| 27.918·8500 | 28.881·0450 | 32.375·510 | 34.471·7295 | 33.117·6780 | 29.456·6436 | 28.688·8000 | 31.298·794 | 32.050·728 | 35.704·448 | 36.997·186 | 37.906·795 |
| 1.348·9050 | 1.513·1187 | 1.434·793 | 1.493·1400 | 1.555·2975 | 1.352·7100 | 1.469·6925 | 1.600·687 | 1.409·910 | 1.548·890 | 1.793·341 | 1.854·135 |
| 6.332·4800 | 7.490·8200 | 8.180·625 | 9.723·4880 | 10.016·4800 | 9.254·1400 | 9.515·2300 | 10.615·665 | 9.886·740 | 11.657·560 | 13.031·265 | 13.349·430 |
| 49.838·0000 | 62.419·0000 | 52.109·000 | 59.864·0000 | 59.068·0000 | 56.804·0000 | 63.632·0000 | 67.003·000 | 58.564·000 | 63.308·000 | 71.530·000 | 71.332·000 |
| 717·1075 | 899·8525 | 769·163 | 856·6165 | 817·3800 | 759·8941 | 865·8420 | 903·862 | 766·970 | 827·435 | 952·440 | 958·095 |
| 138.517·0000 | 175.808·0000 | 170.010·000 | 204.624·0000 | 222.489·0000 | 190.962·0000 | 205.443·0000 | 226.332·000 | 190.806·000 | 230.967·000 | 255.475·000 | 262.034·000 |
| 3.378·3550 | 4.193·9000 | 4.201·980 | 5.145·2000 | 5.523·5000 | 4.885·1950 | 5.368·9340 | 5.859·155 | 4.964·525 | 5.984·885 | 6.865·895 | 6.455·375 |

# Edelmetallwert der in den Jahren 1868—1891 der Punzierung unterzogenen

Zusammengestellt vom

Die Materialwerte sind beim Golde in Goldgulden (d. i. Geldwert

| | 1868 | 1869 | 1870 | 1871 | 1872 | 1873 | 1874 | 1875 | 1876 | 1877 | 1878 | 1879 |
|---|---|---|---|---|---|---|---|---|---|---|---|---|
| **Barren.** | | | | | | | | | | | | |
| Inländische Goldbarren .... | .... | .... | .... | .... | .... | .... | .... | .... | .... | .... | .... | .... |
| Inländische Silberbarren .... | .... | .... | .... | .... | .... | .... | .... | .... | .... | .... | .... | .... |
| Ausländische Goldbarren .... | .... | .... | .... | 1.271 | .... | .... | .... | 2.497 | .... | .... | 10.023 | 19.027 |
| Ausländische Silberbarren .... | .... | .... | .... | | | | | | | | 926.167 | 1,264.886 |
| **Draht.** | | | | | | | | | | | | |
| Inländischer vergoldeter {Goldwert | 143.831 | 141.055 | 99.312 | 96.004 | 102.168 | 97.069 | 84.069 | 66.564 | 55.011 | 44.698 | 52.569 | 53.798 |
| Silberwert | 531.204 | 520.952 | 366.785 | 354.569 | 377.332 | 358.503 | 310.489 | 245.840 | 203.169 | 165.081 | 194.153 | 198.692 |
| Inländischer, weißer ... Silberwert | 110.216 | 118.854 | 85.972 | 97.285 | 118.827 | 111.207 | 96.447 | 85.270 | 73.669 | 65.556 | 57.633 | 58.442 |
| Ausländischer, vergoldeter {Goldwert | .... | .... | 81 | 212 | .... | 638 | 1.392 | 1.132 | 513 | 222 | 14 | 26 |
| Silberwert | .... | .... | 299 | 783 | .... | 2.357 | 5.141 | 4.182 | 1.896 | 823 | 52 | 99 |
| Ausländischer, weißer .. Silberwert | 1.002 | 1.441 | 7.846 | 615 | 3.315 | 813 | 549 | 879 | 428 | 157 | 274 | .... |
| **Geräthe.** | | | | | | | | | | | | |
| Inländische Goldgeräthe .... | 1.651.020 | 2,019.477 | 2,045.267 | 2,474.367 | 2,996.276 | 2,965.997 | 2,130.884 | 1,930.189 | 1,480.008 | 1,405.329 | 1,568.828 | 1,646.874 |
| Inländische Silbergeräthe .... | 1,658.206 | 1,746.494 | 1,716.251 | 2,030.610 | 2,670.526 | 2,465.659 | 1,864.359 | 1,796.495 | 1,522.260 | 1,462.175 | 1,641.821 | 1,903.917 |
| Ausländische Goldgeräthe *) .... | 693.358 | 815.836 | 770.833 | 1,037.896 | 1,248.791 | 1,224.152 | 820.926 | 905.794 | 665.949 | 701.774 | 857.959 | 1,079.051 |
| Ausländische Silbergeräthe*) ... | 319.871 | 370.334 | 338.630 | 419.113 | 541.899 | 581.009 | 366.321 | 343.094 | 270.406 | 327.184 | 383.944 | 460.857 |
| *) Unter den ausländischen Geräthen befanden sich: | | | | | | | | | | | | |
| **Taschenuhren** | | | | | | | | | | | | |
| mit dem Goldwerte von ..... | ? | ? | 319.273 | 390.409 | 444.135 | 560.295 | 346.133 | 374.693 | 304.907 | 353.292 | 466.798 | 582.432 |
| mit dem Silberwerte von ..... | ? | ? | 190.822 | 260.839 | 311.468 | 295.907 | 212.725 | 206.341 | 145.960 | 178.875 | 192.318 | 257.703 |
| **Unechte Drähte** im k. k. Gold- und Silberdrahtzuge erzeugt. | | | | | | | | | | | | |
| Vergoldete {Goldwert .... | .... | .... | .... | .... | .... | .... | .... | .... | .... | 2.529 | 3.147 | 3.429 |
| Silberwert 350/1000 fein | .... | .... | .... | .... | .... | .... | .... | .... | .... | 5.654 | 7.037 | 7.666 |
| Weiße .... Silberwert 350/1000 fein | .... | .... | .... | .... | .... | .... | .... | .... | .... | 5.845 | 7.399 | 8.059 |

# Gegenstände in den im Reichsrathe vertretenen Königreichen und Ländern.

k. k. Hauptpunzierungsamte in Wien.

ohne Agio), beim Silber in Silbergulden berechnet.

| 1880 | 1881 | 1882 | 1883 | 1884 | 1885 | 1886 | 1887 | 1888 | 1889 | 1890 | 1891 | Summe der Jahre 1868 bis inclusive 1891 | Ein Kilogramm berechnet sich mit | |
|---|---|---|---|---|---|---|---|---|---|---|---|---|---|---|
| | | | | | | | | | | | | | fl. | kr. |
| . . . . | . . . . | 72.739 | . . . . | . . . . | . . . . | | | | | | | 72.739 | 1.395 | . . . |
| . . . . | . . . . | . . . . | . . . . | . . . . | . . . . | 779 | 59 | . . . . | | | | 838 | 90 | . . . |
| . . . . | 4.240 | 2,061.143 | . . . . | . . . . | 707 | 2.573 | . . . . | 2.511 | . . . . | 1,378.748 | . . . . | 3,482.742 | 1.395 | . . . |
| 915 | . . . . | . . . . | 14.035 | 50.499 | . . . . | 19.048 | 91.709 | 1.692 | 444 | 333 | 369 | 2,370.097 | 90 | . . . |
| | | | | | | | | | | | | | | |
| 54.340 | 57.380 | 52.980 | 52.678 | 49.631 | 47.569 | 47.057 | 45.647 | 46.832 | 48.846 | 65.354 | 70.348 | 1,874.810 | 1.395 | . . . |
| 200.694 | 211.921 | 195.668 | 194.553 | 183.300 | 175.685 | 173.795 | 168.589 | 172.962 | 180.400 | 241.371 | 259.814 | 6,185.521 | 89 | 10 |
| 64.949 | 58.830 | 51.603 | 53.427 | 46.320 | 48.666 | 49.373 | 46.561 | 48.206 | 50.406 | 63.182 | 66.756 | 1,727.657 | 89 | 10 |
| 16 | 4 | 27 | 92 | 200 | 1.069 | 52 | 350 | 1.293 | 1.349 | 1.571 | 506 | 10.759 | 1.395 | . . . |
| 61 | 15 | 102 | 341 | 739 | 3.950 | 193 | 1.293 | 4.778 | 4.983 | 5.803 | 1.869 | 39.759 | 89 | 10 |
| 72 | . . . . | 79 | 8 | 1.053 | . . . . | 863 | 1.171 | 2.411 | 660 | 1.719 | 641 | 25.996 | 89 | 10 |
| | | | | | | | | | | | | | | |
| 1,705.504 | 1,894.706 | 2,019.979 | 2,110.657 | 2,249.712 | 2,070.810 | 2,096.778 | 2,218.460 | 2,238.773 | 2,492.486 | 2,610.051 | 2,629.902 | 50,652.335 | 820 | . . . |
| 1,954.319 | 2,021.673 | 2,266.285 | 2,413.021 | 2,318.237 | 2,061.965 | 2,007.866 | 2,190.915 | 2,343.550 | 2,499.311 | 2,589.803 | 2,653.475 | 49,699.193 | 70 | . . . |
| 1,106.102 | 1,240.756 | 1,176.530 | 1,224.374 | 1,275.343 | 1,109.222 | 1,205.147 | 1,312.563 | 1,156.126 | 1,270.069 | 1,470.539 | 1,520.390 | 25,889.500 | 820 | . . . |
| 443.273 | 524.357 | 572.643 | 680.644 | 701.153 | 647.789 | 666.066 | 743.096 | 692.071 | 816.029 | 912.188 | 934.460 | 13,056.356 | 70 | . . . |
| | | | | | | | | | | | | | | |
| 580.856 | 728.880 | 623.022 | 693.859 | 662.037 | 615.514 | 701.332 | 732.128 | 621.245 | 670.222 | 771.476 | 776.056 | 12,318.984 | 810 | . . . |
| 236.484 | 293.573 | 294.138 | 360.164 | 386.645 | 341.963 | 375.825 | 410.140 | 347.516 | 418.941 | 480.612 | 451.876 | 6,650.835 | 70 | . . . |
| | | | | | | | | | | | | | | |
| 3.596 | 4.841 | 4.327 | 4.300 | 3.766 | 3.389 | 3.740 | 2.650 | 2.915 | 2.762 | 2.957 | 2.386 | 50.735 | 1.395 | . . . |
| 8.042 | 11.046 | 9.675 | 9.612 | 8.420 | 7.577 | 8.361 | 5.925 | 6.424 | 6.175 | 6.611 | 5.378 | 113.603 | 31 | 50 |
| 8.456 | 11.494 | 10.174 | 10.237 | 8.853 | 6.205 | 8.214 | 7.213 | 7.906 | 6.797 | 8.071 | 8.664 | 123.587 | 31 | 50 |

Tabelle 76.

# Ausweis über die Gold= und Silberwaren, welche in den Ländern der ungarischen Krone der officiellen Punzierung unterzogen wurden.

(Statistisches Jahrbuch für Ungarn. 1888, X.)

| Jahre | Goldwaren | | | Silberwaren | | |
|---|---|---|---|---|---|---|
| | In Kilogrammen | | | | | |
| | Inländische | Ausländische | Zusammen | Inländische | Ausländische | Zusammen |
| 1868 | 571·369 | 56·697 | 628·066 | 2.065·610 | 351·480 | 2.417·090 |
| 1869 | 632·680 | 119·139 | 751·819 | 2.136·694 | 442·035 | 2.578·729 |
| 1870 | 486·685 | 143·130 | 629·815 | 1.928·868 | 529·911 | 2.458·779 |
| 1871 | 573·255 | 186·245 | 759·500 | 2.341·687 | 467·842 | 2.809·529 |
| 1872 | 698·183 | 217·032 | 915·215 | 2.404·752 | 674·919 | 3.079·671 |
| 1873 | 596·527 | 176·217 | 772·744 | 1.958·643 | 298·179 | 2.256·822 |
| 1874 | 396·826 | 89·920 | 486·746 | 1.742·472 | 141·971 | 1.884·443 |
| 1875 | 390·198 | 72·310 | 462·508 | 1.607·780 | 166·892 | 1 774·672 |
| 1876 | 337·535 | 57·604 | 395·139 | 1.544·353 | 123·142 | 1.667·495 |
| 1877 | 366·149 | 46·510 | 412·659 | 1.469·885 | 155·284 | 1.625·169 |
| 1878 | 392·290 | 60·081 | 452·371 | 1.618·660 | 239·164 | 1.857·824 |
| 1879 | 464·437 | 84·710 | 549·147 | 2.050·055 | 320·334 | 2.370·389 |
| 1880 | 444·194 | 118·176 | 562·370 | 2.022·667 | 349·240 | 2.371·907 |
| 1881 | 498·555 | 101·318 | 599·873 | 2.199·479 | 332·640 | 2 532·119 |
| 1882 | 531·566 | 109·734 | 641·300 | 2.325·609 | 339·205 | 2.664·814 |
| 1883 | 583·329 | 113·955 | 697·284 | 2.314·238 | 382·728 | 2.696·966 |
| 1884 | 659·949 | 106·447 | 766·396 | 2.394·231 | 381·387 | 2.775·618 |
| 1885 | 654·283 | 68·052 | 722·335 | 2.336·716 | 465·044 | 2.801·760 |
| 1886 | 604·126 | 36·820 | 640·946 | 2.084·526 | 342·339 | 2.426·865 |
| 1887 | 634·867 | 41·706 | 676·573 | 2.208·129 | 396·923 | 2.605·052 |
| 1888 | 664·469 | 54·704 | 719·173 | 2.175·746 | 744·273 | 2.920·019 |
| 1868—1888 | 11.181·472 | 2.060·507 | 13.241·979 | 42.930·800 | 7.644·932 | 50.575·732 |

Tabelle 77.

# Einlösung von Bruchsilber und alten Münzen bei dem k. k. Hauptmünzamte in Wien und bei den königlich ungarischen Einlösungsämtern. 1885—1889.

### In Kilogrammen fein.

| Jahre | Bruchsilber | | | Österreichische Münzen | | | Bei dem k. k. Hauptmünzamte in Wien und bei den königlich ungarischen Einlösungsämtern wurden zusammen eingelöst | Anmerkung |
|---|---|---|---|---|---|---|---|---|
| | Bei dem k. k. Hauptmünzamte in Wien | bei den königlich ungarischen Einlösungsämtern | Zusammen | Bei dem k. k. Hauptmünzamte in Wien | bei den königlich ungarischen Einlösungsämtern | Zusammen | | |
| 1885 | 9.235 | 1.226 | 10.461 | 30.777 | 1.255 | 32.032 | 42.493 | In den vom k. k. Hauptmünzamte in Wien angegebenen Summen sind enthalten: |
| 1886 | 9.300 | 1.203 | 10.503 | 19.736 | 1.499 | 21.235 | 31.738 | 13.588 kg fein von Gold- und gölbischem Material, welches Materiale $\frac{2}{1000}$ bis $\frac{500}{1000}$ Feingold enthält. |
| 1887 | 10.388 | 1.883 | 12.271 | 31.955 | 1.499 | 33.454 | 45.725 | |
| 1888 | 8.160 | 2.337 | 10.497 | 23.808 | 1.698 | 25.506 | 36.003 | 52.634 kg fein Viertelguldenstücke und 10.049 kg fein 10 und 20 Kreuzerstücke österreichischer Währung. |
| 1889 | 7.826 | 2.581 | 10.407 | 19.893 | 976 | 20.869 | 31.276 | |
| 1885—1889 | 44.909 | 9.230 | 54.139 | 126.169 | 6.927 | 133.096 | 187.235 | |
| An Wert — 1 Kilogramm à 90 fl. | | | | | | | | |
| 1885—1889 | . . . . . . | . . . . . . | 4,872 510 | . . . . . . | . . . . . . | 11,978.640 | 16,851.150 | |

112

Tabelle 78.

# Ausländischer Handelsverkehr der österreichisch-ungarischen Monarchie in Geräthen und industriellen Producten aus Edelmetallen.

(Specialhandel.)

Nach Wert in Gulden österr. Währ.

| Gegenstand | 1882 | | | |
|---|---|---|---|---|
| | Einfuhr | Ausfuhr | Mehreinfuhr | Mehrausfuhr |
| Taschenuhren, goldene [1] . . . . . . . . . . . | 1,228.395 | 2.905 | 1,225.490 | . . . . . . . . . |
| „ silberne . . . . . . . . . . | 1,062.948 | 84 | 1,062.864 | . . . . . . . . . |
| Uhrgehäuse, goldene . . . . . . . . . | 6.575 | . . . . . . . . . | 6.575 | . . . . . . . . . |
| „ silberne . . . . . . . . . | 3.672 | . . . . . . . . . | 3.672 | . . . . . . . . . |
| Goldarbeiten . . . . . . . . . . . | 1,424.000 | 2,421.000 | . . . . . . . . . | 997.000 |
| Silberarbeiten . . . . . . . . . . | 641.984 | 312.400 | 329.584 | . . . . . . . . . |
| Juwelierarbeiten in Gold und Silber . . | 34.400 | . . . . . . . . . | 34.400 | . . . . . . . . . |
| Blattgold . . . . . . . . . . . . | 12.750 | 3.510 | 9.240 | . . . . . . . . . |
| Blattsilber . . . . . . . . . . . | . . . . . . . . . | . . . . . . . . . | . . . . . . . . . | . . . . . . . . . |
| Gold- und Silberdraht . . . . . . . . | 8.840 | 136.500 | . . . . . . . . . | 127.660 |
| | **1883** | | | |
| Taschenuhren, goldene . . . . . . . . . | 1,671.600 | 11.160 | 1,660.440 | . . . . . . . . . |
| „ silberne . . . . . . . . . | 1,970.300 | 2.360 | 1,967.940 | . . . . . . . . . |
| Uhrgehäuse, goldene . . . . . . . . . | 775 | 37.500 | . . . . . . . . . | 36.725 |
| „ silberne . . . . . . . . . | 874 | 3.921 | . . . . . . . . . | 3.047 |
| Goldarbeiten . . . . . . . . . . . | 2,048.000 | 1,785.000 | 263.000 | . . . . . . . . . |
| Silberarbeiten . . . . . . . . . . | 994.200 | 455.430 | 538.770 | . . . . . . . . . |
| Juwelierarbeiten in Gold und Silber . . | 21.420 | 3.380 | 18.040 | . . . . . . . . . |
| Blattgold . . . . . . . . . . . . | 20.400 | 270 | 20.130 | . . . . . . . . . |
| Blattsilber . . . . . . . . . . . | 18.876 | . . . . . . . . . | 18.876 | . . . . . . . . . |
| Gold- und Silberdraht . . . . . . . . | 24.500 | 12.000 | 12.500 | . . . . . . . . . |
| | **1884** | | | |
| Taschenuhren, goldene . . . . . . . . . | 1,851.540 | 8.130 | 1,843.410 | . . . . . . . . . |
| „ silberne . . . . . . . . . | 1,829.367 | 8.280 | 1,821.087 | . . . . . . . . . |
| Uhrgehäuse, goldene . . . . . . . . . | 4.425 | . . . . . . . . . | 4.425 | . . . . . . . . . |
| „ silberne . . . . . . . . . | 7.075 | 875 | 6.200 | . . . . . . . . . |
| Goldarbeiten . . . . . . . . . . . | 2,482.000 | 2,470.500 | 11.500 | . . . . . . . . . |
| Silberarbeiten . . . . . . . . . . | 1,071.800 | 885.700 | 186.100 | . . . . . . . . . |
| Juwelierarbeiten in Gold und Silber . . | 38.080 | 14.430 | 23.650 | . . . . . . . . . |
| Blattgold . . . . . . . . . . . . | 16.660 | 380 | 16.280 | . . . . . . . . . |
| Blattsilber . . . . . . . . . . . | 20.046 | . . . . . . . . . | 20.046 | . . . . . . . . . |
| Gold- und Silberdraht . . . . . . . . | 35.500 | 46.500 | . . . . . . . . . | 11.000 |

[1] Versteht sich in allen Jahren sammt dem Werte der Uhrwerke.

| Gegenstand | 1885 | | | |
|---|---|---|---|---|
| | Einfuhr | Ausfuhr | Mehreinfuhr | Mehrausfuhr |
| Taschenuhren, goldene . . . . . . . . . . . . | 1,775.520 | 10.150 | 1,765.370 | . . . . . . . . . . . |
| „ silberne . . . . . . . . . . | 1,758.411 | 3.180 | 1,755.231 | . . . . . . . . . . . |
| Uhrgehäuse, goldene . . . . . . . . . . | 12.600 | . . . . . . . . . . | 12.600 | . . . . . . . . . . . |
| „ silberne . . . . . . . . . | 18.520 | . . . . . . . . . . | 18.520 | . . . . . . . . . . . |
| Goldarbeiten . . . . . . . . . . . . . . . | 1,956.000 | 399.000 | 1,557.000 | . . . . . . . . . . . |
| Silberarbeiten . . . . . . . . . . . . . . | 1,152.000 | 1,174.320 | . . . . . . . . . . . | 22.320 |
| Juwelenarbeiten in Gold und Silber . . . . . | 25.480 | 2.340 | 23.140 | . . . . . . . . . . . |
| Blattgold . . . . . . . . . . . . . . . | 27.020 | 560 | 26.460 | . . . . . . . . . . . |
| Blattsilber . . . . . . . . . . . . . . . | . . . . . . . . . . | . . . . . . . . . . | . . . . . . . . . . . | . . . . . . . . . . . |
| Gold- und Silberdraht . . . . . . . . . . | 10.496 | . . . . . . . . . . | 10.496 | . . . . . . . . . . . |

| Gegenstand | 1886 | | | |
|---|---|---|---|---|
| Taschenuhren, goldene . . . . . . . . . . . . | 1,923.990 | 14.800 | 1,909.190 | . . . . . . . . . . . |
| „ silberne . . . . . . . . . . | 1,851.219 | 8.616 | 1,842.603 | . . . . . . . . . . . |
| Uhrgehäuse, goldene . . . . . . . . . . | 4.100 | 25 | 4.075 | . . . . . . . . . . . |
| „ silberne . . . . . . . . . | 4.105 | . . . . . . . . . . | 4.105 | . . . . . . . . . . . |
| Goldarbeiten . . . . . . . . . . . . . . . | 1,672.200 | 464.000 | 1,208.200 | . . . . . . . . . . . |
| Silberarbeiten . . . . . . . . . . . . . . | 804.440 | 449.410 | 355.030 | . . . . . . . . . . . |
| Juwelenarbeiten in Gold und Silber . . . . . | 12.740 | 12.480 | 260 | . . . . . . . . . . . |
| Blattgold . . . . . . . . . . . . . . . | 38.514 | 700 | 37.814 | . . . . . . . . . . . |
| Blattsilber . . . . . . . . . . . . . . . | 9.285 | 378 | 8.907 | . . . . . . . . . . . |
| Gold- und Silberdraht . . . . . . . . . . | 33.500 | 61.500 | . . . . . . . . . . . | 28.000 |

| Gegenstand | 1887 | | | |
|---|---|---|---|---|
| Taschenuhren, goldene . . . . . . . . . . . . | 2,007.817 | 5.040 | 2,002.777 | . . . . . . . . . . . |
| „ silberne . . . . . . . . . . | 2,037.747 | 3.516 | 2,034.231 | . . . . . . . . . . . |
| Uhrgehäuse, goldene . . . . . . . . . . | 39.000 | . . . . . . . . . . | 39.000 | . . . . . . . . . . . |
| „ silberne . . . . . . . . . | 21.334 | . . . . . . . . . . | 21.334 | . . . . . . . . . . . |
| Goldarbeiten . . . . . . . . . . . . . . . | 1,943.100 | 348.300 | 1,594.800 | . . . . . . . . . . . |
| Silberarbeiten . . . . . . . . . . . . . . | 968.490 | 318.890 | 649.600 | . . . . . . . . . . . |
| Juwelenarbeiten in Gold und Silber . . . . . | 16.380 | . . . . . . . . . . | 16.380 | . . . . . . . . . . . |
| Blattgold . . . . . . . . . . . . . . . | 27.168 | . . . . . . . . . . | 27.168 | . . . . . . . . . . . |
| Blattsilber . . . . . . . . . . . . . . . | . . . . . . . . . . | . . . . . . . . . . | . . . . . . . . . . . | . . . . . . . . . . . |
| Gold- und Silberdraht . . . . . . . . . . | 60.100 | . . . . . . . . . . | 60.100 | . . . . . . . . . . . |

114

| Gegenſtand | 1888 | | | |
|---|---|---|---|---|
| | Einfuhr | Ausfuhr | Mehreinfuhr | Mehrausfuhr |
| Taſchenuhren, goldene | 1,759.850 | 5.680 | 1,754.170 | |
| „ ſilberne | 1,701.063 | 6.624 | 1,694.439 | |
| Uhrgehäuſe, goldene | 7.800 | | 7.800 | |
| „ ſilberne | 9.315 | | 9.315 | |
| Goldarbeiten | 1,694.400 | 344.400 | 1,350.000 | |
| Silberarbeiten | 966.115 | 741.070 | 225.045 | |
| Juwelenarbeiten in Gold und Silber | 23.520 | | 23.520 | |
| Blattgold | 33.649 | 4.160 | 29.489 | |
| Blattſilber | | | | |
| Gold- und Silberdraht | 119.370 | | 119.370 | |

| Gegenſtand | 1889 | | | |
|---|---|---|---|---|
| | Einfuhr | Ausfuhr | Mehreinfuhr | Mehrausfuhr |
| Taſchenuhren, goldene | 2,066.134 | 13.936 | 2,052.198 | |
| „ ſilberne | 1,636.533 | 11.700 | 1,624.833 | |
| Uhrgehäuſe, goldene | 2.550 | | 2.550 | |
| „ ſilberne | 2.040 | 5 | 2.035 | |
| Goldarbeiten | 1,458.000 | 323.400 | 1,134.600 | |
| Silberarbeiten | 1,087.650 | 703.670 | 383.980 | |
| Juwelierarbeiten in Gold und Silber | 89.300 | 176.650 | | 87.350 |
| Blattgold | 47.500 | 1.920 | 45.580 | |
| Blattſilber | 10.023 | 143 | 9.880 | |
| Gold- und Silberdraht | 55.000 | 100.500 | | 45.500 |

| Gegenſtand | 1890 | | | |
|---|---|---|---|---|
| | Einfuhr | Ausfuhr | Mehreinfuhr | Mehrausfuhr |
| Taſchenuhren, goldene | 2,262.388 | 9.600 | 2,252.788 | |
| „ ſilberne | 1,907.532 | 8.136 | 1,899.396 | |
| Uhrgehäuſe, goldene | 5.830 | 400 | 5.430 | |
| „ ſilberne | 4.215 | 13 | 4.202 | |
| Goldarbeiten | 1,815.600 | 361.800 | 1,453.800 | |
| Silberarbeiten | 1,419.645 | 562.870 | 856.775 | |
| Juwelierarbeiten in Gold und Silber | 90.100 | 173.500 | | 83.400 |
| Blattgold | 46.366 | 6.709 | 39.657 | |
| Blattſilber | 16.133 | | 16.133 | |
| Gold- und Silberdraht | 18.700 | 77.000 | | 58.300 |

Tabelle 79.

# Bei den französischen Bureaux de garantie declarierte Edelmetallwaren.

## Per Kilogramm.

| Jahre | Goldwaren | Silberwaren |
|---|---|---|
| 1861—1870 pro anno | 11.099 | 66.225 |
| 1871—1875 „ „ | 10.706 | 64.478 |
| 1876—1880 „ „ | 12.158 | 73.628 |
| 1881 | 14.534 | 82.091 |
| 1882 | 14.264 | 82.201 |
| 1883 | 12.771 | 82.235 |
| 1884 | 10.750 | 75.282 |
| 1885 | 9.390 | 74.466 |
| 1886 | 8.401 | 73.649 |
| 1887 | 8.164 | 75.172 |
| 1888 | 8.096 | 78.679 |

Tabelle 80.

# Frankreichs industrielle Edelmetallverwendung.

| Jahre | Gold | | Silber | | Anmerkung |
|---|---|---|---|---|---|
| 1795—1819 | [1] | 250,000.000 | [2] | 250,000.000 | [1] Schätzung Chaptal's per Jahr 10 Millionen Frcs. |
| 1820—1830 | [2] | 165,000.000 | [2] | 165,000.000 | [2] Schätzung W. Jacob's per Jahr 15 Millionen Frcs. |
| 1831—1850 | [3] | 600,000.000 | [4] | 270,000.000 | [3] Es liegen zwei Schätzungen vor: für das Jahr 1840 . . . . . . . . . . 26 Millionen „ „ „ 1850 . . . . . . . . . . 35 „ Die Annahme mit 30 Millionen per Jahr ist auf diesen Schätzungen basiert. |
| 1851—1870 | [4] | 900,000.000 | [5] | 300,000.000 | [4] Nach Burchard 45 Millionen per Jahr. |
| 1871—1885 | [5] | 750,000.000 | [6] | 255,000.000 | [5] O. Haupt 50 Millionen per Jahr. [6] Hauptsächlich mit Rücksicht auf die Daten der Bureaux de garantie. |
| Summe . | | 2.665,000.000 | | 1.240,000.000 | |

# Industrielle Edelmetall-Verwendung in den Vereinigten Staaten.

### Werte in 1000 Dollars.

| Gegenstand | | | Jahre | | | | | | | |
|---|---|---|---|---|---|---|---|---|---|---|
| | | | 1879 | 1882 | 1883 | 1886 | 1887 | 1888 | 1889 | 1890 |
| **Gold** | 1. Barren geliefert von Staats- und Privat-Affinier-Anstalten | aus heimischem, neuem, ungemünztem Metalle . . . . . | | | | 7.003 | 9.090 | 9.893 | 9.687 | 10.718 |
| | | aus Münzen der Vereinigten Staaten . . . . . . . . | | | | 365 | 362 | 309 | 427 | 450 |
| | | aus ausländischem, ungemünztem und gemünztem Metalle . . . | | | | 638 | 384 | 719 | 291 | 362 |
| | | aus altem Bruchmateriale . . . . | | | | 1.928 | 1.836 | 2.463 | 3.219 | 3.076 |
| | | Zusammen . . . . . . . . | | | 8.200 | 9.934 | 11.672 | 13.324 | 13.624 | 14.606 |
| | 2. Unmittelbare Verwendung von Münzen . . . . . . . | | | | 3.500 | 3.000 | 3.200 | 3.500 | 3.500 |
| | 3. Zusammen . | 7.000 | 12.000 | 12.000 | 13.434 | 14.672 | 16.524 | 17.124 | 18.106 |
| **Silber** | 1. Barren geliefert von Staats- und Privat-Affinier-Anstalten | aus heimischem, neuem, ungemünztem Metalle . . . . . | | | | 3.626 | 4.103 | 6.478 | 7.298 | 7.144 |
| | | aus Münzen der Vereinigten Staaten . . . . . . . . | | | | 2 | 3 | 6 | 2 | 2 |
| | | aus ausländischem, ungemünztem und gemünztem Metalle . . . | | | | 826 | 655 | 772 | 658 | 1.245 |
| | | aus altem Bruchmateriale . . . . | | | | 404 | 481 | 652 | 611 | 640 |
| | | Zusammen . . . . . . . . | | | | 4.858 | 5.242 | 7.908 | 8.569 | 9.031 |
| | 2. Unmittelbare Verwendung von Münzen . . . . . . . | | | | 200 | 200 | 200 | 200 | 200 |
| | 3. Zusammen . | 5.000 | 7.000 | 7.000 | 5.058 | 5.442 | 8.108 | 8.769 | 9.231 |

# Erläuterungen.

———

Schon gelegentlich der Besprechung der Edelmetallbewegung ist auf die Nothwendigkeit der einheitlichen Erfassung des gesammten Bestandes und Verkehres von Edelmetallen verwiesen worden. Nun ist aber, wie Soetbeer sagt, die Verwendung von Edelmetallen als Geld in Münzen und Barren und andererseits zu Geräthen, Schmucksachen und dergleichen in allen Culturländern seit den ältesten Zeiten in beständiger Abwechselung und gegenseitiger Abhilfe gestanden. Große Beträge von Münzen und Barren sind fortwährend ihrem Geldzwecke wieder entzogen und verarbeitet, und umgekehrt sind goldene und silberne Geräthe und Schmucksachen ebenso häufig eingeschmolzen worden, um als Geld verwendet zu werden. Es ist daher nicht umgehbar, diese sogenannte industrielle Verwendung ins Auge zu fassen, um den Edelmetallmarkt und seine Lage zu erkennen. Leider ist die Statistik derselben, um deren Grundlegung sich Soetbeer international anerkannte Verdienste erworben hat, noch erst im embryonischen Zustande. Es ist auch deren Zukunft noch nicht abzusehen, da die Unmittelbarkeit der Verwendung vielfach eine solche ist, welche die Möglichkeit der Evidenz sehr in Frage stellt. Das gilt aber mehr der Exactheit der Erhebung. Es wäre wohl denkbar, daß abgesehen von der gesetzlichen Probung (Punzierung) die größeren Betriebe zu Ausweisungen verhalten werden könnten. Gegenwärtig muß sich mit den statistischen Nachrichten dieser Probeämter, soweit solche bestehen und mit vereinzelten Nachrichten begnügt werden.

Für die im Reichsrathe vertretenen Königreiche und Länder sind über die der Probung gesetzlich unterzogenen Fabrikate aus edlen Metallen die amtlichen Ausweise vorhanden. Nach denselben (Tabelle 74) sind in dem Zeitraume vom Jahre 1868 bis 1888 folgende Wertbeträge an edlen Metallen als industriell verbraucht nachgewiesen:

## A. Gold.

| | |
|---|---:|
| Im Inlande: an Geräthen ein Materialwert von . . . . . . . . . . . . . . . | 42,919.896 fl. |
| an Drähten ein Materialwert von . . . . . . . . . . . | 1,490.262 „ |
| | 44,410.158 fl. |
| Vom Auslande eingeführt: an Geräthen ein Materialwert von . . . . . . . . . | 11,527.247 fl. |
| an Uhren ein Materialwert von . . . . . . . . . . . . . | 10,101.235 „ |
| an Drähten ein Materialwert von . . . . . . . . . . | 7.333 „ |
| | 21,635.815 fl. |
| ferner unechte Drähte mit Zusatz von echtem Materialwerte . . . . . | 42.629 „ |
| | 21,678.444 fl. |
| Gesammter Goldmaterialwert . | 66,088.602 fl. |

## B. Silber.

| | |
|---|---:|
| Im Inlande: an Geräthen ein Materialwert von . . . . . . . . . . . . . . . | 41,956.604 fl. |
| an Drähten ein Materialwert von . . . . . . . . . . . | 7,051.249 „ |
| | 49,007.853 fl. |
| Vom Auslande eingeführt: an Geräthen ein Materialwert von . . . . . . . . | 10,393.679 fl. |
| an Drähten ein Materialwert von . . . . . . . . . . | 50.080 „ |
| | 10,443.759 fl. |
| ferner unechte Drähte mit Zusatz von echtem Materialwerte . . . . . | 195.494 „ |
| | 10,639.253 fl. |
| Gesammter Silbermaterialwert . | 59,647.106 fl. |

| | |
|---|---:|
| Im Inlande allein aber ist sonach ein Verbrauch nachgewiesen von | |
| Gold mit . . . . . . . . . . . . . . . . . . . . . . . | 44,410.158 fl. |
| Silber mit . . . . . . . . . . . . . . . . . . . . | 49,007.853 „ |
| zusammen . | 93,418.011 fl. |

Was die Berechnung der Materialwerte betrifft, so ist der Feinwert des Kilogrammes Gold mit 1395 fl. mit Rücksicht auf den amtlichen Kassenwert angesetzt, es erscheint ferner der Unterschied zwischen dem Preise von 820 fl. für inländische und ausländische Goldgeräthe und dem für ausländische Gold-uhren von 810 fl. per Kilogramm darin begründet, daß die in den Verkehr gelangenden Goldwaren theilweise einen um wenige Tausendtheile höheren als den mindesten gesetzlichen Feinhaltsgrad per $\frac{580}{1000}$ haben, theilweise aber auch — was mehr in Anschlag zu bringen ist — in 18 karatigem Golde, d. i. $\frac{750}{1000}$ fein, erzeugt werden. Es wurde sonach angenommen, daß von der Gesammterzeugung in Goldwaren höchstens 5% auf 18 karatige Legierungen entfallen. Bei den goldenen Uhren, welche zur Einfuhr gelangen, ist ein so verschwindender Bruchtheil aus 18 karatigem Goldbleche hergestellt, daß es genügt, wenn der für 14 karatiges Gold berechnete Wert von 809 fl. 10 kr. auf 810 fl. erhöht wird. Was die zumeist aus der Schweiz eingeführten Uhren anbelangt, so sind diese vielfach nur Gegenstand des Transitoverkehres. Außer diesen Gold- und Silberuhren, welche zumeist in die Balkanstaaten und anderwärts ausgeführt werden, darf nicht unerwähnt gelassen werden, daß ein großer Theil der loco Wien verzollten und punzierten Uhren, sowie auch die hierzulande erzeugte Gold-ware vielfach in den transleithanischen Verkehr gebracht werden.

Das Gold, welches auf punzierte Geräthe und ämtlich controlirte Drähte verarbeitet wird, bleibt — abgerechnet den mit der Zeit durch mechanische Abreibung eintretenden Verlust — wohl erhalten. Ein ganz anderes Verhältnis ist es jedoch mit dem Golde, welches zu leonischen Drähten und Gespinnsten, zu Posamentier-Artikeln, zu Blattgold-Vergoldungen auf Bilder und Spiegel, Rahmen und mannigfachen anderen, auch zu chemischen und physikalischen Zwecken verwendet wird. Hier tritt mit dem Verbrauche ein dauernder Verlust ein, und beinahe das Gleiche ist mit den Erzeugnissen aus sogenanntem Neugold, welche aus einer Legur zwischen $\frac{50 \text{ und } 250}{1000}$ Gold bestehen, der Fall. Die galvanische Vergoldung, welche insbesondere in den letzten Jahren in der Bronze-Industrie Anwendung findet, ist durch ihren extensiven Charakter besonders ins Auge zu fassen. Während das zu Goldgeräthen verarbeitete Gold größtentheils wieder zugute gebracht wird, sonach nicht verloren geht, verschwindet, wie bemerkt, der größte Theil des bei den letzterwähnten Industrien verwendeten Goldes zumeist gänzlich.

Über das Maß des Verbrauches von Gold zu Zwecken, welche der behördlichen Controle nicht unterliegen, fehlen zur Beurtheilung heute wohl alle verläßlichen Daten. Doch dürfte es vielleicht nicht zu hoch gegriffen sein, wenn man annimmt, daß die Menge des alljährlich auf diese Weise verschwindenden Goldes etwa 15 bis 20 Procent von derjenigen Quantität, welche auf Erzeugung der inländischen Goldgeräthe aufgebracht wird, betrage. Dagegen ist nicht anzunehmen, daß in einem bedeutenden Maße Hinterziehungen gegenüber der gesetzlichen Probung, welcher nur Waaren bis zur Einheitsgrenze von $\frac{580}{1000}$ bei Gold und $\frac{750}{1000}$ bei Silber unterliegen, stattfinden, da durch diese der Verkehrswert der Waaren erhöht wird.

Die in dem Ausweise für Gold- und Silber-Barren ermittelte Summe hat einen sehr relativen Wert und bietet für die Beurtheilung des pro anno in Verkehr gelangten Goldes keine Bedeutung; denn Barren sind eigentlich ein bloßes Handels- und Verkehrsmittel, sie dienen als Zahlung und gelangen meist nur ins Inland, um sofort in Münzen (Ducaten) umgeprägt zu werden. Ein Theil der zur Einfuhr gebrachten Barren ist in der Ziffer für Gold- (Silber-) Geräthe enthalten, weil das Barren-Gold (Silber) von den inländischen Gold- und Silberarbeitern als Materiale zu ihren Fabrikaten verwendet wird.

Die für inländische Gold- und Silbergeräthe ausgewiesenen Werte sind nicht etwa ausschließlich und unbedingt als Zuwachs an Goldmateriale anzusehen, da für die neuen inländischen Erzeugnisse in Gold und Silber im Bruchtheil des nothwendigen Arbeitsmateriales immer wieder aus den alten außer Gebrauch gesetzten Geräthen (Bruchgold und Silber) durch Einschmelzen derselben gewonnen wird. Außer in den Münzämtern der Monarchie, deren Einlösung von Bruchedelmetall die Nachweisungen in der Tabelle 76 ergeben, wird das diesfällige Materiale theils in inländischen, theils in ausländischen Affinieranstalten für den weiteren Verbrauch vorbereitet. In den im Reichsrathe vertretenen Königreichen und Ländern sind insbesondere in Wien die Affinieranstalten von Scheid & Comp. und Kempner von Bedeutung.

Über den ausländischen Verkehr in Waaren aus Gold und Silber gibt die Handelsstatistik Auskunft. Es ist zu bemerken, daß sich die Tabelle 73 nur auf die im Reichsrathe vertretenen Königreiche und Länder bezieht, während die Tabelle 77 die ganze österreichisch-ungarische Monarchie betrifft.

Für Frankreich liegen uns, um ein Beispiel zu führen, die Ausweise über die amtlich declarirten Edelmetallwaaren vor (Tabelle 78), ferner die Antworten der Abgeordneten der französischen Regierung bei der internationalen Münzconferenz im Jahre 1881 über die diesfalls an sie gestellten Fragen.

Der jährlich amtlich nachgewiesene Goldverbrauch durch Goldschmiede und Juweliere wird veranschlagt auf ($\frac{740}{1000}$ fein) 14.000 kg = 35,600.000 Frc.

| | | |
|---|---|---|
| der Controle entzogen $\frac{1}{5}$ ($\frac{740}{1000}$ fein) . . . . . . . . . | 2.800 „ = | 7,100.000 „ |
| Medaillenfabrication ($\frac{916}{1000}$ fein) . . . . . . . . . | 100 „ = | 314.000 „ |
| Summe . | 16.900 kg = | 43,014.000 Frc. |

| | | |
|---|---|---|
| Der amtlich nachgewiesene Silberverbrauch durch Goldschmiede und Juweliere ist ($\frac{940}{1000}$ fein) . . . . | 80.000 kg = | 16,585.600 Frc. |
| Medaillen ($\frac{950}{1000}$ fein) . . . . . . . . . | 2.379 „ = | 442.120 „ |
| Summe . | | 17,027.720 Frc. |
| Zusammen . | | 60,041.720 Frc. |

Über die sonstige industrielle Verwendung von Gold und Silber legten die französischen Abgeordneten eine Übersicht der dem Handel von der größten Pariser Affinieranstalt für Gold- und Silberbarren gelieferten Metalle für das Jahr 1872—1888 vor. Nach derselben ergab sich eine durchschnittliche Menge von 24.000 kg Silber 500—647 fein und von 465 kg Gold 766—1000 fein und es wurde darnach der Verbrauch aller übrigen Pariser Affinieranstalten mit 12.000 kg Silber und 230 kg Gold, zusammen also mit 36.000 kg Silber und 695 kg Gold geschätzt.

Nach einer Soetbeer amtlich zugekommenen Notiz der Generaldirection für Münzen und Medaillen vom März 1886 wird Frankreichs industrieller Verbrauch mit jährlich 15.500 kg Gold und 145.500 kg Silber angenommen.

Die Erhebungen des Münzamtes der Vereinigten Staaten bestehen in der Feststellung der für industrielle Zwecke in den Münzen und amtlichen Affinieranstalten hergestellten Barren von Gold und Silber aus den amtlichen Registern dieser Anstalten und in der Feststellung der von Privat-Affinieranstalten an Goldschmiede und andere Gewerbetreibende für industrielle Zwecke gelieferten Gold- und Silber-Barren aus den von diesen Privatanstalten nach, vom Münzamte ausgegebenen Formularen erstatteten Berichten. Diese letztere Erhebungsart hat sich in den Vereinigten Staaten bewährt. Jeder Bericht der Münzdirection weist einen Fortschritt nach; so wurde zum Beispiel für das Jahr 1890 der Fragebogen an 39 Firmen versendet, von welchen 38 die entsprechenden Auskünfte ertheilten. Außerdem hat das Münzamt Erhebungen über die geschäftliche Verwendung von Gold und Silber durch die Goldschmiede und andere Gewerbetreibende angestellt. Diese Erhebungen geschahen gleichfalls durch Circuläre mit Formularbogen, gerichtet an die Juweliere, Uhrmacher u. s. w. und an die chemischen Fabriken. Sie fanden statt in den Jahren 1880, 1881, 1883 und 1885, wurden aber seitdem wegen zu großen Umfanges der Arbeit nicht wiederholt. Der letzte Census vom Jahre 1885 ergab einen einzeln nachgewiesenen, industriellen Gesammtverbrauch von 11·1 Mill. Dollar Gold und 5·2 Mill. Dollar Silber. Zu diesen Verwendungen wurden für 3 Mill. Dollar Goldmünzen und für 200.000 Dollar Silbermünzen unmittelbar eingeschmolzen. Auf dieser im Jahre 1888 rectificirten Zählung beruht die Schätzung der unmittelbaren Verwendung von Münzen durch die Industrien in den späteren Jahren.

---

Aus den bisherigen Darstellungen ist ersichtlich, daß die Edelmetallstatistik trotz ihres großen Fortschrittes im einzelnen in ihrer Gänze noch sehr mangelhaft ist. Wo sonach statistische Nachweisungen nicht ausreichen, muß die Erfahrung zu Rathe gezogen werden. Immerhin ermöglicht diese da noch Anhaltspunkte zur Gewinnung eines Überblickes, wo das Zahlenschema gebricht. Auch von der englischen Gold- und Silber- Commission wurde Professor Dr. Adolf Soetbeer als der gewiegteste Kenner der monetären Verhältnisse anerkannt. Es erscheint daher als das Richtigste, seine Erfahrungen, welche er in seinem im Jahre 1891 publicirten Aufsätze über die Edelmetallgewinnung und Verwendung aussprach, zu benützen.

Nach seinen Erhebungen wurden in den Jahren 1881—1889 1,434.000 *kg* Gold im Werte von 4.000 Millionen Mark, oder im Jahresdurchschnitte beiläufig 160.000 *kg* Gold im Werte von 450 Millionen Mark neu in den Verkehr gebracht. Nach den im 5. Abschnitte gegebenen Nachweisungen sind in diesen selben Jahren im Durchschnitte beiläufig 20.000 *kg* Gold oder etwa 12% des Verkehrszuwachses nach Britisch-Indien importiert und dort fast durchaus zu nicht monetären Zwecken verwendet worden. Auch außerhalb Indiens, wenn auch weniger in den Culturländern, findet eine einfache Thesaurierung, dann aber ein fortwährend zunehmender Verbrauch für industrielle Zwecke statt. Wenn selbst angenommen wird, daß beiläufig ein Fünftel dieses Verbrauches in Wiederverwendung von verschiedenen Gegenständen aus Gold stattfindet, so sind es nach Soetbeer's Meinung noch immer 100.000 *kg*, welche jährlich für diese Zwecke vom Zuwachse in Abgang kommen. Es würde daher für monetäre Zwecke nur ein Betrag von 40.000 *kg* oder beiläufig 112 Millionen Mark per Jahr erübrigen, dem gegenüber weisen die Bank- und Schatzbestände der Handelsnationen zwar eine noch viel bedeutendere Vermehrung der Goldbestände nach; jährlich um circa 200 Millionen Mark. Es dürfte aber doch die Schätzung des industriellen Verbrauches mit Rücksicht auf die vorliegenden Daten und Einzelerfahrungen eine nicht zu hohe, sondern nach Soetbeer's Meinung dieses dem Umstande zuzuschreiben sein, daß in Wirklichkeit mehr Gold producirt wurde, als bekannt geworden ist, oder auch dem Umstande, daß aus dem gemeinen Verkehre beträchtliche Mengen den verschiedenen Bank- und Schatzbeständen zufließen.

Die in Frage kommende Silberproduction hat Soetber mit beiläufig 3,600.000 *kg* im Jahresdurchschnitte für das Jahr 1886 bis 1889 ermittelt. Hievon würden 160.000 *kg* jährlich nach Asien und Afrika abfließen und sonst außerhalb der Handelsstaaten Verwendung finden. Dieses ermittelte Soetbeer insbesondere aus dem oben mitgetheilten Edelmetallverkehre Britisch-Indiens, aus Berechnungen der englischen Firmen Pixley Abell und Westwood-Thompson über die Ausfuhr aus England und den Häfen am Mittelmeere, aus den Exportausweisen aus S. Francisco nach Ost-Asien, aus Nachweisungen über die Silbereinfuhr in Niederländisch-Ostindien u. s. w. Zu industriellen Zwecken wurden nach Soetbeer von den zugewachsenen Silbermengen in den letzten Jahren 650.000 bis 750.000 *kg* in Europa und in den Vereinigten Staaten industriell jährlich verbraucht, wozu noch außerdem etwa 150.000 *kg* an altem Materiale verwendet wurden. Ferner wurden zur Ausmünzung in den europäischen Staaten, wobei insbesondere England, Spanien, Österreich-Ungarn und Rußland in Betracht kommen, jährlich beiläufig 250.000 *kg* verwendet, zur Ausmünzung in den Vereinigten Staaten 800.000 *kg*. Werden nun noch 300.000 *kg* beiläufig für Verluste und Thesaurierungen in Rechnung gestellt, so wäre hiemit die Art der Verwendung der ermittelten jährlichen Production nachgewiesen. Allein die Ausdehnung und der Ertrag der Silberproduction ist weit weniger stabilisirt als jene von Gold und die monetären Verhältnisse sind durch die gewaltigen Actionen der Regierung der Vereinigten Staaten den bedeutendsten Veränderungen ausgesetzt. Die Silberbestände der europäischen Banken haben sich von 1880 auf 1890 im ganzen nur um 400 Millionen Mark Nominal vermehrt, die Bestände des amerikanischen Schatzamtes haben um 1200 Millionen Mark zugenommen.

Achter Abschnitt.

# Aus der Statistik der Zettelbanken. Staatliche Notenausgabe.

Tabellen 82—128.

Tabelle 82.

# Österreichisch-ungarische Bank

## Übersicht der

| 1 | 2 | 3 | 4 | 5 | 6 | 7 | 8 | 9 |
|---|---|---|---|---|---|---|---|---|
| Jahre | Datum | Bankfond | Reservefond | Metall | Devisen | Escompte | Lombard | Schuld des Staates |
| | | | | | | | | In Conven- |
| 1840 | Ende des Jahres | 30,372.600 | 4,556.348 | 45,513.549 | . . . . . | 31,324.114 | 17,470.100 | 126,304.387 |
| 1841 | " | | 4,613.085 | 39,939.706 | | 14,325.022 | 14,500.100 | 125,934.083 |
| 1842 | " | | 4,650.271 | 58,242.815 | | 15,070.916 | 13,721.700 | 114,984.086 |
| 1843 | " | | 4,687.815 | 67,345.719 | | 21,126.601 | 9,792.100 | 110,591.450 |
| 1844 | " | | 4,707.886 | 98,909.235 | | 20,918.512 | 9,901.800 | 108,519.108 |
| 1845 | " | | 4,707.886 | 95,153.949 | | 31,005.366 | 12,612.400 | 106,363.672 |
| 1846 | " | | 4,727.784 | 86,933.477 | | 39,711.844 | 14,611.800 | 104,622.427 |
| 1847 | " | | 5,027.784 | 70,240.569 | | 43,636.515 | 10,189.600 | 126,791.324 |
| 1848 | 29. Februar | | " | 65,058.351 | | 42,464.578 (86,295.505) | 12,602.500 | 126,300.000 |
| | Ende des Jahres | 30,372.600 | 5,103.924 | 30,425.945 | 730.535 | 30,765.821 | 14,442.800 | 178,644.778 |
| | Durchschnittszahl | | | 27,600.000 | | | | |
| | Maximum | | | 65,000.000 | | | | |
| | Minimum | | | 16,700.000 | | | | |
| 1849 | Ende des Jahres | 30,372.600 | 5,980.649 | 30,064.823 | 730.537 | 31,706.303 | 15,349.000 | 189,081.035 |
| | Durchschnittzahl | | | 26,800.000 | | | | |
| | Maximum | | | 32,000.000 | | | | |
| | Minimum | | | 19,600.000 | | | | |
| 1850 | Ende des Jahres | 30,372.600 | 8,116.677 | 32,303.124 | 730.537 | 37,531.336 | 20,035.000 | 150,402.918 |
| | Durchschnittszahl | | | 31,290.000 | | | | |
| | Maximum | | | 32,300.000 | | | | |
| | Minimum | | | 30,500.000 | | | | |
| 1851 | Ende des Jahres | 30,372.600 | 9,458.845 | 42,827.656 | 730.537 | 45,517.216 | 15,058.200 | 121,699.243 |
| | Durchschnittszahl | | | 40,800.000 | | | | |
| | Maximum | | | 43,100.000 | | | | |
| | Minimum | | | 33,200.000 | | | | |
| 1852 | Ende des Jahres | 30,372.600 | 10,361.588 | 43,247.365 | 730.537 | 36,321.635 | 17,771.100 | 130,660.278 |
| | Durchschnittszahl | | | 42,800.000 | | | | |
| | Maximum | | | 43,600.000 | | | | |
| | Minimum | | | 42,200.000 | | | | |
| 1853 | Ende des Jahres | 30,372.600 | 10,361.588 | 44,881.334 | 730.537 | 53,447.836 | 23,863.000 | 121,710.690 |
| | Durchschnittszahl | | | 43,900.000 | | | | |
| | Maximum | | | 45,000.000 | | | | |
| | Minimum | | | 42,900.000 | | | | |
| 1854 | Ende des Jahres | 30,372.600 | 10,361.588 | 45,207.082 | 730.537 | 73,212.203 | 48,186.800 | 204,226.495 |
| | Durchschnittszahl | | | 44,450.000 | | | | |
| | Maximum | | | 45,200.000 | | | | |
| | Minimum | | | 43,700.000 | | | | |
| 1855 | Ende des Jahres | 69,875.800 | 10,361.588 | 49,410.554 | 730.537 | 86,764.711 | 79,039.500 | 253,575.172 |
| | Durchschnittszahl | | | 47,880.000 | | | | |
| | Maximum | | | 49,400.000 | | | | |
| | Minimum | | | 5,600.000 | | | | |
| 1856 | Ende des Jahres | 103,125.800 | 10,361.588 | 87,240.609 | 10,979.297 | 84,773.547 | 86,661.000 | 212,779.561 |
| | Durchschnittszahl | | | 67,090.000 | | | | |
| | Maximum | | | 87,240.609 | | | | |
| | Minimum | | | 50,900.000 | | | | |
| 1857 | Ende des Jahres | 103,182.850 | 10,361.558 | 94,043.020 | 13,604.844 | 79,653.533 | 86,209.400 | 203,784.354 |
| | Durchschnittszahl | | | 94,090.000 | | | | |
| | Maximum | | | 98,000.000 | | | | |
| | Minimum | | | 89,000.000 | | | | |
| 1858 | 6. September | | | 109,467.500 | | | | |
| | 8. November | | | 109,499.500 | | | | |
| | 6. December | | | 97,675.400 | | | | |
| | 31. " | 103,875.800 | 10,361.558 | 98,577.444 | 16,445.979 | 76,795.898 | 77,136.505 | 145,733.823 |
| | Durchschnittszahl | | | 104,040.000 | | | | |
| | Maximum | | | 109,800.000 | | | | |
| | Minimum | | | 98,400.000 | | | | |

# (Privilegierte Österreichische Nationalbank).

## Hauptmomente.

| 10 | 11 | 12 | 13 | 14 | 15 | | 16 |
|---|---|---|---|---|---|---|---|
| | | | | | Zinsfuß | | |
| Notenumlauf | Vom Notenumlaufe absolut ungedeckt | Auf 1 fl. Metall x fl. Noten | Actiencurs | Gesammt-dividende | Escompte für Platzwechsel | Lombard | Anmerkung |

tionsmünze

| | | | | | | | |
|---|---|---|---|---|---|---|---|
| 167,079.390 | 151,565.841 | 10·77 | 1862⁷/₂₄ —1593¹/₆ [¹] | ²) 93·45 | 4 | 4 | ¹) Nominal 600 fl. Conventionsmünze. |
| 166,801.755 | 126,662.029 | 4·17 | 1656¹/₁₀ —1539⁵/₆ | 84·00 | „ | „ | 1855: { 700 „ |
| 173,410.105 | 115,167.290 | 2·97 | 1671¹/₂ —1595¹/₈ | 73·50 | „ | „ | 735 „ österreichischer Währung. |
| 179,386.560 | 112,020.841 | 2·66 | 1677⁵/₈ —1617⁵/₈ | 72·45 | „ | „ | 1869: 600 „ |
| 197,754.625 | 108,845.390 | 2·32 | 1647¹/₁₆ —1600⁵/₈ | 72·70 | „ | „ | Die Notierung versteht sich für den höchsten |
| 214,760.790 | 119,608.811 | 2·26 | 1651⁵/₈ —1604¹²/₁₆ | 75·60 | „ | „ | und niedrigsten Curs im Jahre. |
| 213,690.055 | 128,736.578 | 2·46 | 1588⁵/₃₂ —1560¹¹/₁₆ | 57·15 | „ | „ | ²) Gesammtdividende notiert in österreichischer |
| 218,971.125 | 148,730.556 | 3·12 | 1621⁵/₁₆ —1568¹⁹/₃₂ | 92·40 | „ | „ | Währung |
| 214,146.440 | 149,088.089 | 3·29 | . . . . | . . . | | | ³) März 1848: |
| 222,976.504 | 193,550.559 | 7·33 | 1574⁹/₁₆ — 858¹/₁₆ | 68·25 | | | 219·0 M. Gulden C.-M. Notenumlauf. |
| 200,600.000 | 173,000.000 | 7·27 | | | | | 53·8 M. Gulden Disconte-Conto. |
| 222,976.504 | 157,400.000 | | | | | | 65·0 „ Silber-Deckung. |
| 177,800.000 | 161,100.000 | | | | | | Zusammen 118·8 M. Gulden. |
| 250,477.658 | 220,412.835 | 8·33 | 1208¹²/₁₆ —1072¹⁵/₃₂ | 68·25 | 4 | 4 | 100·2 Rest durch Forderungen an den Staat gedeckt. |
| 247,300.000 | 220,500.000 | 9·23 | | | | | ⁴) Die eingeklammerte Summe ist die im Aus- |
| 259,000.000 | 227,000.000 | | | | | | weise der Bank vom 5. März 1848 angegebene, |
| 227,900.000 | 208,300.000 | | | | | | welche indes 43,830.927 fl. escomptierte An- |
| 255,367.231 | 223,064.097 | 7·90 | 1169⁷/₃₂ —1045²⁹/₃₂ | 68·25 | 4 | 4 | weisungen der k. k. Staats-Central-Cassa und |
| 247,150.000 | 215,860.000 | 7·89 | | | | | Credit-Cassenanweisungen begreift, welche |
| 255,900.000 | 223,000.000 | | | | | | regelmäßig von der Bank unter der Rubrik |
| 240,200.000 | 209,700.000 | | | | | | „Schuld des Staates" verrechnet sind. |
| 215,636.519 | 172,808.863 | 5·03 | 1271⁵/₃₂ —1139¹/₄ | 68·25 | 4 | 4 | |
| 237,800.000 | 197,000.000 | 5·83 | | | | | |
| 256,200.000 | 213,100.000 | | | | | | |
| 215,600.000 | 182,400.000 | | | | | | |
| 194,943.256 | 151,695.891 | 4·51 | 1374⁹/₁₆ —1235³/₁₆ | 73·50 | 4 | 4 | |
| 203,020.000 | 160,220.000 | 4·74 | | | | | |
| 212,000.000 | 168,400.000 | | | | | | |
| 199,100.000 | 156,900.000 | | | | | | |
| 188,309.217 | 143,427.563 | 4·18 | 1468¹/₂ —1294²⁵/₃₂ | 57·15 | 4 | 4 | |
| 193,900.000 | 150,000.000 | 4·42 | | | | | |
| 198,300.000 | 153,300.000 | | | | | | |
| 186,300.000 | 148,400.000 | | | | | | |
| 383,491.000 | 336,283.918 | 8·48 | 1329¹⁵/₃₂ —1183 — | 89·25 | 4 | 4 | |
| 286,098.000 | 241,648.000 | 6·43 | | | | | |
| 366,100.000 | 320,900.000 | | | | | | |
| 186,400.000 | 142,700.000 | | | | | | |
| 377,660.275 | 326,469.721 | 7·65 | 1042¹⁵/₁₆ — 916¹¹/₁₆ | 76·65 | 4 | 4 | |
| 388,890.000 | 341,010.000 | 8·12 | | | | | |
| 397,400.000 | 348,000.000 | | | | | | |
| 377,800.000 | 332,200.000 | | | | | | |
| 380,181.085 | 292,940.476 | 4·36 | 1125¹⁷/₃₂ — 936⁵/₈ | 63·00 | ⁵) 4—5 | ⁶) 4—5 | ⁵) Krise. |
| 376,400.000 | 309,310.000 | 5·61 | | | | | ⁶) Vom 21. September 1856 ab: 5%. |
| 386,800.000 | 299,559.391 | | | | | | |
| 386,600.000 | 315,700.000 | | | | | | |
| 363,460.789 | 285,437.769 | 3·91 | 1039¹⁷/₃₂ — 964⁷/₃₂ | 68·25 | 5 | 5 | |
| 385,200.000 | 290,110.000 | 4·1 | | | | | |
| 399,700.000 | 301,700.000 | | | | | | |
| 374,400.000 | 285,400.000 | | | | | | |
| 391,707.000 | 282,239.500 | 3·58 | . . . . | . . . | | | |
| 407,183.400 | 297,683.700 | 3·72 | . . . . | . . . | | | |
| 399,118.115 | 301,442.715 | 4·09 | . . . . | . . . | | | |
| 370,022.355 | 271,444.911 | 3·75 | 986²⁵/₃₂ — 949¹/₃₂ | 62·00 | 5 | 5 | |
| 381,200.000 | 277,160.000 | 3·66 | | | | | |
| 389,500.000 | 279,700.000 | | | | | | |
| 370,000.000 | 271,600.000 | | | | | | |

**Tabelle 82.** (Fortsetzung.)

| 1 | 2 | 3 | 4 | 5 | 6 | 7 | 8 | 9 |
|---|---|---|---|---|---|---|---|---|
| Jahre | Datum | Bankfond | Reservefond | Metall | Devisen | Escompte | Lombard | Schuld des Staates |
| | | | | | | | In österreichischer | |
| 1859 | 31. Jänner | . . . . . . | | 105,171.300 | . . . . . . | . . . . . . | . . . . . . | . . . . . . |
| | 28. Februar | | | 105,201.900 | | | | |
| | 28. März | | | 105,327.500 | | | | |
| | 25. April | | | 105,361.500 | | | | |
| | Ende des Jahres | 109,384.590 | 10,975.085 | 80,187.756 | 15,617.175 | 35,130.286 | 55,608.045 | 300,169.337 |
| | Durchschnittszahl | | | 88,100.000 | | | | |
| | Maximum | | | 105,300.000 | | | | |
| | Minimum | | | 76,700.000 | | | | |
| 1860 | Ende des Jahres | 109,384.590 | 10,972.243 | 89,167.926 | 6,335.309 | 58,165.743 | 54,234.080 | 257,054.159 |
| | Durchschnittszahl | | | 81,900.000 | | | | |
| | Maximum | | | 89,100.000 | | | | |
| | Minimum | | | 80,870.000 | | | | |
| 1861 | Ende des Jahres | 109,384.590 | 11,273.792 | 99,148.381 | 1,206.664 | 61,217.363 | 56,113.700 | 249,847.212 |
| | Durchschnittszahl | | | 92,250.000 | | | | |
| | Maximum | | | 99,100.000 | | | | |
| | Minimum | | | 89,400.000 | | | | |
| 1862 | Ende des Jahres | 109,384.590 | 12,176.535 | 105,071.147 | 353.661 | 66,919.225 | 53,484.800 | 217,289.244 |
| | Durchschnittszahl | | | 100,090.000 | | | | |
| | Maximum | | | 105,100.000 | | | | |
| | Minimum | | | 99,100.000 | | | | |
| 1863 | Ende des Jahres | 110,250.000 | 10,334.638 | 110,709.583 | 567.653 | 89,131.533 | 50,781.900 | 186,373.140 |
| | Durchschnittszahl | | | 106,640.000 | | | | |
| | Maximum | | | 111,000.000 | | | | |
| | Minimum | | | 105,000.000 | | | | |
| 1864 | Ende des Jahres | 110,250.000 | 11,267.900 | 112,191.238 | 5,172.480 | 95,535.775 | 51,447.400 | 175,907.181 |
| | Durchschnittszahl | | | 110,900.000 | | | | |
| | Maximum | | | 112,100.000 | | | | |
| | Minimum | | | 110,600.000 | | | | |
| 1865 | Ende des Jahres | 110,250.000 | 11,167.545 | 121,521.769 | 8,218.604 | 106,837.074 | 43,265.700 | 144,292.631 |
| | Durchschnittszahl | | | 117,700.000 | | | | |
| | Maximum | | | 121,500.000 | | | | |
| | Minimum | | | 115,200.000 | | | | |
| 1866 | Ende des Jahres | 110,250.000 | 13,915.859 | 104,008.582 | 43,535.643 | 39,884.710 | 30,848.500 | 140,000.000 |
| | Durchschnittszahl | | | 116,800.000 | | | | |
| | Maximum | | | 126,200.000 | | | | |
| | Minimum | | | 99,200.000 | | | | |
| 1867 | Ende des Jahres | 110,250.000 | 14,168.905 | 103,346.593 | 40,573.854 | 77,091.557 | 25,011.700 | 80,000.000 |
| | Durchschnittszahl | | | 104,100.000 | | | | |
| | Maximum | | | 108,300.000 | | | | |
| | Minimum | | | 103,100.000 | | | | |
| 1868 | Ende des Jahres | 90,000.000 | 14,585.704 | 108,642.872 | 35,678.388 | 81,955.008 | 37,789.995 | 80,000.000 |
| | Durchschnittszahl | | | 110,800.000 | | | | |
| | Maximum | | | 111,300.000 | | | | |
| | Minimum | | | 108,600.000 | | | | |
| 1869 | Ende des Jahres | 90,000.000 | 15,204.056 | 116,861.541 | 30,507.652 | 67,539.186 | 42,037.300 | 80,000.000 |
| | Durchschnittszahl | | | 113,600.000 | | | | |
| | Maximum | | | 126,300.000 | | | | |
| | Minimum | | | 108,600.000 | | | | |
| 1870 | Ende des Jahres | 90,000.000 | 15,494.284 | 114,327.175 | 33,054.330 | 109,694.405 | 41,259.200 | 80,000.000 |
| | Durchschnittszahl | | | 113,700.000 | | | | |
| | Maximum | | | 116,700.000 | | | | |
| | Minimum | | | 112,600.000 | | | | |
| 1871 | Ende des Jahres | 90,000.000 | 15,797.960 | 143,496.444 | 7,783.402 | 136,990.669 | 33,391.300 | 80,000.000 |
| | Durchschnittszahl | | | 125,100.000 | | | | |
| | Maximum | | | 146,700.000 | | | | |
| | Minimum | | | 114,500.000 | | | | |
| 1872 | Ende des Jahres | 90,000.000 | 16,519.523 | 143,933.325 | 4,747.448 | 167,199.761 | 28,622.500 | 80,000.000 |
| | Durchschnittszahl | | | 131,400.000 | | | | |
| | Maximum | | | 147,500.000 | | | | |
| | Minimum | | | 119,200.000 | | | | |
| 1873 | 13. Mai | | | 143,100.000 | | 173,585.000 | 32,500.000 | |
| | 6. October | | | 143,400.000 | | 126,137.000 | 35,600.000 | |
| | 11 November | | | 144,500.000 | | 195,067.000 | 58,500.000 | |
| | Ende des Jahres | 90,000.000 | 18,000.000 | 143,936.691 | 4,360.886 | 181,775.058 | 55,571.500 | 80,000.000 |
| | Durchschnittszahl | | | 144,200.000 | | | | |
| | Maximum | | | 146,400.000 | | | | |
| | Minimum | | | 142,200.000 | | | | |

| 10 Notenumlauf | 11 Vom Notenumlaufe absolut ungedeckt | 12 Auf 1 fl. Metall x fl. Noten | 13 Actiencurs | 14 Gesammt-dividende | 15 Escompte für Platzwechsel | 15 Lombard |
|---|---|---|---|---|---|---|
| | | | | | Zinsfuß | |

**Währung**

| 10 | 11 | 12 | 13 | 14 | 15 Escompte | 15 Lombard |
|---|---|---|---|---|---|---|
| 387,255.666 | 282,084.366 | 3·68 | | | | |
| 384,212.735 | 279,010.835 | 3·65 | | | | |
| 382,237.728 | 276,910.228 | 3·62 | | | | |
| 379,322.494 | 273,960.994 | 3·60 | | | | |
| 466,758.923 | 386,571.167 | 5·82 / 4·98 | 954·12—710·84 | 57·00 | 5 | 5 |
| 438,400.000 | 350,300.000 | | | | | |
| 481,300.000 | 376,000.000 | | | | | |
| 376,500.000 | 299,800.000 | | | | | |
| 474,861.562 | 385,693.636 | 5·32 / 5·65 | 873·52—739·28 | 56·00 | 5 | 5 |
| 463,400.000 | 381,500.000 | | | | | |
| 479,200.000 | 390,100.000 | | | | | |
| 444,800.000 | 363,930.000 | | | | | |
| 468,574.423 | 369,726.042 | 4·73 / 5·15 | 773·29—710·12 | 56·00 | 5·5 | 5·5 |
| 477,490.000 | 385,240.000 | | | | | |
| 487,900.000 | 388,800.000 | | | | | |
| 470,700.000 | 381,300.000 | | | | | |
| 426,877.276 | 321,806.129 | 4·06 / 4·45 | 846·55—773·56 | 56·00 | [1] 5·5—5 | 5·5 |
| 445,600.000 | 345,510.000 | | | | | |
| 466,100.000 | 361,000.000 | | | | | |
| 426,800.000 | 327,700.000 | | | | | |
| 396,655.626 | 285,946.043 | 3·57 / 3·73 | 817·56—781·11 | 53·80 | 5 | 5·5 |
| 397,700.000 | 291,060.000 | | | | | |
| 423,500.000 | 312,500.000 | | | | | |
| 386,700.000 | 281,700.000 | | | | | |
| 375,828.020 | 263,636.782 | 3·35 / 3·46 | 786·44—771·52 | 55·40 | 5 | 5·5 |
| 386,400.000 | 275,500.000 | | | | | |
| 398,900.000 | 286,800.000 | | | | | |
| 371,600.000 | 261,000.000 | | | | | |
| 351,100.755 | 239,578.986 | 2·89 / 2·99 | 804·65—761·18 | 53·10 | 5 | 5·5 |
| 350,400.000 | 232,700.000 | | | | | |
| 374,900.000 | 253,400.000 | | | | | |
| 338,400.000 | 223,200.000 | | | | | |
| 283,988.480 | 179,979.898 | 2·73 / 2·71 | 759·08—653·13 | 52·00 | [2] 5—4 | [3] 5·5—5 |
| 316,800.000 | 200,000.000 | | | | | |
| 373,100.000 | 246,900.000 | | | | | |
| 255,000.000 | 155,800.000 | | | | | |
| 247,031.120 | 138,674.527 | 2·28 / 2·34 | 755·08—676·25 | 48·00 | 4 | 5 |
| 243,800.000 | 139,700.000 | | | | | |
| 286,500.000 | 178,200.000 | | | | | |
| 204,600.000 | 101,500.000 | | | | | |
| 276,185.150 | 167,543.275 | 2·54 / 2·22 | 763·64—667·83 | 47·90 | 4 | [4] 5—4·5 |
| 245,700.000 | 134,900.000 | | | | | |
| 276,200.000 | 164,900.000 | | | | | |
| 224,000.000 | 115,400.000 | | | | | |
| 283,699.220 | 166,837.379 | 2·43 / 2·59 | 762·76—679·88 | 48·50 | [6] 4—5 | [7] 4·5—5·5 |
| 294,100.000 | 180,500.000 | | | | | |
| 312,500.000 | 186,200.000 | | | | | |
| 276,400.000 | 167,800.000 | | | | | |
| 296,693.160 | 182,565.985 | 2·60 / 2·53 | 734·60—675·07 | 52·50 | [9] 5—6 | [10] 5·5—6·5 |
| 287,800.000 | 174,100.000 | | | | | |
| 316,300.000 | 199,600.000 | | | | | |
| 260,800.000 | 148,200.000 | | | | | |
| 317,333.530 | 173,837.086 | 2·81 / 2·87 | 810·65—721·96 | 58·00 | [11] 6·5—6·5 | [12] 6·5—7·5 |
| 296,100.000 | 171,300.000 | | | | | |
| 334,800.000 | 188,100.000 | | | | | |
| 265,500.000 | 151,000.000 | | | | | |
| 318,865.470 | 175,232.142 | 2·23 / 2·35 | 982·79—833·00 | 64·60 | [13] 6—5 | [14] 7—6 |
| 309,100.000 | 177,700.000 | | | | | |
| 329,300.000 | 181,800.000 | | | | | |
| 290,400.000 | 171,300.000 | | | | | |
| | 329,800.000 | 186,700.000 → 2·30 | | | | |
| 296,900.000 | 153,500.000 | 2·07 | | | | |
| 373,000.000 | 228,500.000 | 2·58 | | | | |
| 358,942.580 | 215,105.889 | 2·49 / 2·32 | 996·08—939·78 | 67·00 | [16] 6—5 | [17] 7—6 |
| 334,900.000 | 190,700.000 | | | | | |
| 373,100.000 | 226,700.000 | | | | | |
| 293,800.000 | 151,600.000 | | | | | |

**Anmerkung**

1) Vom 17. Februar 1862 ab: 5%.
2) Vom 10. December 1866 ab: 4%.
3) Vom 10. December 1866 ab: 5%.
4) Vom 9. November 1868 ab: 4·5%.
5) Speculationskrise im September 1869.
6) Vom 27. August 1869 ab: 5%.
7) Vom 29. Juli 1869 ab: 5%. „ 27. August „ „ 5·5%.
8) Infolge des deutsch-französischen Krieges vom 26. Juli 1870 bis 11. März 1871 durch kaiserliche Verordnung gestattet, die Devisen in die Metallbedeckung einzurechnen.
9) Vom 22. Juli 1870 ab: 6%.
10) Vom 22. Juli 1870 ab: 6·5%.
11) Vom 18. Februar 1871 ab: 5%. „ 9. September „ „ 6%. „ 10. November „ „ 6½%. „ 15. December „ „ 6%.
12) Vom 18. Februar 1871 ab: 6%. „ 9. September „ „ 7%. „ 10. November „ „ 7·50%. „ 15. December „ „ 7%.
13) Vom 1. März 1872 ab: 5%. „ 5. Juli „ „ 6%.
14) Vom 1. März 1872 ab: 6%. „ 5. Juli „ „ 7%.
15) Maikrise. Suspension des §. 14 vom 13. Mai 1873 bis 11. November 1874. Der höchste Stand der Notenausgabe des Escompte und Lombard ist am 11. November 1873. Die Überschreitung der Notenausgabe: 28·5 Millionen; nach dem Status war die Überschreitung bis 51·8 Millionen möglich. Der geringste Stand des Notenumlaufes des Escompte und Lombard war am 22. resp. 30. September 1874.
16) Vom 21. März 1873 ab: 5%.
17) Vom 21. März 1873 ab: 6%.

16*

Tabelle 82. (Fortsetzung.)

| 1 | 2 | 3 | 4 | 5 | 6 | 7 | 8 | 9 |
|---|---|---|---|---|---|---|---|---|
| Jahre | Datum | Bankfond | Reservefond | Metall | Devisen | Escompte | Lombard | Schuld des Staates |
| | | | | | | | | In österreichischer |
| 1874 | 22. September | | | 143,779.000 | 4,293.000 | 122,266.000 | 32,500.000 | 80,000.000 |
| | Ende des Jahres | 90,000.000 | 18,011.512 | 139,368.689 | 4,538.302 | 142,185.922 | 35,477.500 | 80,000.000 |
| | Durchschnittszahl | | | 143,700.000 | | 144,398.000 | 39,895.000 | |
| | Maximum | | | 145,400.000 | | 181,775.000 | 55,571.000 | |
| | Minimum | | | 139,200.000 | | 122,267.000 | 35,344.000 | |
| 1875 | Ende des Jahres | 90,000.000 | 18,019.576 | 134,416.894 | 11,344.109 | 117,157.244 | 32,118.200 | 80,000.000 |
| | Durchschnittszahl | | | 138,852.846 | | 125,978.581 | 31,478.800 | |
| | Maximum | | | 143,195.086 | | 146,721.585 | 35,525.100 | |
| | Minimum | | | 134,416.894 | | 108,837.059 | 29,499.400 | |
| 1876 | Ende des Jahres | 90,000.000 | 17,815.425 | 136,607.783 | 11,139.397 | 135,591.771 | 29,011.300 | 80,000.000 |
| | Durchschnittszahl | | | 136,337.858 | | 115,097.000 | 28,729.700 | |
| | Maximum | | | 136,607.783 | | 148,268.000 | 32,391.400 | |
| | Minimum | | | 134,416.894 | | 98,326.000 | 26,414.000 | |
| 1877 | Ende des Jahres | 90,000.000 | 18,101.156 | 137,453.688 | 11,314.604 | 113,053.675 | 28,258.300 | 80,000.000 |
| | Durchschnittszahl | | | 136,630.396 | | 112,708.000 | 28,248.100 | |
| | Maximum | | | 137,453.688 | | 142,386.000 | 30,830.800 | |
| | Minimum | | | 136,607.783 | | 91,450.000 | 27,216.700 | |
| 1878 | Ende des Jahres | 90,000.000 | 18,104.461 | 153,860.372 | 11,549.570 | 109,181.775 | 32,018.700 | 79,748.918 |
| | Durchschnittszahl | | | 139,665.038 | | 106,465.000 | 27,431.900 | |
| | Maximum | | | 153,860.872 | | 143,129.134 | 33,768.900 | |
| | Minimum | | | 137,452.078 | | 85,511.794 | 24,623.400 | |
| 1879 | Ende des Jahres | 90,000.000 | 18,162.060 | 164,245.662 | 20,346.909 | 117,531.466 | 24,081.300 | 79,748.918 |
| | Durchschnittszahl | | | 161,264.000 | | 96,793.000 | 25,169.000 | |
| | Maximum | | | 169,893.000 | | 127,534.625 | 31,626.000 | |
| | Minimum | | | 149,802.000 | | 75,269.750 | 22,833.000 | |
| 1880 | Ende des Jahres | 90,000.000 | 18,055.943 | 173,301.613 | 14,222.097 | 130,108.619 | 20,934.300 | 79,748.918 |
| | Durchschnittszahl | | | 168,559.000 | | 113,378.000 | 21,077.000 | |
| | Maximum | | | 178,169.000 | | 146,485.000 | 25,452.000 | |
| | Minimum | | | 163,684.000 | | 89,847.000 | 18,321.000 | |
| 1881 | Ende des Jahres | 90,000.000 | 18,049.213 | 190,850.359 | 10,522.776 | 156,544.544 | 21,901.500 | 79,748.918 |
| | Durchschnittszahl | | | 178,756.000 | | 123,202.000 | 19,338.000 | |
| | Maximum | | | 198,607.000 | | 156,544.000 | 23,738.000 | |
| | Minimum | | | 168,620.000 | | 103,035.000 | 16,615.000 | |
| 1882 | Ende des Jahres | 90,000.000 | 18,034.850 | 193,703.709 | *) 95.981 | 162,666.240 | 32,537.000 | 79,595.268 |
| | Durchschnittszahl | | | 182,641.000 | | 138,510.000 | 23,574.000 | |
| | Maximum | | | 194,525.000 | | 169,568.000 | 36,813.000 | |
| | Minimum | | | 173,256.000 | | 109,750.000 | 17,903.000 | |
| 1883 | Ende des Jahres | 90,000.000 | 18,054.934 | 199,378.865 | 1,560.645 | 168,345.057 | 30,034.800 | 79,446.302 |
| | Durchschnittszahl | | | 193,491.000 | | 144,182.000 | 24,511.000 | |
| | Maximum | | | 201,899.000 | | 175,922.000 | 31,686.000 | |
| | Minimum | | | 186,897.000 | | 122,896.000 | 21,870.000 | |
| 1884 | Ende des Jahres | 90,000.000 | 18,000.000 | 205,390.308 | 338.918 | 167,712.878 | 34,220.100 | 79,403.386 |
| | Durchschnittszahl | | | 191,768.000 | | 136,352.000 | 25,819.000 | |
| | Maximum | | | 205,390.300 | | 167,712.000 | 34,220.000 | |
| | Minimum | | | 184,807.000 | | **) 118,965.000 | 21,899.000 | |
| 1885 | Ende des Jahres | 90,000.000 | 18,089.115 | 198,796.035 | 10,242.126 | 136,442.984 | 27,216.700 | 79,403.386 |
| | Durchschnittszahl | | | 198,855.000 | | 117,486.000 | 26,740.000 | |
| | Maximum | | | 206,659.000 | | 161,841.000 | 34,388.000 | |
| | Minimum | | | 194,023.000 | | 96,381.000 | 23,932.000 | |
| 1886 | Ende des Jahres | 90,000.000 | 18,089.103 | 205,558.570 | 12,512.475 | 145,665.678 | 23,921.730 | 79,403.386 |
| | Durchschnittszahl | | | 200,002.000 | | 125,196.000 | 22,970.000 | |
| | Maximum | | | 205,802.000 | | 153,295.000 | 26,507.000 | |
| | Minimum | | | 194,686.000 | | 103,578.000 | 20,715.000 | |
| 1887 | Ende des Jahres | 90,000.000 | 18,484.970 | 216,129.892 | 8,204.613 | 159,832.744 | 25,753.970 | 79,403.386 |
| | Durchschnittszahl | | | 209,402.000 | | 129,069.000 | 24,688.000 | |
| | Maximum | | | 219,879.000 | | 183,306.000 | 29,640.000 | |
| | Minimum | | | 202,504.000 | | 108,296.000 | 20,875.000 | |
| 1888 | Ende des Jahres | 90,000.000 | 18,842.870 | 213,002.099 | 19,999.730 | 167,807.451 | 31,260.870 | 79,236.070 |
| | Durchschnittszahl | | | 211,693.000 | 18,444.000 | 141,712.000 | 23,303.000 | |
| | Maximum | | | 213,690.000 | 20,000.000 | 176,996.000 | 31,260.000 | |
| | Minimum | | | 203,221.000 | 12,580.000 | 115,439.000 | 20,842.000 | |
| 1889 | Ende des Jahres | 90,000.000 | 18,965.452 | 216,470.168 | 24,975.300 | 173,880.750 | 36,684.870 | 79,003.095 |
| | Durchschnittszahl | | | 213,948.000 | 24,194.000 | 149,220.000 | 22,659.000 | |
| | Maximum | | | 216,470.000 | 24,999.000 | 182,739.000 | 36,684.000 | |
| | Minimum | | | 210,109.000 | 20,271.000 | 119,220.000 | 19,634.000 | |
| 1890 | Ende des Jahres | 90,000.000 | 18,966.599 | 219,523.506 | 24,966.862 | 166,616.904 | 41,397.590 | 78,170.062 |
| | Durchschnittszahl | | | 218,136.000 | 24,987.000 | 156,726.000 | 24,654.000 | |
| | Maximum | | | 220,733.000 | 24,999.000 | 200,976.000 | 41,397.000 | |
| | Minimum | | | 215,888.000 | 24,946.000 | 133,722.000 | 17,999.000 | |
| 1891 | Ende des Jahres | 90,000.000 | 18,951.920 | 221,080.907 | 24,850.245 | 190,189.291 | 33,372.450 | 77,419.160 |
| | Durchschnittszahl | | | 220,198.000 | 24,981.000 | 158,629.000 | 24,711.000 | |
| | Maximum | | | 222,611.000 | 25,000.000 | 204,903.000 | 41,397.000 | |
| | Minimum | | | 218,346.000 | 24,750.000 | 133,655.000 | 19,353.000 | |

| 10 Notenumlauf | 11 Vom Notenumlaufe absolut ungedeckt | 12 Auf 1 fl. Metall x fl. Noten | 13 Actiencurs | 14 Gesammtdividende | 15 Zinsfuß — Escompte für Platzwechsel | 15 Zinsfuß — Lombard |
|---|---|---|---|---|---|---|
| **Währung** | | | | | | |
| 293,700.000 | | | | | | |
| 293,762.350 | 154,393.461 | 2·11 | 1007·08—965·75 | 80·50 | [1] 5—4·5 | 6 |
| 313,800.000 | 270,100.000 | 2·18 | | | | |
| 359,500.000 | 114,100.000 | | | | | |
| 293,200.000 | 154,000.000 | | | | | |
| 286,242.330 | 151,825.436 | 2·12 | 977·00—922·16 | 50·00 | [4] 4·5—5 | 6 |
| 286,100.000 | 147,247.654 | 2·06 | | | | |
| 322,900.000 | 178,904.934 | | | | | |
| 278,200.000 | 143,783.106 | | | | | |
| 295,910.060 | 159,302.277 | 2·17 | 889·54—819·91 | 45·00 | [5] 5—4·5 | 6 |
| 276,500.000 | 140,162.142 | 2·03 | | | | |
| 313,400.000 | 176,792.217 | 2·29 | | | | |
| 270,600.000 | 136,183.106 | | | | | |
| 282,267.900 | 144,815.213 | 2·05 | 855·79—766·42 | 47·00 | 4·5 | 6 |
| 282,000.000 | 145,369.604 | 2·05 | | | | |
| 307,400.000 | 169,946.312 | | | | | |
| 262,600.000 | 125,992.227 | | | | | |
| 288,799.000 | 134,934.628 | 1·88 | 834·96—783·91 | 44·00 | 4·5 | 6 |
| 278,700.000 | 139,034.962 | 1·99 | | | | |
| 322,600.000 | 168,739.628 | | | | | |
| 257,600.000 | 120,147.922 | | | | | |
| 316,759.200 | 152,513.736 | 1·93 | 843·50—783·56 | 39·00 | [4] 4·5—4 | [5] 6—5·5 |
| 293,900.000 | 134,636.000 | 1·83 | | | | |
| 341,500.000 | 171,607.000 | | | | | |
| 273,100.000 | 123,298.000 | | | | | |
| 328,622.890 | 155,321.277 | 1·89 | 841·52—816·65 | 38·30 | 4 | 5·5 |
| 316,600.000 | 148,041.000 | 1·88 | | | | |
| 352,000.000 | 173,831.000 | | | | | |
| 296,000.000 | 132,316.000 | | | | | |
| 354,207.560 | 163,351.201 | 1·85 | 842·48—810·69 | 39·00 | 4 | 5·5 |
| 327,200.000 | 148,444.000 | 1·83 | | | | |
| 366,100.000 | 167,493.000 | | | | | |
| 307,800.000 | 139,180.000 | | | | | |
| 366,633.710 | 174,894.001 | 1·90 | 833·33—814·91 | 43·00 | [7] 4—5 | [8] 5·5—5—6 |
| 345,200.000 | 162,563.000 | 1·89 | | | | |
| 380,500.000 | 186,025.000 | | | | | |
| 320,000.000 | 146,744.000 | | | | | |
| 390,457.420 | 181,078.552 | 1·91 | 839·37—828·57 | 43·00 | [9] 5—4 | [10] 6—5 |
| 357,700.000 | 164,209.000 | 1·85 | | | | |
| 389,300.000 | 187,401.000 | | | | | |
| 341,800.000 | 154,913.000 | | | | | |
| 375,725.030 | 170,334.722 | 1·83 | 871·91—815·16 | 42·30 | 4 | 5 |
| 358,400.000 | 166,637.000 | 1·87 | | | | |
| 382,700.000 | 177,309.700 | | | | | |
| 336,900.000 | 152,093.000 | | | | | |
| 363,603.020 | 164,806.985 | 1·83 | 872·76—855·17 | 38·70 | 4 | 5 |
| 347,300.000 | 148,445.000 | 1·75 | | | | |
| 371,700.000 | 165,041.000 | | | | | |
| 330,000.000 | 135,977.000 | | | | | |
| 371,667.410 | 166,124.534 | 1·81 | [12] 879·00—881·00 | 38·60 | 4 | 5 |
| 356,500.000 | 156,498.000 | 1·78 | | | | |
| 384,400.000 | 178,598.000 | | | | | |
| 330,500.000 | 135,814.000 | | | | | |
| 391,138.520 | 175,005.628 | 1·51 | 844·00—846·00 | 39·80 | [13] 4—4·5 | [14] 5—5·5 |
| 365,900.000 | 156,498.000 | 1·75 | | | | |
| 400,700.000 | 180,821.000 | | | | | |
| 342,800.000 | 140,296.000 | | | | | |
| 425,673.720 | 212,671.621 | 2·00 | 881·00—883·00 | 43·10 | [15] 4·5—4—4·5 | [16] 5·5—5—5·5 |
| 384,587.000 | 172,894.000 | 1·81 | | | | |
| 428,046.000 | 214,356.000 | | | | | |
| 356,823.000 | 148,602.000 | | | | | |
| 434,678.000 | 215,204.432 | 2·01 | 919—921 | 43·50 | [17] 4·5—4—5 | [18] 5·5—5—6 |
| 399,286.000 | 185,338.000 | 1·86 | | | | |
| 440,930.000 | 224,460.000 | | | | | |
| 365,115.000 | 155,006.000 | | | | | |
| 445,934.240 | 226,410.731 | 2·03 | 990—994 | 47·30 | [19] 4—5 | [20] 5—6·5 |
| 415,570.000 | 197,434.000 | 1·90 | | | | |
| 471,376.000 | 250,643.000 | | | | | |
| 387,888.000 | 172,000.000 | | | | | |
| 455,141.223 | 234,141.223 | 2·06 | 1012—1016 | 46·70 | [21] 4—5 | [22] 5—6 |
| 421,099.000 | 200,901.000 | 1·91 | | | | |
| 466,687.000 | 244,076.000 | | | | | |
| 392,798.000 | 174,452.000 | | | | | |

**16. Anmerkung**

1) Vom 26. September 1874 ab: 4·5%.
2) Vom 5 November 1875 ab: 5%.
3) Vom 28. Jänner 1876 ab: 4·5%.
4) Vom 9. Mai 1879 ab: 4%.
5) Vom 9. Mai 1879 ab: 5·5%.
6) Realisierung des Devisenbesitzes aus Gründen innerer Geschäftsansprüche.
7) Vom 20. October 1882 ab: 5%.
8) Vom 14. April 1882 ab: 5%.
   „ 20. October „ „ 6%.
9) Vom 3. Februar 1883 ab: 4·5%.
   „ 23. „ „ „ 4%.
10) Vom 3. Februar 1883 ab: 5·5%.
    „ 23. „ „ „ 5%.
11) Von 1879—1885 wurden 4·608 Millionen Gulden Wechsel escomptiert. Der Verlust hiebei durch nothleidend werdender Wechsel betrug per eine Million 26 fl.
12) Von 1886 ab: Curs (Geld und Ware) am letzten December jedes Jahres.
13) Vom 7. October 1887 ab: 4·5%.
14) Vom 7. October 1887 ab: 5·5%.
15) Vom 11. Jänner 1888 ab: 4%.
    „ 11. September „ „ 4·5%.
16) Vom 11. Jänner 1888 ab: 5%.
    „ 11. September „ „ 5·5%.
17) Vom 25. Jänner 1889 ab: 4%.
    „ 6. November „ „ 5%.
18) Vom 25. Jänner 1889 ab: 5%.
    „ 6. November „ „ 6%.
19) Vom 24. Jänner 1890 ab: 4½%.
    „ 14. Februar „ „ 4%.
    „ 5. September „ „ 4½%.
    „ 3. October „ „ 5%.
    „ 17. „ „ „ 5½%.
20) Vom 24. Jänner 1890 ab: 5½%.
    „ 14. Februar „ „ 5%.
    „ 5. September „ „ 5½%.
    „ 3. Oktober „ „ 6%.
    „ 17. October „ „ 6½%.
21) Vom 9. Jänner 1890 ab: 4½%.
    „ 5. Februar „ „ 4%.
    „ 4 September „ „ 5%.
22) Vom 9. Jänner 1890 ab: 5½%.
    „ 5. Februar „ „ 4%.
    „ 4. September „ „ 6%.

# Österreichisch-ungarische Bank (Privilegierte österreichische Nationalbank).

### Übersicht in Perioden berechnet nach dem Stande am Ende jedes Jahres.

| 1 | 2 | 3 | 4 | 5 | 6 | 7 | 8 |
|---|---|---|---|---|---|---|---|
| Durchschnitt in den Perioden | Metall | Devisen | Escompte | Lombard | Notenumlauf | Vom Notenumlauf absolut ungedeckt | Auf 1 fl. Metall x fl. Noten |
| In Conventionsmünze | | | | | | | |
| 1840—1847 (8 Jahre) . . . . . . | 65,284.877·4 | . . . . . . | 27,189.861·25 | 12,849.950·0 | 191,456.800·6 | 126,171.923·2 | 2·93 |
| 1841—1850 (10 Jahre) . . . . . . | 59,955.936·2 | . . . . . . | 28,579.823·60 | 13,515.610·0 | 209,339.639·8 | 149,888.708·6 | 3·49 |
| 1848—1857 (10 Jahre) . . . . . . | 50,365.151·2 | . . . . . . | 55,969.414·50 | 40,661.560·0 | 285 274.352·4 | 234,909.201·2 | 5·66 |
| 1851—1858 (8 Jahre) . . . . . . | 63,679.383·0 | . . . . . . | 67,060.822·90 | 54,240.688·1 | 311,743.062·0 | 248,068.679·0 | 4·89 |
| In österreichischer Währung | | | | | | | |
| 1859—1865 (7 Jahre) . . . . . . | 102,571.114·8 | 5,358.078·0 | 78,276.414·1 | 52,133.660·7 | 422,993.797·9 | 320.422.683·6 | 4·12 |
| 1859—1870 (12 Jahre) . . . . . . | 105,848.788·6 | 18,652.117·7 | 75,674.980·4 | 45,156.860·0 | 362,395.309·6 | 256,546.571·0 | 3·42 |
| 1863—1870 (8 Jahre) . . . . . . | 112,076.206·6 | 25,039.075·5 | 85,833.406·0 | 40,305.211·9 | 313,921.441·4 | 201,845.234·8 | 2·80 |
| 1871—1880 (10 Jahre) . . . . . . | 146,952.136·4 | 10,134.672·6 | 135,977.616·0 | 31,947.270·0 | 308,700.551·0 | 161,748.414·6 | 2·10 |
| 1871—1877 (7 Jahre) . . . . . . | 139,780.531·0 | 7,889.735·7 | 141,993.442·9 | 34,635.500·0 | 307,546.317·1 | 167,815.786·1 | 2·20 |
| 1881—1885 (5 Jahre) . . . . . . | 197,632.255·8 | 4,552.089·2 | 158,542.740·2 | 29,200.020·0 | 368,525.348·0 | 170,893.092·2 | 1·86 |
| 1878—1887 (10 Jahre) . . . . . . | 190,125.769·4 | 8,959.611·0 | 146,403.418·3 | 27,270.000·0 | 353,963.896·0 | 163,837.626·6 | 1·86 |
| 1888—1891 (4 Jahre) . . . . . . | 217,519.192·5 | 23,698.059·2 | 175,874.099·0 | 35,678.945·0 | 440,377.195·0 | 222,858.002·5 | 2·02 |

**Tabelle 84.**

# Österreichisch-ungarische Bank (Privilegierte österreichische Nationalbank).

| Ende des Jahres | Zahl der Bankplätze | | | | | | | | | | | |
| --- | --- | --- | --- | --- | --- | --- | --- | --- | --- | --- | --- | --- |
| | Summen | | | | Hievon | | | | | | | |
| | | | | | in den im Reichsrathe vertretenen Königreichen und Ländern | | | | in den Ländern der ungarischen Krone | | | |
| | a) Hauptanstalten | b) Filialen | c) Nebenstellen | d) Zusammen | a) Hauptanstalten | b) Filialen | c) Nebenstellen | d) Zusammen | a) Hauptanstalten | b) Filialen | c) Nebenstellen | d) Zusammen |
| 1847 | 1 | 1 | .... | 2 | 1 | 1 | .... | 2 | .... | .... | .... | .... |
| 1848 | 1 | 1 | .... | 2 | 1 | 1 | .... | 2 | .... | .... | .... | .... |
| 1849 | 1 | 1 | .... | 2 | 1 | 1 | .... | 2 | .... | .... | .... | .... |
| 1850 | 1 | 1 | .... | 2 | 1 | 1 | .... | 2 | .... | .... | .... | .... |
| 1851 | 1 | 2 | .... | 3 | 1 | 1 | .... | 2 | .... | 1 | .... | 1 |
| 1852 | 1 | 3 | .... | 4 | 1 | 2 | .... | 3 | .... | 1 | .... | 1 |
| 1853 | 1 | 6 | .... | 7 | 1 | 5 | .... | 6 | .... | 1 | .... | 1 |
| 1854 | 1 | 9 | .... | 10 | 1 | 7 | .... | 8 | .... | 2 | .... | 2 |
| 1855 | 1 | 11 | .... | 12 | 1 | 9 | .... | 10 | .... | 2 | .... | 2 |
| 1856 | 1 | 17 | .... | 18 | 1 | 12 | .... | 13 | .... | 5 | .... | 5 |
| 1857 | 1 | 18 | .... | 19 | 1 | 13 | .... | 14 | .... | 5 | .... | 5 |
| 1858 | 1 | 19 | .... | 20 | 1 | 13 | .... | 14 | .... | 6 | .... | 6 |
| 1859 | 1 | 19 | .... | 20 | 1 | 13 | .... | 14 | .... | 6 | .... | 6 |
| 1860 | 1 | 19 | .... | 20 | 1 | 13 | .... | 14 | .... | 6 | .... | 6 |
| 1861 | 1 | 19 | .... | 20 | 1 | 13 | .... | 14 | .... | 6 | .... | 6 |
| 1862 | 1 | 19 | .... | 20 | 1 | 13 | .... | 14 | .... | 6 | .... | 6 |
| 1863 | 1 | 19 | .... | 20 | 1 | 13 | .... | 14 | .... | 6 | .... | 6 |
| 1864 | 1 | 20 | .... | 21 | 1 | 14 | .... | 15 | .... | 6 | .... | 6 |
| 1865 | 1 | 20 | .... | 21 | 1 | 14 | .... | 15 | .... | 6 | .... | 6 |
| 1866 | 1 | 20 | .... | 21 | 1 | 14 | .... | 15 | .... | 6 | .... | 6 |
| 1867 | 1 | 20 | .... | 21 | 1 | 14 | .... | 15 | .... | 6 | .... | 6 |
| 1868 | 1 | 20 | .... | 21 | 1 | 14 | .... | 15 | .... | 6 | .... | 6 |
| 1869 | 1 | 20 | .... | 21 | 1 | 14 | .... | 15 | .... | 6 | .... | 6 |
| 1870 | 1 | 20 | .... | 21 | 1 | 14 | .... | 15 | .... | 6 | .... | 6 |
| 1871 | 1 | 20 | .... | 21 | 1 | 14 | .... | 15 | .... | 6 | .... | 6 |
| 1872 | 1 | 20 | .... | 21 | 1 | 14 | .... | 15 | .... | 6 | .... | 6 |
| 1873 | 1 | 21 | .... | 22 | 1 | 15 | .... | 16 | .... | 6 | .... | 6 |
| 1874 | 1 | 23 | .... | 24 | 1 | 17 | .... | 18 | .... | 6 | .... | 6 |
| 1875 | 1 | 24 | .... | 25 | 1 | 18 | .... | 19 | .... | 6 | .... | 6 |
| 1876 | 1 | 24 | .... | 25 | 1 | 18 | .... | 19 | .... | 6 | .... | 6 |
| 1877 | 1 | 24 | .... | 25 | 1 | 18 | .... | 19 | .... | 6 | .... | 6 |
| 1878 | 2 | 23 | 1 | 26 | 1 | 18 | 1 | 20 | 1 | 5 | .... | 6 |
| 1879 | 2 | 35 | 2 | 39 | 1 | 23 | 1 | 25 | 1 | 12 | 1 | 14 |
| 1880 | 2 | 37 | 11 | 50 | 1 | 23 | 4 | 28 | 1 | 14 | 7 | 22 |
| 1881 | 2 | 38 | 20 | 60 | 1 | 23 | 10 | 34 | 1 | 15 | 10 | 26 |
| 1882 | 2 | 38 | 24 | 64 | 1 | 23 | 12 | 36 | 1 | 15 | 12 | 28 |
| 1883 | 2 | 38 | 24 | 64 | 1 | 23 | 12 | 36 | 1 | 15 | 12 | 28 |
| 1884 | 2 | 38 | 25 | 65 | 1 | 23 | 13 | 37 | 1 | 15 | 12 | 28 |
| 1885 | 2 | 38 | 29 | 69 | 1 | 23 | 16 | 40 | 1 | 15 | 13 | 29 |
| 1886 | 2 | 38 | 99 | 139 (141)[1] | 1 | 23 | 50 | 74 (75) | 1 | 15 | 49 | 65 (66) |
| 1887 | 2 | 45 | 131 | 178 (181)[2] | 1 | 28 | 72 | 101 (103) | 1 | 17 | 59 | 77 (78) |
| 1888 | 2 | 50 | 128 | 180 (183)[3] | 1 | 31 | 69 | 101 (103) | 1 | 19 | 59 | 79 (80) |
| 1889 | 2 | 50 | 132 | 184 (187)[4] | 1 | 31 | 70 | 102 (104) | 1 | 19 | 62 | 82 (83) |
| 1890 | 2 | 50 | 128 | 180 (183)[5] | 1 | 31 | 66 | 98 (100) | 1 | 19 | 62 | 82 (83) |
| 1891 | 2 | 54 | 128 | 184 (186)[6] | 1 | 33 | 63 | 97 (98) | 1 | 21 | 65 | 87 (88) |

1) Hievon vermitteln: 1 österreichische und 1 ungarische Nebenstelle den Verkehr für je zwei Plätze.
2) " " 2 " " 1 " " " " " "
3) " " 2 " " 1 " " " " " "
4) " " 2 " " 1 " " " " " "
5) " " 2 " " 1 " " " " " "
6) " " 1 " " 1 " " " " " "

# Österreichisch-ungarische Bank

## Gesammt-Dotation für das Escompte- und

### In Tausenden von

| Ende des Jahres | | Im Reichsrathe vertretene Königreiche und Länder | | | | | | | | | Länder | | |
| --- | --- | --- | --- | --- | --- | --- | --- | --- | --- | --- | --- | --- | --- |
| | | Wien | | | Filialen | | | Zusammen | | | Budapest | | |
| | | Dotation | Benützt | Unbenützt | Dotation | Benützt | Unbenützt | Dotation | Benützt | Unbenützt | Dotation | Benützt | Unbenützt |
| 1 | 2 | 3 | 4 | 5 | 6 | 7 | 8 | 9 | 10 | 11 | 12 | 13 | 14 |
| 1847 | Escompte | . . . . . | 42.843 | . . . . . | 2.100·0 | 793 | 1.307·0 | . . . . . | 43.636 | | | | |
| | Lombard . | . . . . . | | . . . . . | | | | | | | | | |
| | Zusammen . | . . . . . | 42.843 | . . . . . | 2.100·0 | 793 | 1.307·0 | . . . . . | 43.636 | | | | |
| 1848 | Escompte . | . . . . . | 31.665 | . . . . . | 3.150·0 | 639 | 2.511·0 | . . . . . | 32.304 | | | | |
| | Lombard . | . . . . . | | . . . . . | | | | | | | | | |
| | Zusammen . | . . . . . | 31.665 | . . . . . | 3.150·0 | 639 | 2.511·0 | . . . . . | 32.304 | | | | |
| 1849 | Escompte . | . . . . . | 30.588 | . . . . . | 2.100·0 | 814 | 1.286·0 | . . . . . | 31.402 | | | | |
| | Lombard . | . . . . . | | . . . . . | | | | | | | | | |
| | Zusammen . | . . . . . | 30.588 | . . . . . | 2.100·0 | 814 | 1.286·0 | . . . . . | 31.402 | | | | |
| 1850 | Escompte . | . . . . . | 36.144 | . . . . . | 2.100·0 | 1.374 | 726·0 | . . . . . | 37.518 | | | | |
| | Lombard . | . . . . . | | . . . . . | | | | | | | | | |
| | Zusammen . | . . . . . | 36.144 | . . . . . | 2.100·0 | 1.374 | 726·0 | . . . . . | 37.518 | | | | |
| 1851 | Escompte . | . . . . . | 42.800 | . . . . . | 2.100·0 | 2.133 | + 33·0 [a] | . . . . . | 44.933 | | | | |
| | Lombard . | . . . . . | | . . . . . | | | | | | | | | |
| | Zusammen . | . . . . . | 42.800 | . . . . . | 2.100·0 | 2.133 | + 33·0 | . . . . . | 44.933 | | | | |
| 1852 | Escompte . | . . . . . | 31.992 | . . . . . | 3.150·0 | 3.425 | + 275·0 | . . . . . | 35.417 | | | | |
| | Lombard . | . . . . . | | . . . . . | | | | | | | | | |
| | Zusammen . | . . . . . | 31.992 | . . . . . | 3.150·0 | 3.425 | + 275·0 | . . . . . | 35.417 | | | | |
| 1853 | Escompte . | . . . . . | 45.982 | . . . . . | 7.875·0 | 6.797 | 1.078·0 | . . . . . | 52.779 | | | | |
| | Lombard . | . . . . . | | . . . . . | | | | | | | | | |
| | Zusammen . | . . . . . | 45.982 | . . . . . | 7.875·0 | 6.797 | 1.078·0 | . . . . . | 52.779 | | | | |
| 1854 | Escompte . | . . . . . | 57.998 | . . . . . | 14.962·5 | 13.938 | 1.024·5 | . . . . . | 71.936 | | | | |
| | Lombard . | . . . . . | 41.164 | . . . . . | 15.015·0 | 9.066 | 5.949·0 | | 50.230 | | | | |
| | Zusammen . | . . . . . | 99.162 | . . . . . | 29.977·5 | 23.004 | 6.973·5 | . . . . . | 122.166 | | | | |
| 1855 | Escompte . | . . . . . | 69.349 | . . . . . | 17.535·0 | 16.524 | 1.011·0 | . . . . . | 85.873 | | | | |
| | Lombard . | . . . . . | 66.549 | . . . . . | 20.685·0 | 15.477 | 5.208·0 | | 82.026 | | | | |
| | Zusammen . | . . . . . | 135.898 | . . . . . | 38.220·0 | 32.001 | 6.219·0 | . . . . . | 167.899 | | | | |
| 1856 | Escompte . | . . . . . | 64.961 | . . . . . | 20.107·5 | 17.399 | 2.708·5 | . . . . . | 82.360 | | | | |
| | Lombard . | . . . . . | 78.171 | . . . . . | 20.716·0 | 12.228 | 8.488·0 | | 90.399 | | | | |
| | Zusammen . | . . . . . | 143.132 | . . . . . | 40.823·5 | 29.627 | 11.196·5 | . . . . . | 172.759 | | | | |
| 1857 | Escompte . | . . . . . | 58.887 | . . . . . | 22.123·5 | 18.705 | 3.418·5 | . . . . . | 77.592 | | | | |
| | Lombard . | . . . . . | 78.550 | . . . . . | 20.715·0 | 11.372 | 9.343·0 | | 89.922 | | | | |
| | Zusammen . | . . . . . | 137.437 | . . . . . | 42.838·5 | 30.077 | 12.761·5 | . . . . . | 167.514 | | | | |

# (Privilegierte österreichische Nationalbank).

## Lombard-Geschäft und deren Benützung 1847—1891.

Gulden österr. Währ.

| der ungarischen Krone | | | | | | Österr.-ungar. Monarchie | | | Reserve des Generalrathes aus dem Banknotencontingente | Summe des Escompte- und Lombardgeschäftes am Ende des Jahres | Anmerkung |
|---|---|---|---|---|---|---|---|---|---|---|---|
| Filialen | | | Zusammen | | | Totale[1] | | | | | |
| Dotation | Benützt | Unbenützt | Dotation | Benützt | Unbenützt | Dotation | Benützt | Unbenützt | | | |
| 15 | 16 | 17 | 18 | 19 | 20 | 21 | 22 | 23 | 24 | 25 | 26 |
| . . . . | . . . . | . . . . | . . . . | . . . . | . . . . | 2.100·0 | 793 | 1.307·0 | . . . . . | 43.636 | [1]) Bis zum Jahre 1876 ist für die Direction Wien eine Dotation nicht ausgewiesen, daher sich das Totale nur auf die Filialen bezieht. |
| . . . . | . . . . | . . . . | . . . . | . . . . | . . . . | 2.100·0 | 793 | 1.307·0 | . . . . . | 43.636 | |
| . . . . | . . . . | . . . . | . . . . | . . . . | . . . . | 3.150·0 | 639 | 2.511·0 | . . . . . | 32.304 | [2]) Die Beisetzung des Pluszeichens in der Colonne für den Betrag der unbenützten Dotation bedeutet, daß eine um den auf das Pluszeichen folgenden Betrag die Dotation übersteigende geschäftliche Verwendung stattfand. |
| . . . . | . . . . | . . . . | . . . . | . . . . | . . . . | 3.150·0 | 639 | 2.511·0 | . . . . . | 32.304 | |
| . . . . | . . . . | . . . . | . . . . | . . . . | . . . . | 2.100·0 | 814 | 1.286·0 | . . . . . | 31.402 | |
| . . . . | . . . . | . . . . | . . . . | . . . . | . . . . | 2.100·0 | 814 | 1.286·0 | . . . . . | 31.402 | |
| . . . . | . . . . | . . . . | . . . . | . . . . | . . . . | 2.100·0 | 1.374 | 726·0 | . . . . . | 37.518 | |
| . . . . | . . . . | . . . . | . . . . | . . . . | . . . . | 2.100·0 | 1.374 | 726·0 | . . . . . | 37.518 | |
| 2.100·0 | 970 | 1.130·0 | . . . . | . . . . | . . . . | 4.200·0 | 3.103 | 1.097·0 | . . . . . | 45.903 | |
| 2.100·0 | 970 | 1.130·0 | . . . . | . . . . | . . . . | 4.200·0 | 3.103 | 1.097·0 | . . . . . | 45.903 | |
| 2.100·0 | 1.897 | 203·0 | . . . . | . . . . | . . . . | 5.250·0 | 5.322 + | 72·0 | . . . . . | 37.314 | |
| 2.100·0 | 1.897 | 203·0 | . . . . | . . . . | . . . . | 5.250·0 | 5.322 + | 72·0 | . . . . . | 37.314 | |
| 2.625·0 | 2.529 | 96·0 | . . . . | . . . . | . . . . | 10.500·0 | 9.326 | 1.174·0 | . . . . . | 55.308 | |
| 2.625·0 | 2.529 | 96·0 | . . . . | . . . . | . . . . | 10.500·0 | 9.326 | 1.174·0 | . . . . . | 55.308 | |
| 4.725·0 | 4.129 | 596·0 | . . . . | . . . . | . . . . | 19.687·5 | 18.067 | 1.620·5 | . . . . . | 76.065 | |
| 4.305·0 | 366 | 3.939·0 | . . . . | . . . . | . . . . | 19.320·0 | 9.432 | 9.888·0 | . . . . . | 50.596 | |
| 9.030·0 | 4.495 | 4.535·0 | . . . . | . . . . | . . . . | 39.007·5 | 27.499 | 11.508·5 | . . . . . | 126.661 | |
| 4.987·5 | 4.422 | 565·5 | . . . . | . . . . | . . . . | 22.522·5 | 20.946 | 1.576·5 | . . . . . | 90.295 | |
| 4.305·0 | 965 | 3.340·0 | . . . . | . . . . | . . . . | 24.990·0 | 16.442 | 8.548·0 | . . . . . | 82.991 | |
| 9.292·5 | 5.387 | 3.905·5 | . . . . | . . . . | . . . . | 47.512·5 | 37.388 | 10.124·5 | . . . . . | 173.286 | |
| 6.825·0 | 5.845 | 980·0 | . . . . | . . . . | . . . . | 26.932·5 | 23.244 | 3.688·5 | . . . . . | 88.205 | |
| 4.410·0 | 595 | 3.815·0 | . . . . | . . . . | . . . . | 25.126·0 | 12.823 | 12.303·0 | . . . . . | 90.994 | |
| 11.235·0 | 6.440 | 4.795·0 | . . . . | . . . . | . . . . | 52.058·5 | 36.067 | 15.991·5 | . . . . . | 179.199 | |
| 6.825·0 | 5.237 | 1.588·0 | . . . . | . . . . | . . . . | 28.948·5 | 23.942 | 5.006·5 | . . . . . | 82.829 | |
| 4.410·0 | 598 | 3.812·0 | . . . . | . . . . | . . . . | 25.125·0 | 11.970 | 13.155·0 | . . . . . | 90.520 | |
| 11.235·0 | 5.835 | 5.400·0 | . . . . | . . . . | . . . . | 54.073·5 | 35.912 | 18.161·5 | . . . . . | 173.349 | |

| | | Im Reichsrathe vertretene Königreiche und Länder | | | | | | | | | Länder | | |
| | | Wien | | | Filialen | | | Zusammen | | | Budapest | | |
| Ende des Jahres | | Dotation | Benützt | Unbenützt | Dotation | Benützt | Unbenützt | Dotation | Benützt | Unbenützt | Dotation | Benützt | Unbenützt |
|---|---|---|---|---|---|---|---|---|---|---|---|---|---|
| 1 | 2 | 3 | 4 | 5 | 6 | 7 | 8 | 9 | 10 | 11 | 12 | 13 | 14 |
| 1858 | Escompte | | 57.285 | | 20.538·0 | 17.904 | 2.634·0 | | 75.189 | | | | |
| | Lombard | | 72.715 | | 7.767·0 | 7.767 | | | 80.482 | | | | |
| | Zusammen | | 130.000 | | 28.305·0 | 25.671 | 2.634·0 | | 155.671 | | | | |
| 1859 | Escompte | | 17.363 | | 22.290·0 | 12.714 | 9.576·0 | | 30.077 | | | | |
| | Lombard | | 52.201 | | 3.074·0 | 3.074 | | | 55.275 | | | | |
| | Zusammen | | 69.564 | | 25.364·0 | 15.788 | 9.576·0 | | 85.352 | | | | |
| 1860 | Escompte | | 35.223 | | 22.270·0 | 17.459 | 4.811·0 | | 52.682 | | | | |
| | Lombard | | 49.906 | | 7.828·0 | 3.758 | 4.070·0 | | 53.664 | | | | |
| | Zusammen | | 85.129 | | 30.098·0 | 21.217 | 8.881·0 | | 106.346 | | | | |
| 1861 | Escompte | | 36.876 | | 21.700·0 | 18.491 | 3.209·0 | | 55.367 | | | | |
| | Lombard | | 51.040 | | 7.828·0 | 4.213 | 3.615·0 | | 55.253 | | | | |
| | Zusammen | | 87.916 | | 29.528·0 | 22.704 | 6.824·0 | | 110.620 | | | | |
| 1862 | Escompte | | 45.579 | | 21.850·0 | 16.556 | 5.294·0 | | 62.135 | | | | |
| | Lombard | | 47.224 | | 8.217·5 | 5.396 | 2.821·5 | | 52.620 | | | | |
| | Zusammen | | 92.803 | | 30.067·5 | 21.952 | 8.115·5 | | 114.755 | | | | |
| 1863 | Escompte | | 67.678 | | 22.450·0 | 15.799 | 6.651·0 | | 83.477 | | | | |
| | Lombard | | 45.019 | | 8.770·0 | 4.662 | 4.108·0 | | 49.681 | | | | |
| | Zusammen | | 112.697 | | 31.220·0 | 20.461 | 10.759·0 | | 133.158 | | | | |
| 1864 | Escompte | | 76.853 | | 23.150·0 | 13.095 | 10.055·0 | | 89.948 | | | | |
| | Lombard | | 44.508 | | 8.980·0 | 5.405 | 3.575·0 | | 49.913 | | | | |
| | Zusammen | | 121.361 | | 32.130·0 | 18.500 | 13.630·0 | | 139.861 | | | | |
| 1865 | Escompte | | 84.300 | | 22.000·0 | 16.822 | 5.178·0 | | 101.122 | | | | |
| | Lombard | | 35.956 | | 8.931·7 | 5.859 | 3.072·7 | | 41.815 | | | | |
| | Zusammen | | 120.256 | | 30.931·7 | 22.681 | 8.250·7 | | 142.937 | | | | |
| 1866 | Escompte | | 24.107 | | 24.850·0 | 9.731 | 15.119·0 | | 33.838 | | | | |
| | Lombard | | 23.940 | | 9.049·2 | 5.614 | 3.435·2 | | 29.554 | | | | |
| | Zusammen | | 48.047 | | 33.899·2 | 15.345 | 18.554·2 | | 63.392 | | | | |
| 1867 | Escompte | | 52.607 | | 27.200·0 | 15.713 | 11.487·0 | | 68.320 | | | | |
| | Lombard | | 18.662 | | 9.021·2 | 5.172 | 3.849·2 | | 23.834 | | | | |
| | Zusammen | | 71.269 | | 36.221·2 | 20.885 | 15.336·2 | | 92.154 | | | | |
| 1868 | Escompte | | 48.298 | | 30.400·0 | 18.575 | 11.825·0 | | 66.873 | | | | |
| | Lombard | | 26.909 | | 11.943·2 | 8.345 | 3.598·2 | | 35.254 | | | | |
| | Zusammen | | 75.207 | | 42.343·2 | 26.920 | 15.423·2 | | 102.127 | | | | |
| 1869 | Escompte | | 48.162 | | 39.279·0 | 21.336 | 17.943·0 | | 69.498 | | | | |
| | Lombard | | 23.705 | | 15.245·0 | 13.098 | 2.147·0 | | 36.803 | | | | |
| | Zusammen | | 71.867 | | 54.524·0 | 34.434 | 20.090·0 | | 106.301 | | | | |
| 1870 | Escompte | | 66.279 | | 42.948·0 | 23.701 | 19.247·0 | | 89.980 | | | | |
| | Lombard | | 22.438 | | 15.577·0 | 12.601 | 2.976·0 | | 35.039 | | | | |
| | Zusammen | | 88.717 | | 58.525·0 | 36.302 | 22.223·0 | | 125.019 | | | | |
| 1871 | Escompte | | 86.250 | | 47.216·0 | 30.367 | 16.849·0 | | 116.617 | | | | |
| | Lombard | | 15.782 | | 14.969·0 | 11.413 | 3.556·0 | | 27.195 | | | | |
| | Zusammen | | 102.032 | | 62.185·0 | 41.780 | 20.405·0 | | 143.812 | | | | |
| 1872 | Escompte | | 104.276 | | 49.465·0 | 34.847 | 14.618·0 | | 139.123 | | | | |
| | Lombard | | 9.047 | | 14.931·0 | 12.326 | 2.605·0 | | 21.373 | | | | |
| | Zusammen | | 113.323 | | 64.396·0 | 47.173 | 17.223·0 | | 160.496 | | | | |
| 1873 | Escompte | | 108.805 | | 56.593·0 | 37.882 | 18.711·0 | | 146.687 | | | | |
| | Lombard | | 30.108 | | 18.300·0 | 14.958 | 3.342·0 | | 45.066 | | | | |
| | Zusammen | | 138.913 | | 74.893·0 | 52.840 | 22.053·0 | | 191.753 | | | | |
| 1874 | Escompte | | 78.657 | | 53.995 | 36.735 | 17.260 | | 110.392 | | | | |
| | Lombard | | 13.736 | | 16.678 | 12.196 | 4.482 | | 25.932 | | | | |
| | Zusammen | | 87.393 | | 70.673 | 48.931 | 21.742 | | 136.325 | | | | |

| der ungarischen Krone | | | Zusammen | | | Österr.-ungar. Monarchie Totale¹) | | | Reserve des Generalrathes aus dem Banknoten-contingente | Summe des Escompte- und Lombard-geschäftes am Ende des Jahres | Anmerkung |
|---|---|---|---|---|---|---|---|---|---|---|---|
| Filialen | | | | | | | | | | | |
| Dotation | Benützt | Unbenützt | Dotation | Benützt | Unbenützt | Dotation | Benützt | Unbenützt | | | |
| 15 | 16 | 17 | 18 | 19 | 20 | 21 | 22 | 23 | 24 | 25 | 26 |
| 7.140·0 | 5.446 | 1.694·0 | .... | .... | .... | 27.678·0 | 23.350 | 4.328·0 | .... | 80.635 | ¹) Siehe Anmerkung 1, Seite 117. |
| 512·0 | 512 | .... | .... | .... | .... | 8.279·0 | 8.279 | .... | | 80.994 | |
| **7.652·0** | **5.958** | **1.694·0** | .... | .... | .... | **35.957·0** | **31.629** | **4.328·0** | | **161.629** | |
| 7.510·0 | 5.053 | 2.457·0 | .... | .... | .... | 29.800·0 | 17.767 | 12.033·0 | .... | 35.130 | |
| 622·0 | 622 | .... | .... | .... | .... | 3.696·0 | 3.696 | .... | | 55.897 | |
| **8.132·0** | **5.675** | **2.457·0** | .... | .... | .... | **33.496·0** | **21.463** | **12.033·0** | | **91.027** | |
| 7.400·0 | 5.484 | 1.916·0 | .... | .... | .... | 29.670·0 | 22.943 | 6.727·0 | .... | 58.166 | |
| 2.200·0 | 754 | 1.446·0 | .... | .... | .... | 10.028·0 | 4.512 | 5.516·0 | | 54.418 | |
| **9.000·0** | **6.238** | **3.362·0** | .... | .... | .... | **39.698·0** | **27.455** | **12.243·0** | | **112.584** | |
| 7.200·0 | 5.851 | 1.349·0 | .... | .... | .... | 28.900·0 | 24.342 | 4.558·0 | .... | 61.218 | |
| 2.200·0 | 861 | 1.339·0 | .... | .... | .... | 10.028·0 | 5.074 | 4.954·0 | | 56.114 | |
| **9.300·0** | **6.712** | **2.688·0** | .... | .... | .... | **38.928·0** | **29.416** | **9.512·0** | | **117.332** | |
| 6.600·0 | 4.784 | 1.816·0 | .... | .... | .... | 28.450·0 | 21.340 | 7.110·0 | .... | 66.919 | |
| 2.200·0 | 864 | 1.336·0 | .... | .... | .... | 10.417·5 | 6.260 | 4.157·5 | | 53.484 | |
| **8.800·0** | **5.648** | **3.152·0** | .... | .... | .... | **38.867·5** | **27.600** | **11.267·5** | | **120.403** | |
| 6.700·0 | 5.655 | 1.045·0 | .... | .... | .... | 29.150·0 | 21.454 | 7.696·0 | .... | 89.132 | |
| 2.300·0 | 1.100 | 1.200·0 | .... | .... | .... | 11.070·0 | 5.762 | 5.308·0 | | 50.781 | |
| **9.000·0** | **6.755** | **2.245·0** | .... | .... | .... | **40.220·0** | **27.216** | **13.004·0** | | **139.913** | |
| 6.800·0 | 5.586 | 1.214·0 | .... | .... | .... | 29.950·0 | 18.681 | 11.269·0 | .... | 95.534 | |
| 2.400·0 | 1.534 | 866·0 | .... | .... | .... | 11.380·0 | 6.939 | 4.441·0 | | 51.447 | |
| **9.200·0** | **7.120** | **2.080·0** | .... | .... | .... | **41.330·0** | **25.620** | **15.710·0** | | **146.981** | |
| 6.800·0 | 5.716 | 1.084·0 | .... | .... | .... | 28.800·0 | 22.538 | 6.262·0 | .... | 106.838 | |
| 2.400·0 | 1.450 | 950·0 | .... | .... | .... | 11.331·7 | 7.309 | 4.022·7 | | 43.265 | |
| **9.200·0** | **7.166** | **2.034·0** | .... | .... | .... | **40.131·7** | **29.847** | **10.284·7** | | **150.103** | |
| 6.830·0 | 5.047 | 1.783·0 | .... | .... | .... | 31.680·0 | 14.778 | 16.902·0 | .... | 38.885 | |
| 2.500·0 | 1.293 | 1.207·0 | .... | .... | .... | 11.549·2 | 6.907 | 4.642·2 | | 30.847 | |
| **9.330·0** | **6.340** | **2.990·0** | .... | .... | .... | **43.229·2** | **21.685** | **21.544·2** | | **69.732** | |
| 12.980·0 | 8.772 | 4.208·0 | .... | .... | .... | 40.180·0 | 24.485 | 15.695·0 | .... | 77.092 | |
| 2.500·0 | 1.178 | 1.322·0 | .... | .... | .... | 11.521·2 | 6.350 | 5.171·2 | | 25.012 | |
| **15.480·0** | **9.950** | **5.530·0** | .... | .... | .... | **51.701·2** | **30.835** | **20.866·2** | | **102.104** | |
| 18.220·0 | 15.082 | 3.138·0 | .... | .... | .... | 48.620·0 | 33.657 | 14.963·0 | .... | 81.955 | |
| 4.000·0 | 2.537 | 1.463·0 | .... | .... | .... | 15.943·2 | 10.882 | 5.061·2 | | 37.791 | |
| **22.220·0** | **17.619** | **4.601·0** | .... | .... | .... | **64.563·2** | **44.539** | **20.024·2** | | **119.746** | |
| 28.566·0 | 18.041 | 10.525·0 | .... | .... | .... | 67.855·0 | 39.377 | 28.468·0 | .... | 87.539 | |
| 7.350·0 | 5.234 | 2.116·0 | .... | .... | .... | 22.595·0 | 18.332 | 4.263·0 | | 42.037 | |
| **35.916·0** | **23.275** | **12.641·0** | .... | .... | .... | **90.440·0** | **57.709** | **32.731·0** | | **129.576** | |
| 28.570·0 | 19.714 | 8.856·0 | .... | .... | .... | 71.518·0 | 43.415 | 28.103·0 | .... | 109.694 | |
| 7.300·0 | 6.220 | 1.080·0 | .... | .... | .... | 22.877·0 | 18.821 | 4.056·0 | | 41.259 | |
| **35.870·0** | **25.934** | **9.936·0** | .... | .... | .... | **94.395·0** | **62.236** | **32.159·0** | | **150.953** | |
| 28.670·0 | 20.364 | 8.306·0 | .... | .... | .... | 75.886·0 | 50.731 | 25.155·0 | .... | 136.981 | |
| 7.200·0 | 6.195 | 1.005·0 | .... | .... | .... | 22.169·0 | 17.608 | 4.561·0 | | 33.390 | |
| **35.870·0** | **26.559** | **9.311·0** | .... | .... | .... | **98.055·0** | **68.339** | **29.716·0** | | **170.371** | |
| 32.170·0 | 28.077 | 4.093·0 | .... | .... | .... | 81.635·0 | 62.924 | 18.711·0 | .... | 167.200 | |
| 7.900·0 | 7.249 | 651·0 | .... | .... | .... | 22.831·0 | 19.575 | 3.256·0 | | 28.622 | |
| **40.070·0** | **35.326** | **4.744·0** | .... | .... | .... | **104.466·0** | **82.499** | **21.967·0** | | **195.822** | |
| 48.905·8 | 35.088 | 13.817·8 | .... | .... | .... | 105.498·8 | 72.970 | 32.528·8 | .... | 181.775 | |
| 11.199·5 | 10.505 | 694·5 | .... | .... | .... | 29.499·5 | 25.463 | 4.036·5 | | 55.571 | |
| **60.105·3** | **45.593** | **14.512·3** | .... | .... | .... | **134.998·3** | **98.433** | **36.565·3** | | **237.346** | |
| 44.240 | 31.804 | 12.436 | .... | .... | .... | 98.235 | 68.539 | 29.696 | .... | 142.196 | |
| 10.400 | 9.545 | 855 | .... | .... | .... | 27.078 | 21.741 | 5.337 | | 35.477 | |
| **54.640** | **41.349** | **13.291** | .... | .... | .... | **125.313** | **90.280** | **35.033** | | **177.673** | |

134

**Tabelle 85** (Fortsetzung).

| | | Im Reichsrathe vertretene Königreiche und Länder | | | | | | | | | Länder | | |
| | | Wien | | | Filialen | | | Zusammen | | | Budapest | | |
| Ende des Jahres | | Dotation | Benützt | Unbenützt | Dotation | Benützt | Unbenützt | Dotation | Benützt | Unbenützt | Dotation | Benützt | Unbenützt |
| 1 | 2 | 3 | 4 | 5 | 6 | 7 | 8 | 9 | 10 | 11 | 12 | 13 | 14 |
| 1875 | Escompte | . . . . | 51.109 | . . . . | 55.275 | 35.330 | 19.945 | . . . . | 86.439 | . . . . | . . . . | . . . . | . . . . |
| | Lombard . | | 12.967 | . . . . | 16.525 | 10.880 | 5.645 | . . . . | 23.847 | | | | |
| | Zusammen | . . . . | 64.076 | . . . . | 71.800 | 46.210 | 25.590 | . . . . | 110.286 | | | | |
| 1876 | Escompte | 70.009 | 67.250 | 2.759 | 52.855 | 41.500 | 11.355 | 122.864 | 108.750 | 14.114 | 33.965 | 22.909 | 11.056 |
| | Lombard . | 11.795 | 11.794 | 1 | 17.200 | 10.199 | 7.001 | 28.995 | 21.993 | 7.002 | 5.000 | 4.497 | 503 |
| | Zusammen | 81.804 | 79.044 | 2.760 | 70.055 | 51.699 | 18.356 | 151.859 | 130.743 | 21.116 | 38.965 | 27.406 | 11.559 |
| 1877 | Escompte | 72.272 | 48.053 | 24.219 | 52.330 | 38.861 | 13.469 | 124.602 | 86.914 | 37.688 | 33.965 | 21.654 | 12.311 |
| | Lombard . | 11.257 | 11.257 | . . . . | 16.000 | 10.795 | 5.205 | 27.257 | 22.052 | 5.205 | . . . . | 5.159 | + 159 |
| | Zusammen | 83.529 | 59.310 | 24.219 | 68.330 | 49.656 | 18.674 | 151.859 | 108.966 | 42.893 | 38.965 | 26.813 | 12.152 |
| 1878 | Escompte | 73.352 | 43.646 | 29.706 | 49.830 | 38.884 | 10.946 | 123.182 | 82.530 | 40.652 | 33.885 | 23.434 | 10.451 |
| | Lombard . | 13.457 | 13.456 | 1 | 15.300 | 11.622 | 3.678 | 28.757 | 25.078 | 3.679 | 5.000 | 4.707 | 293 |
| | Zusammen | 86.809 | 57.102 | 29.707 | 65.130 | 50.506 | 14.624 | 151.939 | 107.608 | 44.331 | 38.885 | 28.141 | 10.744 |
| 1879 | Escompte | 57.300 | 50.020 | 7.280 | 38.950 | 34.928 | 4.022 | 96.250 | 84.948 | 11.302 | 28.900 | 24.919 | 3.981 |
| | Lombard . | 15.100 | 10.323 | 4.777 | 13.650 | 8.379 | 5.271 | 28.750 | 18.702 | 10.048 | 5.000 | 3.283 | 1.717 |
| | Zusammen | 72.400 | 60.343 | 12.057 | 52.600 | 43.307 | 9.293 | 125.000 | 103.650 | 21.350 | 33.900 | 28.202 | 5.698 |
| 1880 | Escompte | 57.750 | 60.084 | + 2.334 | 45.300 | 39.108 | 6.192 | 103.050 | 99.192 | 3.858 | 30.000 | 26.390 | 3.610 |
| | Lombard . | 13.800 | 8.484 | 5.316 | 13.150 | 7.594 | 5.556 | 26.950 | 16.078 | 10.872 | 5.000 | 2.960 | 2.040 |
| | Zusammen | 71.550 | 68.568 | 2.982 | 58.450 | 46.702 | 11.748 | 130.000 | 115.270 | 14.730 | 35.000 | 29.350 | 5.650 |
| 1881 | Escompte | 65.950 | 72.739 | + 6.789 | 50.300 | 46.347 | 3.953 | 116.250 | 119.086 | + 2.836 | 27.000 | 23.053 | 3.947 |
| | Lombard . | 15.010 | 10.668 | 4.342 | 10.740 | 6.951 | 3.789 | 25.750 | 17.619 | 8.131 | 5.000 | 2.721 | 2.279 |
| | Zusammen | 80.960 | 83.407 | + 2.447 | 61.040 | 53.298 | 7.742 | 142.000 | 136.705 | 5.295 | 32.000 | 25.774 | 6.226 |
| 1882 | Escompte | 57.800 | 58.445 | + 645 | 61.150 | 59.783 | 1.367 | 118.950 | 118.228 | 722 | 34.400 | 29.432 | 4.968 |
| | Lombard . | 17.850 | 15.680 | 2.170 | 13.200 | 9.817 | 3.383 | 31.050 | 25.497 | 5.553 | 5.000 | 4.804 | 196 |
| | Zusammen | 75.650 | 74.125 | 1.525 | 74.350 | 69.600 | 4.750 | 150.000 | 143.725 | 6.275 | 39.400 | 34.236 | 5.164 |
| 1883 | Escompte | 65.050 | 64.325 | 725 | 60.950 | 57.284 | 3.666 | 126.000 | 121.609 | 4.391 | 32.900 | 31.209 | 1.691 |
| | Lombard . | 13.250 | 13.130 | 120 | 12.750 | 9.364 | 3.386 | 26.000 | 22.494 | 3.506 | 5.000 | 4.852 | 148 |
| | Zusammen | 78.300 | 77.455 | 845 | 73.700 | 66.648 | 7.052 | 152.000 | 144.103 | 7.897 | 37.900 | 36.061 | 1.839 |
| 1884 | Escompte | 65.000 | 61.855 | 3.145 | 58.550 | 53.683 | 4.867 | 123.550 | 115.538 | 8.012 | 31.850 | 31.873 | + 23 |
| | Lombard . | 15.300 | 14.887 | 413 | 15.150 | 12.350 | 2.800 | 30.450 | 27.237 | 3.213 | 5.000 | 4.330 | 670 |
| | Zusammen | 80.300 | 76.742 | 3.558 | 73.700 | 66.033 | 7.667 | 154.000 | 142.775 | 11.225 | 36.850 | 36.203 | 647 |
| 1885 | Escompte | 56.000 | 56.834 | + 834 | 41.950 | 37.101 | 4.849 | 97.950 | 93.935 | 4.015 | 28.100 | 23.127 | 4.973 |
| | Lombard . | 13.400 | 11.821 | 1.579 | 13.650 | 8.392 | 5.258 | 27.050 | 20.213 | 6.837 | 5.000 | 3.316 | 1.684 |
| | Zusammen | 69.400 | 68.655 | 745 | 55.600 | 45.493 | 10.107 | 125.000 | 114.148 | 10.852 | 33.100 | 26.443 | 6.657 |
| 1886 | Escompte | . . . . | 51.465 | . . . . | . . . . | 46.502 | . . . . | . . . . | 97.967 | . . . . | . . . . | 28.743 | . . . . |
| | Lombard . | | 9.875 | | | 8.447 | | | 18.322 | | | 2.883 | |
| | Zusammen | . . . . | 61.340 | . . . . | . . . . | 54.949 | . . . . | . . . . | 116.289 | . . . . | . . . . | 31.626 | . . . . |
| 1887 | Escompte | . . . . | 60.738 | . . . . | . . . . | 48.355 | . . . . | . . . . | 109.093 | . . . . | . . . . | 30.363 | . . . . |
| | Lombard . | | 9.089 | | | 8.776 | | | 17.865 | | | 4.119 | |
| | Zusammen | . . . . | 69.827 | . . . . | . . . . | 57.131 | . . . . | . . . . | 126.958 | . . . . | . . . . | 34.482 | . . . . |
| 1888 | Escompte | . . . . | 69.870 | . . . . | . . . . | 47.539 | . . . . | . . . . | 117.409 | . . . . | . . . . | 32.234 | . . . . |
| | Lombard . | | 16.958 | | | 7.987 | | | 24.945 | | | 3.512 | |
| | Zusammen | . . . . | 86.828 | . . . . | . . . . | 55.526 | . . . . | . . . . | 142.354 | . . . . | . . . . | 35.746 | . . . . |
| 1889 | Escompte | . . . . | 69.513 | . . . . | . . . . | 51.463 | . . . . | . . . . | 120.976 | . . . . | . . . . | 35.454 | . . . . |
| | Lombard . | | 22.709 | | | 7.813 | | | 30.522 | | | 3.360 | |
| | Zusammen | . . . . | 92.222 | . . . . | . . . . | 59.276 | . . . . | . . . . | 151.498 | . . . . | . . . . | 38.814 | . . . . |
| 1890 | Escompte | . . . . | 53.254 | . . . . | . . . . | 56.136 | . . . . | . . . . | 109.390 | . . . . | . . . . | 35.688 | . . . . |
| | Lombard . | | 23.308 | | | 8.869 | | | 32.177 | | | 5.798 | |
| | Zusammen | . . . . | 76.562 | . . . . | . . . . | 65.005 | . . . . | . . . . | 141.567 | . . . . | . . . . | 41.486 | . . . . |
| 1891 | Escompte | . . . . | 59.883 | . . . . | . . . . | 56.884 | . . . . | . . . . | 116.767 | . . . . | . . . . | 48.950 | . . . . |
| | Lombard . | | 15.768 | | | 11.719 | | | 27.487 | | | 2.732 | |
| | Zusammen | . . . . | 75.651 | . . . . | . . . . | 68.603 | . . . . | . . . . | 144.254 | . . . . | . . . . | 51.682 | . . . . |

| der ungarischen Krone | | | | | | Österr.-ungar. Monarchie | | | Reserve des Generalrathes aus dem Banknotencontingente | Summe des Escompte- und Lombardgeschäftes am Ende des Jahres | Anmerkung |
|---|---|---|---|---|---|---|---|---|---|---|---|
| Filialen | | | Zusammen | | | Totale[1] | | | | | |
| Dotation | Benützt | Unbenützt | Dotation | Benützt | Unbenützt | Dotation | Benützt | Unbenützt | | | |
| 15 | 16 | 17 | 18 | 19 | 20 | 21 | 22 | 23 | 24 | 25 | 26 |
| 41.095 | 30.718 | 10.377 | . . . . . | . . . . . | . . . . . | 96.370 | 66.048 | 30.322 | . . . . . | 117.157 | [1]) Siehe Anmerkung 1, Seite 117. |
| 9.200 | 8.271 | 929 | . . . . . | . . . . . | . . . . . | 25.725 | 19.151 | 6.574 | . . . . . | 32.118 | |
| **50.295** | **38.989** | **11.306** | . . . . . | . . . . . | . . . . . | **122.095** | **85.199** | **36.896** | . . . . . | **149.275** | |
| 6.376 | 3.932 | 2.444 | 40.341 | 26.841 | 13.500 | 163.205 | 135.591 | 27.614 | . . . . . | Siehe Colonne 22. | |
| 2.800 | 2.522 | 278 | 7.800 | 7.019 | 781 | 36.795 | 29.012 | 7.783 | . . . . . | | |
| **9.176** | **6.454** | **2.722** | **48.141** | **33.860** | **14.281** | **200.000** | **164.603** | **35.397** | . . . . . | | |
| 6.376 | 3.486 | 2.890 | 40.341 | 26 140 | 14.201 | 164.943 | 113.054 | 51.889 | . . . . . | | |
| 2.800 | 2.045 | 755 | 7.800 | 6.204 | 1.596 | 35.057 | 28.256 | 6.801 | . . . . . | | |
| **9.176** | **5.531** | **3.645** | **48.141** | **32.344** | **15.797** | **200.000** | **141.310** | **58.690** | . . . . . | | |
| 6.376 | 3.218 | 3.158 | 40.261 | 26.652 | 13.609 | 163.443 | 109.182 | 54.261 | . . . . . | | |
| 2 800 | 2.233 | 567 | 7.800 | 6.940 | 860 | 36.557 | 32.018 | 4.539 | . . . . . | | |
| **9.176** | **5.451** | **3.725** | **48.061** | **33.592** | **14.469** | **200.000** | **141 200** | **58.800** | . . . . . | | |
| 11.900 | 7.664 | 4.236 | 40.800 | 32.583 | 8.217 | 137.050 | 117.531 | 19.519 | . . . . . | | |
| 4.200 | 2.096 | 2.104 | 9.200 | 5.379 | 3.821 | 37.950 | 24.081 | 13.869 | . . . . . | | |
| **16.100** | **9.760** | **6.340** | **50.000** | **37 962** | **12.038** | **175 000** | **141.612** | **33.388** | **25.000** | | |
| 15.300 | 13.527 | 1.773 | 45.300 | 39.917 | 5.383 | 148.350 | 139.109 | 9.241 | . . . . . | | |
| 4.700 | 1.886 | 2.814 | 9.700 | 4.846 | 4.854 | 36.650 | 20.924 | 15.726 | . . . . . | | |
| **20.000** | **15.413** | **4.587** | **55.000** | **44.763** | **10.237** | **185.000** | **160.033** | **24.967** | **15.000** | | |
| 16.600 | 14.405 | 2.195 | 43.600 | 37.458 | 6.142 | 159.850 | 156.544 | 3.306 | . . . . . | | |
| 4.400 | 1.652 | 2.748 | 9.400 | 4.373 | 5.027 | 35 150 | 21.992 | 13.158 | . . . . . | | |
| **21.000** | **16.057** | **4.943** | **53.000** | **41.831** | **11.169** | **195.000** | **178.536** | **16.464** | **5.000** | | |
| 16.500 | 15.008 | 1.492 | 50.900 | 44.440 | 6.460 | 169.850 | 162.668 | 7.182 | . . . . . | | |
| 4.100 | 2.236 | 1.864 | 9.100 | 7.040 | 2.060 | 40.150 | 32.537 | 7.613 | . . . . . | | |
| **20.600** | **17.244** | **3.356** | **60.000** | **51.480** | **8.520** | **210.000** | **195.205** | **14.795** | . . . . . | | |
| 18.100 | 16.527 | 1.573 | 51.000 | 47.736 | 3.264 | 177.000 | 169.345 | 7.655 | . . . . . | | |
| 4.000 | 2.688 | 1.312 | 9.000 | 7.540 | 1.460 | 35.000 | 30.034 | 4.966 | . . . . . | | |
| **22.100** | **19.215** | **2.885** | **60.000** | **55.276** | **4.724** | **212.000** | **199.379** | **12.621** | . . . . . | | |
| 20.300 | 20.302 | + 2 | 52.150 | 52.175 | + 25 | 175.700 | 167.713 | 7.987 | . . . . . | | |
| 4.850 | 2.653 | 2.197 | 9.850 | 6.983 | 2.867 | 40.300 | 34 220 | 6.080 | . . . . . | | |
| **25.150** | **22.955** | **2.195** | **62.000** | **59.158** | **2.842** | **216.000** | **201.933** | **14.067** | . . . . . | | |
| 21.500 | 19.381 | 2.119 | 49.600 | 42.508 | 7.092 | 147.550 | 136.443 | 11.107 | . . . . . | | |
| 5.400 | 3.687 | 1.713 | 10.400 | 7.008 | 3.397 | 37.450 | 27.216 | 10.234 | . . . . . | | |
| **26.900** | **23.068** | **3.832** | **60.000** | **49.511** | **10.489** | **185.000** | **163.659** | **21.341** | **15.000** | | |
| . . . . . | 18.956 | . . . . . | . . . . . | 47.699 | . . . . . | . . . . . | 145.666 | . . . . . | . . . . . | | |
| . . . . . | 2.717 | . . . . . | . . . . . | 5.600 | . . . . . | . . . . . | 23.922 | . . . . . | . . . . . | | |
| . . . . . | **21.673** | . . . . . | . . . . . | **53.209** | . . . . . | . . . . . | **169.588** | . . . . . | . . . . . | | |
| . . . . . | 20.377 | . . . . . | . . . . . | 50.740 | . . . . . | . . . . . | 159.833 | . . . . . | . . . . . | | |
| . . . . . | 3.770 | . . . . . | . . . . . | 7.889 | . . . . . | . . . . . | 25.754 | . . . . . | . . . . . | | |
| . . . . . | **24.147** | . . . . . | . . . . . | **58.629** | . . . . . | . . . . . | **185.587** | . . . . . | . . . . . | | |
| . . . . . | 18.164 | . . . . . | . . . . . | 50.398 | . . . . . | . . . . . | 167.807 | . . . . . | . . . . . | | |
| . . . . . | 2.804 | . . . . . | . . . . . | 6.316 | . . . . . | . . . . . | 31.261 | . . . . . | . . . . . | | |
| . . . . . | **20.968** | . . . . . | . . . . . | **56.714** | . . . . . | . . . . . | **199.068** | . . . . . | . . . . . | | |
| . . . . . | 22.450 | . . . . . | . . . . . | 57.904 | . . . . . | . . . . . | 178.880 | . . . . . | . . . . . | | |
| . . . . . | 2.802 | . . . . . | . . . . . | 6.162 | . . . . . | . . . . . | 36.684 | . . . . . | . . . . . | | |
| . . . . . | **25.252** | . . . . . | . . . . . | **64.066** | . . . . . | . . . . . | **215.564** | . . . . . | . . . . . | | |
| . . . . . | 21.540 | . . . . . | . . . . . | 57.228 | . . . . . | . . . . . | 166.618 | . . . . . | . . . . . | | |
| . . . . . | 3 422 | . . . . . | . . . . . | 9.220 | . . . . . | . . . . . | 41.397 | . . . . . | . . . . . | | |
| . . . . . | **24.962** | . . . . . | . . . . . | **66.448** | . . . . . | . . . . . | **208.015** | . . . . . | . . . . . | | |
| . . . . . | 24.472 | . . . . . | . . . . . | 73.422 | . . . . . | . . . . . | 190.189 | . . . . . | . . . . . | | |
| . . . . . | 3.153 | . . . . . | . . . . . | 5.885 | . . . . . | . . . . . | 33.372 | . . . . . | . . . . . | | |
| . . . . . | **27.625** | . . . . . | . . . . . | **79.307** | . . . . . | . . . . . | **223.561** | . . . . . | . . . . . | | |

# Österreichisch-ungarische Bank

## Gesammt-Dotation für das Escompte- und

### Übersicht in Perioden nach dem

#### (In Tausenden Gulden

| Im Durchschnitte der Perioden | Im Reichsrathe vertretene Königreiche und Länder | | | | | | | | |
| --- | --- | --- | --- | --- | --- | --- | --- | --- | --- |
| | Wien | | | Filialen | | | Zusammen | | |
| | Dotation | Benützt | Unbenützt | Dotation | Benützt | Unbenützt | Dotation | Benützt | Unbenützt |
| 1 | 2 | 3 | 4 | 5 | 6 | 7 | 8 | 9 | 10 |
| 1847—1850 | . . . . . | 85.158·0 | . . . . . | 2.362·5 | 915·0 | 1.447·5 | . . . . . . . | 36.073·0 | . . . . . . . |
| 1851—1860 | . . . . . | 92.109·6 | . . . . . | 24.875·2 | 18.974·0 | 5.901·2 | . . . . . . . | 111.083·6 | . . . . . . . |
| 1861—1870 | . . . . . | 89.014·0 | . . . . . | 37.989·0 | 24.018·4 | 13.920·6 | . . . . . . . | 113.032·4 | . . . . . . . |
| 1871—1875 | . . . . . | 101.147·4 | . . . . . | 68.789·4 | 47.386·8 | 21.402·6 | . . . . . . . | 148.534·2 | . . . . . . . |
| 1876—1880 | 79.218·4 | 64.873·4 | 14.345·0 | 62.913·0 | 48.374·0 | 14.539·0 | 142.131·4 | 113.247·4 | 28.884·0 |
| 1881—1885 | 76.922·0 | 76.076·8 | 845·2 | 67.678·0 | 60.214·4 | 7.463·6 | 144.600·0 | 136.291·2 | 8.308·8 |
| 1886—1890 | . . . . . | 77.356·0 | . . . . . . | . . . . . | 58.377·4 | . . . . . . | . . . . . . . | 135.733·4 | . . . . . . . |

# (Privilegierte österreichische Nationalbank).

## Lombard-Geschäft und deren Benützung.

(Stande am Ende der Jahre.)

(österreichischer Währung.)

| Länder der ungarischen Krone | | | | | | | | | Österreichisch-ungarische Monarchie | | | Anmerkung |
| Budapest | | | Filialen | | | Zusammen | | | Totale ¹) | | | |
| Dotation | Benützt | Unbenützt | Dotation | Benützt | Unbenützt | Dotation | Benützt | Unbenützt | Dotation | Benützt | Unbenützt | |
| 11 | 12 | 13 | 14 | 15 | 16 | 17 | 18 | 19 | 20 | 21 | 22 | 23 |
|---|---|---|---|---|---|---|---|---|---|---|---|---|
| . . . | . . . | . . . | . . . | . . . | . . . | . . . | . . . | . . . | 2.362·5 | 915·0 | 1.447·5 | ¹) Bis zum Jahre 1876 ist für die Direction Wien eine Dotation nicht ausgewiesen, daher sich das Totale nur auf die Filialen bezieht. |
| . . . | . . . | . . . | 7.300·1 | 4.542·4 | 2.757·7 | . . . | . . . | . . . | 32.175·3 | 23.516·4 | 8.658·9 | |
| . . . | . . . | . . . | 16.441·6 | 11.651·9 | 4.789·7 | . . . | . . . | . . . | 54.380·6 | 35.670·3 | 18.710·3 | |
| . . . | . . . | . . . | 48.196·1 | 37.563·2 | 10.632·9 | . . . | . . . | . . . | 116.985·5 | 84.950·0 | 32.035·5 | |
| 37.143 | 27.982·4 | 9.160·6 | 12.725·6 | 8.521·8 | 4.203·8 | 49.868·6 | 36.504·2 | 13.364·4 | 192.000·0 | 149.751·6 | 42.248·4 | |
| 35.850 | 31.743·4 | 4.106·6 | 23.150·0 | 19.707·8 | 3.442·2 | 59.000·0 | 51.451·2 | 7.548·8 | 203.600·0 | 187.742·4 | 15.857·6 | |
| . . . | 36.431·0 | . . . | 23.400·0 | . . . | . . . | 59.831·0 | . . . | . . . | . . . | 195.562·4 | . . . | |

# Österreichisch-ungarische Bank (Privilegierte österreichische Nationalbank).

## Banknoten-Umlauf nach Kategorien 1840—1891.

| Mit Ende des Jahres | Stücke in Gulden | | | | | | | | | Betrag in Bank-Valuta | Betrag in österreichischer Währung | | Gesammt-betrag in österreichischer Währung | |
|---|---|---|---|---|---|---|---|---|---|---|---|---|---|---|
| | 1000 | 500 | 100 | 50 | 25 | 10 | 5 | 2 | 1 | | fl. | fr. | fl. | fr. |
| 1840 | 27.098 | 4.397 | 441.295 | 40.492 | 446.179 | 4,074.581 | 7,945.701 | | | 167,079.300 | | | | |
| 1841 | 34.137 | 5.714 | 418.922 | 22.333 | 369.505 | 3,871.893 | 7,728.470 | | | 166,601.755 | | | | |
| 1842 | 40.308 | 133 | 428.978 | 219.600 | 34.702 | 4,082.944 | 7,592.163 | | | 173,410.105 | | | | |
| 1843 | 36.189 | 4 | 488.431 | 247.390 | 2.364 | 4,131.301 | 8,122.170 | | | 179,386.560 | | | | |
| 1844 | 46.873 | 1 | 510.906 | 240.968 | 1.575 | 4,336.633 | 8,867.284 | | | 197,754.625 | | | | |
| 1845 | 46.306 | | 562.450 | 274.763 | 1.365 | 4,958.499 | 9,770.505 | | | 214,760.790 | | | | |
| 1846 | 30.866 | | 602.240 | 308.316 | 1.224 | 5,507.159 | 10,466.413 | | | 213,690.055 | | | | |
| 1847 | 30.671 | | 589.476 | 315.197 | 1.099 | 5,924.597 | 10,863.846 | | | 218,971.125 | | | | |
| 1848 | 23.445 | | 507.933 | 298.084 | | 5,741.436 | 10,814.449 | 5,498.081 | 5,498.081 | 222,976.504 | | | | |
| 1849 | 13.175 | | 507.565 | 313.902 | | 6,318.177 | 12,516.362 | 10,835.983 | 10,835.983 | 250,477.658 | | | | |
| 1850 | 7.512 | | 467.690 | 274.990 | | 6,410.281 | 12,640.005 | 12,080.400 | 12,080.400 | 255,867.221 | | | | |
| 1851 | 4.722 | | 343.266 | 196.936 | | 5,338.043 | 10,517.981 | 11,155.442 | 11,155.442 | 215,636.519 | | | | |
| 1852 | 10.654 | | 361.820 | 87.636 | | 3,963.712 | 7,217.023 | 10,735.596 | 10,735.596 | 194,943.256 | | | | |
| 1853 | 2.125 | | 304.313 | 40.825 | | 4,427.589 | 7,823.319 | 10,923.785 | 10,923.785 | 188,309.217 | | | | |
| 1854 | 47.336 | | 834.745 | 575.087 | | 7,289.717 | 13,590.046 | 18,635.445 | 55,807.860 | 383,491.000 | | | | |
| 1855 | 20.619 | | 855.154 | 620.373 | | 8,705.187 | 15,393.210 | 12,640.467 | 51,428.371 | 377,880.275 | | | | |
| 1856 | 21.336 | | 953.635 | 673.653 | | 7,700.594 | 16,173.709 | 11,330.118 | 49,264.214 | 380,181.085 | | | | |
| 1857 | 15.551 | | 898.975 | 612.854 | | 9,790.818 | 15,931.727 | 10,788.727 | 48,245.320 | 383,480.789 | | | | |
| 1858 C. M. | 8.731 | | 892.388 | 504.786 | | 9,747.596 | 15,539.325 | 7,315.362 | 47,033.119 | 360,045.528 | 378,047.804 | 40 | 388,523.473 | 40 |
| 1858 Ö. W. | 2.191 | | 38.765 | | | 402.555 | | | 382.619 | 10,475.669 | | | | |
| 1859 C. M. | 394 | | 42.086 | 31.158 | | 1,457.838 | 3,031.303 | 1,886.072 | 13,126.149 | 52,793.688 | 55,433.372 | 40 | 466,758.923 | 40 |
| 1859 Ö. W. | 50.026 | | 1,224.641 | | | 13,777.393 | 7,365.468 | | 64,234.181 | | 411,325.551 | | | |
| 1860 C. M. | 219 | | 3.271 | 2.311 | | 70.069 | 170.210 | 183.454 | 1,504.782 | 4,085.080 | 4,289.334 | | 474,861.562 | |
| 1860 Ö. W. | 45.594 | | 1,289.023 | | | 14,782.761 | 15,070.335 | | 72,896.643 | | 470,572.228 | | | |
| 1861 C. M. | 198 | | 2.049 | 1.474 | | 44.000 | 121.163 | 144.601 | 1,272.843 | 3,084.460 | 3,238.683 | | 468,874.423 | |
| 1861 Ö. W. | 39.381 | | 1,255.365 | | | 14,429.584 | 16,996.743 | | 71,438.685 | | 465,635.740 | | | |
| 1862 C. M. | 190 | | 1.887 | 1.339 | | 40.483 | 114.269 | 139.242 | 1,238.831 | 2,939.140 | 3,086.097 | | 426,877.276 | |
| 1862 Ö. W. | 39.015 | | 1,139.964 | | | 12,919.705 | 15,289.971 | | 65,132.874 | | 423,791.179 | | | |
| 1863 C. M. | 189 | | 1.658 | 1.244 | | 38.479 | 110.401 | 135.956 | 1,219.033 | 2,844.740 | 2,966.977 | | 396,655.626 | |
| 1863 Ö. W. | 36.586 | | 1,066.647 | | | 11,812.931 | 13,948.390 | | 62,546.689 | | 393,668.649 | | | |
| 1864 C. M. | 188 | | 1.518 | 1.150 | | 37.290 | 107.632 | 133.532 | 1,204.896 | 2,780.320 | 2,919.336 | | 375,828.020 | |
| 1864 Ö. W. | 36.361 | | 986.120 | | | 11,065.565 | 13,048.867 | | 62,035.699 | | 372,908.684 | | | |
| 1865 C. M. | 187 | | 1.467 | 1.108 | | 36.298 | 105.538 | 131.595 | 1,193.900 | 2,736.860 | 2,873.703 | | 351,100.755 | |
| 1865 Ö. W. | 31.999 | | 969.258 | | | 10,019.026 | 11,969.728 | | 59,263.352 | | 348,227.052 | | | |
| 1866 | 39.836 | | 1,258.372 | | | 11,831.528 | | | | | 283,988.480 | | 283,988.480 | |
| 1867 | 53.052 | | 937.330 | | | 10,023.612 | | | | | 247,021.120 | | 247,021.120 | |
| 1868 | 82.454 | | 872.720 | | | 10,645.915 | | | | | 276,185.150 | | 276,185.150 | |
| 1869 | 70.442 | | 956.491 | | | 11,760.812 | | | | | 283,699.220 | | 283,699.220 | |
| 1870 | 77.855 | | 926.686 | | | 12,686.956 | | | | | 296,893.160 | | 296,893.160 | |
| 1871 | 92.893 | | 948.418 | | | 12,959.873 | | | | | 317,333.530 | | 317,333.530 | |
| 1872 | 101.977 | | 914.570 | | | 12,493.147 | | | | | 318,365.470 | | 318,365.470 | |
| 1873 | 129.721 | | 1,054.765 | | | 12,374.508 | | | | | 358,942.580 | | 358,942.580 | |
| 1874 | 84.699 | | 924.802 | | | 11,658.815 | | | | | 293,762.350 | | 293,762.350 | |
| 1875 | 77.788 | | 905.512 | | | 11,790.913 | | | | | 286,242.330 | | 286,242.330 | |
| 1876 | 82.501 | | 941.540 | | | 11,925.506 | | | | | 295,910.060 | | 295,910.060 | |
| 1877 | 79.550 | | 868.098 | | | 11,590.810 | | | | | 282,267.900 | | 282,267.900 | |
| 1878 | 78.382 | | 935.912 | | | 11,682.580 | | | | | 288,799.000 | | 288,799.000 | |
| 1879 | 96.876 | | 998.793 | | | 12,000.410 | | | | | 316,759.400 | | 316,759.400 | |
| 1880 | 104.386 | | 1,027.765 | | | 12,146.039 | | | | | 328,622.890 | | 328,622.890 | |
| 1881 | 105.945 | | 1,232.215 | | | 12,504.106 | | | | | 354,207.560 | | 354,207.560 | |
| 1882 | 105.860 | | 1,147.947 | | | 14,797.901 | | | | | 368,633.710 | | 368,633.710 | |
| 1883 | 104.596 | | 1,238.274 | | | 15,203.402 | | | | | 380,457.420 | | 380,457.420 | |
| 1884 | 111.627 | | 1,221.570 | | | 14,194.103 | | | | | 375,725.030 | | 375,725.030 | |
| 1885 | 107.649 | | 1,159.506 | | | 14,000.342 | | | | | 363,603.020 | | 363,603.020 | |
| 1886 | 111.649 | | 1,144.368 | | | 14,560.161 | | | | | 371,687.410 | | 371,687.410 | |
| 1887 | 117.555 | | 1,228.550 | | | 15,072.852 | | | | | 391,138.520 | | 391,138.520 | |
| 1888 | 120.438 | | 1,396.782 | | | 16,555.752 | | | | | 435,673.720 | | 435,673.720 | |
| 1889 | 124.517 | | 1,425.241 | | | 16,763.750 | | | | | 434,678.600 | | 434,678.600 | |
| 1890 | 116.342 | | 1,512.587 | | | 17,883.351 | | | | | 445,934.210 | | 445,934.210 | |
| 1891 | 105.722 | | 1,621.913 | | | 18,730.892 | | | | | 455,222.220 | | 455,222.220 | |

Tabelle 80. **Österreichisch-ungarische Bank (Priv. österreichische Nationalbank).**

# Verhältnis des Umlaufes der Banknoten zu 1, 2 und 5 Gulden zu dem gesammten Banknotenumlaufe.

| Jahr | Ende des | Gesammtumlauf Betrag | Davon in Noten zu 1 fl. | 2 fl. | 5 fl. | Zusammen | Die Noten zu 1,2 und 5 fl. betragen vom Gesammtumlaufe Procente |
|---|---|---|---|---|---|---|---|
| 1848 | I. Semester | 181,375.890 | 1,306.575 | 3,234.840 | 47,408.440 | 51,949.855 | 28·64 |
|  | II. „ | 222,976.504 | 11,351.237 | 10,996.162 | 54,072.245 | 76,419.644 | 34·27 |
| 1849 | I. „ | 250,533.292 | 21,598.360 | 16,980.412 | 62,358.160 | 100,936.932 | 40·29 |
|  | II. „ | 250,477.658 | 23,415.512 | 21,671.966 | 62,581.810 | 107,669.288 | 42·99 |
| 1850 | I. „ | 240,981.601 | 28,536.487 | 20,904.924 | 61,780.420 | 111,221.831 | 46·15 |
|  | II. „ | 255,367.221 | 35,873.086 | 24,160.800 | 63,200.025 | 123,233.911 | 48·26 |
| 1851 | I. „ | 240,715.294 | 36,906.644 | 24,210.220 | 60,109.240 | 121,226.104 | 50·36 |
|  | II. „ | 215,636.519 | 38,459.900 | 22,310.884 | 52,589.905 | 113,360.689 | 52·57 |
| 1852 | I. „ | 199,627.527 | 41,893.974 | 21,457.848 | 41,248.435 | 104,600.257 | 52·40 |
|  | II. „ | 194,943.256 | 46,532.029 | 21,471.192 | 36,085.115 | 104,088.336 | 53·39 |
| 1853 | I. „ | 190,186.776 | 47,211.010 | 21,367.956 | 34,923.060 | 103,502.026 | 54·42 |
|  | II. „ | 188,309.217 | 48,471.612 | 21,847.570 | 39,116.595 | 109,435.777 | 58·11 |
| 1854 | I. „ | 305,224.841 | 53,120.115 | 24,532.636 | 55,505.490 | 133,158.241 | 43·63 |
|  | II. „ | 383,491.000 | 55,807.860 | 27,270.890 | 67,950.230 | 151,028.980 | 39·38 |
| 1855 | I. „ | 395,266.252 | 53,271.100 | 26,837.062 | 73,321.130 | 153,429.292 | 38·82 |
|  | II. „ | 377,860.275 | 51,418.371 | 25,280.934 | 76,966.050 | 153,675.355 | 40·67 |
| 1856 | I. „ | 368,222.837 | 48,083.975 | 22,767.392 | 74,554.860 | 145,406.227 | 39·49 |
|  | II. „ | 380,181.085 | 49,264.214 | 22,660.236 | 80,868.545 | 152,792.995 | 40·19 |
| 1857 | I. „ | 383,303.610 | 46,143.844 | 20,800.926 | 78,302.950 | 145,247.720 | 37·89 |
|  | II. „ | 383,480.789 | 48,245.320 | 21,577.454 | 79,658.635 | 149,481.409 | 38·98 |
| 1858 | I. „ | 375,803.178 | 44,210.991 | 19,326.222 | 74,293.825 | 137,831.038 | 36·68 |
|  | *in österreichischer Währung* |  |  |  |  |  |  |
|  | II. „ | 388,523.473 40 | 49,767.393 95 | 15,362.260 20 | 81,581.456 25 | 146,711.110 ¹)40 | 37·76 |
| 1859 | I. „ | 453,752.407 30 | 67,697.336 40 | 8,720.394 90 | 46,568.308 50 | 122,986.039 80 | 27·10 |
|  | II. „ | 466,758.923 40 | 78,016.637 45 | 3,960.751 20 | 52,741.680 75 | 134,719.069 40 | 28·86 |
| 1860 | I. „ | 456,043.146 | 69,407.020 85 | 783.035 40 | 57,888.558 75 | 128,078.615 | 28·08 |
|  | II. „ | 474,861.562 | 74,476.664 10 | 385.253 40 | 76,245.277 50 | 151,107.195 | 31·82 |
| 1861 | I. „ | 473,144.397 | 72,129.103 25 | 315.084 | 81,409.999 75 | 153,013.187 | 32·53 |
|  | II. „ | 468,874.423 | 72,775.170 15 | 303.662 10 | 85,619.820 75 | 158,698.653 | 33·84 |
| 1862 | I. „ | 440,164.957 | 67,266.611 25 | 296.992 50 | 78,483.845 75 | 146,047.449 50 | 33·18 |
|  | II. „ | 426,877.276 | 66,433.646 55 | 292.408 20 | 77,049.767 25 | 143,775.822 | 33·68 |
| 1863 | I. „ | 387,797.734 | 61,235.781 10 | 288.653 40 | 68,572.497 50 | 130,096.932 | 33·55 |
|  | II. „ | 396,655.626 | 63,831.673 65 | 285.507 60 | 70,321.555 25 | 134,438.736 50 | 33·89 |
| 1864 | I. „ | 384,609.972 | 60,583.341 | 282.471 | 66,479.915 | 127,345.727 | 33·11 |
|  | II. „ | 375,829.020 | 63,300.839 80 | 260.417 20 | 65,809.403 | 129,390.660 | 34·42 |
| 1865 | I. „ | 342,412.662 | 57,867.896 50 | 278.124 | 59,005.040 50 | 117,151.061 | 34·21 |
|  | II. „ | 351,100.755 40 | 60,516.947 | 276.349 50 | 60,402.714 50 | 121,196.011 | 34·51 |
| 1866 | I. „ | 266,195.025 85 | 1,249.068 45 | 274.824 90 | 550.336 50 | 2,074.229 85 | 0·72 |
|  | II. „ | 283,988.480 | ... | ... | ... | ... | ... |

¹) Die Kreuzerbeträge ergeben sich aus der Umrechnung von Conventionsgulden in Gulden österr. Währ.

Tabelle 89.

## Österreichisch-ungarische Bank (Priv. österreichische Nationalbank).
# Metallschatz und in Metall zahlbare Wechsel (Devisen).
### 1848—1891.

| 1 | 2 | | 3 | | 4 | | 5 | | 6 | | 7 | |
|---|---|---|---|---|---|---|---|---|---|---|---|---|
| Ende des Jahres | Bestand des Metallschatzes | | | | Zusammen | | Metallwechsel im Silberwerte von | | Wechsel auf auswärtige Plätze, zahlbar in Gold | | Metallschatz (Gold und Silber) und in Metall zahlbare Wechsel auf auswärtige Plätze (Silber und Gold im Ganzen) | |
| | in Gold | | in Silber | | | | | | | | | |
| | fl. | kr. | fl. | kr. | fl. | kr. | fl. | kr. | fl. | kr. | fl. | kr. |
| 1848 | 5.726 | 61·0 | 31,941.515 | 84·0 | 31,947.242 | 45·0 | 649.629 | 36·5 | . . . . . . . | . . . | 32,596.871 | 81·5 |
| 1849 | 5.726 | 61·0 | 31,562.338 | 15·5 | 31,568.064 | 76·5 | . . . . . . . | . . . | . . . . . . . | . . . | 31,568.064 | 76·5 |
| 1850 | 5.740 | 61·0 | 33,912.540 | 46·5 | 33,918.281 | 7·5 | . . . . . . . | . . . | . . . . . . . | . . . | 33,918.281 | 7·5 |
| 1851 | 5.740 | 61·0 | 44,963.298 | 51·0 | 44,969.039 | 12·0 | . . . . . . . | . . . | . . . . . . . | . . . | 44,969.039 | 12·0 |
| 1852 | 5.740 | 61·0 | 45,403.993 | 48·0 | 45,409.734 | 9·0 | . . . . . . . | . . . | . . . . . . . | . . . | 45,409.734 | 9·0 |
| 1853 | 5.943 | 79·0 | 47,119.457 | 22·5 | 47,125.401 | 1·5 | . . . . . . . | . . . | . . . . . . . | . . . | 47,125.401 | 1·5 |
| 1854 | 5.754 | 79·0 | 47,461.682 | 13·0 | 47,467.436 | 92·0 | . . . . . . . | . . . | . . . . . . . | . . . | 47,467.436 | 92·0 |
| 1855 | 5.754 | 79·0 | 51,875.327 | 68·5 | 51,881.082 | 45·5 | . . . . . . . | . . . | . . . . . . . | . . . | 51,881.082 | 45·5 |
| 1856 | 3,025.984 | 52·0 | 88,576.655 | 78·0 | 91,602.640 | 30·0 | 11,273.643 | 55·0 | . . . . . . . | . . . | 102,876.283 | 85·0 |
| 1857 | 3,116.127 | 82·0 | 99,829.043 | 90·0 | 102,945.171 | 72·0 | 13,118.165 | 82·0 | . . . . . . . | . . . | 116,063.337 | 34·0 |
| 1858 | 2,919.618 | 6·5 | 100,586.698 | 55·5 | 103,506.316 | 62·0 | 15,733.500 | 93·0 | . . . . . . . | . . . | 119,239.817 | 55·0 |
| 1859 | 2,688.009 | 1·0 | 77,499.747 | 46·0 | 80,187.756 | 47·0 | 7,312.927 | 13·0 | . . . . . . . | . . . | 87,500.683 | 60·0 |
| 1860 | 2,278.259 | 93·0 | 86,889.666 | 25·0 | 89,167.926 | 18·0 | 2,835.309 | 93·0 | . . . . . . . | . . . | 92,003.236 | 11·0 |
| 1861 | 2,148.346 | 36·5 | 97,000.034 | 66·0 | 99,148.381 | 2·5 | 1,206.664 | 29·5 | . . . . . . . | . . . | 100,355.045 | 32·0 |
| 1862 | 2,113.440 | 44·0 | 102,957.706 | 82·0 | 105,071.147 | 26·0 | 353.661 | 12·0 | . . . . . . . | . . . | 105,424.808 | 28·0 |
| 1863 | 1,767.993 | 73·5 | 108,941.590 | . . . | 110,709.583 | 73·5 | 567.653 | 58·0 | . . . . . . . | . . . | 111,277.237 | 31·5 |
| 1864 | 1,621.235 | 95·5 | 110,570.002 | 63·0 | 112,191.238 | 58·5 | 5,172.480 | 91·0 | . . . . . . . | . . . | 117,363.719 | 49·5 |
| 1865 | 1,507.105 | 7·5 | 120,014.664 | 63·0 | 121,521.769 | 70·5 | 8,218.604 | 71·0 | . . . . . . . | . . . | 129,740.374 | 41·5 |
| 1866 | 3,303.543 | 60·0 | 100,705.039 | 8·0 | 104,008.582 | 68·0 | 43,535.643 | 18·0 | . . . . . . . | . . . | 147,544.225 | 86·0 |
| 1867 | 1,991.891 | 85·0 | 106,354.702 | 6·0 | 108,346.593 | 91·0 | 40,573.854 | 22·0 | . . . . . . . | . . . | 148,920.448 | 13·0 |
| 1868 | 236.888 | 60·0 | 108,405.984 | 25·0 | 108,642.872 | 85·0 | 38,678.388 | 40·0 | . . . . . . . | . . . | 147,321.261 | 25·0 |
| 1869 | 234.960 | 60·0 | 116,626.881 | . . . | 116,861.841 | 60·0 | 30,507.652 | 37·0 | . . . . . . . | . . . | 147,369.493 | 97·0 |
| 1870 | 1,424.922 | 80·0 | 112,902.253 | . . . | 114,327.175 | 80·0 | 33,058.330 | 11·0 | . . . . . . . | . . . | 147,385.505 | 91·0 |
| 1871 | 44,403.430 | 80·0 | 99,093.013 | 73·0 | 143,496.444 | 53·0 | 7,783.402 | 83·0 | . . . . . . . | . . . | 151,279.847 | 36·0 |
| 1872 | 69,403.958 | 80·0 | 73,529.369 | 91·0 | 142,933.328 | 71·0 | 4,747.448 | 16·0 | . . . . . . . | . . . | 147,680.776 | 87·0 |
| 1873 | 70,527.742 | 80·0 | 73,308.949 | 13·0 | 143,836.691 | 93·0 | 4,360.886 | 82·0 | . . . . . . . | . . . | 148,197.578 | 75·0 |
| 1874 | 72,741.308 | 80·0 | 66,627.580 | 80·0 | 139,368.889 | 60·0 | 4,538.304 | 60·0 | . . . . . . . | . . . | 143,907.194 | 20·0 |
| 1875 | 67,854.046 | 3·5 | 66,562.848 | 79·5 | 134,416.894 | 83·0 | 11,344.109 | 54·0 | . . . . . . . | . . . | 145,761.004 | 37·0 |
| 1876 | 66,545.988 | 27·5 | 70,061.795 | 22·5 | 136,607.783 | 50·0 | . . . . . . . | . . . | 11,139.397 | 92 | 147,747.181 | 42·0 |
| 1877 | 67,376.205 | 7·5 | 70,077.483 | 72·5 | 137,453.688 | 80·0 | . . . . . . . | . . . | 11,314.604 | 42 | 148,768.293 | 22·0 |
| 1878 | 67,374.595 | 7·5 | 86,485.776 | 97·5 | 153,860.372 | 5·0 | . . . . . . . | . . . | 11,549.570 | . . . | 165,409.942 | 5·0 |
| 1879 | 58,631.872 | 22·5 | 105,613.790 | 9·0 | 164,245.662 | 31·5 | . . . . . . . | . . . | 20,346.909 | 71 | 184,592.572 | 2·5 |
| 1880 | 65,010.261 | 95·5 | 108,291.351 | 12·0 | 173,301.613 | 7·5 | . . . . . . . | . . . | 14,222.097 | 30 | 187,523.710 | 37·5 |
| 1881 | 68,725.532 | 89·0 | 122,130.826 | 61·0 | 190,856.359 | 50·0 | . . . . . . . | . . . | 10,522.776 | 71 | 201,379.136 | 21·0 |
| 1882 | 79,172.407 | 60·0 | 114,567.301 | 75·0 | 193,739.709 | 35·0 | . . . . . . . | . . . | 95.981 | 25 | 193,835.690 | 60·0 |
| 1883 | 77,682.053 | 29·0 | 121,696.815 | 25·0 | 199,378.868 | 54·0 | . . . . . . . | . . . | 1,560.645 | 40 | 200,939.513 | 94·0 |
| 1884 | 78,822.132 | 99·0 | 126,568.175 | 50·0 | 205,390.308 | 49·0 | . . . . . . . | . . . | 338.918 | 81 | 205,729.227 | 30·0 |
| 1885 | 69,072.718 | 8·5 | 129,723.317 | 25·0 | 198,796.035 | 33·5 | . . . . . . . | . . . | 10,242.126 | 24 | 209,038.161 | 57·5 |
| 1886 | 66,735.872 | 2·5 | 138,823.004 | 75·0 | 205,558.876 | 77·5 | . . . . . . . | . . . | 12,512.475 | 5 | 218,071.351 | 82·5 |
| 1887 | 70,981.748 | 20·0 | 145,148.144 | 25·0 | 216,129.892 | 45·0 | . . . . . . . | . . . | 8,204.613 | 5 | 224,334.505 | 50·0 |
| 1888 | 59,036.688 | 94·0 | 153,965.410 | 75·0 | 213,002.099 | 69·0 | . . . . . . . | . . . | 19,999.730 | 92 | 233,001.830 | 61·0 |
| 1889 | 54,266.584 | 42·0 | 162,203.583 | 75·0 | 216,470.168 | 17·0 | . . . . . . . | . . . | 24,975.300 | 32 | 241,445.468 | 49·0 |
| 1890 | 54,047.595 | 17·5 | 165,475.910 | 50·0 | 219,523.505 | 67·5 | . . . . . . . | . . . | 24,966.862 | 39 | 244,490.368 | 6·5 |
| 1891 | 54,483.667 | 74·5 | 166,597.329 | . . . | 221,080.996 | 74·5 | . . . . . . . | . . . | 24,850.245 | 2 | 245,931.241 | 76·5 |

Tabelle 90.

## Österreichisch-ungarische Bank (Priv. österreichische Nationalbank).

# Einlösung der Noten gegen Münze während der Barzahlung vom 6. September 1858 bis 25. April 1859.

| Datum | Banknoten-Umlauf | | Münzstand | Wöchentliche Veränderung des Münzstandes |
|---|---|---|---|---|
| | Conventionsmünze | Österreichische Währung | Conventionsmünze | |
| 6. September 1858 . . . . . | 391,707.000 | . . . . . . . . . . . | 109,467.500 | . . . . . . . . . . . |
| 13. September 1858 . . . . . | 390,845.000 | 18.390 | 109,637.100 | + 169.600 |
| 20. September 1858 . . . . . | 389,407.000 | 99.970 | 109,618.800 | — 18.300 |
| 27. September 1858 . . . . . | 389,255.000 | 59.540 | 109,561.600 | — 57.200 |
| 4. October 1858 . . . . . . | 386,939.000 | 104.480 | 109,638.000 | + 76.400 |
| 11. October 1858 . . . . . . | 387,466.000 | 90.900 | 109,553.600 | — 84.400 |
| 18. October 1858 . . . . . . | 387,552.000 | 80.380 | 109,471.600 | — 82.000 |
| 25. October 1858 . . . . . . | 386,533.000 | 117.350 | 109,440.500 | — 31.100 |
| 31. October 1858 . . . . . . | 388,062.000 | 1,585.000 | 109,895.400 | + 454.900 |
| 8. November 1858 . . . . . | 385,746.000 | 2,150.100 | 109,499.700 | — 395.700 |
| 15. November 1858 . . . . . | 379,044.000 | 6,067.100 | 107,520.300 | — 1,979.400 |
| 22. November 1858 . . . . . | 374,213.200 | 7,933.500 | 104,164.100 | — 3,356.200 |
| 29. November 1858 . . . . . | 371,238.500 | 14,477.490 | 100,406.400 | — 3,757.700 |
| 6. December 1858 . . . . . | 366,949.500 | 13,821.140 | 97,675.400 | — 2,731.000 |
| 13. December 1858 . . . . . | 363,044.900 | 15,392.840 | 96,554.100 | — 1,121.300 |
| 20. December 1858 . . . . . | 361,889.600 | 15,494.960 | 95,628.300 | — 925.800 |
| 27. December 1858 . . . . . | 356,100.000 | 16,226.930 | 94,260.600 | — 1,367.700 |
| 31. December 1858 . . . . . | 360,045.500 | 10,475.664 | 98,577.400 | + 4,316.800 |
| | | | Österreichische Währung | |
| 10. Jänner 1859 . . . . . . | 343,934.300 | 22,696.000 | 107,645.200 | + 4,138.900 |
| 17. Jänner 1859 . . . . . . | 334,832.200 | 30,461.100 | 106,747.000 | — 898.200 |
| 24. Jänner 1859 . . . . . . | 319,998.000 | 44,610.500 | 106,560.600 | — 186.400 |
| 31. Jänner 1859 . . . . . . | 310,052.300 | 61,700.751 | 105,171.300 | — 1,389.300 |
| 7. Februar 1859 . . . . . . | 301,291.900 | 71,049.902 | 104,697.300 | — 474.000 |
| 14. Februar 1859 . . . . . . | 292,420.300 | 80,678.291 | 104,388.600 | — 308.700 |
| 21. Februar 1859 . . . . . . | 283,363.000 | 88,762.069 | 104,151.000 | — 237.600 |
| 28. Februar 1859 . . . . . . | 274,956.200 | 95,508.725 | 105,201.900 | + 1,050.900 |
| 7. März 1859 . . . . . . | 267,035.600 | 102,844.742 | 104,916.300 | — 285.600 |
| 14. März 1859 . . . . . . | 259,229.600 | 111,490.531 | 105,097.200 | + 180.900 |
| 21. März 1859 . . . . . . | 251,532.500 | 118,622.417 | 104,419.100 | — 678.100 |
| 28. März 1859 . . . . . . | 244,606.700 | 125,400.693 | 105,327.500 | + 908.400 |
| 4. April 1859 . . . . . . | 237,422.000 | 133,100.838 | 105,282.500 | — 45.000 |
| 11. April 1859 . . . . . . | 231,389.000 | 138,458.327 | 105,362.600 | + 80.100 |
| 18. April 1859 . . . . . . | 225,182.000 | 144,203.516 | 105,424.300 | + 61.700 |
| 25. April 1859 . . . . . . | 220,240.600 | 148,069.864 | 105,361.500 | — 62.800 |
| | | | Schluß-Differenz: | — 4,106.000 |

Tabelle 91. Österreichisch-ungarische Bank (Priv. österreichische Nationalbank).

# Metallische und bankmäßige Bedeckung des Banknoten-Umlaufes nach dessen höchstem und niederstem Jahresstande seit 31. Juli 1867 bis Ende Juni 1878.

| Datum | Niederster | Höchster | Bedeckt durch | | | | | | Summe der Rubriken | | |
|---|---|---|---|---|---|---|---|---|---|---|---|
| | Stand des Noten-Umlaufes | | Metall | Devisen | Escompte | Darlehen | Vom Dar-lehen zur Banknoten-Bedeckung nicht erforderlich | Diverse*) | 4, 5, 6, 7, 9 | 4, 5 | 4, 5, 6 |
| | Millionen Gulden | | mit Percent | | | | | | Percente | | |
| 1 | 2 | 3 | 4 | 5 | 6 | 7 | 8 | 9 | 10 | 11 | 12 |
| 1867, 31. Juli | 204·6 | . . . . | 50·68 | 21·79 | 14·12 | 11·92 | . . . . | 1·49 | 100 | 72·47 | 86·59 |
| 1868, 24. Juni | · 224·0 | . . . . | 49·68 | 16·87 | 22·85 | 10·08 | . . . . | 0·52 | 100 | 66·55 | 89·40 |
| 1868, 31. December | . . . . | 276·1 | 39·33 | 13·98 | 29·66 | 13·65 | . . . . | 3·38 | 100 | 53·31 | 82·97 |
| 1869, 27. Jänner | 276·3 | . . . . | 39·30 | 14·00 | 27·36 | 14·94 | . . . . | 4·40 | 100 | 53·30 | 80·66 |
| 1869, 22. September | . . . . | 312·5 | 39·20 | 9·12 | 33·05 | 14·65 | . . . . | 3·98 | 100 | 48·32 | 81·37 |
| 1870, 31. März | 260·7 | . . . . | 43·69 | 12·81 | 24·31 | 15·03 | . . . . | 4·16 | 100 | 56·50 | 80·81 |
| 1870, 24. August | . . . . | 316·3 | 36·38 | 10·27 | 36·61 | 14·54 | . . . . | 2·20 | 100 | 46·65 | 83·26 |
| 1871, 29. März | 265·4 | . . . . | 43·97 | 11·45 | 29·61 | 13·48 | . . . . | 1·49 | 100 | 55·42 | 85·03 |
| 1871, 15. November | . . . . | 334·7 | 43·53 | 2·33 | 42·51 | 11·38 | . . . . | 0·25 | 100 | 45·86 | 88·37 |
| 1872, 26. Juni | 290·4 | . . . . | 41·25 | 8·88 | 45·62 | 4·25 | 5·97 | . . . . | 100 | 50·13 | 95·75 |
| 1872, 13. November | . . . . | 329·2 | 44·80 | 1·57 | 49·36 | 4·02 | 4·69 | . . . . | 100 | 46·37 | 95·73 |
| 1873, 26. März | 298·7 | . . . . | 48·58 | 1·60 | 49·71 | 0·11 | 8·91 | . . . . | 100 | 50·18 | 99·89 |
| 1873, 7. Mai | . . . . | . . . . | 44·51 | 1·33 | 51·94 | 2·22 | 6·45 | . . . . | 100 | 45·84 | 97·78 |
| 1873, 11. November | . . . . | 373·0 | 38·73 | 1·12 | 52·27 | 7·88 | 7·80 | . . . . | 100 | 39·85 | 92·12 |
| 1874, 7. Jänner | . . . . | 359·4 | 40·01 | 1·16 | 50·41 | 8·42 | 6·99 | . . . . | 100 | 41·17 | 91·58 |
| 1874, 30. December | 293·1 | . . . . | 47·45 | 1·50 | 48·48 | 2·57 | 9·50 | . . . . | 100 | 48·95 | 97·43 |
| 1875, 10. März | 278·2 | . . . . | 51·43 | 1·72 | 42·16 | 4·69 | 6·81 | . . . . | 100 | 53·15 | 95·31 |
| 1875, 31. October | . . . . | 322·0 | 42·29 | 3·54 | 45·55 | 8·62 | 1·25 | . . . . | 100 | 45·83 | 91·38 |
| 1876, 21. Juni | 270·6 | . . . . | 50·48 | 4·14 | 36·74 | 8·64 | 1·76 | . . . . | 100 | 54·62 | 91·36 |
| 1876, 8. November | . . . . | 313·4 | 43·57 | 3·83 | 47·30 | 5·30 | 4·02 | . . . . | 100 | 47·40 | 94·70 |
| 1877, 20. Juni | 262·6 | . . . . | 52·02 | 4·29 | 35·10 | 8·59 | 1·86 | . . . . | 100 | 56·31 | 91·41 |
| 1877, 24. October | . . . . | 307·4 | 44·44 | 3·64 | 46·10 | 5·82 | 3·83 | . . . . | 100 | 48·08 | 94·18 |
| 1878, 9. Jänner | . . . . | 280·2 | 49·05 | 4·07 | 39·06 | 7·82 | 2·16 | . . . . | 100 | 53·12 | 92·18 |
| 1878, 27. März | 257·6 | . . . . | 53·34 | 4·42 | 36·27 | 5·97 | 3·68 | . . . . | 100 | 57·76 | 94·03 |

*) Eingelöste Coupons von Grundentlastungs-Obligationen oder umlauffähige Bank-Pfandbriefe in der Maximalhöhe von 20 Millionen Gulden.

Tabelle 92.

## Österreichisch-ungarische Bank (Priv. österreichische Nationalbank).

# Metallische und bankmäßige Bedeckung des Banknotenumlaufes

### nach dessen höchstem und niederstem Stande im II. Semester 1878, dann in den Jahren 1879—1891.

| Datum | Niederster Stand des Banknotenumlaufes | Höchster Stand des Banknotenumlaufes | Bedeckt durch Metall mit Procent | Nicht durch Metall bedeckter Banknotenumlauf | Übernommene, sofort zur Rückzahlung fällige fremde Gelder | Zusammen | Devisen | Escompte | Darlehen | Diverse [1] | Zusammen 8,9,10 und 11 | Überschuss der bankmäßigen Bedeckung | Von dem gesammten Banknotenumlaufe bedeckt durch Metallschatz, Devisen und Escompte |
|---|---|---|---|---|---|---|---|---|---|---|---|---|---|
| | Millionen Gulden | | | Millionen Gulden | | | mit Procent | | | | | Procent | |
| 1 | 2 | 3 | 4 | 5 | 6 | 7 | 8 | 9 | 10 | 11 | 12 | 13 | 14 |
| 1878, 7. Juli | 277·33 | .... | 49·56 | 139·88 | 1·28 | 141·16 | 8·43 | 71·59 | 18·48 | 1·50 | 100 | 0·79 | 90·29 |
| 7. November | .... | 322·670 | 45·28 | 167·57 | 1·40 | 177·97 | 6·52 | 78·88 | 12·51 | 2·09 | 100 | 6·21 | 92·38 |
| 1879, 23. Februar | 273·06 | .... | 59·54 | 110·50 | 1·51 | 112·01 | 12·29 | 73·07 | 12·17 | 2·47 | 100 | 12·76 | 94·54 |
| 31. October | .... | 341·520 | 49·62 | 172·08 | 1·07 | 173·15 | 11·90 | 73·30 | 14·20 | 0·60 | 100 | 0·63 | 92·81 |
| 1880, 23. Juni | 296·03 | .... | 56·56 | 128·60 | 5·26 | 133·86 | 15·23 | 75·05 | 7·72 | 2·00 | 100 | 6·50 | 97·38 |
| 7. November | .... | 352·000 | 49·71 | 177·01 | 1·83 | 178·84 | 6·83 | 81·91 | 9·95 | 1·31 | 100 | 4·28 | 94·80 |
| 1881, 23. Juni | 307·83 | .... | 55·53 | 136·90 | 1·78 | 138·68 | 17·28 | 78·97 | .... | 3·75 | 100 | 23·60 | 103·14 |
| 31. October | .... | 366·100 | 58·09 | 171·75 | 2·22 | 173·97 | 4·59 | 83·46 | 10·97 | 0·98 | 100 | 2·09 | 94·93 |
| 1882, 23. März | 320·05 | .... | 55·99 | 140·85 | 1·55 | 142·40 | 10·51 | 77·07 | 9·23 | 3·19 | 100 | 4·20 | 94·96 |
| 31. October | .... | 380·550 | 49·63 | 191·66 | 2·14 | 193·80 | 0·05 | 87·49 | 11·40 | 1·06 | 100 | 7·59 | 94·22 |
| 1883, 23. März | 341·82 | .... | 54·69 | 154·87 | 0·91 | 155·78 | 6·13 | 78·89 | 12·07 | 2·91 | 100 | 2·50 | 93·44 |
| 31. October | .... | 389·250 | 51·75 | 187·82 | 2·17 | 189·99 | 0·95 | 92·59 | 5·36 | 1·10 | 100 | 10·05 | 97·41 |
| 1884, 23. März | 336·97 | .... | 54·85 | 152·15 | 1·15 | 153·30 | 9·62 | 77·60 | 11·03 | 1·75 | 100 | 4·49 | 94·52 |
| 31. October | .... | 382·680 | 51·52 | 185·51 | 1·64 | 187·15 | 5·08 | 85·21 | 8·29 | 1·42 | 100 | 7·06 | 95·68 |
| 1885, 15. August | 330·02 | .... | 60·07 | 131·78 | 1·21 | 132·99 | 7·70 | 72·47 | 16·63 | 3·20 | 100 | 1·75 | 92·38 |
| 7. Jänner | .... | 371·770 | 55·26 | 166·32 | 10·64 | 176·96 | 0·19 | 91·45 | 5·39 | 2·97 | 100 | 14·04 | 98·88 |
| 1886, 23. März | 330·54 | .... | 59·39 | 134·22 | 3·73 | 137·95 | 11·22 | 75·45 | 11·98 | 1·35 | 100 | 3·46 | 95·55 |
| 31. October | .... | 384·470 | 53·50 | 178·79 | 2·25 | 181·04 | 6·93 | 84·67 | 7·52 | 0·88 | 100 | 5·94 | 96·64 |
| 1887, 15. März | 342·83 | .... | 59·07 | 140·33 | 7·67 | 148·00 | 11·18 | 73·17 | 12·25 | 3·40 | 100 | 4·44 | 95·48 |
| 31. October | .... | 400·685 | 54·47 | 182·41 | 1·58 | 183·99 | 3·93 | 88·77 | 6·21 | 1·09 | 100 | 9·89 | 97·03 |

### Nach Abänderung der Bankstatuten durch das Gesetz vom 21. Mai 1887 (R. G. Bl. Nr. 51).

| Datum | Niederster Stand des Banknotenumlaufes | Höchster Stand des Banknotenumlaufes | Bedeckt durch Metall mit Procent | Bedeckt durch Metall und Devisen, Art. 111 B.A., mit Procent | Bedeckt durch Metall und Devisen nach Abzug des Staatsnotenbesitzes, Art. 111 B.A., mit Procent | Nicht durch Metall, Devisen und Staatsnoten bedeckter Banknotenumlauf | Übernommene, sofort zur Rückzahlung fällige fremde Gelder | Zusammen | Devisen | Escompte | Darlehen | Diverse [2] | Zusammen 10,11,12 und 13 | Überschuss der bankmäßigen Bedeckung | Von dem gesammten Banknotenumlaufe bedeckt durch Metallschatz, Devisen, Staatsnoten und Escompte |
|---|---|---|---|---|---|---|---|---|---|---|---|---|---|---|---|
| | Millionen Gulden | | | | | Millionen Gulden | | | mit Procent | | | | | Procent | |
| 1 | 2 | 3 | 4 | 5 | 6 | 7 | 8 | 9 | 10 | 11 | 12 | 13 | 14 | 15 | 16 |
| 1888, 23. März | 346·133 | .... | 60·54 | 65·41 | 63·68 | 118·278 | 8·573 | 126·851 | .... | 91·00 | 8·99 | 0·01 | 100 | 9·73 | 99·18 |
| 31. October | .... | 428·046 | 50·03 | 54·69 | 55·31 | 189·106 | 7·615 | 196·721 | .... | 86·68 | 13·02 | 0·30 | 100 | 0·69 | 95·66 |
| 1889, 23. März | 365·115 | .... | 57·71 | 64·25 | 64·93 | 126·703 | 9·803 | 136·506 | .... | 91·22 | 8·68 | 0·10 | 100 | 7·36 | 99·40 |
| 31. October | .... | 440·930 | 48·70 | 54·37 | 55·06 | 195·685 | 11·668 | 207·353 | .... | 88·12 | 11·70 | 0·18 | 100 | 1·90 | 97·06 |
| 1890, 23. Mai | 387·888 | .... | 55·94 | 62·38 | 62·81 | 143·245 | 14·025 | 157·270 | .... | 89·91 | 10·05 | 0·04 | 100 | 1·90 | 99·52 |
| 31. October | .... | 471·376 | 46·68 | 51·97 | 52·32 | 223·258 | 8·831 | 232·089 | .... | 86·59 | 13·09 | 0·32 | 100 | 1·80 | 95·27 |
| 1891, 15. Juni | 392·798 | .... | 55·58 | 61·95 | 62·73 | 144·577 | 11·412 | 155·989 | .... | 90·26 | 9·73 | 0·01 | 100 | 3·10 | 99·03 |
| 7. November | .... | 466·687 | 47·66 | 53·01 | 53·70 | 213·267 | 11·913 | 225·180 | .... | 90·99 | 8·88 | 0·13 | 100 | 3·94 | 98·20 |

[1]) Eingelöste, verfallene Effecten und Coupons von österreichischen und ungarischen Staats-, Landes- beziehungsweise von Gemeindeschulden.
[2]) Statutenmäßig eingelöste verfallene Effecten und Coupons.

Tabelle 98.

# Bankmäßige Deckung der Notenausgabe der österreichisch-ungarischen Bank in 1000 Gulden österreichischer Währung.

| | 1 | 2 | 3 | 4 | 5 | 6 | 7 | 8 | 9 | 10 | 11 | 12 | 13 | 14 | 15 | 16 | 17 | 18 |
|---|---|---|---|---|---|---|---|---|---|---|---|---|---|---|---|---|---|---|
| | | | Bankmäßige Deckung | | | | | Sofort fällige Verbindlichkeiten | Verhältnis des Notenumlaufes zum Metallbestande | | statutenmäßig zulässiger Notenumlauf | wirklicher Notenumlauf geringer | Bankmäßig zu bedecken Betrag des Notenumlaufes und der sofort fälligen Verbindlichkeiten abzüglich der Staatsnoten | Diese Deckung bestand in | | | | |
| Ende der Jahre | Notenumlauf | Metall | Wechsel auf auswärtige Plätze | Staatsnoten-Besitz | Escompte | Lombard | eingelöste verfallene Effecten und Coupons | | Absolut + Notenumlauf − Metall | % 100 fl. Noten − X fl. Metall | | | | Devisen | Escompte | Lombard | Effecten und Coupons | Summe |
| | | | | | | | | | | | | | | Percentual | | | | |
| 1878 | 288.799 | 153.860 | 11.550 | 1.601 | 109.182 | 32 019 | 84 | 3.519 | 134.939 | 53·27 | 353.860 | 65.061 | 136.897 | 8·4 | 79·7 | 10·67 | 1·23 | 100 |
| 1879 | 316.759 | 164.246 | 20.347 | 1.806 | 117 531 | 24.081 | 74 | 8.270 | 152.513 | 51·85 | 364.246 | 47.487 | 158.977 | 12·8 | 73·9 | 12·12 | 1·18 | 100 |
| 1880 | 328.623 | 173.302 | 14.222 | 4.924 | 137.109 | 20.924 | 48 | 21.373 | 155.321 | 52·74 | 373.302 | 44.679 | 171.770 | 8·3 | 80·9 | 7·11 | 2·89 | 100 |
| 1881 | 354.208 | 190.856 | 10.523 | 1.865 | 156.545 | 21.991 | 170 | 20.936 | 163.352 | 53·88 | 390.856 | 36.548 | 182.426 | 5·8 | 85·8 | 6·29 | 1·11 | 100 |
| 1882 | 368.634 | 193.740 | 96 | 4.075 | 162.668 | 32.537 | 163 | 9.523 | 174.894 | 52·56 | 393.740 | 25.102 | 180 342 | 0·05 | 90·2 | 7·4 | 2·35 | 100 |
| 1883 | 380.457 | 199.379 | 1.561 | 2.441 | 169.345 | 30.035 | 147 | 6.240 | 181.078 | 52·41 | 399.379 | 18.922 | 184.877 | 0·85 | 91·6 | 6·15 | 1·40 | 100 |
| 1884 | 375.725 | 206.390 | 339 | 5.280 | 167.713 | 34.220 | 122 | 14.271 | 170.335 | 54·67 | 405.390 | 29.665 | 179.326 | 0·2 | 93·6 | 3·19 | 3·01 | 100 |
| 1885 | 363.603 | 198.796 | 10.242 | 4.496 | 136.443 | 27.217 | 198 | 12.088 | 164.807 | 54·67 | 398.796 | 35.193 | 172 399 | 5·9 | 79·1 | 12·28 | 2·72 | 100 |
| 1886 | 371.687 | 205.559 | 12.512 | 3.691 | 145.666 | 23.922 | 205 | 1.706 | 166.128 | 55·31 | 405.559 | 33.872 | 164.143 | 7·6 | 88·7 | 1·33 | 2·37 | 100 |
| 1887 | 391.139 | 216.130 | 8.205 | 2.820 | 159.833 | 25.754 | 225 | 2.674 | 175.009 | 55·26 | 416.130 | 24.991 | 174.863 | 4·7 | 91·7 | 1·86 | 1·74 | 100 |

| | 1 | 2 | 3 | 4 | 5 | 6 | 7 | 8 | 9 | 10 | 11 | 13 | 14 | 15 | 16 | 17 | 18 |
|---|---|---|---|---|---|---|---|---|---|---|---|---|---|---|---|---|---|
| | | Baar-Deckung | | | Bankmäßige Deckung | | | Sofort fällige Verbindlichkeiten | Verhältnis des Notenumlaufes zum Metallbestande | | Das steuerfreie Contingent übersteigender Notenumlauf [3] | Bankmäßig zu bedecken Betrag des Notenumlaufes und der sofort fälligen Verbindlichkeiten abzüglich der Staatsnoten | Diese Deckung bestand in | | | | |
| Ende der Jahre | Notenumlauf | Metall | Devisen bis 30 Millionen Gulden | Staatsnoten | Escompte | Lombard | eingelöste verfallene Effecten und Coupons | | + | % | | | Devisen | Escompte | Lombard | Effecten und Coupons | Summe |
| | | | | | | | | | | | | | | Percentual | | | |
| 1888 | 425.673 | 213.001 | 20.000 | 5.391 | 167.807 | 31.260 | 376 | 7.067 | (192.672) [1] 212.672 | (55·4) [2] 50·04 | − 12.719 | 194.348 | ... | 86·30 | 13·51 | 0·19 | 100 |
| 1889 | 434 678 | 216.470 | 24.975 | 5 254 | 178.880 | 36.684 | 165 | 16.301 | (193 234) [1] 218.209 | (56·2) [2] 49·80 | − 12.021 | 204.280 | ... | 87·50 | 12·42 | 0·08 | 100 |
| 1890 | 445 934 | 219.523 | 24.967 | 8.964 | 166.618 | 41.397 | 18 | 9.681 | (201.444) [1] 226.411 | (55·9) [2] 49·22 | − 7.520 | 202.161 | ... | 82·41 | 17·59 | 0·00 | 100 |
| 1891 | 455.222 | 221.081 | 24.850 | 7.304 | 190.189 | 33.372 | 5 | 11.357 | (209.291) [1] 234.141 | (54·9) [2] 48·56 | + 1.987 | 213.314 | ... | 89·14 | 10·86 | 0·00 | 100 |

[1] Metall sammt Devisen.
[2] Metall sammt Devisen und Staatsnoten.
[3] Die Nachweisung siehe Seite 145.

¹) ad Tabelle 93.

## Nachweisung über das steuerfreie Noten-Contingent.

| Datum | Steuerfreies Notencontingent | Notenumlauf | Steuerfreie Banknoten-Reserve | | Überschreitung des steuerfreien Notencontingentes | | Für Überschreitung des steuerfreien Notencontingentes zu entrichtende Banknotensteuer |
|---|---|---|---|---|---|---|---|
| | | | absolut | % | absolut | % | |
| | In Millionen Gulden österr. Währ. | | | | In Mill. Gulden | | In Gulden ö. W. |
| 23. März 1888 (Niedrigster Stand des Banknoten-Umlaufes) | 427·833 | 346·133 | 81·700 | 19·09 | . . . . . . . | | . . . . . . . |
| 31. October 1888 (Höchster Stand des Banknoten-Umlaufes) | 438·846 | 428·046 | 10·800 | 2·46 | . . . . . . . | | . . . . . . . |
| 31. December 1888 | 438·392 | 425·673 | 12·719 | 2·90 | . . . . . . . | | . . . . . . . |
| Im Jahre 1888 durchschnittlich . . . . . . . . . | 433·187 | 384·587 | 48·600 | 11·22 | . . . . . . . | | . . . . . . . |
| 23. März 1889 (Niedrigster Stand) . . . . . | 438·315 | 365·115 | 73·200 | 16·70 | . . . . . . . | | . . . . . . . |
| 31. October 1889 (Höchster Stand) . . . . . | 445·230 | 440·930 | 4·300 | 0·96 | . . . . . . . | | . . . . . . . |
| 31. December 1889 | 446·678 | 434·678 | 12·000 | 2·68 | . . . . . . . | | . . . . . . . |
| Im Jahre 1889 durchschnittlich . . . . . | 442·586 | 399·286 | 43·300 | 9·78 | . . . . . . . | | . . . . . . . |
| 23. Mai 1890 (Niedrigster Stand) . . . . . | 444·588 | 387·888 | 56·700 | 12·75 | . . . . . . . | | . . . . . . . |
| 31. October 1890 (Höchster Stand) . . . . | 448·176 | 471·376 | . . . . . . . | | 23·200 | 5·17 | . . . . . . . |
| 31. December 1890 . . . . . . . . . | 453·434 | 445·934 | 7·500 | 1·65 | . . . . . . . | | . . . . . . . |
| Im Jahre 1890 durchschnittlich . . . . . . . . | 448·870 | 415·570 | 33·300 | 7·42 | . . . . . . . | | 49·652 fl. 74 kr. |
| 15. Juni 1891 (Niedrigster Stand) . . . . . . . | 448·198 | 392·798 | 55·400 | 12·36 | . . . . . . . | | . . . . . . . |
| 7. November 1891 (Höchster Stand) . . . . . . . . | 453·487 | 466·687 | . . . . . . . | | 13·200 | 2·91 | . . . . . . . |
| 31. December 1891 | 453·322 | 455·222 | . . . . . . . | | 1·900 | 0·42 | . . . . . . . |
| Im Jahre 1891 durchschnittlich . . . | 453·199 | 421·099 | 32·100 | 7·08 | . . . . . . . | | 45·785 fl. 13 kr. |

Tabelle 94.

# Bewegung des Silbers im Metallschatze der österreichisch-ungarischen Bank, 1878—1891.

| 1 | 2 | 3 | 4 | 5 | 6 | 7 | 8 |
|---|---|---|---|---|---|---|---|
| Jahre | Zu Beginn des Jahres Silberstand | Silbereingang | Verkauft | Zu Geschäften ausgegeben | Silberausgang | Zu Ende des Jahres Silberstand | Procent-Steigerung des Bestandes |
| | Betrag in Tausenden Gulden österreichischer Währung | | | | | | |
| 1878 | 70.077 | 16 408 | . . . . . . . . | . . . . . . . . | . . . . . . . . | 86.485 | 100·00 |
| 1879 | 86.485 | 75.802 | 17.377 | 39.297 | 56.674 | 105.613 | 122·12 |
| 1880 | 105.613 | 41.877 | 23.363 | 15.836 | 39.199 | 108.291 | 125·21 |
| 1881 | 108.291 | 29.808 | 7.000 | 8.969 | 15.969 | 122.130 | 141·21 |
| 1882 | 122.130 | 39.521 | 23.932 | 23.152 | 47.084 | 114.567 | 132·47 |
| 1883 | 114.567 | 34.410 | 11.521 | 15.760 | 27.281 | 121.696 | 140·71 |
| 1884 | 121.696 | 40.103 | 17.512 | 17.719 | 35.231 | 126.568 | 146·35 |
| 1885 | 126.568 | 42.973 | 18.033 | 21.785 | 39.818 | 129.723 | 149·99 |
| 1886 | 129.723 | 34 956 | 10.539 | 15.317 | 25.856 | 138.823 | 160·52 |
| 1887 | 138.823 | 14.090 | 1.823 | 5.942 | 7.765 | 145.148 | 167·83 |
| 1888 | 145.148 | 17.895 | 3.509 | 5.569 | 9.078 | 153.965 | 178·02 |
| 1889 | 153.965 | 12.791 | 375 | 4.178 | 4.553 | 162.203 | 187·55 |
| 1890 | 162.203 | 10.594 | 1.576 | 5.746 | 7.322 | 165.475 | 191·33 |
| 1891 | 165.475 | 11.473 | 1.556 | 8.795 | 10.351 | 166.597 | 192·63 |

**Tabelle 95.**

## Österreichisch-ungarische Bank

## Escompte an Wechseln und

Antheil der österreichischen und

| Im Jahre | Escomptirt | | | | | | | | | | | |
|---|---|---|---|---|---|---|---|---|---|---|---|---|
| | in den im Reichsrathe vertretenen Königreichen und Ländern | | | | | | in den Ländern der ungarischen Krone | | | | | |
| | in Wien | | bei den österreichischen Filialen | | Zusammen | | in Budapest | | bei den ungarischen Filialen | | Zusammen | |
| | Gulden österreichischer Währung | | | | | | | | | | | |
| 1 | 2 | | 3 | | 4 | | 5 | | 6 | | 7 | |
| 1876 | 281,884.510 | 20·0 | 219,818.108 | 45·0 | 501,702.618 | 65·0 | 119,846.148 | 9·0 | 18,979.716 | 60·0 | 138,825.864 | 69·0 |
| 1877 | 298,706.477 | 17·5 | 212,324.840 | 68·5 | 511,031.317 | 86·0 | 118,001.395 | 2·0 | 17,294.800 | .. | 135,296.195 | 2·0 |
| 1878 | 295,351.734 | 42·5 | 197,732.877 | 56·5 | 493,084.611 | 99·0 | 116,766.371 | 65·0 | 15,581.471 | 43·0 | 132,347.843 | 8·0 |
| 1879 | 263,538.088 | 76·5 | 175,059.315 | 86·0 | 438,597.355 | 62·5 | 111,861.277 | .. | 23,577.899 | 97·0 | 135,439.176 | 97·0 |
| 1880 | 501,868.549 | 61·0 | 194,452.829 | 29·5 | 496,321.378 | 90·5 | 111,327.411 | 78·5 | 51,113.605 | 65·5 | 162,441.017 | 44·0 |
| 1881 | 369,409.916 | 79·0 | 215,447.237 | 80·0 | 584,857.154 | 59·0 | 128,293.196 | 88·8 | 67,240.511 | .. | 195,533.707 | 88·8 |
| 1882 | 361,066.722 | 3·5 | 243,515.896 | 47·0 | 604,582.618 | 50·5 | 141,011.096 | 10·5 | 72,050.611 | 43·5 | 213,061.707 | 54·0 |
| 1883 | 385,280.799 | 17·0 | 258,327.748 | 65·0 | 643,608.547 | 82·0 | 151,304.009 | 55·0 | 76,116.703 | 16·0 | 227,420.712 | 71·0 |
| 1884 | 374,297.939 | 99·0 | 245,318.412 | 13·0 | 619,616.352 | 12·0 | 154,179.782 | 95·0 | 89,304.428 | 47·0 | 243,484.211 | 42·0 |
| 1885 | 284,218.858 | 18·5 | 215,320.502 | 41·0 | 499,539.360 | 59·5 | 129,481.441 | 44·0 | 91,944.223 | 76·0 | 221,425.665 | 20·0 |
| 1886 | 322,081.999 | 79·0 | 204,155.419 | 28·5 | 526,187.419 | 7·5 | 120,665.599 | 88·0 | 83,883.171 | 55·0 | 204,548.771 | 43·0 |
| 1887 | 320,414.891 | 14·0 | 231,364.118 | 76·0 | 551,779.009 | 90·0 | 133,588.423 | 74·0 | 93,906.117 | 22·5 | 227,494.540 | 96·5 |
| 1888 | 323 527.168 | 23·0 | 219,501.596 | 04·0 | 543,028.764 | 27·0 | 150,393.999 | 19·0 | 94,468.779 | 32·0 | 244,862.778 | 51·0 |
| 1889 | 344,823.696 | 50·5 | 239,229.712 | 88·0 | 584,053.409 | 38·5 | 168,851.549 | 73·5 | 99,764.804 | 04·5 | 268,616.353 | 78·0 |
| 1890 | 399,491.927 | 2.0 | 262,743.681 | 90·5 | 662,235.608 | 92·5 | 170,033.631 | 91·0 | 107,524.783 | 57·0 | 277,558.365 | 48·0 |
| 1891 | 366,138.136 | 82·5 | 268,220.975 | 20·0 | 634,359.112 | 2·5 | 220,945.202 | .. | 115,541.932 | 65·5 | 336,487.134 | 65·5 |

**Tabelle 96.**

## Durchschnittsbetrag und Laufzeit der

| Im Jahre | Wien | | | | Österreichische Filialen | | | | Budapest | | | | Ungarische Filialen | | | |
|---|---|---|---|---|---|---|---|---|---|---|---|---|---|---|---|---|
| | Stück | Betrag in Gulden österr. Währ. | Durchschnitts- Betrag in Gulden österr. Währ. | Laufzeit in Tagen | Stück | Betrag in Gulden österr. Währ. | Durchschnitts- Betrag in Gulden österr. Währ. | Laufzeit in Tagen | Stück | Betrag in Gulden österr. Währ. | Durchschnitts- Betrag in Gulden österr. Währ. | Laufzeit in Tagen | Stück | Betrag in Gulden österr. Währ. | Durchschnitts- Betrag in Gulden österr. Währ. | Laufzeit in Tagen |
| 1 | 2 | | | | 3 | | | | 4 | | | | 5 | | | |
| 1876 | 113.997 | 269,335.853 13 | 2.362 | 61 | 154.733 | 214,627.384 79 | 1.387 | 64 | 52.914 | 119,843.472 29 | 2.264 | 74 | 18.624 | 18,979.716 60·0 | 1.019 | 82 |
| 1877 | 107.313 | 289,414.560 91 | 2.696 | 57 | 163.801 | 207,360.292 83 | 1.265 | 62 | 52.383 | 117,851.865 2 | 2.249 | 73 | 17.982 | 17,294.800 | 961 | 78 |
| 1878 | 120.950 | 270,307.775 41 | 2.234 | 56 | 158.728 | 191,148.399 92 | 1.204 | 61 | 54.478 | 116,766.371 65 | 2.143 | 73 | 17.601 | 15,581.471 43·0 | 885 | 78 |
| 1879 | 101.668 | 205,935.450 73 | 2.025 | 57 | 152.746 | 166,059.662 71 | 1.087 | 61 | 48.015 | 101,511.058 37 | 2.114 | 68 | 21.559 | 20,792.284 74·0 | 963 | 77 |
| 1880 | 113.561 | 214,612.745 78 | 1.889 | 58 | 167.084 | 182,296.030 73 | 1.091 | 61 | 48.293 | 102,077.051 66 | 2.113 | 71 | 52.169 | 49,198.795 57·0 | 943 | 76 |
| 1881 | 133.118 | 252,581.680 17 | 1.897 | 46 | 202.056 | 205,355.819 53 | 1.016 | 61 | 53.961 | 122,022.424 80 | 2.261 | 66 | 75.021 | 66,688.762 57·0 | 888 | 76 |
| 1882 | 155.307 | 266,334.713 35 | 1.715 | 62 | 220.837 | 234,580.493 30 | 1.062 | 61 | 61.474 | 135,461.817 19 | 2.203 | 68 | 84.570 | 71,232.113 66·0 | 842 | 75 |
| 1883 | 182.856 | 310,776.665 | 1.700 | 47 | 230.497 | 249,116.785 9 | 1.080 | 66 | 60.713 | 141,333.404 4 | 2.328 | 68 | 86.190 | 75,315.491 17·0 | 874 | 74 |
| 1884 | 211.254 | 313,503.452 70 | 1.484 | 36 | 229.874 | 237,776.318 53 | 1.034 | 66 | 71.731 | 152,608.072 74 | 2.127 | 66 | 113.244 | 88,260.718 61·0 | 779 | 73 |
| 1885 | 156.048 | 218,092.667 35 | 1.397 | 38 | 217.554 | 204,110.963 25 | 938 | 60 | 70.452 | 128,746.118 96 | 1.827 | 61 | 130.528 | 90,938.553 37·5 | 696 | 74 |
| 1886 | 168.995 | 261,276.239 96 | 1.546 | 47 | 208.201 | 196,222.386 69 | 942 | 62 | 57.454 | 112,128.999 99 | 1.952 | 61 | 128.057 | 83,483.171 54·0 | 649 | 73 |
| 1887 | 197.427 | 279,340.900 8 | 1.415 | 44 | 228.805 | 211,629.944 33 | 925 | 63 | 73.578 | 122,963.630 13 | 1.671 | 60 | 146.243 | 93,433.562 14·0 | 639 | 72 |
| 1888 | 206.548 | 281,319.811 82 | 1.362 | 46 | 220.656 | 209,896.530 8 | 949 | 63 | 73.071 | 130,515.404 70 | 1.786 | 57 | 149.331 | 94,213.572 45·0 | 631 | 72 |
| 1889 | 221.476 | 288,645.340 61 | 1.303 | 50 | 243.454 | 233,583.137 22 | 959 | 64 | 85.626 | 152,197.490 67 | 1.777 | 56 | 159.329 | 99,545.751 71·0 | 625 | 69 |
| 1890 | 261.029 | 348,006.507 56 | 1.333 | 47 | 270.140 | 254,876.390 96 | 943 | 62 | 86.314 | 151,913.931 28 | 1.760 | 61 | 184.350 | 107,157.442 47·0 | 581 | 70 |
| 1891 | 249.585 | 336,283.613 22 | 1.347 | 46 | 305.620 | 265,761.249 22 | 870 | 63 | 109.079 | 205,842.340 6 | 1.887 | 57 | 194.355 | 115,307.642 21·0 | 593 | 68 |

(Priv. österreichische Nationalbank).

# Effecten 1876—1891.

der ungarischen Bank-Anstalten.

| Gesammt-Escompte in Gulden österreichischer Währung | Antheil an dem Gesammt-Escompte | | | | | | | |
|---|---|---|---|---|---|---|---|---|
| | in den im Reichsrathe vertretenen Königreichen und Ländern | | | in den Ländern der ungarischen Krone | | | Totale | |
| | Wien | Österreichische Filialen | Zusammen | Budapest | Ungarische Filialen | Zusammen | | |
| | Procente | | | | | | | |
| 8 | 9 | 10 | 11 | 12 | 13 | 14 | 15 | |
| 610,528,483 · 32·0 | 44·01 | 34·32 | 78·33 | 18·71 | 2·96 | 21·67 | 100 | |
| 646,327,512 · 88·0 | 46·22 | 32·85 | 79·07 | 18·26 | 2·67 | 20·93 | 100 | |
| 625,432,455 · 07·0 | 47·22 | 31·62 | 78·84 | 18·67 | 2·49 | 21·16 | 100 | |
| 575,036,531 · 59·5 | 45·91 | 30·49 | 76·40 | 19·49 | 4·11 | 23·60 | 100 | |
| 658,762,396 · 34·5 | 45·82 | 29·52 | 75·34 | 16·90 | 7·76 | 24·66 | 100 | |
| 780,390,862 · 47·0 | 47·34 | 27·61 | 74·95 | 16·44 | 8·61 | 25·05 | 100 | |
| 817,644,326 · 04·5 | 44·16 | 29·78 | 73·94 | 17·25 | 8·81 | 26·06 | 100 | |
| 871,029,260 · 53·0 | 44·23 | 29·66 | 73·89 | 17·37 | 8·74 | 26·11 | 100 | |
| 863,100,563 · 54·0 | 43·37 | 28·42 | 71·79 | 17·86 | 10·35 | 28·21 | 100 | |
| 720,965,025 · 79·5 | 39·42 | 29·87 | 69·29 | 17·96 | 12·75 | 30·71 | 100 | |
| 736,736,190 · 50·5 | 44·07 | 27·94 | 72·01 | 16·51 | 11·48 | 27·99 | 100 | |
| 779,273,550 · 86·5 | 41·12 | 29·69 | 70·81 | 17·14 | 12·05 | 29·19 | 100 | |
| 787,891,543 · 78·0 | 41·06 | 27·87 | 68·93 | 19·08 | 11·99 | 31·07 | 100 | |
| 852,669,763 · 16·5 | 40·42 | 28·08 | 68·50 | 19·80 | 11·70 | 31·50 | 100 | |
| 939,793,975 · 40·5 | 42·51 | 27·95 | 70·46 | 18·09 | 11·45 | 29·54 | 100 | |
| 970,846,256 · 68·0 | 37·71 | 27·63 | 65·34 | 22·76 | 11·90 | 34·66 | 100 | |

# escomptierten Wechsel 1876—1891.

| Wien und österreichische Filialen | | | | | Budapest und ungarische Filialen | | | | | Wien, Budapest und Filialen | | | | |
|---|---|---|---|---|---|---|---|---|---|---|---|---|---|---|
| Stück | Betrag in Gulden österr. Währ. | Durchschnitts- | | | Stück | Betrag in Gulden österr. Währ. | Durchschnitts- | | | Stück | Betrag in Gulden österr. Währ. | Durchschnitts- | | |
| | | Betrag in Gulden österr. Währ. | Laufzeit in Tagen | | | | Betrag in Gulden österr. Währ. | Laufzeit in Tagen | | | | Betrag in Gulden österr. Währ. | Laufzeit in Tagen | |
| 6 | | | | | 7 | | | | | 8 | | | | |
| 268.730 | 483,963.837 · 92 | 1.800 | 62 | | 71.538 | 138,823.188 · 89·0 | 1.940 | 75 | | 340.268 | 622,786.426 · 81·0 | 1.830 | 64 | |
| 271.114 | 496,674.853 · 74 | 1.831 | 59 | | 70.365 | 135,146.665 · 2·0 | 1.920 | 73 | | 341.479 | 631,821.518 · 76·0 | 1.850 | 61 | |
| 279.678 | 461,456.175 · 33 | 1.649 | 58 | | 72.079 | 132,347.843 · 8·0 | 1.836 | 73 | | 351.757 | 593,804.018 · 41·0 | 1.688 | 61 | |
| 254.414 | 371,989.113 · 45 | 1.462 | 58 | | 69.604 | 122,303.343 · 11·0 | 1.757 | 69 | | 324.018 | 494,292.456 · 56·0 | 1.525 | 61 | |
| 280.645 | 396,908.776 · 51 | 1.414 | 59 | | 100.462 | 151,275.847 · 23·0 | 1.505 | 72 | | 381.107 | 548,184.623 · 74·0 | 1.438 | 62 | |
| 335.174 | 457,937.499 · 70 | 1.366 | 58 | | 128.982 | 188,711.187 · 37·0 | 1.463 | 69 | | 464.156 | 646,648.687 · 07·0 | 1.393 | 57 | |
| 376.144 | 500,915.206 · 65 | 1.332 | 63 | | 146.044 | 206,693.960 · 85·0 | 1.415 | 70 | | 522.188 | 707,609.167 · 50·0 | 1.355 | 65 | |
| 413.353 | 559,893.450 · 09 | 1.355 | 55 | | 146.843 | 216,648.896 · 10·0 | 1.475 | 70 | | 560.196 | 776,542.346 · 19·0 | 1.386 | 59 | |
| 441.128 | 551,279.771 · 23 | 1.250 | 48 | | 184.975 | 240,868.791 · 35·0 | 1.302 | 69 | | 626.103 | 792,148.562 · 58·0 | 1.265 | 54 | |
| 373.602 | 422,131.630 · 60 | 1.129 | 49 | | 200.980 | 219,684.672 · 33·5 | 1.093 | 66 | | 574.582 | 641,816.302 · 93·5 | 1.117 | 55 | |
| 377.196 | 457,498.626 · 65 | 1.213 | 53 | | 185.541 | 195,316.481 · 88·0 | 1.053 | 66 | | 562.737 | 652,815.108 · 48·5 | 1.160 | 57 | |
| 426.232 | 490,970.844 · 11 | 1.152 | 52 | | 219.821 | 216,397.192 · 27·0 | 984 | 65 | | 646.053 | 707,368.036 · 68·0 | 1.095 | 56 | |
| 427.204 | 490,658.341 · 90 | 1.149 | 54 | | 222.402 | 224,728.977 · 41·0 | 1.010 | 66 | | 649.606 | 715,387.319 · 31·0 | 1.101 | 57 | |
| 464.930 | 522,228.477 · 83 | 1.123 | 56 | | 244.955 | 251,743.242 · 38·0 | 1.028 | 61 | | 709.885 | 773,971.720 · 21·0 | 1.090 | 58 | |
| 531.169 | 602,882.838 · 52 | 1.135 | 54 | | 270.664 | 259,071.373 · 75·0 | 957 | 59 | | 801.833 | 861,954.212 · 27·0 | 1.075 | 55 | |
| 555.205 | 602,044.862 · 44 | 1.085 | 53 | | 303.434 | 321,149.982 · 27·0 | 1.058 | 61 | | 858.639 | 923,195.844 · 71·0 | 1.075 | 56 | |

10

# Österreichisch-ungarische Bank (Priv. österreichische Nationalbank).
# Zinsfuß im Escompte- und Darlehensgeschäfte 1876—1891.

| Zeitraum | Escompte-Zinsfuß | | | | Darlehens-Zinsfuß | |
| --- | --- | --- | --- | --- | --- | --- |
| | für Platzwechsel | für Domicile | für Rimessen | | für Darlehen auf Pfandbriefe der Bank | für Darlehen auf andere Wertpapiere |
| | | | von und auf Wien | von und auf andere Bankplätze | | |
| | Procent | | | | | |
| 1 | 2 | 3 | 4 | 5 | 6 | 7 |
| Vom 5. November 1875 bis 27. Jänner 1876 | 5 | 5½ | 5 | 5½ | | |
| „ 28. Jänner 1876 „ 18. April 1876 | | | | 5 | | |
| „ 28. „ 1876 „ 9. März 1879 | | 5 | | | | |
| „ 28. „ 1876 „ 8. Mai 1879 | 4½ | | 4½ | | | |
| „ 19. April 1876 „ 8. „ 1879 | | | | 4½ | | |
| „ 10. März 1879 „ 8. „ 1879 | | 4½ | | | | |
| „ 9. Mai 1879 „ 19. October 1882 | 4 | | | | | |
| „ 20. October 1882 „ 2. Februar 1883 | 5 | | | | | |
| „ 3. Februar 1883 „ 22. „ 1883 | 4½ | | | | | |
| „ 23. „ 1883 „ 6. October 1887 | 4 | | | | | |
| „ 7. October 1887 „ 10. Jänner 1888 | 4½ | | | | | |
| „ 11. Jänner 1888 „ 10. September 1888 | 4 | | | | | |
| „ 11. September 1888 „ 24. Jänner 1889 | 4½ | | | | | |
| „ 25. Jänner 1889 „ 5. November 1889 | 4 | | | | | |
| „ 6. November 1889 „ 31. December 1889 | 5 | | | | | |
| Vom 21. März 1873 bis 8. Mai 1879 | | | | | 6 | 6 |
| „ 9. Mai 1879 „ 6. Jänner 1881 | | | | | 5½ | |
| „ 9. „ 1879 „ 13. April 1882 | | | | | | 5½ |
| „ 7. Jänner 1881 „ 13. „ 1882 | | | | | 5 | |
| „ 14. April 1882 „ 19. October 1882 | | | | | 4½ | 5 |
| „ 20. October 1882 „ 2. Februar 1883 | | | | | 5 | 6 |
| „ 3. Februar 1883 „ 22. „ 1883 | | | | | | 5½ |
| „ 3. „ 1883 „ 6. October 1887 | | | | | 4½ | |
| „ 23. „ 1883 „ 6. „ 1887 | | | | | | 5½ |
| „ 7. October 1887 „ 10. Jänner 1888 | | | | | 5 | 5 |
| „ 11. Jänner 1888 „ 10. September 1888 | | | | | 4½ | 5 |
| „ 11. September 1888 „ 24. Jänner 1889 | | | | | 5 | 5½ |
| „ 25. Jänner 1889 „ 5. November 1889 | | | | | 4½ | 5 |
| „ 6. November 1889 „ 23. Jänner 1890 | | | | | 5½ | 6 |
| „ 24. Jänner 1890 „ 13. Februar 1890 | | | | | 5 | 5½ |
| „ 14. Februar 1890 „ 4. September 1890 | | | | | 4½ | 5 |
| „ 5. September 1890 „ 2. October 1890 | | | | | 5 | 5½ |
| „ 3. October 1890 „ 16. „ 1890 | | | | | 5½ | 6 |
| „ 17. „ 1890 „ 8. Jänner 1891 | | | | | 6 | 6½ |
| „ 9. Jänner 1891 „ 4. Februar 1891 | | | | | 5 | 5½ |
| „ 5. Februar 1891 „ 3. September 1891 | | | | | 4½ | 5 |
| „ 4. September 1891 „ 31. December 1891 | | | | | 5½ | 6 |

**Tabelle 98.**

# Stand des Escomptegeschäftes am Ende der Jahre 1878—1891.

| Ende | In den im Reichsrathe vertretenen Königreichen und Ländern | | | In den Ländern der ungarischen Krone | | | Totale |
| --- | --- | --- | --- | --- | --- | --- | --- |
| | in Wien | in den österreichischen Filialen | Zusammen | in Budapest | in den ungarischen Filialen | Zusammen | |
| | in Millionen Gulden | | | | | | |
| 1878 | 43·646 | 38·883 | 82·529 | 23·434 | 3·217 | 26·651 | 109·180 |
| 1879 | 50·020 | 34·928 | 84·948 | 24·918 | 7·664 | 32·582 | 117·530 |
| 1880 | 60·084 | 39·107 | 99·191 | 26·390 | 13·526 | 39·916 | 139·107 |
| 1881 | 72·739 | 46·347 | 119·086 | 23·053 | 14·405 | 37·458 | 156·544 |
| 1882 | 58·444 | 59·783 | 118·227 | 29·432 | 15·008 | 44·440 | 162·667 |
| 1883 | 64·325 | 57·284 | 121·609 | 31·208 | 16·527 | 47·735 | 169·344 |
| 1884 | 61·854 | 53·683 | 115·537 | 31·872 | 20·303 | 52·175 | 167·712 |
| 1885 | 56·834 | 37·100 | 93·934 | 23·127 | 19·381 | 42·508 | 136·442 |
| 1886 | 51·464 | 46·502 | 97·966 | 28·743 | 18·955 | 47·698 | 145·664 |
| 1887 | 60·738 | 48·355 | 109·093 | 30·363 | 20·376 | 50·739 | 159·832 |
| 1888 | 69·870 | 47·539 | 117·409 | 32·234 | 18·164 | 50·398 | 167·807 |
| 1889 | 69·513 | 51·463 | 120·976 | 35·454 | 22·450 | 57·904 | 178·880 |
| 1890 | 53·254 | 56·136 | 109·390 | 35·689 | 21·540 | 57·229 | 166·619 |
| 1891 | 59·883 | 56·884 | 116·767 | 48·950 | 24·472 | 73·422 | 190·189 |

**Tabelle 99.**

## Österreichisch-ungarische Bank (Priv. österreichische Nationalbank).

# Von dem Gesammtstande des Escompte am Ende der Jahre 1878—1891 entfielen:

| Ende der Jahre | In den im Reichsrathe vertretenen Königreichen und Ländern | | | In den Ländern der ungarischen Krone | | | Totale |
| --- | --- | --- | --- | --- | --- | --- | --- |
| | auf Wien | auf die österreichischen Filialen | Zusammen | auf Budapest | auf die ungarischen Filialen | Zusammen | |
| | Procente | | | | | | |
| 1878 | 39·976 | 35·614 | 75·590 | 21·463 | 2·947 | 24·410 | 100 |
| 1879 | 42·559 | 29·719 | 72·278 | 21·201 | 6·521 | 27·722 | 100 |
| 1880 | 43·192 | 28·113 | 71·305 | 18·971 | 9·724 | 28·695 | 100 |
| 1881 | 46·466 | 29·606 | 76·072 | 14·726 | 9·202 | 23·928 | 100 |
| 1882 | 35·929 | 36·752 | 72·681 | 18·093 | 9·226 | 27·319 | 100 |
| 1883 | 37·985 | 33·827 | 71·812 | 18·429 | 9·759 | 28·188 | 100 |
| 1884 | 36·881 | 32·009 | 68·890 | 19·004 | 12·106 | 31·110 | 100 |
| 1885 | 41·654 | 27·192 | 68·846 | 16·950 | 14·204 | 31·154 | 100 |
| 1886 | 35·331 | 31·924 | 67·255 | 19·732 | 13·013 | 32·745 | 100 |
| 1887 | 38·000 | 30·254 | 68·254 | 18·996 | 12·750 | 31·746 | 100 |
| 1888 | 41·640 | 28·330 | 69·970 | 19·210 | 10·820 | 30·030 | 100 |
| 1889 | 38·860 | 28·770 | 67·630 | 19·820 | 12·550 | 32·370 | 100 |
| 1890 | 31·961 | 33·692 | 65·653 | 21·419 | 12·928 | 34·347 | 100 |
| 1891 | 31·486 | 29·909 | 61·395 | 25·738 | 12·867 | 38·605 | 100 |

19*

# Erläuterungen.

---

## A. Die österreichisch-ungarische Bank.

(Tabellen 82—94.)

Die mit dem Patente vom 1. Juli 1816, Nr. 1250 J. G. S. als Zettelbank constituierte privilegierte österreichische Nationalbank hatte das Recht zur Ausgabe von Banknoten, welchen öffentlicher Cassencurs zukam, aber nur eine facultative Zahlkraft (keine eigentliche Währung). Die Deckung dieser Noten sollte so beschaffen sein, dass selbe stets voll in Metall zahlbar sein können; es sollte deshalb die disponible Barschaft hauptsächlich nur zur Escomptierung von sicheren Wechseln und kaufmännischen Effecten benützt werden. Genauer präcisiert wurde das Deckungs-Verhältnis durch das Allerhöchste Patent vom 1. Juli 1841, Nr. 79 Pol. G. S., welches das Privilegium bis Ende 1866 verlängerte. Es ward dieses Deckungsverhältnis zwar nicht gesetzlich fixiert, wohl aber die zeitweise Festsetzung desselben durch die Bankverwaltung angeordnet. („Der Bankdirection liegt daher ob, von Zeit zu Zeit ein Währungsverhältnis der Notenemission zu dem Münzstande festzusetzen, welches die vollständige Erfüllung dieser Verpflichtung zu sichern geeignetst"); sowohl diese Festsetzung als deren Vereinbarung bedurfte aber der Zustimmung der Finanzverwaltung. Durch den Finanzministerialerlaß vom 21 Mai 1848, Nr. 1152 J. G. S., und das nachfolgende kaiserliche Patent vom 2. Juni 1848, Nr. 1157 J. G. S., erhielten die Banknoten den Charakter eines uneinlösbaren, mit Zwangscurs versehenen Zahlungsmittels (Papiergeldes), ohne daß die Privilegiumsbestimmungen irgend sonst eine Veränderung erfahren hatten. Allerdings stand dagegen statutarisch und nach der diesfälligen Praxis der privilegierten österreichischen Nationalbank vor der Bankacte des Jahres 1862/63 nicht eine voll ausgedehnte gesellschaftsrechtliche Selbständigkeit zu (§. 43 des Patentes vom 1. Juni 1816 und §. 42 des zweiten Privilegiums vom Jahre 1841).

Zur Durchführung des Münzvertrages vom 24 Jänner 1857, welche auch die Wiederaufnahme der Barzahlungen erforderte, wurden mit der kaiserlichen Verordnung vom 30 August 1858, Nr. 131 R. G. Bl., hinsichtlich der Banknoten folgende Bestimmungen getroffen

1. Vor Allem erhält die Stückelung der Banknoten (seit der Gründung der privilegierten österreichischen Nationalbank zu 5, 10, 25, 50, 100, 500 und 1000 fl. C. M., seit dem Jahre 1848 auch zu 1 und 2 fl. C. M.) die Begrenzung auf Noten zu 1000, 100 und 10 fl. Die ausgegebenen Stücke zu 5, 2 und 1 fl. sind auf den Betrag von 100 Millionen Gulden baldigst zu mindern, die gänzliche Einziehung wird vorbehalten. Das wurde genauer ausgeführt durch die kaiserliche Verordnung vom 26. December 1858, Nr. 131 R. G. Bl.: die Conventionsmünze-Noten per 5, 2 und 1 fl. sind für den 31. December 1859 einberufen und es dürfen bis zum Betrage von 100 Millionen Gulden kleine Noten nur à 1 fl. österreichischer Währung ausgegeben werden, welche nicht durch den Metallschatz Deckung zu finden haben, sondern durch die der Bank übergebenen Staatsgüter, aus deren Erlös sie einzuziehen sein werden. Sie haben aber volles legal tender gleich den anderen Banknoten.

2. Die Deckung der Noten hat mit ⅓ bar, restlich mit statutenmäßig escomptierten oder beliehenen Crediteffecten (Escompte und Giro) zu erfolgen.

3. Die Banknoten haben legal tender (gesetzliche Währung) und Cassencurs.

4. Monatlich ist öffentlich Bericht über die Notenbilanz zu erstatten.

Die Barzahlung ward von der Bank aufgenommen, durch Finanzministerialerlaß vom 28. April 1859, Nr. 69 R. G. Bl., aber wieder sistiert. Zugleich sind mit diesem Patente neuerdings die 5 fl. Noten eingeführt worden, welche gleichfalls nicht durch den Metallschatz, sondern durch Staatsschuldverschreibungen zu decken sind, aber legal tender gleich den übrigen Banknoten hatten.

Das neue Bankprivilegium vom 27. December 1862, Nr. 2 R. G. Bl. ex 1863, war in der Absicht vereinbart und als Gesetz erlassen worden, um die Valutaregelung anzubahnen, durch Ordnung des Schuldverhältnisses zwischen dem Staate und der Bank, Verminderung des Notenumlaufes und andere Maßnahmen die Bank zur Wiederaufnahme der Barzahlungen zu befähigen. Die bestehende Schuld des Staates soll mit Ausnahme des Fixums von 80 Millionen Gulden bis Ende 1866 vollständig getilgt sein; der Notenumlauf ist bis dahin auf das statutenmäßige Maß zu verringern. Die 1 fl. und 5 fl. Noten sollen provisorisch im Umlaufe gehalten werden und zwar bis 31. December 1866 außerhalb der Vorschriften des §. 14 B. A. Die Wiederaufnahme der Barzahlungen der Bank ist für das Jahr 1867 in Aussicht genommen. Die Deckungsverhältnisse sind dahin geändert, dass 200 Millionen Banknoten nur bankmäßig zu decken sind, der Überrest aber voll in Silber (¼ in Gold zulässig; seit 1872 Silber oder Gold überhaupt). Die bankmäßige Deckung hat zu bestehen aus escomptierten oder lombardierten Effecten oder in eingelösten Coupons von Grundentlastungsobligationen oder in umlauffähigen Bankpfandbriefen in der Maximalhöhe von 20 Millionen Gulden.

Durch die Gesetze vom 5. Mai 1866, Nr. 51 R. G. Bl., 7. Juli 1866, Nr. 89 R. G. Bl., 25. August 1866, Nr. 101 R. G. Bl., wurden diese vereinbarten und gesetzlich bestimmten Verhältnisse wesentlich alteriert, beziehungsweise die Statuten in den betreffenden Theilen ausdrücklich suspendiert, so daß die beabsichtigte Wirkung der Acte im Jahre 1862 nicht eintreten konnte; die exceptionellen Banknoten zu 1 fl. und 5 fl. sind Staatsnoten geworden.

Auf Grund des Gesetzes vom 30. Juni 1868, Nr. 83 R. G. Bl., wurden durch Finanzministerialerlaß vom 30. October 1868, Nr. 146 R. G. Bl., der Bank mehrere Geschäftserleichterungen zu theil, von welchen insbesondere die Zulassung der Devisen zur bankmäßigen Deckung des Notenumlaufes von Wichtigkeit wurde. Dagegen wurde vorgeschrieben, dass in die (bankmäßige) Deckung des Notenumlaufes sofort fällige Verbindlichkeiten einzubeziehen sind. Dem metallisch unbedeckten Notenumlaufe sind behufs bankmäßiger Deckung die gegen Verbriefung und in laufender Rechnung übernommenen Gelder zuzuzählen. Mit Gesetz vom 13. November 1868 wurde der Bankfond auf 90 Millionen Gulden reduciert. Vom 28. Juli 1870 bis 11. März 1871 war der Bank durch kaiserliche Verordnung vom 28. Juli gestattet, die Devisen in den Metallschatz einzurechnen. Im Jahre 1873 führte die eingetretene Börsenkrise zu einer Suspendierung des §. 14 der Bankacte, welche vom 13. Mai 1873 bis 11. October 1874 währte.

Eine definitive Neuordnung des Verhältnisses der Bank gegenüber beiden Theilen der Monarchie trat erst durch das Bankprivilegium vom 27. Juni 1878 ein, durch welches die privilegierte österreichische Nationalbank in die österreichisch-ungarische Bank mit 1. Juli 1878, respective 30. October 1878, reconstruiert wurde. Dieses neue (3.) Bankprivilegium bestimmte über die Notendeckung folgendes:

Der Betrag, um welchen die Summe der umlaufenden Banknoten 200 Millionen Gulden übersteigt, muss in Silber und Gold, gemünzt oder in Barren vorhanden sein. Die bankmäßige Deckung kann bestehen aus:

    a) statutenmäßig escomptierten Wechseln und Effecten,

    b) statutenmäßig belehntem Edelmetall oder Wertpapieren,

    c) eingelösten, verfallenen, öffentlich rechtlichen Effecten und Coupons,

    d) Wechseln auf auswärtige Plätze.

Für die Dauer der Sistierung der freien Silberprägung ist die Bank zur währungsgemäßen Annahme von Silberbarren nicht verpflichtet, wohl aber von Silbermünze (auf Verlangen jederzeit in Banknoten einzulösen). Die der Bank erlaubten Agenden sind genau umschrieben. Die Bank muss gleich allen Parteien die Staatsnoten in Zahlung nehmen, darf sie aber in die bankmäßige Bedeckung der Noten mit einbeziehen. Solange die Staatsnoten Zwangs-curs haben, ist die Bareinlösung der Banknoten sistiert.

Durch das 4. Privilegium, welches bis Ende December 1897 reicht, ist das Banknotenrecht wesentlich umgestaltet worden. Es wurde zwar das Contingent von 200 Millionen Gulden als steuerfreie Banknotenumlauf-Menge beibehalten, es muss aber der Gesammtbetrag der umlaufenden Banknoten mindestens zu zwei Fünfteln durch den Barvorrath in Silber oder Gold, gemünzt oder in Barren, gedeckt sein, in welche metallische Deckung jedoch für die Dauer des Zwangscurses Devisen bis zum Höchstbetrage von 30 Millionen Gulden einbezogen werden durfen, und ebenso ist der Staatsnotenbesitz der Bank als volle Deckung vom Banknotenumlaufe in Abzug zu bringen. Die den Barvorrath übersteigende Umlaufmenge muss bankmäßig bedeckt sein. Die Grundsätze für die bankmäßige Bedeckung blieben dieselben. — Wenn der Betrag der umlaufenden Banknoten den Barvorrath um das bezeichnete Contingent von 200 Millionen Gulden übersteigt, so hat die Bank von dem Überschüsse eine Steuer von jährlich 5 Procent an die beiden Staatsverwaltungen, und zwar in der Weise zu entrichten, dass davon 70 Procent der kaiserlich österreichischen und 30 Procent der königlich ungarischen Staatsverwaltung zugute kommen. (System der indirecten Contingentierung.)

### Die Staatsschuld an die Bank.

Der alte Bestand bis 1848 zerfällt in

1. Die Schuld aus der Einlösung des Wiener-Währungs-Papiergeldes (seit 1818), welche gemäß des Vertrages vom $\frac{3.\ \text{März } 1820}{30.\ \text{November } 1822}$ seit 1837 regelmäßig getilgt wurde, wonach bis Ende 1870 diese Schuld vollkommen getilgt zu sein hatte;

2. die Steuerescomptierung seit 1822, welche endlich bis 1848 auf den Betrag von 50 Millionen Gulden angewachsen war, dann

3. Escompte von 3" Central-Cassenanweisungen seit 1818.

Die vielfache Inanspruchnahme des Credites im Jahre 1848 (die Schuldsteigerung betrug 63 Millionen Gulden) u. s. f. führte am 6 December 1849 zur Abrechnung über den Schuldbetrag von 96·9 Millionen (außer der Wiener Währung, Papiergeldschuld und dem 50 Millionen Gulden Credit auf die 3" Cassaanweisungen) und zu einem Übereinkommen über die Zurückerstattung, welche auch theilweise erfolgte. Dieser Vertrag von 1849 wurde erneuert den 23 Februar 1852.

Neuerliche Schuldsteigerung erfolgte im Jahre 1854 aus 2 Gründen. Durch Übereinkommen vom 23. Februar 1854 (R. G. Bl. Nr 45) wurde das gesammte umlaufende Staatspapiergeld von der Bank zur Einlösung gegen Banknoten übernommen gegen staatliche Abzahlung in Raten und Deckung durch Verpfändung der Zolleinkünfte, wodurch der Banknotenumlauf eine Steigerung von 148 Millionen Gulden erlitt. Durch das kaiserliche Patent vom 26. Juni 1854 (Nationalanlehen) wurde die Ordnung der staatlichen Schuld dahin in Aussicht genommen, dass dieselbe bis auf 80 Millionen Gulden bis 24. August 1858 abgetragen sein sollte. Dem entsprechend sollte dann die Wiederaufnahme der Barzahlungen erfolgen. Der zweite Grund der Schuldsteigerung im Jahre 1854 entstand durch den Geldbedarf infolge des orientalischen Krieges. Die Bank gab dem Staate einen Vorschuss von 80 Millionen im Jahre 1854, ausgedehnt bis 100 Millionen im Jahre 1855. Es war dadurch, abgesehen von 45 Millionen Steigerung im Escompte und Lombard der Notenumlauf um circa 150 Millionen Gulden bis Ende 1854 gesteigert worden, die Schuld des Staates aber um circa 172 Millionen Gulden. Darauf beruht auch das ungünstige Verhältnis des Metallschatzes zum Notenumlaufe Ende des Jahres 1854.

Mit Vertrag vom 18 October 1855 wurden diese neuerlichen Schulden im Restbetrage von 155 Millionen durch speciell überantwortete Staatsgüter gedeckt und am 26. December 1858 ein Übereinkommen wegen Rückzahlung derselben getroffen, welches auch zur Ausführung kam und zu theilweiser Entlastung dieser Schuldpost führte.

Es waren sohin die Verhältnisse, wie sie durch das Patent vom Jahre 1854 in Aussicht genommen waren, am 24. August 1858 nicht vorhanden, denn statt 80 Millionen betrug die Staatsschuld noch 199 Millionen Gulden; es war aber trotzdem in Gemäßheit des Artikels XXII des Münzvertrages die Wiederaufnahme der Barzahlungen für den 2. Jänner 1859 bestimmt angeordnet worden. Am 1. Jänner 1859 betrug die staatliche Schuld circa 150 Millionen Gulden — 100 Millionen nur durch Renten und Staatsgüter gedeckt, 53 Millionen Gulden für Einlösung von Wiener-Währungs-papiergeld.

Nach Suspendierung der Barzahlungen trat neuerliche Schuldbelastung durch den Staat im Jahre 1859 ein: a) zufolge der kaiserlichen Verordnung vom 29. April 1859 in Banknoten per 133 Millionen Gulden als ⅔ Darlehen, auf ein Anlehen per 200 Millionen Gulden, und b) zufolge Barbelehnung des Londoner Anlehens per 3 Millionen Livres mit 20 Millionen Gulden Silber. Beide Belehnungen kommen in den Bankausweisen vom Ende des Jahres zum Ausdrucke. Im Jahre 1860 erfolgte durch Übereinkommen vom 1. April 1860 eine Schuldminderung um 34 Millionen Gulden — welche von der letzten Post per 133 Millionen Gulden abgeschrieben wurde. Neue Vereinbarungen erfolgten am 29. December 1862. In diesen wurde der Plan festgehalten, die Darlehen auf den fixen Betrag von 80 Millionen bis Ende 1866 zu mindern. Dieser Plan ist auch zur Ausführung gelangt.

Inzwischen fielen aber die neuen staatlichen Bankcredite des Jahres 1866. Durch das Gesetz vom 7. Juli 1866 wurden dieselben mit 60 Millionen Gulden bestimmt, und es wurden dieselben im 2. Semester 1867 zurückgezahlt.

Das spätere Specialschuldverhältnis des Staates zur Bank weicht von den Privilegiumsbedingungen und den Statuten nicht ab.

Tabelle 100.

## Österreichisch-ungarische Monarchie.

# Umlauf des staatlichen Papiergeldes mit Zwangscurs ohne Münzscheine 1849—1853.

### In Gulden Conventionsmünze.

| Ende des Jahres | 3% Cassenanweisungen | Anweisungen auf die ungarischen Landeseinkünfte | Reichsschatzscheine | | Summe*) |
|---|---|---|---|---|---|
| | | | 3% | unverzinsliche | |
| | | In Gulden | | | |
| 1849 | 1) 38,198.550 | 3) 24,407.131 | · · · · · | · · · · · | 6) 62.605.681 |
| 1850 | 4) 53,106.455 | 5) 46,633.592 | 6) 34,475.100 | · · · · · | 7) 134,215.147 |
| 1851 (Ende November Wiener-Zeitung vom 8./1. 1852) | 1,152.805 | 40 095.272 | 76,931.700 | 62,196.985 | 8) 180,376.762 |
| 1852 | 81.690 | 9,468.109 | 11,075.200 | 124,704.564 | 9) 145,329.563 |
| 1853 | Rest unter 3% Reichsschatzscheine ausgewiesen | 1,954.881 | 3,496.145 | 134,757.690 | 10) 140,208.716 |

Bei Abschluß des Übereinkommens mit der privilegierten Nationalbank am 23. Februar 1854 wurde der Umlauf des staatlichen Papiergeldes in Summe (ohne Münzscheine) mit 149,880.602 fl. angenommen.

*) In diesen Summen sind die umlaufenden Münzscheine nicht begriffen, mit denselben stellt sich der Umlauf:

    Ende 1849 : 71,139.090 fl. österreichischer Währung
      " 1850 : 116,606.879 "     "     "
      " 1851 : 167,112.271 "     "     "
      " 1852 : 155,788.158 "     "     "
      " 1853 : 148,334.658 "     "     "

1) Die Totalausgabe betrug 64,227.500; es befanden sich aber davon Ende dieses Jahres 26,028.950 fl. in den Staatscassen.
2) Die Totalausgabe war 87,462 000 fl.; es waren Ende dieses Jahres 18,054.869 fl. in den Staatscassen.
3) Hievon befanden sich in den Cassen der privilegierten österreichischen Nationalbank:

    3% Cassenanweisungen . . 16,047.340 fl.
    Ungarische Anweisungen . . . . 559.469 "
                    Zusammen . 16,606.809 fl.
              daher restlicher Umlauf . 45,998.879 "

4) Die gesammte Ausgabe betrug 69,338.800 fl., hievon 16,232.345 fl. in den Staatscassen.
5) Die gesammte Ausgabe betrug 55,806.988 fl., hievon 9,173.541 in den Staatscassen.
6) Die gesammte Ausgabe betrug 47,598.000 fl., hievon 13,122.900 fl. in den Staatscassen.
7) Hievon befanden sich in den Cassen der privilegierten österreichischen Nationalbank:

    3% Cassenanweisungen . . 44,550.840 fl.
    Ungarische Anweisungen . . . 1,476 255 "
                    Zusammen . 46,027.095 fl.
              daher restlicher Umlauf . 88,188.052 "

8) Von dieser Summe befanden sich 32,805.109 fl. in den Cassen der Bank.
    Und zwar:
    3% Cassenanweisungen und Reichsschatzscheine . . 30,459.400 fl.
    Unverzinsliche Reichsschatzscheine . . . . . . 899.900 "
    Ungarische Anweisungen . . . . . . . . . . 1,445.809 "
                    Zusammen . 32,805.109 fl.
              daher restlicher Umlauf . 147,571.653 "

9) In den Cassen der Bank . 1,962.747 fl. und zwar:
    Reichsschatzscheine . . . . 1,947.075 "
    Ungarische Anweisungen . . . . 15.672 "
                    Zusammen . 1,962.747 fl.
              daher restlicher Umlauf . 144,066.816 "

10) Hievon in den Cassen der Bank:
    Unverzinsliche Reichsschatzscheine . . . . 15,475.855 fl.
    Ungarische Anweisungen . . . . . . . . 86 082 "
                    Zusammen . 15 561.937 fl.
              restlicher Um'auf . 124,646.779 "

Tabelle 101.

# Gesammtumlauf an staatlichem Papiergeld und Banknoten 1849—1853.

### In Gulden Conventionsmünze.

| Ende des Jahres | Banknoten | Staatspapiergeld (ohne Münzscheine) | Summe*) | In Procenten | | Summe |
|---|---|---|---|---|---|---|
| | | | | Banknoten | Staatspapiere (ohne Münzscheine) | |
| | | In Gulden | | | | |
| 1849 | 250,477.658 | 62,605.681 | 313,083.339 | 80·00 | 20·00 | 100 |
| 1850 | 255,367.221 | 134,215.147 | 389,582.368 | 65·55 | 34·45 | 100 |
| 1851 | 215,636.519 | 180,376.762 | 396,013.281 | 54·45 | 45·55 | 100 |
| 1852 | 194,943.256 | 145,329.563 | 340,272.819 | 57·29 | 42·71 | 100 |
| 1853 | 188,309 217 | 140,208.716 | 328,517.933 | 57·32 | 42·68 | 100 |

*) In diesen Summen sind die in den Cassen der privilegierten österreichischen Nationalbank befindlichen Beträge von staatlichem Papiergeld inbegriffen, nach Abzug dieser Beträge würden sich die Summen des Umlaufes stellen mit:

    1849 . . . . . . —16,606.809 fl. = 296,476 530 fl.
    1850 . . . . . . —46,027.095 " = 343,555 273 "
    1851 . . . . . . —32,805.109 " = 363,208 172 "
    1852 . . . . . . — 1,962 747 " = 338,310.072 "
    1853 . . . . . . —15,561 937 " = 312,955.996 "

Tabelle 102.

## Österreichisch-ungarische Monarchie.

# Staatsnoten-Umlauf nach Kategorien und Umlauf der Partial-Hypothekar-Anweisungen 1866 bis 1891.

| Ende des Jahres | Staatsnoten (Betrag) | | | | Partial-Hypothekar-Anweisungen | Zinsfuß der Hypothekar-Anweisungen am Ende des Jahres | Im Jahre | | | | | |
|---|---|---|---|---|---|---|---|---|---|---|---|---|
| | | | | | | | Staatsnoten-Umlauf | | | Partial-Hypothekar-Anweisungen-Umlauf | | |
| | 50 fl. | 5 fl. | 1 fl. | Zusammen | | | Durchschnitt | Höchster | Mindester | Durchschnitt | Höchster | Mindester |
| 1 | 2 | 3 | 4 | 5 | 6 | 7 | 8 | 9 | 10 | 11 | 12 | 13 |
| 1866 | . . . . | 147,221.445 | 68,573.195 | 215,794.640 | 99,986.292 | 50 | 6 | 158,329.767 | 215,794.640 | 116,633.378 | 92,792.626 | 99,986.292·5 | 79,697.242·5 |
| 1867 | 93,502.250 | 130,466.315 | 77,168.122 | 301,136.687 | 98,863.312 | 50 | 5 | 270,215.510 | 301,136.687 | 216,494.610 | 99,239.684 | 99,973.492·5 | 97,567.412·5 |
| 1868 | 105,101.650 | 112,533.720 | 80,695.507 | 298,330.877 | 98,516.482 | 50 | 4½ | 297,151.666 | 302,214.200 | 287,646.960 | 98,991.122 | 99,943.182·5 | 95,900.432·5 |
| 1869 | 112,278.300 | 115,263.800 | 87,527.530 | 315,069.630 | 90,515.632 | 50 | 4½ | 305,286.992 | 315,069.630 | 299,417.853 | 97,826.962 | 99,992.182·5 | 92,761.332·5 |
| 1870 | 137,454.650 | 122,555.315 | 92,103.554 | 352,113.519 | 59,886.432 | 50 | 4½ | 326,240.093 | 352,113.519 | 310,606.024 | 82,356.120 | 97,686.682·5 | 59,886.432·5 |
| 1871 | 151,431.100 | 129,828.195 | 92,341.299 | 373,600.894 | 38,398.582 | 50 | 4½ | 361,176.789 | 373,600.894 | 354,538.662 | 50,822.753 | 57,461.182·5 | 38,398.532·5 |
| 1872 | 152,029.850 | 132,272.209 | 91,689.833 | 375,991.880 | 36,008.082 | 50 | 5 | 375,959.412 | 378,415.589 | 374,445.614 | 36,040.000 | 37,553.732·5 | 33,584.082·5 |
| 1873 | 140,230.600 | 128,237.425 | 80,565.245 | 344,033.270 | 67,966.432 | 50 | 5 | 367,672.379 | 378,644.756 | 344,033.270 | 44,327.166 | 67,966.432·5 | 33,354.582·5 |
| 1874 | 155,508.400 | 113,803.575 | 75,970.219 | 345,282.194 | 66,717.707 | 50 | 4 | 331,633.870 | 347,233.184 | 313,407.540 | 80,059.626 | 98,591.732·5 | 64,766.157·5 |
| 1875 | 154,306.850 | 114,230.440 | 77,963.743 | 346,501.033 | 65,498.507 | 50 | 4 | 338,968.248 | 347,056.049 | 328,940.109 | 73,031.383 | 83,059.857·5 | 64,933.507·5 |
| 1876 | 166,532.600 | 111,291.545 | 77,620.022 | 355,444.167 | 56,555.007 | 50 | 4 | 343,029.000 | 355,444.167 | 332,055.819 | 68,970.350 | 79,944.000·0 | 56,555.000·0 |
| 1877 | 160,385.450 | 108,447.945 | 77,127.766 | 345,961.161 | 66,038.707 | 50 | 4 | 348,415.000 | 356,885.039 | 344,316.863 | 63,584.000 | 67,682.600·0 | 55,614.200·0 |
| 1878 | 160,043.650 | 117,137.240 | 86,821.499 | 364,002.389 | 47,997.597 | 50 | 4 | 348,647.000 | 365,702.868 | 333,125.658 | 63,333.450 | 78,874.200·0 | 46,296.500·0 |
| 1879 | 151,787.350 | 108,527.245 | 57,715.931 | 313,030.526 | 98,969.397 | 50 | 4 | 324,751.000 | 358,274.867 | 312,120.435 | 87,247.650 | 99,878.800·0 | 53,724.900·0 |
| 1880 | 166,740.650 | 206,083.090 | 54,914.029 | 327,737.769 | 84,261.2?7 | 50 | 3½ | 316,483.000 | 327,737.769 | 312,003.164 | 95,515.600 | 99,9?5.800·0 | 84,261.250·0 |
| 1881 | 150,875.700 | 109,821.595 | 59,737.652 | 320,434.947 | 91,563.797 | 50 | 3½ | 320,900.000 | 328,083.347 | 312,017.563 | 91,038.550 | 99,981.400·0 | 83,916.300·0 |
| 1882 | 169,450.400 | 114,226.370 | 67,817.025 | 351,493.795 | 60,505.342 | 50 | 3½ | 326,384.000 | 351,493.795 | 312,075.067 | 85,613.?00 | 99,923.200·0 | 60,505.300·0 |
| 1883 | 148,349.700 | 133,521.720 | 69,080.350 | 350,951.770 | 61,046.892 | 50 | 3½ | 346,077.000 | 358,792.239 | 327,768.199 | 65,921.100 | 84,230.100·0 | 53,205.950·0 |
| 1884 | 162,432.700 | 121,135.430 | 70,679.942 | 354,248.072 | 57,750.342 | 50 | 3½ | 335,138.000 | 354,248.072 | 322,260.902 | 76,859.750 | 89,737.050·0 | 57,750.300·0 |
| 1885 | 155,243.450 | 114,971.575 | 68,033.927 | 338,248.952 | 73,748.362 | 50 | 3 | 327,927.000 | 344,080.653 | 312,433.498 | 84,069.850 | 99,564.350·0 | 67,916.700·0 |
| 1886 | 158,645.900 | 116,243.045 | 69,287.610 | 344,176.555 | 67,822.162 | 50 | 3 | 327,559.534 | 345,989.662 | 312,043.110 | 84,438.704 | 99,955.012·5 | 66,008.562·5 |
| 1887 | 145,154.250 | 120,640.015 | 71,599.972 | 337,394.237 | 74,604.447 | 50 | 3 | 332,661.856 | 340,122.439 | 323,366.372 | 79,336.407 | 88,632.547·5 | 71,875.462·5 |
| 1888 | 139,168.800 | 124,863.335 | 72,811.040 | 336,843.175 | 75,154.997 | 50 | 3 | 322,903.550 | 335,843.175 | 312,038.598 | 89,034.752 | 99,959.747·5 | 75,154.997·5 |
| 1889 | 151,971.550 | 128,758.565 | 76,501.521 | 357,231.636 | 54,767.340 | . | 3 | 333,375.827 | 357,231.636 | 313,209.578 | 78,622.687 | 98,787.240·0 | 54,767.340·0 |
| 1890 | 156,592.150 | 133,941.775 | 79,827.178 | 370,361.103 | 41,633.850 | . | 3 | 343,910.084 | 370,361.103 | 323,140.194 | 68,084.845 | 88,851.450·0 | 41,633.850·0 |
| 1891 | 156,004.000 | 142,759.900 | 80,080.191 | 378,844.091 | 33,150.150 | . | 3 | 362,704.604 | 379,178.078 | 351,265.332 | 49,289.879 | 60,725.900·0 | 32,816.000·0 |

**Tabelle 108.**

# Ausweis über den Umlauf der Staatsnoten und Partial-Hypothekar=

Zusammengestellt vom Rechnungsdepartement

| Stand mit Ende | 1866 | | 1867 | | 1868 | |
|---|---|---|---|---|---|---|
| | Staatsnoten | Partial-Hypothekar-Anweisungen | Staatsnoten | Partial-Hypothekar-Anweisungen | Staatsnoten | Partial-Hypothekar-Anweisungen |
| Jänner . . . . . . . . . | . . . . . . . . | 97,819.992 50 | 216,394.640 | 99,962.492 50 | 298,473.445 .. | 99,424.857 50 |
| Februar . . . . . . . . | . . . . . . . . | 99,790.042 50 | 217,014.640 | 99,973.492 50 | 293,237.640 .. | 99,547.257 50 |
| März . . . . . . . . . | . . . . . . . . | 98,712.392 50 | 221,924.640 | 99,130.425 . . . | 287,646.960 .. | 99,530.157 50 |
| April . . . . . . . . . | . . . . . . . . | 98,616.542 50 | 239,287.640 | 98,919.675 . . . | 290,273.164 .. | 99,504.457 50 |
| Mai . . . . . . . . . | 116,633.378 | 93,914.242 50 | 262,427.640 | 99,925.675 . . . | 299,834.139 .. | 99,640.707 50 |
| Juni . . . . . . . . . | 126,796.826 | 88,636.792 50 | 285,315.640 | 99,939.522 50 | 311,896.055 60 | 99,572.257 50 |
| Juli . . . . . . . . . | 140,935.321 | 81,826.692 50 | 299,669.840 | 99,959.972 50 | 311,786.944 50 | 99,941.107 50 |
| August . . . . . . . . | 142,535.321 | 79,697.242 50 | 299,387.043 | 99,930.762 50 | 310,712.550 .. | 99,943.182 50 |
| September . . . . . . . | 153,253.371 | 85,701.892 50 | 299,042.938 | 97,580.512 50 | 311,937.249 30 | 97,811.632 50 |
| October . . . . . . . . | 179,894.640 | 89,858.792 50 | 299,999.798 | 97,567.412 50 | 310,530.747 50 | 95,900.432 50 |
| November . . . . . . . | 190,794.640 | 98,950.592 50 | 300,876.984 | 99,122.962 50 | 312,866.199 40 | 98,560.932 50 |
| December . . . . . . . | 215,794.640 | 99,986.292 50 | 301,136.687 | 98,863.312 50 | 307,924.761 20 | 98,516.482 50 |

| Stand mit Ende | 1874 | | 1875 | | 1876 | |
|---|---|---|---|---|---|---|
| | Staatsnoten | Partial-Hypothekar-Anweisungen | Staatsnoten | Partial-Hypothekar-Anweisungen | Staatsnoten | Partial-Hypothekar-Anweisungen |
| Jänner . . . . . . . . . | 336,854.051 | 75,145.782 50 | 337,400.417 | 74,599.407 50 | 347,069.786 | 64,929.607 50 |
| Februar . . . . . . . . | 326,136.546 | 85,862.782 50 | 336,863.273 | 75,136.407 50 | 338,023.681 | 73,976.007 50 |
| März . . . . . . . . . | 315,108.265 | 96,890.832 50 | 330,257.376 | 81,742.007 50 | 336,066.093 | 75,933.307 50 |
| April . . . . . . . . . | 313,407.540 | 98,591.732 50 | 328,940.109 | 83,059.857 50 | 334,677.152 | 77,322.457 50 |
| Mai . . . . . . . . . | 317,800.485 | 94,198.932 50 | 334,825.195 | 77,174.507 50 | 333,352.947 | 78,646.807 50 |
| Juni . . . . . . . . . | 320,730.163 | 91,269.632 50 | 336,206.966 | 75,792.357 50 | 332,055.819 | 79,944.007 50 |
| Juli . . . . . . . . . | 327,721.217 | 84,278.782 50 | 337,350.142 | 74,649.507 50 | 335,073.006 | 76,926.707 50 |
| August . . . . . . . . | 340,137.982 | 71,861.457 50 | 340,309.307 | 71,690.057 50 | 345,636.128 | 66,363.857 50 |
| September . . . . . . . | 346,109.518 | 65,889.707 50 | 345,184.002 | 66,815.407 50 | 351,063.409 | 60,936.357 50 |
| October . . . . . . . . | 347,233.184 | 64,766.157 50 | 346,715.106 | 65,284.657 50 | 353,559.941 | 58,440.057 50 |
| November . . . . . . . | 346,757.299 | 65,242.057 50 | 347,066.049 | 64,933.507 50 | 354,328.694 | 57,670.357 50 |
| December . . . . . . . | 345,282.194 | 66,717.707 50 | 346,501.033 | 65,498.907 50 | 355,444.167 | 56,555.007 50 |

| Stand mit Ende | 1883 | | 1884 | | 1885 | |
|---|---|---|---|---|---|---|
| | Staatsnoten | Partial-Hypothekar-Anweisungen | Staatsnoten | Partial-Hypothekar-Anweisungen | Staatsnoten | Partial-Hypothekar-Anweisungen |
| Jänner . . . . . . . . . | 352,606.517 | 59,392.642 50 | 333,928.785 | 78,069.542 50 | 344,080.653 | 67,916.742 50 |
| Februar . . . . . . . . | 343,655.671 | 68,341.142 50 | 323,995.433 | 88,002.742 50 | 319,978.439 | 92,020.442 50 |
| März . . . . . . . . . | 335,394.319 | 76,604.792 50 | 322,260.902 | 89,737.092 50 | 316,565.498 | 95,431.642 50 |
| April . . . . . . . . . | 327,768.199 | 84,230.142 50 | 323,016.057 | 88,982.842 50 | 315,534.461 | 96,464.812 50 |
| Mai . . . . . . . . . | 330,214.937 | 81,782.642 50 | 324,639.045 | 87,358.842 50 | 312,433.498 | 99,564.362 50 |
| Juni . . . . . . . . . | 333,146.609 | 78,851.642 50 | 325,413.700 | 86,584.792 50 | 313,794.984 | 98,201.962 50 |
| Juli . . . . . . . . . | 346,789.472 | 65,208.592 50 | 337,059.033 | 74,939.692 50 | 327,283.134 | 84,714.562 50 |
| August . . . . . . . . | 358,792.239 | 53,205.992 50 | 338,816.849 | 73,181.742 50 | 337,596.631 | 74,400.462 50 |
| September . . . . . . . | 357,385.356 | 54,613.242 50 | 343,753.810 | 68,244.092 50 | 335,511.206 | 76,488.012 50 |
| October . . . . . . . . | 358,094.718 | 53,903.992 50 | 347,111.100 | 64,887.042 50 | 335,727.195 | 76,270.462 50 |
| November . . . . . . . | 358,129.172 | 53,869.042 50 | 347,419.332 | 64,579.042 50 | 338,381.308 | 73,616.612 50 |
| December . . . . . . . | 350,951.770 | 61,046.892 50 | 354,248.072 | 57,750.342 50 | 338,248.952 | 73,748.362 50 |

Monarchie.

# Anweisungen am Ende der Monate Jänner 1866 bis December 1891.

des k. und k. Reichsfinanzministeriums.

| 1869 | | 1870 | | 1871 | | 1872 | | 1873 | |
|---|---|---|---|---|---|---|---|---|---|
| Staatsnoten | Partial-Hypothekar-Anweisungen | Staatsnoten | Partial-Hypothekar-Anweisungen | Staatsnoten | Partial-Hypothekar-Anweisungen | Staatsnoten | Partial-Hypothekar-Anweisungen | Staatsnoten | Partial-Hypothekar-Anweisungen |
| 307,880.222 20 | 99,928.182 50 | 321,398.259 20 | 90,374.832 50 | 354,538.662 | 57,461.182 50 | 374,729.923 . | 37,269.732 50 | 376,168.370 | 35,831.232 50 |
| 307,691.139 70 | 99,207.382 50 | 317,846.092 80 | 94,153.232 50 | 355,015.401 | 56,984.532 50 | 376,331.947 . | 35,667.932 50 | 376,908.103 | 35,091.032 50 |
| 306,978.027 60 | 99,861.082 50 | 314,921.624 90 | 97,077.932 50 | 356,178.121 | 55,820.882 50 | 376,751.278 . | 35,248.532 50 | 377,276.549 | 34,723.382 50 |
| 305,965.602 20 | 99,920.982 50 | 314,312.469 50 | 97,686.682 50 | 356,295.666 | 55,704.282 50 | 377,447.416 . | 34,551.932 50 | 378,435.450 | 33,563.882 50 |
| 306,149.900 60 | 99,737.932 50 | 317,462.383 50 | 94,537.482 50 | 359,044.462 | 52,955.282 50 | 378,415.589 . | 33,584.082 50 | 378,644.756 | 33,354.582 50 |
| 311,630.165 20 | 99,992.182 50 | 318,701.197 30 | 93,298.432 50 | 359,535.749 | 52,463.732 50 | 376,860.514 . | 35,138.532 50 | 376,882.873 | 35,116.832 50 |
| 311,132.581 30 | 99,921.082 50 | 324,982.368 45 | | 360,286.436 | 51,713.032 50 | 375,776.390 80 | 36,222.882 50 | 368,727.074 | 43,272.732 50 |
| 311,780.641 . | 99,569.682 50 | 335,132.579 95 | 76,866.632 50 | 360,577.764 | 51,421.732 50 | 374,584.978 80 | 37,414.432 50 | 364,348.263 | 47,656.832 50 |
| 311,218.571 40 | 96,785.092 50 | 341,510.489 45 | 70,488.832 50 | 363,201.452 | 48,797.782 50 | 375,065.516 80 | 36,933.982 50 | 361,778.161 | 50,221.332 50 |
| 315,064.184 50 | 95,773.032 50 | 347,349.752 45 | 64,649.882 50 | 365,922.859 | 46,076.282 50 | 375,111.905 80 | 36,887.332 50 | 359,202.913 | 52,796.282 50 |
| 316,051.951 60 | 92,761.332 50 | 346,134.591 . | 62,236.232 50 | 369,924.008 | 42,075.782 50 | 374,445.613 80 | 37,553.732 50 | 349,667.770 | 62,331.932 50 |
| 319,082.561 . | 90,515.632 50 | 352,113.519 . | 59,886.432 50 | 373,600.894 | 38,398.532 50 | 375,991.886 80 | 36,008.082 50 | 344,033.270 | 67,966.482 50 |

| 1877 | | 1878 | | 1879 | | 1880 | | 1881 | | 1882 | |
|---|---|---|---|---|---|---|---|---|---|---|---|
| Staatsnoten | Partial-Hypothekar-Anweisungen | Staatsnoten | Partial-Hypothekar-Anweisungen | Staatsnoten | Partial-Hypothekar-Anweisungen | Staatsnoten | Partial-Hypothekar-Anweisungen | Staatsnoten | Partial-Hypothekar-Anweisungen | Staatsnoten | Partial-Hypothekar-Anweisungen |
| 347,530.761 | 64,468.557 50 | 349,199.898 | 62,799.907 50 | 358,274.867 | 53,724.947 50 | 312,006.930 | 99,992.447 50 | 325,176.676 | 86,823.197 50 | 318,213.783 | 93,785.042 50 |
| 346,782.768 | 65,217.007 50 | 348,304.286 | 63,695.607 50 | 344,922.719 | 67,076.547 50 | 312,003.164 | 99,995.847 50 | 314,112.982 | 97,886.497 50 | 312,441.919 | 99,557.392 50 |
| 345,114.561 | 66,885.407 50 | 342,145.468 | 69,854.357 50 | 338,784.810 | 73,214.547 50 | 312,026.234 | 99,973.247 50 | 312,017.563 | 99,981.447 50 | 312,075.087 | 99,923.212 50 |
| 344,316.863 | 67,682.607 50 | 339,710.401 | 72,289.557 50 | 331,268.548 | 80,731.347 50 | 312,037.078 | 99,962.047 50 | 312,020.561 | 99,977.747 50 | 312,225.121 | 99,773.742 50 |
| 345,754.657 | 66,245.057 50 | 333,125.658 | 78,874.207 50 | 324,922.767 | 87,077.197 50 | 312,760.022 | 99,239.247 50 | 321,185.479 | 89,813.697 50 | 312,713.790 | 99,284.392 50 |
| 344,948.998 | 67,050.957 50 | 338,288.177 | 73,711.307 50 | 321,012.022 | 90,987.747 50 | 312,429.861 | 99,569.197 50 | 321,133.339 | 90,866.247 50 | 313,187.800 | 98,812.042 50 |
| 348,663.230 | 63,336.357 50 | 344,872.921 | 67,126.757 50 | 314,618.076 | 97,381.397 50 | 312,080.221 | 99,919.647 50 | 319,837.593 | 92,161.597 50 | 321,052.836 | 90,945.442 50 |
| 352,333.110 | 59,666.807 50 | 346,553.115 | 65,445.897 50 | 313,618.990 | 98,380.797 50 | 314,630.794 | 97,368.897 50 | 328,083.347 | 83,916.347 50 | 335,497.097 | 76,502.342 50 |
| 354,468.961 | 57,580.907 50 | 354,590.592 | 57,409.047 50 | 312,205.427 | 99,794.197 50 | 320,123.728 | 91,875.297 50 | 326,962.869 | 85,036.197 50 | 338,199.283 | 73,799.392 50 |
| 356,385.099 | 55,614.207 50 | 357,278.600 | 54,721.347 50 | 312,243.827 | 99,755.397 50 | 324,089.442 | 87,910.197 50 | 327,090.282 | 84,908.097 50 | 343,206.439 | 68,792.742 50 |
| 348,728.127 | 63,271.607 50 | 365,702.868 | 46,296.547 50 | 312,120.435 | 99,878.847 50 | 325,877.775 | 86,120.447 50 | 322,471.455 | 89,528.297 50 | 346,312.072 | 65,686.692 50 |
| 345,961.161 | 66,038.707 50 | 364,002.389 | 47,997.597 50 | 313,030.526 | 98,969.397 50 | 327,737.769 | 84,261.297 50 | 320,434.947 | 91,563.797 50 | 351,493.795 | 60,505.342 50 |

| 1886 | | 1887 | | 1888 | | 1889 | | 1890 | | 1891 | |
|---|---|---|---|---|---|---|---|---|---|---|---|
| Staatsnoten | Partial-Hypothekar-Anweisungen | Staatsnoten | Partial-Hypothekar-Anweisungen | Staatsnoten | Partial-Hypothekar-Anweisungen | Staatsnoten | Partial-Hypothekar-Anweisungen | Staatsnoten | Partial-Hypothekar-Anweisungen | Staatsnoten | Partial-Hypothekar-Anweisungen |
| 324,645.137 | 87,352.512 50 | 340,122.439 | 71,875.462 50 | 331,521.025 | 80,47.5479 50 | 341,078.814 | 70,920.247 50 | 344,620.977 | 67,378.340 . | 365,026.716 | 46,967.400 . |
| 314,897.370 | 97,100.262 50 | 333,056.684 | 78,940.412 50 | 327,522.050 | 84,476.097 50 | 328,260.420 | 83,737.747 50 | 343,417.963 | 68,575.850 . | 358,384.379 | 53,610.500 . |
| 312,043.110 | 99,955.012 50 | 325,991.437 | 86,007.112 50 | 316,698.656 | 95,299.997 50 | 325,736.385 | 86,261.690 . | 340,425.235 | 71,569.550 . | 358,945.509 | 53,048.550 . |
| 312,267.299 | 99,730.912 50 | 325,285.296 | 86,712.712 50 | 312,158.207 | 99,840.247 50 | 317,942.846 | 94,056.090 . | 333,780.909 | 78,218.550 . | 353,316.582 | 58,677.650 . |
| 312,157.250 | 99,840.462 50 | 326,325.126 | 85,673.047 50 | 312,038.598 | 99,959.747 50 | 313,255.906 | 98,742.190 . | 324,745.025 | 87,249.500 . | 351,265.332 | 60,708.900 . |
| 318,356.784 | 93,641.462 50 | 323,366.872 | 88,632.547 50 | 312,677.401 | 99,320.697 50 | 313,209.578 | 98,787.240 . | 323,140.194 | 88,854.450 . | 351,945.099 | 60,050.100 . |
| 318,425.496 | 93,572.962 50 | 330,619.924 | 81,378.947 50 | 312,258.664 | 99,740.047 50 | 319,293.147 | 92,706.240 . | 326,509.838 | 85,484.800 . | 357,042.144 | 54,952.300 . |
| 336,217.318 | 75,780.812 50 | 335,651.562 | 76,346.197 50 | 315,183.675 | 96,815.047 50 | 333,419.514 | 78,578.890 . | 340,429.538 | 71,565.650 . | 361,060.878 | 50,934.300 . |
| 345,600.797 | 66,398.112 50 | 338,093.524 | 73,904.547 50 | 326,949.140 | 85,049.847 50 | 343,381.253 | 68,617.190 . | 351,091.207 | 60,903.500 . | 361,410.473 | 50,584.550 . |
| 345,989.682 | 66,008.562 50 | 337,984.374 | 74,014.047 50 | 334,515.791 | 77,481.797 50 | 351,069.479 | 60,929.340 . | 359,193.322 | 52,800.850 . | 376,035.975 | 35,958.150 . |
| 345,937.607 | 66,061.212 50 | 338,051.303 | 73,947.397 50 | 336,476.222 | 75,521.947 50 | 356,630.950 | 55,368.040 . | 369,205.707 | 42,788.250 . | 379,178.078 | 32,816.000 . |
| 344,176.555 | 67,822.162 50 | 337,394.237 | 74,604.447 50 | 336,843.175 | 75,154.997 50 | 357,281.636 | 54,767.340 . | 370,361.103 | 41,633.850 . | 378,844.091 | 33,150.150 . |

ngen in

Ministerium

Tabelle 105.

## Österreichisch-ungarische Monarchie.

# Ausweis über die vorgekommenen Änderungen in den Verfallsfristen und im Zinsfuße der Partial-Hypothekaranweisungen.

| Angefangen vom Jahre | Zwölf-monatliche mit der Verzinsung von | Acht-monatliche mit der Verzinsung von | Vier-monatliche mit der Verzinsung von | Sechs-monatliche mit der Verzinsung von | Drei-monatliche mit der Verzinsung von | Bis zum Jahre |
|---|---|---|---|---|---|---|
| 1848 | 6% | . . . | . . . | . . . | . . . | 1853 |
| 1848 | . . . | 5½% | . . . | . . . | . . . | 1853 |
| 1848 | . . . | . . . | 5% | . . . | . . . | 1853 |
| 1852 | . . . | . . . | 4½% | . . . | . . . | 1858 |
| 1853 | . . . | . . . | . . . | 5% | . . . | 1860 |
| 1860 | . . . | . . . | . . . | 5½% | . . . | 1861 |
| 1861 | . . . | . . . | 5½% | 6% | . . . | 1863 |
| 1863 | . . . | . . . | 5% | 5½% | . . . | 1863 |
| 1863 | . . . | . . . | 4½% | 5% | . . . | 1865 |
| 1865 | . . . | . . . | 5½% | 6% | . . . | 1866 |
| 1866 | . . . | . . . | 4½% | 5% | . . . | 1868 |
| 1868 | . . . | . . . | 4% | 4½% | . . . | 1872 |
| 1872 | . . . | . . . | 4½% | 5% | . . . | 1874 |
| 1874 | . . . | . . . | 4% | . . . | . . . | 1874 |
| 1874 | . . . | . . . | . . . | 4½% | . . . | 1874 |
| 1874 | . . . | . . . | . . . | 4% | . . . | 1880 |
| 1880 | . . . | . . . | . . . | 3½% | . . . | 1885 |
| 1885 | . . . | . . . | . . . | 3% | . . . | 1891 |
| 1888 | . . . | . . . | . . . | . . . | 2½% | 1891 |

Tabelle 106.

# Nachweisung der Umlaufssumme der Münzscheine.

(Nach den Ausweisen der Staatsschulden-Controls-Commission.)

| | | |
|---|---|---|
| Mit Ende October 1861 | . . . . . . . . . | 12,508.156 fl. österr. Währung |
| „ „ „ 1862 | . . . . . . . . . | 13,098.196 „ „ „ |
| „ „ „ 1863 | . . . . . . . . . | 10,064.458 „ „ „ |
| „ „ December 1864 | . . . . . . . . . | 5,351.261 „ „ „ |
| „ „ „ 1865 | . . . . . . . . . | 3,653.024 „ „ „ |
| „ „ „ 1866 | . . . . . . . . . | 9,504.241 „ „ „ |
| „ „ „ 1867 | . . . . . . . . . | 11,909.752 „ „ „ |
| „ „ „ 1868 | . . . . . . . . . | 9,593.884 „ „ „ |
| „ „ „ 1869 | . . . . . . . . . | 4,012.931 „ „ „ |

160

Tabelle 107.

## Österreichisch-ungarische Monarchie.

# Gesammtumlauf an Staats= und Banknoten und Procentualantheil der einzelnen Kategorien, 1866—1891.

| Ende des Jahres | Banknoten-umlauf | Staatsnoten-umlauf | Gesammtumlauf | Von dem Gesammtumlaufe entfallen auf Staatsnoten | | | Zusammen auf Staats-noten | Von dem Gesammtumlaufe entfallen auf Banknoten | | | | | | | Zusammen auf Banknoten |
|---|---|---|---|---|---|---|---|---|---|---|---|---|---|---|---|
| | | | | à fl. 50 | à fl. 5 | à fl. 1 | | à fl. 1000 | à fl. 100 | à fl. 50 | à fl. 10 | à fl. 5 | à fl. 2 | à fl. 1 | |
| | | | | Procente | | | | | | | | | | | |
| 1 | 2 | 3 | 4 | 5 | 6 | 7 | 8 | 9 | 10 | 11 | 12 | 13 | 14 | 15 | 16 |
| 1866 | 283,988.480 | 215,794.640 | 499,783.120 | . . . | 29·46 | 13·72 | 43·18 | 7·97 | 25·18 | . . . | 23·67 | . . . | . . . | . . . | 56·82 |
| 1867 | 247,021.120 | 301,136.687 | 548,157.807 | 17·06 | 23·80 | 14·08 | 54·94 | 9·68 | 17·10 | . . . | 18·28 | . . . | . . . | . . . | 45·06 |
| 1868 | 276,185.150 | 298,330.877 | 574,516.027 | 18·29 | 19·59 | 14·05 | 51·93 | 14·35 | 15·19 | . . . | 18·53 | . . . | . . . | . . . | 48·07 |
| 1869 | 283,699.220 | 315,069.630 | 598,768.850 | 18·75 | 19·25 | 14·62 | 52·62 | 11·77 | 15·97 | . . . | 19·64 | . . . | . . . | . . . | 47·38 |
| 1870 | 296,893.160 | 352,113.519 | 649,006.679 | 21·18 | 18·88 | 14·19 | 54·25 | 11·92 | 14·28 | . . . | 19·55 | . . . | . . . | . . . | 45·75 |
| 1871 | 317,333.530 | 373,600.894 | 690,934.424 | 21·92 | 18·79 | 13·36 | 54·07 | 13·44 | 13·73 | . . . | 18·76 | . . . | . . . | . . . | 45·93 |
| 1872 | 318,865.470 | 375,991.886 | 694,357.356 | 21·90 | 19·04 | 13·21 | 54·15 | 14·69 | 13·17 | . . . | 17·99 | . . . | . . . | . . . | 45·85 |
| 1873 | 358,942.580 | 344,033.270 | 702,975.850 | 19·95 | 17·53 | 11·46 | 48·94 | 18·45 | 15·01 | . . . | 17·60 | . . . | . . . | . . . | 51·06 |
| 1874 | 293,762.350 | 345,282.194 | 639,044.544 | 24·34 | 17·81 | 11·89 | 54·04 | 13·25 | 14·47 | . . . | 18·24 | . . . | . . . | . . . | 45·96 |
| 1875 | 286,242.330 | 346,501.033 | 632,743.363 | 24·39 | 18·05 | 12·32 | 54·76 | 12·29 | 14·31 | . . . | 18·64 | . . . | . . . | . . . | 45·24 |
| 1876 | 295,910.060 | 355,444.167 | 651,354.227 | 25·57 | 17·08 | 11·92 | 54·57 | 12·67 | 14·45 | . . . | 18·31 | . . . | . . . | . . . | 45·43 |
| 1877 | 282,267.900 | 345,961.161 | 628,229.061 | 25·53 | 17·26 | 12·28 | 55·07 | 12·66 | 13·82 | . . . | 18·45 | . . . | . . . | . . . | 44·93 |
| 1878 | 288,799.000 | 364,002.389 | 652,801.389 | 24·52 | 17·94 | 13·30 | 55·76 | 12·01 | 14·34 | . . . | 17·89 | . . . | . . . | . . . | 44·24 |
| 1879 | 316,759.400 | 313,030.526 | 629,789.926 | 24·10 | 16·43 | 9·17 | 49·70 | 15·38 | 15·86 | . . . | 19·06 | . . . | . . . | . . . | 50·30 |
| 1880 | 328,622.890 | 327,737.769 | 656,360.659 | 25·40 | 16·16 | 8·37 | 49·93 | 15·90 | 15·66 | . . . | 18·51 | . . . | . . . | . . . | 50·07 |
| 1881 | 354,207.560 | 320,434.947 | 674,642.507 | 22·36 | 16·28 | 8·86 | 47·50 | 15·70 | 18·27 | . . . | 18·53 | . . . | . . . | . . . | 52·50 |
| 1882 | 368,633.710 | 351,493.795 | 720,127.505 | 23·53 | 15·86 | 9·42 | 48·81 | 14·70 | 15·94 | . . . | 20·55 | . . . | . . . | . . . | 51·19 |
| 1883 | 380,457.420 | 350,951.770 | 731,409.190 | 20·28 | 18·26 | 9·44 | 47·98 | 14·30 | 16·93 | . . . | 20·79 | . . . | . . . | . . . | 52·02 |
| 1884 | 375,725.030 | 354,248.072 | 729,973.102 | 22·25 | 16·60 | 9·68 | 48·53 | 15·29 | 16·73 | . . . | 19·45 | . . . | . . . | . . . | 51·47 |
| 1885 | 363,603.020 | 338,248.952 | 701,851.972 | 22·12 | 16·38 | 9·69 | 48·19 | 15·34 | 16·52 | . . . | 19·95 | . . . | . . . | . . . | 51·81 |
| 1886 | 371,687.410 | 344,176.555 | 715,863.965 | 22·16 | 16·24 | 9·68 | 48·08 | 15·60 | 15·99 | . . . | 20·33 | . . . | . . . | . . . | 51·92 |
| 1887 | 391,138.520 | 337,394.237 | 728,532.757 | 19·92 | 16·56 | 9·83 | 46·31 | 16·14 | 16·86 | . . . | 20·69 | . . . | . . . | . . . | 53·69 |
| 1888 | 425,673.720 | 336,843.175 | 762,516.895 | 18·25 | 16·38 | 9·55 | 44·18 | 15·79 | 18·32 | . . . | 21·71 | . . . | . . . | . . . | 55·82 |
| 1889 | 434,678.600 | 357,231.636 | 791,910.236 | 19·19 | 16·26 | 9·66 | 45·11 | 15·73 | 17·99 | . . . | 21·17 | . . . | . . . | . . . | 54·89 |
| 1890 | 445,934.210 | 370,361.103 | 816,295.313 | 19·18 | 16·42 | 9·77 | 45·37 | 14·25 | 18·53 | . . . | 21·85 | . . . | . . . | . . . | 54·63 |
| 1891 | 455,222.220 | 378,844.091 | 834,066.311 | 18·70 | 17·12 | 9·60 | 45·42 | 12·68 | 19·44 | . . . | 22·46 | . . . | . . . | . . . | 54·58 |

# Graphische Darstellung der Bew und Lombard) der österreichisch-ungarischen Bank (priv. österr.

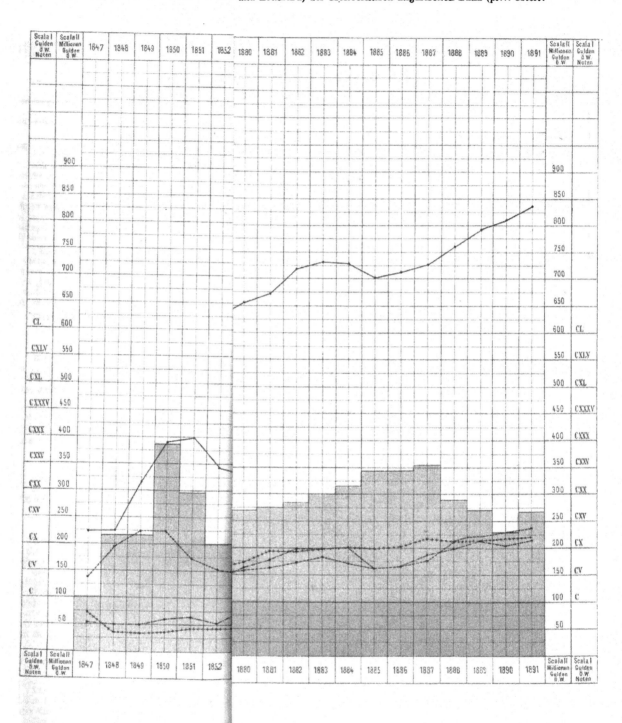

ist von 5 zu 5 Millionen Gulden,
eren Bruchtheile der Millionen.

# Erläuterungen.

## B. Staatliche Papiergeldausgabe. Gesammt-Notenumlauf.

(Tabellen 100—108.)

Die Einlösung des Papiergeldes der Wiener Währung durch die privilegirte österreichische Nationalbank auf Grund des Übereinkommens vom 3. März 1820 zum Curse von 100 fl. C. M. (B. B.) für 250 fl. W. W. Papier hatte bereits bis Ende des Jahres 1841 den durchschlagenden Erfolg gehabt, daß von dem im Umlaufe gewesenen Gesammtbetrage von 455,263.847 fl. W. W. 437,500.000 fl. W. W. als eingelöst von der Bank an den Staat abgeführt wurden. Da vom Reste per 17,763.847 fl. W. W. 6,904.509 fl. W. W. sich als Vorrath in den sämmtlichen Wiener-Währungs-Cassen befanden, so war also schon damals der Umlauf auf den Betrag von 10,859.338 fl. W. W. (oder 4,343.700 fl. C. M.) beschränkt. Die weitere Einlösung durch die Bank erfolgte in langsamem Tempo und es kamen von der Bank überhaupt nur mehr 6,399.052 fl. W. W. zur Einlösung. In keinem Falle vermochte der jeweilige Umlaufsbetrag den Geldverkehr in irgend bedeutender Weise zu beeinflussen[1]). Die gänzliche Außercourssetzung des Wiener Währungs-Papiergeldes erfolgte indeß erst durch die kaiserliche Verordnung vom 27. April 1858, Nr. 64 R. G. Bl.:

„Da nach dem Münzvertrage vom 24. Jänner 1857 jede andere als die österreichische Landeswährung abzuschaffen ist, so tritt vom 1. Juli 1858 an das in Gemäßheit des Patentes vom 20. Februar 1811 hinausgegebene Wiener Währung Papiergeld im ganzen Umfange des Reiches außer Umlauf und kann daher von diesem Tage an weder bei landesfürstlichen Cassen noch im Privatverkehre als Zahlungsmittel verwendet werden — Wer nach den bestehenden Gesetzen eine Zahlung in Wiener Währung Papiergeld zu leisten verpflichtet ist, kann dieselbe, solange die Währung des 20 fl-Fußes gesetzlich besteht, in dieser Währung nach dem Verhältnis von 250 fl. W. W = 100 fl. C. M., dann aber nur in der österreichischen Landeswährung und zwar nach dem Verhältnisse von 100 fl. W. W. = 42 fl. ö. W. leisten."

Dagegen ist in der Periode nach dem Jahre 1848 folgendes staatliche Papiergeld zur Ausgabe gekommen:

### 1. Dreiprocentige Cassenanweisungen.

Mit Allerhöchster Entschließung vom 8. Jänner 1849 wurde der k. k. Finanzminister zur Ausgabe von dreiprocentigen Cassenanweisungen in Abschnitten zu 1000, 500, 100, 50, 25 und 10 fl. im Gesammtbetrage von 25 Millionen Gulden ermächtigt. Durch das kaiserliche Patent vom 28. Juni 1849, Nr. 296 R. G. Bl. wurde die Stückelung auf den Betrag von 5 fl. erweitert, der Gesammtbetrag der Notenausgabe auf 50 Millionen Gulden erhöht und diesen Cassenanweisungen der Zwangscurs verliehen.

### 2. Anweisungen auf die ungarischen Landeseinkünfte.

Diese Anweisungen wurden seit dem Monate Mai 1849 ausgegeben in Stücken bis zu 1 fl. herab und hatten zuerst nur in Ungarn und den angrenzenden Ländern Zwangscurs. Seit dem 12. December 1850 erstreckte sich dieser Zwangscurs auf den Umfang des ganzen Reiches mit Ausnahme Venetiens.

### 3. Münzscheine. (Verlosbare und nicht verlosbare.)

Diese wurden zum Ersatze für die abgängige Scheidemünze seit den Monaten Juni und August 1849 ausgegeben, die Stückelung erfolgte zu 10 und zu 6 Kreuzern, es sollte nach den ursprünglichen Bestimmungen deren Umlauf 5 Millionen Gulden nicht übersteigen.

### 4. Reichsschatzscheine.

Deren Ausgabe erfolgte im Grunde der Allerhöchsten Entschließung vom 13. September 1849 infolge des Finanz-Ministerialerlasses vom 16. Juni 1850, Nr. 241 R. G. Bl. unter den gleichen Bestimmungen in Beziehung auf ihre Verzinsung und auf ihre Annahme bei Zahlungen, welche bisher schon für die dreiprocentigen Cassenanweisungen vorgezeichnet waren und zur Einlösung dieser letzteren.

Eine neue Kategorie dieser Reichsschatzscheine, nämlich die unverzinslichen, wurde durch den Erlass des Finanzministeriums vom 19. December 1850 eingeführt. Die Stückelung der letzteren geht bis auf 1 fl. herab.

Diese Periode der staatlichen Papiergeldausgabe erhielt durch den Erlass des Finanzministers vom 23. Februar 1854, Nr. 45 R. G. Bl. ihren Abschluss, womit ein Übereinkommen mit der Direction der privilegirten österreichischen Nationalbank über die Regulirung der Geldverhältnisse kundgemacht wurde und den Erlass des Finanzministers vom 26. März 1856, wegen Einziehung sämmtlicher seit dem Jahre 1848 vom Staate ausgegebenen Geldzeichen, mit Ausnahme der ungarischen Münzscheine zu zehn Kreuzer (letzte Einlösung erfolgte gemäß Finanzministerial-Erlass vom 8. October 1857, Nr. 188 R. G. Bl.).

**Erlass des Finanzministeriums vom 23. Februar 1854, womit ein Übereinkommen mit der Direction der privilegirten österreichischen Nationalbank über die Regulirung der Geldverhältnisse kundgemacht wird.**

Die Maßregeln, welche zum Behufe der Regelung unserer Geldverhältnisse im Sinne der Allerhöchsten Patente vom 28. Juni 1849, Nr. 296, R. G. Bl. und 15. Mai 1851, Nr. 118 R. G. Bl. bis nun vollzogen worden sind, haben die Schritte vorbereitet und erleichtert, welche zur umfassenden Lösung dieser Aufgabe erforderlich sind.

Den Allerhöchsten Aufträgen Seiner Majestät gemäß hat die Finanzverwaltung sich nunmehr mit der Direction der k. k. privilegirten österreichischen Nationalbank über gemeinschaftliche wirksame Verfügungen benommen, infolge dessen am heutigen Tage ein Übereinkommen zustande gebracht wurde, das die Allerhöchste Genehmigung erhielt und dessen Inhalt hiemit zur allgemeinen Kenntnis gebracht wird.

---

[1]) Ende 1847 betrug der restliche Umlauf 7,519.000 fl. W. W.
„ 1848 „ „ „ 7,050.000 „ „

## I.

Das gesammte, mit Zwangscurs im Umlaufe befindliche Staatspapiergeld wird an die k. k. privilegierte österreichische Nationalbank übertragen und nach Maßgabe des Begehrs von derselben in Banknoten umgewechselt. Es wird sich vorbehalten, in der Folge eine Frist festzusetzen und bekannt zu machen, bis zu welcher diese Umwechslung stattfinden soll, und nach deren Ablauf alles mit Zwangscurs circulierende Staatspapiergeld eingezogen sein muß. Staatspapiergeld mit Zwangscurs wird von nun an nicht mehr ausgegeben werden.

## II.

Die k. k. Staatsverwaltung haftet ihrerseits der Bank für das an sie übertragene und von ihr übernommene Staatspapiergeld.

Die Staatsverwaltung wird alle mit dem Umwechslungsgeschäfte des Staatspapiergeldes in Banknoten verbundene, ihr gehörig nachzuweisende Auslagen der Bank vergüten.

Die Staatsverwaltung verpflichtet sich ferner zur Entrichtung einer jährlichen Summe von wenigstens zehn Millionen Gulden an die Bank bis zur vollständigen Ausgleichung der aus der Übertragung des Staatspapiergeldes an die Bank sich ergebenden Haftungsschuld und dieselbe wird trachten, nach Umständen auch größere Zahlungen zur Begleichung dieser ihrer Schuld an die Bank zu leisten.

Zur vollen Sicherheit der Bank wird derselben die Anweisung auf die Zolleinkünfte des Staates in der Art gewährt, daß daraus die Erfüllung der vorher bemerkten Zahlungsverbindlichkeit unbedingt bewirkt werde, wobei erklärt wird, daß in demselben Verhältnisse, in welchem die Zölle in Metallgeld einfließen, auch besagte Ratenzahlung an die Bank in Metallmünze zu geschehen hat.

## III.

Es wird die gemeinschaftliche Aufgabe der Staatsverwaltung und der Bankdirection sein, ihre Bemühungen darauf zu richten, der Bank die Mittel zur entsprechenden Vermehrung ihres Barfondes zu verschaffen, um ihre Verbindlichkeit zur baren Verwechslung ihrer hinausgegebenen Banknoten sobald als thunlich zu erfüllen.

Die Staatsverwaltung wird dabei nach Maßgabe ihrer Schuld an die Bank kräftig mitwirken.

## IV.

Um bis zu dem Zeitpunkte der wiedereintretenden Barzahlung der Banknoten den Besitzern derselben einen Weg zu eröffnen, ihre Banknoten nach jedesmaligem Begehren in eine verzinsliche Schuld mit dem Bezuge angemessener Zinsen in Metallmünze zu umstalten, übernimmt die Bank die Vermittlung zur Hinausgabe verzinslicher Schuldverschreibungen gegen Einlage von Banknoten, welche Schuldverschreibungen in Metallmünze verzinset und sonst in allen Beziehungen wie Staatsschuldverschreibungen behandelt werden.

Die näheren Bestimmungen in dieser Beziehung werden besonders bekannt gemacht werden.

## V.

Die Staatsverwaltung wird im Einverständnisse mit der Bank die noch im Umlaufe befindlichen Einlösungs- und Anticipationsscheine in einer zu bestimmenden Frist einberufen und sie nach Ablauf derselben ganz außer Umlauf setzen

**Erlaß des Finanzministeriums vom 26. März 1856 wegen Einziehung sämmtlicher seit dem Jahre 1848 vom Staate ausgegebenen Geldzeichen mit Ausnahme der ungarischen Münzscheine zu zehn Kreuzer.**

Damit sämmtliche seit dem Jahre 1848 vom Staate ausgegebenen Geldzeichen, mit alleiniger Ausnahme der ungarischen Münzscheine zu zehn Kreuzer, gänzlich aus dem Umlaufe gebracht werden, sieht sich das Finanzministerium bestimmt, zu verordnen, daß jene Gattungen von Staatspapiergeld, deren Einlösung laut des Erlasses vom 23. Februar 1854 (R. G. Bl. XVI. Stück, Nr. 45) an die privilegierte österreichische Nationalbank übertragen wurde, und zu welchem

1. die Anweisungen auf die Landeseinkünfte des Königreichs Ungarn zu 1 fl., 5 fl., 10 fl., 100 fl. und 1000 fl.,
2. die unverzinslichen Reichsschatzscheine zu 5 fl., 50 fl., 100 fl., 500 fl. und 1000 fl. und
3. die fünfprocentigen Centralcasseanweisungen vom 1. September 1848 und vom 1. März 1849 zu 30 fl., 60 fl., 90 fl., 300 fl., 600 fl. und 900 fl.

gehören, nur noch bis 31. August 1856, und nach Ablauf dieser Zeit nur über eine besondere, bei dem Finanzministerium zu erwirkende Bewilligung, bei allen Staatscassen als Zahlung angenommen, und bei allen Bankcassen gegen Banknoten verwechselt werden.

Dieselbe Frist wird auch für die Annahme an Zahlungsstatt oder für die Verwechslung in der bisher üblichen Weise bezüglich der ungarischen Münzscheine zu sechs Kreuzer festgesetzt.

Auch die mit dem Erlasse vom 22. April 1849 (R. G. Bl. Nr. 226) im lombardisch-venetianischen Königreiche hinausgegebenen k. k. Cassen-Staatsanweisungen (Viglietti del Tesoro) werden nach Ablauf des Monats August 1856 nur mehr mit Bewilligung des Finanzministeriums gegen fünfprocentige Cartelle des lombardisch-venetianischen Monte bei der Montepräfectur umgewechselt.

Nach Ablauf des Monates October 1856 kann auch von Seite des Finanzministeriums eine Annahme an Zahlungsstatt oder Verwechslung der hier erwähnten Papiergeldgattungen nicht mehr bewilligt werden. Dies gilt umsomehr von jenen Geldzeichen, welche schon mit früheren Erlassen aus dem Umlaufe gezogen wurden, und schon gegenwärtig nur mit besonderer Bewilligung des Finanzministeriums umgewechselt werden durften, als:

a) von den ungarischen Landesanweisungen zu 2 fl.;
b) den Reichsschatzscheinen zu 10 fl.;
c) den dreiprocentigen Centralcasseanweisungen vom 1. Jänner und 1. Juli 1849 und 1. Jänner 1850;
d) den verzinslichen Reichsschatzscheinen vom 1. Jänner 1850 und 1851;
e) den verzinslichen Reichsschatzscheinen von den Jahren 1852 und 1853 zu 1000 fl., 500 fl. und 100 fl. und
f) den deutschen Münzscheinen zu sechs und zehn Kreuzer.

Hiernach darf vom 1. November 1856 an kein Staatspapiergeld von den seit dem Jahre 1848 hinausgegebenen Gattungen (die ungarischen Münzscheine zu zehn Kreuzer allein ausgenommen) zur Zahlung verwendet oder umgewechselt werden.

### Die Partial-Hypothekaranweisungen.

Die Partial-Hypothekaranweisungen hatten niemals den Charakter eines Papiergeldes. Sie hatten niemals Zwangscurs und waren stets unter den in ihnen angegebenen Bedingungen einlösbar. Sie sind Umlaufstitel der schwebenden Schuld des Staates, welche nicht allein als solche für den staatlichen Credit von Bedeutung waren und sind — sondern auch in der Folge für den Umlauf des Papiergeldes des Staates, mit welchem sie später in dauernde Verbindung gesetzt wurden.

Ihre Creierung erfolgte mit Allerhöchster Entschließung vom 18. April 1848. Am 20. April 1848 schloß die k. k. Finanzverwaltung mit der privilegierten österreichischen Nationalbank eine Übereinkunft ab, laut deren die Nationalbank für Rechnung des Staates 30 Millionen Gulden in Hypothekaranweisungen ausgeben sollte, welche auf die k. k. Salinen Gmunden grundbücherlich versichert wurden. Die Bank übergab dem Staate diesen Anleihebetrag zunächst vorschußweise und mit der Hinausgabe von Partial-Hypothekaranweisungen wurde am 15. Mai 1848 begonnen. Die Stückelung war ursprünglich zu 50, 100, 500 und 1000 fl. und wurde später auf 100, 500, 1000, 5000 und 10.000 fl. geändert. Die Höhe der Verzinsung war mit der Dauer ihrer Umlaufzeit in Verhältnis gesetzt und betrug bei dem Umlaufe von 12 bis 4 Monaten 5 bis 6 Procent. Diese Modalitäten der Ausgabe wurden mehrfach verändert, wie die Tabelle 105 ausweiset. Schon im Laufe der nächsten Jahre wurde das ursprünglich in Absicht genommene Maximum von 30 Millionen Gulden überschritten und für die Zukunft die Maximalausgabe von Partial-Hypothekaranweisungen mit 40 Millionen Gulden bestimmt. Da sich auf diesen Betrag nicht beschränkt werden konnte, wurden durch den Vertrag mit der Bank vom 23. Februar 1852 als weitere Hypotheken die k. k. Salinen in Hallein und Aussee eingeräumt.

Der in Aussicht genommene Maximalbetrag des Umlaufes wurde 1860 mit 60 Millionen Gulden bestimmt, ohne daß aber diese Grenze eingehalten wurde. Endlich brachte das Gesetz vom 17. November 1863 eine dauernde gesetzliche Regulierung des Maximal-Umlaufsbetrages, welche von nun ab festgehalten worden ist. Dieser Betrag ist der von hundert Millionen Gulden.

Das Verhältnis des Wechselbezuges mit den Staatsnoten wurde durch das Gesetz vom 25. August 1866, Nr. 101 R. G. Bl. Artikel VI, eingeführt und durch das Gesetz vom 24. December 1867, Nr. 3 R. G. Bl. ex 1868, §. 5 (Ungarischer Gesetzartikel XV aus dem Jahre 1867) verfassungsmäßig entwickelt.

VI. Die nach Artikel II zu emittierenden Staatsnoten im Betrage von 90 Millionen Gulden, die in Gemäßheit des Gesetzes vom 5. Mai 1866 als Staatsnoten erklärten Noten der österreichischen privilegirten Nationalbank im Betrage von 150 Millionen Gulden, beziehungsweise das nach Artikel III dieses Gesetzes durch ihren Umtausch sich ergebende Äquivalent in Staatsnoten, dann die von der österreichischen Nationalbank in Gemäßheit des Gesetzes vom 7. Juli 1866, Nr. 89 R. G. Bl., vorschußweise entnommene, innerhalb eines Jahres, eventuell nach Artikel II dieses Gesetzes durch Staatsnoten zu ersetzende Summe von 60 Millionen Gulden werden mit dem vom Staate hinausgegeben, durch das Gesetz vom 17. November 1863, Nr. 98 R. G. Bl., auf einen Maximalumlauf von 100 Millionen Gulden begrenzten Partial-Hypothekaranweisungen derart in Verbindung gebracht, daß der auf das Lasten des Staates circulirenden Geldzeichen und jene der im Umlaufe befindlichen Partial-Hypothekaranweisungen zusammen den Betrag von 400 Millionen Gulden im Maximum nicht überschreiten darf, zugleich aber der Finanzminister ermächtigt wird, für den Fall, als der Umlauf der Partial-Hypothekaranweisungen unter das für diese Effectengattung vorgezeichnete gesetzliche Maximum sinkt, den Abgang an Partial-Hypothekaranweisungen durch eine entsprechende Erhöhung des Staatsnotenumlaufes zu ersetzen, während für den Fall der zunehmenden Nachfrage nach Partial-Hypothekaranweisungen, im Verhältnisse des innerhalb ihres aufrecht bleibenden Maximums von 100 Millionen Gulden steigenden Absatzes, der Staatsnotenumlauf entsprechend zu verringern sein wird.

Durch diese Regelung des Verhältnisses zwischen Staatsnoten und Partial-Hypothekaranweisungen bleiben die für letztere durch die Einverleibung des Pfandrechtes in die öffentlichen Bücher eingeräumten Sicherstellungen auf die Ärarial-Saline in Gmunden (das k. k. oberennsische Salzkammergut mit allen seinen Zugehörungen), auf die Ärarialsaline Hallein und auf die Ärarialsaline Aussee (das k. k. steirische Salzkammergut mit seinen Zugehörungen) vollkommen unbeirrt.

**Gesetz vom 24. December 1867, Nr. 3 R. G. Bl. vom Jahre 1868, wodurch das Ministerium der im Reichsrathe vertretenen Königreiche und Länder ermächtigt wird, mit dem Ministerium der Länder der ungarischen Krone ein Übereinkommen in Betreff der Beitragleistung der Letzteren zu den Lasten der allgemeinen Staatsschuld abzuschließen.**

§. 5. Die in Staatsnoten und Münzscheinen bestehende schwebende Schuld von zusammen 312 Millionen Gulden wird unter die solidarische Garantie beider Reichstheile gestellt.

Da ferner die auf den Salinen Gmunden, Aussee und Hallein einverleibten Hypothekenscheine im Betrage von 100 Millionen Gulden, für deren Zinsen und Amortisation der Antheil Ungarns bereits unter den in den §§. 1 und 2 festgesetzten fixen Jahresbeiträgen begriffen ist, mit dem Umlaufe der Staatsnoten in der Art in Verbindung gebracht sind, daß die Summe der Hypothekenscheine und der Staatsnoten zusammengenommen 400 Millionen Gulden nicht übersteigen darf, dabei aber innerhalb dieser Maximalgrenze die jeweilige Verminderung im Stande der Hypothekenscheine durch Staatsnoten in der Circulation zu ersetzen ist, so wird diese Garantie der beiden Reichstheile auch auf die aus diesem Verhältnisse hervorgehende eventuelle Vermehrung der Staatsnoten ausgedehnt.

Jede anderweitige Vermehrung der in Staatsnoten oder Münzscheinen bestehenden schwebenden Schuld, sowie die Maßregeln zu ihrer künftigen Fundierung können nur im gegenseitigen Einvernehmen der beiden Ministerien und unter Genehmigung der beiden Legislativen (Reichsrath und Reichstag) stattfinden.

## Die Staatsnoten.

Durch das Gesetz vom 5. Mai 1866, Nr. 51 R. G. Bl., wurde die nach §. 9 des gedachten Übereinkommens und nach §. 12 der Statuten der privilegirten österreichischen Nationalbank diesem Institute zur vorläufig noch belassene Ermächtigung, Noten zu 1 und zu 5 fl. ö. W. in Umlauf zu halten, mit dem Tage der Veröffentlichung dieses Gesetzes eingestellt, und es wurden die Banknoten dieser Kategorien zu Lasten der Staatsverwaltung übernommen.

Infolge dessen verloren vom Tage der Veröffentlichung dieses Gesetzes angefangen diese Wertzeichen zu 1 fl. und zu 5 fl. ihre Eigenschaft als Banknoten. Dagegen wurden diese Noten zu 1 fl. und zu 5 fl. kraft dieses Gesetzes als Staatsnoten erklärt, bis zu ihrer durch den Staat vorzunehmenden Einziehung im Umlaufe zu Lasten des Staates erhalten, von allen landesfürstlichen Cassen und Ämtern bei allen Zahlungen, die nicht infolge besonderer gesetzlicher Bestimmungen in klingender Münze entrichtet werden müssen, an Zahlungsstatt in ihrem Nennwerte angenommen, und auch bei allen Zahlungen des Staates, bei denen nicht ausdrücklich die Leistung in klingender Münze festgesetzt ist, an Zahlungsstatt im Nennwerte gegeben.

Desgleichen wurde, unbeschadet der in der kaiserlichen Verordnung vom 7. Februar 1856, Nr. 21 R. G. Bl., und in dem Patente vom 27. April 1858, Nr. 63 R. G. Bl., enthaltenen Bestimmungen, jedermann ausnahmslos verpflichtet, diese Noten zu 1 fl. und 5 fl. nach dem vollen Nennwerte in Zahlung anzunehmen.

Die Noten zu 1 fl. und zu 5 fl. wurden unter die Überwachung der Commission zur Controle der Staatsschuld gestellt; dieselbe hatte die Umlaufsmenge dieser Wertzeichen am Übernahmetage genau zu erheben und monatlich einen Ausweis über den jeweiligen Umlauf derselben, welcher den Betrag von 150 Millionen Gulden ö. W. nicht übersteigen darf, zu veröffentlichen.

Die privilegirte österreichische Nationalbank wurde verpflichtet, das Äquivalent für die vom Staate übernommene Verbindlichkeit zur Einlösung der Noten zu 1 fl. und 5 fl. bis zum Gesammtbetrage der unter Mitwirkung der Commission zur Controle der Staatsschuld erhobenen Umlaufssumme der Noten zu 1 fl. und 5 fl. dem Staate sofort in Banknoten höherer Appoints zu leisten. Die Bestimmung des Zeitpunktes und der Art der Einlösung der Staatsnoten zu 1 fl. und 5 fl. wurde einem besonderen Gesetze überlassen.

Nachdem durch das Gesetz vom 7. Juli 1866, Nr. 89 R. G. Bl., dem Finanzminister ein Credit bis zu 200 Millionen Gulden eröffnet worden war, welche Summe eventuell auch durch Vermehrung der Staatsnoten zu beschaffen war, erfolgte durch das Gesetz vom 25. August 1866, Nr. 101 R. G. Bl., folgende Normirung und Abgrenzung der in Wertzeichen bestehenden schwebenden Staatsschuld:

I. Für den Rest des mit dem Gesetze vom 7. Juli 1866 eröffneten Credites bis zum Betrage von 90 Millionen Gulden ö. W. förmliche Staatsnoten zu 1 fl. und zu 5 fl. nach Bedarf angefertigt, und vom 1. September 1866 angefangen in Umlauf gesetzt werden.

Zugleich wird der Finanzverwaltung das Recht vorbehalten, das Äquivalent für die, kraft des Gesetzes vom 7. Juli 1866 von der Nationalbank bereits vorschußweise behobenen 60 Millionen Gulden Banknoten durch die Emission von förmlichen Staatsnoten zu 1 fl. und zu 5 fl. für den Fall und in dem Maße zu beschaffen, als die Rückzahlung der Bank entnommenen Vorschüsse ausschließlich in deren eigenen Noten nicht, oder nur theilweise innerhalb eines Jahres nach geschlossenem Frieden, durch die laufenden Einnahmen, durch sonstige Zuflüsse oder Creditoperationen ermöglicht werden könnte.

(Diese förmlichen Staatsnoten wurden zufolge des Finanzministerial-Erlasses vom 30. August 1866, Nr. 102 und vom 27. December 1866, **Nr. 175 R. G. Bl.,** ausgegeben.)

III. Ferner werden in Gemäßheit eines zwischen der Finanzverwaltung und der österreichischen Nationalbank am 3. Juli 1866 abgeschlossenen Übereinkommens die kraft des Gesetzes vom 5. Mai 1866 als Staatsnoten erklärten Noten der österreichischen Nationalbank zu 1 fl. ö. W. ddo. 1. Jänner

1858 und zu 5 fl. ö. W. dd. 1. Mai 1859, vom 1. Jänner 1867 angefangen eingezogen und an ihrer Stelle förmliche Staatsnoten gleichen Appoints hinausgeben werden.

Diese Umwechslung hat in der Art zu geschehen, daß die vom 1. Jänner 1867 angefangen in die landesfürstlichen Cassen einfließenden, die Firma der österreichischen Nationalbank tragenden Noten zu 1 und 5 fl. in den Cassen behufs ihrer Abgabe an die Nationalbank und Vertilgung zurückbehalten, und im Umlaufe durch das entsprechende Äquivalent neu zu emittierender förmlicher Staatsnoten ersetzt werden.

Für diejenigen, die Firma der Nationalbank tragenden Noten zu 1 fl. und 5 fl., welche außer den landesfürstlichen Cassen mit und nach dem 1. Jänner 1867 im Umlaufe sich befinden, wird ein Termin bis 31. December 1869 gesetzt, innerhalb dessen dieselben bei eigens zu bestimmenden Verwechslungscassen in vollem Nennwerte gegen Staatsnoten auf Verlangen der Parteien umgetauscht werden können; vom 1. Jänner 1870 bis Ende December 1872 wird die Umwechslung nur über förmliche, an Mein Finanzministerium zu richtende Gesuche gestattet, und nach Ablauf dieses letzten Termines hat jede weitere Einlösungsverbindlichkeit zu entfallen.

(Diese Bestimmung ist laut der Finanz=Ministerialerlässe vom 26. Mai und 11. November 1872, B. Bl. 19 und 37, durch das k. k. Reichs=Finanzministerium zur Ausführung gelangt.)

IV. Für den Fall, als in Durchführung der Bestimmungen der Artikel II und III des gegenwärtigen Gesetzes eine Überfüllung des Verkehres mit Staatsnoten zu 1 fl. und 5 fl. eintreten sollte, wird Mein Finanzminister ermächtigt, statt Noten kleinster Kategorie auch Staatsnoten in Appoints zu 25 fl. und 50 fl. unter Einhaltung der für die Emission überhaupt vorgezeichneten Maximalgrenze in Umlauf zu setzen.

(Erfolgte durch Finanz=Ministerialerlaß vom 9. Februar 1867, Nr. 31 R. G. Bl.)

V. Für die nach den vorangehenden Artikeln II, III und IV zu emittierenden förmlichen Staatsnoten gelten bezüglich der allgemeinen Verpflichtung zu ihrer Annahme an Zahlungsstatt dieselben Bestimmungen, welche mit dem Gesetze vom 5. Mai 1866, Nr. 51 R. G. Bl., für die als Staatsnoten erklärten Noten der österreichischen Nationalbank zu 1 und 5 fl. erlassen worden sind.

Demnach sind die förmlichen Staatsnoten, welche kraft dieses Gesetzes hinausgegeben werden, von allen landesfürstlichen Cassen und Ämtern bei allen Zahlungen, die nicht infolge besonderer gesetzlicher Bestimmungen in klingender Münze entrichtet werden müssen, an Zahlungsstatt in ihrem Nennwerte anzunehmen und auch bei allen Zahlungen des Staates, bei denen nicht ausdrücklich die Leistung in klingender Münze festgesetzt ist, an Zahlungsstatt im Nennwerte zu geben; desgleichen ist, unbeschadet der in der kaiserlichen Verordnung vom 7. Februar 1856, Nr. 21 R. G. Bl., und in dem Patente vom 27. April 1858, Nr. 63 R. G. Bl., enthaltenen Bestimmungen jedermann ausnahmslos verpflichtet, die Staatsnoten nach ihrem vollen Nennwerte in Zahlung, beziehungsweise von der privilegierten österreichischen Nationalbank bei Umwechslung ihrer Noten, dann bei Einziehung der einzelnen Gattungen oder einer ganzen Auflage von Banknoten (§§. 15 und 18 der Statuten dieses Institutes, Nr. 2 R. G. Bl. vom Jahre 1863) anzunehmen.

Die allgemeine Verpflichtung zur Annahme an Zahlungsstatt in vollem Nennwerte verbleibt den, die Firma der Nationalbank tragenden, nach Artikel III des gegenwärtigen Gesetzes zur Einziehung bestimmten Noten zu 1 fl. und 5 fl. bis 31. December 1868.

VII. Die Staatsnoten sind als im Umlaufe befindlich anzusehen, sobald dieselben von der Staatscentralcasse, sei es durch Dotierung anderer Staatscassen, sei es durch Hinausgabe an Parteien an Zahlungsstatt, in Ausgabe gestellt worden sind.

Demnach sind bloße Staatsnotenreserven, welche bei der Staatscentralcasse behufs seinerzeitiger Verausgabung oder Umtausches gegen unbrauchbar gewordene oder außer Verkehr gesetzte Staatsnoten in Vorrath gehalten werden, als nicht im Umlauf befindlich zu betrachten, und ist demnach das gesetzliche Maximum der Umlaufsmenge zu berechnen.

Das Gleiche gilt für die Berechnung der nach Artikel II des Gesetzes vom 5. Mai 1866, Nr. 51 R. G. Bl., mit einem Maximalbetrage von 150 Millionen Gulden festgesetzten Umlaufsmenge der als Staatsnoten erklärten Noten zu 1 und 5 fl. hinsichtlich der in Gemäßheit des Übereinkommens vom 3. Juli 1866 bei der österreichischen Nationalbank erliegenden Reserven dieser Notengattungen.

Nachdem zufolge des bereits oben citierten Gesetzes vom 24. December 1867, Nr. 3 R. G. Bl. aus dem Jahre 1868, ein Übereinkommen in Betreff der Beitragsleistung der Länder der ungarischen Krone zu den Lasten der allgemeinen Staatsschuld abgeschlossen worden war, wurde durch das Gesetz vom 10. Juni 1868, Nr. 53 R. G. Bl. die Gebarung der gemeinsamen schwebenden Schuld in folgender Weise geregelt:

§. 1. Infolge der im §. 5 des Gesetzes vom 24. December 1867, Nr. 3 R. G. Bl. ex 1868, ausgesprochenen gemeinsamen Haftung wird die Gebarung der in Geldzeichen bestehenden schwebenden Schuld dem Reichs=Finanzministerium anvertraut.

§. 2. Die mit der Erzeugung und Überwachung der Staats= und Münzscheine, mit der Vertilgung der infolge der Abnützung eingezogenen und mit der Einlösung der außer Umlauf gesetzten Geldzeichen, sowie mit der geschäftlichen Behandlung dieser Operationen verbundenen Auslagen und Entlohnungen, werden in dem Verhältnisse von 70 Procent durch die im Reichsrathe vertretenen Königreiche und Länder und von 30 Procent durch die Länder der ungarischen Krone getragen.

§. 3. Für das laufende Jahr wird der Finanzminister der im Reichsrathe vertretenen Königreiche und Länder 466.000 fl. und der ungarische Landes=Finanzminister 200.000 fl. zur Deckung dieser Auslagen dem gemeinsamen Finanzminister gegen Verrechnung erfolgen.

§. 4. In welcher Weise für die Zukunft der Beitrag dieser Ausgaben präliminiert und in welcher Weise darüber Rechnung gelegt werden wird, dies wird auf Grund eines zwischen beiden haftenden Theilen vorläufig zu erzielenden Übereinkommens durch die Gesetzgebung später festgesetzt werden.

§. 5. Infolge der zeitweise nothwendigen Umgestaltung der Staatsnoten und Münzscheine erwächst dem Staate dadurch ein Gewinn, daß die außer Umlauf gesetzten Geldzeichen in der Regel nicht sämmtlich eingelöst werden.

Der auf diesem Wege dem Staate zufließende Gewinn wird in Hinkunft als Fond zur Verminderung der Erzeugungs= und Ausstattungskosten der Geldzeichen dienen. Sobald ein solcher Fond geschaffen ist und so lange in demselben für die Manipulationskosten der Geldzeichen ein genügender Betrag vorhanden ist, hat die Beitragsleistung der im Reichsrathe vertretenen Königreiche und Länder und der Länder der ungarischen Krone zu den Manipulationskosten zu unterbleiben.

§. 6. Wenn in diesem Fonde bei Gelegenheit der Fundierung der Geldzeichen irgend ein Betrag übrig bleiben sollte, so wird derselbe mit 70 Procent den im Reichsrathe vertretenen Königreichen und Ländern und mit 30 Procent den Ländern der ungarischen Krone gebühren.

Nachdem durch das unten folgende Gesetz vom 1. Juli 1868, Nr. 84 R. G. Bl., die Einziehung der Münzscheine angeordnet und bis Ende September 1870 auch ausgeführt war, besteht die schwebende Schuld der allgemeinen Staatsschuld nur mehr aus Staatsnoten. Der Umlauf derselben, welche die Garantie beider Reichstheile genießen, beträgt nun fix 312 Millionen Gulden, ist aber außerdem mit dem Umlaufe der Partial=Hypothekar=Anweisungen derart in Verbindung gebracht, daß die Summe der Hypothekenscheine und der Staatsnoten zusammen 412 Millionen Gulden nicht übersteigen darf, dabei aber innerhalb dieser legalen Grenze die jeweilige Verminderung im Stande der Hypothekenscheinen durch Staatsnoten im Umlaufe zu ersehen ist.

## Münzscheine.

Die Verhältnisse des Silberagios hatten im Jahre 1859 und 1860 neuerdings den Umlauf der Scheidemünzen gestört. Um dem dringenden Bedürfnisse des Kleinverkehres die erforderliche Abhilfe zu verschaffen, wurde mit der kaiserlichen Verordnung vom 17. November 1860, Nr. 256 R. G. Bl., die Hinausgabe von Münzscheinen angeordnet. Diese Münzscheine lauteten auf zehn Kreuzer österreichischer Währung und hatten bei den öffentlichen Cassen bis zu einem Gulden Cassencurs. Die gesammte Ausgabe sollte 12 Millionen Gulden nicht übersteigen und an die öffentlichen Cassen, Gemeinden und Parteien, bei welchen sich das Bedürfnis kundgibt, gegen den gleichen Betrag in Banknoten erfolgen. Die Hinausgabe erfolgte vom 22. November 1860 ab. Die Finanzverwaltung hielt sich dabei grundsätzlich daran, daß diese Hinausgabe nicht als eine finanzielle Maßregel zur Deckung des Staatsaufwandes, sondern nur im Interesse des allgemeinen Verkehres erfolge. Jedoch rief in den Jahren 1861 und 1862 das lebhafte Bedürfnis nach Kleingeld in Verbindung mit der Manipulation der Cassen bei Verwechslung der im Verkehre abgenützten Münzscheine eine Vermehrung des Umlaufes über die obige Summe hervor, welcher übrigens von Seite der Finanz=Verwaltung durch die geeigneten Maßnahmen, darunter auch Vermehrung von Kupferscheide=Münzen, entgegentreten. Durch das Gesetz vom 17. November 1863, Nr. 98 R. G. Bl., wurde die Umlaufsmenge auf den Betrag von 4 Millionen Gulden gesetzlich beschränkt, allein schon das Gesetz vom 25. Mai 1866, Nr. 64 R. G. Bl., gestattete die Hinausgabe nach Maß der Bedürfnisse wieder bis auf den Betrag von 12 Millionen Gulden österreichischer Währung zu erhöhen.

Durch das Gesetz vom 1. Juli 1868, Nr. 84 R. G. Bl., wurde nun die Einziehung dieser Münzscheine in folgender Weise geregelt:

Artikel I. Auf Grund des Artikels XII des Zoll- und Handelsbündnisses, welches zwischen den beiden Theilen der Monarchie zustande gekommen ist, wird im gegenseitigen Einvernehmen festgesetzt, dass eine neue Silberscheidemünze im Betrage von 12 Millionen Gulden zu dem Zwecke geprägt werden soll, um die Münzscheine gänzlich aus dem Umlaufe zurückzuziehen. Von den obigen 12 Millionen werden 70 Procent, das ist 8,400.000 Gulden, für Rechnung der im Reichsrathe vertretenen Königreiche und Länder, und 30 Procent, das ist 3,600.000 Gulden, für Rechnung der Länder der ungarischen Krone entfallen.

Artikel II. Jedes der beiden Ministerien wird die von demselben auf obige Art einzuziehenden und unbrauchbar gemachten Münzscheine von Zeit zu Zeit an den Reichs-Finanzminister abliefern und von demselben den Ersatz in Staatsnoten erhalten.

Sollte nach vollendeter Operation sich herausstellen, dass ein Theil der ausgegebenen Münzscheine vernichtet worden sei, so wird der dadurch entstandene Gewinn den beiden Finanzverwaltungen im Verhältnis wie 70 : 30 zufallen.

Die ungarische Gesetzgebung verfügt das Gleiche in den §§. 10, 11 und 12 des Gesetzartikels VII aus 1868.

Die Einlösung der Münzscheine begann bereits im Jahre 1868 und es wurde durch die kaiserliche Verordnung vom 29. August 1870, Nr. 108 R. G. Bl., mit Beziehung auf den §. 14 des Grundgesetzes über die Reichsvertretung vom 21. December 1867, Nr. 141 R. G. Bl., ein letzter Termin für die Einlösung der Münzscheine und der Silberscheidemünze zu sechs Kreuzer C. M. festgesetzt:

„1. Die Münzscheine zu zehn Kreuzer und die Silberscheidemünze zu sechs Kreuzer C. M. mit der Jahreszahl 1848 und 1849 werden nur mehr bis einschließlich den 30. September 1870 in ihrem bisherigen Umlaufswerte eingelöst.

2. Nach Ablauf dieses Termines entfällt hinsichtlich der Münzscheine jede weitere Einlösungsverbindlichkeit, und sind dieselben vom 1. October 1870 angefangen ungiltig.

Bezüglich des nicht zur Einlösung gelangten Restes der Münzscheine wird nach Artikel II des Gesetzes vom 1. Juli 1868, Nr. 84 R. G. Bl., vorgegangen werden."

Laut Kundmachung des Gesammtministeriums vom 16. April 1871, Nr. 27 R. G. Bl., hat der Reichsrath der durch die kaiserliche Verordnung vom 29. August 1870, Nr. 108 R. G. Bl., getroffenen Verfügung, wodurch mit Beziehung auf den §. 14 des Grundgesetzes über die Reichsvertretung vom 21. December 1867, Nr. 141 R. G. Bl., ein letzter Termin für die Einlösung der Münzscheine und der Silberscheidemünze zu sechs Kreuzer C. M. festgesetzt wurde, die verfassungsmäßige Genehmigung ertheilt.

Nach Kundmachung der Staatsschulden-Controlscommission des Reichsrathes vom 2. November 1870 waren mit Ende October 1870 noch 3,628.071 fl. 45 kr. an Münzscheinen nicht zur Einlösung gebracht worden, welcher Betrag nach cassenmäßiger Richtigstellung auf die Summe von 3,628.252 fl. 85 kr., sohin im Sinne des Artikels II des Gesetzes vom 1. Juli 1868 auf die im Reichsrathe vertretenen Königreiche und Länder mit 70 und auf die Länder der ungarischen Krone mit 30 Procent, also mit . . . . . . . . . . . . . . . . . . . . . . . . . . 2,539.776 fl. 99½ kr.

und . . . . . . . . . . . . . . . . . . . . . . . . . . . . . . . . . . . 1,088.475 „ 85½ „

zusammen . 3,628.252 fl. 85   kr.

zur Aufteilung und seitens der k. und k. Reichs-Central-Casse auch zur Hinauszahlung in Staatsnoten an die beiden Regierungen Ende des Jahres 1870 gelangte.

Tabelle 109.

# Bank von England.
# Notenumlauf und Metalldeckung.
### In Livres Sterling.

| Jahre | | Datum des Bankausweises | Bank von England | | | | Anmerkung |
|---|---|---|---|---|---|---|---|
| | | | | Notenumlauf | | | |
| | | | Metall | Summe | Metallisch nicht gedeckt absolut | Procente auf 100 Livres Noten x Livres Metall | |
| 1788 | | 31. August | 6,899.000 | 10,002.000 | 3,103.000 | 69·0 | ¹) Geheimratsbefehl vom 26. Februar 1797 Bankbeschränkung. |
| 1789 | | „ | 8,645.000 | 11,121.000 | 2,476.000 | 77·7 | 28. Februar: Noten Metall |
| 1790 | | „ | 8,386.000 | 11,433.000 | 3,047.000 | 73·4 | 9.674 1.086 Mill. |
| 1791 | | „ | 8,055.000 | 11,672.000 | 3,617.000 | 69·0 | Der Wert der Banknote schwankt |
| 1792 | | „ | 5,357.000 | 11,006.000 | 5,649.000 | 48·7 | von 1797 bis 1816 von pari (20 Sh.) |
| 1793 | | „ | 5,322.000 | 10,685.000 | 5,363.000 | 49·8 | bis 14 Sh. 26 (1813) oder um circa |
| 1794 | | „ | 6,770.000 | 10,286.000 | 3,516.000 | 65·8 | 30%. |
| 1795 | | „ | 5,136.000 | 10,862.000 | 5,726.000 | 47·3 | Der Geldpreis per Unze Standard war: |
| 1796 | | „ | 2,122.000 | 9,246.000 | 7,124.000 | 22·9 | August Pfd. Sh. P. |
| 1797 | ¹) | „ | 4,089.000 | 11,114.000 | 7,025.000 | 36·8 | 1797 3 17 6 |
| 1798 | | „ | 6,546.000 | 12,180.000 | 5,634.000 | 53·7 | 1798 3 17 10½ |
| 1799 | | „ | 7,000.000 | 13,389.000 | 6,389.000 | 52·3 | 1799 3 17 9 |
| 1800 | | „ | 5,150.000 | 15,047.000 | 9,897.000 | 34·2 | 1800 4 5 — |
| 1801 | | „ | 4,335.000 | 14,556.000 | 10,221.000 | 29·8 | 1801 4 4 — |
| 1802 | | „ | 3,891.000 | 17,097.000 | 13,206.000 | 22·8 | 1802 4 3 6 |
| 1803 | | „ | 3,592.000 | 15,983.000 | 12,391.000 | 22·5 | 1804 4 — — |
| 1804 | | „ | 5,879.000 | 17,153.000 | 11,271.000 | 34·3 | 1805 4 — — |
| 1805 | | „ | 7,624.000 | 16,388.000 | 8,764.000 | 46·5 | Febr. 1809 4 10 — |
| 1806 | | „ | 6,215.000 | 21,027.000 | 14,812.000 | 29·6 | August 1811 4 17 6 |
| 1807 | | „ | 6,484.000 | 19,678.000 | 13,194.000 | 33·0 | 1814 4 11 — |
| 1808 | | „ | 6,015.000 | 17,111.000 | 11,096.000 | 35·2 | Febr. 1815 4 9 — |
| 1809 | | „ | 3,652.000 | 19,574.000 | 15,922.000 | 18·7 | August 1816 3 19 — |
| 1810 | | „ | 3,191.000 | 24,793.000 | 21,602.000 | 12·9 | 1817 4 — 6 |
| 1811 | | „ | 3,243.000 | 23,286.000 | 20,043.000 | 13·9 | 1819 3 18 — |
| 1812 | | „ | 3,099.000 | 23,026.000 | 19,927.000 | 13·5 | 1820 3 17 10½ |
| 1813 | | „ | 2,712.000 | 24,828.000 | 22,116.000 | 10·9 | 1821 3 17 10½ |
| 1814 | | „ | 2,097.000 | 23,368.000 | 21,271.000 | 9·0 | 1822 3 17 6 |
| 1815 | | „ | 3,409.000 | 27,248.000 | 23,839.000 | 12·5 | Noten unter 5 Pfd. Sterling |
| 1816 | | „ | 7,562.000 | 26,758.000 | 19,196.000 | 28·3 | 1797 1,000.000 |
| 1817 | | „ | 11,668.000 | 29,543.000 | 17,875.000 | 39·5 | 1798 1,500.000 |
| 1818 | | „ | 6,363.000 | 26,202.000 | 19,839.000 | 24·3 | 1799 1,465.000 |
| 1819 | ²) | „ | 3,595.000 | 25,252.000 | 21,657.000 | 14·2 | 1801 2,700.000 |
| 1820 | | „ | 8,211.000 | 24,299.000 | 16,077.000 | 33·8 | 1803 3,864.000 |
| 1821 | | „ | 11,233.000 | 20,295.000 | 9,062.000 | 55·5 | 1808 4,095.000 |
| 1822 | | „ | 10,097.000 | 17,464.000 | 7,367.000 | 57·8 | 1809 5,195.000 |
| 1823 | | „ | 12,658.000 | 19,231.000 | 6,573.000 | 65·8 | 1810 7,223.000 |
| 1824 | | „ | 11,787.000 | 20,132.000 | 8,345.000 | 58·6 | 1814 9,665.000 |
| 1825 | ³) | „ | 3,634.000 | 19,398.000 | 15,764.000 | 18·7 | 1815 9,482.000 |
| 1826 | | „ | 6,754.000 | 21,563.000 | 14,809.000 | 31·3 | 1819 7,285.000 |
| 1827 | | „ | 10,463.000 | 22,747.000 | 12,284.000 | 46·0 | (Minimal) {1821 1,950.000 |
| 1832 | ⁴) | „ | 4,900.000 | 16,800.000 | 11,900.000 | 29·2 | {1822 0,750.000 |
| 1836 | ⁵) | „ | 6,325.000 | 18,061.000 | 11,736.000 | 35·0 | 1825 0,396.000 |
| 1837 | | „ | 5,700.000 | 18,400.000 | 12,700.000 | 31·0 | 1826 1,161.000 |
| 1838 | | „ | 9,746.000 | 19,481.000 | 9,735.000 | 50·0 | ²) Durch die Peel-Bill vom Mai 1819 wurde die Herstellung der Barzahlungen geordnet. Einziehung der Noten unter 5 Pfd. seit 1820. Die factische Aufnahme der Barzahlungen erfolgte am 1. Mai 1821; gesetzlicher Termin 1. Mai 1823. |
| 1840 | | „ | 4,200.000 | 17,100.000 | 12,900.000 | 24·6 | ³) Krisis. |
| 1841 | | „ | 4,800.000 | 17,300.000 | 12,500.000 | 27·7 | ⁴) Krisis. |
| 1842 | | „ | 9,700.000 | 20,300.000 | 11,600.000 | 47·8 | ⁵) Krisis. |

21*

**Tabelle 109 (Fortsetzung.)**

| Jahre | Datum des Bankausweises | Bank von England | | | | Anmerkung |
|---|---|---|---|---|---|---|
| | | Metall | Notenumlauf | | | |
| | | | Summe | Metallisch nicht gedeckt absolut | Procente auf 100 Livres-Note x Livres-Metall | |
| 1846 | 31. August . . . . . . . . | 16,300.000 | 21,200.000 | 4,900.000 | 76·9 | <sup></sup> |
| 1847 | ⁶⁾ „ . . . . . . . . | 9,100.000 | 19,000.000 | 9,900.000 | 47·9 | |
| 1847 | 25. October . . . . . . . . | 8,310.000 | 21,260.000 | 12,950.000 | 39·1 | |
| 1848 | Juni . . . . . . . . | 14,170.000 | 18,390.000 ⁷⁾ | 4,220.000 | 77·1 | |
| 1849 | 22. November . . . . . . . . | 16,380.000 | 19,110.000 ⁷⁾ | 2,730.000 | 85·7 | |
| 1850 | 26. December . . . . . . . . | 14,960.000 | 19,830.000 ⁷⁾ | 4,870.000 | 75·4 | |
| 1851 | Ende December . . . . . . . . | 17,319.544 | 19,767.164 | 2,447.620 | 87·6 | |
| 1852 | April . . . . . . . . | 19,590.000 | 22,810.000 | 3,220.000 | 85·9 | |
| 1856 | Ende December . . . . . . . . | 10,230.311 | 19,427.714 | 9,197.403 | 52·7 | |
| 1857 | ⁸⁾ 26. September . . . . . . . . | 11,280.000 | ca. 21,000.000 | 9,720.000 | 53·7 | |
| 1857 | 11. November . . . . . . . . | 7,170.000 | 21,000.000 | 13,830.000 | 34·1 | |
| 1861 | Ende December . . . . . . . . | 15,961.439 | 20,818.190 | 4,856.751 | 76·7 | |
| 1864 | ⁹⁾ August . . . . . . . . | 12,600.000 | ca. 22,400.000 | 9,800.000 | 56·2 | |
| 1866 | ¹⁰⁾ Mai . . . . . . . . | 11,800.000 | 26,600.000 | 14,800.000 | 44·4 | |
| 1866 | Ende December . . . . . . . . | 19,415.362 | 23,745.288 | 4,329.926 | 81·8 | |
| 1871 | „ Juni . . . . | 26,609.540 | 24,556.228 | + 2,053.312 | 108·4 | |
| 1871 | „ December . . . | 24,914.882 | 25,009.023 | 94.201 | 99·6 | |
| 1872 | „ Juni . . . . | 24,065.094 | 26,447.155 | 2,382.061 | 91·0 | |
| 1872 | „ December . . . | 24,014.298 | 25,561.205 | 1,546.907 | 93·9 | |
| 1873 | ¹¹⁾ „ Juni . . . . | 22,336.814 | 26,060.885 | 3,724.071 | 85·7 | |
| 1873 | „ December . . . | 22,618.685 | 25,807.070 | 3,188.385 | 87·6 | |
| 1874 | „ Juni . . . . | 23,929.601 | 27,089.915 | 3,160.314 | 88·3 | |
| 1874 | „ December . . . | 21,492.793 | 26,141.530 | 4,648.737 | 82·2 | |
| 1875 | „ Juni . . . . | 26,699.116 | 27,936.215 | 1,237.099 | 95·6 | |
| 1875 | „ December . . . | 21,703.879 | 27,525.155 | 5,821.276 | 78·8 | |
| 1876 | „ Juni . . . . | 29,659.412 | 27,661.255 | + 1,998.157 | 107·2 | |
| 1876 | „ December . . . | 28,214.165 | 28,622.775 | 408.610 | 98·6 | |
| 1877 | „ Juni . . . . | 26,826.398 | 27,994.045 | 1,167.647 | 95·8 | |
| 1877 | „ December . . . | 24,386.794 | 27,333.880 | 2,947.086 | 89·2 | |
| 1878 | „ Juni . . . . | 22,603.217 | 28,521.525 | 5,918.308 | 79·2 | |
| 1878 | „ December . . . | 28,038.361 | 32,732.010 | 4,693.649 | 85·7 | |
| 1879 | „ Juni . . . . | 35,286.269 | 29,536.865 | ÷ 5,749.404 | 119·5 | |
| 1879 | „ December . . . | 27,601.562 | 27,634.235 | 32.673 | 99·9 | |
| 1880 | „ Juui . . . . | 29,319.390 | 27,307.380 | + 2,012.010 | 107·4 | |
| 1880 | „ December . . . | 24,238.616 | 26,320.540 | 2,081.924 | 92·1 | |
| 1881 | „ Juni . . . . | 27,234.919 | 26,954.040 | + 280.879 | 101·0 | |
| 1881 | „ December . . . | 20,316.994 | 25,510.870 | 5,693.876 | 79·6 | |
| 1882 | ¹²⁾ „ Juni . . . . | 24,380.941 | 26,070.945 | 1,690.004 | 93·5 | |
| 1882 | „ December . . . | 20,395.245 | 25,693.195 | 5,297.950 | 79·4 | |
| 1883 | „ Juni . . . . | 22,438.753 | 25,473.995 | 3,035.242 | 88·0 | |
| 1883 | „ December . . . | 21,566.273 | 24,990.535 | 3,424.262 | 86·4 | |
| 1884 | „ Juni . . . . | 25,075.683 | 25,315.320 | 239.637 | 99·0 | |
| 1884 | „ December . . . | 20,695.496 | 25,037.210 | 4,341.714 | 82·7 | |
| 1885 | „ Juni . . . . | 27,481.488 | 25,798.185 | + 1,683.303 | 106·6 | |
| 1885 | „ December . . . | 20,115.228 | 24,513.110 | 4,397.882 | 82·0 | |
| 1886 | Durchschnitt des Quartales April bis Juni | 21,319.430 | 25,241.110 | 3,921.680 | 84·5 | |
| 1886 | „ „ „ Oct. „ Dec. | 19,929.836 | 24,691.913 | 4,762.077 | 80·7 | |
| 1887 | „ „ „ April „ Juni | 23,852.000 | 24,620.005 | 768.005 | 96·9 | |
| 1887 | „ „ „ Oct. „ Dec. | 20,238.539 | 24,209.867 | 3,971.328 | 83·6 | |
| 1888 | „ „ „ April „ Juni | 20,871.825 | 24,330.927 | 3,459.102 | 85·8 | |
| 1888 | „ „ „ Oct. „ Dec. | 19,455.412 | 24,405.030 | 4,949.618 | 79·7 | |
| 1889 | „ „ „ April „ Juni | 22,789.206 | 24,510.136 | 1,720.930 | 92·9 | |
| 1889 | „ „ „ Oct. „ Dec. | 19,712.368 | 24,460.836 | 4,748.468 | 80·5 | |
| 1890 | „ „ „ April „ Juni | 22,390.983 | 24,732.624 | 2,341.611 | 90·5 | |
| 1890 | ¹³⁾ „ „ „ Oct. „ Dec. | 21,954.333 | 24,680.109 | 2,725.776 | 88·9 | |

⁶⁾ 23./25. October 1847, Suspension der Acte von 1844. Der Disconto wurde für die Zeit der Suspendierung mit 8% fixiert. Die höchste Mehrausgabe von Noten betrug 0·4 Millionen ₤.

⁷⁾ sammt Post B.

⁸⁾ Krise, welche zur facultativen Suspendierung der Peel-Acte von 1844 führt. Die Notenausgabe überschreitet am 20. November das gesetzliche Maß um 928.000 Livres. Am 29. December 1857 kehrt der gesetzliche Zustand wieder.

Notenstückelung:
5—10 ₤.; 20—100; 200—1000
1844 9.000; 5.500; 5.200
1847 10.600; 5.700; 3.200

¹⁰⁾ Krise, Suspendierung der Bankacte.

¹¹⁾ Krise ohne Preisrückgang.

¹²⁾ Krise.

¹³⁾ Baring-Crise. Goldentlehnung bei der Bank von Frankreich.

Tabelle 110.

# Bank von England.
# Metallbestand und Notenumlauf in 1000 Pfund Sterling.

(Übersicht in Perioden.)

| Durchschnitt im letzten Quartale der Jahre | Metall | Notenumlauf Summe | Metallisch nicht gedeckt absolut | %  auf 100 Pfund Sterling Noten x Pfund Metall |
|---|---|---|---|---|
| 1851 | 15.915·0 | 20.752·0 | 4.837·0 | 76 70 |
| 1852 | 21.367·0 | 24.295·0 | 2.928·0 | 87·90 |
| 1853 | 15.462·0 | 23.369·0 | 7.907·0 | 66·20 |
| 1854 | 13.619·0 | 21.003·0 | 7.384·0 | 64·80 |
| 1855 | 11.301·0 | 20.480·0 | 9.129·0 | 55·30 |
| 1856 | 10.105·0 | 22.891·0 | 12.786·0 | 44·10 |
| 1857 | 8.788·0 | 21.070·0 | 12.282·0 | 41·60 |
| 1858 | 18.985·0 | 21.435·0 | 2.450·0 | 88·60 |
| 1859 | 17.002·0 | 22.413·0 | 5.411·0 | 75·80 |
| 1860 | 14.009·0 | 21.482·0 | 7.473·0 | 65·20 |
| **1851—1860** | **14.655·3** | **21.912·0** | **7.258·7** | **66·87** |
| 1861 | 14.653·0 | 21.180·0 | 6.527·0 | 69·20 |
| 1862 | 15.351·0 | 21.129·0 | 5.778·0 | 72·60 |
| 1863 | 13.934·0 | 21.730·0 | 7.796·0 | 61·10 |
| 1864 | 13.636·0 | 20.771·0 | 7.135·0 | 65·60 |
| 1865 | 13.601·0 | 21.819·0 | 8.218·0 | 62·30 |
| 1866 | 17.478·0 | 23.728·0 | 6.250 0 | 73·60 |
| 1867 | 22.561·0 | 24.706·0 | 2.145·0 | 91·30 |
| 1868 | 18.981·0 | 24.336·0 | 5.355·0 | 78·00 |
| 1869 | 18.827·0 | 23.910·0 | 5.083·0 | 78·70 |
| 1870 | 22.311 0 | 24.539·0 | 2.228·0 | 90·90 |
| **1861—1870** | **17.133·3** | **22.784·8** | **5.651·5** | **75·19** |
| 1871 | 22.952·0 | 25.625·0 | 2.673·0 | 89·60 |
| 1872 | 21.379·0 | 25.983·0 | 4.604·0 | 82·30 |
| 1873 | 20.869·0 | 26.219 0 | 5.350·0 | 79·60 |
| 1874 | 21.028 0 | 26.877·0 | 5.849·0 | 78·20 |
| 1875 | 23.579·0 | 28.356·0 | 4.777·0 | 83·10 |
| 1876 | 31.272·0 | 28.565·0 | + 2.707·0 | 109·50 |
| 1877 | 23.128·0 | 27.762·0 | 4.634·0 | 83·30 |
| 1878 | 25.501·0 | 30.282·0 | 4.781·0 | 84·20 |
| 1879 | 30.041·0 | 28.296·0 | + 1.745·0 | 106 20 |
| 1880 | 26.406·0 | 26.829·0 | 423·0 | 98·40 |
| **1871—1880** | **24.615·5** | **27.479·2** | **2.863·9** | **89·58** |
| 1881 | 20.876· | 26.237·0 | 5.361·0 | 79·60 |
| 1882 | 20.751·0 | 26.351·0 | 5.600·0 | 78·70 |
| 1883 | 22.355·0 | 25.683·0 | 3.328·0 | 87 00 |
| 1884 | 20.361·0 | 25.222·0 | 4.861·0 | 80·70 |
| 1885 | 20.827·0 | 24.621·0 | 3.794·0 | 84·60 |
| 1886 | 19.929·0 | 24.692·0 | 4.763·0 | 80·70 |
| 1887 | 20 238·0 | 24.210·0 | 3.972·0 | 83·60 |
| 1888 | 19.455·0 | 24.405·0 | 4.950·0 | 79·70 |
| 1889 | 19.712·0 | 24.461 0 | 4.749·0 | 80·60 |
| 1890 | 21.954·0 | 24 680 0 | 2.726·0 | 88·90 |
| **1881—1890** | **20.645·8** | **25.056·2** | **4.410·4** | **82·39** |

# Erläuterungen.

---

## C. Großbritannien und Irland.

(Tabellen 109 und 110.)

(Nach Tooke Geschichte der Preise und dem Statistical Abstract for the United Kingdom.)

Über die Organisation der Bank von England ist anzumerken, dass selbe 1694 gegründet, seit 1708 ein ausschließliches Privilegium zur Noten-ausgabe für England besaß, welches 1826 und 1833 mehrfach beschränkt wurde, aber durch die Peel-Acte von 1844 neuerdings in größeren Effect gesetzt worden ist, so dass die noch bestehenden Privat-Notenbanken in England relativ von wenig Bedeutung mehr sind. Die Noten der englischen Bank besitzen seit 1834 legal tender. Die Stückelung der Noten hat sich mehrfach verändert.[1] Von 1797 bis 1826 kommen auch Noten unter 5 Pfunden vor. Der Verkehr dieser Noten erschien aber mit gesunder Geldwirtschaft wegen Verdrängung der Gold-Circulation aus dem Gemeinverkehre nicht verträglich.

Die Peel-Acte von 1844 trennt die Bank in das Issue- und das Banking-Department. Das Issue-Department darf Noten bis 16·20 Mill. Pfund (früher 15·75) ohne metallische Deckung ausgeben,[2] über diesen Betrag aber nur gegen Deckung in Bar. Diese Ausgabe erfolgt durch Überweisung der Noten an das Banking-Department. Der Ausweis des Issue-Department begreift:

Activa: 1. Regierungsschuld und andere gesetzliche Sicherheiten = 16·20 Mill. Pfunde;
      2. Gold und Goldbarren;
      3. Silber,
denn die englische Bank darf den vierten Theil des Metallbestandes in Silber führen.
      Passiva: Notenausgabe.

Das Banking-Department führt das Depositengeschäft und die bankmäßige Belehnung. Für das Bankgeschäft und volkswirtschaftlich ist die „Noten-Reserve" des Banking-Departments, d. h. die zu Bankgeschäften dem Banking-Department zur Verfügung stehende Notenmenge das entscheidende Moment.

Die Banken in Schottland und Irland besitzen keine solchen Privilegien; namentlich in Schottland ist das Zettelbankwesen decentralisiert. Die Appoints der Noten gehen daselbst bis 1 Pfund Sterling herab.

Über die Neuordnung der englischen Währung im Anfange dieses Jahrhunderts ist Folgendes zu bemerken:

Die Bank-Suspendierung von 1797 war nicht eine Folge der Unfähigkeit der Bank, ihre Noten einzulösen — sondern eine Maßregel des Geheimen Rathes, um bei dem Abgange von Barmitteln dem bedrängten Geldmarkte die nöthigen Circulationsmittel (Banknoten ohne unmittelbare Einlösbarkeit) zu verschaffen. Die Bank selbst war bestrebt, diesen Ausnahmezustand baldigst zur Beseitigung zu bringen; die Regierung hielt aber an demselben fest. Nach den commissionellen Erhebungen des Parlaments hat in dieser Zeit keine übermäßige Inanspruchnahme des Bankcredites durch die Regierung stattgefunden, welche stets bestrebt war, die schwebenden Schulden baldigst zu fundieren; wohl aber war es der Regierung von Wichtigkeit, einen größeren Barmittelstock im Lande zu erhalten, um den gehäuften Anforderungen von Zahlungen ins Ausland stets genügen zu können und anderseits sollte dem Verkehr die nöthige Menge von Geldumlaufsmitteln durch eine strenge Discontopolitik nicht entzogen werden. Die ganze Maßnahme charakterisiert sich demnach als eine Außerdienstsetzung der Discontoschraube. Erst vom Jahre 1809 ob trat ein solcher Zustand der Bank ein, welcher die Suspension, respective deren Erhaltung für sie selbst nothwendig machte. Auch wurde in den letzten Jahren des Krieges und in den ersten Friedensjahren der Bankcredit durch den Staat in bedeutender Weise in Anspruch genommen. Dadurch und durch die Lage des internationalen Geldmarktes seit 1817 wurde die Aufhebung der Bank-suspension länger hinausgeschoben. Endlich im Jahre 1819 entschloß sich die Regierung nach eingehenden Erörterungen des Bullion-Committee und aus-gedehnten parlamentarischen Erörterungen zur Ordnung der Währungsangelegenheit, welche im wesentlichen darin bestand, den Wert der Währung (Nominal-preis oder Notenpreis der Unze Gold) in dem vor der Suspension bestandenen Maße zu erhalten, respective wieder herzustellen, so dass die eigent-liche Neuordnung sich auf die ausdrückliche Beschränkung der englischen Währung auf die Goldwährung reduciert, während vordem zwar kein geordneter „Bimetallismus" aber ein Nebeneinander von Silber- und Goldwährung bestanden hatte.

---

[1] Die Stückelung der Noten ist derzeit von 5—1000 £.

[2] Das gesetzliche Emissionsrecht (metalldeckungsfreie Contingent) der Bank von England war:

| | |
|---|---:|
| 1844/45 | 14,000.000 |
| 1855 | 14,475.000 |
| 1861 | 14,650.000 |
| 1866 | 15,000.000 |
| 1881 | 15,750.000 |
| seit 1886 | 16,200.000 |

Im Jahre 1885 war das Emissionsrecht aller Banken von Großbritannien und Irland folgendes:

| | |
|---|---:|
| Bank von England | 15,750.000 |
| 98 Privat-Banken | 3,412.810 |
| 43 Joint-Stock-Banken | 2,198.869 |
| 6 Banken in Irland | 6,354.494 |
| 10 Banken in Schottland | 2,676.350 |
| Summe | 30,392.523 |

Tabelle 111.

# Notenumlauf und Metallschatz der Bank von Frankreich.
## In Millionen Francs.

| Jahre | Bankausweis | Metallbestand | | | Notenumlauf | | | Stückelung der Noten unter 50 Francs | | |
|---|---|---|---|---|---|---|---|---|---|---|
| | | Gold | Silber | Zusammen | Summa | Metallisch nicht gedeckt absolut | Procente | 25 | 20 | 5 |
| 1840 | Maximum | | | 260·0 | 255·0 | + 5·0 | | | | |
| | Minimum | | | 216·0 | 203·0 | + 13·0 | | | | |
| | Durchschnitt beider | | | **238·0** | **229·0** | **+ 9·0** | + 3·90 | | | |
| 1841 | Maximum | | | 256·0 | 252·0 | + 4·0 | | | | |
| | Minimum | | | 189·0 | 214·0 | — 25·0 | | | | |
| | Durchschnitt beider | | | **222·5** | **233·0** | **— 10·5** | 4·50 | | | |
| 1842 | Maximum | | | 254·0 | 253·0 | + 1·0 | | | | |
| | Minimum | | | 189·0 | 220·0 | — 31·0 | | | | |
| | Durchschnitt beider | | | **221·5** | **236·5** | **— 15·0** | 6·30 | | | |
| 1843 | Maximum | | | 286·0 | 255·0 | + 31·0 | | | | |
| | Minimum | | | 208·0 | 212·0 | + 4·0 | | | | |
| | Durchschnitt beider | | | **247·0** | **233·5** | **+ 13·5** | + 5·78 | | | |
| 1844 | Maximum | | | 310·0 | 277·0 | + 33·0 | | | | |
| | Minimum | | | 255·0 | 237·0 | + 18·0 | | | | |
| | Durchschnitt beider | | | **282·5** | **257·0** | **+ 25·5** | + 9·90 | | | |
| 1845 | Maximum | | | 320·0 | 296·0 | + 24·0 | | | | |
| | Minimum | | | 196·0 | 233·0 | — 37·0 | | | | |
| | Durchschnitt beider | | | **258·0** | **264·5** | **— 6·5** | 2·45 | | | |
| 1846 | Maximum | | | 259·0 | 309·0 | — 50·0 | | | | |
| | Minimum | | | 101·0 | 253·0 | — 152·0 | | | | |
| | Durchschnitt beider | | | **180·0** | **281·0** | **— 101·0** | 35·94 | | | |
| 1847 [3] | Maximum | | | 139·0 | 298·0 | — 159·0 | | | | |
| | Minimum | | | 78·0 | 232·0 | — 154·0 | | | | |
| | Durchschnitt beider | | | **108·5** | **265·0** | **— 156·5** | 59·00 | | | |
| 1848 [4] | Maximum | | | 253·0 | 432·0 | — 179·0 | | | | |
| | Minimum | | | 83·0 | 242·0 | — 159·0 | | | | |
| | Durchschnitt beider | | | **168·0** | **337·0** | **— 169·0** | 50·14 | | | |
| 1849 | Maximum | | | 425·0 | 448·0 | — 23·0 | | | | |
| | Minimum | | | 255·0 | 386·0 | — 131·0 | | | | |
| | Durchschnitt beider | | | **340·0** | **417·0** | **— 77·0** | 18·46 | | | |
| 1850 [5] | Maximum | | | 482·0 | 515·0 | — 33·0 | | | | |
| | Minimum | | | 427·0 | 436·0 | — 9·0 | | | | |
| | Durchschnitt beider | | | **454·5** | **475·5** | **— 21·0** | 4·40 | | | |
| 1851 [6] | Maximum | | | 628·0 | 583·0 | + 45·0 | | | | |
| | Minimum | | | 470·0 | 496·0 | — 26·0 | | | | |
| | Durchschnitt beider | | | **549·0** | **539·5** | **+ 9·5** | + 1·76 | | | |

[1] Das heißt der Metallbestand übersteigt um . °/₀ den Notenumlauf
[2] Von dem betreffenden Notenumlaufe und °/₀ nicht gedeckt.
[3] Ukse 14. Jänner 1847 bis 5 , bis December 1847
[4] Banksuspension. Die Steigerung des Notenumlaufes, beziehungsweise des Metallschatzes, ist zugleich eine Folge der Einverleibung der Departementsbanken. Diese 9 Banken hatten im Mittel des Jahres 1847: Notenumlauf 90·1 Mill. Frcs , Barschatz 417 Mill. Frcs.
[5] Ende December : Gold . . . . . 39·0
  Silber . . . . . 410·9
  Summe . 469·9 Millionen Francs.
[6] Ende December: Gold . . . . . . . . 87·4
  Silber . . . . . . . . 480·3
  Summe . 567·7 Millionen Francs.

**Tabelle 111.** (Fortsetzung.)

| Jahre | Bankausweis | Metallbestand | | | Notenumlauf | | | Stückelung der Noten unter 50 Francs | | |
|---|---|---|---|---|---|---|---|---|---|---|
| | | Gold | Silber | Zusammen | Summa | Metallisch nicht gedeckt absolut | Procente | 25 | 20 | 5 |
| 1852 | Maximum | | | 621·0 | 687·0 | — 66·0 | | | | |
| | Minimum | | | 503·0 | 547·0 | — 44·0 | | | | |
| | Durchschnitt beider | | | 562·0 | 617·0 | — 55·0 | 8·90 | | | |
| 1853 | Maximum | | | 534·0 | 704·0 | — 170·0 | | | | |
| | Minimum | | | 309·0 | 627·0 | — 318·0 | | | | |
| | Durchschnitt beider | | | 421·5 | 665·5 | — 244·0 | 36·66 | | | |
| 1854 | Maximum | | | 500·0 | 669·0 | — 169·0 | | | | |
| | Minimum | | | 273·0 | 572·0 | — 299·0 | | | | |
| | Durchschnitt beider | | | 386·5 | 620·5 | — 234·0 | 37·70 | | | |
| 1855 | Maximum | | | 451·0 | 684·0 | — 233·0 | | | | |
| | Minimum | | | 192·0 | 584·0 | — 392·0 | | | | |
| | Durchschnitt beider | | | 321·5 | 634·0 | — 312·5 | 49·29 | | | |
| 1856 ¹) | Maximum | | | 294·0 | 666·0 | — 372·0 | | | | |
| | Minimum | | | 152·0 | 577·0 | — 425·0 | | | | |
| | Durchschnitt beider | | | 223·0 | 621·5 | — 398·5 | 64·10 | | | |
| 1857 ²) | Maximum | | | 291·0 | 646·0 | — 355·0 | | | | |
| | Minimum | | | 181·0 | 526·0 | — 345·0 | | | | |
| | Durchschnitt beider | | | 236·0 | 586·0 | — 350·0 | 59·70 | | | |
| 1858 | Maximum | | | 595·0 | 732·0 | — 137·0 | | | | |
| | Minimum | | | 243·0 | 544·0 | — 301·0 | | | | |
| | Durchschnitt beider | | | 419·0 | 638·0 | — 219·0 | 34·30 | | | |
| 1859 | Maximum | | | 646·0 | 772·0 | — 126·0 | | | | |
| | Minimum | | | 512·0 | 662·0 | — 150·0 | | | | |
| | Durchschnitt beider | | | 579·0 | 717·0 | — 138·0 | 19·25 | | | |
| 1860 | Maximum | | | 573·0 | 805·0 | — 232·0 | | | | |
| | Minimum | | | 411·0 | 703·0 | — 292·0 | | | | |
| | Durchschnitt beider | | | 492·0 | 754·0 | — 262·0 | 34·75 | | | |
| 1861 ³) | Maximum | | | 431·0 | 802·0 | — 371·0 | | | | |
| | Minimum | | | 285·0 | 702·0 | — 417·0 | | | | |
| | Durchschnitt beider | | | 358·0 | 752·0 | — 394·0 | 52·39 | | | |
| 1862 | Maximum | | | 431·0 | 869·0 | — 438·0 | | | | |
| | Minimum | | | 285·0 | 723·0 | ·· 438·0 | | | | |
| | Durchschnitt beider | | | 358·0 | 796·0 | — 438·0 | 55·00 | | | |
| 1863 | Maximum | | | 406·0 | 864·0 | — 458·0 | | | | |
| | Minimum | | | 196·0 | 739·0 | — 543·0 | | | | |
| | Durchschnitt beider | | | 301·0 | 801·5 | — 500·5 | 62·44 | | | |
| 1864 ⁴) | Maximum | | | 367·0 | 839·0 | — 472·0 | | | | |
| | Minimum | | | 151·0 | 720·0 | — 569·0 | | | | |
| | Durchschnitt beider | | | 259·0 | 779·5 | — 520·5 | 66·77 | | | |
| 1865 | Maximum | | | 521·0 | 921·0 | — 403·0 | | | | |
| | Minimum | | | 311·0 | 726·0 | — 415·0 | | | | |
| | Durchschnitt beider | | | 416·0 | 825·0 | — 409·0 | 49·57 | | | |

¹) Ende December. Gold ......... 71·6
    Silber ......... 105·0
        Summe. 179·6 Millionen Francs.
²) Krisis im Jahre 1858 liquidirt
³) Ende December: Gold ...... 229·0
    Silber ...... 93·7
        Summe. 321·7 Millionen Francs
⁴) Krisis erst 1868 gänzlich finalisirt.

Tabelle 111. (Fortsetzung.)

| Jahre | Bankausweis | Metallbestand | | | Notenumlauf | | | Stückelung der Roten unter 50 Francs | | |
|---|---|---|---|---|---|---|---|---|---|---|
| | | Gold | Silber | Zusammen | Summa | Metallisch nicht gedeckt absolut | Procente | 25 | 20 | 5 |
| 1866 [1] | Maximum | | | 748·0 | 1.029·0 | — 281·0 | | | | |
| | Minimum | | | 382·0 | 846·0 | — 464·0 | | | | |
| | Durchschnitt beider | | | **565·0** | **937·5** | — **372·5** | 39·73 | | | |
| 1867 | Maximum | | | 1.016·0 | 1.195·0 | — 179·0 | | | | |
| | Minimum | | | 651·0 | 937·0 | — 286·0 | | | | |
| | Durchschnitt beider | | | **833·5** | **1.066·0** | — **232·5** | 21·80 | | | |
| 1868 | Maximum | | | 1.314·0 | 1.326·0 | — 12·0 | | | | |
| | Minimum | | | 977·0 | 1.122·0 | — 145·0 | | | | |
| | Durchschnitt beider | | | **1.145·5** | **1.224·0** | — **78·5** | 6·40 | | | |
| 1869 | Maximum | | | 1.266·0 | 1.439·0 | — 173·0 | | | | |
| | Minimum | | | 1.064·0 | 1.295·0 | — 231·0 | | | | |
| | Durchschnitt beider | | | **1.165·0** | **1.367·0** | — **202·0** | 14·77 | | | |
| 1870 [2] | Maximum | | | 1.318·0 | 1.814·0 | — 496·0 | | | | |
| | Minimum | | | 505·0 | 1.359·0 | — 854·0 | | | | |
| | Durchschnitt beider | | | **911·5** | **1.586·5** | — **675·0** | 42·54 | | | |
| 1871 [3] | Maximum | | | 691·0 | 2.353·0 | — 1.662·0 | | | | |
| | Minimum | | | 398·5 | 1.718·0 | — 1.320·0 | | | | |
| | Durchschnitt beider | | | **544·0** | **2.035·5** | — **1.491·0** | 73·25 | | | |
| 1872 | Maximum | | | 793·0 [4] | 2.678·0 | — 1.885·0 | | | | |
| | Minimum | | | 630·0 | 2.212·5 | — 1.582·5 | | | | |
| | Durchschnitt | | | 728·0 | 2.405·3 | — 1.677·2 | | | | |
| | Ende December | 658·7 | 132·6 | 791·3 | 2.859·0 | — 2.067·7 | 72·30 | 111·40 | 536·7 | 106·6 |
| 1873 [5] | Maximum | | | 820·8 | 3.071·9 | — 2.251·1 | | | | |
| | Minimum | | | 705·7 | 2.654·1 | — 948·3 | | | | |
| | Durchschnitt | | | 762·8 | 2.861·2 | — 2.098·4 | | | | |
| | Ende December | 611·3 | 156·3 | 767·6 | 2.832·0 | — 2.064·4 | 72·89 | 28·50 | 628·4 | 93·6 |
| 1874 | Maximum | | | 1.331·0 | 2.916·3 | — 1.585·3 | | | | |
| | Minimum | | | 760·0 | 2.642·1 | — 1.882·1 | | | | |
| | Durchschnitt | | | 1.130·0 | 2.601·3 | — 1.471·2 | | | | |
| | Ende December | 1.012·1 | 313·2 | 1.325·3 | 2.641·0 | — 1.315·7 | 49·80 | 4·70 | 299·7 | 6·7 |
| 1875 | Maximum | | | 1.668·5 | 2.702·1 | — 1.033·6 | | | | |
| | Minimum | | | 1.316·3 | 2.331·1 | — 1.014·8 | | | | |
| | Durchschnitt | | | 1.541·1 | 2.464·9 | — 923·8 | | | | |
| | Ende December | 1.174·3 | 505·0 | 1.679·3 | 2.497·0 | — 817·7 | 32·75 | 1·48 | 81·0 | 1·7 |

[1] Ende December: Gold . . . . . . . . . 559·6
      Silber . . . . . . . . . . . 137·1

            Summe . 697·7 Millionen Francs.

[2] Juli 1870 : Metall . . . . . . . . . . 1.245·0
      Notenumlauf . . . . . . . . . . . . 1.455·0
      13. September Zwangscurs der Roten.
Ende December 1870 : Gold . . . . . . . 428·7
      Silber . . . . . . . . . 68·5

            Summe . 497·2 Millionen Francs.

      Notenumlauf . . . . . . . . 1.718·0
      daher unbedeckt . . . . . . . 1.221·0        „        „

[3] Ende December 1871 : Gold . . . . . . 555·4
      Silber . . . . . . . 81·2

            Summe . 634·6 Millionen Francs.

      Notenumlauf . . . . . . . . 2.307·0
      daher unbedeckt . . . . . . . 1.672·0        „        „

[4] In einigen Fällen stimmen die Zahlendaten nicht genau, weil die amtliche Statistik nicht allgemein präcise die Datumsgleichheit einhält.

[5] Krisis, selbe schließt die seit 1851 bestandene Hausse der Preise. Lezte Rate der Kriegskostenentschädigung an Deutschland. Wechselcurs für 1 Livre Sterling auf London 25·22

      August 1870 . . . . . . . . . . . . . . 25 Francs 12—25 Centimes,
      September 1870 . . . . . . . . . . . . 25    „    45—60        „
      März 1871 . . . . . . . . . . . . . . . 25    „    26—47        „
      Mai 1873 . . . . . . . . . . . . . . . . 
      Juni     „    . . . . . . . . . . . . } 25    „    39—59        „
      Juli     „    . . . . . . . . . . . . . 
      October 1874 . . . . . . . . . . . . . 26    „    12            „
      November    „    . . . . . . . . . . . 
      1874/1875 . . . . . . . . . . . . . . . 25    „    11—25        „

**Tabelle 111.** (Fortsetzung.)

| Jahre | Bankausweis | Metallbestand | | | Notenumlauf | | | Stückelung der Noten unter 50 Francs | | |
|---|---|---|---|---|---|---|---|---|---|---|
| | | Gold | Silber | Zusammen | Summa | Metallisch nicht gedeckt (abfolut) | Procente | 25 | 20 | 5 |
| 1876 | Maximum | | | 2.182·9 | 2.617·1 | — 434·2 | | | | |
| | Minimum | | | 1.672·1 | 2.374·5 | — 702·4 | | | | |
| | Durchschnitt | | | 1.987·0 | 2.488·4 | — 501·1 | | | | |
| | Ende December | 1.530·4 | 638·6 | 2.169·0 | 2.662·0 | — 493·0 | 18·50 | 1·00 | 26·0 | 1·2 |
| 1877 | Maximum | | | 2.281·3 | 2.725·2 | — 443·9 | | | | |
| | Minimum | | | 2.069·8 | 2.357·9 | — 288·0 | | | | |
| | Durchschnitt | | | 2.195·9 | 2.495·3 | — 299·4 | | | | |
| | Ende December | 1.177·1 | 865·4 | 2.042·5 | 2.513·0 | — 470·5 | 18·70 | 0·80 | 12·5 | 1·0 |
| 1878 | Maximum | | | 2.183·3 | 2.547·0 | — 363·7 | | | | |
| | Minimum | | | 1.968·0 | 2.201·8 | — 233·8 | | | | |
| | Durchschnitt | | | 2.072·7 | 2.345·5 | — 272·8 | | | | |
| | Ende December | 983·6 | 1.058·1 | 2.041·7 | 2.291·0 | — 249·3 | 10·88 | 0·7 | 8·5 | 1·00 |
| 1879 | Maximum | | | 2.252·0 | 2.328·8 | — 76·8 | | | | |
| | Minimum | | | 1.970·3 | 2.101·1 | — 130·8 | | | | |
| | Durchschnitt | | | 2.115·1 | 2.205·2 | — 90·1 | | | | |
| | Ende December | 741·6 | 1.227·6 | 1.969·2 | 2.321·0 | — 351·8 | 15·15 | 0·7 | 6·7 | 0·90 |
| 1880 | Maximum | | | 2.103·6 | 2.481·3 | — 377·7 | | | | |
| | Minimum | | | 1.763·7 | 2.206·8 | — 443·1 | | | | |
| | Durchschnitt | | | 1.974·4 | 2.311·4 | — 337·0 | | | | |
| | Ende December | 564·2 | 1.222·6 | 1.786·8 | 2.524·0 | — 787·2 | 29·20 | 0·6 | 5·6 | 0·90 |
| 1881 | Maximum | | | 1.806·6 | 2.825·5 | — 1.018·9 | | | | |
| | Minimum | | | 1.750·5 | 2.398·0 | — 647·5 | | | | |
| | Durchschnitt | | | 1.823·5 | 2.611·8 | — 788·3 | | | | |
| | Ende December, resp. Ende Jänner | 645·8 | 1.155·9 | 1.801·7 | 2.852·0 | — 1.050·3 | 36·82 | 0·6 | 4·6 | 0·90 |
| 1882 ¹) | Maximum | | | 2.158·1 | 2.953·3 | — 795·2 | | | | |
| | Minimum | | | 1.791·9 | 2.626·8 | — 834·9 | | | | |
| | Durchschnitt | | | 1.975·0 | 2.790·1 | — 815·1 | | | | |
| | Ende December | 954·7 | 1.087·4 | 2.042·1 | 2.894·0 | — 851·9 | 29·43 | 0·5 | 3·9 | 0·90 |
| 1883 | Maximum | | | 2.083·4 | 3.097·5 | — 1.014·1 | | | | |
| | Minimum | | | 1.964·1 | 2.775·8 | — 811·7 | | | | |
| | Durchschnitt | | | 2.023·7 | 2.936·6 | — 912·9 | | | | |
| | Ende December | 951·3 | 997·5 | 1.948·8 | 3.162·5 | — 1.213·7 | 38·38 | 0·5 | 3·4 | 0·85 |
| 1884 | Maximum | | | 2.094·0 | 3.162·5 | — 1.068·5 | | | | |
| | Minimum | | | 1.935·0 | 2.814·9 | — 879·9 | | | | |
| | Durchschnitt | | | 2.014·2 | 2.988·7 | — 974·5 | | | | |
| | Ende December | 1.001·4 | 1.028·6 | 2.030·0 | 2.978·0 | — 948·0 | 31·83 | 0·5 | 3·0 | 0·80 |
| 1885 | Maximum | | | 2.281·0 | 3.063·9 | — 782·9 | | | | |
| | Minimum | | | 2.019·9 | 2.719·4 | — 694·4 | | | | |
| | Durchschnitt | | | 2.150·7 | 2.891·6 | — 740·9 | | | | |
| | Ende December | 1.155·0 | 1.084·0 | 2.239·0 | 2.901·0 | — 662·0 | 22·82 | 0·5 | 2·7 | 0·80 |
| 1886 | Maximum | | | 2.525·8 | 2.973·7 | — 447·7 | | | | |
| | Minimum | | | 2.220·3 | 2.658·1 | — 438·1 | | | | |
| | Durchschnitt | | | 2.373·1 | 2.815·9 | — 442·8 | | | | |
| | Ende December | 1.233·0 | 1.140·0 | 2.373·0 | 2.854·0 | — 481·0 | 16·85 | 0·5 | 2·4 | 0·80 |
| 1887 | Maximum | | | 2.402·0 | 2.929·8 | — 527·8 | | | | |
| | Minimum | | | 2.316·0 | 2.551·4 | — 235·4 | | | | |
| | Durchschnitt | | | 2.358·9 | 2.740·6 | — 381·7 | | | | |
| | Ende December | 1.106·0 | 1.190·0 | 2.296·0 | 2.801·0 | — 505·0 | 18·03 | 0·4 | 2·2 | 0·70 |
| 1888 | Maximum | | | 2.347·0 | 2.891·3 | — 544·3 | | | | |
| | Minimum | | | 2.242·0 | 2.516·7 | — 292·7 | | | | |
| | Durchschnitt | | | 2.294·5 | 2.704·0 | — 409·5 | | | | |
| | Ende December | 1.006·0 | 1.228·0 | 2.234·0 | 2.829·0 | — 595·0 | 21·03 | 0·4 | 2·0 | 0·70 |
| 1889 | Maximum | | | 2.578·6 | 3.123·1 | — 544·5 | | | | |
| | Minimum | | | 2.223·7 | 2.616·8 | — 393·1 | | | | |
| | Durchschnitt | | | 2.411·2 | 2.870·0 | — 458·8 | | | | |
| | Ende {December 1889 / Jänner 1890} | 1.261·7 | 1.242·2 | 2.503·9 | 3.198·9 | — 695·0 | 21·73 | 0·4 | 1·9 | 0·76 |
| 1890 | Maximum | | | 2.592·8 | 3.259·8 | — 667·0 | | | | |
| | Minimum | | | 2.360·6 | 2.891·4 | — 532·8 | | | | |
| | Durchschnitt | | | 2.476·2 | 3.076·6 | — 599·9 | | | | |
| | Ende December | 1.120·2 | 1.240·8 | 2.361·0 | 3.173·1 | — 812·1 | 25·36 | 0·4 | 1·8 | 0·75 |

¹) Krisis.

Tabelle 112.

# Bank von Frankreich.

## Notenumlauf und Metallschatz.

### Durchschnitt nach Perioden in Millionen Francs.

| Perioden | Bankausweis | Metallbestand | | | Notenumlauf | | |
|---|---|---|---|---|---|---|---|
| | | Gold | Silber | Zusammen | Summe | metallisch nicht gedeckt absolut | Procent auf 100 Francs Noten x Francs Metall |
| 1851 bis 1860 | nach den Jahresdurchschnitten | — | — | 418·9 | 639·3 | 220·4 | 65·5 |
| 1861 bis 1869 | „ | — | — | 600·1 | 949·8 | 349·7 | 63·2 |
| 1870 bis 1877 | nach dem Stande Ende December jeden Jahres berechnet | 893·3 | 345 | 1.238·3 | 2.503·6 | 1.265·3 | 49·5 |
| 1878 bis 1885 | „ | 874·7 | 1.107·5 | 1.982·2 | 2.740·4 | 758·2 | 72·3 |
| 1886 bis 1890 | „ | 1.145·4 | 1.208·2 | 2.353·6 | 2 971·2 | 617·6 | 79·2 |

# Erläuterungen.

## D. Die Bank von Frankreich.

### (Tabelle 111 und 112.)

Nach Juglar: Crises commercielles. 2. Auflage, Paris 1888, Annuaire statistique de la France und Say's Dictionnaire.

1800 errichtet, erhielt die Bank von Frankreich 1803 ein ausschließendes Privilegium. Durch das Gesetz vom 21. Mai 1840 wurde das Privilegium bis Ende 1867 verlängert. Am 15. März 1848 wurden die Barzahlungen suspendirt, den Noten Zwangscurs verliehen und die Maximalemissionssumme mit 350 Millionen Francs und nach Einverleibung der Departementsbanken (27. April, 2. Mai 1848) auf 452 Millionen Francs erhöht. Ende 1848 leistete die Bank thatsächlich bereits wieder Barzahlungen, die Emissionsmenge wurde Ende 1849 auf 525 Millionen Francs erhöht und endlich durch Gesetz vom 6. August 1850 der Zwangscurs aufgehoben, und die Notenemission eine unbegrenzte. Durch das Gesetz vom 9. Juni 1857 wurde das Bankprivilegium bis Ende 1897 verlängert. Von dieser Zeit datirt der innige Contocorrente-Verkehr des Staates mit der Bank. Neu geregelt wurde derselbe durch Decret vom 29. März 1878. Über dieses Conto verfügt die Direction des Mouvement Géneral des fonds des Finanz-Ministeriums. Die Generaleinnehmer zahlen die verfügbare Summe ein, während die Centralstellen nach Maaß ihres Specialcredites die erforderlichen Beträge erheben. Die Abrechnung ist eine tägliche. Die Bank darf hiebei dem Staate bis 140 Millionen verzinslichen Blancocontocredit einräumen; sonstige Credite bestehen in der Escomptirung respectibe Belehnung von Schuldscheinen des Schatzes. Am 12. August 1870 wurden infolge der Kriegsereignisse die Barzahlungen gesetzlich suspendirt und der Zwangscurs verhängt. Zugleich wurde wieder die Notenemission begrenzt und zwar auf 1800 Millionen, 14. August 1870 auf 2400 Millionen, 29. December 1871 auf 2800 Millionen und 15. Juli 1872 auf 3200 Millionen Francs.

Durch die politischen Verhältnisse war, wie erwähnt, die Bank von Frankreich direct in Mitleidenschaft gezogen worden, der Staat entlieh von ihr unfundirt von 1870 bis 1874 1470 Millionen Francs. Hierüber wurde am 6. Mai 1873 ein vorläufiger Vertrag geschlossen, welcher am 3. August 1875 gesetzlich approbirt wurde. Die Rückzahlung sollte in Jahresraten von 200 Millionen Francs erfolgen, und wenn die Schuld auf 300 Millionen Francs reducirt ist, hatte die Bank ihre Schalter für Bareinlösungen wieder zu öffnen. Der Zwangscurs sollte jedenfalls vom 1. Jänner 1879 an aufgehoben werden. Der Staat zahlte aber mit Hilfe der Budgetüberschüsse so schnell zurück, daß bereits am 1. Jänner 1878 diese Bedingung erfüllt war.

Die Noten haben indeß gesetzliche Zahlkraft (legal tender) für Private und für öffentliche Cassen behalten.

Die Notenemission blieb durch Gesetz vom 29. December 1884 auf 3500 Millionen Francs beschränkt, aber ohne mechanische Vorschrift für die Bedeckung, welche der Einsicht der Bankleitung anheimgestellt bleibt.

### Stückelung der Noten.

Bis 1847 beschränkt auf den Minimalbetrag von 500 Francs, 1847 auf 200 Francs und 1848 auf 100 Francs, 1857 auf 50 Francs, 1870 auf 25 Francs, später 20 Francs wurde 1871 für die Dauer des Zwangscurses auch die Ausgabe von Noten zu 10 und 5 Francs gestattet.

Seit der Aufhebung des Zwangscurses erstreckt sich die Stückelung wieder auf Noten von 5000 bis 50 Francs.

Tabelle 118.

# Banknotenumlauf

| Jahre | 1. Preußische Bank — In Millionen Thalern | | | 2. Die Länder des späteren deutschen Reiches — Millionen Thaler | | | | 3. Reichs- — Millionen | | | | | |
| | Metall | Noten-umlauf | Procent auf 100 Th. Noten = x Th. Metall | Metall | Noten-umlauf | metallisch nicht gedeckt absolut | metallisch nicht gedeckt Procent auf 100 Th. Noten = x Th. Metall | Metall Durch-schnittlich | Metall Maxi-mum | Metall Mini-mum | Notenumlauf Durch-schnittlich | Notenumlauf Maxi-mum | Notenumlauf Mini-mum |
|---|---|---|---|---|---|---|---|---|---|---|---|---|---|
| 1852 | · · · · | · · · · | · · · · | 33·3 | 37·7 | 4·4 | 88·32 | · · · · | · · · · | · · · · | · · · · | · · · · | · · · · |
| 1855 | 24·4 | 19·9 | 122·6 | 32·1 | 43·0 | 10·9 | 74·65 | · · · · | · · · · | · · · · | · · · · | · · · · | · · · · |
| 1856 | 19·5 | 31·9 | 61·1 | 50·4 | 81·7 | 31·3 | 61·68 | · · · · | · · · · | · · · · | · · · · | · · · · | · · · · |
| 1857 | 30·9 ⁴) | 60·1 | 51·4 | · · · · | · · · · | · · · · | · · · · | · · · · | · · · · | · · · · | · · · · | · · · · | · · · · |
| 1858 | 45·0 | 67·7 | 66·5 | · · · · | · · · · | · · · · | · · · · | · · · · | · · · · | · · · · | · · · · | · · · · | · · · · |
| 1859 | 52·5 | 75·8 | 69·7 | · · · · | · · · · | · · · · | · · · · | · · · · | · · · · | · · · · | · · · · | · · · · | · · · · |
| 1860 | 69·5 | 81·4 | 85·4 | 98·9 | 154·4 | 55·5 | 64·05 | · · · · | · · · · | · · · · | · · · · | · · · · | · · · · |
| 1861 | 85·9 | 95·1 | 90·4 | · · · · | · · · · | · · · · | · · · · | · · · · | · · · · | · · · · | · · · · | · · · · | · · · · |
| 1862 | 87·5 | 106·5 | 82·0 | · · · · | · · · · | · · · · | · · · · | · · · · | · · · · | · · · · | · · · · | · · · · | · · · · |
| 1863 | 71·7 | 112·8 | 63·5 | · · · · | · · · · | · · · · | · · · · | · · · · | · · · · | · · · · | · · · · | · · · · | · · · · |
| 1864 | 66·6 | 116·2 | 56·3 | · · · · | · · · · | · · · · | · · · · | · · · · | · · · · | · · · · | · · · · | · · · · | · · · · |
| 1865 | 66·6 | 119·2 | 56·0 | 85·2 | 191·6 | 106·4 | 44·46 | · · · · | · · · · | · · · · | · · · · | · · · · | · · · · |
| 1866 | 66·0 | 122·6 | 53·8 | · · · · | · · · · | · · · · | · · · · | · · · · | · · · · | · · · · | · · · · | · · · · | · · · · |
| 1867 | ¹) 83·9 | 128·1 | 65·5 | · · · · | · · · · | · · · · | · · · · | · · · · | · · · · | · · · · | · · · · | · · · · | · · · · |
| 1868 | 90·1 | 139·9 | 64·5 | · · · · | · · · · | · · · · | · · · · | · · · · | · · · · | · · · · | · · · · | · · · · | · · · · |
| 1869 | 85·5 | 145·1 | 59·0 | 118·3 | 237·8 | 119·5 | 49·74 | · · · · | · · · · | · · · · | · · · · | · · · · | · · · · |
| 1870 | 86·3 | 163·3 | 52·8 | 30. Juni 137·4 (Ende December 139·6 | 259·4 283·7 | 122·0 144·1 | 52·96 49·20 | · · · · | · · · · | · · · · | · · · · | · · · · | · · · · |
| 1871 | ²) 120·7 | 204·4 | 59·7 | 230·8 | 352·9 | 122·1 | 65·40 | · · · · | · · · · | · · · · | · · · · | · · · · | · · · · |
| 1872 | 172·9 | 253·2 | 68·3 | 282·6 | 450·1 | 167·5 | 62·78 | · · · · | · · · · | · · · · | · · · · | · · · · | · · · · |
| 1873 | ³) 213·6 | 290·5 | 77·0 | 31. März ⁶) 298·3 | 482·2 | 183·9 | 61·86 | · · · · | · · · · | · · · · | · · · · | · · · · | · · · · |
| 1874 | 258·8 | 277·5 | 82·5 | · · · · | · · · · | · · · · | · · · · | · · · · | · · · · | · · · · | · · · · | · · · · | · · · · |
| 1875 | 184·7 | 251·4 | 73·4 | · · · · | · · · · | · · · · | · · · · | · · · · | · · · · | · · · · | · · · · | · · · · | · · · · |
| 1876 | · · · · | · · · · | · · · · | · · · · | · · · · | · · · · | · · · · | 510·600 | 563·800 | 437·300 | 684·867 | 777·677 | 621·089 |
| 1877 | · · · · | · · · · | · · · · | · · · · | · · · · | · · · · | · · · · | 523·104 | 571·084 | 452·173 | 694·929 | 757·207 | 646·684 |
| 1878 | · · · · | · · · · | · · · · | · · · · | · · · · | · · · · | · · · · | 494·072 | 525·797 | 454·616 | 622·642 | 700·569 | 579·429 |
| 1879 | · · · · | · · · · | · · · · | · · · · | · · · · | · · · · | · · · · | 534·237 | 562·774 | 473·935 | 667·675 | 792·808 | 556·027 |
| 1880 | · · · · | · · · · | · · · · | · · · · | · · · · | · · · · | · · · · | 562·091 | 598·310 | 520·773 | 735·013 | 814·303 | 681·666 |
| 1881 | · · · · | · · · · | · · · · | · · · · | · · · · | · · · · | · · · · | 556·749 | 596·824 | 501·531 | 739·727 | 859·388 | 663·792 |
| 1882 | · · · · | · · · · | · · · · | · · · · | · · · · | · · · · | · · · · | 548·984 | 591·482 | 503·248 | 747·020 | 841·533 | 668·999 |
| 1883 | · · · · | · · · · | · · · · | · · · · | · · · · | · · · · | · · · · | 601·865 | 644·328 | 536·538 | 737·246 | 829·713 | 678·071 |
| 1884 | · · · · | · · · · | · · · · | · · · · | · · · · | · · · · | · · · · | 591·725 | 636·985 | 517·828 | 732·906 | 854·137 | 666·186 |
| 1885 | · · · · | · · · · | · · · · | · · · · | · · · · | · · · · | · · · · | 586·131 | 642·047 | 521·225 | 727·442 | 858·925 | 664·950 |
| 1886 | · · · · | · · · · | · · · · | · · · · | · · · · | · · · · | · · · · | 693·165 | 738·204 | 629·373 | 802·178 | 1009·523 | 679·968 |
| 1887 | · · · · | · · · · | · · · · | · · · · | · · · · | · · · · | · · · · | 772·363 | 824·105 | 676·316 | 860·617 | 1010·549 | 788·350 |
| 1888 | · · · · | · · · · | · · · · | · · · · | · · · · | · · · · | · · · · | 903·403 | 1011·937 | 779·176 | 933·042 | 1093·441 | 812·177 |
| 1889 | · · · · | · · · · | · · · · | · · · · | · · · · | · · · · | · · · · | 871·592 | 963·013 | 734·579 | 987·314 | 1160·536 | 879·483 |
| 1890 | · · · · | · · · · | · · · · | · · · · | · · · · | · · · · | · · · · | 801·019 ⁷) | 883·033 | 678·107 | 983·882 | 1131·733 | 886·052 ⁸) |

¹) Ausdehnung auf die im Jahre 1866 neu erworbenen Provinzen.
²) Ausdehnung auf Elsaß-Lothringen.
³) Maximum im März 1873: 336·9 Millionen Thaler Noten und 215·5 Millionen bar.
⁴) Handelskrise Maximal-Notenumlauf: 65·33 Millionen Thaler.
⁵) Diese Colonne ist nicht tabellarisch berechnet, sondern singulär erhoben wegen ungleicher Benützung des Contingents durch die Banken.
⁶) Ende 1873 bestanden in Deutschland 33 Notenbanken, auf welche sich auch das Bankgesetz ursprünglich erstreckte. Einzelne derselben besaßen Concession bis 1956, die vorgeschriebene Minimalbarbedeckung der Notenausgabe betrug meist ein Drittel. Das Emissionsrecht war theilweise unbegrenzt. Der gesammte Notenumlauf betrug 1,352.543 Mark; auf 100 Mark Noten entfielen 68 Mark Metall.

# in Deutschland.

| Bank Mark | 4. Alle deutschen Notenbanken In Millionen Mark zu Ende jeden Jahres | | | | | | | | | | | | |
|---|---|---|---|---|---|---|---|---|---|---|---|---|---|
| | Barbedeckung | | | | | | Notenumlauf | | | | | | |
| Procent auf 100 M. Noten = x M. Metall | Zahl der Banken | Metall | Reichs-cassenscheine | Banknoten der anderen Banken | Summen zur Berechnung | | Summen | ungedeckte, d. h. der Steuerbemessung unterliegend | | metallisch nicht gedeckt | | die gesetzliche Barbedeckung übersteigend | |
| | | | | | des Bar-vorrathes wegen Steuer-bemessung | der 1/3 Barbedeckung des Umlaufes | | absolut | Procent des ganzen Umlaufes | absolut | Procent 100 M. Noten = x M. Metall | absolut | Procent 100 M. Noten = x M. Barbedeckung |
| a | b | | c | d | e | f | g | h | i | k | l | m | n |
| ..... | 31 | 609·9 | 9·1 | 53·9 | 672·9 | 619·0 | 1050·5 | ²)392·3 | 37·34 | 440·6 | 58·05 | 431·5 | 58·92 |
| 74·55 | 19 | 610·9 | 46·2 | 35·5 | 692·6 | 657·1 | 989·2 | 296·5 | 29·97 | 378·3 | 61·75 | 332·1 | 66·42 |
| 75·27 | 18 | 542·2 | 43·2 | 27·3 | 612·7 | 585·4 | 918·1 | 305·3 | 33·25 | 375·9 | 59·05 | 332·7 | 63·76 |
| 79·35 | 18 | 560·2 | 37·2 | 20·8 | 618·2 | 597·4 | 857·8 | 239·4 | 27·90 | 297·6 | 65·30 | 260·4 | 69·64 |
| 80·01 | 18 | 626·4 | 40·7 | 31·6 | 698·7 | 667·1 | 990·1 | 291·4 | 29·43 | 363·7 | 63·26 | 323·0 | 67·37 |
| 76·47 | 18 | 614·9 | 37·4 | 42·7 | 695·0 | 652·3 | 1007·7 | 312·7 | 31·03 | 392·8 | 61·02 | 355·4 | 64·73 |
| 75·26 | 18 | 596·6 | 31·5 | 36·8 | 664·9 | 628·1 | 1058·0 | 393·0 | 37·14 | 461·4 | 56·38 | 429·9 | 59·36 |
| 73·49 | 18 | 642·4 | 19·2 | 32·5 | 694·1 | 661·6 | 1033·6 | 339·4 | 32·83 | 391·2 | 62·15 | 372·0 | 64·00 |
| 81·64 | 18 | 643·5 | 19·8 | 37·0 | 700·3 | 663·3 | 1029·8 | 329·6 | 32·00 | 386·3 | 62·48 | 366·5 | 64·41 |
| 80·74 | 18 | 602·1 | 15·2 | 43·6 | 660·9 | 617·3 | 1061·6 | 400·8 | 37·75 | 459·5 | 56·71 | 444·3 | 58·14 |
| 80·57 | 18 | 701·0 | 21·6 | 43·1 | 765·7 | 722·6 | 1061·6 | 295·9 | 27·87 | 360·6 | 66·03 | 339·0 | 68·06 |
| 86·40 | 18 | 753·5 | 17·3 | 45·2 | 816·0 | 770·8 | 1215·5 | 400·0 | 32·90 | 462·0 | 61·99 | 444·7 | 63·41 |
| 89·75 | 16 | 849·2 | 18·6 | 30·5 | 898·3 | 867·8 | 1208·0 | 309·6 | 25·62 | 358·8 | 70·29 | 340·7 | 71·83 |
| 96·83 | 16 | 938·1 | 16·8 | 30·3 | 985·2 | 954·9 | 1288·7 | 303·2 | 23·52 | 350·6 | 72·79 | 333·8 | 74·09 |
| 88·28 | 14 | 815·1 | 17·1 | 35·5 | 867·7 | 832·2 | 1351·8 | 484·1 | 35·81 | 536·7 | 60·29 | 519·6 | 61·54 |
| 81·41 | 13 | 840·7 | 16·7 | 38·0 | 895·4 | 857·4 | 1294·8 | 399·4 | 23·12 | 454·1 | 64·93 | 437·4 | 66·22 |

¹) Nach Mittheilungen des Präsidenten Dr. Koch hievon etwa 260—280 Millionen Mark Courant Silber.

²) Überschreitungen des Contingentes am 7. Jänner 1890 mit 50,399.000 Mark

    30. September 1890 „ 91,451.000 „ (Jahres-Maximum der Circulation)

    7. October 1890 „ 104,205.000 „

    15. „ 1890 „ 53,849.000 „

    31. „ 1890 „ 18,931.000 „

    31. December 1890 „ 96,247.000 „ Steuerentrichtung 338.687 Mark

Tabelle 114.

# Banknotenumlauf in Deutschland.
## Durchschnitte nach Perioden.

| Jahre | Preußische Bank | | | Reichsbank | | | Alle deutschen Noten-Banken | | | | | | | | | | | | |
|---|---|---|---|---|---|---|---|---|---|---|---|---|---|---|---|---|---|---|
| | | | | | | | Bankmäßige Deckung | | | | | Notenumlauf | | | | | | |
| | Metall | Noten-umlauf | auf 100 Thaler Noten x Thaler Metall | Metall | Noten-umlauf | auf 100 Mark Noten x Mark Metall | Metall | Reichs-cassenscheine | Banknoten der anderen Banken | Summen zur Berechnung des Barvorrathes wegen Steuerbemessung | der ½ Bardeckung des Umlaufes | Summen | ungedeckt d.h. der Steuerbemessung unterliegend absolut | % des ganzen Umlaufes | metallisch nicht gedeckt absolut | auf 100 Mark Noten x Mark Metall | die gesetzliche Bardeckung übersteigend absolut Millionen Mark | auf 100 Mark Noten x Mark Bardeckung |
| | Millionen Thaler | | | Millionen Mark | | | Millionen Mark | | | | | | | | | | | |
| 1855—1860 | 40·30 | 56·05 | 71·9 | . . . | . . . | . . . | . . . | . . . | . . . | . . . | . . . | . . . | . . . | . . . | . . . | . . . | . . . | . . . |
| 1861—1870 | 79·01 | 124·88 | 63·2 | . . . | . . . | . . . | . . . | . . . | . . . | . . . | . . . | . . . | . . . | . . . | . . . | . . . | . . . | . . . |
| 1871—1875 | 190·14 | 255·40 | 74·4 | . . . | . . . | . . . | . . . | . . . | . . . | . . . | . . . | . . . | . . . | . . . | . . . | . . . | . . . | . . . |
| 1875—1880 | . . . | . . . | . . . | . . . | . . . | . . . | 594·1 | 35·63 | 35·3 | 665·03 | 629·73 | 968·9 | 306·2 | 31·6 | 374·8 | 61·40 | 339·2 | 64·90 |
| 1876—1880 | . . . | . . . | . . . | 524·821 | 681·025 | 77·06 | . . . | . . . | . . . | . . . | . . . | . . . | . . . | . . . | . . . | . . . | . . . | . . . |
| 1881—1885 | . . . | . . . | . . . | 576·425 | 741·880 | 77·70 | 637·1 | 21·40 | 38·6 | 697·10 | 658·50 | 1048·9 | 351·7 | 33·5 | 412·0 | 60·74 | 390·4 | 62·78 |
| 1886—1890 | . . . | . . . | . . . | 808·308 | 913·407 | 88·53 | 839·2 | 17·3 | 35·9 | 892·4 | 856·5 | 1271·8 | 379·3 | 29·8 | 432·6 | 65·98 | 415·3 | 67·34 |

Tabelle 115.

# Stückelung der Noten der deutschen Zettelbanken am Ende der Jahre 1875—1890.
## In 1000 Mark.

| Jahre | Umlaufende Noten in Abschnitten von | | | | Summe¹) |
|---|---|---|---|---|---|
| | 100 Mark | 200 Mark | 500 Mark | 1000 Mark | |
| 1875 | 526.734·4 | 114.312·0 | 57.993·3 | 341.693·0 | 1,040.732·7 |
| 1876 | 551.229·5 | 2.330·5 | 198.429·3 | 236.751·5 | 988.740·8 |
| 1877 | 541.870·0 | 1.368·0 | 137.653·5 | 236.140·5 | 917.032·0 |
| 1878 | 503.315·9 | 1.244·3 | 124.952·0 | 227.148·0 | 856.660·2 |
| 1879 | 595.529·1 | 489·2 | 128.003·5 | 263.786·0 | 987.807·8 |
| 1880 | 606.088·6 | 575·4 | 130.868·0 | 268.129·0 | 1,005.661·0 |
| 1881 | 662.491·4 | 439·2 | 119.391·0 | 273.667·0 | 1,055.988·6 |
| 1882 | 671.542·1 | 522·2 | 100.877·0 | 259.201·5 | 1,031.642·8 |
| 1883 | 677.576·8 | 485·8 | 89.970·5 | 259.913·5 | 1,027.946·6 |
| 1884 | 702.870·6 | 308·4 | 85.342·5 | 271.193·5 | 1,059.715·0 |
| 1885 | 702.749·0 | 597·8 | 63.969·0 | 292.449·5 | 1,059.765·3 |
| 1886 | 774.244·0 | 273·8 | 56.728·5 | 382.422·5 | 1,213.668·8 |
| 1887 | 795.598·9 | 274·0 | 55.810·0 | 354.513·5 | 1,206.196·4 |
| 1888 | 837.405·7 | 351·2 | 57.688·5 | 391.071·5 | 1,286.516·9 |
| 1889 | 880.558·6 | 468·2 | 54.697·0 | 414.342·5 | 1,350.066·3 |
| 1890 | 879.233·2 | 618·2 | 45.115·5 | 368.069·5 | 1,293.096·4 |

(Klammervermerke im Kopf: 100 bis 199 Mark; 200 bis 499 Mark; 500 bis 999 Mark; 1000 Mark und barüber.)

¹) Die Differenzen zwischen dieser Tabelle und der Tabelle 113, sub 4 g. sind dadurch begründet, daß noch auf die Thaler-Währung lautende Banknoten umlaufen

Tabelle 116.

# Überficht der für das Zettelwesen wichtigsten Momente des Geschäftsverkehres der deutschen Reichsbank.

| Jahre | Zahl der Reichs- bank- anstalten | Grund- capital | Zinsfuß | | Gesammt- umsatz | Depositen Ende des Jahres | Notenumlauf (Maximum, Minimum, Durch- schnitt) in 1000 Mark | Metall- schatz in 1000 Mark | Deckungs- verhältnis: Auf 100 Mark Noten, x Mark Metall | Escompte Ausländische Wechsel in 1000 Mark | Lombard |
|---|---|---|---|---|---|---|---|---|---|---|---|
| | | | Escompte | Lombard | | | | | | | |
| 1876 | 207 | 120 Millionen Mark | Maximum 6·00 Minimum 3·50 Durchschnitt 4·16 | 7·00 4·50 5·16 | 36.684 Millionen Mark | 42 Millionen Mark | Maximum 777.677 Minimum 621.089 Durchschnitt 684.867 | 563.787 437.271 510.593 | Durchschnitt 74·55 | Maximum 202.189 Minimum 143.759 Durchschnitt 173.841 ——— Maximum 2.831 Minimum 625 Durchschnitt 1 672 | 62.149 44.852 50.984 |
| 1877 | 211 | 120 Millionen Mark | Maximum 5·50 Minimum 4·00 Durchschnitt 4·42 | 6·50 5·00 5·42 | 47.541 Millionen Mark | 14·664 Millionen Mark | Maximum 757.207 Minimum 646.684 Durchschnitt 694.929 | 571.084 452.17· 523.104 | Durchschnitt 75·27 | Maximum 197.859 Minimum 153.289 Durchschnitt 173.013 ——— Maximum 2.800 Minimum 970 Durchschnitt 1.873 | 65.412 42.516 49.345 |
| 1878 | 211 | 120 Millionen Mark | Maximum 5·00 Minimum 4·00 Durchschnitt 4·34 | 6·00 5·00 5·34 | 44.254 Millionen Mark | 9·441 Millionen Mark | Maximum 700.569 Minimum 579.429 Durchschnitt 622.642 | 525.797 454.616 494.072 | Durchschnitt 79·33 | Maximum 196.172 Minimum 155.509 Durchschnitt 166.469 ——— Maximum 18.286 Minimum 1.864 Durchschnitt 5.351 | 66.262 46.863 52.494 |
| 1879 | 215 | 120 Millionen Mark | Maximum 3·00 Minimum 4·50 Durchschnitt 3·70 | 4·00 5·50 4·68 | 47.458 Millionen Mark | 1·065 Millionen Mark | Maximum 792.808 Minimum 556.027 Durchschnitt 667.675 | 562.774 473.935 534.237 | Durchschnitt 80·00 | Maximum 178.542 Minimum 141.822 Durchschnitt 161.351 ——— Maximum 15.736 Minimum 1.717 Durchschnitt 3.560 | 85.414 45.175 53.012 |
| 1880 | 222 | 120 Millionen Mark | Maximum 5·50 Minimum 4·00 Durchschnitt 4·24 | 6·00 5·00 5·15 | 52.193 Millionen Mark | 0·542 Millionen Mark | Maximum 814.303 Minimum 661.666 Durchschnitt 735.013 | 598.310 520.773 562.091 | Durchschnitt 76·47 | Maximum 174.743 Minimum 133.935 Durchschnitt 151.973 ——— Maximum 20.742 Minimum 1.648 Durchschnitt 9.584 | 104.608 37.113 51.335 |
| 1881 | 222 | 120 Millionen Mark | Maximum 5·50 Minimum 4·00 Durchschnitt 4·42 | 6·50 5·00 5·42 | 56.336 Millionen Mark | 0·751 Millionen Mark | Maximum 859.388 Minimum 663.792 Durchschnitt 734.727 | 596.824 501.531 556.749 | Durchschnitt 75·26 | Maximum 184.779 Minimum 149.733 Durchschnitt 130.359 ——— Maximum 19.174 Minimum 1.967 Durchschnitt 7.481 | 126.909 41.871 57.308 |
| 1882 | 221 | 120 Millionen Mark | Maximum 6·00 Minimum 4·00 Durchschnitt 4·54 | 7·00 5·00 5·54 | 56.005 Millionen Mark | 0·256 Millionen Mark | Maximum 841.533 Minimum 668.999 Durchschnitt 947 020 | 591.482 503.248 548.984 | Durchschnitt 73·49 | Maximum 188.740 Minimum 131.881 Durchschnitt 156.164 ——— Maximum 17.269 Minimum 2.530 Durchschnit t 5.590 | 102.830 38.958 54.426 |

Tabelle 116. (Fortsetzung.)

| Jahre | Zahl der Reichsbankanstalten | Grundcapital | Zinsfuß Escompte | Zinsfuß Lombard | Gesammtumsatz | Depositen Ende des Jahres | Notenumlauf (Maximum, Minimum, Durchschnitt in 1000 Mark) | Metallschatz in 1000 Mark | Deckungsverhältnis: Auf 100 Mark Noten, x Mark Metall | Escompte / Ausländische Wechsel in 1000 Mark | Lombard |
|---|---|---|---|---|---|---|---|---|---|---|---|
| 1883 | 224 | 120 Millionen Mark | Maximum 5·000, Minimum 4·000, Durchschnitt 4·047 | 6·000, 5·000, 5·047 | 62.619 Millionen Mark | 0·208 Millionen Mark | Maximum 829.713, Minimum 675.071, Durchschnitt 737.246 | 644.328, 536.538, 601.865 | Durchschnitt 81·64 | Maximum 191.471, Minimum 132.594, Durchschnitt 154.014 / Maximum 9.781, Minimum 1.758, Durchschnitt 4.004 | 81.228, 33.924, 45.844 |
| 1884 | 219 | 120 Millionen Mark | 4·000 | 5·000 | 71.590 Millionen Mark | 0·214 Millionen Mark | Maximum 854.137, Minimum 666.186, Durchschnitt 732.906 | 636.985, 517.828, 591.725 | Durchschnitt 80·74 | Maximum 219.978, Minimum 134.420, Durchschnitt 166.668 / Maximum 12.055, Minimum 1.744, Durchschnitt 4.631 | 140.125, 34.985, 49.188 |
| 1885 | 220 | 120 Millionen Mark | Maximum 5·000, Minimum 4·000, Durchschnitt 4·118 | 5·500, 4·500, 4·618 | 78.199 Millionen Mark | 0·537 Millionen Mark | Maximum 858.925, Minimum 664.950, Durchschnitt 727.442 | 642.047, 521.225, 586.131 | Durchschnitt 80·57 | Maximum 206.497, Minimum 145.542, Durchschnitt 165.570 / Maximum 27.097, Minimum 2.317, Durchschnitt 7.951 | 102.535, 39.823, 52.450 |
| 1886 | 229 | 120 Millionen Mark | Maximum 5·000, Minimum 3·000, Durchschnitt 3·279 | 6·000, 4·000, 4·279 | 76.565 Millionen Mark | 0·947 Millionen Mark | Maximum 1,009.523, Minimum 679.963, Durchschnitt 802.178 | 738.204, 629.373, 693.105 | Durchschnitt 86·40 | Maximum 240.754, Minimum 150.121, Durchschnitt 175.702 / Maximum 31.191, Minimum 8.136, Durchschnitt 16.961 | 115.549, 37.232, 50.075 |
| 1887 | 231 | 120 Millionen Mark | Maximum 5·000, Minimum 3·000, Durchschnitt 3·400 | 6·000, 4·000, 4·400 | 79.839 Millionen Mark | 1·231 Millionen Mark | Maximum 1,010.549, Minimum 788.350, Durchschnitt 860.617 | 824.105, 676.316, 772.363 | Durchschnitt 89·75 | Maximum 242.705, Minimum 169.668, Durchschnitt 199.342 / Maximum 25.602, Minimum 2.960, Durchschnitt 7.864 | 104.649, 39.875, 51.107 |
| 1888 | 234 | 120 Millionen Mark | Maximum 4·500, Minimum 3·000, Durchschnitt 3·324 | 5·500, 4·000, 4·324 | 84.327 Millionen Mark | 1·437 Millionen Mark | Maximum 1,093.441, Minimum 812.177, Durchschnitt 933.042 | 1,011.957, 779.576, 903.403 | Durchschnitt 96·82 | Maximum 236.393, Minimum 176.544, Durchschnitt 199.095 / Maximum 4.176, Minimum 2.598, Durchschnitt 3.316 | 93.074, 41.159, 52.026 |
| 1889 | 239 | 120 Millionen Mark | Maximum 5·000, Minimum 3·000, Durchschnitt 3·676 | 6·000, 4·000, 4·676 | 99.708 Millionen Mark | 1·011 Millionen Mark | Maximum 1,160.536, Minimum 879.483, Durchschnitt 987.314 | 963.013, 734.579, 871.592 | Durchschnitt 88·28 | Maximum *) 815.577, Minimum 198.433, Durchschnitt 241.448 / Maximum 5.177, Minimum 2.400, Durchschnitt 3.798 | 186.219, 41.457, 69.851 |
| 1890 | 243 | 120 Millionen Mark | Maximum 5·500, Minimum 4·000, Durchschnitt 4·517 | 6·000, 4·500, 5·017 | 108.595 Millionen Mark | 0·837 Millionen Mark | Maximum 1,131.733, Minimum 886.052, Durchschnitt 983.882 | 883.033, 678.107, 801.019 | Durchschnitt 81·41 | Maximum *) 322.524, Minimum 205.869, Durchschnitt 257.636 / Maximum 8.763, Minimum 3.514, Durchschnitt 5.420 | 146.133, 66.711, 89.383 |

*) Platzwechsel.

Tabelle 117.

# Ausweis des Besitzes der deutschen Reichsbank an Gold in Barren und aus= ländischen Goldmünzen.

| Ende des Jahres | Mark | Ende des Jahres | Mark |
|---|---|---|---|
| 1876 | 42,873.000 | 1883 | 115,284.000 |
| 1877 | 71,853.000 | 1884 | 71,814.000 |
| 1878 | 40,077.000 | 1885 | 193,706.000 |
| 1879 | 59,496.000 | 1886 | 287,551.000 |
| 1880 | 67,685.000 | 1887 | 342,228.000 |
| 1881 | 71,025.000 | 1888 | 436,308.000 |
| 1882 | 147,756.000 | 1889 | 244,668 000 |
|  |  | 1890 | 236,531.000 |

Tabelle 118.

# Umlauf der deutschen Reichskassenscheine.

## Per 1000 Mark.

| Am 30. April 1874 ausgegebenes Landespapiergeld 184,298·5 | Reichskassenscheine im Umlauf am Ende März jeden Jahres | | | | | | | |
|---|---|---|---|---|---|---|---|---|
|  | 1875 | 1876 | 1877 | 1878 | 1879 | 1880 | 1881 | 1882 |
| Summe . | 128.179·7 | 171.838·8 | 168.911·8 | 166.718·9 | 163.097·9 | 159.444·8 | 155.785·5 | 152.164·2 |
| Scheine à 5 Mark . . . . . . . . . . | 52.482·7 | 65.464·6 | 65.755·9 | . . . . . | 60.396·9 | 45.376·7 | 39.520·0 | 39.520·0 |
| „ „ 20 „ . . . . . . . . . . | 41.749·9 | 51.274·9 | 51.206·6 | . . . . . | 50.858·1 | 42.788·3 | 40.774·7 | 36.179·9 |
| „ „ 50 „ . . . . . . . . . . | 33.947·1 | 55.099·3 | 51.949·3 | . . . . . | 51.842·9 | 71.279·8 | 75.490·8 | 76.464·3 |
|  | 1883 | 1884 | 1885 | 1886 | 1887 | 1888 | 1889 | 1890 |
| Summe . | 148.504·9 | 144.845·6 | 141.186·2 | 137.527·8 | 133.868·5 | 130.211·7 | 126.552·4 | 122.909·0 |
| Scheine à 5 Mark . . . . . . . . . . | 20.025·8 | 12.621·7 | 10.000·0 | 10.000·1 | 10.209·1 | 18.086·3 | 20 000·0 | 20.000 0 |
| „ „ 20 „ . . . . . . . . . . | 23.718·1 | 19.197·1 | 20.000·0 | 20.000·8 | 20.000·8 | 28.083·7 | 29.999·9 | 29.999·9 |
| „ „ 50 „ . . . . . . . . . . | 104.761·0 | 113.026·8 | 111.186·2 | 107.526·9 | 103.658·6 | 84.041·7 | 76.552·5 | 72.909·1 |

# Erläuterungen.

## E. Deutschland.

**Die preußische Bank. Die deutsche Reichsbank. Die Emissionen der übrigen deutschen Notenbanken. Die Reichscassenscheine.**

(Tabelle 113—118.)

Die preußische Bank ist 1846 durch Reorganisirung der bisherigen königlichen Bank gebildet worden, sie hatte ein Notenemissionsrecht von 15 respective 21 Millionen Thaler [Minimalstückelung 25 Thaler, Deckung gesetzlich zwei Sechstel bar (Silber oder Barren), drei Sechstel disontirte Wechsel ein Sechstel Lombardforderungen].

Diese Noten hatten öffentlichen Cassen-, aber keinen Zwangscurs.

Außer der preußischen Bank entstanden in den preußischen Provinzen nach den Normativbestimmungen vom 15. September 1848 Privatbanken mit Notenrecht (8 bis 8½ Millionen Thaler Circulation). — Bankreform vom 7. Mai 1856. — Sie beruht auf dem Vertrage vom 28. Jänner 1856 und dem Gesetze vom 7. Mai 1856. Die wesentlichen Punkte derselben sind: Einziehung von 15 Millionen Thalern von den per 30 Millionen Thaler umlaufenden staatlichen Cassenanweisungen gegen Verzinsung und succesive Tilgung aus dem Ertragsantheile des Staates, unbeschränktes Notenausgaberecht bei Deckung zu ein Drittel durch bar und zwei Drittel Wechselescompte, Stückelung der Noten bis 10 Thaler Minimal. Das restliche Staatspapiergeld (Cassenanweisungen), 15·84 Millionen Thaler, bestand nun nur mehr aus Ein- und Fünfthalerscheinen.

Die übrigen Staaten des späteren Deutschen Reiches hatten ihre speciellen staatlichen concessionirten Zettelbanken. Die baierische Hypotheken- und Wechselbank in München wurde 1845 errichtet mit dem Notenemmissionsrechte von acht, später zwölf Millionen Gulden, die Leipziger Bank wurde 1838 activirt. Zahlreiche einzelstaatliche Zettelbankconcessionirungen erfolgten in der Zeit nach 1852. Ende 1851 bestanden im ganzen jetzigen Reichsgebiete 10 Notenbanken. Im Jahre 1857 bestanden in Deutschland 30 Zettelbanken. — Preußisches Prohibitivgesetz vom 14. Mai 1855. — Dieser Pluralisirung der Banken trat das sogenannte Banknotensperrgesetz vom 27. März 1870 entgegen. Seit 1. Jänner 1872 hatte dieses Gesetz auch in Süddeutschland Kraft. Die Stückelung der Banknoten wurde durch den Artikel 18 des Reichsmünzgesetzes auf Appoints à 100 Thaler minimal begrenzt.

Durch das Reichsbankgesetz vom 14. März 1875, R. G. Bl. S. 177, in Kraft getreten am 1. April 1875, wurde jede Banknotenausgabe der Reichsgesetzgebung unterworfen. Als grundlegende generelle Bestimmungen wurden zugleich festgesetzt: Ausschließung jedes Zwangs- und Währungscurses und gesetzlichen Cassencurses der Banknoten, Minimalstückelung bis 100 Mark, Ausschluss der Acceptation von Wechseln und der Zeitgeschäfte in Waren oder Effecten aus den Activgeschäften einer Zettelbank, Feststellung des Begriffes "Metallbestand" als umfassend: cursfähiges deutsches Geld, Gold in Barren oder ausländischen Münzen (1 Pfund gleich 1392 statt 1395 Mark gerechnet), endlich nebst anderen wichtigen Bestimmungen die Feststellung eines steuerfreien, metallisch nicht gedeckten Notenumlaufscontingentes, wobei eine besondere Berechnung des Barvorrathes eintritt, nämlich:

a) Eigentlicher Metallbestand,

b) Reichscassenscheine und

c) Noten anderer Banken. Soweit der Notenumlauf den Barbestand und zugleich das zugewiesene Contingent übersteigt unterliegt er einer fünfprocentigen Besteuerung. — Ferner wurden die Grundbestimmungen für eine Reichsbank erlassen, als welche bis Ende 1890 die frühere preußische Bank infolge Vertrages vom 17./18. Mai 1875 eingesetzt worden ist. Die Notenausgabe derselben hat sich nach dem Bedürfnisse des Verkehrs zu richten und die bankmäßige Deckung hat mindestens zu einem Drittel aus dem "Metallbestande" zuzüglich der Reichscassenscheine und der Rest aus discontirten Wechseln zu bestehen.

Die für die Reichsbank erlaubten Geschäfte sind einzeln gesetzlich nominirt:

1. Gold und Silberkauf und Verkauf, (für Barrengold ist der Ankaufspreis mit 1392 Mark in Noten obligatorisch).

2. Escompte und Handel von Wechseln und öffentlichen Schuldtiteln bis drei Monate Laufzeit.

3. Lombard von beweglichen Pfändern bis drei Monate Fälligkeit und nach genauer statutarischer Specificirung,

4. Handel mit öffentlichen Effecten unter gewissen Cautelen.

5. Incasso- und Anweisungsverkehr.

6. Commissionshandel unter Deckung.

7. Depositen und Giroverkehr; verzinsliche Depositen bis zur Höhe des Bank- und Reservefondes.

8. Effectenverwahrung und Verwaltung.

Die Noten deutscher gesetzlich geführter (§. 45) Zettelbanken haben unter sich gesetzlichen Cassencurs.

Die Reichsbank wird als Reichsanstalt vom Reichskanzler geleitet und die Rechnungsrevision steht dem Rechnungshofe des Deutschen Reiches zu.

Mit den Finanzverwaltungen des Reiches und der einzelnen Bundesstaaten dürfen nur statutarisch zulässige Geschäfte gemacht werden und zwar in der Regel unter den allgemeinen Bedingungen des Bankverkehres.

Das Reich hat sich vorbehalten, die Reichsbank zum 1. Jänner 1891, dann von 10 zu 10 Jahren unter Vorbehalt einjähriger Kündigung auf eigene Rechnung zu übernehmen. Den particularrechtlichen Banken (Privatbanken) wurde bis Ende 1890 unter reichsgesetzlicher Umgrenzung und bedingter Aufnahme in den Reichsbanknotenverkehr (§. 45) ihre Berechtigung gewahrt; insbesondere ist dann auch die bankmäßige Bedeckung ident, wie für die Reichsbank vorgeschrieben. Mit Ausnahme der braunschweigischen Bank haben alle Banken die gesetzlichen Bedingungen erfüllt und sind in den Reichsbanknotenverkehr getreten.

Der "ungedeckte" Banknotenumlauf wurde für das gesammte Reich mit 385 Millionen Mark contingentirt. Von diesen wurden der Reichsbank 250 Millionen Mark und weiter so viel zugewiesen, als sie vertragsmäßig von den anderen 32 Banken an Contingent dazu erwirbt. 1889 betrug das Contingent der Reichsbank 282·085 Millionen Mark, Ende 1890: 286·799 Millionen Mark.

Eine Kündigung erfolgte weder an die Reichs- noch an die anderen Banken zum 1. Jänner 1891. Dagegen wurde durch die Bankgesetznovelle vom 18. December 1889 der §. 24 des Bankgesetzes im Sinne einer größeren Antheilnahme des Staates am Reingewinne der Reichsbank reformirt.

### Die Reichscassenscheine.

Mit dem Gesetze vom 30. April 1874, R. G. Bl. Seite 40, wurden die Reichscassenscheine als Papiergeld des Deutschen Reiches eingeführt. Für die Ausgabe ist der Maximalbetrag mit 120 Millionen Mark festgesetzt. Die Stückelung derselben ist zu 5, 20 und 50 Mark. Sie haben an die Stelle des bisherigen particularrechtlichen Staatspapiergeldes zu treten und werden deshalb an die Einzelregierungen nach dem Maßstabe des Census aufgetheilt. Der diese Contingente übersteigende Betrag des bisherigen particularrechtlichen Papiergeldes wird mit Hilfe eines Reichsvorschusses eingelöst, welcher zu zwei Drittel in zu dem Betrage von 120 Millionen Mark nicht gerechneten Reichscassenscheinen begeben wird. Dieser überschüssige Betrag ist aber bis Ende 1890 gänzlich zu tilgen.

Diese Reichscassenscheine werden vom Reiche auf Verlangen gegen bar eingelöst und haben im Reiche allgemeinen Cassencurs, aber nicht gesetzliche Währung.

Das bisherige particularrechtliche Staatspapiergeld wurde mit 1. Juli 1875 zur Einlösung aufgerufen.

| Datum | Ein- gezahlter Bankfond, Capitale utile | Reserve- fonds | Barbestand | | | | | | | Escompte | Lombard |
|---|---|---|---|---|---|---|---|---|---|---|---|
| | | | a) Gesammte- Cassa und Reserve | b) Gesetzliche Gesammtbarreserve zur Deckung der Noten und Sichtpapiere | | | | | | | |
| | | | | Gold | Silber, Courant und 0·835 | Gold und Silber zusammen | ¹/₁₀₀₀ Bronze | Consortial-, respective Staatsnoten | Zusammen | | |
| 1 | 2 | 3 | 4 | 5 | 6 | 7 | 8 | 9 | 10 | 11 | 12 |
| 31. December 1865 | 83.000 | . . . . | . . . . | . . . . | . . . . | 128.000 | | . . . . | . . . . | 199.000 | 72.000 |
| 31. „ 1866 | 89.000 | . . . . | . . . . | . . . . | . . . . | | | | | 189.000 | 66.000 |
| 31. „ 1867 | 91.000 | . . . . | . . . . | . . . . | . . . . | | | | | 197.000 | 81.000 |
| 31. „ 1868 | 112.000 | . . . . | . . . . | . . . . | . . . . | | | | | 230.000 | 82.000 |
| 31. „ 1869 | 120.000 | . . . | | | | | | | | 283.000 | 75.000 |
| 31 „ 1870 | 129.000 | . . . | | 77.234 | 168.475 | 245.709 | | | | 317.500 | 81.000 |
| 31. „ 1871 | 132.000 | . . . | | 93.300 | 128.000 | 221.300 | | | | 343.400 | 89.000 |
| 31. „ 1872 | 184.000 | . | . . . | 91.800 | 112.500 | 204.300 | | . . . | | 398.800 | 111.000 |
| 31. „ 1873 | 222.000 | . . . | | 91.400 | 117.800 | 209.200 | | . * . | | 420.400 | 118.700 |
| 31. „ 1874 | 222.000 | . . . . | | 90.900 | 111.000 | 201.900 | . . . . | 115.500 | | 386.800 | 83.300 |
| 31. „ 1875 | 222.000 | . . . . | | 67.200 | 76.000 | 143.200 | . . . . | 132.600 | | 333.500 | 93.800 |
| 31. „ 1876 | 222.000 | . . . . | | 75.500 | 73.500 | 149.000 | . . . . | 151.000 | | 324.500 | 96.700 |
| 31. „ 1877 | 222.000 | . . . . | | 76.800 | 72.500 | 149.300 | . . . . | 125.700 | | 352.000 | 101.500 |
| 31. „ 1878 | 222.000 | . . . | | 79.364 | 71.595 | 150.959 | . . . . | 164.700 | 315.931 | 380.035 | 97.626 |
| 31. „ 1879 | 222.000 | . . . | | 80.427 | 67.388 | 147.815 | . . . . | 174.900 | 322.960 | 381.297 | 130.168 |
| 31. „ 1880 | 246.000 | . . . . | | 77.616 | 97.372 | 174.988 | . . . | 148.000 | 323.265 | 423.469 | 147.419 |
| 31. „ 1881 | 246.000 | 40.233 | 316.139 | 71.305 | 63.573 | 134.876 | 204 | 161.649 | 296.731 | 404.522 | 112.942 |
| 31. „ 1882 | 246.000 | 42.739 | 325.700 | 77.198 | 80.763 | 157.961 | 206 | 145.336 | 303.503 | 427.515 | 96.056 |
| 31. „ 1883 | 251.750 | 48.075 | 469.272 | 220.249 | 99.303 | 319.552 | .72 | 129.706 | 449.530 | 373.682 | 75.107 |
| 31 „ 1884 | 251.750 | 52.649 | 517.929 | 305.694 | 64.894 | 370.588 | 304 | 123.453 | 494.345 | 453.415 | 72.632 |
| 31 „ 1885 | 251.750 | 56.758 | 471.757 | 280.606 | 56.016 | 336.622 | 272 | 96.801 | 433.695 | 616.076 | 140.494 |
| 31. „ 1886 | 251.750 | 61.489 | 512.585 | 301.006 | 43.486 | 344.492 | 318 | 106.697 | 451.507 | 673.724 | 129.656 |
| 31. „ 1887 | 251.750 | 65.379 | 504.223 | 313.553 | 64.795 | 378.348 | 349 | 72.585 | 451.282 | 713.173 | 140.474 |
| 31. „ 1888 | 251.750 | 70.664 | 523.711 | 353.914 | 81.183 | 435.097 | 337 | 25.065 | 460.499 | 673.888 | 123.027 |
| 30. Juni 1889 | 251.750 | 75.139 | 555.586 | 359.489 | 88.304 | 447.793 | 359 | 24.485 | 472.637 | 666.745 | 120.741 |
| 31. December 1889 | 251.750 | 75.139 | 512.650 | 357.718 | 80.718 | 438.436 | 342 | 16.887 | { 455.665 ) ((438.778)) | 743.596 | 126.986 |
| 30. Juni 1890 | 2.51.750 | 75.673 | 514.399 | 356.701 | 75.687 | 432.388 | 315 | 15.250 | { 447.953 ) ((432.703)) | 719.861 | 123.454 |
| 31. December 1890 | 251.750 | 75.673 | 489.008 | 353.863 | 55.552 | 409.415 | 266 | 14.503 | { 424.184 ) ((409.681)) | 670.650 | 123.120 |
| 30. Juni 1891 | 251.750 | 76.189 | 520.877 | 372.336 | 56.292 | 428.628 | 192 | 17.374 | { 446.202 ) ((428.828)) | 666.048 | 128.112 |
| 30 November 1891 | 251.750 | 76.189 | 484.860 | 369.852 | ¹) 70.659 | 440.511 | 142 | 12.243 | { 452.896 ) ²) ((440.653)) | 646.416 | 118.273 |

¹) Hievon 59.726 Courant-Silber.

²) ( . . . . ) = Summen ohne Staatsnoten.

# Königreiches Italien.
## umlauf wichtigsten Momente.
### 1000 Lire.

| Gesammte Bedeckung durch Barmittel und nebenstehende Bankgeschäfte | Notenausgabe | | | Ausgegebene Sichtpapiere | Notenumlauf und Sichtpapiere Zusammen | Deckungsverhältnisse | | | | | |
|---|---|---|---|---|---|---|---|---|---|---|---|
| | | | | | | Notencirculation | | Noten- und Sicht'papiere | | | |
| | Für Rechnung des Staates | Für eigene Rechnung | Zusammen | | | metallisch nicht gedeckt | Procente auf 100 Lire Noten, x Lire Metall | Metallisch nicht gedeckt | Procente auf 100 Lire Noten und Sichtpapiere, x Lire Metall | Überschuß über die bankmäßige Bedeckung R. 18—13 | Procente auf 100 Lire Noten und Sichtpapier, x Lire Bankbedeckung |
| 13 | 14 | 15 | 16 | 17 | 18 | 19 | 20 | 21 | 22 | 23 | 24 |
| | | 170.000 | 170.000 | 121.000 | 291.000 | 42.000 | 75·3 | 163.000 | 44·0 | | |
| | 250.000 | 264.000 | 514.000 | 136.000 | 650.000 | | | | | | |
| | 250.000 | 509.000 | 759.000 | 110.000 | 869.000 | | | | | | |
| | 278.000 | 588.000 | 866.000 | 83.000 | 949.000 | | | | | | |
| | 278.000 | 601.000 | 879.000 | 77.000 | 956.000 | | | | | | |
| | 445.000 | 496.000 | 941.000 | 117.000 | 1,058.000 | 695.291 | 26·1 | 812.291 | 23·2 | | |
| | 629.000 | 577.000 | 1,206.000 | 111.000 | 1,317.000 | 984.700 | 18·4 | 1,095.700 | 16·8 | | |
| | 740.000 | 623.000 | 1,363.000 | 122.000 | 1,485.000 | 1,158.700 | 15·0 | 1,280.700 | 13·8 | | |
| | 790.000 | 664.000 | 1,454.000 | 128.000 | 1,582.000 | 1,244.800 | 14·4 | 1,372.800 | 13·2 | | |
| | 880.000 | 633.000 | 1,513.000 | 128.000 | 1,641.000 | 1,311.100 | 13·3 | 1,439.100 | 12·3 | | |
| | 940.000 | 621.000 | 1,561.000 | 100.000 | 1,661.000 | 1,417.800 | 9·2 | 1,517.800 | 8·6 | | |
| | 940.000 | 646.000 | 1,586.000 | 113.000 | 1,699.000 | 1,437.000 | 9·4 | 1,550.000 | 8·8 | | |
| | 940.000 | 629.000 | 1,569.000 | 137.000 | 1,706.000 | 1,419.700 | 9·5 | 1,556.700 | 8·8 | | |
| 793.592 | 940.000 | 672.000 | 1,612.000 | 143.538 | 1,755.538 | 1,461.041 | 9·4 | 1,604.041 | 8·6 | 961.946 | 45·2 |
| 834.325 | 940.000 | 732.000 | 1,672.000 | 120.716 | 1,792.716 | 1,524.185 | 8·8 | 1,644.901 | 8·2 | 958.291 | 46·5 |
| 894.153 | 940.000 | 748.000 | 1,688.000 | 162.872 | 1,850.872 | 1,513.012 | 10·4 | 1,675.884 | 9·4 | 956.719 | 46·3 |
| 815.195 | | | 735.579 | 126.160 | 861.739 | 600.701 | 18·33 | 725.861 | 15·65 | 47.544 | 94·48 |
| 827.074 | | | 732.374 | 139.753 | 872.127 | 574.413 | 21·57 | 714.166 | 18·11 | 45.054 | 94·83 |
| 898.319 | | | 793.915 | 134.250 | 928.165 | 474.963 | 40·25 | 608.613 | 34·42 | 29.846 | 96·78 |
| 1,020.392 | | | 899.097 | 144.585 | 1,043.682 | 528.509 | 41·22 | 673.094 | 35·51 | 23.290 | 97·77 |
| 1,190.265 | | | 948.452 | 155.278 | 1,103.730 | 611.830 | 35·49 | 767.108 | 30·50 | — 86.535 | 107·84 |
| 1,254.887 | | | 1,031.870 | 181.741 | 1,213.611 | 687.378 | 33·38 | 869.119 | 28·38 | — 41.276 | 103·40 |
| 1,304.929 | | | 1,075.743 | 157.140 | 1,232.883 | 697.395 | 35·17 | 854.535 | 30·69 | — 72.046 | 105·84 |
| 1,357.414 | | | 1,074.874 | 153.548 | 1,228.425 | 639.780 | 40·48 | 793.328 | 35·42 | — 23.989 | 102·36 |
| 1,260.123 | | | 1,077.662 | 160.970 | 1,238.632 | 629.869 | 41·55 | 790.839 | 36·15 | — 21.491 | 101·73 |
| 1,326.247 | | | 1,114.124 | 161.856 | 1,275.980 | 675.688 | 39·35 | 837.544 | 34·36 | 50.267 | 103·93 |
| 1,291.268 | | | 1,140.523 | 150.139 | 1,290.662 | 708.135 | 37·91 | 858.274 | 33·50 | — 606 | 100·04 |
| 1,217.954 | | | 1,126.440 | 155.274 | 1,281.714 | 717.025 | 36·35 | 872.299 | 31·94 | 63.760 | 95·02 |
| 1,240.362 | | | 1,138.965 | 161.604 | 1,300.569 | 710.337 | 37·63 | 871.941 | 32·95 | 60.207 | 95·37 |
| 1,217.585 | 113.248 | 971.687 | 1,084.935 | 149.994 | 1,234.929 | 644.424 | 40·60 | 794.418 | 35·67 | 17.344 | 98·59 |

# Erläuterungen.

## F. Die Zettelbanken des Königreiches Italien.

(Tabelle 119.)

Vor dem 1. Mai 1866, dem Tage der Auflegung des Zwangscurses, gab es im Königreiche Italien drei Banken mit Notenausgabe auf den Überbringer; diese sind: Die italienische Nationalbank, die Nationalbank von Toscana und die toscanische Creditbank, dann zwei Banken mit Notenausgabe auf Namen, die Banken von Neapel und Sicilien.

Ihre statutarischen Verhältnisse waren in Kürze folgende:

| 1 | 2 | 3 | 4 | 5 |
|---|---|---|---|---|
| **Italienische Nationalbank** (Banca nazionala del Regno) unbeschränktes Emissionsrecht, ein Drittel metallische Deckung einschließlich Sichtbills, Stückelung min. 20 Lire, Bankfond 100 (eingezahlt 50) Millionen Lire. | **Nationalbank von Toscana** Bankfond 10 Millionen Lire, Emissionshöhe bis dreifach Bankfond, ein Drittel metallische Deckung, Stückelung bis 100 Lire. | **Bank von Neapel** bis 1866 Emission der Noten auf Namen, doppelter Betrag der Metalldeckung, seit October 1866 bis ein Drittel Deckung. | **Bank von Sicilien** bis 1866 Emission nach Maß des Metallvorrathes und der Depositen, nach 1. Mai 1866 Emission doppelter Betrag der Metalldeckung. | **Creditbank für Toscana** Bankfond 10 (eingezahlt 2) Millionen Lire, Emissionshöhe ein Drittel des Bankfondes, Stückelung bis 50 Lire. |

Am 1. Mai 1866 betrug das gesammte eingezahlte Capital dieser fünf Banken 145 Millionen Lire und die Notenausgabe:

| 1 | 2 | 3 | 4 | 5 |
|---|---|---|---|---|
| 116·9 | 23·9 | 84·7 | 23·355 | 0·35 |

Summe: 249·2 Millionen Lire.

Die Nothwendigkeit der Auflegung des Zwangscurses ergab sich aus der ungünstigen Creditbewegung, welche durch die Kriegswirren und durch die staatlichen Baranforderungen, die Rücksendung von bisher im Auslande placierten Renten im großen Maßstabe mit entsprechendem Ausgang von Metallgeld und den Zudrang zu den Bankcassen behufs der Bareinlösung, hervorgerufen wurde. Das Decret vom 1. Mai 1866 erstreckte den Zwangscurs auf die drei Banken mit Notenemission auf den Überbringer, am 6. Mai wurde er auf die Noten der Bank von Toscana und am 17. Mai auf die Noten der toscanischen Creditbank ausgedehnt; die Noten der italienischen Nationalbank genossen diesen Zwangscurs im ganzen Königreiche, die übrigen nur in den Provinzen, für welche ihre Bankautorisation lautete. Finanziell verband die italienische Regierung damit den Zweck der Ausnützung des Bankcredites für ihre Zwecke, und zwar war ihr Bankier die italienische Nationalbank, während die Metallbestände der übrigen Banken zu Gunsten der italienischen Nationalbank immobilisiert wurden, wofür jene Banken Noten der italienischen Nationalbank erhielten (42·4 Millionen Lire). Außer dem Währungsgelde verschwand bald auch das Kleingeld (sogar Bronze) aus dem Verkehre, so daß außer anderen Maßregeln auch die Stückelung der Noten herabgesetzt werden mußte, nämlich für die Nationalbank bis zu zwei Lire und für die Bank von Neapel sogar bis eine Lire. Außerdem wurde bei dem Mangel einer genügenden prohibitiven Gesetzgebung und unter dem Zwange der Nothwendigkeit eine Menge von Papiernoten von nicht autorisierten Privatpersonen ausgegeben. Deren Betrag erreichte Ende 1870 beiläufig 16 Millionen Lire, die entgegentretende gesetzliche Verfügung erschien erst am 11. März 1870.

Im September 1870 fügte sich den bestehenden Emissionsbanken die römische Bank hinzu, mit 10 (eingezahlt 5) Millionen Lire Fond, die Notenemission hatte sich nach dem Escompte zu richten und ein Drittel mit Metall gedeckt zu sein.

Das erste Project zur Aufhebung des Zwangscurses war das von Ferrara und datiert schon aus dem Jahre 1867. Es führte eine parlamentarische Enquête herbei, in deren Verfolg das Gesetz vom $\frac{\text{4. August}}{\text{3. September}}$ 1868 erschien, welches der Notenemission der italienischen Nationalbank das Maximum von 750 Millionen setzte und die Ausgabe von 1 Lire-Noten zuließ. Es hatte also dieses Project so wenig einen Erfolg im Sinne der Regelung der Valuta, als die folgenden Cambray-Dignys' vom Jahre 1869 und Sellas' von 1870 und 1871, welche in ihren praktischen Gestaltungen meist nur zu einer gesetzlichen Erhöhung des Notenausgabemaximums der italienischen Nationalbank führten.

Eine für die spätere Durchführung der italienischen Valutaregulierung höchst bedeutsame Änderung der italienischen Papiergeldverhältnisse, welche die Grundlage des Emissionsbankenrechtes blieb, trat über die Vorlage des Ministers Minghetti durch das Gesetz vom 15./30. April 1874 ein. Der Minister hatte mit selber bezweckt: Einheitliche Beschränkung und Ordnung des Papiergeldwesens und Vergrößerung und Ordnung des Umlaufsgebietes der Noten der einzelnen Banken. Das Gesetz theilte die Notenausgabe der Banken in eine solche zu Bankverkehrszwecken und in eine Emission zu Gunsten des Staates. In letzterer Hinsicht bilden die Emissionsbanken ein Consortium, welches dem Staate bis zu 1000 Millionen Lire in Noten zu leihen hat. Diese Noten wurden äußerlich als solche gekennzeichnet und liefen auf den Credit des Staates, zugleich aber solidarisch der Banken nach Maß ihres Capitales. Der Staat deckte die Banken mit Rententiteln und zahlte dem Consortium 0·5, später 0·4 Procent Zinsen für die wirklich erhaltenen Consortialnoten. Die Stückelung war von 1000 Lire bis zu 50 Centesimi. Nur diese Consortialnoten hatten Zwangscurs und volle Währung. Die Finanzverwaltung zahlte mit dem Erhalte an Consortialnoten der italienischen Nationalbank den bisher bei dieser benützten Notencredit hinaus, und es wurde zugleich die bisherige gänzliche Immobilisierung des Metallschatzes der einzelnen Zettelbanken bis zur Höhe von 50 Procent aufgehoben, die Verwendung dieses freien Theiles aber so weit beschränkt, daß die Verfügung über den entsprechenden Metallgeldbetrag der Regierung gewahrt blieb.

Die Ausgabe von Noten der Banken zu ihren eigenen Zwecken, zu denen des Bankverkehres, wurde auf die dreifache Höhe des Bankfondes jeder derselben beschränkt, ein Überschreiten bis zu 0'4 des Fondes durfte mit Bewilligung der Regierung stattfinden. Die Ertheilung dieser Bewilligung hieng davon ab, ob sich außerordentliche und dringende Bedürfnisse des Handels ergaben, und ob diesfalls schon eine Erhöhung der Discontorate stattfinden musste. Diese Mehrausgabe sollte aber dann nur zum Escompte von Wechseln verwendet werden und nur drei Monate ununterbrochen dauern. Die Deckung musste bis ein Drittel in gesetzlicher Währung, also bar oder in Consortialnoten, später Staats- und Banknoten vorhanden sein, die Noten hatten von 1000 bis 50 Lire gestückelt zu sein und hatten gesetzliche Zahlkraft, waren aber stets gegen Währung einzulösen.

Die Noten der italienischen Nationalbank haben gesetzlichen Umlauf im ganzen Königreiche, jene der anderen Emissionsbanken nur in den Provinzen, außer der Provinz ihrer Hauptniederlassung, in welcher Einwechslungsstellen für deren Noten bestehen.

Diese gesetzlichen Bestimmungen kamen zur Durchführung, es war jedoch sehr schwierig, das in seinem Laufe gestörte Bankverkehrswesen selbst in Ordnung zu bringen. Noch im Jahre 1880 war gerade dieser Theil des Notenumlaufes ein Hindernis der Anbahnung der Regulierung der Valuta und es mussten diesfalls besondere Maßnahmen der Regierung erfolgen, zu welchen auch die Ausdehnung der gesetzlichen Zahlkraft der Banknoten über den Termin der Eröffnung der Barzahlungen gehörte.

Das die Aufhebung des Zwangscurses zum Gegenstande habende Gesetz vom 7. April 1881 verfügte mit 30. Juni 1881 die Auflösung des Consortiums. Vom 1. Juli 1881 haftet der Staat allein für diese bisherige Consortialnotenschuld und verwaltet sie unmittelbar. Die Rechtsverhältnisse der Banken blieben bis zur neuen gesetzlichen Ordnung des Zettelbankwesens dieselben. Sie dürfen mit Erlaubnis der Regierung von nun ab auch Noten zu 20 und 25 Lire ausgeben. Für die Emission blieb grundsätzlich das Gesetz vom 30. April 1874 maßgebend. Nach diesem Systeme stand den Banken zusammen die Emission von 755,250.000 Lire Noten zu.

Die Verhältnisse der italienischen Zettelbanken zeigen in der der Herstellung der italienischen Valuta folgenden Zeit folgende Gestaltung:

Die sechs Zettelbanken des Königreiches haben außer ihren Hauptsitzen noch Sitze mit Directionen (sedi) und Nebenanstalten (succursali), dann Vertretungen zur Einlösung der Noten (rappresentanze pel cambio).

Diese Gliederung stellte sich im Jahre 1890 folgendemaßen dar:

| Name der Zettelbanken | Zahl der | | | | |
| --- | --- | --- | --- | --- | --- |
| | Hauptsitze | Sitze | Succursalen | Zusammen Bankanstalten | Vertretungen zur Notenemission |
| Italienische Nationalbank . . . . . . | 1 | 8 | 72 | 81 | 1 |
| Toscanische Nationalbank . . . . . | 1 | 3 | 11 | 15 | 35 |
| Toscanische Creditbank . . . . . | 1 | 1 | — | 2 | — |
| Römische Bank . . . . . . | 1 | 1 | — | 2 | 41 |
| Bank von Neapel . . . . . | 1 | 4 | 15 | 20 | 48 |
| Bank von Sicilien . . . . | 1 | 4 | 6 | 11 | 55 |
| Zusammen . . . | 6 | 21 | 104 | 131 | 180 |

Die Banken von Neapel und Sicilien sind Corporationen, die übrigen Actiengesellschaften. Die Fonds derselben sind folgende:

| | Actiencapital | |
| --- | --- | --- |
| | Nominal | Eingezahlt |
| Italienische Nationalbank . . . . . . | 200,000.000 | 150,000.000 |
| Toscanische Nationalbank . . . . | 30,000.000 | 21,000.000 |
| Toscanische Creditbank . . . . | 10,000.000 | 5,000.000 |
| Römische Bank . . . . . | 15,000.000 | 15,000.000 |
| Zusammen . . . | 255,000.000 | 191,000.000 |

| | Effectives Corporationsvermögen |
| --- | --- |
| Bank von Neapel . . . . . . . . | 48,750.000 |
| Bank von Sicilien . . . . . . . | 12,000.000 |
| Zusammen . . . | 251,750.000 |

Außer diesen Bankfonds ist gesetzlich die Bildung von Reservefonds vorgeschrieben, deren Höhe verschieden bestimmt ist. Für die italienische Nationalbank mindestens ein Fünftel des Nominalcapitales.

Um die Stärkung der Metallbestände zu ermöglichen, ohne dadurch die Menge der Circulationsmittel zu vermindern, wurde durch das Gesetz vom 28. Juni 1885 bestimmt, dass die statutarische Begrenzung der Notenausgabe dann und insoweit zu entfallen habe als die Banken in der Lage sind, Noten gegen volle Deckung in Gold auszugeben. Von dieser Bestimmung haben die Banken seitdem Gebrauch gemacht und die gegen volle Metalldeckung ausgegebenen Noten besonders contirt.

Der gesetzliche Umlauf mit Zahlkraft der Noten dieser Zettelbanken erstreckt sich auf die Provinz des Hauptsitzes und jede Provinz, in welcher eine Einwechslungsstelle für die Noten der betreffenden Bank besteht. Außerdem waren aber durch das Gesetz vom 15./30. April 1874 die bereits bestandenen Vorrechte der einzelnen Banken nicht alterirt worden, so dass den toscanischen Banken der Umlauf im ganzen Gebiete des früheren Großherzogthumes, der Bank von Neapel im ganzen ehemaligen Königreiche und der Bank von Sicilien auf der ganzen Insel verblieb.

Thatsächlich haben nun die Noten der italienischen Nationalbank in allen 69, die der Bank von Neapel in 68 und die der Bank von Sicilien in 64 Provinzen Umlauf.

190

Die Barbedeckung, in welche gesetzlich der Besitz der Staatsnoten und an Bronzemünzen bis ¹/₁₀₀₀ des Gesammtbetrages des Metallreserve einbezogen werden darf, soll bis zu einem Drittel der ausgegebenen Noten reichen. Über die Beschaffenheit dieses Metallbestandes war mit königlichem Decret vom 12. August 1883 bestimmt worden, daß er binnen zwei Monaten zu zwei Drittel aus Gold und zu einem Drittel aus Silber (Courant und Theilmünze, 0·835 Procent) zubestehen hat. Ein vorhandener Mehrbestand aber von Gold sollte belassen werden. Eine Überschreitung der zulässigen Notenausgabe sollte straffällig sein. Außerdem sollen die ausgegebenen Sichtpapiere der Banken (debiti à vista), wohin die zum Checkverkehre eingezahlten Summen gehören, gleichfalls zu einem Drittel bar gedeckt sein. Die obige Tabelle zeigt, daß diese Bestimmung von der Totalität der Banken im Jahre 1890 nicht mehr eingehalten wurde. Allerdings waren einige im Besitze von mehr Metall, als die gesetzliche Bedeckung erfordert. Für die nicht bar gedeckte Notencirculation ist eine Circulationssteuer von ein Procent der mittleren jährlichen Ausgabe zu entrichten.

Die Stückelung der von den italienischen Zettelbanken ausgegebenen Noten ist folgende:

| Datum | Geldbetrag der Noten à Lire | | | | | | |
|---|---|---|---|---|---|---|---|
| | 1000 | 500 | 200 | 100 | 50 | 25 | Zusammen |
| 30. Juni 1889 | 200,526.000 | 213,862.000 | 31,456 400 | 350,726.100 | 234,995 600 | 49,396 375 | 1.080,962.475 |
| 31. December 1889 | 218,587 000 | 216,026.500 | 33,335.000 | 350,948.800 | 243,090.350 | 53,733.800 | 1.115,721 450 |
| 30. Juni 1890 | 213,723 000 | 217,789.500 | 30,584 800 | 361,755.300 | 260,584 600 | 56,679.200 | 1.141,066 400 |
| 31. December 1890 | 195,261.000 | 203,033.000 | 30,758.400 | 364,029.000 | 272,877 200 | 59,636.750 | 1,125,595.350 |
| Verhältniszahlen | | | | | | | |
| 30 Juni 1889 | 18 55 | 19 78 | 2·91 | 32·45 | 21·74 | 4 57 | 100 |
| 31. December 1889 | 19 59 | 19·36 | 2·99 | 31·45 | 21·79 | 4·82 | 100 |
| 30. Juni 1890 | 18·73 | 19 00 | 2·68 | 31·70 | 22 83 | 4·97 | 100 |
| 31. December 1890 | 17·35 | 18·04 | 2·73 | 32·35 | 24·24 | 5 29 | 100 |

Die Hauptgeschäftszweige der Zettelbanken sollten das Escompte- und Lombardgeschäft sein. Außer den in der Tabelle ausgewiesenen Escompte- und Lombardgeschäften betrieben aber die Banken nach ihren Statuten noch mancherlei Creditgeschäfte, von welchen indes der Ankauf von Wertpapieren für eigene Rechnung, die Theilnahme an Gründungssyndicaten, der Hypothekarcredit und Immobilienankauf niemals vereint mit den Zettelbankgeschäften betrieben werden sollen, der Ankauf von Schatzscheinen ist aber hiedurch nicht ausgeschlossen. Der thatsächliche Geschäftsgang der Banken wurde indes durch die eingetretenen Creditverhältnisse sehr ungünstig beeinflußt. Schon die Krise 1885, noch mehr aber jene des Jahres 1887 führte eine theilweise Immobilisierung der Bankmittel herbei, welche sich auf die eigentlichen Bankgeschäfte erstreckte. Sogar die italienische Nationalbank, welche am kräftigsten den Ereignissen die Spitze zu bieten vermochte, leidet noch an den Folgen des gewährten Eisenbahnbaucredites, die härter mitgenommenen Banken suchten Schutz bei den besser situirten und die besser accreditirten Banken setzten ihre Noten gegen Deponirung solcher von minder accreditirten in Umlauf. Dieser Sachverhalt spricht sich unter anderem in folgenden Geschäftsverhältnissen aus: Im Jahre 1886 sind 111 mille Lire Noten der Bank von Neapel gegen Noten der römischen Bank ausgegeben, in derselben Weise 1887: 925 mille Lire, 1888: 1432 mille Lire und ein Credit der Bank von Neapel an die Provinz Cagliari per 377 mille Lire in Noten gewährt. Ende Juni 1889 sind 20.770 mille Lire der italienischen Nationalbank gegen Noten der römischen Bank ausgegeben und 3750 mille Lire Credit in Noten an die Provinz Cagliari gewährt, ferner 2636 mille Lire Noten der Bank von Neapel gegen Noten der römischen Bank und 377 mille Lire Noten als Credit derselben an die Provinz Cagliari; endlich 1855 mille Lire der Nationalbank von Toscana gegen Noten der römischen Bank ausgegeben. Ende December 1889 19.373 mille Lire Noten der italienischen Nationalbank gegen Noten der römischen Bank ausgegeben; ferner sind 1266 mille Lire Noten der Bank von Neapel gegen Noten der römischen Bank ausgegeben an die Provinz Cagliari per 377 mille Lire gewährt; endlich sind 1533 mille Lire Noten der toscanischen Nationalbank gegen Noten der römischen Bank ausgegeben. Ende Juni 1890 sind 15.952 mille Lire Noten der italienischen Nationalbank gegen Noten der römischen Bank ausgegeben, der Credit zugunsten der Provinz Cagliari: 3750 mille Lire, und der außerordentliche Credit für Turin: 50.000 mille Lire besteht fort, ferner sind 173 mille Lire Noten der Bank von Neapel gegen Noten der römischen Bank ausgegeben und der Credit für Cagliari per 377 mille Lire besteht fort; endlich sind 1234 mille Lire Noten der toscanischen Nationalbank gegen Noten der römischen Bank im Umlauf. Ende December 1890 sind 15.401 mille Lire Noten der italienischen Nationalbank gegen Noten der römischen Bank ausgegeben, und die zwei obigen Credite bestehen im vollen Betrage; ferner sind 1266 mille Lire Noten der Bank von Neapel gegen Noten der römischen Bank im Verkehre, die obigen Credite bestehen fort. Endlich sind 178 mille Lire Noten der toscanischen Nationalbank gegen Noten der römischen Bank im Umlaufe.

So lange die Banken gesetzlichen Umlauf haben, sind die Raten für Escompte und Lombard nur mit Genehmigung der Regierung veränderlich. Der Discontosatz steht indes meist unverändert bei sechs Procent.

Die Banken sind verpflichtet, dem Staate auf Staatsobligationen oder Tresorscheine bis zwei Fünftel des eingezahlten Capitales verzinslich zu leihen. Außerdem hat der Staat einen bedeutenden außerordentlichen Credit für die Tabakregie in Anspruch genommen.

Die Regierung bestellt zur Aufsicht der Banken Regierungscommissäre.

Die Bedeutung der italienischen Nationalbank innerhalb des gesammten Zettelbankwesens ist daraus ersichtlich, daß die Reserve dieser Bank am Ende des Jahres 1890: 197.237 Millionen Lire betrug, wovon 170.938 Millionen Lire in Gold, 26.113 Millionen Lire in Silber und 186 Millionen Lire in Bronze, so daß sie vom gesammten Goldbestande 48·31 Procent, vom Silberbestande 47 Procent und von der Gesammtbarreserve 48·14 Procent besaß.

Gegenüber dem Stande vom 31. December 1889 hatte diese Bank Ende 1890 einen Minderbestand der Barreserve von 24.267 Millionen Lire wovon 5576 Millionen Lire in Gold, 18.655 Millionen Lire in Silber und 36 Millionen Lire in Bronze.

Von der gesammten Notencirculation am Ende des Jahres 1890 sind 630.609 Millionen Lire Noten der italienischen Bank, also von dem gesammten Umlaufe 55·98 Procent.

Die Privilegien dieser Zettelbanken liefen mit 31. December 1889 ab. Noch vor Ablauf derselben brachte Minister Micelli einen Gesetzentwurf ein, nach welchem die Privilegien der Banken auf 15 Jahre verlängert werden sollten. Der über diesen Gesetzentwurf eingesetzte Kammerausschuß berichtete am 30. November 1889 und beantragte eine zehnjährige Verlängerung. Es zeigte sich indes, daß die Auffassung über die Bedingungen, unter welchen diese Verlängerungen stattfinden sollten, in der Kammer durchaus divergirende waren. Schon die Frage über die von der Gesetzgebung einzuschlagende Richtung, ob eine Unificirung der Zettelbanken zu erstreben, oder ob die Pluralität derselben zu einer bleibenden Institution zu erheben sei, trennte die Parteien. Ebenso mußte die Lösung der Frage über das zu bestimmende Notencontingent die größten Schwierigkeiten bereiten, da, wie bereits bemerkt, die gesetzlichen Bestimmungen bei der bisherigen Notenausgabe nicht durchaus festgehalten worden waren. Die gleichen Schwierigkeiten mußte die Frage der metallischen Bedeckung der Noten bieten. Es war nur zu sehr ersichtlich geworden, daß eine Verstärkung der Deckung nicht umgehbar sein werde. Die von der bisherigen Gesetzgebung verfügte Stückelung der Noten schien sich auch nicht gänzlich im Verkehre zu bewähren. Die Ausgabe von 25 Lire-

Banknoten schien dem Staatsnotenverkehre abträglich zu sein, anderseits die kleinste Banknotenkategorie überhaupt mit Begünstigung den kleineren Zettelbanken zuzuweisen. Ebenso sollte die Ausgabe von Bank-Sichtpapieren auf höhere Appoints beschränkt werden, um die kleineren Noten-Banken vor der Concurrenz mit den großen Banken zu schützen. Auch wurde für unumgänglich erachtet, daß die finanziellen Beziehungen der Banken zum Staate und die Beziehungen der Banken untereinander neu geordnet werden.

Der Gesetzentwurf blieb unerledigt, die Banken führten auch nach dem 31. December 1889 ihre Geschäfte nach den bisherigen Privilegien weiter.

Die Minister Chimirri und Luzzatti des neuen italienischen Cabinetes legten der Kammer am 28. Mai 1891 einen neuen Gesetzentwurf vor. Das Ministerium hatte sich entschieden mit einem Provisorium vorlieb zu nehmen. Die Verlängerung der Privilegien sollte sich auf die Zeit bis 31. December 1892 beschränken. Ordnende Maßnahmen sollten auf das unmittelbar Nothwendige beschränkt werden. In dem Motivenberichte wird constatiert, daß eine gewisse Immobilisierung der Bankmittel eingetreten sei. Es sei diese zurückzuführen auf die Credite zu Gunsten der Eisenbahnbauten und schon auf die Krise vom Jahre 1885. Als sich nun im Jahre 1887 unter schwieriger gewordenen Umständen die Krise wiederholte, war die Regierung zum erstenmale gezwungen, die Überschreitung des Notencontingentes zu gestatten. Freilich wurde durch den Erlaß des Bourbon'schen Silbers dagegen eine gewisse Garantie geschaffen. Es könne dem nur im organischen Wege einer wohl zu bedenkenden Reform Abhilfe geschaffen werden. Vorläufig müsse sich damit begnügt werden, den Notenumlauf gesetzlich neu zu fixieren, zugleich seien indes die vorbereitenden Maßnahmen zu treffen, um die immobilisierten Bankmittel später zur Liquidation zu bringen. Aus dem Ausweisen der Banken sei ersichtlich, daß die Intention der Gesetzgebung bei Erlaß des Gesetzes vom 28. Juni 1885 über die Zulassung der Ausgabe voll gedeckter Noten von der Bankpraxis nicht gänzlich gewürdigt wurde. Ohne Rücksicht auf die gesammte Notenbedeckung seien Separat-Metallfonde für diesen Zweck bestimmt worden. Es sei daher nothwendig, daß gesetzlich bestimmt werde, daß bei der Berechnung der Ein Drittel-Metall-bedeckung der umlaufenden Noten die ganze Circulation der ganzen Metallreserve gegenüber gestellt werde. Ein Verhältnis, das von der Totalität der Banken nicht eingehalten werde. Es werden daher manche derselben dann genöthigt sein, ihren metallischen Stock von auswärts zu stärken und ihn erst wieder auf die gesetzliche Höhe zu bringen. Übrigens sei es die Absicht der Regierung, die Entwicklung gleichartiger Verhältnisse bei den Banken dadurch zu befördern, daß für die definitive Ordnung die Herstellung eines Consortialverhältnisses der Banken in Aussicht genommen werde.

Zugleich wurde mit dieser Regierungsvorlage bezweckt, die Lage des italienischen Staatsschatzes zu erleichtern. Im Motivenberichte wurde übrigens die Erwartung ausgesprochen, daß durch die geplante Finanzmaßregel keine Beeinflussung des geschäftlichen Credites eintreten werde. Nach den Statuten der Emissionsbanken waren dieselben nämlich, wie bemerkt, verpflichtet, dem Staate auf sein specielles Verlangen im Höchstbetrage bis zwei Fünftel des eingezahlten Bankcapitales gegen Zinsen zu leihen. Außerdem war im Jahre 1884 von allen Banken zusammen der Regierung ein außerordentlicher Credit von 68 Millionen Lire zu Zwecken der Tabakregie eingeräumt worden. Die Verzinsung des ordentlichen Credites betrug bisher netto 2·6 (brutto 3) Procent, des außerordentlichen 3·6 Procent. Im April 1888 war vereinbart worden, daß vom 1. Juli 1889 ab der Zinsfuß der letzteren Schuld auf netto 3·1 Procent herabgesetzt werde, wogegen der Staat in eine Beschränkung seines ordentlichen Credites um die Hälfte des außerordentlichen Credites willigte. Er konnte daher nur einen bedeutend minderen Betrag für laufende Bedürfnisse entlehnen. Das vorgelegte Gesetz sollte nun dem Staate die Benützung des ganzen Credites wieder verschaffen.

Dieser Gesetzentwurf fand in der Kammer günstige Aufnahme. Mit einigen mehr oder minder einschneidenden Veränderungen wurde am 30. Juni 1891 das Gesetz publiciert. Der wesentliche Inhalt desselben ist folgender:

Die Regierung wird ermächtigt, das bestehende Emissionsrecht der sechs Zettelbanken bis 31. December 1892 zu verlängern. Die Banken dürfen gegen volle Deckung Banknoten nach Belieben ausgeben. Während der Dauer der Privilegiumsverlängerung darf jedoch jede einzelne Bank auf eigene Rechnung nur so viel Noten ausgeben, als dem Mittel ihrer Ausgabe im Jahre 1890 entspricht. Sollte diese Ausgabe das Vierfache des eingezahlten Bankcapitales nicht erreicht haben, so kann die betreffende Bank bis zu diesem Maße nachträglich Noten emittieren. Die Metallreserve muß ein Drittel der Notenausgabe und der Ausgabe der Sichtpapiere betragen. Die einprocentige Notensteuer trifft alle nicht vollgedeckten ausgegebenen Noten. Die Überschreitung des gesetzlich zulässigen Contingentes, ebenso die Ausgabe von Noten mit Überschreitung der gesetzlichen Ein Drittel-Metallbedeckung unterliegt statt der Notensteuer der Strafe in doppelter Höhe des bezogenen Discontos. Bis in einem Jahre nach Kundmachung dieses Gesetzes muß jede Zettelbank dem Ministerium in umständlicher Weise über die nicht in Wechselverkehre liquiden Activen, seien selbe nothleidend oder nicht, ebenso auch über den Stand des Immobiliengeschäftes und des Hypothekarcredites berichten. Jede Bank hat die Noten jeder anderen Zettelbank in Zahlung zu nehmen. Die Modalitäten der Notenauswechslung der Banken untereinander werden durch ein königliches Decret geordnet werden.

Die staatsfinanzielle Sachlage wurde dahin geordnet, daß von den statutenmäßigen Belehnungen (Darlehen gegen Sicherheit) an den Staat, in der gegenwärtigen Höhe von 103·5 Millionen Lire, und der außerordentlichen Belehnung zu Gunsten der Tabakregie per 68·1 Millionen Lire der Staat von Kraft dieses Gesetzes an nur 2½ Procent Bruttozinsen zu bezahlen haben wird. Die für diesen Betrag mit maximal 171,683.000 Lire ausgegebenen Noten müssen zwar mit einem Drittel metallisch bedeckt sein, sind aber besonders zu verrechnen und in den oben bezeichneten Maximalsummen der Notenausgabe nicht begriffen. Auch diese Noten sind mit der einprocentigen Notensteuer belegt.

# Erläuterungen.

---

## 6. Die Aufhebung des Zwangscurses im Königreiche Italien.

### (Tabellen 120—127.)

Literatur: Sachs: L'Italie;
Atti parlamentari 122/1880;
Progetto di legge etc.;
desgleichen $\frac{1882/3}{\text{VIII doc.}}$ Prestito di 644 Milioni;
**Annuario statistico Italiano.**
Annuario del Min. delle Finanze;
Bollettino mensile delle situazioni dei Conti degli Istituti d'emissione;
Magliani: La Finanza Italiana, Nuova Antologia Vol. 25, S. III und
M. Ferraris: La politica Monetaria Italiana etc. ebendort Vol. 24, S. III.

### Die Regierungsvorlage.

Weder die Enquête vom Jahre 1868 noch die auf die Aufhebung oder Beschränkung des Zwangscurses bezughabenden Vorlagen der früheren Jahre hatten zur Ordnung der Valutafrage durch die Gesetzgebung geführt.

Nachdem nun aber die Regierung genügende Überzeugung von der Besserung der finanziellen Staatsgebarung und von der vorauszusetzenden Solvenz der Zettelbanken im Falle der Aufnahme der Barzahlungen gewonnen hatte, brachten die Minister Magliani und Micelli am 15. November 1880 im italienischen Parlamente den Gesetzentwurf wegen Aufhebung der Zwangswährung ein. Diese Vorlage war begleitet von einer umfassenden Darlegung der finanziellen und wirtschaftlichen Verhältnisse Italiens. Die eigentliche Währungsfrage konnte sie mit kurzer Berührung der Zustände des Edelmetallmarktes der Gegenwart und insbesondere der Verhältnisse innerhalb der lateinischen Münz-Union, welche nur der Erhaltung des status quo ante als rathsam erscheinen ließ, übergehen, destomehr Aufmerksamkeit widmete sie der Frage des Papiergeldes. Die wirtschaftliche Schädigung durch die Papierwährung bestehe in dem Mangel der Wertsbeständigkeit. (Die Schwankungen des Goldagios zeigt die Agio-Tabelle Nr. 121.) Damit wird zu einer Studie über das Disconto übergegangen. Es sind zwei Umstände, welche aus der tabellarischen Darstellung (Tabelle Nr. 129 und 130) hervorzuheben sind. Die Höhe des Disconto der italienischen Emissionsbanken und die größere Unbeweglichkeit derselben im Vergleiche zu den Discontos anderer, nicht italienischer Banken in derselben Zeit. Der Grund für das erste Phänomen wird im Zettelmonopole der Banken gegenüber dem Geldmarkte und in der nothwendigen Versicherungsprämie für Wertveränderungen des Geldes infolge der Agioschwankungen gesucht, für das zweite wird die Unempfindlichkeit des durch den Zwangscurs lahmgelegten Marktes als hauptsächlicher Grund angeführt. Eine Beobachtung von genereller Bedeutung.

Als ein fernerer, mit den Agioverhältnissen zusammenhängender Schaden wird die Beeinträchtigung des internationalen Credites und dadurch der Zahlungsbilanz des Landes namhaft gemacht. Vor allem entstehe eine Scheu der ausländischen Geschäftsleute, Wechsel mit schwankender Valuta außer in den nöthigsten Fällen zu besitzen. Aber auch, wenn für diese Wechsel die metallische oder eine ausländische Währung gewählt wurde, so sind damit noch immer die Schwankungen bei der Zurückführung auf das circulierende Papiergeld und die Folgen des Disagios nicht behoben. Ferner äußerte sich diese Scheu insbesondere in der Rückkehr der im Auslande bisher classierten italienischen Rententitel auf Papierwährung.

Aber jeder, auch der inländische Handel auf Credit im großen und kleinen müsse in irgend einer Art unter den Schwankungen der Valuta leiden; was die Industrie betrifft, wird auf die Vergänglichkeit des mit dem Eintreten des Agios eintretenden Nutzens hingewiesen und ausgeführt, daß Nutzen und Schaden zahlenmäßig sich zwar ausgleichen können, nicht aber derjenige Schaden aufgehoben wird, welcher durch die Unsicherheit selbst erzeugt wird. Es müssen diese Schwankungen des Wertes des Geldes auch den Hypothekarcredit hemmen und dadurch die Entwicklung des Ackerbaues. Es seien diese Umstände schwer zahlenmäßig nachzuweisen, weil die übrigen Verhältnisse des Königreiches allerdings einen allgemeinen ökonomischen Fortschritt veranlaßten, so daß die berührte Ursache sich in ihrer Wirkung mehr nur als lucrum cessans denn als damnum beobachten lasse.

Das Agio lasse sich aber auch als finanziell schädlich beobachten. Dahin gehören die Metallzahlungen im In- und Auslande. Diese verursachen durch die Differenz zwischen dem wahren Werte der Zahlungen und ihren Kosten eine Agiozahlung zu Lasten des Staatsschatzes, welche im Durchschnitte der Jahre 1877 bis 1880 mit circa je 12 Millionen Lire anzusetzen ist. Die Kosten der Consortial-Noten-Emission betragen circa 3·7 Millionen Lire, also, von sonstigen Mehrauslagen abgesehen, beträgt die finanzielle Belastung circa 15¹/₄ Millionen Lire.

Der Nutzen für die Finanzen, welcher aus den Couponszahlungen in Papier entspringt, werde aufgewogen durch den sinkenden Credit, welcher niedrigere Emissionscurse für neue Anlehen mit sich bringe. Dieser allgemein wirkende Mißstand müsse auch die Entwicklung der Steuerkraft hemmen.

Als erste Vorbedingung der Valuta-Ordnung sieht das Ministerium nicht allein das Gleichgewicht, sondern eine Überbilanz der Staatsfinanzgebarung an. (Tabelle 124.) Letzteres auch wegen der etwaigen Steigerung der jährlichen Rentenbelastung.

Für die Durchführung der Maßregeln zur Abschaffung des Zwangscurses müsse die Dauer von zwei Jahren in Aussicht genommen werden bei dem Anlehensbetrage von circa 650 Millionen Lire gegen 5 Procent Rente. Der Vortheil der Durchführung mittels einer einheitlichen Anleihe statt in jährlichen Theilzahlungen auf Grund des Gebarungsüberschusses liege darin, daß die Theilzahlungen zunächst keine maßgebende Minderung des Disagios mit sich bringen würden. Der gegenwärtige Stand des Rentencurses im In- und Auslande verstatte aber die Hoffnung, die Rente netto pari (5 Procent) emittieren zu können.

Die zweite nöthige Voraussetzung der Valuta-Regulierung sei das Verbleiben des Metallgeldes im Lande („che il bilancio della nazione le consenta di acquistare e conservare la moneta metallica, che le occorre a tal fine"). Daß diese Voraussetzung vorhanden sei, wird in folgender Weise begründet: Die Ersparungen des Landes seien so groß, daß zu erwarten stehe, daß die ursprünglich im Auslande emittierte Rente zum größten Theile im Inlande definitiv classiert werden werde, sohin durch diese Renten-Emission die Zahlungsbilanz des Landes nicht dauernd verschlechtert werden würde. Letztere habe sich überhaupt seit 1865 gebessert:

a) Die beigebrachte Special-Handelsbilanz (Tabelle 123) weise fast durchaus (außer 1871, französischer Krieg) einen beträchtlichen Überschuß der Einfuhr aus, ähnlichen Charakter haben die Handelsbilanzen der reichen Nationen. Zum mindesten widerlege eine solche Bilanz die Annahme einer zunehmenden Verschuldung an das Ausland.

b) Die tabellarische specialisierte Übersicht der Zahlungen der Regierung im Auslande von 1865 bis 1879 weiset keine Zunahme derselben aus (Tabelle 122).

c) Die Wechselcurse von Genua, dem bedeutendsten italienischen Wechselmarkte, auf Paris von 1866 bis 1880, sind für Italien nicht ungünstig (Tabelle 120). Italien befinde sich im wirtschaftlichen Fortschritt, das zeigen die Steuereingänge, die Entwicklung des Eisenbahnwesens, des Post- und Telegraphenverkehres, des Schiffsverkehres, die Löhne, der Bankcreditverkehr, das Sparcassenwesen, die inländischen Renten-Emissionen, der Pfandbriefverkehr, die Actien-Emissionen u. s. w.

Es lasse diese wirtschaftliche Entwicklung erwarten, daß auch die spätere Classierung der Rente im Inlande einen Edelmetallabfluß an das Ausland nicht herbeiführen werde.

Die ganze Action erfordere eine längere Zeit, aber auch schon die Creditoperation allein ließe sich in einem Zuge nicht durchführen, sie könne bis zu einem Jahre zur Abwicklung erfordern.

Eine inländische Geldkrise im Gefolge einer so bedeutenden Neuanlage in Renten scheine nicht zu befürchten, denn die Rentenpreise steigen, das Disconto sinkt, die Spareinlagen nehmen zu, es sei daher eine wachsende Capital-Abundanz infolge der ökonomischen Fortschritte anzunehmen, welche gestatten werde, den ökonomischen regelmäßigen Anforderungen zu genügen, zugleich aber den Überfluß durch Anlage in Staatsrente aufzusaugen. Die Möglichkeit von Börseschwankungen sei aber nicht ausgeschlossen.

Die Gesammtheit dieser Umstände spreche für die Emission der Rententitel im Auslande; außerdem aber auch die Nothwendigkeit, das Edelmetall in das Land zu ziehen.

In dieser Richtung seien die Hauptfragen, die Aufnahmsfähigkeit und Willigkeit des ausländischen Marktes, beziehungsweise der eigene Credit im Auslande.

Die günstige Lage des ausländischen Capitalmarktes sei erweislich durch das Bankdisconto und die Emissionen der letzten Jahre; die Bewegung im ausländischen Besitze italienischer Rente zeige für die Jahre seit 1874 eine gewisse Stetigkeit der Anlage, also ein günstiges Creditverhältnis. Zudem liege der Regierung die Pflicht ob, solche Contrahenten zu suchen, welche eine gute Classierung und daher ein Halten des Curses erwarten lassen. Außerdem erhöhe ein ersichtlich methodisch richtiger Vorgang sofort den Credit.

Wegen der Mannigfaltigkeit der in Rücksicht zu nehmenden Umstände könne die gesetzliche Feststellung nur eine allgemeine sein, und es müssen der Regierung ausgedehnte Vollmachten zu deren Durchführung gegeben werden. Die Regierung sei sich bewußt, daß eine ruhige politische wie ökonomische Lage zur Bewerkstelligung der Operation nöthig sei, sowie daß das Agio schon eine Zeitlang vor Wiederaufnahme der Barzahlungen verschwinde ("intieramente qualche tempo prima della effettiva ripresa del cambio metallico"). In letzterer Richtung seien eben vorbereitende vorgängige Maßregeln nöthig; dahin gehöre insbesondere die Reducierung des Papiergeld-Umlaufes.

Bemerkenswert sei, die gänzliche Entblößung des Landes von Silberscheidemünze. Diese befände sich theils noch im Auslande, theils im Schatze und bei der italienischen Nationalbank; sie bilde über 60 Procent des zur metallischen Deckung bestimmten Silberwertes derselben. Nach der Erneuerung des lateinischen Münz-Unions-Vertrages vom 5. November 1878 war mit Zusatzacte vom 20. Juni 1879 sich dahin verabredet worden, daß die französische Regierung gegen eine Kostenentschädigung von 250.000 Francs die in Frankreich, in Belgien, in der Schweiz und in Griechenland umlaufende italienische Silberscheidemünze zur Rücklösung bringe und sohin an die italienische Regierung abführe, und zwar vom 1. bis 15. Juni 1880 13 Millionen, im I. Semester 1880 87 Millionen theils gegen sofortige Zahlung, theils Zahlung in Raten von 1881 bis 1883 in Gold oder in Silber Courant oder in Bons.

Es war der Umlauf angenommen:

| | |
|---|---|
| in Frankreich mit . . . . . . . . . . . . . . . . . . . . . . . . . | 87 Millionen, |
| in Belgien, der Schweiz und Griechenland mit . . . . . . . . . . . . | 13 „ |
| | 100 Millionen. |

Die wirkliche Einsammlung durch die französische Regierung betrug aber nur circa 79 Millionen, nämlich:

| | |
|---|---|
| in Belgien . . . . . . . . . . . . . . . . . . . . . . . . | 6,501.413 Lire, |
| in der Schweiz . . . . . . . . . . . . . . . . . . . . . . | 1,557.241 „ |
| in Frankreich . . . . . . . . . . . . . . . . . . . . . . . | 70,791.346 „ |
| | zusammen . 78,850.000 Lire. |

Mit diesen 79 Millionen und ihrem bisherigen Besitze verfüge die Regierung zusammen über 117·9 Millionen Lire, wozu noch neu auszuprägend 14 Millionen Lire kommen, so daß diesfalls für die Wiederaufnahme der Barzahlungen 131·9 Millionen zur Verfügung wären.

Bronzegeld ist infolge des Zwangscurses in Übermaß gemünzt worden, dasselbe sei etwa ⅛ des Nominale wert. Es würden im Falle der Aufnahme der Barzahlungen circa 30 Millionen derselben überschüssig werden. Im übrigen sei der Metallbesitz der Regierung und der Banken aus den diesfälligen Ausweisen genau feststellbar.

Der sonstige Umlauf wurde bisher mit 300 Millionen Lire angenommen; nach den weiter gemachten Erfahrungen (Bargeldeinnahmen der Staatscassen) lasse sich aber hier ein höherer Betrag annehmen.

### Münzvorrath Italiens im Jahre 1880:

| | Gold | Silber | Silberscheidemünze | Bronze | zusammen |
|---|---|---|---|---|---|
| Staat und Banken (zahlenmäßig erhoben) . . . | 101 | 44 | 59 | 2 | 206 Millionen Lire |
| Private (Schätzung) . . . . . . . . . . . | 108 | 127 | 5 | 73 | 313 „ „ |
| Summe . | 209 | 171 | 64 | 75 | 519 Millionen Lire. |

Der zur Währungsregulierung außer dem Münzvorrathe erforderliche Betrag wurde mit 644 Millionen Lire angenommen.

24*

Der Bedarf sind 44 Millionen Lire Goldschuld an die Bank vom 1. Juni 1875 und 600 Millionen Lire zur Rücklösung von Consortial-noten. Es habe dieser Betrag theils in Silber, theils in Gold zu bestehen, was besonders abzumachen sei. Es seien 400 Millionen in Gold und 244 Millionen in Silber anzufordern. Da von Silber 49 Millionen an Frankreich für rückzulösende Scheidemünze auszugeben seien, so würden 195 Millionen Silber für Italien verfügbar werden, wonach 45 Millionen an die italienische Bank für eingelöste Silberscheidemünze zurückzuzahlen sind. Dieses Silbergeld könne nur aus den bereits vorhandenen Münzen der lateinischen Union genommen werden. Das Gold aber aus dem internationalen Bestande an Barren und Münzen. Es sei aber nicht anzunehmen, daß durch diesen Bedarf eine Erschütterung des Edelmetallmarktes eintreten werde, weil das Maß des Bedarfes ein immerhin geringes ist, der Bezug nicht in einem Zuge stattfinden soll und die regelmäßige Größe der Production und der internationalen Edelmetallbewegung die Verfügung über eine solche Summe nicht als ausschlaggebend ansehen lassen.

Der Schatz würde daher verfügen über:

| | |
|---|---:|
| Gold | 400 Millionen Lire, |
| Silber | 151 " " |
| Silberscheidemünze | 132 " " |
| Summe | 683 Millionen Lire. |

Da aber Bronzemünzen bis zu 39 Millionen Lire zurückzulösen sind, verbliebe der Regierung nur die Verfügung über obige 644 Millionen Lire.

Zunächst sei an die italienische Nationalbank die Goldschuld mit 44 Millionen zurückzuzahlen, wodurch diese bis 60 Millionen Lire-Noten einlösen könne, der Rest obiger Summe per 600 Millionen Lire würde zur Einlösung von Consortionalnoten verwendet, der Umlauf sohin von 940 Millionen auf 340 Millionen Lire gebracht werden. Diese 340 Millionen Lire blieben als Staatsnoten von 10 bis 1000 Lire mit gesetzlicher Zahlkraft, aber stets einlösbar, im Umlaufe. Alle niedereren Consortialnoten wären in der Einlösung begriffen. Zu dem bisherigen

| | |
|---|---:|
| Metallbestande von | 519 Millionen |
| würden neue | 644 " |
| zusammen | 1.163 Millionen |

treten; das Papiergeld würde dagegen um ungefähr 660 Millionen verringert werden. Es würde sonach in der vorhandenen Geldmenge keine wesentliche Änderung eintreten.

Eben die Kleinheit der Noten bei beschränkter Ausgabe erhalte sie im Umlaufe. Selbe seien nur für den internen, nicht für den internationalen Verkehr bestimmt, daher kein Bedürfnis nach ihrer Einwechslung bestehe, umsoweniger als sie thatsächlich nur Silber repräsentieren, außerdem könne sie der Staat im Rückfließungsfalle stets verwenden. Diese Gründe weisen eben die kleinen Noten der Ausgabe durch den Staat zu. Den Banknoten sei noch für einige Zeit nach Aufhebung des Zwangscurses die gesetzliche Zahlkraft zu belassen, damit bis zur Consolidierung dem Verkehre die entsprechende Menge von Zahlmitteln erhalten bleibe.

### Das Gesetz.

Die über diese Vorlage eingesetzte parlamentarische Commission befürwortete dieselbe im wesentlichen. Außer formalen Änderungen ist bemerkenswert, daß die Commission das Princip der Scheidung in Staats- und Banknoten nach der Stückelung noch schärfer entwickelte.

Die Staatsnoten lauten nun auf 5 und 10 Lire, die höheren Beträge über 20 Lire sind für die Banknoten reserviert; die 340 Millionen Lire Staatsnoten zerfielen darnach in

| | |
|---:|---|
| 96·5 Millionen Lire zu | 5 Lire und |
| 243·5 " " " | 10 " |
| zusammen 340·0 Millionen Lire. | |

Es wurde sogar ein Plan für die künftige Tilgung auch dieser noch im Umlaufe zu belassenden Staatsnoten in das Gesetz aufgenommen.

Über den Inhalt des Gesetzes vom 7. April 1881 ist obigem noch beizufügen:

Die im Artikel 10 der Regierung gegebene Vollmacht zur Beschaffung der Summe von 644 Millionen Lire erstreckte sich bis Ende 1882, außer der rechnungsmäßigen 5 Procent Netto-Rente ist der einmalige Kostenersatz in allem und jedem einschließlich der Einsendung in die Cassen des Schatzamtes mit 1 Procent der obigen Summe an die Contrahenten bewilligt. Außerdem ist der Regierung ausgedehnte Vollmacht eingeräumt, hinsichtlich aller zu treffenden Maßnahmen, der Wahl des Zeitpunktes und der Reihe und Ordnung derselben. Eine parlamentarische permanente Commission mit berathender Stimme und Überwachungsrecht wird für die Dauer der ganzen Operation eingesetzt. Zur Ersparnis von Barmitteln wurde im Artikel 22 die Gründung von — Stanze di compensazione — „Chambres des compensations" unter Mitwirkung der Regierung angeordnet

### Das 644 Millionen-Anlehen.

In Ausführung dieses Gesetzes schloß die Regierung am 8. Juli 1881 den Vertrag mit dem Director der italienischen National-Bank im Namen des Consortiums, insbesondere auch bestehend aus Geb. Baring & Comp. und C. I. Hambro & Söhne in London und der Banque d'Escompte in Paris ab. Für das Anlehen per 444 Millionen Gold und 200 Millionen Silber = 644 Millionen Lire wurde der Bezug der fünfpercentigen effectiven Rente per 36,487.250 Lire oder 729,745.000 Capital (Curs: 88·25 = 100, resp. mit Berücksichtigung der eingeräumten Zinsen-Iouissance 87·17, der Zinsenbezug vom 1. Jänner 1882 und der mittlere Einzahlungstermin erst 31. März 1882), beziehbar vom 1. Jänner 1882 eingeräumt; der Barbetrag war vom 1. April 1881 bis 30. September 1882 einzuzahlen. Und zwar war der Bezug dieser Rente als ein gesicherter anzusehen, da das Consortium die Placierung der gesammten Titres der Anleihe auf eigenes Risico übernommen und zur unbedingten Einzahlung an den italienischen Schatz sich verpflichtet hatte. Die öffentliche Subscription erfolgte in zwei Abtheilungen. Die erste im August 1881 zum Curse von 90. Das Subscriptionsergebnis entsprach aber nicht den Erwartungen; denn die öffentliche Meinung fand den Preis zu hoch, obschon das Consortium per 100 Lire nur einen Bruttogewinn von 66 Centesimi machen konnte. Auch die zweite Abtheilung der Subscription verlief für das Consortium nicht unmittelbar günstig. Die Wiederaufnahme der Barzahlungen war für den 1. Jänner 1883 in Aussicht genommen. Es mußte später der Termin für die Einzahlung bis zum 15. Februar 1883 verlängert werden, ferner wurde die Vertheilung der Summe auf 491 Millionen in Gold und 153 Millionen in Silber über den Wunsch des Consortiums verändert. Da das Silber nur aus den bereits ausgegebenen Stücken der lateinischen Union geliefert werden konnte, war nämlich dem Consortium der Bezug des Silbers nur unter nicht günstigen Umständen von der französischen Bank möglich (1 Pfund Sterling = 25·07 Francs Silber loco Genf), während die Einlieferung von Gold damals relativ begünstigt war, indem kein bedeutender Goldexport von Europa nach Amerika stattfand. Nichtsdestoweniger zeigten die europäischen Bankraten eine merkliche Bewegung und es litt die Durchführung der Action immerhin unter dem Antagonismus der französischen Haute Banque.

Die Einzahlung erfolgte in kleineren Einzelsendungen und war vor dem 15. Februar 1883 vollendet. Und zwar in folgender Weise:

1. Durch Barsendung von Gold . . . . . . . . . . . . . . . . . . . . . 398,222.185 Lire 08 Centesimi;
hievon 245,290.600 Lire in Münzen mit gesetzlichem Umlaufe in Italien. Die Ummünzung der übrigen 44.495·66 Kilogramme Feingold ergab einen Reingewinn von 157.000 Lire.

Durch Barsendung von Silber . . . . . . . . . . 37,777.790 „ — „
_____
zusammen . 435,999.975 Lire 08 Centesimi.

2. Durch Begleichung italienischer staatlicher Verpflichtungen im Auslande . . . . . . . . . . 164,000.025 „ — „
_____
Summe . 600,000.000 Lire 08 Centesimi,

hievon Gold 443,999.980 Lire 08 Centesimi, Silber 156,000.020 Lire, geleistet in 588 Posten.

3. Durch Abrechnung der 44 Millionen Lire gegenüber der italienischen Nationalbank.

Die Verrechnung erfolgte für den 1. Jänner 1883.

Von den die Anlehensaction begleitenden Umständen sind folgende zu notieren:

| | Italienische 5% Consolscurse | | | Wechselcurse auf | | |
|---|---|---|---|---|---|---|
| | Paris | London | Berlin | Paris | London | Berlin |
| 3. Februar bis 7. April 1881 . . . . . . . | 89·75 | 88³/₈ | 90 | 101·20 | 25·65 | 125·35 |
| 15. Februar bis 31. März 1883 . . . . . . . | 89·40 | 88³/₈ | 89·70 | 100·21 | 25·28 | 123·62 |
| | Disconto | | | Goldagio | | |
| 1881 . . . . . . . . . . | 3¹/₂ | 3¹/₂/3 | 4 | | 1·75 | |
| 1883 . . . . . . . . . . | 3¹/₂/3 | 4/3 | 4 | | 0·49 | |

### Die Wiederaufnahme der Barzahlungen.

Wie die Regierung in Aussicht gestellt hatte, begann sie diese Action mit vorbereitenden Maßnahmen. Vom 27. Juli 1881 an wurden die Gehalte und Pensionen mit 97 Procent in Papier und 3 Procent in Silberscheidemünzen gezahlt, vom 20. October bis 30. November wurden die Consolcoupons mit 20 Procent in Silberscheidemünze gezahlt, vom 1. December 1881 an wurden die an die Staatscassen zurückgezahlten 50-Centesimi-Noten nicht mehr ausgegeben. Mit königlichem Decret vom 1. März 1883 wurde der Termin für die Aufnahme der Barzahlungen auf den 12. April 1883 festgesetzt und an diesem Tage im Sinne des Gesetzes aufgenommen. Die eingewechselten Noten-Appoints à ¹/₂, 1 und 2 Lire wurden endgiltig aus dem Verkehr gegen unterwertige Silbermünze gezogen, die Noten-Appoins à 5 Lire und darüber — unter bestimmten Modalitäten — auf Verlangen gegen Gold und Silber-Courant-Münzen, die Appoints zu 5 und 10 Lire auf Verlangen auch gegen Staatsnoten eingewechselt. Vom 12. April selben Jahres an konnten die Einfuhrzölle in, den Staat verpflichtenden Noten oder in Metallmünze berichtigt werden, mit Ausschluß der Scheidemünze (moneta divisionaria) bei Zahlungen von mehr als 100 Lire. Da der Notencurs schon vor der Zeit der Wiederaufnahme der Barzahlungen sich der Parität sehr genähert hatte, so wurde die Maßregel der Aufhebung des Zwangscurses auf dem Geldmarkte kaum fühlbar und es zeigte sich kein starker Zudrang zu den öffentlichen Verwechslungscassen.

Die öffentlichen Cassen besaßen an diesem Tage:

513·3 Millionen Gold,
19 „ Silber in 5-Lire-Stücken,
136·7 „ Silberscheidemünzen,
6·7 „ Bronze,
_____
Summe . 677·7 Millionen.

Diesem stand ein Consortialnotenumlauf von 883 Millionen Lire gegenüber, von welchem 340 Millionen Lire als Staatsnoten im Umlaufe zu verbleiben hatten. Die Einlösung des Überschusses der Noten wurde nach Maß des Einlangens vorgenommen, so daß am 31. December 1890 nur mehr 342,809.234 Lire 50 Centesimi an Staatsnoten und früheren Consortialnoten im Umlaufe waren (Tabelle 125). Die Einlösung der früheren Consortialnoten erfolgte mit Staatsnoten und mit 591,263.670 Lire 50 Centesimi in Metallgeld.

_____

**Tabelle 120.**

# Wechselcurs an italienischen Börsen.

| Jahre | | A Vista | | Jahre | | A Vista | |
|---|---|---|---|---|---|---|---|
| | | auf Paris | auf London | | | auf Paris | auf London |
| 1876 | Durchschnittszahl . . . . | . . . . | . . . . | 1885 | Durchschnittszahl . . . . | 100·381 | 25·3811 |
| | Maximum . . . . . . | 100·070 | . . . . | | Maximum . . . . . . | 101·001 | 25·6320 |
| | Minimum . . . . . . | 99·580 | . . . . | | Minimum . . . . . . | 100·145 | 25·2550 |
| 1877 | Durchschnittszahl . . . . | . . . . | . . . . | 1886 | Durchschnittszahl . . . . | 100·193 | 25·3112 |
| | Maximum . . . . . . | 100·100 | . . . . | | Maximum . . . . . . | 100·448 | 25·5150 |
| | Minimum . . . . . . | 99·600 | . . . . | | Minimum . . . . . . | 99·843 | 25·1850 |
| 1878 | Durchschnittszahl . . . . | . . . . | . . . . | 1887 | Durchschnittszahl . . . . | 100·018 | 25·5380 |
| | Maximum . . . . . . | 100·350 | . . . . | | Maximum . . . . . . | 101·757 | 25·8760 |
| | Minimum . . . . . . | 99·500 | . . . . | | Minimum . . . . . . | 100·397 | 25·3260 |
| 1879 | Durchschnittszahl . . . . | . . . . | . . . . | 1888 | Durchschnittszahl . . . . | 100·979 | 25·5780 |
| | Maximum . . . . . . | 100·000 | . . . . | | Maximum . . . . . . | 102·210 | 25·8820 |
| | Minimum . . . . . . | 99·450 | . . . . | | Minimum . . . . . . | 100·097 | 25·3170 |
| 1883 | Durchschnittszahl . . . . | 99·150 | 25·0300 | 1889 | Durchschnittszahl . . . . | 100·675 | 25·4190 |
| | Maximum . . . . . . | 101·250 | 25·2000 | | Maximum . . . . . . | 102·261 | 25·8460 |
| | Minimum . . . . . . | 98·750 | 24·9400 | | Minimum . . . . . . | 100·095 | 25·2170 |
| 1884 | Durchschnittszahl . . . . | 100·003 | 25·2340 | 1890 | Durchschnittszahl . . . . | 101·150 | 25·54 |
| | Maximum . . . . . . | 100·397 | 25·4180 | | Maximum . . . . . . | 102·100 | 25·79 |
| | Minimum . . . . . . | 99·768 | 25·1250 | | Minimum . . . . . . | 100·550 | 25·32 |

*(In Gold mit Rücksicht auf das Agio an der Börse von Genua reduciert)*

**Tabelle 121.**

# Goldagio an italienischen Börsen.

| Jahre | Durchschnitt | Maximum | Minimum |
|---|---|---|---|
| vom 1. Mai 1866 ab | 7·81 | 20·50 | 1·25 |
| 1867 | 7·87 | 13·40 | 4·87 |
| 1868 | 9·82 | 15·15 | 5·20 |
| 1869 | 3·94 | 5·72 | 2·02 |
| 1870 | 4·50 | 12·10 | 1·72 |
| 1871 | 5·35 | 8·20 | 3·80 |
| 1872 | 8·57 | 11·75 | 6·70 |
| 1873 | 13·05 | 17·65 | 11·10 |
| 1874 | 12·22 | 16·85 | 9·50 |
| 1875 | 8·36 | 10·80 | 6·40 |
| 1876 | 8·45 | 9·65 | 7·25 |
| 1877 | 9·68 | 13·75 | 7·65 |
| 1878 | 9·50 | 11·00 | 7·90 |
| 1879 | 11·20 | 14·80 | 9·00 |
| 1880 | 9·49 | 13·05 | 2·15 |
| 1881 | 1·88 | 3·10 | 0·36 |
| 1882 | 2·65 | 5·90 | 0·80 |
| 1883 I. Sem.: | 0·93; Parität | 1·65 | 0·25 |

**Tabelle 122.**

# Verrechnete Zahlungen der 5%igen consolidierten Rente im Auslande.

| Jahre | Millionen Lire | Jahre | Millionen Lire |
|---|---|---|---|
| 1869 | 82·300 | 1879 | 37·80 [1] |
| 1870 | 69·600 | 1880 | 89·50 |
| 1871 | 60·600 | 1881 | 61·50 |
| 1872 | 54·200 | 1882 | 91·00 |
| 1873 | 55·000 | 1883 | 77·20 |
| 1874 | 47·612 | 1884 | 59·00 |
| 1875 | 52·678 | 1885 | 61·20 |
| 1876 | 56·190 | 1886 | 127·00 |
| 1877 | 61·000 | 1887 | 118·69 |
| 1878 | 62·600 | 1888 | 73·77 [2] |

[1] Zum Theile im Jahre 1880 verrechnet.
[2] Letzter Trimester noch nicht verrechnet.

Tabelle 123.

# Handelsverkehr Italiens im Specialhandel.
## In 1000 Lire.

| Jahre | Ausfuhr | | Einfuhr | | Mehreinfuhr | |
|---|---|---|---|---|---|---|
| | mit | ohne | mit | ohne | mit | ohne |
| | Edelmetall | | Edelmetall | | Edelmetall | |
| 1876 | 1,216.844 | 1,208.488 | 1,327.222 | 1,307.079 | 110.378 | 98.591 |
| 1877 | 958.187 | 933.966 | 1,156.265 | 1,141.542 | 203.078 | 207.576 |
| 1878 | 1,045.300 | 1,021.331 | 1,070.640 | 1,062.344 | 25.340 | 41.013 |
| 1879 | 1,106.919 | 1,071.969 | 1,262.000 | 1,251.696 | 155.081 | 179.727 |
| 1880 | 1,132.290 | 1,104.126 | 1,225.642 | 1,186.831 | 93.352 | 82.705 |
| 1881 | 1,192.322 | 1,164.616 | 1,332.012 | 1,239.671 | 139.690 | 75.055 |
| 1882 | 1,155.833 | 1,151.784 | 1,345.401 | 1,227.033 | 189.568 | 75.249 |
| 1883 | 1,199.927 | 1,187.730 | 1,380.288 | 1,287.506 | 180.361 | 99.776 |
| 1884 | 1,096.417 | 1,070.928 | 1,343.765 | 1,318.777 | 247.348 | 247.849 |
| 1885 | 1,134.320 | 950.759 | 1,575.237 | 1,459.869 | 440.917 | 509.110 |
| 1886 | 1,076.101 | 1,028.231 | 1,510.955 | 1,458.243 | 434.854 | 430.012 |
| 1887 | 1,109.381 | 1,002.116 | 1,689.753 | 1,604.947 | 580.372 | 602.831 |
| 1888 | 967.413 | 891.934 | 1,241.632 | 1,174.601 | 274.219 | 282.667 |
| 1889 | 1,035.703 | 950.645 | 1,440.767 | 1,391.154 | 435.064 | 440.509 |
| 1890 | 962.600 | 895.945 | 1,377.286 | 1,319.638 | 414.686 | 423.693 |

Tabelle 124.

# Die Bilanz des Staatshaushaltes des Königreiches Italien.

| Jahre | Bilanz der gesammten Gebarung in Lire | Bilanz des ordentlichen Budgets in Millionen Lire | Jahre | Bilanz der gesammten Gebarung in Lire | Bilanz des ordentlichen Budgets in Millionen Lire |
|---|---|---|---|---|---|
| 1866 | − 721,447.179 | . . . . | 1878 | + 14,546.200 | + 102·5 |
| 1867 | − 214,146.884 | . . . . | 1879 | + 42,294.046 | + 125·3 |
| 1868 | − 245,796.656 | . . . . | 1880 | + 26,936.067 | + 89·6 |
| 1869 | − 148,874.172 | . . . . | 1881 | + 51,369.223 | + 132·0 |
| 1870 | − 214,766.874 | . . . . | 1882 | + 4,005.810 | + 111·6 |
| 1871 | − 74,012.322 | . . . . | 1883 | + 949.772 | + 112·5 |
| 1872 | − 83,579.215 | . . . . | 1884·5 | + 3,758.554 | + 127·2 |
| 1873 | − 89,908.222 | . . . . | 1885/6 | − 23,508.769 | + 97·4 |
| 1874 | − 13,383.900 | . . . . | 1886/7 | − 8,007.924 | + 109·0 |
| 1875 | + 13,383.900 | . . . . | 1887/8 | − 72,928.000 | + 89·6 |
| 1876 | + 20,446.073 | + 79·9 | 1888/9 | − 234,368.708 | + 46·2 |
| 1877 | + 22,922.917 | + 105·7 | 1889/90 | − 74,415.521 | + 33·2 |

Die Staatsschuld betrug: 1871 Ende, cons. Kapital 6.120 M. Lire, Zinsen hievon 304·4 M. Lire, rücklösliches Kapital 1.970·4 M. Lire, Zinsen 92·83 M. Lire.
1881 „ „ 8.172 „ „ „ „ 405·3 „ „ „ „ 2.001·5 „ „ 73·22 „ „
1890 Juni, „ „ 9.108 „ „ „ „ 455·5 „ „ „ „ 2.692·1 „ „ 106·58 „ „

Tabelle 125.

# Staatsnotenumlauf im Königreiche Italien.

| Jahre | Consortialnoten aller Art | Staatsnoten zu 5 und 10 Lire | Summe |
|---|---|---|---|
| 31. December 1883 | 598,175.441·00 | 89,885.650 | 688,061.091·00 |
| 30. Juni 1885 | 235,038.480·00 | 275,797.360 | 510,835.840·00 |
| 30. „ 1886 | 158,738.171·00 | 305,094.720 | 463,832.891·00 |
| 30. „ 1887 | 104,451.464·00 | 323,995.480 | 428,446.944·00 |
| 30. „ 1888 | 21,414.692·00 | 321,753.615 | 343,168.307·00 |
| 30. „ 1889 | 13,196.833·00 | 337,761.990 | 350,958.823·00 |
| 31. December 1890 | 10,202.059·50 | 332,607.175 | 342,809.234·50 |

Tabelle 126

# Übersicht der Regionen und Länder, aus welchen die Barmittel an die Kassen des italienischen Schatzes gelangten.

| Nummer | Regionen | Länder | Summe | Hievon Silber |
|---|---|---|---|---|
| 1 | Frankreich . . . . . . . . . . . . . | 89 | 147,254.237·78 | 80,510.055 |
| 2 | Amerika . . . . . . . . | 1 | 65,884.732·08 | . . . . . . . . . . . |
| 3 | Deutschland . . . . . . | 4 | 65,539.335·30 | . . . . . . . . . . . |
| 4 | England . . . . . . . . | 3 | 59,207.424·14 | . . . . . . . . . . . |
| 5 | Italien . . . . . . . . . | 7 | 58,487.880·00 | 28.860 |
| 6 | Österreich . . . . . . . | 2 | 38,551.920·00 | . . . . . . . . . . . |
| 7 | Russland . . . . . . . | 2 | 25,224.699·17 | . . . . . . . . . . . |
| 8 | Australien . . . . . . | 1 | 10,058.742·07 | . . . . . . . . . . . |
| 9 | Dänemark . . . . . . | 1 | 5,519.980·00 | . . . . . . . . . . . |
| 10 | Schweiz . . . . . . . . . | 3 | 4,697.725·00 | 4,497.725 |
| 11 | Belgien . . . . . . . . | 2 | 3,001.030·00 | 741.150 |
| 12 | Spanien . . . . . . . . | 1 | 622.269·54 | . . . . . . . . . . . |
| | Summe der Barsendungen . | 116 | 483,999.975·08 | 85,777.790 |

Tabelle 127.

# Übersicht der Abrechnung zwischen der italienischen Regierung und dem 644 Millionen-Anlehens-Consortium.

| | Geleistet | | | |
|---|---|---|---|---|
| | in Gold | in Silber | in Bronze | Zusammen |
| Für den Erwerb der Rente von 36,487.250 sind stipuliert . . . . . . . . . . . | 491,000.000 | 153,000.000·00 | . . . . . . . | 644,000.000·00 |
| Verzugszinsen . . . . . . . . . . . | 289.875 | 3·50 | 0·18 | 6,376.237·68 |
| Zuzüglich Rente 352.630 (Provision) . . . . . . . . | 3,086.340 | 3,000.019·00 | . . . . . . . | |
| Zusammen . . | 494,376.215 | 156,000.022·50 | 0·18 | 650,376.237·68 |
| | Anlage | | | |
| Rückzahlung an die italienische Nationalbank der Schuld von 44 Millionen und der entfallenden Provision . . . . . . . . . . . | 50,376.235 | 2·50 | 0·10 | 50,376.237·60 |
| Bleiben . . | 443,999.980 | 156,000.020·00 | 0·08 | 600,000.000·08 |
| Auszahlung für Rechnung der italienischen Regierung im Auslande . . . . . . . | 45,777.795 | 70,222.230·00 | . . . . . . . | 116,000.025·00 |
| Unmittelbar eingezahlt in die Kassen des Schatzes . . . . . . . . . . . | 398,222.185 | 85,777.790·00 | 0·08 | 483,999.975·08 |
| Auszahlung der Regierung selbst im Auslande . . . . . . . . | 116,000.025 | | | 116,000.025·00 |
| Convertierung von Silber in Gold . . . . . . . . | + 3,000.020 | − 3,000.020·00 | | |
| Thatsächlicher Bestand zur Einlösung der Noten . . . . . . . . . . . | 517,222.230 | 82,777.770·00 | 0·08 | 600,000.000·08 |

Tabelle 128.

199

# Niederländische Bank.

## Metallbestand in Millionen Niederländischen Gulden.

| Jahre | Gold | Silber | Jahre | Gold | Silber |
|---|---|---|---|---|---|
| 1880 . . . . 5. Jänner . . . . . . . | 73·61 | 80·72 | 1886 . . . . 2. Jänner . . . . . . . | 47·92 | 96·06 |
| 1880 . . . . 3. Juli . . . . . . . | 80·57 | 81·21 | 1886 . . . . 1. Juli . . . . . . . | 78·45 | 99·04 |
| 1881 . . . . 8. Jänner . . . . . . . | 56·85 | 84·64 | 1887 . . . . 8. Jänner . . . . . . . | 66·57 | 97·25 |
| 1881 . . . . 2. Juli . . . . . . . | 50·82 | 89·25 | 1887 . . . . 2. Juli . . . . . . . | 61·11 | 99·71 |
| 1882 . . . . 7. Jänner . . . . . . . | 18·50 | 88·38 | 1888 . . . . 7. Jänner . . . . . . . | 48·64 | 98·05 |
| 1882 . . . . 1. Juli . . . . . . . | 21·97 | 91·93 | 1888 . . . . 7 Juli . . . . . . . | 66·64 | 97·61 |
| 1883 . . . . 6. Jänner . . . . . . . | 5·05 | 92·36 | 1889 . . . . 5 Jänner . . . . . . . | 61·06 | 89·23 |
| 1883 . . . . 7. Juli . . . . . . . | 45·59 | 94·29 | 1889 . . . . 6. Juli . . . . . . . | 66·46 | 79·30 |
| 1884 . . . . 5. Jänner . . . . . . . | 23·61 | 92·92 | 1890 . . . . 6. Jänner . . . . . . . | 60·72 | 72·30 |
| 1884 . . . . 5. Juli . . . . . . . | 43·51 | 94·32 | 1890 . . . . 5. Juli . . . . . . . | 61·72 | 65·62 |
| 1885 . . . . 8. Jänner . . . . . . . | 27·18 | 92·58 | | | |
| 1885 . . . . 4. Juli . . . . . . . | 43·03 | 95·33 | | | |

# Erläuterungen.

## H. Die Niederländische Bank.

(Tabelle 128.)

Das einzige Banknoten-Emissions-Institut im Königreiche der Niederlande ist thatsächlich, wenn auch gesetzlich ohne ausschließliches Monopol die niederländische Bank.

Sie ist errichtet am 25. März 1814 und beruht gegenwärtig auf dem Bankgesetze vom 7. August 1888. Sie ist eine Actiengesellschaft mit Privilegium bis 31. März 1904, respective 1914, deren Actien (Actien auf Namen) sich aber in festen Händen befinden. Das Bank-Grundcapital beträgt seit 1863 — 16 Millionen Gulden und wurde im Jahre 1888 auf 20 Millionen Gulden erhöht (volleingezahlt). Der Reservefond ist gegenwärtig gesetzlich mit 25% des Grundcapitals festgesetzt.

Die Gesellschaft hat ihren Hauptsitz in Amsterdam, eine „Beibank" in Rotterdam, Agenturen und Correspondenzschaften. In jeder Provinz des Königreiches muß mindestens eine Agentur sein.

Das Netz der Bankanstalten ist folgendes:

| Jahre | Hauptsitz | Nebenbank | Agenturen | Correspondenzschaften | Zusammen |
|---|---|---|---|---|---|
| 31. März 1870 | 1 | 1 | 13 | 57 | 72 |
| 31. „ 1875 | 1 | 1 | 13 | 57 | 72 |
| 31. „ 1880 | 1 | 1 | 13 | 68 | 83 |
| 31. „ 1885 | 1 | 1 | 13 | 66 | 81 |
| 31. „ 1886 | 1 | 1 | 13 | 66 | 81 |
| 31. „ 1887 | 1 | 1 | 13 | 65 | 80 |
| 31. „ 1888 | 1 | 1 | 13 | 64 | 79 |
| 31. „ 1889 | 1 | 1 | 13 | 64 | 79 |
| 31. „ 1890 | 1 | 1 | 13 | 76 | 91 |

Die Banknoten haben staatlichen Cassencurs und sind stempelfrei; der Mindestbetrag ist 25 fl. = 62 Frcs. 50 Centimes.

Die Stückelung der ausgegebenen Noten war folgende:

| Datum | Anzahl der Stücke à . . . . . fl. | | | | | | | | | Gesammte |
|---|---|---|---|---|---|---|---|---|---|---|
| | 1000 | 500 | 300 | 200 | 100 | 80 | 60 | 40 | 25 | Circulation in fl. |
| 31. März 1885 | 44.553 | 12 | 63.261 | 93.308 | 405.429 | 35 | 414.360 | 463.326 | 776.638 | 185,534.190 |
| 31. „ 1886 | 52.904 | 12 | 65.447 | 94.908 | 415.899 | 35 | 419.959 | 478.055 | 823.646 | 198,014.290 |
| 31. „ 1887 | 49.399 | 12 | 65.667 | 95.147 | 413.218 | 35 | 417.924 | 475.278 | 849.277 | 194,627.585 |
| 31. „ 1888 | 48.182 | 12 | 62.992 | 91.135 | 413.456 | 35 | 416.715 | 488.386 | 889.588 | 193,435.790 |
| 31. „ 1889 | 54.732 | 12 | 66.243 | 95.659 | 426.828 | 17 | 419.327 | 495.032 | 919.241 | 204,368.785 |
| 31. „ 1890 | 49.696 | 12 | 69.300 | 101.409 | 459.515 | 17 | 446.602 | 524.825 | 957.350 | 208,449.530 |

Die Bank darf auf eigene Rechnung keine sonstigen Creditpapiere ausgeben, die Bankanweisungen müssen auf bestimmte Bankconti lauten. Die Notenausgabe ist nur indirect, durch die Bestimmung der Metalldeckung contingentirt; und zwar sind die Banknoten und Conto-Correntsaldi in einem durch königliche Verordnung auf Grund eines Vortrages der Bankdirection bestimmten, respective änderbaren Verhältnisse durch Münzen und Münzbarren zu decken. Das bestehende Deckungsverhältnis ist durch die königliche Verordnung vom 16. April 1864 bestimmt: Die metallische Deckung hat ⅖ in Gold oder Silber zu betragen, was man gegenwärtig bestehenden bimetallistischen Münzsystem entspricht. Allein die Bank kauft seit 1872 kein Silber für ihren Metallschatz.

Die Bewertung des Metallschatzes ist durch königliche Verordnung vom 20. Juni 1880 dahin geordnet, daß Gold per Kilogramm höchstens mit 1647 fl. 50 Cts., Silber per Kilogramm höchstens mit 80 fl. berechnet werden darf. Dagegen ist nach dem Münzgesetze 1 Kilogramm Fein-Gold (ohne Prägekosten) = 1653 fl. 43 Cts., die Prägekosten aber 5 fl., Silber 1 Kilogramm fein 105 fl. 82 Cts., Prägekosten 1 fl.

Die Bankgeschäfte sind:

a) Escompte von Wechseln und Handelspapieren und von Effecten mit längstens sechs Monaten Laufzeit.

b) Lombard und Darlehen auf Pfänder verschiedener Art. (Hypothekarcredit ausgenommen.)

c) Contocorrentgeschäft, mit Ausschluß jedes Blancocredites, außer zu Gunsten des Staates und zwar:

α) Contocorrent-Vorschüsse bis 5 Millionen Gulden und so lange der Metallschatz über 10 Millionen Gulden beträgt, auf Staatscassenscheine.

β) Vorschüsse bis 15 Millionen Gulden zur Einwechslung von Münzscheinen gegen die entsprechende staatliche Sicherstellung der Münzscheine.

d) Depositen- und Devisengeschäfte, letztere im Maße des Überschusses der gesetzlichen Metalldeckung,

endlich e) der Verkehr in Edelmetallen.

Die Regierung behielt sich ausdrücklich das Recht vor, daß im Falle ihres Beitrittes zu einer internationalen bimetallistischen Union, innerhalb welcher den Haupt-Circulationsbanken die Metalleinlösung zu einem festen Tarife aufgetragen würde, diese Verpflichtung auch der niederländischen Bank auflegen zu dürfen. (Artikel 7.)

Außer dem Hypothekarcredite und dem Credite auf Seeschiffe sind der Bank noch untersagt der Immobilienerwerb als Geschäft und Handel- und Industrie-Unternehmungen.

Die Bankrate wird von der Direction bestimmt.    Der Discontosatz betrug durchschnittlich:

1884 . . . . . . . . . . . . . . . . . . . . . . . . . . . . . . . . . . . . . 3·18 %
1885 . . . . . . . . . . . . . . . . . . . . . . . . . . . . . . . . . . . . . 2·70 %
1886 . . . . . . . . . . . . . . . . . . . . . . . . . . . . . . . . . . . . . 2·50 %
1887 . . . . . . . . . . . . . . . . . . . . . . . . . . . . . . . . . . . . . 2·50 %
1888 . . . . . . . . . . . . . . . . . . . . . . . . . . . . . . . . . . . . . 2·50 %
1889 . . . . . . . . . . . . . . . . . . . . . . . . . . . . . . . . . . . . . 2·50 %
1890 . . . . . . . . . . . . . . . . . . . . . . . . . . . . . . . . . . . . . 2·79 %

Die Bank wird durch einen königlichen Commissär überwacht. Der Staat empfängt als Abgabe einen Procent-Theil der Dividende, so lange er keine andere Zettelbank neben der niederländischen Bank zuläßt und nicht mehr als 15 Millionen Gulden Papiergeld selbst ausgibt.

Die Bank ist unentgeltlich Verwahrer der allgemeinen Staatscasse in Amsterdam und Reichscassier in allen Bank- und Bankagentursorten, Cassier der Reichspost-Sparbank, außerdem besorgt sie unentgeltlich die Gebarung mit dem staatlichen Papiergeld bis zu einem Betrage von 15 Millionen Gulden.

Die für das Zettelbankwesen wichtigsten Momente weist die nachfolgende Tabelle aus.

| Datum | In Millionen niederländischen Gulden | | | | | | % Auf 100 fl. Noten X fl. Metall | In Millionen niederländischen Gulden | | | |
|---|---|---|---|---|---|---|---|---|---|---|---|
| | Metallschatz (Gold und Silber) | Noten-Umlauf | Saldi Conti | Zusammen | Der Metall-schatz übersteigt das gesetzliche ⅖ Deckungs-Verhältnis | Metallisch nicht gedeckt | | Escompte | Beleihung (Lombard) | Escompte u. Lombard zusammen | Die nöbige Bank-bedeckung über-steigt den Betrag metallisch nicht gedeckter Noten und Saldi um |
| 1. April 1824 — 31. März 1885 | 128·98 | 192·26 | 8·65 | 200·91 | 48·37 | 71·93 | 64·20 | 44·82 | 44·82 | 89·64 | 17·71 |
| 1.  „  1885 — 31.  „  1886 | 142·55 | 193·79 | 18·44 | 212·23 | 57·41 | 69·68 | 67·17 | 44·39 | 42·81 | 87·20 | 17·52 |
| 1.  „  1886 — 31.  „  1887 | 170·33 | 204·41 | 21·37 | 225·78 | 79·74 | 55·45 | 75·44 | 35·92 | 36·71 | 72·63 | 17·17 |
| 1.  „  1887 — 31.  „  1888 | 153·19 | 197·57 | 24·86 | 222·43 | 63·92 | 69·24 | 68·87 | 40·90 | 45·63 | 86·53 | 17·29 |
| 1.  „  1888 — 31.  „  1889 | 157·10 | 207·06 | 21·95 | 229·01 | 65·18 | 71·91 | 68·60 | 52·07 | 37·30 | 89·37 | 17·46 |
| 1.  „  1889 — 31.  „  1890 | 137·64 | 212·48 | 18·40 | 230·88 | 45·33 | 93·24 | 59·61 | 69·14 | 39·26 | 108·95 | 15·71 |

Der Metallschatz war folgendermaßen zusammengesetzt:

| Datum | In Millionen niederländischen Gulden | |
|---|---|---|
| | Gold | Silber |
| 5. Jänner . . . 1884 | 23·61 | 92·92 |
| 5. Juli . . . . . 1884 | 43·51 | 94·32 |
| 3. Jänner . . . . 1885 | 27·18 | 92·58 |
| 4. Juli . . . . . 1885 | 43·03 | 95·33 |
| 2. Jänner . . . . 1886 | 47·92 | 96·06 |
| 1. Juli . . . . . 1886 | 78·45 | 99·04 |
| 8. Jänner . . . 1887 | 66·57 | 97·25 |
| 2. Juli . . . . . 1887 | 61·11 | 99·71 |
| 7. Jänner . . . 1888 | 48·64 | 98·05 |
| 7. Juli . . . . . 1888 | 66·64 | 97·61 |
| 5. Jänner . . . . 1889 | 61·06 | 89·23 |
| 6. Juli . . . . . 1889 | 66·46 | 79·30 |
| 6. Jänner . . . 1890 | 60·72 | 72·30 |
| 5. Juli . . . . . 1890 | 61·72 | 65·62 |

# Neunter Abschnitt.

# Disconto. Wechselcurse.

## Tabellen 129—134.

**Tabelle 129.**

# Vergleichende Disconto-Tabelle 1861—1891.

| Jahre | Italienische Nationalbank | | | Englische Bank | | | Bank von Frankreich | | | Deutsche Reichsbank (Preußische Bank) | | | Österreichisch-ungarische Bank (Priv. österreichische Nationalbank) | | | Belgische Nationalbank | | | Niederländische Bank | | |
|---|---|---|---|---|---|---|---|---|---|---|---|---|---|---|---|---|---|---|---|---|---|
| | Durchschnitts-Summe | Maximum | Minimum | Durchschnitts-Summe | Maximum | Minimum | Durchschnitts-Summe | Maximum | Minimum | Durchschnitts-Summe | Maximum | Minimum | Durchschnitts-Summe | Maximum | Minimum | Durchschnitts-Summe | Maximum | Minimum | Durchschnitts-Summe | Maximum | Minimum |
| 1861 | 6·32 | 7 | 5 | 5·21 | 8 | 3 | 5·53 | 7 | 3½ | 4·000 | 4 | 4 | 5·000 | 5 | 5 | 3·80 | 5 | 3 | 3·07 | 4 | 3 |
| 1862 | 5·06 | 5½ | 5 | 2·53 | 3 | 2 | 3·77 | 5 | 3½ | 4·000 | 4 | 4 | 5·000 | 5 | 5 | 3·18 | 4 | 3 | 3·73 | 4 | 3½ |
| 1863 | 5·73 | 9 | 5 | 4·43 | 8 | 3 | 4·65 | 7 | 3½ | 4·040 | 4½ | 4 | 5·000 | 5 | 5 | 3·63 | 6 | 3 | 3·63 | 5 | 3 |
| 1864 | 7·82 | 9 | 7 | 7·35 | 9 | 6 | 6·50 | 8 | 4½ | 5·310 | 7 | 4½ | 5·000 | 5 | 5 | 5·61 | 6 | 4 | 5·35 | 7 | 4½ |
| 1865 | 5·46 | 7 | 5 | 4·77 | 7 | 3 | 3·72 | 5 | 3 | 4·970 | 7 | 4 | 5·000 | 5 | 5 | 4·08 | 6 | 3 | 3·99 | 6 | 3 |
| 1866 | 6·14 | 7 | 6 | 6·94 | 10 | 3½ | 3·67 | 4 | 3 | 6·220 | 9 | 4 | 4·940 | 5 | 4 | 4·26 | 6 | 3 | 5·89 | 7 | 4½ |
| 1867 | 5·31 | 6 | 5 | 2·53 | 3½ | 2 | 2·71 | 3 | 2½ | 4·000 | 4 | 4 | 4·000 | 4 | 4 | 2·96 | 3 | 2½ | 3·05 | 4½ | 2½ |
| 1868 | 5·00 | 5 | 5 | 2·06 | 3 | 2 | 2·50 | 2½ | 2½ | 4·000 | 4 | 4 | 4·000 | 4 | 4 | 2·50 | 2½ | 2½ | 2·66 | 3½ | 2½ |
| 1869 | 5·00 | 5 | 5 | 3·20 | 4½ | 2½ | 2·50 | 2½ | 2½ | 4·250 | 5 | 4 | 4·350 | 5 | 4 | 2·50 | 2½ | 2½ | 3·50 | 5 | 2½ |
| 1870 | 5·12 | 6 | 5 | 3·09 | 6 | 2½ | 4·01 | 6 | 2½ | 4·910 | 8 | 4 | 5·410 | 6 | 5 | 3·38 | 6 | 2½ | 4·30 | 6 | 3 |
| 1871 | 5·00 | 5 | 5 | 2·88 | 5 | 2 | 5·70 | 6 | 5 | 4·150 | 5 | 4 | 5·990 | 6½ | 5 | 4·06 | 5½ | 2½ | 3·28 | 4 | 3 |
| 1872 | 5·00 | 5 | 5 | 4·10 | 7 | 3 | 5·15 | 6 | 5 | 4·290 | 5 | 4 | 5·660 | 6 | 5 | 3·77 | 5½ | 2½ | 3·22 | 5 | 2½ |
| 1873 | 5·00 | 5 | 5 | 4·80 | 9 | 3 | 5·15 | 7 | 5 | 4·850 | 6 | 4 | 5·220 | 6 | 5 | 5·06 | 7 | 3½ | 4·84 | 6½ | 4 |
| 1874 | 5·00 | 5 | 5 | 3·70 | 6 | 2½ | 4·30 | 5 | 4 | 4·400 | 6 | 4 | 4·800 | 6 | 5 | 4·35 | 6 | 3½ | 3·63 | 5 | 3½ |
| 1875 | 5·00 | 5 | 5 | 2·25 | 6 | 2 | 4·00 | 4 | 4 | 4·300 | 6 | 4 | 4·600 | 5 | 4½ | 3·85 | 4½ | 3 | 3·32 | 3½ | 3 |
| 1876 | 5·00 | 5 | 5 | 2·70 | 5 | 2 | 3·40 | 4 | 2 | 4·150 | 6 | 3½ | 4·300 | 5 | 4½ | 2·75 | 3½ | 2½ | 3·00 | 3 | 3 |
| 1877 | 5·00 | 5 | 5 | 2·90 | 5 | 2 | 4·25 | 3 | 2 | 4·400 | 5½ | 4 | 4·500 | 4½ | 4½ | 2·70 | 3½ | 2½ | 3·00 | 3 | 3 |
| 1878 | 4·74 | 5 | 4 | 3·65 | 6 | 2 | 2·20 | 3 | 2 | 4·300 | 5 | 4 | 4·500 | 4½ | 4½ | 3·20 | 4½ | 2½ | 3·45 | 4 | 3 |
| 1879 | 4·00 | 4 | 4 | 2·50 | 5 | 2 | 2·50 | 3 | 2 | 3·700 | 4½ | 3 | 4·150 | 4½ | 4 | 3·05 | 4 | 2½ | 3·17 | 4 | 3½ |
| 1880 | 4·00 | 4 | 4 | 2·75 | 3 | 2½ | 2·81 | 3½ | 2½ | 4·240 | 5½ | 4 | 4·000 | 4 | 4 | 3·35 | 3½ | 3 | 3·00 | 3 | 3 |
| 1881 | 4·17 | 5 | 4 | 3·50 | 5 | 2½ | 3·84 | 5 | 3½ | 4·420 | 5½ | 4 | 4·000 | 4 | 4 | 4·08 | 5½ | 3½ | 3·27 | 4½ | 3 |
| 1882 | 5·00 | 5 | 5 | 4·12 | $5\frac{13}{16}$ | 3 | 3·80 | 5 | 3½ | 4·540 | 6 | 4 | 4·200 | 5 | 4 | 4·42 | 5½ | 3½ | 4·47 | 5½ | 3½ |
| 1883 | 5·00 | 5 | 5 | 3·56 | 4¾ | 3 | 3·07 | 3½ | 3 | 4·050 | 5 | 4 | 4·110 | 5 | 4 | 3·60 | 4 | 3½ | 4·12 | 5½ | 2½ |
| 1884 | 4·75 | 5 | 4 | 2·95 | 5 | 2 | 3·00 | 3 | 3 | 4·000 | 4 | 4 | 4·000 | 4 | 4 | 3·32 | 4 | 3 | 3·18 | 3½ | 3 |
| 1885 | 5·08 | 6 | 5 | 3·00 | 5 | 2 | 3·00 | 3 | 3 | 4·120 | 5 | 4 | 4·000 | 4 | 4 | 3·28 | 4 | 3 | 2·70 | 3 | 2½ |
| 1886 | 4·75 | 5½ | 4½ | 3·00 | 4½ | 2 | 3·00 | 3 | 3 | 3·279 | 5 | 3 | 4·000 | 4 | 4 | 2·80 | 3·40 | 2½ | 2½ | 2½ | 2½ |
| 1887 | 5½ | 5½ | 5½ | 3½ | 5 | 2 | 3·00 | 3 | 3 | 3·408 | 5 | 3 | 4·118 | 4½ | 4 | 3·10 | 3½ | 2½ | 2½ | 2½ | 2½ |
| 1888 | 5½ | 5½ | 5½ | 3½ | 5 | 2 | 3·80 | 4½ | 2½ | 3·324 | 4½ | 3 | 4·167 | 4½ | 4 | 3·32 | 5 | 2½ | 2½ | 2½ | 2½ |
| 1889 | 5·17 | 6 | 5 | 3½ | 5 | 2½ | 3·13 | 4½ | 3 | 3·676 | 5 | 3 | 4·186 | 5 | 4 | 3·53 | 5 | 3 | 2½ | 2½ | 2½ |
| 1890 | 6·00 | 6 | 6 | 4·55 | 6 | 3 | 3·00 | 3 | 3 | 4·517 | 5½ | 4 | 4·48 | 5½ | 4 | 3·20 | 4 | 3 | 2·80 | 4½ | 2½ |
| 1891 | … | … | … | … | … | … | … | … | … | … | … | … | 4·40 | 5½ | 4 | … | … | … | … | … | … |

**Tabelle 130.**

# Zahl der Veränderungen des Discontosatzes bei den wichtigsten europäischen Zettelbanken 1861—1891.

| Jahre | Italienische Nationalbank | Englische Bank | Bank von Frankreich | Deutsche Reichsbank (Preußische Bank) | Österreichisch-ungarische Bank (Priv. österreichische Nationalbank) | Belgische Nationalbank | Niederländische Bank |
|---|---|---|---|---|---|---|---|
| 1861 | 8 | 11 | 7 | 0 | 0 | 5 | 2 |
| 1862 | 1 | 5 | 4 | 0 | 0 | 3 | 4 |
| 1863 | 7 | 12 | 8 | 1 | 0 | 3 | 6 |
| 1864 | 9 | 15 | 11 | 4 | 0 | 6 | 9 |
| 1865 | 4 | 16 | 6 | 5 | 0 | 6 | 11 |
| 1866 | 2 | 14 | 7 | 8 | 1 | 6 | 11 |
| 1867 | 1 | 3 | 1 | 0 | 0 | 1 | 6 |
| 1868 | 0 | 2 | 0 | 0 | 0 | 0 | 2 |
| 1869 | 0 | 7 | 0 | 1 | 1 | 0 | 5 |
| 1870 | 2 | 10 | 4 | 5 | 1 | 5 | 12 |
| 1871 | 0 | 10 | 2 | 1 | 4 | 11 | 2 |
| 1872 | 0 | 14 | 1 | 1 | 2 | 9 | 6 |
| 1873 | 0 | 24 | 4 | 6 | 1 | 17 | 9 |
| 1874 | 0 | 13 | 2 | 4 | 1 | 10 | 3 |
| 1875 | 0 | 12 | 0 | 5 | 1 | 10 | 1 |
| 1876 | 0 | 5 | 1 | 6 | 1 | 3 | 0 |
| 1877 | 0 | 7 | 1 | 7 | 0 | 3 | 0 |
| 1878 | 1 | 10 | 1 | 3 | 0 | 4 | 2 |
| 1879 | 0 | 5 | 2 | 6 | 1 | 5 | 2 |
| 1880 | 0 | 2 | 2 | 5 | 0 | 4 | 0 |
| 1881 | 1 | 6 | 2 | 3 | 0 | 8 | 2 |
| 1882 | 0 | 6 | 3 | 5 | 3 | 9 | 6 |
| 1883 | 0 | 6 | 1 | 1 | 3 | 2 | 3 |
| 1884 | 3 | 7 | 0 | 0 | 0 | 4 | 1 |
| 1885 | 2 | 7 | 0 | 3 | 0 | 4 | 1 |
| 1886 | 3 | 7 | 0 | 5 | 0 | 7 | 0 |
| 1887 | 0 | 7 | 0 | 2 | 1 | 4 | 0 |
| 1888 | 0 | 9 | 3 | 2 | 2 | 8 | 0 |
| 1889 | 2 | 8 | 1 | 4 | 2 | 4 | 0 |
| 1890 | 0 | 9 | 0 | 3 | 5 | 2 | 2 |
| 1891 | . | . | . | . | 3 | . | . |

Tabelle 131.

# Privat-Disconto für Platzbriefe bis 3 Monate.

### Nach dem amtlichen Cursblatte der Wiener Börse.

| Ende des Monates | 1869 | | 1870 | | 1871 | | 1872 | | 1873 | | 1874 | | 1875 | |
|---|---|---|---|---|---|---|---|---|---|---|---|---|---|---|
| | von | bis | von | bis | von | bis | von | bis | von | bis | von | bis | von | bis |
| Jänner | 3·200 | 3·300 | 4·200 | 5·000 | 5·875 | 6·000 | 6·000 | 6·500 | 6·000 | 6·250 | 4·625 | 4·750 | 4·250 | 4·500 |
| Februar | 3·200 | 3·300 | 4·200 | 5·000 | 4·750 | 5·000 | 5·000 | 5·250 | 6·000 | 6·250 | 5·000 | 5·250 | 4·250 | 4·500 |
| März | 3·200 | 3·300 | 4·300 | 5·200 | 5·000 | 5·250 | 5·000 | 5·500 | 5·500 | 5·750 | 5·000 | 5·500 | 4·250 | 4·500 |
| April | 3·200 | 3·300 | 4·300 | 5·000 | 5·250 | 5·500 | 5·250 | 5·500 | 5·500 | 6·000 | 4·875 | 5·250 | 4·250 | 4·500 |
| Mai | 3·200 | 3·300 | 4·300 | 5·000 | 4·875 | 5·000 | 5·250 | 5·500 | 6·000 | 8·000 | 4·500 | 4·750 | 4·375 | 4·500 |
| Juni | 3·200 | 3·300 | 5·000 | 5·200 | 5·000 | 5·250 | 5·250 | 5·750 | 5·000 | 6·500 | 4·500 | 4·750 | 4·500 | 5·000 |
| Juli | 4·000 | 4·200 | 6·100 | 8·200 | 5·250 | 5·500 | 6·000 | 6·250 | 5·000 | 5·500 | 4·500 | 4·750 | 4·500 | 5·000 |
| August | 5·000 | 5·100 | 6·000 | 6·200 | 5·250 | 5·750 | 6·500 | 6·750 | 4·750 | 5·250 | 4·500 | 4·750 | 4·250 | 4·500 |
| September | 5·200 | 6·000 | 5·200 | 6·000 | 7·500 | 8·000 | 7·500 | 8·500 | 4·750 | 5·250 | 4·500 | 5·000 | 4·250 | 4·500 |
| October | 5·200 | 6·000 | 6·000 | 6·300 | 6·500 | 7·000 | 7·500 | 9·375 | 5·250 | 6·000 | 4·500 | 5·000 | 4·375 | 4·625 |
| November | 4·200 | 4·300 | 6·000 | 6·100 | 6·750 | 7·500 | 6·750 | 7·500 | 4·500 | 4·750 | 4·375 | 4·750 | 4·500 | 4·750 |
| December | 5·000 | 5·200 | 6·000 | 6·100 | 6·250 | 6·500 | 7·000 | 8·000 | 4·750 | 5·250 | 4·250 | 4·500 | 4·500 | 5·000 |

| Ende des Monates | 1876 | | 1877 | | 1878 | | 1879 | | 1880 | | 1881 | | 1882 | | 1883 | |
|---|---|---|---|---|---|---|---|---|---|---|---|---|---|---|---|---|
| | von | bis | von | bis | von | bis | von | bis | von | bis | von | bis | von | bis | von | bis |
| Jänner | 4·250 | 4·500 | 4·000 | 4·250 | 4·000 | 4·250 | 4·000 | 4·375 | 3·250 | 3·500 | 3·250 | 3·500 | 3·500 | 3·750 | 4·000 | 4·250 |
| Februar | 4·000 | 4·375 | 4·000 | 4·250 | 3·750 | 4·000 | 3·750 | 4·000 | 3·000 | 3·250 | 3·000 | 3·250 | 3·000 | 3·500 | 3·500 | 3·750 |
| März | 4·250 | 4·750 | 3·750 | 4·000 | 3·750 | 4·000 | 3·750 | 4·000 | 2·500 | 2·750 | 3·000 | 3·250 | 3·000 | 3·500 | 3·375 | 3·500 |
| April | 4·250 | 4·750 | 4·250 | 4·500 | 3·750 | 4·000 | 3·750 | 4·000 | 3·250 | 3·500 | 3·750 | 4·000 | 3·500 | 3·750 | 3·375 | 3·750 |
| Mai | 4·000 | 4·250 | 3·750 | 4·000 | 3·750 | 4·000 | 3·375 | 3·625 | 3·000 | 3·250 | 3·750 | 4·000 | 3·500 | 3·750 | 3·500 | 4·000 |
| Juni | 4·000 | 4·250 | 4·250 | 4·500 | 4·250 | 4·750 | 3·500 | 3·875 | 3·000 | 3·250 | 3·750 | 4·000 | 3·375 | 3·750 | 3·750 | 4·000 |
| Juli | 3·875 | 4·000 | 4·000 | 4·500 | 4·250 | 4·750 | 3·375 | 3·750 | 2·500 | 2·875 | 3·375 | 3·625 | 3·250 | 3·625 | 4·000 | 4·000 |
| August | 3·875 | 4·000 | 4·500 | 4·750 | 4·375 | 4·750 | 3·250 | 3·500 | 3·250 | 3·500 | 3·750 | 4·000 | 3·750 | 4·000 | 3·875 | 4·125 |
| September | 4·000 | 4·250 | 4·500 | 4·750 | 4·375 | 4·750 | 3·250 | 3·500 | 3·750 | 4·000 | 3·750 | 4·000 | 3·750 | 4·000 | 3·750 | 4·000 |
| October | 4·500 | 4·750 | 4·500 | 4·750 | 4·500 | 5·000 | 3·750 | 4·000 | 4·000 | 4·250 | 3·750 | 4·000 | 5·000 | 5·500 | 3·875 | 4·125 |
| November | 4·000 | 4·250 | 4·000 | 4·250 | 4·125 | 4·250 | 3·500 | 3·750 | 3·500 | 3·750 | 3·500 | 3·750 | 4·750 | 5·000 | 3·875 | 4·000 |
| December | 4·500 | 4·750 | 4·000 | 4·250 | 4·125 | 4·250 | 3·250 | 3·500 | 3·250 | 3·500 | 4·000 | 4·125 | 4·750 | 5·250 | 3·875 | 4·000 |

| Ende des Monates | 1884 | | 1885 | | 1886 | | 1887 | | 1888 | | 1889 | | 1890 | | 1891 | |
|---|---|---|---|---|---|---|---|---|---|---|---|---|---|---|---|---|
| | von | bis | von | bis | von | bis | von | bis | von | bis | von | bis | von | bis | von | bis |
| Jänner | 3·500 | 4·000 | 3·250 | 3·500 | 3·000 | 3·375 | 3·125 | 3·375 | 3·000 | 3·125 | 3·750 | 3·750 | 3·875 | 4·000 | 4·125 | 4·250 |
| Februar | 3·375 | 3·750 | 3·000 | 3·375 | 2·750 | 3·000 | 2·750 | 3·000 | 3·000 | 3·125 | 3·000 | 3·250 | 3·250 | 3·500 | 3·625 | 3·750 |
| März | 3·750 | 4·000 | 3·500 | 4·000 | 2·750 | 3·000 | 3·125 | 3·375 | 3·000 | 3·125 | 3·000 | 3·250 | 3·375 | 3·375 | 3·500 | 3·625 |
| April | 3·750 | 4·000 | 3·750 | 4·000 | 3·125 | 3·375 | 3·750 | 4·000 | 3·000 | 3·250 | 3·125 | 3·250 | 3·250 | 3·375 | 3·250 | 3·375 |
| Mai | 3·625 | 4·000 | 3·250 | 3·500 | 2·875 | 3·125 | 3·000 | 3·250 | 2·750 | 3·000 | 3·000 | 3·000 | 3·250 | 3·375 | 3·500 | 3·625 |
| Juni | 3·625 | 4·000 | 3·500 | 3·750 | 3·375 | 3·625 | 3·625 | 3·875 | 3·250 | 3·375 | 3·375 | 3·625 | 3·625 | 3·750 | 3·625 | 3·750 |
| Juli | 3·625 | 3·875 | 2·875 | 3·250 | 2·875 | 3·125 | 3·500 | 3·750 | 3·000 | 3·500 | 3·875 | 3·750 | 3·875 | 3·750 | 3·750 |
| August | 3·750 | 4·000 | 3·125 | 3·500 | 3·125 | 3·375 | 3·375 | 3·625 | 3·750 | 3·750 | 4·000 | 4·000 | 4·000 | 4·000 | 4·000 | 4·000 |
| September | 3·625 | 4·000 | 3·250 | 3·625 | 3·875 | 4·000 | 3·750 | 4·000 | 4·500 | 4·500 | 4·000 | 4·000 | 4·500 | 4·500 | 5·000 | 5·000 |
| October | 3·875 | 4·125 | 3·750 | 4·000 | 4·000 | 4·125 | 4·375 | 4·500 | 4·500 | 4·500 | 4·000 | 4·000 | 5·500 | 5·500 | 5·000 | 5·000 |
| November | 3·500 | 3·750 | 3·125 | 3·375 | 3·750 | 3·875 | 4·250 | 4·500 | 4·500 | 4·500 | 5·000 | 5·000 | 5·500 | 5·500 | 4·9375 | 5·000 |
| December | 4·000 | 4·250 | 3·375 | 3·625 | 4·000 | 4·000 | 4·375 | 4·500 | 4·500 | 4·500 | 5·000 | 5·000 | 5·250 | 5·375 | 4·500 | 4·750 |

Anmerkung. Die Notierungen lauten: Von 1869 bis 4. Juli 1873 „Bis 3 Monate", vom 5. Juli 1873 bis 14. Februar 1889 „I. Platzbriefe", vom 15. Februar 1889 ab „dreimonatliche Wechsel".

**Tabelle 132.**

# Zusammenstellung der Jahresdurchschnitte des Privat-Discontos an den Monats-Ultimos nach den Wiener Börseberichten.

| Jahr | Jahresdurchschnitt | Maximum | | Minimum | | Anmerkung |
|---|---|---|---|---|---|---|
| | | Procent | im Monat | Procent | im Monat | |
| 1869 | 4·21—4·54 | 6 | September, October | 3 1/2 | Jänner bis Juni | Nach den Wiener Börse-nachrichten: Bis 4. Juli 1873 „Bis 3 Monate“, vom 5. Juli 1873 bis 14. Februar 1889: „I. Platzbriefe“, vom 15. Februar 1889 bis Ende „dreimonatl. Wechsel“. |
| 1870 | 5·33—5·94 | 8 1/2 | Juli | 4 1/2 | Jänner, Februar | |
| 1871 | 5·69—6 02 | 8 | September | 4 3/4 | März | |
| 1872 | 6·08—6·70 | 9 3/8 | October | 5 | Februar, März | |
| 1873 | 5·25—5·90 | 8 | Mai | 4 1/2 | November | |
| 1874 | 4·59—4·92 | 5 1/2 | März | 4 1/4 | December | |
| 1875 | 4·35—4·66 | 5 | Juni, Juli | 4 1/4 | Jänner bis April | |
| 1876 | 4·13—4·41 | 4 3/4 | März, April, October, December | 3 7/8 | Juli, August | |
| 1877 | 4·13—4·40 | 4 3/4 | August, September, October | 3 3/4 | März, Mai | |
| 1878 | 4·08—4·40 | 5 | October | 3 3/4 | Februar bis Mai | |
| 1879 | 3·54—3·82 | 4 3/8 | Jänner | 3 1/4 | August, September, December | |
| 1880 | 3·19—3·45 | 4 1/4 | October | 2 1/2 | Juli | |
| 1881 | 3·55—3·80 | 4 1/8 | December | 3 | Februar, März | |
| 1882 | 3·76—4 12 | 5 1/4 | December | 3 | Februar, März | |
| 1883 | 3·73—3·96 | 4 1/4 | Jänner | 3 3/8 | März, April | |
| 1884 | 3·67—3·98 | 4 1/4 | December | 3 3/8 | Februar | |
| 1885 | 3·31—3·63 | 4 | März, April, October | 3 | Februar | |
| 1886 | 3·29—3·50 | 4 1/8 | October | 2 3/4 | Februar | |
| 1887 | 3·58—3·81 | 4 1/2 | October, November, December | 2 3/4 | Februar | |
| 1888 | 3·56—3·65 | 4 1/2 | September bis December | 2 3/4 | Mai | |
| 1889 | 3·73—3·83 | 5 | November, December | 3 | Februar | |
| 1890 | 4·09—4·18 | 5 1/4 | October, November | 3 1/4 | Februar, April, Mai | |
| 1891 | 4·07—4·16 | 5 | September, October November, | 3 1/4 | April | |

**Tabelle 133.**

# Jahresdurchschnitte der „prices negotiated on Change“ in London auf

(nach dem „The Statist“ und „The Economist“.)[1]

| Jahr | Amsterdam 3 Monate per 1 Pfd. Sterl. in niederländischer Währung | Berlin 3 Monate per 1 Pfd. Sterl. in deutscher Reichs-Währung | Wien 3 Monate per 1 Pfd. Sterl. in österreichischer Währung Noten | Petersburg 3 Monate per Silberrubel zahlbar in Papier in Pence Sterling | Paris 3 Monate per 1 Pfd. Sterl. in Francs-Währung | Italien 3 Monate per 1 Pfd. Sterl. in italienischer Währung Noten | Indien[2] (Kalkutta) 2—6 Monate per Rupie in Shilling und Pence Sterling Banknoten | Londoner Silberpreis per Unze Standard in Pence Sterling |
|---|---|---|---|---|---|---|---|---|
| | Metallparität im Sinne der D. R.-W. 1 : 15 1/2 (Gesetz vom 4. December 1871, Seite 404, R. G. Bl. §. 8). | | | | | | | |
| | 12 Fl. 1 Cs. | 20 Mk. 42 Pf. | 10 fl. 21 kr. | 38,09 Pence | 25 Frcs. 22 Cts. | 25 Lire 22 C. | 1 Shill. 10, 6 Pence | 60,8 Pence |
| 1878[4] | 12 Fl. 4,30 Cs. | 20 Mk. 61 Pf. | 12 fl. 06 kr. | 23,81·2 Pence | 25 Frcs. 37 Cts. | 27 Lire 94 C. | 1 Sh. 8,06·20 Pen. | 52,55 |
| 1879 | 12 „ 3,64 „ | 20 „ 58 „ | 11 „ 96 „ | 23,66 „ | 25 „ 41 „ | 28 „ 32 „ | 1 „ 7,6000 „ | 51,31 |
| 1880 | 12 „ 3,91 „ | 20 „ 61 „ | 11 „ 98 „ | 24,42 „ | 25 „ 47 „ | 27 „ 80 „ | 1 8,0000 „ | 52,21 |
| 1881 | 12 „ 4,70 „ | 20 „ 69 „ | 11 „ 93 „ | 24,59 „ | 25 „ 57 „ | 25 „ 99 „ | 1 „ 7,6300 „ | 51,83 |
| 1882 | 12 „ 5,35 „ | 20 „ 68 „ | 12 „ 11 „ | 23,54 „ | 25 „ 48 „ | 26 „ 12 „ | 1 „ 7,8700 „ | 51,72 |
| 1883 | 12 „ 4,75 „ | 20 „ 65 „ | 12 „ 15 „ | 23,16 „ | 25 „ 46 „ | 25 „ 56 „ | 1 „ 7,4400 „ | 50,75 |
| 1884 | 12 „ 4,41 „ | 20 „ 48 „ | 12 „ 35 „ | 23,75 „ | 25 „ 41 „ | 2[illegible] „ 51 „ | 1 „ 7,4820 „ | 50,63 |
| 1885 | 12 „ 2,62·5 „ | 20 „ 55 „ | 12 „ 75 „ | 23,31 „ | 25 „ 41 1/4 „ | 25 „ 61 1/4 „ | 1 „ 5,9680 „ | 48,48 |
| 1886 | 12 „ 3,23 9 „ | 20 „ 54 „ | 12 „ 75 „ | 22,82 2 „ | 25 „ 41 „ | 25 „ 57 „ | 1 „ 5,4970 „ | 45,34 |
| 1887 | 12 „ 3,29 „ | 20 „ 55 „ | 12 82 „ | 20,98 4 „ | 25 „ 49·6 „ | 25 „ 85 „ | 1 „ 5,1160 „ | 44,61 |
| 1888 | 12 „ 3,15·6 „ | 20 „ 55 „ | 12 „ 59 „ | 21,89 „ | 25 „ 50 „ | 25 „ 84 „ | 1 „ 4,3666 „ | 42,71[5] |
| 1889 | 12 „ 1,96 9 „ | 20 „ 62 „ | 12 „ 11 „ | 24,70 „ | 25 „ 45 , | 25 „ 79 „ | 1 „ 4,3924 „ | 42,73 |
| 1890 | 12 „ 3,65·6 „ | 20 „ 62 „ | 11 „ 78 „ | 27,19 „ | 25 „ 43 „ | 25 „ 81 „ | 1 „ 6.5182 „ | 47,93 |
| 1891 | 12 „ 3,57·3 „ | 20 „ 55 „ | 11 „ 84 „ | 25,74 „ | 25 . 44 „ | 25 „ 96 „ | 1 „ 5,1901 „ | 44,96 |

[1] Die Jahresdurchschnitte sind nur nach den Monats-Ultimonotierungen dieser Zeitschriften gerechnet.
[2] Diese Curse verstehen sich für „Bills“ (Wechsel) der indischen Regierung
[3] Nach Soetbeer.
[4] Für das Jahr 1878 besitzen wir nur 11 Monatsdaten, nämlich von Ultimo Februar an.
[5] Nach dem „Economist“ gerechnet.

englischen Bank, der Bank von Frankreich, (

iener Börse und des Londoner Silber-Preises v

jeden Monates dieser Jahre.

| 1885 | 1886 | 1891 | I Scala für den Disconto Zinsfuss | II Scala für den Londoner Silber-preis | III Scala für den Goldpreis in Gulden Ö.W.Noten |
|---|---|---|---|---|---|
| | | | | 54 | CXXVII |
| | | | | 53 | CXXVI |
| | | | | 52 | CXXV |
| | | | | 51 | CXXIV |
| | | | 10 | 50 | CXXIII |
| | | | 9 | 49 | CXXII |
| | | | 8 | 48 | CXXI |
| | | | 7 | 47 | CXX |
| | | | 6 | 46 | CXIX |
| | | | 5 | 45 | CXVIII |
| | | | 4 | 44 | CXVII |
| | | | 3 | 43 | CXVI |
| | | | 2 | 42 | CXV |
| | | | 1 | 41 | CXIV |
| | | | . | 40 | CXIII |
| | | | . | 39 | CXII |
| | | | . | 38 | CXI |

Monthly columns (both top and bottom axis): Jänner, Februar, März, April, Mai, Juni, Juli, August, September, Oktober, November, December

| 1885 | 1886 | 1891 | I Scala für den Disconto Zinsfuss | II Scala für den Londoner Silber-preis | III Scala für den Goldpreis in Gulden Ö.W.Noten |
|---|---|---|---|---|---|

# Erläuterungen.

***

Außer der Bewegung des Disconto der privilegierten österreichischen Nationalbank, respective der österreichisch-ungarischen Bank ist auch die Verfolgung des Privat-Disconto auf dem Wiener Geldmarkte für die Beurtheilung des Zinsfußes auf demselben von Wichtigkeit. Letzteres umsomehr, als die österreichisch-ungarische Bank in ihrer Geschäftsthätigkeit auf den eigentlichen Bankverkehr (Escompte nach der Bankrate) nicht beschränkt ist. (Art. 62 B. A. vom Jahre 1887.)

Außerdem erscheint zur Beurtheilung der Lage des internationalen Geldmarktes eine eingehende Darstellung der Disconto-Bewegung bei den hauptsächlichen europäischen Banken nicht umgehbar.

Die graphische Vergleichung der gleichzeitigen Bewegung des Wiener Geldpreises einerseits und der Discontohöhe anderseits ist gerade bei dem Zustande der Isolierung der österr. Währung von besonderem Werte und Interesse.

Die Synopsie der Londoner Wechselcurse bietet Gelegenheit, den internationalen Wert der Währung der österreichisch-ungarischen Monarchie im Vergleiche mit der Wertgestaltung der Währungen anderer Länder in authentischer Weise kennen zu lernen.

***

# Zehnter Abschnitt.

## Die österreichische Währung. Das Papiergeld und das Silbergeld in ihrer Wertgestaltung.

(Tabellen 135—161.)

Tabelle 135.

# Das Agio des Silbergeldes gegen österreichisches Papiergeld an der Wiener Börse.
## 1848 — 1878.

| Jahre | Bis zur börseamtlichen Cours-Notierung | | | Nach Kramar | Nach Herzka |
|---|---|---|---|---|---|
| | Nach dem Compaß | | | Durchschnittszahl | Durchschnittszahl |
| | Maximum | Minimum | Durchschnittszahl | | |
| 1848 | 17·00 | 1·00 | 9·36 | 10 1/8 | 9·36 |
| 1849 | 27·00 | 5·00 | 13·85 | 13 | 13·85 |
| 1850 | 50·00 | 11·00 | 19·82 | 18 1/8 | 19·82 |
| 1851 | 34·00 | 16·75 | 26·05 | 25 6/8 | 26·05 |
| 1852 | 25·00 | 10·00 | 19·45 | 19 6/8 | 19·75 |
| 1853 | 16·75 | 7·75 | 10·57 | 10 3/8 | 10·62 |
| 1854 | 46·50 | 14·75 | 27·85 | 27 6/8 | 27·75 |
| 1855 | 29·25 | 9·12 | 20·90 | 21 3/4 | 20·62 |
| 1856 | 13·50 | 1·25 | 4·64 | 5 6/8 | 5·37 |
| 1857 | 9·37 | 3·87 | 5·50 | 5 1/8 | 5·50 |
| 1858 | 6·75 | 0·25 | 4·11 | 4 1/8 | 4·12 |
| 1859 | 53·20 | 0·25 | 22·16 | 20 3/8 | 20·62 |
| 1860 | 44·30 | 24·65 | 32·32 | 32 2/8 | 32·25 |
| | Nach der börseamtlichen Notierung | | | | |
| 1861 | 50·03 | 35·62 | 41·25 | . . . . . | . . . . . |
| 1862 | 38·67 | 17·19 | 28·07 | . . . . . | . . . . . |
| 1863 | 18·84 | 10·16 | 13·79 | . . . . . | . . . . . |
| 1864 | 19·82 | 13·39 | 15·72 | . . . . . | . . . . . |
| 1865 | 14·28 | 5·39 | 8·32 | . . . . . | . . . . . |
| 1866 | 29·75 | 1·75 | 19·76 | . . . . . | . . . . . |
| 1867 | 30·00 | 18·75 | 23·95 | . . . . . | . . . . . |
| 1868 | 18·75 | 11·25 | 14·43 | . . . . . | . . . . . |
| 1869 | 22·38 | 18·06 | 21·02 | . . . . . | . . . . . |
| 1870 | 25·40 | 18·48 | 21·89 | . . . . . | . . . . . |
| 1871 | 22·55 | 16·57 | 20·38 | . . . . . | . . . . . |
| 1872 | 13·75 | 7·09 | 9·27 | . . . . . | . . . . . |
| 1873 | 10·81 | 6·24 | 8·14 | . . . . . | . . . . . |
| 1874 | 7·04 | 3·56 | 5·25 | . . . . . | . . . . . |
| 1875 | 5·64 | 0·94 | 3·40 | . . . . . | . . . . . |
| 1876 | 8·25 | 0·90 | 4·60 | . . . . . | . . . . . |
| 1877 | 7·70 | 3·95 | 9·36 | . . . . . | . . . . . |
| 1878 | 12·50 | . . . . . | 3·15 | . . . . . | . . . . . |

Tabelle 186.

# Wechselcurse an der Wiener Börse.
### (Nach den amtlichen Cursnotizen.)
## 1848—1858.

| Jahre | Auf London per 1 Pfd. Sterlg. in C.-M. | | | Auf Augsburg für 100 fl. Courant in C.-M. | | | Auf Paris für 300 Frcs. in C.-M. | | | Anmerkung |
|---|---|---|---|---|---|---|---|---|---|---|
| | Durchsch.-Zahl | Maximum | Minimum | Durchsch.-Zahl | Maximum | Minimum | Durchsch.-Zahl | Maximum | Minimum | |
| 1848*) | 11·18 | 12·00 | 10·42 | 111·25 | 116·50 | 106·50 | 133·20 | 140·00 | 128 1/4 | 1 Pfd. Sterlg. ist nach der Relation 1 : 15 1/2 = 9 fl. 42 kr. C.-M. Silber |
| 1849 | 11·24 | 12·18 | 10·44 | 113·17 | 121·00 | 107·00 | 134·31 | 144 1/2 | 126 1/2 | |
| 1850 | 11·54 | 12·50 | 11·19 | 120·20 | 133·00 | 113·00 | 141·27 | 154 1/2 | 133 1/4 | 100 fl. Courant = 97 fl. 44 kr. C.-M. Silber |
| 1851 | 12·20 | 13·04 | 11·32 | 125·33 | 133·50 | 118·50 | 148·12 | 157·00 | 138 4/4 | |
| 1852 | 11·49 | 12·28 | 10·48 | 118·50 | 124 9/16 | 110·00 | 140·30 | 147 1/4 | 129 1/4 | 300 Frcs. Gold oder Silber = 115 fl. 26 kr. C.-M. Silber |
| 1853 | 10·52 | 11·19 | 10·17 | 110·46 | 116 5/8 | 108 1/4 | 130·36 | 136 1/2 | 128 1/4 | |
| 1854 | 12·24 | 13·42 | 11·08 | 127·00 | 139·00 | 114 1/4 | 149·32 | 164·00 | 133 7/8 | *) Nur sechsmonatlicher Durchschnitt, und zwar vom Juli bis December |
| 1855 | 11·40 | 12·27 | 10·42 | 120·15 | 128 5/8 | 109 1/8 | 139·50 | 149 5/8 | 127 3/4 | |
| 1856 | 10·10 | 10·26 | 10·02 | 104·22 | 107 1/2 | 101 1/8 | 121·07 | 124 1/8 | 118 3/4 | |
| 1857 | 10·12 | 10·34 | 10·07 | 105·41 | 108 5/8 | 104·00 | 121·58 | 125 1/2 | 120 1/4 | |
| 1858 | 10·09 | 10·19 | 9·505 | 104·23 | 106 3/4 | 101 1/8 | 121·42 | 123 3/4 | 117 3/8 | |

börsemäßig

Tabelle 137.

# Wechselcurs von Wien auf London.

(Nach der amtlichen Börsenotierung.)
## 1859—1878.

| Jahre | Für 10 Pfund Sterling X Gulden österr. Währ. Noten | | | Anmerkung |
|---|---|---|---|---|
| | Durchschnitts-Zahl | Maximum | Minimum | |
| 1859 | 121·50 | . . . . . . . . . | . . . . . . . . . | Bis zum Jahre 1873 wurde börsemäßig das Pfund |
| 1860 | 126·12 | . . . . . . . . . | . . . . . . . . . | Sterling mit 10 fl. 21 kr. österr. Währ. Silber gerechnet. |
| 1861 | 141·00 | . . . . . . . . . | . . . . . . . . . | |
| 1862 | 133·62 | . . . . . . . . . | . . . . . . . . . | |
| 1863 | 112·12 | . . . . . . . . . | . . . . . . . . . | |
| 1864 | 117·25 | . . . . . . . . . | . . . . . . . . . | |
| 1865 | 112·25 | . . . . . . . . . | . . . . . . . . . | |
| 1866 | 116·75 | 129·50 | 104·00 | |
| 1867 | 124·53 | 130·25 | 120·20 | |
| 1868 | 116·67 | 121·80 | 113·25 | |
| 1869 | 123·29 | 127·47 | 118·85 | |
| 1870 | 124·26 | 129·75 | 119·00 | |
| 1871 | 121·50 | 124·90 | 115·70 | |
| 1872 | 110·55 | 114·35 | 106·70 | |
| 1873 | 110·89 | 113·70 | 108·90 | |
| 1874 | 110·91 | 113·75 | 109·35 | |
| 1875 | 111·78 | 114·56 | 111·00 | |
| 1876 | 121·32 | 127·50 | 114·35 | |
| 1877 | 122·17 | 128·70 | 116·90 | |
| 1878 | 118·99 | 123·67 | 115·60 | |

Tabelle 138.

# Jahresdurchschnitte der Devisen: Deutsche Bankplätze (Berlin), Paris und London.
## 1871—1891.

(Nach den amtlichen Notierungen an der Wiener Börse.)

| Jahre | Deutsche Bankplätze (Berlin) | Paris | London | Anmerkung |
|---|---|---|---|---|
| 1871 | . . . . . . . . . . . | 47·36 | 121·50 | Berechnet nach den Notizen des Compaß für das |
| 1872 | . . . . . . . . . . . | 43·18 | 110·55 | Ende jeden Monats. |
| 1873 | . . . . . . . . . . . | 43·51 | 110·89 | |
| 1874 | . . . . . . . . . . . | 43·98 | 110·91 | |
| 1875 | 54·43 | 44·27 | 111·78 | |
| 1876 | 59·05 | 48·— | 121·32 | |
| 1877 | 59·78 | 48·65 | 122·17 | |
| 1878 | 57·61 | 46·91 | 118·99 | |
| 1879 | 56·85 | 46·15 | 117·30 | |
| 1880 | 57·44 | 46·55 | 117·83 | |
| 1881 | 57·56 | 46·60 | 117·83 | |
| 1882 | 58·47 | 47·46 | 119·60 | |
| 1883 | 58·67 | 47·54 | 120·— | |
| 1884 | 59·63 | 48·34 | 121·89 | |
| 1885 | 61·26 | 49·47 | 124·92 | |
| 1886 | 61·73 | 49·89 | 126·01 | |
| 1887 | 62·05 | 50·— | 126·61 | |
| 1888 | 60·87 | 49·07 | 124·22 | |
| 1889 | 58·48 | 47·37 | 119·55 | |
| 1890 | 56·89 | 46·00 | 116·05 | |
| 1891 | 57·33 | 46·27 | 116·80 | |

Tabelle 189.

# Monats- und Jahres-Durchschnitte

### Nach den amtlichen Notierungen

| | | 1878 | | 1879 | | 1880 | | 1881 | | 1882 | | 1883 | |
|---|---|---|---|---|---|---|---|---|---|---|---|---|---|
| Jänner | Durchschnitt | .... | 120 17.4 | .... | 118 28.4 | .... | 118 10.6 | .... | 118 77.1 | .... | 119 69.8 | .... | 120 05.2 |
| | Maximum | 2. | 121 50 | 2. | 118 72 | 30. | 118 48 | 22.—25. | 118 95 | 23. | 120 80 | 23. | 120 60 |
| | Minimum | 28. | 119 04 | 31. | 117 73 | 3, 5. | 117 78 | 4., 5. | 118 55 | 2. | 119 10 | 2. | 119 65 |
| Februar | Durchschnitt | .... | 119 62.8 | .... | 117 87.2 | .... | 118 38.7 | .... | 118 47.8 | .... | 120 58.5 | .... | 119 96.7 |
| | Maximum | 25., 28. | 120 35 | 19., 20. | 118 08 | 27. | 118 89 | 5. | 118 95 | 25. | 120 90 | 10. | 120 15 |
| | Minimum | 6. | 119 04 | 22. | 117 63 | 14. | 118 13 | 24. | 117 75 | 13. | 120 35 | 3., 17., 19. | 119 85 |
| März | Durchschnitt | .... | 120 31.2 | .... | 117 89.6 | .... | 119 49.4 | .... | 117 60 | .... | 120 63.8 | .... | 119 82.2 |
| | Maximum | 29. | 123 42 | 20. | 118 23 | 12., 27. | 119 84 | 1., 2. | 117 85 | 15. | 120 90 | 1., 6.—9. | 120 .. |
| | Minimum | 6, 9. | 119 39 | 3. | 117 58 | 1. | 118 99 | 31. | 117 30 | 31. | 120 10 | 30., 31. | 119 65 |
| April | Durchschnitt | .... | 123 23.5 | .... | 117 99 | .... | 119 98.5 | .... | 117 94.8 | .... | 120 18 | .... | 119 82.4 |
| | Maximum | 27. | 124 43 | 22. | 118 24 | 26. | 120 30 | 11., 12. | 118 40 | 24. | 120 40 | (20., 21.)(27., 28.) | 119 95 |
| | Minimum | 9., 10. | 122 46 | 2., 3. | 117 73 | 9. | 119 59 | 1. | 117 25 | 3. | 119 85 | 6. | 119 65 |
| Mai | Durchschnitt | .... | 122 59.1 | .. | 117 97.5 | .. | 119 67.4 | .. | 117 86.3 | .. | 120 06.8 | .. | 120 15 |
| | Maximum | 2. | 124 48 | 9., 21. | 118 39 | 3.—5., 11. | 120 19 | 5. | 118 05 | 1.—3. | 120 20 | 22., 23. | 120 35 |
| | Minimum | 28. | 120 09 | 31. | 117 23 | 31. | 118 48 | 31. | 117 20 | 30. | 119 80 | 2. | 119 85 |
| Juni | Durchschnitt | .... | 118 75 | .... | 116 78.8 | .... | 118 30 | .... | 117 09.3 | .... | 120 26.3 | .... | 120 14.4 |
| | Maximum | 3., 4. | 119 89 | 13. | 117 18 | 9. | 118 73 | 17.—21. | 117 25 | 28. | 120 55 | (1., 2., 6.)(9., 12-14.) | 120 20 |
| | Minimum | 28. | 117 42 | 24. | 116 48 | 18. | 117 88 | 7., 8. | 116 90 | 1. | 119 90 | 27. | 120 05 |
| Juli | Durchschnitt | ... | 116 90.5 | .... | 116 62.6 | .... | 118 60.2 | .... | 117 34 | .... | 120 66 | .... | 120 09.2 |
| | Maximum | 10 | 117 52 | 7.—9. | 116 78 | 26. | 118 94 | 23. | 117 65 | 14. | 121 05 | 27., 31. | 120 15 |
| | Minimum | 31. | 115 96 | 27. | 116 53 | 2., 3. | 118 23 | {1.—5.,}{7.—8.,} | 117 05 | 29. | 120 35 | 27., 31. | 120 .. |
| August | Durchschnitt | .... | 117 15.7 | .... | 117 43.8 | .... | 118 59.4 | .... | 117 75.4 | .... | 119 65.8 | .... | 119 90.3 |
| | Maximum | 21., 22. | 117 60 | 30. | 118 49 | 3. | 118 84 | 31. | 118 05 | 1. | 120 45 | 1., 30. | 120 .. |
| | Minimum | 1. | 115 80 | 1. | 116 53 | 5.—9. | 118 39 | 1.—3. | 117 50 | 30., 31. | 118 60 | 9., 10. | 119 80 |
| September | Durchschnitt | ... | 118 21.6 | .... | 118 38 | .... | 118 97.6 | .... | 118 03.2 | .... | 119 21 | .... | 120 06.8 |
| | Maximum | 17. | 119 48 | 1., 17. | 118 79 | (21., 22.)(28.) | 119 19 | 2., 23., 24. | 118 25 | 16. | 119 50 | 7., 13. | 120 20 |
| | Minimum | 2. | 116 89 | 30. | 117 59 | 1. | 118 59 | 16. | 117 85 | 1. | 118 60 | 3. | 119 90 |
| October | Durchschnitt | .... | 119 27.6 | .... | 117 77.7 | .... | 118 77.8 | .... | 118 45.6 | .... | 119 51 | .... | 120 17.8 |
| | Maximum | 16. | 120 23 | 11.—15. | 118 19 | 8. | 119 49 | (27., 28.)(31.) | 118 65 | 16.—18. | 119 80 | 31. | 120 35 |
| | Minimum | 2. | 118 21 | 31. | 116 98 | 28., 29. | 118 03 | 1. | 117 90 | 3. | 119 25 | 1.—4. | 120 .. |
| November | Durchschnitt | .... | 118 72.3 | .... | 117 59.3 | .... | 118 38.1 | .... | 118 55.4 | .... | 119 50.6 | .... | 120 73.5 |
| | Maximum | 2. | 119 21 | 21., 22. | 117 83 | 23. | 118 59 | a. | 119 10 | 13. | 119 60 | 2., 3. | 121 30 |
| | Minimum | 30. | 118 26 | 8. | 117 18 | 2. | 118 18 | 27.—30. | 118 65 | 2., 3. | 119 25 | 13. | 120 40 |
| December | Durchschnitt | .... | 118 59.6 | .... | 117 86.2 | .... | 118 73 | .... | 119 03.6 | .... | 119 46.7 | .... | 121 01.9 |
| | Maximum | 23. | 118 97 | (17., 19.)(20.) | 117 98 | 10.—13. | 118 99 | 28. | 119 15 | 18. | 119 75 | (12., 17.)(27.29.31) | 121 15 |
| | Minimum | 5., 6. | 118 06 | 4. | 117 73 | 1., 2. | 118 44 | 1. | 118 85 | 6. | 119 25 | 3. | 120 75 |
| Jahresdurchschnitt | | .... | 119 25.5 | .... | 117 70.8 | .... | 118 33.4 | .... | 118 09.5 | .... | 119 95.1 | .... | 120 16.7 |
| Jahres-Maximum | | 2./V. | 124 48 | 1., 17./IX. | 118 79 | 26./IV. | 120 30 | 28./XII. | 119 15 | 14./VII. | 121 05 | 13./XI. | 121 30 |
| Jahres-Minimum | | 1./VIII. | 115 80 | 24./VI. | 116 48 | 3., 5./I. | 117 78 | 7., 8./VI. | 116 90 | (30./VIII.)(31./VIII.)(1./IX.) | 118 60 | .... | 119 65 |
| Größte Schwankung | | .... | 8 68 | .... | 2 31 | .... | 2 52 | .... | 2 25 | .... | 2 45 | .... | 1 56 |

# der Warencurse der Devise London.

## an der Wiener Börse.

| | 1884 | | | 1885 | | | 1886 | | | 1887 | | | 1888 | | | 1889 | | | 1890 | | | 1891 | |
|---|---|---|---|---|---|---|---|---|---|---|---|---|---|---|---|---|---|---|---|---|---|---|
| | **121 39·8** | | | **124 05** | | | **127 01·9** | | | **127 31·2** | | | **127 44·4** | | | **121 26** | | | **118 34·2** | | | **114 63·4** | |
| 26., 28. | 121 | 60 | 13, 14. | 124 | 20 | 14. | 127 | 55 | 29., 31. | 128 | 20 | 2. | 128 | 10 | 10. | 121 | 75 | . . . | 118 | 75 | 8. | 115 | 25 |
| 2. | 121 | 15 | 2. | 123 | 75 | 2. | 126 | 60 | 4. | 126 | 45 | 25. | 126 | 90 | 3.,23.,25. | 121 | 05 | 4. | 118 | 20 | 2. | 113 | 80 |
| | **121 56·0** | | | **124 24·4** | | | **126 80·8** | | | **128 78·7** | | | **127 31·0** | | | **121 14** | | | **119 34·6** | | | **114 83·5** | |
| 20., 21. | 121 | 80 | 17., 18. | 124 | 60 | 15. | 127 | 05 | 3. | 129 | 40 | 9. | 127 | 60 | 14., 15. | 121 | 65 | 13. | 119 | 80 | 28. | 115 | 40 |
| 6., 7. | 121 | 30 | 3.—5. | 123 | 85 | 26., 27. | 126 | 30 | 8.,24.,25. | 128 | 50 | 1. | 127 | 10 | 4., 6. | 121 | 15 | 1. | 118 | 65 | 5., 6. | 114 | 35 |
| | **121 59·8** | | | **124 59·4** | | | **126 00·6** | | | **128 30** | | | **127 25·8** | | | **121 88·2** | | | **119 76·4** | | | **115 33·7** | |
| 12. | 121 | 70 | 30. | 124 | 75 | 1, 2. | 126 | 30 | 7. | 128 | 85 | 8. | 127 | 65 | 11. | 122 | 25 | 22., 24. | 120 | . . | 16. | 115 | 90 |
| 28.—31. | 121 | 50 | 3., 21. | 124 | 30 | 15,16., 26., 27 | 125 | 85 | 30., 31. | 127 | 95 | 31. | 126 | 90 | 30. | 121 | 40 | 4., 7 | 119 | 50 | 6. | 114 | 85 |
| | **121 57·3** | | | **125 78·3** | | | **126 23·9** | | | **127 53·3** | | | **127 11·9** | | | **120 61** | | | **119 28·5** | | | **116 30·9** | |
| 17., 23. | 121 | 65 | 30. | 126 | 85 | 22. | 126 | 50 | 4., 6. | 128 | 05 | 17. | 127 | 40 | 1. | 121 | 40 | 1. | 119 | 85 | 28., 30. | 117 | 20 |
| 4.—8. | 121 | 50 | 4 | 124 | 50 | 1, 2. | 126 | . . | 30. | 127 | 15 | 4. | 126 | 75 | 30. | 119 | 75 | 29., 30. | 118 | 50 | 1. | 115 | 25 |
| | **122 11·9** | | | **125 08·9** | | | **126 85·9** | | | **127 30** | | | **127 13·3** | | | **118 81·3** | | | **118 12** | | | **118 37·1** | |
| 24. | 122 | 70 | 1. | 126 | 20 | 15.-20. 22. | 127 | 15 | 24., 25. | 127 | 50 | 16. | 127 | 35 | 1. | 119 | 50 | 6., 7. | 118 | 75 | 13., 19. | 118 | 90 |
| 1. | 121 | 60 | 30. | 124 | 55 | 1. | 126 | 20 | 2.—4. | 127 | 20 | 8. | 126 | 90 | 21. | 118 | 10 | 31. | 117 | . . | 1. | 117 | 25 |
| | **122 12·8** | | | **124 54·6** | | | **126 61·8** | | | **127 22·7** | | | **126 59·6** | | | **119 63·4** | | | **117 19·8** | | | **117 81·6** | |
| 3. | 122 | 55 | 13. | 124 | 65 | 1. | 127 | 05 | 7., 8. | 127 | 40 | 1. | 127 | . . | 14., 15. | 120 | 40 | 13., 14. | 117 | 45 | 3. | 118 | 60 |
| 14., 30. | 121 | 95 | 2., 17. | 124 | 45 | 28. | 126 | 15 | 28. | 126 | 70 | 30. | 125 | 55 | 1. | 119 | . . | 9. | 116 | 85 | 24. | 117 | 35 |
| | **121 95·2** | | | **125 06·1** | | | **126 56·5** | | | **126 50·4** | | | **125 24·8** | | | **119 70·4** | | | **116 79·4** | | | **117 88·5** | |
| 9. | 122 | 15 | 16. | 125 | 50 | 7. | 126 | 95 | 11.—14. | 126 | 95 | 14.—16. | 125 | 55 | 29. | 121 | . . | 10., 11. | 117 | 45 | 31. | 118 | 30 |
| 1. | 121 | 35 | 2. | 124 | 55 | 1. | 126 | 25 | 30. | 125 | 50 | 31. | 124 | 10 | 2. | 119 | 80 | 29., 31. | 116 | 20 | 2. | 117 | 70 |
| | **121 77·4** | | | **125 24·4** | | | **126 39** | | | **125 94·8** | | | **123 65·7** | | | **119 68·6** | | | **114 74·2** | | | **118 29·2** | |
| 16., 18. 2., 4., 6., 7. | 121 | 85 | 5. | 125 | 85 | 27.,29. 31. 21. | 126 | 55 | 10. | 126 | 40 | 23. | 123 | 90 | 1., 2. 23—26 23., 29. | 120 | 35 | 2. | 116 | 55 | 17., 19. 31. | 118 | 55 |
| | 121 | 70 | 25., 26. | 124 | 65 | | 126 | 10 | 1. | 125 | 30 | 31. | 123 | 35 | 30. | 119 | 33 | 30. | 112 | 25 | 11., 55 | | |
| | **121 75·2** | | | **125 36·8** | | | **126 21·8** | | | **126 00·2** | | | **122 11·9** | | | **119 83·8** | | | **112 34** | | | **117 53·4** | |
| 19. | 121 | 90 | 23. | 126 | 50 | 1.—4. | 126 | 60 | 6.—10. | 126 | 25 | 1. | 123 | 25 | 18. | 120 | 30 | 27. | 113 | 25 | 21. | 117 | 80 |
| 30. | 121 | 65 | 1. | 124 | 60 | 23. | 125 | 80 | 1. | 125 | 85 | 27. | 121 | 15 | 2. | 119 | 55 | 2. | 111 | 35 | 30. | 117 | 10 |
| | **122 13** | | | **125 82·4** | | | **125 60** | | | **125 59·8** | | | **122 12·6** | | | **119 77·9** | | | **114 72·8** | | | **117 50** | |
| 30. | 122 | 60 | 7.,8.,10 | 126 | 30 | 4., 5. | 125 | 95 | 1. | 125 | 85 | 8. | 122 | 50 | 4. | 120 | 30 | 8. | 115 | 70 | 31. | 117 | 85 |
| 1. | 121 | 65 | 27. | 125 | 25 | 28. | 125 | 35 | 19. | 125 | 40 | 1. | 121 | 65 | 23., 24. 26.28.31 | 119 | 50 | 2. | 112 | 50 | 3., 5 | 117 | . . |
| | **123 05·6** | | | **125 89·4** | | | **125 88·9** | | | **125 95·4** | | | **122 37·7** | | | **119 44·6** | | | **115 88·2** | | | **118 27·8** | |
| 27., 29. | 123 | 60 | 16. | 126 | 33 | 27. | 126 | 50 | 11., 30. | 126 | 25 | 17. | 122 | 70 | 13. | 119 | 65 | 17. | 116 | 30 | 14. | 118 | 75 |
| 3. | 121 | 85 | 2., 3. | 125 | 40 | 3., 4. | 125 | 25 | 2. | 125 | 45 | 2. | 121 | 95 | 25. | 118 | 40 | 5. | 115 | 25 | 2. | 117 | 80 |
| | **123 70·4** | | | **126 19·1** | | | **126 44** | | | **127 03·4** | | | **121 95·8** | | | **118 16·2** | | | **115 03·6** | | | **118 27·9** | |
| 9., 18., 19., 23. | 123 | 80 | 30. | 126 | 55 | 9., 10., 20. | 126 | 60 | 31. | 127 | 90 | 4., 10. | 122 | 30 | 5 | 118 | 80 | 4. | 115 | 80 | 7. | 118 | 40 |
| 2. | 123 | 50 | 1. | 125 | 90 | 15. | 126 | . . | 1. | 126 | 25 | 27., 31. | 121 | 20 | 21. | 117 | 60 | 30. | 114 | . . | 28. | 118 | 10 |
| | **122 06·2** | | | **125 14·9** | | | **126 38·7** | | | **126 96·8** | | | **125 02·9** | | | **119 97·1** | | | **116 37·9** | | | **117 10·2** | |
| 9.,18.19. 23./XII. | 123 | 80 | 30./IV | 126 | 85 | 14./I. | 127 | 55 | 3./II. | 129 | 40 | 2./I. | 128 | 10 | 11./III. | 122 | 25 | 22./III, 24./III. | 120 | . . | 13./V. 19./V. | 118 | 90 |
| 2.,I. | 121 | 15 | 2./I. | 123 | 75 | 3., 4./XI | 125 | 25 | 1./VIII. | 125 | 30 | 27./IX. | 121 | 15 | 21./XII. | 117 | 60 | 2./IX. | 111 | 35 | 2./I. | 113 | 80 |
| . . . . | 2 | 65 | . . . | 3 | 10 | . . . | 2 | 30 | . . . . | 4 | 10 | . . . | 6 | 95 | . . . | 4 | 65 | . . . | 8 | 65 | . . . | 5 | 10 |

Tabelle 140.

# Übersicht der vom 1. Jänner 1874 bis Ende 1880 von dem k. k. Hauptmünzamte in Wien zu Courant-Münze ausgeprägten Silbermengen.

### Ursprung der in derselben Zeit zum Wiener k. k. Hauptmünzamte gelangten Silberbarren nach deren Marken.

| Jahre | Geprägte Courantmünze (2 fl., 1 fl. und ¼ fl. Stücke) nach Gewicht in Kilogramm fein | | Ursprung der Barren | | | | | | | | | | | | Anmerkung |
|---|---|---|---|---|---|---|---|---|---|---|---|---|---|---|---|
| | | | England | | Frankreich | | Deutschland | | Einheimische Production | | Ammünzung | | Summen | | |
| | kg | g | kg | q | kg | g | kg | g | kg | g | kg | g | kg | g | |
| 1874 | 29.301 | 300 | 2.244 | 772 | . . . . | . . . | 25.150 | 378 | 20.508 | 116 | 39.375 | 943 | 87.279 | 209 | Diese Übersicht ist den Vorlagen an die Pariser Münzconferenz vom Jahre 1881 entnommen. |
| 1875 | 58.557 | 611 | 23.039 | 555 | . . . . | . . . | 41.007 | 051 | 25.021 | 886 | 46.896 | 443 | 135.964 | 935 | |
| 1876 | 82.960 | 200 | 74.984 | 233 | . . . . | . . . | 58.801 | 192 | 22.185 | 830 | 45.256 | 532 | 201.227 | 787 | |
| 1877 | 157.482 | . . . | 13.194 | 419 | . . . . | . . . | 67.588 | 976 | 27.943 | 214 | 50.967 | 496 | 159.694 | 105 | |
| 1878 | 213.973 | 200 | 114.626 | 568 | 11.179 | 101 | 64.907 | 817 | 27.700 | 808 | 38.386 | 824 | 256.801 | 118 | |
| 1879 | 428.749 | 200 | 189.484 | 748 | 17.464 | 862 | 163.768 | 785 | 30.209 | 443 | 53.811 | 407 | 454.743 | 245 | |
| 1880 | 74.111 | 100 | . . . . | . . . | . . . . | . . . | . . . . | | 31.183 | 266 | 54.428 | 677 | 85.611 | 943 | |
| **Summen** | 1,045.134 | 911 | 417.574 | 295 | 28.647 | 963 | 421.224 | 199 | 184.752 | 563 | 329.123 | 322 | 1,381.322 | 342 | |

867 446 Kilogramm 457 Gramm

Tabelle 141.

# Berechnung des Wertes von 100 Gulden Silber in Gulden Gold nach dem Londoner Silberpreise. 1879—1891.

| Im Jahre | Londoner Silberpreis per oz Standard | Berechneter Wert von 100 fl. Silber in Gulden Gold | Anmerkung |
|---|---|---|---|
| 1879 | 51·31 | **83·296** | Kettenansatz: |
| 1880 | 52·21 | **84·757** | x fl. Gold  &#124;  100 fl. Silber |
| 1881 | 51·83 | **84·140** | 45  &#124;  500 g f. Silber |
| 1882 | 51·72 | **83·962** | 373·242  &#124;  12 oz f. Silber |
| 1883 | 50·75 | **82·387** | 37  &#124;  40 oz Standard Silber |
| 1884 | 50·63 | **82·192** | 1  &#124;  (Londoner Silberpreis in Pence) |
| 1885 | 48·48 | **78·702** | 240  &#124;  10·08852 fl. Gold |
| 1886 | 45·34 | **73·604** | x = 1·623389 × Londoner Silberpreis in Pence |
| 1887 | 44·61 | **72·419** | |
| 1888 | 42·71 | **69·335** | |
| 1889 | 42·73 | **69·367** | |
| 1890 | 47·70 | **77·435** | |
| 1891 | 45·06 | **73·150** | |

Tabelle 142.

# Berechnung der dem Londoner Silberpreise von 40 bis 70 Pence per Unze Standard (³⁷/₄₀ fein) entsprechenden Wertrelation zwischen Gold und Silber und des Wertes des Guldens österr. Währ. Silber in Gold und des Wertes des österr. Goldguldens in Silber nach dem Feingehalte.

| Londoner Silber-preis per Unze Standard Silber in Pence Sterling | Wertrelation des Goldes zum Silber auf 1 Einheit Gold X Einheiten Silber | Wert des Guldens österr. Währ. Silber in österr. Gulden Gold | Wert des österr. Goldguldens in österr. Währ. Gulden Silber |
|---|---|---|---|
| 40·00 | 23·575 | 0·64930 | 1·54010 |
| 40¼ | 23·428 | 0·65340 | 1·53040 |
| 40½ | 23·283 | 0·65740 | 1·52110 |
| 40¾ | 23·141 | 0·66150 | 1·51170 |
| 41·00 | 23·000 | 0·66550 | 1·50260 |
| 41¼ | 22·860 | 0·66960 | 1·49340 |
| 41½ | 22·722 | 0·67370 | 1·48430 |
| 41¾ | 22·586 | 0·67770 | 1·47530 |
| 42·00 | 22·452 | 0·68180 | 1·46670 |
| 42¼ | 22·319 | 0·68580 | 1·45810 |
| 42½ | 22·188 | 0·68980 | 1·44970 |
| 42¾ | 22·058 | 0·69390 | 1·44110 |
| 43·00 | 21·930 | 0·69800 | 1·43270 |
| 43¼ | 21·803 | 0·70210 | 1·42420 |
| 43½ | 21·678 | 0·70610 | 1·41620 |
| 43¾ | 21·554 | 0·71020 | 1·40800 |
| 44·00 | 21·431 | 0·71420 | 1·40010 |
| 44¼ | 21·308 | 0·71830 | 1·39210 |
| 44½ | 21·191 | 0·72210 | 1·38430 |
| 44¾ | 21·072 | 0·72640 | 1·37660 |
| 45·00 | 20·955 | 0·73050 | 1·36890 |
| 45¼ | 20·839 | 0·73450 | 1·36140 |
| 45½ | 20·724 | 0·73860 | 1·35390 |
| 45¾ | 20·612 | 0·74260 | 1·34660 |
| 46·00 | 20·500 | 0·74670 | 1·33920 |
| 46¼ | 20·389 | 0·75080 | 1·33180 |
| 46½ | 20·279 | 0·75480 | 1·32460 |
| 46¾ | 20·171 | 0·75890 | 1·31760 |
| 47·00 | 20·063 | 0·76290 | 1·31050 |
| 47¼ | 19·958 | 0·76700 | 1·30370 |
| 47½ | 19·863 | 0·77110 | 1·29760 |
| 47¾ | 19·749 | 0·77510 | 1·29000 |
| 48·00 | 19·645 | 0·77920 | 1·28320 |
| 48¼ | 19·528 | 0·78320 | 1·27560 |
| 48½ | 19·443 | 0·78730 | 1·27000 |
| 48¾ | 19·348 | 0·79110 | 1·26350 |
| 49·00 | 19·245 | 0·79540 | 1·25710 |
| 49¼ | 19·147 | 0·79950 | 1·25010 |
| 49½ | 19·050 | 0·80350 | 1·24420 |
| 49¾ | 18·954 | 0·80750 | 1·23810 |
| 50·00 | 18·860 | 0·81160 | 1·23190 |
| 50¼ | 18·766 | 0·81560 | 1·22590 |
| 50½ | 18·673 | 0·81970 | 1·21970 |
| 50¾ | 18·581 | 0·82380 | 1·21530 |
| 51·00 | 18·490 | 0·82790 | 1·20780 |
| 51¼ | 18·400 | 0·83200 | 1·20190 |
| 51½ | 18·320 | 0·83600 | 1·19670 |
| 51¾ | 18·230 | 0·84010 | 1·19080 |
| 52·00 | 18·134 | 0·84410 | 1·18450 |
| 52¼ | 18·047 | 0·84820 | 1·17880 |
| 52½ | 17·970 | 0·85230 | 1·17380 |
| 52¾ | 17·876 | 0·85630 | 1·16770 |
| 53·00 | 17·792 | 0·86040 | 1·16220 |
| 53¼ | 17·705 | 0·86450 | 1·15660 |
| 53½ | 17·626 | 0·86850 | 1·15130 |
| 53¾ | 17·544 | 0·87260 | 1·14590 |
| 54·00 | 17·462 | 0·87660 | 1·14060 |
| 54¼ | 17·382 | 0·88060 | 1·13540 |
| 54½ | 17·302 | 0·88470 | 1·13020 |
| 54¾ | 17·223 | 0·88870 | 1·12490 |
| 55·00 | 17·145 | 0·89280 | 1·11990 |
| 55¼ | 17·067 | 0·89690 | 1·11500 |
| 55½ | 16·990 | 0·90090 | 1·10980 |
| 55¾ | 16·910 | 0·90500 | 1·10470 |
| 56·00 | 16·839 | 0·90900 | 1·09990 |
| 56¼ | 16·765 | 0·91310 | 1·09510 |
| 56½ | 16·690 | 0·91720 | 1·09020 |
| 56¾ | 16·616 | 0·92120 | 1·08540 |
| 57·00 | 16·544 | 0·92530 | 1·08070 |
| 57¼ | 16·471 | 0·92930 | 1·07590 |
| 57½ | 16·400 | 0·93340 | 1·07120 |
| 57¾ | 16·329 | 0·93740 | 1·06660 |
| 58·00 | 16·259 | 0·94150 | 1·06200 |
| 58¼ | 16·188 | 0·94560 | 1·05740 |
| 58½ | 16·119 | 0·94960 | 1·05290 |
| 58¾ | 16·051 | 0·95370 | 1·04840 |
| 59·00 | 15·983 | 0·95770 | 1·04400 |
| 59¼ | 15·914 | 0·96180 | 1·03940 |
| 59½ | 15·849 | 0·96590 | 1·03520 |
| 59¾ | 15·782 | 0·96990 | 1·03090 |
| 60·00 | 15·717 | 0·97400 | 1·02710 |
| 60¼ | 15·651 | 0·97800 | 1·02230 |
| 60½ | 15·587 | 0·98210 | 1·01810 |
| 60¾ | 15·522 | 0·98610 | 1·01390 |
| **60⅞** | **15·500** | **0·98700** | **1·01250** |
| 61·00 | 15·459 | 0·99020 | 1·00990 |
| 61·03 | 15·450 | 0·99070 | 1·00920 |
| 61¼ | 15·396 | 0·99430 | 1·00570 |
| 61¾ | 15·364 | 0·99920 | 1·00360 |
| 61½ | 15·333 | 0·99830 | 1·00150 |
| **61·6** | **15·308** | **1·00000** | **1·00000** |
| 61⅝ | 15·302 | 1·00030 | 0·99960 |
| 61¾ | 15·271 | 1·00240 | 0·99750 |
| 61⅞ | 15·210 | 1·00430 | 0·99550 |
| 62·00 | 15·210 | 1·00650 | 0·99350 |
| 62·45 | 15·100 | 1·01380 | 0·98640 |
| 63·00 | 14·970 | 1·02270 | 0·97780 |
| 63·50 | 14·850 | 1·03085 | 0·97000 |
| 64·00 | 14·730 | 1·03897 | 0·96240 |
| 64·50 | 14·620 | 1·04708 | 0·95500 |
| 65·00 | 14·510 | 1·05520 | 0·94770 |
| 65·50 | 14·400 | 1·06330 | 0·94050 |
| 66·00 | 14·290 | 1·07140 | 0·93436 |
| 67·00 | 14·070 | 1·08770 | 0·91940 |
| 68·00 | 13·870 | 1·10390 | 0·90590 |
| 69·00 | 13·667 | 1·12010 | 0·89270 |
| 70·00 | 13·470 | 1·13637 | 0·88000 |

220

Tabelle 143.

# Berechnung des Wertes von 100 Gulden Silber in österr. Währung Gulden Noten nach dem Londoner Silberpreise und der Devise „London" 1879—1891.

| Jahre | Londoner Silberpreis per oz Standard in Pence | In Wien Sistacurs London | Berechnete Parität von 100 fl. Silber in österr. Währ. Gulden-Noten |
|---|---|---|---|
| 1879 | 51·31 | 117·30 | 96·85 |
| 1880 | 52·21 | 117·83 | 99·65 |
| 1881 | 51·83 | 117·83 | 98·28 |
| 1882 | 51·72 | 119·60 | 99·54 |
| 1883 | 50·75 | 120·— | 97·83 |
| 1884 | 50·63 | 121·89 | 99·30 |
| 1885 | 48·48 | 124·92 | 97·62 |
| 1886 | 45·34 | 126·01 | 91·95 |
| 1887 | 44·61 | 126·61 | 90·91 |
| 1888 | 42·71 | 124·22 | 85·75 |
| 1889 | 42·73 | 119·55 | 82·20 |
| 1890 | 47·70 | 116·05 | 89·07 |
| 1891 | 45·06 | 116·80 | 84·69 |

Tabelle 144.

# Jahresdurchschnitt des berechneten Wertes von hundert Gulden Silber österr. Währung.

Auf Grund des täglich berechneten Preises für hundert Gulden ungeprägtes Silber von London nach Wien (ohne Spesen) nach dem Londoner Silber-Preise und dem Curse der Devise London in Wien:

| | österr. Währ. Gulden |
|---|---|
| 1880 | 99·792 |
| 1881 | 98·137 |
| 1882 | 99·860 |
| 1883 | 97·645 |
| 1884 | 99·364 |
| 1885 | 97·660 |
| 1886 | 92·063 |
| 1887 | 91·005 |
| 1888 | 86·085 |
| 1889 | 82·122 |
| 1890 | 89·373 |
| 1891 | 84·705 |

Anmerkung. Berechnet in der österreichisch-ungarischen Bank in Wien.

Tabelle 146.

# Calculation der Silberparität am Schlusse jedes Monates 1878—1891.

| Ende des Monates | 1878 | | | 1879 | | | 1880 | | | 1881 | | | 1882 | | | 1883 | | | 1884 | | |
|---|---|---|---|---|---|---|---|---|---|---|---|---|---|---|---|---|---|---|---|---|---|
| Jänner | | | | | | | | | | | | | | | | | | | | | |
| Februar | | | | | | | | | | | | | | | | | | | | | |
| März | | | | | | | | | | | | | | | | | | | | | |
| April | | | | | | | | | | | | | | | | | | | | | |
| Mai | | | | | | | | | | | | | | | | | | | | | |
| Juni | | | | | | | | | | | | | | | | | | | | | |
| Juli | | | | | | | | | | | | | | | | | | | | | |
| August | | | | | | | | | | | | | | | | | | | | | |
| September | | | | | | | | | | | | | | | | | | | | | |
| October | | | | | | | | | | | | | | | | | | | | | |
| November | | | | | | | | | | | | | | | | | | | | | |
| December | | | | | | | | | | | | | | | | | | | | | |

| Ende des Monates | 1885 | 1886 | 1887 | 1888 | 1889 | 1890 | 1891 |
|---|---|---|---|---|---|---|---|
| Jänner | | | | | | | |
| Februar | | | | | | | |
| März | | | | | | | |
| April | | | | | | | |
| Mai | | | | | | | |
| Juni | | | | | | | |
| Juli | | | | | | | |
| August | | | | | | | |
| September | | | | | | | |
| October | | | | | | | |
| November | | | | | | | |
| December | | | | | | | |

Tabelle 146.

# Tägliche Calculation

| | Stand des Silberpreises (in Pence Sterling per Tz. Standard) | | | | | | Umrechnungscurs (in Gulden österreichischer Währung) | | | | | |
|---|---|---|---|---|---|---|---|---|---|---|---|---|
| | Durchschnitt | Maximum Datum | Maximum | Minimum Datum | Minimum | Größe der Schwankung | Durchschnitt | Maximum Datum | Maximum | Minimum Datum | Minimum | Größe der Schwankung |
| **1890:** | | | | | | | | | | | | |
| Jänner | 44 49 | 17., 18., 27. | 44 87 | 2.—7. | 44 12 | —·75 | 117 95 | 23. | 118 30 | 8. | 117 55 | —·75 |
| Februar | 44 03 | 1. | 44 62 | 14. | 43 62 | 1·00 | 118 86 | 28. | 119 50 | 1. | 118 10 | 1·40 |
| März | 43 93 | 3. | 44 37 | 13., 20.—26. | 43 75 | —·62 | 119 38 | 22., 24. | 119 70 | 4. | 119 10 | —·60 |
| April | 45 40 | 25., 26. | 48 — | 1., 2., 3. | 43 87 | 4·13 | 118 84 | 1. | 119 40 | 29. | 118 — | 1·40 |
| Mai | 46 96 | 17.—19 | 47 50 | 7. | 46 — | 1·50 | 117 76 | 7 | 118 35 | 30., 31. | 116 70 | 1·65 |
| Juni | 47 73 | 9. | 49 — | 3. | 46 25 | 2·75 | 116 97 | 14. | 117 30 | 9. | 116 60 | —·70 |
| Juli | 49 15 | 31. | 50 56 | 1. | 47 56 | 3·00 | 116 60 | 10, 11. | 117 30 | 29. | 115 90 | 1·40 |
| August | 52 78 | 29., 30. | 54 50 | 6. | 50 75 | 3·75 | 114 40 | 2. | 116 20 | 30. | 111 95 | 4·25 |
| September | 53 — | 3, 4. | 54 62 | 30. | 50 — | 4·62 | 112 11 | 27. | 112 90 | 2. | 111 05 | 1·85 |
| October | 49 61 | 1, 3. | 51 50 | 24., 25. | 48 12 | 3·38 | 111 52 | 8 | 115 40 | 1. | 112 35 | 3·05 |
| November | 47 21 | 29. | 48 75 | 18., 19. | 45 — | 3·75 | 115 44 | 17. | 116 05 | 5 | 115 — | 1·05 |
| December | 48 16 | 16.—18. | 49 50 | 9. | 47 25 | 2·25 | 114 65 | 4 | 115 25 | 30. | 113 60 | 1·65 |
| **Jahresdurchschnitt** | 47 70 | | | | | | 116 45 | | | | | |
| „ Maximum | | 3., 4. IX. | 54 62 | | | 11·00 | | 22., 24 III. | 119 70 | | | 8·65 |
| „ Minimum | | 14 II. | 43 62 | | | | | | | 2. IX. | 111 05 | |
| **1891:** | | | | | | | | | | | | |
| Jänner | 47 96 | 13. | 48 75 | 30., 31. | 46 87 | 1·88 | 114 11 | 10. | 114 75 | 1. | 113 30 | 1·45 |
| Februar | 45 48 | 3. | 46 75 | 23. | 44 12 | 2·63 | 114 54 | 27., 28. | 115 10 | 3.—10. | 114 10 | 1·00 |
| März | 44 96 | 14., 16. | 45 31 | 25.—28. | 44 62 | —·69 | 115 07 | 20. | 115 55 | 6 | 114 70 | —·85 |
| April | 44 50 | 1. | 45 — | 22.—23 | 43 87 | 1·13 | 116 27·2 | 28. | 117 — | 1. | 115 — | 2·10 |
| Mai | 44 45·9 | 4. | 45 12 | 13., 14., 22.—30. | 44 25 | —·87 | 118 16·3 | 19. | 118 80 | 1 | 117 10 | 1·70 |
| Juni | 44 97·2 | 23. | 46 — | 1. | 44 25 | 1 75 | 117 47·3 | 2., 3. | 118 20 | 12. | 117 — | 1·20 |
| Juli | 46 04 | 7. | 47 — | 21. | 45 62 | 1·38 | 117 50 | 29., 30., 31. | 118 — | 1., 2. | 117 20 | —·80 |
| August | 45 39 | 4. | 46 12 | 29., 30. | 45 06 | 1·06 | 118 — | 12, 13, 17, 18, 21, 22, 23. | 118 20 | 31. | 117 20 | 1·— |
| September | 45 — | 11. | 45 31 | 16. | 44 75 | —·56 | 117 35 | 21, 22, 23, 24, 25. | 117 60 | 30. | 117 — | —·60 |
| October | 44 58 | 1., 2., 3. | 45 — | 26. | 44 06 | —·94 | 117 37 | 31. | 117 70 | 3. | 116 90 | —·80 |
| November | 43 69 | 2. | 44 06 | 5., 6. | 43 50 | —·56 | 117 95 | 18. | 118 40 | 3. | 117 60 | —·80 |
| December | 43 75·3 | 3. | 44 25 | 1., 2. | 43 50 | —·75 | 117 95 | 4., 7., 8., 9., 10., 11. | 118 — | 1., 2., 3. | 117 90 | —·10 |
| **Jahresdurchschnitt** | 45 06·5 | | | | | | 116 81·23 | | | | | |
| „ Maximum | | 13./I. | 48 75 | | | 5 25 | | 19. V. | 118 80 | | | 5·50 |
| „ Minimum | | 5, 6 XI. 1., 2./XII. | 43 50 | | | | | | | 1. I. | 113 30 | |

*) Aus dem Cursblatte der „Neuen Freien Presse."

# der Silber-Parität.*)

| Curs der Zwanzig-Markstücke | | | | | | Berechnete Silberparität | | | | | |
| --- | --- | --- | --- | --- | --- | --- | --- | --- | --- | --- | --- |
| Durchschnitt | Maximum (Datum) | Maximum | Minimum (Datum) | Minimum | Größe der Schwankung | Durchschnitt | Maximum (Datum) | Maximum | Minimum (Datum) | Minimum | Größe der Schwankung |
| in Gulden österreichischer Währung | | | | | | in Gulden österreichischer Währung für 100 fl. Silber | | | | | |
| 11 53 | 29. | 11 58 | 8. | 11 50 | —.08 | 84 48 | 21. | 85 56 | 4. 7. | 83 50 | 2·06 |
| 11 60 | 28. | 11 69 | 3. | 11 54 | —.15 | 84 33 | 8., 10. | 84 97 | 20., 21. | 83 74 | 1·23 |
| 11 68 | 22., 29. | 11 73 | 4., 5., 7. | 11 63 | —.10 | 84 40 | 3. | 85 31 | 13 | 83 99 | 1·34 |
| 11 66 | 1. | 11 71 | 28., 29. | 11 60 | —.11 | 86 85 | 25 | 91 68 | 8., 9. | 84 26 | 7·42 |
| 11 57 | 6., 7. | 11 62 | 31. | 11 49 | —.13 | 89 06 | 17. | 90 20 | 30. | 87 44 | 2·76 |
| 11 49 | 12.—14. | 11 52 | 30. | 11 47 | —.05 | 89 85 | 9. | 91 95 | 3. | 87 08 | 4·87 |
| 11 42 | 4.—12. | 11 47 | 25. | 11 35 | —.12 | 92 25 | 16. | 94 56 | 1. | 89 39 | 5·17 |
| 11 19 | 2. | 11 36 | 30 | 10 97 | —.39 | 97 07 | 21. | 99 44 | 6. | 94 73 | 4·71 |
| 11 01 | 11.—13., 27. | 11 07 | 2. | 10 90 | —.17 | 95 64 | 4. | 97 92 | 30. | 90 52 | 7·40 |
| 11 23 | 10. | 11 31 | 1., 2. | 11 01 | —.30 | 91 62 | 8. | 93 78 | 24., 25. | 89 16 | 4·62 |
| 11 31 | 17. | 11 34 | 24. | 11 28 | —·06 | 87 74 | 29. | 90 37 | 18., 19. | 84 — | 6·37 |
| 11 26 | 1.—4. | 11 30 | 30., 31. | 11 17 | —·13 | 88 87 | 17. | 91 36 | 29. | 86 64 | 4·72 |
| **11 41** | 22., 29./III. | 11 73 | 2./IX. | 10 90 | —·83 | **89 35** | 21. VIII. | 99 44 | 4.—7/I. | 83 50 | 15·94 |
| 11 20 | 10. | 11 26 | 2 | 11 13 | —·13 | 88 09 | 13 | 89 67 | 30., 31. | 86 — | 3·67 |
| 11 24 | 27., 28. | 11 30 | 4, 7.—10. | 11 20 | —·10 | 83 90 | 3. | 85 91 | 23. | 81 59 | 4·32 |
| 11 28 | 16., 20. | 11 33 | 5., 6. | 11 25 | —·08 | 83 31 | 16. | 84 22 | 6. | 82 48 | 1·74 |
| 11 39 | 27.—30. | 11 43 | 1. | 11 28½—14½ | —·14½ | 83 25·7 | 28. | 83 85 | 22 | 82 19 | 1·66 |
| 11 52·87 | 19, 20. | 11 57 | 1 | 11 44 | —·13 | 84 54·7 | 4. | 85 40 | 1. | 83 64 | 1·76 |
| 11 49 | 2. | 11 53½ | 11. | 11 43 | —·10½ | 84 96·5 | 23 | 86 76 | 11. | 83 90 | 2·86 |
| 11 53·77 | 31. | 11 59 | 1. | 11 48 | —·11 | 87 12 | 7. | 88 87 | 21. | 86 34 | 2·53 |
| 11 59 | 17., 19., 21., 22., 24. | 11 62 | 28., 29. | 11 55 | —·07 | 86 20 | 4. | 87 58 | 31. | 85 — | 2·58 |
| 11 52 | 21. | 11 56 | 30. | 11 48 | —·08 | 85 03 | 25. | 85 62 | 30. | 84 49 | 1·13 |
| 11 51½ | 23. | 11 55 | 3. | 11 45 | —·10 | 84 19·5 | 1., 2 | 84 72 | 26. | 83 17 | 1·55 |
| 11 57·30 | 14. | 11 62 | 2., 3. | 11 53 | —·09 | 82 94 | 10. | 83 47 | 5., 6. | 82 39 | 1·08 |
| 11 57 62 | 14., 15., 19. | 11 59 | 24. | 11 55 | —·04 | 83 04·7 | 3. | 83 96 | 1., 2. | 82 53 | 1·43 |
| **11 45½** | 17./VIII. 2c. u. 14./XI. | 11 62 | 2./I. | 11 13 | —·49 | **84 71·7** | 13 I. | 89 67 | 23 /II. | 81 59 | 8·08 |

Tabelle 147.

# Jahresdurchschnitte, Maxima und Minima der Curse

(Nach der amtlichen

1859—

| Jahre | Jahresdurchschnitt | Maximum | Minimum |
|---|---|---|---|
| 1859 | 9·7000 | 11·28 | 8·12 |
| 1860 | 10·0400 | — | — |
| 1861 | 11·3296 | — | — |
| 1862 | 10·7400 | — | — |
| 1863 | 8·9616 | — | — |
| 1864 | 9·8200 | — | — |
| 1865 | 8·9704 | — | — |
| 1866 | 9·4800 | — | — |
| 1867 | 9·9096 | 10·43 | 9·475 |
| 1868 | 9·3096 | 9·72 | 9·07 |
| 1869 | 9·8496 | 10·19 | 9·49 |
| 1870 | 9·9600 | 10·71 | 9·54 |
| 1871 | 9·6800 | 9·96 | 9·24 |
| 1872 | 8·8296 | 9·09 | 8·57 |
| 1873 | 8·8728 | 9·07 | 8·665 |
| 1874 | 8·8896 | 9·03 | 8·77 |
| 1875 | 8·9376 | 9·11 | 8·88 |

Tabelle 148.

# Monats- und Jahres-Durchschnittscurse

(Nach der amtlichen

1879—

| Jahre | Jahres-Durchschnitt | Geld-Curs der Zwanzig-Francs-Stücke | | | | | | | | | | | |
|---|---|---|---|---|---|---|---|---|---|---|---|---|---|
| | | Jänner | Februar | März | April | Mai | Juni | Juli | August | September | October | November | December |
| 1879 | 9·3032 | 9·3332 | 9·3158 | 9·3054 | 9·3315 | 9·3488 | 9·2439 | 9·2106 | 9·2774 | 9·3374 | 9·3178 | 9·3083 | 9·3079 |
| 1880 | 9·3864 | 9·3338 | 9·3657 | 9·4563 | 9·4758 | 9·4471 | 9·3422 | 9·3496 | 9·35 | 9·3988 | 9·3854 | 9·3613 | 9·3716 |
| 1881 | 9·3414 | 9·3738 | 9·3493 | 9·2863 | 9·3098 | 9·3154 | 9·2933 | 9·2971 | 9·3417 | 9·3560 | 9·3683 | 9·3869 | 9·4190 |
| 1882 | 9·5048 | 9·4782 | 9·5367 | 9·5269 | 9·5159 | 9·5198 | 9·5502 | 9·5690 | 9·4942 | 9·4474 | 9·4685 | 9·4752 | 9·4757 |
| 1883 | 9·5163 | 9·5080 | 9·4950 | 9·4854 | 9·4906 | 9·5100 | 9·5118 | 9·5009 | 9·4944 | 9·5046 | 9·5205 | 9·5795 | 9·5960 |
| 1884 | 9·6630 | 9·6061 | 9·6116 | 9·6104 | 9·6218 | 9·6682 | 9·6821 | 9·6717 | 9·6528 | 9·6688 | 9·6892 | 9·7239 | 9·7525 |
| 1885 | 9·8875 | 9·7762 | 9·7875 | 9·7992 | 9 9077 | 9·8639 | 9·8539 | 9·8827 | 9·9076 | 9·9252 | 9·9800 | 9·9830 | 9·9831 |
| 1886 | 9·9885 | 10·0200 | 10·0250 | 9·9930 | 10·0145 | 10·0325 | 10·0015 | 10·0072 | 10·0069 | 9·9726 | 9·9090 | 9 9204 | 9·9636 |
| 1887 | 10·0186 | 10·0043 | 10·1295 | 10·1186 | 10·0554 | 10 0643 | 10·0558 | 10·0075 | 9 9580 | 9·9536 | 9·9240 | 9·9381 | 10·0146 |
| 1888 | 9·8633 | 10·0240 | 10·0395 | 10·0440 | 10·0370 | 10·0402 | 9·9988 | 9·8834 | 9·7717 | 9·6329 | 9·6264 | 9·6479 | 9·6143 |
| 1889 | 9·4861 | 9·5400 | 9·5750 | 9·6030 | 9·5193 | 9·4057 | 9·4745 | 9·4751 | 9·4805 | 9·4842 | 9·4781 | 9·4466 | 9·3516 |
| 1890 | 9·2385 | 9·3514 | 9·4172 | 9·4480 | 9·4352 | 9 3792 | 9·3164 | 9·2516 | 9·0860 | 8·9092 | 9·0555 | 9·1289 | 9·0885 |
| 1891 | 9·2664 | 9·0480 | 9·0885 | 9·1304 | 9·2246 | 9·3426 | 9·2962 | 9·3355 | 9·3912 | 9·3120 | 9·3052 | 9·3672 | 9·3554 |

# der Zwanzig-Francs-Stücke an der Wiener Börse.

Notierung).

## 1891.

| Jahre | Jahresdurchschnitt | Maximum | Minimum |
|---|---|---|---|
| 1876 | 9·6160 | 10·17 | 9·16 |
| 1877 | 9·7800 | 10·29 | 9·38 |
| 1878 | 9·3768 | 9·875 | 9·18 |
| 1879 | 9·3008 | 9·385 | 9·20 |
| 1880 | 9·3864 | 9·435 | 9·245 |
| 1881 | 9·3400 | 9·435 | 9·245 |
| 1882 | 9·5040 | 9·595 | 9·40 |
| 1883 | 9·5144 | 9·62 | 9·475 |
| 1884 | 9·6760 | 9·77 | 9·59 |
| 1885 | 9·8856 | 10·025 | 9·645 |
| 1886 | 9·9888 | 10·06 | 9·86 |
| 1887 | 10·0184 | 10·18 | 9·91 |
| 1888 | 9·8296 | 10·04 | 9·54 |
| 1889 | 9·4861 | 9·63 | 9·30 |
| 1890 | 9·2385 | 9·465 | 8·82 |
| 1891 | 9·2664 | 9·415 | 8·99 |

# der Zwanzig-Francs-Stücke.

Notierung.)

## 1891.

| | Waren-Curs der Zwanzig-Francs-Stücke | | | | | | | | | | | | |
|---|---|---|---|---|---|---|---|---|---|---|---|---|---|
| Jahres-Durchschnitt | Jänner | Februar | März | April | Mai | Juni | Juli | August | September | October | November | December | Jahre |
| 9·3099 | 9·3400 | 9·3233 | 9·3122 | 9·3380 | 9·3558 | 9·2509 | 9·2172 | 9·2850 | 9·3446 | 9·3241 | 9·3148 | 9·3140 | 1879 |
| 9·3939 | 9·3408 | 9·3728 | 9·4648 | 9·4837 | 9·4541 | 9·3500 | 9·3569 | 9·3577 | 9·4066 | 9·3938 | 9·3683 | 9·3780 | 1880 |
| 9·3493 | 9·3813 | 9·3574 | 9·2942 | 9·3175 | 9·3235 | 9·3011 | 9·3052 | 9·3492 | 9·3644 | 9·3760 | 9·3950 | 9·4272 | 1881 |
| 9·5132 | 9·4870 | 9·5454 | 9·5344 | 9·5239 | 9·5288 | 9·5596 | 9·5771 | 9·5029 | 9·4568 | 9·4764 | 9·4825 | 9·4837 | 1882 |
| 9·5250 | 9·5174 | 9·5028 | 9·4942 | 9·5000 | 9·5183 | 9·5204 | 9·5092 | 9 5025 | 9·5133 | 9·5288 | 9·5883 | 9·6054 | 1883 |
| 9·6720 | 9·6155 | 9·6204 | 9·6194 | 9·6314 | 9·6778 | 9·6908 | 9 6796 | 9·6622 | 9·6762 | 9·6988 | 9·7326 | 9·7620 | 1884 |
| 9·8979 | 9·7850 | 9·7966 | 9·8090 | 9·9212 | 9·8756 | 9·8639 | 9·8927 | 9·9176 | 9·9370 | 9·9908 | 9·9932 | 9·9931 | 1885 |
| 9·9990 | 10·0304 | 10·0350 | 10·0025 | 10·0241 | 10·0423 | 10·0115 | 10·0168 | 10·0169 | 9·9822 | 9·9200 | 9·9314 | 9·9748 | 1886 |
| 10·0298 | 10·0143 | 10·1424 | 10·1296 | 10·0662 | 10·0756 | 10·0662 | 10·0178 | 9 9690 | 9·9648 | 9·9344 | 9·9508 | 10·0264 | 1887 |
| 9·8761 | 10·0396 | 10·0529 | 10·0567 | 10·0491 | 10·0531 | 10·0108 | 9·8955 | 9·7842 | 9·6456 | 9·6396 | 9·6591 | 9·6271 | 1888 |
| 9·4995 | 9·5564 | 9·5863 | 9·6150 | 9·5318 | 9·4184 | 9·4884 | 9·4874 | 9·5003 | 9·4964 | 9·4900 | 9·4602 | 9·3645 | 1889 |
| 9·2514 | 9·3644 | 9·4289 | 9·4554 | 9·4479 | 9·3916 | 9·3281 | 9·2638 | 9·0990 | 8·9240 | 9 0690 | 9·1417 | 9·1025 | 1890 |
| 9·2797 | 9·0614 | 9·1028 | 9·1484 | 9·2388 | 9·3561 | 9·3082 | 9·3480 | 9·4028 | 9·3248 | 9·3185 | 9·3794 | 9·3677 | 1891 |

**Tabelle 149.**

# Berechnung des Preises für 100 fl. Gold (250 Francs) in österreichischer Währung Noten nach dem Jahresdurchschnitte der Preisnotierung der Zwanzig-Francsstücke.

### 1859—1891.

| Jahre | Preis für 100 fl. Gold (250 Francs) in österreichischer Währung Noten | Jahre | Preis für 100 fl. Gold (250 Francs) in österreichischer Währung Noten |
|---|---|---|---|
| 1859 | 121·25 | 1876 | 120·20 |
| 1860 | 125·50 | 1877 | 122·25 |
| 1861 | 141·62 | 1878 | 117·21 |
| 1862 | 134·25 | 1879 | 116·26 |
| 1863 | 112·02 | 1880 | 117·33 |
| 1864 | 116·50 | | |
| 1865 | 112·13 | 1881 | 116·75 |
| | | 1882 | 118·80 |
| 1866 | 118·50 | 1883 | 118·93 |
| 1867 | 123·87 | 1884 | 120·95 |
| 1868 | 116·37 | 1885 | 123·57 |
| 1869 | 123·12 | | |
| 1870 | 124·50 | 1886 | 124·86 |
| 1871 | 121·00 | 1887 | 125·23 |
| 1872 | 110·37 | 1888 | 122·87 |
| 1873 | 110·91 | 1889 | 118·58 |
| 1874 | 111·12 | 1890 | 115·48 |
| 1875 | 111·72 | 1891 | 115·83 |

**Tabelle 150.**

# Monats= und Jahresdurchschnitte der Geldcurse der Zwanzig-Francsstücke an der Wiener Börse mit Heraushebung der Maxima und Minima.

| Monate | 1879 | | | | | | 1880 | | | | | |
|---|---|---|---|---|---|---|---|---|---|---|---|---|
| | Durchschnitt | Maximum | | Minimum | | Größe der Schwankung | Durchschnitt | Maximum | | Minimum | | Größe der Schwankung |
| Jänner | 9 33·32 | 2. | 9 36 | 31. | 9 32 | 4 | 9 33·38 | 31. | 9 37 | 5. | 9 30 | 7 |
| Februar | 9 31·58 | 14.-17.,19. | 9 33 | 24. | 9 28·5 | 4·5 | 9 36·57 | 25. | 9 43 | 6., 14. | 9 34 | 9 |
| März | 9 30·54 | 22. | 9 33·5 | 1.-4. | 9 28 | 5·5 | 9 45·63 | 27. | 9 48·5 | 8. | 9 42·5 | 6 |
| April | 9 33·15 | 22. | 9 35·5 | 1.-3. | 9 30 | 5·5 | 9 47·58 | 26. | 9 50 | 10. | 9 44·5 | 5·5 |
| Mai | 9 34·88 | 9. | 9 38·5 | 30., 31. | 9 29 | 9·5 | 9 44·71 | 7, 8. | 9 49 | 29., 31. | 9 36 | 13 |
| Juni | 9 24·39 | 13 | 9 27 | 30. | 9 22 | 5 | 9 34·22 | 2. | 9 37 | 17, 18 | 9 31·5 | 5·5 |
| Juli | 9 21·06 | 5.-8. | 9 22·5 | 12.-21. | 9 20 | 2·5 | 9 34·96 | 26. | 9 37 | 19. | 9 32 | 5 |
| August | 9 27·74 | 30. | 9 33·5 | 2. | 9 21·5 | 12·5 | 9 35·00 | 3., 27., 28 | 9 36·5 | 5-7, 10. 11. | 9 33·5 | 3 |
| September | 9 33·74 | 17. | 9 37 | 6.,27.-30. | 9 31·5 | 6·5 | 9 39·88 | 21. | 9 45 | 2. | 9 35·5 | 9·5 |
| October | 9 31·78 | 23. | 9 36 | 30., 31. | 9 28·5 | 7·5 | 9 38·54 | 11. | 9 43·5 | 23. | 9 33·5 | 10 |
| November | 9 30·83 | 17.,18.,21 | 9 32 | 3, 12. | 9 29·5 | 2·5 | 9 36·13 | 9., 23. | 9 37·5 | 26. | 9 34·5 | 3 |
| December | 9 30·79 | 20.-27. | 9 31·5 | 1.-4. | 9 30 | 1·5 | 9 37·16 | 10.-13. | 9 39 | 1. | 9 35 | 4 |
| Jahresdurchschnitt, Maximum und Minimum | 9 30·32 | 9. V. | 9 38·5 | 12-21./VII | 9 20 | 18·5 | 9 38·64 | 26./IV | 9 50 | 5./I | 9 30 | 20 |
| Berechnung: 100 fl. Gold | 116 29 | ... | 117 31·25 | ... | 115 | ... | 117 33 | ... | 118 75 | ... | 116 25 | ... |

Tabelle 150 (Fortſetzung).

### 1881 / 1882

| Monate | Durchſchnitt | Maximum | | Minimum | | Größe der Schwankung | Durchſchnitt | Maximum | | Minimum | | Größe der Schwankung |
|---|---|---|---|---|---|---|---|---|---|---|---|---|
| | | (Tag) | Wert | (Tag) | Wert | | | (Tag) | Wert | (Tag) | Wert | |
| Jänner | 9 37·38 | 21., 22. | 9 39 | 5., 8. | 9 36 | 3 | 9 47·82 | 23. | 9 56 | 4. | 9 41·5 | 14·5 |
| Februar | 9 34·93 | 1.—4. | 9 38·5 | 21. | 9 29 | 9·5 | 9 53·67 | 3., 4. | 9 56·5 | 16., 17. | 9 51·5 | 5 |
| März | 9 28·63 | 1. | 9 31·5 | 31. | 9 25·5 | 6 | 9 52·69 | . | 9 54 | 31. | 9 50 | 4 |
| April | 9 30·98 | 12. | 9 34·5 | 1. | 9 24·5 | 10 | 9 51·59 | 28. | 9 55 | 3., 4. | 9 48 | 7 |
| Mai | 9 31·54 | 13. | 9 33·5 | 25. | 9 29 | 4·5 | 9 51·98 | 1., 2., 6. | 9 54 | 23., 24. | 9 50 | 4 |
| Juni | 9 29·33 | 15., 17. | 9 31 | 30. | 9 27 | 4 | 9 55·02 | 28. | 9 57·5 | 1. | 9 50·5 | 7 |
| Juli | 9 29·71 | 13. | 9 31·5 | 6. | 9 25·5 | 6 | 9 56·90 | 10. | 9 59 | 20., 21. | 9 55 | 4 |
| August | 9 34·17 | 31. | 9 38·5 | 1 | 9 30·5 | 8 | 9 49·42 | 1., 2. | 9 56 | 31. | 9 40 | 6 |
| September | 9 35·60 | 1. | 9 37·5 | 28., 29. | 9 34 | 3·5 | 9 44·74 | 7., 9. | 9 46·5 | 1. | 9 40·5 | 6 |
| October | 9 36·83 | 27, 28. | 9 38·5 | 1. | 9 33·5 | 5 | 9 46·85 | 16., 17. | 9 49 | 2. | 9 43·5 | 5·5 |
| November | 9 38·69 | 24. | 9 41·5 | 2. | 9 36·5 | 5 | 9 47·52 | 13., 14. | 9 49 | 25. | 9 46 | 3 |
| December | 9 41·90 | 16. | 9 43·5 | 1. | 9 39·5 | 4 | 9 47·57 | 28., 29. | 9 49·5 | 7., 11., 12. | 9 46 | 3·5 |
| Jahresdurchſchnitt, Maximum und Minimum | 9 34·14 | 16./XII. | 9 43 5 | 1./IV. | 9 24·5 | 19 | 9 50·48 | 10./VII. | 9 59 | 31./VIII. | 9 40 | 19 |
| Berechnung 100 fl. Gold | 116 76·75 | .... | 117 93·75 | .... | 115 56 25 | ... | 118 81 | .... | 119 87·5 | .... | 117 50 | ... |

### 1883 / 1884

| Monate | Durchſchnitt | Maximum | | Minimum | | Größe der Schwankung | Durchſchnitt | Maximum | | Minimum | | Größe der Schwankung |
|---|---|---|---|---|---|---|---|---|---|---|---|---|
| | | (Tag) | Wert | (Tag) | Wert | | | (Tag) | Wert | (Tag) | Wert | |
| Jänner | 9 50 80 | 24. | 9 54 | 2.—8. | 9 48 | 6 | 9 60·61 | 26. | 9 63 | 5.—8. | 9 59 | 4 |
| Februar | 9 49·50 | 9., 10. | 9 50·5 | 27. | 9 48·5 | 2 | 9 61·17 | 20. | 9 63 | . | 9 60 | 3 |
| März | 9 48·54 | 8.—14. | 9 49·5 | 30., 31. | 9 47·5 | 2 | 9 61·04 | 10.—12. | 9 62 | 4., 5. | 9 60 | 2 |
| April | 9 49·06 | 25. | 9 51 | 2., 4., 5. | 9 47·5 | 3·5 | 9 62·18 | 29., 30. | 9 64 | 2., 4., 5., 8. | 9 60·5 | 4·5 |
| Mai | 9 51 | 16.—19. | 9 52 | 1., 2. | 9 50 | 2 | 9 66·82 | 31. | 9 71 | 2. | 9 64 | 7 |
| Juni | 9 51·18 | 8. | 9 53 | 23., 30. | 9 49·5 | 3·5 | 9 68·21 | 3. | 9 71·5 | 14. | 9 66 | 5·5 |
| Juli | 9 50·09 | 20. | 9 51·5 | 2., 10., 11. | 9 49·5 | 2 | 9 67·16 | 7.—9. | 9 68 | 25., 28., 29.—31. | 9 66·5 | 1·5 |
| August | 9 49·44 | 21, 22. | 9 50·5 | 6. | 9 48 | 2 5 | 9 65·28 | 30. | 9 67 | 27. | 9 64·5 | 2·5 |
| September | 9 50·46 | 7., 29. | 9 51·5 | 18. | 9 49 | 2·5 | 9 66·88 | 12. | 9 69 | 2., 3., 4. | 9 65·5 | 3·5 |
| October | 9 52 05 | 30., 31. | 9 55 | 4. | 9 49·5 | 5·5 | 9 68·92 | 29. | 9 72 | 1.—3. | 9 66·5 | 5·5 |
| November | 9 57·95 | 13. | 9 62 | 2., 3. | 9 55·5 | 6·5 | 9 72·39 | 26, 29. | 9 77 | 3. | 9 65·5 | 11·5 |
| December | 9 59 60 | 28. | 9 61 | 3. | 9 57 5 | 3·5 | 9 75·25 | 12., 15., 17.—19. | 9 76·5 | 29. | 9 73·5 | 2·5 |
| Jahresdurchſchnitt, Maximum und Minimum | 9 51·63 | 13./XI. | 9 62 | 30., 31./III. 2., 4., 5./IV. | 9 47·5 | 14·5 | 9 66·3 | 26., 29./XI. | 9 77 | 5.—8./I. | 9 59 | 18 |
| Berechnung 100 fl. Gold | 118 95·37 | .... | 120 25 | .... | 118 43·75 | ... | 120 78·75 | .... | 122 12 5 | .... | 119 87 5 | ... |

### 1885 / 1886

| Monate | Durchſchnitt | Maximum | | Minimum | | Größe der Schwankung | Durchſchnitt | Maximum | | Minimum | | Größe der Schwankung |
|---|---|---|---|---|---|---|---|---|---|---|---|---|
| | | (Tag) | Wert | (Tag) | Wert | | | (Tag) | Wert | (Tag) | Wert | |
| Jänner | 9 77·62 | 14. | 9 80 | 2. | 9 75·5 | 4·5 | 10 02 | 14. | 10 05·5 | 2., 20. | 9 99 | 6·5 |
| Februar | 9 78·75 | 17., 18. | 9 81 | 6. | 9 76·5 | 4·5 | 10 02·5 | 13., 15. | 10 03·5 | 1. | 10 01 | 2·5 |
| März | 9 79·92 | 30. | 9 83 | 21. | 9 78·5 | 4·5 | 9 99 3 | 1., 2. | 10 01·5 | 27. | 9 98 | 3·5 |
| April | 9 90·77 | 30. | 9 99 | 4. | 9 80 | 19 | 10 01·45 | 20. | 10 04 | 2., 5. | 9 99·5 | 4·5 |
| Mai | 9 86·39 | 1. | 9 94 | 6. | 9 83 | 11 | 10 03·25 | 15.—18. | 10 04·5 | 1., 3. | 10 02 | 2·5 |
| Juni | 9 85·89 | 6. | 9 86·5 | 2. | 9 83·5 | 3 | 10 00·15 | 1., 2. | 10 02·5 | 28. | 9 97 | 5·5 |
| Juli | 9 88·27 | 29. | 9 91·5 | 2 | 9 84·5 | 6·5 | 10 00·72 | 7.—12., 16. | 10 02 | 1 | 9 98 | 4 |
| August | 9 90·76 | 7. | 9 94 | 25. | 9 86·5 | 7·5 | 10 00·69 | 27. | 10 02·5 | 16. | 9 98·5 | 4 |
| September | 9 92·52 | 23. | 9 99 | 1.—3. | 9 88 | 11 | 9 97·26 | 1., 4. | 10 . | 30. | 9 94 | 6 |
| October | 9 98·00 | 5. | 10 02·5 | 30. | 9 93·5 | 8·5 | 9 90·9 | 1., 6. | 9 93·5 | 28., 30. | 9 88 | 5·5 |
| November | 9 98·30 | 16. | 10 01·5 | 2., 3. | 9 95 | 6·5 | 9 92·04 | 27. | 9 96 5 | 4. | 9 86 | 10·5 |
| December | 9 98·81 | 19. | 10 . | 14. | 9 97 | 3 | 9 96 36 | 27. | 9 97·5 | 15. | 9 93 | 4·5 |
| Jahresdurchſchnitt, Maximum und Minimum | 9 88·75 | 5./X. | 10 02·5 | 2./I. | 9 75·5 | 27 | 9 98·85 | 14./I. | 10 05·5 | 4./XI. | 9 86 | 19·5 |
| Berechnung 100 fl. Gold | 123 59·37 | .... | 125 31·25 | .... | 121 93·75 | ... | 124 85 62 | .... | 125 68·75 | .... | 123 25 | ... |

**Tabelle 150 (Fortſetzung).**

## 1887 / 1888

| Monate | 1887 Durchſchnitt | Maximum Datum | Maximum | Minimum Datum | Minimum | Größe der Schwankung | 1888 Durchſchnitt | Maximum Datum | Maximum | Minimum Datum | Minimum | Größe der Schwankung |
|---|---|---|---|---|---|---|---|---|---|---|---|---|
| Jänner | 10 00·43 | 31. | 10 08·5 | 3. | 9 94·5 | 14 | 10 02·4 | 2. | 10 08 | 25. | 10 01 | 7 |
| Februar | 10 12·95 | 4. | 10 18 | 8., 23. | 10 10 | 8 | 10 03·95 | 9. | 10 05·5 | 1. | 10 01·5 | 4 |
| März | 10 11·86 | 4., 7. | 10 15 | 12.,14.,16. | 10 09 | 6 | 10 04·4 | 8. | 10 06·5 | 31. | 10 02 | 4·5 |
| April | 10 05·54 | 2., 4. | 10 10 | 16.,18. | 10 03 | 7 | 10 03·71 | 17.—19. | 10 05·5 | 3., 4. | 10 02 | 3·5 |
| Mai | 10 06·43 | 25 | 10 09·5 | 2., 4., 6. | 10 04 | 5·5 | 10 04·02 | 14. | 10 06 | 1. | 10 02·5 | 3·5 |
| Juni | 10 05·58 | 1. | 10 08·5 | 22.—27. | 10 03 | 5·5 | 9 99·88 | 1., 14., 15. | 10 03 | 30. | 9 93·5 | 9·5 |
| Juli | 10 00·75 | 11., 12 | 10 04·5 | 30. | 9 94 | 10·5 | 9 88·34 | 6., 12., 14. | 9 91 | 31. | 9 76 | 15 |
| August | 9 95 8 | 10. | 9 99·5 | 2. | 9 93 | 6·5 | 9 77 17 | 23. | 9 80·5 | 2., 31. | 9 74 | 6·5 |
| September | 9 95·36 | 19., 20. | 9 96·5 | . | 9 94·5 | 2 | 9 63·29 | 1. | 9 73 | 27. | 9 55·5 | 17·5 |
| October | 9 92·40 | 1. | 9 94·5 | 17., 29. | 9 91 | 3·5 | 9 62·64 | 18. | 9 66 | 1. | 9 58 | 8 |
| November | 9 93·81 | 11., 12. | 9 96 | 5. | 9 90 | 6 | 9 64·79 | 17. | 9 66·5 | 2. | 9 62·5 | 4 |
| December | 10 01·46 | 19., 21. | 10 07 | 1. | 9 95·5 | 11·5 | 9 61·43 | 1., 3. | 9 66 | 28. | 9 53 | 13 |
| Jahresdurchſchnitt, Maximum und Minimum | 10 01·86 | 4/II. | 10 18 | 5/XI. | 9 90 | 28 | 9 86·33 | 2./I. | 10 08 | 28./XII. | 9 53 | 55 |
| Berechnung 100 fl. Gold | 125 23·25 | .... | 127 25 | .... | 123 75 | ... | 123 29·12 | .... | 126 ... | .... | 119 12·5 | ... |

## 1889 / 1890

| Monate | 1889 Durchſchnitt | Maximum Datum | Maximum | Minimum Datum | Minimum | Größe der Schwankung | 1890 Durchſchnitt | Maximum Datum | Maximum | Minimum Datum | Minimum | Größe der Schwankung |
|---|---|---|---|---|---|---|---|---|---|---|---|---|
| Jänner | 9 54 | 30. | 9 57 | 21. | 9 52 | 5 | 9 35·14 | 23. | 9 41·5 | 4. | 9 30·5 | 11 |
| Februar | 9 57·50 | 13, 14, 15. | 9 59 | 4 | 9 55 5 | 3·5 | 9 41·72 | 28. | 9 46 | 1. | 9 36·5 | 9·5 |
| März | 9 60·3 | 11. | 9 63 | 30. | 9 57 | 6 | 9 44·30 | 24, 29. | 9 46·5 | 4. | 9 41·5 | 5 |
| April | 9 51·93 | 5. | 9 57 | 30. | 9 47 | 10 | 9 43 52 | 1., 2. | 9 45·5 | 28. | 9 39·5 | 6 |
| Mai | 9 40 57 | 1. | 9 44·5 | 20. | 9 35·5 | 9 | 9 37·92 | 6., 7. | 9 41 | 31. | 9 31 | 10 |
| Juni | 9 47·45 | 15. | 9 53 | 1. | 9 43·5 | 9 5 | 9 31·64 | 13., 14. | 9 33·5 | 24. | 9 29·5 | 4 |
| Juli | 9 47·51 | 29. | 9 60 | 1. | 9 41·5 | 18·5 | 9 25·16 | 11., 12. | 9 29 | 24. | 9 20·5 | 8·5 |
| August | 9 48·05 | 2. | 9 53·5 | 23. | 9 45 | 8·5 | 9 08·60 | 1. | 9 22 | 30. | 8 90 | 32 |
| September | 9 48·42 | 18, 19., 21. | 9 50·5 | 2.—4. | 9 47 | 3 5 | 8 90·92 | 11., 12. | 8 98·5 | 2. | 8 82 | 14·5 |
| October | 9 47·81 | 4., 21., 22. | 9 50 | 11. | 9 46 | 4 | 9 05·55 | 31. | 9 12 | 1., 2. | 8 85·5 | 26·5 |
| November | 9 44·66 | 12.—14. | 9 48 5 | 26. | 9 39·5 | 9 | 9 12·89 | 19. | 9 16·5 | 24., 27. | 9 10 | 6·5 |
| December | 9 35·16 | 5., 6. | 9 41·5 | 21., 23. | 9 30 | 11 | 9 08·85 | 3. | 9 12·5 | 30. | 9 2·5 | 10 |
| Jahresdurchſchnitt, Maximum und Minimum | 9 48·61 | 11./III. | 9 63 | 21., 23./XII | 9 30 | 33 | 9 23·85 | 24., 29./III. | 9 46·5 | 2./IX. | 8 82 | 64·5 |
| Berechnung 100 fl. Gold | 118 57·62 | .... | 120 37·5 | .... | 116 25 | ... | 115 48·12 | .... | 118 31·25 | .... | 110 25 | ... |

## 1891

| Monate | Durchſchnitt | Maximum Datum | Maximum | Minimum Datum | Minimum | Größe der Schwankung |
|---|---|---|---|---|---|---|
| Jänner | 9 04·8 | 8. | 9 9 | 2. | 8 99 | 10 |
| Februar | 9 08·85 | 26. | 9 16·5 | 3.—5. | 9 04 | 12·5 |
| März | 9 13·04 | 19., 20. | 9 16·5 | 5., 6. | 9 09 | 7·5 |
| April | 9 22·46 | 27. | 9 28 | 1. | 9 14 | 1·4 |
| Mai | 9 34·261 | 19., 20. | 9 37 | 1. | 9 28 | 0·9 |
| Juni | 9 29·62 | 1.—3. | 9 34·5 | 11., 12. | 9 25 | 9·5 |
| Juli | 9 33 55 | 31. | 9 39·5 | 1. | 9 28 | 11·5 |
| August | 9 39·12 | 13., 24. | 9 41·5 | 31. | 9 32 | 9·5 |
| September | 9 31·2 | 21. | 9 34·5 | 14., 30. | 9 28 | 6·5 |
| October | 9 30·518 | 29.—31. | 9 34 | 3. | 9 25·5 | 8·5 |
| November | 9 36·72 | 18., 19. | 9 40 | 2., 4. | 9 34·5 | 5·5 |
| December | 9 35·54 | 7.,15.,17. 18., 19. | 9 36·5 | 24. | 9 34 | 2·5 |
| Jahresdurchſchnitt, Maximum und Minimum | 9 26·64 | 13., 24./VIII. | 9 41·5 | 2./I. | 8 99 | 42·5 |
| Berechnung 100 fl. Gold | 115 83 | .... | 117 68·75 | .... | 112 37·5 | ... |

Tabelle 151.

# Jahresdurchschnitte, Maxima und Minima der Curse der Zwanzig-Francsstücke an der Wiener Börse.

(Nach der amtlichen Notierung in tageweiser Berechnung.)

| Jahre | Jahresdurchschnitt | | Maxima | | | | Minima | | | |
|---|---|---|---|---|---|---|---|---|---|---|
| | Geld | Ware | Datum | Geld | Datum | Ware | Datum | Geld | Datum | Ware |
| 1879 | 9·302912 | 9·309679 | 9. V. | 9·385 | 9. V. | 9·39 | 12.—21. VII. | 9·200 | 12.—17. u. 21 VII. | 9·205 |
| 1880 | 9·385969 | 9·393478 | 26. IV. | 9·500 | 26. IV. | 9·505 | 5. I. | 9·300 | 5. I. | 9·305 |
| 1881 | 9·341368 | 9·349290 | 16. XII. | 9·435 | 16. XII | 9·445 | 1. IV. | 9·245 | 1. IV. | 9·255 |
| 1882 | 9·504797 | 9·513192 | 15. VI. | 9·595 | 15. VI. | 9·605 | 31. VIII. | 9·400 | 31. VIII. | 9·410 |
| 1883 | 9·515770 | 9·524427 | 13. XI. | 9·620 | 13. XI. | 9·630 | 30., 31. III. / 2., 4., 5. IV. | 9·475 | 20., 30., 31. III. / 2.—5. IV. | 9·485 |
| 1884 | 9·662826 | 9·671638 | 29., 26. XI. | 9·770 | 26. XI. | 9·780 | 5., 7., 8. I. | 9·590 | 5., 7., 8. I. | 9·600 |
| 1885 | 9·888244 | 9·898678 | 5 X. | 10·025 | 5. X. | 10·035 | 2. I. | 9·755 | 2. I. | 9·765 |
| 1886 | 9·988569 | 9·998703 | 11. I. | 10·060 | 11. I. | 10·070 | 30. IX. | 9·940 | 30. IX. | 9·945 |
| 1887 | 10·017659 | 10·028787 | 4. II. | 10·180 | 4. II. | 10·195 | 5. XI. | 9·900 | 3., 4., 5., 7. XI. | 9·915 |
| 1888 | 9·863892 | 9·876342 | 2. I. | 10·080 | 2. I. | 10·090 | 28. XII. | 9·530 | 28. XII. | 9·545 |
| 1889 | 9·486144 | 9·498939 | 11. III. | 9·630 | 11. III. | 9·640 | 21., 23. XII. | 9·300 | 20., 21.. 23. XII. | 9·315 |
| 1890 | 9·237114 | 9·249983 | 24., 29. III. | 9·465 | 24. III. | 9·480 | 2. IX. | 8·820 | 2. IX. | 8·840 |
| 1891 | 9·268288 | 9·281593 | 13., 24. VIII. | 9·415 | 13. VIII. | 9·430 | 2. I. | 8·990 | 2. I. | 9·005 |

Preis für 100 fl. Gold nach obigen Cursen

| Jahre | Geld | Ware |
|---|---|---|
| 1879 | 116·2864 | 116·3709875 |
| 1880 | 117·3246125 | 117·4184750 |
| 1881 | 116·7671000 | 116·8661250 |
| 1882 | 118·8099625 | 118·9149000 |
| 1883 | 118·9471250 | 119·0553375 |
| 1884 | 120·7853250 | 120·8954750 |
| 1885 | 123·6030500 | 123·7334750 |
| 1886 | 124·8571125 | 124·9837875 |
| 1887 | 125·2207375 | 125·3598375 |
| 1888 | 123·2986500 | 123·4542750 |
| 1889 | 118·5768000 | 118·7367375 |
| 1890 | 115·4639250 | 115·6247875 |
| 1891 | 115·8536000 | 116·0199125 |

Tabelle 152.

# Berechnung des der Notierung des Zwanzig-Francsstückes entsprechenden Goldagios.

(Nach dem Metallverhältnisse gerechnet.)

### 1879—1891.

| Jahre | Nach dem Londoner Silberpreise berechneter Wert von 100 fl. österr. Währ. in Gulden Gold. 20 Francs-Stück = 8 fl. | Nach dem Wiener Börsencurs der 8 Guldenstücke | | Vergleichung des Silberwertes von 100 fl. österr. Währung mit dem Wiener Börsenpreise derselben in Gulden Gold. 20 Francs-Stück = 8 fl. | Nach der amtlichen Bewertung [1] berechnetes Agio 20 Francs-Stück = 8·10 fl. Procent |
|---|---|---|---|---|---|
| | | berechneter Preis für 250 Francs = 100 fl. Gold. in österr. Währ. Noten | berechneter Preis für 100 fl. österr. Währ. Noten oder Silber in Gold. 20 Francs = 8 fl. | | |
| 1879 | 83·296 | 116·26 | 86·010 | — 2·714 | + 15·82 |
| 1880 | 84·757 | 117·33 | 85·229 | — 0·473 | + 15·88 |
| 1881 | 84·140 | 116·75 | 85·650 | — 1·510 | + 15·30 |
| 1882 | 83·960 | 118·80 | 84·176 | — 0·216 | + 17·33 |
| 1883 | 82·387 | 118·93 | 84·080 | — 1·693 | + 17·46 |
| 1884 | 82·190 | 120·95 | 82·680 | — 0·490 | + 19·45 |
| 1885 | 78·700 | 123·57 | 80·920 | — 2·220 | + 22·04 |
| 1886 | 73·600 | 124·86 | 80·090 | — 6·490 | + 23·31 |
| 1887 | 72·419 | 125·23 | 79·852 | — 7·433 | + 23·64 |
| 1888 | 69·335 | 122·87 | 81·390 | — 12·055 | + 21·35 |
| 1889 | 69·367 | 118·58 | 84·330 | — 14·963 | + 17·11 |
| 1890 | 77·435 | 115·48 | 86·595 | — 8·939 | + 14·05 |
| 1891 | 73·150 | 115·83 | 86·333 | — 13·416 | + 14·40 |

¹) Finanzministerialerlaß vom 23. November 1870, Z. 4849. F. M.

# Tabelle 153.

Graphische vergleichende Darstellung des Werthes von 100 fl. ö. W.
Silber nach dem Londoner Silber-Preise mit dem Curswerthe derselben
an der Wiener Börse.

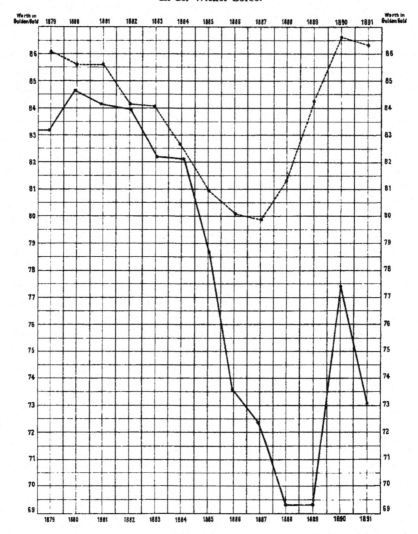

## Erklärung:

Werth nach dem Londoner
Silberpreise = ————

Curswerth an der Wiener
Börse = ............

K k Hof u Staatsdruckerei

**Tabelle 154.**

# Vergleich des actuellen mit dem rechnungsgemäßen Agio zwischen österreichischer Gold- und Silbermünze.

| Jahr | Silberpreis per Unze Standard Jahresdurchschnitt | Rechnungsgemäßes Agioverhältnis zwischen Gold- und Silbermünze | | Wiener Börsencurs für Napoleons 12½ = 250 Frcs. = 100 fl. Gold österr. Währ. | Silberagio an der Wiener Börse | Silberagio + oder — als Goldagio | Differenz zwischen dem actuellen und rechnungsmäßigen Agio + oder — | 100 fl. Gold = Noten | 100 fl. Silber = Noten |
|---|---|---|---|---|---|---|---|---|---|
| | | 100 fl. Silber = x fl. Gold | 100 fl. Gold = x fl. Silber | | | | | Durchschnitte für die Perioden | |
| 1859 | 62·06 | 100·74 | . . . . . . | 121·25 | 122·16 | + 0·91 | . . . . . . | | |
| 1860 | 61·68 | 100·12 | . . . . . . | 125·50 | 132·32 | + 6·82 | . . . . . . | | |
| 1861 | 60·81 | 98·71 | . . . . . . | 141·62 | 141·25 | — 0·37 | . . . . . . | | |
| 1862 | 61·43 | 99·72 | . . . . . . | 134·25 | 128·07 | — 6·18 | . . . . . . | | |
| 1863 | 61·37 | 99·62 | . . . . . . | 112·02 | 113·79 | + 1·77 | . . . . . . | 123·30 | 121·43 |
| 1864 | 61·37 | 99·62 | . . . . . . | 116·50 | 115·72 | — 0·78 | . . . . . . | | |
| 1865 | 61·06 | 99·01 | . . . . . . | 112·13 | 108·32 | — 3·81 | . . . . . . | | |
| 1866 | 61·12 | 99·04 | . . . . . . | 118·50 | 119·76 | + 1·26 | . . . . . . | | |
| 1867 | 60·56 | 98·31 | . . . . . . | 123·87 | 123·95 | + 0·08 | . . . . . . | | |
| 1868 | 60·50 | 98·21 | . . . . . . | 116·37 | 114·43 | — 1·94 | . . . . . . | 121·27 | 120·21 |
| 1869 | 60·43 | 98·10 | . . . . . . | 123·12 | 121·02 | — 2·10 | . . . . . . | | |
| 1870 | 60·56 | 98·31 | . . . . . . | 124·50 | 121·89 | — 2·61 | . . . . . . | | |
| 1871 | 60·56 | 98·31 | . . . . . . | 121·00 | 120·38 | — 0·62 | . . . . . . | | |
| 1872 | 60·25 | 97·80 | . . . . . . | 110·37 | 109·27 | — 1·10 | . . . . . . | | |
| 1873 | 59·25 | 96·18 | . . . . . . | 110·91 | 108·14 | — 2·77 | . . . . . . | 113·02 | 109·29 |
| 1874 | 58·31 | 94·65 | . . . . . . | 111·12 | 105·25 | — 5·87 | . . . . . . | | |
| 1875 | 56·75 | 92·12 | . . . . . . | 111·72 | 103·40 | — 8·32 | . . . . . . | | |
| 1876 | 53·05 | 86·12 | . . . . . . | 120·20 | 104·60 | — 15·20 | . . . . . . | | |
| 1877 | 54·71 | 88·81 | . . . . . . | 122·25 | 109·36 | — 12·89 | . . . . . . | | |
| 1878 | 52·55 | 85·30 | . . . . . . | 117·21 | 103·15 | — 14·06 | . . . . . . | 118·65 | 105·70 |
| 1879 | 51·31 | 83·29 | 120·06 | 116·26 | . . . . . . | | — 3·80 | | |
| 1880 | 52·21 | 84·75 | 117·99 | 117·33 | . . . . . . | | — 0·66 | | |
| 1881 | 51·83 | 84·13 | 118·86 | 116·75 | . . . . . . | | — 2·11 | | |
| 1882 | 51·72 | 83·96 | 119·10 | 118·80 | . . . . . . | | — 0·30 | | |
| 1883 | 50·75 | 82·38 | 121·38 | 118·93 | . . . . . . | | — 2·45 | 119·80 | . . . . . . |
| 1884 | 50·63 | 82·19 | 121·66 | 120·95 | . . . . . . | | — 0·71 | | |
| 1885 | 48·48 | 78·70 | 127·06 | 123·57 | . . . . . . | | — 3·49 | | |
| 1886 | 45·34 | 73·60 | 135·86 | 124·86 | . . . . . . | | — 11·00 | | |
| 1887 | 44·61 | 72·41 | 138·10 | 125·23 | . . . . . . | | — 12·87 | | |
| 1888 | 42·71 | 69·33 | 144·23 | 122·87 | . . . . . . | | — 21·36 | 121·40 | |
| 1889 | 42·73 | 69·38 | 144·13 | 118·58 | . . . . . . | | — 25·55 | | |
| 1890 | 47·70 | 77·43 | 129·15 | 115·48 | . . . . . . | | — 18·67 | | |
| 1891 | 45·06 | 73·15 | 136·70 | 115·83 | . . . . . . | | — 20·87 | . . . . . . | |

**Tabelle 155.**

# Berechnung des Wertes von 100 fl. österr. Währ. Noten in Gulden Gold nach dem Curse von 100 fl. Gold in Gulden österr. Währ. Noten.

| Bei dem Curse: 100 fl. Gold = x fl. österr. Währung | ist der entsprechende Wert von 100 fl. österr. Währung = x fl. Gold | Bei dem Curse: 100 fl. Gold = x fl. österr. Währung | ist der entsprechende Wert von 100 fl. österr. Währung = x fl. Gold |
|---|---|---|---|
| 112 | 89·28571 | 119 | 84·03361 |
| 113 | 88·49557 | 120 | 83·33333 |
| 114 | 87·71929 | 121 | 82·64462 |
| 115 | 86·95652 | 122 | 81·96721 |
| 116 | 86·20689 | 123 | 81·30081 |
| 117 | 85·47008 | 124 | 80·64516 |
| 118 | 84·74576 | 125 | 80·00000 |

**Tabelle 156.**

# Berechnung des Wertes von 100 fl. österr. Währ. Noten in Francs und in Gulden Gold.

### 1859—1891.

| Jahr | Wert von 100 fl. österr. Währ. Noten | | Jahr | Wert von 100 fl. österr. Währ. Noten | |
|---|---|---|---|---|---|
| | in Francs | in Gulden Gold | | in Francs | in Gulden Gold |
| 1859 | 206·185 | 82·474 | 1879 | 215·04 | 86·010 |
| 1860 | 199·200 | 79·680 | 1880 | 213·07 | 85·229 |
| 1861 | 176·530 | 70·610 | 1881 | 214·13 | 85·650 |
| 1862 | 186·220 | 74·488 | 1882 | 210·44 | 84·176 |
| 1863 | 223·175 | 89·270 | 1883 | 210·20 | 84·080 |
| 1864 | 214·590 | 85·836 | 1884 | 206·70 | 82·680 |
| 1865 | 222·955 | 88·182 | 1885 | 202·22 | 80·920 |
| 1866 | 210·970 | 84·388 | 1886 | 200·31 | 80·090 |
| 1867 | 201·820 | 80·728 | 1887 | 199·63 | 79·852 |
| 1868 | 214·830 | 85·932 | 1888 | 203·47 | 81·390 |
| 1869 | 203·050 | 81·220 | 1889 | 210·83 | 84·330 |
| 1870 | 200·800 | 80·320 | 1890 | 216·48 | 86·595 |
| 1871 | 206·610 | 82·644 | | | |
| 1872 | 226·510 | 90·604 | | | |
| 1873 | 225·410 | 90·164 | 1879/1890 | 208·54 | 83·417 |
| 1874 | 224·980 | 89·992 | | | |
| 1875 | 223·77 | 89·508 | 1891 | 215·83 | 86·333 |
| 1876 | 207·98 | 83·192 | | | |
| 1877 | 204·50 | 81·800 | | | |
| 1878 | 213·29 | 85·320 | | | |

**Tabelle 157.**

# Zusammenstellung der Jahresdurchschnitte des Londoner Silberpreises, des berechneten Wertes von 100 fl. österr. Währ. Silber in Gulden Gold, desgleichen in Noten österr. Währ., des cursmäßigen Wertes von 100 fl. Gold in Noten österr. Währ. und von 100 fl. Noten österr. Währ. in Gulden Gold.

### 1873—1891.

| im Jahre | Londoner Silberpreis | Berechneter Wert von 100 fl. österr. Währ. Silber in | | Coursmäßiger Wert von | | Anmerkungen |
|---|---|---|---|---|---|---|
| | | Gulden Gold | Gulden österr. Währ. Noten nach Calculation der Silberparität | 100 fl. Gold in Gulden österr. Währ. Noten | 100 fl. österr. Währ. Noten in Gulden Gold | |
| 1873 | 59·2500 | 96·18 | 108·14 | 110·91 | 90·160 | 1) Mit Rücksicht des Silber-Agios. |
| 1874 | 58·3125 | 94·65 | 105·25 | 111·12 | 89·990 | 2) Nach dem Londoner Silberpreis berechnet. |
| 1875 | 56·7500 | 92·12 | 103 40 | 111·72 | 89·500 | |
| 1876 | 53·0500 | 86·12 | 104·60 | 120·20 | 83·190 | |
| 1877 | 54·7100 | 88·81 | 109·36 | 122·25 | 81·800 | |
| 1878 | 52·5500 | 85·30 | 1) 103·15   2) (100·66) | 117·21 | 85·320 | |
| 1879 | 51·3100 | 83·29 | 96·85 | 116·26 | 86·010 | |
| 1880 | 52·2100 | 84·75 | 99·65 | 117·33 | 85·229 | |
| 1881 | 51·8300 | 84·13 | 98·28 | 116·75 | 85·650 | |
| 1882 | 51·7200 | 83 96 | 99 54 | 118·80 | 84·176 | |
| 1883 | 50·7500 | 82·38 | 97 83 | 118·93 | 84·080 | |
| 1884 | 50·6300 | 82·19 | 99·30 | 120·95 | 82·680 | |
| 1885 | 48·4800 | 78·70 | 97·62 | 123·57 | 80·920 | |
| 1886 | 45·3400 | 73·60 | 91·95 | 124·86 | 80·090 | |
| 1887 | 44·6100 | 72·41 | 90·91 | 125·23 | 79·852 | |
| 1888 | 42·7100 | 69·34 | 85·75 | 122·87 | 81·390 | |
| 1889 | 42·7300 | 69·38 | 82·20 | 118·58 | 84·330 | |
| 1890 | 47·7000 | 77·43 | 89·07 | 115·48 | 86·595 | |
| 1891 | 45·0600 | 73·15 | 84·69 | 115·83 | 86·333 | |

**Tabelle 158.**

# Übersicht des Wertes der österreichischen Währung nach dem Geld=Curse der Zwanzig=Francs=Stücke.

## 1. In den Jahren 1879 bis 1891.

| Jahre | Berechneter Preis von 100 fl. Gold in fl. ö. W. | | | | | | Berechnete Aufzahlung (Agio) gegenüber dem Cassencurse von 100 fl. Gold = 101 fl. 25 kr. ö. W. | | | | | |
|---|---|---|---|---|---|---|---|---|---|---|---|---|
| | Durchschnitt | | Maximum | | Minimum | | Durchschnitt | | Maximum | | Minimum | |
| 1879 | 116 | 29 | 117 | 31·25 | 115 | — | 15 | 04 | 16 | 06·25 | 13 | 75 |
| 1880 | 117 | 33 | 118 | 75 | 116 | 25 | 16 | 08 | 17 | 50 | 15 | — |
| 1881 | 116 | 76·75 | 117 | 93·75 | 115 | 56·25 | 15 | 51·75 | 16 | 68·75 | 14 | 31·25 |
| 1882 | 118 | 81 | 119 | 87·5 | 117 | 50 | 17 | 56 | 18 | 62·5 | 16 | 25 |
| 1883 | 118 | 95·37 | 120 | 25 | 118 | 43·75 | 17 | 70·37 | 19 | — | 17 | 18·75 |
| 1884 | 120 | 78·75 | 122 | 12·5 | 119 | 87·5 | 19 | 53·75 | 20 | 87·5 | 18 | 62·5 |
| 1885 | 123 | 59·37 | 125 | 31·25 | 121 | 93·75 | 22 | 34·37 | 24 | 06·25 | 20 | 68·75 |
| 1886 | 124 | 85·62 | 125 | 68·75 | 123 | 25 | 23 | 60·62 | 24 | 43·75 | 22 | — |
| 1887 | 125 | 23·25 | 127 | 25 | 123 | 75 | 23 | 98·25 | 26 | — | 22 | 50 |
| 1888 | 123 | 29·12 | 126 | — | 119 | 12·5 | 22 | 04·12 | 24 | 75 | 17 | 87·5 |
| 1889 | 118 | 57·62 | 120 | 37·5 | 116 | 25 | 17 | 32·62 | 19 | 12·5 | 15 | — |
| 1890 | 115 | 48·12 | 118 | 31·25 | 110 | 25 | 14 | 23·12 | 17 | 06·25 | 9 | — |
| 1891 | 115 | 83 | 117 | 68·75 | 112 | 37·5 | 14 | 58 | 16 | 43·75 | 11 | 12·5 |
| | Durchschnitt 119 | 67·69 | Maximum in den Jahren 1879—1891 127 | 25 | Minimum in den Jahren 1879—1891 110 | 25 | Durchschnitt 18 | 42·69 | Maximum in den Jahren 1879—1891 26 | — | Minimum in den Jahren 1879—1891 9 | — |

## 2. In den Jahren 1882 ¹) bis 1891.

| Jahre | Durchschnitt | | Maximum | | Minimum | | Durchschnitt | | Maximum | | Minimum | |
|---|---|---|---|---|---|---|---|---|---|---|---|---|
| 1882 | 118 | 81 | 119 | 87·5 | 117 | 50 | 17 | 56 | 18 | 62·5 | 16 | 25 |
| 1883 | 118 | 95·37 | 120 | 25 | 118 | 43·75 | 17 | 70·37 | 19 | — | 17 | 18·75 |
| 1884 | 120 | 78·75 | 122 | 12·5 | 119 | 87·5 | 19 | 53·75 | 20 | 87·5 | 18 | 62·5 |
| 1885 | 123 | 59·37 | 125 | 31·25 | 121 | 93·75 | 22 | 34·37 | 24 | 06·25 | 20 | 68·75 |
| 1886 | 124 | 85·62 | 125 | 68·75 | 123 | 25 | 23 | 60·62 | 24 | 43·75 | 22 | — |
| 1887 | 125 | 23·25 | 127 | 25 | 123 | 75 | 23 | 98·25 | 26 | — | 22 | 50 |
| 1888 | 123 | 29·12 | 126 | — | 119 | 12·5 | 22 | 04·12 | 24 | 75 | 17 | 87·5 |
| 1889 | 118 | 57·62 | 120 | 37·5 | 116 | 25 | 17 | 32·62 | 19 | 12·5 | 15 | — |
| 1890 | 115 | 48·12 | 118 | 31·25 | 110 | 25 | 14 | 23·12 | 17 | 06·25 | 9 | — |
| 1891 | 115 | 83 | 117 | 68·75 | 112 | 37·5 | 14 | 58 | 16 | 43·75 | 11 | 12·5 |
| | Durchschnitt 120 | 54·12 | Maximum in den Jahren 1882—1891 127 | 25 | Minimum in den Jahren 1882—1891 110 | 25 | Durchschnitt 19 | 29·12 | Maximum in den Jahren 1882—1891 26 | — | Minimum in den Jahren 1882—1891 9 | — |

¹) Siehe Zolltarif.

Tabelle 159.

# Übersicht des Wertes der österreichischen Währung nach dem Waren-Curse der Zwanzig-Francs-Stücke.

| Jahre | Berechneter Preis von 100 fl. Gold in fl. österreichischer Währung | | Berechnete Aufzahlung (Agio) gegenüber dem Cassencurse von 100 fl. Gold = 101 fl. 25 kr. österreichischer Währung | |
|---|---|---|---|---|
| | Durchschnitt | | Durchschnitt | |

## 1. In den Jahren 1879 bis 1891.

| Jahre | | | | |
|---|---|---|---|---|
| 1879 | 116 | 37·375 | 15 | 12·375 |
| 1880 | 117 | 42·375 | 16 | 17·375 |
| 1881 | 116 | 86·625 | 15 | 61·625 |
| 1882 | 118 | 91·500 | 17 | 66·500 |
| 1883 | 119 | 06·25 | 17 | 81·25 |
| 1884 | 120 | 90 | 19 | 65 |
| 1885 | 123 | 72·375 | 22 | 47·375 |
| 1886 | 124 | 98·75 | 23 | 73·75 |
| 1887 | 125 | 37·250 | 24 | 12·250 |
| 1888 | 123 | 45·125 | 22 | 20·125 |
| 1889 | 118 | 74·375 | 17 | 49·375 |
| 1890 | 115 | 64·250 | 14 | 39·250 |
| 1891 | 115 | 99·625 | 14 | 74·625 |
| Durchschnitt | 119 | 80·452 | 18 | 55·452 |

## 2. In den Jahren 1882 [1]) bis 1891.

| Jahre | | | | |
|---|---|---|---|---|
| 1882 | 118 | 91·500 | 17 | 66·500 |
| 1883 | 119 | 06·25 | 17 | 81·25 |
| 1884 | 120 | 90 | 19 | 65 |
| 1885 | 123 | 72·375 | 22 | 47·375 |
| 1886 | 124 | 98·75 | 23 | 73·75 |
| 1887 | 125 | 37·250 | 24 | 12·250 |
| 1888 | 123 | 45·125 | 22 | 20·125 |
| 1889 | 118 | 74·375 | 17 | 49·375 |
| 1890 | 115 | 64·250 | 14 | 39·250 |
| 1891 | 115 | 99·625 | 14 | 74·625 |
| Durchschnitt | 120 | 67·950 | 19 | 42·950 |

[1]) Siehe Zolltarif.

Tabelle 160.

# Mittlerer Curswert der österreichischen

### Ermittelt nach den Monats-Geld-Durchschnitts-

| Jahre | Zahl der aufzutheilenden Cursfälle | Curs- | | | | | | | | |
|---|---|---|---|---|---|---|---|---|---|---|
| | | Preis der Napoleonsd'or | | | | | | | | |
| | | von 8·90 bis 8·9499 | 8·95 8·9999 | 9·00 9·0499 | 9·05 9·0999 | 9·10 9·1499 | 9·15 9·1999 | 9·20 9·2499 | 9·25 9·2999 | 9·30 9·3499 |
| | | Darnach berechneter Preis von 100 fl. | | | | | | | | |
| | | bis 111·875 | 112·50 | 113·125 | 113·75 | 114·375 | 115 — | 115·625 | 116·25 | 116·875 |
| | | Auftheilung | | | | | | | | |
| 1879 | 12 | . . . . . | . . . . . | . . . . . | . . . . . | . . . . . | . . . . . | 2 | 1 | 9 |
| 1880 | „ | . . . . . | . . . . . | . . . . . | . . . . . | . . . . . | . . . . . | . . . . . | . . . . . | 3 |
| 1881 | „ | . . . . . | . . . . . | . . . . . | . . . . . | . . . . . | . . . . . | . . . . . | 3 | 4 |
| 1882 | „ | . . . . . | . . . . . | . . . . . | . . . . . | . . . . . | . . . . . | . . . . . | . . . . . | . . . . . |
| 1883 | „ | . . . . . | . . . . . | . . . . . | . . . . . | . . . . . | . . . . . | . . . . . | . . . . . | . . . . . |
| 1884 | „ | . . . . . | . . . . . | . . . . . | . . . . . | . . . . . | . . . . . | . . . . . | . . . . . | . . . . . |
| 1885 | „ | . . . . . | . . . . . | . . . . . | . . . . . | . . . . . | . . . . . | . . . . . | . . . . . | . . . . . |
| 1886 | „ | . . . . . | . . . . . | . . . . . | . . . . . | . . . . . | . . . . . | . . . . . | . . . . . | . . . . . |
| 1887 | „ | . . . . . | . . . . . | . . . . . | . . . . . | . . . . . | . . . . . | . . . . . | . . . . . | . . . . . |
| 1888 | „ | . . . . . | . . . . . | . . . . . | . . . . . | . . . . . | . . . . . | . . . . . | . . . . . | . . . . . |
| 1889 | „ | . . . . . | . . . . . | . . . . . | . . . . . | . . . . . | . . . . . | . . . . . | . . . . . | . . . . . |
| 1890 | „ | 1 | . . . . . | . . . . . | 3 | 1 | . . . . . | . . . . . | 1 | 1 |
| 1891 | „ | . . . . . | . . . . . | 1 | 1 | 1 | . . . . . | 1 | 1 | 4 |
| Summe | 156 | 1 | . . . . . | 1 | 4 | 2 | . . . . . | 3 | 6 | 21 |

Darnach betrug der mittlere Preis von 100 fl. österreichischer Währung im Jahre 1879 . . . . . . . . . . . . . . . . . . . . über 116½ fl.
1880 . . . . . . . . . . . . . . . . . . . . circa 117 „
1881 . . . . . . . . . . . . . . . . . . . . „ 117 „
1882 . . . . . . . . . . . . . . . . . . . . „ 119 „
1883 . . . . . . . . . . . . . . . . . . . . „ 119 „
1884 . . . . . . . . . . . . . . . . . . . . „ 121 „
1885 . . . . . . . . . . . . . . . . . . . . „ 124¼ „
1886 . . . . . . . . . . . . . . . . . . . . „ 125½ „
1887 . . . . . . . . . . . . . . . . . . . . „ 126 „
1888 . . . . . . . . . . . . . . . . . . . . „ 123½ „
1889 . . . . . . . . . . . . . . . . . . . . „ 119 „
1890 . . . . . . . . . . . . . . . . . . . . „ 117½ „
1891 . . . . . . . . . . . . . . . . . . . . „ 117 „

# Währung in den Jahren 1879 bis 1891.

cursen der Zwanzig-Francs-Stücke.

**Stände**

**in Gulden österreichischer Währung**

| 9·35 9·3999 | 9·40 9·4499 | 9·45 9·4999 | 9·50 9·5499 | 9·55 9·5999 | 9·60 9·6499 | 9·65 9·6999 | 9·70 9·7499 | 9·75 9·7999 | 9·80 9·8499 | 9·85 9·8999 | 9·90 9·9499 | 9·95 9·9999 | 10·— 10·0499 | 10·05 10·0999 | 10·10 10·1499 |
|---|---|---|---|---|---|---|---|---|---|---|---|---|---|---|---|

**Gold in Gulden österreichischer Währung**

| 117·5 | 118·125 | 118·75 | 119·375 | 120· | 120·625 | 121·25 | 121·875 | 122·5 | 123·125 | 123·75 | 124·375 | 125·— | 125·625 | 126·25 | 126·875 |
|---|---|---|---|---|---|---|---|---|---|---|---|---|---|---|---|

**der Cursfälle**

| 9·35 | 9·40 | 9·45 | 9·50 | 9·55 | 9·60 | 9·65 | 9·70 | 9·75 | 9·80 | 9·85 | 9·90 | 9·95 | 10·— | 10·05 | 10·10 |
|---|---|---|---|---|---|---|---|---|---|---|---|---|---|---|---|
| 6 | 1 | 2 | | | | | | | | | | | | | |
| 4 | 1 | | | | | | | | | | | | | | |
| | | 1 | 5 | 4 | 2 | | | | | | | | | | |
| | | | 4 | 6 | 2 | | | | | | | | | | |
| | | | | | 4 | 6 | 1 | 1 | | | | | | | |
| | | | | | | | | 3 | | 3 | 3 | 3 | | | |
| | | | | | | | | | | | 2 | 3 | 7 | | |
| | | | | | | | | | | | 2 | 2 | 3 | 3 | 2 |
| | | | | | 4 | | | 1 | | 1 | | 1 | 5 | | |
| 1 | 2 | 5 | 2 | 1 | 1 | | | | | | | | | | |
| 2 | 3 | | | | | | | | | | | | | | |
| 3 | | | | | | | | | | | | | | | |
| 16 | 8 | 16 | 12 | 5 | 9 | 6 | 1 | 5 | | 4 | 7 | 9 | 15 | 3 | 2 |

In der Gesammtheit der Jahre bildet der Preis von 118³/₄ die genaue Scheidegrenze der Fälle. In 78 Fällen betrug der Curs bis zu diesem Betrage, in 78 Fällen darüber. Von den Fällen bis zu dieser Preishöhe fällt die Mehrzahl, d. h. 61 Fälle, in die Preishöhe von 116¼ bis 118³/₄ mit hauptsächlichster Concentrierung um den Preis von 117 fl. Die Fälle über dieser Preisgrenze zeigen eine doppelte Gruppierung: unter den Preis zwischen 118³/₄ bis 122 fl. 50 kr. fallen 38, unter den Preis von 123 fl. 75 kr. bis 126 fl. 87½ kr. fallen 40 Fälle. Das erhöht also das Schwergewicht noch etwas über den ermittelten mittleren Preis von 118 fl. 75 kr. Es würde daher der mittlere Preis für diese Jahre mit 119 fl. etwa als ermittelt anzusehen sein. Dem Preise von 119 fl. entspricht der Guldenwert österreichischer Währung von 84 kr. Gold oder 2 Frcs. 10 Cts.

Tabelle 161.

# Berechnung des Wertes des Guldens österreichischer Währung Noten in Grammen Feingold nach Cursabstufungen.

1. **Ein Goldgulden** = 0·725800 Gramm Feingold.
2. **Ein Franc** = 0·290323 „ „

### Wenn ein Gulden österreichischer Währung Noten

| | | | den Cours hat von | | | | so ist er wert in Grammen Feingold |
|---|---|---|---|---|---|---|---|
| 1 Gulden Gold | . . . . | oder | . . . . | 2 Francs | 50·0 | Cent. . . . . . . . | = 0·725800 |
| 99 fr. | „ | . . . . . | „ | 2 „ | 47·5 | „ . . . . . . . | = 0·718542 |
| 98 76 fr. | „ | . . . . . | „ | 2 „ | 47·9 | „ . . . . . . . | = 0·716801 |
| 98 fr. | „ | . . . . . | „ | 2 „ | 45·0 | „ . . . . . . . | = 0·711284 |
| 97 „ | „ | . . . . . | „ | 2 „ | 42·5 | „ . . . . . . . | = 0·704026 |
| 96 „ | „ | . . . . . | „ | 2 „ | 40·0 | „ . . . . . . . | = 0·696768 |
| 95 „ | „ | . . . . . | „ | 2 „ | .37·5 | „ . . . . . . . | = 0·689510 |
| 94 „ | „ | . . . . . | „ | 2 „ | 35·0 | „ . . . . . . . | = 0·682252 |
| 93 „ | „ | . . . . . | „ | 2 „ | 32·5 | „ . . . . . . . | = 0·674994 |
| 92 „ | „ | . . . . . | „ | 2 „ | 30·0 | „ . . . . . . . | = 0·667736 |
| 91 „ | „ | . . . . . | „ | 2 „ | 27·5 | „ . . . . . . . | = 0·660478 |
| 90 „ | „ | . . . . . | „ | 2 „ | 25·0 | „ . . . . . . . | = 0 653220 |
| 89 „ | „ | . . . . . | „ | 2 „ | 22·5 | „ . . . . . . . | = 0·645962 |
| 88 „ | „ | . . . . . | „ | 2 „ | 20·0 | „ . . . . . . . | = 0·638704 |
| 87 „ | „ | . . . . . | „ | 2 „ | 17 5 | „ . . . . . . . | = 0 631446 |
| 86 „ | „ | . . . . . | „ | 2 „ | 15·0 | „ . . . . . . . | = 0 624188 |
| 85 „ | „ | . . . . . | „ | 2 „ | 12 5 | „ . . . . . . . | = 0·616930 |
| 84 „ | „ | . . . . . | „ | 2 „ | 10·0 | „ . . . . . . . | = 0·609672 |
| 83 „ | „ | . . . . . | „ | 2 „ | 07·5 | „ . . . . . . . | = 0·602414 |
| 82 „ | „ | . . . . . | „ | 2 „ | 05·0 | „ . . . . . . . | = 0·595156 |
| 81 „ | „ | . . . . . | „ | 2 „ | 02·5 | „ . . . . . . . | = 0·587898 |
| 80 „ | „ | . . . . . | „ | 2 „ | — | „ . . . . . . . | = 0·580640 |
| 79 „ | „ | . . . . . | „ | 1 „ | 97·5 | „ . . . . . . . | = 0·573382 |
| 78 „ | „ | . . . . . | „ | 1 „ | 95·0 | „ . . . . . . . | = 0·566124 |
| 77 „ | „ | . . . . . | „ | 1 „ | 92·5 | „ . . . . . . . | = 0·558866 |
| 76 „ | „ | . . . . . | „ | 1 „ | 90·0 | „ . . . . . . . | = 0·551608 |
| 75 „ | „ | . . . . . | „ | 1 „ | 87·5 | „ . . . . . . . | = 0·544350 |
| 74 „ | „ | . . . . . | „ | 1 „ | 85 0 | „ . . . . . . . | = 0·537092 |
| 73 „ | „ | . . . . . | „ | 1 „ | 82·5 | „ . . . . . . . | = 0·529834 |
| 72 „ | „ | . . . . . | „ | 1 „ | 80·0 | „ . . . . . . . | = 0·522576 |
| 71 „ | „ | . . . . . | oder | 1 „ | 77·5 | „ . . . . . . . | = 0.515318 |
| 70 „ | „ | . . . . . | „ | 1 „ | 75·0 | „ . . . . . . . | = 0·508060 |

# Erläuterungen.

Durch die Suspendierung der Bareinlösung der Noten der privilegierten österreichischen Nationalbank unter gleichzeitiger Verleihung des Zwangscurses für dieselben (kaiserliches Patent vom 2. Juni 1848) und die infolge der politischen Complicationen in ausgedehntem Maße stattgefundene Benützung des Bankcredites in Noten durch die Staatsverwaltung wurde die Währung der Monarchie immer mehr zur Papierwährung. Das seit dem Jahre 1849 ausgegebene Staatspapiergeld wurde im Jahre 1854 in Banknoten convertiert. Die zur Wiederaufnahme der Barzahlungen ergriffenen Maßnahmen erreichten ihren Zweck in dauernder Weise nicht und so kommt der Periode der Barzahlungen der Bank vom 6. September 1858 bis 25. April 1859 nur ein episodischer Charakter zu. Seit dem Jahre 1866 besitzt die Monarchie zweifaches: staatliches und Bank-Papiergeld (mit Zwangscurs und uneinlösbar), und es erhielt das staatliche Papiergeld durch das Gesetz vom 10. Juni 1868, Nr. 53 R. G. Bl., seine bis nun bestehende quantitäre Fixierung.

Das österreichische Papiergeld hatte seit dem Jahre 1848 bis Ende des Jahres 1878 Disagio gegenüber dem durch dasselbe vertretenen Silber-Währungsgelde. Mit dieser Zeit erlangte es seine Parität mit dem Silber-Courantgelde zurück, welche noch besteht. Es ist aber damit die Frage der internationalen Bewertung der österreichischen Währung nicht beseitigt. Durch die im März 1879 durch die Regierungen der im Reichsrathe vertretenen Königreiche und Länder und der Länder der ungarischen Krone verfügte Sistierung der freien Silberprägung wurde zwar die österreichische Währung vor der directen Einwirkung der Schwankungen des Silberpreises auf dem Edelmetallmarkte bewahrt, ohne daß aber durch diese Maßnahmen derselben ihre internationale Vollwertigkeit zurückgegeben oder ihr Wert endgiltig stabilisiert wurde. Diese Frage hat vielmehr eine doppelte Gestaltung erhalten. Der Handelswert der Silbermünzen österreichischer Währung beruht einzig und allein auf ihrem inneren, dem Silberwerthe. Dieser bestimmt sich nach dem Preise des Silbers auf den Weltmärkten. Bei freier Silberprägung müßte mit Nothwendigkeit der Verkehrswert der Silbermünzen mit ihrem inneren Werte mehr oder weniger zusammenfallen.

Wird der allgemein als maßgebend angesehene Londoner Silberpreis dieser Wertberechnung zu Grunde gelegt, so zeigt sich, daß, da der Londoner-Silberpreis im Durchschnitte der Jahre 1879 bis 1891 etwa 48 Pence betrug, sich das Wertverhältnis zwischen Gold und Silber im Durchschnitte dieser selben Jahre beiläufig wie 1 : 19·645 stellte und daher der Werth des Silberguldens in der gleichen Zeit durchschnittlich beiläufig 78 Kreuzer oder 1 Francs 95 Centimes war. Bei Berücksichtigung der einzelnen Jahresdurchschnitte stellt sich indeß der mittlere Wert immerhin noch niedriger. Außerdem nahm der Silbermarkt von 1884 auf 1885 eine besonders ungünstige Richtung und erst der Preis des Silbers in den letzten sieben Jahren erscheint etwas gleichmäßiger. Im Durchschnitte dieser sieben Jahre betrug er 44·69 Pence, das Wertverhältnis zwischen Gold und Silber stellt sich demnach wie 1 : 21. Der Wert des Silberguldens war daher nach seinem Silbergehalte nur 72·5 Kreuzer Gold oder 1 Franc 80 Centimes.

Infolge der Einstellung der freien Silberprägung hat indeß das in österreichischer Währung geprägte Silber thatsächlich im internationalen Verkehre einen von seinem Silberwerte abweichenden Werth erhalten. So stellt sich im Verkehre Wien gegen London, das heißt mit Rücksicht auf den Wechselcurs, der effective Wert des Silberguldens österreichischer Währung in der Art dar, wie aus der Tabelle 143 ersichtlich ist. Im Durchschnitte der Jahre 1879 bis 1891 würde der Wert des Silberguldens mit 93·36 Kreuzer in Gold zu berechnen sein. Diese Durchschnittsberechnung hat aber wenig Wert. Beide Factoren dieser Wertberechnung, der Silberpreis wie die Devise London, sind in diesen Jahren äußerst variabel. Der Silberpreis zeigte erst in den letzten sechs Jahren einige Beständigkeit und die Devise London hatte in den Jahren 1885 bis 1888 einen abnorm hohen Preis. Es erübrigen daher nur die Daten weniger Jahre, um auf sie einen Schluß über den jüngsten, wirklichen Wert des Silberguldens mit irgend einer Wahrscheinlichkeit zu bauen. Man könnte ihn etwa mit 84·25 Kreuzer in Gold oder 2 Francs 10·6 Centimes beziffern.

Begreiflicherweise ist der internationale Wert des Papiergeldes österreichischer Währung ein ganz ähnlicher. Noten und Silber haben ja unter sich seit 1878 die Parität erlangt. Der Durchschnittcurs der Zwanzig Francs-Stücke läßt den Preis von 100 Gulden Gold in österreichischer Währung Noten für die Jahre 1879 bis 1891 nach dem Geldcurse mit 119 fl. 68 kr., nach dem Warencurse mit 119 fl. 80 kr. berechnen, somit im Mittel beider Curse mit 119 fl. 75 kr. Bei diesem Preise ist der Gulden österreichischer Währung gleich 83·5 Kreuzer in Gold oder 2 Francs 8·75 Centimes.

Eilfter Abschnitt.

# Geldumlauf. Edelmetall-Vorrath.

(Tabellen 162—175.)

Tabelle 162.

# Goldvorrath in Großbritannien und Irland.

| Jahre | Goldvorrath Pfund Sterling | Saldo des ausländischen Edelmetallverkehres | Durchschnitts-Summe in Millionen Pfund Sterling | Anmerkung |
|---|---|---|---|---|
| **1856** | [1] **80,000.000** | . . . . . . . . . | | [1] Umlauf . . . . . . . . . . . 75,000.000 <br> Barren in der Bank . . . . . . . . 5,000.000 |
| 1857 | . . . . . . . . . | [2] + 1,000.000 | 1·0 | [2] Haupt's Schätzung. |
| 1858—1861 | . . . . . . . . . | + 12,000.000 | 3·0 | [3] Nach Haupt . . . . . 1·5 Millionen Pfund Sterling <br> bis 1870 und . . . . 2 " " " <br> bis 1885, respective 1888. |
| 1862—1866 | . . . . . . . . . | + 28,000.000 | 5·6 | [4] Umfaßt die Bestände der Banken an in- und ausländi- <br> schen Münzen und Barren und den Umlauf im Pu- <br> blicum. |
| 1867—1875 | . . . . . . . . . | + 39,000.000 | 4·3 | Die Bestände der Banken sind wechselnd und aus der <br> betreffenden Tabelle ersichtlich. |
| 1876—1880 | . . . . . . . . . | + 1,000.000 | 0·2 | Englische und amerikanische Schätzungen gehen auf <br> Beträge um 10—15 Millionen höher für die Jahre <br> 1884 und 1885. |
| 1881—1885 | . . . . . . . . . | — 1,000.000 | — 0·2 | |
| 1886 | . . . . . . . . . | — 391.450 | — 0·3 | |
| 1887 | . . . . . . . . . | + 631.712 | 0·6 | |
| 1888 | . . . . . . . . . | + 843.445 | 0·8 | |
| | | + 81,083.707 | . . . . . . . . . | |
| | [3] Ab industrielle Verwendung | 57,000.000 | . . . . . . . . . | |
| | Rest . | + **24,083.707** | . . . . . . . . . | |
| **1888** | [4] **104,083.707** | . . . . . . . . . | . . . . . . . . . | |

Tabelle 168.

# Edelmetallvorrath in Frankreich.

(Nach Haupt.)

## In Francs.

| Jahre | Gold | | Silber | | Anmerkung |
|---|---|---|---|---|---|
| | Vorrath | Saldo des ausländischen Verkehres [2] | Vorrath | Saldo des ausländischen Verkehres | |
| 1815 . . . . . . . | 600,000.000 [1] . . . . . . . . | | 1,500,000.000 [3] . . . . . . . . | | [1] Entspricht aber nur der Summe der Ausmünzung von Gold seit 1803 per 576 Millionen Francs nach amtlicher Ausweisung. |
| 1815 bis 1885 . . . | | + 6,500,000.000 | | + 3,400,000.000 | [2] Siehe Tabelle Nr. 24. |
| Ab industrielle Verwendung | | | | | [3] Als runde Summe entsprechend der amtlich ausgewiesenen Ausmünzung von 1803—1814 per . . . 1.036 Mill. Frcs. und der geschätzte Umlauf alter Münzen . . 450 „ „ |
| 1795—1885 [4] . . . . | | − 2,665,000.000 | | − 1,240,000.000 | 1.486 Mill. Frcs. |
| 1886—1888 [5] . . . . | | − 150,000.000 | | − 59,000.000 | [4] Siehe Tabelle Nr. 79. |
| | | | | | [5] Einfach nach der Annahme Haupt's fortgesetzt. Es ist aber nicht zu übersehen, daß der Verbrauch an Gold sich neuerdings erhöhte. |
| Summe . . . . . . . | | − 2,815,000.000 | | 1.291,000.000 [6] | [6] In dieser Summe ist der Bestand an Silberscheidemünze (circa 250 Mill. Frcs.) inbegriffen. |
| Daher Ende 1888 Bestand . | 4,285,000.000 . . . . . . . . | | 3,609,000.000 . . . . . | | Auch sind bei Gold die Barren inbegriffen und bei Gold und Silber inländische und ausländische Münzen, voraussichtlich besteht aber das Silber aus solchen der lateinischen Münzunion. |
| | 7,894,000.000 | | | | |

Tabelle 164.

# Geldumlauf und Vorrath (einschließlich Barren), Certificate,

## A. Metall-Geld

In

| Jahre | 1 | 2 | 3 | 4 | 5 | 6 | 7 | 8 | 9 | 10 |
|---|---|---|---|---|---|---|---|---|---|---|
| | I. Gold | | | | | | | | A. Silber- | |
| | A. Münzen und Barren | | | | B. Gold-Certificate | | | | | |
| | a) Schatzamt | b) National-banken | c) Umlaufend | d) Zusammen | a) Schatzamt | b) National-banken | c) Umlaufend | d) Zusammen | a) Schatzamt | b) National-banken |
| 30. Juni 1860 | . . . . | . . . . | . . . . | . . . . | . . . . | . . . . | . . . . | . . . . | | |
| 1861 | . . . . | . . . . | . . . . | . . . . | . . . . | . . . . | . . . . | . . . . | | |
| 1862 | . . . . | . . . . | . . . . | . . . . | . . . . | . . . . | . . . . | . . . . | | |
| 1863 | . . . . | . . . . | . . . . | . . . . | . . . . | . . . . | . . . . | . . . . | | |
| 1864 | . . . . | . . . . | . . . . | . . . . | . . . . | . . . . | . . . . | . . . . | | |
| 1865 | . . . . | . . . . | . . . . | . . . . | . . . . | . . . . | . . . . | . . . . | | |
| 1866 | . . . . | . . . . | . . . . | . . . . | 442.640·00 | 8,082.800·00 | 2,422.420·00 | 10,947.860·00 | | |
| 1867 | . . . . | . . . . | . . . . | . . . . | 95.470·00 | 7,122.350·00 | 11,555.760·00 | 18,773.580·00 | | |
| 1868 | . . . . | . . . . | . . . . | . . . . | 35.260·00 | 13,283.790·00 | 4,359.590·00 | 17,678.640·00 | | |
| 1869 | . . . . | . . . . | . . . . | . . . . | 533.680·00 | 11,953.680·00 | 18,002.280·00 | 30,489.640·00 | | |
| 1870 | . . . . | . . . . | . . . . | . . . . | 2,462.320·00 | 18,660.920·00 | 13,423.880·00 | 34,547.120·00 | | |
| 1871 | . . . . | . . . . | . . . . | . . . . | 2,096.620·00 | 9,161.160·00 | 8,628.520·00 | 19,886.300·00 | | |
| 1872 | . . . . | . . . . | . . . . | . . . . | 5,674.640·00 | 11,412.160·00 | 14,999.500·00 | 32,086.300·00 | | |
| 1873 | 72,281.687·86 | 3,370.378·40 | 59,347.933·74 | 135,000 000·00 | 5,208.680·00 | 22,139.090·00 | 12,112.230·00 | 39,460.000·00 | | |
| 1874 | 68,431.388·80 | 5,019.638·53 | 73,928.465·67 | 147,379.493·00 | 4,809.720·00 | 13,671.660·00 | 4,343.720·00 | 22,825.100·00 | | |
| 1875 | 50,688.448·36 | 3,663.993·46 | 60,782.464·18 | 121,134.906·00 | 4,247.500·00 | 12,642.180·00 | 4,906.620·00 | 21,796.300·00 | | |
| 1876 | 55,217.604·05 | 4,839.240·54 | 70,000 062·41 | 130,056.907·00 | 4,506.420·00 | 16,872.780·00 | 7,302.200·00 | 28,681.400·00 | . . . . | . . . . |
| 1877 | 89,390.471·88 | 5,306.262·69 | 72,804.737·43 | 167,501.472·00 | 9,274.560·00 | 12,179.520·00 | 20,118.520·00 | 41,572.600·00 | . . . . | . . . . |
| 1878 | 128,460.202·87 | 8,191.952·67 | 76,547.821·46 | 213,199.977·00 | 19,469.320·00 | 16,021.460·00 | 8,876.220·00 | 44,367.000·00 | 1,455.520·00 | . . . . |
| 1879 | 135,236.474·62 | 21,530.846·05 | 88,974.516·33 | 245,741.837·00 | 133.880·00 | 13,975.600·00 | 1,304.220·00 | 15,413.700·00 | 2,052.470·00 | 56.670·00 |
| 1880 | 126,145.427·20 | 76,959.509·73 | 148,736.269·07 | 351,841.206·00 | 40.700 00 | 7,939.560·00 | 24.340·00 | 8,004 600·00 | 6,584.701·00 | 995.400·00 |
| 1881 | 163,171.661·25 | 101,901.276·45 | 213,411.600·30 | 478,484.538·00 | 23.400·00 | 5,137.500·00 | 622.020·00 | 5,782 920 00 | 12,055.801·00 | 945.590·00 |
| 1882 | 148,506.389·95 | 91,223.770·74 | 267,027.554·31 | 506,757.715·00 | 8.100·00 | 4,440.400·00 | 588.620 00 | 5,037.120·00 | 11,590.620·00 | 854.040·00 |
| 1883 | 198,078.567·68 | 67,002.816·21 | 277,650.679·11 | 542,732.063·00 | 22,571.270·00 | 32,791.590·00 | 27,015.780·00 | 82,378.640·00 | 15,996.145·00 | 3,121.130·00 |
| 1884 | 204,876.594·15 | 65,835.738·50 | 274,788.464·35 | 545,500.797·00 | 27,246.020·00 | 26,637.110·00 | 44,509.530·00 | 98,392.660·00 | 23,384.680·00 | 2,861.000·00 |
| 1885 | 247,028.625·25 | 83,268.947·07 | 258,399.463·68 | 588,697.036·00 | 13,593.410·00 | 74,816.920·00 | 51,912.810·00 | 140,323 140·00 | 38,370.700·00 | 3,139.270·00 |
| 1886 | 232,554.886·49 | 104,530.587·67 | 253,688.986·84 | 590,774.461·00 | 55,129.870·00 | 41,446.430·00 | 34,597.945·00 | 131,174.245·00 | 27,861.450·00 | 1,812.290·00 |
| 1887 | 277,979.653·61 | 98,137.439·47 | 278,403.241·92 | 654,520.335·00 | 30,261.380·00 | 54,274.940·00 | 36,950.497·00 | 121,486.817·00 | 3,425.133·00 | 3,535.479·00 |
| 1888 | 314,704.822·46 | 95,709.782·84 | 295,404.249·70 | 705,818.855·00 | 20,928.500·00 | 68,761.930·00 | 52,332.720·00 | 142,023.150·00 | 28,732.115·00 | 7,094.854·00 |
| 1889 | 303,581.000·00 | 82,651.000·00 | 293,829.000·00 | 680,063 000·00 | 36,918.000 00 | 69,517.000·00 | 47,612.000·00 | 154,048 000·00 | 5,474.000·00 | 12,452 000·00 |
| 1890 | 321,304.106·00 | 78,452.092·00 | 295,806.831·00 | 695,563.029·00 | 26,732.120·00 | 72,968.100 00 | 57,862 759·00 | 157,562.797·00 | 3,983.513·00 | 15,865.318·00 |

# Staats= und Banknoten in den Vereinigten Staaten von Nord=Amerika.
## und Certificate.
### Dollars.

| 11 | 12 | 13 | 14 | 15 | 16 | 17 | 18 | 19 | 20 |
|---|---|---|---|---|---|---|---|---|---|
| | | | | **II. Silber** | | | | | |
| **Certificate** | | | **B. Münz-Barren** | | | | **C. Scheidemünze** | | |
| c) Umlaufend | d) Zusammen | a) Schatzamt | b) National-banken | c) Umlaufend | d) Zusammen | a) Schatzamt | b) National-banken | c) Umlaufend | d) Zusammen |
| · · · · · | · · · · · | · · · · · | · · · · · | · · · · · | · · · · · | · · · · · | · · · · · | · · · · · | · · · · · |
| · · · · · | · · · · · | · · · · · | · · · · · | · · · · · | · · · · · | · · · · · | · · · · · | · · · · · | · · · · · |
| · · · · · | · · · · · | · · · · · | · · · · · | · · · · · | · · · · · | · · · · · | · · · · · | · · · · · | · · · · · |
| · · · · · | · · · · · | · · · · · | · · · · · | · · · · · | · · · · · | · · · · · | · · · · · | · · · · · | · · · · · |
| · · · · · | · · · · · | · · · · · | · · · · · | · · · · · | · · · · · | · · · · · | · · · · · | · · · · · | · · · · · |
| · · · · · | · · · · · | · · · · · | · · · · · | · · · · · | · · · · · | · · · · · | · · · · · | · · · · · | · · · · · |
| · · · · · | · · · · · | · · · · · | · · · · · | · · · · · | · · · · · | · · · · · | · · · · · | · · · · · | · · · · · |
| · · · · · | · · · · · | · · · · · | · · · · · | · · · · · | · · · · · | · · · · · | · · · · · | · · · · · | · · · · · |
| · · · · · | · · · · · | · · · · · | · · · · · | · · · · · | · · · · · | · · · · · | · · · · · | · · · · · | · · · · · |
| · · · · · | · · · · · | · · · · · | · · · · · | · · · · · | · · · · · | · · · · · | · · · · · | · · · · · | · · · · · |
| · · · · · | · · · · · | · · · · · | · · · · · | · · · · · | · · · · · | · · · · · | · · · · · | · · · · · | · · · · · |
| · · · · · | · · · · · | · · · · · | · · · · · | · · · · · | · · · · · | · · · · · | · · · · · | · · · · · | · · · · · |
| · · · · · | · · · · · | 1,149.305·00 | · · · · · | · · · · · | 1,149.305·00 | 905.344·88 | 2,440.618·32 | 1,654.036·80 | 5,000.000·00 |
| · · · · · | · · · · · | 1,592.261·00 | · · · · · | · · · · · | 1,592.261·00 | 1,414.267·17 | 3,634.908·74 | 3,714.041·09 | 8,763.217·00 |
| · · · · · | · · · · · | 2,742.548·00 | · · · · · | · · · · · | 2,742.548·00 | 5,329.577·71 | 2,653.408·84 | 8,642.460·45 | 16,625.447·00 |
| · · · · · | · · · · · | 3,997.258·00 | · · · · · | · · · · · | 3,997.258·00 | 6,363.605·72 | 3,506.449·38 | 22,548.678·90 | 32,418.734·00 |
| · · · · · | · · · · · | 4,626.921·00 | · · · · · | · · · · · | 4,626.921·00 | 2,952.653·04 | 3,850.213·37 | 45,034.639·59 | 51,837.506·00 |
| 7.080·00 | 1,462.600·00 | 15,059.827·84 | 175.250·00 | 1,034.001·16 | 16,269.079·00 | 6,860.505·97 | 4,862.807·10 | 60,055.514·93 | 71,778.828·00 |
| 357.810·00 | 2,466.950·00 | 33,239.916·91 | 4,739.120·00 | 3,297.319·09 | 41,276.356·00 | 8,903.401·36 | 2,031.051·39 | 65,315.532·25 | 76,249.985·00 |
| 4,794.169·00 | 12,374.270·00 | 49,549.851·42 | 4,689.628·00 | 15,420.928·58 | 69,660.408·00 | 24,350.481·80 | 1,172.407·53 | 53,339.380·67 | 78,862.270·00 |
| 38,165.139·00 | 51,166.530·00 | 65,954.671·10 | 5,711.137·00 | 23,631.274·90 | 95,297.083·00 | 27,247.696·93 | 771.424·05 | 52,067.940·02 | 80,087.061·00 |
| 53,652.050·00 | 66,096.710·00 | 90,384.724·36 | 6,077.153·00 | 26,326.666·64 | 122,788.544·00 | 28,048.630·58 | 820.868·80 | 51,559.080·62 | 80,428.580·00 |
| 69,499.556·00 | 88,616.831·00 | 116,396.235·29 | 6,351.004·00 | 29,300.445·71 | 152,047.685·00 | 28,486.001·05 | 857.854·41 | 51,616.444·54 | 80,960.300·00 |
| 93,566.011·00 | 119,811.691·00 | 139,616.414·27 | 8,032.811·00 | 32,657.388·73 | 180,306.614·00 | 29,600.720·05 | 1,085.022·61 | 44,575.785·34 | 75,261.528·00 |
| 98,391.676·00 | 139,904.646·00 | 169,451.997·52 | 7,797.925·00 | 31,289.044·48 | 208,538.967·00 | 31,236.899·49 | 1,059.300·95 | 42,643.529·56 | 74,939.820·00 |
| 86,303.935·00 | 115,977.675·00 | 184,523.282·97 | 6,757.263·00 | 45,911.360·03 | 237,191.906·00 | 28,886.946·97 | 2,913.304·82 | 43,260.685·21 | 75,060.937·00 |
| 138,582.538·00 | 145,543.150·00 | 221,897.045·77 | 6,343.213·00 | 49,205.508·23 | 277,445.767·00 | 26,963.934·20 | 2,813.138·80 | 45,770.726·00 | 75,547.799·00 |
| 193,664.803·00 | 229,491.772·00 | 254,639.063·35 | 6,906.432·00 | 48,620.964·00 | 310,166.459·00 | 26,044.061·55 | 2,819.277·92 | 47,543.036·53 | 76,406.376·00 |
| 244,703.000·00 | 262,627.000·00 | 289,489.000·00 | 6,786.000·00 | 47,670.000·00 | 340,946.000·00 | 25,124.000·00 | 4,495.000·00 | 46,981.000·00 | 76,601.000·00 |
| 281,690.920·00 | 301,539.751·00 | 323,804.555·00 | 6,793.752·00 | 55,788·307·00 | 386,386.614·00 | 22,792.718·00 | 4,524.801·00 | 49,507.786·00 | 76,825.305·00 |

# Geldumlauf und Vorrath (einschließlich Barren), Certificate,

## B. Staats- und Banknoten.

In

| Jahre | A. Staaten-Banknoten im Umlaufe | B. Demand-Notes | C. 1 und 2 jährige Noten vor 1863 | D. Verzinsliche Regierungs-noten | E. Kleinpapier-geld unter 1 Dollar | F. Nationalbanknoten | | | |
|---|---|---|---|---|---|---|---|---|---|
| | | | | | | a) Schatzamt | b) National-banken | c) umlaufend | d) Summe |
| Juni 30 | | | | | | | | | |
| 1860 | 207,102.477·00 | . . . . . | | | | | | | |
| 1861 | 202,005.767·00 | . . . . . | | | | | | | |
| 1862 | 183,792.079·00 | 53,040.000·00 | . . . . . | | | | | | |
| 1863 | 238,677.218·00 | 3,351.019·75 | 89,879.475·00 | . . . . . | 20,192.456·00 | . . . . . | | | |
| 1864 | 179,157.717·00 | 780.999·25 | 158,471.450·00 | 15,000.000·00 | 22,894.877·25 | . . . . . | 10,753.777·00 | 20,481.493·00 | 31,235.270·00 |
| 1865 | 142,919.638·00 | 472.603·00 | 42,338.710·00 | 193,756.080·00 | 25,005.828·76 | . . . . . | 36,337.528·00 | 109,800.332·00 | 146,137.860·00 |
| 1866 | 19,996.168·00 | 272.162·00 | 3,454.230·00 | 159,012.140·00 | 27,070.876·96 | 5,467.195·00 | 31,547.972·00 | 244,464.741·00 | 281,419.908·00 |
| 1867 | 4,484.112·00 | 208.432·00 | 1,123.630·00 | 122,394.480·00 | 28,307.523·52 | 11,861.418·00 | 22,215.935·00 | 264,548.026·00 | 298,625.379·00 |
| 1868 | 3,163.771·00 | 141.723·00 | 555.492·00 | 28,161.810·00 | 32,626.951·75 | 5,393.982·00 | 17,498.787·00 | 276,870.086·00 | 299,762.855·00 |
| 1869 | 2,558.874·00 | 123.739·25 | 347.772·00 | 2,871.410·00 | 32,114.637·36 | 7,992.791·00 | 18,081.718·00 | 273,667.966·00 | 299,742.475·00 |
| 1870 | 2,222.793·00 | 106.256·00 | 248.272·00 | 2,152.910·00 | 39,878.684·48 | 11,118.903·00 | 23,894.500·00 | 264,753.581·00 | 299,766.984·00 |
| 1871 | 1,968.058·00 | 96.505·50 | 198.572·00 | 768.500·00 | 40,582.874·56 | 6,855.569·00 | 26,841.641·00 | 284,564.031·00 | 318,261.241·00 |
| 1872 | 1,700.935·00 | 88.296·25 | 167.522·00 | 593.520·00 | 40,855.835·27 | 8,627.790·00 | 23,999.544·00 | 305,037.461·00 | 337,664.795·00 |
| 1873 | 1,399.184·00 | 79.967·50 | 142.105·00 | 479.400·00 | 44,799.365·44 | 8,304.586·00 | 26,955.726·00 | 312,006.749·00 | 347,267.061·00 |
| 1874 | 1,162.453·00 | 76.732·50 | 127.625·00 | 415.210·00 | 45,881.295·67 | 11,715.488·00 | 32,272.068·00 | 307,993.476·00 | 351,981.032·00 |
| 1875 | 964.497·00 | 70.107·50 | 113.374·00 | 367.390·00 | 42,129.424·19 | 13,861.463·00 | 42,317.896·00 | 298,228.649·00 | 354,408.008·00 |
| 1876 | 1,047.335·00 | 66.917·50 | 104.705·00 | 328.760·00 | 34,446.595·39 | 16,877.634·00 | 32,979.719·00 | 283,140.983·00 | 332,998.336·00 |
| 1877 | 909.272·00 | 63.962·50 | 95.725·00 | 296.630·00 | 20,403.137·34 | 15,759.847·00 | 34,238.402·00 | 267,050.623·00 | 317,048.872·00 |
| 1878 | 806.106·00 | 62.297·50 | 90.485·00 | 274.920·00 | 16,547.768·77 | 12,789.923·00 | 30,463.349·00 | 281,261.012·00 | 324,514.284·00 |
| 1879 | 729.469·00 | 61.470·00 | 86.185·00 | 259.090·00 | 15,842.610·11 | 8,286.701·00 | 24,771.123·00 | 296,633.873·00 | 329,691.697·00 |
| 1880 | 574.046·00 | 60.975·00 | 82.485·00 | 242.590·00 | 7,214.954·17 | 7,090.249·00 | 26,358.332·00 | 311,056.846·00 | 344,505.427·00 |
| 1881 | 517.908·00 | 60.535·00 | 79.985·00 | 230.250·00 | 7,105.953·32 | 5,296.382·00 | 27,932.850·00 | 321,813.443·00 | 355,042.675·00 |
| 1882 | 521.564·00 | 59.695·00 | 74.965·00 | 220.960·00 | 7,047.247·77 | 6,277.246·00 | 27,753.195·00 | 324,711.593·00 | 358,742.034·00 |
| 1883 | 377.231·00 | 58.985·00 | 71.765·00 | 213.620·00 | 7,000.690·81 | 8,217.062·00 | 31,748.004·00 | 316,108.215·00 | 356,073.281·00 |
| 1884 | 357.220·00 | 58.440·00 | 69.765·00 | 207.660·00 | 6,980.061·31 | 8,809.990·00 | 27,871.246·00 | 302,818.647·00 | 339,499.883·00 |
| 1885 | 242.618·00 | 57.950·00 | 68.035·00 | 202.730·00 | 6,964.175·44 | 9,945.710·00 | 32,131.028·00 | 276,499.973·00 | 318,576.711·00 |
| 1886 | 235.900·00 | 57.445·00 | 66.545·00 | 197.170·00 | 6,954.087·52 | 4,034.416·00 | 30,684.525·00 | 276,980.513·00 | 311,699.454·00 |
| 1887 | 327.653·00 | 57.130·00 | 65.605·00 | 192.880·00 | 6,946.964·37 | 2,362.585·00 | 25,420.212·00 | 251,434.991·00 | 279,217.788·00 |
| 1888 | 230.806·00 | 56.807·50 | 63.835·00 | 189.530·00 | 6,922.643·82 | 7,055.541·00 | 25,130.431·00 | 220,182.349·00 | 252,368.321·00 |
| 1889 | 201.170·00 | 56.442·00 | 62.955·00 | 185.750·00 | 6,916.690·47 | 4,158.330·00 | 27,715.000·00 | 179,505.046·00 | 211,378.000·00 |
| 1890 | 197.484·00 | 56.032·00 | 62.365·00 | 182.460·00 | 6,911.510·00 | 4,365.838·00 | 24,250.697·00 | 157,354.240·00 | 185,970.775·00 |

# Staats= und Banknoten in den Vereinigten Staaten von Nordamerika.

## Gesammter Geldumlauf.

**Dollars.**

| "Legal tender notes" G. Gesetzliche Währungsnoten (Greenbacks) | | | | "Legal tender certificates" H. Gesetzliche Währungscertificate | | | Gesammte Geldmittel | | Anmerkung |
|---|---|---|---|---|---|---|---|---|---|
| a) Schatzamt | b) National-banken | c) umlaufend | d) Summe | a) National-Banken | b) Schatzamt | c) Summe | A. Brutto | B. Netto 1) | |
| . . . | . . . | . . . | . . . | . . . | . . . | . . . | . . . | . . . | |
| . . . | . . . | . . . | . . . | . . . | . . . | . . . | . . . | . . . | |
| . . . | . . . | . . . | . . . | . . . | . . . | . . . | . . . | . . . | |
| 32,184.213·00 | 40,042.756·00 | 375,073.234·00 | 447,300.203·00 | . . . | . . . | . . . | . . . | . . . | |
| 52,149.686·00 | 165,394.496·00 | 213,522.246·00 | 431,066.428·00 | . . . | . . . | . . . | . . . | . . . | |
| 72,988.001·00 | 197,783.494·00 | 130,008.811·00 | 400,780.306·00 | . . . | . . . | . . . | . . . | . . . | |
| 52,345.895·00 | 100,587.582·00 | 218,850.120·00 | 371,783.597·00 | . . . | . . . | . . . | . . . | . . . | |
| 27,428.335·00 | 100,166.100·00 | 228,405.565·00 | 356,000.000·00 | . . . | . . . | . . . | . . . | . . . | |
| 41,233.100·00 | 80,934.119·00 | 233,767.975·00 | 355,935.194·00 | . . . | . . . | . . . | . . . | . . . | |
| 31,037.362·00 | 94,573.751·00 | 230,388.887·00 | 356,000.000·00 | . . . | . . . | . . . | . . . | . . . | |
| 12,931.030·00 | 122,137.660·00 | 220,931.310·00 | 356,000.000·00 | . . . | . . . | . . . | . . . | . . . | |
| 11,331.320·00 | 122,994.417·00 | 223,174.263·00 | 357,500.000·00 | . . . | . . . | . . . | . . . | . . . | |
| 39,050.855·00 | 106,381.491·00 | 210,567.654·00 | 356,000.000·00 | 31,515.000·00 | 215.000·00 | 31,730.000·00 | 902,506.387·94 | 731,316.387·94 | |
| 68,578.548·00 | 103,108.350·00 | 210,313.102·00 | 382,000.000·00 | 58,000.000·00 | 755.000·00 | 58,755.000·00 | 1.020,959.419·17 | 839,379.319·17 | |
| 84,055.245·00 | 87,492.895·00 | 204,223.440·00 | 375,771.580·00 | 57,970.000·00 | 445.000·00 | 58,415.000·00 | 994,538.582·69 | 814,327.282·69 | |
| 70,889.906·00 | 90,836.876·00 | 208,045.502·00 | 369,772.284·00 | 32,565.000·00 | 275.000·00 | 32,840.000·00 | 966,759.231·89 | 805,237.831·89 | |
| 75,689.987·68 | 78,004.386·00 | 206,069.958·32 | 359,764.332·00 | 53,825.000·00 | 1,135.000·00 | 54,930.000·00 | 1.019,080.429·84 | 822,547.829·84 | |
| 72,020.120·73 | 71,643.402·00 | 203,017.493·27 | 346,681.016·00 | 46,245.000·00 | 570.000·00 | 46,815.000·00 | 1.082,869.361·27 | 890,224.761·27 | |
| 74,391.903·62 | 67,059.152·00 | 205,229.960·38 | 346,681.016·00 | 29,355.000·00 | 1,450.000·00 | 30,805.000·00 | 1.105,305.365·11 | 956,619.715·11 | |
| 33,020.559·11 | 64,470.717·00 | 249,189.739·89 | 346,681.016·00 | 14,235.000·00 | 360.000·00 | 14,595.000·00 | 1.234,699.247·37 | 1.099,725.377·37 | |
| 80,204.092·45 | 58,728.713·00 | 257,748.210·55 | 346,681.016·00 | 11,650.000·00 | 275.000·00 | 11,925.000·00 | 1.432,461.454·32 | 1.263,587.004·32 | |
| 34,670.589·68 | 64,019.518·00 | 247,990.908·92 | 346,681.016·00 | 13,245.000·00 | 75.000·00 | 13,320.000·00 | 1.507,776.150·77 | 1.323,322.320·77 | |
| 36,498.839·42 | 73,832.458·00 | 236,349.718·58 | 346,681.016·00 | 13,060.000·00 | 315.000·00 | 13,375.000·00 | 1.670,587.107·81 | 1.386,216.636·81 | |
| 40,183.801·75 | 76,917.212·00 | 229,580.002·25 | 346,681.016·00 | 12,190.000·00 | 195.000·00 | 12,385.000·00 | 1.725,512.335·31 | 1.394,922.984·31 | |
| 45,047.378·94 | 79,701.352·00 | 221,932.285·06 | 346,681.016·00 | 29,585.000·00 | 200.000·00 | 29,785.000·00 | 1.854,978.844·88 | 1.444,966.058·88 | |
| 41,118.316·79 | 79,656.783·00 | 225,905.916·21 | 346,681.016·00 | 18,250.000·00 | 250.000·00 | 18,500.000·00 | 1.894,570.811·52 | 1.468,918.891·52 | |
| 28,783.796·79 | 74,483.342·00 | 243,414.877·21 | 346,681.016·00 | 8,770.000·00 | 310.000·00 | 9,080.000·00 | 1.917,112.904·37 | 1.541,002.937·37 | |
| 53,345.975·89 | 81,995.643·00 | 211,339.397·11 | 346,681.016·00 | 14,665.000·00 | 250.000·00 | 14,915.000·00 | 2.085,334.571·67 | 1.597,904.649·67 | |
| 47,196.825·00 | 97,456.832·00 | 202,027.359·00 | 346,681.016·00 | 16,955.000·00 | 240.000·00 | 17,195.000·00 | 2.099,968.000·47 | 1.566,098.000·47 | |
| 23,882.039·00 | 92,480.469·00 | 230,318.508·00 | 346,681.016·00 | 11,890.000·00 | 500.000·00 | 12,390.000·00 | 2.170,320.320·00 | 1.598,836.772·00 | |

1) Der Netto-Gesammtumlauf ergibt sich gegenüber dem Brutto-Gesammtumlaufe, wenn in Abzug gebracht werden:

1. 100 Mill. Dollars Gold, welche gesetzlich zur Deckung der legal tender notes im Schatzamte zu erliegen haben.

2. Die drei Gattungen der Certificate als Gold, Silber und legal tender Certificate, welche volle Deckung im Schatzamte haben müssen.

## Vereinigte Staaten von Nord-Amerika.

# Der Geldumlauf besteht aus:

### (außerhalb des Schatzamtes und der Nationalbanken).

| Jahr | Metall (einschließlich der Certificate) | | | Repräsentatives Geld | | | Procente | | |
|---|---|---|---|---|---|---|---|---|---|
| | Gold | Silber | Zusammen | Staatsnoten | National- und Staaten-Bankennoten | Zusammen | Gold | Silber | Noten |
| 1860 | . . . . . | . . . . . | . . . . . | . . . . . | 207.102.477 | 207,102.477·00 | . . . . . | . . . . | . . . . |
| 1861 | . . . . . | . . . . . | . . . . . | . . . . . | 202,005.767 | 202,005,767·00 | . . . . . | . . . . | . . . . |
| 1862 | . . . . . | . . . . . | . . . . . | 53,040.000·00 | 183,792.079 | 236,832.079·00 | . . . . . | . . . . | . . . . |
| 1863 | . . . . . | . . . . . | . . . . . | 113,422.950·75 | 238,677.218 | 352,100.168·75 | . . . . . | . . . . | . . . . |
| 1864 | . . . . . | . . . . . | . . . . . | 567,220.560·50 | 199,639.210 | 766,859.770·50 | . . . . . | . . . . | . . . . |
| 1865 | . . . . . | . . . . . | . . . . . | 475,095.467·76 | 252,719.970 | 727,815.437·76 | . . . . . | . . . . | . . . . |
| 1866 | 2,422.420·00 | . . . . . | 2,422.420·00 | 319,818.219·96 | 264,460.904 | 584,279.123·96 | 0·40 | . . . . | 99·60 |
| 1867 | 11,555.760·00 | . . . . . | 11,555.760·00 | 370,884.185·52 | 269,032.138 | 639,916.323·52 | 1·77 | . . . . | 98·23 |
| 1868 | 4,359.590·00 | . . . . . | 4,359.590·00 | 289,891.541·75 | 280,033.857 | 569,925.398·75 | 0·75 | . . . . | 99·25 |
| 1869 | 18,002.280·00 | . . . . . | 18,002.280·00 | 269,225.533·61 | 276,226.840 | 545,452.373·61 | 3·19 | . . . . | 96·81 |
| 1870 | 13,423.880·00 | . . . . . | 13,423.880·00 | 272,775.009·48 | 266,976.374 | 539,751.383·48 | 2·43 | . . . . | 97·57 |
| 1871 | 8,628.520·00 | . . . . . | 8,628.520·00 | 262,577.762·06 | 286,532.089 | 549,109.851·06 | 1·54 | . . . . | 98·46 |
| 1872 | 14,999.500·00 | . . . . . | 14,999.500·00 | 264,879.486·52 | 306,738.396 | 571,617.832·52 | 2·55 | . . . . | 97·45 |
| 1873 | 71,460.163·74 | 1,654.036·80 | 73,114.200·54 | 256,068.491·94 | 313,405.933 | 569,474.424·94 | 11·11 | 0·26 | 88·63 |
| 1874 | 78,272.185·67 | 3,714.041·09 | 81,986.226·76 | 256,813.965·17 | 309,155.929 | 565,969.894·17 | 12·09 | 0·57 | 87·34 |
| 1875 | 65,689.084·18 | 8,642.460·45 | 74,331.544·63 | 246,903.735·69 | 299,193.146 | 546,096.881·69 | 10·59 | 1·39 | 88·02 |
| 1876 | 77,302.262·41 | 22,548.678·90 | 99,850.941·31 | 242,992.479·89 | 284,188.318 | 527,180.797·89 | 12·33 | 3·59 | 84·08 |
| 1877 | 92,923.257·43 | 45,034.639·59 | 137,957.897·02 | 226,929.413·16 | 267,959.895 | 494,889.308·16 | 14·68 | 7·12 | 78·20 |
| 1878 | 85,424.041·46 | 61,096.596·09 | 146,520.637·55 | 219,992.964·54 | 282,067.118 | 502,060.082·54 | 13·18 | 9·41 | 77·41 |
| 1879 | 90,278.736·33 | 68,970.661·34 | 159,249.397·67 | 221,479.315·49 | 297,363.342 | 518,842.657·49 | 13·31 | 10·17 | 76·52 |
| 1880 | 148,760.609·07 | 73,554.478·25 | 222,315.087·32 | 256,790.644·06 | 311,630.892 | 568,421.536·06 | 18·81 | 9·30 | 71·89 |
| 1881 | 214,033.620·30 | 113,864.353·92 | 327,897.974·22 | 265,224.933·87 | 322,331.351 | 587,556.284·87 | 23·38 | 12·44 | 64·18 |
| 1882 | 267,616.174·31 | 131,537.797·26 | 399,153.971·57 | 255,393.776·69 | 325,233.157 | 580,626.933·69 | 27·32 | 13·42 | 59·26 |
| 1883 | 304,666.459·11 | 150,416.446·25 | 455,082.905·36 | 243,694.779·39 | 316,485.446 | 560,180.225·39 | 30·00 | 14·82 | 55·18 |
| 1884 | 319,297.994·35 | 170,799.185·07 | 490,097.179·42 | 236,895.928·56 | 303,175.867 | 540,071.795·56 | 30·99 | 16·58 | 52·43 |
| 1885 | 310,312.273·68 | 172,324.250·04 | 482,636.523·72 | 229,243.175·50 | 276,742.591 | 505,985.766·50 | 31·59 | 17·43 | 51·18 |
| 1886 | 288,286.931·84 | 175,475.980·24 | 463,762.912·08 | 233,181.163·73 | 277,216.413 | 510,397.576·73 | 29·59 | 18·01 | 52·40 |
| 1887 | 315,353.738·92 | 233,558.772·23 | 548,912.511·15 | 250,677.456·58 | 251,762.644 | 502,440.100·58 | 30·00 | 22·22 | 47·78 |
| 1888 | 347,736.969·70 | 289,828.803·53 | 637,565.773·23 | 218,572.213·43 | 220,413.155 | 438,985.368·43 | 32·30 | 26·92 | 40·78 |
| 1889 | 341,441.000·00 | 339,354.000·00 | 680,795.000·00 | 209,249.196·47 | 179,706.216 | 388,955.412·47 | 31·92 | 31·72 | 36·36 |
| 1890 | 353,669.590·00 | 386,987.013·00 | 740,656.603·00 | 237,530.875·00 | 157,551.724 | 395,082.599·00 | 31·14 | 34·07 | 34·79 |

**Tabelle 167.**

# Vereinigte Staaten von Nord-Amerika.

## Bilanz der Staatsnoten.

| Jahr | Metallbestand abzüglich der begebenen Certificate | | | Noten im Umlauf, d. h. in Banken und im Publicum | Daher metallisch nicht gedeckt | |
|---|---|---|---|---|---|---|
| | Gold | Silber | Zusammen | | absolut | % |
| 1862 | . . . . . | . . . . . | . . . . . | 53,040 000·00 | 53,040.000·00 | . . . . . |
| 1863 | . . . . . | . . . . . | . . . . . | 113,422.950·75 | 113,422.950·75 | . . . . . |
| 1864 | . . . . . | . . . . . | . . . . . | 607,263.316·50 | 607,263.316·50 | . . . . . |
| 1865 | . . . . . | . . . . . | . . . . . | 640,389.963 76 | 640,389.963 76 | . . . . . |
| 1866 | 10,505.220 00 | . . . . . | 10,505.220·00 | 517,601.713 96 | 507,096.493·96 | 97 96 |
| 1867 | 18,678.110 00 | . . . . . | 18,678.110·00 | 471,471 767·52 | 452,793.657·52 | 96·03 |
| 1868 | 17,643.380·00 | . . . . . | 17 643.380 00 | 390,057.641·75 | 372,414.261·75 | 95·48 |
| 1869 | 29,955.960·00 | . . . . . | 29,955.960 00 | 350,159.652·61 | 320,203.692·61 | 91 44 |
| 1870 | 32,084.800·00 | . . . . . | 32,084.800 00 | 367,348.760·48 | 335 263.960 48 | 91·34 |
| 1871 | 17,789.680·00 | . . . . . | 17,789.680·00 | 384,715.422·06 | 366,925.742·06 | 95 37 |
| 1872 | 26,411.660·00 | | 26,411.660·00 | 387,873.853·52 | 361,462.193·52 | 93·19 |
| 1873 | 6,515.367 86 | 2,054.649·88 | 8,570.017 74 | 362,449.982·94 | 353,879.965·20 | 97 63 |
| 1874 | 7,583.991·20 ¹) | 3,006.528·17 | 4,577.463·03 ¹) | 359,922.315·17 | 359,922.315·17 | 100·00 |
| 1875 | 24,830.351·64 ¹) | 8 072.125·71 | 16,758.225·93 ¹) | 334,396.630·69 | 334,396.630·69 | 100·00 |
| 1876 | 1,522.375·95 ¹) | 10,360.863·72 | 8,838.487·77 | 333,829.365·89 | 325,990.878·12 | 97·65 |
| 1877 | 3,267.431·88 | 7,579.574·04 | 10,847 005·92 | 304,933 799·16 | 294,086.793·24 | 96·44 |
| 1878 | 57,317.522·87 | 21,913 253 81 | 79,230.776·68 | 291,636.366·54 | 212,405.589·86 | 72·83 |
| 1879 | 90,601.654·62 | 41,728.838·27 | 132,330.492·89 | 288,538.467·49 | 156,207.974·60 | 54·14 |
| 1880 | 103,946.527·20 | 60,110.764·22 | 164,057.291·44 | 321,261.461·06 | 157,204.169·62 | 48·93 |
| 1881 | 145,762.141·25 | 54,091.639 03 | 199,853.780·28 | 323,953.646·87 | 124,099.866·59 | 38·31 |
| 1882 | 130,232.369·95 | 63,927.264·94 | 194,159.634·89 | 319,413.294·69 | 125,253.659 80 | 39·21 |
| 1883 | 125,211.197·68 | 72,261.550·34 | 197,472.748·02 | 317,527.237 39 | 120,054.489·37 | 37·81 |
| 1884 | 121,539.954·15 | 72,790.123·32 | 194,330.077 47 | 313,813.140 56 | 119,483.063·09 | 38·07 |
| 1885 | 90,713.895·25 | 99,157.951·01 | 189,871.846·26 | 308,926.527·50 | 119,054.681·24 | 38·54 |
| 1886 | 138,260.511·49 | 125,294.004·94 | 263,554.516·43 | 312,837 946·73 | 49,283 430·30 | 15·75 |
| 1887 | 177,984.216·61 | 106,742.962·97 | 284,727.179·58 . | 325,159.798·58 | 40,432.619 00 | 12·43 |
| 1888 | 178,945 172·46 | 79,923 467·90 | 258,868 640·36 | 300,567.856·43 | 41,699.216·07 | 13·87 |
| 1889 | 169,497.000·00 | 57,458.000·00 | 226,955.000·00 | 306,706.028·47 | 79,751.028·47 | 26·00 |
| 1890 | 178,583.247·00 | 59,041.035·00 | 237,624.282·00 | 330,011.344·00 | 92,387.062·00 | 27·99 |

¹) Die begebenen Certificate überwiegen in diesen Jahren den Metall-Goldbestand des Schatzamtes, was seinen Grund in der bedeutenden Ausgabe von legal tender-Certificaten hat. Letztere waren im Umlaufe:

1874 . . . . . . . . 58,000.000
1875 . . . . . . . . 57,790.000
1876 . . . . . . . . 32,565.000

Tabelle 168.

## Vereinigte Staaten von Nord-Amerika.

## Bilanz der Nationalbanken-Noten.

### In Dollars.

| Jahr | Metallbestand einschließlich der Certificate | | | Noten im Umlauf, d. h. im Schatzamte und im Publicum | Daher metallisch nicht gedeckt | |
|---|---|---|---|---|---|---|
| | Gold | Silber | Zusammen | | absolut | % |
| 1864 | . . . . . . | . . . . . . | . . . . . . | 20,481.493 | 20,481.493·00 | . . . . . . |
| 1865 | . . . . . . | . . . . . . | . . . . . . | 109,800.332 | 109,800.332·00 | . . . . . . |
| 1866 | 8,082.800·00 | . . . . . . | 8,082.800·00 | 249,871.936 | 241,789.136·00 | 96·76 |
| 1867 | 7,122.350·00 | . . . . . . | 7,122.350·00 | 276,409.444 | 269,287.094·00 | 97·42 |
| 1868 | 13,283.790·00 | . . . . . . | 13,283.790·00 | 282,264.072 | 268,980.282·00 | 95·29 |
| 1869 | 11,953.680·00 | . . . . . . | 11,953.680·00 | 281,660.757 | 269,707.077·00 | 95·75 |
| 1870 | 18,660.920·00 | . . . . . . | 18,660.920·00 | 275,872.484 | 257,211.564·00 | 93·23 |
| 1871 | 9,161.160·00 | . . . . . . | 9,161.160·00 | 291,419.600 | 282,258.440·00 | 96·85 |
| 1872 | 11,412.160·00 | . . . . . . | 11,412.160·00 | 313,665.251 | 302,253.091·00 | 96·36 |
| 1873 | 57,024.468·40 | 2,440.618·32 | 59,465.086·72 | 320,311.335 | 260,846.248·28 | 81·43 |
| 1874 | 76,691.298·53 | 3,634.908·74 | 80,326.207·27 | 319,708.964 | 239,382.756·73 | 74·87 |
| 1875 | 74,276.173·46 | 2,653.408·84 | 76,929.582·30 | 312,090.112 | 235,160.529·70 | 75·35 |
| 1876 | 54,277.020·54 | 3,506.449·38 | 57,783.469·92 | 300,018.617 | 242,235.147·08 | 80·74 |
| 1877 | 71,310.782·69 | 3,850.213·37 | 75,160.996·06 | 282,810.470 | 207,649.473·94 | 73·42 |
| 1878 | 70,498.412·67 | 5,038.057·10 | 75,536.469·77 | 294,050.935 | 218,514.465·23 | 74·31 |
| 1879 | 64,861.446·05 | 6,826.841·39 | 71,688.287·44 | 304,920.574 | 233,232.286·56 | 76·49 |
| 1880 | 99,134.069·73 | 6,857.435·53 | 105,991.505·26 | 318,147.095 | 212,155.589·74 | 66·68 |
| 1881 | 118,688.776·45 | 7,428.151·05 | 126,116.927·50 | 327,109.825 | 200,992.897·50 | 61·44 |
| 1882 | 108,909.170·74 | 7,752.061·80 | 116,661.232·54 | 330,988.839 | 214,327.606·46 | 64·75 |
| 1883 | 112,854.406·21 | 10,329.988·41 | 123,184.394·62 | 324,325.277 | 201,140.882·38 | 62·00 |
| 1884 | 104,662.848·50 | 11,978.833·61 | 116,641.682·11 | 311,628.637 | 194,986.954·89 | 62·57 |
| 1885 | 187,670.867·07 | 11,996.495·95 | 199,667.363·02 | 286,445.683 | 86,778.319·98 | 30·29 |
| 1886 | 164,227.017·67 | 11,482.857·82 | 175,709.875·49 | 281,014.929 | 105,305.053·51 | 37·47 |
| 1887 | 161,182.379·47 | 12,691.830·80 | 173,874.210·27 | 253,797.576 | 79,923.365·73 | 31·49 |
| 1888 | 179,136.712·84 | 16,820.563·92 | 195,957.276·76 | 227,237.890 | 31,280.613·24 | 13·77 |
| 1889 | 169,123.000·00 | 23,733.000·00 | 192,856.000·00 | 183,663.000 | + 9,193.000·00 | + 5·00 |
| 1890 | 163,310.192·00 | 27,183.871·00 | 190,494.063·00 | 161,720.078 | + 28,773.985·00 | + 17·77 |

**Tabelle 169.**

# Übersicht des Geldumlaufes in den wichtigsten Staaten am Ende des Jahres 1885.

## a) In absoluten Zahlen und Millionen der betreffenden Landeswährung nach O. Haupt.

| | Länder | A. Währungsmetallgeld | | | | | | | | | B. Noten | | Bank- und Staats- noten zu- sammen | C. Silber- Scheide- münze | D. Bronze (Kupfer) | E. Summe |
| | | 1. Gold | | | | 2. Silber | | | | 3. Zu- sammen | 1. Metal- lisch nicht gedeckte Bank- noten | 2. Staats- noten im Umlaufe | | | | |
| | | Banken | Staats- caffen | circuli- rend | Zu- sammen | Banken | Staats- caffen | circuli- rend | Zu- sammen | | | | | | | |
|---|---|---|---|---|---|---|---|---|---|---|---|---|---|---|---|---|
| 1 | Deutschland | 580 | 120 | 1.130 | 1.830 | ... | ... | 450 | 450 | 2.280 | 360·0 | 141·0 | 501·0 | 444·0 | 45·0 | 3.270 Mf. |
| 2 | Großbritannien und Irland | 36 | | 75 | 111 | ... | ... | ... | ... | 111 | 12·0 | | 12·0 | 20·0 | 1·6 | 145 Pfd. St. |
| 3 | Österr.-ungar. Monarchie | 69 | nur Handelsmz. 10 | 79 | | 130 | 20 | | 150 | 229 | 165·0 | 338·0 | 503·0 *) | 35·0 | 12·0 | 779 fl. |
| 4 | Frankreich | 1.157 | | 3.800 | 4.457 | 1.086 | ... | 2.400 | 3.486 | 7.943 | 675·0 | | 675·0 | 250·0 | 60·0 | 8.928 Francs |
| 5 | Belgien | 60 | | 210 | 270 | 44 | 200 | | 244 | 514 | 262·0 | | 262·0 | 33·0 | 15·2 | 824·2 " |
| 6 | Italien | 280 | 216 | 60 | 556 | 44 | 6 | 50 | 100 | 656 | 612·0 | 238·0 | 850·0 | 171·0 | 75·0 | 1.752 Lire |
| 7 | Schweiz | 49 | 30 | | 79 | 21 | 50 | | 71 | 150 | 61·0 | | 61·0 | 18·0 | 4·5 | 233·5 Francs |
| 8 | Niederlande | 48 | 15 | | 63 | 96 | 55 | | 151 | 214 | 50·0 | 10·0 | 60·0 | 7·5 | 1·5 | 283 fl. holl. |
| 9 | Portugal | 3 | 38 | | 41 | ... | ... | ... | | 41 | 4·3 | | 4·3 | 8·8 | 2·0 | 56·1 Milr. |
| 10 | Spanien | 57 | 413 | | 470 | 106 | 305 | | 421 | 891 | 302·0 | | 302·0 | 180·0 | 57·0 | 1.430 Ð. |
| 11 | Rumänien | 2 | 13 | | 15 | 32 | 15 | | 47 | 62 | 78·0 | | 78·0 | 30·0 | 6·0 | 176 Francs |
| 12 | Rußland | 217 | 25 | | 242 | | | | 12 | 254 | | 667·0 | 667·0 | 78·0 | 10·0 | 1.009 R. |
| 13 | Schweden | 23 | | 22 | 45 | ... | ... | ... | | 45 | 56·0 | | 56·0 | 15·5 | 0·9 | 117·4 Kron. |
| 14 | Norwegen | 19 | | 4 | 23 | ... | ... | ... | | 23 | 18·0 | | 18·0 | 5·2 | 0·4 | 46·6 " |
| 15 | Dänemark | 46 | | 3 | 49 | ... | ... | ... | | 49 | 24·0 | | 24·0 | 18·5 | 0·7 | 92·2 " |
| 16 | Vereinigte Staaten | 120 | 253 | 250 | 623 | 11 | 170 | 37 | 218 | 841 | 219·0 | 93·0 | 312·0 | 75·0 | 15·0 | 1.243 Dol. |

*) An Silber-Scheidemünze zu 19 und 20 Kreuzer darf von den Regierungen der beiden Reichstheile gesetzlich in Umlauf gegeben werden der Betrag von 38 Millionen Gulden; hiervon 26,600.000 fl. durch die Regierung der im Reichsrathe vertretenen Königreiche und Länder und 11,400.000 fl. durch die Regierung der Länder der ungarischen Krone. Die erfolgten Aus- und Ummünzungen sind im sechsten Abschnitte angegeben worden.

**Tabelle 170.**

## b) In Verhältniszahlen.

| | Länder | A. Währungsmetallgeld | | | B. Noten | | | C. Silber | D. Bronze | E. Summe |
| | | 1. Gold | 2. Silber | 3. Zusammen | 1. Bank- | 2. Staats- | 3. Zusammen | | | |
|---|---|---|---|---|---|---|---|---|---|---|
| 1 | Deutschland | 55·90 | 13·70 | 69·60 | 11·00 | 4·30 | 15·30 | 13·60 | 1·50 | 100 |
| 2 | Großbritannien und Irland | 76·80 | | 76·80 | 8·30 | | 8·30 | 13·80 | 1·10 | 100 |
| 3 | Österr.-ungar. Monarchie | 10·25 | 19·25 | 29·50 | 21·20 | 48·30 | 64·50 | 4·50 | 1·50 | 100 |
| 4 | Frankreich | 49·80 | 39·66 | 88·86 | 7·56 | | 7·56 | 2·90 | 0·68 | 100 |
| 5 | Belgien | 32·70 | 29·60 | 62·30 | 31·80 | | 31·80 | 4·00 | 1·90 | 100 |
| 6 | Italien | 31·70 | 5·70 | 37·40 | 34·90 | 13·60 | 48·50 | 9·70 | 4·40 | 100 |
| 7 | Schweiz | 33·83 | 30·42 | 64·25 | 26·12 | | 26·12 | 7·70 | 1·93 | 100 |
| 8 | Niederlande | 22·20 | 53·30 | 75·50 | 17·70 | 3·50 | 21·20 | 2·60 | 0·70 | 100 |
| 9 | Portugal | 73·00 | | 73·00 | 7·70 | | 7·70 | 15·70 | 3·60 | 100 |
| 10 | Spanien | 32·50 | 30·00 | 62·50 | 21·00 | | 21·00 | 12·50 | 4·00 | 100 |
| 11 | Rumänien | 8·50 | 26·70 | 35·20 | 44·30 | | 44·30 | 17·00 | 3·50 | 100 |
| 12 | Rußland | 23·90 | 1·10 | 25·00 | | 66·20 | 66·20 | 7·80 | 1·00 | 100 |
| 13 | Schweden | 38·30 | | 38·30 | 47·70 | | 47·70 | 13·00 | 1·00 | 100 |
| 14 | Norwegen | 49·30 | | 49·30 | 38·90 | | 38·90 | 11·20 | 0·60 | 100 |
| 15 | Dänemark | 53·10 | | 53·10 | 26·00 | | 26·00 | 20·00 | 0·90 | 100 |
| 16 | Vereinigte Staaten | 50·00 | 17·50 | 67·50 | 17·60 | 7·40 | 25·00 | 6·00 | 1·50 | 100 |

**Tabelle 171.**

## c) Per Kopf der Bevölkerung in der Landesvaluta und in Francs.

| | Länder | Einwohnerzahl Mill. | A. Währungsmetallgeld | | | | | | B. Bank- und Staatsnoten | | C. Silber- Scheide- münze | | D. Bronze | | E. Summe | |
| | | | 1. Gold | | 2. Silber | | 3. Zusammen | | | | | | | | | |
| | | | Landes- Währung | Francs | Landes- Währung | Francs | Landes- Währung | Francs | Landes- Währung | Francs | Landes- Währung | Francs | Landes- Währung | Francs | Landes- Währung | Francs |
|---|---|---|---|---|---|---|---|---|---|---|---|---|---|---|---|---|
| 1 | Deutschland | 45 | 40·70 | 50·90 | 10·00 | 12·50 | 50·70 | 63·40 | 11·10 | 13·90 | 10·00 | 12·50 | 1·00 | 1·25 | 72·80 | 91·05 |
| 2 | Großbritannien | 36 | 3 Pfd. St. | 75·60 | | | 3 Pfd. St. | 75·60 | 61·73 | 8·20 | 11 sh. 1 | 13·75 | 105·00 | | 3 Pfd. St. 18·6 | 98·55 |
| 3 | Österr.-ungar. Monarchie | 39 | 2·00 | 5·00 | 3·80 | 7·60 | 5·80 | 12·60 | 13·00 | 26·00 | 1·00 | 2·00 | 0·33 | 0·65 | 20·10 | 41·25 |
| 4 | Frankreich | 38 | 117·20 | | 91·80 | | 20·90 | | 17·70 | | 6·50 | | 1·60 | | 234·80 | |
| 5 | Belgien | 5³/₄ | 47·00 | | 42·40 | | 89·40 | | 4·50 | | 6·00 | | 2·60 | | 14·30 | |
| 6 | Italien | 30 | 18·50 | | 3·30 | | 21·80 | | 28·30 | | 5·70 | | 2·50 | | 58·30 | |
| 7 | Schweiz | 3 | 26·60 | | 23·30 | | 49·90 | | 20·30 | | 6·00 | | 1·50 | | 77·70 | |
| 8 | Niederlande | 4 | 15·75 | 33·10 | 37·75 | 79·25 | 53·50 | 112·35 | 15·00 | 31·50 | 1·99 | 4·00 | 0·40 | 0·85 | 70·80 | 148·70 |
| 9 | Portugal | 4¹/₂ | 9·70 | 54·30 | | | 9·70 | 54·30 | 9·70 | 5·60 | 2·10 | 11·80 | 0·50 | 2·80 | 13·30 | 74·50 |
| 10 | Spanien | 16¹/₂ | 28·40 | | 25·50 | | 53·90 | | 18·30 | | 11·00 | | 3·50 | | 86·70 | |
| 11 | Rumänien | 5¹/₂ | 2·90 | | 8·50 | | 11·40 | | 14·20 | | 5·50 | | 1·10 | | 32·20 | |
| 12 | Rußland | 103 | 2·30 | 9·20 | 00·10 | 00·30 | 2·40 | 9·50 | 6·40 | 16·00 | 0·75 | 1·80 | 0·10 | 0·25 | 9·65 | 27·55 |
| 13 | Schweden | 4¹/₂ | 10·00 | 14·00 | | | 10·00 | 14·00 | 12·60 | 17·60 | 3·60 | 5·00 | 0·20 | 0·30 | 26·40 | 36·90 |
| 14 | Norwegen | 2 | 9·50 | 13·30 | 9·80 | 13·30 | 9·00 | 12·60 | 2·60 | 3·60 | 0·20 | | 0·30 | | 21·30 | 29·80 |
| 15 | Dänemark | 2 | 24·50 | 34·00 | | | 24·50 | 34·00 | 12·00 | 16·80 | 9·25 | 13·00 | 0·35 | 0·50 | 55·35 | 77·20 |
| 16 | Vereinigte Staaten | 57 | 10·90 | 56·70 | 3·80 | 19·80 | 14·70 | 76·70 | 5·40 | 28·00 | 1·30 | 6·70 | 0·30 | 1·60 | 21·70 | 112·90 |

Tabelle 172.

# Beiläufiger Betrag des Gold= und Silbergeldes (inclusive Münzbarren) der Welt.

**(Nach einer Schätzung des Directors des amerikanischen Münzbureau E. O. Leech am 12. Januar 1891.)**

| Länder | Gold | Silber | Zusammen | Anmerkung |
|---|---|---|---|---|
| | In Millionen Dollars | | | |
| Vereinigte Staaten von Nordamerika . . . . . . . | 702 | 482 | 1.184 | *) In Gulden österr. Währung (1 Dollar zu 2 fl. 07 kr. gerechnet). |
| Vereinigtes Königreich Großbritannien und Irland . . . | 550 | 100 | 650 | Gold: 82·8 Millionen Gulden |
| Frankreich . . . . . . . . . . . . . . . | 900 | 700 | 1.600 | Silber: 186·3 „ „ |
| Deutschland . . . . . . . . . . . . . . | 500 | 145 | 645 | Zusammen . 269·1 Millionen Gulden. |
| Belgien . . . . . . . . . . . . . . . | 65 | 55 | 120 | |
| Italien . . . . . . . . . . . . . . . | 140 | 60 | 200 | |
| Schweiz . . . . . . . . . . . . . . . | 15 | 15 | 30 | |
| Griechenland . . . . . . . . . . . . . | 2 | 4 | 6 | |
| Spanien . . . . . . . . . . . . . . . | 100 | 125 | 225 | |
| Portugal . . . . . . . . . . . . . . . | 40 | 10 | 50 | |
| **Österreich-Ungarn** *) . . . . . . . . . | **40** | **90** | **130** | |
| Niederlande . . . . . . . . . . . . . | 25 | 65 | 90 | |
| Scandinavische Union . . . . . . . . . | 32 | 10 | 42 | |
| Rußland . . . . . . . . . . . . . . . | 190 | 60 | 250 | |
| Türkei . . . . . . . . . . . . . . . | 50 | 45 | 95 | |
| Australien . . . . . . . . . . . . . . | 100 | 7 | 107 | |
| Ägypten . . . . . . . . . . . . . . . | 100 | 15 | 115 | |
| Mexico . . . . . . . . . . . . . . . | 5 | 50 | 55 | |
| Centralamerika . . . . . . . . . . . . | — | 0·5 | 0·5 | |
| Südamerika . . . . . . . . . . . . . | 45 | 25 | 70 | |
| Japan . . . . . . . . . . . . . . . | 90 | 50 | 140 | |
| Indien . . . . . . . . . . . . . . . | — | 900 | 900 | |
| China . . . . . . . . . . . . . . . | — | 700 | 700 | |
| Straits-Settlements . . . . . . . . . . | — | 100 | 100 | |
| Canada . . . . . . . . . . . . . . . | 16 | 5 | 21 | |
| Cuba, Haiti ꝛc. . . . . . . . . . . . | 20 | 2 | 22 | |
| Zusammen . | 3.727 | 3.820·5 | 7.547·5 | |

Tabelle 173.

# Schätzung des Gold= und Silberbestandes und des metallisch nicht gedeckten Noten= umlaufes in Großbritannien und Irland, in Frankreich, Deutschland und den Vereinigten Staaten.

| Länder | Bevölkerung | Goldbestand | Silberbestand | Metallisch nicht gedeckter Notenumlauf | Zusammen | Auf den Kopf der Bevölkerung entfallen | | | |
|---|---|---|---|---|---|---|---|---|---|
| | | | | | | Gold | Silber | Noten | Zusammen |
| | Dollars | | | | | | | | |
| Großbritannien und Irland . . . . . | 38,000.000 | 550,000.000 | 107,000.000 | 40,000.000 | 697,000.000 | 14·47 | 2·81 | 1·05 | 18·33 |
| Frankreich . . . . . . . . . | 39,000.000 | 900,000.000 | 700,000.000 | 88,000.000 | 1.688,000.000 | 23·08 | 17·95 | 2·26 | 43·29 |
| Deutschland . . . . . . . . | 49,500.000 | 540,000.000 | 220,000.000 | 150,000.000 | 910,000.000 | 10·91 | 4·44 | 3·03 | 18·38 |
| Vereinigte Staaten von Nordamerika . | 64,000.000 | 671,000.000 | 539,000.000 | 409,764.000 | 1.619,764.000 | 10·48 | 8·42 | 6·40 | 25·30 |
| | Auf Francs umgerechnet (1 Dollar = 5·18 Francs) | | | | | | | | |
| Großbritannien und Irland . . . . . | 38,000.000 | 2.849,000.000 | 554,260.000 | 207,200.000 | 3.610,460.000 | 74·95 | 14·56 | 5·44 | 94·95 |
| Frankreich . . . . . . . . . | 39,000.000 | 4.662,000.000 | 3.626,000.000 | 455,840.000 | 8.743,840.000 | 119·55 | 92·98 | 11·71 | 224·24 |
| Deutschland . . . . . . . . | 49,500.000 | 2.797,200.000 | 1 139,600.000 | 777,000.000 | 4.713,800.000 | 56·51 | 23·00 | 15·70 | 95·21 |
| Vereinigte Staaten von Nordamerika . | 64,000.000 | 3.475,780.000 | 2.792,020.000 | 2.122,577.520 | 8.390,377.520 | 54·29 | 43·61 | 33·15 | 131·05 |

**Anmerkung** Diese Schätzung, welche für England auf Mr. Fremantles und für Deutschland auf Soetbeers Schätzungen beruht, ist von Mr. Leech pag. 49 seines Reports vom 1. November 1891 veröffentlicht und betrifft den damaligen Zeitpunkt.

Tabelle 174.

# Ausweis der baren Cassabestände der k. k. Staatscassen der im Reichsrathe vertretenen Königreiche und Länder mit Ende der Jahre 1878—1890.

| Jahre | Noten | | Gold | | Silber | | Zusammen | |
|---|---|---|---|---|---|---|---|---|
| | fl. | fr. | fl. | fr. | fl. | fr. | fl. | fr. |
| 1878 | 74,431.107 | 39½ | 3,167.639 | 26 | 11,829.099 | 71 | 89,427.846 | 36½ |
| 1879 | 75,152.679 | 53 | 4,618.281 | 43 | 8,571.712 | 42½ | 88,342.673 | 38½ |
| 1880 | 88,123.199 | 35½ | 5,507.258 | 24 | 7,486.386 | 53 | 101,116.844 | 12½ |
| 1881 | 90,201.490 | 75½ | 6,134.555 | 80 | 13,583.257 | . . . . | 109,919.303 | 55½ |
| 1882 | 101,907.580 | 12 | 6,072.724 | 43 | 7,435.363 | 87 | 115,415.668 | 42 |
| 1883 | 98,642.512 | 6 | 4,064.842 | 82½ | 12,863.477 | 77½ | 115,570.832 | 66 |
| 1884 | 104,010.793 | 27½ | 5,293.211 | 33 | 11,083.925 | 98 | 120,387.930 | 58½ |
| 1885 | 90,515.394 | 84½ | 5,411.806 | 9½ | 9,909.616 | 21 | 105,836.817 | 15 |
| 1886 | 103,073.432 | 76½ | 5,046.140 | 93½ | 8,130.460 | 68½ | 116,250.034 | 38½ |
| 1887 | 94,065.738 | 2½ | 6,942.232 | 13½ | 8,201.114 | 3 | 109,209.085 | 19 |
| 1888 | 74,322.861 | 79 | 10,270.268 | 23 | 5,395.719 | 37½ | 89,988.849 | 39½ |
| 1889 | 83,763.845 | 42 | 8,770.972 | 83 | 4,786.020 | 16½ | 97,320.838 | 41½ |
| 1890 | 85,638.968 | 33½ | 8,576.659 | 90 | 7,408.758 | 26 | 101,624.386 | 49½ |

# Monetärer Edelmetall-Vorrath der österreichisch-ungarischen Monarchie.

### In Tausenden von Gulden österr. Währ. (ohne Rücksicht auf Agio-Verhältnisse).

| Jahre | Edelmetall-Vorrath am Anfange des Jahres | | | Einheimische Production | | | Ausländischer Edelmetall-Verkehr | | | | | | | | Saldo der Edelmetall-Bewegung am Ende des Jahres | | | |
|---|---|---|---|---|---|---|---|---|---|---|---|---|---|---|---|---|---|---|
| | | | | | | | Gold | | Silber | | Gold und Silber gemengt | | Zusammen | | | | | |
| | Gold | Silber | Zusammen | Gold | Silber | Zusammen | Mehr-Einfuhr | Mehr-Ausfuhr | Mehr-Einfuhr | Mehr-Ausfuhr | Mehr-Einfuhr | Mehr-Ausfuhr | Mehr-Einfuhr | Mehr-Ausfuhr | Gold | Silber | Gold und Silber gemengt | Zusammen |
| 1868 | 500 | 116.000 | 116.500 | 2.317 | 3.769 | 6.086 | 9.003 | | 6.031 | | | | 20.891 | 5.857 | + 11.320 | + 9.800 | 20.891 | + 229 |
| 1869 | | | | 2.167 | 3.712 | 5.879 | 16.968 | | | 7.804 | | | 11.902 | 12.870 | + 19.135 | + 11.516 | 11.902 | + 18.749 |
| 1870 | | | | 2.064 | 3.239 | 5.303 | 16.072 | | 3.023 | | | | 6.053 | 6.996 | + 18.136 | + 216 | 6.053 | + 12.299 |
| **1868—1870** | | | | **6.548** | **10.720** | **17.268** | **42.043** | | **10.812** | | | | **38.846** | **14.009** | **+ 48.591** | **+ 21.532** | **38.846** | **+ 31.277** |
| 1871 | | | | 1.930 | 3.282 | 5.212 | 31.194 | | | 13.379 | | | 13.921 | 3.894 | + 33.124 | — 19.097 | — 13.921 | + 9.106 |
| 1872 | | | | 1.989 | 3.063 | 5.052 | 17.561 | | | 33.175 | | | 14.031 | 29.645 | + 19.550 | — 30.112 | — 14.031 | + 24.598 |
| 1873 | | | | 1.706 | 9.388 | 5.094 | 18.558 | | 3.081 | | | | 5.699 | 9.778 | + 20.264 | + 307 | 5.699 | + 14.572 |
| 1874 | | | | 1.799 | 3.465 | 5.264 | 7.908 | | 4.142 | | | | 2.807 | 959 | + 9.707 | — 677 | 2.807 | + 6.222 |
| 1875 | | | | 2.193 | 4.147 | 6.340 | 760 | | 790 | | | | 2.554 | 2.584 | + 2.953 | + 3.357 | — 2.554 | + 3.756 |
| **1871—1875** | | | | **9.617** | **17.345** | **26.962** | **75.981** | | | **54.567** | | | **39.012** | **17.598** | **+ 85.598** | **— 37.222** | **— 39.012** | **+ 9.364** |
| 1876 | | | | 2.623 | 4.315 | 6.938 | 15.050 | | | 9.942 | 714 | | 4.394 | | + 17.674 | — 5.627 | + 714 | + 11.332 |
| 1877 | | | | 2.360 | 4.291 | 6.651 | 12.397 | | 2.375 | | 23 | | 14.795 | | + 14.757 | + 6.666 | + 23 | + 21.446 |
| 1878 | | | | 2.513 | 4.379 | 6.892 | 10.100 | | 26.954 | | 6 | | 37.048 | | + 12.613 | + 31.333 | + 6 | + 43.940 |
| 1879 | | | | 2.219 | 4.337 | 6.556 | 18.057 | | 36.387 | | 201 | | 54.243 | | + 20.276 | + 40.724 | + 201 | + 60.799 |
| 1880 | | | | 2.267 | 4.293 | 6.560 | 18.995 | | | 8.328 | 1.015 | | 9.652 | | + 21.262 | — 4.035 | + 1.015 | + 16.212 |
| **1876—1880** | | | | **11.982** | **21.615** | **33.597** | **74.599** | | **47.446** | | **1.913** | | **120.132** | | **+ 86.581** | **+ 69.061** | **1.913** | **+ 153.729** |
| 1881 | | | | 2.200 | 4.405 | 6.605 | 17.597 | | 14.914 | | 1.924 | | 30.587 | | + 19.797 | + 19.319 | 1.924 | + 37.192 |
| 1882 | | | | 2.398 | 4.290 | 6.688 | 14.095 | | 6.443 | 39.034 | 1.377 | | 17.584 | 26.316 | + 16.493 | — 54.744 | 1.377 | — 19.628 |
| 1883 | | | | 2.269 | 4.440 | 6.709 | 12.083 | | 6.443 | | 942 | | 17.584 | | + 14.352 | + 10.883 | 942 | + 24.298 |
| 1884 | | | | 2.358 | 4.492 | 6.850 | 7.214 | | 3.269 | | 1.103 | | 2.842 | | + 9.572 | + 1.223 | 1.103 | + 9.692 |
| 1885 | | | | 2.404 | 4.747 | 7.151 | 4.194 | | 263 | | 313 | | 3.598 | | + 6.598 | + 4.464 | 313 | + 10.743 |
| **1881—1885** | | | | **11.629** | **22.374** | **34.003** | **55.188** | | **21.229** | | **5.659** | | **28.295** | | **+ 66.812** | **+ 1.145** | **5.659** | **+ 62.298** |
| 1886 | | | | 2.488 | 4.656 | 7.144 | 6.242 | | 2.531 | | 11 | | 8.784 | | + 8.730 | + 7.187 | 11 | + 15.928 |
| 1887 | | | | 2.587 | 4.869 | 7.456 | 4.121 | | 1.678 | | 138 | | 5.937 | | + 6.708 | + 6.547 | 138 | + 13.393 |
| 1888 | | | | 2.502 | 4.682 | 7.184 | 13.425 | | 1.993 | | 435 | | 14.983 | | + 15.927 | + 6.675 | 435 | + 22.167 |
| **1886—1888** | | | | **7.577** | **14.207** | **21.784** | **23.788** | | **6.202** | | **286** | | **29.704** | | **+ 31.365** | **+ 20.409** | **286** | **+ 51.488** |
| **1868—1888** | | | | **47.353** | **86.261** | **133.614** | **271.594** | | **11.336** | | **85.716** | | **174.542** | | **+ 318.947** | **+ 74.925** | **85.716** | **+ 308.156** |

Gegenüber dem Zuwachse per . . . . . . . . . . . . . . . . . . . . . . . . . . . . . . . 308 Millionen Gulden
gehen ab:

### I. Amtlich nachgewiesener industrieller Verbrauch.

a) in den im Reichsrathe vertretenen Königreichen und Ländern 1868—1888: 93,418.011 fl., weniger 10% durch Bruchedelmetall-Verwendung . . . . . . . . . . . . . . . . . . . . 84 Millionen Gulden

b) in den Ländern der ungarischen Krone 1868—1888: 12,993.941 fl., weniger 10% durch Bruchedelmetall-Verwendung . . . . . . . . . . . . . . . . . . . . . . . . . . . . 12 "

Zusammen . 96 Millionen Gulden.

### II. Calculierter sonstiger industrieller Verbrauch.

20% obiger Summe (rund) . . . . . . . . . . . . . . . . . . . . . . . . 20 "

Summe I und II . . . . . 116 "

Es erübrigen sohin als Zuwachs des monetären Bestandes. . . . . . . . . . . . . . . . 192 Millionen Gulden

Zu diesen den Bestand Anfang 1868 . . . . . . . . . . . . . . . . . . . . . . . 116½ "

ergibt für das Ende des Jahres 1888 den Bestand mit . . . . . . . . . . . . . . . 308½ Millionen Gulden.

Die Verhältnisse des obigen Zu- und Abganges und diejenigen der in der Monarchie nachgewiesenen Bestände gestatten die Annahme, daß von dem thatsächlichen monetären Edelmetallbestande gegen 20—25% aus Gold bestehen.

Mit Ende des Jahres 1888 ist nachgewiesen:

| | mit | | |
|---|---|---|---|
| | Gold | Silber | Zusammen |
| | in 1000 Gulden | | |
| der Metallbestand der österreichisch-ungarischen Bank | 59.037 | 153.965 | 213.002 |
| der Bestand der k. k. Staatskassen der im Reichsrathe vertretenen Königreiche und Länder | 10.270 | 5.396 | 15.666 |
| Zusammen | 69.307 | 159.361 | 228.668 |

Der übrige vorauszusetzende Edelmetallvorrath befand sich in den königl. Staatskassen der Länder der ungarischen Krone, den Banken, sonstigen Anstalten und im Publicum vertheilt.

# Erläuterungen.

(Literatur: A. Soetbeer's Materialien u. f. w., O. Haupt's L'Histoire ꝛc., Protokolle der internationalen Münz-Conferenz in Paris 1881).

Die Möglichkeit und Genauigkeit einer solchen statistischen Erhebung hängt enge mit der Beschaffenheit der gesammten Statistik des betreffenden Landes zusammen. Es steht außer Frage und die folgenden Darlegungen werden es aufweisen, daß der Gegenstand Präcision nicht ausschließt und es unrichtig wäre, anzunehmen, daß man sich diesfalls mit beiläufigen Schätzungen in jedem Falle begnügen müsse. Die Verschiedenheit des Zustandes der Währungsverhältnisse und des statistischen Materiales in den verschiedenen Ländern gestattet leider nicht die Anwendung einer einheitlichen Methode.

## 1. Deutschland.

Die Einführung des neuen einheitlichen Münzsystemes förderte wesentlich die statistische Kunde des Münzvorrathes Deutschlands sowohl für die historische Zeit als auch für die Gegenwart. Zudem mußten die Verhältnisse des Edelmetallmarktes das Publicum zur raschen Verwechslung der alten Münzen veranlassen. In Verbindung mit einer exacten Statistik der Edelmetallbewegung würde daher eine genaue statistische Ermittlung des Metallvorrathes Deutschlands möglich sein. Abgesehen von den bereits berührten allgemeinen Klagen über die Mangelhaftigkeit der Handelsstatistik, welche auch für Deutschland zutreffen und namentlich für den Ausfuhrverkehr schwer abzustellen sind, wirkte hier der Zollausschluß Hamburgs nachtheilig, welches im Münzverkehre einheitlich mitbegriffen ist, nicht aber im Handelsverkehre, respective den Zollausweisungen.

Die erste Ergänzung findet der Edelmetallvorrath durch die einheimische Production. Was die Silberproduction betrifft, so ist selbe in den Productionstabellen dargestellt, hinsichtlich des Goldes ist bei der industriellen Verwendung die Rede gewesen. Die Art der Production des Goldes und die Edelmetallmarktverhältnisse bringen es mit sich, daß monetär diese Production belanglos ist. Eine zweite Quelle der Beschaffung und Ergänzung des Münzumlaufes sind die Münzen der früheren besonderen Währungen. Silber wurde seit Ende 1871 nicht mehr courant geprägt. An alten Landessilbermünzen sind für Reichsrechnung im ganzen 1.080,486.138 Mark eingezogen worden. Von diesen wurden für 382,684.841 Mark zur Ausprägung der Reichssilbermünzen den Münzstätten überwiesen, der Rest zu Barren eingeschmolzen, von denen 7,102.862 Pfund fein verkauft, 32.429 Pfund zur Prägung verwendet wurden, während 339.353 Pfund Silber im Besitze der Regierung verblieben. Außer diesem Silberbarrenbestande der Regierung, welcher in Deutschland nicht monetär in Betracht kommt, verblieb im Verkehr ein Stock von Thalern. Von den rund 1280 Millionen Mark in Thalern, welche ausgeprägt worden waren, sind nämlich nur rund 614 Millionen Mark eingezogen worden, es verblieben also 666 Millionen Mark. Es handelt sich nun um die Annahme des Maßes des Abganges von Thalerstücken, das heißt Ausfuhr, Einschmelzung ꝛc., um die Umlaufsmenge richtig zu schätzen. Nach diesfälligen Erfahrungen kann man diesen Abgang mit 17—20 Procent des Ausgabsbetrages annehmen. Darnach könnten noch 410—450 Millionen Mark Silbercourant im Umlaufe sein, nach den rigorosesten Annahmen bis 500 Millionen Mark.

Außer diesen einheimischen Silbercourantmünzen haben auch die in Ausführung des Münzvertrages vom Jahre 1857 von der österreichischen Monarchie bis 1867 geprägten Vereinsthaler im Deutschen Reiche Währung behalten.

Durch das Gesetz vom 20. April 1874, betreffend die Abänderung des Artikels 15 des Münzgesetzes vom 9. Juli 1873, wurde Folgendes verordnet:

Einziger Artikel. Die Bestimmung im Artikel 15. Ziffer 1 des Münzgesetzes vom 9. Juli 1873 (nach welcher die dort verzeichneten Münzen an allen öffentlichen Kassen des gesammten Bundesgebietes zu den angegebenen Werten bis zur Außercurssetzung in Zahlung anzunehmen sind), findet auch auf die in Österreich bis zum Schlusse des Jahres 1867 geprägten Vereinsthaler und Vereinsdoppelthaler Anwendung;

ferner durch das Gesetz, betreffend die Abänderung des Artikels 15 des Münzgesetzes vom 9. Juli 1873, vom 6. Jänner 1876:

Der Bundesrath ist aber befugt, zu bestimmen, daß Einthalerstücke deutschen Gepräges, sowie die in Österreich bis zum Schlusse des Jahres 1867 geprägten Vereinsthaler bis zu ihrer Außercurssetzung nur noch an Stelle der Reichssilbermünzen unter Berechnung des Thalers zu 3 Mark in Zahlung anzunehmen sind.

Mit Rücksicht auf diese den österreichischen Vereinsthalern gewahrte Währungseigenschaft, welche ihnen im Deutschen Reiche einen höheren gesetzlichen Zahlwert verleiht, als den sie in ihrem Ausgabelande genießen, und die Lage des Edelmetallmarktes ist aller Grund zur Annahme, daß alle noch vorhandenen Vereinsthaler österreichischen Gepräges im Deutschen Reiche thatsächlich Umlauf haben. Die gesammte Ausgabe betrug Stücke 27.764 doppelte und 31,228.625 einfache Vereinsthaler. Es ist kein Grund, für das Abgangsverhältnis wesentlich andere Momente als jene, welche für die deutschen Courantmünzen besprochen wurden, anzunehmen.

Von alten Goldmünzen sind rund 91 Millionen Mark zur Einlösung gelangt, womit der hauptsächliche Bestand von solchen in Deutschland erschöpft sein dürfte: über die Ausmünzungen von neuen Goldmünzen ist bereits berichtet worden. In keinem Falle sind alle diese Münzen als in Deutschland umlaufend anzusehen. Es ist bekannt, daß eine Reihe von Jahren ein bedenklicher Goldabfluss aus Deutschland stattfand, welcher allerdings zum Stillstande kam, so daß die internationale Consolidation der Goldwährung in Deutschland fortschreitet, wie auch der Stand der Wechselcurse darlegt.

Haupt's Schätzung des Goldvorrathes erscheint sohin als wesentlich begründet.

Für die folgenden Jahre ist nur eine (mäßige) Vergrößerung des Goldbestandes vorauszusetzen.

Das englische Fachblatt „The Economist" berichtet unter dem 30. Mai 1891 über Deutschlands Goldbesitz: Heimische Goldmünzen wurden bis Ende 1890 im Betrage von 2528 Millionen Mark ausgemünzt. Hievon sind nach Abschätzung abzuziehen: Erfolgte Ummünzungen im Auslande 175 Millionen Mark, und zwar 110 Millionen Mark in Europa, 65 Millionen Mark in Amerika. Verbrauch in industrieller Verwendung 160 Millionen Mark und zwar in Deutschland 130 Millionen Mark, in Frankreich 10 Millionen Mark, in der Schweiz 20 Millionen Mark. Ansammlung in ausländischen Banken 25 Millionen Mark. Es würden sonach 2167 Millionen Mark von den netto ausgeprägten 2528 Millionen Mark sich noch in Deutschland befinden. In der deutschen Reichsbank befanden sich gegen 240 (236·5) Millionen Mark an ausländischen Goldmünzen und an Goldbarren. Es würde sonach zu Ende des Jahres 1890 der monetäre Besitz Deutschlands aus beiläufig 2400 Millionen Mark in Gold bestehen.

## 2. Großbritannien und Irland.

Wie bereits bemerkt, ist die ausländische Verkehrsstatistik Englands eine im ganzen zuverlässige. Es ist daher methodisch begründet, dass Haupt derselben zur Nachweisung des Münzbestandes entscheidendes Gewicht beilegt. Es wurde seinem Vorgange gefolgt, indem die ursprüngliche Annahme des Goldbestandes im Jahre 1856 nach Newmarch gemacht, für das Jahr 1857 Haupt's Schätzung benutzt und sohin der Bilanz der amtlichen Edelmetall verkehrsstatistik gefolgt wurde. Vor 1858 ist eine solche nicht vorhanden. Vielfach wird der im vereinigten Königreiche gegenwärtig vorhandene Goldbestand mit 108 Millionen Pfund Sterling angenommen, wovon 8 Millionen Pfund Sterling Barren und ausländische Goldmünzen. Es findet indess diese Aufstellung insbesondere von R. Giffen Anfechtung. Nach Giffen würde der einheimische Goldbestand 100 Millionen Pfund Sterling nicht erreichen.

Die Nachweisungen des Münzamtes über die Prägungen von Silberscheide- und Bronzemünzen sind für den Umlauf beider maßgebend. Außer dem regelmäßigen Verluste ist aber hier auch der Umstand in Rechnung zu ziehen, dass dieses Theilgeld vielfach in den Colonien Umlauf hat.

## 3. Österreichisch-ungarische Monarchie.

Was die Zeit vor der Suspendierung der Banknoteneinlösung (Mai 1848) betrifft, so ist aus den Bankausweisen für die Vierziger Jahre ersichtlich, dass schon damals die Banknotenausgabe keine bankmäßig rationelle war, indem ein so bedeutender Theil dieses fiduciären Zahlmittels nicht durch bankmäßige Geschäfte veranlasst und daher nicht in bankmäßiger Weise (Escompte und Lombard) gedeckt war, sondern durch Vorschussgeschäfte an den Staat, in welchem er daher seine Deckung zu finden hatte. Dass der Verkehr ein so bedeutendes Maß an Noten aufnehmen konnte, ohne sich durch diesen Umlauf, welcher keinen regelmäßigen Rücklauf an die Bank finden konnte, beschwert zu fühlen, das heißt, ohne dass diese Noten im Verkehre abgelehnt wurden, einem Disagio begegneten, kann wohl darauf hindeuten, dass an Zahlungsmitteln in Landescourantmünzen eher Mangel als Überschuss herrschte, umsomehr als der Metallschatz der Bank nur schwach belegt war, während anderseits aber das Nichteintreten eines Agios der Landescourantmünze darthut, dass ein auffälliger Mangel an solcher nicht bestanden haben kann. Es dürfte sohin wohl das richtige sein, wenn angenommen wird, dass sowohl der Staat als das Centrum des geschäftlichen Verkehres, die privilegierte österreichische Nationalbank, zwar nur schwach mit Barmitteln versehen waren, dagegen der allgemeine Verkehr im hinreichenden Maße solche besaß. Wie viel dieser Barmittelbesitz nun zahlmäßig betragen haben mag, ist schwer zu beziffern, um so schwerer, als die Monarchie durch den Fortbestand des ländlichen Unterthänigkeitsverhältnisses wirtschaftlich so weit hinter den europäischen Culturstaaten zurückstand, dass die Erfahrungen über die Zustände der letzteren für die Zustände innerhalb der Monarchie keine Schlüsse gestatten. Jedenfalls erforderte dieser theilweise noch naturalwirtschaftliche Zustand weitaus geringere Mengen an Umlaufsmitteln.

So würde für das Ende des Jahres 1847 bei dem Metallbestande der Bank von 70 Millionen Gulden, bei Berücksichtigung des offenbar sehr schwachen Standes der Staatscassen für den übrigen Umlauf und Vorrath ein Betrag von höchstens 100 bis 120 Millionen Gulden an Courantgeld anzunehmen sein. Es rechtfertigt sich diese Annahme insbesondere auch durch Vergleichung mit der Bevölkerungszahl (190 Millionen Gulden auf 37·7 Millionen Einwohner, ergibt per Kopf 5 fl. Conventionsmünze).

Der Verlauf des wirtschaftlichen Lebens im Jahre 1848 hatte die Barzahlungsunfähigkeit der Bank und zugleich den Mangel an Zahlungsmitteln überhaupt seitens der Regierung zur Folge. Trotz der dadurch bewirkten vollständigen Änderung der monetären Sachlage scheint es nicht wahrscheinlich, dass auch die Privatwirtschaften in ähnlicher Weise sofort ihren Barmittelbesitz eingebüßt haben. Eben der gesetzliche Zwangscurs der Banknoten machte die Verwendung des Silbercourantgeldes im Verkehre nicht nöthig, und, da die Notenmehrausgabe der Bank nicht im geschäftlichen Verkehre derselben erfolgte, sondern durch Übergabe der Noten an den Staat, welcher hiedurch sein Bedürfnis nach Zahlmitteln befriedigte, war für das Publicum keine Veranlassung geboten, sich die im Verkehre verwendeten Noten von der Bank durch Einzahlung von Courantmünze oder äquiparente Creditsabwicklung erst zu verschaffen. Wird noch dazu der damalige fast gänzliche Mangel an Creditinstituten für den gemeinen Verkehr und die dadurch noch herrschende Gewohnheit der Geldbewahrung in natura bedacht, so gewinnt die Wahrscheinlichkeit immer mehr für sich, dass durch den im Jahre 1848 eingetretenen ersten finanziellen Misstand der gemeine Besitz an Barmitteln, wie gesagt, nicht grundsächlich verändert worden ist. Es dürfte sohin keine zu günstige Beurtheilung sein, welche Beurtheilung namentlich auf der Bewegung des Agios des Silbers und des Preises der Devisen beruht, wenn angenommen wird, dass durch die auswärtigen Zahlungen der Regierung und die Abflüsse aus dem Verkehre in den ersten Jahren des Bestandes des Zwangscurses zwar ein Rückgang im Besitze von Barmitteln in der Monarchie eintrat, welcher aber nicht ganz die Hälfte des Besitzes am Ende des Jahres 1847 erreichte. Eine grundsätzliche Änderung dieser Barmittelbesitzverhältnisse dürfte erst seit dem Nationalanlehen und der durch den Minister von Bruck inaugurierten Creditwirtschaftsentwickelung eingetreten sein. Es scheint schon zur Zeit des Krieges des Jahres 1859 eine solche Entblößung des allgemeinen Besitzes an Edelmetallen geherrscht zu haben durch Aufzehrung und Veranlagung der alten Bestände und Nichtersetzung derselben, so dass dadurch das Agio eine so enorme Höhe erreichen und so nachhaltig bewahren konnte. Es liegt aber auch kein Moment vor, welches genügenden Anlass gäbe, anzunehmen, dass die in den folgenden Jahren bis 1865 durch die Sorgsamkeit der Regierung und der Bankverwaltung bewerkstelligte Vermehrung der Barmittel der privilegierten österreichischen Nationalbank in ähnlicher Weise von einer beträchtlichen Vermehrung der Barmittel im allgemeinen Besitze begleitet gewesen wäre. Wenn daher der Barmittelbestand mit Ende des Jahres 1867 zu schätzen ist, so kann nur der Zustand einer bedeutenden Entblößung von Barmitteln als der generelle angenommen werden.

Es ist nöthig, diesen Gedanken grundsätzlich auf seine Richtigkeit zu prüfen, denn es wäre vergeblich, hier außer den Daten über den Bankbesitz an Metall nach beweiskräftiger ziffermäßiger Feststellung zu streben. Wenn daher diese ziffermäßige Feststellung für das Ende des Jahres 1867, respective den Anfang des Jahres 1868 dahin gegeben wird, dass außer dem Metallschatze der Bank per 108 Millionen Gulden Silber und ¼ Million in Gold der gesammte übrige Vorrath und Umlauf 8 Millionen in Silber und ¼ Million in Gold betragen habe, so ist diese Feststellung immerhin nur ein auf der obigen Annahme beruhendes Axiom, zu dessen näheren Ersichtlichmachung nur angeführt werden kann, dass nach dieser Annahme bei der Einwohnerzahl von 35 Millionen auf den Kopf der Bevölkerung nur ein Metallbesitz von circa 3⅓ fl. entfallen wäre, was eben den Zustand einer generellen bedeutenden Entblößung umsomehr charakterisiert, da von diesem Metallbesitze nur 8¼ Millionen Gulden oder circa ¼ fl. per Kopf im gemeinen Verkehr sein könnten.

Seit dem Jahre 1868 genießt die Monarchie einen consolidierten politischen Zustand nach Innen und nach Außen. Ein stetiger allgemein wirtschaftlicher Fortschritt ist nicht zu verkennen, der durch die große Geschäftskrise des Jahres 1873 zwar gehemmt und unterbrochen wurde, der sich aber wieder einstellte und finanziell keine Erschütterung erlitt, ein Zustand, welcher den Einwohnern der Monarchie den Erwerb und die Verfügung über Barmittel zugänglich machte und erleichterte. Namentlich ist aber durch die Veränderung des Zustandes des internationalen Edelmetallmarktes die Monarchie sogar einer Überflutung mit Silbercourantmünze ausgesetzt gewesen. Es gibt auch sowohl die Handelsbilanz der Monarchie als auch der Stand der Wechselcurse die Hindeutung, dass die Monarchie im ausländischer Verkehre auch soweit dieser in Goldbarren und -Münzen reguliert wird, bisher festen Stand zu fassen vermochte und dass in keinem Falle gegenwärtig eine Auffaugung des inländischen Goldbestandes durch ausländische Zahlungen stattfindet.

Die tabellarische Darstellung folgt der amtlichen Statistik. Nach dem bereits früher Bemerkten ist kaum noch nöthig zu sagen, dass die Resultate nur einen sehr bestreitbaren Wert haben.

## 4. Frankreich.

Für die Statistik des Münzvorrathes Frankreichs wendet Haupt dieselbe Methode an wie für die Englands. Trotz des Abganges eines gleichwertigen statistischen Materiales ist eine bessere Erkundung in diesem Falle nicht geboten. Die officielle Auslandsverkehrsstatistik beginnt mit 1837. Für 1815 bis 1836 liegen die Annahmen der Enquête pour la Situation monetaire 1869 vor. Der damals vorhandene Bestand ist das Resultat einer Schätzung. Diese beruht auf der Beurtheilung der Edelmetallcirculation des vorigen Jahrhunderts, der damaligen und der neuen Ausmünzungen.

Es erscheint nun allerdings gewagt, trotz der glänzenden politischen Verhältnisse des Kaiserreiches und der Voraussetzung ökonomischer Klugheit in der Benützung derselben einfach den Betrag der Ausmünzungen für Gold von 1803—1814 und für Silber von 1795—1814 als Bestand im Jahre 1815 anzunehmen. Dagegen dürfte es als sehr begründet erscheinen, den Rest der Circulation alten Silbergeldes mit 450 Millionen Francs anzunehmen.

Eine Veränderung des ganzen Zifferbestandes wäre aber nur mit Willkür möglich gewesen, daher derselbe trotz der auffälligen Unsicherheit des Gesammtresultates beibehalten wurde.

Einen interessanten Beitrag zur Beurtheilung dieser Thatsachen verdankt die Statistik den Münz-Recensements aus den Jahren 1868, 1878, 1885 und 1891. Es wurde nämlich in Frankreich, ähnlich wie es auch in anderen Staaten schon geschah, nach hinausgegebenen Formularen der Münzbestand zu einer bestimmten Stunde eines bestimmten Tages bei allen Ämtern, Steuereinnehmern u. s. w. in Verbindung mit einer Classierung der Münzbestände nach Nationalität und nach Alter erhoben. Die Specialisierung beschränkte sich auf 20 und 10-Francs Goldstücke und 5 Francs Silberstücke.

Die letzte Erhebung fand am 22. April 1891 statt. An derselben nahmen theil:

In Frankreich: die General-Schatzmeister, Steuereinnehmer, die Rechnungsführer der verschiedenen Finanzregien, der Post und der Telegraphen mit der Gänze ihrer Bestände; die Bank von Frankreich mit ihren Tageseinnahmen in allen Bankanstalten, in gleicher Weise der „Credit Lyonnais" und die „Société générale du commerce et de l'industrie" letztere mit ihren ganzen Kassabeständen. In Algier: die Rechnungsführer der verschiedenen Finanz-administrationen, die Bank von Algier mit ihrer Tageseinnahme.

Die Aufgabe der Zählung erstreckte sich auf 20 und 10 Francs-Goldstücke, russische Goldstücke zu 40 Francs, Silber-Fünf-Francsstücke und Banknoten, und es sollten zugleich die Gold- und Silberstücke nach Nationalität und nach ihren Prägungsjahren classiert werden.

Im ganzen wurden 120,598.975 Francs gezählt, von welchen 97,100.165 Francs oder 80·51 Procent in Banknoten und 23,498.810 Francs oder 19·49 Procent in Metallstücken. Bei der letzten Zählung vom Jahre 1885 waren 52,846.085 Francs gezählt worden, von welchen 35,737.720 Francs oder 67 Procent Banknoten und 17,108.315 Francs oder 33 Procent Metallstücke. Von den Metallstücken waren 16,365.080 Francs oder 69·64 Procent von Gold und 7,133.730 Francs oder 30·36 Procent von Silber. Von den Goldstücken waren 14,493.220 Francs oder 88·56 Procent französischer und 1,871.860 Francs oder 11·44 Procent ausländischer Prägung. Letztere bestanden aus 89.660 Zwanzig- und 7.718 Zehn-Francsstücken. Der Nationalität nach waren:

|  | Procent | |
|---|---|---|
|  | von den Zwanzig-Francsstücken | von den Zehn-Francsstücken |
| belgisch . . . . . . . . | 52 | 3 |
| italienisch . . . . . . . | 34 | 63 1/2 |
| griechisch . . . . . . . | 1 | 5 |
| schweizerisch . . . . . | 1/2 | 1/2 |
| österreichisch-ungarisch . . . | 11 | 28 |
| russisch . . . . . . . | 1 1/2 | — |
| spanisch . . . . . . . | 0·2 | 1/2 |

Von den Fünf-Francs-Silberstücken waren 69·18 Procent französischer und 30·82 Procent ausländischer Prägung, d. h. Münzen anderer Staaten der lateinischen Union. Die italienischen Stücke betrugen darunter 55 Procent, die belgischen 39 Procent.

Natürlich ist die Vertheilung über die Departements eine verschiedene. Werden die Algier'schen Departements außer Ansatz gelassen, so finden sich Departements, in welchen bis unter 90 Procent der metallischen Circulation als in Gold bestehend nachgewiesen wurde, während in Loire nur 49·79 Procent, in Hoch-Savoyen 48·49 Procent und in Corsica nur 40·11 Procent auf Gold entfielen. Zum Zwecke der Vergleichung der Resultate dieser verschiedenen Zählungen müssen der Gleichmäßigkeit wegen von der Zählung des Jahres 1891 die Daten über den „Credit Lyonnais" und die „Société générale" weggelassen und ebenso die russischen 40-Francsstücke außer Rechnung gestellt werden.

Dann ergibt sich Folgendes:

### I. Metallverhältnisse:

| Jahre | Gesammtsumme | Procent | |
|---|---|---|---|
|  |  | Gold | Silber |
| 1868 . . . . . . . | 30 Millionen Francs . . . . . . | 97·72 | 2·28 |
| 1878 . . . . . . . | 23 „ „ . . . . . . | 73·55 | 26·45 |
| 1885 . . . . . . . | 17 „ „ . . . . . . | 69·33 | 30·67 |
| 1891 . . . . . . . | 20 „ „ . . . . . . | 69·10 | 30·90 |

### II. Nationalität der gesetzlichen Münze.

| Jahre | Gesammtsumme | Hievon ausländisch: Procent von | |
|---|---|---|---|
|  |  | Gold | Silber |
| 1868 . . . . . . . | 30 Millionen Francs . . . . . . | 4·63 | 6·00 |
| 1878 . . . . . . . | 23 „ „ . . . . . . | 12·88 | 32·01 |
| 1885 . . . . . . . | 17 „ „ . . . . . . | 10·36 | 28·76 |
| 1891 . . . . . . . | 20 „ „ . . . . . . | 11·36 | 31·52 |

Diese ausländischen Münzen sind, wie oben bemerkt, meist solche der Union latine, allein auch österreichisch-ungarische Goldmünzen fanden sich darunter, und zwar 1878 mit 0·55 Procent, 1885 mit 0·66 Procent, 1891 mit 1·27 Procent der gesammten abgezählten Goldcirculation Frankreichs.

III. Alter der Münzen.

Dieses wurde in den Jahren 1878, 1885 und 1891 nach dem Datum der Münzprägung erhoben.

Hieran knüpfte de Foville im „Journal de la société de Statistique de Paris" 1886 eine interessante Studie: La circulation monétaire de la France, welche eine statistisch-methodische Feststellung der Bestandtheile des jedesmaligen Geldbestandes versucht, indem sie die Zahl des Vorkommens einer Münze mit der Menge der Prägungen derselben in ein mathematisches Verhältnis gebracht wird, welches, trotzdem der Zufall hier eine große Rolle spielen muß, methodisch nicht belanglos ist.

Monsieur de Foville findet darnach wahrscheinlich, daß in Frankreich 4 Milliarden Francs in Goldmünzen in- und ausländischer Prägung und 2½ Milliarden Francs in Silber (Courant und Theilmünzen 0·835), im ganzen sonach 6½ Milliarden Francs in Münzen vorhanden sind. Der wirkliche Wert der Silbermünzen dürfte etwa 2 Milliarden Francs sein.

## 5. Belgien.

Soetbeer schätzte den monetären Vorrath Belgiens Ende 1885 folgendermaßen:

| | | | |
|---|---|---|---|
| Gold in der Bank | 69·5 Millionen Francs } | = 380·0 |
| im Umlaufe | 310·5 " " } | |
| Silber in der Bank | 32·7 " " } | = 250·0 |
| im Umlaufe | 217·3 " " } | |

Seit 1885 haben sich die Münzbestände jedenfalls vermehrt.

Das erste einheimische Münzgesetz datiert vom 5. Juni 1832. Dasselbe acceptierte den französischen Franc als Münzeinheit; aber erst mit Gesetz vom 1. October 1855 wurde vom 1. Jänner 1856 ab die niederländische Währung außer Zahlkraft gesetzt. Die einheimische Währung bestand nur in Silber. Goldstücke wurden von 1846 bis 1850 geprägt, dann aber außer Curs gesetzt. Erst das Gesetz vom 4. Juni 1861 verfügte die Durchführung der Doppelwährung nach französischem System. Mit königl. Decret vom 2. April 1891 ist ein beständiges Comite zum Studium der Währungsfrage eingesetzt worden.

## 6. Italien.

Die Vorbereitung der Maßregeln zur Aufhebung des Zwangscurses gab der italienischen Regierung Veranlassung, genaue Untersuchungen über den Edelmetallvorrath des Landes anstellen zu lassen. In der Vorlage vom 20. November 1880 bezifferte die Regierung den Münzvorrath Italiens folgendermaßen:

| Gold | Silbercourant | Silberscheidemünzen | Zusammen |
|---|---|---|---|
| 101 | 44 | 59 | 204 in Bank- und Staatscassen, |
| 108 | 127 | 5 | 240 sonst circulierende. |
| 209 | 171 | 64 | 444 Millionen Lire. |

Diese Schätzung hat keine erhebliche kritische Anfechtung erfahren.

Eine irgend beträchtliche Veränderung des Geldbestandes bis zur Ausführung des 644 Millionen Lire-Anlehens hat nicht stattgefunden. Dieses Anlehen hat allerdings dem Lande einen effectiven Zuwachs von 398 Millionen Lire Gold und 86 Millionen Lire Silber gebracht, allein schon seit dem Herbste 1884 finden in krisenhaften Geldmarktbewegungen bedeutende Abstöße von Edelmetall an das Ausland statt, welche auch in den Handelsausweisen ihre Markierung finden.

Soetbeer schätzt für Ende 1885 den Metallbestand Italiens nur wenig höher als Haupt.

| | | |
|---|---|---|
| Gold | 574 | Millionen Lire |
| Silber | 182 | " " |
| | 756 | Millionen Lire |
| also | + 100 | " " |

Der italienische Publicist Ferraris nahm für Juni 1885 an:

| | | |
|---|---|---|
| Gold | 600 | Millionen Lire |
| Silber | 110 | " " |
| | 710 | Millionen Lire. |

Die italienische Regierung selbst bezifferte für den 31. December 1890 folgenden Metallbestand:

| | Gold | | Silber | |
|---|---|---|---|---|
| Im Schatzamte und in der königlichen Münze | 103·3 Millionen Lire } | 457·1 Millionen Lire | 49·8 } | 105·3 Millionen Lire. |
| In den Banken | 353·8 " " } | | 55·5 } | |
| Im Umlaufe | unbekannt. | | | |

## 7. Schweiz.

Soetbeer schätzte den Münzbestand der Schweiz im Jahre 1885, wie folgt:

| | | |
|---|---|---|
| Gold | 90 Millionen Francs | + 11 Millionen Francs |
| Silber | 70 " " | − 1 " " |
| | 160 Millionen Francs | + 10 Millionen Francs. |

Am 27. December 1890 hatten die schweizerischen Zettelbanken gegenüber der Notenausgabe von 168·3 Millionen Francs einen Metallschatz von 61·4 Millionen Francs Gold und 23·4 Millionen Francs Silber.

## 8. Niederlande.

Der Geldvorrath und Umlauf im ganzen Königreiche betrug nach den im statistischen Jahrbuche der Niederlande gegebenen amtlichen Nachrichten:

**Münzvorrath ohne Münzbarren (In 1000 niederländischen Gulden).**

| Datum | Gold in Stücken à 10 fl. | Silber-Courant | Silber-theilung | Bronze, Kupfer | Zusammen |
|---|---|---|---|---|---|
| Am 1. Jänner 1884 . . . | 47.192 | 150.704 | 7.468 | 2.979 | 208.343 |
| „ „ „ 1885 . . . | 46.764 | 149.420 | 7.549 | 1.710 | 205.443 |
| „ „ „ 1886 . . . | 47.247 | 150.511 | 7.703 | 1.749 | 207.210 |
| „ „ „ 1887 . . . | 47.289 | 150.760 | 7.696 | 1.810 | 207.555 |
| „ „ „ 1888 . . . | 47.290 | 150.718 | 7.679 | 1.788 | 207.474 |
| „ „ „ 1889 . . . | 47.595 | 140.803 | 7.668 | 1.783 | 197.850 |
| „ „ „ 1890 . . . | 47.598 | 124.269 | 7.634 | 1.783 | 181.283 |

Die Bewegung im Gold- und Silberbesitze des Landes innerhalb der Jahre 1889 und 1890 war folgende:

|  | Gold | Courant-Silber |
|---|---|---|
| Bestand am 1. Jänner 1888 . . . . . . . | 47,289.500 | 150,718.114 |
| Ausgemünzt im Jahre 1888 . . . . . . . | 355.850 | — |
| *) Eingeführt „ „ „ . . . . . . . | — | 35.000 |
|  | 47,645.350 | 150,753.114 |
| Umgemünzt oder aus dem Verkehre gezogen . . . . . | | |
| *) Ausfuhr im Jahre 1888 . . . . . . . | 50.000 | 9,950.000 |
| Bestand am 1. Jänner 1889 . . . . . . . | 47,595.350 | 140,803.114 |
| Ausgemünzt im Jahre 1889 . . . . . . . | 2,049.610 | — |
| *) Eingeführt „ „ „ . . . . . . . | — | 56.045 |
|  | 49,644.960 | 140,859.159 |
| Umgemünzt in Theilmünze . . . . . . . . . | — | 2.367 |
| *) Ausfuhr im Jahre 1889 . . . . . . . | 2,047.000 | 16,588.000 |
| Bestand am 1. Jänner 1890 . . . . . . . | 47,597.960 | 124,268.792 |

Der gesammte Geldumlauf ohne der Metallbestände der Bank und ohne Theilmünzen betrug in 1000 niederländischen Gulden.

| Jahre | Courantmünze | | | Staatliches Papiergeld (Münzscheine) | Banknoten | Zusammen |
|---|---|---|---|---|---|---|
| | Gold | Silber | Zusammen | | | |
| Am 1. Jänner 1884 . . . | 28.331 | 67.744 | 96.075 | 9.672 | 190.040 | 295.787 |
| „ „ „ 1885 . . . | 27.082 | 65.502 | 92.584 | 9.836 | 196.712 | 299.132 |
| „ „ „ 1886 . . . | 24.395 | 63.499 | 87.894 | 9.762 | 197.341 | 294.997 |
| „ „ „ 1887 . . . | 24.204 | 62.238 | 86.442 | 14.071 | 213.130 | 313.643 |
| „ „ „ 1888 . . . | 24.098 | 61.715 | 85.813 | 12.823 | 200.608 | 299.244 |
| „ „ „ 1889 . . . | 24.437 | 60.337 | 84.774 | 11.737 | 207.233 | 303.744 |
| „ „ „ 1890 . . . | 24.366 | 60.985 | 85.351 | 11.577 | 213.810 | 310.738 |

Einschließlich des Bankbestandes an Münzen und Barren betrug der Goldvorrath des Landes:

|  | In 1000 niederländ. Gulden |
|---|---|
| Am 1. Jänner 1884 . . . . . . . . . . | 51.937 |
| 1885 . . . . . . . . . . | 54.253 |
| 1886 . . . . . . . . . . | 72.316 |
| 1887 . . . . . . . . . . | 90.778 |
| 1888 . . . . . . . . . . | 72.708 |
| 1889 . . . . . . . . . . | 85.477 |
| 1890 . . . . . . . . . . | 85.075 |

*) Ein- und Ausfuhr bezieht sich auf das Ausland und die Colonien.

Die Verhältnisse der Zahlungsbilanz werden durch nachfolgende Devisencurse illustriert:

| Datum | Wechselcurs auf | | |
| | England | Frankreich | Deutschland |
| | für 1 £ | für 100 Francs | für 100 Mark |
|---|---|---|---|
| 4. Juli 1885 . . . . . . . | 12 fl. 4½ Cts. | 47 fl. 80 Cts. | 59 fl. 10 Cts. |
| 1. „ 1886 . . . . . . . | 12 „ 6 „ | 47 „ 75 „ | 59 „ 25 „ |
| 8. Jänner 1887 . . . . . . . | 12 „ 11 „ | 47 „ 77½ „ | 59 „ 30 „ |
| 2. Juli . . . . . . . | 12 „ 6³⁄₈ „ | 47 „ 85 „ | 59 „ 22½ „ |
| 7. Jänner 1888 . . . . . . . | 12 „ 5¼ „ | 47 „ 62½ „ | 59 „ 15 „ |
| 7. Juli . . . . . . . | 12 „ 5¾ „ | 47 „ 70 „ | 59 „ 7½ „ |
| 5. Jänner 1889 . . . . . . . | 12 „ 9 „ | 47 „ 80 „ | 59 „ 20 „ |
| 6. Juli . . . . . . . | 12 „ 6 „ | 47 „ 90 „ | 58 „ 95 „ |
| 6. Jänner 1890 . . . . . . . | 12 „ 9¼ „ | 47 „ 90 „ | 59 „ 20 „ |
| 5. Juli . . . . . . . | 12 „ 8½ „ | 47 „ 90 „ | 59 „ 20 „ |

Die Metallparität, also das Feingewichtsverhältnis ohne Rücksicht auf Spesen jeder Art, stellt sich, die Goldmünzen der Niederlande gegen die der fraglichen Länder gerechnet, wie folgt:

England 1 £ . . . . . . = 12 Gulden 10 Cents niederländisch
Frankreich für 100 Francs . . . . = 48 „ — „ „
Deutschland für 100 deutsche Reichsmark = 59 „ 26 „ „

## 11. Rumänien.

Durch das erste rumänische Münzgesetz vom 10./22. April 1867 war die Doppelwährung im Sinne der lateinischen Münz-Union eingeführt worden. Die 20 Francs- (Lei-) Stücke wurden jedoch mit der auf ³⁄₁₀₀₀ erhöhten Gewichtstoleranz gesetzlich geprägt, was den ausländischen Verkehr dieser Goldstücke behinderte. Die Münzpolitik Rumäniens war nach Eintritt der Silberverflauung nicht jener der Staaten der lateinischen Münz-Union analog. Die Silberentwertung wurde in den Jahren 1881—1884 fiscalisch zur Ausprägung von 5 Lei- (Francs-) Stücken benutzt.

Im ganzen wurden in diesen Jahren um den Betrag von 27 Millionen 5 Leistücke geprägt. Das Silber wurde hiezu im Auslande gekauft und der Regierungsgewinn bei der Hinausgabe dieser Silberstücke betrug 1,889 247 Francs.

Zu den Umlaufsmitteln kamen seit 1. December 1880 die Noten der mit Gesetz vom 11. April 1880 gegründeten rumänischen National-bank. Dieselbe ist eine Actiengesellschaft mit Privilegium bis 1900, respective 1912. Ihre Noten haben gesetzliche Zahlkraft und sollten nach Artikel 14 zu ein Drittel bar, das heißt mit Gold oder mit nationalem Silbergelde gedeckt sein. Die begebenen Actien blieben thatsächlich zu zwei Sechstel in Händen der Regierung. Die gesetzliche Metalldeckung wurde eingehalten, aber es bestand dieselbe fast ausschließlich aus Silber.

Im ganzen waren bis zur Währungsreform an Silbergeld von der Münze ausgegeben worden:

5 Leistücke per . . . . . . . 47,700.000 Lei
Silberscheidemünzen „ . . . . . 30,500.000 „

zusammen . . 78,200.000 Lei.

Der Notenumlauf stieg über 100 Millionen Lei und es war anzunehmen, daß von ausländischem Goldgeld circa 25 Millionen Francs im Lande cursierten. Die Handelsverhältnisse weisen jedoch Rumänien auf den ausländischen Verkehr. Der Bedarf nach Gold wurde immer bringender, das Goldagio wuchs.

Es betrug bis 1883 . . . . . . . 2 bis 3 Procent
1884 . . . . . . . „ 12 „
1885 . . . . . . . „ 17 „
1886 } . . . . . . . „ 22 „
1887 }

Erst infolge der Vorbereitungen zur Valutaregulierung fiel es, und zwar schon vor der gesetzlichen Votierung der Goldwährung bis unter 1 Procent.

Die Regulierung der Valuta erfolgte durch folgende Gesetze:

1. Befand sich das Finanzärar mit einer schwebenden Schuld von 26 Millionen Lei behaftet, dieselbe rührte noch aus der Kriegszeit. Mit Hilfe des Bankcredites waren für diese Schuld Hypothekarscheine in Umlauf gesetzt worden. Durch die Einlösung derselben sollte demnach der Notenumlauf verringert werden. Die Mittel wurden durch das Gesetz vom 22. December 1888 im Wege eines nationalen Anlehens per 33 Millionen Lei beschafft.

2. Es sollte der Umlauf der ausländischen Goldmünzen gefördert werden. Zu dem Zwecke wurde durch das Gesetz vom 27. Mai 1889 der Curs der fremden Goldmünzen gleichmäßig und mit Begünstigung tarifiert.

3. Es sollte der Silberstock abgestoßen und in Gold umgesetzt werden. Zu diesem Zwecke wurde der Finanzminister durch ein Gesetz vom 12./24. März 1890 ermächtigt die 5 Lei-Silbermünzen bis zur Höhe von 40 Millionen Lei gegen Gold zum Marktpreise des Silbers zu verkaufen. Zuerst hatte der Metallschatz der Bank umgesetzt zu werden. Die Kosten — mit circa 12 Millionen Lei — wurden vom Staate bestritten und durch Contrahierung einer fundierten Schuld gedeckt. Die amerikanische Silberpolitik ermöglichte der Regierung dies zu verhältnismäßig günstigen Bedingungen durchzuführen.

4. Durch ein Gesetz vom selben Tage wurde die Einführung der Goldwährung angeordnet. Dieselbe sollte aber erst nach Durchführung der Convertierung der Silbermünzen in Kraft treten. Nachher sollten die Silbermünzen nur bis 50 Lei Zahlkraft haben.

5. Schon in Durchführung der Währungsreform wurde durch das Gesetz vom 15./27. Juni 1890 die rumänische Nationalbank entsprechend reformiert, der Metallschatz hat 40 Procent des Notenumlaufes in Gold zu betragen. Die Notenstückelung ist auf den Mindestbetrag von 100 Lei beschränkt.

## 12. Rußland.

Soetbeer schätzte den Edelmetallbestand Rußlands für 1885 folgendermaßen:

| | |
|---|---|
| Gold in der k. Staatsbank . . . . . . . | 170·3 Millionen Rubel |
| Umlauf . . . . . . . . . . . . . . . | 10·0 „ „ |
| | 180·3 Millionen Rubel — 62 Millionen Rubel |
| Silber in der k. Staatsbank . . . . . . | 1·1 Millionen Rubel |
| Umlauf . . . . . . . . . . . . . . . | 10·0 „ „ |
| Scheidemünze . . . . . . . . . . . | in gleicher Höhe mit Haupt. |

Nach der von der russischen Regierung der Regierung der Vereinigten Staaten gegebenen Auskunft hatte die russische Staatsbank am 1. Jänner 1891 an Gold und Silber einen Nominalbestand von 445·9 Millionen Rubel; Staatsnoten waren im Umlaufe mit 1,046·2 Millionen Rubel; Banknoten sind nicht ausgegeben.

## 16. Vereinigte Staaten von Nordamerika.

Die ausführlichsten Nachweisungen über die Geldcirculation und den Münzvorrath liefert die amtliche Statistik der Vereinigten Staaten von Nordamerika.

Wir entnehmen selbe (siehe Tabellen Nr. 152 und folgende) dem Stat. Abstract for the United States, welches sie wieder den Reports des Schatzsecretärs entlehnt. Die Angaben über den Gesammtbetrag des Gold- und Silbermünzen- und Barrenvorrathes sind Schätzungen des Münzdirectors der Vereinigten Staaten.

Zu diesen Tabellen ist über den Geldumlauf und Bestand folgendes zu bemerken:

### I. Die Goldmünzung

beruht auf dem Gesetze vom 1. April 1873; die diesfälligen Daten sind aus der Tabelle Nr. 9 ersichtlich. Für bei dem Schatzamte deponiertes Gold bis minimal 20 Dollars sind Goldcertificate begebbar mit gesetzlicher Zahlkraft. Außer diesen Goldcertificaten gibt es noch die legal tender certificates (certificates of deposites), bis zum Betrage von 100 Dollars zulässig; sie sind nur auf Gold lautend und mit Giro übertragbar.

### II. Die Silbermünzung

beruhte bis 1890 auf dem Gesetze vom 28. Februar 1878 (Bland-Bill) mit nur staatlicher Münzung von 2 bis 4 Millionen Dollars per Monat. Durch die Silber-Bill vom 14. Juli 1890 wurde die Acte vom 28. Februar 1878 (Bland-Bill) aufgehoben und an deren Stelle verfügt:

Der Schatzsecretär hat von Zeit zu Zeit Silberbarren zu kaufen im Durchschnittsbetrage von $4^{1}/_{2}$ Millionen Unzen oder soviel davon in jedem Monate zum Marktpreise angeboten wird bis zum Maximalpreise von 1 Dollar für 371·25 Grains Feinsilber gegen Schatznoten (Treasury Notes) in Stücken von 1 bis 1000 Dollars. Diese Schatznoten sind auf Verlangen im Schatzamte mit Münze einlösbar, sie können aber wieder begeben werden. Aber es sollen nicht mehr noch weniger im Umlaufe sein, als der Kostenbetrag der im Schatze vorräthigen Barren oder gemünzten Silber-Dollars beträgt, welche mittels solcher Noten gekauft wurden. Diese Noten haben volle Zahlkraft, außer in den Fällen besonderer Bedingung, und sind auch zu gesetzlicher Bankreserve geeignet. Die Rücklösung kann in Gold oder Silber je nach dem Verlangen der Besitzer geschehen.

Bis 1. Juli 1891 sind monatlich für 2 Millionen Unzen dieser Silberbarren Standard Silber Dollars zu münzen, von da ab nach Bedarf der Einlösung der Schatznoten.

Die Silbermünzen haben im allgemeinen volle Zahlkraft, außer wenn Zahlung in Gold ausdrücklich festgesetzt wird. Für deponiertes Silber (per 10 Dollars minimal) können vom Schatzamte Certificate ausgegeben werden. (Silber-Certificate.)

### III. Papiergeld.

#### A. Staatsnoten.

a) Greenbacks seit dem Jahre 1861 „United States legal tender Notes" mit dem gesetzlichen Emissionsmaximum von 450 Millionen Dollars, sie sind je nach Verlangen in Gold und Silber zurückzahlbar und haben allgemeine Währung. Durch das Gesetz vom Juli 1882 müssen zur Deckung dieser Noten 100 Millionen Gold im Schatzamte erliegen.

b) Demand-Notes (auf Verlangen zahlbar in Gold) sind Regierungsnoten älteren Ursprunges (1862) und nur noch restlich im Umlaufe.

c) Fractional Currency Notes, Kleinpapiergeld unter 1 Dollar; sie hatten nie gesetzliche Währung. (Acte vom 3. März 1863.)

d) Verzinsliche Regierungsnoten 1861—1865 verfielen 1867/1868 und hatten bis dahin Währung; sie sind noch im Reste im Umlauf.

e) Ein- und zweijährige Noten von 1863, auch noch im restlichen Umlaufe.

B. Banknoten.

a) Die Noten der älteren Staatenbanken, das heißt nach den Gesetzen einzelner Staaten errichteter und eingerichteten Banken.

b) Die Noten der Nationalbanken, welche auf den Unionsgesetzen vom 25. Februar 1863 und 3. Juni 1864 und nachfolgenden beruhen. Die Notenausgabe ist gebunden an den Erlag eines Depots in Staatspapieren (Unionsbonds), auf welche eine Quote von Maximal 90 Procent vom Nominale in Noten ausgegeben werden darf. Außerdem war die Gesammtnotenausgabe der Nationalbanken auf das Maximum von 300 Millionen Dollars, seit 1870 354 Millionen Dollars beschränkt, welcher Betrag auf die Staaten contingentiert war. Seit 1874 besteht keine solche Grenze mehr, auch ist im Jahre 1874 eine Central-Noteneinlösungsstelle für alle National-Banknoten gegründet worden. Diese Noten einschließlich der Depositen (von welchen die öffentlichen noch besonders mit Staatspapierpfändern gedeckt) und andere sofort fällige Verbindlichkeiten müssen in den Banken bestimmter Hauptplätze minimal bis 20 Procent, sonst aber bis minimal 15 Procent bar gedeckt sein — sonstige Deckungsvorschriften fehlen, aber Beschränkungen in den Activgeschäften sind gesetzlich statuirt.

Die Nationalbanknoten haben legal tender (Währung). Die Stückelung der Nationalbanknoten ist: 1, 2, 5, 10, 20, 50, 100, 500 und 1000, die gleiche Stückelung ist die der Greenbacks (legal tender Notes), welche außerdem auch zu 5.000 und 10.000 Dollars vorkommen.

Die Abnahme des Nationalbank-Notenumlaufes ist eine Folge des Sinkens des Zinsfußes und der Preissteigerung der Staatspapiere und sohin der schlechten Rentabilität der Notenausgabe.

---

Zwölfter Abschnitt.

# Creditverkehr.

Tabellen 176—189.

Tabelle 176.

# Inländischer Verkehr mit Postanweisungen.
## A. Stückzahl.

| Jahre | Im Reichsrathe vertretene Königreiche und Länder ¹) | Länder der ungarischen Krone ²) | Deutschland ³) | Italien ⁴) | Frankreich und Colonien ⁵) | Großbritannien und Irland ⁶) | Anmerkungen |
|---|---|---|---|---|---|---|---|
| 1870 | . . . . | . . . . | | | 6,259.789 | 10,244.785 | ¹) Die zweite Zahl ist die der Postnach-nahme. Bis zum Jahre 1879 umfassen die Daten die ein- und ausgezahlten Anweisungen und Nachnahmen; vom Jahre 1880 ab nur die eingezahlten; ohne internationalen Verkehr. |
| 1871 | . . . . | . . . . | | 2,883.000 | 5,626.536 | 12,062.886 | |
| 1872 | . . . . | . . . . | | 3,127.000 | 3,950.818 | 13,984.189 | ²) Die Nachweisung begreift die ungarische inländische Einzahlung von Postanweisungen bis 1882, vom Jahre 1883 ab auch die Nachnahmesendungen ohne Postmandate. |
| 1873 | . . . . | . . . . | 20,340.000 | 3,397.000 | 4,060.341 | 15,118.636 | |
| 1874 | . . . . | . . . . | | 3,594.000 | 4,711.665 | 15,900.562 | ³) Aufgegebene Postanweisungen. |
| 1875 | . . . . | 1,430.468 | | 3,655.000 | 5,694.792 | 16,485.661 | ⁴) Die gesammten ausgegebenen Anweisungen bis zum Jahre 1884 nach Kalenderjahren; vom Jahre 1884 ab nach Fiscaljahren. |
| 1876 | . . . . | 1,677.144 | | 3,652.000 | 6,541.426 | 17,322.133 | |
| 1877 | 10,095.718<br>3,650.181<br>13,745.899 | 1,996.158 | | 3,732.000 | 8,249.025 | 18,756.072 | ⁵) Die Zahlen bezeichnen nur die „mandats délivrés", also die Auszahlung. |
| 1878 | 11,326.001<br>3,795.029<br>15,120.120 | 2,283.515 | 40,081.000 | 3,772.000 | 9,480.738 | 17,442.356 | ⁶) Die „Postal-Orders" sind nach Stückzahl und Betrag nur einmal gezählt und zwar als ausgegeben („issued"). |
| 1879 | 13,165.942<br>4,118.412<br>17,284.354 | 2,614.992 | | 3,904.000 | 11,375.299 | 16,889.982 | ⁷) Darunter 354.279 bezw. 380.191 gebürenfreie Stücke. |
| 1880 | 7,234.130<br>1,958.402<br>9,192.532 | 3,028.807 | | 4,028.000 | 13,088.318 | 16,704.118 | |
| 1881 | 8,181.965<br>2,252.146<br>10,434.111 | 3,519.630 | 48,944.000 | 4,022.000 | 14,689.037 | 14,939.132 | |
| 1882 | 9,022.904<br>2,292.150<br>11,315.054 | 4,113.138 | 51,605.000 | 4,102.000 | 16,173.851 | 14,350.670 | |
| 1883 | 10,180.720<br>2,118.637<br>12,299.357 | 6,439.718 | 54,548.000 | 4,218.000 | 17,287.167 | 13,882.797 | |
| 1884 | 11,051.630<br>2,160.847<br>13,212.477 | 7,006.433 | 57,198.000 | 2,137.000<br>(1884 I. Sem.) | 18,638.457 | 12,569.231 | |
| 1885 | 11,332.185<br>2,146.671<br>13,478.856 | 7,733.195 | 60,032.000 | 4,542.000<br>(1884/85) | 19,677.917 | 10,703.329 | |
| 1886 | 11,488.292<br>2,133.884<br>13,622.176 | 8,261.496 | 63,282.000 | 4,752.000<br>(1885/86) | 20,761.121 | 9,807.059 | |
| 1887 | 11,922.600<br>2,220.043<br>14,142.643 | 8,860.443 | 66,164.000 | 5,074.000<br>(1886/87) | 21,843.501 | 9,641.983 | |
| 1888 | 12,519.736<br>2,298.799<br>14,818.535 | 9,599.366 | 70,272.000 | 5,192.000<br>(1887/88) | 22,121.223 | 9,304.772 | |
| 1889 | ⁷) 13,071.639<br>2,230.009<br>15,301.648 | . . . . | 75,451.000 | 5,139.000<br>(1888/89)<br>5,869.000<br>(1889/90) | . . . . | 9,027.750 | |

Tabelle 177.

# Inländischer Verkehr mit Postanweisungen.
## B. Betrag.

| Jahre | Im Reichsrathe vertretene Königreiche und Länder | Länder der ungarischen Krone | Deutschland | Italien | Frankreich und Colonien | Großbritannien und Irland | Anmerkung |
|---|---|---|---|---|---|---|---|
| | Gulden | Gulden | Mark | Lire | Francs | Pfund Sterling | |
| 1870 | . . . . . . . | . . . . . . . | | | 167,891.392 | 19,983.089 | Vergleiche die Anmerkungen der Tabelle 176. |
| 1871 | . . . . . . . | . . . . . . . | | 287,979.000 | 139,167.898 | 21,799.583 | |
| 1872 | | | | 327,236.000 | 87,363.423 | 24,013.747 | |
| 1873 | | | | 375,560.000 | 106,697.900 | 25,600.069 | |
| 1874 | . . . . . . . | | 817,762.000 | 417,000.000 | 125,553.570 | 26,269.441 | |
| 1875 | . . . . . . . | 67,923.501 | | 425,772.000 | 155,906.281 | 26,493.090 | |
| 1876 | | 75,154.868 | | 432,797.000 | 182,524.105 | 27,425.340 | |
| 1877 | 425,887.101 / 36,610.303 / 462,497.404 | 85,869.716 | | 468,061.000 | 235,096.691 | 28,078.364 | |
| 1878 | 436,116.121 / 37,258.382 / 473,374.503 | 93,784.010 | 2.260,685.000 | 451,427.000 | 286,877.132 | 26,244.218 | |
| 1879 | 439,553.307 / 42,444.171 / 481,997.478 | 90,243.559 | | 469,778.000 | 364,140.184 | 25,032.261 | |
| 1880 | 229,814.010 | 105,653.694 | | 483,809.000 | 435,786.657 | 24,515.395 | |
| 1881 | 253,566.361 | 120,510.131 | 2.842,926.000 | 503,669.000 | 469,829.703 | 23,471.008 | |
| 1882 | 279,865.611 | 135,399.882 | 3.042,875.000 | 532,669.000 | 517,843.694 | 24,694.116 | |
| 1883 | 309,628.563 | 172,558.069 | 3.264,727.000 | 549,171.000 | 552,075.812 | 25,045.529 | |
| 1884 | 333,238.256 | 193,916.644 | 3.436,266.000 | 272,792.000 (1884 I. Sem.) | 588,948.689 | 23,966.669 | |
| 1885 | 319,770.555 | 214,183.022 | 3.577,489.000 | 549,931.000 (1884/85) | 617,817.918 | 22,263.899 | |
| 1886 | 318,939.624 | 237,506.293 | 8.732,763.000 | 491,389.000 (1885/86) | 644,606.847 | 21,952.572 | |
| 1887 | 323,950.192 | 256,165.378 | 3.928,615.000 | 511,135.000 (1886/87) | 669,331.117 | 22,897.680 | |
| 1888 | 343,797.594 | 282,800.722 | 4.187,691.000 | 542,752.000 (1887/88) | 642,477.212 | 22,927.311 | |
| 1889 | 363,970.442 | . . . . . . . | 4,572.866 | 529,335.000 (1888/89) | . . . . . . . | 23,333.417 | |
| | | | | 608,412.000 (1889/90) | | | |

Tabelle 178.

# K. k. Postsparcassen-Amt.

## Resultate der Geschäftsgebarung im Checkverkehre in den Jahren 1883—1890.

### Nach der Zusammenstellung des k. k. Postsparcassen-Amtes.

**Sammelstellen, Einleger, Einzahlungen und Rückzahlungen**

| | | | 1883 | 1884 | 1885 | 1886 | 1887 | 1888 | 1889 | 1890 | In den Jahren 1883—1890 |
|---|---|---|---|---|---|---|---|---|---|---|---|
| **Einleger** | Zahl der eingetretenen Theilnehmer | | 126 | 2.472 | 4.717 | 4.299 | 3.272 | 2.976 | 2.658 | 2.694 | 22.542 |
| | " " ausgetretenen Theilnehmer | | 9 | 119 | 364 | 565 | 850 | 963 | 908 | 932 | 4.734 |
| | " " verbliebenen Theilnehmer mit Jahresschluss | | 117 | 6.877 | 10.535 | 12.981 | 14.296 | 16.646 | 17.808 | 12.200 | 17.808 |
| | Absolute Theilnehmerzunahme | | 117 | 2.353 | 4.353 | 3.576 | 2.426 | 1.311 | 1.762 | 12.200 | 17.808 |
| | Percentandtheil der Theilnehmerzunahme | | — | 1.283 | 3.459 | 2.541 | 1.484 | 1.078 | 1.189 | 1.175 | |
| | Percentandtheil der Theilnehmer des Clearingverkehres beziehen mit Ende des Jahres | | 50.91 | 69.83 | 80.80 | 67.47 | 68.30 | 68.70 | 68.50 | | |
| **Einlagen** | Zahl der im Laufe des Jahres erfolgten Einzahlungen im Checkverkehr { Anweisungsverkehr / Clearingverkehr / Zusammen | | 895 | 145.138 / 4.146 | 1.136.602 / 116.548 | 2.415.346 / 284.352 | 3.292.982 / 395.321 | 3.841.169 / 434.611 | 4.669.073 / 507.495 | 5.475.201 / 592.280 | 20.984.619 / 2.335.189 |
| | | Zusammen | 895 | 149.284 | 1.256.180 | 2.700.869 | 3.688.303 | 4.281.780 | 5.076.570 | 6.067.481 | 23.319.808 |
| | Betrag der im Laufe des Jahres erfolgten Einzahlungen im Checkverkehr { Anweisungsverkehr / Clearingverkehr | | 322.285 | 44.905.427 / 1.820.162 | 223.961.805 / 40.271.880 | 375.562.925 / 102.182.786 | 460.566.813 / 150.479.063 | 338.359.261 / 172.848.965 | 616.473.866 / 216.683.105 | 616.473.866 / 682.262.294 | 2.795.543.867 / 953.349.263 |
| | | Zusammen | 322.285 | 46.923.829 | 263.853.686 | 476.691.711 | 611.047.808 | 754.942.446 | 880.741.162 | 3.673.885.530 | |
| **Durchschnittsbetrag** | einer Einzahlung im Checkverkehr { Anweisungsverkehr / Clearingverkehr | | 360 | 115.976 / 4.446 | 475.159 / 116.548 | 789.285 / 284.528 | 834.557 / 395.321 | 883.633 / 434.611 | 863.448 / 507.495 | 990.920 / 592.280 | 4.516.839 / 2.335.189 |
| | | Zusammen | 360 | 120.122 | 594.667 | 994.760 | 1.229.808 | 1.390.943 | 1.583.909 | 7.118.028 | |
| **Rückzahlungen** | Zahl der im Laufe des Jahres erfolgten Rückzahlungen im Checkverkehr { Anweisungsverkehr / Clearingverkehr | | 213.294 | 211.988.293 / 40.371.889 | 284.623.311 / 102.183.760 | 461.214.663 / 177.848.939 | 465.871.499 / 177.848.939 | 534.215.737 / 216.683.105 | 612.713.583 / 691.452.930 | 2.691.452.930 / 955.949.263 |
| | | Zusammen | 213.294 | 29.914.727 / 1.630.102 | 211.988.293 / 40.371.889 | 284.623.311 / 102.183.760 | 461.214.663 / 177.848.939 | 465.871.499 / 216.683.105 | 534.215.737 / 264.292.296 | 877.975.820 / 3.644.802.198 |
| **Einlagen** | einer Rückzahlung im Checkverkehr { Anweisungsverkehr / Clearingverkehr | | 361.31 | 341.67 / 390.76 | 448.34 / 345.67 | 514.66 / 328.76 | 553.66 / 380.63 | 619.77 / 408.20 | 604.68 / 416.16 | 618.85 / 446.16 | 538.76 / 406.30 |
| | | Zusammen | 361.31 | 343.27 | 424.26 | 489.58 | 497.32 | 519.90 | 554.63 | 509.61 | |
| | Betrag der im Laufe des Jahres erfolgten Rückzahlungen im Checkverkehr { Anweisungsverkehr / Clearingverkehr | | 958 | 343.27 | 424.26 | 489.58 | 497.32 | 519.90 | 554.63 | 509.61 | |
| **Gesammtgebarung des k.k. Postsparcassen-Amtes** | Betrag aller Einzahlungen im Checkverkehr, beziehungsweise { Anweisungsverkehr / Clearingverkehr | | 289.12 | 299.64 | 310.20 | 177.27 | 165.67 | 130.34 | 148.64 | 145.09 | 186.44 |
| | einer Rückzahlung im Checkverkehr zusammen { Anweisungsverkehr / Clearingverkehr | | 220.12 | 78.72 / 8.80 | 136.59 / 342.57 | 155.87 / 388.76 | 139.96 / 389.65 | 121.10 / 469.20 | 117.72 / 429.98 | 112.60 / 416.18 | 130.55 / 426.30 |
| | Im Checkverkehr zusammen | | 3.93 | 2.80 | 14.47 | 20.67 | 14.03 | 16.97 | 28.01 | 29.29 | 35.09 |
| **Verhältnis zwischen Einlagen und Rückzahlungen** | Von Geldbetrage aller Einzahlungen entfielen auf den Checkverkehr, beziehungsweise { Anweisungsverkehr / Clearingverkehr / Zahlenmal | | 3.93 | 81.98 / 94.64 / 83.32 | 89.24 / 15.24 / 95.45 | 96.82 / 21.27 / 97.16 | 97.35 / 24.08 / 97.87 | 97.63 / 27.05 / 97.91 | 97.61 / 25.26 / 97.95 | 97.61 / 29.47 / 97.97 | 96.84 / 25.47 / 97.86 |
| | Auf je 100 fl. Einlagen entfallen Rückzahlungen im { Anweisungsverkehr / Clearingverkehr | | 66.18 | 88.61 / 3.27 | 94.81 / 15.24 | 96.82 / 21.27 | 100.14 / 24.08 | 99.99 / 27.05 | 99.25 / 25.26 | 99.38 / 29.47 | 98.71 |
| | | Zusammen | 66.18 | 89.21 | 95.61 | 97.62 | 100.11 | 99.99 | 99.46 | 99.61 | 99.04 |
| | Schätzbar Einlagenstand der Checkeinlagen, bezeichungsweise { Guthaben in Checkverkehr / Guthaben in Gulden | | 66.972 | 2.520 / 5.098.091 | 6.972 / 16.603.680 | 10.553 / 25.576.100 | 12.981 / 27.930.097 | 14.296 / 28.284.462 | 16.040 / 32.326.060 | 17.808 / 30.093.337 | 167 / 33.093.337 |
| **Guthaben der Einleger** | Durchschnittsguthaben eines Checkdepositen | | 669.64 | 2.493.05 | 2.487.18 | 2.707.85 | 2.161.61 | 1.976.40 | 2.014.70 | 1.970.60 | |
| | Zunahme der Netto-einlagen im Checkverkehr | | 108.991 | 4.989.100 | 11.598.604 | 11.884.414 | 646.012 | 354.355 | 4.043.563 | 2.765.332 | 35.093.337 |

*) Zunahme der eingetretenen Zinsen.

Tabelle 179.

# Abrechnungsanstalten in Wien.

## A. Saldo-Saal der privilegierten österreichischen Nationalbank.

### In 1000 Gulden österr. Währ.

| Jahre | Umsätze im Saldo-Saale¹) | Vergleichung | | | |
|---|---|---|---|---|---|
| | | absolut | | percentual | |
| | | durch Abrechnung | durch Übertragung auf das Giro-Conto der Bank | durch Abrechnung | durch Übertragung auf das Giro-Conto der Bank |
| 1864 | 27.752 | 14.963 | 12.789 | 53·92 | 46·08 |
| 1865 | 437.630 | 265.067 | 172.563 | 59·88 | 40·12 |
| 1866 | 396.560 | 235.462 | 161.098 | 59·38 | 40·62 |
| 1867 | 305.242 | 199.776 | 105.466 | 65·45 | 34·55 |
| 1868 | 467.321 | 274.664 | 192.657 | 58·77 | 41·23 |
| 1869 | 393.497 | 247.365 | 146.132 | 62·86 | 37·14 |
| 1870 | 353.637 | 224.483 | 129.154 | 63·48 | 36·52 |
| 1871 | 352.695 | 211.337 | 141.358 | 59·92 | 40·08 |
| bis 2. März 1872 | 81.723 | 48.629 | 33.094 | 59·51 | 40·49 |

¹) Diese Beträge sind Summen der Forderungen und Schulden der Credit- und Debet-Post.

## B. Wiener Saldierungsverein.

### In 1000 Gulden österr. Währ.

| Jahre | Summe der Einlieferungen¹) | Vergleichung | | | | Einlieferung²) | Durchschnittlicher Ausgleich | |
|---|---|---|---|---|---|---|---|---|
| | | absolut | | percentual | | | percentual | |
| | | durch Compensation | durch Übertragung auf das Giro-Conto der Bank | durch Compensation | durch Übertragung auf das Giro-Conto der Bank | | durch Compensation | durch Übertragung auf das Giro-Conto der Bank |
| vom 4. März 1872 | 523.173 | 331.031 | 192.142 | 63·270 | 36·780 | 261.586 | 25·530 | 74·470 |
| 1873 | 732.256 | 458.721 | 273.535 | 62·640 | 37·360 | 366.128 | 25·290 | 74·710 |
| 1874 | 557.517 | 356.147 | 201.370 | 63·880 | 36·120 | 278.759 | 27·762 | 72·218 |
| 1875 | 508.091 | 336.527 | 171.564 | 66·230 | 33·770 | 254.046 | 32·468 | 67·532 |
| 1876 | 542.186 | 348.724 | 193.462 | 64·320 | 35·680 | 271.093 | 28·638 | 71·362 |
| 1877 | 648.718 | 414.905 | 233.813 | 63·960 | 36·040 | 324.359 | 27·916 | 72·084 |
| 1878 | 627.880 | 407.224 | 220.156 | 64·910 | 35·090 | 313.690 | 29·818 | 70·182 |
| 1879 | 574.866 | 401.342 | 173.524 | 69·810 | 30·190 | 287.433 | 39·620 | 60·370 |
| 1880 | 559.083 | 392.132 | 166.951 | 70·140 | 29·860 | 279.541 | 40·278 | 59·722 |
| 1881 | 557.703 | 382.577 | 175.126 | 68·600 | 31·400 | 278.851 | 37·198 | 62·802 |
| 1882 | 524.777 | 344.830 | 179.947 | 65·710 | 34·290 | 262.389 | 31·420 | 68·580 |
| 1883 | 613.158 | 392.588 | 220.570 | 64·030 | 35·970 | 306.579 | 28·056 | 71·944 |
| 1884 | 631.873 | 386.804 | 245.069 | 61·230 | 38·780 | 315.936 | 22·482 | 77·568 |
| 1885 | 514.623 | 315.333 | 199.290 | 61·270 | 38·730 | 257.311 | 22·550 | 77·450 |
| 1886 | 539.640 | 322.133 | 217.507 | 59·654 | 40·906 | 269.820 | 19·388 | 80·612 |
| 1887 | 551.473 | 327.647 | 223.826 | 59·413 | 40·587 | 275.736 | 18·826 | 81·174 |
| 1888 | 529.334 | 333.194 | 196.140 | 62·927 | 37·073 | 264.667 | 25·854 | 74·146 |
| 1889 | . . . . . . . | | | | | 262.884 | 25·330 | 74·670 |
| 1890 | . . . . . . . | | | | | 297.749 | 22·247 | 77·758 |

¹) Diese Beträge sind Summen der Forderungen und Schulden der Credit- und Debet-Post.
²) Diese zweite Darstellung entspricht den Berichten des Vereines seit dem Jahre 1886. Die Verschiedenheit besteht 1. in der nur einmaligen Zählung der Einlieferungen als Debet und 2. in der dadurch eintretenden Verschiebung der Procentverhältnisse, welche nun erst den Verkehr richtig charakterisieren.

33

270

Tabelle 180.

# Die Abrechnungsstellen der deutschen Reichsbank.

## In 1000 Mark deutscher Reichs-Währung.

| Jahre | Zahl der Abrechnungsstellen | Abgerechnete Summen | Note |
|---|---|---|---|
| 1883 | 7 | [1]) 887.546 | [1]) Nur im December 1883. |
| 1884 | 9 | 12,130.196 | |
| 1885 | 9 | 12,544.444 | |
| 1886 | 9 | 13,356.482 | |
| 1887 | 9 | 14,207.193 | |
| 1888 | 9 | 15,514.563 | |
| 1889 | 9 | 16,048.962 | |
| 1890 | 9 | 17,991.301 | |

Tabelle 181.

# Chambre de Compensation in Paris.

## (Nach Rauchberg.)

## In 1000 Francs.

| Jahre (vom 1. April bis 31. März) | Summe der Einlieferung | Zerlegung absolut durch Compensation | durch Übertragung auf Giro-Conto | percentual durch Compensation | durch Übertragung auf Giro-Conto |
|---|---|---|---|---|---|
| 1872/3 | 1,602.585 | 511.097 | 1,091.488 | 31·89 | 68·11 |
| 1873/4 | 2,142.303 | 651.767 | 1,490.536 | 30·42 | 69·58 |
| 1875/6 | 2,009.741 | 825.251 | 1,184.490 | 41·06 | 58·94 |
| 1876/7 | 2,213.725 | 924.332 | 1,289.393 | 41·75 | 58·25 |
| 1877/8 | 2,598.608 | 1,164.772 | 1,433.836 | 44·82 | 55·18 |
| 1878/9 | 2,199.593 | 1,053.855 | 1,145.738 | 47·91 | 52·09 |
| 1879/80 | 2,628.244 | 1,373.347 | 1,254.897 | 52·60 | 47·40 |
| 1880/1 | 3,222.754 | 1,657.495 | 1,565.259 | 51·43 | 48·57 |
| 1881/2 | 4,084.535 | 2,099.023 | 1,985.512 | 51·39 | 48·61 |
| 1882/3 | 4,545.104 | 2,237.032 | 2,308.072 | 49·22 | 50·78 |
| 1883/4 | 4,158.807 | 2,044.034 | 2,114.773 | 49·15 | 50·85 |
| 1884/5 | 4,218.228 | 2,156.495 | 2,061.733 | 51·12 | 48·88 |

Tabelle 182.

# Stanze di compensazione in Italien.

(Nach dem Bolletino mensile delle situazioni dei Conti.)

### In 1000 Lire.

| Jahre | Summe der Umsätze | Vergleichung | | | | Note |
|---|---|---|---|---|---|---|
| | | absolut | | procentual | | |
| | | durch Abrechnung (Liquidation) | durch Bargeld | durch Abrechnung (Liquidation) | durch Bargeld | |
| 1882 | 40.283 | 33.864 | 6.419 | 84·07 | 15·93 | Die Posten sind nur einmal, im Debet gezählt. 7 Abrechnungsstellen: In Livorno, Genua, Mailand, Rom, Bologna, Catania und Florenz. Von diesen wurde jene zu Catania am 31. December 1889 geschlossen. |
| 1883 | 1,229.120 | 1,031.658 | 197.462 | 83·93 | 16·07 | |
| 1884 | 2,354.678 | 1,950.709 | 403.969 | 82·84 | 17·16 | |
| 1885 | 3,598.850 | 3,075.219 | 523.631 | 85·45 | 14·55 | |
| 1886 | 5,436.038 | 4,621.306 | 814.732 | 85·01 | 14·99 | |
| 1887 | 8,728.209 | 6,389.223 | 2,338.986 | 73·20 | 26·80 | |
| 1888 | 9,409.121 | 6,904.151 | 2,504.970 | 73·38 | 26·62 | |
| 1889 | 10,874.759 | 7,804.742 | 3,070.017 | 71·77 | 28·23 | |

Tabelle 183.

# Beträge der Abrechnung im London Bankers' Clearing-House.

(Nach dem Statistical Abstract for the United Kingdom.)

### In Millionen Livre Sterling.

| Jahre | Summe der Abrechnung | Hievon | | | Note |
|---|---|---|---|---|---|
| | | an Stock Exchange-Settling Days (Börseeffecten 14 tägige Liquidation) | an Consols-Settling Days (Börse-Liquidationstage für Staatsschuldverschreibungen) | am 4. jeden Monates (Abrechnung aus dem Wechselverkehre) | |
| 1868 | 3.466 | 523 | 135 | 155 | Jede Post ist nur einmal, im Debet gezählt. |
| 1869 | 3.602 | 565 | 150 | 170 | |
| 1870 | 3.905 | 635 | 163 | 176 | |
| 1871 | 4.787 | 806 | 211 | 211 | |
| 1872 | 5.893 | 1.016 | 247 | 257 | |
| 1873 | 6.182 | 1.038 | 250 | 272 | |
| 1874 | 5.916 | 1.010 | 260 | 265 | |
| 1875 | 5.647 | 1.043 | 252 | 246 | |
| 1876 | 4.959 | 761 | 226 | 226 | |
| 1877 | 5.018 | 744 | 228 | 233 | |
| 1878 | 5.007 | 795 | 227 | 218 | |
| 1879 | 4.959 | 843 | 225 | 213 | |
| 1880 | 5.718 | 1.152 | 255 | 237 | |
| 1881 | 6.335 | 1.383 | 279 | 253 | |
| 1882 | 6.221 | 1.229 | 278 | 238 | |
| 1883 | 5.929 | 1.059 | 255 | 239 | |
| 1884 | 5.799 | 961 | 268 | 243 | |
| 1885 | 5.511 | 935 | 249 | 222 | |
| 1886 | 5.902 | 1.199 | 263 | 276 | |
| 1887 | 6.077 | 1.146 | 297 | 256 | |
| 1888 | 6.942 | 1.252 | 332 | 272 | |
| 1889 | 7.619 | 1.339 | 351 | 290 | |
| 1890 | 7.801 | 1.416 | 358 | 289 | |

Tabelle 184.

# The New-York Clearing-House.
### (Nach dem Statistical Abstract of the United States.)
### In 1000 Dollars.

| Jahre | Umsätze | Vergleichung absolut durch Abrechnung (Clearing) | Vergleichung absolut durch Vorschreibung | Vergleichung procentual Abrechnung | Vergleichung procentual Vorschreibung | Anmerkung |
|---|---|---|---|---|---|---|
| 1854 | 6,037.866 | 5,750.455 | 287.411 | 95·24 | 4·76 | |
| 1855 | 5,652.606 | 5,362.912 | 289.694 | 94·87 | 5·13 | |
| 1856 | 7,240.927 | 6,906.213 | 334.714 | 95·38 | 4·62 | |
| 1857 | 8,698.539 | 8,333.226 | 365.313 | 95·80 | 4·20 | |
| 1858 | 5,070.902 | 4,756.664 | 314.238 | 93·80 | 6·20 | |
| 1859 | 6,811.989 | 6,448.005 | 363.984 | 94·65 | 5·35 | |
| 1860 | 7,611.836 | 7,231.143 | 380.693 | 95·00 | 5·00 | |
| 1861 | 6,269.125 | 5,915.742 | 353.383 | 94·36 | 5·64 | |
| 1862 | 7,286.973 | 6,871.443 | 415.530 | 94·30 | 5·70 | |
| 1863 | 15,545.223 | 14,867.597 | 677.626 | 95·64 | 4·36 | |
| 1864 | 24,982.915 | 24,097.196 | 885.719 | 96·46 | 3·54 | |
| 1865 | 27,068.149 | 26,032.384 | 1,035.765 | 96·17 | 3·83 | |
| 1866 | 29,783.281 | 28,717.146 | 1,066·135 | 96·42 | 3·58 | |
| 1867 | 29,820.122 | 28,675.159 | 1,144.963 | 96·16 | 3·84 | |
| 1868 | 29,609.743 | 28,484.288 | 1,125.455 | 96·20 | 3·80 | |
| 1869 | 38,527.346 | 37,407.028 | 1,120.318 | 97·09 | 2·91 | |
| 1870 | 28,841.024 | 27,804.539 | 1,036.485 | 96·41 | 3·59 | |
| 1871 | 30,510.778 | 29,300.987 | 1,209.791 | 96·04 | 3·96 | |
| 1872 | 35,272.953 | 33,844.370 | 1,428.583 | 95·95 | 4·05 | |
| 1873 | 36,935.561 | 35,461.053 | 1,474.508 | 96·01 | 3·99 | |
| 1874 | 24,124.681 | 22,855.928 | 1,268.753 | 94·74 | 5·26 | |
| 1875 | 26,469.847 | 25,061.238 | 1,408.609 | 94·68 | 5·32 | |
| 1876 | 22,892.316 | 21,597.274 | 1,295.042 | 94·34 | 5.66 | |
| 1877 | 24,663.240 | 23,289.244 | 1,373.996 | 94·43 | 5·57 | |
| 1878 | 23,816.282 | 22,508.438 | 1,307.844 | 94·51 | 5·49 | |
| 1879 | 26,578.882 | 25,178.771 | 1,400.111 | 94·73 | 5·27 | |
| 1880 | 38,698.668 | 37,182.129 | 1,516.539 | 96·08 | 3·92 | |
| 1881 | 50,341.836 | 48,565.818 | 1,776.018 | 96·47 | 3·53 | |
| 1882 | 48,147.846 | 46,552.846 | 1,595.000 | 96·69 | 3·31 | |
| 1883 | 41,862.148 | 40,293.165 | 1,568.983 | 96·25 | 3·75 | |
| 1884 | 35,616.968 | 34,092.037 | 1,524.931 | 95·72 | 4·28 | |
| 1885 | 26,546.146 | 25,250.791 | 1,295.355 | 95·12 | 4·88 | |
| 1886 | 34,894.247 | 33,374.682 | 1,519.565 | 95·64 | 4·36 | |
| 1887 | 36,442.474 | 34,872.848 | 1,569.626 | 95·69 | 4·31 | |
| 1888 | 32,433.884 | 30,863.686 | 1,570.198 | 95·16 | 4·84 | |
| 1889 | 36,554.102 | 34,796.465 | 1,757.637 | 95·19 | 4·81 | |
| 1890 | . . . . . | 37,660.686 | . . . . . | . . . | . . . | |

Anmerkung:

Jede Post ist nur einmal, im Debet gezählt.

Vom Jahre 1872 bis 1879 wurde Gold besonders abgerechnet. Die Beträge, welche in der Rubrik bereits begriffen sind, waren:

umgesetzt durch

| Abrechnung | Vorschreibung |
|---|---|
| 1,207.372 | 215.288 |
| 1,488.278 | 322.135 |
| 2,005.245 | 315.521 |
| 2,018.961 | 304.261 |
| 1,722.458 | 285.508 |
| 2,412.687 | 358.739 |
| 2,585.704 | 355.873 |
| 625.574 | 78.991 |

**Tabelle 185.**

# Giroverkehr der österreichisch-ungarischen Bank.
### In 1000 fl. österr. Währ.

| Jahr | Benennung der Bank-Anstalten | Einnahme | | | | | Ausgabe | | | | | Guthabenbestand am Ende des Jahres | Reviremente im Jahre |
|---|---|---|---|---|---|---|---|---|---|---|---|---|---|
| | | Bare Einzahlungen | Verrechnung aus Diversen | Übertragungen am Platze | Übertragungen von anderen Bankplätzen | Zusammen | Bare Auszahlungen | Verrechnung aus Diversen | Übertragungen am Platze | Übertragungen auf andere Bankplätze | Zusammen | | |
| 1874 | Wien . . . . . . . . | . . . | . . . | . . . | . . . | 440.622 | . . . | . . . | . . . | . . . | 438.006 | 2.616 | 877.463 |
| 1875 | Wien | . . . | . . . | . . . | . . . | 366.520 | . . . | . . . | . . . | . . . | 361.836 | 4.684 | 725.740 |
| 1876 | Wien | . . . | . . . | . . . | . . . | 386.849 | . . . | . . . | . . . | . . . | 386.799 | 50 | 768.963 |
| 1877 | Wien | . . . | . . . | . . . | . . . | 499.036 | . . . | . . . | . . . | . . . | 498.961 | 75 | 997.947 |
| 1878 | Wien | . . . | . . . | . . . | . . . | 478.103 [1] | . . . | . . . | . . . | . . . | 476.907 | 1.196 | 954.935 |
| 1879 | Wien | 161.762 | 130.195 | 52.668·0 | . . . | 345.821 [1] | 290.312 | . . . | 52.668·0 | . . . | 342.980 | 2.841 | 687.805 |
| 1880 | Wien [2] . . . . . . | 180.476 | 126.888 | 60.206·0 | . . . | 370.411 [1] | 304.922 | . . . | 60.206·0 | . . . | 365.128 | 5.283 | 732.698 |
| 1881 | Wien | 171.897 | 139.913 | 58.373·0 | . . . | 375.466 [1] | 316.810 | . . . | 58.373·0 | . . . | 375.183 | 283 | 745.366 |
| 1882 | Wien | 174.959 | 189.025 | 48.346·0 | . . . | 362.613 [1] | 313.309 | . . . | 48.345·5 | . . . | 361.654 | 959 | 723.984 |
| 1883 | Wien | 201.473 | 177.292 | 57.908·5 | . . . | 437.632 [1] | 378.538 | . . . | 57.908·5 | . . . | 436.447 | 1.185 | 873.120 |
| 1884 | Wien | 206.861 | 171.188 | 83.549·0 | . . . | 462.784 [1] | 371.023 | . . . | 83.549·0 | . . . | 454.572 | 8.212 | 916.170 |
| 1885 | Wien | 156.057 | 106.420 | 87.980·5 | . . . | 358.669 [1] | 268.020 | . . . | 87.980·5 | . . . | 356.001 | 2.668 | 706.458 |
| 1886 | Wien | 175.452 | 136.586 | 95.260·5 | . . . | 409.966 [1] | 314.643 | . . . | 95.260·5 | . . . | 409.904 | 62 | 817.202 |
| 1887 | Wien | 170.621 | 132.122 | 106.044·0 | . . . | 408.849 [1] | 302.561 | . . . | 106.044·0 | . . . | 408.605 | 244 | 817.391 |
| 1888 [3] | Wien | 265.417 | 283.631 | 140.260·0 | 114.745 | 804.053 | 188.389 | 218.994 | 140.260·0 | 255.106 | 802.748 | 1.305 | . . . . . |
| 1888 | Alle österreichischen Bank-Anstalten incl. Wien | 334.006 | 358.254 | 145.769·0 | 263.307 | 1,101.336 | 384.767 | 228.043 | 145.769·0 | 340.891 | 1,099.470 | 1.866 | . . . . . |
| 1888 | Budapest | 105.839 | 67.578 | 422·0 | 139.990 | 313.828 | 180.783 | 46.125 | 422·0 | 86.207 | 313.537 | 291 | . . . . . |
| 1888 | Alle ungarischen Bank-Anstalten incl. Budapest . . . . . | 132.597 | 98.664 | 4.330·0 | 186.728 | 422.319 | 237.739 | 68.228 | 4.330·0 | 111.197 | 421.494 | 825 | . . . . . |
| 1888 | Zusammen . | 466.603 | 456.918 | 150.099·0 | 450.035 | 1,523.655 | 622.506 | 296.271 | 150.099·0 | 452.038 | 1,520.964 | 2.691 | 3,044.619 |
| 1889 | Wien | 315.993 | 381.348 | 150.540·0 | 169.935 | 969.121 [1] | 244.145 | 244.748 | 150.540·0 | 321.591 | 961.024 | 8.097 | . . . . . |
| 1889 | Alle österreichischen Bank-Anstalten incl. Wien | 422.663 | 438.601 | 161.153·0 | 381.552 | 1,405.336 [1] | 525.292 | 258.704 | 161.153·0 | 451.711 | 1,396.860 | 8.976 | . . . . . |
| 1889 | Budapest | 152.859 | 54.817 | 2.645·0 | 157.441 | 368.054 [1] | 160.716 | 85.488 | 2.645·0 | 118.903 | 367.752 | 302 | . . . . . |
| 1889 | Alle ungarischen Bank-Anstalten incl. Budapest | 195.164 | 97.466 | 8.351·0 | 229.530 | 531.335 [1] | 241.653 | 119.295 | 8.351·0 | 160.952 | 530.251 | 1.084 | . . . . . |
| 1889 | Zusammen . | 617.827 | 536.067 | 169.504·0 | 611.082 | 1,937.171 [1] | 766.945 | 377.999 | 169.504·0 | 612.663 | 1,927.111 | 10.060 | . . . . . |
| 1890 | Wien | 353.251 | 382.329 | 177.757 | 200.423 | 1,113.760 | 285.999 | 381.538 | 177.757 | 374.573 | 1,119.867 | 1.990 | . . . . . |
| 1890 | Alle österreichischen Bank-Anstalten incl. Wien | 494.680 | 501.252 | 184.238 | 472.049 | 1,652.219 | 625.625 | 301.049 | 184.238 | 547.580 | 1,658.492 | 2.704 | . . . . . |
| 1890 | Budapest | 176.508 | 30.227 | 2.503 | 174.050 | 383.288 | 149.149 | 94.592 | 2.503 | 137.072 | 383.316 | 272 | . . . . . |
| 1890 | Alle ungarischen Bank-Anstalten incl. Budapest . . . . . | 225.725 | 84.566 | 10.392 | 262.393 | 583.076 | 246.598 | 140.124 | 10.392 | 185.715 | 582.829 | 1.830 | . . . . . |
| 1890 | Zusammen . | 720.405 | 585.818 | 194.630 | 734.442 | 2,235.295 | 872.223 | 441.173 | 194.630 | 733.296 | 2,241.322 | 4.034 | . . . . . |
| 1891 | Wien . . . . . . . . | 358.723 | 384.788 | 179.545 | 214.961 | 1,318.017 | 304.583 | 267.788 | 179.545 | 385.272 | 1,137.188 | 2.818 | . . . . . |
| 1891 | Alle österreichischen Bank-Anstalten incl. Wien . . . . | 499.488 | 505.012 | 187.759 | 510.887 | 1,703.146 | 669.630 | 288.990 | 187.759 | 555.466 | 1,701.845 | 4.005 | . . . . . |
| 1891 | Budapest | 213.812 | 164.672 | 2.535 | 168.118 | 549.137 | 260.746 | 105.499 | 2.535 | 180.234 | 549.015 | 394 | . . . . . |
| 1891 | Alle ungarischen Bank-Anstalten incl. Budapest . . . . | 270.518 | 238.047 | 11.953 | 280.953 | 801.471 | 390.766 | 161.833 | 11.953 | 236.770 | 801.322 | 1.480 | . . . . . |
| | Zusammen . | 770.006 | 743.059 | 199.712 | 791.840 | 2,504.617 | 1,060.396 | 450.823 | 199.712 | 792.236 | 2,503.167 | 5.485 | . . . . . |

[1] Inclusive der Guthabung vom vorigen Jahre.
[2] Seit 1880 sind auch in der Hauptanstalt Budapest Giro-Einrichtungen; Giroverkehr trat daselbst aber nicht ein.
[3] Seit 2. Jänner 1888 findet bei sämmtlichen Bank-Anstalten Giroverkehr statt und Übertragungen von Platz zu Platz in erweitertem Umfange.

Tabelle 185 (Fortsetzung).

# Giroverkehr der österreichisch-ungarischen Bank.
## Übertragungen im Giroverkehr von Platz zu Platz.
### In 1000 fl. österr. Währ.

| Jahr | Benennung der Bank-Anstalten | Zahl der Conto-Inhaber | Übertragungen zwischen Conto-Inhabern | Für Einzahlungen von Nicht-Conto-Inhabern zu Gunsten der Conto-Inhaber | Zusammen | Zur Gutschrift gelangte Übertragungen |
|---|---|---|---|---|---|---|
| 1888 | Wien . . . . . . . . . . . . . | . . . . . . . . | 253.764 | 1.342 | 255.106 | 114.745 |
|  | Alle österreichischen Bank-Anstalten incl. Wien . . . . . | 312 | 336.272 | 4.619 | 340.891 | 263.307 |
|  | Budapest . . . . . . . . . . . | | 85.788 | 419 | 86.207 | 139.990 |
|  | Alle ungarischen Bank-Anstalten incl. Budapest . . . . . | 327 | 109.063 | 2.134 | 111.197 [1]) | 186.728 |
|  | Zusammen . | 639 | 445.335 | 6.753 | 452.088 | 450.035 |
| 1889 | Wien . . . . . . . . . . . . . | . . . . . . . . | 319.239 | 2.352 | 321.591 | 169.935 |
|  | Alle österreichischen Bank-Anstalten incl. Wien . . . . . | 846 | 445.515 | 6.196 | 451.711 | 381.552 |
|  | Budapest . . . . . . . . . . . | | 118.126 | 777 | 118.903 | 157.441 |
|  | Alle ungarischen Bank-Anstalten incl. Budapest . . . . . | 797 | 157.904 | 3.048 | 160.952 | 229.530 |
|  | Zusammen . | 1.643 | 603.419 | 9.244 | 612.663 [2]) | 611.082 |
| 1890 | Wien . . . . . . . . . . . . . | . . . . . . . . | 371.232 | 3.341 | 374.573 | 200.423 |
|  | Alle österreichischen Bank-Anstalten incl. Wien . . . . . | 964 | 540.382 | 7.199 | 547.581 | 472.050 |
|  | Budapest . . . . . . . . . . . | | 134.909 | 2.164 | 137.073 | 174.060 |
|  | Alle ungarischen Bank-Anstalten incl. Budapest . . . . . | 961 | 180.883 | 4.831 | 185.714 | 262.393 |
|  | Zusammen . | 1.945 | 721.265 | 12.030 | 733.295 [3]) | 734.443 |
| 1891 | Wien . . . . . . . . . . . . . | | 381.798 | 3.474 | 385.272 | 214.961 |
|  | Alle österreichischen Bank-Anstalten incl. Wien . . . . . | 1.145 | 546.634 | 8.831 | 555.465 | 510.887 |
|  | Budapest . . . . . . . . . . . | | 177.597 | 2.637 | 180.234 | 168.118 |
|  | Alle ungarischen Bank-Anstalten incl. Budapest . . . . . | 1.276 | 231.735 | 5.035 | 236.770 | 280.953 |
|  | Zusammen . | 2.421 | 778.369 | 13.866 | 792.235 [4]) | 791.840 |

[1]) Von diesen gelangten 2053 erst nach dem 31. December 1888 zur Gutschrift.
[2]) „ „ „ 3634 „ „ „ „ „ 1889 „ „
[3]) „ „ „ 2487 „ „ „ „ „ 1890 „ „
[4]) „ „ „ 2383 „ „ „ „ „ 1891 „ „

Tabelle 186.

## Österreichisch-ungarische Bank.
## Verkehr in Bankanweisungen.

| Jahre | Österreichische Bankanstalten | | Ungarische Bankanstalten | | Zusammen | | Durchschnittlicher Anweisungs-Betrag |
|---|---|---|---|---|---|---|---|
| | fl. | kr. | fl. | kr. | fl. | kr. | fl. |
| 1878 | 133,281.937 | 12·5 | 51,648.346 | 98·0 | 184,930.284 | 10·5 | 3.171 |
| 1879 | 114,181.551 | 13·0 | 47,665.720 | 06·0 | 161,847.271 | 19·0 | 2.989 |
| 1880 | 125,597.895 | 53·5 | 56,499.800 | 52·0 | 182,097.696 | 5·5 | 3·341 |
| 1881 | 126,002.735 | 71·5 | 57,528.639 | 30·0 | 183,531.375 | 01·5 | 3.326 |
| 1882 | 121,942.630 | 68·5 | 60,819.165 | 97·0 | 182,761.796 | 65·5 | 3.178 |
| 1883 | 114,525.323 | 91·5 | 56,511.684 | 06·0 | 171,037.007 | 97·5 | 2.946 |
| 1884 | 117,265.845 | 22·5 | 58,317.587 | 89·5 | 175,583.423 | 12·0 | 3.153 |
| 1885 | 101,998.689 | 08·0 | 53,629.430 | 40·0 | 155,628.119 | 48·0 | 3.361 |
| 1886 | 75,218.942 | 49·5 | 54,737.947 | 82·5 | 129,956.890 | 32·0 | 3.078 |
| 1887 | 72,882.837 | 68·0 | 53,435.314 | 14·0 | 126,318.151 | 82·0 | 3.082 |
| 1888 | 38,719.957 | 26·0 | 35,376.580 | 85·0 | 74,096.538 | 11·0 | 2.119 |
| 1889 | 34,479.765 | 06·5 | 32,117.373 | 67·0 | 66,596.633 | 73·5 | 2.179 |
| 1890 | 24,368.248 | 49·0 | 27,781.548 | 86·0 | 52,149.796 | 35·0 | 2.014 |
| 1891 | 22,312.006 | 51·5 | 21,467.883 | 48·0 | 43,779.889 | 99·5 | 2.048 |

# Nachweisung über den Giro-Verkehr

| Jahre | Reichsbank-Anstalten | Bestand am Anfange des Jahres (Mark) | Pf. | durch Barzahlung Stück | durch Barzahlung Betrag (Mark) | Pf. | durch disconcierte Wechsel Stück | durch disconcierte Wechsel Betrag (Mark) | Pf. |
|---|---|---|---|---|---|---|---|---|---|
| 1876 | Bei den Reichsbank-Anstalten . . . . | 85.600 | . | . . . . . . | 2.353.543.687 | 60 | . . . . . . | . . . | |
| | Bei der Reichshauptbank . . . . . . | 18,904.652 | 73 | . . . . . . | 931,595.229 | 44 | . . . . . . | | |
| | *Zusammen* . | 18.990.252 | 73 | . . . . . . | 3.285.138.917 | 04 | | | |
| 1877 | Bei den Reichsbank-Anstalten . . . . | 72,735.209 | 54 | . . . . . . | 3.730.322.163 | . | . . . . . . | | |
| | Bei der Reichshauptbank . . . . . . | 19,566.669 | 88 | . . . . . . | 1.355,121.701 | 13 | | | |
| | *Zusammen* . | 92,301.879 | 42 | . . . . . . | 5.085.443.864 | 13 | | | |
| 1878 | Bei den Reichsbank-Anstalten . . . . | 79,497.672 | 93 | . . . . . . | 3.561.542.199 | 11 | | | |
| | Bei der Reichshauptbank . . . . . . | 27,344.582 | 48 | . . . . . . | 1.379,507.323 | 55 | | | |
| | *Zusammen* . . | 106,842.255 | 41 | . . . . . | 4.941.049.522 | 66 | | | |
| 1879 | Bei den Reichsbank-Anstalten . . . . | 83,613.031 | 07 | 275.593 | 3.905.518.977 | 82 | | | |
| | Bei der Reichshauptbank . . . . . . | 21,993.467 | 02 | 59.041 | 1.348,131.475 | 16 | | | |
| | *Zusammen* . . | 105,606.498 | 09 | 334.634 | 5.253.645.452 | 98 | | | |
| 1880 | Bei den Reichsbank-Anstalten . . . . | 95,309.686 | 08 | 294.481 | 4.598.905.379 | 36 | | | |
| | Bei der Reichshauptbank . . . . . . | 33,281.699 | 18 | 58.697 | 1.448,098.777 | 75 | | | |
| | *Zusammen* . | 128,591.385 | 26 | 353.178 | 6.047.004.157 | 11 | | | |
| 1881 | Bei den Reichsbank-Anstalten . . . . | 101,429.051 | 47 | 302.383 | 4.793.101.275 | 76 | | | |
| | Bei der Reichshauptbank . . . . . . | 29,724.039 | 21 | 60.974 | 1.797,092.373 | 96 | | | |
| | *Zusammen* . | 131,153.090 | 68 | 363.357 | 6.590.193.649 | 72 | | | |
| 1882 | Bei den Reichsbank-Anstalten . . . . | 87,586.027 | 24 | 307.005 | 4.968.721.486 | 28 | | | |
| | Bei der Reichshauptbank . . . . . . | 33,165.235 | 32 | 68.251 | 1.634,919.944 | 63 | | | |
| | *Zusammen* . | 120,751.262 | 56 | 375.256 | 6.603.641.430 | 91 | | | |
| 1883 | Bei den Reichsbank-Anstalten . . . . | 97,188.281 | 06 | 401.951 | 6.043.125.486 | 12 | | | |
| | Bei der Reichshauptbank . . . . . . | 34,327.692 | 73 | 71.465 | 1.694,187.377 | 29 | | | |
| | *Zusammen* . . | 131,515.973 | 79 | 473.416 | 7.737.312.863 | 41 | | | |
| 1884 | Bei den Reichsbank-Anstalten . . . . | 112,239.504 | 06 | 501.434 | 6.975.465.394 | 56 | | | |
| | Bei der Reichshauptbank . . . . . . | 31,927.198 | 77 | 76.050 | 1.871,060.580 | 31 | | | |
| | *Zusammen* . . | 144,166.702 | 83 | 577.484 | 8.846.515.974 | 89 | | | |
| 1885 | Bei den Reichsbank-Anstalten . . . . | 143,827.110 | 66 | 549.683 | 7.231.393.141 | 49 | | | |
| | Bei der Reichshauptbank . . . . . . | 32,511.708 | 20 | 75.461 | 1.989,394.532 | 14 | | | |
| | *Zusammen* . . | 176,338.818 | 86 | 625.144 | 9.220.787.673 | 63 | | | |
| 1886 | Bei den Reichsbank-Anstalten . . . . | 147,753.616 | 61 | 354.076 | 4.330.875.660 | 36 | 199.069 | 2.311,364.485 | 92 |
| | Bei der Reichshauptbank . . . . . . | 46,762.459 | 63 | 44.817 | 1.519,103.083 | 74 | 16.689 | 487,054.756 | 62 |
| | *Zusammen* . | 194,516.076 | 24 | 398.893 | 5.849.978.744 | 10 | 215.758 | 2.798,419.242 | 54 |
| 1887 | Bei den Reichsbank-Anstalten . . . . | 170,842.585 | 79 | 402.429 | 4.551.005.278 | 06 | 242.662 | 2.812,459.806 | 24 |
| | Bei der Reichshauptbank . . . . . . | 44,933.886 | 84 | 43.968 | 1.563,535.131 | 93 | 17.074 | 417,552.034 | 54 |
| | *Zusammen* . . | 215,776.472 | 63 | 446.397 | 6.114.540.409 | 99 | 259.736 | 3.230,011.840 | 78 |
| 1888 | Bei den Reichsbank-Anstalten . . . . | 177,798.002 | 47 | 536.816 | 4.924.508.400 | 16 | 268.276 | 2.760,955.443 | 43 |
| | Bei der Reichshauptbank . . . . . . | 69,516.895 | 85 | 54.946 | 1.646,484.340 | 26 | 21.682 | 481,024.100 | 69 |
| | *Zusammen* . | 247,314.898 | 32 | 591.762 | 6.570.992.740 | 42 | 289.958 | 3.241,979.544 | 12 |
| 1889 | Bei den Reichsbank-Anstalten . . . . | 157,616.973 | 13 | 703.464 | 5.674.663.416 | 06 | 314.835 | 3.360,696.502 | 82 |
| | Bei der Reichshauptbank . . . . . . | 56,781.255 | 98 | 86.615 | 1.846,149.675 | 70 | 20.482 | 576,881.449 | 41 |
| | *Zusammen* . | 214,398.229 | 11 | 790.079 | 7.520.813.091 | 76 | 335.317 | 3.937,577.952 | 23 |
| 1890 | Bei den Reichsbank-Anstalten . . . . | 176,676.880 | 24 | 797.367 | 6.078.654.435 | 03 | 357.152 | 3.849,992.320 | 03 |
| | Bei der Reichshauptbank . . . . . . | 71,472.569 | 38 | 97.044 | 2.051,748.946 | 44 | 20.777 | 899,396.036 | 09 |
| | *Zusammen* . | 248,149.449 | 62 | 894.411 | 8.125.403.381 | 47 | 377.929 | 4.749,388.356 | 12 |

¹) Von da ab durch eingezogene Wechsel und Effecten.

# der Deutschen Reichsbank.

sind vereinnahmt:

| durch eingelieferte Incasso-Wechsel | | | durch Übertragung am Platze | | | durch Übertragung von anderen Bankstellen | | | Zusammen | |
|---|---|---|---|---|---|---|---|---|---|---|
| Stück | Betrag Mark | Pf. | Stück | Betrag Mark | Pf. | Stück | Betrag Mark | Pf. | Mark | Pf. |
| . . . . . | . . . . . | . . | | 2.807.340.349 | 28 | . . . . . | 1.553.352.962 | 73 | 6.713.236.999 | 61 |
| . . . . . | . . . . . | . . | | 272.435.151 | 95 | . . . . . | 475.011.039 | 11 | 1.679.041.420 | 50 |
| . . . . . | . . . . . | . . | | 3.079.775.501 | 23 | . . . . . | 2.027.364.001 | 84 | 8.392.278.420 | 11 |
| . . . . . | . . . . . | . . | | 3.418.754.304 | 75 | | 3.275.865.620 | 23 | 10.424.942.087 | 98 |
| . . . . . | . . . . . | . . | | 638.480.664 | 91 | | 1.099.740.278 | 08 | 3.093.342.644 | 12 |
| . . . . . | . . . . . | . . | | 4.057.234.969 | 66 | | 4.375.605.898 | 31 | 13.518.284.732 | 10 |
| . . . . . | . . . . . | . . | | 3.324.345.803 | 19 | . . . . . | 3.335.013.412 | 09 | 10.220.901.414 | 39 |
| . . . . . | . . . . . | . . | | 899.274.889 | 35 | . . . . . | 1.145.655.090 | 20 | 3.424.437.303 | 10 |
| . . . . . | . . . . . | . . | | 4.223.620.692 | 54 | | 4.480.668.502 | 29 | 13.645.338.717 | 49 |
| . . . . . | . . . . . | . . | 419.663 | 3.603.410.044 | 66 | 470.321 | 3.851.879.324 | 56 | 11.360.803.347 | 04 |
| . . . . . | . . . . . | . . | 10.644 | 1.098.465.177 | 99 | 99.980 | 1.409.193.861 | 43 | 3.855.790.514 | 58 |
| . . . . . | . . . . . | . . | 430.307 | 4.701.875.222 | 65 | 570.301 | 5.261.073.185 | 99 | 15.216.593.861 | 62 |
| . . . . . | . . . . . | . . | 434.957 | 4.084.814.996 | 57 | 537.337 | 4.483.307.249 | 01 | 13.167.027.624 | 94 |
| . . . . . | . . . . . | . . | 10.100 | 1.368.856.099 | 57 | 106.646 | 1.634.426.021 | 06 | 4.451.380.898 | 38 |
| . . . . . | . . . . . | . . | 445.057 | 5.453.671.096 | 14 | 643.983 | 6.117.733.270 | 07 | 17.618.408.523 | 32 |
| . . . . . | . . . . . | . . | 451.699 | 3.874.455.266 | 26 | 595.431 | 4.710.457.718 | 03 | 13.378.014.260 | 05 |
| . . . . . | . . . . . | . . | 11.404 | 1.718.004.673 | 60 | 117.284 | 1.831.076.005 | 43 | 5.346.173.052 | 99 |
| . . . . . | . . . . . | . . | 463.103 | 5.592.459.939 | 86 | 712.715 | 6.541.533.723 | 46 | 18.724.187.313 | 04 |
| . . . . . | . . . . . | . . | 463.186 | 3.680.487.880 | 35 | 644.484 | 4.493.409.834 | 45 | 13.142.619.201 | 08 |
| . . . . . | . . . . . | . . | 11.268 | 1.558.596.006 | 96 | 138.220 | 1.764.318.268 | 62 | 4.957.834.220 | 21 |
| . . . . . | . . . . . | . . | 474.454 | 5.239.083.887 | 31 | 782.704 | 6.257.728.103 | 07 | 18.100.453.421 | 29 |
| . . . . . | . . . . . | . . | 460.410 | 4.291.400.667 | 49 | 738.388 | 5.018.560.337 | 74 | 15.353.086.491 | 35 |
| . . . . . | . . . . . | . . | 21.107 | 2.952.087.447 | 57 | 156.603 | 1.903.768.683 | 17 | 6.550.043.508 | 03 |
| . . . . . | . . . . . | . . | 481.517 | 7.243.488.115 | 06 | 894.991 | 6.922.329.020 | 91 | 21.903.129.999 | 38 |
| . . . . . | . . . . . | . . | 469.195 | 4.744.288.336 | 46 | 838.487 | 5.450.599.398 | 65 | 17.170.353.129 | 69 |
| . . . . . | . . . . . | . . | 41.431 | 5.148.550.861 | 44 | 179.052 | 2.145.026.676 | 73 | 9.164.628.118 | 48 |
| . . . . . | . . . . . | . . | 510.626 | 9.892.839.197 | 90 | 1.017.539 | 7.595.626.075 | 38 | 26.334.981.248 | 17 |
| . . . . . | . . . . . | . . | 491.903 | 4.678.019.244 | 71 | 867.969 | 5.506.878.944 | 77 | 17.416.291.330 | 97 |
| . . . . . | . . . . . | . . | 45.061 | 5.323.224.546 | 24 | 193.120 | 2.203.939.266 | 94 | 9.516.558.345 | 32 |
| . . . . . | . . . . . | . . | 536.964 | 10.001.243.790 | 95 | 1.061.089 | 7.710.818.211 | 71 | 26.932.849.676 | 29 |
| 594.360 | 764.745.630 | 91 | 495.219 | 4.976.923.644 | 13 | 929.100 | 6.046.617.288 | 49 | 18.430.526.709 | 81 |
| 144.535 | 167.895.667 | 21 | 47.910 | 5.713.383.851 | 51 | 201.555 | 2.307.587.655 | 81 | 10.195.025.014 | 89 |
| 738.895 | 932.641.298 | 12 | 543.129 | 10.690.307.495 | 64 | 1.130.655 | 8.354.204.944 | 30 | 28.625.551.724 | 70 |
| 565.356 | [1]) 687.376.988 | 01 | 545.834 | 5.095.688.809 | 34 | 1.046.392 | 6.247.966.365 | 32 | 19.394.497.246 | 97 |
| 147.752 | 172.100.976 | 96 | 55.692 | 5.415.330.683 | 37 | 222.112 | 2.474.319.879 | 95 | 10.042.838.706 | 75 |
| 713.108 | 859.477.964 | 97 | 601.526 | 10.511.019.492 | 71 | 1.268.504 | 8.722.286.245 | 27 | 29.437.335.953 | 72 |
| 387.799 | 718.352.784 | 88 | 594.084 | 5.673.210.588 | 67 | 1.190.490 | 7.101.191.296 | 64 | 21.178.218.513 | 78 |
| 90.268 | 136.578.137 | 18 | 73.328 | 5.654.780.531 | 14 | 267.813 | 2.798.944.487 | 03 | 10.717.811.596 | 30 |
| 478.067 | 854.930.922 | 06 | 667.412 | 11.327.991.119 | 81 | 1.458.303 | 9.900.135.783 | 67 | 31.896.030.110 | 08 |
| 251.520 | 743.491.155 | 20 | 672.532 | 7.112.811.347 | 93 | 1.334.239 | 8.167.901.733 | 67 | 25.059.564.155 | 68 |
| 83.779 | 139.217.221 | 76 | 58.924 | 7.321.562.849 | 07 | 274.269 | 2.911.659.767 | 05 | 12.795.470.962 | 99 |
| 335.299 | 882.708.376 | 96 | 731.456 | 14.434.374.197 | . . | 1.608.508 | 11.079.561.500 | 72 | 37.855.035.118 | 67 |
| 330.290 | 780.897.387 | 09 | 738.886 | 7.774.123.212 | 72 | 1.476.414 | 8.404.084.407 | 44 | 26.882.751.712 | 31 |
| 81.364 | 143.095.931 | 24 | 42.460 | 7.259.862.853 | 74 | 280.904 | 2.640.172.698 | 80 | 12.994.276.466 | 31 |
| 411.654 | 923.993.268 | 33 | 781.346 | 15.033.986.066 | 46 | 1.757.318 | 11.044.257.106 | 24 | 39.877.028.178 | 62 |

Tabelle 187 (Fortsetzung)

| | | | | | Auf Giro-Conto | | |
|---|---|---|---|---|---|---|---|
| | | durch Barzahlung | | | durch eingelöste Domicil-Wechsel | | |
| Jahre | Reichsbank-Anstalten | Stück | Betrag Mark | Pf. | Stück | Betrag Mark | Pf. |
| 1876 | Bei den Reichsbank-Anstalten . . . . . . . . . . . | . . . . . . . | 2.440,199.142 | 86 | . . . . . . | . . . . . . . | . . . |
| | Bei der Reichshauptbank . | | 877,713.178 | 16 | | | |
| | Zusammen . . | . . . . . . | 3.317,912.321 | 02 | . . . . . . | . . . . . . . | . . . |
| 1877 | Bei den Reichsbank-Anstalten . . . . . . . . . . . | . . . . . . . | 4 240,094.413 | 85 | . . . . . . | . . . . . . . | . . . |
| | Bei der Reichshauptbank . | | 1.444,365.877 | 75 | | | |
| | Zusammen . . | . . . . . . | 5.684,460.291 | 60 | . . . . . . | . . . . . . . | . . . |
| 1878 | Bei den Reichsbank-Anstalten . . . . . . . . . . . | . . . . . . . | 4.121,829.152 | 44 | . . . . . . | . . . . . . . | . . . |
| | Bei der Reichshauptbank · | | 1.543,889.105 | 26 | | | |
| | Zusammen . . | . . . . . . | 5.665,718.257 | 70 | . . . . . . | . . . . . . . | . . . |
| 1879 | Bei den Reichsbank-Anstalten . . . . . . . . . . . | 340.345 | 4.605,762.362 | 04 | . . . . . . | . . . . . . . | . . . |
| | Bei der Reichshauptbank . | 48.442 | 1.472,946.430 | 69 | | | |
| | Zusammen . . | 388.787 | 6.078,708.792 | 73 | . . . . . . | . . . . . . . | . . . |
| 1880 | Bei den Reichsbank-Anstalten . . . . . . . . . . . | 383.497 | 5.451,738 213 | 15 | . . . . . . | . . . . . . . | . . . |
| | Bei der Reichshauptbank . | 48.225 | 1.612,225.911 | 47 | | | |
| | Zusammen . | 431.722 | 7.063,964.124 | 62 | . . . . . . | . . . . . . . | . . . |
| 1881 | Bei den Reichsbank-Anstalten . . . . . . . . . . . | 400.963 | 5.617,486.148 | 98 | . . . . . . | . . . . . . . | . . . |
| | Bei der Reichshauptbank . | 50.846 | 2.060,212.325 | 21 | | | |
| | Zusammen . | 451.809 | 7.677,698.474 | 19 | . . . . . . | . . . . . . . | . . . |
| 1882 | Bei den Reichsbank-Anstalten . . . . . . . . . . . | 427.847 | 5.784,932.137 | 80 | . . . . . . | . . . . . . . | . . . |
| | Bei der Reichshauptbank . | 55.045 | 1.956,499.257 | 71 | | | |
| | Zusammen . . | 482.892 | 7.741,431.395 | 01 | . . . . . . | . . . . . . . | . . . |
| 1883 | Bei den Reichsbank-Anstalten . . . . . . . . . . . | 561.457 | 6.897,173.799 | 80 | . . . . . . | . . . . . . . | . . . |
| | Bei der Reichshauptbank . | 57.720 | 1.955,922.352 | 47 | | | |
| | Zusammen . . | 619.177 | 8.853,096.152 | 27 | . . . . . . | . . . . . . . | . . . |
| 1884 | Bei den Reichsbank-Anstalten . . . . . . . . . . . | 674.484 | 7 663,885 483 | 35 | . . . . . . | . . . . . . . | . . . |
| | Bei der Reichshauptbank . | 55.004 | 2.193,713.086 | 51 | | | |
| | Zusammen . . | 729.488 | 9.857,598.569 | 86 | . . . . . . | . . . . . . . | . . . |
| 1885 | Bei den Reichsbank-Anstalten . . . . . . . . . . . | 684.283 | 7.798,982.587 | 54 | . . . . . . | . . . . . . . | . . . |
| | Bei der Reichshauptbank . | 57.153 | 2.305,340.040 | 22 | | | |
| | Zusammen . . | 741.436 | 10.104,322.627 | 76 | . . . . . . | . . . . . . . | . . . |
| 1886 | Bei den Reichsbank-Anstalten . . . . . . . . . . . | 437.759 | 6.924,245.774 | 89 | 234.470 | 1.134,273.975 | 77 |
| | Bei der Reichshauptbank . | 50.810 | 2.405,987.287 | 67 | 6.031 | 33,524.818 | 35 |
| | Zusammen . . | 488.569 | 9.330,233.062 | 56 | 240.501 | 1.167,798.794 | 12 |
| 1887 | Bei den Reichsbank-Anstalten . . . . . . . . . . . | 496.962 | 7.370,787 913 | 65 | 247.622 | 1.246,729.592 | 80 |
| | Bei der Reichshauptbank . | 51.618 | 2.555,693.891 | 95 | 5.640 | 33,547.618 | 79 |
| | Zusammen . . | 548.580 | 9.926,481.805 | 60 | 253.262 | 1.280,277.211 | 59 |
| 1888 | Bei den Reichsbank-Anstalten . . . . . . . . . . . | 556.469 | 7.886,819.530 | 94 | 253.260 | 1.289,732.253 | 68 |
| | Bei der Reichshauptbank . | 54.964 | 2.558,009.859 | 47 | 5.499 | 32,978.850 | 51 |
| | Zusammen . . | 611.433 | 10.444,829.390 | 41 | 258.759 | 1.322,706.104 | 19 |
| 1889 | Bei den Reichsbank-Anstalten . . . . . . . . . . . | 608.753 | 9.118,054.498 | 24 | 254.851 | 1.368,066.786 | 07 |
| | Bei der Reichshauptbank . . . . . . . . . . . . . | 61.455 | 2.823,275.012 | 63 | 6.873 | 39,868.947 | 08 |
| | Zusammen . . | 670.208 | 11.941,329 510 | 87 | 261.724 | 1.407,935.733 | 15 |
| 1890 | Bei den Reichsbank-Anstalten . . . . . . . . . . . | 687.169 | 10.000,792.909 | 74 | 285.672 | 1.743,516.597 | 51 |
| | Bei der Reichshauptbank . . . . . . . . . . . . . | 65.065 | 3.141,177.633 | 97 | 6.658 | 43,831.280 | 59 |
| | Zusammen . . | 752.234 | 13.141,970.543 | 71 | 292.330 | 1.787,347.878 | 10 |

find verausgabt

| durch Übertragung am Platze | | | durch Übertragung auf andere Bankstellen | | | Zusammen | | Bestand am Ende des Jahres | |
|---|---|---|---|---|---|---|---|---|---|
| Stück | Betrag | | Stück | Betrag | | | | | |
| | Mark | Pf. | | Mark | Pf. | Mark | Pf. | Mark | Pf. |
| . . . . . . . | 2.807,340.349 | 28 | . . . . . . | 1.393,047.897 | 93 | 6.640,587.390 | 07 | 72,735.209 | 54 |
| | 272,435.151 | 95 | | 528,231.073 | 24 | 1.678,379.403 | 35 | 19,566.669 | 88 |
| . . . . . . . | **3.079,775.501** | **23** | . . . . . . | **1.921,278.971** | **17** | **8.318,966.793** | **42** | **92,301.879** | **42** |
| . . . . . . . | 3.418,754.304 | 75 | . . . . . . | 2.759,330.905 | 99 | 10.418,179.624 | 59 | 79,497.672 | 93 |
| | 638,480.664 | 91 | | 1.002,718.188 | 86 | 3.085,564.731 | 52 | 27,344.582 | 48 |
| . . . . . . . | **4.057,234.969** | **66** | . . . . . . | **3.762,049.094** | **85** | **13.503,744.356** | **11** | **106,842.255** | **41** |
| . . . . . . . | 3 324,345.803 | 19 | . . . . . . | 2 770,611 100 | 62 | 10.216,786.056 | 25 | 83,613.031 | 07 |
| | 899,274.889 | 35 | | 986,624.423 | 95 | 3.429,788 418 | 56 | 21,993.467 | 02 |
| . . . . . . . | **4.223,620.692** | **54** | . . . . . . | **3.757,235.524** | **57** | **13.646,574.474** | **81** | **105,606.498** | **09** |
| 445.690 | 3.603,410.044 | 66 | 294.448 | 3.139,934.285 | 33 | 11.349,106.692 | 03 | 95.309.686 | 08 |
| 25.303 | 1.098,465.177 | 99 | 59.801 | 1.273,090.673 | 74 | 3,844.502.282 | 42 | 33,281.699 | 18 |
| **470.993** | **4.701,875.222** | **65** | **354.249** | **4.413,024.959** | **07** | **15.193,608.974** | **45** | **128,591.385** | **26** |
| 460.950 | 4.084,814.996 | 57 | 300.909 | 3.624,355.049 | 83 | 13.160,908.259 | 55 | 101,429.051 | 47 |
| 25.945 | 1 368,856.099 | 57 | 65.788 | 1.473,856.547 | 31 | 4.454,938.558 | 35 | 29,724.039 | 21 |
| **486.895** | **5.453,671.096** | **14** | **366.697** | **5.098,211.597** | **14** | **17.615,846.817** | **90** | **131,153 090** | **68** |
| 478.769 | 3.874,455.266 | 26 | 330.103 | 3.899,915.869 | 04 | 13 391,857.284 | 28 | 87,586.027 | 24 |
| 29.153 | 1.718,004 678 | 60 | 71.915 | 1.564,514.858 | 07 | 5.342,781.856 | 88 | 33,165.235 | 32 |
| **507.922** | **5.592,459.939** | **86** | **402 018** | **5.464,430.727** | **11** | **18.734,589.141** | **16** | **120,751.262** | **56** |
| 495.944 | 3 680,487.880 | 35 | 362.791 | 3.667,596.929 | 61 | 13.133,016.947 | 26 | 97,188.281 | 06 |
| 29.549 | 1.558,596.006 | 96 | 75.688 | 1.441,576.498 | 13 | 4.956,671.762 | 80 | 34 327.692 | 73 |
| **525.493** | **5 239,083.887** | **31** | **438.479** | **5.109,173 427** | **74** | **18.089,688.710** | **06** | **131,515.973** | **79** |
| 397.630 | 4.291,400.667 | 49 | 430.597 | 4.149,160.801 | 06 | 15.338,035.268 | 35 | 112,239.504 | 06 |
| 36.489 | 2.952,087 447 | 57 | 87.458 | 1.644,434.201 | 95 | 6.552,444.001 | 99 | 31,927.198 | 77 |
| **434.119** | **7.243,488.115** | **06** | **518.055** | **5.793,595.003** | **01** | **21.890,479.270** | **34** | **144,166.702** | **83** |
| 255.576 | 4.714,288.336 | 46 | 526.286 | 4.730,591.703 | 28 | 17.138,765.523 | 09 | 143,827 110 | 66 |
| 44.530 | 5.148,550 861 | 44 | 98.644 | 1.821,779.661 | 10 | 9.164,043.609 | 05 | 32,511.708 | 20 |
| **300.106** | **9.892,839 197** | **90** | **624.930** | **6.552,371.364** | **34** | **26.302,809.132** | **14** | **176,338.818** | **86** |
| 283.350 | 4.678,019 244 | 71 | 572.394 | 4.935,362.992 | 77 | 17 412,364.825 | 02 | 147,753 616 | 61 |
| 45.910 | 5.323,224 546 | 24 | 109.333 | 1.873,743 007 | 43 | 9.502,307.593 | 89 | 46,762.459 | 63 |
| **329.260** | **10.001,243 790** | **95** | **681.727** | **6.809,106.000** | **20** | **26.914,672.418** | **91** | **194,516.076** | **24** |
| 269.305 | 4.976,923.644 | 13 | 629.184 | 5.371,994.345 | 84 | 18.407,437.740 | 63 | 170,842.585 | 79 |
| 48.883 | 5.713,383.851 | 51 | 121.072 | 2.043,957.630 | 15 | 10.196,853.587 | 68 | 44,933.886 | 84 |
| **318.188** | **10.690,307.495** | **64** | **750.256** | **7.415,951 975** | **99** | **28.604,291.328** | **31** | **215,776.472** | **63** |
| 289.160 | 5.095,688.809 | 34 | 701.714 | 5.674,335 514 | 50 | 19.387,511 830 | 29 | 177,798.002 | 47 |
| 52.076 | 5 415,330.683 | 37 | 135 326 | 2.013,683.503 | 63 | 10.018,255.697 | 74 | 69,516.895 | 85 |
| **341.236** | **10.511,019.492** | **71** | **837.040** | **7.688,019.018** | **13** | **29.405,797.528** | **03** | **247,314.898** | **32** |
| 315.410 | 5.673,210.588 | 67 | 799.994 | 6.348,637.169 | 83 | 21.198,399.543 | 12 | 157,616.973 | 13 |
| 59.023 | 5 654,780.531 | 14 | 161.891 | 2.484,782.995 | 05 | 10 780,547.236 | 17 | 56,781.255 | 98 |
| **374.433** | **11.327,991.119** | **81** | **961.885** | **8.833,420.164** | **88** | **31.928,946.779** | **29** | **214,398.229** | **11** |
| 382.264 | 7.112,811.347 | 93 | 923.355 | 7.441,571.616 | 38 | 25.040,504.248 | 57 | 176,676.880 | 24 |
| 76.729 | 7.321,562.849 | 07 | 183.622 | 2.596,072.840 | 81 | 12.780,779.649 | 59 | 71,472.569 | 38 |
| **458.993** | **14.434,374.197** | . . . | **1,106.977** | **10.037,644.457** | **14** | **37.821,283.898** | **16** | **248,149.449** | **62** |
| 424.789 | 7.774,123.212 | 72 | 1,009.655 | 7.363,937.646 | 72 | 26.882,370.366 | 69 | 177,058.225 | 86 |
| 74.568 | 7.259,862.853 | 74 | 201.395 | 2 545,231.310 | 11 | 12.990,103.078 | 41 | 75,645.957 | 28 |
| **499.357** | **15.033,986.066** | **46** | **1,211.050** | **9.909,168.956** | **83** | **39.872,473.445** | **10** | **252,704.183** | **14** |

34*

**Tabelle 188.**

# Giro-Übertragungs-Conto der Deutschen Reichsbank.

| Jahr | Reichsbank-Anstalten | Zugang Durch Übertragung zwischen Giro-Interessenten an verschiedenen Orten Mark | Pf. | Durch Zahlungen von Behörden und Personen, welche kein Giro-Conto haben Stücke | Mark | Pf. | Zusammen Mark | Pf. | Abgang Mark | Pf. | Bleibt Rest Abgang Mark | Pf. | Saldo am Ende des Jahres Mark | Pf. |
|---|---|---|---|---|---|---|---|---|---|---|---|---|---|---|
| 1876 | Bei den Reichsbank-Anstalten | 1.393.047.897 | 93 | . . . | 116.063.636 | 56 | 1.509.111.534 | 48 | 1.566.690.895 | 14 | | | | |
| | Bei der Reichshauptbank . . | 528.231.073 | 24 | . . . | 17.849.797 | 42 | 546.080.870 | 66 | 477.343.828 | 34 | | | | |
| | Zusammen | 1.921.278.971 | 17 | . . . | 133.913.433 | 97 | 2.055.192.405 | 14 | 2.044.634.723 | 48 | 11.157.681 | 66 | 11.157.681 | 66 |
| 1877 | Bei den Reichsbank-Anstalten | 2.759.330.905 | 99 | . . . | 550.855.041 | 03 | 3.278.516.527 | 89 | 3.278.516.527 | 89 | | | | |
| | Bei der Reichshauptbank . . | 1.002.718.188 | 86 | . . . | 71.407.516 | | 1.074.125.704 | 86 | 1.100.086.540 | 91 | | | | |
| | Zusammen | 3.762.049.094 | 85 | . . . | 622.262.557 | 03 | 4.384.311.651 | 88 | 4.378.603.068 | 80 | 5.708.583 | 08 | 16.866.264 | 74 |
| 1878 | Bei den Reichsbank-Anstalten | 2.770.611.100 | 62 | . . . | 643.210.820 | 45 | 3.413.821.921 | 07 | 3.335.598.303 | 61 | | | | |
| | Bei der Reichshauptbank . . | 986.624.423 | 95 | . . . | 82.034.251 | 23 | 1.068.658.675 | 18 | 1.145.691.594 | 87 | | | | |
| | Zusammen | 3.757.235.524 | 57 | . . . | 725.245.071 | 68 | 4.482.480.596 | 25 | 4.481.289.898 | 48 | 1.190.697 | 77 | 18.056.962 | 51 |
| 1879 | Bei den Reichsbank-Anstalten | 3.139.934.285 | 33 | 225.589 | 888.067.206 | 65 | 4.028.001.491 | 98 | 3.965.551.152 | 12 | | | | |
| | Bei der Reichshauptbank . . | 1.273.090.673 | 74 | 18.851 | 82.307.994 | 03 | 1.355.398.667 | 77 | 1.409.451.955 | 53 | | | | |
| | Zusammen | 4.413.024.959 | 07 | 244.440 | 970.375.200 | 68 | 5.383.400.159 | 75 | 5.375.003.107 | 65 | 8.397.052 | 10 | 26.454.014 | 61 |
| 1880 | Bei den Reichsbank-Anstalten | 3.624.355.049 | 83 | 262.201 | 1.083.492.841 | 25 | 4.707.847.891 | 08 | 4.635.595.308 | 65 | | | | |
| | Bei der Reichshauptbank . . | 1.473.856.547 | 31 | 5.501 | 85.361.192 | 32 | 1.559.217.739 | 63 | 1.634.640.046 | 22 | | | | |
| | Zusammen | 5.098.211.597 | 14 | 267.702 | 1.168.854.033 | 57 | 6.267.065.630 | 71 | 6.270.235.354 | 87 | 3.169.724 | 16 | 23.284.290 | 45 |
| 1881 | Bei den Reichsbank-Anstalten | 3.899.915.869 | 04 | 295.030 | 1.145.636.402 | 18 | 5.045.552.271 | 22 | 4.867.198.196 | 69 | | | | |
| | Bei der Reichshauptbank . . | 1.564.514.858 | 07 | 5.581 | 94.083.790 | 25 | 1.658.598.648 | 32 | 1.831.223.924 | 14 | | | | |
| | Zusammen | 5.464.430.727 | 11 | 300.611 | 1.239.720.192 | 43 | 6.704.150.919 | 54 | 6.698.422.120 | 83 | 5.728.798 | 71 | 29.013.089 | 16 |
| 1882 | Bei den Reichsbank-Anstalten | 3.667.596.929 | 61 | 322.319 | 1.224.797.980 | 29 | 4.892.394.919 | 90 | 4.659.191.232 | 21 | | | | |
| | Bei der Reichshauptbank . . | 1.441.576.498 | 13 | 26.882 | 92.242.378 | 72 | 1.533.818.876 | 85 | 1.764.715.415 | 19 | | | | |
| | Zusammen | 5.109.173.427 | 74 | 349.201 | 1.317.040.369 | 01 | 6.426.213.796 | 75 | 6.423.906.647 | 40 | 2.307.149 | 35 | 31.320.238 | 51 |
| 1883 | Bei den Reichsbank-Anstalten | 4.149.460.801 | 06 | 353.069 | 1.220.429.087 | 03 | 5.369.889.888 | 09 | 5.193.470.119 | 66 | | | | |
| | Bei der Reichshauptbank . . | 1.644.434.201 | 95 | 29.022 | 94.608.244 | 47 | 1.739.042.446 | 42 | 1.903.884.592 | 40 | | | | |
| | Zusammen | 5.793.895.003 | 01 | 382.091 | 1.315.037.331 | 50 | 7.108.932.334 | 51 | 7.097.354.712 | 06 | 11.577.622 | 45 | 42.897.860 | 96 |
| 1884 | Bei den Reichsbank-Anstalten | 4.730.591.703 | 28 | 367.453 | 1.127.229.520 | 20 | 5.857.821.223 | 48 | 5.634.083.253 | 17 | | | | |
| | Bei der Reichshauptbank . . | 1.821.779.661 | 10 | 29.005 | 91.319.420 | 96 | 1.913.099.082 | 06 | 2.145.252.282 | 04 | | | | |
| | Zusammen | 6.552.371.364 | 38 | 396.458 | 1.218.548.941 | 16 | 7.770.920.305 | 54 | 7.779.335.535 | 21 | 8.415.229 | 67 | 34.482.631 | 29 |
| 1885 | Bei den Reichsbank-Anstalten | 4.935.362.992 | 77 | 352.577 | 1.020.472.153 | 06 | 5.955.835.145 | 83 | 5.700.013.408 | 18 | | | | |
| | Bei der Reichshauptbank . . | 1.873.743.007 | 43 | 27.865 | 83.951.229 | 15 | 1.957.694.236 | 58 | 2.204.304.557 | 05 | | | | |
| | Zusammen | 6.809.106.000 | 20 | 380.442 | 1.104.423.382 | 21 | 7.913.529.382 | 41 | 7.904.317.965 | 23 | 9.211.417 | 18 | 43.694.048 | 47 |
| 1886 | Bei den Reichsbank-Anstalten | 5.371.994.345 | 84 | 375.173 | 1.043.865.028 | 32 | 6.415.859.374 | 16 | 6.237.063.799 | 41 | | | | |
| | Bei der Reichshauptbank . . | 2.043.957.630 | 15 | 32.925 | 86.175.510 | 52 | 2.130.133.140 | 67 | 2.307.842.008 | 90 | | | | |
| | Zusammen | 7.415.951.975 | 99 | 408.098 | 1.130.040.538 | 84 | 8.545.992.514 | 83 | 8.544.905.808 | 31 | 1.086.706 | 52 | 44.780.754 | 99 |
| 1887 | Bei den Reichsbank-Anstalten | 5.674.335.514 | 50 | 406.861 | 1.115.681.037 | 13 | 6.790.016.551 | 63 | 6.449.700.350 | 77 | | | | |
| | Bei der Reichshauptbank . . | 1.815.570.409 | 33 | 38.482 | 310.593.182 | 35 | 2.126.163.591 | 68 | 2.474.500.079 | 81 | | | | |
| | Zusammen | 7.489.905.923 | 83 | 445.343 | 1.426.274.219 | 48 | 8.916.180.143 | 31 | 8.924.200.430 | 58 | 8.020.287 | 27 | 36.760.467 | 72 |
| 1888 | Bei den Reichsbank-Anstalten | 6.348.637.169 | 83 | 437.059 | 1.218.535.161 | 29 | 7.567.172.331 | 12 | 7.345.349.483 | 23 | | | | |
| | Bei der Reichshauptbank . . | 2.484.782.995 | 05 | 38.557 | 112.490.966 | 62 | 2.597.273.961 | 67 | 2.799.308.977 | 52 | | | | |
| | Zusammen | 8.833.420.164 | 88 | 475.616 | 1.331.026.127 | 91 | 10.164.446.292 | 79 | 10.144.658.430 | 75 | 19.787.832 | 04 | 56.548.299 | 76 |
| 1889 | Bei den Reichsbank-Anstalten | 7.441.571.616 | 33 | 464.432 | 1.310.117.707 | 63 | 8.751.689.323 | 96 | 8.444.779.801 | 54 | | | | |
| | Bei der Reichshauptbank . . | 2.596.072.840 | 81 | 42.986 | 370.243.144 | 42 | 2.966.315.985 | 23 | 3.272.104.152 | 24 | | | | |
| | Zusammen | 10.037.644.457 | 14 | 507.418 | 1.680.360.852 | 05 | 11.718.005.309 | 19 | 11.716.883.953 | 78 | 1.121.355 | 41 | 57.669.655 | 17 |
| 1890 | Bei den Reichsbank-Anstalten | 7.363.937.646 | 72 | 506.510 | 1.386.541.997 | 21 | 8.750.479.643 | 93 | 8.703.669.341 | 89 | | | | |
| | Bei der Reichshauptbank . . | 2.545.231.310 | 11 | 44.199 | 495.519.617 | 50 | 3.040.750.927 | 61 | 3.098.496.638 | 83 | | | | |
| | Zusammen | 9.909.168.956 | 83 | 550.709 | 1.882.061.614 | 71 | 11.791.230.571 | 54 | 11.802.165.980 | 72 | 10.935.409 | 18 | 46.734.245 | 99 |

## Detail des Abganges

| Jahr | Reichsbank-Anstalten | Durch Übertragung zwischen Giro-Interessenten an verschiedenen Orten Mark | Pf. | Durch Zahlungen an Behörden und Personen, welche kein Giro-Conto haben Stücke | Mark | Pf. | Zusammen Mark | Pf. |
|---|---|---|---|---|---|---|---|---|
| 1888 | Bei den Reichsbank-Anstalten | 7.101.191.296 | 64 | 5.702 | 244.158.186 | 59 | 7.345.349.483 | 23 |
| | Bei der Reichshauptbank . . | 2.798.944.487 | 03 | 87 | 364.490 | 49 | 2.799.308.977 | 52 |
| | Zusammen | 9.900.135.783 | 67 | 5.789 | 244.522.677 | 08 | 10.144.658.460 | 75 |
| 1889 | Bei den Reichsbank-Anstalten | 8.167.901.733 | 67 | 6.617 | 276.878.067 | 87 | 8.444.779.801 | 54 |
| | Bei der Reichshauptbank . . | 2.911.659.767 | 05 | 17.151 | 360.444.385 | 19 | 3.272.104.152 | 24 |
| | Zusammen | 11.079.561.500 | 72 | 23.768 | 637.322.453 | 06 | 11.716.883.953 | 78 |
| 1890 | Bei den Reichsbank-Anstalten | 8.404.084.407 | 44 | 6.630 | 299.584.934 | 45 | 8.703.669.341 | 89 |
| | Bei der Reichshauptbank . . | 2.640.172.698 | 80 | 17.499 | 458.323.940 | 03 | 3.098.496.638 | 83 |
| | Zusammen | 11.044.257.106 | 24 | 24.129 | 757.908.874 | 48 | 11.802.165.980 | 72 |

Tabelle 189.

# Totalbetrag der Depositen und der Banknotenreserve der Bank von England 1874 — 1890.

## In Tausenden von Pfund Sterling.

| Am Ende der zweiten Woche des Monates | 1874 | 1875 | 1876 | 1877 | 1878 | 1879 | 1880 | 1881 | 1882 | 1883 | 1884 | 1885 | 1886 | 1887 | 1888 | 1889 | 1890 |
|---|---|---|---|---|---|---|---|---|---|---|---|---|---|---|---|---|---|
| **1. Totalbetrag der Depositen.** | | | | | | | | | | | | | | | | | |
| Juni | 25.539 | 26.882 | 29.954 | 29.053 | 28.311 | 35.567 | 33.903 | 31.602 | 30.057 | 29.885 | 32.582 | 35.114 | 29.008 | 31.073 | 31.455 | 33.849 | 32.270 |
| December | 21.369 | 25.667 | 31.737 | 25.757 | 30.854 | 32.273 | 30.581 | 28.049 | 27.005 | 29.399 | 29.239 | 26.467 | 25.426 | 28.372 | 27.296 | 30.328 | 36.562 |
| **2. Totalbetrag der Banknoten in Reserve.** | | | | | | | | | | | | | | | | | |
| Juni | 10.840 | 10.190 | 15.307 | 12.103 | 10.106 | 18.372 | 15.245 | 13.510 | 12.588 | 10.906 | 14.400 | 17.012 | 10.206 | 13.263 | 11.913 | 13.486 | 13.608 |
| December | 8.835 | 10.004 | 16.003 | 11.652 | 8.914 | 14.432 | 12.873 | 10.338 | 10.382 | 12.071 | 11.234 | 11.258 | 10.288 | 11.832 | 9.990 | 11.068 | 17.007 |
| **3. Verhältniszahlen zwischen der Höhe der Depositen und der Notenreserve.** (Auf 100 £ Depositen x £ Noten-Reserve) | | | | | | | | | | | | | | | | | |
| Juni | 42·44 | 37·91 | 51·10 | 41·65 | 35·70 | 51·65 | 44·97 | 42·75 | 41·88 | 36·49 | 44·20 | 48·45 | 35·18 | 42·68 | 37·87 | 39·8 | 42·1 |
| December | 41·34 | 38·98 | 50·42 | 45·24 | 28·89 | 44·72 | 42·09 | 36·86 | 38·44 | 41·06 | 38·43 | 42·54 | 40·46 | 41·70 | 36·60 | 36·4 | 46·5 |

# Erläuterungen.

Das privatwirtschaftliche System bedient sich bei der verkehrsmäßigen Erwerbung und Veräußerung der Güter nicht allein des Tausches (das ist auch Kaufes und Verkaufes), sondern auch des Credites. An die Stelle der unmittelbaren Leistung von Bargeld tritt das Zahlungsversprechen. Es liegt nun aber im Wesen des Credites, keine Erfüllung einer Leistung zu sein, sondern nur das Vertrauen auf das Versprechen einer künftigen Leistung (Gegenleistung). Eben dadurch ist es ausgeschlossen, dass der Credit im wirtschaftlichen Leben ein für sich bestehender Gegenstand des Wertes sein könnte, seine Existenz und seine Wertgestaltung ist immer eine relative zu einem bestimmten Gute (Wertgegenstande). So vermag denn auch der Credit das System des Geldwesens in seinen Grundlagen nicht zu ändern, er tritt zu demselben nicht allein als ein obligatorisches Verhältnis, sondern sogar als Verkehrsmittel, ohne aber einen anderen materiellen Inhalt zu haben, als eben den einer Leistung von Geld und Geldeswert. Seine Anwendung ermöglicht Ersparungen in der unmittelbaren Ausführung von Geldzahlungen, allein mit der ganzen Schärfe seines geschäftlichen und juristischen Wesens durchbringt er das gesammte Münzwesen und führt es zur höchsten Präcision. Der Credit hat pünktliche und genaue Erfüllung zur Voraussetzung, er verzichtet auf die unmittelbare Leistung gegen Zusicherung der Erfüllung, sobald ihm diese außer Zweifel steht. Präcise Münzprägung und ein technisch geordnetes Zahlungssystem sind seine allgemeinsten Anforderungen im Geldwesen. Hier überschreitet seine Bedeutung weit die Kreise des kaufmännischen Geschäftslebens. Der gesammte wirtschaftliche Verkehr ist von ihm erfüllt und es erscheint durch seine Verallgemeinerung (Popularisierung) auch mitbegründet, dass ein wertvolleres, aber selteneres Währungsmetall mit reichlicher Stellvertretung seines unmittelbaren Gebrauches durch Theilmünzen aus einem weniger wertvollen Währungsmetall vielfach gewählt wird.

Diese Tabellen sollen nicht ein einheitliches Bild der Structur des volkswirtschaftlichen Creditverkehres geben. Sie beschränken sich darauf, einige Erscheinungen desselben hervorzuheben.

Einen ganz allgemeinen Charakter hat der Creditverkehr im Postwesen. Es ist hievon der Verkehr mittels Postanweisungen und theilweise mit Postnachnahmen zur Darstellung gebracht. Viel intensiver tritt der specifische Charakter dieses Verkehres im Checkverkehre des k. k. Postsparcassen-Amtes hervor. Den großen geschäftlichen Interessen, welche im Bankverkehre zur Geltung kommen, ist ihre bisherige oberste Ausgestaltung im Creditleben durch die Organisation von Abrechnungsstellen geworden. Sie bedarf als Unterbau einer entsprechenden Ausdehnung des Bankgeschäftes und zwar des (Privat-) Depositen-Geschäftes (englische und amerikanische Bankentwickelung) oder des Privat-Contocorrent (Bank von Frankreich) oder des Giroverkehres, wie bei der deutschen Reichsbank und nun auch bei der österreichisch-ungarischen Bank.

---

Der Postanweisungsverkehr in Verbindung mit der Entwickelung des Postsparcassenwesens (Postsparcassen wurden eingeführt in England 1861 Italien 1875, Frankreich 1881, Österreich 1882 [Gesetz vom 28. Mai 1882, R.G.Bl. Nr. 56] und in Deutschland 1885) führte zu der für den allgemeinen Verkehr höchst bedeutungsvollen Institution des Post-Clearing- und des Post-Checkwesens. Eine Institution, welche ebenso für die Theilnehmer eine vielfache Erleichterung ihres Verkehres mit sich bringt, als auch eine wesentliche Verminderung der Geldumlaufsmittel bei stets steigendem Verkehre gestattet.

Die Abrechnungsstellen sind speciell für den Verkehr der Bankanstalten unter sich und sohin der von ihnen vertretenen Interessenten bestimmt.

Der Saldosaal der privilegierten österreichischen Nationalbank entstand durch das Übereinkommen der privilegierten österreichischen Nationalbank mit der k. k. privilegierten österreichischen Creditanstalt für Handel und Gewerbe, der niederösterreichischen Escompte-Gesellschaft und der Anglo-österreichischen Bank vom 8. November 1864. Es sollte damit eine Vereinfachung bei der Abwickelung der Creditgeschäfte erzielt werden, welche Vereinfachung von actuellster Bedeutung war, insoferne es nöthig war, zur Herstellung der statutenmäßigen Notendeckung den Umlauf der Banknoten zu mindern, ohne das legitime Geschäft deshalb zu benachtheiligen. Die Eröffnung des Saldosaales fand am 1. December 1864 statt.

Die Vergrößerung des Bankgeschäftes und der Zahl der maßgebenden Bankanstalten führte im Jahre 1872 zur Schließung des Saldosaales, an dessen Stelle der Wiener Saldierungs-Verein trat. Bei seiner Begründung bestand der Verein aus 14 Banken als Mitgliedern. Die Zahl derselben war in den folgenden Jahren nicht gleich (1873 und 1874: 13, 1875: 12, 1876: 10, 1877 bis 1880: 8, 1881 und 1882: 9, von 1883 an: 10).

Die Geschäftsführung des Vereines sowie die Übertragung auf die Giro-Conti der österreichisch-ungarischen Bank werden von dieser letzteren besorgt.

Die Leitung der Abrechnungsstellen in Deutschland bildet eine specielle Agende der Verwaltungsthätigkeit der deutschen Reichsbank und hängen diese Abrechnungsstellen geschäftlich wie nach der administrativen Ordnung mit dem Giroverkehr der Reichsbank zusammen. Die erste Einrichtung erfolgte auf Grund eines Übereinkommens der Reichsbank mit anderen Banken im Februar 1883.

Die Pariser Abrechnungsstelle — Chambre de compensation des banquiers — ist im März des Jahres 1872 von einer Vereinigung von Banken gegründet worden. Die Bank von Frankreich führt seit ihrem Beitritte in ihrem Giro-Conto die Abrechnung der nicht compensierten Beträge.

Durch den Artikel 22 des Gesetzes vom 7. April 1881 (Aufhebung des Zwangscurses) wurde die Errichtung von Abrechnungsstellen (Stanze di compensazione) in Italien angeordnet. Die Einführung erfolgte durch königliche Verordnungen vom 19. Mai 1881 angefangen. Dieselben sind geschäftlich von den Handelskammern der betreffenden Orte geleitet. Ihr Charakter ist ein decentralisierter, analog dem des italienischen Zettelbankwesens. In Wirksamkeit traten diese Banken seit dem Jahre 1882; übrigens hatte schon vor diesem Gesetze eine Abrechnungsanstalt in Livorno bestanden.

Das Londoner Banker-Clearing-House wurde im letzten Viertel des 18. Jahrhunderts gegründet. Seit 1864 wurde es durch den Beitritt der Bank von England zum Centralpunkte der Abrechnung des geschäftlichen Verkehres in Wechseln, Anweisungen aus Waren- und Effecten-Geschäften, dann Checks und Börsedifferenzen. Die Abrechnung erfolgt durch Compensation, eventuell durch Übertragung auf das Giro-Conto der Bank von England.

Das Abrechnungswesen in den Vereinigten Staaten ist ein wesentlich locales. An den Orten großer Geschäftsthätigkeit bestehen Clearing-House-Associations, deren jede für sich ein gesondertes Abrechnungsgebiet besitzt. Das bedeutendste Clearing-House ist das von New-York, mit etwa zwei Dritteln des gesammten Abrechnungsverkehres aller Abrechnungsstellen. Auch erfolgt die Ausgleichung nicht compensierter Beträge bei dieser Abrechnungsstelle nicht in Baargeld, sondern in Clearing-House-Certificates, welche auf Grund von Depots bei der Bank von Amerika von dieser ausgestellt werden. Diese Gold-Clearing-House-Certificate geben ein eigenes Umlaufsmittel ab, von dessen Bedeutung nachstehende Reihe ein Bild gibt:

Im Besitze von Nationalbanken waren Gold-Clearing-House-Certificate:

| 1880 am 1. October | 36,189.000 |
| 1881 „ 1. „ | 31,721.000 |
| 1882 „ 3. „ | 26,224.000 |
| 1883 „ 2. „ | 21,693.000 |
| 1884 „ 30. September | 15,052.000 |
| 1885 „ 1. October | 17,914.000 |
| 1886 „ 7. „ | 15,795.000 |
| 1887 „ 5. „ | 16,186.000 |
| 1888 „ 4. „ | 1,315.000 |

Der Giroverkehr der deutschen Reichsbank erhielt seine entscheidende Entwickelung durch die Einführung der Übertragungen von Platz zu Platz der Bankanstalten. Den bedeutenden Verkehr in Giro-Capitalien, das ist Bareinzahlungen zur Verrechnung auf Giro-Conto überragt noch die Übertragung auf Giro-Conto am selben und auf anderen inländischen Plätzen. Durch diese große Ausdehnung des Girogeschäftes ist der Umsatz der Bank von dem Maße des Metallbesitzes, insoferne er die Notenausgabe reguliert, unabhängiger geworden.

Das Girogeschäft der österreichisch-ungarischen Bank war bis zum Jahre 1879 auf die Hauptanstalt Wien beschränkt. Seit dem Jahre 1880 wurden die Giroeinrichtungen der Bank auch in Budapest dem Publicum zugänglich gemacht, ohne daß indeß bis zum Jahre 1887 dort ein Giroverkehr stattfand. Vom 2. Jänner 1888 wurde der bis dahin auf die Hauptanstalten Wien und Budapest beschränkte Giroverkehr bei sämmtlichen Bankanstalten eröffnet und zugleich die Übertragung von Platz zu Platz im erweiterten Umfange eingeführt.

Es schien nicht ohne Wert, die Intensität des englischen Bankverkehres durch die Verhältnissetzung der Depositen mit den Notenreserven zu verfolgen.

# Dreizehnter Abschnitt.

# Der auswärtige Handel.

## (Tabelle 190—201.)

---

**Tabelle 190.**

# Wert der Waren-Ausfuhr (ohne edle Metalle) aus dem allgemeinen österreichisch-ungarischen Zollgebiete in den Jahren 1854 — 1890 nach Rohstoffen und Fabrikaten zusammengestellt.

| Im Jahre | Rohstoffe — Hilfsstoffe für die Industrie aus dem: Thier-Reiche | Pflanzen-Reiche | Mineral-Reiche | Summe | Genußmittel aus dem: Thier-Reiche | Pflanzen-Reiche | Mineral-Reiche | Summe | Zusammen | Fabrikate — Garne, Gewebe rc. | Arbeiten aus sonstigen organischen Stoffen | Nahrungsmittel | Chemische Producte | Metalle und Metallwaren | Erzeugnisse der Kunstgewerbe | Maschinen, Werkzeuge, Transportmittel, Instrumente | Erzeugnisse aus nicht metallischen Mineralien | Zusammen | Hauptsumme |
|---|---|---|---|---|---|---|---|---|---|---|---|---|---|---|---|---|---|---|---|
| | In Millionen von Silbergulden österreichischer Währung | | | | | | | | | | | | | | | | | | |
| 1854 | 31·8 | 15·3 | 1·0 | 48·1 | 4·8 | 5·2 | 0·2 | 10·2 | 58·3 | 97·3 | 26·6 | 4·8 | 5·8 | 9·4 | 2·1 | 2·9 | 13·8 | 162·7 | 221·0 |
| 1855 | 33·1 | 15·5 | 0·9 | 49·5 | 5·1 | 9·6 | 0·2 | 14·9 | 64·4 | 95·4 | 35·5 | 6·5 | 6·4 | 10·1 | 2·6 | 3·3 | 14·5 | 174·3 | 238·7 |
| 1856 | 36·9 | 18·8 | 1·2 | 56·9 | 6·0 | 17·1 | 0·2 | 23·3 | 80·2 | 85·2 | 36·2 | 8·0 | 6·2 | 12·0 | 2·9 | 5·3 | 19·6 | 175·4 | 255·6 |
| 1857 | 30·8 | 20·6 | 1·0 | 52·4 | 7·1 | 12·8 | 0·3 | 20·2 | 72·6 | 66·4 | 36·1 | 12·1 | 6·9 | 12·0 | 3·1 | 5·3 | 17·8 | 159·7 | 232·3 |
| 1858 | 33·7 | 18·1 | 1·6 | 53·4 | 6·8 | 9·2 | 0·3 | 16·3 | 69·7 | 77·0 | 31·7 | 9·1 | 6·3 | 11·5 | 3·2 | 4·8 | 16·4 | 160·0 | 229·7 |
| Summe . | 166·3 | 88·9 | 5·7 | 260·3 | 29·8 | 58·9 | 1·2 | 84·9 | 345·2 | 421·3 | 166·1 | 40·5 | 31·6 | 55·0 | 13·9 | 21·6 | 82·1 | 832·1 | 1.177·3 |
| 1859 | 38·4 | 22·8 | 1·7 | 62·9 | 8·0 | 8·8 | 0·3 | 17·1 | 80·0 | 49·5 | 32·4 | 7·9 | 8·0 | 12·6 | 3·0 | 4·2 | 19·8 | 137·4 | 217·4 |
| 1860 | 41·0 | 31·4 | 2·1 | 74·5 | 9·6 | 24·4 | 0·4 | 34·4 | 108·9 | 49·8 | 40·2 | 9·9 | 9·3 | 13·6 | 2·8 | 5·8 | 23·9 | 155·8 | 264·7 |
| 1861 | 40·9 | 30·0 | 2·5 | 73·4 | 11·0 | 30·0 | 0·4 | 41·4 | 114·8 | 48·5 | 48·9 | 10·6 | 7·3 | 20·4 | 3·1 | 7·0 | 16·1 | 161·9 | 276·7 |
| 1862 | 54·4 | 41·7 | 2·7 | 98·8 | 9·1 | 28·0 | 0·5 | 37·6 | 136·4 | 48·4 | 48·0 | 10·3 | 7·6 | 15·6 | 3·3 | 9·3 | 14·1 | 156·6 | 293·0 |
| 1863 | 60·5 | 40·8 | 3·2 | 104·5 | 8·1 | 15·6 | 0·5 | 24·2 | 128·7 | 53·6 | 53·3 | 9·7 | 7·8 | 13·2 | 3·7 | 6·5 | 14·7 | 162·5 | 291·2 |
| Summe . | 235·2 | 166·7 | 12·2 | 414·1 | 45·8 | 106·8 | 2·1 | 154·7 | 568·8 | 249·8 | 222·8 | 48·4 | 40·5 | 75·4 | 15·9 | 32·8 | 88·6 | 774·2 | 1.343·0 |
| 1864 | 59·9 | 41·4 | 4·0 | 105·3 | 8·5 | 16·3 | 0·5 | 25·3 | 130·6 | 63·1 | 62·5 | 13·4 | 10·2 | 15·7 | 4·0 | 7·7 | 16·2 | 192·8 | 323·4 |
| 1865 | 63·9 | 43·0 | 3·7 | 110·6 | 12·6 | 31·8 | 0·5 | 44·9 | 155·5 | 53·7 | 62·3 | 22·5 | 10·0 | 15·0 | 4·5 | 5·9 | 15·1 | 189·0 | 344·5 |
| 1866 | 55·4 | 41·5 | 4·0 | 100·9 | 16·4 | 26·5 | 0·4 | 43·3 | 144·2 | 56·5 | 56·3 | 20·9 | 11·2 | 16·3 | 3·6 | 5·4 | 15·1 | 185·3 | 329·5 |
| 1867 | 50·9 | 40·3 | 5·5 | 96·7 | 14·4 | 63·5 | 0·5 | 78·4 | 175·1 | 60·9 | 76·1 | 35·0 | 13·2 | 17·0 | 4·4 | 8·1 | 17·4 | 232·3 | 407·4 |
| 1868 | 53·4 | 44·9 | 6·1 | 104·4 | 13·5 | 80·0 | 0·6 | 94·1 | 198·5 | 59·6 | 73·5 | 38·0 | 11·2 | 15·8 | 4·9 | 6·3 | 21·1 | 230·4 | 428·9 |
| Summe . | 283·5 | 211·1 | 23·3 | 517·9 | 65·4 | 218·1 | 2·5 | 286·0 | 803·9 | 293·8 | 330·7 | 129·8 | 55·8 | 79·8 | 21·6 | 33·4 | 84·9 | 1.029·8 | 1.833·7 |
| 1869 | 47·0 | 37·2 | 7·0 | 91·2 | 21·0 | 52·5 | 0·8 | 74·3 | 165·5 | 72·9 | 81·8 | 46·8 | 11·9 | 19·0 | 5·7 | 7·3 | 27·2 | 272·6 | 438·1 |
| 1870 | 38·4 | 41·3 | 7·0 | 86·7 | 19·3 | 30·1 | 0·8 | 50·2 | 136·9 | 67·9 | 74·4 | 52·1 | 11·7 | 17·1 | 5·1 | 8·9 | 21·8 | 258·5 | 395·4 |
| 1871 | 53·6 | 43·4 | 7·0 | 104·6 | 16·9 | 42·8 | 0·7 | 60·4 | 165·0 | 76·6 | 91·2 | 64·8 | 13·1 | 18·4 | 5·9 | 9·9 | 22·7 | 302·6 | 467·6 |
| 1872 | 46·7 | 38·8 | 8·6 | 94·1 | 11·1 | 16·8 | 0·9 | 28·8 | 122·9 | 76·0 | 82·7 | 36·9 | 12·7 | 20·2 | 7·2 | 9·8 | 18·4 | 265·1 | 388·0 |
| 1873 | 59·7 | 53·3 | 11·0 | 124·0 | 14·2 | 18·4 | 1·0 | 33·6 | 157·6 | 73·4 | 80·5 | 41·0 | 13·4 | 19·1 | 8·2 | 10·0 | 20·4 | 266·0 | 423·6 |
| Summe . | 245·4 | 214·0 | 41·2 | 500·6 | 82·5 | 160·6 | 4·2 | 247·3 | 747·9 | 366·8 | 410·6 | 241·6 | 62·8 | 94·5 | 32·1 | 45·9 | 110·5 | 1.364·8 | 2.112·7 |
| 1874 | 53·5 | 52·0 | 10·5 | 116·0 | 29·4 | 49·7 | 1·4 | 80·5 | 196·5 | 78·2 | 77·7 | 58·0 | 13·4 | 27·5 | 9·2 | 17·5 | 24·8 | 306·3 | 502·8 |
| 1875 | 49·4 | 63·9 | 12·3 | 125·6 | 44·6 | 64·0 | 1·3 | 109·9 | 235·5 | 76·0 | 76·9 | 65·6 | 15·5 | 31·1 | 9·5 | 16·2 | 24·6 | 315·4 | 550·9 |
| 1876 | 61·8 | 57·7 | 12·0 | 131·5 | 75·2 | 72·2 | 1·1 | 148·5 | 280·0 | 72·6 | 77·5 | 83·0 | 15·6 | 26·8 | 9·0 | 9·6 | 21·1 | 315·2 | 595·2 |
| 1877 | 46·7 | 66·4 | 11·8 | 124·9 | 87·6 | 122·7 | 1·3 | 211·6 | 336·5 | 67·6 | 77·2 | 107·9 | 17·2 | 22·3 | 8·6 | 9·7 | 19·6 | 330·1 | 666·6 |
| 1878 | 41·8 | 61·6 | 10·4 | 113·8 | 58·2 | 105·2 | 1·6 | 165·0 | 278·8 | 80·2 | 95·0 | 118·1 | 18·4 | 23·0 | 8·3 | 14·1 | 18·8 | 375·9 | 654·7 |
| Summe . | 253·2 | 301·6 | 57·0 | 611·8 | 295·0 | 413·8 | 6·7 | 715·5 | 1.327·3 | 374·6 | 404·3 | 432·6 | 80·1 | 130·7 | 44·6 | 67·1 | 108·9 | 1.642·9 | 2.970·2 |
| 1879 | 49·2 | 75·5 | 16·4 | 141·1 | 47·6 | 114·9 | 1·8 | 164·3 | 305·4 | 78·7 | 81·8 | 129·3 | 21·5 | 25·5 | 8·4 | 11·8 | 21·6 | 378·6 | 684·0 |
| 1880 | 68·5 | 73·1 | 20·0 | 161·6 | 49·9 | 91·4 | 1·9 | 143·2 | 304·8 | 79·9 | 80·9 | 117·3 | 24·3 | 29·9 | 9·4 | 13·2 | 25·3 | 371·2 | 676·0 |
| 1881 | 66·6 | 79·0 | 22·4 | 168·9 | 67·0 | 101·5 | 1·9 | 170·4 | 339·3 | 82·5 | 85·9 | 123·7 | 26·2 | 27·5 | 9·9 | 12·7 | 23·8 | 392·2 | 731·5 |
| 1882 | 59·3 | 89·7 | 25·8 | 174·8 | 64·6 | 140·3 | 2·1 | 207·0 | 381·8 | 80·8 | 94·9 | 123·8 | 24·7 | 23·9 | 11·5 | 13·5 | 27·0 | 400·1 | 781·9 |
| 1883 | 63·2 | 85·9 | 27·5 | 176·6 | 67·7 | 102·4 | 2·2 | 172·3 | 348·9 | 79·7 | 93·4 | 138·5 | 25·0 | 18·6 | 8·4 | 16·1 | 28·3 | 401·0 | 749·9 |
| Summe . | 306·8 | 404·1 | 112·1 | 823·0 | 296·8 | 550·5 | 9·9 | 857·2 | 1.680·2 | 392·6 | 436·9 | 627·6 | 119·7 | 125·4 | 47·6 | 67·3 | 126·0 | 1.943·1 | 3.623·3 |
| 1884 | 60·4 | 86·6 | 29·2 | 176·2 | 46·4 | 82·9 | 2·2 | 131·5 | 307·7 | 75·3 | 99·3 | 113·5 | 23·8 | 18·6 | 8·7 | 12·4 | 32·2 | 383·8 | 691·5 |
| 1885 | 61·8 | 90·6 | 28·4 | 170·8 | 44·6 | 86·5 | 2·4 | 133·5 | 304·3 | 69·1 | 98·0 | 109·5 | 24·8 | 17·7 | 8·9 | 8·1 | 31·7 | 367·8 | 672·1 |
| 1886 | 62·9 | 76·9 | 27·6 | 167·4 | 60·5 | 86·2 | 2·6 | 149·3 | 316·7 | 78·5 | 102·9 | 108·3 | 23·8 | 18·5 | 8·2 | 8·7 | 33·0 | 381·9 | 698·6 |
| 1887 | 48·1 | 88·8 | 29·6 | 166·1 | 48·3 | 96·4 | 2·9 | 147·6 | 313·7 | 77·4 | 91·9 | 97·1 | 21·4 | 22·9 | 8·9 | 8·0 | 32·2 | 359·2 | 672·9 |
| 1888 | 57·6 | 95·8 | 32·7 | 186·1 | 42·8 | 123·6 | 3·0 | 169·4 | 355·5 | 77·6 | 89·4 | 116·8 | 19·8 | 20·3 | 9·6 | 9·7 | 30·1 | 373·3 | 728·3 |
| Summe . | 280·8 | 438·7 | 147·1 | 866·6 | 242·6 | 475·6 | 13·1 | 731·3 | 1.597·9 | 377·9 | 480·9 | 545·2 | 113·6 | 98·0 | 44·3 | 46·9 | 159·2 | 1.866·0 | 3.463·9 |
| Im Durchschnitte der Quinquennien 1854—1858 | 33·3 | 17·7 | 1·1 | 52·1 | 6·0 | 10·8 | 0·2 | 17·0 | 69·1 | 84·3 | 33·2 | 8·1 | 6·3 | 11·0 | 2·8 | 4·3 | 16·4 | 166·4 | 235·5 |
| 1859—1863 | 47·1 | 33·3 | 2·4 | 82·8 | 9·2 | 21·4 | 0·4 | 31·0 | 113·8 | 49·9 | 44·6 | 9·7 | 8·1 | 15·1 | 3·2 | 6·5 | 17·7 | 154·8 | 268·6 |
| 1864—1868 | 56·7 | 42·2 | 4·7 | 103·6 | 13·1 | 43·6 | 0·5 | 57·2 | 160·8 | 58·8 | 66·1 | 25·9 | 11·2 | 15·9 | 4·3 | 6·7 | 17·0 | 205·9 | 366·7 |
| 1869—1873 | 49·1 | 42·8 | 8·2 | 100·1 | 16·5 | 32·1 | 0·9 | 49·5 | 149·6 | 73·4 | 82·1 | 48·3 | 12·6 | 18·9 | 6·4 | 9·1 | 22·1 | 272·9 | 422·5 |
| 1874—1878 | 50·6 | 60·3 | 11·4 | 122·3 | 59·0 | 82·8 | 1·3 | 143·1 | 265·4 | 74·9 | 80·9 | 86·5 | 16·0 | 26·2 | 8·9 | 13·4 | 21·8 | 328·6 | 594·0 |
| 1879—1883 | 61·4 | 80·8 | 22·4 | 164·6 | 59·4 | 110·1 | 2·0 | 171·4 | 336·1 | 78·5 | 87·4 | 125·5 | 23·9 | 25·1 | 9·5 | 13·5 | 25·2 | 388·6 | 724·7 |
| 1884—1888 | 56·2 | 87·7 | 29·4 | 173·3 | 48·5 | 95·2 | 2·6 | 146·3 | 319·6 | 75·6 | 96·2 | 109·0 | 22·7 | 19·6 | 8·9 | 9·4 | 31·8 | 373·2 | 692·8 |
| 1889 | 72·5 | 95·1 | 39·3 | 206·9 | 59·9 | 107·3 | 3·1 | 170·3 | 377·2 | 76·5 | 89·4 | 129·6 | 21·4 | 22·8 | 9·0 | 9·8 | 30·5 | 389·0 | 766·2 |
| 1890 | 66·8 | 99·5 | 45·4 | 211·7 | 67·7 | 104·6 | 3·5 | 175·8 | 387·5 | 69·4 | 89·1 | 120·5 | 26·8 | 30·9 | 9·0 | 9·3 | 28·9 | 383·9 | 771·4 |

**Tabelle 191.**

# Wert der Waren-Einfuhr (ohne edle Metalle) nach dem allgemeinen österreichisch-ungarischen Zollgebiete in den Jahren 1854 — 1890 nach Rohstoffen und Fabrikaten zusammengestellt.

| Im Jahre | Rohstoffe | | | | | | | | | Fabrikate | | | | | | | | | Hauptsumme |
|---|---|---|---|---|---|---|---|---|---|---|---|---|---|---|---|---|---|---|---|
| | Hilfsstoffe für die Industrie aus dem Reiche | | | Summe | Genußmittel aus dem Reiche | | | Summe | Zusammen | Garne, Gewebe ic. | Arbeiten aus sonstigen organischen Stoffen | Nahrungsmittel | Chemische Producte | Metalle und Metallwaren | Erzeugnisse der Kunstgewerbe | Maschinen, Werkzeuge, Transportmittel, Instrumente | Erzeugnisse aus nicht metallischen Mineralien | Zusammen | |
| | Thier | Pflanzen | Mineral | | Thier | Pflanzen | Mineral | | | | | | | | | | | | |
| | In Millionen von Silbergulden österreichischer Währung | | | | | | | | | | | | | | | | | | |
| 1854 | 25·5 | 47·9 | 0·9 | 74·3 | 16·3 | 35·6 | 0·1 | 52·0 | 126·3 | 16·0 | 12·7 | 14·2 | 19·4 | 4·8 | 5·0 | 2·6 | 11·3 | 86·0 | 212·3 |
| 1855 | 23·5 | 51·8 | 1·2 | 76·5 | 17·4 | 31·6 | 0·1 | 49·1 | 125·6 | 25·2 | 16·2 | 17·7 | 20·8 | 6·9 | 5·8 | 1·9 | 15·6 | 110·1 | 235·7 |
| 1856 | 21·9 | 59·0 | 1·4 | 82·3 | 16·0 | 25·1 | 0·1 | 41·2 | 123·5 | 33·9 | 18·2 | 22·1 | 23·1 | 13·5 | 6·6 | 7·3 | 14·6 | 139·3 | 262·8 |
| 1857 | 23·5 | 57·7 | 1·5 | 82·5 | 11·4 | 24·2 | 0·1 | 35·7 | 118·2 | 35·1 | 17·5 | 15·8 | 21·9 | 20·8 | 7·9 | 12·4 | 14·3 | 145·7 | 263·9 |
| 1858 | 19·5 | 53·6 | 1·5 | 74·6 | 14·6 | 25·8 | | 40·5 | 115·1 | 31·3 | 17·2 | 16·6 | 25·5 | 27·6 | 8·1 | 8·4 | 7·4 | 142·1 | 257·2 |
| Summe . | 113·7 | 270·0 | 6·5 | 390·2 | 75·7 | 142·3 | 0·5 | 218·5 | 608·7 | 141·5 | 81·8 | 86·4 | 110·7 | 73·6 | 33·4 | 32·6 | 63·2 | 623·2 | 1.231·9 |
| 1859 | 18·7 | 46·1 | 1·6 | 66·4 | 13·6 | 23·3 | 0·1 | 37·0 | 103·4 | 24·3 | 13·4 | 11·3 | 19·6 | 13·3 | 6·6 | 4·0 | 4·7 | 97·2 | 200·6 |
| 1860 | 20·5 | 51·5 | 1·8 | 73·8 | 10·6 | 22·9 | 0·1 | 33·6 | 107·4 | 23·8 | 12·7 | 9·4 | 18·9 | 10·8 | 6·4 | 3·7 | 7·2 | 101·5 | 208·9 |
| 1861 | 32·9 | 56·0 | 3·3 | 92·2 | 16·0 | 26·6 | 0·1 | 42·7 | 134·9 | 44·3 | 12·9 | 8·2 | 18·5 | 8·1 | 6·1 | 3·7 | 7·1 | 108·9 | 243·8 |
| 1862 | 30·5 | 48·1 | 3·6 | 82·2 | 14·6 | 26·2 | 0·1 | 40·9 | 123·1 | 42·2 | 15·1 | 10·3 | 19·0 | 10·2 | 6·9 | 4·1 | 8·1 | 115·9 | 239·0 |
| 1863 | 30·1 | 57·4 | 4·3 | 91·8 | 13·2 | 27·7 | 0·1 | 41·0 | 132·8 | 43·7 | 15·2 | 10·0 | 21·7 | 10·6 | 6·9 | 3·9 | 8·7 | 121·4 | 254·2 |
| Summe . | 132·7 | 259·1 | 14·6 | 406·4 | 68·0 | 126·7 | 0·5 | 195·2 | 601·6 | 187·3 | 69·3 | 49·2 | 97·7 | 53·0 | 33·6 | 19·0 | 35·8 | 544·9 | 1.146·5 |
| 1864 | 29·5 | 64·0 | 4·9 | 98·4 | 10·8 | 30·5 | 0·1 | 41·4 | 139·8 | 42·1 | 14·5 | 9·0 | 18·8 | 9·4 | 8·0 | 3·6 | 9·6 | 115·0 | 254·8 |
| 1865 | 28·9 | 65·8 | 4·6 | 99·3 | 10·9 | 27·7 | 0·1 | 38·7 | 138·0 | 42·2 | 13·8 | 8·7 | 22·0 | 8·8 | 8·0 | 4·5 | 10·8 | 118·8 | 256·8 |
| 1866 | 26·7 | 61·2 | 4·1 | 92·0 | 8·9 | 25·9 | 0·1 | 34·9 | 126·9 | 35·4 | 11·2 | 5·9 | 15·3 | 6·4 | 6·0 | 2·7 | 8·1 | 91·0 | 217·9 |
| 1867 | 40·3 | 62·6 | 6·1 | 109·0 | 12·2 | 29·6 | 0·1 | 41·9 | 150·9 | 66·0 | 15·5 | 7·0 | 18·9 | 10·6 | 7·5 | 5·3 | 12·6 | 143·4 | 294·3 |
| 1868 | 42·7 | 68·9 | 6·5 | 118·1 | 19·3 | 32·9 | 0·2 | 52·4 | 170·5 | 88·6 | 24·3 | 11·3 | 25·8 | 33·7 | 8·7 | 9·4 | 15·1 | 216·9 | 387·4 |
| Summe . | 168·1 | 322·5 | 26·2 | 516·8 | 62·1 | 146·6 | 0·6 | 209·3 | 726·1 | 274·3 | 79·3 | 41·9 | 100·8 | 68·9 | 38·2 | 25·5 | 56·2 | 685·1 | 1.411·2 |
| 1869 | 41·4 | 64·5 | 7·7 | 113·6 | 17·8 | 33·2 | 0·2 | 51·2 | 164·8 | 87·7 | 33·1 | 12·6 | 28·9 | 50·4 | 10·4 | 13·7 | 17·3 | 254·1 | 418·9 |
| 1870 | 36·7 | 68·1 | 8·9 | 113·7 | 17·2 | 37·9 | 0·2 | 55·3 | 169·0 | 85·3 | 33·9 | 13·1 | 33·7 | 51·8 | 12·0 | 15·5 | 17·6 | 262·9 | 431·9 |
| 1871 | 49·6 | 87·1 | 12·8 | 149·5 | 17·9 | 45·0 | 0·2 | 63·2 | 212·7 | 115·7 | 44·3 | 18·3 | 41·5 | 58·5 | 13·2 | 19·7 | 16·9 | 328·1 | 540·8 |
| 1872 | 47·5 | 85·5 | 14·5 | 145·5 | 29·8 | 62·7 | 0·3 | 92·8 | 238·3 | 122·8 | 53·2 | 28·7 | 46·2 | 61·3 | 15·2 | 23·6 | 24·4 | 375·4 | 613·7 |
| 1873 | 30·7 | 83·4 | 15·4 | 129·5 | 24·1 | 76·6 | 0·3 | 101·0 | 230·5 | 112·9 | 47·2 | 34·5 | 49·5 | 52·2 | 16·3 | 20·5 | 19·5 | 352·1 | 583·1 |
| Summe . | 205·9 | 386·6 | 59·3 | 651·8 | 106·8 | 255·4 | 1·3 | 363·5 | 1.015·3 | 524·3 | 211·8 | 107·2 | 199·8 | 274·2 | 67·1 | 98·0 | 95·7 | 1.573·1 | 2.588·4 |
| 1874 | 53·2 | 90·7 | 14·9 | 158·8 | 42·3 | 126·4 | 0·2 | 168·9 | 327·7 | 107·3 | 43·5 | 41·0 | 37·8 | 28·2 | 16·2 | 14·7 | 11·1 | 299·8 | 627·5 |
| 1875 | 49·7 | 88·9 | 13·5 | 152·1 | 33·2 | 69·6 | 0·3 | 103·1 | 255·2 | 114·0 | 43·9 | 41·9 | 36·2 | 22·3 | 13·3 | 13·2 | 9·3 | 294·1 | 549·3 |
| 1876 | 59·3 | 84·4 | 13·2 | 156·9 | 41·8 | 80·0 | 0·3 | 122·1 | 279·0 | 98·7 | 38·7 | 29·7 | 42·0 | 19·4 | 11·0 | 8·4 | 7·4 | 255·3 | 534·3 |
| 1877 | 67·9 | 77·4 | 10·5 | 155·8 | 44·2 | 101·8 | 0·3 | 146·3 | 302·1 | 93·6 | 38·6 | 29·6 | 47·4 | 16·7 | 11·1 | 9·8 | 8·0 | 253·2 | 555·3 |
| 1878 | 63·1 | 76·6 | 8·8 | 148·5 | 29·4 | 96·6 | 0·3 | 126·3 | 274·8 | 105·1 | 46·5 | 31·5 | 47·0 | 18·3 | 11·1 | 9·8 | 8·0 | 277·3 | 552·1 |
| Summe . | 293·2 | 418·0 | 60·9 | 772·1 | 190·9 | 474·4 | 1·4 | 666·7 | 1.488·8 | 518·7 | 211·2 | 173·7 | 210·4 | 104·9 | 63·1 | 54·5 | 43·2 | 1.379·7 | 2.818·5 |
| 1879 | 79·9 | 91·0 | 15·3 | 186·2 | 22·5 | 72·2 | 0·3 | 95·0 | 281·2 | 98·6 | 58·4 | 30·0 | 34·8 | 17·8 | 16·3 | 10·7 | 8·8 | 275·4 | 556·6 |
| 1880 | 80·5 | 90·1 | 16·4 | 187·0 | 16·6 | 117·6 | 0·3 | 134·5 | 321·5 | 104·9 | 51·7 | 38·2 | 36·9 | 20·6 | 16·2 | 12·2 | 11·3 | 292·0 | 613·5 |
| 1881 | 86·4 | 96·6 | 19·0 | 202·0 | 16·7 | 107·9 | 0·3 | 124·9 | 326·9 | 109·3 | 54·9 | 32·3 | 42·7 | 25·6 | 18·7 | 15·7 | 11·9 | 311·1 | 641·8 |
| 1882 | 84·7 | 99·5 | 20·8 | 205·0 | 18·7 | 110·3 | 0·4 | 129·4 | 334·4 | 111·7 | 54·0 | 29·1 | 43·3 | 27·2 | 18·4 | 21·6 | 14·5 | 319·8 | 654·2 |
| 1883 | 81·1 | 112·2 | 20·3 | 213·6 | 23·2 | 92·0 | 0·3 | 115·5 | 329·1 | 107·5 | 45·0 | 18·0 | 46·4 | 31·3 | 15·5 | 17·9 | 13·6 | 295·8 | 624·9 |
| Summe . | 412·6 | 489·4 | 91·8 | 993·8 | 101·5 | 500·0 | 1·6 | 603·1 | 1.596·9 | 532·2 | 264·3 | 147·6 | 204·1 | 122·5 | 85·1 | 78·1 | 60·1 | 1.494·1 | 3.091·0 |
| 1884 | 81·5 | 107·2 | 19·2 | 207·9 | 17·6 | 87·5 | 0·3 | 105·4 | 313·3 | 105·3 | 45·2 | 27·3 | 44·2 | 26·1 | 14·8 | 19·8 | 16·6 | 299·3 | 612·6 |
| 1885 | 68·3 | 102·9 | 18·5 | 189·7 | 17·5 | 91·2 | 0·3 | 109·0 | 298·7 | 104·8 | 42·6 | 28·5 | 38·6 | 21·0 | 15·7 | 15·2 | 13·6 | 259·2 | 557·9 |
| 1886 | 77·8 | 103·7 | 19·3 | 200·8 | 16·2 | 71·8 | 0·4 | 88·4 | 289·2 | 86·6 | 41·8 | 27·4 | 34·8 | 18·9 | 15·9 | 11·7 | 13·5 | 250·0 | 539·2 |
| 1887 | 84·0 | 114·9 | 21·6 | 220·5 | 12·8 | 71·4 | 0·4 | 84·6 | 305·1 | 89·0 | 45·1 | 27·7 | 34·6 | 19·6 | 15·3 | 17·2 | 16·9 | 265·5 | 568·6 |
| 1888 | 75·1 | 107·6 | 23·4 | 206·1 | 11·0 | 63·2 | 0·4 | 74·6 | 280·7 | 80·2 | 44·3 | 25·3 | 32·6 | 21·1 | 13·2 | 16·4 | 19·3 | 252·4 | 533·1 |
| Summe . | 386·7 | 536·3 | 102·0 | 1.025·0 | 75·1 | 385·1 | 1·8 | 462·0 | 1.487·0 | 445·1 | 219·0 | 136·2 | 184·8 | 106·7 | 74·4 | 76·4 | 81·9 | 1.324·4 | 2.811·4 |
| Im Durchschnitte der Quinquenniums | | | | | | | | | | | | | | | | | | | |
| 1854—1858 | 22·7 | 54·0 | 1·3 | 78·0 | 15·1 | 28·5 | 0·1 | 43·7 | 121·7 | 28·3 | 16·3 | 17·2 | 22·1 | 14·7 | 6·6 | 6·5 | 12·6 | 124·7 | 246·4 |
| 1859—1863 | 26·6 | 51·8 | 2·9 | 81·3 | 13·6 | 25·3 | 0·1 | 39·0 | 120·3 | 37·5 | 13·9 | 9·8 | 19·5 | 10·6 | 6·7 | 3·8 | 7·2 | 109·0 | 229·3 |
| 1864—1868 | 33·6 | 64·5 | 5·2 | 103·3 | 12·4 | 29·4 | 0·1 | 41·9 | 145·2 | 54·9 | 15·8 | 8·4 | 20·2 | 13·8 | 7·6 | 5·1 | 11·2 | 137·0 | 282·2 |
| 1869—1873 | 41·2 | 77·3 | 11·9 | 130·4 | 21·4 | 51·1 | 0·2 | 72·7 | 203·1 | 104·9 | 42·4 | 21·4 | 40·0 | 54·8 | 13·4 | 18·6 | 19·1 | 314·6 | 517·7 |
| 1874—1878 | 58·6 | 83·6 | 12·2 | 154·4 | 38·2 | 94·9 | 0·3 | 133·4 | 287·8 | 103·7 | 42·2 | 34·7 | 42·1 | 21·0 | 12·6 | 10·9 | 8·6 | 275·9 | 563·7 |
| 1879—1883 | 82·5 | 97·9 | 18·4 | 198·8 | 20·3 | 100·0 | 0·3 | 120·6 | 319·4 | 106·5 | 52·9 | 29·5 | 40·8 | 24·5 | 17·0 | 15·6 | 12·0 | 298·5 | 618·0 |
| 1884—1888 | 77·3 | 107·3 | 20·4 | 205·0 | 15·0 | 77·0 | 0·4 | 92·4 | 297·4 | 89·0 | 43·8 | 27·2 | 37·0 | 21·4 | 15·0 | 15·2 | 16·4 | 264·0 | 562·3 |
| 1889 | 87·3 | 121·1 | 27·0 | 226·4 | 12·5 | 68·2 | 0·4 | 81·1 | 307·5 | 92·4 | 46·5 | 21·1 | 34·9 | 25·8 | 15·2 | 23·1 | 22·7 | 281·7 | 589·2 |
| 1890 | 77·3 | 123·5 | 35·9 | 236·7 | 14·4 | 79·8 | 0·5 | 94·7 | 331·4 | 88·6 | 48·2 | 20·0 | 36·6 | 27·5 | 15·6 | 20·7 | 21·9 | 279·3 | 610·7 |

Tabelle 192.

# Bilanz des auswärtigen Handels der österreichisch=ungarischen Monarchie.

## Im Specialhandel.

| Jahre | Einfuhr | Ausfuhr | Mehreinfuhr | Mehrausfuhr | Gesammtverkehr (Ein- und Ausfuhr) |
|---|---|---|---|---|---|
| | in Millionen Gulden österreichischer Währung | | | | |
| 1854 | 212·3 | 221·0 | . . . . . . . . . | 8·7 | 433·3 |
| 1855 | 235·7 | 238·7 | . . . . . . . . . | 3·0 | 474·4 |
| 1856 | 262·8 | 255·6 | 7·2 | . . . . . . . . | 518·4 |
| 1857 | 263·9 | 232·3 | 31·6 | . . . . . . . . | 496·2 |
| 1858 | 257·2 | 229·7 | 27·5 | . . . . . . . . | 486·9 |
| Summe . . | 1.231·9 | 1.177·3 | 54·6 | . . . . . . . . | 2.409·2 |
| 1859 | 200·6 | 217·4 | . . . . . . . . . | 16·8 | 418·0 |
| 1860 | 208·9 | 264·7 | . . . . . . . . . | 55·8 | 473·6 |
| 1861 | 243·8 | 276·7 | . . . . . . . . . | 32·9 | 520·5 |
| 1862 | 239·0 | 293·0 | . . . . . . . . . | 54·0 | 532·0 |
| 1863 | 254·2 | 291·2 | . . . . . . . . . | 37·0 | 545·4 |
| Summe . . | 1.146·5 | 1.343·0 | . . . . . . . . . | 196·5 | 2.489·5 |
| 1864 | 254·8 | 323·4 | . . . . . . . . . | 68·6 | 578·2 |
| 1865 | 256·8 | 344·5 | . . . . . . . . . | 87·7 | 601·3 |
| 1866 | 217·9 | 329·5 | . . . . . . . . . | 111·6 | 547·4 |
| 1867 | 294·3 | 407·4 | . . . . . . . . . | 113·1 | 701·7 |
| 1868 | 387·4 | 428·9 | . . . . . . . . . | 41·5 | 816·3 |
| Summe . . | 1.411·2 | 1.833·7 | . . . . . . . . . | 422·5 | 3.244·9 |
| 1869 | 418·9 | 438·1 | . . . . . . . . . | 19·2 | 857·0 |
| 1870 | 431·9 | 395·4 | 36·5 | . . . . . . . . | 827·3 |
| 1871 | 540·8 | 467·6 | 73·2 | . . . . . . . . | 1.008·4 |
| 1872 | 613·7 | 388·0 | 225·7 | . . . . . . . . | 1.001·7 |
| 1873 | 583·1 | 423·6 | 159·5 | . . . . . . . . | 1.006·7 |
| Summe . . | 2.588·4 | 2.112·7 | 475·7 | . . . . . . . . | 4.701·1 |
| 1874 | 627·5 | 502·8 | 124·7 | . . . . . . . . | 1.130·3 |
| 1875 | 549·3 | 550·9 | . . . . . . . . . | 1·6 | 1.100·2 |
| 1876 | 534·3 | 595·2 | . . . . . . . . . | 60·9 | 1.129·5 |
| 1877 | 555·3 | 666·6 | . . . . . . . . . | 111·3 | 1.221·9 |
| 1878 | 552·1 | 654·7 | . . . . . . . . . | 102·6 | 1.206·8 |
| Summe . . | 2.818·5 | 2.970·2 | . . . . . . . . . | 151·7 | 5.788·7 |
| 1879 | 556·6 | 684·0 | . . . . . . . . . | 127·4 | 1.240·6 |
| 1880 | 613·5 | 676·0 | . . . . . . . . . | 62·5 | 1.289·5 |
| 1881 | 641·8 | 731·5 | . . . . . . . . . | 89·7 | 1.373·3 |
| 1882 | 654·2 | 781·9 | . . . . . . . . . | 127·7 | 1.436·1 |
| 1883 | 624·9 | 749·9 | . . . . . . . . . | 125·0 | 1.374·8 |
| Summe . . | 3.091·0 | 3.623·3 | . . . . . . . . . | 532·3 | 6.714·3 |
| 1884 | 612·6 | 691·5 | . . . . . . . . . | 78·9 | 1.304·1 |
| 1885 | 557·9 | 672·1 | . . . . . . . . . | 114·2 | 1.230·0 |
| 1886 | 539·2 | 698·6 | . . . . . . . . . | 159·4 | 1.237·8 |
| 1887 | 568·6 | 672·9 | . . . . . . . . . | 104·3 | 1.241·5 |
| 1888 | 533·1 | 728·8 | . . . . . . . . . | 195·7 | 1.261·9 |
| Summe . . | 2.811·4 | 3.463·9 | . . . . . . . . . | 652·5 | 6.275·3 |
| 1889 | 589·2 | 766·2 | . . . . . . . . . | 177·0 | 1.355·4 |
| 1890 | 610·7 | 771·4 | . . . . . . . . . | 160·7 | 1.382·1 |
| 1879—1890 | 7.102·3 | 8.624·8 | . . . . . . . . . | 1.522·5 | 15.727·1 |

Tabelle 198.

# Specialhandel der österreichisch-ungarischen Monarchie mit dem vereinigten Königreiche Großbritannien und Irland.

### In Pfund Sterling.

## A. Export.

| | 1861 | 1862 | 1863 | 1864 | 1865 | 1871 | 1872 | 1873 | 1874 | 1875 |
|---|---|---|---|---|---|---|---|---|---|---|
| Summe | 1,246.046 | 1,179.844 | 879.457 | 881.308 | 1,160.836 | 1,238.428 | 911.607 | 869.433 | 799.544 | 1,318.889 |
| *Hievon:* | | | | | | | | | | |
| Getreide | 674.916 | 533.029 | 203.169 | 50.043 | 290.138 | 795.813 | 495.367 | 373.613 | 351.709 | 867.041 |
| Glaswaren (Perlen) | 115.399 | 106.262 | 125.363 | 143.782 | 152.739 | 6.548 | 12.149 | 8.988 | 3.829 | 6.273 |
| Hanf | 132.155 | 264.405 | 273.342 | 348.382 | 325.496 | 49.738 | 27.910 | 17.892 | 22.746 | 9.773 |
| Wolle (Schafwolle) | 26.865 | 46.812 | 18.001 | 41.796 | 16.157 | 85.778 | 43.647 | 75.825 | 46.208 | 34.261 |
| Holz | 30.012 | 24.547 | 68.113 | 106.622 | 150.960 | 43.732 | 108.588 | 150.514 | 109.117 | 85.567 |
| Papier u. A. | 9.668 | 13.250 | 18.508 | 20.315 | 16.250 | 12.471 | 14.285 | 12.389 | 25.351 | 29.228 |
| Gummi arabicum | 873 | 3.598 | 1.178 | 6.125 | 19.958 | 19.969 | 15.602 | 30.069 | 28.137 | 17.743 |
| Quecksilber | 10.883 | .... | .... | 5.121 | .... | 20.000 | 18.137 | 6.800 | 42.592 | 14.340 |

| | 1881 | 1882 | 1883 | 1884 | 1885 | 1886 | 1887 | 1888 | 1889 | 1890 |
|---|---|---|---|---|---|---|---|---|---|---|
| Summe | 1,390.001 | 2,014.525 | 2,337.896 | 1,843.238 | 2,157.570 | 1,621.515 | 1,586.172 | 2,133.657 | 2,286.834 | 1,728.337 |
| *Hievon:* | | | | | | | | | | |
| Getreide | 1,111.006 | 1,652.798 | 1,890.093 | 1,485.652 | 1,777.516 | 1,199.096 | 1,127.058 | 1,648.961 | 1,639.896 | 1,170.258 |
| Glaswaren (Perlen) | 2.881 | 4.261 | 13.466 | 27 | 42.343 | 1.894 | 1.226 | 1.288 | 953 | 348 |
| Hanf | 2.360 | 11.848 | 27.341 | 9.349 | 2.191 | 13.730 | 6.942 | 1.290 | 12.588 | 15.677 |
| Wolle (Schafwolle) | 1.019 | 2.740 | 9.858 | 1.139 | 4.657 | 6.916 | 1.624 | 2.075 | 4.692 | 1.138 |
| Holz | 58.292 | 74.637 | 54.367 | 56.532 | 91.351 | 97.225 | 66.675 | 62.556 | 65.205 | 81.961 |
| Papier u. A. | 29.511 | 30.021 | 32.228 | 21.896 | 21.070 | 17.829 | 19.926 | 23.218 | 27.714 | 24.338 |
| Gummi arabicum | 29.798 | 42.033 | 43.959 | 13.437 | 25.998 | 19.144 | 38.535 | 31.918 | 16.641 | 12.389 |
| Quecksilber | .... | .... | .... | .... | .... | 20.030 | 8.730 | 17.098 | 12.954 | 8.473 |

## B. Import.

| | 1861 | 1862 | 1863 | 1864 | 1865 | 1871 | 1872 | 1873 | 1874 | 1875 |
|---|---|---|---|---|---|---|---|---|---|---|
| Summe | 1,795.659 | 1,301.042 | 1,509.670 | 1,254.872 | 1,083.630 | 2,085.143 | 1,946.077 | 1,815.463 | 1,435.872 | 1,177.350 |
| Aus dem vereinigten Königreiche | 967.901 | 787.058 | 1,001.929 | 931.625 | 878.397 | 1,588.352 | 1,471.113 | 1,484.320 | 1,063.649 | 897.069 |
| Colonial- und ausländische Waren | 827.758 | 513.984 | 507.741 | 323.247 | 205.233 | 496.791 | 474.964 | 331.143 | 372.223 | 280.281 |
| *Hievon:* | | | | | | | | | | |
| Baumwollgarne und Baumwollstoffe | 1,047.179 | 572.564 | 552.625 | 550.368 | 447.424 | 674.891 | 398.559 | 457.161 | 461.100 | 369.728 |
| Eisen | 85.789 | 88.158 | 63.780 | 80.797 | 67.363 | 528.108 | 537.338 | 490.436 | 180.669 | 117.301 |
| Öl | 93.911 | 112.750 | 130.115 | 113.785 | 136.206 | 158.427 | 128.844 | 139.575 | 111.894 | 111.288 |
| Wollstoffe, Wollwaren | 71.847 | 85.572 | 76.996 | 86.787 | 78.936 | 65.063 | 63.625 | 65.964 | 52.114 | 60.685 |
| Kohle | 43.139 | 35.464 | 32.895 | 53.248 | 51.550 | 50.285 | 93.133 | 104.045 | 75.810 | 52.917 |
| Kaffee | 42.813 | 35.062 | 97.604 | 61.298 | 72.579 | 23.378 | 47.582 | 20.983 | 64.336 | 52.098 |
| Bilanz der Aus- und Einfuhr { Mehrausfuhr | .... | .... | .... | .... | 77.206 | .... | .... | .... | .... | 141.539 |
| { Mehreinfuhr | 549.613 | 121.198 | 630.213 | 373.564 | .... | 846.715 | 1,034.470 | 946.030 | 636.328 | .... |
| Gesammtverkehr { Ausfuhr | 1,246.046 | 1,179.844 | 879.457 | 881.308 | 1,160.836 | 1,238.428 | 911.607 | 869.433 | 799.544 | 1,318.880 |
| { Einfuhr | 1,795.659 | 1,301.042 | 1,509.670 | 1,254.872 | 1,083.630 | 2,085.143 | 1,946.077 | 1,815.463 | 1,435.872 | 1,177.350 |
| Summe | 3,041.705 | 2,480.886 | 2,389.127 | 2,136.180 | 2,244.466 | 3,323.571 | 2,857.684 | 2,684.896 | 2,235.416 | 2,496.230 |

| | 1881 | 1882 | 1883 | 1884 | 1885 | 1886 | 1887 | 1888 | 1889 | 1890 |
|---|---|---|---|---|---|---|---|---|---|---|
| Summe | 892.567 | 1,118.067 | 1,545.260 | 1,408.631 | 1,120.254 | 1,343.448 | 1,228.777 | 1,398.248 | 1,392.090 | 1,694.318 |
| Aus dem vereinigten Königreiche | 693.974 | 703.962 | 967.529 | 942.831 | 788.426 | 905.985 | 875.065 | 929.953 | 1,019.842 | 1,283.209 |
| Colonial- und ausländische Waren | 198.593 | 414.105 | 577.731 | 465.800 | 331.828 | 437.463 | 353.712 | 468.295 | 372.248 | 411.109 |
| *Hievon:* | | | | | | | | | | |
| Baumwollgarne und Baumwollstoffe | 231.211 | 246.276 | 361.431 | 317.753 | 324.260 | 371.774 | 281.415 | 353.129 | 445.859 | 529.835 |
| Eisen | 53.049 | 84.266 | 104.620 | 105.839 | 51.518 | 67.032 | 41.090 | 53.434 | 59.552 | 82.444 |
| Öl | 83.484 | 78.385 | 131.978 | 125.234 | 98.835 | 61.365 | 79.682 | 96.685 | 85.187 | 110.288 |
| Wollstoff, Wollwaren | 29.568 | 32.117 | 44.914 | 33.413 | 41.206 | 68.913 | 69.827 | 60.942 | 79.665 | 127.031 |
| Kohle | 17.811 | 20.810 | 25.973 | 24.696 | 27.706 | 36.677 | 49.767 | 32.984 | 44.219 | 69.819 |
| Kaffee | 56.176 | 217.272 | 324.855 | 241.561 | 173.063 | 243.784 | 131.978 | 252.110 | 154.668 | 198.106 |
| Bilanz der Aus- und Einfuhr { Mehrausfuhr | 497.484 | 896.456 | 792.636 | 434.607 | 1,037.316 | 278.067 | 357.895 | 735.409 | 894.744 | 34.019 |
| { Mehreinfuhr | .... | .... | .... | .... | .... | .... | .... | .... | .... | .... |
| Gesammtverkehr { Ausfuhr | 1,390.001 | 2,014.525 | 2,337.896 | 1,843.238 | 2,157.570 | 1,621.515 | 1,586.172 | 2,133.657 | 2,286.834 | 1,728.337 |
| { Einfuhr | 892.597 | 1,118.067 | 1,545.260 | 1,408.631 | 1,120.254 | 1,343.448 | 1,228.777 | 1,398.248 | 1,392.090 | 1,694.318 |
| Summe | 2,282.568 | 3,132.590 | 3,883.156 | 3,251.869 | 3,277.824 | 2,964.963 | 2,814.949 | 3,531.905 | 3,678.924 | 3,422.655 |

Tabelle 194.

# Handelsverkehr des deutschen Zollgebietes mit der österreichisch-ungarischen Monarchie.

### Im Specialhandel; in 1000 Mark deutscher Reichswährung.

| Post | | 1880 | 1881 | 1882 | 1883 | 1884 | 1885 | 1886 | 1887 | 1888 | 1889 | 1890 |
|---|---|---|---|---|---|---|---|---|---|---|---|---|
| | **A. Einfuhr aus Österreich-Ungarn.** | | | | | | | | | | | |
| | Summe . | 414.254 | 440.259 | 513.291 | 488.870 | 434.921 | 391.645 | 411.867 | 428.801 | 454.573 | 537.249 | 598.505 |
| | Hievon: | | | | | | | | | | | |
| 1 | Droguen . . . . . . . . . | . . . . . | . . . . . | . . . . . | . . . . . | . . . . . | 15.595 | 13.405 | 15.500 | 15.095 | 16.453 | 15.969 |
| 2 | Erze 2c. . . . . . . . . | . . . . . | . . . . . | . . . . . | . . . . . | . . . . . | 19.080 | 17.898 | 19.100 | 24.990 | 27.311 | 34.695 |
| 3 | Getreide . . . . . . . . | . . . . . | . . . . . | . . . . . | . . . . . | . . . . . | 83.977 | 80.578 | 99.800 | 92.025 | 121.999 | 122.015 |
| 4 | Pferdehaare . . . . . . | . . . . . | . . . . . | . . . . . | . . . . . | . . . . . | 13.679 | 13.485 | 13.687 | 14.182 | 14.250 | 14.446 |
| 5 | Holz . . . . . . . . . . | . . . . . | . . . . . | . . . . . | . . . . . | . . . . . | 39.531 | 35.575 | 41.581 | 48.082 | 60.625 | 59.616 |
| 6 | Leder 2c. . . . . . . . | . . . . . | . . . . . | . . . . . | . . . . . | . . . . . | 8.077 | 8.870 | 11.870 | 11.580 | 13.387 | 17.188 |
| 7 | Leinen . . . . . . . . . | . . . . . | . . . . . | . . . . . | . . . . . | . . . . . | 17.842 | 14.712 | 12.964 | 13.664 | 14.707 | 14.433 |
| 8 | Specereiwaren . . . . . | . . . . . | . . . . . | . . . . . | . . . . . | . . . . . | 30.974 | 30.189 | 33.399 | 31.638 | 42.049 | 48.349 |
| 9 | Steinkohle, Braunkohle . | . . . . . | . . . . . | . . . . . | . . . . . | . . . . . | 17.776 | 19.852 | 21.994 | 33.116 | 26.176 | 33.079 |
| 10 | Thierproducte . . . . . | . . . . . | . . . . . | . . . . . | . . . . . | . . . . . | 21.113 | 22.739 | 28.598 | 26.118 | 32.636 | 42.601 |
| 11 | Vieh . . . . . . . . . . | . . . . . | . . . . . | . . . . . | . . . . . | . . . . . | 36.366 | 60.306 | 36.996 | 34.925 | 37.107 | 54.039 |
| 12 | Wollwaren . . . . . . . | . . . . . | . . . . . | . . . . . | . . . . . | . . . . . | 15.312 | 21.762 | 13.588 | 16.156 | 22.583 | 15.931 |
| 13 | Baumwolle . . . . . . . | . . . . . | . . . . . | . . . . . | . . . . . | . . . . . | 6.765 | 4.638 | 11.722 | 8.853 | 16.009 | 11.196 |
| 14 | Häute . . . . . . . . . | . . . . . | . . . . . | . . . . . | . . . . . | . . . . . | 10.235 | 10.275 | 9.829 | 9.433 | 13.029 | 13.957 |
| | **B. Ausfuhr nach Österreich-Ungarn.** | | | | | | | | | | | |
| | Summe . | 299.755 | 323.962 | 341.673 | 355.100 | 337.133 | 294.992 | 293.718 | 303.821 | 320.731 | 340.762 | 351.040 |
| | Hievon: | | | | | | | | | | | |
| 1 | Baumwolle . . . . . . . | . . . . . | . . . . . | . . . . . | . . . . . | . . . . . | 18.659 | 20.787 | 24.216 | 26.897 | 28.716 | 33.029 |
| 2 | Droguen . . . . . . . | . . . . . | . . . . . | . . . . . | . . . . . | . . . . . | 23.979 | 22.700 | 21.805 | 20.705 | 23.365 | 25.618 |
| 3 | Eisen 2c. . . . . . . | . . . . . | . . . . . | . . . . . | . . . . . | . . . . . | 15.020 | 12.935 | 11.940 | 12.625 | 13.901 | 13.059 |
| 4 | Erze 2c. . . . . . . | . . . . . | . . . . . | . . . . . | . . . . . | . . . . . | 14.985 | 12.063 | 12.503 | 26.486 | 26.980 | 24.199 |
| 5 | Häute . . . . . . . | . . . . . | . . . . . | . . . . . | . . . . . | . . . . . | 11.494 | 12.224 | 12.986 | 11.567 | 12.506 | 11.776 |
| 6 | Instrumente . . . . . | . . . . . | . . . . . | . . . . . | . . . . . | . . . . . | 15.127 | 11.238 | 11.480 | 11.205 | 11.953 | 12.858 |
| 7 | Lederwaren . . . . . | . . . . . | . . . . . | . . . . . | . . . . . | . . . . . | 12.457 | 12.869 | 15.531 | 13.801 | 14.925 | 15.219 |
| 8 | Literarische Erzeugnisse . | . . . . . | . . . . . | . . . . . | . . . . . | . . . . . | 16.737 | 16.503 | 18.994 | 19.110 | 20.798 | 22.507 |
| 9 | Seide . . . . . . . . | . . . . . | . . . . . | . . . . . | . . . . . | . . . . . | 11.248 | 12.490 | 11.663 | 10.070 | 11.373 | 10.630 |
| 10 | Steinkohlen . . . . . | . . . . . | . . . . . | . . . . . | . . . . . | . . . . . | 23.262 | 24.980 | 26.219 | 32·715 | 34.245 | 44.620 |
| 11 | Woll- und Wirkwaren . | . . . . . | . . . . . | . . . . . | . . . . . | . . . . . | 42.192 | 45.729 | 48.001 | 47.892 | 49.701 | 45.009 |
| 12 | Flachs . . . . . . . | . . . . . | . . . . . | . . . . . | . . . . . | . . . . . | 9.356 | 10.652 | 10.408 | 11.506 | 10.121 | 8.390 |
| | Summe der Einfuhr . . . . . | 414.254 | 440.259 | 513.291 | 488.870 | 434.921 | 391.645 | 411.867 | 428.801 | 454.573 | 537.249 | 598.505 |
| | Summe der Ausfuhr . . . . . | 299.755 | 323.962 | 341.673 | 355.100 | 337.133 | 294.992 | 293.718 | 303.821 | 320.731 | 340.762 | 351.040 |
| | Mehreinfuhr . . . . . . . | 114.499 | 116.297 | 171.618 | 133.770 | 97.788 | 96.653 | 118.149 | 124.980 | 133.842 | 196.487 | 247.465 |
| | Mehrausfuhr . . . . . . . | | | | | | | | | | | |
| | Gesammtverkehr . . . . . . | 714.009 | 764.221 | 854.964 | 843.970 | 772.054 | 686.637 | 705.585 | 732.622 | 775.304 | 878.011 | 949.545 |

**Tabelle 195.**

# Specialhandel der österreichisch-ungarischen Monarchie mit Frankreich.

### In Francs.

| | A. Import nach Frankreich | | | | | |
|---|---|---|---|---|---|---|
| | 1860 | 1861 | 1862 | 1863 | 1864 | 1865 |
| Summe . | 14,524.149 | 20,143.821 | 30,795.933 | 20,720.078 | 23,552.426 | 26,369.916 |
| *Hievon:* | | | | | | |
| Holz, gewöhnliches . . . . . . . . | 12,537.366 | 16,211.946 | 19,320.489 | 13,399.683 | 14,510.215 | 18,606.996 |
| Asche . . . . . . . | 444.000 | . . . . . . . . | 757.410 | 978.560 | 1,404.210 | 54.300 |
| Häute, roh . . . . . | 552.426 | 412.796 | 850.868 | 711.857 | 481.855 | 243.339 |
| Wolle . . . . . . . | . . . . . . . . | 101.238 | 1,218.695 | 4,367.616 | 5,259.361 | 1,087.941 |
| Tabak . . . . . . . . | . . . . . . . . | . . . . . . . . | 725.740 | . . . . . . . . | 830.516 | 172.600 |
| Zucker, roh . . . . . | . . . . . . . . | . . . . . . . . | . . . . . . . . | . . . . . . . . | . . . . . . . . | 5,236.819 |
| Korn . . . . . . . . | 62.091 | 2,522.604 | 7,017.072 | 413.028 | (Mais) 72.000 | 16.566 |
| | B. Export aus Frankreich | | | | | |
| Summe . | 4,819.947 | 4,796.942 | 5,258.921 | 8,769.805 | 5,377.073 | 5,459.726 |
| *Hievon:* | | | | | | |
| Raffinierter Zucker . . . . . . . . | 1,837.854 | 1,483.333 | 2,040.963 | 3,871.148 | 1,884.068 | 1,678.418 |
| Seidengewebe. . . . . . . | 260.304 | 148.019 | 852.223 | 1,867.436 | 1,303.822 | 582.536 |
| **Bilanz:** | | | | | | |
| Einfuhr | 14,524.149 | 20,143.821 | 30,795.933 | 20,720.078 | 23,552.426 | 26,369.916 |
| Ausfuhr | 4,819.947 | 4,796.942 | 5,258.921 | 8,769.805 | 5,377.073 | 5,459.726 |
| Mehr-Einfuhr | 9,704.202 | 15,346.879 | 25,537.012 | 11,950.273 | 18,175.353 | 20,910.190 |
| Summe des Verkehres . | 19,344.096 | 24,940.763 | 36,054.854 | 29,489.883 | 28,929.499 | 31,829.642 |

| | A. Import nach Frankreich | | | | |
|---|---|---|---|---|---|
| | 1871 | 1872 | 1873 | 1874 | 1875 |
| Summe . | 29,384.285 | 46,205.531 | 54,524.301 | 66,244.601 | 57,883.963 |
| *Hievon:* | | | | | |
| Holz, gewöhnliches . . . . . . . . | 19,127.126 | 36,811.529 | 32,980.854 | 51,730.226 | 44,403.232 |
| Wolle . . . . . . . . . . . | 1,178.366 | 2,906.088 | 3,426.160 | 2,723.068 | 4,190.649 |
| Häute, roh . . . . . . . . . | . . . . . . . . | 1,898.766 | 3,274.214 | 3,831.001 | 2,605.046 |
| Ostkörner . . . . . . . . . | 439.790 | . . . . . . . . | 7,375.987 | 316.818 | 79.461 |
| | B. Export aus Frankreich | | | | |
| Summe . | 2,218.063 | 8,026.490 | 17,324.862 | 15,311.999 | 21,374.577 |
| *Hievon:* | | | | | |
| Kaffee, Zucker . . . . . . . . . | 17.310 | 828.075 | 140.836 | . . . . . . . . | 123.678 |
| Seidenwaren . . . . . . . | 33.775 | 475.460 | 948.336 | 816.782 | 2,566.928 |
| Branntwein, Liqueure . . . . . | 65.990 | 1,272.023 | 104.265 | 89.494 | 99.601 |
| Kurzwaren . . . . . . . | 50.126 | 1,110.549 | 4,955.615 | 4,566.582 | 6,214.524 |
| Metallwerkzeuge . . . . . | 84.329 | 435.294 | 1,379.657 | 1,223.219 | 882.055 |
| Wollwaren . . . . . | 113.533 | . . . . . . . . | 1,161.906 | 1,493.893 | 2,927.099 |
| **Bilanz:** | | | | | |
| Einfuhr . . . . . . . | 29,384.285 | 46,205.531 | 54,524.301 | 66,244.601 | 57,883.963 |
| Ausfuhr . . . . . . . | 2,218.063 | 8,026.490 | 17,324.862 | 15,311.999 | 21,374.577 |
| Mehr-Einfuhr . . . . . . . | 27,166.222 | 38,179.041 | 37,199.439 | 50,932.602 | 36,509.386 |
| Summe des Verkehres . | 31,602.348 | 54,232.021 | 71,849.163 | 81,556.600 | 79,258.540 |

Tabelle 195 (Fortsetzung).

# Specialhandel der österreichisch-ungarischen Monarchie mit Frankreich.

## In Francs.

### A. Import nach Frankreich.

| | 1880 | 1881 | 1882 | 1883 | 1884 | 1885 | 1886 | 1887 | 1888 | 1889 |
|---|---|---|---|---|---|---|---|---|---|---|
| Summe | 124,144,591 | 107,801,405 | 126,108,244 | 144,507,799 | 110,729,971 | 110,477,655 | 107,911,197 | 99,140,37. | 114,824,450 | 124,600,196 |
| **Hievon:** | | | | | | | | | | |
| Holz, gewöhnliches | 56,325,492 | 40,830,707 | 43,281,167 | 56,304,430 | 49,411,611 | 45,084,723 | 36,860,229 | 44,461,861 | 47,086,357 | 55,465,288 |
| Wein, ordinärer | 12,166,763 | 4,643,718 | 4,085,620 | 6,576,224 | 6,782,403 | 9,503,987 | 17,640,925 | 11,899,984 | 14,986,739 | 14,781,352 |
| Säcke u. s. w. roh | 5,776,192 | 3,749,394 | 29,717,150 | 22,263,350 | 21,680,110 | 31,239,083 | 17,675,633 | 7,286,614 | 5,614,566 | 2,412,970 |
| Häute u. s. w. roh | 3,301,037 | 3,484,257 | 5,043,306 | 8,163,602 | 2,096,782 | 3,648,586 | 5,880,229 | 4,411,606 | 3,356,044 | 4,007,635 |
| Getreide | 1,043,785 | 870,243 | 9,179,861 | 1,032,430 | 6,649,414 | 4,295,623 | 2,198,004 | 4,063,594 | 15,818,463 | 16,200,140 |
| Fleisch, frisch und gesalzen | 262,011 | 4,442,772 | 1,495,927 | 10,819,014 | 560,177 | 1,850,677 | 970,871 | 3,847,857 | 4,985,122 | 9,647,702 |
| Weidvieh | 792,413 | 936,132 | 7,846,845 | 750,969 | 540,618 | 1,163,809 | 1,247,825 | 2,771,285 | 136,264 | 597,766 |
| Lederwaaren | | 488,449 | 1,306,092 | 17,194 | 879,184 | 1,162,184 | 2,388,113 | 2,430,000 | 728,026 | 3,600,620 |
| Werrbaum | 4,596,196 | 2,644,966 | 291,504 | 9,137,151 | 3,386,009 | 2,978,204 | 1,834,000 | 2,991,950 | 983,400 | 1,514,793 |
| Gemüse | 885,094 | 816,634 | 1,741,649 | 452,201 | 2,296,760 | 3,168,784 | 2,737,812 | 2,756,597 | 2,756,557 | 935,235 |
| Töpfe, Gläser | 1,846,427 | 367,906 | 529,013 | 385,003 | 477,339 | 974,064 | 761,880 | 1,090,277 | 827,706 | 227,971 |
| Tafelobst | 3,368,917 | 908,274 | 276,847 | 2,630,944 | 80,966 | 932,894 | 687,465 | 1,119,084 | 2,654,748 | |
| Tabak | 636,550 | 993,300 | 1,964,773 | 260,850 | 3,078,391 | 2,967,261 | 2,424,739 | 837,874 | 846,000 | |
| Erbe | 1,909,060 | 10,116,275 | 1,412,000 | 2,872,031 | 2,055,010 | 2,317,000 | 1,818,350 | 988,000 | | |
| Düfömer | 10,761,412 | 10,005,076 | 1,262,281 | 6,277,127 | 1,024,456 | 645,114 | 1,397,861 | | | |
| Zucker, roh | 1,747,760 | 1,785,375 | 3,386,406 | 929,408 | 552,008 | 1,488,164 | 917,013 | 336,746 | 3,764,409 | 4,959,626 |
| Seide | 8,869,530 | 11,024,323 | 989,973 | 566,644 | 589,822 | 1,327,267 | 842,236 | 201,382 | 348,109 | 646,386 |
| Mindvieh | 3,135,811 | 622,380 | 336,886 | | 504,369 | | | | | |
| Wolle | 1,036,583 | 544,384 | | | | | | | | |

### B. Export aus Frankreich.

| | 1880 | 1881 | 1882 | 1883 | 1884 | 1885 | 1886 | 1887 | 1888 | 1889 |
|---|---|---|---|---|---|---|---|---|---|---|
| Summe | 28,479,896 | 31,871,462 | 31,815,635 | 26,983,969 | 20,310,363 | 15,647,536 | 16,079,976 | 19,850,043 | 19,686,571 | 22,590,196 |
| **Hievon:** | | | | | | | | | | |
| Modewaaren von Wolle | 3,546,850 | 4,141,700 | 5,417,011 | 3,496,286 | 2,769,037 | 2,248,745 | 1,464,130 | 2,563,264 | 1,913,615 | 1,611,576 |
| Modewaaren von Seide | 5,903,980 | 7,082,698 | 6,391,112 | 3,577,428 | 2,493,037 | 2,048,064 | 1,912,838 | 2,706,787 | 2,651,509 | 2,718,539 |
| Reines Olivenöl | 466,318 | 1,188,876 | 986,942 | 1,061,850 | 1,864,526 | 1,369,246 | 1,388,248 | 1,679,748 | 1,513,654 | 2,296,445 |

Ausserdem sind die Artikel von regelmässiger Bedeutung im Verkehr: Baumwollgewebe, verarbeitetes Leder, Lederkleidern, Kurzwaaren, Papier, optische Instrumente und Möbelfabn.

**Bilanz:**

| | 1880 | 1881 | 1882 | 1883 | 1884 | 1885 | 1886 | 1887 | 1888 | 1889 |
|---|---|---|---|---|---|---|---|---|---|---|
| Einfuhr | 124,144,591 | 107,801,405 | 126,108,244 | 144,507,799 | 110,729,971 | 110,477,655 | 107,911,197 | 99,140,326 | 114,824,450 | 124,600,196 |
| Ausfuhr | 28,479,896 | 31,871,462 | 31,815,635 | 26,983,969 | 20,310,353 | 15,647,535 | 16,079,976 | 19,850,043 | 19,586,571 | 22,590,196 |
| Mehr-Einfuhr | 95,664,695 | 75,929,936 | 94,792,659 | 117,523,830 | 90,419,118 | 94,830,120 | 91,831,221 | 79,296,333 | 94,737,359 | 102,010,000 |
| Summe des Verkehrs | 152,624,387 | 139,672,870 | 157,423,929 | 171,791,768 | 131,040,824 | 126,125,190 | 123,991,173 | 118,996,419 | 133,911,001 | 147,196,392 |

36

Tabelle 196.

# Handelsverkehr des Königreiches Italien mit der österreichisch-ungarischen Monarchie (Specialhandel).

## In 1000 Lire.

| | | 1867 | 1868 | 1869 | 1870 | 1871 | 1872 | 1873 | 1874 | 1875 | 1881 | 1882 | 1883 | 1884 | 1885 | 1886 | 1887 | 1888 | 1889 | 1890 |
|---|---|---|---|---|---|---|---|---|---|---|---|---|---|---|---|---|---|---|---|---|
| Einfuhr nach Italien | mit Edelmetallen | 146.903 | 169.139 | 156.619 | 147.295 | 172.574 | 218.215 | 225.371 | 234.535 | 234.640 | 218.703 | 190.324 | 207.196 | 206.077 | 236.107 | 224.594 | 250.824 | 138.764 | 165.355 | 150.689 |
| | ohne Edelmetalle | · | · | · | · | · | · | · | · | · | · | · | · | 199.648 | 221.599 | 222.706 | 249.241 | 137.493 | 150.441 | 143.914 |
| Ausfuhr aus Italien | mit Edelmetallen | 125.427 | 139.575 | 105.933 | 132.633 | 198.371 | 220.494 | 221.640 | 211.108 | 191.610 | 150.769 | 146.716 | 137.253 | 111.313 | 101.789 | 95.275 | 95.332 | 88.606 | 93.476 | 94.343 |
| | ohne Edelmetalle | · | · | · | · | · | · | · | · | · | · | · | · | 108.419 | 93.079 | 93.406 | 92.279 | 83.849 | 90.146 | 83.947 |
| Mehreinfuhr | mit Edelmetallen | 21.476 | 29.564 | 50.686 | 14.662 | · | · | 3.731 | 43.427 | 43.080 | 67.934 | 43.608 | 69.943 | 94.764 | 134.318 | 129.319 | 155.492 | 50.158 | 69.879 | 56.146 |
| | ohne Edelmetalle | · | · | · | · | · | · | · | · | · | · | · | · | 91.229 | 128.520 | 129.298 | 156.962 | 53.644 | 60.295 | 59.967 |
| Mehrausfuhr | · | · | · | · | · | 25.797 | 2.279 | · | · | · | · | · | · | · | · | · | · | · | · | · |
| Summe des Verkehres | mit Edelmetallen | 272.330 | 308.714 | 262.552 | 279.928 | 370.945 | 438.709 | 447.011 | 465.643 | 426.250 | 369.472 | 337.040 | 344.449 | 317.390 | 337.896 | 319.669 | 346.136 | 227.370 | 260.831 | 245.232 |
| | ohne Edelmetalle | · | · | · | · | · | · | · | · | · | · | · | · | 308.067 | 314.678 | 316.114 | 341.320 | 221.342 | 249.587 | 227.861 |

**Anmerkung.** Die Einfuhr bestand in der Periode 1867 bis 1871 hauptsächlich aus Holz und Holzwaaren, Colonialwaaren, Seide und Seidenwaaren, Spirituosen und Öler; 1872 bis 1875 traten besonders hinzu: Baumwolle und Waaren daraus, Schafwolle und Kurzwaaren; 1881 bis 1888 wurden auch Thiere und thierische Producte, Mineralien und Steine von besonderer Wichtigkeit. Die Ausfuhr bestand in der Periode 1867 bis 1871 hauptsächlich aus Spirituosen und Öler, Hanf, Leinen und Waaren daraus, Seide und Seidenwaaren, Baumwolle, Getreide, Früchte, Kurzwaaren u. s. w.; in den folgenden Perioden treten insbesondere Thiere und thierische Producte, Holz und Holzwaaren u. s. w. hinzu.

Tabelle 197.

# Warenverkehr der Schweiz mit Österreich-Ungarn, sammt Edelmetallen im Effectivhandel.

## Nach Wert in Francs.

| | | 1885 | 1886 | 1887 | 1888 | 1889 | 1890 |
|---|---|---|---|---|---|---|---|
| Einfuhr aus Österreich-Ungarn | mit Edelmetallen . . . . | 65,603.062 | 94,749.388 | 88,388.798 | 95,963.661 | 106,490.741 | 102,319.000 |
| | ohne Edelmetalle . . . . | 65,454.319 | 94,583.762 | 88,278.790 | 95,788.271 | 106,277.020 | 102,087.000 |
| Ausfuhr nach Österreich-Ungarn | mit Edelmetallen . . . . | 37,726.553 | 37,429.414 | 38,168.507 | 33,165.401 | 38,534.068 | 39,259.000 |
| | ohne Edelmetalle . . . . | 35,590.709 | 37,058.972 | 37,914.902 | 32,937.299 | 38,306.849 | 39,004.000 |
| Mehreinfuhr | mit Edelmetallen . . . . . . . | 27,876.509 | 57,319.974 | 50,220.291 | 62,798.260 | 67,956.673 | 63,060.000 |
| | ohne Edelmetalle . . . . . . . | 29,863.610 | 57,524.790 | 50,363.888 | 62,850.972 | 67,970.171 | 63,083.000 |
| Summe des Verkehres . | mit Edelmetallen . . . . . . | 103,329.615 | 132,178.802 | 126,557.305 | 129,129.062 | 145,024.809 | 141,578.000 |
| | ohne Edelmetalle . . . . . . | 101,045.028 | 131,642.634 | 126,193.692 | 128,725.570 | 144,583.869 | 141,091.000 |
| Edelmetalleinfuhr . . . . . . . . . . . . . | | 148.743 | 165.626 | 110.008 | 175.390 | 213.721 | 232.000 |
| Edelmetallausfuhr . . . . . . . . . . . . | | 2,135.844 | 370.442 | 253.605 | 228.102 | 227.219 | 255.000 |
| Mehrausfuhr . . . . . . . . . . . | | 1,987.106 | 204.816 | 143.597 | 52.712 | 13.498 | 23.000 |

Anmerkung. Die Hauptgegenstände der Einfuhr sind: Holz, Nahrungsmittel, Wein, Bier Spirituosen, Seide, Baumwolle, Thiere u. s. w.

Die Hauptgegenstände der Ausfuhr sind: Maschinen, Uhren, Flachs, Hanf, Wolle, Nahrungsmittel u. s. w.

Tabelle 198.

# Handelsverkehr des Königreiches Belgien mit der österreichisch-ungarischen Monarchie im Specialhandel (ohne Edelmetallverkehr).

### In Werten zu 1000 Francs.

| | 1861 | 1862 | 1863 | 1864 | 1865 | 1871 | 1872 | 1873 | 1874 | 1875 | 1881 | 1882 | 1883 | 1884 | 1885 | 1886 | 1887 | 1888 | 1889 |
|---|---|---|---|---|---|---|---|---|---|---|---|---|---|---|---|---|---|---|---|
| Einfuhr nach Belgien . . . . . | 985 | 1.730 | 1.222 | 1.670 | 771 | 5.131 | 513 | 1.419 | 325 | 174 | 206 | 1.230 | 1.966 | 1.176 | 996 | 915 | 1.877 | 3.341 | 2.042 |
| Ausfuhr nach Österreich . . | 2.507 | 2.290 | 1.962 | 1.109 | 1.213 | 3.617 | 8.863 | 12.631 | 7.233 | 6.543 | 3.067 | 4.734 | 3.960 | 8.362 | 4.952 | 3.915 | 5.003 | 6.816 | 6.889 |
| Mehreinfuhr nach Belgien . | · | · | · | 561 | · | 1.514 | · | · | · | · | · | · | · | · | · | · | · | · | · |
| Mehrausfuhr nach Österreich . | 1.522 | 530 | 740 | · | 442 | · | 8.340 | 11.212 | 6.908 | 6.369 | 2.861 | 3.504 | 1.986 | 7.177 | 3.964 | 3.000 | 3.126 | 3.475 | 4.847 |
| Summe des Verkehrs . | 3.492 | 4.020 | 3.184 | 2.779 | 1.984 | 8.748 | 9.366 | 14.060 | 7.558 | 6.717 | 3.273 | 5.964 | 5.915 | 9.527 | 5.950 | 4.830 | 6.880 | 10.167 | 8.931 |

**Anmerkung.** Die Einfuhr bestand in der Periode 1861 bis 1865 hauptsächlich aus vegetabilischen Faserstoffen (Filaments), Früchten, Getreide, Leinen; in der Periode 1871 bis 1875 aus denselben Waren; 1881 bis 1888 hauptsächlich aus Bauholz, Getreide und Mineralien.

Die Ausfuhr bestand in der Periode 1861 bis 1865 hauptsächlich aus Geweben, raffiniertem Zucker, Glaswaren und Zink; in der Periode 1871 bis 1875 hauptsächlich aus Geweben, Eisenwaren, Schmelztiegeln, Maschinen, Häuten, Glaswaren u. s. w.; 1881 bis 1889 außerdem auch besonders aus Garnen und Geweben.

Tabelle 199.

# Übersicht des Handelsverkehres der österreichisch-ungarischen Monarchie mit den Ländern der lateinischen Münz-Union.

In 1000 Francs.

| Verkehr | Länder | 1880 | 1881 | 1882 | 1883 | 1884 | 1885 | 1886 | 1887 | 1888 | 1889 |
|---|---|---|---|---|---|---|---|---|---|---|---|
| Einfuhr aus der österreichisch-ungarischen Monarchie | Frankreich . . . . . . | 124.145 | 107.801 | 126.108 | 144.808 | 110.730 | 110.478 | 107.911 | 99.146 | 114.324 | 124.606 |
| | Italien [1]) . . . . . . | . . . . | 218.703 | 190.324 | 207.196 | 199.648 | 221.599 | 222.706 | 249.241 | 137.493 | 159.441 |
| | Schweiz . . . . . . | . . . . | . . . . | . . . . | . . . . | . . . . | 65.454 | 94.584 | 88.279 | 95.788 | 106.277 |
| | Belgien . . . . . . . | . . . . | 206 | 1.230 | 1.965 | 1.175 | 998 | 915 | 1.877 | 3.341 | 2.042 |
| | Zusammen . | 124.145 | 326.710 | 317.662 | 353.969 | 311.553 | 398.529 | 426.116 | 438.543 | 350.946 | 392.366 |
| Ausfuhr nach der österreichisch-ungarischen Monarchie | Frankreich . . . . . . | 28.480 | 31.871 | 31.316 | 26.984 | 20.311 | 15.648 | 16.080 | 19.830 | 19.587 | 22.590 |
| | Italien [1]) . . . . . . | . . . . | 150.769 | 146.716 | 187.253 | 108.419 | 93.079 | 93.408 | 92.279 | 83.849 | 90.146 |
| | Schweiz . . . . . . | . . . . | . . . . | . . . . | . . . . | . . . . | 35.591 | 37.059 | 37.915 | 32.937 | 38.307 |
| | Belgien . . . . . . . | . . . . | 3.067 | 4.734 | 3.950 | 8.352 | 4.952 | 3.915 | 5.003 | 6.816 | 6.889 |
| | Zusammen . | 28.480 | 185.707 | 182.766 | 168.187 | 137.082 | 149.270 | 150.462 | 155.047 | 143.189 | 157.932 |
| Summe des Verkehres | Frankreich . . . . . . | 152.625 | 139.672 | 157.424 | 171.792 | 131.041 | 126.126 | 123.991 | 118.996 | 133.911 | 147.196 |
| | Italien [1]) . . . . . . | . . . . | 369.472 | 337.040 | 344.449 | 308.067 | 314.678 | 316.114 | 341.520 | 221.342 | 249.587 |
| | Schweiz . . . . . . | . . . . | . . . . | . . . . | . . . . | . . . . | 101.045 | 131.643 | 126.194 | 128.725 | 144.584 |
| | Belgien . . . . . . . | . . . . | 3.273 | 5.964 | 5.915 | 9.527 | 5.950 | 4.830 | 6.880 | 10.157 | 8.931 |
| | Zusammen . | 152.625 | 512.417 | 500.428 | 522.156 | 448.685 | 547.799 | 576.578 | 593.590 | 494.135 | 550.298 |

[1]) Vom Jahre 1881 bis 1883 ist der Handelsverkehr einschließlich des Verkehres mit Edelmetallen angegeben.

**Tabelle 200.**

# Vergleichung der Werte der österreichisch-ungarischen Gesammt-Ein- und Ausfuh mit den bezüglichen Werten des Handels Österreich-Ungarns mit Deutschlan Italien, der Schweiz und Belgien.

**Werte in Tausenden Gulden österr. Währ. Silber.**

(Aus den statistischen Materialien gesammelt vom k. k. Handelsministerium zur Regierungsvorlage betreffend die Zoll- und Handels-Verträg

| Handel | | Einfuhr nach Österreich-Ungarn 1890 | 1889 | 1888 | 1887 | 1886 | 1885 | Ausfuhr aus Österreich-Ungarn 1890 | 1889 | 1888 | 1887 | 1886 | 1885 |
|---|---|---|---|---|---|---|---|---|---|---|---|---|---|
| Gesammthandel (exclusive Edelmetalle) des österreichisch-ungarischen Zollgebietes (nach der österreichisch-ungarischen Statistik) | | 609.700 | 589.161 | 533.068 | 568.573 | 539.223 | 557.948 | 771.376 | 766.178 | 728.795 | 672.930 | 698.632 | 672 083 |
| Handel (exclusive Edelmetalle) Österreich-Ungarns mit: | | | | | | | | | | | | | |
| Deutschland | nach der fremden Statistik bei Umrechnung der Werte in Silber Gulden österr. Währ. | 192.999 | 186.717 | 182.445 | 183.680 | 176.607 | 173 944 | 323.797 | 310.124 | 272.472 | 262.083 | 249.255 | 234 616 |
| Italien | | 38.286 | 42.421 | 40.853 | 45.708 | 46.484 | 45.738 | 65.635 | 75.030 | 66.989 | 123.455 | 110.828 | 108.892 |
| der Schweiz | | 18.169 | 18 310 | 16.400 | 19.121 | 18.705 | 18.635 | 47.852 | 50.601 | 47.453 | 44.278 | 47.351 | 32 405 |
| Belgien | | [1]) 2 552 | 3.273 | 3.370 | 2.506 | 1.957 | 2 446 | [1]) 849 | 970 | 1.652 | 940 | 457 | 493 |
| Wert unseres Handels mit obigen vier Staaten | | 252.006 | 250.721 | 243.068 | 251.015 | 243.753 | 240.763 | 437.633 | 436.725 | 388.566 | 430.706 | 407.891 | 376.406 |
| oder in Procenten des Wertes unseres Gesammthandels | | 41·33 | 42·56 | 45·60 | 44·15 | 45·20 | 43·15 | 56·73 | 57·00 | 53·32 | 64·00 | 58·38 | 56·01 |
| Unser Handel mit: | | | | | | | | | | | | | |
| Deutschland | in Procenten des Wertes unseres Gesammthandels | 31·65 | 31·69 | 34·22 | 32·31 | 32·75 | 31·18 | 41·97 | 40·47 | 37·38 | 38·94 | 35·67 | 34·9[illegible] |
| Italien | | 6·28 | 7·20 | 7·66 | 8·03 | 8·62 | 8·20 | 8·51 | 9·79 | 9·19 | 18·35 | 15·8. | 16·[illegible] |
| der Schweiz | | 2·98 | 3·11 | 3·08 | 3·36 | 3·47 | 3·33 | 6·14 | 6·61 | 6·51 | 6·57 | 6·77 | 4·8[illegible] |
| Belgien | | 0·42 | 0·56 | 0·64 | 0·45 | 0·36 | 0·44 | 0·11 | 0·13 | 0·24 | 0·14 | 0·07 | 0·0[illegible] |

[1]) Für das Jahr 1890 waren nur approximative Wertangaben möglich.

# Erläuterungen.

Eine specielle Statistik des auswärtigen Handels der im Reichsrathe vertretenen Königreiche und Länder wird erst die Durchführung des Gesetzes vom 26. Juni 1890 über die Statistik des auswärtigen Handels ermöglichen. Es mußte sich daher mit jenen Daten begnügt werden, welche generell für die österreichisch-ungarische Monarchie vorliegen.

Es sind drei Gesichtspunkte, welche bei der Auswahl und der Darstellung des statistischen Materiales maßgebend waren:

Die gleichzeitige Verfolgung der Bewegung des Wertes der Landeswährung und jener des auswärtigen Handelsverkehrs im Specialhandel sowohl nach der Gesammtsumme des Verkehrs, als auch nach Einfuhr und Ausfuhr. Es bedarf kaum der Hervorhebung, daß diese Zusammenstellung nur Momente eines weit reicheren und mannigfaltigeren causalen Verhaltens erfaßt; auch konnte in Wahrung des allgemeinen Charakters dieser Tabellen nicht auf den Handelsverkehr in Warenkategorien und Specialitäten besonders eingegangen werden, obschon eine solche Specialuntersuchung sachlich nöthig sein wird.

Der zweite Gesichtspunkt galt der Hervorhebung des Handelsverkehrs mit jenen Ländern, mit denen der auswärtige Wechselverkehr für die Monarchie von besonderer Bedeutung ist. Es scheint nicht möglich, die Bewegung der Höhe der Wechselcurse ohne Kenntnis der gleichzeitigen Bewegung des Handelsverkehrs mit jenen Ländern richtig zu beurtheilen.

Der dritte Gesichtspunkt endlich galt der Hervorhebung des Verkehres mit jenen Währungsgebieten, welche für die Monarchie die wichtigsten sind. Es sind dies das deutsche Reich mit der Markwährung und die Länder der lateinischen Münz-Union. Bei allen diesen Darstellungen mußte den auswärtigen amtlichen Statistiken gefolgt werden.

# Vierzehnter Abschnitt.

# Effectencurse.

(Tabellen 202—216.)

Tabelle 202.

# Jahresdurchschnitte, Maxima und Minima der 5%igen Metalliques und der 4·2%igen einheitlichen Notenrente nach den Monats-Ultimo-Notierungen an der Wiener Börse.

| Jahre | Jahres-durchschnitt | Maximum | Monat | Minimum | Monat | Rentabilität % | Anmerkung |
|---|---|---|---|---|---|---|---|
| **I. Notierung in Conventions-Münze** | | | | | | | |
| 1845 | 112 9/16 | 114 7/16 | Juli | 111 5/16 | Dezember | 4·44 | 1) Nur 10monatlicher Durchschnitt, da vom 1. November 1858 an Notierung in österreichischer Währung. |
| 1846 | 111 5/22 | 112 22/22 | Februar | 108 3/16 | " | 4·50 | |
| 1847 | 106 9/16 | 108 1/2 | März | 104 17/22 | " | 4·69 | |
| 1848 | 78 13/22 | 102 15/16 | Jänner | 62 15/22 | April | 6·35 | |
| 1849 | 90 5/8 | 96 29/22 | September | 84 1/22 | Februar | 5·52 | 2) Infolge der kaiserlichen Verordnung vom 28. April 1859 wurde gleich bei der Auszahlung der Coupons eine Steuer (5% + 1/5 Zuschlag) in Abzug gebracht. Verzinsung daher nur 4·7%. |
| 1850 | 94 17/22 | 96 22/22 | Juli | 92 9/22 | November | 5·29 | |
| 1851 | 93 1/8 | 96 21/22 | Mai | 91 13/16 | " | 5·37 | |
| 1852 | 95 17/22 | 97 3/22 | August | 94 5/22 | October | 5·23 | |
| 1853 | 93 11/16 | 95 5/22 | Jänner | 91 3/22 | " | 5·33 | 3) Durch kaiserliche Verordnung vom 23. December 1862 wurde der Steuerabzug auf 7% erhöht. Verzinsung daher nur 4·65%. |
| 1854 | 85 19/22 | 91 21/22 | " | 82 21/22 | November | 5·84 | |
| 1855 | 78 17/22 | 83 9/22 | " | 74 6/22 | Dezember | 6·36 | |
| 1856 | 82 21/22 | 85 13/16 | April | 77 29/22 | Jänner | 6·02 | |
| 1857 | 82 7/16 | 84 3/8 | Februar | 80 11/22 | November | 6·06 | |
| 1) 1858 | 82 7/22 | 83 1/16 | September | 81 11/22 | April | 6·08 | 4) Infolge des Unificationsgesetzes vom 20. Juni 1868 wurde die einheitliche Notenrente gegen Einziehung aller in Noten verzinslichen Gattungen von Staatsobligationen, daher insbesondere gegen die bestandenen Metalliquesobligationen, die verlosten Obligationen der älteren Staatsschuld in Obligationen österreichischer Währung, mit Ausnahme der Lotterieanlehen, ausgegeben. (Verzinsung 5% — 16% Einkommensteuer = 4·2%). |
| **II. Notierung in österreichischer Währung** | | | | | | | |
| 2) 1859 | 71·66 | 80·81 | Jänner | 59·48 | Mai | 6·89 | |
| 1860 | 68·11 | 72·16 | " | 64·40 | September | 7·24 | |
| 1861 | 66·36 | 68·48 | Juli | 62·65 | Jänner | 7·44 | |
| 1862 | 70·72 | 71·55 | Mai | 68·02 | " | 6·98 | |
| 3) 1863 | 75·59 | 76·89 | September | 78·30 | Dezember | 6·46 | |
| 1864 | 71·87 | 73·10 | April | 69·69 | October | 6·79 | |
| 1865 | 69·03 | 72·19 | Februar | 62·90 | Dezember | 7·07 | |
| 1866 | 57·65 | 62·79 | Jänner | 50·12 | October | 8·47 | |
| 1867 | 58·25 | 61·56 | Februar | 55·57 | " | 8·38 | |
| 4) 1868 | 57·50 | 58·85 | Juli | 56·08 | Mai | 8·49 | |
| **III. Notierung für 4·2% einheitliche Notenrente** | | | | | | | |
| 1869 | 61·28 | 63·45 | Juli | 59·00 | September | 6·85 | |
| 1870 | 58·18 | 61·30 | Februar | 51·75 | Juli | 7·22 | |
| 1871 | 59·04 | 60·50 | Dezember | 57·70 | September | 7·11 | |
| 1872 | 65·15 | 66·90 | August | 62·90 | Jänner | 6·45 | |
| 1873 | 69·12 | 71·30 | Februar | 67·25 | " | 6·08 | |
| 1874 | 69·85 | 71·85 | August | 69·15 | April, November | 6·01 | |
| 1875 | 70·14 | 71·20 | März | 69·35 | Dezember | 5·99 | |
| 1876 | 64·94 | 68·70 | Jänner | 60·25 | November | 6·47 | |
| 1877 | 62·36 | 64·50 | März | 58·60 | April | 6·73 | |
| 1878 | 62·12 | 64·35 | April | 60·25 | October | 6·76 | |
| 1879 | 66·36 | 69·10 | Dezember | 61·55 | Jänner | 6·38 | |
| 1880 | 72·40 | 73·80 | Juni | 71·05 | Februar | 5·80 | |
| 1881 | 76·42 | 78·75 | April | 72·75 | Jänner | 5·49 | |
| 1882 | 76·10 | 77·05 | Juli | 73·50 | " | 5·52 | |
| 1883 | 78·51 | 79·05 | Dezember | 77·60 | " | 5·35 | |
| 1884 | 80·62 | 82·05 | " | 79·65 | Februar | 5·21 | |
| 1885 | 82·48 | 83·75 | " | 78·85 | April | 5·09 | |
| 1886 | 84·54 | 86·10 | Februar | 82·60 | Dezember | 4·97 | |
| 1887 | 80·40 | 81·65 | October | 75·85 | " | 5·22 | |
| 1888 | 80·25 | 82·25 | October, Dezember | 77·55 | Februar | 5·23 | |
| 1889 | 84·40 | 85·95 | November | 82·35 | Jänner | 4·98 | |
| 1890 | 88·68 | 90·10 | Dezember | 87·55 | März | 4·74 | |
| 1891 | 91·92 | 92·75 | April | 90·75 | August | 4·57 | |

37*

Tabelle 203.

## Jahresdurchschnitte, Maxima und Minima der 4·2%igen einheitlichen Silberrente nach den Monats-Ultimo-Notierungen an der Wiener Börse.

| Jahre | Jahres-durchschnitte | Maximum | Monat | Minimum | Monat | Rentabilität % | Anmerkung |
|---|---|---|---|---|---|---|---|
| 1869 | 69·81 | 72·75 | VII. | 66·75 | I. | 7·28 | Die Silberrente wurde infolge des Unificationsgesetzes vom 20. Juni 1868 gegen Einziehung aller in Silber verzinslichen Gattungen von Staatsobligationen, daher insbesondere gegen die bestandenen Obligationen der Nationalanleihe und der im Auslande aufgenommenen Silberanleihen ausgegeben. |
| 1870 | 67·53 | 71·15 | II. | 59·90 | VII. | 7·58 | |
| 1871 | 68·90 | 71·50 | XII. | 67·75 | XI. | 7·34 | |
| 1872 | 71 16 | 72·40 | I. | 69·40 | X. | 6·45 | |
| 1873 | 73·15 | 74·80 | XI. | 71·80 | I. | 6·21 | |
| 1874 | 74·33 | 75·15 | XII. | 73·60 | IV. | 5·95 | |
| 1875 | 74·26 | 75·80 | II. | 73·05 | VIII. | 5·85 | |
| 1876 | 68·93 | 73·20 | I. | 65·30 | X | 6·37 | |
| 1877 | 66·46 | 68·35 | III. | 63·75 | IV. | 6·91 | Die erste Notierung der Silberrente im Wiener Coursblatte erfolgte am 7. Jänner 1869. |
| 1878 | 64·52 | 67·10 | I. | 62·00 | X. | 6·71 | |
| 1879 | 67·85 | 71·55 | V. | 62·60 | I. | 6·19 | |
| 1880 | 73·25 | 74·50 | VI | 71·80 | II. | 5·73 | |
| 1881 | 77·40 | 79·50 | VII. | 73 85 | I. | 5·43 | |
| 1882 | 76·83 | 77·75 | VII. | 74·90 | I | 5·47 | |
| 1883 | 78·99 | 79·70 | XII. | 77·85 | I. | 5·32 | |
| 1884 | 81·60 | 83·05 | XII. | 80·30 | I. | 5·15 | |
| 1885 | 82·89 | 84·10 | I. | 79·20 | IV. | 5·07 | |
| 1886 | 85·07 | 86·20 | II. | 83·45 | XII. | 4·94 | |
| 1887 | 81·82 | 82·80 | VII. | 78·75 | XII. | 5·13 | |
| 1888 | 81·46 | 83·10 | XII. | 78·55 | II. | 5·15 | |
| 1889 | 85·02 | 86·30 | XI., XII | 83·10 | I. | 4·94 | |
| 1890 | 89·08 | 90 15 | XII. | 87·65 | III. | 4·71 | |
| 1891 | 91·80 | 92·65 | IV. | 90 55 | VIII. | 4·58 | |

Tabelle 204.

## Jahresdurchschnitte, Maxima und Minima der 4%igen österreichischen Goldrente nach den Monats-Ultimo-Notierungen an der Wiener Börse.

| Jahre | Jahres-durchschnitte | Maximum | Monat | Minimum | Monat | Rentabilität % | Anmerkung |
|---|---|---|---|---|---|---|---|
| 1876 | *) 70 80 | . . . . | . . . | . . . . | . . . | 6·79 | Goldrente creirt mit Gesetz vom 18. März 1876, R. G. Bl. Nr. 35. |
| 1877 | 73·90 | 78·10 | III. | 70·65 | V. | 6·62 | |
| 1878 | 72·93 | 75·05 | I. | 70·60 | X. | 6 43 | *) Erste Notierung im Wiener Coursblatte am 22. December 1876. (Cours 71·20). |
| 1879 | 78·64 | 81·35 | XII. | 73·90 | I. | 5·91 | |
| 1880 | 87·59 | 89·00 | VI. | 85·40 | II. | 5·33 | |
| 1881 | 93·40 | 96·45 | IV. | 88·55 | I. | 5·00 | Emissionen aus Tabelle 195 ersichtlich. |
| 1882 | 94 41 | 95·45 | IX., X. | 92·00 | I. | 5·03 | |
| 1883 | 98·69 | 100·00 | IX. | 96·00 | I. | 4·82 | |
| 1884 | 102·66 | 104·40 | IX. | 100·45 | I. | 4·71 | |
| 1885 | 108·27 | 110·70 | XII. | 106·50 | I. | 4 56 | |
| 1886 | 115·60 | 121·00 | VII. | 112·20 | I. | 4·32 | |
| 1887 | 111·44 | 113·60 | III. | 106·75 | XII. | 4·49 | |
| 1888 | 110·18 | 111·95 | VI. | 108·15 | II. | 4·46 | |
| 1889 | 109·98 | 111·75 | III. | 107·70 | IX. | 4·31 | |
| 1890 | 108·50 | 110·15 | III. | 106 55 | VIII. | 4·25 | |
| 1891 | 109·93 | 111 75 | VII. | 107·50 | XI. | 4·22 | |

Tabelle 205.

## Jahresdurchschnitte, Maxima und Minima der 5%igen österreichischen Notenrente nach den Monats-Ultimo-Notierungen an der Wiener Börse.

| Jahre | Jahres-durchschnitte | Maximum | Monat | Minimum | Monat | Rentabilität % | Anmerkung |
|---|---|---|---|---|---|---|---|
| *) 1881 | 95·48 | 98·00 | IV. | 93·95 | X. | 5 24 | Mit dem Gesetze vom 11. April 1881 hat die Regierung die Ermächtigung zur Ausführung einer Creditoperation durch Begebung von Obligationen einer mit fünf vom Hundert in Noten verzinslichen, nicht rückzahlbaren, steuerfreien Schuld erhalten. |
| 1882 | 91·48 | 93·00 | IV. | 88·00 | II | 5·46 | |
| 1883 | 93·20 | 93·75 | XII. | 92·50 | I. | 5·36 | |
| 1884 | 95·81 | 97·00 | XII | 95·30 | II. | 5·22 | |
| 1885 | 98·98 | 101·70 | XII. | 94·35 | IV. | 5·05 | |
| 1886 | 101·52 | 102·10 | II. | 100·50 | IX. | 4·92 | Weitere Emissionen sind aus Tabelle 196 ersichtlich. |
| 1887 | 96·26 | 98·00 | I. | 89·70 | XII. | 5 19 | *) Erste Notierung im Wiener Coursblatte am 14. April 1881. (Cours 97·50.) |
| 1888 | 95 54 | 98·00 | VIII. | 92·30 | III. | 5·23 | |
| 1889 | 99 99 | 101·15 | XII. | 97·95 | I. | 5·00 | |
| 1890 | 101·63 | 102·85 | III. | 100·80 | X. | 4 92 | |
| 1891 | 102·09 | 102·45 | V. | 101·75 | IX. | 4·90 | |

Tabelle 206.

# Monats=Ultimo=Curse für 4%ige österreichische Goldrente an den Börsen in Berlin, Paris und London.

### Per 100 Gulden Goldrente in österreichischen Gulden Gold.

| Datum | Berlin | | Paris | London |
|---|---|---|---|---|
| | Curs der 4%igen österreichischen Goldrente | Wien, kurze Sicht | Curs der 4%igen österreichischen Goldrente | Curs der 4%igen österreichischen Goldrente |
| **1877** | | | | |
| 31. Jänner | 61·30 Ultimo | 165·70 | | |
| 28. Februar | 60·10 „ | 163·60 | | |
| 31. März | 64·70 „ | 165·75 | 65·700 | |
| 30. April | 55·25 „ | 157·00 | 54·875 | |
| 30. Mai | 55·60 „ | 158·75 | 55·500 | |
| 30. Juni | 58·50 „ | 162·30 | 58·800 | |
| 31. Juli | 59·90 „ | 164·25 | 60·600 | |
| 31. August | 64·00 „ | 171·50 | 64·300 | |
| 29. September | 64·75 „ | 173·00 | 65·800 | |
| 31. October | 63·40 „ | 170·80 | 63·060 | |
| 30. November | 63·40 „ | 170·10 | 63·180 | |
| 31. December | 61·70 „ | 167·85 | 62·060 | |
| Durchschnittszahl | **61·05** | **165·88** | **61·39** | |
| **1878** | | | | |
| 31. Jänner | 64·00 Ultimo | 170·70 | 64·500 | |
| 28. Februar | 62·10 „ | 189·70 | 63·000 | |
| 29. März | 59·00 „ | 165·50 | 60·250 | |
| 30. April | 59·00 „ | 165·35 | 58·650 | |
| 31. Mai | 62·60 „ | 170·30 | 63·000 | |
| 28. Juni | 64·50 „ | 173·20 | 64·900 | |
| 31. Juli | 65·00 „ | 176·10 | 65·900 | |
| 31. August | 62·60 „ | 176·00 | 63·750 | |
| 30. September | 62·75 „ | 173·75 | 64·250 | |
| 31. October | 60·50 „ | 170·20 | 60·810 | |
| 30. November | 61·90 „ | 173·50 | 62·050 | |
| 31. December | 62·90 „ | 172·60 | 63·200 | |
| Durchschnittszahl | **62·23** | **171·41** | **62·81** | |
| **1879** | | | | |
| 31. Jänner | 63·50 Ultimo | 173·40 | 64·375 | |
| 28. Februar | 65·40 „ | 174·30 | | |
| 31. März | 66·60 „ | 174·40 | 67·900 | |
| 30. April | 67·70 „ | 173·65 | 66·500 | |
| 31. Mai | 70·40 „ | 174·50 | 69·950 | 69·625 |
| 30. Juni | 68·00 „ | 175·05 | 68·400 | 67·625 |
| 31. Juli | 69·00 „ | 176·10 | 69·750 | 68·875 |
| 30. August | 68·00 „ | 172·80 | 69·250 | 68·500 |
| 29. September | 70·50 „ | 173·25 | 72·150 | 71·000 |
| 31. October | 69·75 „ | 173·75 | 69·500 | 69·125 |
| 29. November | 69·90 „ | 173·00 | 69·930 | 69·125 |
| 31. December | 70·40 „ | 172·60 | 70·750 | 70·000 |
| Durchschnittszahl | **68·27** | **173·90** | **68·95** | **69·23** |
| **1880** | | | | |
| Jänner | 74·60 Ultimo | 172·60 | 74·600 | 74·750 |
| Februar | 73·50 „ | 172·50 | 73·750 | 73·000 |
| März | 75·40 „ | 171·10 | 76·625 | 75·750 |
| April | 75·50 „ | 170·70 | 75·000 | 73·750 |
| Mai | 76·25 „ | 172·50 | | 75·500 |
| Juni | 76·90 „ | 173·25 | 76·875 | 76·250 |
| Juli | 74·90 „ | 172·75 | 75·000 | 73·875 |
| August | 76·00 „ | 172·80 | 77·180 | |
| September | 74·75 „ | | 76·680 | |
| October | 74·90 „ | | 74·750 | 73·750 |
| November | 74·75 „ | 172·25 | 74·560 | |
| December | 75·70 „ | | 75·930 | |
| Durchschnittszahl | **75·26** | **172·27** | **75·52** | **75·60** |

Tabelle 206 (Fortſetzung.)

| Datum | Berlin | | | Paris | | | London | | |
|---|---|---|---|---|---|---|---|---|---|
| | Curs der 4%igen öſterreichiſchen Goldrente | Parität | Umrechnungscurs für 100 Mark deutſcher ReichsWährung in Noten öſterreichiſcher Währung | Curs der 4%igen öſterreichiſchen Goldrente per 100 fl. Gold | Parität für 100 fl. Gold in Noten öſterreichiſcher Währung | Umrechnungscurs für 100 Francs | Curs der 4%igen öſterreichiſchen Goldrente | Parität | Umrechnungscurs für 10 £ in Noten öſterreichiſcher Währung |
| **1880** | | | | | | | | | |
| December . . . | 75·70 | 88·18 Medio | 58·10 | 75·93 | 87·93 | 46·85 | . . . . . | | |
| **1881** | | | | | | | | | |
| Jänner . . . . | 76·10 | 88·54 Ultimo | 58·00 | 76·87 | 88·61 Ultimo | 46·80 Vista | 75·50 | 88·33 Ultimo | 118·75 Vista |
| Februar . . . | 77·75 | 89·47 „ | 57·35 | 78·56 | 89·46 „ | 46·40 „ | 77·00 | 88·80 Medio | 117·70 „ |
| März . . . . . | 81·60 | 93·69 „ | 57·20 | 82·93 | 93·79 „ | 46·20 „ | 82·00 | 94·01 „ | 117·30 „ |
| April . . . . | 84·00 | 96·86 „ | 57·80 | 83·00 | 96·47 „ | 46·65 „ | 82·25 | 96·56 „ | 118·00 „ |
| Mai . . . . . | 83·00 | 95·18 „ | 57·25 | 82·37 | 94·88 „ | 46·40 „ | 82 62 | 95·96 „ | 117·15 „ |
| Juni . . . . . | 81·80 | 93·52 „ | 57·05 | 81·75 | 93·63 „ | 46·30 „ | 81·00 | 93·60 „ | 117·00 „ |
| Juli . . . . . | 81·70 | 93·96 „ | 57·35 | 81·50 | 93·72 „ | 46·65 „ | 81·00 | 93·59 „ | 117·40 „ |
| Auguſt . . . | 80·90 | 93·42 „ | 57·55 | 81·56 | 93·24 „ | 46·55 „ | 80·75 | 93·41 „ | 117·95 „ |
| September . . | 82·25 | 95·11 „ | 57·60 | 83·50 | 94·96 „ | 46·45 „ | 82·50 | 95·02 „ | 117·80 „ |
| October . . . | 81·00 | 93·99 „ | 57·90 | 80·25 | 93·76 „ | 46·90 „ | . . . . . | | |
| November . . . | 80·90 | 94·09 „ | 58·05 | 80·12 | 93·48 „ | 47·00 „ | 79·75 | 93·83 „ | 118·70 „ |
| December . . . | 80·80 | 94·19 „ | 58·15 | 80·12 | 93·35 „ | 47·10 „ | 80·00 | 93·95 „ | 118·90 „ |
| **Durchschnittszahl** | **80·98** | **93·50** | **57·60** | **81·04** | **93·28** | **46·62** | **80·40** | . . . . . | |
| **1882** | | | | | | | | | |
| Jänner . . . . | 78·75 | 92·50 Ultimo | 58·55 | 77·50 | 90·90 Ultimo | 47·60 Vista | 78·00 | 92·33 Medio | 120·30 Vista |
| Februar . . . | 78·20 | 92·24 „ | 58·75 | . . . . | . . . . | . . . . | . . . . | | |
| März . . . . . | 79·40 | 93·46 „ | 58·60 | 79·62 | 92·75 „ | 47·60 „ | . . . . | | |
| April . . . . | 80·40 | 94·51 „ | 58·70 | 76·12 | 89·45 „ | 47·70 „ | . . . . | | |
| Mai . . . . . | 80·40 | 94·23 „ | 58·50 | . . . . | . . . . | . . . . | . . . . | | |
| Juni . . . . . | 80·90 | 95·21 „ | 58·70 | . . . . | . . . . | . . . . | . . . . | | |
| Juli . . . . . | 81·00 | 95·38 „ | 58·85 | . . . . | . . . . | . . . . | 80·25 | 94·96 „ | 120·20 „ |
| Auguſt . . . | 81·80 | 94·87 „ | 57·80 | . . . . | . . . . | . . . . | 81·25 | 94·87 „ | 118·40 „ |
| September . . | 81·80 | 95·51 „ | 58·25 | . . . . | . . . . | . . . . | 82·00 | 95·49 „ | 119·10 „ |
| October . . . | 81·60 | 95·59 „ | 58·50 | . . . . | . . . . | . . . . | 80·50 | 95·46 „ | 119·20 „ |
| November . . . | 81·10 | 94·89 „ | 58·40 | . . . . | . . . . | . . . . | 79·87 | 94·22 „ | 119·00 „ |
| December . . . | 81·00 | 95·41 „ | 58·75 | . . . . | . . . . | . . . . | 80·25 | 94·68 „ | 119·40 „ |
| **Durchschnittszahl** | **80·53** | **94·49** | **58·53** | . . . . | . . . . | . . . . | **80·30** | . . . . . | |
| **1883** | | | | | | | | | |
| Jänner . . . . | 81·90 | 96·27 Ultimo | 58·60 | . . . . | . . . . | . . . . | 81·50 | 96·06 Medio | 119·70 Vista |
| Februar . . . | 83·00 | 97·54 „ | 58·55 | . . . . | . . . . | . . . . | 83·00 | 97·61 „ | 119·80 „ |
| März . . . . . | 84·10 | 98·79 „ | 58·50 | . . . . | . . . . | . . . . | 84·50 | 98·89 „ | 119·60 „ |
| April . . . . | 84·00 | 98·48 „ | 58·55 | . . . . | . . . . | . . . . | 82·75 | 98·68 „ | 119·80 „ |
| Mai . . . . . | 84·60 | 99·24 „ | 58·55 | . . . . | . . . . | . . . . | 83·50 | 99·37 „ | 120·00 „ |
| Juni . . . . . | 84·80 | 99·44 „ | 58·50 | . . . . | . . . . | . . . . | 83·00 | 98·43 „ | 120·00 „ |
| Juli . . . . . | 84·60 | 99·27 „ | 58·50 | . . . . | . . . . | . . . . | 84·00 | 99·30 „ | 120·00 „ |
| Auguſt . . . | 84·90 | 99·59 „ | 58·45 | . . . . | . . . . | . . . . | 84·25 | 99·19 „ | 119·90 „ |
| September . . . | 84·90 | 100·17 „ | 58·75 | . . . . | . . . . | . . . . | . . . . | | |
| October . . . | 84·00 | 99·33 „ | 59 05 | . . . . | . . . . | . . . . | 83·00 | 99·18 „ | 120·10 „ |
| November . . . | 83·00 | 98·46 „ | 59·20 | . . . . | . . . . | . . . . | 82·00 | 98·14 „ | 120·70 „ |
| December . . . | 83·90 | 99·75 „ | 59·30 | . . . . | . . . . | . . . . | 82·50 | 98·66 „ | 121·00 „ |
| **Durchschnittszahl** | **83·96** | **98·86** | **58·71** | . . . . | . . . . | . . . . | **83·09** | **98·49** | **120·05** |

Tabelle 206 (Fortsetzung.)

| Datum | Berlin | | | Datum | London | | |
|---|---|---|---|---|---|---|---|
| | Curs der 4%igen österreichischen Gold-Rente | Parität per 100 fl. Gold-Rente in Noten österreichischer Währung | Umrechnungscurs per 100 Mark deutscher Reichswährung in Noten österreichischer Währung | | Curs der 4%igen österreichischen Gold-Rente | Parität per 100 fl. Gold-Rente in Noten österreichischer Währung | Umrechnungscurs für 10 Pfund Sterling in Noten österreichischer Währung |
| **1884** | | | | | | | |
| Jänner . . . . | 84·75 | 100·91 Ultimo | 59·35 | Jänner . . . . | . . . . | . . . . | . . . . |
| Februar . . . . | 85·70 | 101·92 „ | 59·25 | Februar . . . . | 84·50 | 100·84 Kassa | 121·50 Vista |
| März . . . . | 85·90 | 101·85 „ | 59·25 | März . . . . | 85·50 | 101·54 „ | 121·30 „ |
| April . . . . | 85·10 | 101·31 „ | 59·45 | April . . . . | 83·50 | 100·87 „ | 121·40 „ |
| Mai . . . . | 85·75 | 102·75 „ | 59·80 | Mai . . . . | 84·00 | 101·90 „ | 122·30 „ |
| Juni . . . . | 85·75 | 102·47 „ | 59·60 | Juni . . . . | 84·50 | 101·75 „ | 121·80 „ |
| Juli . . . . | 87·00 | 103·94 „ | 59·55 | Juli . . . . | 86·00 | 103·08 „ | 121·60 „ |
| August . . . . | 87·00 | 104·09 „ | 59·60 | August . . . . | 86·50 | 103·27 „ | 121·50 „ |
| September . . . | 86·00 | 103·85 „ | 59·70 | September . . . | 87·00 | 103·62 „ | 121·60 „ |
| October . . . . | 86·50 | 103·93 „ | 60·00 | October . . . . | 85·50 | 104·15 „ | 122·40 „ |
| November . . . . | 86·75 | 104·65 „ | 60·20 | November . . . . | 85·50 | 104·51 „ | 123·20 „ |
| December . . . . | 86·30 | 104·35 „ | 60·30 | December . . . . | 86·00 | 104·79 „ | 123·20 „ |
| Durchschnittszahl . | **86·08** | **103·00** | **59·67** | Durchschnittszahl . | **85·32** | **102·76** | **121·98** |
| **1885** | | | | | | | |
| Jänner . . . . | 88·50 | 107·26 Ultimo | 60·40 | Jänner . . . . | 87·50 | 106·65 Medio | 123·60 Vista |
| Februar . . . . | 88·75 | 107·90 „ | 60·55 | Februar . . . . | 88·00 | 107·55 „ | 124·30 „ |
| März . . . . | 89·00 | 108·12 „ | 60·70 | März . . . . | 88·00 | 107·22 „ | 124·30 „ |
| April . . . . | 84·80 | 105·06 „ | 61·85 | April . . . . | 83·00 | 104·58 „ | 126·60 „ |
| Mai . . . . | 88·90 | 108·59 „ | 60·95 | Mai . . . . | 87·00 | 107·22 „ | 124·20 „ |
| Juni . . . . | 89·00 | 108·96 „ | 61·05 | Juni . . . . | 88·75 | 109·06 „ | 124·20 „ |
| Juli . . . . | 88·90 | 109·55 „ | 61·40 | Juli . . . . | 88·75 | 109·44 „ | 125·00 „ |
| August . . . . | 89·00 | 109·31 „ | 61·15 | August . . . . | 89·00 | 108·98 „ | 124·50 „ |
| September . . . . | 88·20 | 109·75 „ | 61·90 | September . . . . | 88·00 | 108·62 „ | 125·90 „ |
| October . . . . | 88·90 | 109·68 „ | 61·60 | October . . . . | 87·00 | 108·34 „ | 125·10 „ |
| November . . . . | 88·75 | 109·93 „ | 61·80 | November . . . . | 87·00 | 108·86 „ | 125·50 „ |
| December . . . . | 89·20 | 110·84 „ | 61·95 | December . . . . | 88·50 | 110·34 „ | 126·00 „ |
| Durchschnittszahl . | **88·49** | **108·75** | **61·28** | Durchschnittszahl . | **87·52** | **108·03** | **124·93** |
| **1886** | | | | | | | |
| Jänner . . . . | 90·80 | 112·90 Ultimo | 61·95 | Jänner . . . . | 89·00 | 110·91 Medio | 126·30 Vista |
| Februar . . . . | 91·90 | 114·15 „ | 61·85 | Februar . . . . | 92·00 | 114·09 „ | 126·00 „ |
| März . . . . | 92·60 | 114·17 „ | 61·75 | März . . . . | 92·00 | 113·57 „ | 125·80 „ |
| April . . . . | 92·60 | 114·61 „ | 61·80 | April . . . . | 91·00 | 114·25 „ | 126·10 „ |
| Mai . . . . | 94·20 | 117·14 „ | 62·05 | Mai . . . . | 92·00 | 115·73 „ | 126·70 „ |
| Juni . . . . | 94·60 | 117·53 „ | 61·95 | Juni . . . . | 94·00 | 117·18 „ | 125·90 „ |
| Juli . . . . | 97·50 | 121·20 „ | 61·95 | Juli . . . . | 96·00 | 119·56 „ | 126·10 „ |
| August . . . . | 95·20 | 118·53 „ | 62·00 | August . . . . | 95·00 | 118·15 „ | 126·30 „ |
| September . . . . | 95·00 | 117·68 „ | 61·65 | September . . . . | 94·00 | 115·90 „ | 125·60 „ |
| October . . . . | 93·50 | 114·97 „ | 61·40 | October . . . . | 91·00 | 113·43 „ | 125·20 „ |
| November . . . . | 92·90 | 115·15 „ | 61·85 | November . . . . | 91·00 | 113·92 „ | 126·10 „ |
| December . . . . | 91·75 | 113·81 „ | 61·85 | December . . . . | . . . . | . . . . | . . . . |
| Durchschnittszahl . | **93·50** | **115·98** | **61·84** | Durchschnittszahl . | **92·45** | **115·15** | **126·01** |

**Tabelle 206 (Fortsetzung.)**

| Datum | Berlin | | | Datum | London | | |
|---|---|---|---|---|---|---|---|
| | Curs der 4%igen österreichischen Gold-Rente | Parität per 100 fl. Gold-Rente in Noten österreichischer Währung | Umrechnungscurs per 100 Mark deutscher Reichs-währung in Noten österreichischer Währung | | Curs der 4%igen österreichischen Gold-Rente | Parität per 100 fl. Gold-Rente in Noten österreichischer Währung | Umrechnungscurs für 10 Pfund Sterling in Noten österreichischer Währung |
| **1887** | | | | | | | |
| Jänner . . . . | 87·30 | 109·72 Ultimo | 62·60 | Jänner . . . . | 86·00 | 108·24 Medio | 127·60 Vista |
| Februar . . . | 87·00 | 109·70 „ | 62·75 | Februar . . . | 86·00 | 108·42 „ | 128·20 „ |
| März . . . . | 90·50 | 114·08 „ | 62·70 | März . . . | 89·00 | 113·22 „ | 127·40 „ |
| April . . . . | 90·20 | 112·74 „ | 62·40 | April . . . | 89·25 | 112·76 „ | 126·90 „ |
| Mai . . . . | 90·10 | 112·69 „ | 62·40 | Mai . . . | 89·00 | 112·29 „ | 127·10 „ |
| Juni . . . . | 90·75 | 113·31 „ | 62·25 | Juni . . . | . . . . | . . . . | . . . . |
| Juli . . . . | 91·50 | 113·10 „ | 61·55 | Juli . . . | . . . . | . . . . | . . . . |
| August . . . | . . . . | . . . . | . . . . | August . . . | . . . . | . . . . | . . . . |
| September . . . | 91·20 | 112·90 „ | 61·60 | September . . . | 91·00 | 112·31 „ | 125·80 „ |
| October . . . | 91·25 | 112·22 Kassa | 61·45 | October . . . | 89·00 | 110·93 „ | 125·20 „ |
| November . . . | 90·80 | 112·30 „ | 61·75 | November . . . | 89·00 | 111·13 „ | 125·80 „ |
| December . . . | 85·80 | 107·51 „ | 62·60 | December . . . | 85·00 | 106·95 „ | 127·20 „ |
| Durchschnittszahl . | **89·67** | **111·84** | **62·19** | Durchschnittszahl . | **88·14** | **110·69** | **126·30** |
| **1888** | | | | | | | |
| Jänner . . . . | 87·50 | 109·17 Kassa | 62·20 | Jänner . . . . | 87·00 | 108·64 Medio | 126·60 Vista |
| Februar . . . | 86·30 | 107·85 „ | 62·25 | Februar . . . | 86·00 | 107·22 „ | 126·80 „ |
| März . . . . | 88·70 | 110·92 „ | 62·25 | März . . . | 87·00 | 107·98 „ | 126·60 „ |
| April . . . . | 88·50 | 110·35 „ | 62·30 | April . . . | 87·00 | 109·85 „ | 126·80 „ |
| Mai . . . . | 88·30 | 109·92 „ | 62·15 | Mai . . . | 87·00 | 109·40 „ | 126·70 „ |
| Juni . . . . | 91·20 | 112·22 „ | 61·40 | Juni . . . | 89·50 | 110·89 „ | 125·20 „ |
| Juli . . . . | 92·10 | 111·72 „ | 60·50 | Juli . . . | 91·00 | 111·16 „ | 123·80 „ |
| August . . . | 92·80 | 112·08 „ | 60·20 | August . . . | 91·00 | 110·28 „ | 123·20 „ |
| September . . . | 92·90 | 110·93 „ | 59·50 | September . . . | 92·00 | 109·52 „ | 121·40 „ |
| October . . . | 92·20 | 109·97 „ | 59·60 | October . . . | 91·00 | 109·79 „ | 121·00 „ |
| November . . . | 92·00 | 110·16 „ | 59·80 | November . . . | 90·00 | 108·79 „ | 121·80 „ |
| December . . . | 93·00 | 110·48 „ | 59·30 | December . . . | 90·00 | 107·55 „ | 120·80 „ |
| Durchschnittszahl . | **90·46** | **110·48** | **60·95** | Durchschnittszahl . | **89·04** | **109·25** | **124·24** |
| **1889** | | | | | | | |
| Jänner . . . . | 93·70 | 111·38 Kassa | 59·30 | Jänner . . . . | 93·00 | 110·93 Medio | 120·90 Vista |
| Februar . . . | 94·25 | 112·08 „ | 59·30 | Februar . . . | 93·00 | 110·88 „ | 121·20 „ |
| März . . . . | 94·00 | 111·76 „ | 59·25 | März . . . | 94·00 | 111·76 „ | 121·20 „ |
| April . . . . | 95·00 | 111·01 „ | 58·40 | April . . . | 93·00 | 110·54 „ | 119·40 „ |
| Mai . . . . | 94·20 | 109·57 „ | 58·10 | Mai . . . | 93·00 | 109·50 „ | 118·70 „ |
| Juni . . . . | 94·70 | 110·49 „ | 58·25 | Juni . . . | 92·00 | 108·31 „ | 119·00 „ |
| Juli . . . . | 93·50 | 110·19 „ | 58·80 | Juli . . . | 93·00 | 110·19 „ | 120·10 „ |
| August . . . | 94·30 | 110·14 „ | 58·25 | August . . . | 94·00 | 110·81 „ | 119·30 „ |
| September . . . | 94·50 | 110·73 „ | 58·40 | September . . . | 94·00 | 110·35 „ | 119·70 „ |
| October . . . | 93·80 | 109·62 „ | 58·40 | October . . . | 92·25 | 109·37 „ | 119·10 „ |
| November . . . | 93·00 | 107·99 „ | 58·00 | November . . . | 92·00 | 107·82 „ | 118·10 „ |
| December . . . | 94·00 | 109·39 „ | 58·10 | December . . . | 93·00 | 108·30 „ | 117·80 „ |
| Durchschnittszahl . | **94·09** | **110·36** | **58·55** | Durchschnittszahl . | **93·02** | **109·86** | **119·54** |

Tabelle 206 (Fortſetzung.)

| Datum | Berlin | | | Datum | London | | |
|---|---|---|---|---|---|---|---|
| | Cours der 4%igen öſterreichiſchen Gold-Rente | Barität per 100 fl. Gold-Rente in Noten öſterreichiſcher Währung | Umrechnungscours per 100 Mark deutſcher Reichs-währung in Noten öſterreichiſcher Währung | | Cours der 4%igen öſterreichiſchen Gold-Rente | Barität per 100 fl. Gold-Rente in Noten öſterreichiſcher Währung | Umrechnungscours für 10 Pfund Sterling in Noten öſterreichiſcher Währung |
| **1890** | | | | **1890** | | | |
| Jänner . . . . | 95·30 | 110·47 Kaſſa | 57·85 | Jänner . . . . | 94·— | 109 61 Medio | 118·20 |
| Februar . . . . | 94·80 | 111·20 „ | 58·50 | Februar . . . . | 94·— | 110·41 „ | 119·40 |
| März . . . . | 94·10 | 110·82 „ | 58·70 | März . . . | 94·— | 110·07 „ | 119·40 |
| April . . . . | 94·10 | 109·39 „ | 58·10 | April . . . | 9·— | 109·33 „ | 118·10 |
| Mai . . . . | 95·10 | 108·99 „ | 57·25 | Mai . . . | 95·— | 110·03 „ | 116·70 |
| Juni . . . | 95·— | 109·12 „ | 57·35 | Juni . . . . | 94·— | 108.72 „ | 116·90 |
| Juli . . . . | 95·50 | 108·67 „ | 56·80 | Juli . . . . | 95·— | 108·70 „ | 116·— |
| Auguſt . . . . | 96·50 | 106·12 „ | 54·90 | Auguſt . . . | 96·— | 105·69 „ | 112·— |
| September . . . . | 96·40 | 106·73 „ | 55·25 | September . . . | 96·— | 105·83 „ | 112·50 |
| October . . . . | 94·50 | 107·02 „ | 56·60 | October . . . | 94·— | 107·60 „ | 115·— |
| November . . . | 94 90 | 107 42 „ | 56·55 | November . . . | 94·— | 107·46 „ | 115·20 |
| December . . . . | 95·25 | 106·41 „ | 55·80 | December . . . | 94·— | 105·62 „ | 113·60 |
| Durchſchnittszahl . | **95·12** | **108·53** | **56·97** | Durchſchnittszahl . | **94·42** | **108·28** | **116 08** |
| **1891** | | | | **1891** | | | |
| Jänner . . . . | 97·— | 109·09 Kaſſa | 56·15 | Jänner . . . . | 97·— | 109·08 Medio | 114·— |
| Februar . . . . | 96·90 | 110·21 „ | 56·75 | Februar . . . . | 98·— | 111·16 „ | 115·30 |
| März . . . . | 97·90 | 110·99 „ | 56·55 | März . . . . | 98·— | 110·53 „ | 115·— |
| April . . . . | 97·10 | 111·13 „ | 57·20 | April . . . . | 96·— | 111·72 „ | 116·90 |
| Mai . . . . | 96·30 | 111·33 „ | 57·75 | Mai . . . | 94·— | 110·09 „ | 118·— |
| Juni . . . | 96·— | 110·75 „ | 57·60 | Juni . . . | 95·— | 110·36 „ | 117·40 |
| Juli . . . . | 96·20 | 111·90 „ | 58·05 | Juli . . . . | 95·— | 110·62 „ | 118·— |
| Auguſt . . . . | 95·— | 109·89 „ | 57·70 | Auguſt . . . | 96·— | 110·68 „ | 117·20 |
| September . . . . | 95·— | 109·74 „ | 57·60 | September . . . | 95·— | 108·98 „ | 117·— |
| October . . . . | 93·70 | 108·38 „ | 57·90 | October . . . | 93·— | 108·96 „ | 117·70 |
| November . . . . | 92·90 | 107·77 „ | 57·95 | November . . . | 92·— | 107·64 „ | 117·90 |
| December . . . | 94·25 | 109·58 „ | 58·05 | December . . . . | 92·— | 107·38 Ultimo | 117·80 |
| Durchſchnittszahl . | **95·69** | **110·06** | **57·44** | Durchſchnittszahl . | **95·08** | **109·77** | **116·85** |

Tabelle 207.

# Zusammenstellung der Jahres-Durchschnitte der Curse der 4%igen österreichischen Goldrente in Wien und der für Wien berechneten Paritäten der Börsenotierungen von Berlin, Paris und London. (Monats-Ultimo-Notierungen.)

| Jahre | Wien Jahres-Durchschnitte der börsemäßigen Notierungen | Berlin | London | Berlin per 100 fl. Gold in Gulden Gold | Paris per 100 fl. Gold in Gulden Gold | London per 100 fl. Gold in Gulden Gold |
|---|---|---|---|---|---|---|
| | | Berechnete Parität für Wien | | Original-Curs | | |
| 1876 | 70·80 | . . . . . . . . . | . . . . . . . . . | . . . . . . . . . | . . . . . . . . . | . . . . . . . . . |
| 1877 | 73·90 | . . . . . . . . . | . . . . . . . . . | 61·05 | 61·39 | . . . . . . . . . |
| 1878 | 72·93 | . . . . . . . . . | . . . . . . . . . | 62·23 | 62·51 | . . . . . . . . . |
| 1879 | 78·64 | . . . . . . . . . | . . . . . . . . . | 68·27 | 68·95 | 69·23 |
| 1880 | 87·59 | . . . . . . . . . | . . . . . . . . . | 75·26 | 75·54 | 74·60 |
| 1881 | 93·40 | 93·66 | . . . . . . . . . | 80·98 | 81·04 | 80·40 |
| 1882 | 94·41 | 94·49 | . . . . . . . . . | 80·53 | . . . . . . . . . | 80·30 |
| 1883 | 98·69 | 98·86 | 98·49 | 83·97 | . . . . . . . . . | 83·09 |
| 1884 | 102·66 | 103·00 | 102·76 | 86·08 | . . . . . . . . . | 85·32 |
| 1885 | 108·27 | 108·73 | 108·03 | 88·49 | . . . . . . . . . | 87·54 |
| 1886 | 115·60 | 115·99 | 115·15 | 93·50 | . . . . . . . . . | 92·45 |
| 1887 | 111·44 | 111·84 | 110·69 | 89·67 | . . . . . . . . . | 88·14 |
| 1888 | 110·18 | 110·48 | 109·25 | 90·46 | . . . . . . . . . | 89·04 |
| 1889 | 109·98 | 110·36 | 109·86 | 94·09 | . . . . . . . . . | 93·02 |
| 1890 | 108·50 | 108·53 | 108·26 | 95·12 | . . . . . . . . . | 94·42 |
| 1891 | 109·93 | 110·06 | 109·77 | 95·69 | . . . . . . . . . | 95·08 |

# Tabelle 208.

Graphische Darstellung der Jahresdurchschnitte der Curse der 4·2% einheitlichen Papier- und Silber-Rente, der 4% österreichischen Gold-Rente, der 5% steuerfreien österreichischen Noten-Rente und der Preise der Gold- und Silbermünzen in
Noten ö. W.

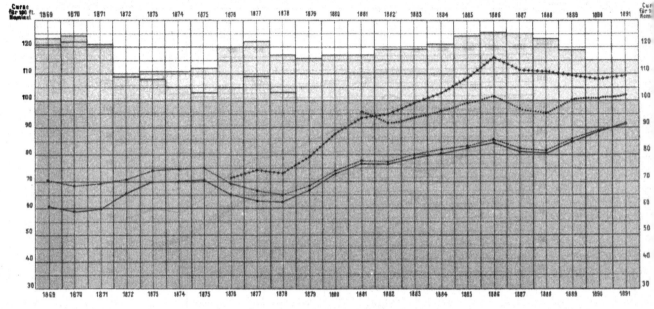

## Zeichen-Erklärung:

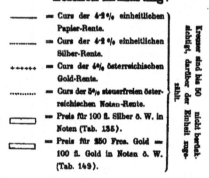

——— = Curs der 4·2% einheitlichen Papier-Rente.

- - - - - = Curs der 4·2% einheitlichen Silber-Rente.

+++++ = Curs der 4% österreichischen Gold-Rente.

·········· = Curs der 5% steuerfreien österreichischen Noten-Rente.

▭ = Preis für 100 fl. Silber ö. W. in Noten (Tab. 135).

▭ = Preis für 250 Frcs. Gold = 100 fl. Gold in Noten ö. W. (Tab. 149).

Kreuzer sind bis 50 nicht berücksichtigt, darüber der Einheit zugezählt.

K. k. Hof u. Staatsdruckerei.

# Tabelle 209.

Graphische Darstellung der Jahresdurchschnitte der Curse der 4°/₀ österreichischen
Gold-Rente an den Börsen von Wien, Berlin, Paris, London nach den Original-
Notierungen und des Preises der Goldmünzen an der Wiener Börse.

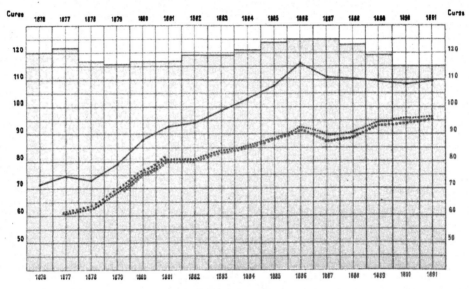

## Zeichen-Erklärung:

Renten-
Curse

—— = Curs an der Wiener Börse in
Noten ö. W. per 100 fl. Gold.
········· = Curs an der Berliner Börse in
Gulden Gold per 100 fl. Gold.
·×·×·×· = Curs an der Pariser Börse in
Goldgulden per 100 fl. Gold.
·-·-·-· = Curs an der Londoner Börse
per 100 fl. Gold in Goldgulden.
▭ = Preis für 250 Frcs. Gold =
100 fl. Gold in Noten ö. W. an
der Wiener Börse.

Beträge bis 0·50 sind nicht berücksichtigt, über 0·50 als Einheit zugezählt.

K.k.Hof-u.Staatsdruckerei.

# Nachweisung der seit dem Jahre 1876 begebenen Goldrente-

| Post-nummer | Laut Gesetz | Zu beschaffender Betrag in österr. Währ., Noten | Nominalbetrag der fix begebenen Goldrente | Fixer Begebungs-Goldcours | Tag des Übereinkommens | Umgerechnet auf österr. Währ., Noten | | | |
|---|---|---|---|---|---|---|---|---|---|
| | | | | | | Datum | Durchschnittlicher Cours der 8 fl.-Stücke | 100 fl. Gold in Noten | für 100 fl. in Rente |
| 1 | vom 18. März 1876, R. G. Bl. Nr. 35 zur Deckung des Abganges pro 1876 | 48,000.000 | 40,000.000 30,000.000 | 57·50 59·00 | 21./1. 1877 31./3. 1877 | 20./1. 1877 22./1. 1877 31./3. 1877 | 9·97½ 9·96 9·74½ | 124·6870 124·5000 121·8100 | 71·6950 71·5875 71·8679 |
| 2 | vom 29. December 1876, Finanzgesetz 1877 Art. VIII, R. G. Bl. Nr. 141 zur Deckung des Abganges pro 1877 | 28,931.657 | 40,000.000 | 56·00 | 22./12. 1876 | 22./12. 1876 | 10·07½ | 125·9300 | 70·5208 |
| 3 | vom 17. Mai 1877, R. G. Bl. Nr. 40, Art. III, betreffend die Eröffnung von Nachtragscrediten zum Voranschlag 1877 | 8,901.373 | 10,000.000 2,000.000 30.000 12,030.000 | verschieden | . . . . . | . . . . . | . . . . . | . . . . . | 71·4821 74·1510 74·8000 |
| 4 | vom 20. December 1877, R. G. Bl. Nr. 113 zur Begleichung des Abganges in den ersten drei Monaten 1878 | 10,000.000 | 13,000.000 | börsemäßig | . . . . . | . . . . . | . . . . . | . . . . . | 74·5130 |
| 5 | vom 30. März 1878, R. G. Bl. Nr. 27, Finanzgesetz Art. VIII, außer dem Vorstehenden zur Deckung des Abganges pro 1878 | 13,326.341 | 26,750.000 | 57·63 | 16./4. 1878 | 16./4. 1878 | 9·74½ | 121·8100 | 70·1991 |
| 6 | vom 30. März 1878, R. G. Bl. Nr. 27, Finanzgesetz Art. IX, zur Beschaffung behufs Einlösung der Schatzscheine | 25,000.000 | 26,750.000 | 59·56 | 27./5. 1878 | 27./5. 1878 | 9·56½ | 119·5600 | 71·2099 |
| 7 | vom 11. Juni 1878, R. G. Bl. Nr. 52, für außerordentliche Heereserfordernisse anläßlich der Occupation Bosniens und der Hercegovina | 17,840.000 | 2,500.000 24,000.000 | börsemäßig | . . . . . | . . . . . | . . . . . | . . . . . | 70·8900 72·0371 |
| 8 | vom 27. März 1879, R. G. Bl. Nr. 42 und vom 2. Mai 1879, Finanzgesetz Art. VIII, R. G. Bl. Nr. 48, zur Deckung des Abganges | 78,598.306 | 60,000.000 10,000.000 5,820.200 | 63·30 61·00 | 26./3. 1879 21./5. 1879 | 26./3. 1879 21./5. 1879 | 9·32¾ 9·37½ | 116·5900 117·1875 | 73·8000 75·0000 80·8390 |
| 9 | vom 25. März 1880, R. G. Bl. Nr. 31, zur Deckung des Abganges vom Jahre 1880 | 17,854.000 | 20,000.000 | 89·27*) | 6./4. 1880 | 6./4. 1880 | . . . . . | . . . . . | 89·2700 |
| | Hauptsumme . | 248,452.077 | 340,850.000 | . . . . . | . . . . . | . . . . . | . . . . . | | . . . . . |

# Obligationen (Geſetz vom 18. März 1876, Nr. 35 R. G. Bl.).

| Netto-Erlös | Beſchaffter Betrag in öſterr. Währ., Noten | Vergleichung des beſchaften Betrages mit dem geſetzlichen Credite | Durchſchnittlicher Cours der Goldrente in D. W. Börſenotierung | Differenz zwiſchen dem Begebungscours und der Börſenotierung + oder — | Anmerkungen |
|---|---|---|---|---|---|
| 71·1300 72·2200 | 28,452.478·37 21,666.791·25 | Beſchaffter Betrag . . . . . . . 50,119.269·62 Geſetzlicher Credit . . . . . . . 48,000.000·00 Bleibt Reſt . 2,119.269·62*) | 74·550 74·600 78·150 | — 2·8550 — 3·0125 — 6·2821 | *) Siehe Poſt 2. |
| 67·5420 | 27,016.808·48 | Reſt von Poſt 1 . . . . . 2,119.269·62 Beſchaffter Betrag . . . . 27,016.808·48 Summe . 29,136.078·10 Geſetzlicher Credit . . . . 28,931.657·00 Bleibt Reſt . 204.421·10*) | 71·250 | — 0·7292 | *) Siehe Poſt 3. |
| 71·1959 73·8632 74·8000 | 7,119.596·17 1,477.265·68 22.440·00 | Reſt von Poſt 2 . . . . . 204.421·10 Beſchaffter Betrag . . . . 8,619.301·85 Summe . 8,823.722·95 Geſetzlicher Credit . . . . 8,901.373·00 Abgang . 77.650·05*) | . . . . . | . . . . . | *) Siehe Poſt 4. |
| 74·2252 | 9,649.275·29 | Beſchaffter Betrag . . . . . . 9,649.275·29 Geſetzlicher Credit . . . . . 10,000.000·00 Abgang von Poſt 3 . . . . 77.650·05 Summe . 10,077.650·05 Abgang . 428.374·76*) | . . . . . | . . . . . | *) Siehe Poſt 5. |
| 69·9712 | 18,717.302·33 | Beſchaffter Betrag . . . . . . 18,717.302·33 Geſetzlicher Credit . . . . . 13,326.541·00 Abgang von Poſt 4 . . . . 428.374·76 Summe . 13.754.915·76 Bleibt Reſt . 4.962.386·57*) | 73·100 | — 2·9009 | *) Siehe Poſt 6. |
| 70·3780 | 18,826.152·06 | Reſt von Poſt 5 . . . . . 4,962.386·57 Beſchaffter Betrag . . . . 18,826.152·06 Summe . 23,788.538·63 Geſetzlicher Credit . . . . 25,000.000·00 Abgang . 1,211.461·37*) | 73·000 | — 1·7901 | *) Siehe Poſt 7. |
| 70·3495 71·4871 | 1,758.742·50 17,156.906·70 | Beſchaffter Betrag . . . . . . 18,915.649·20 Geſetzlicher Credit . . . . . 17,840.000·00 Abgang von Poſt 6 . . . . 1,211.461·37 Summe . 19,051.461·37 Abgang . 135.812·17*) | . . . . . | . . . . . | *) Siehe Poſt 8. |
| 73·6237 74·6798 80·5480 | 44,174.267·76 29,871.936·73 4,688.113·68 | Beſchaffter Betrag . . . . . . 78,734.318·17 Geſetzlicher Credit . . . . . 78,598.506·00 Abgang von Poſt 7 . . . . 135.812·17 Summe . 78,734.318·17 | 76·600 80·550 . . . . . | — 2·8000 — 5·5500 . . . . . | |
| 89·2700 | 17,854.000·00 | Beſchaffter Betrag . . . . . . 17,854.000·00 Geſetzlicher Credit . . . . . 17,854.000·00 | 89·175 | + 0·0950 | *) Der Begebungs-Cours wurde nicht in Gold, ſondern in Noten fixiert. |
| 72·8900 | 248,452.077·00 | | . . . . . | . . . . . | |

Tabelle 211.

# Nachweisung der seit dem Jahre 1881 begebenen 5% steuerfreien österreichischen Notenrente-Obligationen.

(Gesetz vom 11. April 1881, R. G. Bl. Nr. 33.)

| Laut Gesetz vom | Zu beschaffender Betrag in österreichischen Währung-Noten | Nominalbetrag der begebenen Notenrente | Fixer Begebungs-Cours | Tag des Übereinkommens | Beschaffter Erlös | Börse-Cours | Differenz zwischen Begebungs- und Börse-Cours |
|---|---|---|---|---|---|---|---|
| 11. April 1881, R. G. Bl. Nr. 33 und Finanz-gesetz, zur theilweisen Deckung des Abganges im Staatshaushalte . . . . . . . . | 50,000.000 | 54,347.800 | 92·000 | 26. März 1881 | 49,999.976·00 | 94·600 | 2·600 |
| 29. März 1882, Finanzgesetz, R. G. Bl. Nr. 33, zur Deckung des Abganges im Staatshaus-halte . . . . . . . . . . . . . . | 37,565.158 | 40,776.200 | 92·125 | 13. April 1882 | 37,565.074·25 | 92·550 | 0·425 |
| 8. Juni 1882, R. G. Bl. Nr. 73, zur Deckung eines außerordentlichen Erfordernisses für die in Bosnien und der Hercegovina stehen-den Truppen . . . . . . . . . | 9,055.200 | 9,829.200 | 92·125 | 10. Juni 1882 | 9,055.150·50 | 92·375 | 0·250 |
| 16. April 1883, Finanzgesetz, R. G. Bl. Nr. 47, zur theilweisen Deckung des Abganges im Staatshaushalte . . . . . . . . | 16,000.000 | 17,320.700 | 92·375 | 11. Mai 1883 | 15,999.996·63 | 93·275 | 0·900 |
| 11. April 1884, Finanzgesetz, R. G. Bl. Nr. 45, zur theilweisen Deckung des Abganges im Staatshaushalte . . . . . . . . | 30,000.000 | 31,746.000 | 94·500 | 22. April 1884 | 29,999.970·00 | 95·525 | 1·025 |
| 10. Juni 1884, R. G. Bl. Nr. 97, zur Ablösung der Invasions-Schuld an Steiermark . . . | . . . [1] | 400.000 | . | . | . | . | . |
| 26. März 1885, Finanzgesetz, R. G. Bl. Nr. 28, zur theilweisen Deckung des Abganges im Staatshaushalte . . . . . . . . | 8,000.000 | 7,920.800 | 101·000 | 20. Mai 1885 | 8,000.008·00 | 101·800 | 0·800 |
| 30. März 1887, R. G. Bl. Nr. 31, zur Deckung des Antheils vom außerordentlichen Credite für militärische Maßnahmen . . . . . | [2] 20,923.000 { | 24,000.000 | 94·500 | 6. April 1887 | 22,680.000·00 | 97·025 | 2·525 |
| | | 6,000.000 | 94·500 | 14. Mai 1887 | 5,670.000·00 | 97·125 | 2·625 |
| 31. Mai 1887, Finanzgesetz, R. G. Bl. Nr. 66 und 5. Juni 1887, R. G. Bl. Nr. 69, zur Bedeckung des Abganges im Staatshaushalte resp. im Etat des Staatseisenbahnbetriebes) | [3] 27,675.208 resp. 3,522.000 { | 18,000.000 | 94·500 | 15. Juni 1887 | 17,010.000·00 | 97·050 | 2·550 |
| | | 7,445.100 | 90·800 | 21. Februar 1888 | 6,760.150·80 | 92·450 | 1·650 |
| 9. November 1888, R. G. Bl. Nr. 166, zur Bedeckung des Antheiles von dem außer-ordentlichen Credite für militärische Maß-regeln . . . . . . . . . . . | 20,374.200 | 21,091.300 | 96·600 | 23. Novemb. 1888 | 20,374.195·80 | 97·450 | 0·850 |
| . | | 238,877.100 | . | . | 223,114.521·98 | . | . |

[1] In Obligationen abgegeben.
[2] Von dem mit obigem Gesetze bewilligten Credite von 36,015.000 fl. sind 20,923.000 fl. in Anspruch genommen, der Rest ist laut des Allerhöchst genehmigten Delegations-Beschlusses vom 28. Juni 1888 als erloschen erklärt worden.
[3] Hierunter der mit dem Gesetze vom 4. März 1887, R. G. Bl. Nr. 19, bewilligte Credit zur Beschaffung von Ausrüstungsgegenständen für die Landwehr und den Landsturm bis zum Betrage von 12,011.655 fl.

Tabelle 212.

# Jahres-Durchschnitte, Minima und Maxima der Course der Nordbahn-

| Jahre | Notierung für 100 fl. Conventions-Münze (5%) | | | | | | | Notierung | | |
|---|---|---|---|---|---|---|---|---|---|---|
| | Jahres-Durchschnitt | Maximum | Monat | Minimum | Monat | Rentabilität % | Note 1 | Jahres-Durchschnitt | Maximum | Monat |
| 1854 | 87·53 | 92·00 | VI. | 84·75 | XI. | 1) 5·72 | | | | |
| 1855 | 83·48 | 87·50 | I., III. | 74·75 | XI. | 5·99 | | | | |
| 1856 | 85·61 | 91·00 | I. | 83·50 | IX., X., XI. | 5·84 | | | | |
| 1857 | 86·02 | 88·50 | VI. | 84·00 | XI. | 5·81 | | | | |
| 2) 1858 | 87·50 | 89·00 | VI. | 86·00 | III., X, | 5·71 | | | | |
| 1859 | 90·20 | 91·50 | III. | 88·00 | V. | 5·82 | | | | |
| 1860 | 93·10 | 95·50 | V. | 91·00 | I., II. | 5·64 | | | | |
| 1861 | 96·79 | 100·00 | IV. | 94·00 | X. | 5·42 | | 91·20 | 91·50 | I., III., X. |
| 1862 | 94·36 | 96·50 | I. | 91·50 | X. | 5·56 | | 90·06 | 91·25 | I., III., IV., V. |
| 1863 | 91·00 | 94·25 | III. | 90·00 | VI., X., XI. | 5·77 | | 87·79 | 90·00 | III. |
| 1864 | 93·27 | 95·00 | IV., VII. | 91·50 | I. | 5·62 | | 89·10 | 89·75 | V. |
| 1865 | 91·00 | 92·75 | III. | 87·50 | XII. | 5·77 | | 87·79 | 89·80 | II. |
| 1866 | 90·04 | 95·00 | VII. | 81·50 | III. | 5·80 | | 86·50 | 90·00 | { VII., VIII. X. XII. } |
| 1867 | 93·62 | 95·25 | V., VIII. | 91·50 | IV. | 5·60 | | 89·75 | 91·50 | VIII. |
| 3) 1868 | 89·90 | 92·75 | XII. | 88·50 | { III., IV., V., VI. } | 5·25 | | 1) 87·50 | 88·25 | I. |
| 1869 | 93·34 | 95·75 | VI. | 91·00 | X. | 5·06 | | 90·41 | 92·00 | VI., VII. |
| 1870 | 90·20 | 92·00 | VI. | 86·00 | VIII. | 5·24 | | 87·36 | 88·75 | V. |
| 1871 | 90·75 | 92·25 | VIII. | 89·50 | X., XII. | 5·20 | | 87·54 | 88·50 | VII., VIII. |
| 1872 | 90·28 | 92·50 | VII. | 88·50 | XI., XII. | 5·23 | | 86·62 | 87·50 | VII. |
| 1873 | 90·02 | 92·00 | VIII., IX. | 88·50 | I. | 5·25 | | 86·85 | 87·75 | IX. |
| 1874 | 93·81 | 95·50 | XII. | 91·00 | I. | 5·04 | | 89·08 | 91·75 | XII. |
| 1875 | 98·45 | 100·50 | XII. | 95·00 | III. | 4·80 | | 93·12 | 95·50 | XII. |
| 1876 | 99·42 | 100·00 | { IV., V., VII., VIII., IX., XI. } | 98·00 | III., X. | 4·75 | | 91·98 | 96·00 | IV., XII. |
| 1877 | 100·52 | 101·75 | IV. | 99·50 | X., XI., XII. | 4·70 | | 96·71 | 98·00 | VI., VII., VIII. |
| 1878 | 101·90 | 103·50 | IV., VII. | 100·00 | I. | 4·64 | | 96·37 | 98·00 | IV. |
| 1879 | 103·97 | 104·90 | V. | 102·00 | I., II. | 4·54 | | 99·21 | 102·00 | X. |
| 1880 | 105·30 | 105·75 | V., VII., X. | 104·50 | I., II., III. | 4·48 | | 101·71 | 102·25 | XII. |
| 1881 | 105·66 | 106·25 | II., IV. | 104·40 | XII. | 4·47 | | 101·62 | 102·25 | I., II. |
| 1882 | 105·37 | 106·25 | VIII., IX. | 103·50 | I. | 4·48 | | 101·56 | 102·00 | X., XI., XII. |
| 1883 | 104·87 | 105·50 | VII. | 104·75 | { I., II., IV., VIII., X., XII. } | 4·50 | | 100·67 | 102·00 | I. |
| 1884 | 105·70 | 107·00 | V. | 105·00 | I. | 4·47 | | 101·54 | 102·00 | V., XII. |
| 1885 | 105·81 | 106·50 | X. | 105·50 | { I., IV., V., XI., XII. } | 4·46 | | 101·60 | 102·00 | I.—VII. |
| 4) 1886 | {31./1. = 105·75, 28./2. = 108·25} | . . . | . . . | . . . | . . . | . . . | | 2) 98·84 | 99·80 | XII. |
| 1887 | . . . . . . | . . . | . . . | . . . | . . . | . . . | | 100·04 | 100·60 | IV. |
| 1888 | . . . . . . | . . . | . . . | . . . | . . . | . . . | | 99·65 | 100·20 | VII., VIII. |
| 1889 | . . . . . . | . . . | . . . | . . . | . . . | . . . | | 100·44 | 102·00 | IV. |
| 1890 | . . . . . . | . . . | . . . | . . . | . . . | . . . | | 100·10 | 101·20 | IV. |
| 1891 | . . . . . . | . . . | . . . | . . . | . . . | . . . | | 99·34 | 100·00 | II. |

1) Die Rente der Prioritäten der Nordbahn unterlagen nach §. 23 kaiserl. Patentes vom 29. October 1849 der Berechtigung der Eisenbahn-Unternehmung, die 5%ige Einkommensteuer bei der Auszahlung der Coupons zum Abzuge zu bringen.

2) Nur zehnmonatlicher Durchschnitt, da vom 1. November 1858 an Notierung in österr. Währ.

3) Infolge der Gesetze vom 26. Juni 1863 23. März 1869 wurde die Einkommensteuer durch einen Zuschlag in der Höhe des Simplums erhöht und sohin mit 10% vom Couponsbetrage in Abzug gebracht.

(Die Verzinsung ist fortab daher nur 4·5%.)

**4·725 fl. österr. Währ.**

4) Die Noten-Prioritäten (sowohl die auf Conventions-Münze, als auch die auf österr. Währ. lautenden) wurden mittels Kundmachung vom 21. Februar 1886 zur Rückzahlung für den 21./8. beziehungsweise 5./4. und 1./7. gekündigt. An deren Stelle wurden emittiert 4% Noten-Prioritäten.

(Letzte Notierung: 23./3. 1886.)

# Prioritäten nach den Monats-Ultimo-Notierungen an der Wiener Börse.

| für 100 fl. österr. Währ. (5%) | | | | Notierung für 100 fl. in Silber (5%) | | | | | | |
|---|---|---|---|---|---|---|---|---|---|---|
| Minimum | | Rentabilität % | Note 2 | Jahres-Durchschnitt | Maximum | | Minimum | | Rentabilität % | Note 3 |
| | Monat | | | | | Monat | | Monat | | |
| 91·00 | V., VI., VIII., XI., XII. | 5·48 | | | | | | | | |
| 87·00 | IX. | 5·52 | | | | | | | | |
| 86·00 | XI | 5·69 | | | | | | | | |
| 88·00 | I., III. | 5·61 | | | | | | | | |
| 84·00 | XII. | 5·69 | | | | | | | | |
| 77·00 | IV. | 5·78 | | | | | | | | |
| 88·00 | XII. | 5·56 | | 1) 105·75 | 108·00 | X. | 104·75 | VIII. | 5·87 | 1) Die erste Notierung in der Wiener Zeitung am 3. Juli 1867. |
| 86·00 | III., IV. | 5·14 | 1) Siehe die Anmerkung 3 in der Notencolonne 1. | 102·58 | 108·25 | XII. | 100·00 | VI., VII. | 5·58 | |
| 87·00 | XI. | 4·98 | | 106·75 | 106·25 | VI. | 105·00 | IX., X. | 5·67 | |
| 86·00 | X., XI. | 5·15 | | 104·36 | 107·25 | V. | 99·50 | VII. | 5·84 | |
| 86·00 | XII. | 5·14 | | 104·99 | 106·75 | VI. | 103·00 | IX. | 5·73 | |
| 85·50 | IV. | 5·20 | | 102·92 | 105·00 | I. | 101·75 | X. | 5·31 | |
| 85·50 | IV. | 5·18 | | 104·02 | 106·25 | VII. | 101·75 | I., V. | 5·20 | |
| 87·00 | I., II., III. | 5·05 | | 106·00 | 107·00 | X. | 105·00 | XII. | 4·96 | |
| 91·75 | I. | 4·83 | | 104·37 | 105·00 | V. | 102·75 | XI. | 4·95 | |
| 94·00 | VI., X. | 4·73 | | 103·98 | 106·75 | XII. | 100·00 | III | 5·03 | |
| 94·50 | I., II. | 4·65 | | 107·46 | 110·00 | IV., V. | 104·75 | X. | 5·09 | |
| 95·00 | VIII. | 4·67 | | 105·75 | 109·75 | IV. | 102·50 | X. | 4·88 | |
| 97·00 | I. | 4·54 | | 106·21 | 107·70 | X. | 103·80 | I. | 4·71 | |
| 101·00 | I., V. | 4·42 | | 108·42 | 110·25 | II., IV. | 107·00 | XII. | 4·61 | |
| 101·00 | XI., XII. | 4·43 | | 107·23 | 108·00 | IV. | 106·25 | XI. | 4·66 | |
| 101·00 | IV., V. | 4·43 | | 107·17 | 108·50 | VII. | 105·00 | XI. | 4·66 | |
| 100·00 | IV. | 4·47 | | 106·71 | 107·50 | VII. | 105·50 | II. | 4·68 | |
| 101·00 | I., IV. | 4·43 | | 108·70 | 110·00 | II. | 107·00 | XII. | 4·60 | |
| 101·00 | IX.—XII. | 4·43 | 2) Siehe Anmerkung 4 in der Notencolonne 1. | 110·67 | 113·30 | XII. | 107·50 | I. | 4·52 | |
| 98·00 | III. | 4·05 | 3) Nur neunmonatlicher Durchschnitt, ba am 24. März 1886 erste Notierung der neu emittirten 4% Noten-Prioritäten. | 116·82 | 118·50 | IV. | 114·75 | IX. | 4·28 | |
| 99·25 | XII. | 4·00 | | 2) 100·74 | 101·30 | VI., X. | 99·40 | I. | 3·97 | 2) Im Jahre 1887 von 5% auf 4% convertiert. Die erste Notierung der 4% Silber-Prioritäten, Emission 1887 am 24. Jänner 1887. |
| 99·00 | II. | 4·01 | | 101·70 | 102·50 | III. | 101·00 | VII., X. | 3·93 | |
| 99·70 | XI. | 3·98 | | 101·44 | 102·50 | IV. | 100·30 | XI. | 3·94 | |
| 98·90 | XI. | 4·00 | | 100·53 | 101·50 | I. II III. | 99·00 | X. | 3·98 | |
| 98·60 | VII. | 4·03 | | 99·41 | 100·25 | III | 98·00 | VII | 4·02 | |

Tabelle 213.

# Jahresdurchschnitte, Maxima und Minima der 4%igen steuerfreien Kaiserin Elisabeth-Bahn-Mark-Prioritäten nach den Monats-Ultimo-Notierungen an der Wiener Börse.

| Jahre | Jahres-durch-schnitte | Maximum | Monat | Minimum | Monat | Renta-bilität % | Anmerkung |
|---|---|---|---|---|---|---|---|
| *) 1883 | 107·43 | 107·80 | Juli | 107·10 | November | 4·43 | Bis Juni 1883 bestanden 6 Prioritäts-Anlehen. Diese Anlehen wurden im |
| 1884 | 114·17 | 116·50 | December | 110·30 | Jänner | 4·24 | Juni 1883 convertiert in ein steuerpflichtiges 4%ges Anlehen in der Höhe von |
| 1885 | 121·12 | 123·40 | „ | 118·80 | „ | 4·08 | Mk. 54,417.000 deutscher Reichsw. in Stücken à 3000 und 600 Mk., rückzahlbar im |
| 1886 | 125·23 | 127·00 | Juli | 124·00 | „ | 3·99 | Wege der Verlosung spätestens in 29 Jahren und in ein steuerfreies 4%ges Anlehen in der Höhe von Mk. 108,291.600 deutscher Reichsw. in Stücken à 2000 und 400 Mk. |
| 1887 | 125·43 | 126·25 | Juni | 124·00 | December | 3·99 | rückzahlbar im Wege der Verlosung spätestens in 73 Jahren. Beide Anlehen haben Coupons vom 1. April und 1. October. |
| 1888 | 124·18 | 126·80 | Mai | 121·50 | „ | 3·96 | Die Zahlung beider Anlehen wurde infolge der Übernahme der Bahn in den |
| 1889 | 119·73 | 122·60 | März | 116·50 | November | 3·96 | Staatseisenbahnbetrieb vom Staate übernommen und erfolgte die erste Notierung im |
| 1890 | 115·10 | 119·00 | März | 110·80 | August | 3·96 | Wiener Coursblatte, „als vom Staate zur Zahlung übernommen", am 2. Juli 1886 |
| 1891 | 114·66 | 115·75 | Juli | 113·60 | Jänner | 4·00 | |

*) Erste Notierung im Wiener Coursblatte am 11. Juli 1883.

Tabelle 214.

# Jahresdurchschnitte, Maxima und Minima der 3%igen Staats-Eisenbahn-Gold-Prioritäten (500 Frcs. per Stück) nach den Monats-Ultimo-Notierungen an der Wiener Börse.

| Jahre | Jahresdurchschnitte | Maximum | Monat | Minimum | Monat | Rentabilität % |
|---|---|---|---|---|---|---|
| 1869 | 135·86 | 142·00 | August | 130·00 | Jänner | 5·44 |
| 1870 | 139·07 | 145·00 | Februar | 133·00 | August | 5·37 |
| 1871 | 137·60 | 141·00 | Juli, August | 135·00 | Jänner, Februar | 5·27 |
| 1872 | 129·93 | 137·00 | Jänner | 125·00 | September, October | 5·10 |
| 1873 | 132·56 | 139·25 | November | 128·50 | März | 5·02 |
| 1874 | 137·81 | 140·00 | Jänner, December | 136·25 | April | 4·84 |
| 1875 | 141·35 | 143·00 | Februar, October | 138·25 | Juni | 4·74 |
| 1876 | 150·80 | 156·50 | November | 144·50 | Februar, März | 4·78 |
| 1877 | 154·01 | 157·40 | Juni | 150·00 | September | 4·76 |
| 1878 | 156·21 | 159·50 | April | 154·00 | Jänner | 4·50 |
| 1879 | 165·87 | 168·50 | August | 159·75 | „ | 4·20 |
| 1880 | 175·60 | 177·75 | Juli, August | 171·50 | „ | 3·99 |
| 1881 | 176·12 | 179·50 | Mai | 173·50 | October | 3·98 |
| 1882 | 178·65 | 182·25 | Juli | 175·75 | December | 4·55 |
| 1883 | 181·71 | 185·25 | „ | 179·00 | Jänner | 3·93 |
| 1884 | 186·65 | 189·75 | December | 183·00 | „ | 3·89 |
| 1885 | 195·64 | 201·00 | „ | 192·50 | „ | 3·79 |
| 1886 | 200·80 | 203·00 | August | 197·50 | Mai | 3·73 |
| 1887 | 199·02 | 200·50 | April, Juli | 197·50 | Februar | 3·77 |
| 1888 | 199·30 | 202·50 | Mai, Juni | 196·50 | Juli | 3·70 |
| 1889 | 196·89 | 200·00 | Jänner | 193·00 | December | 3·61 |
| 1890 | 189·96 | 193·50 | Juni | 186·00 | October | 3·64 |
| 1891 | 193·08 | 199·50 | Juli | 190·00 | Jänner, November | 3·60 |

Tabelle 215.

# Jahresdurchschnitte, Maxima und Minima der 3%igen Südbahn-Gold-Prioritäten (500 Frcs. per Stück) nach den Monats-Ultimo-Notierungen an der Wiener Börse.

| Jahre | Jahres-Durchschnitt | Maximum | | Minimum | | Rentabilität % | Anmerkung |
|---|---|---|---|---|---|---|---|
| | | | Monat | | Monat | | |
| 1869 | 115·69 | 121·50 | December | 110·75 | April | 6·38 | ¹) Im Jahre 1878 und 1879 Abzug zur Deckung der Obligationssteuer 50 Cts. per Coupon. |
| 1870 | 115·15 | 122·25 | März | 105·00 | Juli | 6·49 | (Verzinsung: 2·8%.) |
| 1871 | 111·06 | 114·50 | Jänner | 107·75 | September | 6·54 | ²) Von 1880 an wurde ein Abzug von 1 Frc. per Coupon eingehoben. |
| 1872 | 111·60 | 114·50 | Mai | 108·00 | December | 5·93 | (Verzinsung: 2·6%.) |
| 1873 | 109·33 | 111·20 | December | 107·50 | Jänner | 6·08 | |
| 1874 | 109·24 | 111·75 | Jänner | 107·00 | Juli | 6·10 | |
| 1875 | 106·81 | 112·00 | März | 101·50 | Juni | 6·27 | |
| 1876 | 111·78 | 116·00 | September | 106·00 | Februar | 6·45 | |
| 1877 | 110·38 | 116·50 | März | 106·50 | September | 6·64 | |
| ¹) 1878 | 111·52 | 113·25 | September | 109·00 | October | 5·89 | |
| 1879 | 117·84 | 122·25 | August | 110·00 | Jänner | 5·52 | |
| ²) 1880 | 124·17 | 128·50 | März | 121·50 | Juli | 4·89 | |
| 1881 | 131·00 | 133·50 | Juli, August | 128·00 | Jänner | 4·63 | |
| 1882 | 132·44 | 134·50 | August | 126·50 | „ | 4·66 | |
| 1883 | 137·49 | 139·75 | April | 133·00 | „ | 4·50 | |
| 1884 | 144·35 | 147·50 | December | 140·25 | „ | 4·36 | |
| 1885 | 151·83 | 156·00 | „ | 150·25 | „ | 4·23 | |
| 1886 | 159·19 | 162·00 | Juli | 158·00 | „ | 4·08 | |
| 1887 | 147·53 | 157·00 | Jänner | 141·25 | August | 4·41 | |
| 1888 | 143·94 | 148·00 | August | 141·00 | Februar | 4·44 | |
| 1889 | 145·05 | 148·25 | Mai | 143·00 | Jänner | 4·25 | |
| 1890 | 149·73 | 152·00 | Juni | 148·00 | Jänner, März | 4·00 | |
| 1891 | 148·28 | 154·50 | Februar | 143·00 | October | 4·06 | |

# Rentabilitäts-Tabelle.

| Im Jahre | Einheitliche 4·2%ige Noten- (5%ige Metalliques) Rente | Einheitliche 4·2%ige Silber- Rente | Österreichische 5%ige Noten- Rente | Österreichische 4%ige Gold- Rente | 4%ige steuerfreie Elisabeth-Bahn-Prioritäten | Nordbahn-Prioritäten Conventions-Münze | Nordbahn-Prioritäten Österreichische Währung | Nordbahn-Prioritäten Silber | 3%ige Gold-Prioritäten der Staats-Eisenbahn | 3%ige Gold-Prioritäten der Südbahn |
|---|---|---|---|---|---|---|---|---|---|---|
| 1845 | 4·44 | | | | | | | | | |
| 1846 | 4·50 | | | | | | | | | |
| 1847 | 4·69 | | | | | | | | | |
| 1848 | 6·35 | | | | | | | | | |
| 1849 | 5·52 | | | | | | | | | |
| 1850 | 5·29 | | | | | | | | | |
| 1851 | 5·37 | | | | | | | | | |
| 1852 | 5·23 | | | | | | | | | |
| 1853 | 5·33 | | | | | | | | | |
| 1854 | 5·84 | | | | | 5·72 | | | | |
| 1855 | 6·36 | | | | | 3·99 | | | | |
| 1856 | 6·02 | | | | | 5·84 | | | | |
| 1857 | 6·06 | | | | | 5·81 | | | | |
| 1858 | 6·08 | | | | | 5·71 | | | | |
| 1859 | 6·89 | | | | | 5·82 | | | | |
| 1860 | 7·24 | | | | | 5·64 | | | | |
| 1861 | 7·44 | | | | | 5·42 | 5·48 | | | |
| 1862 | 6·98 | | | | | 5·56 | 5·52 | | | |
| 1863 | 6·46 | | | | | 5·77 | 5·69 | | | |
| 1864 | 6·79 | | | | | 5·62 | 5·61 | | | |
| 1865 | 7·07 | | | | | 5·77 | 5·69 | | | |
| 1866 | 8·47 | | | | | 5·80 | 5·78 | | | |
| 1867 | 8·38 | | | | | 5·60 | 5·36 | 5·87 | | |
| 1868 | 8·49 | | | | | 5·25 | 5·14 | 5·58 | | |
| 1869 | 6·85 | 7·28 | | | | 5·06 | 4·98 | 5·67 | 5·44 | 6·38 |
| 1870 | 7·22 | 7·58 | | | | 5·24 | 5·15 | 5·84 | 5·37 | 6·43 |
| 1871 | 7·11 | 7·34 | | | | 5·20 | 5·14 | 5·73 | 5·27 | 6·54 |
| 1872 | 6·45 | 6·45 | | | | 5·23 | 5·20 | 5·31 | 5·10 | 5·93 |
| 1873 | 6·08 | 6·21 | | | | 5·25 | 5·18 | 5·20 | 5·02 | 6·08 |
| 1874 | 6·01 | 5·95 | | | | 5·04 | 5·05 | 4·96 | 4·84 | 6·10 |
| 1875 | 5·99 | 5·85 | | | | 4·80 | 4·83 | 4·95 | 4·74 | 6·27 |
| 1876 | 6·47 | 6·37 | | 6·79 | | 4·75 | 4·73 | 5·03 | 4·78 | 6·45 |
| 1877 | 6·73 | 6·91 | | 6·62 | | 4·70 | 4·65 | 5·09 | 4·76 | 6·64 |
| 1878 | 6·76 | 6·71 | | 6·43 | | 4·64 | 4·67 | 4·88 | 4·50 | 5·89 |
| 1879 | 6·33 | 6·19 | | 5·91 | | 4·54 | 4·54 | 4·71 | 4·20 | 5·52 |
| 1880 | 5·80 | 5·73 | | 5·33 | | 4·48 | 4·42 | 4·61 | 3·99 | 4·89 |
| 1881 | 5·49 | 5·43 | 5·24 | 5·00 | | 4·47 | 4·43 | 4·66 | 3·98 | 4·63 |
| 1882 | 5·52 | 5·47 | 5·46 | 5·03 | | 4·48 | 4·43 | 4·66 | 3·99 | 4·66 |
| 1883 | 5·35 | 5·32 | 5·36 | 4·82 | 4·43 | 4·50 | 4·47 | 4·68 | 3·93 | 4·50 |
| 1884 | 5·21 | 5·15 | 5·22 | 4·71 | 4·24 | 4·47 | 4·43 | 4·60 | 3·89 | 4·36 |
| 1885 | 5·09 | 5·07 | 5·05 | 4·56 | 4·08 | 4·46 | 4·43 | 4·52 | 3·79 | 4·23 |
| 1886 | 4·97 | 4·94 | 4·92 | 4·32 | 3·99 | | 4·05 | 4·28 | 3·73 | 4·08 |
| 1887 | 5·22 | 5·18 | 5·19 | 4·49 | 3·99 | | 4·00 | 3·97 | 3·77 | 4·41 |
| 1888 | 5·23 | 5·15 | 5·23 | 4·46 | 3·96 | | 4·01 | 3·93 | 3·70 | 4·44 |
| 1889 | 4·98 | 4·94 | 5·00 | 4·31 | 3·96 | | 3·98 | 3·94 | 3·61 | 4·25 |
| 1890 | 4·74 | 4·71 | 4·92 | 4·25 | 3·96 | | 4·00 | 3·98 | 3·64 | 4·00 |
| 1891 | 4·57 | 4·58 | 4·90 | 4·22 | 4·00 | | 4·03 | 4·02 | 3·60 | 4·06 |

# Erläuterungen.

---

Es erschien als wesentliche Aufgabe, nicht allein die positiven Nachrichten über die Höhe und Bewegung dieser Curse mit möglichster Vollständigkeit darzustellen, sondern es auch durch die Auswahl der Effecten zu ermöglichen, die hier maßgebenden Causalverhältnisse von anderen gleichzeitig vorkommenden Ursachen zu scheiden. Außer der Nebeneinanderstellung der auf Noten, Silber und Gold lautenden staatlichen Schuldtitel wurden deshalb die durch ihren eigenen Credit seit jeher Cursschwankungen meist nicht unterliegenden Nordbahn-Prioritäten herangezogen, dann die Goldtitel einiger öffentlichen Verkehrsanstalten der österreichisch-ungarischen Monarchie.

Es genügt im Übrigen die Bemerkung, daß die auch in der österreichisch-ungarischen Monarchie seit dem Anfange der Achtziger Jahre eingetretene allgemeine Zinsfußermäßigung neue Bewegung in die Gestaltung der Effectencurse brachte. Zur diesfälligen Orientierung wird auf die Marktzinsfußtabelle (Nr. 131) und die vergleichende Rentabilitätstabelle (Nr. 216) verwiesen.

Als Quellen wurden die amtlichen Cursblätter der Wiener Börse, zum Theile auch die „Wiener Zeitung", der „Compaß" und die Daten der „Neuen Freien Presse" benützt.

# Fünfzehnter Abschnitt.

# Daten zur Zahlungsbilanz.

### (Tabellen 217—236.)

# Nachweisung über die Einlösung der Coupons der 4% österreichischen Goldrente.

| Scadenz der Coupons | Gesammt-betrag der einzulösen-den Coupons in österr. Goldgulden | Die Einlösung erfolgte | | | | | | | | Im Inlande (bei der k. k. Staats-schuldencasse und bei den Landercassen) | | Gesammt-betrag der eingelösten Coupons in österr. Goldgulden |
|---|---|---|---|---|---|---|---|---|---|---|---|---|
| | | in Deutsch-land | in Paris | in Brüssel | auf Schweize-rischen Plätzen (Basel und Zürich) | Zusammen | durch das Consulat in Amsterdam | in London | im Auslande zusammen | | | |
| | | in Mark deutscher Reichswähr. | in Francs | | | | in holländ. Gulden | in Pfund Sterling | in österr. Goldgulden | in Gold | in Noten | in österr. Goldgulden |
| April 1880 | 6,417.004 | 3,063.355·20 | 7,570.280 | 141.450 | 66.890 | 7,778.620 | 82.919·69 | 2.219·11¾ | 4,715.932 | 1,130.632 | 155.228 | 6,001.792 |
| October 1880 | 6,817.004 | 9,453.817·80 | 2,659.780 | 65.780 | 39.320 | 2,764.880 | 5.942·50 | . . . | 5,779.484 | 701.640 | 215.876 | 6,697.000 |
| April 1881 | 6,817.004 | 5,751.874·80 | 4,851.670 | 108.890 | 44.410 | 5,004.970 | 38.986·95½ | . . . | 4,875.036 | 1,598.612 | 176.820 | 6,650.468 |
| October 1881 | 6,817.004 | 7,724.346·30 | 2,976.230 | 60.280 | 41.770 | 3,078.280 | 9.288·75 | . . . | 5,053.560 | 1,187.988 | 464.132 | 6,705.680 |
| April 1882 | 6,817.004 | 4,681.767·60 | 6,105.870 | 98.710 | 50.700 | 6,255.280 | 50.767·24 | . . . | 4,856.572 | 1,481.348 | 131.896 | 6,469.816 |
| October 1882 | 6,817.004 | 6,486.512·40 | 4,107.720 | 96.170 | 45.580 | 4,249.470 | 32.955·52½ | . . . | 4,930.444 | 1,605.138 | 132.848 | 6,668.430 |
| April 1883 | 6,817.004 | 3,785.494·50 | 7,103.520 | 116.220 | 53.110 | 7,272.850 | 62.419·15½ | . . . | 4,830.768 | 1,405.692 | 176.256 | 6,412.716 |
| October 1883 | 6,817.004 | 7,174.421·10 | 3,700.490 | 106.660 | 48.050 | 3,855.200 | 13.116·54 | . . . | 5,095.956 | 1,422.112 | 129.356 | 6,647.424 |
| April 1884 | 6,817.004 | 3,451.223·70 | 7,725.050 | 156.650 | 47.680 | 7,929.380 | 55.948·00 | . . . | 4,922.816 | 1,507.436 | 209.884 | 6,640.136 |
| October 1884 | 6,817.004 | 6,202.429·20 | 5,257.980 | 132.400 | 63.780 | 5,454.220 | 18.607·82 | . . . | 5,260.108 | 1,276.496 | 198.812 | 6,735.416 |
| April 1885 | 6,817.004 | 8,161.884·00 | 3,140.170 | 83.980 | 70.240 | 3,294.390 | 8.652·00 | . . . | 5,355.576 | 1,180.802 | 200.844 | 6,737.222 |
| October 1885 | 6,817.004 | 9,284.025·60 | 2,219.900 | 92.470 | 63.500 | 2,375.870 | 7.446·31½ | . . . | 5,541.280 | 1,005.356 | 198.916 | 6,745.552 |
| April 1886 | 6,817.004 | 3,317.735·70 | 8,233.670 | 109.180 | 67.780 | 8,410.630 | 43.960·00 | . . . | 5,039.332 | 1,368.692 | 217.456 | 6,625.480 |
| October 1886 | 6,817.004 | 9,564.593·40 | 2,067.470 | 104.550 | 60.250 | 2,232.270 | 6.996·12 | . . . | 5,622.020 | 927.548 | 197.472 | 6,747.040 |
| April 1887 | 6,817.004 | 10,121.103·90 | 1,954.120 | 109.940 | 44.180 | 2,108.240 | 5.792·57¾ | . . . | 5,846.232 | 595.536 | 201.180 | 6,642.948 |
| October 1887 | 6,817.004 | 10,459.635·30 | 1,469.060 | 122.050 | 18.230 | 1,609.340 | 695·59 | . . . | 5,809.572 | 724.232 | 202.836 | 6,736.640 |
| April 1888 | 6,817.004 | 10,712.484·90 | 1,505.165 | 111.150 | 12.600 | 1,628.915 | 190·42½ | . . . | 5,941.842 | 459.812 | 206.760 | 6,608.414 |
| October 1888 | 6,817.004 | 10,822.685·40 | 1,452.750 | 94.290 | 28.110 | 1,575.150 | 142·92½ | . . . | 5,974.716 | 580.918 | 214.648 | 6,770.282 |
| April 1889 | 6,817.004 | 6,273.012·60 | 6,223.320 | 134.515 | 36.770 | 6,394.605 | 19.498·17 | . . . | 5,671.942 | 868.376 | 214.092 | 6,754.410 |
| October 1889 | 6,817.004 | 5,849.277·80 | 5,677.730 | 113.610 | 45.390 | 5,836.730 | 16.959·54 | . . . | 5,237.376 | 1,276.808 | 218.072 | 6,732.256 |
| April 1890 | 6,817.004 | 9,250.451·10 | 3,200.740 | 76.850 | 16.200 | 3,293.790 | 7.802·41 | . . . | 5,892.160 | 573.048 | 122.792 | 6,588.000 |
| October 1891 | 6,817.004 | 10,897.367·40 | 736.040 | 118.890 | 15.690 | 870.620 | 3.871·55 | . . . | 5,732.904 | 539.373 | 222.124 | 6,494.401 |
| April 1891 | 6,817.004 | 10,685.572·65 | 913.410 | 50.800 | 24.670 | 988.880 | 5.037·16 | . . . | 5,676.586 | 954.508 | 120.716 | 6,751.810 |

Tabelle 218.

# Nachweisung über die bei den Umwechslungsstellen im Auslande bis Ende März 1889, dann bei der k. k. Staatsschuldencasse und bei den Umwechslungsstellen im Inlande bis Ende September 1890 hinausgegebenen neuen Couponsbogen zu den Obligationen der 4%igen Goldrente.

## I. Ausland.

| | | | |
|---|---|---|---|
| Paris . . . . . . . . . . . . . . . . . . . . . . . . . | | 129,496.600 fl. | |
| Berlin . . . . . . . . . . . | 43,453.600 fl. | | |
| Frankfurt . . . . . . . . | 36,922.400 „ | | |
| Leipzig . . . . . . . . | 13,347.200 „ | | |
| München . . . . . . . . . | 9,075.000 „ | | |
| Stuttgart . . . . . . . . | 3,696.600 „ | 106,494.800 „ | |
| Basel . . . . . . . . | 1,522.800 fl. | | |
| Zürich . . . . . . . | 553.800 „ | 2,076.600 „ | |
| Amsterdam . . . . . . . . . . . . . . . . . . . | | 3,135.200 „ | |
| Brüssel . . . . . . . . . . . . | | 792.200 „ | |
| | | 241,995.400 fl. | = 71 Procent |

## II. Staatsschuldencasse . . . . . . . . 78,151.600 fl. = 22·92 „

## III. Umwechslungsstellen im Inlande.

| | | | |
|---|---|---|---|
| Brünn . . . . . . . . . | 164.200 fl. | | |
| Czernowitz . . . . . . . . . | 172.200 „ | | |
| Graz . . . . . . . | 453.600 „ | | |
| Klagenfurt . . . . . . . | 239.400 „ | | |
| Innsbruck . . . . . | 766.400 „ | | |
| Laibach . . . . . . . . | 36.400 „ | | |
| Lemberg . . . . . . . . . | 9.800 „ | | |
| Linz . . . . . . . | 479.000 „ | | |
| Prag . . . . . . . . | 6,505.600 „ | | |
| Salzburg . . . . . . . | 415.800 „ | | |
| Triest . . . . . . . | 885.200 „ | | |
| Troppau . . . . . . . . | 312.200 „ | | |
| Zara . . . . . . . . | 129.600 „ | 10,569.400 „ | = 3·1 Procent |
| | Zusammen . 330,716.400 fl. | | |
| Bei der Casse noch erliegend . . . . . . . . . | | 297.000 „ | = 0·08 „ |
| Auf Namen . . . . . . . . . | | 9,836.800 „ | = 2·9 „ |
| | Emissionssumme = 340,850.200 fl. | | = 100 „ |

# Nachweisung über die vom Jahre 1879 bis einschließlich 1889 hinausgegebenen neuen Couponsbogen zu Obligationen der einheitlichen 4·2% Notenrente.*)

| Post-Nr. | | Capitalsbetrag in Gulden österreichischer Währung | Procent |
|---|---|---|---|
| 1 | Staatsschuldencasse . . . . . . . . . . . . . . | 455,866.500 | 49·2 |
| 2 | Cassen und Ämter der im Reichsrathe vertretenen Königreiche und Länder . . . . | 158,021.900 | 17·1 |
| 3 | Cassen und Ämter der Länder der ungarischen Krone . . . | 4,566.550 | 0·5 |
| 4 | Vermittlungsstellen des Auslandes . . . . . . . . . | 307,649.300 | 33·2 |
| | Zusammen . | 926,104.250 | 100 |

## Verzeichnis über die bei den Umwechslungsstellen im Auslande hinausgegebenen neuen Couponsbogen zu Obligationen der einheitlichen Notenrente.

| Post-Nr. | | Capitalsbetrag in Gulden österreichischer Währung | Post-Nr. | | Capitalsbetrag in Gulden österreichischer Währung |
|---|---|---|---|---|---|
| 1 | Amsterdam . . . . . . . | 146,955.300 | | Übertrag . . | 273,947.950 |
| 2 | Antwerpen . . . . . . . | 39,018.750 | 14 | Leipzig . . . . . . | 2,800.650 |
| 3 | Augsburg . . . . . . . | 425.950 | 15 | London . . . . . . | 6,045.250 |
| 4 | Basel . . . . . . . | 17.950 | 16 | Mailand . . . . . | 440.700 |
| 5 | Berlin . . . . . . . | 10,143.950 | 17 | Mannheim . . . . | 1,224.300 |
| 6 | Brüssel . . . . . . . | 48,531.850 | 18 | München . . . . . | 8,031.250 |
| 7 | Köln . . . . . . . | 3,977.350 | 19 | Nürnberg . . . . | 1,426.200 |
| 8 | Breslau . . . . . . . | 942.000 | 20 | Paris . . . . . . | 9,219.600 |
| 9 | Dresden . . . . . . . | 1,388.500 | 21 | Stuttgart . . . . | 1,085.950 |
| 10 | Darmstadt . . . . . . | 442.800 | 22 | Venedig . . . . . | 3,069.500 |
| 11 | Frankfurt am Main . . . | 19,928.300 | 23 | Zürich . . . . . | 357.950 |
| 12 | Genf . . . . . . . | 279.750 | | | |
| 13 | Hamburg . . . . . . | 1,895.500 | | | |
| | Fürtrag . | 273,947.950 | | Zusammen . | 307,649.300 |

## Verzeichnis über jene Cassen und Ämter, welche bei der Hinausgabe der neuen Couponsbogen zu Obligationen der einheitlichen Notenrente am hervorragendsten betheiligt waren.

| Post-Nr. | Casse oder Amt | Capitalsbetrag in Gulden österreichischer Währung | Post-Nr. | Casse oder Amt | Capitalsbetrag in Gulden österreichischer Währung |
|---|---|---|---|---|---|
| | **In den im Reichsrathe vertretenen Königreichen und Ländern.** | | 17 | Eger, Steueramt | 688.650 |
| | | | 18 | Görz, „ | 848.100 |
| 1 | Brünn, Finanz-Landescasse . . . . | 6,968.050 | 19 | Komotau, „ | 525.350 |
| 2 | Czernowitz, Landeszahlamt . . . | 778.100 | 20 | Krakau, „ | 595.100 |
| 3 | Graz, Finanzlandescasse . . . | 13,640.450 | 21 | Leitmeritz, „ | 1,442.550 |
| 4 | Innsbruck, Finanzlandescasse . . | 4,857.350 | 22 | Olmütz, „ | 758.800 |
| 5 | Klagenfurt, Landeszahlamt . . | 2,081.850 | 23 | Reichenberg, „ | 837.600 |
| 6 | Linz, Finanzlandescasse . . . | 13,604.450 | 24 | Mähr.-Trübau, „ | 475.550 |
| 7 | Lemberg, Landeshauptcasse . . | 1,857.250 | 25 | Trient, „ | 786.150 |
| 8 | Laibach, Landeszahlamt . . . | 2,163.150 | 26 | Teplitz, „ | 1,524.800 |
| 9 | Prag, Landeshauptcasse . . . | 32,974.600 | 27 | Waidhofen an der Ybbs, Steueramt | 512.100 |
| 10 | Salzburg, Landeszahlamt . . . | 3,987.400 | 28 | Wiener-Neustadt, Steueramt | 641.650 |
| 11 | Triest, Finanzlandescasse . . . | 15,980.350 | 29 | Währing, „ | 666.800 |
| 12 | Troppau, Landeszahlamt . . . | 2,562.850 | | **In den Ländern der ungarischen Krone.** | |
| 13 | Zara, Landeszahlamt . . . | 591.250 | 30 | Agram, Staatshauptcasse . . . | 558.650 |
| 14 | Aussig, Steueramt | 663.350 | 31 | Budapest, Staatscentralcasse . . | 2,272.300 |
| 15 | Budweis, „ | 556.150 | 32 | Ödenburg, Steueramt | 600.250 |
| 16 | Baden, „ | 467.700 | | | |

*) Laut in der „Wiener Zeitung" im Monate Mai 1878 erfolgter Mittheilung sind von den, nach dem Gesetze vom 20. Juni 1868 zur Convertierung bestimmten Schuldtiteln per 1,057.119.180 fl. 61½ kr. in Noten in den Jahren 1869, 1870 und 1871 an ausländischen Orten durch erste Bankhäuser und Institute im Namen der Finanzverwaltung der Convertierung 358,986.633 fl. 62 kr. unterzogen worden. Seit dem Jahre 1868 sind solche Rententitel neu begeben worden 580,903.600 fl., wovon 286,129.400 fl. zur Tilgung.

Tabelle 220.

# Nachweisung über die vom Jahre 1879 bis inclusive 1889 hinausgegebenen neuen Couponsbogen zu Obligationen der einheitlichen 4·2% Silberrente.*)

| Post-Nr. | Name der Vermittlungsstellen | Capitalsbetrag | In Procent |
|---|---|---|---|
| 1 | Staatsschuldencasse | 219,587.450 | 23.5 |
| 2 | Cassen und Ämter der im Reichsrathe vertretenen Königreiche und Länder | 79,025.150 | 8.4 |
| 3 | Cassen und Ämter der Länder der ungarischen Krone | 2,780.850 | 9.3 |
| 4 | Vermittlungsstellen im Auslande | 633,739.500 | 67.3 |
| | Zusammen . | 935,182.950 | 100.0 |

## 1. Detail-Ausweis über die bei den Vermittlungsstellen des Auslandes hinausgegebenen neuen Couponsbogen von Obligationen der einheitlichen Silberrente.

| Post-Nr. | Name der Vermittlungsstellen | Capitalsbetrag | Post-Nr. | Name der Vermittlungsstellen | Capitalsbetrag |
|---|---|---|---|---|---|
| 1 | Amsterdam | 262,326.500 | | Übertrag . | 465,755.750 |
| 2 | Antwerpen | 40,156.500 | 13 | Hamburg | 21,513.950 |
| 3 | Augsburg | 2,563.250 | 14 | Leipzig | 12,463.800 |
| 4 | Basel | 158.200 | 15 | London | 21,650.650 |
| 5 | Berlin | 44,835.650 | 16 | Mailand | 1,923.900 |
| 6 | Breslau | 10,719.000 | 17 | Mannheim | 4,486.300 |
| 7 | Brüssel | 12,314.800 | 18 | München | 20,722.200 |
| 8 | Köln | 11,027.750 | 19 | Nürnberg | 8,424.800 |
| 9 | Darmstadt | 2,410.050 | 20 | Paris | 68,054.900 |
| 10 | Dresden | 7,425.300 | 21 | Stuttgart | 4,561.850 |
| 11 | Frankfurt am Main | 71,050.300 | 22 | Venedig | 3,837.750 |
| 12 | Genf | 768.450 | 23 | Zürich | 344.150 |
| | Fürtrag . | 465,755.750 | | Zusammen . | 633,739.500 |

## 2. Detail-Ausweis über die bei den bedeutenderen Cassen und Ämtern in den Jahren 1879 bis inclusive 1889 hinausgegebenen neuen Couponsbogen zu Obligationen der einheitlichen Silberrente.

| Post-Nr. | Casse | Name | Kronland | Capitalsbetrag |
|---|---|---|---|---|
| | | **In den im Reichsrathe vertretenen Königreichen und Ländern.** | | |
| 1 | Landeshauptcasse | Lemberg | Galizien | 370.200 |
| 2 | " | Prag | Böhmen | 13,806.800 |
| 3 | Finanzlandescasse | Brünn | Mähren | 2,628.300 |
| 4 | " | Graz | Steiermark | 3,494.250 |
| 5 | " | Innsbruck | Tirol | 3,158.950 |
| 6 | " | Linz | Oberösterreich | 8,227.750 |
| 7 | " | Triest | Küstenland | 6,041.100 |
| 8 | Landeszahlamt | Czernowitz | Bukowina | 168.300 |
| 9 | " | Klagenfurt | Kärnten | 1,564.250 |
| 10 | " | Laibach | Krain | 1,689.650 |
| 11 | " | Salzburg | Salzburg | 2,649.750 |
| 12 | " | Troppau | Schlesien | 1,511.200 |
| 13 | " | Zara | Dalmatien | 620.550 |
| 14 | Hauptsteueramt | Görz | Küstenland | 742.600 |
| 15 | Steueramt | Komotau | Böhmen | 467.650 |
| 16 | " | Ragusa | Dalmatien | 657.000 |
| 17 | Hauptsteueramt | Reichenberg | Böhmen | 402.400 |
| 18 | Steueramt | Roveredo | Tirol | 824.350 |
| 19 | " | Steyr | Oberösterreich | 419.600 |
| 20 | Hauptsteueramt | Trient | Tirol | 1,130.050 |
| 21 | " | Teplitz | Böhmen | 473.400 |
| | | **In den Ländern der ungarischen Krone.** | | |
| 1 | Staatscentralcasse | Budapest | Ungarn | 1,171.000 |
| 2 | Staatshauptcasse | Agram | Croatien | 332.500 |
| 3 | Steueramt | Hermannstadt | Siebenbürgen | 204.200 |
| 4 | " | Ödenburg | Ungarn | 279.350 |

*) Laut in der „Wiener Zeitung" im Mai 1873 erfolgter Mittheilung sind von den, nach dem Gesetze vom 20. Juni 1868 zur Convertirung bestimmten Schuldtiteln per 975,486.795 fl. 63 kr. in Silber in den Jahren 1869, 1870 und 1871 an ausländischen Orten durch erste Bankhäuser und Institute im Namen der Finanzverwaltung 649,228.699 fl. 75 kr. der Convertirung unterzogen worden.
Seit dem Jahre 1868 sind solche Rententitel neu begeben worden 36,200.600 fl., wovon 12,700.900 fl. zur Tilgung.

# Währung der an der Wiener Börse im Jahre 1889 cotierten Effecten.

| In Papier | In Silber | In Gold |
|---|---|---|
| **1. Allgemeine Staatsschuld.** | | |
| Einheitliche Rente<br>1854er Lose<br>1860er „<br>1864er „<br>Wien-Gloggnitzer Eisenbahn | Einheitliche Rente | Staatsdomänen-Pfandbriefe *) |
| **2. Schulden der im Reichsrathe vertretenen Königreiche und Länder** | | |
| 5%ige Notenrente | | 4%ige Goldrente |
| **3. Eisenbahn-Staatsschuldverschreibungen** | | |
| Pilsen-Priesener Bahn | Franz Josefs-Bahn<br>Rudolfs-Bahn<br>Vorarlberger Bahn | Elisabeth-Bahn |
| **4. In Staatsschuldverschreibungen abgestempelte Eisenbahnactien** | | |
| Elisabeth-Bahn | Linz-Budweis<br>Salzburg-Tirol | — |
| **5. Vom Staate zur Zahlung übernommene Eisenbahn-Prioritäts-Obligationen** | | |
| — | Franz Josefs-Bahn<br>Pilsen-Priesener Bahn<br>Rudolfs-Bahn, Emission 1884<br>Vorarlberger Bahn, Emission 1884 | Elisabeth-Bahn, steuerpflichtige und steuerfreie.<br>Rudolf-Bahn |
| **6. Grundentlastungs-Obligationen** | | |
| Alle | — | — |
| **7. Andere öffentliche Anlehen** | | |
| Donauregulirungs-Lose<br>Donauregulirungs-Anlehen<br>Länder- und Städteanlehen | — | Wien, 1874 *) |
| **8. Pfandbriefe, Hypotheken, Obligationen und Schuldbriefe** | | |
| Alle nicht in den Nebencolonnen erwähnten | Istrianer Bodencreditanstalt | Österreichische Bodencreditanstalt 4 Procent<br>Central-Bodencreditbank 2 und 2¼ Procent<br>Fürstlich Schwarzenberg'sches Anlehen |

**Tabelle 221** (Fortsetzung.)

| In Papier | In Silber | In Gold |
|---|---|---|
| | **9. Prioritäts-Obligationen** | |
| Donau-Dampfschiffahrts-Gesellschaft<br>Kaiser Ferdinands-Nordbahn<br>Hüttenberger Eisenwerksgesellschaft<br>Steierische Eisenindustrie<br>Südnorddeutsche Verbindungsbahn<br>Union, Eisen- und Blechfabriksgesellschaft<br>Österreichische Localeisenbahngesellschaft | Albrecht-Bahn<br>Böhmische Nordbahn<br>Böhmische Westbahn<br>Buschtěhrader Eisenbahn<br>Dux-Bodenbacher Eisenbahn<br>Kaiser Ferdinands-Nordbahn<br>Galizische Karl Ludwig-Bahn<br>Graz-Köflacher Eisenbahn<br>Lemberg-Czernowitz-Jassy-Bahn<br>Leoben-Vorbernberger Eisenbahn<br>Mährische Grenzbahn<br>Mährisch-schlesische Centralbahn<br>Neuberg-Mariazeller Bahn<br>Österreichische Nordwestbahn<br>Ostrau-Friedländer Bahn<br>Prager Eisenindustrie-Gesellschaft<br>Brünn-Rossitzer Bahn<br>Südnorddeutsche Verbindungsbahn<br>Eisenbahn Wien-Aspang<br>Wien-Pottendorfer Bahn | Albrecht-Bahn<br>Böhmische Westbahn<br>Donau-Dampfschifffahrts-Gesellschaft<br>Dux-Bodenbacher Eisenbahn<br>Österreichisch-ungarischer Lloyd<br>Österreichische Alpine Montangesellschaft<br>Österreichische Nordwestbahn<br>Prag-Duxer Eisenbahn<br>Staatseisenbahngesellschaft<br>Südbahn *)<br>Südnorddeutsche Verbindungsbahn<br>Trifailer Kohlenwerksgesellschaft<br>Vordernberg-Köflacher Montan-Industriegesellschaft |
| | **10. Lose** | |
| Alle | — | — |
| | **11. Bank-Actien** | |
| Alle mit nebenstehender Ausnahme | Österreichische Bodencreditanstalt **) | |
| | **12. Actien von Transport-Unternehmungen** | |
| Böhmische Nordbahn<br>Böhmische Westbahn<br>Bukowinaer Localbahn<br>Buschtěhrader Eisenbahn<br>Donau-Dampfschiffahrtsgesellschaft<br>Kaiser Ferdinands-Nordbahn<br>Gaisbergbahn-Gesellschaft<br>Galizische Karl Ludwig-Bahn<br>Graz-Köflacher Eisenbahn- und Bergbaugesellschaft<br>Kahlenberg-Eisenbahngesellschaft<br>Kolomeaer Localbahn<br>Leoben-Vorbernberger Eisenbahn<br>Österreichisch-ungarischer Lloyd<br>Österreichische Localeisenbahngesellschaft<br>Ostrau-Friedländer Eisenbahn<br>Südnorddeutsche Verbindungsbahn<br>Wiener Tramwaygesellschaft<br>Neue Wiener Tramwaygesellschaft<br>Österreichische Transportgesellschaft<br>Ungarisch-galizische Eisenbahn<br>Wiener Localbahnen-Actiengesellschaft | Albrecht-Bahn<br>Aussig-Teplitzer Bahn<br>Austro-belgische Eisenbahngesellschaft<br>Dux-Bodenbacher Bahn<br>Lemberg-Czernowitz-Jassy-Eisenbahn<br>Mährische Grenzbahn<br>Mährisch-schlesische Centralbahn<br>Österreichische Nordwestbahn<br>Prag-Duxer Eisenbahn<br>Reichenberg-Gablonzer Localbahn<br>Wien-Pottendorfer Eisenbahn | Staatseisenbahngesellschaft<br>Südbahn |
| | **13. Actien von Industrie-Unternehmungen** | |
| Alle mit nebenstehender Ausnahme | — | Haas'sche Teppich-Actiengesellschaft |
| | **14. Actien von Versicherungs-Gesellschaften** | |
| Alle | — | — |

*) Thatsächlich werden die Coupons, respective die fälligen Capitalrückzahlungen in Goldmünzen beglichen.
**) Das Actien-Capital lautet auf Gulden Silber gleich 2 Frcs. 50 Ct.

Tabelle 222.

# Die Währung der an der Wiener Börse im Jahre 1885 cotierten Eisenbahn-Prioritäten.

(Nach dem Cour<s> pro 1885.)

| | Silber österr. Währ. | | | Deutsche Reichsmark | | | Gold (Francs) | | | Goldgulden | |
|---|---|---|---|---|---|---|---|---|---|---|---|
| Anzahl der Prioritäten | Name der Prioritäten | Betrag des noch aushaftenden Capitales | Anzahl der Prioritäten | Name der Prioritäten | Betrag des noch aushaftenden Capitales | Anzahl der Prioritäten | Name der Prioritäten | Betrag des noch aushaftenden Capitales | Anzahl der Prioritäten | Name der Prioritäten | Betrag des noch aushaftenden Capitales |
| 1 | 5% Albrechtsbahn à 300 fl. Silber | 11,772,000 | 1 | 4% Böhmische Nordbahn vom Jahre 1882 à 300–3000 Mk. | 43,500,000 | . . . | . . . | . . . | 1 | 5% Albrechtsbahn à 200 fl. Silber | 3,918,800 |
| 1 | 5% Böhmische Nordbahn à 300 fl. Silber | 7,549,800 | 1 | 5% Böhmische Westbahn vom Jahre 1873 | 3,000,000 | | | | | | |
| 1 | 5% Böhmische Westbahn, Emission 1861 und 1869 | 10,276,000 | 1 | 4½% Budweiser Bahn vom Jahre 1882 à 500–1000 Mk. | 18,000,000 | | | | | | |
| 1 | 5% Böhmische Westbahn à 200 fl. bis 5000 fl. | 2,666,700 | 1 | 5% Dux-Bodenbacher Bahn vom Jahre 1874 | 3,933,000 | | | | | | |
| 1 | 5% Budweiser Bahn 1868 | 31,550,550 | | | | | | | | | |
| 1 | 5% Dux-Bodenbacher Bahn à 150 fl. bis 1872 à 150 fl. I. und II. Emission, à 150 fl. bis 750 fl. | 9,900,000 | | | | | | | | | |
| 1 | 5% Kaiser Ferdinands-Nordbahn vom Jahre 1872 à 300 fl. | 13,535,100 | | | | | | | | | |
| 1 | 4½% Galizische Karl Ludwig-Bahn vom Jahre 1881 und 1882 à 100 fl. | 45,350,000 | | | | | | | | | |
| 1 | 4½% Graz-Köflacher Eisenbahn 1863 bis 1878 à 150 fl. | 7,463,860 | | | | | | | | | |
| 1 | 4½% Raigern-Oberberger Bahn, Emission 1868 und österr. Theil 1879 | 40,026,200 | | | | | | | | | |
| 1 | 5% Stemberg-Czernowitz-Jassy-Bahn, Emission 1865–1872 | 45,000,000 | | | | | | | | | |
| 1 | 5% Leoben Nordenberg-Bahn, Emission 1870 bis 1875 | 560,000 | 1 | 5% Österreichische Nordwestbahn, Emission 1874 à 600 Mk. | 27,861,600 | | | | | | |
| 1 | 5% Mährische Grenzbahn à 200 fl. | 8,000,000 | | | | | | | | | |
| 1 | 5% Mährisch-schlesische Nordbahn | 28,776,000 | | | | | | | | | |
| 1 | 5% Österreich-schlesische Central-bahn à 300 fl. | 13,500,000 | | | | | | | | | |
| 1 | 5% Österreichische Nordwestbahn, I. und II. Emission à 200 fl. | 67,864,000 | | | | | | | | | |
| 1 | 5% Österreichisch-ungarische Staatseisenbahn vom Jahre 1883 | 1,387,800 | 1 | 5% Prag-Duxer Eisenbahn vom Jahre 1885 | 10,000,200 | 1 | 3% Österreichisch-ungarische Staatseisenbahn, altes Netz | 436,414,500 | | | |
| 1 | 5% Prag-Duxer Eisenbahn à 300 fl. | 13,554,000 | | | | | 1 | 3% Österreichisch-ungarische Staatseisenbahn, Ergänzungsnetz | 212,500,000 | | | |
| 1 | 5% Österreichisch-ungarische Staatseisenbahn vom Jahre 1871 u. 1872 à 160 fl. | 1,531,000 | 1 | 5% Österreichisch-ungarische Staatseisenbahn vom Jahre 1873, 1883 und 1884 | 160,476,000 | 1 | 3% Südbahn | 2,074,710,000 | | | |
| 1 | 5% Süd-Norddeutsche Verbindungsbahn, Emission 1866 u. 1872 à 300 fl. | 4,496,100 | 1 | 5% Süd-Norddeutsche Verbindungsbahn, IV. Emission 1875 | 2,747,600 | | | | 1 | 5% Südbahn à 200 fl. Silber oder Gold | 42,156,985 |
| | | 7,266,000 | | | | | | | | | |
| 19 | | 367,314,100 | 10 | | 264,518,400 | 2 | | 2,723,624,500 | 2 | | 46,075,785 |

In Gulden Gold österreichischer Währung

| | | | | | | | | | | | |
|---|---|---|---|---|---|---|---|---|---|---|---|
| | | 182,289,800 | | | 264,518,400 | | | 1,069,449,800 | | | 46,075,785 |

1,267,784,785

1) Ohne Abzug der annullierten Stücke.

Tabelle 223.

# Staatshaushalt der österreichisch-ungarischen Monarchie.

## Gesammte Geldgebarung. 1845—1867.

(Nach den Centralrechnungsabschlüssen, beziehungsweise den Publicationen der Direction der administrativen Statistik.)

### In 1000 Gulden Conv.-Münze, resp. österr. Währ.

| Jahre | Gesammte Geldgebarung | | | Hierunter ordentliche Gebarung | | | Anmerkungen |
|---|---|---|---|---|---|---|---|
| | Einnahmen | Ausgaben | Mehrausgabe | Einnahmen | Ausgaben | Mehreinnahme oder Mehrausgabe | |
| 1845 | 202.572 | 220.071 | 17.499 | 202.572 | 202.638 | 66 | Von den Ausgaben sind außer dem Etat der Verwaltung . 1.509 / Eisenbahnbauten 11.739 / Schuldentilgung . . . . . . . . . 4.185 / 17.433 |
| 1846 | 208.505 | 230.379 | 21.874 | 208.505 | 216.244 | 7.739 | Von den Ausgaben sind außerordentlicher Etat . . . . . 600 / Schuldentilgung . . . . . . . . . 5.616 / Eisenbahnbauten . . . . . . . . . 7.919 / 14.135 |
| 1847 | 210.719 | 261.356 | 50.637 | 210.719 | 198.765 | 11.954 | Von den Ausgaben sind außerordentlicher Etat . . . . . 25.043 / Schuldentilgung . . . . . . . . . 5.255 / Eisenbahnbauten . . . . . . . . . 32.293 / 62.591 resp. productiv 37.548 |
| 1848 | 152.362 | 244.187 | 91.825 | 100.031 | 180.574 | 81.543 | . . . . . . . . . . . . . . . . . . . . . . . . . . . . |
| 1849 | 146.866 | 300.812 | 153.946 | 100.076 | 254.078 | 154.002 | . . . . . . . . . . . . . . . . . . . . . . . . . . . . |
| 1850 | 248.947 | 320.538 | 71.591 | 175.765 | 242.644 | 66.879 | Außerordentlicher Einnahme-Etat: Sardinische Kriegsentschädigung . . . . . . . . . 15.936 / Außerordentliche Ausgabe aus der Revolutionsepoche . . 4.864 / Productive Ausgaben . . . . . . . . . 16.236 / 21.100 |
| 1851 | 291.957 | 363.251 | 71.294 | 200.326 | 245.726 | 45.400 | Militär und Kriegsauslagen . . . . . . . . . 20.862 / Productive Ausgaben . . . . . . . . . 22.603 / 43.465 |
| 1852 | 319.161 | 398.782 | 79.621 | 317.619 | 366.255 | 48.636 | Productive Ausgaben . . . . . . . . . 26.389 / Außerordentliche Ausgabe aus der Revolutionsepoche . . 6.137 / 32.526 |
| 1853 | 331.277 | 414.336 | 83.059 | 330.070 | 377.071 | 47.001 | Außerordentliche Ausgaben aus der Revolutionsepoche . . . 7.541 / Productive Ausgaben . . . . . . . . . 29.723 / 37.264 |
| 1854 | 348.674 | 505.823 | 157.149 | 348.674 | 383.927 | 35.253 | Außerordentlicher Armeeaufwand . . . . . . . . . 91.559 / Productive Ausgaben . . . . . . . . . 30.336 / 121.895 |

Tabelle 228 (Fortsetzung.)

| Jahre | Gesammte Geldgebarung | | | Hierunter ordentliche Gebarung | | | Anmerkungen |
|---|---|---|---|---|---|---|---|
| | Einnahmen | Ausgaben | Mehrausgabe | Einnahmen | Ausgaben | Mehreinnahme oder Mehrausgabe | |
| 1855 | 379.261 | 537.581 | 158.320 | 352.667 | 398.076 | 45.409 | Außerord. Einnahmen: Einzahlungen der österr. Staatseisenbahn-Gesellschaft . . . 26.593<br>Außerord. Ausgaben: Militäraufwand und ähnliches . . 104.448<br>Productive Ausgaben . . . . . . . . . . 35.056<br>139.504 |
| 1856 | 390.727 | 471.750 | 81.023 | 369.549 | 417.410 | 47.861 | Außerord. Einnahmen: Einzahlungen der österr. Staatseisenbahn-Gesellschaft . . . 21.177<br>Außerord. Ausgaben: Militär . . . 14.824<br>Productive Ausgaben . . . 39.516<br>54.340 |
| 1857 | 419.597 | 473.057 | 53.460 | 356.352 | 421.400 | 65.048 | Außerord. Einnahmen: Militär-Befreiungstaxen . . . . 13.828<br>Eisenbahnverkauf . . . . . . . . . . . . . 29.474<br>43.302<br>Außerord. Ausgaben: Militäraufwand . . . . . 17.435<br>Productive Ausgaben . . . . . . 34.279<br>51.714 |
| 1858 | 438.951 | 490.814 | 51.863 | 280.526 | 343.932 | 63.406 | Außerord. Einnahmen: Eisenbahnverkauf . . . 14.486<br>Grundentlastungs-Obligationen . . . . 22.631<br>37.117<br>Außerord. Ausgaben: Armee . . . . . 3.185<br>Subvention und ähnliches . . . . . 5.881<br>Productive Ausgaben . . . . 20.229<br>29.295 |
| 1859 | 508.786 | 588.226 | 84.440 | 393.366 | 436.381 | 43.015 | Außerord. Einnahmen: Kassa aus dem lombard. Königreiche 15.180<br>Staatseisenbahnverkauf . . . . . . 91.370<br>Sonstiges . . . . . . . . . 3.870<br>110.420<br>Außerord. Ausgaben: Valutaverluste wegen Währungsänderung . . . . . . 1.136<br>Militäraufwand . . . . . . . . . 137.359<br>Marineaufwand . . . . . . . . 3.538<br>Productive Ausgaben . . . . 8.600<br>Sonstiges . . . . . . . . . 1.211<br>151.844 |
| 1860 | 474.347 | 523.590 | 49.243 | 311.118 | 361.756 | 50.638 | Schuldentilgung: 8.781. |
| 1861 | 420.930 | 500.466 | 79.536 | 301.760 | 381.822 | 80.062 | Schuldentilgung: 2.524. |
| 1862 | 319.653 | 394.612 | 74.959 | 319.653 | 394.612 | 74.959 | Schuldentilgung: 18.009. |
| 1863 | 328.666 | 401.957 | 73.291 | 328.667 | 401.958 | 73.291 | Schuldentilgung: 45.824. |
| 1864 | 531.042 | 635.573 | 104.531 | 489.435 | 502.899 | 13.464 | Vom Verwaltungsjahre 1864 ab wurde die bisher bestandene Verrechnungsart der Staatshaushaltgebarung geändert, resp. statt dem Netto- das Bruttobudget eingeführt und nach Ordinarium und Extraordinarium gegliedert; ferner das Solarjahr als Verwaltungsjahr, dessen Verrechnungsdauer auf 18 Monate, d. i. Ende Juni j. J., bestimmt wurde, gesetzlich eingeführt. Das Jahr 1864 begreift daher 14 Monate.<br>Schuldentilgung: 49.381.<br>Nothstandsgelder für Ungarn . . . . . . 16.518<br>Münzverlust . . . . . . . . . 20.429 |
| 1865 | 444.448 | 496.546 | 52.098 | 402.986 | 423.462 | 20.476 | Schuldentilgung: 51.670 |
| 1866 | 501.272 | 793.068 | 291.796 | 394.981 | 573.706 | 178.725 | Außerordentliche Ausgaben: Kriegsentschädigung . . . . 35.379<br>Kriegsschadenvergütungen . 11.800<br>Eisenbahnnothstandsbauten . . . . . . . . . . . 19.904<br>67.083<br>Schuldentilgung . . . . . . 82.041<br>Militäraufwand (ord. u. extraord.) . 243.342 |
| 1867 | 462.560 | 476.082 | 13.472 | 400.719 | 414.646 | 13.927 | Von den Ausgaben sind außerordentliche:<br>Kriegsschadenvergütungen . . . . . . 735<br>Eisenbahnnothstandsbauten . . . . . 5.996<br>6.731<br>Schuldentilgung: 18.487. |

Tabelle 224.

# Die Staatshaushaltungs-Gebarung der im Reichsrathe vertretenen Königreiche und Länder.

### In 1000 fl. österr. Währ., ohne Abrundung.

| Jahre | 1. Etatmäßige Gebarung laut Rechnungsabschluß | | | | | | | | | 2. Gesammt-Geldgebarung laut Rechnungsabschluß | | |
|---|---|---|---|---|---|---|---|---|---|---|---|---|
| | A. Ausgaben | | B. Einnahmen | | C. Bilanz 1) | | Unter dem Erfolge sind enthalten ordentliche | | | | | |
| | Voranschlag incl. der übertragenen Creditreste | Erfolg | Voranschlag | Erfolg | Voranschlag | Erfolg | Ausgaben | Einnahmen | Einnahmen + − | Ausgaben 2) | Einnahmen | Bilanz |
| 1868 | 322.891 | 324.968 | 289.394 | 325.251 | − 33.497 | + 283 | 270.514 | 271.806 | + 1.292 | . . . . | . . . . | . . . . |
| 1869 | 302.418 | 300.479 | 296.327 | 323.192 | − 6.091 | + 22.713 | 263.579 | 279.320 | + 15.741 | . . . . | . . . . | . . . . |
| 1870 | 340.439 | 332.333 | 317.145 | 355.570 | − 23.294 | + 23.237 | 266.706 | 303.050 | + 36.344 | . . . . | . . . . | . . . . |
| 1871 | 349.320 | 345.645 | 333.960 | 356.296 | − 15.360 | + 10.651 | 294.359 | 327.817 | + 33.458 | . . . . | . . . . | . . . . |
| 1872 | 356.024 | 353.038 | 353.742 | 367.205 | − 2.282 | + 14.167 | 300.332 | 356.112 | + 55.780 | . . . . | . . . . | . . . . |
| 1873 | 394.130 | 398.851 | 393.678 | 398.851 | − 452 | . . . . . | 323.881 | 374.915 | + 51.034 | . . . . | . . . . | . . . . |
| 1874 | 384.860 | 400.248 | 383.299 | 400.248 | − 1.561 | . . . . . | 340.751 | 358.301 | + 17.550 | . . . . | . . . . | . . . . |
| 1875 | 384.495 | 391.764 | 373.090 | 391.764 | − 11.405 | . . . . . | 345.523 | 360.268 | + 14.745 | . . . . | . . . . | . . . . |
| 1876 | 405.245 | 415.904 | 373.552 | 381.418 | − 31.693 | − 34.486 | 365.485 | 360.648 | − 4.837 | 432.910 | 436.724 | + 3.814 |
| 1877 | 409.953 | 415.478 | 379.266 | 388.130 | − 30.687 | − 27.348 | 369.090 | 364.206 | − 4.884 | 467.308 | 477.530 | + 10.222 |
| 1878 | 426.709 | 503.512 | 399.795 | 410.597 | − 26.914 | − 92.915 | 365.518 | 366.929 | + 1.411 | 515.589 | 521.887 | + 6.298 |
| 1879 | 474.658 | 454.920 | 392.565 | 394.766 | − 82.093 | − 60.154 | 412.807 | 371.501 | − 41.306 | 490.096 | 484.388 | − 5.708 |
| 1880 3) | 426.568 | 432.075 | 398.178 | 422.197 | − 28.290 | − 9.878 | 393.250 | 402.823 | + 9.573 | 432.075 | 445.934 | + 13.859 |
| 1881 | 463.080 | 479.643 | 409.646 | 442.333 | − 53.434 | − 37.310 | 414.296 | 436.983 | + 22.687 | 479.643 | 492.333 | + 12.690 |
| 1882 | 506.015 | 507.288 | 454.052 | 486.078 | − 51.963 | − 21.210 | 448.405 | 448.779 | + 374 | 507.288 | 532.743 | + 25.455 |
| 1883 | 502.041 | 514.867 | 464.235 | 489.032 | − 37.806 | − 25.835 | 442.653 | 466.966 | + 24.313 | 514.880 | 505.225 | − 9.655 |
| 1884 | 515.618 | 542.956 | 474.611 | 510.405 | − 41.007 | − 32.551 | 466.944 | 490.910 | + 23.966 | 542.969 | 544.059 | + 1.090 |
| 1885 | 514.729 | 529.459 | 504.961 | 524.576 | − 9.768 | − 4.883 | 480.912 | 494.253 | + 13.341 | 529.459 | 524.606 | − 4.853 |
| 1886 | 519.586 | 521.931 | 508.381 | 524.704 | − 11.205 | + 2.773 | 467.811 | 504.095 | + 36.284 | 521.931 | 532.750 | + 10.819 |
| 1887 | 533.308 | 566.864 | 509.547 | 528.773 | − 23.761 | − 38.091 | 482.010 | 504.790 | + 22.780 | 566.903 | 580.946 | + 14.043 |
| 1888 | 563.516 | 567.302 | 517.295 | 513.692 | − 46.221 | − 53.610 | 490.948 | 493.049 | + 2.101 | 567.310 | 535.841 | − 31.469 |
| 1889 | 545.484 | 551.254 | 545.667 | 562.394 | + 183 | + 11.140 | 496.346 | 537.319 | + 40.973 | 551.254 | 565.019 | + 13.765 |
| 1890 | 547.123 | 559.597 | 548.820 | 581.814 | + 997 | + 22.217 | 506.696 | 558.858 | + 52.162 | 559.597 | 582.163 | + 22.566 |

1) Nach Ausscheidung der außergewöhnlichen Einnahmen und Ausgaben ergibt sich das Resultat der Gebarung folgendermaßen:

       1876 = . . . . − 32,252.000 fl.
       1877 = . . . . − 25,238.000 „
       1878 = . . . . − 21,104.000 „
       1879 = . . . . − 27,888.000 „
       1880 = . . . . − 8,426.000 „
       1881 = . . . . − 8,941.000 „
       1882 = . . . . + 5,467.000 „
       1883 = . . . . + 2,814.000 „
       1884 = . . . . + 6,021.000 „
       1885 = . . . . − 6,611.000 „
       1886 = . . . . + 15,278.000 „
       1887 = . . . . + 6,455.000 „
       1888 = . . . . − 4,231.000 „
       1889 = . . . . + 33,497.000 „
       1890 = . . . . + 38,656.000 „

Die Beschaffenheit dieser außergewöhnlichen Ausgaben und Einnahmen ist aus der Anmerkung 2, Seite 348 ersichtlich.

2) Bis zum Jahre 1878 sind die Ausgaben für den Staats-Eisenbahnbau, für Eisenbahnbau-Vorschüsse und die Erwerbung der Eisenbahnen außerhalb der Staatsgebarung verrechnet. Vom Jahre 1878 sind dieselben im Etat des Handelsministeriums einbezogen. Erstere betrugen 1874—1875 . . . . . 52,257.000 fl.

       1876 . . . . . 15,877.000 „
       1877 . . . . . 13,223.000 „

       Letztere belaufen sich 1878 auf . . . . . 3,290.000 „
       1879 „ . . . . . 3,750.000 „
       1880 „ . . . . . 2,602.000 „
       1881 „ . . . . . 3,875.000 „
       1882 „ . . . . . 9,741.000 „
       1883 „ . . . . . 24,782.000 „
       1884 „ . . . . . 32,578.000 „
       1885 „ . . . . . 7,273.000 „
       1886 „ . . . . . 9,858.000 „
       1887 „ . . . . . 9,598.000 „
       1888 „ . . . . . 10,235.000 „
       1889 „ . . . . . 3,964.000 „
       1890 „ . . . . . 6,711.000 „

3) Die Verrechnungsperiode wurde vom Jahre 1880 ab auf 15 Monate d. i. bis Ende März j. J. festgesetzt.

Tabelle 225.

# Nicht präliminierte Netto-Einnahmen mittels Creditoperationen und aus der Veräußerung von im Vermögen des Staates befindlichen Effecten.

| Jahre | Effectiver Betrag der Operationen |
|---|---|
| | in 1000 Gulden Conv. Münze |
| 1845 . . . . . . . . . . | Der Abgang wurde durch Anlehen gedeckt. |
| 1846 . . . . . . . . . . | „ „ „ „ „ „ |
| 1847 . . . . . . . . . . | „ „ „ „ „ „ |
| 1848 . . . . . . . . . . | 64.033 |
| 1849 . . . . . . . . . . | 143.150 |
| 1850 . . . . . . . . . . | 117.122 |
| 1851 . . . . . . . . . . | 79.661 |
| 1852 . . . . . . . . . . | 132.686 |
| 1853 . . . . . . . . . . | 8.536 |
| 1854 . . . . . . . . . . | 187.835 |
| 1855 . . . . . . . . . . | 155.304 |
| 1856 . . . . . . . . . . | 78.862 |
| 1857 . . . . . . . . . . | 54.670 |
| 1858 . . . . . . . . . . | 62.751 |
| | in 1000 Gulden österr. Währ. |
| 1859 . . . . . . . . . . | 161.714 |
| 1860 . . . . . . . . . . | 4.174 [1] |
| 1861 . . . . . . . . . . | 79.031 |
| 1862 . . . . . . . . . . | 54.345 |
| 1863 . . . . . . . . . . | 39.398 |
| 1864 . . . . . . . . . . | 103.209 |
| 1865 . . . . . . . . . . | 46.714 |
| 1866 . . . . . . . . . . | 303.236 |
| 1867 . . . . . . . . . . | 73.278 |
| 1868 . . . . . . . . . . | . . . . |
| 1869 . . . . . . . . . . | . . . . |
| 1870 . . . . . . . . . . | . . . . |
| 1871 . . . . . . . . . . | . . . . |
| 1872 . . . . . . . . . . | . . . . |
| 1873 . . . . . . . . . . | . . . . |
| 1874 . . . . . . . . . . | 40.436 [2] |
| 1875 . . . . . . . . . . | 33.382 |
| 1876 . . . . . . . . . . | 53.355 |
| 1877 . . . . . . . . . . | 47.175 |
| 1878 . . . . . . . . . . | 98.410 |
| 1879 . . . . . . . . . . | 53.570 |
| 1880 . . . . . . . . . . | 17.854 |
| 1881 . . . . . . . . . . | 50.000 |
| 1882 . . . . . . . . . . | 46.620 |
| 1883 . . . . . . . . . . | 16.000 |
| 1884 . . . . . . . . . . | 33.617 |
| 1885 . . . . . . . . . . | . . . . |
| 1886 . . . . . . . . . . | 8.000 |
| 1887 . . . . . . . . . . | 52.151 |
| 1888 . . . . . . . . . . | 22.125 |
| 1889 . . . . . . . . . . | 2.625 |
| 1890 . . . . . . . . . . | . . . . |

**Anmerkungen.**

[1] Die Ausgaben für Creditoperationen überschritten die Einnahmen um den obigen Betrag.

[2] Diese Creditoperationen vom Jahre 1874—1890 sind (in Brutto der Einnahme beziffert) folgende:

1874 und 1875. Erlös für die zur Rothstandsaction aufgenommenen 80 Millionen Notenrente.

1876. Aufnahme einer schwebenden Schuld auf Grund des Gesetzes vom 18. März 1876, Nr. 35 R. G. Bl., per . . 47,100.000 fl. und Erlös der auf Grund des Finanzgesetzes pro 1876 veräußerten Notenrente per . . . . . 11,000.000 fl. Nominal.

1877. Begebung von Goldrente gemäß dem Gesetze vom 18. März 1876 per . . 48,000.000 fl. dann auf Grund des Finanzgesetzes für 1877 per 28,931.657 fl. und auf Grund des Gesetzes vom 17. Mai 1877, Nr. 40 R. G. Bl., per . . . . . . . 8,823.723 fl.

1878. Erlös für veräußerte Goldrente auf Grund des Gesetzes vom 17. Mai 1877 . . 77.650 fl. dann des Gesetzes vom 20 December 1877, Nr. 113 R. G. Bl. per . . . . . . . 10,000.000 fl. endlich des Finanzgesetzes für 1878 per . . 13,326.541 fl. Erlös für die auf Grund des Finanzgesetzes pro 1878 hinausgegebenen Schatzscheine per 20,600.000 fl. zum Kaufpreise von 97 Procent . . . . . . 19,982.000 fl. Einnahmen auf Grund des Gesetzes vom 11. Juni 1878 Nr. 52, R. G. Bl.:
a) Verkauf von Effecten gemeinsamer Fonde,
b) Begebung von Schatzscheinen,
c) Begebung von Goldrente,
zusammen . . . . . . . 41,013.328 fl. Aufnahme einer schwebenden Schuld . 25,000.000 fl.

1879. Verkauf von Effecten aus gemeinsamen Fonden und Begebung von Goldrente . . 146.671 fl. Erlös für Goldrente auf Grund des Finanzgesetzes für 1879 . . . . . . . 78,598.506 fl. Aufnahme einer schwebenden Schuld . . 10,000.000 fl.

1880. Erlös für die auf Grund des Gesetzes vom 25. März 1880, R. G. Bl. Nr. 31, begebene Goldrente . 17,854.000 fl.

1881. Erlös für die auf Grund des Gesetzes vom 11. April 1881, Nr 33 R. G. Bl. begebene fünfprocentige Notenrente.

1882. Erlös durch Begebung von fünfprocentiger Notenrente auf Grund der Gesetze vom 29. März und 8. Juni 1882.

1883. Erlös durch Begebung von fünfprocentiger Notenrente auf Grund des Finanzgesetzes für 1883.

1884. Erlös durch Begebung von fünfprocentiger Notenrente 29,999.970 fl. und Erlös durch Veräußerung von 17.225 Stück Franz Joseph-Bahn-Actien per . . 3,617.250 fl.

1886. Erlös durch Begebung von fünfprocentiger Notenrente auf Grund des Finanzgesetzes vom 26. März 1885.

1887. Erlös durch Begebung von fünfprocentiger Notenrente . . . . . . 52,120.160 fl. und durch Liquidation von Reservefondresten der Kaiserin Elisabeth-Bahn . . . . . . . 31.393 fl.

1888. Erlös durch Begebung von fünfprocentiger Notenrente . . . . . . 20,374.195 fl. und durch Veräußerung von Staatsschuldverschreibungen der Franz Josef-Bahn auf Grund des Gesetzes vom 5. Juni 1887, Nr. 69 R. G. Bl. . . . . . . . 1,750.840 fl.

1889. Erlös durch Veräußerung von 7500 Actien lit. B der Buschtěhrader Eisenbahn auf Grund des Gesetzes vom 20. Mai 1889, Nr. 75 R. G. Bl. . . . . 2,625.000 fl.

1890. Solche Einnahmen kamen nicht vor.

Tabelle 226.

# Nachweisung über die Agiogebarung in Gold und Silber im Staatshaushalte der im Reichsrathe vertretenen Königreiche und Länder. 1871—1890.

(Nach den Central-Rechnungs-Abschlüssen.)

| Jahr | Münzgewinn | Münzverlust | Münzgewinn Münzverlust |
|---|---|---|---|
| 1871 | 3,771.683 | 4,609.039 | 837.356 |
| 1872 | 2,834.765 | 2,004.689 | 830.076 |
| 1873 | 2,107.996 | 2,704.176 | 596.180 |
| 1874 | 1,440.763 | 1,057.420 | 383.343 |
| 1875 | 850.112 | 901.354 | 51.242 |
| 1876 | 2,123.389 | 3,278.988 | 1,155.599 |
| 1877 | 5,343.031 | 7,211.459 | 1,868.428 |
| 1878 | 2,437.475 | 3,092.738 | 655.263 |
| 1879 | 2,060.088 | 2,982.355 | 922.267 |
| 1880 | 1,083.128 | 1,334.970 | 251.842 |
| 1881 | 816.045 | 1,760.795 | 944.750 |
| 1882 | 2,236.415 | 2,836.295 | 599.880 |
| 1883 | 2,912.568 | 3,761.977 | 849.409 |
| 1884 | 2,284.227 | 3,280.170 | 995.943 |
| 1885 | 1,177.381 | 2,384.294 | 1,206.913 |
| 1886 | 2,428.394 | 4,025.458 | 1,597.064 |
| 1887 | 3,239.774 | 5,349.757 | 2,109.983 |
| 1888 | 3,824.908 | 6,219.854 | 2,394.946 |
| 1889 | 4,793.906 | 6,487.682 | 1,693.776 |
| 1890 | 4,296.612 | 4,970.531 | 673.919 |

Tabelle 227.

# Österreichisch-ungarische Monarchie.
## Allgemeine Staatsschuld 1845 bis 1867.
### In 1000 Gulden.

| Jahre | Gesammte fundirte Schuld in Conventionsmünze reduciert auf ein 5% Capital | Hievon Tilgungsfonde | Lombardisch-venetianische Schuld | Wiener Währung-Papiergeld-Schuld reduciert auf ein 2½% Capital | Hievon Tilgungsfonde | Schwebende Schuld | Hievon Tilgungsfonde | Österreichische Währung consolidirt | Fällige Lottogewinnste, Entschädigungsrenten 2c. | Gesammte Staatsschuld |
|---|---|---|---|---|---|---|---|---|---|---|
| **In Conventions-Münze** | | | | | | | | | | |
| 1845 [1] | 857.713 | 144.396 | 58.339 | 160.221 | 541 | 53.651 | 24.648 | . . . . . . | | Nominale 1,071.585 / ab Tilgungsfonde 169.585 / bleiben effectiv 902.000 |
| 1846 | 864.148 | 145.750 | 60.950 | 155.079 | 582 | 60.847 | 31.900 | . . . . . . | | Nominale 1,080.075 / ab Tilgungsfonde 178.232 / bleiben effectiv 901.843 |
| 1847 | 878.764 | 146.326 | 59.507 | 153.738 | 442 | 98.621 | 40.750 | | | Nominale 1,131.124 / ab Tilgungsfonde 187.518 / bleiben effectiv 943.606 |
| 1848 [2] | 817.996 | 125.613 | . . . . . | 148.466 | 370 | 141.527 | 40.100 | | | Nominale 1,107.98* / ab Tilgungsfonde 166.083 / bleiben effectiv 941.906 |
| 1849 | 810.596 | 125.636 | 38.586 | 143.791 | 381 | 218.467 | 40.100 | | • | Nominale 1,202.855 / ab Tilgungsfonde 166.117 / bleiben 1,036.738 / in den Staats-Kassen 40.305 / bleiben effectiv 996.433 |
| 1850 | 889.592 | 125.864 | 58.704 | 134.019 | 421 | 354.930 | 39.700 | | | Nominale 1,378.541 / ab Tilgungsfonde 218.472 / bleiben effectiv 1,160.069 |
| 1851 | 938.018 | 126.792 | 61.344 | 125.138 | 1.010 | 273.444 | 39.025 | | | Nominale 1,336.600 / ab Tilgungsfonde 199.533 / bleiben effectiv 1,137.067 |
| 1852 | 1,067.225 | 125.889 | 61.143 | 118.234 | 1.099 | 277.466 | 39.700 | | | Nominale 1,462.957 / ab Tilgungsfonde 223.071 / bleiben effectiv 1,239.886 |
| 1853 | 1,147.988 | 125.470 | 60.388 | 110.098 | 1.367 | 217.107 | 39.700 | | | Nominale 1,475.194 / ab Tilgungsfonde 184.390 / bleiben effectiv 1,290.804 |
| 1854 | 1,273.320 | 123.351 | 106.003 | 102.779 | 4.895 | 193.297 | 39.700 | | | Nominale 1,569.396 / ab Tilgungsfonde 178.385 / bleiben effectiv 1,391.011 |
| 1855 | 1,560.245 | 118.618 | 105.013 | 96.198 | 1.505 | 201.147 | 39.700 | | | Nominale 1,857.592 / ab Tilgungsfonde 170.224 / bleiben effectiv 1,687.368 |
| 1856 | 1,638.021 | 147.834 | 103.346 | 90.033 | 1.022 | 156.844 | 39.940 | | | Nominale 1,884.899 / ab Tilgungsfonde 169.251 / bleiben effectiv 1,715.648 |
| 1857 | 1,738.818 | 114.399 | 102.567 | 86.221 | 1.854 | 147.168 | 39.940 | | | Nominale 1,967.202 / ab Tilgungsfonde 166.537 / bleiben effectiv 1,800.665 |
| 1858 | 1,802.366 | 111.203 | 100.758 | 78.487 | 1.070 | 155.692 | 39.940 | | | Nominale 2,036.547 / ab Tilgungsfonde 162.569 / bleiben effectiv 1,873.978 |
| **In österreichischer Währung** | | | | | | | | | | |
| 1859 | 1,931.766 | 90.803 | 115.133 | 72.903 reduciert auf ein 5%iges Capital österr. Währ. | 2.577 | 302.314 | 41.937 | | | 2,307.074·0 |
| 1860 | . . . . . | . . . . . | 71.059 | . . . . . | . . . . . | 363.384 | . . . . . | 133.834 | . . . . . | 2,359.110·0 |
| 1861 | . . . . . | . . . . . | 70.723 | . . . . . | . . . . . | 396.972 | . . . . . | 191.304 | . . . . . | 2,435.040·0 |
| 1862 | 1,703.078 | . . . . . | 70.392 | 52.284 | . . . . . | 413.285 | . . . . . | 272.413 | 15.266 | 2,526.718·0 |
| 1863 | 1,656.119 | . . . . . | 67.958 | 44.606 | . . . . . | 349.820 | . . . . . | 413.521 | 15.809 | 2,547.835·0 |
| 1864 | 1,649.431 | . . . . . | 65.797 | 34.387 | . . . . . | 152.050 | . . . . . | 683.856 | 15.472 | 2,600.994·0 |
| 1865 | 1,642.514 | . . . . . | 65.930 | 25.048 | . . . . . | 143.735 | . . . . . | 705.371 | 15.414 | 2,598.012·0 |
| 1866 | 1,636.135 | . . . . . | . . . . . | 18.248 | . . . . . | 434.658 | . . . . . | 815.178 | 15.497 | 2,919.717·7 |
| 1867 | 1,625.981 | . . . . . | . . . . . | 9.430 | . . . . . | 425.213 | . . . . . | 949.179 | 15.512 | 3,025.415·9 |

[1] Die Ausweisung ist bis 1863 für das Ende des Monates October, von 1864 ab für das Ende des Monates December jeden Jahres.
[2] Ohne lombardisch-venetianisches Königreich.

Tabelle 228.

# Staatsschuld der im Reichsrathe vertretenen Königreiche und Länder 1868—1890.

## In 1000 fl. österr. Währ., umgerechnet auf ein 5% Capital österr. Währ.

| Jahre | I. Allgemeine Staatsschuld | | | | | | | II. Schulden der Reichsrathsländer | | | Zusammen allgemeine Staatsschuld und Staatsschuld der Reichsraths-Länder | Gemeinsame schwebende Schuld (Staatsnoten) |
|---|---|---|---|---|---|---|---|---|---|---|---|---|
| | A. Consolidierte Schuld | | | | B. Schwebende Schuld | C. Entschädigungs-Renten | Zusammen allgemeine Schuld | A. Consolidierte Schuld | B. Schwebende Schuld | Summe | | |
| | Wiener Währung | Conventions-Münze | österreichische Währung | Summe | | | | | | | | |
| 1868 | 1.320 | 1,562.773 | 914.845 | 2,478.938 | | 14.418 | 2,493.356 | 80.000 | 118.711 | 198.711 | 2,692.067 | 307.925 |
| 1869 | 1.319 | 515.070 | 1,972.858 | 2,489.247 | | 14.380 | 2,503.627 | 80.000 | 97.271 | 177.271 | 2,680.898 | 319.082 |
| 1870 | 1.319 | 225.548 | 2,265.866 | 2,492.733 | | 14.207 | 2,506.940 | 80.000 | 66.216 | 146.216 | 2,653.156 | 352.113 |
| 1871 | 1.319 | 112.283 | 2,376.618 | 2,490.220 | | 14.119 | 2,504.339 | 80.000 | 44.403 | 124.403 | 2,628.742 | 373.600 |
| 1872 | 1.317 | 93.075 | 2,395.772 | 2,490.164 | bis 1878 | 14.115 | 2,504.279 | 98.928 | 41.667 | 140.595 | 2,644.874 | 375.991 |
| 1873 | 1.316 | 79.107 | 2,408.374 | 2,488.797 | unter II amt= | 14.112 | 2,502.909 | 99.346 | 73.309 | 172.656 | 2,675.565 | 344.033 |
| 1874 | 1.316 | 65.014 | 2,480.366 | 2,546.696 | lich verrechnet | 14.400 | 2,561.096 | 102.789 | 71.823 | 174.612 | 2,735.708 | 345.282 |
| 1875 | 1.316 | 62.020 | 2,513.898 | 2,577.234 | | 14.307 | 2,591.541 | 102.781 | 95.419 | 198.150 | 2,789.691 | 346.501 |
| 1876 | 1.316 | 56.914 | 2,544.407 | 2,602.637 | | 14.306 | 2,616.943 | 134.671 | 86.312 | 220.983 | 2,837.926 | 355.444 |
| 1877 | 1.316 | 52.555 | 2,577.852 | 2,631.723 | | 14.306 | 2,646.029 | 208.319 | 95.605 | 303.924 | 2,949.953 | 545.961 |
| 1878 | 1.316 | 49.834 | 2,577.660 | 2,628.810 | | 14.299 | 2,643.109 | 275.427 | 83.053 | 358.480 | 3,001.589 | 564.002 |
| 1879 | 1.316 | 43.927 | 2,602.108 | 2,647.351 | 101.821 | 14.299 | 2,763.471 | 360.337 | 32.035 | 392.372 | 3,155.843 | 318.030 |
| 1880 | 1.316 | 42.561 | 2,610.669 | 2,654.546 | 86.983 | 14.299 | 2,755.828 | 376.581 | 32.035 | 408.616 | 3,164.444 | 327.737 |
| 1881 | 1.316 | 41.306 | 2,619.742 | 2,662.364 | 93.582 | 14.999 | 2,769.945 | 430.831 | 11.454 | 442.285 | 3,212.230 | 320.434 |
| 1882 | 1.316 | 40.034 | 2,627.105 | 2,668.455 | 62.383 | 13.989 | 2,744.827 | 481.364 | 1.482 | 482.846 | 3,227.673 | 351.493 |
| 1883 | 1.316 | 38.695 | 2,634.147 | 2,674.158 | 62.849 | 13.921 | 2,750.928 | 498.465 | 1.481 | 499.946 | 3,250.874 | 350.952 |
| 1884 | 1.316 | 37.400 | 2,640.237 | 2,678.953 | 59.460 | 13.917 | 2,752.330 | 536.520 | 1.526 | 538.046 | 3,290.376 | 354.248 |
| 1885 | 1.316 | 36.134 | 2,645.835 | 2,683.285 | 75.387 | 13.917 | 2,772.589 | 549.727 | 1.496 | 551.223 | 3,323.812 | 338.249 |
| 1886 | 1.316 | 34.707 | 2,651.359 | 2,687.382 | 69.401 | 13.917 | 2,770.700 | 642.233 | 4.360 | 646.593 | 3,417.293 | 344.176 |
| 1887 | 1.316 | 33.207 | 2,658.238 | 2,692.761 | 76.027 | 13.711 | 2,782.499 | 880.914 | 3.658 | 884.572 | 3,667.071 | 387.394 |
| 1888 | 1.316 | 31.717 | 2,664.612 | 2,697.645 | 76.437 | 13.711 | 2,787.793 | 1,055.657 | 2.979 | 1,058.636 | 3,846.429 | 336.843 |
| 1889 | 1.316 | 30.280 | 2,670.538 | 2,702.134 | 55.934 | 13.711 | 2,771.779 | 1,054.369 | 2.334 | 1,056.703 | 3,828.482 | 357.282 |
| 1890 | 1.316 | 28.803 | 2,675.117 | 2,705.236 | 42.721 | 13.711 | 2,761.668 | 1,054.341 | 4.471 | 1,058.812 | 3,820.480 | 370.361 |

Anmerkung. Die garantierten Schulden sind nicht inbegriffen.

Tabelle 229.

# Aufwand für die Staatsschuld der im Reichsrathe vertretenen Königreiche und Länder.

| Jahre | 1 Reine Gesammtausgaben für die Staatsschuld | 2 Ausgaben zur Verminderung der Staatsschuld | 3 Einnahmen zur Vermehrung der Staatsschuld | 4 Reiner Aufwand | Die Bruttoausgabe für die Staatsschuld (Rubrik 1+3) beträgt von den gesammten etatmäßigen Bruttoausgaben Procente |
|---|---|---|---|---|---|
| | Gulden | | | | |
| 1868 | 105,401.826 | 21,865.913 | 88.838 | 83,624.751 | 32·46 |
| 1869 | 80,057.036 | 12,325.927 | 4,851.184 | 72,582.293 | 28·26 |
| 1870 | 89,137.196 | 14,677.645 | 9,090.137 | 83,549.688 | 29·56 |
| 1871 | 93,634.470 | 14,306.044 | 5,206.958 | 84,535.384 | 28·60 |
| 1872 | 88,203.561 | 7,590.548 | 427.988 | 81,041.001 | 25·11 |
| 1873 | 92,553.394 | 12,246.181 | 140.896 | 80,448.109 | 23·24 |
| 1874 | 83,583.100 | 12,664.552 | 12,097.474 | 83,016.022 | 23·91 |
| 1875 | 78,594.305 | 9,473.599 | 17,407.266 | 81,527.972 | 23·23 |
| 1876 | 85,890.547 | 17,074.195 | 16,570.502 | 85,386.854 | 24·63 |
| 1877 | 91,653.949 | 17,446.925 | 17,837.317 | 92,044.341 | 26·36 |
| 1878 | 93,107.895 | 35,724.632 | 35,282.219 | 92,615.482 | 25·49 |
| 1879 | 98,098.989 | 18,212.745 | 18,702.016 | 98,588.260 | 25·68 |
| 1880 | 103,202.803 | 10,715.054 | 10,845.408 | 103,333.157 | 26·40 |
| 1881 | 126,178.654 | 32,316.261 | 10,417.931 | 104,280.324 | 28·48 |
| 1882 | 115,039.599 | 21,551.225 | 12,367.968 | 105,856.342 | 25·12 |
| 1883 | 107,150.423 | 11,794.409 | 11,839.369 | 107,195.383 | 23·11 |
| 1884 | 109,061.362 | 12,430.314 | 11,913.642 | 108,544.690 | 22·28 |
| 1885 | 110,921.463 | 9,135.271 | 8,883.062 | 110,669.253 | 22·63 |
| 1886 | 112,183.164 | 9,349.701 | 9,419.161 | 112,252.624 | 23·30 |
| 1887 | 120,961.531 | 10,548.199 | 9,560.063 | 119,973.395 | 23·03 |
| 1888 | 129,317.608 | 11,566.746 | 9,964.157 | 127,715.019 | 24·55 |
| 1889 | 136,922.461 | 11,911.910 | 9,660.959 | 134,671.510 | 26·50 |
| 1890 | 133,958.126 | 13,002.936 | 6,777.524 | 140,183.838 | 25·05 |

Anmerkung. 1868—1882 dem IX. Bande der Österreichischen Statistik entnommen.

**Tabelle 280.**

# Directe Steuern.

## In Millionen Gulden.

| Jahre | 1 Grundsteuer Vorschreibung | 1 Grundsteuer Einzahlung | 2 Gebäudesteuer Vorschreibung | 2 Gebäudesteuer Einzahlung | 3 Erwerbsteuer Vorschreibung | 3 Erwerbsteuer Einzahlung | 4 Einkommensteuer Vorschreibung | 4 Einkommensteuer Einzahlung | 5 Sonstige Steuern Vorschreibung | 5 Sonstige Steuern Einzahlung | 6 Zusammen Vorschreibung | 6 Zusammen Einzahlung | 7 Auf den Kopf der Bevölkerung fl. |
|---|---|---|---|---|---|---|---|---|---|---|---|---|---|
| | **Conventionsmünze** | | | | | | | | | | | | |
| [1]) 1845 | 52·137 | 38·108 | 5·103 | 4·581 | 3·059 | 2·810 | . . . . | . . . . | 6·266 | 2·697 | 66·565 | 48·196 | 1·19 |
| 1846 | 52·231 | 38·130 | 5·410 | 4·890 | 3·083 | 2·806 | . . . . | . . . . | 3·842 | 2·824 | 64·566 | 48·650 | 1·18 |
| 1847 | 52·481 | 37·847 | 5·574 | 5·039 | 3·130 | 2·801 | . . . . | . . . . | 4·099 | 3·110 | 65·284 | 48·797 | 1·17 1/4 |
| [2]) 1848 | 23·682 | 18·312 | 5·657 | 4·649 | 2·754 | 2·050 | . . . . | . . . . | 1·506 | 0·966 | 33·599 | 25·977 | 1·28 1/2 |
| [2]) 1849 | 24·473 | 19·790 | 6·255 | 5·271 | 3·067 | 2·180 | . . . . | . . . . | 0·690 | 0·237 | 34·485 | 27·478 | 1·33 1/2 |
| 1850 | 51·033 | 47·559 | 7·334 | 6·560 | 3·817 | 3·020 | 1·722 | 1·350 | 0·618 | 0·299 | 64·524 | [3]) 58·788 | 1·41 1/2 |
| 1851 | 76·565 | 54·807 | 9·614 | 7·797 | 7·744 | 4·508 | 5·691 | 3·728 | 1·496 | 0·480 | 101·110 | 71·320 | 2·03 |
| 1852 | 73·473 | 58·512 | 11·027 | 9·045 | 11·145 | 7·934 | 7·433 | 5·400 | 1·030 | 0·194 | 104·108 | 81·085 | 2·18 1/2 |
| 1853 | 72·334 | 57·349 | 11·738 | 9·687 | 12·140 | 9·026 | 8·740 | 6·433 | 0·923 | 0·204 | 105·875 | 82·699 | 2·20 |
| 1854 | 72·790 | 59·631 | 12·130 | 10·097 | 12·168 | 9·046 | 9·873 | 7·747 | 0·464 | 0·211 | 107·425 | 86·732 | 2·25 3/4 |
| 1855 | 74·038 | 61·752 | 12·638 | 10·795 | 12·155 | 9·548 | 10·128 | 7·796 | 0·414 | 0·174 | 109·373 | 90·065 | 2·31 1/2 |
| 1856 | 69·511 | 60·619 | 12·916 | 11·574 | 11·954 | 9·888 | 11·165 | 8·964 | 0·548 | 0·115 | 106·094 | 91·160 | 2·34 1/2 |
| 1857 | 70·642 | 63·275 | 13·178 | 11·802 | 11·642 | 10·041 | 11·697 | 9·871 | 0·483 | 0·151 | 107·642 | 95·140 | 2·38 1/4 |
| 1858 | 70·185 | 65·066 | 13·690 | 12·503 | 11·337 | 9·998 | 11·126 | 9·714 | 0·343 | 0·063 | 106·681 | 97·344 | 2·37 1/4 |
| | **Österreichische Währung** | | | | | | | | | | | | |
| [4]) 1859 | 68·204 | 60·283 | 16·191 | 14·831 | 12·175 | 10·348 | 11·140 | 10·808 | 0·362 | 0·082 | 108·072 | 96·352 | 2·78 |
| 1860 | 73·362 | 62·660 | 18·199 | 16·610 | 12·928 | 10·809 | 12·038 | 9·933 | 0·169 | 0·054 | 116·696 | 100·066 | 2·81 |
| 1861 | 76·014 | 61·187 | 18·745 | 16·782 | 13·200 | 9·574 | 12·992 | 10·241 | 0·147 | 0·040 | 121·098 | 97·824 | 2·72 |
| 1862 | 74·304 | 66·313 | 21·682 | 20·124 | 14·688 | 12·083 | 13·949 | 16·808 | 0·149 | 0·078 | 124·772 | 115·406 | 3·18 |
| 1863 | 76·553 | 64·958 | 24·528 | 22·453 | 14·300 | 11·318 | 13·668 | 19·690 | 0·122 | 0·043 | 129·171 | 118·462 | 3·23 |
| [5]) 1864 | 92·372 | 76·624 | 29·789 | 27·009 | 15·913 | 12·933 | 17·412 | 25·276 | 0·100 | 0·048 | 155·586 | 141·890 | 3·83 |
| 1865 | 83·428 | 62·631 | 26·669 | 23·553 | 14·362 | 10·592 | 14·969 | 20·078 | 0·550 | 0·422 | 139·978 | 117·276 | 3·13 |
| 1866 | 77·352 | 52·534 | 23·965 | 20·955 | 14·566 | 9·776 | 14·895 | 18·750 | 0·541 | 0·336 | 131·319 | 102·353 | 2·95 |
| [6]) 1867 | 79·302 | 57·490 | 24·969 | 20·722 | 14·966 | 11·069 | 15·155 | 20·958 | 0·450 | 0·232 | 134·842 | 110·471 | 3·13 |
| [7]) 1868 | 37·617 | 35·177 | 18·206 | 17·659 | 8·500 | 8·083 | [8]) 13·935 | [8]) 13·088 | 0·129 | 0·104 | 78·387 | 74·111 | 3·63 |
| 1869 | 37·618 | 37·425 | 18·392 | 18·183 | 8·545 | 8·254 | 14·567 | 13·924 | 0·170 | 0·123 | 79·292 | 77·909 | 3·85 |
| 1870 | 37·575 | 36·814 | 18·763 | 18·693 | 8·775 | 8·647 | 17·753 | 17·923 | 0·247 | 0·182 | 83·113 | 82·259 | 4·03 |
| 1871 | 37·575 | 37·277 | 19·500 | 19·545 | 8·839 | 8·711 | 18·538 | 21·916 | 0·408 | 0·326 | 84·860 | 87·775 | 4·27 |
| 1872 | 37·574 | 37·162 | 20·282 | 20·351 | 9·270 | 9·247 | 20·259 | 22·834 | 0·539 | 0·481 | 87·924 | 90·075 | 4·34 |
| 1873 | 37·573 | 36·666 | 21·419 | 21·291 | 9·258 | 9·551 | 22·111 | 23·810 | 0·701 | 0·585 | 91·062 | 91·903 | 4·38 |
| 1874 | 37·572 | 36·726 | 23·046 | 22·756 | 9·841 | 9·511 | 22·389 | 22·618 | 0·732 | 0·596 | 93·580 | 92·207 | 4·35 |
| 1875 | 37·572 | 36·717 | 23·953 | 23·606 | 9·840 | 9·357 | 22·151 | 21·684 | 0·836 | 0·630 | 94·352 | 91·994 | 4·36 |
| 1876 | 37·567 | 37·022 | 24·192 | 23·567 | 9·849 | 9·097 | 20·409 | 20·594 | 0·857 | 0·662 | 92·874 | 90·942 | 4·26 |
| 1877 | 37·565 | 36·770 | 24·253 | 23·691 | 9·775 | 9·213 | 20·077 | 20·955 | 0·976 | 0·744 | 92·646 | 91·373 | 4·27 |
| 1878 | 37·563 | 37·360 | 24·196 | 23·662 | 9·734 | 9·471 | 20·274 | 20·970 | 1·223 | 0·870 | 92·990 | 92·333 | 4·20 |
| 1879 | 37·563 | 36·248 | [9]) 25·409 | [9]) 24·375 | 9·732 | 9·030 | 19·792 | 19·488 | 1·354 | 0·783 | 93·850 | 89·924 | 4·05 |
| 1880 | 37·564 | 36·830 | 25·549 | 25·312 | 9·717 | 9·620 | 20·872 | 22·304 | 1·443 | 0·967 | 95·145 | 95·033 | 4·29 |
| 1881 | [10]) 33·343 | [10]) 33·584 | 25·850 | 25·794 | 9·779 | 9·886 | 21·822 | 22·960 | 1·420 | 0·908 | 92·214 | 93·132 | 4·18 |
| 1882 | 33·393 | 33·005 | [11]) 26·995 | [11]) 26·485 | 9·821 | 10·114 | 23·690 | 24·460 | 1·406 | 0·934 | 95·305 | 94·998 | 4·29 |
| 1883 | 34·114 | 33·279 | 27·407 | 27·399 | 9·983 | 10·376 | 25·201 | 25·758 | 1·478 | 1·005 | 98·183 | 97·817 | 4·38 |
| 1884 | 34·541 | 33·551 | 28·180 | 27·934 | 10·231 | 10·594 | 25·527 | 25·969 | 1·551 | 1·081 | 100·030 | 99·129 | 4·37 |
| 1885 | 34·958 | 34·010 | 29·074 | 28·561 | 10·419 | 10·687 | 25·238 | 25·822 | 1·780 | 1·185 | 101·469 | 100·295 | 4·39 |
| 1886 | 35·343 | 34·673 | 30·109 | 29·625 | 10·624 | 10·885 | 25·358 | 25·262 | 1·831 | 1·195 | 103·265 | 101·640 | 4·41 |
| 1887 | 35·713 | 35·137 | 30·922 | 30·289 | 10·821 | 10·984 | 26·010 | 27·626 | 1·829 | 1·205 | 105·295 | 105·241 | 4·53 |
| 1888 | 36·076 | 35·356 | 31·689 | 31·087 | 10·985 | 11·267 | 25·857 | 25·527 | 1·947 | 1·285 | 106·554 | 104·522 | 4·49 |
| 1889 | 36·422 | 35·068 | 32·509 | 31·572 | 11·212 | [12]) 11·420 | 26·249 | [13]) 26·822 | 1·861 | [14]) 1·190 | 108·253 | 106·072 | 4·54 |
| 1890 | 36·753 | 35·237 | 32·976 | 32·158 | 11·643 | 11·477 | 28·568 | 28·389 | 1·907 | 1·242 | 111·847 | 108·503 | 4·71 |

**Anmerkungen**

[1]) Von 1845 bis inclusive 1867 für alle Länder der österreichisch-ungarischen Monarchie.

[2]) Ohne lombardisch-venetianisches Königreich und ohne die Länder der ungarischen Krone.

[3]) Außerdem sind von der Militärverwaltung in den Ländern der ungarischen Krone 4·486 Millionen Gulden vereinnahmt worden, so dass der Gesammtsteuerertrag 63·275 Millionen Gulden betrug.

[4]) Vom Jahre 1859 an in österreichischer Währung und ohne Lombardie.

[5]) 14monatliche Verwaltungsperiode.

[6]) Ohne Venedig.

[7]) Von 1868 ab nur für die im Reichsrathe vertretenen Königreiche und Länder.

[8]) Die 5%ige Steuer vom Ertrage zeitlich zinssteuerfreier Gebäude (Gesetz vom 26 Juni 1868) ist vom Jahre 1868 bis inclusive 1878 unter Einkommensteuer begriffen.

[9]) Vom Jahre 1879 ab einschließlich der 5%igen Steuer von zeitlich steuerfreien Häusern.

[10]) Vom 1 Jänner 1881 ab gemäß den Gesetzen vom 24 Mai 1869, 9. April 1879, 28. März 1880 und 7. Juni 1881 einheitlich regulirt. Vordem nach ... der Fertigstellung des stabilen Katasters (Allerh. Patent vom 23. December 1817) bemessen, und zwar grundsätzlich mit 16% des Reinertrages, seit dem Jahre 1850 trat ein außerordentlicher Zuschlag von ein Drittel des Ordinariums hinzu, in dem Jahre 1859 ein zweites Drittel. Gegenwärtig beträgt die Steuer 22·7% des für die Grundsteuerregulirung ermittelten Reinertrages.

[11]) Die Hauszins- und Hausclassensteuer sind durch das Gesetz vom 9 Februar 1882 neu regulirt worden mit Wirksamkeit vom 1. Jänner 1882. Die eigentliche Hauszinssteuer betrug 16%, seit 1850 mit einem Drittel, seit 1859 mit einem zweiten Drittel Zuschlage, sohin 26 2/3%. Durch das Gesetz vom 9. Februar 1882 ist das Steuerausmaß nicht geändert worden, nur das Steuergebiet wurde ausgedehnter. Die Hausclassensteuer wurde im Jahre 1882 neu tarifirt.

[12]) Die Erwerbsteuer beruht noch auf den Grundsätzen des kaiserl. Patentes vom 31. December 1812. Die wichtigsten Veränderungen im Ertrage sind im Jahre 1852 durch die Durchführung in den Ländern der ungarischen Krone und durch die in den Jahren 1859 mit einem Fünftel, 1865 mit zwei Fünfteln, 1868 mit drei Fünfteln und 1869 mit fünf Fünfteln verfügten außerordentlichen Zuschläge.

[13]) Die Einkommensteuer ist mit dem Allerh. Patente vom 29 October 1849 zuerst für das Verwaltungsjahr 1850 eingeführt worden, und ist deren Höhe in analoger Weise mit der Erwerbsteuer verändert worden. Vom Jahre 1859 ab ist in der Einzahlung die Couponsteuer mitbegriffen.

[14]) Die Veränderungen des Ertrages der „sonstigen Steuern" entspricht der Veränderung des Steuersystems. Im Anfange der Vierzigerjahre gab es noch die alten Erbsteuern, Judensteuer u. s. w. Diese Post besteht nun zum größten Theile aus Steuerexecutionsgebühren und Verzugszinsen.

Tabelle 281.

# Übersicht der procentmäßigen Zunahme, beziehungsweise Abnahme der in den Jahren 1868—1890 eingeflossenen Einnahmen an directen Steuern.

Die directen Steuern zeigen:

| Vom Jahre 1868 zum Jahre 1869 eine Ertrags-Zunahme von | 5·10 Procent |
|---|---|
| „ „ 1869 „ „ 1870 „ „ „ „ | 5·52 „ |
| „ „ 1870 „ „ 1871 „ „ „ „ | 6·55 „ |
| „ „ 1871 „ „ 1872 „ „ „ „ | 2·98 „ |
| „ „ 1872 „ „ 1873 „ „ „ „ | 2·03 „ |
| „ „ 1873 „ „ 1874 „ „ „ „ | 0·33 „ |
| „ „ 1874 „ „ 1875 „ Ertrags-Abnahme „ | 0·23 „ |
| „ „ 1875 „ „ 1876 „ „ „ „ | 1·14 „ |
| „ „ 1876 „ „ 1877 „ Ertrags-Zunahme „ | 0·47 „ |
| „ „ 1877 „ „ 1878 „ „ „ „ | 1·05 „ |
| „ „ **1868** „ „ **1878** „ „ „ „ | **24·72** „ |
| „ „ 1878 „ „ 1879 „ Ertrags-Abnahme „ | 2·68 „ |
| „ „ 1879 „ „ 1880 „ Ertrags-Zunahme „ | 5·68 „ |
| „ „ 1880 „ „ 1881 „ Ertrags-Abnahme „ | 2·00 „ |
| „ „ 1881 „ „ 1882 „ Ertrags-Zunahme „ | 2·00 „ |
| „ „ 1882 „ „ 1883 „ „ „ „ | 2·97 „ |
| „ „ 1883 „ „ 1884 „ „ „ „ | 1.34 „ |
| „ „ 1884 „ „ 1885 „ „ „ „ | 1·18 „ |
| „ „ 1885 „ „ 1886 „ „ „ „ | 1·34 „ |
| „ „ 1886 „ „ 1887 „ „ „ „ | 3 54 „ |
| „ „ 1887 „ „ 1888 „ Ertrags-Abnahme „ | 0·68 „ |
| „ „ 1888 „ „ 1889 „ Ertrags-Zunahme „ | 1·48 „ |
| „ „ 1889 „ „ 1890 „ „ „ „ | 2·29 „ |
| „ „ 1878 „ „ **1890** „ „ „ „ | 17·58 „ |

Tabelle 282.

# Übersicht der procentualen Zunahme, beziehungsweise Abnahme der in den Jahren 1878—1890 eingeflossenen Einnahmen an Erwerbsteuer und an Einkommensteuer.

| Jahre | Erwerbsteuer | | | Einkommensteuer | | |
|---|---|---|---|---|---|---|
| | Betrag in Millionen Gulden | Zunahme oder Abnahme | in Procenten | Betrag in Millionen Gulden | Zunahme oder Abnahme | in Procenten |
| 1878 | 9.471 | Abnahme | 4·7 | 20·970 | Abnahme | 7·1 |
| 1879 | 9.030 | Zunahme | 6·5 | 19·488 | Zunahme | 14·4 |
| 1880 | 9.620 | „ | 2·7 | 22·304 | „ | 2·9 |
| 1881 | 9.886 | „ | 2·3 | 22·960 | „ | 6·5 |
| 1882 | 10·114 | „ | 2·5 | 24·460 | „ | 5·3 |
| 1883 | 10.376 | „ | 2·1 | 25·758 | „ | 0·8 |
| 1884 | 10.594 | „ | 0·9 | 25·969 | Abnahme | 0·6 |
| 1885 | 10.687 | „ | 1·8 | 25·822 | „ | 2·2 |
| 1886 | 10.885 | „ | 0·9 | 25·262 | Zunahme | 9·3 |
| 1887 | 10.984 | „ | 2·6 | 27·626 | Abnahme | 7·6 |
| 1888 | 11.267 | „ | 1·4 | 25·527 | Zunahme | 5·0 |
| 1889 | 11.420 | „ | 0·5 | 26 822 | „ | 5·8 |
| 1890 | 11.477 | | | 28·389 | | |
| 1878—1890 | . . . . . . . . . . . . | Zunahme | **21·2** | . . . . . . . . . . . . | Zunahme | **35·33** |

# Indirecte Abgaben*).

## In Millionen Gulden.

| Jahre | Brutto | Netto | Netto mit Einschluss der Zollüberschüsse, resp. Abrechnung der Zollabgänge | Auf einen Einwohner in Gulden | Procente der gesammten Brutto-Einnahmen | Anmerkung |
|---|---|---|---|---|---|---|
| | | | **Conventions-Münze** | | | |
| [1] 1845 | 127·657 | 95·016 | . . . . . | . . . | . . . | |
| 1846 | 131·718 | 95·625 | . . . . . | . . . | . . . | |
| 1847 | 131·106 | 95·660 | . . . . . | . . . | . . . | |
| [2] 1848 | 78·034 | 55·400 | . . . . . | . . . | . . . | |
| [2] 1849 | 80·785 | 59·083 | . . . . . | . . . | . . . | |
| 1850 | 131·851 | 94·596 | . . . . . | . . . | . . . | |
| 1851 | 154·100 | 107·344 | . . . . . | . . . | . . . | |
| 1852 | 169·791 | 121·158 | . . . . . | . . . | . . . | |
| 1853 | 179·030 | 129·121 | . . . . . | . . . | . . . | |
| 1854 | 188·599 | 135·803 | . . . . . | . . . | . . . | |
| 1855 | 193·436 | 139·755 | . . . . . | . . . | . . . | |
| 1856 | 208·906 | 149·625 | . . . . . | . . . | . . . | |
| 1857 | 214·856 | 153·573 | . . . . . | . . . | . . . | |
| 1858 | 224·766 | 159·689 | . . . . . | . . . | . . . | |
| | | | **Österreichische Währung** | | | |
| 1859 | 212·354 | 145·097 | . . . . . | . . . | . . . | |
| [3] 1860 | 220·332 | 176·842 | . . . . . | . . . | . . . | |
| 1861 | 221·921 | 169·785 | . . . . . | . . . | . . . | |
| 1862 | 249·439 | 191·710 | . . . . . | . . . | . . . | |
| 1863 | 253·612 | 194·035 | . . . . . | . . . | . . . | |
| [4] 1864 | 276·132 | 221·594 | . . . . . | . . . | . . . | |
| 1865 | 247·421 | 187·583 | . . . . . | . . . | . . . | |
| 1866 | 212·158 | 164·260 | . . . . . | . . . | . . . | |
| [5] 1867 | 211·090 | 166·760 | . . . . . | . . . | . . . | |
| [6] 1868 | [7] 164·164 | [7] 129·462 | 140·427 | 6·88 | 43·17 | |
| 1869 | 167·874 | 133·975 | 149·877 | 7·41 | 46·36 | |
| 1870 | 176·837 | 143·213 | 164·099 | 8·05 | 46·15 | |
| 1871 | 190·903 | 155·266 | 168·667 | 8·20 | 47·33 | |
| 1872 | 212·690 | 170·098 | 185·991 | 8·97 | 50·65 | |
| 1873 | 222·251 | 172·486 | 187·610 | 8·96 | 47·03 | |
| 1874 | 209·536 | 161·048 | 170·701 | 8·06 | 42·65 | |
| 1875 | 210·676 | 165·342 | 176·333 | 8·25 | 45·01 | |
| 1876 | 211·908 | 166·463 | 171·770 | 7·96 | 45·03 | |
| 1877 | 213·062 | 169·396 | 173·446 | 7·97 | 45·20 | |
| 1878 | 212·888 | 169·425 | 173·405 | 7·89 | 42·23 | |
| 1879 | 217·357 | 170·213 | 172·902 | 7·79 | 43·80 | |
| 1880 | 235·335 | 187·712 | 192·789 | 8·71 | 45·66 | |
| 1881 | 254·492 | 200·444 | 198·672 | 8·91 | 44·91 | |
| 1882 | 251·268 | 199·836 | 214·336 | 9·68 | 44·09 | |
| 1883 | 258·483 | 201·437 | 216·198 | 9·69 | 44·20 | |
| 1884 | 262·580 | 204·776 | 222·844 | 9·84 | 43·66 | |
| 1885 | 265·416 | 204·363 | 207·990 | 8·94 | 39·65 | |
| 1886 | 273·915 | 215·763 | 231·855 | 10·06 | 44·18 | |
| 1887 | 269·268 | 209·380 | 214·645 | 9·24 | 40·59 | |
| 1888 | 252·445 | 176·689 | 211·416 | 7·69 | 41·15 | |
| 1889 | 285·882 | 224·741 | 259·841 | 9·61 | 46·41 | |
| 1890 | 297·350 | 231·795 | 268·146 | 9·77 | 46·08 | |

*Anmerkung:*

*) Die indirecten Abgaben bestehen aus dem Ertrage der Verzehrungssteuer, der Schanksteuer aus den Erträgen des Tabak- und Salzmonopoles, der Zölle, des Stempelgefälles, der Taxen und unmittelbaren Gebüren, aus den Mauth-Punzierungsgebüren, dann dem Ertrage des Lotto.

Die Vertheilung der Netto-Einnahmen für 1888 zum Beispiele ist folgende:
Verzehrungssteuer . . . . . über 25%
Tabakmonopol . . . . . . „ 27%
Salzmonopol . . . . . . . „ 9%
Stempel . . . . . . . . . „ 10%
Taxen und unmittelbare Gebüren „ 18%
Mauthgebüren . . . . . . . „ 1%
Lotto . . . . . . . . . . „ 4%
auf die übrigen Einnahmszweige (außer Zoll) entfällt je unter 1%.

[1] Von 1845—1867 für alle Länder der österreichisch-ungarischen Monarchie.

[2] ohne lombardisch-venetianisches Königreich und ohne Länder der ungarischen Krone.

[3] Ohne Lombardei.

[4] Vierzehnmonatliche Verwaltungsperiode ohne Ertrag des Postwesens und der Montangebüren.

[5] Ohne Venedig.

[6] Vom Jahre 1868 an nur für die im Reichsrathe vertretenen Königreichen und Länder.

[7] Ohne Zölle.

**Tabelle 234.**

# Überſicht der procentmäßigen Zunahme, beziehungsweiſe Abnahme der in den Jahren 1868—1890 eingefloſſenen Einnahmen an indirecten Abgaben.

Die Brutto-Einnahmen der indirecten Abgaben ohne gemeinſame Zollgebarung ergeben:

| | | | | | | | |
|---|---|---|---|---|---|---|---|
| Vom Jahre 1868 | zum Jahre 1869 | eine Ertrags-Zunahme von | | | | 2·26 | Procent |
| " " 1869 | " " 1870 | " " " | " | 5·25 | " |
| " " 1870 | " " 1871 | " " " | " | 7·95 | " |
| " " 1871 | " " 1872 | " " " | " | 11·41 | " |
| " " 1872 | " " 1873 | " " " | " | 4·50 | " |
| " " 1873 | " " 1874 | " Ertrags-Abnahme | " | 5·72 | " |
| " " 1874 | " " 1875 | " Ertrags-Zunahme | " | 0·54 | " |
| " " 1875 | " " 1876 | " " " | " | 0·58 | " |
| " " 1876 | " " 1877 | " " " | " | 0.54 | " |
| " " 1877 | " " 1878 | " Ertrags-Abnahme | " | 0·08 | " |
| " " **1868** | " " **1878** | " Ertrags-Zunahme | " | **29·58** | " |
| " " 1878 | " " 1879 | " " " | " | 2·05 | " |
| " " 1879 | " " 1880 | " " " | " | 8·27 | " |
| " " 1880 | " " 1881 | " " " | " | 8·14 | " |
| " " 1881 | " " 1882 | " Ertrags-Abnahme | " | 1·27 | " |
| " " 1882 | " " 1883 | " Ertrags-Zunahme | " | 2·87 | " |
| " " 1883 | " " 1884 | " " " | " | 1·61 | " |
| " " 1884 | " " 1885 | " " " | " | 1·06 | " |
| " " 1885 | " " 1886 | " " " | " | 3·20 | " |
| " " 1886 | " " 1887 | " Ertrags-Abnahme | " | 1·70 | " |
| " " 1887 | " " 1888 | " " " | " | 6·25 | " |
| " " 1888 | " " 1889 | " Ertrags-Zunahme | " | 13·25 | " |
| " " 1889 | " " 1890 | " " " | " | 4·01 | " |
| " " **1878** | " " **1890** | " " " | " | **39·07** | " |

**Tabelle 235.**

# Überſicht der procentmäßigen Zunahme, beziehungsweiſe Abnahme der in den Jahren 1868—1890 eingefloſſenen Einnahmen an directen Steuern und indirecten Abgaben.

Es zeigt ſich:

| | | | | | | | |
|---|---|---|---|---|---|---|---|
| Vom Jahre 1868 | zum Jahre 1869 | eine Ertrags-Zunahme von | | | | 3·15 | Procent |
| " " 1869 | " " 1870 | " " " | " | 5·34 | " |
| " " 1870 | " " 1871 | " " " | " | 7·51 | " |
| " " 1871 | " " 1872 | " " " | " | 8·76 | " |
| " " 1872 | " " 1873 | " " " | " | 3·76 | " |
| " " 1873 | " " 1874 | " Ertrags-Abnahme | " | 3·95 | " |
| " " 1874 | " " 1875 | " Ertrags-Zunahme | " | 0·31 | " |
| " " 1875 | " " 1876 | " " " | " | 0·06 | " |
| " " 1876 | " " 1877 | " " " | " | 0·52 | " |
| " " 1877 | " " 1878 | " " " | " | 0·26 | " |
| " " **1868** | " " **1878** | " " " | " | **28·07** | " |
| " " 1878 | " " 1879 | " " " | " | 0·07 | " |
| " " 1879 | " " 1880 | " " " | " | 7·51 | " |
| " " 1880 | " " 1881 | " " " | " | 5·22 | " |
| " " 1881 | " " 1882 | " Ertrags-Abnahme | " | 0·39 | " |
| " " 1882 | " " 1883 | " Ertrags-Zunahme | " | 2·90 | " |
| " " 1883 | " " 1884 | " " " | " | 1·53 | " |
| " " 1884 | " " 1885 | " " " | " | 1·09 | " |
| " " 1885 | " " 1886 | " " " | " | 2·69 | " |
| " " 1886 | " " 1887 | " Ertrags-Abnahme | " | 0·28 | " |
| " " 1887 | " " 1888 | " " " | " | 4·68 | " |
| " " 1888 | " " 1889 | " Ertrags-Zunahme | " | 9·80 | " |
| " " 1889 | " " 1890 | " " " | " | 3·55 | " |
| " " **1878** | " " **1890** | " " " | " | **32·97** | " |

Tabelle 286.

# Übersicht der procentualen Antheile der etatmäßigen Ausgaben der verschiedenen Ressorts an den gesammten etatmäßigen Staatsausgaben der im Reichsrathe vertretenen Königreiche und Länder.

| Ressorts | 1868 | 1869 | 1870 | 1871 | 1872 | 1873 | 1874 | 1875 | 1876 | 1877 | 1878 | 1879 | 1880 | 1881 | 1882 | 1883 | 1884 | 1885 | 1886 | 1887 | 1888 | 1889 | 1890 |
|---|---|---|---|---|---|---|---|---|---|---|---|---|---|---|---|---|---|---|---|---|---|---|---|
| Allerhöchster Hofstaat... | 1·09 | 1·22 | 1·13 | 1·06 | 1·32 | 1·54 | 1·16 | 1·19 | 1·12 | 1·12 | 0·92 | 1·02 | 1·07 | 0·97 | 0·92 | 0·90 | 0·85 | 0·88 | 0·89 | 0·82 | 0·82 | 0·84 | 0·83 |
| Cabinetskanzlei Sr. Majestät.. | 0·01 | 0·02 | 0·02 | 0·02 | 0·02 | 0·02 | 0·02 | 0·02 | 0·02 | 0·02 | 0·01 | 0·02 | 0·02 | 0·01 | 0·01 | 0·01 | 0·01 | 0·01 | 0·01 | 0·01 | 0·01 | 0·01 | 0·01 |
| Staatsrath. | 0·03 | | | | | | | | | | | | | | | | | | | | | | |
| Reichsrath.... | 0 15 | 0·14 | 0·12 | 0·13 | 0·13 | 0·14 | 0·22 | 0·28 | 0·35 | 0·43 | 0·35 | 0·37 | 0·37 | 0·35 | 0·27 | 0·36 | 0·28 | 0·23 | 0·21 | 0·16 | 0·19 | 0·15 | 0·15 |
| Reichsgericht.. | 0·13 | 0·14 | 0·01 | 0·00 | 0·00 | 0·01 | 0·00 | 0·00 | 0·00 | 0·00 | 0·00 | 0·00 | 0·00 | 0·00 | 0·00 | 0·00 | 0·00 | 0·00 | 0·00 | 0·00 | 0·00 | 0·00 | 0·00 |
| Ministerrath........ | | | 0·15 | 0·16 | 0·20 | 0·18 | 0·19 | 0·19 | 0·21 | 0·22 | 0·19 | 0·20 | 0·21 | 0·20 | 0·20 | 0·20 | 0·21 | 0·20 | 0·20 | 0·19 | 0·19 | 0·19 | 0·19 |
| Gemeinsame Angelegenheiten..... | 25·90 | 24·95 | 24·76 | 24·88 | 21·75 | 19·70 | 19·94 | 19·78 | 19·74 | 19·33 | 29·35 | 22·73 | 18·68 | 17·35 | 21·31 | 17·68 | 16·28 | 16·39 | 17·09 | 19·23 | 21·61 | 19·94 | 17·99 |
| Ministerium des Innern. | 4·53 | 4·40 | 4·40 | 4·84 | 4·80 | 4·74 | 5·26 | 4 92 | 4·55 | 4·33 | 3·45 | 3·81 | 4·07 | 3·77 | 3·63 | 3·66 | 3·54 | 3·61 | 3·74 | 3·48 | 3·46 | 3·65 | 3·65 |
| Ministerium für Landesvertheidigung...... | 0·68 | 0·78 | 1·66 | 2·07 | 2·46 | 2 14 | 2·21 | 2·19 | 2·05 | 2·11 | 1·62 | 1·83 | 1·96 | 1·75 | 1·82 | 1·73 | 1·75 | 1·81 | 1·90 | 3·56 | 2·04 | 2·61 | 3·17 |
| Ministerium für Cultus und Unterricht... | 1·38 | 1·85 | 1·85 | 2·09 | 2·62 | 3·76 | 4·36 | 4·71 | 4·52 | 4·29 | 3·48 | 3·71 | 3·92 | 3·54 | 3·61 | 3·66 | 3·55 | 3·68 | 3 80 | 3·70 | 3·72 | 4·46 | 3·94 |
| Ministerium d. Finanzen. | 16·80 | 18·08 | 16·85 | 17·52 | 20·32 | 21·69 | 19·62 | 18·94 | 19·33 | 19·19 | 16·00 | 19·25 | 21·21 | 22·75 | 19·10 | 21·53 | 19·93 | 23·12 | 19·71 | 20·38 | 18·11 | 16·06 | 17·08 |
| Handelsministerium.... | 3·76 | 5·51 | 5·82 | 4·97 | 6·81 | 7·79 | 6·34 | 6·12 | 5 44 | 5 71 | 5·19 | 5·75 | 5·85 | 6·07 | 10·67 | 13·57 | 19·49 | 15·23 | 16·33 | 13·79 | 13·62 | 13·56 | 15·13 |
| Ackerbauministerium.... | 4 64 | 3·64 | 2·58 | 2·46 | 2·73 | 2·79 | 2·86 | 2·94 | 2 72 | 2·87 | 2·09 | 2·21 | 2·47 | 2·41 | 2·37 | 2·70 | 2·41 | 2·65 | 2·80 | 2·62 | 2·61 | 2·58 | 2·67 |
| Ministerium der Justiz. | 3·25 | 4·55 | 4·30 | 4 25 | 4·34 | 3 97 | 5·09 | 5·24 | 5·08 | 5·08 | 4·19 | 4·54 | 4·88 | 4·43 | 4·09 | 3·97 | 3·81 | 3·91 | 4·04 | 3·70 | 3·68 | 3·81 | 3·75 |
| Oberster Rechnungshof.. | 0·05 | 0·05 | 0·05 | 0·05 | 0·04 | 0·03 | 0·04 | 0·04 | 0·04 | 0·04 | 0·04 | 0·03 | 0·04 | 0·04 | 0·03 | 0·08 | 0·03 | 0·03 | 0·03 | 0·03 | 0·03 | 0·03 | 0·03 |
| Pensionsetat.... | 3·45 | 3·75 | 3·45 | 3·42 | 3·34 | 3·09 | 3·18 | 3·31 | 3·21 | 3·26 | 2·73 | 3·09 | 3·31 | 3·07 | 2·98 | 2·99 | 2 90 | 2·99 | 3·08 | 2·91 | 2·97 | 3·15 | 3·10 |
| Subventionen und Dotationen.... | 1·40 | 2·26 | 3·01 | 3·79 | 3·91 | 5·03 | 5·48 | 6·70 | 6·81 | 5·51 | 4·74 | 5·61 | 5·37 | 4·63 | 3·70 | 3·71 | 2·51 | 2·36 | 2·71 | 2·24 | 2·18 | 2·18 | 1·86 |
| Staatsschuld.. | 32·46 | 28·26 | 29·56 | 28·60 | 25·11 | 23·24 | 23·91 | 23·23 | 24·63 | 26·36 | 25·49 | 25·63 | 26 40 | 28·48 | 25·12 | 23·11 | 22·28 | 22·63 | 23·30 | 23·02 | 24·55 | 26·59 | 26·26 |
| Verwaltung der Staatsschuld......... | 0·29 | 0·40 | 0·28 | 0·19 | 0·19 | 0·14 | 0·12 | 0 20 | 0·17 | 0·18 | 0·17 | 0·14 | 0·17 | 0·19 | 0·17 | 0·19 | 0·17 | 0·17 | 0·16 | 0·16 | 0·21 | 0·19 | 0·19 |
| Summe. | 100 | 100 | 100 | 100 | 100 | 100 | 100 | 100 | 100 | 100 | 100 | 100 | 100 | 100 | 100 | 100 | 100 | 100 | 100 | 100 | 100 | 100 | 100 |

# Erläuterungen.

Die Creditwirtschaft bringt es mit sich, daß neben den Ausgleichungen bei der Waren-Ein- und Ausfuhr die aus sonstigen Gewährungen oder Forderungen erwachsenden internationalen Zahlungen gewichtige Factoren für die schließliche pecuniäre oder finanzielle Ausgleichung zwischen den verschiedenen Ländern[1]) werden. Mit der selbst genauen Kenntnis der Handelsbilanz eines Volkes (Staates) ist daher die wirtschaftliche Lage desselben noch nicht erkannt. Die Mehrausfuhr eines Landes muß noch nicht zu neuen Forderungen zu Gunsten des ausführenden Landes führen, die Mehreinfuhr nicht zu neuen Verpflichtungen des Mehreinführenden. Es spielen daneben die erregten Factoren mit, welche erst über die Activität oder Passivität des fraglichen Landes mitentscheiden. Seit dieser Erkenntnis haben die Handelsausweise ihre unmittelbare Bedeutung als Criterium der volkswirthschaftlichen Lage eingebüßt. Begreiflicherweise erfordert das von einer größeren Reihe von Prämissen abhängige Schlußurtheil zu seiner Begründung auch eine viel complicirtere Auswahl von Thatsachen, welcher die Statistik bisher methodisch noch nicht allgemein gewachsen ist.

Es wird hier den speciellen Verhältnissen der im Reichsrathe vertretenen Königreiche und Länder gefolgt, wenn den bereits in den früheren Abschnitten aufgeführten Daten über den ausländischen Handels- und Edelmetallverkehr, den Status der österreichisch-ungarischen Bank, das Disconto und die Wechselcurse, Thatsachen beigefügt werden, welche geeignet sind, den Besitz inländischer Wertpapiere im Auslande zwar nicht zahlenmäßig nachzuweisen, aber doch genügend zu charakterisieren. Dahin gehören die Tabellen über die Auszahlungen österreichischer Rentencoupons im Auslande, noch mehr aber über den Umtausch der Couponsbögen, welche jetzt ein Gegenstand besonderen Tauschverkehres sind.

Ein nicht minder wertvolles Criterium gibt die Lage des heimischen Effectenmarktes ab. Allerdings ist die Börsecotierung kein nothwendiges Correlat des heimischen Besitzes eines ausländischen Effectes, allein der Charakter des Welthandels ist ein einheitlicher, bei gleicher Sachlage zu gleichen Erscheinungen führender, und es ist daher nicht zu denkbar, daß ein vielfach in relativ großen Beträgen vorkommender Besitz nicht von selbst zu Verkehr und zwar zu geordnetem (also eben Börse-) Verkehr eines solchen Effectes führen würde. Dem gegenüber weist das Cursblatt der Wiener Börse außer den Staatsschuldtiteln der Länder der ungarischen Krone, vielfachen gesellschaftlichen und Privat-Effectentiteln dieser Länder, nur folgende Kategorien ausländischer Effecten als cotiert auf: Die italienische Rente, das serbische Prämienanlehen, die türkischen Eisenbahnanlehens-Prämien-Obligationen, die türkische convertierte Staatsschuld und die Actien der türkischen Tabakregiegesellschaft. Blickt man aber auf die ausländischen Börsen hinaus, so findet man an der Pariser Börse folgende Cotierungen österreichischer Wertpapiere:

Von Staatspapieren: 5%ige Papierrente, 4%ige österreichische Goldrente, einheitliche Silber- und Papierrente, 1860er Lose, Staatsdomänen-Pfandbriefe, 1854er und 1864er Lose. Von Actien: Österreichische Länderbank, Österreichische Bodencreditanstalt, Österreichisch-ungarische Staatsbahn, Süd-bahn- und Alpine Montanactien; außerdem 3%ige Süd- und Staatsbahn Obligationen.

In Amsterdam sind cotiert: Einheitliche Papier- und Silberrente, 5%ige Märzrente, 4%ige österreichische Goldrente, 1854er, 1860er und 1864er Staatslose, 4%ige Pfandbriefe und die beiden Prämienschuldverschreibungen der Österreichischen Bodencreditanstalt, die Actien und 3%ige Obligationen der österreichisch-ungarischen Staatseisenbahn, die Lemberg-Czernowitzer Eisenbahnactien, die österreichischen Localeisenbahngesellschafts-Prioritäten, die Actien der Elisabeth-Bahn und für dieselben ausgegebenen Gold-Obligationen, die Credit- und Wiener Communallose.

Noch viel reicher ist die Cotierung an der Börse in Frankfurt am Main an Effecten dieser Länder. Es finden sich: 4%ige österreichische Goldrente, alle Sorten Österreichischer Eisenbahn-Staatsschuldverschreibungen, die 5%ige Papierrente und die einheitliche Silber- und Papierrente, die Gold- und Papier-Obligationen der Stadt Wien, die Actien der Österreichisch-ungarischen Bank, der Österreichischen Länderbank, der Creditanstalt, der Unionbank und des Wiener Bankvereines; an Eisenbahnactien: Albrecht-Bahn, Böhmische Nord- und Westbahn, Buschtiehrader Bahn, Dux-Bodenbacher Bahn, Galizische Karl Ludwig-Bahn, Graz-Köflacher Bahn, Lemberg-Czernowitz-Jassy-Eisenbahn, Österreichisch-ungarische Staatsbahn, Österreichische Localbahn, Österreichische Südbahn, Österreichische Nordwestbahn, Prag-Duxer Bahn, Reichenberger-Pardubitzer Bahn; an Prioritäten: Albrecht-Bahn, Böhmische Nord- und Westbahn, Buschtiehrader Bahn, Dux-Bodenbacher Bahn, Elisabeth-Bahn, Eperies-Tarnower Bahn, Kaiser Ferdinands-Nordbahn, Franz Josef-Bahn, Karl Ludwig-Bahn, Graz-Köflacher Bahn, Lemberg-Czernowitz-Jassy-Bahn, Mährisch-schlesische Centralbahn, Österreichische Localbahn, Nordwestbahn, Südbahn, Staatsbahn, Pilsen-Priesener Bahn, Prag-Duxer Bahn, Reichenberg-Pardubitzer Bahn, Rudolf-Bahn, Turnau-Kralup-Prager Bahn, Ungarisch-galizische Eisenbahn, Vorarlberger Bahn und Wien-Pottendorfer Bahn, alle diese in Gold und Silber, mit Ausnahme der Prioritäten der Mährisch-schlesischen Centralbahn und der Österreichischen Localbahn, endlich Pfandbriefe der Österreichischen Bodencreditanstalt und der Staatsdomänen-Pfandbriefe.

An der Börse in Berlin werden amtlich ausgewiesen: a) Fonds: 4,2%ige Noten- und Silberrente, 4%ige österreichische Goldrente, Galizisches Propinationsanlehen, Wiener Communalanlehen vom Jahre 1874: b) Hypothekencertificate: österreichische Bodencreditanstalt-Goldpfandbriefe, österreichisch-ungarische Bank-Pfandbriefe; c) Lose: Donauregulierungslose, österreichische Creditanstaltlose, österreichische 1854er, 1860er und 1864er Lose, Lose der Rudolf-Stiftung; d) verstaatlichte Eisenbahnen: Kronprinz Rudolf-Bahn: e) Eisenbahnactien: Albrecht-Bahn, Aussig-Teplitz, Böhmische Nord- und Westbahn, Brünner Localbahn, Buschtiehrader Bahn, Dux-Bodenbacher Bahn, Galizische Karl Ludwig-Bahn, Graz-Köflach, Kaschau-Oderberg, Lemberg-Czernowitz-Jassy, Österreichische Localbahnen, Österreichische Nordwestbahn, Elbethalbahn, Österreichisch-ungarische Staatsbahn, Österreichische Südbahn, Reichenberg-Pardubitz, Ungarisch-galizische Eisenbahn; f) Prioritäten von Eisenbahnen: Albrecht-Bahn, böhmische Nordbahn, Buschtiehrader, Dux-Bodenbach, Elisabeth-Westbahn, Ferdinands-Nordbahn, Franz Josefs-Bahn, Galizische Karl Ludwig-Bahn, Kaschau-Oderberg, Lemberg-Czernowitz, Mährische Grenzbahn, Mährisch-schlesische Centralbahn, Österreichische Localbahn, Österreichisch-ungarische Staatsbahn, Österreichische Nordwestbahn, Österreichische Südbahn, Ostrau-Friedland, Pilsen-Priesen, Reichenberg-Pardubitz, Rudolf-Bahn, Vorarlberger Bahn, Ungarisch-galizische Bahn; g) Bankactien: Österreichische Creditanstalt, Länderbank: endlich von Bergwerksgesellschaften: Österreichische alpine Montangesellschaft.

Diese Thatsachen gestatten nur den einen Schluß, daß im Inlande relativ weniger ausländische Effecten vorhanden sind, dagegen im Auslande viele österreichische Effecten, daher auch ihr Zinsenbezug von denselben ein für das Inland ungünstiger sein muß.

Eine zweite Reihe derselben Betrachtung eröffnet sich, wenn die Währung der an der Wiener Börse cotierten Effecten untersucht wird. (Tabellen 221 und 222.) Wenn namentlich die Emissionszeit dieser Effecten gesehen wird, so zeigt sich eine seit der dem volkswirthschaftlichen Aufschwunge segensreichen kaiserlichen Verordnung vom 7. Februar 1856 fortschreitende Entnationalisierung der Währung der Effecten gegenüber dem heimischen Zwangspapiergelde, eine Entnationalisierung, welche um so schärfer hervortritt, seit die der heimischen Münzgesetzgebung fremde Goldwährung international die herrschende wurde. Eine Zusammenstellung der Mitte des Jahres 1885 an der Wiener Börse cotierten Eisenbahn-Prioritäten nach der Währung derselben ergibt folgendes Resultat:

Auf Silber lauteten 19 Arten von Prioritäten im noch aushaftenden Capitalsbetrage von 367,314.100 fl., auf Gold 10 Arten von österreichischen Prioritäten und zwar mit folgenden noch aushaftenden Capitalbeträgen: 264,518.400 deutsche Reichsmark, 2,723,624.500 Francs und 46,075.785 Gulden Gold oder einheitlich: 1,267,784.785 Gulden Gold.

Bei dieser Beschaffenheit des Effectenmarktes der im Reichsrathe vertretenen Königreiche und Länder spielt auch die staatsfinanzielle Lage bei der Gestaltung der Zahlungsbilanz mit. Es wurden deshalb in kurzer Übersicht die Hauptdaten des Staatshaushaltes dargestellt[2]), woran sich die Darstellung des jeweiligen Standes der Staatsschuld und des Aufwandes für dieselbe anschließt. Die Tabellen über die directen und indirecten Steuern geben dazu ein anschauliches Bild über die Entwicklung der heimischen Steuerkraft und das Maß ihrer finanziellen Benützung.

---

[1]) Soetbeer in Hirth's Annalen des Deutschen Reiches, 1875, Seite 732 ff. Bemerkungen über die Handelsbilanz Deutschlands.

[2]) Zur Darstellung der gesammten etatmäßigen Gebarung, welche in der Tabelle 224 gegeben ist, ist Folgendes anzumerken: Die dort verzeichnete Gebarung begreift sowohl diejenige, welcher der Charakter der Regelmäßigkeit zukommt, als auch jene, welche durch den

Eintritt außergewöhnlicher Umstände hervorgerufen ist, und welch letztere daher eliminiert werden muß, wenn der Stand des Staatshaushaltes nach Maßgabe der ihn bestimmten regelmäßigen Umstände und Verhältnisse beurtheilt werden soll.

Wird nun bei der gesammten etatmäßigen Gebarung die außergewöhnliche von der regelmäßigen getrennt (Vergleiche Anmerkung 1, Seite 337), so ergibt sich Folgendes:

**1876:** Zu dem Gebarungsdeficit von . . . . . 32,252.512 fl.
kommt der Abgang der außergewöhnlichen Gebarung von . 2,233.821 „
zusammen . 34,486.333 fl.
Unter diesen außergewöhnlichen Ausgaben sind insbesondere zu nennen:
Monumentalbauten 1,835.000 fl.
unverzinsliche Vorschüsse an die durch den Nothstand heimgesuchte Bevölkerung Galiziens 699.700 „
Kosten für den Triester Hafenbau 1,349.000 „

**1877:** Zu dem Gebarungsdeficit von . . . . 25,238.133 fl.
kommt der Abgang der außergewöhnlichen Gebarung von . 2,109.993 „
zusammen . 27,348.126 fl.
Unter diesen Ausgaben sind insbesondere zu nennen:
Monumentalbauten 1,648.000 fl.
Kosten für den Triester Hafenbau 1,294.000 „
Unterstützungen an die Flüchtlinge aus Bosnien und der Hercegovina 683.000 „
Unverzinsliche Darlehen an einzelne Gemeinden Niederösterreichs für dringende öffentliche Bauten 398.000 „
Übernahme der Dux-Brüx-Komotauer Kohlenwerke 1,020.000 „

**1878:** Zu dem Gebarungsdeficit von . . . 21,103.756 fl.
kommt der Abgang der außergewöhnlichen Gebarung von . 71,811.401 „
zusammen . 92,915.157 fl.
Unter diesen Ausgaben sind insbesondere zu nennen:
Monumentalbauten 1,812.000 fl.
Kosten für den Triester Hafenbau 300.000 „
Unterstützungen an Flüchtlinge aus Bosnien und der Hercegovina 4,502.000 „
Außerordentliche Heeresauslagen und für die Occupation Bosniens und der Hercegovina 67,004.000 „
Einlösung von Schatzscheinen 25,000.000 „

**1879:** Zu dem Gebarungsdeficit von 27,888.486 fl.
kommt der Abgang der außergewöhnlichen Gebarung von 32,266.376 „
zusammen . 60,154.862 fl.
Unter diesen außergewöhnlichen Ausgaben sind insbesondere zu nennen:
Monumentalbauten 1,550.000 fl.
Kosten für den Triester Hafenbau 300.000 „
Außerordentliche Heeresauslagen 6,206.000 „
Occupationskosten 20,580.000 „
Unterstützungen an Flüchtlinge aus Bosnien und der Hercegovina 933.000 „

**1880:** Zu dem Gebarungsdeficit von 8,425.727 fl.
kommt der Abgang der außergewöhnlichen Gebarung von 1,452.520 „
zusammen . 9,878.247 fl.
Unter diesen außergewöhnlichen Ausgaben sind insbesondere zu nennen:
Monumentalbauten 1,792.000 fl.
Unterstützungen an Flüchtlinge aus Bosnien und der Hercegovina 182.000 „
Nothstandsbauten 169.900 „
Nothstandsvorschüsse 933.000 „
zufolge des Gesetzes vom 8. Februar 1880.

**1881:** Zu dem Gebarungsdeficit von 8,940.790 fl.
kommt der Abgang der außergewöhnlichen Gebarung von 28,369.660 „
zusammen . 37,310.450 fl.
Unter diesen Ausgaben sind insbesondere zu nennen:
Monumentalbauten 1,731.000 fl.
Unterstützungen an Flüchtlinge aus Bosnien und der Hercegovina 237.000 „
Einlösung der 1878er Schatzscheine 20,590.000 „

**1882:** Gegenüber dem Überschüsse der Gebarung per 5,467.109 fl.
kommt in Abzug der Abgang der außergewöhnlichen Gebarung von 26,677.057 „
wonach ein wirklicher Abgang von 21,209.948 fl.
verbleibt.
Unter den außergewöhnlichen Ausgaben sind insbesondere zu nennen:
Monumentalbauten 1,079.000 fl.
Besondere Occupationskosten 20,374.200 „
Einlösung der 1878er Schatzscheine 9,972.000 „
Unterstützungen wegen der Überschwemmungen in Tirol und Kärnten 357.000 „
Effectenankauf zur Bildung eines Specialreservefonds zur Erfüllung der bei der Übernahme der Kaiserin Elisabeth-Bahn eingegangenen Verpflichtungen 2,000.000 „

**1883:** Gegenüber dem Überschüsse der Gebarung per 2,813.784 fl.
kommt in Abzug der Abgang der außergewöhnlichen Gebarung von 28,648.686 „
wonach ein wirklicher Abgang von 25,834.902 fl.
verbleibt.
Unter den außergewöhnlichen Ausgaben sind insbesondere zu nennen:
Monumentalbauten 1,802.000 fl.
Straßenbauten aus Anlaß der Überschwemmung in Tirol 169.600 „
Unterstützungen in Tirol und Kärnten 4,156.900 „

**1884:** Gegenüber dem Überschüsse der Gebarung per 6,021.384 fl.
kommt in Abzug der Abgang der außergewöhnlichen Gebarung von 38,571.739 „
wonach ein wirklicher Abgang von 32,550.355 fl.
verbleibt.
Unter den außergewöhnlichen Ausgaben sind insbesondere zu nennen:
Monumentalbauten 1,395.000 fl.
Betheiligung an der Capitalbeschaffung zum Zwecke des Baues von Privatbahnen 425.000 „
(im Vorjahre 225.000 fl.)
Herstellung der Trajectanstalt in Bregenz 700.000 „
Unverzinsliche Vorschüsse an Concurrenzen und Wassergenossenschaften in Tirol 469.000 „
Unterstützungen an Wassergenossenschaften zur Regulierung der Etsch 279.000 „
Flussregulierungsarbeiten in Tirol und Kärnten 1,321.600 „
Unterstützungen an hilfsbedürftige Gemeinden in Tirol 499.700 „
für die durch Überschwemmung heimgesuchten Gegenden Galiziens . . . 710.900 „

**1885:** Von dem Gebarungsdeficit von 6,610.794 fl.
kommt in Abzug der Überschuß der außergewöhnlichen Gebarung von 1,728.053 „
wonach ein Abgang 4,882.741 fl.
verbleibt.
Unter den außergewöhnlichen Ausgaben sind insbesondere zu nennen:
Monumentalbauten 1,164.700 fl.
Betheiligung an der Capitalbeschaffung zum Zwecke des Baues von Privatbahnen 580.000 „
Fahrparkvermehrung bei den Staatsbahnen 1,525.000 „
Bahnanlagen bei den galizischen Staatsbahnen 424.000 „
Unterstützungen und Vorschüsse für die durch Überschwemmung heimgesuchten Gegenden Galiziens 534.000 „
für verschiedene Flussregulierung 1,600.000 „
Von den außergewöhnlichen Einnahmen sind zu erwähnen:
Die Rückzahlung der Kaiser Ferdinands-Nordbahn in Garantievorschüssen sammt Zinsen für die mährisch-schlesische Nordbahn aus Anlass der Verlängerung des Privilegiums 11,060.000 „
und die Refundierung der aus den Betriebseinnahmen bezahlten Herstellungen, Fahrparkvermehrungen u. s. w. seitens der österreichischen Nordwestbahn 3,250.000 „

**1886:** Gegenüber dem Überschusse der Gebarung per 15,278.038 fl.
kommt in Abzug der Abgang der außergewöhnlichen Gebarung von 12,504.679 „
wonach ein wirklicher Überschuß von 2,773.359 fl.
verbleibt.
Unter den außergewöhnlichen Ausgaben sind insbesondere zu nennen:
Monumentalbauten 272.691 fl.
Staatsbeiträge zu den Nothstands-Flussbauten in Tirol und Kärnten 1,981.000 „
Rarenteregulierung 844.000 „
Fahrparkvermehrung bei den Staatsbahnen 1,124.000 „
Geleisevervollständigung auf der galizischen Staatsbahn 601.800 „

**1887:** Gegenüber dem Überschusse der Gebarung von 6,455.382 fl.
kommt in Abzug der Abgang der außergewöhnlichen Gebarung von 44,546.337 „
wonach ein wirklicher Abgang von 38,090.955 fl.
verbleibt.
Unter den außergewöhnlichen Ausgaben sind insbesondere zu nennen:
Monumentalbauten 279.000 fl.
Fahrparkvermehrung bei Staatsbahnen 1,226.000 „
Erweiterungsbauten der galizischen Bahn 270.000 „
Staatsbeiträge zu den Nothstandsbauten in Tirol und Kärnten 2,028.000 „
Außerordentliches Heereserfordernis (Rüstungscredit) 20,923.000 „
Ausgestaltung der Landwehr 9,899.700 „
Anschaffung der Repetiergewehre 2,572.000 „

**1888:** Zu dem Gebarungsdeficit von 4,231.236 fl.
kommt als Abgang der außergewöhnlichen Gebarung von 49,378.407 „
zusammen . 53,609.643 fl.
Der Gebarungsabgang von 4,231.000 fl. ergab sich durch den Ausfall der Zuckersteuer infolge der Änderung der Zuckerbesteuerung. Sonst würde sich ein Gebarungsüberschuss von 18½ Millionen ergeben haben.
Unter diesen außergewöhnlichen Ausgaben sind insbesondere zu nennen:
Monumentalbauten 108.000 fl.
Fahrparkvermehrung bei den Staatsbahnen 1,080.000 „
zweites Geleise Wien-Tulln 1,080.000 „
Bahnerweiterungsbauten in Galizien 1,906.600 „
Triester Hafenbau 1,497.000 „
Staatsbeiträge zu Nothstandsbauten in Tirol und Kärnten 1,556.000 „
außerordentliches Heereserfordernis (Rüstungscredit) 20,374.000 „
Ausgestaltung der Landwehr 606.000 „
Anschaffung der Repetiergewehre 10,641.575 „

**1889:** Gegenüber dem Überschusse der Gebarung per 33,497.221 fl.
kommt in Abzug der Fehlbetrag der außergewöhnlichen Gebarung von 22,357.533 „
wonach ein wirklicher Überschuß von 11,139.788 „
verbleibt.
Von den außergewöhnlichen Ausgaben sind insbesondere zu nennen:
Fahrparkvermehrung der Staatsbahnen 2,210.510 fl.
zweites Geleise Wien-Tulln 1,531.663 „
Bahnerweiterungsbauten in Galizien 402.000 „
Hafenbau in Triest 891.422 „
Staatsbeiträge zu Flussregulierungen in Tirol und Kärnten 692.000 „
außerordentlicher Heeresaufwand (Rüstungscredit) 1,834.364 „
Ausgestaltung der Landwehr und Credite für dieselbe 1,682.700 „
Anschaffung der Repetiergewehre für das Heer 9,182.000 „

**1890:** Gegenüber dem Überschusse der Gebarung per 38,636.341 fl.
kommt in Abzug als Abgang der außergewöhnlichen Gebarung von 16,419.426 „
wonach ein wirklicher Überschuß von 22,216.915 „
verbleibt.
Unter den außergewöhnlichen Ausgaben sind insbesondere zu nennen:
Fahrparkvermehrung der Staatsbahnen 2,777.283 fl.
zweites Geleise Wien-Tulln 258.995 „
Triester Hafenbau 1,374.445 „
Unterstützungen aus Anlaß des Nothstandes 2,307.080 „
Staatsbeiträge zu Flussregulierungen in Tirol und Kärnten 685.768 „
Anschaffung der Repetiergewehre für die Landwehr 3,443.596 „
Anschaffung der Repetiergewehre für das Heer 4,140.764 „
An außergewöhnlichen Einnahmen ist zu erwähnen die Propinationsablösung bei den galizischen Staatsgütern 2,041.201 fl.
Außer diesen bei den einzelnen Jahren speciell benannten außergewöhnlichen Ausgaben sind auch die in den Etat des Handelsministeriums einbezogenen Ausgaben für den Staatseisenbahnbau, für Eisenbahnbauvorschüsse und die Erwerbung von Eisenbahnen, wie solche in der Anmerkung 2, Seite 337 verzeichnet sind, in der Summe der außergewöhnlichen Gebarung eingerechnet.

# Sechszehnter Abschnitt.

# Preise, Löhne, Kaufkraft des Geldes.

### (Tabellen 237—294.)

# Markt-Durchschnittspreise für Weizen in den im

Per Hektoliter in Gulden

| | | 1830 | 1831 | 1832 | 1833 | 1834 | 1835 | 1836 | 1837 | 1838 | 1839 | 1840 | 1841 | 1842 |
|---|---|---|---|---|---|---|---|---|---|---|---|---|---|---|
| Nieder-Österreich . . . . | Wien . . . . . . . . . . | 4·99 | 6·13 | 5·44 | 4·99 | 4·82 | 5·64 | 4·65 | 3·85 | 4·05 | 4·99 | 5·59 | 5·27 | 5·96 |
| | das übrige Land . . . . | 4·65 | 5·13 | 4·79 | 4·42 | 4·59 | 5·30 | 4·36 | 3·45 | 3·85 | 4·67 | 5·07 | 4·76 | 5·47 |
| Ober-Österreich . . . . . | Linz . . . . . . . | | | | | | | | | | | | | |
| | das übrige Land . . . . | 5·70 | 5·61 | 6·16 | 5·02 | 4·59 | 4·96 | 4·25 | 3·85 | 4·02 | 4·93 | 5·64 | 5·33 | 5·90 |
| Salzburg . . . . . . . | Salzburg (Stadt) . . | | | | | | | | | | | | | |
| | das übrige Land . . . . | | | | | | | | | | | | | |
| Steiermark . . . . . . . | Graz . . . . . . . | 5·81 | 6·16 | 5·67 | 5·07 | 5·10 | 5·76 | 4·87 | 4·28 | 4·28 | 4·85 | 5·30 | 5·30 | 6·01 |
| | das übrige Land . . . . | | | | | | | | | | | | | |
| Kärnten . . . . . . . | Klagenfurt . . . . | | | | | | | | | | | | | |
| | das übrige Land . . . . | 6·30 | 6·53 | 6·10 | 6·33 | 5·84 | 6·18 | 5·73 | 5·56 | 5·42 | 6·18 | 6·36 | 5·99 | 6·44 |
| Krain . . . . . . . | Laibach . . . . . | | | | | | | | | | | | | |
| | das übrige Land . . . . | | | | | | | | | | | | | |
| Triest (Stadt) . . . . . | | | | | | | | | | | | | | |
| Görz und Gradisca . . . | Görz (Stadt) . . . . | | | | | | | | | | | | | |
| | das übrige Land . . . . | 5·99 | 6·93 | 6·24 | 5·93 | 5·81 | 5·50 | 5·84 | 5·79 | 6·07 | 6·90 | 6·70 | 6·56 | 6·50 |
| Istrien . . . . . . . | Rovigno (Stadt) . . . | | | | | | | | | | | | | |
| | das übrige Land . . . . | | | | | | | | | | | | | |
| Tirol und Vorarlberg . . . | Innsbruck . . . . . | 7·72 | 7·95 | 8·55 | 7·81 | 7·32 | 6·90 | 6·73 | 7·32 | 7·61 | 8·15 | 8·41 | 7·87 | 8·04 |
| | das übrige Land . . . . | | | | | | | | | | | | | |
| Böhmen . . . . . . . | Prag . . . . . . | 4·56 | 5·36 | 5·04 | 4·25 | 4·25 | 5·56 | 4·82 | 4·10 | 4·59 | 5·67 | 5·87 | 4·85 | 5·59 |
| | das übrige Land . . . . | | | | | | | | | | | | | |
| Mähren . . . . . . . | Brünn . . . . . | 4·16 | 4·85 | 4·53 | 3·96 | 4·39 | 5·53 | 4·33 | 3·25 | 3·85 | 4·90 | 5·07 | 4·45 | 5·22 |
| | das übrige Land . . . . | | | | | | | | | | | | | |
| Schlesien . . . . . . . | Troppau . . . . . | | | | | | | | | | | | | |
| | das übrige Land . . . . | | | | | | | | | | | | | |
| | Lemberg . . . . . | | | | | | | | | | | | | |
| Galizien . . . . . . . | Krakau . . . . . | | | | | | | | | | | | | |
| | Westgalizien . . . . . | | | | | | | | | | | | | |
| | Ostgalizien . . . . | 3·25 | 5·33 | 2·96 | 2·37 | 2·57 | 2·76 | 1·65 | 2·05 | 2·88 | 3·39 | 4·25 | 3·25 | 3·42 |
| Bukowina . . . . . . . | Czernowitz . . . . . | | | | | | | | | | | | | |
| | das übrige Land . . . . . | | | | | | | | | | | | | |
| Dalmatien . . . . . | Zara . . . . . | 5·44 | 6·47 | 5·53 | 5·30 | 5·47 | 5·36 | 5·07 | 5·61 | 5·16 | 6·10 | 6·67 | 5·64 | 5·76 |
| | das übrige Land . . . . . . | | | | | | | | | | | | | |

[1]. Ohne Bezirk Tolmein.

# Reichsrathe vertretenen Königreichen und Ländern.

österreichischer Währung.

| 1843 | 1844 | 1845 | 1846 | 1847 | 1848 | 1849 | 1850 | 1851 | 1852 | 1853 | 1854 | 1855 |
|---|---|---|---|---|---|---|---|---|---|---|---|---|
| 4·87 | 4·45 | 5·44 | 7·52 | 10·03 | 7·52 | 7·44 | 6·44 | 6·78 | 7·47 | 8·27 | 12·88 | 13·48 |
| 4·90 | 4·28 | 5·04 | 7·10 | 9·35 | 6·84 | 6·56 | 6·10 | 6·81 | 7·58 | 8·66 | 12·77 | 12·43 |
| 5·70 | 6·10 | 5·81 | 7·68 | 10·72 | 8·15 | 6·41 | 6·27 | 7·70 | 7·07 | 7·84 | 11·00 | 11·57 |
| | | | | | | 7·21 | 7·87 | 9·35 | 10·80 | 12·11 | 16·05 | 14·65 |
| 5·61 | 4·99 | 5·44 | 7·30 | 9·41 | 8·18 | 7·87 | 7·52 | 7·81 | 8·12 | 8·98 | 12·68 | 12·97 |
| 5·81 | 5·39 | 5·84 | 7·32 | 9·75 | 8·52 | 8·49 | 8·89 | 8·49 | 8·69 | 9·63 | 12·65 | 12·23 |
| | | | | | | 8·18 | 8·12 | 7·55 | 8·12 | 9·38 | 13·11 | 13·08 |
| 5·50 | 5·24 | 5·70 | 8·27 | 9·21 | 7·81 | 7·44 | 7·64 | 7·32 | 7·78 | 9·95 | 13·37 | 12·97 |
| 8·24 | 8·72 | 8·49 | 9·66 | 12·11 | 10·60 | 8·78 | 8·75 | 9·63 | 10·69 | 12·14 | 15·62 | 14·51 |
| 6·07 | 5·33 | 5·27 | 7·70 | 9·26 | 6·36 | 5·70 | 5·73 | 7·47 | 8·46 | 8·89 | 12·68 | 12·51 |
| 4·70 | 4·47 | 5·36 | 7·24 | 6·53 | 6·67 | 6·13 | 5·44 | 6·50 | 8·29 | 8·04 | 12·85 | 13·42 |
| | | | | | | 6·41 | 5·70 | 6·90 | 8·75 | 8·49 | 13·11 | 14·25 |
| 2·08 | 2·31 | 3·79 | 5·33 | 5·93 | 4·93 | 5·30 | 5·19 | 6·53 | 6·98 | 7·15 | 9·49 | 11·91 |
| | | | | | | 4·47 | 3·73 | 5·36 | 4·56 | 4·25 | 5·07 | 6·24 |
| 5·02 | 4·73 | 4·65 | 6·01 | 8·52 | 7·01 | 6·67 | 5·84 | 5·90 | 6·84 | 7·75 | 12·23 | 12·17 |

| 1882 | 1883 | 1884 | 1885 | 1886 | 1887 | 1888 | 1889 | 1890 |
|---|---|---|---|---|---|---|---|---|
| 9·29 | 8·76 | 10·29 | 7·16 | 7·28 | 7·12 | 6·57 | 6·84 | 7·05 |
| . . . | . . . | . . . | . . . | . . . | . . . | . . . | . . . | . . . |
| 9·30 | 8·12 | 6·72 | 6·18 | 6·74 | 6·76 | 5·84 | 5·80 | 6·53 |
| . . . | . . . | . . . | . . . | . . . | . . . | . . . | . . . | . . . |
| 9·37 | 7·12 | 7·58 | 6·55 | 6·90 | 7·03 | 6·21 | 5·76 | 6·94 |
| 10·83 | 7·98 | 7·20 | 8·42 | 6·89 | 7·11 | 6·13 | 6·36 | 6·70 |
| 8·44 | 7·46 | 7·06 | 6·64 | 6·90 | 6·92 | 6·39 | 6·68 | 6·66 |
| 8·62 | 7·77 | 7·39 | 6·67 | 6·72 | 6·60 | 6·04 | 6·29 | 6·68 |
| 11·43 | 10·84 | 7·15 | 9·32 | 7·14 | 6·92 | 8·55 | 6·53 | 6·49 |
| 9·07 | 8·56 | 7·93 | 7·25 | 7·02 | 6·96 | 6·18 | 6·26 | 6·95 |
| . . . | . . . | . . . | . . . | . . . | . . . | . . . | . . . | . . . |
| . . . | . . . | . . . | . . . | . . . | . . . | . . . | . . . | 10·00 |
| . . . | . . . | . . . | . . . | . . . | . . . | . . . | . . . | . . . |
| 12·00 | 11·20 | 10·00 | 9·20 | 9·50 | 9·00 | 8·90 | 9·20 | 9·00 |
| . . . | . . . | . . . | . . . | . . . | . . . | . . . | . . . | . . . |
| 9·10 | 7·85 | 8·21 | 7·76 | 7·60 | 7·86 | 6·97 | 6·90 | 6·97 |
| 9·00 | 8·27 | 7·64 | 6·70 | 6·69 | 6·99 | 6·23 | 6·39 | 6·90 |
| 8·90 | 8·19 | 8·65 | 7·60 | 7·41 | 7·56 | 6·72 | 6·9J | 7·73 |
| 6·88 | 6·48 | 6·47 | 5·39 | 5·70 | 5·66 | 4·76 | 5·49 | 5·77 |
| . . . | . . . | . . . | . . . | . . . | . . . | . . . | . . . | . . . |
| . . . | . . . | . . . | . . . | . . . | . . . | . . . | . . . | . . . |
| 8·81 | 8·85 | 8·31 | 6·65 | 7·86 | 7·47 | 6·47 | 7·52 | 7·83 |
| 7·60 | 7·06 | 7·00 | 6·92 | 7·51 | 6·81 | 7·14 | 7·58 | 8·81 |
| . . . | . . . | . . . | . . . | . . . | . . . | . . . | . . . | . . . |

**Tabelle 287.**

# Markt=Durchschnittspreise für Weizen in den im

Per Hektoliter in Gulden

| | | 1856 | 1857 | 1858 | 1859 | 1860 | 1861 | 1862 | 1863 | 1864 | 1865 | 1866 | 1867 | 1868 |
|---|---|---|---|---|---|---|---|---|---|---|---|---|---|---|
| Nieder-Österreich | Wien | 11·63 | 7·44 | 6·81 | 6·98 | 9·19 | 9 31 | 8·15 | 7·50 | 7·42 | 6·80 | 10·04 | ... | 9·73 |
| | das übrige Land | 9·72 | 7·10 | 6·73 | 6·93 | 9·01 | 10·02 | 8·64 | 8·05 | 6·76 | 5·44 | 8·70 | 10·19 | 8·92 |
| Ober-Österreich | Linz | 8·84 | 8·12 | 7·14 | 6·65 | 8·75 | 10·60 | 10·12 | 8·70 | 8·12 | 6·05 | 8·22 | 11·37 | 10·11 |
| | das übrige Land | | | | | | | | | | | | | |
| Salzburg | Salzburg (Stadt) | 10·60 | 10·37 | 9·47 | 9·00 | .... | .... | 10·73 | 9·47 | 9·57 | 7·74 | 9·23 | 11·76 | 10·67 |
| | das übrige Land | | | | | | | | | | | | | |
| Steiermark | Graz | 10·29 | 8·32 | 6·80 | 7·87 | 9·11 | 9·81 | 8·41 | 7·48 | 6·65 | 6·08 | 8·52 | 9·16 | 8·79 |
| | das übrige Land | | | | | | | | | | | | | |
| Kärnten | Klagenfurt | 10·46 | 9·21 | 8·39 | 8·59 | 9·75 | 10·84 | 9·70 | 7·94 | 7·24 | 5·87 | 8·04 | 10·22 | 9·18 |
| | das übrige Land | | | | | | | | | | | | | |
| Krain | Laibach | 11·12 | 8·52 | 7·35 | 8·52 | .... | .... | 9·29 | 8·52 | 7·27 | 6·78 | 8·26 | 10·37 | 9·20 |
| | das übrige Land | | | | | | | | | | | | | |
| Triest (Stadt) | | | | | | | | | | | | | | |
| Görz und Gradisca | Görz (Stadt) | | | | | | | | | | | | | |
| | das übrige Land | 11·66 | 9·32 | 7·87 | 9·05 | 9·96 | 11·15 | 9·47 | 9·00 | 7·58 | 7·17 | 8·90 | 9·89 | 10·40 |
| Istrien | Rovigno (Stadt) | | | | | | | | | | | | | |
| | das übrige Land | | | | | | | | | | | | | |
| Tirol und Vorarlberg | Innsbruck | 12·40 | 11·43 | 9·19 | 9·98 | 11·65 | 12·47 | 11·70 | 10·40 | 9·71 | 8·64 | 11·43 | 12·31 | 11·02 |
| | das übrige Land | | | | | | | | | | | | | |
| Böhmen | Prag | 9·72 | 7·64 | 7·64 | 7·91 | 9 60 | 10·15 | 8·83 | 7·64 | 6·88 | 6·42 | 7·11 | 11·17 | 10·33 |
| | das übrige Land | | | | | | | | | | | | | |
| Mähren | Brünn | 11·12 | 7·50 | 6·99 | 7·25 | .... | .... | 9·21 | 7·71 | 8·49 | 5·95 | 8·00 | 10·29 | 9·88 |
| | das übrige Land | | | | | | | | | | | | | |
| Schlesien | Troppau | 12·17 | 7 98 | 7·47 | 6·37 | 8·92 | 10·60 | 9·55 | 7·63 | 6·78 | 5·87 | 8·10 | 10·61 | 9·42 |
| | das übrige Land | | | | | | | | | | | | | |
| Galizien | Lemberg | 9·75 | 6·44 | | | | | | | | | | | |
| | Krakau | | | 5·23 | 5·71 | .... | .... | | | | | .. | 8·77 | 8·00 |
| | Westgalizien | | | .. | .. | 7·20 | 9·45 | 8·23 | 6·05 | 5·48 | 5·59 | 6·81 | | |
| | Ostgalizien | | | 4·42 | 4·89 | 5·75 | 7·74 | 6·72 | 4·97 | 4·40 | 4·08 | 6·62 | | |
| Bukowina | Czernowitz | 7·89 | 6·24 | 4·27 | 4·52 | 4·60 | 5·82 | 5·62 | 4·29 | 3·83 | 4·79 | 6·59 | 7·54 | 7·07 |
| | das übrige Land | | | | | | | | | | | | | |
| Dalmatien | Zara | 10·15 | 9·18 | 7·60 | 8·97 | 10·45 | 11·33 | 10·95 | 8·88 | 8·54 | 7·43 | 8·41 | 9·10 | ... |
| | das übrige Land | | | | | | | | | | | | | |

¹) Ohne Bezirk Tolmein.

# Reichsrathe vertretenen Königreichen und Ländern.

## österreichischer Währung.

| 1869 | 1870 | 1871 | 1872 | 1873 | 1874 | 1875 | 1876 | 1877 | 1878 | 1879 | 1880 | 1881 | 1882 | 1883 | 1884 | 1885 | 1886 | 1887 | 1888 | 1889 | 1890 |
|---|---|---|---|---|---|---|---|---|---|---|---|---|---|---|---|---|---|---|---|---|---|
| 8·10 | 9·29 | 10·56 | 10·97 | 13·32 | 11·92 | 9·11 | 13·01 | 15·55 | 8·79 | 8·88 | 9·93 | 9·90 | 9·29 | 8·76 | 10·29 | 7·16 | 7·28 | 7·12 | 6·57 | 6·84 | 7·05 |
| 8·43 | 9·29 | 10·22 | 10·94 | 12·52 | 10·04 | 8·41 | 10·05 | 10·56 | 8·56 | 9·54 | 9·89 | 9·45 | . | . | . | . | . | . | . | . | . |
| 8·39 | 9 55 | 10·66 | 11·36 | 13·24 | 11·18 | 8·67 | 9·57 | 11·09 | 8·73 | 8·09 | 10·25 | 9·50 | 9·30 | 8·12 | 6·72 | 6·18 | 6·74 | 6·76 | 5·84 | 5·80 | 6·53 |
| | | | | | | | | 10·34 | 8·79 | 9·12 | 10·10 | 10·21 | . | . | . | . | . | . | . | . | . |
| 7·56 | 10·22 | 11·32 | 12·05 | 13·51 | 12·03 | 9·67 | 10·36 | 11·53 | 9·39 | 8·76 | 10·45 | 9·95 | 9·37 | 7·12 | 7·58 | 6·55 | 6·90 | 7·03 | 6·21 | 5·76 | 6·94 |
| | | | | | | | | 11·42 | 9·94 | 10·90 | 10·90 | 10·55 | . | . | . | . | . | . | . | . | . |
| 7·78 | 8·44 | 9·83 | 10·69 | 12·24 | 10·58 | 8·67 | 9·17 | 9·11 | 8·36 | 8·34 | 9·31 | 8·94 | 10·83 | 7·98 | 7·20 | 8·42 | 6·89 | 7·11 | 6·13 | 6·36 | 6·70 |
| | | | | | | | | 8·95 | 7·59 | 9·01 | 9·69 | 9 53 | . | . | . | . | . | . | . | . | . |
| 8·38 | 8·83 | 9·67 | 9·99 | 11·92 | 10 69 | 8·72 | 9 60 | 9·92 | 8·18 | 7·72 | 9·18 | 8·74 | 8·44 | 7·46 | 7·06 | 6·64 | 6·90 | 6·92 | 6·39 | 6·68 | 6·66 |
| | | | | | | | | 10·10 | 8·49 | 9·02 | 9·25 | 9·14 | . | . | . | . | . | . | . | . | . |
| 7 74 | 8·66 | 9·79 | 9·98 | 11·08 | 9·76 | 8·61 | 9·47 | 10·18 | 8·26 | 7·03 | 9·84 | 9·23 | 8·62 | 7·77 | 7·39 | 6·67 | 6·72 | 6·60 | 6·04 | 6·29 | 6·68 |
| | | | | | | | | 10·55 | 8·25 | 8·95 | 9 67 | 9 78 | . | . | . | . | . | . | . | . | . |
| | | 9·60 | 10·01 | 11·05 | 10·58 | 8·77 | 11·84 | 7·50 | 10·30 | 11·40 | 9·60 | 11·43 | 11·43 | 10·84 | 7·15 | 9·32 | 7·14 | 6·92 | 8·55 | 6·53 | 6·49 |
| | | 10·51 | | 11·10 | 12·03 | 8·80 | 9·77 | 10·17 | 9 10 | 8·87 | 9·62 | 9·62 | 9·07 | 8·56 | 7·93 | 7·25 | 7·02 | 6·96 | 6·18 | 6·26 | 6·95 |
| 8·75 | 8·97 | 10·55 | | | | | | | 9·32 | 9·41 | )9·83 | )9·83 | . | . | . | . | . | . | . | . | |
| | | 9·86 | 12·05 | 11·98 | 9·24 | 9·65 | 10·14 | 9·75 | 9·75 | | 10·56 | 10·09 | . | . | . | . | . | . | . | . | 10·00 |
| | | | | | | | | 9·50 | 10·35 | | | | . | . | . | . | . | . | . | . | . |
| 9·85 | 10·94 | 12·27 | 12·36 | 13·24 | 12·39 | 10·68 | 10·67 | 12·50 | 10·00 | 10·60 | 12·00 | 12·20 | 12 00 | 11·20 | 10·00 | 9·20 | 9·50 | 9 00 | 8·90 | 9·20 | 9·00 |
| | | | | | | | | 12·32 | 11·21 | 12·00 | 11·94 | 11·74 | . | . | . | . | . | . | . | . | . |
| 8·57 | 9·41 | 10·20 | 10·76 | 12·03 | 11·07 | 8·83 | 9·46 | 11·03 | 9·22 | 8·96 | 9·97 | 9·84 | 9·10 | 7·85 | 8·21 | 7·76 | 7·60 | 7·86 | 6·97 | 6·90 | 6·97 |
| | | | | | | | | 10·11 | 8·73 | 8·70 | 9·38 | 9·33 | . | . | . | . | . | . | . | . | . |
| 8·30 | 9·32 | 10·14 | 10·48 | 12·09 | 10·77 | 8·36 | 9·31 | 10·51 | 8·34 | 8·59 | 9·71 | 9·45 | 9·00 | 8·27 | 7·64 | 6·70 | 6·69 | 6·99 | 6·23 | 6·39 | 6·90 |
| | | | | | | | | 10·39 | 8·65 | 8·62 | 9 72 | 9 32 | . | . | . | . | . | . | . | . | . |
| 8·51 | 9·47 | 10·01 | 10·73 | 11·64 | 11·98 | 8·35 | 9·07 | 10·56 | 9·08 | 8·65 | 10·04 | 9·68 | 8·90 | 8·19 | 8·65 | 7·60 | 7·41 | 7·56 | 6·72 | 6·90 | 7·73 |
| | | | | | | | | 9·54 | 7·96 | 8·79 | 9·29 | 8·75 | . | . | . | . | . | . | . | . | . |
| | | | | | | | | 7 95 | 6·40 | 6·58 | 8 15 | 7 78 | 6·88 | 6·48 | 6·47 | 5·39 | 5·70 | 5·66 | 4·76 | 5·49 | 5·77 |
| 6·31 | 6·98 | 7·73 | 8·59 | 9·57 | 10·32 | 6·42 | 7·14 | 9·21 | 7·78 | 7·63 | 9·31 | 9·10 | . | . | . | . | . | . | . | . | . |
| 4 99 | 5·64 | 6·64 | 7·47 | 7·82 | 7·60 | 6·13 | 7·01 | 9·95 | 8·53 | 8·65 | 10·26 | 10·06 | 8·81 | 8·85 | 8·31 | 6·65 | 7·86 | 7·47 | 6·47 | 7·52 | 7·83 |
| | | | | | | | | 8·97 | 8·43 | 8·81 | 10·20 | 10·56 | . | . | . | . | . | . | . | . | . |
| 7·76 | 8·28 | 8·77 | 8·87 | 9·05 | 9·93 | 8·07 | 8·15 | 9·10 | 8·75 | 8·40 | 7·40 | 7·37 | 7·60 | 7·06 | 7·00 | 6·92 | 7·51 | 6·81 | 7·14 | 7·58 | 8·81 |
| | | | | | | | | 9·10 | 9·00 | 8·79 | 8·79 | 9·10 | . | . | . | . | . | . | . | . | . |

**Tabelle 288.**

# Markt-Durchschnittspreise für Roggen in den im

**Per Hektoliter in Gulden**

| | | 1830 | 1831 | 1832 | 1833 | 1834 | 1835 | 1836 | 1837 | 1838 | 1839 | 1840 | 1841 | 1842 |
|---|---|---|---|---|---|---|---|---|---|---|---|---|---|---|
| Nieder-Österreich | Wien | 3·39 | 3·73 | 2·96 | 2·76 | 3·31 | 4·25 | 2·76 | 2·22 | 2·68 | 3·51 | 3·90 | 3·42 | 3·33 |
| | das übrige Land | 3·39 | 3·48 | 2·79 | 2·59 | 3·08 | 4·22 | 2·57 | 2·14 | 2·62 | 3·56 | 3·71 | 3·19 | 3·22 |
| Ober-Österreich | Linz | | | | | | | | | | | | | |
| | das übrige Land | 4·36 | 4·16 | 3·65 | 2·94 | 2·91 | 3·65 | 2·76 | 2·39 | 2·57 | 3 25 | 3·51 | 3·33 | 3·43 |
| Salzburg | Salzburg (Stadt) | | | | | | | | | | | | | |
| | das übrige Land | | | | | | | | | | | | | |
| Steiermark | Graz | 4·30 | 4·36 | 3·53 | 3·16 | 3·59 | 4·39 | 2·85 | 2·59 | 2·99 | 3·73 | 3·93 | 3·78 | 3·51 |
| | das übrige Land | | | | | | | | | | | | | |
| Kärnten | Klagenfurt | | | | | | | | | | | | | |
| | das übrige Land | 4·13 | 3·99 | 3·71 | 3·82 | 4·13 | 4·25 | 3·31 | 3·19 | 3·82 | 4·59 | 4·42 | 3·88 | 3·8 |
| Krain | Laibach | | | | | | | | | | | | | |
| | das übrige Land | | | | | | | | | | | | | |
| Triest (Stadt) | | | | | | | | | | | | | | |
| Görz und Gradisca | Görz (Stadt) | | | | | | | | | | | | | |
| | das übrige Land | 4·33 | 5·36 | 4·33 | 3·99 | 4·19 | 4·02 | 4·10 | 4·05 | 4·08 | 4·36 | 4·79 | 4·53 | 4·25 |
| Istrien | Rovigno (Stadt) | | | | | | | | | | | | | |
| | das übrige Land | | | | | | | | | | | | | |
| Tirol und Vorarlberg | Innsbruck | 5·67 | 5·84 | 5·84 | 5·42 | 5·16 | 5·10 | 4·87 | 5 44 | 5·24 | 5·70 | 5·84 | 5·27 | 5·13 |
| | das übrige Land | | | | | | | | | | | | | |
| Böhmen | Prag | 3·33 | 3·53 | 3·36 | 2·99 | 2·94 | 3·76 | 2·94 | 2·62 | 3·51 | 4·36 | 4·22 | 3·22 | 3·25 |
| | das übrige Land | | | | | | | | | | | | | |
| Mähren | Brünn | | | | | | | | | | | | | |
| | das übrige Land | 3·31 | 3·59 | 3·11 | 2·57 | 3·08 | 4·05 | 2·48 | 1·85 | 2·74 | 3·65 | 3·59 | 2·96 | 3·05 |
| Schlesien | Troppau | | | | | | | | | | | | | |
| | das übrige Land | | | | | | | | | | | | | |
| Galizien | Lemberg | | | | | | | | | | | | | |
| | Krakau | | | | | | | | | | | | | |
| | Westgalizien | 2·37 | 4·30 | 2·11 | 1·65 | 1·85 | 2·14 | 0·91 | 1·20 | 2·11 | 2·48 | 3·31 | 2 42 | 2·42 |
| | Ostgalizien | | | | | | | | | | | | | |
| Bukowina | Czernowitz | | | | | | | | | | | | | |
| | das übrige Land | | | | | | | | | | | | | |
| Dalmatien | Zara | 3·56 | 4·30 | 3·31 | 3·25 | 3·56 | 3·99 | 3·73 | 4·19 | 3·68 | 4·08 | 4·50 | 3·68 | 3·73 |
| | das übrige Land | | | | | | | | | | | | | |

¹) Ohne Bezirk Tolmein.

# Reichsrathe vertretenen Königreichen und Ländern.

öfterreichifcher Währung.

| 1843 | 1844 | 1845 | 1846 | 1847 | 1848 | 1849 | 1850 | 1851 | 1852 | 1853 | 1854 | 1855 |
|---|---|---|---|---|---|---|---|---|---|---|---|---|
| 3·48 | 2·74 | 5·19 | 5·39 | 7·55 | 4·87 | 4·28 | 3·82 | 4·87 | 6·38 | 6·21 | 9·23 | 9·15 |
| 3·39 | 2·88 | 3·71 | 5·33 | 6·95 | 4·62 | 3·90 | 3·88 | 5·24 | 6·56 | 6·61 | 9·32 | 8·58 |
| 3·53 | 4·25 | 4·73 | 6·33 | 7·15 | 5·42 | 3·65 | 3·88 | 5·96 | 6·36 | 5·96 | 7·75 | 8·04 |
|  |  |  |  |  |  | 4·28 | 5·42 | 7·30 | 9·46 | 9·72 | 11·49 | 10·52 |
| 3·56 | 3·36 | 4·02 | 5·61 | 7·04 | 6·01 | 5·53 | 5·19 | 5·84 | 6·84 | 7·07 | 9·15 | 8·95 |
| 3·76 | 3·76 | 4·22 | 5·39 | 6·78 | 6·16 | 5·73 | 6·21 | 6·87 | 7·27 | 7·18 | 9·32 | 8·49 |
|  |  |  |  |  |  | 5·27 | 6·01 | 5·73 | 6·41 | 7·27 | 9·55 | 9·58 |
| 3·73 | 3·62 | 3·73 | 4·70 | 4·82 | 5·30 | 4·93 | 4·79 | 4·93 | 5·13 | 6·81 | 9·95 | 9·35 |
| 5·67 | 6·24 | 6·24 | 7·38 | 3·33 | 7·50 | 6·13 | 6·24 | 7·01 | 8·78 | 9·09 | 11·71 | 11·20 |
| 4·67 | 3·85 | 4·13 | 6·07 | 7·50 | 4·30 | 3·36 | 3·73 | 5·61 | 7·50 | 7·21 | 10·46 | 10·12 |
| 3·33 | 2·94 | 4·05 | 5·96 | 7·58 | 4·67 | 3·59 | 3·33 | 4·50 | 7·15 | 6·41 | 10·09 | 10·40 |
|  |  |  |  |  |  | 4·39 | 3 53 | 4·76 | 7·32 | 6·87 | 10·55 | 11·14 |
|  |  |  |  |  |  | 4·02 | 3·85 | 5·02 | 5·53 | 5·84 | 8·01 | 9·41 |
| 1·34 | 1·48 | 3·05 | 4·33 | 4·85 | 3·76 |  |  |  |  |  |  |  |
|  |  |  |  |  |  | 3·88 | 2·28 | 3·42 | 3·08 | 3·08 | 4·19 | 5·73 |
| 3·08 | 2·96 | 3·02 | 3·79 | 5·19 | 4·56 | 4·13 | 3·76 | 3·88 | 4·39 | 5·16 | 9·01 | 7·95 |

| 1882 | 1883 | 1884 | 1885 | 1886 | 1887 | 1888 | 1889 | 1890 |
|---|---|---|---|---|---|---|---|---|
| 6·43 | 6·32 | 9·14 | 5·78 | 5·40 | 5·21 | 4·84 | 5·40 | 6·01 |
|  |  |  |  |  |  |  |  |  |
| 6·07 | 5·45 | 5·78 | 5·27 | 4·52 | 4·42 | 3·99 | 4·32 | 5·25 |
|  |  |  |  |  |  |  |  |  |
| 6·43 | 5·65 | 5·54 | 5·45 | 4·71 | 4·49 | 4·02 | 4·32 | 5·43 |
|  |  |  |  |  |  |  |  |  |
| 8·19 | 6·62 | 5·75 | 7·47 | 5·10 | 4·89 | 4·36 | 4·69 | 5 56 |
|  |  |  |  |  |  |  |  |  |
| 3·00 | 5·66 | 6·08 | 5·72 | 5·52 | 5·08 | 4·53 | 5·10 | 5·82 |
|  |  |  |  |  |  |  |  |  |
| ›70 | 5·10 | 5·47 | 5·37 | 5·11 | 9·59 | 4 29 | 4·74 | 4·92 |
|  |  |  |  |  |  |  |  |  |
| 3 49 | 8·23 | 4·68 | 7·49 | 4·90 | 4·71 | 6 50 | 4·55 |  |
| ›68 | 5 84 | 5·96 | 5·87 | 5·60 | 5·37 | 5 02 | 4·72 | 5·06 |
|  |  |  |  |  |  |  |  |  |
|  |  |  |  |  |  |  |  |  |
|  |  |  |  |  |  |  |  |  |
| ·10 | 8·70 | 7·30 | 6·90 | 6·70 | 6·30 | 5·90 | 6·00 | 7·00 |
|  |  |  |  |  |  |  |  |  |
| ·68 | 6·60 | 6·84 | 6·30 | 5·80 | 5·67 | 5·32 | 5·30 | 6·46 |
|  |  |  |  |  |  |  |  |  |
| ·61 | 6·59 | 6·74 | 5 99 | 5·49 | 5·48 | 5·02 | 5·48 | 6·29 |
|  |  |  |  |  |  |  |  |  |
| ·96 | 6·08 | 6·54 | 5·68 | 5·41 | 5·10 | 4·77 | 5·54 | 6·02 |
|  |  |  |  |  |  |  |  |  |
| 03 | 4·42 | 4·88 | 3·99 | 3·87 | 3·41 | 3·09 | 4·20 | 4·42 |
|  |  |  |  |  |  |  |  |  |
|  |  |  |  |  |  |  |  |  |
| 79 | 6·27 | 6·72 | 5·50 | 5·47 | 4·80 | 4·56 | 5·86 | 6·03 |
|  |  |  |  |  |  |  |  |  |
| 86 | 5·60 | 6·07 | 6·65 | 6·14 | 6·05 | 6·08 | 5·87 | 6·63 |
|  |  |  |  |  |  |  |  |  |

# Markt-Durchschnittspreise für Roggen in den im

### Per Hektoliter in Gulden

| | | 1856 | 1857 | 1858 | 1859 | 1860 | 1861 | 1862 | 1863 | 1864 | 1865 | 1866 | 1867 | 1868 |
|---|---|---|---|---|---|---|---|---|---|---|---|---|---|---|
| Nieder-Österreich | Wien | 7·07 | 4·42 | 4·17 | 4·71 | 5·67 | 7·66 | 5·22 | 4·79 | 4·76 | 4·04 | 6·83 | ... | 6·63 |
| | das übrige Land | 6·38 | 4·67 | 4·37 | 4·60 | 6·08 | 7·68 | 6·21 | 5·36 | 4·52 | 3·75 | 6·37 | 7·29 | 6·37 |
| Ober-Österreich | Linz | 6·44 | 6·56 | 4·14 | 4·45 | 5·54 | 7·14 | 7·03 | 5·12 | 4·81 | 4·16 | 5·44 | 8·15 | 7·19 |
| | das übrige Land | | | | | | | | | | | | | |
| Salzburg | Salzburg (Stadt) | 6·93 | 6·58 | 5·51 | 5·82 | ... | ... | 7·68 | 6·23 | 6·08 | 4·97 | 6·05 | 8·45 | 7·60 |
| | das übrige Land | | | | | | | | | | | | | |
| Steiermark | Graz | 6·53 | 5·13 | 5·17 | 5·13 | 6·01 | 7·16 | 6·13 | 5·02 | 4·73 | 4·47 | 6·28 | 6·86 | 5·90 |
| | das übrige Land | | | | | | | | | | | | | |
| Kärnten | Klagenfurt | 6·93 | 6·44 | 5·93 | 5·88 | 6·63 | 8·31 | 7·64 | 5·57 | 4·60 | 4·56 | 6·11 | 6·96 | 6·39 |
| | das übrige Land | | | | | | | | | | | | | |
| Krain | Laibach | 7·81 | 6·04 | 5·48 | 5·88 | ... | ... | 6·60 | 5·79 | 5·12 | 5·09 | 5·71 | 7·56 | 6·07 |
| | das übrige Land | | | | | | | | | | | | | |
| Triest (Stadt) | | | | | | | | | | | | | | |
| Görz und Gradisca | Görz (Stadt) | 7·61 | 6·53 | 5·31 | 6·06 | 6·67 | 7·55 | 6·91 | 6·45 | 5·48 | 5·22 | 6·11 | 6·15 | 7·12 |
| | das übrige Land | | | | | | | | | | | | | |
| Istrien | Rovigno (Stadt) | | | | | | | | | | | | | |
| | das übrige Land | | | | | | | | | | | | | |
| Tirol und Vorarlberg | Innsbruck | 8·78 | 7·87 | 6·47 | 6·89 | 8·12 | 9·18 | 8·97 | 7·61 | 7·12 | 6·68 | 8·61 | 8·82 | 7·82 |
| | das übrige Land | | | | | | | | | | | | | |
| Böhmen | Prag | 7·04 | 4·87 | 4·87 | 5·54 | 6·93 | 7·53 | 6·32 | 5·10 | 4·60 | 4·43 | 6·62 | 8·59 | 8·08 |
| | das übrige Land | | | | | | | | | | | | | |
| Mähren | Brünn | 7·67 | 4·50 | 4·37 | 4·89 | ... | ... | 6·16 | 5·05 | 4·97 | 4·29 | 6·26 | 7·87 | 7·29 |
| | das übrige Land | | | | | | | | | | | | | |
| Schlesien | Troppau | 8·44 | 4·36 | 4·25 | 4·99 | 6·06 | 7·86 | 6·42 | 4·73 | 4·65 | 4·12 | 5·93 | 7·40 | 6·85 |
| | das übrige Land | | | | | | | | | | | | | |
| Galizien | Lemberg | 7·07 | 3·76 | 3·28 | 3·80 | | | | | | | | 5·62 | 5·61 |
| | Krakau | | | | | | | | | | | | | |
| | Westgalizien | | | ... | ... | 4·89 | 6·76 | 5·22 | 3·90 | 3·63 | 3·88 | 4·96 | | |
| | Ostgalizien | | | 2·79 | 2·85 | 3·65 | 5·28 | 4·55 | 2·95 | 2·69 | 2·25 | 4·74 | | |
| Bukowina | Czernowitz | 5·10 | 3·33 | 3·00 | 2·77 | 2·85 | 3·94 | 3·90 | 2·75 | 2·36 | 3·88 | 5·41 | 4·69 | 4·07 |
| | das übrige Land | | | | | | | | | | | | | |
| Dalmatien | Zara | 6·93 | 6·10 | 5·22 | 5·88 | 7·29 | 7·97 | 7·61 | 6·05 | 6·18 | 4·99 | 5·97 | ... | ... |
| | das übrige Land | | | | | | | | | | | | | |

¹) Ohne Bezirk Tolmein.

# Reichsrathe vertretenen Königreichen und Ländern.

## österreichischer Währung.

| 1869 | 1870 | 1871 | 1872 | 1873 | 1874 | 1875 | 1876 | 1877 | 1878 | 1879 | 1880 | 1881 | 1882 | 1883 | 1884 | 1885 | 1886 | 1887 | 1888 | 1889 | 1890 |
|---|---|---|---|---|---|---|---|---|---|---|---|---|---|---|---|---|---|---|---|---|---|
| 5·69 | 6·39 | 6·44 | 6·59 | 9·44 | 8·83 | 6·55 | 10·40 | 11·06 | 5·90 | 5·98 | 8·76 | 7·73 | 6·43 | 6·32 | 9·14 | 5·78 | 5·40 | 5 21 | 4·84 | 5·40 | 6·01 |
| 4·27 | 6·19 | 6·31 | 6·88 | 8·75 | 7·63 | 6·42 | 8·05 | 7·83 | 5·71 | 6·65 | 7·82 | 7·32 | . | . | . | . | . | . | . | . | . |
| 5·77 | 6·37 | 6·59 | 7·10 | 8·88 | 8·18 | 6·23 | 6·70 | 8·00 | 6·12 | 5 59 | 8·50 | 7·50 | 6·07 | 5·45 | 5·78 | 5·27 | 4·52 | 4·42 | 3·99 | 4·32 | 5·25 |
|  |  |  |  |  |  |  |  | 6·91 | 5 84 | 6 07 | 6 99 | 7·46 | . | . | . | . | . | . | . | . | . |
| 9·44 | 6·47 | 7·02 | 7·45 | 8·76 | 8·83 | 7·11 | 7·11 | 6·94 | 6·05 | 5·50 | 8·94 | 7 57 | 6·43 | 5·65 | 5·54 | 5·45 | 4·74 | 4·49 | 4·02 | 4·32 | 5·43 |
|  |  |  |  |  |  |  |  | 7·94 | 6·77 | 7·52 | 7·80 | 7·55 | . | . | . | . | . | . | . | . | . |
| 5·22 | 5·90 | 6·54 | 6·68 | 7·97 | 7·64 | 6·85 | 6·79 | 6·22 | 5·41 | 5·38 | 7·23 | 6 80 | 8·19 | 6·62 | 5·75 | 7·47 | 5·10 | 4·89 | 4·36 | 4·69 | 5 56 |
|  |  |  |  |  |  |  |  | 6·37 | 5·45 | 6·68 | 7·21 | 6·96 | . | . | . | . | . | . | . | . | . |
| 5·85 | 6·57 | 7 09 | 6·80 | 8·75 | 8·43 | 7·22 | 7 54 | 7·32 | 5·58 | 5·38 | 7·50 | 6·70 | 6·00 | 5·66 | 6·08 | 5·72 | 5·52 | 5·08 | 4·53 | 5·10 | 5·82 |
|  |  |  |  |  |  |  |  | 7·96 | 6·07 | 6·54 | 7·29 | 7·05 | . | . | . | . | . | . | . | . | . |
| 4·92 | 4·16 | 6 73 | 6·72 | 7·23 | 6·85 | 6 03 | 6·52 | 6·60 | 5·58 | 5·03 | 6·68 | 6·12 | 5 70 | 5·10 | 5 47 | 5·37 | 5·11 | 9 59 | 4 29 | 4·74 | 4·92 |
|  |  |  |  |  |  |  |  | 7·17 | 5·88 | 6·40 | 6·95 | 7·00 | . | . | . | . | . | . | . | . | . |
|  |  | 6 81 | 6·01 | 6·98 | 6·67 | 5·57 | 7·98 | 6·03 | 6 70 | 7·51 | 9·65 | 8 49 | 8 49 | 8·23 | 4·68 | 7·49 | 4·90 | 4·71 | 6 50 | 4·55 | . |
| 5·25 | 6 08 | 7 05 | 6·45 | 7·14 | 6·00 | 7 01 |  | 6·89 | 6·56 | 5·89 | 6·64 | 6·94 | 6·68 | 5 84 | 5·96 | 5·87 | 5·60 | 5·37 | 5 02 | 4 72 | 5·06 |
|  |  | 7·66 |  |  |  |  |  |  | 6·31 | 6·58 | 07·05 | 07·05 | . | . | . | . | . | . | . | . | . |
|  |  | 6 85 | 7·47 | 8 13 | 8·56 | 6·91 |  | 6·98 | 8 00 | 9 00 | 6·74 | 7·50 | . | . | . | . | . | . | . | . | . |
|  |  |  |  |  |  |  |  |  | 6·72 | 6 88 |  |  | . | . | . | . | . | . | . | . | . |
| 6·89 | 7·63 | 8·29 | 8·39 | 10·33 | 9·18 | 7·78 | 7·78 | 8·60 | 6·30 | 7·00 | 9·50 | 9·15 | 9·10 | 8·70 | 7·30 | 6·90 | 6·70 | 6·30 | 5·90 | 6·00 | 7·00 |
|  |  |  |  |  |  |  |  | 8 88 | 8·42 | 8·80 | 9·10 | 9·02 | . | . | . | . | . | . | . | . | . |
| 6·86 | 7·12 | 7·27 | 6·91 | 8·41 | 8·66 | 6·94 | 7 65 | 8·51 | 6·27 | 6·23 | 7·99 | 8 23 | 6·68 | 6·60 | 6·84 | 6·30 | 5·80 | 5·67 | 5·32 | 5·30 | 6·46 |
|  |  |  |  |  |  |  |  | 7·54 | 5·95 | 6·17 | 7·51 | 7·54 | . | . | . | . | . | . | . | . | . |
| 6 31 | 6·47 | 6·72 | 6·72 | 8·61 | 8·04 | 6·39 | 7·32 | 8·14 | 6·01 | 6·37 | 8·14 | 7 85 | 6·61 | 6·59 | 6·74 | 5·99 | 5·49 | 5·48 | 5·02 | 5·48 | 6·29 |
|  |  |  |  |  |  |  |  | 7·67 | 5·87 | 6·05 | 8·04 | 7 91 | . | . | . | . | . | . | . | . | . |
| 6·18 | 6·21 | 6·73 | 7·27 | 8·52 | 7·76 | 6·23 | 7·31 | 5·93 | 5·96 | 5·35 | 8·41 | 8·05 | 5 96 | 6·08 | 6·54 | 5·68 | 5·41 | 5·10 | 4·77 | 5·54 | 6·02 |
|  |  |  |  |  |  |  |  | 6·96 | 5·39 | 6·35 | 8·21 | 7·33 | . | . | . | . | . | . | . | . | . |
|  |  |  |  |  |  |  |  | 5·50 | 3·97 | 3·98 | 6·51 | 5·95 | 4·03 | 4·42 | 4·88 | 3·99 | 3·87 | 3·41 | 3·09 | 4·20 | 4·42 |
| 4·12 | 4·01 | 4·96 | 6·44 | 6·62 | 5·85 | 4·56 | 5·53 | 6·48 | 5·19 | 5 04 | 7·56 | 7 44 | . | . | . | . | . | . | . | . | . |
| 3·02 | 3·08 | 4·44 | 5·88 | 5·97 | 5·53 | 4·27 | 5·05 | 6·69 | 5·38 | 5·16 | 7·98 | 8·03 | 5·79 | 6·27 | 6·72 | 5·50 | 5·47 | 4·80 | 4·56 | 5·86 | 6·03 |
|  |  |  |  |  |  |  |  | 6·15 | 3·51 | 5·58 | 7·89 | 8·02 | . | . | . | . | . | . | . | . | . |
| 4·73 | 5·05 | 5·05 | 5·15 | 6·76 | 7·25 | 5·75 | 6·12 | 7·50 | 7·00 | 5·19 | 5·80 | 6·34 | 5·86 | 5·60 | 6·07 | 6·65 | 6·14 | 6·05 | 6·08 | 5·87 | 6·63 |
|  |  |  |  |  |  |  |  | 6·50 | 6·80 | 7·05 | 7·29 | 6·61 | . | . | . | . | . | . | . | . | . |

Tabelle 239.

# Markt-Durchschnittspreise für Gerste in den im

Per Hektoliter in Gulden

| | | 1830 | 1831 | 1832 | 1833 | 1834 | 1835 | 1836 | 1837 | 1838 | 1839 | 1840 | 1841 | 1842 |
|---|---|---|---|---|---|---|---|---|---|---|---|---|---|---|
| Nieder-Österreich | Wien . . . . . . . . . . . | 2·57 | 2·88 | 2·37 | 2·54 | 2·94 | 3·88 | 2·54 | 1·97 | 2·34 | 2·94 | 3·16 | 2·88 | 3·03 |
| | das übrige Land | 2·48 | 2·57 | 2·22 | 2·28 | 2·65 | 3·45 | 2 31 | 1·85 | 2·25 | 2·76 | 2·91 | 2·57 | 2·68 |
| Ober-Österreich | Linz . . . . . . . . . . . | | | | | | | | | | | | | |
| | das übrige Land | 3·16 | 2·76 | 2·74 | 2·37 | 2·42 | 3·31 | 2·39 | 2·17 | 2·51 | 2·76 | 3·36 | 2·57 | 2·54 |
| Salzburg | Salzburg (Stadt) . . . . | | | | | | | | | | | | | |
| | das übrige Land | | | | | | | | | | | | | |
| Steiermark | Graz . . . . . | 3·45 | 3 53 | 3·05 | 2·91 | 3·56 | 4 16 | 2·59 | 2·54 | 2·57 | 2·91 | 3·42 | 3·45 | 3·23 |
| | das übrige Land | | | | | | | | | | | | | |
| Kärnten | Klagenfurt . . . . . . | | | | | | | | | | | | | |
| | das übrige Land | 3·42 | 3·25 | 3·11 | 3·53 | 3·73 | 3 85 | 3·11 | 2·94 | 3·31 | 3·85 | 3·96 | 3·53 | 3·42 |
| Krain | Laibach . . . . . . . | | | | | | | | | | | | | |
| | das übrige Land | | | | | | | | | | | | | |
| Triest (Stadt) . . . . . . | | | | | | | | | | | | | | |
| Görz und Gradiska . . . . | Görz (Stadt) . . . . | | | | | | | | | | | | | |
| | das übrige Land | 5·50 | 5·19 | 4·28 | 4·36 | 4·93 | 4·45 | 4·39 | 4·59 | 4·79 | 5·22 | 4 99 | 4·56 | 4·50 |
| Istrien | Rovigno (Stadt) . . . . | | | | | | | | | | | | | |
| | das übrige Land | | | | | | | | | | | | | |
| Tirol und Vorarlberg . . . | Innsbruck . . . . . . | | | | | | | | | | | | | |
| | das übrige Land | 4 70 | 4·73 | 4·76 | 4·53 | 4·39 | 4·56 | 4·62 | 5·10 | 5·24 | 5·56 | 5·79 | 4·87 | 4·50 |
| Böhmen | Prag . . . . . . | | | | | | | | | | | | | |
| | das übrige Land | 2 54 | 2·51 | 2·57 | 2·37 | 2·31 | 3·48 | 2·71 | 2·19 | 2·68 | 3·42 | 3·31 | 2·51 | 2·50 |
| Mähren | Brünn . . . . . | | | | | | | | | | | | | |
| | das übrige Land | 2·05 | 2·69 | 2·25 | 2·14 | 2·39 | 3 51 | 2·22 | 1·60 | 2·08 | 2·62 | 2 79 | 2·42 | 2 45 |
| Schlesien | Troppau . . . . | | | | | | | | | | | | | |
| | das übrige Land | | | | | | | | | | | | | |
| Galizien | Lemberg . . . . . . . . . | | | | | | | | | | | | | |
| | Krakau . . . . . . . | | | | | | | | | | | | | |
| | Westgalizien . . . . . | | | | | | | | | | | | | |
| | Ostgalizien . . . . . | 1·51 | 3·11 | 1·45 | 1·23 | 1·51 | 1·91 | 0·80 | 0 97 | 1 51 | 1·57 | 2·28 | 1·85 | 1·47 |
| Bukowina | Czernowitz . . . . . . | | | | | | | | | | | | | |
| | das übrige Land . . . . . . | | | | | | | | | | | | | |
| Dalmatien | Zara . . . . . | 3·02 | 3·59 | 2·68 | 2·74 | 2·82 | 3·11 | 2 65 | 3·59 | 2·99 | 3·53 | 3·85 | 2·94 | 3·16 |
| | das übrige Land . . . . . . . . | | | | | | | | | | | | | |

¹) Obne Bezirk Tolmein.

# Reichsrathe vertretenen Königreichen und Ländern.

österreichischer Währung.

| 1843 | 1844 | 1845 | 1846 | 1847 | 1848 | 1849 | 1850 | 1851 | 1852 | 1853 | 1854 | 1855 | 882 | 1883 | 1884 | 1885 | 1886 | 1887 | 1888 | 1889 | 1890 |
|---|---|---|---|---|---|---|---|---|---|---|---|---|---|---|---|---|---|---|---|---|---|
| 2·59 | 2·00 | 2·59 | 3 76 | 5·24 | 3·42 | 3·48 | 3·31 | 4·13 | 4·79 | 4·82 | 6 18 | 6·44 | ·16 | 5·49 | 9·47 | 5·11 | 4·71 | 4·57 | 4·52 | 5·41 | 5·20 |
| 2·71 | 2·17 | 2·57 | 3·82 | 4·99 | 3 36 | 3·14 | 3·31 | 4 30 | 4·67 | 5·07 | 6·47 | 6·21 | · · · | · · · | · · · | · · · | · · · | · · · | · · · | · · · | · · · |
|  |  |  |  |  |  | 2 71 | 3·14 | 4 82 | 4·36 | 4·53 | 5·22 | 4·33 | ·15 | 4·41 | 4·44 | 4·21 | 4·03 | 3·80 | 3·86 | 3·85 | 4·92 |
| 2·79 | 3·45 | 3 59 | 4·99 | 5·42 | 3·76 | 3·76 | 4 65 | 7·04 | 6·64 | 7·50 | 8·41 | 8·07 | ·90 | 4·95 | 5·28 | 4·56 | 4·40 | 4·22 | 4·87 | 5·18 | 5·26 |
|  |  |  |  |  |  |  |  |  |  |  |  |  | · · · | · · · | · · · | · · · | · · · | · · · | · · · | · · · | · · · |
| 3·45 | 3·08 | 3·39 | 4·50 | 5·53 | 4·73 | 4·50 | 4·73 | 5·33 | 5·50 | 5·96 | 7·30 | 7·38 | ·35 | 5·00 | 5·20 | 7·37 | 4·42 | 4·01 | 3·76 | 4·10 | 4·42 |
|  |  |  |  |  |  |  |  |  |  |  |  |  | · · · | · · · | · · · | · · · | · · · | · · · | · · · | · · · | · · · |
|  |  |  |  |  |  | 4·87 | 5 30 | 5·87 | 5·59 | 5·84 | 8·27 | 7·95 | ·16 | 5·06 | 5·34 | 5·08 | 4·84 | 4·50 | 4·20 | 4·90 | 4·12 |
| 3·58 | 3·42 | 3·51 | 4·50 | 5·56 | 5 16 |  |  |  |  |  |  |  |  |  |  |  |  |  |  |  |  |
|  |  |  |  |  |  | 4·67 | 5·30 | 5·10 | 4·98 | 5 96 | 7·78 | 7·64 | ·69 | 4·34 | 4·74 | 4·74 | 4·42 | 3·82 | 3·94 | 4·40 | 4·52 |
|  |  |  |  |  |  |  |  |  |  |  |  |  | · · · | · · · | · · · | 6·37 | · · · | · · · | · · · | · · · | · · · |
| 4·02 | 4·13 | 4 33 | 6·50 | 6·36 | 5 27 | 4·87 | 4·70 | 4·25 | 4·65 | 7·47 | 9·21 | 8·58 | 53 | 4·23 | 4·64 | 4·62 | 4·47 | 4·22 | 4·01 | 3·88 | 4·24 |
|  |  |  |  |  |  |  |  |  |  |  |  |  | · · · | · · · | · · · | · · · | · · · | · · · | · · · | · · · | 10·00 |
|  |  |  |  |  |  |  |  |  |  |  |  |  | · · · | · · · | · · · | · · · | · · · | · · · | · · · | · · · | · · · |
| 5·07 | 5 67 | 5·56 | 6 33 | 7·64 | 6·27 | 5·24 | 5 30 | 6·70 | 6·98 | 7·58 | 9·75 | 9·08 | ·60 | 8·40 | 6·80 | 6·30 | 6·10 | 6·00 | 6·15 | 6·15 | 6·50 |
| 3·82 | 2·88 | 3·14 | 4·65 | 5·90 | 3·51 | 2 79 | 3·11 | 4·59 | 5·36 | 5·53 | 7·78 | 7·38 | ·52 | 5·50 | 5·84 | 5·51 | 5·01 | 4·57 | 5·15 | 5·10 | 5·50 |
|  |  |  |  |  |  | 2·79 | 2·82 | 3·98 | 5·10 | 4·67 | 7·24 | 7·15 | ·85 | 6·01 | 5·77 | 5·15 | 4·89 | 4·84 | 5·11 | 5·50 | 5·75 |
| 2·76 | 2·19 | 2·88 | 4·08 | 5·81 | 3·56 | 3·22 | 2·85 | 3·79 | 5 44 | 4·90 | 7 98 | 7·78 | 37 | 5·73 | 5·72 | 4·94 | 4·52 | 4·58 | 4·78 | 5·38 | 5·60 |
|  |  |  |  |  |  |  |  |  |  |  |  |  | 34 | 3·37 | 4·11 | 3·48 | 3·20 | 2·64 | 2·67 | 3·46 | 3·42 |
|  |  |  |  |  |  | 3·36 | 3·16 | 3·73 | 4·22 | 4·62 | 6·21 | 7·35 | · · · | · · · | · · · | · · · | · · · | · · · | · · · | · · · | · · · |
| 1·14 | 1·14 | 2·34 | 3·19 | 3·88 | 2·85 |  |  |  |  |  |  |  |  |  |  |  |  |  |  |  |  |
|  |  |  |  |  |  | 3·86 | 2·19 | 3·05 | 2·17 | 2·28 | 2·79 | 4·10 | 29 | 5·71 | 6·55 | 5·77 | 5·59 | 5·51 | 4·97 | 5·90 | 5·96 |
| 2·54 | 2·51 | 2·57 | 3·05 | 4·70 | 3·76 | 3·45 | 3·25 | 3·02 | 3·56 | 4·25 | 7·41 | 7·13 | 73 | 4·20 | 4·42 | 4·85 | 4·95 | 4·75 | 5·10 | 5·53 | 6·00 |

# Markt-Durchschnittspreise für Gerste in den im

Per Hektoliter in Gulden

| Land | Ort | 1856 | 1857 | 1858 | 1859 | 1860 | 1861 | 1862 | 1863 | 1864 | 1865 | 1866 | 1867 | 1868 |
|---|---|---|---|---|---|---|---|---|---|---|---|---|---|---|
| Nieder-Österreich | Wien | 5·27 | 3·82 | 3·16 | 3·85 | 4·16 | 5·44 | 4·27 | 3·93 | 4·22 | 2·85 | 4·55 | 5·43 | 4·40 |
|  | das übrige Land | 4·90 | 3·90 | 3·83 | 3·81 | 3·21 | 5·30 | 4·45 | 4·43 | 3·59 | 2·79 | 4·76 | 5·36 | 4·87 |
| Ober-Österreich | Linz | 4·59 | 4·90 | 3·05 | 3·86 | 5·31 | 5·77 | 5·87 | 4·19 | 3·90 | 3·19 | 4·58 | 6·42 | 5·68 |
|  | das übrige Land |  |  |  |  |  |  |  |  |  |  |  |  |  |
| Salzburg | Salzburg (Stadt) | 5·53 | 4·90 | 4·79 | 5·61 | .... | .... | 7·30 | 5·26 | 5·44 | 4·42 | 5·33 | 6·78 | 6·46 |
|  | das übrige Land |  |  |  |  |  |  |  |  |  |  |  |  |  |
| Steiermark | Graz | 5·84 | 4·76 | 4·60 | 4·69 | 5·31 | 5·54 | 5·18 | 4·56 | 4·24 | 3·67 | 4·92 | 5·55 | 5·09 |
|  | das übrige Land |  |  |  |  |  |  |  |  |  |  |  |  |  |
| Kärnten | Klagenfurt | 6·75 | 6·21 | 5·62 | 5·80 | 6·24 | 6·72 | 6·55 | 5·57 | 4·24 | 3·67 | 5·02 | 6·18 | 5·44 |
|  | das übrige Land |  |  |  |  |  |  |  |  |  |  |  |  |  |
| Krain | Laibach | 6·24 | 5·39 | 4·61 | 5·26 | .... | .... | 5·09 | 4·76 | 4·60 | 4·40 | 4·61 | 4·47 | 4·75 |
|  | das übrige Land |  |  |  |  |  |  |  |  |  |  |  |  |  |
| Triest (Stadt) |  |  |  |  |  |  |  |  |  |  |  |  |  |  |
| Görz und Gradisca | Görz (Stadt) |  |  |  |  |  |  |  |  |  |  |  |  |  |
|  | das übrige Land | 7·32 | 6·38 | 5·36 | 5·87 | 6·18 | 6·67 | 6·16 | 5·93 | 4·96 | 4·97 | 6·16 | 7·03 | 7·30 |
| Istrien | Rovigno (Stadt) |  |  |  |  |  |  |  |  |  |  |  |  |  |
|  | das übrige Land |  |  |  |  |  |  |  |  |  |  |  |  |  |
| Tirol und Vorarlberg | Innsbruck | 7·41 | 7·07 | 5·97 | 6·47 | 7·69 | 8·51 | 8·43 | 6·99 | 6·59 | 6·06 | 7·74 | 7·04 | 7·47 |
|  | das übrige Land |  |  |  |  |  |  |  |  |  |  |  |  |  |
| Böhmen | Prag | 5·30 | 4·10 | 4·22 | 4·58 | 5·74 | 5·84 | 4·82 | 3·99 | 4·52 | 3·46 | 5·10 | 6·39 | 6·37 |
|  | das übrige Land |  |  |  |  |  |  |  |  |  |  |  |  |  |
| Mähren | Brünn | 5·58 | 4·08 | 3·90 | 4·32 | .... | .... | 3·99 | 4·32 | 4·38 | 3·47 | 4·47 | 5·69 | 5·59 |
|  | das übrige Land |  |  |  |  |  |  |  |  |  |  |  |  |  |
| Schlesien | Troppau | 6·01 | 3·71 | 3·80 | 4·17 | 4·81 | 5·82 | 4·47 | 4·12 | 3·91 | 3·00 | 4·44 | 5·66 | 5·44 |
|  | das übrige Land |  |  |  |  |  |  |  |  |  |  |  |  |  |
| Galizien | Lemberg |  |  |  |  |  |  |  |  |  |  |  |  |  |
|  | Krakau | 5·39 | 2·96 | 2·89 | 3·15 | .... | .... | .... | .... | .... | .... | .... | 4·01 | 4·22 |
|  | Westgalizien |  |  | .. | .. | 3·62 | 5·17 | 3·86 | 3·10 | 3·28 | 3·06 | 3·68 |  |  |
|  | Ostgalizien |  |  | 2·17 | 2·27 | 2·77 | 3·78 | 3·57 | 2·49 | 2·67 | 1·86 | 3·67 |  |  |
| Bukowina | Czernowitz | 3·14 | 2·51 | 2·17 | 1·89 | 1·99 | 2·67 | 2·85 | 1·91 | 1·71 | 3·00 | 4·50 | 3·52 | 3·12 |
|  | das übrige Land |  |  |  |  |  |  |  |  |  |  |  |  |  |
| Dalmatien | Zara | 5·53 | 4·99 | 3·94 | 4·68 | 5·12 | 6·60 | 5·98 | 5·13 | 4·89 | 4·66 | 5·17 | 5·28 | .. |
|  | das übrige Land |  |  |  |  |  |  |  |  |  |  |  |  |  |

¹) Ohne Bezirk Tolmein.

# Reichsrathe vertretenen Königreichen und Ländern.

### österreichischer Währung.

| 1869 | 1870 | 1871 | 1872 | 1873 | 1874 | 1875 | 1876 | 1877 | 1878 | 1879 | 1880 | 1881 | 1882 | 1883 | 1884 | 1885 | 1886 | 1887 | 1888 | 1889 | 1890 |
|---|---|---|---|---|---|---|---|---|---|---|---|---|---|---|---|---|---|---|---|---|---|
| 4·48 | 6·34 | 4·94 | 5·10 | 6·49 | 6·44 | 4·63 | 7·56 | 7·68 | 4·12 | 4·93 | 4·83 | 5·15 | 5·16 | 5·49 | 9·47 | 5·11 | 4·71 | 4·57 | 4·52 | 5·41 | 5·20 |
| 4·81 | 4·91 | 4·97 | 5·20 | 6·55 | 5·97 | 5·17 | 6·12 | 6·59 | 5·26 | 5·37 | 5·79 | 5·66 | | | | | | | | | |
| 5·23 | 5·59 | 5·52 | 5·43 | 6·76 | 6·70 | 5·26 | 5·73 | 5·31 | 5·75 | 5·05 | 5·60 | 5·80 | 5·15 | 4·41 | 4·44 | 4·21 | 4·03 | 3·80 | 3·86 | 3·85 | 4·92 |
| | | | | | | | | 6·42 | 5·36 | 5·54 | 5·75 | 6·20 | | | | | | | | | |
| 6·18 | 6·11 | 6·75 | 6·73 | 8·34 | 7·99 | 6·57 | 6·81 | 7·42 | 7·11 | 7·00 | 6·23 | 6·35 | 5·90 | 4·95 | 5·28 | 4·56 | 4·40 | 4·22 | 4·87 | 5·18 | 5·26 |
| | | | | | | | | 7·69 | 6·60 | 7·00 | 6·92 | 6·56 | | | | | | | | | |
| 4·91 | 4·97 | 5·26 | 5·61 | 6·32 | 6·00 | 5·28 | 5·31 | 6·26 | 5·75 | 5·58 | 5·56 | 5·15 | 8·35 | 5·00 | 5·20 | 7·37 | 4·42 | 4·01 | 3·76 | 4·10 | 4·42 |
| | | | | | | | | 5·53 | 4·92 | 5·53 | 6·01 | 6·05 | | | | | | | | | |
| 5 54 | 5·49 | 5·72 | 5·87 | 7·37 | 7·14 | 5·41 | 5·62 | 5·96 | 5·46 | 4·80 | 5·38 | 5·34 | 5·16 | 5·06 | 5·34 | 5·08 | 4·84 | 4·50 | 4·20 | 4·90 | 4·12 |
| | | | | | | | | 6·38 | 5·31 | 5·38 | 5·46 | 5·52 | | | | | | | | | |
| 4·30 | 4·89 | 5·38 | 5·45 | 5 75 | 5·84 | 4·82 | 5·33 | 5·15 | 4·89 | 4 29 | 4·89 | 4·54 | 4·69 | 4·34 | 4·74 | 4·74 | 4·42 | 3·82 | 3·94 | 4·40 | 4·52 |
| | | | | | | | | 6·88 | 5·20 | 5·21 | 5·33 | 5·74 | | | | | | | | | |
| | | 5·49 | 5·09 | 5·36 | 5·82 | 5·36 | 8·18 | 5·77 | 5·64 | 7·38 | 9·36 | | | | | 6·37 | | | | | |
| 6·30 | 6 18 | 8·30 | 7 89 | 7·20 | 6·47 | 7·63 | | 7·69 | 5·53 | 5·08 | 5·71 | 5·71 | 4·53 | 4·23 | 4·64 | 4·62 | 4·47 | 4·22 | 4·01 | 3·88 | 4·24 |
| | | | 8·35 | | | | | | 6·90 | 6·84 | 7·70 | 7·70 | | | | | | | | | |
| | | 8 32 | 7·24 | 6·98 | 4·99 | 5·58 | 5·66 | 9 00 | 7·50 | 7·95 | 6·70 | | | | | | | | | | 10·00 |
| | | | | | | | | 5·98 | 7·63 | | | | | | | | | | | | |
| 6·28 | 6·96 | 7·63 | 7·26 | 7·95 | 8·31 | 7·19 | 9·62 | 7·10 | 7·00 | 6·50 | 8·80 | 9·00 | 7·60 | 8·40 | 6·80 | 6·30 | 6·10 | 6·00 | 6·15 | 6·15 | 6·50 |
| | | | | | | | | 8·64 | 7·68 | 8·30 | 8·63 | 8·69 | | | | | | | | | |
| 5·80 | 5·74 | 5·98 | 5·80 | 6·93 | 7·22 | 5·75 | 6·03 | 7·10 | 6·17 | 5·89 | 6·15 | 5·68 | 5·52 | 5·50 | 5·84 | 5·51 | 5·01 | 4·57 | 5·15 | 5·10 | 5·50 |
| | | | | | | | | 6·56 | 5·77 | 5·63 | 5·88 | 5·71 | | | | | | | | | |
| 5 44 | 5·54 | 5·54 | 5·48 | 6·49 | 6·67 | 5·33 | 5·82 | 6·25 | 5·49 | 5·42 | 5·51 | 5·92 | 5·85 | 6·01 | 5 77 | 5·15 | 4·89 | 4·84 | 5·11 | 5·50 | 5·75 |
| | | | | | | | | 6·00 | 5·43 | 5·38 | 5·77 | 5·82 | | | | | | | | | |
| 5·18 | 4·99 | 5·22 | 5·44 | 6·34 | 6·41 | 4·94 | 5·65 | 6·01 | 5·71 | 5·43 | 6·14 | 6·18 | 5·37 | 5·73 | 5·72 | 4·94 | 4·52 | 4·58 | 4·78 | 5·38 | 5·60 |
| | | | | | | | | 5·45 | 4·71 | 5·36 | 5·92 | 5·58 | | | | | | | | | |
| | | | | | | | | 3·92 | 3·19 | 3·12 | 4·37 | 3·87 | 3·34 | 3·37 | 4·11 | 3·48 | 3·20 | 2·64 | 2·67 | 3·46 | 3·42 |
| 3·52 | 3·59 | 3·93 | 4·97 | 4·91 | 4·73 | 3 85 | 4·45 | 4·89 | 4·36 | 4·18 | 5·82 | 5·38 | | | | | | | | | |
| | | | | | | | | 5·37 | 5·49 | 5·21 | 6·31 | 6·21 | 5·29 | 5·71 | 6·55 | 5·77 | 5·59 | 5·51 | 4·97 | 5·90 | 5·96 |
| 2·46 | 2·62 | 3·41 | 3·95 | 5·35 | 5·06 | 3·57 | 4·07 | 4·75 | 4·86 | 4·75 | 5·76 | 5·72 | | | | | | | | | |
| | | | | | | | | 5·20 | 5·15 | 3·98 | 5·35 | 5·32 | 4·73 | 4·20 | 4·42 | 4·85 | 4·95 | 4·75 | 5·10 | 5·53 | 6·00 |
| 4·19 | 4·12 | 4·68 | 4·78 | 5·04 | 5·93 | 4·53 | 4·95 | 5·60 | 5·60 | 5·83 | 6 90 | 6·01 | | | | | | | | | |

# Markt-Durchschnittspreise für Mais in den im

Per Hektoliter in Gulden

| | | 1830 | 1831 | 1832 | 1833 | 1834 | 1835 | 1836 | 1837 | 1838 | 1839 | 1840 | 1841 | 1842 |
|---|---|---|---|---|---|---|---|---|---|---|---|---|---|---|
| Nieder-Österreich | Wien | 3·73 | 4·82 | 3·14 | ... | 3·82 | 5·13 | 3·76 | 3·59 | 3·22 | 3·96 | 4·65 | 3·85 | 4·56 |
| | das übrige Land | 3·31 | 3·76 | 3·25 | 3·08 | 3·59 | 4·45 | 3·45 | 3·14 | 2·94 | 3·93 | 4·19 | 3·53 | 3·76 |
| Ober-Österreich | Linz | | | | | | | | | | | | | |
| | das übrige Land | | | | | | | 5·47 | | | | | | |
| Salzburg | Salzburg (Stadt) | | | | | | | | | | | | | |
| | das übrige Land | | | | | | | | | | | | | |
| Steiermark | Graz | | | | | | | | | | | | | |
| | das übrige Land | 3·59 | 3·82 | 3·51 | 3·42 | 3·68 | 4·28 | 2·76 | 2·74 | 2·82 | 3·33 | 3·79 | 3·79 | 3·39 |
| Kärnten | Klagenfurt | | | | | | | | | | | | | |
| | das übrige Land | | | | | | | | | | | | | |
| Krain | Laibach | 3·99 | 3·99 | 3·56 | 3·88 | 4·25 | 4·33 | 3·48 | 3·48 | 3·73 | 4·16 | 4·76 | 3·88 | 3·68 |
| | das übrige Land | | | | | | | | | | | | | |
| Triest (Stadt) | | | | | | | | | | | | | | |
| Görz und Grabisca | Görz (Stadt) | | | | | | | | | | | | | |
| | das übrige Land | 3·22 | 4·96 | 3·28 | 3·33 | 3·39 | 3·39 | 3·76 | 4·56 | 4·08 | 4·59 | 4·73 | 3·56 | 3·71 |
| Istrien | Rovigno (Stadt) | | | | | | | | | | | | | |
| | das übrige Land | | | | | | | | | | | | | |
| Tirol und Vorarlberg | Innsbruck | 5·42 | 5·53 | 4·93 | 5·33 | 4·53 | 4·50 | 4·70 | 5·87 | 5·36 | 5·70 | 6·24 | 5·30 | 4·99 |
| | das übrige Land | | | | | | | | | | | | | |
| Böhmen | Prag | | 6·58 | ... | | 3·31 | 6·16 | | | | | 6·84 | ... | |
| | das übrige Land | | | | | | | | | | | | | |
| Mähren | Brünn | | | | | | | | | | | | | |
| | das übrige Land | | | | | | | | | | | | | |
| Schlesien | Troppau | 2·42 | 3·25 | 2·51 | 2·96 | 6·50 | 5·36 | 4·62 | 3·76 | 3·88 | 3·53 | 3·71 | 2·99 | 3·82 |
| | das übrige Land | | | | | | | | | | | | | |
| Galizien | Lemberg | | | | | | | | | | | | | |
| | Krakau | | | | | | | | | | | | | |
| | Westgalizien | | | | | | | | | | | | | |
| | Ostgalizien | 1·45 | 2·54 | 1·88 | 2·25 | 2·00 | 2·65 | 0·88 | 1·34 | 2·00 | 2·22 | 2·99 | 2·22 | 5·13 |
| Bukowina | Czernowitz | | | | | | | | | | | | | |
| | das übrige Land | | | | | | | | | | | | | |
| Dalmatien | Zara | | | | | | | | | | | | | |
| | das übrige Land | 3·82 | 4·67 | 3·14 | 3·51 | 3·14 | 3·71 | 3·53 | 4·73 | 3·88 | 4·16 | 5·07 | 3·82 | 3·73 |

¹) Ohne Bezirk Tolmein.

# Reichsrathe vertretenen Königreichen und Ländern.

österreichischer Währung.

| 1843 | 1844 | 1845 | 1846 | 1847 | 1848 | 1849 | 1850 | 1851 | 1852 | 1853 | 1854 | 1855 |
|---|---|---|---|---|---|---|---|---|---|---|---|---|
| 4·22 | 3·48 | 3·96 | 4·70 | 7·15 | 4·50 | 4·85 | 4·96 | 5·27 | 5·59 | 6·04 | 7·35 | 7·41 |
| 3·93 | 3·05 | 3·42 | 4·36 | 5·84 | 4·59 | 4·28 | 4·45 | 5·02 | 5·53 | 5·96 | 7·35 | 6·98 |
| · · · | | | | 7·70 | 6·50 | 6·56 | 6·10 | 6·81 | 8·18 | 8·04 | 10·09 | 8·49 |
| | | | | | | · · · | | | 7·21 | 8·72 | 9·46 | 11·74 |
| 3·48 | 3·59 | 3·90 | 4·62 | 5·84 | 4·82 | 4·90 | 5·70 | 6·10 | 6·07 | 5·99 | 8·04 | 7·78 |
| 3·76 | 3·79 | 3·96 | 4·50 | 6·13 | 5·33 | 5·16 | 5·64 | 6·18 | 5·99 | 6·64 | 8·75 | 8·09 |
| | | | | | | 5·44 | 5·96 | 5·96 | 6·07 | 6·73 | 8·38 | 8·49 |
| 3·82 | 3·56 | 3·45 | 4·93 | 6·01 | 5·04 | 4·79 | 4·99 | 4·79 | 5·53 | 7·21 | 9·69 | 8·18 |
| 5·56 | 6·24 | 5·99 | 6·56 | 9·01 | 7·18 | 5·93 | 6·70 | 7·61 | 8·41 | 8·46 | 12·14 | 10·52 |
| · · · | | | | | | · · · | 14·88 | 15·39 | · · · | | 10·72 | 9·15 |
| 4·13 | 3·33 | 3·11 | 4·28 | 6·64 | 7·07 | 4·05 | 4·36 | 4·56 | 5·24 | 5·93 | 7·50 | 7·70 |
| | | | | | | 5·07 | · · · | | · · · | | | 10·06 |
| 1·31 | 1·34 | 2·68 | 3·33 | 4·25 | 3·76 | 8·93 | 3·93 | 4·56 | 4·93 | 6·47 | 7·24 | 8·81 |
| | | | | | | 3·39 | 1·91 | 2·45 | 2·82 | 2·79 | 3·45 | 5·39 |
| 3·48 | 3·53 | 3·28 | 3·48 | 6·38 | 4·47 | 4·65 | 3·99 | 3·73 | 4·87 | 5·33 | 9·55 | 9·01 |

| 882 | 1883 | 1884 | 1885 | 1886 | 1887 | 1888 | 1889 | 1890 |
|---|---|---|---|---|---|---|---|---|
| ·42 | 5·98 | 7·76 | 5·21 | 5·00 | 5·17 | 5·27 | 4·76 | 4·85 |
| · · · | | | | | | | | |
| ·20 | 4·62 | 4·64 | 4·41 | 4·16 | 4·30 | 4·44 | 3·77 | 3·84 |
| ·84 | 5·37 | 5·68 | 5·23 | 5·74 | 5·61 | 5·43 | 5·17 | 5·28 |
| · · · | | | | | | | | |
| ·41 | 4·70 | 6·92 | 7·05 | 5·25 | 5·60 | 6·46 | 4·91 | 4·46 |
| ·44 | 4·72 | 4·92 | 5·08 | 4·92 | 4·54 | 4·58 | 4·64 | 4·92 |
| ·42 | 5·44 | 5·42 | 5·41 | 4·92 | 5·02 | 5·37 | 4·84 | 4·91 |
| · · | 7·88 | 5·15 | 6·68 | 4·70 | 4·60 | 6·43 | 4·85 | 4.15 |
| ·67 | 5·87 | 5·56 | 5·38 | 5·23 | 5·44 | 5·44 | 4·50 | 4·74 |
| · · | | | | | | | · · · | 8·00 |
| ·50 | 7·20 | 5·40 | 5·15 | 5·30 | 5·50 | 5·40 | 5·20 | 6·00 |
| ·38 | 6·22 | 5·64 | 5·88 | 5·38 | 5·68 | 5·42 | 5·44 | 5·05 |
| ·14 | 5·88 | 5·56 | 5·14 | 5·22 | 5·19 | 4·52 | 4·44 | 4·89 |
| ·20 | 7·30 | 6·50 | 6·50 | 6·45 | 6·40 | 6·10 | 10·02 | 6·10 |
| ·90 | 5·46 | 5·30 | 5·29 | 5·21 | 4·59 | 4·51 | 5·67 | 5·25 |
| ·72 | 5·55 | 5·96 | 5·46 | 5·10 | 4·05 | 4·72 | 5·08 | 5·04 |
| ·02 | 6·17 | 5·95 | 5·52 | 5·79 | 6·62 | 5·97 | 6·26 | 5·89 |
| · · · | | | | | | | | |

Tabelle 240.

# Markt-Durchschnittspreise für Mais in den im

### Per Hektoliter in Gulden

| | | 1856 | 1857 | 1858 | 1859 | 1860 | 1861 | 1862 | 1863 | 1864 | 1865 | 1866 | 1867 | 1868 |
|---|---|---|---|---|---|---|---|---|---|---|---|---|---|---|
| Nieder-Österreich | Wien | 5·64 | 4·96 | 5·40 | 5·28 | 5·98 | 6·28 | 6·96 | 5·84 | 6·34 | 4·68 | 5·85 | 7·09 | 5·61 |
| | das übrige Land | 5·22 | 5·13 | 4·65 | 5·07 | 5·80 | 6·11 | 5·69 | 6·16 | 4·73 | 3·91 | 5·72 | 6·50 | 5·33 |
| Ober-Österreich | Linz | 7·52 | 8·27 | 5·00 | 5·10 | 5·49 | 5·85 | 5·38 | 4·66 | 5·28 | 4·48 | 5·72 | 6·86 | 5·36 |
| | das übrige Land | | | | | | | | | | | | | |
| Salzburg | Salzburg (Stadt) | 8·01 | 7·81 | 8·98 | 9·06 | ... | ... | 11·92 | 8·56 | 9·08 | 8·30 | 8·26 | 8·82 | 7·73 |
| | das übrige Land | | | | | | | | | | | | | |
| Steiermark | Graz | 5·96 | 5·56 | 5·44 | 5·75 | 5·61 | 5·98 | 5·92 | 4·71 | 4·58 | 3·96 | 5·39 | 5·49 | 4·96 |
| | das übrige Land | | | | | | | | | | | | | |
| Kärnten | Klagenfurt | 6·27 | 6·56 | 6·00 | 6·13 | 6·62 | 6·70 | 7·34 | 5·36 | 4·94 | 4·11 | 5·26 | 5·80 | 5·67 |
| | das übrige Land | | | | | | | | | | | | | |
| Krain | Laibach | 6·64 | 5·81 | 5·44 | 6·21 | ... | ... | 6·67 | 5·82 | 5·36 | 4·74 | 5·31 | 5·40 | 5·75 |
| | das übrige Land | | | | | | | | | | | | | |
| Triest (Stadt) | | | | | | | | | | | | | | |
| Görz und Gradisca | Görz (Stadt) | | | | | | | | | | | | | |
| | das übrige Land | 6·58 | 6·33 | 5·22 | 5·95 | 6·75 | 7·63 | 6·32 | 5·75 | 5·20 | 5·09 | 6·26 | 6·55 | 6·57 |
| Istrien | Rovigno (Stadt) | | | | | | | | | | | | | |
| | das übrige Land | | | | | | | | | | | | | |
| Tirol und Vorarlberg | Innsbruck | 8·38 | 7·50 | 5·90 | 6·81 | 7·99 | 9·00 | 8·46 | 7·29 | 6·91 | 6·55 | 7·85 | 7·63 | 6·98 |
| | das übrige Land | | | | | | | | | | | | | |
| Böhmen | Prag | 8·78 | 7·41 | 6·54 | 6·89 | 9·75 | 7 71 | 8·31 | 12·83 | 11·43 | 9·03 | 7·40 | 7·73 | 6·60 |
| | das übrige Land | | | | | | | | | | | | | |
| Mähren | Brünn | 6·01 | 4·85 | 5·48 | 5·84 | ... | ... | 6·15 | 5 74 | 5·87 | 5·10 | 5·43 | 7·91 | 5·80 |
| | das übrige Land | | | | | | | | | | | | | |
| Schlesien | Troppau | 6·67 | 6·16 | 5·09 | 6·16 | 6·50 | 6·83 | 7·56 | 6·81 | 6·94 | 4·55 | 6·41 | 6·85 | 6·42 |
| | das übrige Land | | | | | | | | | | | | | |
| Galizien | Lemberg | | | | | | | | | | | | | |
| | Krakau | 6·70 | 2·51 | 5·51 | 7·22 | | | | | | | | 5·49 | 4·78 |
| | Westgalizien | | | | | | | 6·47 | 6·32 | 10·42 | 4·27 | 4·58 | 5·38 | |
| | Oftgalizien | | | 3·57 | 2·84 | 3·57 | 4·82 | 4·99 | 3·46 | 3·94 | 2·95 | 5·74 | | |
| Bukowina | Czernowitz | 4·10 | 2·22 | 3·31 | 2·77 | 2·98 | 3·54 | 3·62 | 2·28 | 2·25 | 4·22 | 7·07 | 4·83 | 3·46 |
| | das übrige Land | | | | | | | | | | | | | |
| Dalmatien | Zara | 6·44 | 6·16 | 4·91 | 5·79 | 7·66 | 8·57 | 8·72 | 5·72 | 6·44 | 5·66 | 6·67 | 6·69 | ... |
| | das übrige Land | | | | | | | | | | | | | |

¹) Ohne Bezirk Tolmein.

# Reichsrathe vertretenen Königreichen und Ländern.

österreichischer Währung.

| 1869 | 1870 | 1871 | 1872 | 1873 | 1874 | 1875 | 1876 | 1877 | 1878 | 1879 | 1880 | 1881 | 1882 | 1883 | 1884 | 1885 | 1886 | 1887 | 1888 | 1889 | 1890 |
|---|---|---|---|---|---|---|---|---|---|---|---|---|---|---|---|---|---|---|---|---|---|
| 5·33 | 6·01 | 6·05 | 6·80 | 7·34 | 7·19 | 4·66 | 7·77 | 8·99 | 5·74 | 5·10 | 6·30 | 5·77 | 6·42 | 5·98 | 7·76 | 5·21 | 5·00 | 5·17 | 5·27 | 4·76 | 4·85 |
| 5·46 | 5·95 | 6·29 | 7·17 | 8·17 | 6·85 | 5·82 | 6·65 | 7·56 | 5·45 | 5·99 | 6·08 | 6·43 | ... | ... | ... | ... | ... | ... | ... | ... | ... |
| 5·72 | 6·19 | 6·54 | 7·63 | 8·34 | 7·82 | 5·97 | 6·20 | 6·24 | 6·24 | 5·21 | 5·70 | 7·50 | 6·20 | 4·62 | 4·64 | 4·41 | 4·16 | 4·30 | 4·44 | 3·77 | 3·84 |
|  |  |  |  |  |  |  |  | 7·03 | 6·01 | 6·80 | 6·76 | 7·23 |  |  |  |  |  |  |  |  |  |
| 7·22 | 8·36 | 9·47 | 9·40 | 10·31 | 8·88 | 7·32 | 8·67 | 6·70 | 6·56 | 8·50 | 6·00 | 4·70 | 4·84 | 5·37 | 5·68 | 5·23 | 5·74 | 5·61 | 5·43 | 5·17 | 5·28 |
|  |  |  |  |  |  |  |  | 9·00 | 7·93 | 7·23 | 7·12 | 7·38 |  |  |  |  |  |  |  |  |  |
| 4·61 | 5·26 | 6·00 | 6·28 | 7·05 | 6·94 | 5·30 | 5·24 | 5·92 | 5·69 | 4·57 | 5·78 | 5·22 | 7·41 | 4·70 | 6·92 | 7·05 | 5·25 | 5·60 | 6·46 | 4·91 | 4·46 |
|  |  |  |  |  |  |  |  | 5·85 | 5·02 | 5·97 | 6·20 | 6·37 |  |  |  |  |  |  |  |  |  |
| 5·20 | 5·51 | 6·32 | 6·52 | 6·89 | 7·38 | 5·41 | 6·04 | 5·70 | 5·34 | 4·34 | 5·38 | 5·04 | 5·44 | 4·72 | 4·92 | 5·08 | 4·92 | 4·54 | 4·58 | 4·64 | 4·92 |
|  |  |  |  |  |  |  |  | 6·40 | 5·39 | 5·26 | 5·66 | 5·66 |  |  |  |  |  |  |  |  |  |
| 4·81 | 5·59 | 7·12 | 6·67 | 6·65 | 7·20 | 5·38 | 6·14 | 6·23 | 6·04 | 4·94 | 6·45 | 5·78 | 6·42 | 5·44 | 5·42 | 5·41 | 4·92 | 5·02 | 5·37 | 4·84 | 4·91 |
|  |  |  |  |  |  |  |  | 6·98 | 5·30 | 5·95 | 3·45 | 6·36 |  |  |  |  |  |  |  |  |  |
|  |  | 7·12 | 5·15 | 5·69 | 7·14 | 5·35 | ... | 6·84 | 6·84 | 8·21 | 7·93 | 7·97 | . | 7·88 | 5·15 | 6·68 | 4·70 | 4·60 | 6·43 | 4·35 | 4·15 |
| 5·48 | 5·93 | 6·91 | 7·45 | 7·73 | 7·24 | 7·01 | 6·00 | 6·64 | 6·11 | 5·35 | 6·33 | 6·33 | 6·67 | 5·87 | 5·56 | 5·38 | 5·28 | 5·44 | 5·44 | 4·50 | 4·74 |
|  |  |  |  |  |  |  |  |  | 5·82 | 5·52 | 6·24 | 6·24 | . |  |  |  |  |  |  |  |  |
|  | 7·01 | 7·01 | 7·76 | 7·76 | 8·12 | 6·57 | 6·30 | 7·36 | 6·25 | 6·25 | 6·76 | 6·88 |  |  |  |  |  |  |  |  | 8·00 |
|  |  |  |  |  |  |  |  |  | 6·62 | 6·74 |  |  |  |  |  |  |  |  |  |  |  |
| 5·92 | 6·93 | 8·13 | 7·66 | 7·84 | 6·28 | 6·76 | 7·64 | 7·50 | 6·00 | 7·20 | 6·20 | 6·00 | 6·50 | 7·20 | 5·40 | 5·15 | 5·30 | 5·50 | 5·40 | 5·20 | 6·00 |
|  |  |  |  |  |  |  |  | 8·94 | 8·24 | 8·62 | 8·63 | 8·72 |  |  |  |  |  |  |  |  |  |
| 6·99 | 6·76 | 6·67 | 8·12 | 10·24 | 8·18 | 6·57 | 5·13 | 6·57 | 6·29 | 5·58 | 5·85 | 6·34 | 5·33 | 6·22 | 5·64 | 5·88 | 5·38 | 5·68 | 5·42 | 5·44 | 5·05 |
|  |  |  |  |  |  |  |  | 7·49 | 7·74 | 9·21 | 8·01 | 7·82 |  |  |  |  |  |  |  |  |  |
| 6·23 | 5·66 | 6·06 | 7·24 | 7·76 | 7·32 | 5·48 | 5·84 | 6·23 | 5·92 | 5·38 | 6·70 | 5·86 | 6·14 | 5·38 | 5·56 | 5·14 | 5·22 | 5·19 | 4·52 | 4·44 | 4·89 |
|  |  |  |  |  |  |  |  | 6·59 | 5·73 | 5·75 | 6·32 | 5·96 |  |  |  |  |  |  |  |  |  |
| 6·32 | . | 6·72 | 7·42 | 7·78 | 7·95 | 6·03 | 7·53 | 7·00 | 6·82 | 8·50 | 7·00 | 7·00 | 7·20 | 7·30 | 6·50 | 6·50 | 6·45 | 6·40 | 6·10 | 10·02 | 6·10 |
|  |  |  |  |  |  |  |  | 9·02 | 6·06 | 7·45 | 8·00 | 7·34 |  |  |  |  |  |  |  |  |  |
| 3·59 | 4·25 | 5·66 | 6·78 | 6·36 | 5·92 | 6·06 | 5·29 | 5·59 | 4·83 | 4·39 | ... | ... | 4·90 | 5·46 | 5·30 | 5·29 | 5·21 | 4·59 | 4·51 | 5·67 | 5·25 |
|  |  |  |  |  |  |  |  | 5·78 | 5·17 | 4·84 | 4·56 | 6·11 |  |  |  |  |  |  |  |  |  |
| 2·71 | 3·39 | 5·08 | 5·84 | 5·09 | 4·79 | 3·72 | 4·01 | 4·89 | 5·08 | 4·14 | 5·64 | 5·35 | 5·72 | 5·55 | 5·96 | 5·46 | 5·10 | 4·05 | 4·72 | 5·08 | 5·04 |
|  |  |  |  |  |  |  |  | 4·62 | 4·97 | 4·75 | 5·67 | 6·01 |  |  |  |  |  |  |  |  |  |
| 4·73 | 5·05 | 6·28 | 6·37 | 5·54 | 7·07 | 5·30 | 5·77 | 6·10 | 6·38 | 4·00 | 6·13 | 5·60 | 5·02 | 6·17 | 5·96 | 5·52 | 5·79 | 6·62 | 5·97 | 6·26 | 5·89 |
|  |  |  |  |  |  |  |  | 6·70 | 6·84 | 6·31 | 7·10 | 4·09 |  |  |  |  |  |  |  |  |  |

**Tabelle 241.**

# Markt=Durchschnittspreise für Hafer in den im

Per Hektoliter in Gulden

| | | 1830 | 1831 | 1832 | 1833 | 1834 | 1835 | 1836 | 1837 | 1838 | 1839 | 1840 | 1841 | 1842 |
|---|---|---|---|---|---|---|---|---|---|---|---|---|---|---|
| Nieder=Österreich | Wien . . . . . . . . . | 2·39 | 2·48 | 2·05 | 2·19 | 2·76 | 3·36 | 2·11 | 1·82 | 1·91 | 2·39 | 2·74 | 2·57 | 2·51 |
| | das übrige Land . . . . . . . | 1·88 | 1·97 | 1·60 | 1·68 | 2·17 | 2·74 | 1·65 | 1·43 | 1·57 | 1·88 | 2·17 | 2·02 | 1·97 |
| Ober=Österreich | Linz . . . . . . | | | | | | | | | | | | | |
| | das übrige Land | 1·85 | 1·80 | 1·80 | 1·77 | 1·91 | 2·34 | 1·62 | 1·40 | 1·54 | 1·68 | 2·00 | 1·94 | 1·82 |
| Salzburg | Salzburg (Stadt) . . . . . . | | | | | | | | | | | | | |
| | das übrige Land | | | | | | | | | | | | | |
| Steiermark | Graz . . . . | 2·28 | 2·22 | 2·11 | 2·05 | 2·59 | 2·91 | 1·80 | 1·60 | 1·74 | 2·05 | 2·42 | 2·39 | 2·48 |
| | das übrige Land . . . . | | | | | | | | | | | | | |
| Kärnten | Klagenfurt | | | | | | | | | | | | | |
| | das übrige Land | 2·19 | 2·22 | 2·02 | 2·17 | 2·54 | 2·65 | 1·94 | 1·88 | 2·00 | 2·39 | 2·68 | 2·28 | 2·11 |
| Krain | Laibach . . . . | | | | | | | | | | | | | |
| | das übrige Land | | | | | | | | | | | | | |
| Triest (Stadt) . . . . . . . . . | | | | | | | | | | | | | | |
| Görz und Gradisca | Görz (Stadt) . . . . | | | | | | | | | | | | | |
| | das übrige Land | 3·08 | 3·11 | 2·76 | 2·71 | 3·02 | 3·05 | 2·85 | 2·71 | 2·85 | 3·16 | 3·33 | 3·02 | 2·79 |
| Istrien | Rovigno (Stadt) . . . . | | | | | | | | | | | | | |
| | das übrige Land | | | | | | | | | | | | | |
| Tirol und Vorarlberg | Innsbruck . . . . | 3·22 | 3·45 | 3·51 | 3·68 | 3·48 | 3·56 | 3·53 | 3·59 | 3·68 | 3·73 | 3·82 | 3·51 | 3·42 |
| | das übrige Land | | | | | | | | | | | | | |
| Böhmen | Prag . . . . | 1·65 | 1·74 | 1·60 | 1·57 | 1·71 | 2·34 | 1·82 | 1·54 | 1·91 | 1·74 | 1·77 | 1·65 | 1·77 |
| | das übrige Land | | | | | | | | | | | | | |
| Mähren | Brünn . . . . | | | | | | | | | | | | | |
| | das übrige Land | 1·57 | 1·80 | 1·51 | 1·34 | 1·85 | 2·45 | 1·46 | 1·11 | 1·45 | 1·65 | 1·94 | 1·74 | 1·71 |
| Schlesien | Troppau | | | | | | | | | | | | | |
| | das übrige Land | | | | | | | | | | | | | |
| Galizien | Lemberg . . . . . . . . | | | | | | | | | | | | | |
| | Krakau | | | | | | | | | | | | | |
| | Westgalizien | | | | | | | | | | | | | |
| | Ostgalizien . . . . . . . . | 0·97 | 1·65 | 0·94 | 0·83 | 1·17 | 1·87 | 0·54 | 0·71 | 0·94 | 0·88 | 1·40 | 1·28 | 1·31 |
| Bukowina | Czernowitz . . . . . . | | | | | | | | | | | | | |
| | das übrige Land . . . . . . . | | | | | | | | | | | | | |
| Dalmatien | Zara . . . . | 2·42 | 2·71 | 2·22 | 2·05 | 2·17 | 2·02 | 1·85 | 2·97 | 1·85 | 2·11 | 2·71 | 1·77 | 1·71 |
| | das übrige Land . . . . . . . | | | | | | | | | | | | | |

¹) Ohne Bezirk Tolmein.

# Reichsrathe vertretenen Königreichen und Ländern.

österreichischer Währung.

| 1843 | 1844 | 1845 | 1846 | 1847 | 1848 | 1849 | 1850 | 1851 | 1852 | 1853 | 1854 | 1855 |
|---|---|---|---|---|---|---|---|---|---|---|---|---|
| 2·37 | 2·05 | 2·34 | 2·11 | 3·62 | 2·71 | 3·02 | 2·99 | 3·71 | 3·68 | 3·96 | 4·96 | 4·28 |
| 2·00 | 1·68 | 1·91 | 2·62 | 3·11 | 2·28 | 2·54 | 2·54 | 3·19 | 3·42 | 3·48 | 3·99 | 3·56 |
|  |  |  |  |  |  | 2·25 | 2·37 | 3·25 | 2·79 | 2·91 | 3·28 | 2·91 |
| 2·14 | 2·31 | 1·85 | 2·65 | 2·94 | 2·48 |  |  |  |  |  |  |  |
|  |  |  |  |  |  | 2·48 | 2·79 | 3·96 | 3·93 | 3·65 | 4·59 | 4·65 |
| 2·34 | 2·14 | 2·42 | 2·96 | 3·31 | 2·94 | 3·11 | 3·19 | 3·33 | 3·56 | 4·16 | 4·25 | 4·19 |
|  |  |  |  |  |  | 2·88 | 2·99 | 3·02 | 2·91 | 3·22 | 4·22 | 4·02 |
| 2·19 | 2·19 | 2·31 | 2 71 | 3·22 | 3·06 |  |  |  |  |  |  |  |
|  |  |  |  |  |  | 3·14 | 3·53 | 3·68 | 3·36 | 3·79 | 4·45 | 4·30 |
| 2·79 | 2·79 | 2·99 | 3·90 | 3·65 | 3·73 | 3·93 | 3·85 | 3·96 | 3·99 | 4·70 | 5·39 | 5·39 |
| 3·82 | 3·85 | 3·79 | 4·16 | 4·79 | 4·53 | 3·90 | 4·28 | 4·16 | 4·53 | 4·62 | 5·79 | 5·50 |
| 2·54 | 1·68 | 1·85 | 2·42 | 3·02 | 2·02 | 2·08 | 2·22 | 2·85 | 3·02 | 3·14 | 4·42 | 3·65 |
|  |  |  |  |  |  | 2·02 | 2·06 | 2·76 | 2·88 | 3·05 | 4·33 | 3·68 |
| 1·88 | 1·37 | 1·88 | 2·45 | 2·88 | 1·97 |  |  |  |  |  |  |  |
|  |  |  |  |  |  | 2·05 | 2·00 | 2·71 | 3·02 | 2·99 | 4·79 | 4·22 |
|  |  |  |  |  |  | 2·34 | 1·97 | 2·37 | 2·42 | 2·88 | 4·28 | 4·90 |
| 0·88 | 0·80 | 1·54 | 1·94 | 2·25 | 1·65 |  |  |  |  |  |  |  |
|  |  |  |  |  |  | 2·39 | 1·57 | 1·71 | 1·51 | 1·80 | 2·37 | 3·05 |
| 1·74 | 1·94 | 2·08 | 2·45 | 3·02 | 3·02 | 3·14 | 2·99 | 3·05 | 3·31 | 3·42 | 5·02 | 5·19 |

| 1882 | 1883 | 1884 | 1885 | 1886 | 1887 | 1888 | 1889 | 1890 |
|---|---|---|---|---|---|---|---|---|
| 3·30 | 3·10 | 8·38 | 3·13 | 3·02 | 2·74 | 2·57 | 2·93 | 3·46 |
| … | … | … | … | … | … | … | … | … |
| 3·60 | 2·58 | 2·93 | 2·96 | 2·86 | 2·45 | 2·32 | 2·65 | 3·26 |
| 3·61 | 2·80 | 2·99 | 3·31 | 3·13 | 2·72 | 2·67 | 2·89 | 3·61 |
| … | … | … | … | … | … | … | … | … |
| 7·58 | 3·41 | 3·37 | 7·62 | 3·42 | 3·07 | 2·95 | 3·22 | 3·57 |
| 3·40 | 3·04 | 3·06 | 8·16 | 3·04 | 2·62 | 2·68 | 3·00 | 3·31 |
| … | … | … | … | … | … | … | … | … |
| 3·30 | 2·94 | 3·12 | 3·20 | 3·06 | 2·75 | 2·76 | 2·93 | 3·24 |
| … | … | … | … | … | … | … | … | … |
| 7·97 | 7·24 | 3·25 | 8·03 | 3·31 | 2·93 | 6·05 | 3·61 | 2·97 |
| 3·71 | 3·46 | 3·56 | 3·57 | 3·30 | 2·80 | 2·74 | 2·87 | 3·59 |
| … | … | … | … | … | … | … | … | 8·00 |
| … | … | … | … | … | … | … | … | … |
| 5·10 | 6·00 | 4·50 | 4·40 | 4·20 | 4·20 | 3·90 | 3·90 | 4·60 |
| … | … | … | … | … | … | … | … | … |
| 3·81 | 3·89 | 3·64 | 3·66 | 3·46 | 2·94 | 2·80 | 2·75 | 3·94 |
| 3·71 | 3·33 | 3·77 | 3·70 | 3·49 | 3·06 | 2·89 | 3·49 | 4·15 |
| … | … | … | … | … | … | … | … | … |
| 3·41 | 3·18 | 3·61 | 3·48 | 3·13 | 2·54 | 2·56 | 3·56 | 3·69 |
| 2·72 | 2·84 | 3·02 | 2·77 | 2·71 | 1·99 | 2·25 | 3·00 | 3·05 |
| … | … | … | … | … | … | … | … | … |
| 5·03 | 5·62 | 6·61 | 5·38 | 5·08 | 4·22 | 4·20 | 6·05 | 6·67 |
| … | … | … | … | … | … | … | … | … |
| 3·73 | 3·52 | 4·00 | 4·47 | 5·03 | 4·84 | 5·44 | 5·77 | 6·34 |
| … | … |  |  |  |  |  |  |  |

Tabelle 241.

# Markt=Durchschnittspreise für Hafer in den im

Per Hektoliter in Gulden

| | | 1856 | 1857 | 1858 | 1859 | 1860 | 1861 | 1862 | 1863 | 1864 | 1865 | 1866 | 1867 | 1868 |
|---|---|---|---|---|---|---|---|---|---|---|---|---|---|---|
| Nieder-Österreich | Wien | 3·48 | 3·42 | 3·36 | 3·91 | 3·49 | 3·73 | 3·60 | 3·60 | 3·81 | 2·66 | 3·60 | 3·60 | 3·67 |
| | das übrige Land | 2·96 | 2·99 | 3·02 | 3·08 | 3·18 | 3·18 | 3·06 | 3·44 | 2·77 | 2·00 | 3·08 | 3·47 | 3·36 |
| Ober-Österreich | Linz | 3·33 | 2·94 | 2·46 | 3·26 | 3·37 | 3·42 | 3·49 | 3·05 | 3·21 | 1·96 | 2·84 | 3·65 | 3·68 |
| | das übrige Land | | | | | | | | | | | | | |
| Salzburg | Salzburg (Stadt) | 3·16 | 3·22 | 3·54 | 4·19 | · · · | · · · | 3·90 | 3·37 | 3·65 | 2·74 | 3·06 | 3·64 | 3·92 |
| | das übrige Land | | | | | | | | | | | | | |
| Steiermark | Graz | 3·68 | 3·59 | 3·46 | 3·54 | 3·68 | 3·80 | 3·60 | 3·29 | 3·03 | 2·61 | 3·00 | 3·10 | 3·19 |
| | das übrige Land | | | | | | | | | | | | | |
| Kärnten | Klagenfurt | 3·65 | 3·99 | 3·57 | 3·72 | 3·91 | 3·85 | 4·06 | 3·50 | 2·98 | 2·25 | 2·93 | 3·29 | 3·08 |
| | das übrige Land | | | | | | | | | | | | | |
| Krain | Laibach | 3·93 | 3·71 | 3·19 | 3·70 | · · · | · · · | 3·54 | 3·59 | 3·36 | 3·13 | 3·10 | 2·95 | 3·19 |
| | das übrige Land | | | | | | | | | | | | | |
| Triest (Stadt) | | | | | | | | | | | | | | |
| Görz und Gradisca | Görz (Stadt) | 4·56 | 4·28 | 3·88 | 4·63 | 4·42 | 4·58 | 4·06 | 4·17 | 3·78 | 3·72 | 4·27 | 3·90 | 3·99 |
| | das übrige Land | | | | | | | | | | | | | |
| Istrien | Rovigno (Stadt) | | | | | | | | | | | | | |
| | das übrige Land | | | | | | | | | | | | | |
| Tirol und Vorarlberg | Innsbruck | 4·79 | 4·73 | 4·48 | 5·56 | 5·25 | 5·66 | 5·22 | 4·76 | 4·82 | 4·32 | 4·84 | 4·42 | 4·57 |
| | das übrige Land | | | | | | | | | | | | | |
| Böhmen | Prag | 2·99 | 2·96 | 3·23 | 3·46 | 3·47 | 3·21 | 2·77 | 2·89 | 2·87 | 2·46 | 3·18 | 3·65 | 4·09 |
| | das übrige Land | | | | | | | | | | | | | |
| Mähren | Brünn | 2·94 | 2·71 | 2·98 | 3·24 | · · · | · · · | 2·98 | 3·24 | 3·78 | 2·67 | 2·98 | 3·19 | 3·46 |
| | das übrige Land | | | | | | | | | | | | | |
| Schlesien | Troppau | 3·28 | 2·37 | 2·97 | 3·15 | 2·89 | 3·36 | 2·58 | 2·97 | 3·16 | 2·04 | 2·79 | 3·41 | 3·72 |
| | das übrige Land | | | | | | | | | | | | | |
| Galizien | Lemberg | | | · · · | · · · | | | | | | | | | |
| | Krakau | 3·22 | 2·06 | 2·25 | 2·45 | · · · | · · · | | | | | | 2·38 | 2·71 |
| | Westgalizien | | | · · · | · · · | 2·23 | 2·71 | 2·30 | 2·35 | 2·66 | 1·99 | 2·35 | | |
| | Ostgalizien | | | 1·52 | 1·71 | 1·81 | 2·14 | 2·20 | 1·96 | 2·27 | 1·53 | 2·04 | | |
| Bukowina | Czernowitz | 2·05 | 1·65 | 1·32 | 1·26 | 1·61 | 2·23 | 2·23 | 1·52 | 1·12 | 1·81 | 2·36 | 1·87 | 2·26 |
| | das übrige Land | | | | | | | | | | | | | |
| Dalmatien | Zara | 4·22 | 3·85 | 3·16 | 3·46 | 4·58 | 4·76 | 4·11 | 3·55 | 3·59 | 3·24 | 3·88 | 3·99 | · · · |
| | das übrige Land | | | | | | | | | | | | | |

¹) Ohne Bezirk Tolmein.

# Reichsrathe vertretenen Königreichen und Ländern.

### österreichischer Währung.

| 1869 | 1870 | 1871 | 1872 | 1873 | 1874 | 1875 | 1876 | 1877 | 1878 | 1879 | 1880 | 1881 | 1882 | 1883 | 1884 | 1885 | 1886 | 1887 | 1888 | 1889 | 1890 |
|---|---|---|---|---|---|---|---|---|---|---|---|---|---|---|---|---|---|---|---|---|---|
| 3·65 | 4·24 | 4·08 | 3·77 | 3·81 | 4·52 | 3·88 | 4·09 | 3·69 | 3·33 | 2·94 | 3·25 | 3·18 | 3·30 | 3·10 | 8·38 | 3·13 | 3·02 | 2·74 | 2·57 | 2·93 | 3·46 |
| 3·50 | 3·68 | 3·42 | 3·23 | 3·75 | 4·17 | 4·03 | 4·17 | 3·82 | 3·36 | 3·38 | 3·84 | 3·68 | ... | ... | ... | ... | ... | ... | ... | ... | ... |
| 3·54 | 3·85 | 3·72 | 3·38 | 3·64 | 4·35 | 3·72 | 4·11 | 4·06 | 3·31 | 3·11 | 3·85 | 3·72 | 3·60 | 2·58 | 2·93 | 2·96 | 2·86 | 2·45 | 2·32 | 2·65 | 3·26 |
|  |  |  |  |  |  |  |  | 3·83 | 3·19 | 3·17 | 3·36 | 4·10 | ... | ... | ... | ... | ... | ... | ... | ... | ... |
| 3·62 | 4·19 | 4·27 | 3·90 | 4·26 | 4·94 | 4·43 | 4·69 | 4·16 | 3·61 | 3·37 | 3·57 | 3·79 | 3·61 | 2·80 | 2·99 | 8·31 | 3·18 | 2·72 | 2·67 | 2·89 | 3·61 |
|  |  |  |  |  |  |  |  | 5·17 | 4·26 | 4·07 | 4·36 | 4·33 | ... | ... | ... | ... | ... | ... | ... | ... | ... |
| 3·39 | 3·68 | 3·68 | 3·52 | 3·94 | 4·34 | 3·68 | 3·73 | 3·55 | 3·40 | 3·07 | 3·71 | 3·69 | 7·58 | 3·41 | 3·37 | 7·62 | 3·42 | 3·07 | 2·95 | 3·22 | 3·57 |
|  |  |  |  |  |  |  |  | 3·48 | 3·33 | 3·37 | 3·81 | 3·94 | ... | ... | ... | ... | ... | ... | ... | ... | ... |
| 3·36 | 3·44 | 3·54 | 3·52 | 3·86 | 4·47 | 3·63 | 3·84 | 3·34 | 2·88 | 2·80 | 3·22 | 3·10 | 3·40 | 3·04 | 3·06 | 3·16 | 3·04 | 2·62 | 2·68 | 3·00 | 3·31 |
|  |  |  |  |  |  |  |  | 3·76 | 3·22 | 3·42 | 3·52 | 3·75 | ... | ... | ... | ... | ... | ... | ... | ... | ... |
| 3·10 | 3·41 | 3·39 | 3·31 | 3·30 | 3·83 | 3·49 | 3·85 | 3·71 | 3·15 | 2·87 | 3·29 | 3·14 | 3·30 | 2·94 | 3·12 | 3·20 | 3·06 | 2·75 | 2·76 | 2·93 | 3·24 |
|  |  |  |  |  |  |  |  | 4·17 | 3·44 | 3·27 | 3·60 | 3·71 | ... | ... | ... | ... | ... | ... | ... | ... | ... |
|  |  | 3·65 | 2·98 | 3·10 | 4·11 | 3·60 | 8·98 | 4·00 | 4·12 | 7·38 | 8·23 | ... | 7·97 | 7·24 | 3·25 | 8·08 | 3·31 | 2·93 | 6·05 | 2·61 | 2·97 |
|  |  | 4·85 | 4·47 | 4·99 | 4·92 | 5·16 |  | 4·68 | 3·76 | 3·53 | 3·73 | 3·73 | 9·71 | 3·46 | 3·56 | 3·57 | 3·30 | 2·80 | 2·74 | 2·87 | 3·59 |
| 4·03 | 4·21 |  | 4·45 |  |  |  |  |  | 4·11 | 4·05 | ⁀4·02 | ⁀4·02 | ... | ... | ... | ... | ... | ... | ... | ... | ... |
|  |  | 4·17 | 4·11 | 4·50 | 4·30 | 4·25 |  | 4·40 | 5·00 | 8·50 | 4·41 | 4·29 | ... | ... | ... | ... | ... | ... | ... | ... | 8·00 |
|  |  |  |  |  |  |  |  |  | 4·33 | 4·41 |  |  | ... | ... | ... | ... | ... | ... | ... | ... | ... |
| 4·29 | 4·86 | 4·89 | 4·87 | 4·94 | 4·80 | 5·12 | 5·47 | 6·50 | 6·20 | 9·30 | 6·40 | 5·10 | 5·10 | 6·00 | 4·50 | 4·40 | 4·20 | 4·20 | 8·90 | 3·90 | 4·60 |
|  |  |  |  |  |  |  |  | 5·66 | 5·42 | 5·19 | 5·46 | 5·51 | ... | ... | ... | ... | ... | ... | ... | ... | ... |
| 3·91 | 3·90 | 3·91 | 3·41 | 3·83 | 4·84 | 4·34 | 4·47 | 4·13 | 3·56 | 3·53 | 3·82 | 3·93 | 3·81 | 3·39 | 3·64 | 3·66 | 3·46 | 2·94 | 2·80 | 2·75 | 3·94 |
|  |  |  |  |  |  |  |  | 3·75 | 3·24 | 3·23 | 3·41 | 3·55 | ... | ... | ... | ... | ... | ... | ... | ... | ... |
| 3·73 | 3·62 | 3·49 | 3·15 | 3·42 | 4·08 | 3·63 | 4·17 | 3·65 | 3·02 | 3·19 | 3·75 | 3·71 | 3·71 | 3·33 | 3·77 | 3·70 | 3·49 | 3·06 | 2·89 | 3·49 | 4·15 |
|  |  |  |  |  |  |  |  | 3·54 | 2·91 | 3·01 | 3·53 | 3·39 | ... | ... | ... | ... | ... | ... | ... | ... | ... |
| 3·77 | 3·47 | 3·29 | 3·26 | 3·65 | 4·25 | 3·65 | 4·61 | 3·80 | 3·26 | 3·14 | 3·95 | 3·59 | 3·41 | 3·18 | 3·61 | 3·48 | 3·13 | 2·54 | 2·56 | 3·56 | 3·69 |
|  |  |  |  |  |  |  |  | 3·24 | 2·76 | 3·13 | 3·65 | 3·35 | ... | ... | ... | ... | ... | ... | ... | ... | ... |
|  |  |  |  |  |  |  |  | 2·76 | 2·82 | 2·47 | 2·99 | 2·76 | 2·72 | 2·84 | 3·02 | 2·77 | 2·71 | 1·99 | 2·25 | 3·00 | 3·05 |
| 2·71 | 2·85 | 2·89 | 3·08 | 2·98 | 3·36 | 3·13 | 3·65 | 3·35 | 2·93 | 2·86 | 3·91 | 3·71 |  |  |  |  |  |  |  |  |  |
| 2·23 | 2·17 | 2·53 | 2·36 | 2·02 | 2·79 | 2·75 | 3·53 | 5·71 | 4·84 | 4·56 | 5·88 | 5·38 | 5·03 | 5·62 | 6·61 | 5·38 | 5·08 | 4·22 | 4·20 | 6·05 | 6·67 |
|  |  |  |  |  |  |  |  | 4·44 | 4·31 | 4·33 | 5·45 | 5·37 | ... | ... | ... | ... | ... | ... | ... | ... | ... |
| 3·29 | 3·47 | 3·76 | 3·72 | 3·63 | 3·88 | 3·86 | 4·20 | 4·00 | 3·40 | 2·93 | 4·81 | 3·81 | 3·73 | 3·52 | 4·00 | 4·47 | 5·03 | 4·84 | 5·44 | 5·77 | 6·34 |
|  |  |  |  |  |  |  |  | 5·00 | 5·10 | 5·35 | 5·74 | 5·39 | ... | ... | ... | ... | ... | ... | ... | ... | ... |

# Markt-Durchschnittspreise für Kartoffel in den im

Per Hektoliter in Gulden

| | | 1830 | 1831 | 1832 | 1833 | 1834 | 1835 | 1836 | 1837 | 1838 | 1839 | 1840 | 1841 | 1842 |
|---|---|---|---|---|---|---|---|---|---|---|---|---|---|---|
| Nieder-Österreich | Wien | 1·60 | 1·37 | 1·31 | 1·77 | 1·94 | 2·31 | 1·80 | 1·43 | 1·08 | 1·40 | 1·51 | 1·17 | 1·91 |
| | das übrige Land | 1·00 | 0·86 | 0·80 | 0·88 | 0·88 | 1·43 | 1·11 | 0·97 | 0·88 | 1·03 | 1·08 | 0·88 | 1·23 |
| Ober-Österreich | Linz | | | | | | | | | | | | | |
| | das übrige Land | 0·91 | 0·83 | 0·88 | 0·83 | 0·83 | 0·97 | 0·83 | 0·74 | 0·83 | 0·80 | 0·77 | 0·71 | 0·74 |
| Salzburg | Salzburg (Stadt) | | | | | | | | | | | | | |
| | das übrige Land | | | | | | | | | | | | | |
| Steiermark | Graz | 1·14 | 1·05 | 1·05 | 1·17 | 1·31 | 2·00 | 0·97 | 0·74 | 0·91 | 0·97 | 1·11 | 0·94 | 0·94 |
| | das übrige Land | | | | | | | | | | | | | |
| Kärnten | Klagenfurt | | | | | | | | | | | | | |
| | das übrige Land | 1·20 | 1·11 | 1·11 | 1·28 | 1·17 | 1·34 | 1·00 | 0·91 | 1·03 | 1·11 | 1·08 | 1·17 | 1·03 |
| Krain | Laibach | | | | | | | | | | | | | |
| | das übrige Land | | | | | | | | | | | | | |
| Triest (Stadt) | | | | | | | | | | | | | | |
| Görz und Gradisca | Görz (Stadt) | | | | | | | | | | | | | |
| | das übrige Land | 2·71 | 2·31 | 2·25 | 2·19 | 2·08 | 2·11 | 2·05 | 2·11 | 2·19 | 2·42 | 2·81 | 2·51 | 2·51 |
| Istrien | Rovigno (Stadt) | | | | | | | | | | | | | |
| | das übrige Land | | | | | | | | | | | | | |
| Tirol und Vorarlberg | Innsbruck | 1·51 | 1·25 | 1·45 | 1·51 | 1·34 | 1·37 | 1·40 | 1·45 | 1·40 | 1·51 | 1·45 | 1·40 | 1 40 |
| | das übrige Land | | | | | | | | | | | | | |
| Böhmen | Prag | 0·91 | 0·80 | 0·80 | 0·83 | 0·80 | 1·34 | 1·17 | 1·05 | 1·00 | 1·03 | 0·97 | 0·80 | 1·05 |
| | das übrige Land | | | | | | | | | | | | | |
| Mähren | Brünn | | | | | | | | | | | | | |
| | das übrige Land | 0·97 | 1·03 | 0·88 | 0·86 | 0·97 | 1·48 | 0·94 | 0·83 | 0·91 | 0·97 | 0·91 | 0·83 | 1·08 |
| Schlesien | Troppau | | | | | | | | | | | | | |
| | das übrige Land | | | | | | | | | | | | | |
| Galizien | Lemberg | | | | | | | | | | | | | |
| | Krakau | | | | | | | | | | | | | |
| | Westgalizien | | | | | | | | | | | | | |
| | Ostgalizien | 0·63 | 1·08 | 0·43 | 0·48 | 0·48 | 0·77 | 0·26 | 0·43 | 0·74 | 0·54 | 0·77 | 0·51 | 0·54 |
| Bukowina | Czernowitz | | | | | | | | | | | | | |
| | das übrige Land | | | | | | | | | | | | | |
| Dalmatien | Zara | 2·79 | 2·74 | 2·11 | 2·34 | 2·14 | 2·25 | 2·48 | 2·51 | 2·39 | 2·11 | 2·62 | 2·48 | 2·05 |
| | das übrige Land | | | | | | | | | | | | | |

¹) Für den metrischen Centner.
²) Ohne Bezirk Tolmein.

# Reichsrathe vertretenen Königreichen und Ländern.

österreichischer Währung.

| 1843 | 1844 | 1845 | 1846 | 1847 | 1848 | 1849 | 1850 | 1851 | 1852 | 1853 | 1854 | 1855 | 882 | 1883 | 1884 | 1885 | 1886 | 1887 | 1888 | 1889 | 1890 |
|---|---|---|---|---|---|---|---|---|---|---|---|---|---|---|---|---|---|---|---|---|---|
| 1·94 | 1·28 | 1·17 | 2·05 | 3·65 | 2·79 | 2·08 | 2·02 | 2·45 | 3·56 | 2·22 | 3·45 | 3·59 | ·99 | 3·25 | 4·22 | 3·34 | 2·14 | 3·19 | 2·41 | 2·67 | 2·63 |
| 1·37 | 0·86 | 0·94 | 1·25 | 2·71 | 2·48 | 1·71 | 1·88 | 2·59 | 2·59 | 2·71 | 2·96 | 2·76 | · | · | · | · | · | · | · | · | · |
|  |  |  |  |  |  | 1·74 | 2·00 | 3·42 | 3·19 | 2·37 | 3·36 | 3·31 | ·37 | 2·20 | 2·11 | 1·92 | 1·32 | 2·10 | 1·72 | 2·13 | 2·00 |
| 0·97 | 1·08 | 0·91 | 1·20 | 2·51 | 2·31 |  |  |  |  |  |  |  | · | · | · | · | · | · | · | · | · |
|  |  |  |  |  |  | 2·05 | 2·28 | 3·22 | 3·51 | 3·65 | 4·02 | 3·53 | ·68 | 2·31 | 2·61 | 2·69 | 3·50 | 2·15 | 3·08 | 2·69 | 3·08 |
| 1·08 | 1·11 | 1·05 | 1·28 | 2·42 | 2·31 | 2·45 | 2·79 | 3·19 | 3·51 | 3·36 | 3·96 | 3·85 | ·54 | 3·80 | 3·75 | 3·59 | 2·92 | 3·71 | 3·09 | 2·48 | 2·61 |
|  |  |  |  |  |  |  |  |  |  |  |  |  | · | · | · | · | · | · | · | · | · |
|  |  |  |  |  |  | 1·77 | 2·74 | 2·39 | 2·59 | 2·68 | 3·28 | 2·62 | ·66 | 1·94 | 1·60 | 1·98 | 1·70 | 1·28 | 1·34 | 1·40 | 1·68 |
| 0·97 | 1·05 | 1·03 | 1·17 | 2·08 | 2·28 |  |  |  |  |  |  |  | · | · | · | · | · | · | · | · | · |
|  |  |  |  |  |  | 2·96 | 3·79 | 4·08 | 4·08 | 4·25 | 4·87 | 4·56 | ·79 | 3·19 | 2·68 | 3·16 | 3·30 | 2·61 | 2·41 | 2·70 | 2·66 |
|  |  |  |  |  |  |  |  |  |  |  |  |  | ·80 | 6·20 | 2·89 | 5·57 | 3·00 | 2·79 | 4·20 | 2·65 | 2·60 |
|  |  |  |  |  |  |  |  |  |  |  |  |  | ·51 | 3·68 | 2·88 | 3·16 | 3·64 | 3·44 | 3 04 | 2·20 | 2·46 |
| 2·25 | 2·08 | 2·08 | 2·79 | 3·82 | 4·65 | 4·42 | 3·82 | 4·33 | 4·67 | 5·47 | 6·30 | 5·16 |  |  |  |  |  |  |  |  |  |
|  |  |  |  |  |  |  |  |  |  |  |  |  | · | · | · | · | · | · | · | · | 4·00 |
| 1·48 | 1·60 | 1·45 | 1·82 | 2·54 | 2·57 | 2·42 | 2·54 | 2·79 | 2·65 | 3·05 | 3·33 | 3·36 | ·50 | 3·80 | 2·80 | 2·75 | 2·80 | 2·85 | 2·80 | 2·75 | 2·70 |
|  |  |  |  |  |  |  |  |  |  |  |  |  | · | · | · | · | · | · | · | · | · |
| 1·85 | 1·23 | 1·17 | 1·58 | 2·19 | 1·65 | 1·17 | 1·31 | 1·97 | 2·08 | 2·17 | 3·14 | 2·62 | ·20 | 2·64 | 2·07 | 1·78 | 1·40 | 1·77 | 1·48 | 1·50 | 1·58 |
|  |  |  |  |  |  |  |  |  |  |  |  |  | · | · | · | · | · | · | · | · | · |
|  |  |  |  |  |  | 1·43 | 1·40 | 1·65 | 2·48 | 2·17 | 3·16 | 3·39 | ·36 | 3·35 | 2·24 | 1·79 | 1·87 | 2·52 | 2·11 | 1·89 | 2·14 |
| 1·45 | 1·03 | 1·11 | 1·43 | 2·37 | 2·00 |  |  |  |  |  |  |  | · | · | · | · | · | · | · | · | · |
|  |  |  |  |  |  | 1·85 | 1·48 | 1·80 | 2·68 | 2·65 | 3·62 | 4·30 | ·07 | 1·30 | 1·19 | 0·99 | 0·93 | 1·03 | 0·96 | 1·07 | 0·88 |
|  |  |  |  |  |  |  |  |  |  |  |  |  | ·70 | 2·21 | 2·59 | 2·16 | 1·57 | 1·22 | 1·64 | 1·51 | 1·30 |
|  |  |  |  |  |  | 1·62 | 1·68 | 2·02 | 2·59 | 2·65 | 3·11 | 3·79 | · | · | · | · | · | · | · | · | · |
| 0·40 | 0·43 | 0·88 | 1·06 | 1·65 | 1·57 |  |  |  |  |  |  |  | · | · | · | · | · | · | · | · | · |
|  |  |  |  |  |  | 1·51 | 1 08 | 1·34 | 1·51 | 1·65 | 1·51 | 2·05 | ·48 | 3·54 | 3·83 | 3·63 | 3·05 | 2·52 | 1·76 | 1·83 | 2·18 |
|  |  |  |  |  |  |  |  |  |  |  |  |  | ·00 | 3·70 | 5·00 | 5·25 | 5·83 | 4·83 | 5·67 | 4·50 | 4·75 |
| 2·22 | 2·17 | 2·22 | 2·34 | 3·42 | 3·05 | 3·65 | 3·31 | 3·11 | 3·59 | 3·76 | 6·44 | 8·86 | · | · | · | · | · | · | · | · | · |

360

Tabelle 242.

# Markt-Durchschnittspreise für Kartoffel in den im

Per Hektoliter in Gulden

| | | 1856 | 1857 | 1858 | 1859 | 1860 | 1861 | 1862 | 1863 | 1864 | 1865 | 1866 | 1867 | 1868 |
|---|---|---|---|---|---|---|---|---|---|---|---|---|---|---|
| Nieder-Österreich | Wien | 2·68 | 2·42 | 2·85 | 2·59 | 2·95 | 3·10 | 2·85 | 2·87 | 3·11 | 2·00 | 2·46 | 3·28 | 2·64 |
| | das übrige Land | 2·00 | 2·11 | 1·99 | 2·10 | 2·45 | 2·71 | 2·05 | 2·53 | 2·00 | 1·55 | 2·30 | 2·84 | 2·23 |
| Ober-Österreich | Linz | 2·71 | 2·42 | 2·25 | 2·56 | 2·40 | 3·13 | 2·43 | 2·10 | 2·18 | 1·96 | 2·43 | 3·07 | 2·30 |
| | das übrige Land | | | | | | | | | | | | | |
| Salzburg | Salzburg (Stadt) | 2·82 | 2·68 | 2·71 | 2·95 | … | … | 2·14 | 3·11 | 2·98 | 2·59 | 2·74 | 3·50 | 2·95 |
| | das übrige Land | | | | | | | | | | | | | |
| Steiermark | Graz | 3·08 | 2·94 | 3·15 | 3·02 | 4·08 | 4·22 | 3·77 | 2·72 | 2·67 | 2·51 | 2·97 | 3·06 | 2·54 |
| | das übrige Land | | | | | | | | | | | | | |
| Kärnten | Klagenfurt | 2·17 | 2·22 | 2·23 | 2·10 | 2·40 | 2·49 | 2·20 | 1·52 | 1·66 | 1·58 | 1·61 | 2·12 | 1·76 |
| | das übrige Land | | | | | | | | | | | | | |
| Krain | Laibach | 3·36 | 3·28 | 2·97 | 3·72 | … | … | 3·46 | 2·98 | 3·11 | 2·90 | 2·80 | 2·62 | 2·50 |
| | das übrige Land | | | | | | | | | | | | | |
| Triest (Stadt) | | | | | | | | | | | | | | |
| Görz und Gradisca | Görz (Stadt) | | | | | | | | | | | | | |
| | das übrige Land | 4·33 | 3·79 | 3·50 | 3·99 | 4·38 | 4·74 | 4·45 | 3·81 | 3·36 | 2·54 | 5·08 | 3·99 | 4·16 |
| Istrien | Rovigno (Stadt) | | | | | | | | | | | | | |
| | das übrige Land | | | | | | | | | | | | | |
| Tirol und Vorarlberg | Innsbruck | 2·54 | 2·48 | 2·14 | 2·46 | 2·77 | 3·28 | 2·98 | 2·62 | 2·75 | 2·46 | 2·76 | 2·93 | 2·44 |
| | das übrige Land | | | | | | | | | | | | | |
| Böhmen | Prag | 1·74 | 1·25 | 1·45 | 1·65 | 2·10 | 2·09 | 1·63 | 1·56 | 1·55 | 1·32 | 1·78 | 2·43 | 2·35 |
| | das übrige Land | | | | | | | | | | | | | |
| Mähren | Brünn | 2·28 | 1·60 | 1·55 | 1·74 | … | … | 1·55 | 1·60 | 2·17 | 1·35 | 1·66 | 2·36 | 2·12 |
| | das übrige Land | | | | | | | | | | | | | |
| Schlesien | Troppau | 2·88 | 1·74 | 1·79 | 2·05 | 1 91 | 2·87 | 2·02 | 1·66 | 2·23 | 1·42 | 1·63 | 1·96 | 1·61 |
| | das übrige Land | | | | | | | | | | | | | |
| Galizien | Lemberg | 2·91 | 1·71 | … | … | … | | | | | | | 2·10 | 2·07 |
| | Krakau | | | 1·56 | 1·53 | … | | | | | | | | |
| | Westgalizien | | | … | … | | 1·53 | 2·66 | 1·74 | 1·32 | 1·52 | 1·56 | 1·55 | |
| | Ostgalizien | | | 1·22 | 1·24 | 1·32 | 2·07 | 1·91 | 1·34 | 1·53 | 0·88 | 1·97 | | |
| Bukowina | Czernowitz | 2·11 | 2·14 | 1·34 | 1·09 | 0·91 | 1·32 | 1·26 | 0·88 | 0·72 | 1·73 | 2·18 | 1·63 | 1·27 |
| | das übrige Land | | | | | | | | | | | | | |
| Dalmatien | Zara | 6 64 | 5·16 | 5·20 | 6·52 | 7·51 | 7·19 | 6·98 | 5·84 | 6·32 | 5·49 | 5·57 | 5·01 | … |
| | das übrige Land | | | | | | | | | | | | | |

1) Für den metrischen Zentner.
*) Ohne Bezirk Tolmein.

# Reichsrathe vertretenen Königreichen und Ländern.

österreichischer Währung.

| 1869 | 1870 | 1871 | 1872 | 1873 | 1874 | 1875 | 1876 | 1877 | 1878 | 1879 | 1880 | 1881 | 1882 | 1883 | 1884 | 1885 | 1886 | 1887 | 1888 | 1889 | 1890 |
|---|---|---|---|---|---|---|---|---|---|---|---|---|---|---|---|---|---|---|---|---|---|
| 2·67 | 3·05 | 2·64 | 3·06 | 4·55 | 3·99 | 2·85 | 2·76 | 3·29 | 2·65 | 3·59 | 4·07 | 4·14 | 2·99 | 3·25 | 4·22 | 3·34 | 2·14 | 3·19 | 2·41 | 2·67 | 2·63 |
| 2·14 | 2·22 | 2·51 | 2·77 | 3·49 | 2·87 | 2·45 | 2·89 | 2·89 | 2·30 | 3·46 | 3·41 | 3·07 | … | … | … | … | … | … | … | … | … |
| 1·99 | 2·31 | 2·73 | 2·59 | 3·13 | 2·97 | 2·38 | 2·46 | 2·71 | 2·47 | 2·91 | 4·00 | 1·70 | 2·37 | 2·20 | 2·11 | 1·92 | 1·32 | 2·10 | 1·72 | 2·13 | 2·00 |
|  |  |  |  |  |  |  |  | 2·63 | 2·54 | 2·52 | 2·66 | 2·60 | … | … | … | … | … | … | … | … | … |
| 2·45 | 2·72 | 3·19 | 3·37 | 3·59 | 3·33 | 3·42 | 3·25 | 3·66 | 3·48 | 3·12 | 3·05 | 3·83 | 1·68 | 2·31 | 2·61 | 2·69 | 3·50 | 2·15 | 3·08 | 2·69 | 3·08 |
|  |  |  |  |  |  |  |  | 3·29 | 3·17 | 3·17 | 3·28 | 3·04 | … | … | … | … | … | … | … | … | … |
| 2·48 | 2·93 | 3·37 | 3·46 | 3·91 | 4·34 | 3·62 | 3·46 | 4·40 | 2·00 | 8·50 | 3·96 | 3·76 | 3·54 | 3·80 | 3·75 | 3·59 | 2·92 | 3·71 | 3·09 | 2·48 | 2·61 |
|  |  |  |  |  |  |  |  | 2·37 | 2·91 | 3·44 | 3·00 | 2·99 | … | … | … | … | … | … | … | … | … |
| 1·83 | 1·83 | 2·09 | 2·10 | 4·01 | 2·67 | 2·23 | 2·44 | 2·24 | 1·70 | 1·90 | 1·80 | 1·70 | 1·66 | 1·94 | 1·60 | 1·98 | 1·70 | 1·28 | 1·34 | 1·40 | 1·68 |
|  |  |  |  |  |  |  |  | 2·70 | 2·08 | 2·05 | 1·88 | 2·08 | … | … | … | … | … | … | … | … | … |
| 2·41 | 2·95 | 3·37 | 3·37 | 3·31 | 3·98 | 2·87 | 3·39 | 3·73 | 2·74 | 2·68 | 3·20 | 8·01 | 2·79 | 3·19 | 2·68 | 3·16 | 3·30 | 2·61 | 2·41 | 2·70 | 2·66 |
|  |  |  |  |  |  |  |  | 3·59 | 3·13 | 3·03 | 3·08 | 3·15 | … | … | … | … | … | … | … | … | … |
|  |  | 5·61 | 5·61 | 6·42 | 7·29 | 5·74 | [9]9·06 | 4·60 | 5·20 | 6·16 | 6·33 | 5·80 | 5·80 | 6·20 | 2·89 | 5·57 | 3·00 | 2·79 | 4·20 | 2·65 | 2·60 |
| 4·21 | 3·91 | 4·46 | 4·60 | 4·73 | 4·43 |  | [9]4·80 | 4·19 | 2·59 | 4·09 | 4·11 | 4·11 | 3·51 | 3·68 | 2·88 | 3·16 | 3·64 | 3·44 | 3 04 | 2·20 | 2·46 |
|  |  |  | 4·04 |  |  |  |  |  | 3·26 | 4·00 | [9]3·98 | [9]3·92 |  |  |  |  |  |  |  |  |  |
|  |  | 3·75 | 4·68 | 4·03 | 3·68 |  | [9]4·75 | 3·78 | 5·00 | 7·00 | [9]5·06 | 4·96 |  |  |  |  |  |  |  |  | 4·00 |
|  |  |  |  |  |  |  |  |  | 4·11 | 4·81 |  |  |  |  |  |  |  |  |  |  |  |
| 2·10 | 2·85 | 2·20 | 2·84 | 3·16 | 3·33 | 3·05 | 2·14 | 3·20 | 3·50 | 3·40 | 2·60 | 3·10 | 4·50 | 3·80 | 2·80 | 2·75 | 2·80 | 2·85 | 2·80 | 2·75 | 2·70 |
|  |  |  |  |  |  |  |  | 3·24 | 3·14 | 3·51 | 3·27 | 3·13 | … | … | … | … | … | … | … | … | … |
| 2·00 | 1·76 | 1·99 | 2·15 | 2·53 | 2·59 | 1·84 | 1·76 | 2·31 | 2·18 | 2·70 | 2·85 | 2·76 | 2·20 | 2·64 | 2·07 | 1·78 | 1·40 | 1·77 | 1·48 | 1·50 | 1·58 |
|  |  |  |  |  |  |  |  | 1·89 | 1·88 | 2·17 | 2·41 | 2·15 | … | … | … | … | … | … | … | … | … |
| 1·87 | 1·89 | 1·79 | 2·04 | 2·54 | 2·40 | 1·71 | 1·89 | 2·38 | 1·63 | 2·66 | 3·50 | 2·80 | 2·36 | 3·35 | 2·24 | 1·79 | 1·87 | 2·52 | 2·11 | 1·89 | 2·14 |
|  |  |  |  |  |  |  |  | 2·16 | 1·88 | 2·27 | 2·69 | 2·34 | … | … | … | … | … | … | … | … | … |
| 1·70 | 1·91 | 2·51 | 2·74 | 3·10 | 2·31 | 1·68 | 1·99 | 1·24 | 1·30 | 1·35 | 1·54 | 1·29 | 1·07 | 1·30 | 1·19 | 0·99 | 0·93 | 1·03 | 0·96 | 1·07 | 0·88 |
|  |  |  |  |  |  |  |  | 2·15 | 1·38 | 2·49 | 2·78 | 2·05 | … | … | … | … | … | … | … | … | … |
| 1·29 | 1·81 | 2·45 | 2·74 | 2·67 | 2·43 | 1·65 | 2·39 | 2·46 | 1·54 | 1·92 | 2·50 | 2·01 | 1·70 | 2·21 | 2·59 | 2·16 | 1·57 | 1·22 | 1·64 | 1·51 | 1·30 |
|  |  |  |  |  |  |  |  | 2·22 | 1·75 | 1·74 | 2·37 | 1·97 |  |  |  |  |  |  |  |  |  |
| 1·06 | 1·16 | 2·00 | 2·58 | 2·12 | 1·74 | 1·12 | 1·56 | 1·99 | 2·48 | 1·85 | 2·77 | 2·61 | 2·48 | 3·54 | 3·83 | 3·63 | 3·05 | 2·52 | 1·76 | 1·83 | 2·18 |
|  |  |  |  |  |  |  |  | 2·26 | 2·38 | 2·21 | 2·11 | 2·34 | … | … | … | … | … | … | … | … | … |
| 4·48 | 5·00 | 4·77 | 4·89 | 4·84 | 5·95 | 4·63 | [9]5·05 | [9]5·50 | [9]5·05 | [9]4·66 | [9]6·45 | 3·75 | 5·00 | 3·70 | 5·00 | 5·25 | 5·83 | 4·83 | 5·67 | 4·50 | 4·75 |
|  |  |  |  |  |  |  |  | [9]7·60 | [9]7·21 | [9]8·00 | [9]7·50 | 6·00 | … | … | … | … | … | … | … | … | … |

**Tabelle 248.**

# Markt-Durchschnittspreise für Rindfleisch in den im

Per Kilogramm in Gulden

| | | 1830 | 1831 | 1832 | 1833 | 1834 | 1835 | 1836 | 1837 | 1838 | 1839 | 1840 | 1841 | 1842 |
|---|---|---|---|---|---|---|---|---|---|---|---|---|---|---|
| Nieder-Österreich . . . . | Wien . . . . . . . . . . | 0·28 | 0·28 | 0·28 | 0·28 | 0·25 | 0·28 | 0·28 | 0·27 | 0·28 | 0·28 | 0·28 | 0·28 | 0·28 |
| | das übrige Land . . . . . . . | 0·22 | 0·23 | 0·22 | 0·22 | 0·20 | 0·23 | 0·23 | 0·23 | 0·23 | 0·23 | 0·23 | 0·23 | 0·23 |
| Ober-Österreich . . . . | Linz . . . . . . . . . | | | | | | | | | | | | | |
| | das übrige Land . . . . . . | 0·16 | 0·17 | 0·18 | 0·17 | 0·16 | 0·16 | 0·18 | 0·20 | 0·20 | 0·19 | 0·18 | 0·18 | 0·18 |
| Salzburg . . . . . . . | Salzburg (Stadt) . . . . . | | | | | | | | | | | | | |
| | das übrige Land . . . . . . | | | | | | | | | | | | | |
| Steiermark . . . . . | Graz . . . . . . . . | | | | | | | | | | | | | |
| | das übrige Land . . . . | 0·16 | 0·19 | 0·19 | 0·19 | 0·17 | 0·19 | 0·19 | 0·21 | 0·19 | 0·19 | 0·19 | 0·19 | 0·19 |
| Kärnten . . . . . . . | Klagenfurt . . . . . . | | | | | | | | | | | | | |
| | das übrige Land . . . . . . | | | | | | | | | | | | | |
| Krain . . . . . . . | Laibach . . . . . . | 0·16 | 0·18 | 0·20 | 0·20 | 0·19 | 0·20 | 0·22 | 0·20 | 0·20 | 0·20 | 0·19 | 0·20 | 0·20 |
| | das übrige Land . . . . . . | | | | | | | | | | | | | |
| Triest (Stadt) . . . . . . . . | | | | | | | | | | | | | | |
| Görz und Gradisca . . . | Görz (Stadt) . . . . . . | | | | | | | | | | | | | |
| | das übrige Land . . . . . . | 0·22 | 0·23 | 0·23 | 0·25 | 0·24 | 0·24 | 0·26 | 0·27 | 0·26 | 0·26 | 0·23 | 0·23 | 0·23 |
| Istrien . . . . . . . | Rovigno (Stadt) . . . . | | | | | | | | | | | | | |
| | das übrige Land . . . . . . | | | | | | | | | | | | | |
| Tirol und Vorarlberg . . . | Innsbruck . . . . . | 0·25 | 0·24 | 0·26 | 0·27 | 0·27 | 0·27 | 0·30 | 0·30 | 0·30 | 0·30 | 0·30 | 0·30 | 0·30 |
| | das übrige Land . . . . . . | | | | | | | | | | | | | |
| Böhmen . . . . . . . | Prag . . . . . . | 0·19 | 0·19 | 0·20 | 0·19 | 0·18 | 0·19 | 0·20 | 0·21 | 0·21 | 0·21 | 0·21 | 0·20 | 0·20 |
| | das übrige Land . . . . . . | | | | | | | | | | | | | |
| Mähren . . . . . . . | Brünn . . . . . . | | | | | | | | | | | | | |
| | das übrige Land . . . . . . | 0·16 | 0·17 | 0·18 | 0·19 | 0·19 | 0·19 | 0·19 | 0·19 | 0·19 | 0·19 | 0·20 | 0·20 | 0·20 |
| Schlesien . . . . . . . | Troppau . . . . . . | | | | | | | | | | | | | |
| | das übrige Land . . . . . . | | | | | | | | | | | | | |
| Galizien . . . . . . . | Lemberg . . . . . . | | | | | | | | | | | | | |
| | Krakau . . . . . . | | | | | | | | | | | | | |
| | Westgalizien . . . . . . | | | | | | | | | | | | | |
| | Ostgalizien . . . . . . . . . | 0·09 | 0·09 | 0·09 | 0·09 | 0·09 | 0·09 | 0·09 | 0·10 | 0·09 | 0·09 | 0·09 | 0·11 | 0·11 |
| Bukowina . . . . . . | Czernowitz . . . . . . | | | | | | | | | | | | | |
| | das übrige Land . . . . . . | | | | | | | | | | | | | |
| Dalmatien . . . . . . | Zara . . . . . . . | 0·09 | 0·11 | 0·12 | 0·14 | 0 12 | 0·13 | 0·13 | 0·14 | 0·14 | 0·18 | 0·13 | 0·12 | 0·12 |
| | das übrige Land . . . . . . . | | | | | | | | | | | | | |

¹) Ohne Bezirk Tolmein.

# Reichsrathe vertretenen Königreichen und Ländern.

österreichischer Währung.

| 1843 | 1844 | 1845 | 1846 | 1847 | 1848 | 1849 | 1850 | 1851 | 1852 | 1853 | 1854 | 1855 | 32 | 1883 | 1884 | 1885 | 1886 | 1887 | 1888 | 1889 | 1890 |
|---|---|---|---|---|---|---|---|---|---|---|---|---|---|---|---|---|---|---|---|---|---|
| 0·30 | 0·28 | 0·30 | 0·31 | 0·31 | 0·34 | 0·37 | 0·37 | 0·37 | 0·38 | 0·37 | 0·41 | 0·44 | 65 | 0·69 | 0·70 | 0 70 | 0·66 | 0·65 | 0·65 | 0·64 | 0·65 |
| 0·24 | 0·23 | 0·25 | 0·27 | 0·27 | 0·30 | 0·33 | 0·34 | 0·34 | 0·34 | 0·37 | 0·40 | 0·43 | · | · | · | · | · | · | · | · | · |
|  |  |  |  |  |  |  |  |  |  |  |  |  | 34 | 0·66 | 0·66 | 0 66 | 0·66 | 0·66 | 0·66 | 0·66 | 0·66 |
| 0·19 | 0·20 | 0·20 | 0·20 | 0·20 | 0·22 | 0·22 | 0·25 | 0·25 | 0·31 | 0·33 | 0·37 | 0·31 |  |  |  |  |  |  |  |  |  |
|  |  |  |  |  |  |  |  |  |  |  |  |  | 58 | 0·64 | 0·64 | 0·80 | 0·60 | 0·57 | 0·60 | 0·60 | 0·58 |
|  |  |  |  |  |  | 0·30 | 0·31 | 0·31 | 0·30 | 0·30 | 0·31 | 0·34 |  |  |  |  |  |  |  |  |  |
| 0·22 | 0·22 | 0·23 | 0·23 | 0·25 | 0·25 | 0·28 | 0·30 | 0·32 | 0·30 | 0·30 | 0·32 | 0·34 | 50 | 0·53 | 0·54 | 0·52 | 0 55 | 0·48 | 0·55 | 0·52 | 0·54 |
|  |  |  |  |  |  |  |  |  |  |  |  |  | · | · | · | · | · | · | · | · | · |
| 0·20 | 0·21 | 0·21 | 0·22 | 0·22 | 0·23 | 0·23 | 0·27 | 0·30 | 0·27 | 0·27 | 0·29 | 0·30 | 50 | 0·54 | 0·58 | 0·58 | 0·54 | 0·53 | 0·50 | 0·56 | 0·60 |
|  |  |  |  |  |  | 0·23 | 0·27 | 0·28 | 0·25 | 0·25 | 0·27 | 0·28 | 49 | 0·51 | 0·54 | 0·54 | 0·51 | 0·50 | 0·47 | 0·47 | 0·51 |
|  |  |  |  |  |  |  |  |  |  |  |  |  | 32 | 0·63 | 0·76 | 0·62 | 0·63 | 0·63 | 0·56 | 0·58 | 0·63 |
|  |  |  |  |  |  |  |  |  |  |  |  |  | 57 | 0·57 | 0·63 | 0·64 | 0·62 | 0·58 | 0·58 | 0·58 | 0·60 |
| 0·25 | 0 25 | 0·25 | 0·24 | 0·25 | 0·28 | 0·28 | 0·31 | 0·34 | 0·31 | 0·31 | 0·31 | 0·31 | · | · | · | · | · | · | · | · | · |
|  |  |  |  |  |  |  |  |  |  |  |  |  |  |  |  |  |  |  |  |  |  |
| 0·30 | 0·31 | 0·31 | 0·31 | 0·31 | 0·31 | 0·31 | 0·34 | 0·34 | 0 37 | 0·34 | 0·37 | 0·37 | 72 | 0·70 | 0·72 | 0·70 | 0·69 | 0·68 | 0·60 | 0·64 | 0·66 |
|  |  |  |  |  |  |  |  |  |  |  |  |  | 81 | 0·61 | 0·62 | 0·62 | 0·62 | 0·62 | 0·61 | 0·62 | 0·61 |
| 0·23 | 0·23 | 0·23 | 0·23 | 0·23 | 0·24 | 0·25 | 0·28 | 0·30 | 0·31 | 0·31 | 0·34 | 0·34 | · | · | · | · | · | · | · | · | · |
|  |  |  |  |  |  |  |  |  |  |  |  |  | 60 | 0·61 | 0·63 | 0·63 | 0·60 | 0·59 | 0·58 | 0·56 | 0·58 |
|  |  |  |  |  |  | 0·25 | 0·28 | 0·31 | 0·31 | 0·31 | 0·34 | 0·38 | · | · | · | · | · | · | · | · | · |
| 0·22 | 0·22 | 0·22 | 0·22 | 0·23 | 0·26 | 0·24 | 0·28 | 0·30 | 0·30 | 0·30 | 0·34 | 0·41 | 56 | 0·60 | 0·60 | 0 60 | 0·60 | 0·60 | 0·60 | 0·60 | 0·58 |
|  |  |  |  |  |  |  |  |  |  |  |  |  | 51 | 0·53 | 0·55 | 0·55 | 0·52 | 0·52 | 0·52 | 0·52 | 0·54 |
|  |  |  |  |  |  | 0·14 | 0·15 | 0·15 | 0·16 | 0·17 | 0·18 | 0·26 | · | · | · | · | · | · | · | · | · |
| 0·11 | 0 09 | 0·11 | 0·11 | 0·12 | 0·13 |  |  |  |  |  |  |  |  |  |  |  |  |  |  |  |  |
|  |  |  |  |  |  | 0·09 | 0·11 | 0·18 | 0·16 | 0·19 | 0·16 | 0·25 | 47 | 0·52 | 0·48 | 0.45 | 0·44 | 0·44 | 0·44 | 0·46 | 0·47 |
|  |  |  |  |  |  |  |  |  |  |  |  |  | · | · | · | · | · | · | · | · | · |
| 0·12 | 0·12 | 0·13 | 0·13 | 0·13 | 0·13 | 0·14 | 0·15 | 0·17 | 0·19 | 0·20 | 0·21 | 0·22 | 43 | 0·52 | 0·55 | 0·54 | 0·58 | 0·59 | 0·58 | 0·56 | 0·57 |
|  |  |  |  |  |  |  |  |  |  |  |  |  | · | · | · | · | · | · | · | · | · |

# Markt=Durchschnittspreise für Rindfleisch in den im

Per Kilogramm in Gulden

| | | 1856 | 1857 | 1858 | 1859 | 1860 | 1861 | 1862 | 1863 | 1864 | 1865 | 1866 | 1867 | 1868 |
|---|---|---|---|---|---|---|---|---|---|---|---|---|---|---|
| Nieder-Österreich | Wien | 0·44 | 0·41 | 0·38 | 0·41 | 0·39 | 0·47 | 0·48 | 0·47 | 0·47 | 0·41 | 0·41 | 0·48 | 0·54 |
| | das übrige Land | 0·41 | 0·39 | 0·38 | 0·39 | 0·39 | 0·45 | 0·45 | 0·43 | 0·41 | 0·36 | 0·41 | 0·47 | 0·50 |
| Ober-Österreich | Linz | 0·31 | 0·31 | 0·32 | 0·36 | 0·36 | 0·39 | 0·39 | 0·39 | 0·38 | 0·36 | 0·39 | 0·44 | 0·45 |
| | das übrige Land | | | | | | | | | | | | | |
| Salzburg | Salzburg (Stadt) | 0·32 | 0·32 | 0·32 | 0·32 | . . . | . . . | 0·41 | 0·38 | 0·38 | 0·36 | 0·39 | 0·44 | 0·45 |
| | das übrige Land | | | | | | | | | | | | | |
| Steiermark | Graz | 0·36 | 0·34 | 0·38 | 0·37 | 0·38 | 0·38 | 0·43 | 0·41 | 0·39 | 0·32 | 0·37 | 0·42 | 0·45 |
| | das übrige Land | | | | | | | | | | | | | |
| Kärnten | Klagenfurt | 0·29 | 0·29 | 0·34 | 0·34 | 0·36 | 0·38 | 0·39 | 0·38 | 0·34 | 0·30 | 0·32 | 0·39 | 0·41 |
| | das übrige Land | | | | | | | | | | | | | |
| Krain | Laibach | 0·28 | 0·28 | 0·29 | 0·31 | . . . | . . . | 0·34 | 0·34 | 0·32 | 0·29 | 0·29 | 0·29 | 0·36 |
| | das übrige Land | | | | | | | | | | | | | |
| Triest (Stadt) | | | | | | | | | | | | | | |
| Görz und Gradisca | Görz (Stadt) | 0·34 | 0·34 | 0·34 | 0·39 | 0·38 | 0·39 | 0·41 | 0·41 | 0·41 | 0·38 | 0·38 | 0·52 | 0·48 |
| | das übrige Land | | | | | | | | | | | | | |
| Istrien | Rovigno (Stadt) | | | | | | | | | | | | | |
| | das übrige Land | | | | | | | | | | | | | |
| Tirol und Vorarlberg | Innsbruck | 0·37 | 0·37 | 0 38 | 0·41 | 0·47 | 0·48 | 0·48 | 0·47 | 0·47 | 0·45 | 0·48 | 0·50 | 0·49 |
| | das übrige Land | | | | | | | | | | | | | |
| Böhmen | Prag | 0·34 | 0·31 | 0·32 | 0·34 | 0·38 | 0·43 | 0·43 | 0·38 | 0·38 | 0·36 | 0·43 | 0·47 | 0·47 |
| | das übrige Land | | | | | | | | | | | | | |
| Mähren | Brünn | 0·38 | 0·35 | 0·34 | 0·34 | . . . | . . . | 0·36 | 0·34 | 0·34 | 0·34 | 0·36 | 0·39 | 0·43 |
| | das übrige Land | | | | | | | | | | | | | |
| Schlesien | Troppau | 0·37 | 0·34 | 0·32 | 0·34 | 0·32 | 0·34 | 0·38 | 0·36 | 0·36 | 0·34 | 0·34 | 0·39 | 0·41 |
| | das übrige Land | | | | | | | | | | | | | |
| Galizien | Lemberg | 0·25 | 0·20 | | | . . | . . | | | | | | 0·30 | 0·34 |
| | Krakau | | | 0·21 | 0·21 | . . . | | | | | | | | |
| | Westgalizien | | | . . . | . . . | 0·21 | 0·25 | 0·27 | 0·25 | 0·23 | 0·21 | 0·23 | | |
| | Ostgalizien | | | 0·14 | 0·17 | 0·18 | 0·21 | 0·23 | 0·23 | 0·21 | 0·20 | 0·18 | | |
| Bukowina | Czernowitz | 0·25 | 0·25 | 0·13 | 0·13 | 0 14 | 0·20 | 0·21 | 0·20 | 0·18 | 0·16 | 0·18 | 0·22 | 0·28 |
| | das übrige Land | | | | | | | | | | | | | |
| Dalmatien | Zara | 0·22 | 0·22 | 0·25 | 0·27 | 0·25 | 0·27 | 0·27 | 0·29 | 0·29 | 0·27 | 0·27 | 0·31 | 0·31 |
| | das übrige Land | | | | | | | | | | | | | |

¹) Ohne Bezirk Tolmein.

# Reichsrathe vertretenen Königreichen und Ländern.

österreichischer Währung.

| 1869 | 1870 | 1871 | 1872 | 1873 | 1874 | 1875 | 1876 | 1877 | 1878 | 1879 | 1880 | 1881 | 1882 | 1883 | 1884 | 1885 | 1886 | 1887 | 1888 | 1889 | 1890 |
|---|---|---|---|---|---|---|---|---|---|---|---|---|---|---|---|---|---|---|---|---|---|
| 0·57 | 0·59 | 0·61 | 0·63 | 0·61 | 0·59 | 0·57 | 0·61 | 0·62 | 0·62 | 0·63 | 0·62 | 0·63 | 0·65 | 0·69 | 0·70 | 0·70 | 0 66 | 0·65 | 0·65 | 0·64 | 0·65 |
| 0·52 | 0·55 | 0·57 | 0·59 | 0·61 | 0·59 | 0·55 | 0·63 | 0·81 | 0·61 | 0·63 | 0·61 | 0·62 | | | | | | | | | |
| 0·47 | 0·50 | 0·52 | 0·56 | 0·57 | 0·55 | 0·50 | 0·54 | 0·65 | 0·66 | 0·66 | 0·66 | 0·64 | 0·64 | 0·66 | 0·66 | 0 66 | 0·66 | 0·66 | 0·66 | 0·66 | 0·66 |
| | | | | | | | | 0·55 | 0·57 | 0·54 | 0·53 | 0·52 | | | | | | | | | |
| 0 45 | 0·48 | 0·52 | 0·56 | 0·61 | 0·61 | 0 54 | 0·57 | 0·66 | 0·67 | 0·61 | 0·56 | 0·58 | 0·58 | 0·64 | 0·64 | 0·60 | 0·60 | 0·57 | 0·60 | 0·60 | 0·58 |
| | | | | | | | | 0·63 | 0·63 | 0·58 | 0·57 | 0·55 | | | | | | | | | |
| 0·43 | 0·48 | 0·50 | 0·52 | 0·57 | 0·52 | 0·47 | 0·46 | 0·53 | 0·51 | 0·54 | 0·50 | 0·53 | 0·50 | 0·53 | 0·54 | 0·52 | 0 55 | 0·48 | 0·55 | 0 52 | 0·54 |
| | | | | | | | | 0 48 | 0·54 | 0·54 | 0·52 | 0·51 | | | | | | | | | |
| 0·43 | 0·45 | 0·45 | 0·58 | 0·52 | 0 47 | 0·43 | 0·46 | 0·50 | 0·55 | 0·55 | 0·52 | 0·50 | 0·50 | 0·54 | 0·58 | 0·58 | 0·54 | 0·53 | 0·50 | 0·56 | 0·60 |
| | | | | | | | | 0·50 | 0·52 | 0·52 | 0·50 | 0·50 | | | | | | | | | |
| 0·36 | 0·39 | 0·38 | 0·39 | 0·45 | 0·45 | 0·39 | 0·38 | 0·43 | 0·45 | 0·48 | 0·48 | 0·48 | 0·49 | 0·51 | 0·54 | 0·54 | 0·51 | 0·50 | 0·47 | 0·47 | 0·51 |
| | | | | | | | | 0·39 | 0·43 | 0·44 | 0·44 | 0·42 | | | | | | | | | |
| | | 0·70 | 0·72 | 0·79 | 0·72 | 0·72 | 0·74 | 0·74 | 0·70 | 0·76 | 0·77 | 0·62 | 0·62 | 0·63 | 0·76 | 0·62 | 0·63 | 0·63 | 0·56 | 0·58 | 0·63 |
| 0·53 | 0·57 | 0·41 | | 0·55 | 0 52 | 0·50 | 0·46 | 0·52 | 0·57 | 0·91 | 0·61 | 0·61 | 0·57 | 0·57 | 0·63 | 0·64 | 0·62 | 0·58 | 0·58 | 0·58 | 0·60 |
| | | | 0·50 | | | | | | 0·55 | 0·60 | 0·59 | 0·58 | | | | | | | | | |
| | | 0·44 | | 0·52 | 0·54 | 0·52 | 0·50 | 0·51 | 0·48 | 0·56 | 0·56 | 0·53 | | | | | | | | | |
| | | | | | | | | 0·51 | 0·57 | | | | | | | | | | | | |
| 0·55 | 0·54 | 0·57 | 0·63 | 0·65 | 0·63 | 0·57 | 0·53 | 0·70 | 0·68 | 0·66 | 0·62 | 0·72 | 0·72 | 0·70 | 0·72 | 0·70 | 0·69 | 0·68 | 0·60 | 0·64 | 0·66 |
| | | | | | | | | 0·65 | 0·63 | 0·63 | 0·62 | 0·60 | | | | | | | | | |
| 0·50 | 0·52 | 0·55 | 0·59 | 0·61 | 0·59 | 0·55 | 0·58 | 0·63 | 0·64 | 0·63 | 0·61 | 0 61 | 0·61 | 0·61 | 0·62 | 0·62 | 0·62 | 0·62 | 0·61 | 0·62 | 0·61 |
| | | | | | | | | 0·59 | 0·60 | 0·59 | 0·57 | 0·56 | | | | | | | | | |
| 0·45 | 0·48 | 0·50 | 0·54 | 0·55 | 0·54 | 0·52 | 0·51 | 0·63 | 0·63 | 0·62 | 0·60 | 0·61 | 0 60 | 0·61 | 0·63 | 0·63 | 0·60 | 0·59 | 0·58 | 0·56 | 0·58 |
| | | | | | | | | 0·54 | 0·56 | 0·56 | 0·56 | 0·55 | | | | | | | | | |
| 0·43 | 0·47 | 0·48 | 0·50 | 0·52 | 0·48 | 0·45 | 0·48 | 0·56 | 0·56 | 0·56 | 0·56 | 0·56 | 0·56 | 0·60 | 0·60 | 0 60 | 0·60 | 0·60 | 0·80 | 0·60 | 0·58 |
| | | | | | | | | 0·48 | 0·48 | 0·47 | 0·49 | 0·49 | | | | | | | | | |
| | | | | | | | | 0·48 | 0·48 | 0·49 | 0·50 | 0·49 | 0·51 | 0·53 | 0·55 | 0·55 | 0·52 | 0·52 | 0·52 | 0·52 | 0·54 |
| 0·32 | 0·34 | 0·36 | 0·38 | 0·39 | 0·39 | 0·38 | 0·38 | 0 32 | 0·31 | 0·32 | 0·33 | 0·34 | | | | | | | | | |
| 0·30 | 0·32 | 0·32 | 0·32 | 0·35 | 0·38 | 0·32 | 0·33 | 0·38 | 0·37 | 0·42 | 0·44 | 0·45 | 0·47 | 0·52 | 0·48 | 0·45 | 0·44 | 0·44 | 0·44 | 0·46 | 0·47 |
| | | | | | | | | 0·29 | 0·30 | 0·34 | 0·37 | 0·35 | | | | | | | | | |
| 0·34 | 0·38 | 0·39 | 0·41 | 0·38 | 0·38 | 0·36 | 0·38 | 0·46 | 0·49 | 0·66 | 0·46 | 0·42 | 0·43 | 0·52 | 0·55 | 0·54 | 0·58 | 0·59 | 0·58 | 0·56 | 0·57 |
| | | | | | | | | 0·39 | 0·44 | 0·53 | 0·44 | 0·38 | | | | | | | | | |

Tabelle 244.

# Markt-Durchschnittspreise für Heu in den im

Per Metercentner in Gulden

| | | 1830 | 1831 | 1832 | 1833 | 1834 | 1835 | 1836 | 1837 | 1838 | 1839 | 1840 | 1841 | 1842 |
|---|---|---|---|---|---|---|---|---|---|---|---|---|---|---|
| Nieder-Österreich | Wien | 1·87 | 1·93 | 1·81 | 2·22 | 2·71 | 3·40 | 2·31 | 1·87 | 1·59 | 1·84 | 1·97 | 2·09 | 2·84 |
| | das übrige Land | 1·81 | 1·68 | 1·78 | 2·00 | 2·37 | 3·03 | 2·34 | 1·90 | 1·65 | 1·72 | 2·06 | 1·97 | 2·62 |
| Ober-Österreich | Linz | | | | | | | | | | | | | |
| | das übrige Land | 1·56 | 1·44 | 1·53 | 1·75 | 2·18 | 2·46 | 2·12 | 1·78 | 1·22 | 1·19 | 1·47 | 1·90 | 1·97 |
| Salzburg | Salzburg (Stadt) | | | | | | | | | | | | | |
| | das übrige Land | | | | | | | | | | | | | |
| Steiermark | Graz | 1·93 | 1·84 | 1·65 | 1·62 | 2·68 | 3·09 | 1·87 | 1·87 | 1·12 | 1·19 | 1·81 | 2·34 | 2·25 |
| | das übrige Land | | | | | | | | | | | | | |
| Kärnten | Klagenfurt | | | | | | | | | | | | | |
| | das übrige Land | 1·87 | 1·68 | 1·47 | 1·75 | 2·68 | 2·78 | 1·90 | 1·50 | 1·37 | 1·68 | 2·00 | 1·93 | 1·81 |
| Krain | Laibach | | | | | | | | | | | | | |
| | das übrige Land | | | | | | | | | | | | | |
| Triest (Stadt) | | | | | | | | | | | | | | |
| Görz und Gradisca | Görz (Stadt) | | | | | | | | | | | | | |
| | das übrige Land | 3·03 | 2·12 | 1·34 | 1·78 | 2·65 | 2·40 | 2·68 | 2·43 | 2·37 | 2·90 | 3·00 | 3·15 | 2·65 |
| Istrien | Rovigno (Stadt) | | | | | | | | | | | | | |
| | das übrige Land | | | | | | | | | | | | | |
| Tirol und Vorarlberg | Innsbruck | 2·37 | 2·37 | 2·56 | 3·00 | 3·56 | 3·31 | 3·87 | 3·74 | 3·00 | 3·03 | 2·87 | 2·71 | 2·65 |
| Böhmen | Prag | 1·81 | 1·75 | 2·09 | 2·31 | 2·22 | 3·15 | 2·96 | 2·25 | 1·81 | 1·75 | 1·93 | 2·46 | 2·75 |
| | das übrige Land | | | | | | | | | | | | | |
| Mähren | Brünn | | | | | | | | | | | | | |
| | das übrige Land | 1·78 | 1·90 | 1·81 | 1·90 | 2·37 | 3·00 | 2·25 | 1·68 | 1·44 | 1·56 | 1·72 | 1·84 | 2·25 |
| Schlesien | Troppau | | | | | | | | | | | | | |
| | das übrige Land | | | | | | | | | | | | | |
| Galizien | Lemberg | | | | | | | | | | | | | |
| | Krakau | | | | | | | | | | | | | |
| | Westgalizien | | | | | | | | | | | | | |
| | Ostgalizien | 0·97 | 1·28 | 1·12 | 1·31 | 1·93 | 1·84 | 0·94 | 1·06 | 1·12 | 1·03 | 1·25 | 1·22 | 1·37 |
| Bukowina | Czernowitz | | | | | | | | | | | | | |
| | das übrige Land | | | | | | | | | | | | | |
| Dalmatien | Zara | 3·00 | 3·00 | 2·50 | 2·68 | 3·09 | 3·56 | 2·93 | 2·84 | 2·65 | 2·87 | 3·12 | 3·06 | 2·81 |
| | das übrige Land | | | | | | | | | | | | | |

¹) Ohne Bezirk Tolmein.

# Reichsrathe vertretenen Königreichen und Ländern.

österreichischer Währung.

| 1843 | 1844 | 1845 | 1846 | 1847 | 1848 | 1849 | 1850 | 1851 | 1852 | 1853 | 1854 | 1855 |
|---|---|---|---|---|---|---|---|---|---|---|---|---|
| 2·53 | 1·62 | 1·75 | 2·25 | 2·40 | 2·22 | 2·78 | 2·71 | 2·84 | 3·37 | 3·37 | 3·03 | 3·28 |
| 2·71 | 1·62 | 1·53 | 1·84 | 2·40 | 2·34 | 2·34 | 2·59 | 2·90 | 3·31 | 3·43 | 2·78 | 2·62 |
| 2·09 | 1·59 | 1·53 | 1·59 | 1·75 | 2·09 | 2·00 | 2·09 | 2·09 | 3·43 | 3·62 | 3·00 | 3·24 |
|  |  |  |  |  |  | 2·12 | 2·87 | 2·81 | 3·06 | 2·34 | 2·50 | 2·93 |
| 2·15 | 1·81 | 1·75 | 1·75 | 2·09 | 2·18 | 2·34 | 2·46 | 2·37 | 3·06 | 3·00 | 2·50 | 2·68 |
| 1·50 | 1·50 | 1·56 | 1·56 | 1·78 | 2·06 | 2·25 | 2·37 | 2·53 | 2·84 | 3·00 | 2·68 | 2·34 |
|  |  |  |  |  |  | 2·22 | 2·59 | 2·34 | 2·46 | 2·46 | 2·12 | 2·15 |
| 2·00 | 1·87 | 2·40 | 2·59 | 2·56 | 2·75 | 3·31 | 2·62 | 2·40 | 3·46 | 3·40 | 2·65 | 2·93 |
| 2·68 | 2·75 | 3·03 | 2·78 | 3·06 | 3·31 | 3·21 | 2·96 | 3·09 | 3·84 | 3·49 | 3·21 | 3·49 |
| 3·21 | 1·90 | 1·87 | 2·03 | 2·50 | 2·34 | 2·65 | 2·62 | 2·81 | 3·15 | 3·00 | 2·90 | 2·65 |
| 2·68 | 1·53 | 1·65 | 1·87 | 2·50 | 2·28 | 2·15 | 2·46 | 2·68 | 3·31 | 3·24 | 2·65 | 2·59 |
|  |  |  |  |  |  | 1·56 | 2·09 | 2·93 | 2·59 | 2·56 | 2·65 | 2·56 |
| 1·28 | 1·28 | 1·62 | 1·44 | 1·62 | 1·81 | 2·06 | 2·18 | 2·40 | 2·00 | 1·97 | 2·22 | 3·09 |
|  |  |  |  |  |  | 3·78 | 1·00 | 2·81 | 2·28 | 2·22 | 2·71 | 4·77 |
| 2·81 | 2·78 | 2·90 | 3·06 | 3·21 | 3·09 | 3·21 | 3·74 | 3·68 | 3·78 | 4·21 | 4·68 | 5·74 |

| 1882 | 1883 | 1884 | 1885 | 1886 | 1887 | 1888 | 1889 | 1890 |
|---|---|---|---|---|---|---|---|---|
| ·88 | 4·25 | 3·71 | 3·64 | 3·94 | 3·68 | 3·66 | 3·49 | 3·47 |
| · · | · · | · · | · · | · · | · · | · · | · · | · · |
| ·00 | 3·37 | 3·71 | 3·60 | 4·27 | 3·60 | 3·83 | 3·92 | 3·83 |
| ·28 | 3·10 | 2·90 | 3·80 | 3·10 | 2·47 | 2·50 | 2·99 | 2·48 |
| · · | · · | · · | · · | · · | · · | · · | · · | · · |
| ·65 | 2·78 | 2·33 | 2·96 | 3·15 | 3·30 | 3·18 | 2·40 | 1·73 |
| ·94 | 2·74 | 2·61 | 2·33 | 3·18 | 2·52 | 2·32 | 2·25 | 2·02 |
| · · | · · | · · | · · | · · | · · | · · | · · | · · |
| ·58 | 2·32 | 1·81 | 1·74 | 2·40 | 2·41 | 2·37 | 2·34 | 1·71 |
| · · | · · | · · | · · | · · | · · | · · | · · | · · |
| ·28 | 3·49 | 2·69 | 2·77 | 3·12 | 3·28 | 3·29 | 2·77 | 2·79 |
| ·17 | 2·42 | 2·21 | 2·30 | 2·77 | 2·86 | 2·60 | 2·10 | 1·93 |
| · · | · · | · · | · · | · · | · · | · · | · · | · · |
| · · | · · | · · | · · | · · | · · | · · | · · | 3·50 |
| · · | · · | · · | · · | · · | · · | · · | · · | · · |
| ·80 | 5·90 | 5·50 | 5·90 | 5·15 | 5·30 | 4·80 | 4·50 | 3·80 |
| · · | · · | · · | · · | · · | · · | · · | · · | · · |
| ·90 | 5·00 | 4·14 | 4·09 | 4·18 | 3·16 | 3·21 | 3·18 | 3·47 |
| ·70 | 5·19 | 4·13 | 3·79 | 4·00 | 3·50 | 3·44 | 3·26 | 2·92 |
| · · | · · | · · | · · | · · | · · | · · | · · | · · |
| ·75 | 4·37 | 3·35 | 2·96 | 3·47 | 2·90 | 3·35 | 4·42 | 3·43 |
| ·00 | 2·65 | 2·29 | 1·81 | 2·09 | 2·10 | 1·98 | 2·78 | 2·28 |
| · · | · · | · · | · · | · · | · · | · · | · · | · · |
| · · | · · | · · | · · | · · | · · | · · | · · | · · |
| ·87 | 3·62 | 3·45 | 2·87 | 2·46 | 2·18 | 2·29 | 2·90 | 2·60 |
| · · | · · | · · | · · | · · | · · | · · | · · | · · |
| ·69 | 3·76 | 3·50 | 5·00 | 6·37 | 5·29 | 5·55 | 4·51 | 4·19 |
| · · | · · | · · | · · | · · | · · | · · | · · | · · |

# Markt-Durchschnittspreise für Heu in den im

Per Metercentner in Gulden

| | | 1856 | 1857 | 1858 | 1859 | 1860 | 1861 | 1862 | 1863 | 1864 | 1865 | 1866 | 1867 | 1868 |
|---|---|---|---|---|---|---|---|---|---|---|---|---|---|---|
| Nieder-Österreich | Wien | 3·15 | 4·21 | 3·97 | 3·51 | 2·92 | 2·85 | 2·79 | 3·45 | 3·87 | 2·65 | 3·62 | 3·15 | 2·56 |
| | das übrige Land | 2·84 | 4·18 | 3·47 | 3·08 | 2·54 | 2·61 | 2·63 | 3·72 | 2·76 | 2·47 | 2·92 | 2·86 | 2·52 |
| Ober-Österreich | Linz / das übrige Land | 3·31 | 3·37 | 3·11 | 2·86 | 2·90 | 2·58 | 2·54 | 2·43 | 2·76 | 2·86 | 2·89 | 2·54 | 2·58 |
| Salzburg | Salzburg (Stadt) / das übrige Land | 2·93 | 3·00 | 2·85 | 2·74 | .... | .... | 2·81 | 2·72 | 3·13 | 2·85 | 2·64 | 2·57 | 2·86 |
| Steiermark | Graz / das übrige Land | 2·93 | 4·02 | 3·76 | 2·67 | 2·06 | 3·26 | 2·92 | 2·22 | 2·29 | 2·63 | 2·18 | 2·55 | 2·00 |
| Kärnten | Klagenfurt / das übrige Land | 2·84 | 4·65 | 3·92 | 3·04 | 2·33 | 2·97 | 2·99 | 2·49 | 2·08 | 1·92 | 2·18 | 1·99 | 2·11 |
| Krain | Laibach / das übrige Land | 2·25 | 3·49 | 2·72 | 2·74 | .... | .... | 2·79 | 2·72 | 2·40 | 2·83 | 2·36 | 1·74 | 1·73 |
| Triest (Stadt) | | | | | | | | | | | | | | |
| Görz und Gradisca | Görz (Stadt) / das übrige Land | | | | | | | | | | | | | |
| Istrien | Rovigno (Stadt) / das übrige Land | 2·84 | 2·90 | 3·04 | 3·11 | 3·15 | 3·29 | 2·86 | 2·76 | 2·56 | 3·26 | 2·88 | 3·44 | 2·92 |
| Tirol und Vorarlberg | Innsbruck / das übrige Land | 3·56 | 3·65 | 3 72 | 4·48 | 4·22 | 4·46 | 3·99 | 3·71 | 3·54 | 3·78 | 3·79 | 3·17 | 3·40 |
| Böhmen | Prag / das übrige Land | 2·81 | 3·78 | 4·22 | 3·56 | 2·81 | 2·81 | 3·79 | 4·10 | 4·42 | 4·05 | 4·39 | 3·13 | 4·13 |
| Mähren | Brünn / das übrige Land | 2·75 | 3·90 | 4·55 | 3·99 | .... | .... | 4·55 | 3·99 | 4·53 | 4·15 | 3·53 | 3·19 | 3·15 |
| Schlesien | Troppau / das übrige Land | 2·37 | 3·00 | 3·87 | 4·21 | 2·36 | 2·45 | 2·33 | 3·37 | 4·44 | 2·86 | 3·44 | 3·08 | 3·37 |
| Galizien | Lemberg | 2·22 | 2·18 | | | | | | | | | | 2·06 | 2·06 |
| | Krakau | | | 2·72 | 2·76 | .... | .... | | | | | | | |
| | Westgalizien | | | .... | .... | 1·86 | 2·20 | 2·08 | 2·72 | 2·99 | 2·17 | 2·60 | | |
| | Oftgalizien | | | 1·88 | 2·02 | 2·04 | 1·81 | 1·88 | 2·22 | 2·49 | 2·33 | 1·92 | | |
| Bukowina | Czernowitz / das übrige Land | 3·68 | 3·65 | 2·54 | 2·60 | 2·54 | 2·40 | 2·77 | 2·43 | 2·34 | 2·26 | 2·11 | 1·77 | 2·55 |
| Dalmatien | Zara / das übrige Land | 5·09 | 4·80 | 5·39 | 6·61 | 6·78 | 6·50 | 6·75 | 5·92 | 5·73 | 4·90 | 5·16 | 4·09 | |

¹) Ohne Bezirk Tolmein.

# Reichsrathe vertretenen Königreichen und Ländern.

österreichischer Währung.

| 1869 | 1870 | 1871 | 1872 | 1873 | 1874 | 1875 | 1876 | 1877 | 1878 | 1879 | 1880 | 1881 | 1882 | 1883 | 1884 | 1885 | 1886 | 1887 | 1888 | 1889 | 1890 |
|---|---|---|---|---|---|---|---|---|---|---|---|---|---|---|---|---|---|---|---|---|---|
| 3·10 | 3·87 | 3·56 | 3·45 | 3 88 | 3·51 | 3·78 | 4·20 | 3·35 | 3·00 | 2·60 | 2·47 | 3·13 | 3·88 | 4·25 | 3·71 | 3·64 | 3·94 | 3·68 | 3·66 | 3·49 | 3·47 |
| 3·29 | 3·72 | 3·28 | 3·37 | 3·13 | 3·03 | 3·79 | 4·22 | 3·83 | 2·76 | 2·37 | 2·46 | 2·57 | .... | .... | .... | .... | .... | .... | .... | .... | .... |
| 2 63 | 3·26 | 3·11 | 2·82 | 2·72 | 3·17 | 3·69 | 4·05 | 3·96 | 2·46 | 2·50 | 2·73 | 3·29 | 3·00 | 3·37 | 3·71 | 3·60 | 4·27 | 3·60 | 3·83 | 3·92 | 3·83 |
|  |  |  |  |  |  |  |  | 2·95 | 1·97 | 1·91 | 2·02 | 2·16 | .... | .... | .... | .... | .... | .... | .... | .... | .... |
| 2·83 | 3·04 | 3·06 | 2·72 | 2·91 | 3·37 | 3·24 | 3·92 | 3·00 | 2·58 | 2·18 | 2·22 | 2·16 | 2·28 | 3·10 | 2·90 | 3·80 | 3·10 | 2·47 | 2·50 | 2·99 | 2·48 |
|  |  |  |  |  |  |  |  | 4·00 | 3·53 | 2·96 | 2·96 | 2·87 | .... | .... | .... | .... | .... | .... | .... | .... | .... |
| 2·45 | 3·19 | 3·01 | 2·74 | 2·58 | 2·58 | 2·52 | 2·85 | 2·90 | 2·34 | 1·60 | 1·70 | 1·99 | 3·65 | 2·78 | 2·33 | 2·96 | 3·15 | 3·30 | 3·18 | 2·40 | 1·73 |
|  |  |  |  |  |  |  |  | 2·83 | 2·52 | 2·18 | 2·28 | 2·37 | .... | .... | .... | .... | .... | .... | .... | .... | .... |
| 2·69 | 3·17 | 2·76 | 2·56 | 2·51 | 2·43 | 2·45 | 2·83 | 2·15 | 1·93 | 1·73 | 1·64 | 2·08 | 2·94 | 2·74 | 2·61 | 2·33 | 3·18 | 2·52 | 2·82 | 2·25 | 2·02 |
|  |  |  |  |  |  |  |  | 2·80 | 2·34 | 2·46 | 2·37 | 2·44 | .... | .... | .... | .... | .... | .... | .... | .... | .... |
| 1·70 | 2 17 | 2·69 | 2·34 | 2·09 | 2·13 | 2·51 | 2·89 | 2·29 | 1·75 | 1·62 | 2·07 | 2·44 | 2·58 | 2·32 | 1·81 | 1·74 | 2·40 | 2·41 | 2·37 | 2·34 | 1·71 |
|  |  |  |  |  |  |  |  | 2·70 | 2·22 | 2·06 | 2·26 | 2·41 | .... | .... | .... | .... | .... | .... | .... | .... | .... |
|  |  | 4·67 | 3·58 | 3·13 | 2·97 | 4·01 | 3·73 | 3·09 | .... | 3·41 | 3·25 | 3·28 | 3·28 | 3·49 | 2·69 | 2·77 | 3·12 | 3·28 | 3·29 | 2·77 | 2·79 |
| 3·10 | 2 88 | 3·15 |  | 2·27 | 2·27 | 2·83 | 3·20 | 2·80 | .... | 2·00 1) | 2·21 1) | 2·21 | 2·17 | 2·42 | 2·21 | 2·30 | 2·77 | 2·86 | 2·60 | 2·10 | 1·93 |
|  |  |  | 2·77 |  |  |  |  |  |  | 2·21 | 2·45 | 2·45 |  |  |  |  |  |  |  |  |  |
|  |  | 3·37 | 2·67 | 2·67 | 3·03 | 3·13 | 3·18 | 2·75 | .... | 4·00 | 2·96 | 2·91 |  |  |  |  |  |  |  |  | 3·50 |
|  |  |  |  |  |  |  |  |  |  | 2·93 |  |  |  |  |  |  |  |  |  |  |  |
| 3·58 | 3·87 | 4·38 | 3·99 | 4·26 | 4·44 | 5·46 | 5·50 | 5·56 | 5·60 | 5·84 | 5·40 | 5·70 | 5·80 | 5·90 | 5·50 | 5·90 | 5·15 | 5·30 | 4·80 | 4·50 | 3·80 |
|  |  |  |  |  |  |  |  | 3·96 | 3·86 | 3·74 | 3·46 | 3·73 | .... | .... | .... | .... | .... | .... | .... | .... | .... |
| 4·92 | 4·90 | 4·60 | 3·88 | 4·55 | 5·76 | 6·09 | 5·70 | 5·16 | 3·78 | 3·94 | 8·46 | 3·45 | 3·90 | 5·00 | 4·14 | 4·09 | 4·18 | 3·16 | 3·21 | 3·18 | 3·47 |
|  |  |  |  |  |  |  |  | 3·82 | 3·06 | 3·11 | 2·94 | 3·14 | .... | .... | .... | .... | .... | .... | .... | .... | .... |
| 4·06 | 4·60 | 3·76 | 3·24 | 3·62 | 3·76 | 3·94 | 4·08 | 3·66 | 3·08 | 3·33 | 3·13 | 3·51 | 4·70 | 5·19 | 4·13 | 3·79 | 4·00 | 3·50 | 3·44 | 3·26 | 2·92 |
|  |  |  |  |  |  |  |  | 3·44 | 2·91 | 2·95 | 2·78 | 2·77 | .... | .... | .... | .... | .... | .... | .... | .... | .... |
| 3·97 | 4·44 | 3·40 | 3·22 | 3·26 | 3·65 | 3·63 | 3·46 | 2·72 | 2·99 | 3·35 | 2·43 | 2·89 | 3·75 | 4·37 | 3·85 | 2·96 | 3·47 | 2·90 | 3·35 | 4·42 | 3·43 |
|  |  |  |  |  |  |  |  | 2·58 | 2·79 | 2·80 | 2·95 | 3·00 | .... | .... | .... | .... | .... | .... | .... | .... | .... |
|  |  |  |  |  |  |  |  | 2·04 | 1·76 | 1·79 | 1·83 | 2·00 | 2·00 | 2·65 | 2·29 | 1·81 | 2·09 | 2·10 | 1·98 | 2·78 | 2·28 |
| 2·40 | 3·01 | 2·40 | 2·18 | 2·20 | 2 06 | 2·77 | 2·71 |  |  |  |  |  |  |  |  |  |  |  |  |  |  |
|  |  |  |  |  |  |  |  | 2·39 | 2·13 | 2·17 | 2·23 | 2·37 | .... | .... | .... | .... | .... | .... | .... | .... | .... |
| .... | 2·95 | 3·17 | 2·24 | 2·15 | 3·47 | 4·28 | 3·80 | 3·11 | 3·98 | 3·63 | 3·76 | 5·44 | 3·87 | 3·62 | 3·45 | 2·87 | 2·46 | 2·18 | 2·29 | 2·90 | 2·60 |
|  |  |  |  |  |  |  |  | 2·67 | 2·40 | 2·08 | 2·56 | 3·08 | .... | .... | .... | .... | .... | .... | .... | .... | .... |
| 3·78 | 4·56 | 4·82 | 4·62 | 3·83 | 3·97 | 4·89 | 5·01 | 4·40 | 5·68 | 5·00 | 4·15 | 3·59 | 3·69 | 3·76 | 3·50 | 5·00 | 6·37 | 5·29 | 5·55 | 4·51 | 4·19 |
|  |  |  |  |  |  |  |  | 5·40 | 5·25 | 4·82 | 5·44 | 5·14 | .... | .... | .... | .... | .... | .... | .... | .... | .... |

**Tabelle 245.**

# Markt-Durchschnittspreise für Stroh in den im

Per Metercentner in Gulden

| | | 1830 | 1831 | 1832 | 1833 | 1834 | 1835 | 1836 | 1837 | 1838 | 1839 | 1840 | 1841 | 1842 |
|---|---|---|---|---|---|---|---|---|---|---|---|---|---|---|
| Nieder-Österreich | Wien . . . . . | 2·15 | 2·03 | 1·37 | 1·62 | 2·68 | 2·90 | 1·81 | 1·62 | 1·62 | 2·25 | 2·22 | 2·31 | 2·50 |
| | das übrige Land . . . . | 1·65 | 1·53 | 1·44 | 1·37 | 1·81 | 4·06 | 1·90 | 1·59 | 1·12 | 1·37 | 1·62 | 1·53 | 1·87 |
| Ober-Österreich . . . . . | Linz . . . . . | | | | | | | | | | | | | |
| | das übrige Land . . . . | 1·22 | 1·22 | 1·15 | 1·15 | 1·40 | 1·78 | 1·40 | 1·22 | 1·06 | 1·08 | 1·09 | 1·37 | 1·59 |
| Salzburg . . . . . . | Salzburg (Stadt) . . . | | | | | | | | | | | | | |
| | das übrige Land . . . . | | | | | | | | | | | | | |
| Steiermark . . . . . | Graz . . . . | 1·28 | 1·44 | 1·06 | 1·03 | 1·72 | 2·15 | 1·34 | 0·97 | 0·84 | 1·00 | 1·25 | 1·47 | 1·68 |
| | das übrige Land . . . . | | | | | | | | | | | | | |
| Kärnten . . . . . . | Klagenfurt . . . . | | | | | | | | | | | | | |
| | das übrige Land . . . . | | | | | | | | | | | | | |
| Krain . . . . . . | Laibach . . . . | 1·06 | 1·06 | 0·90 | 0·97 | 1·75 | 1·62 | 1·00 | 0·90 | 0·90 | 1·15 | 1·22 | 1·12 | 1·22 |
| | das übrige Land . . . . | | | | | | | | | | | | | |
| Triest (Stadt) . . . . . . | | | | | | | | | | | | | | |
| Görz und Gradisca . . . | Görz (Stadt) . . . | | | | | | | | | | | | | |
| | das übrige Land . . . . | 2·03 | 1·68 | 1·09 | 1·31 | 1·72 | 1·65 | 1·75 | 1·65 | 1·50 | 1·56 | 1·78 | 2·03 | 1·87 |
| Istrien . . . . . . | Rovigno (Stadt) . . . | | | | | | | | | | | | | |
| | das übrige Land . . . . | | | | | | | | | | | | | |
| Tirol und Vorarlberg . . | Innsbruck . . . | 1·44 | 1·62 | 1·78 | 1·93 | 2·43 | 2·25 | 2·18 | 2·65 | 2·25 | 2·28 | 2·09 | 2·06 | 2·06 |
| | das übrige Land . . . . | | | | | | | | | | | | | |
| Böhmen . . . . . . | Prag . . . . | 1·28 | 1·19 | 1·31 | 1·44 | 1 84 | 2·50 | 1·84 | 1·19 | 1·15 | 1·22 | 1·37 | 1·68 | 1·97 |
| | das übrige Land . . . . | | | | | | | | | | | | | |
| Mähren . . . . . | Brünn . . . . | | | | | | | | | | | | | |
| | das übrige Land . . . . | | | | | | | | | | | | | |
| Schlesien . . . . | Troppau . . . | 1·12 | 1·28 | 1·06 | 1·06 | 1·72 | 2·00 | 1·37 | 1·31 | 1·03 | 1·06 | 1·09 | 1·12 | 1·34 |
| | das übrige Land . . . . | | | | | | | | | | | | | |
| | Lemberg . . . . | | | | | | | | | | | | | |
| | Krakau . . . . | | | | | | | | | | | | | |
| Galizien . . . . . | Westgalizien . . . . | | | | | | | | | | | | | |
| | Ostgalizien . . . . | 0·62 | 0·97 | 0·75 | 0·75 | 1·09 | 1·09 | 0·53 | 0·59 | 0·66 | 0·69 | 0·87 | 0·75 | 0·90 |
| Bukowina . . . . . | Czernowitz . . . . | | | | | | | | | | | | | |
| | das übrige Land . . . . . . | | | | | | | | | | | | | |
| Dalmatien . . . . | Zara . . . . | 2·65 | 2·59 | 2·18 | 2·22 | 2·68 | 3·15 | 2·56 | 2·53 | 2·25 | 2·56 | 2·65 | 2·62 | 2·31 |
| | das übrige Land . . . . . . | | | | | | | | | | | | | |

¹) Ohne Bezirk Tolmein.

# Reichsrathe vertretenen Königreichen und Ländern.

österreichischer Währung.

| 1856 | 1857 | 1858 | 1859 | 1860 | 1861 | 1862 | 1863 | 1864 | 1865 | 1866 | 1867 | 1868 |
|---|---|---|---|---|---|---|---|---|---|---|---|---|
| 3·00 | 3·84 | 3 04 | 2·92 | 2·81 | 2·79 | 3·18 | 3·40 | 2·61 | 2·29 | 2·60 | 2·15 | 1·81 |
| 2·09 | 8 09 | 2·76 | 2·13 | 1·90 | 1·99 | 2·00 | 2·29 | 1·88 | 1·93 | 1·97 | 1·98 | 1·74 |
| 3 00 | 2·96 | 2·15 | 2·29 | 2·29 | 1·77 | 1·68 | 1·63 | 1·56 | 1·68 | 1·79 | 1·58 | 2·00 |
| 2·81 | 2·37 | 2·42 | 2·56 | ... | ... | 2·61 | 2·60 | 2·61 | 2·43 | 2·39 | 2·30 | 2·51 |
| 2·00 | 2·31 | 2·22 | 1·65 | 1·63 | 2·15 | 1·81 | 1·31 | 1·29 | 1·92 | 1·61 | 1·29 | 1·45 |
| 1·84 | 2·75 | 2·33 | 1·81 | 1·29 | 2·15 | 2·29 | 1·41 | 1·22 | 1·31 | 1·50 | 1·24 | 1·65 |
| 1·40 | 2·25 | 1·54 | 1·66 | ... | ... | 1·70 | 1·65 | 1·36 | 1·84 | 1·61 | 0·95 | 1·15 |
| | | | | | | | | | | | | |
| 1·84 | 1·87 | 1·66 | 2·22 | 1·93 | 2·09 | 1·88 | 1·81 | 1·72 | 1·95 | 2·02 | 1·74 | 2·18 |
| | | | | | | | | | | | | |
| 2·56 | 2·46 | 2 45 | 3·10 | 3·06 | 3·26 | 3·08 | 2·70 | 2·54 | 2·86 | 2·87 | 2·84 | 2·97 |
| 1·93 | 2·25 | 2·58 | 2·26 | 1·88 | 1·92 | 1·92 | 2·02 | 2·08 | 2·20 | 2·48 | 1·86 | 2·52 |
| 2·06 | 2·09 | 2·33 | 2·65 | ... | ... | 2·33 | 2·65 | 2 26 | 2·06 | 1·79 | 1·72 | 1·93 |
| 2·28 | 1·81 | 2 04 | 2·67 | 1·56 | 1·74 | 1·74 | 1·81 | 1·95 | 1·58 | 1·97 | 1·63 | 2·38 |
| | | 0·94 | 1·63 | ... | ... | ... | ... | ... | ... | ... | | |
| 1·45 | 1·37 | ... | ... | 1·25 | 1·34 | 1·36 | 1·50 | 1·36 | 1·15 | 1·65 | 1·18 | 1·25 |
| | | 1·13 | 1·09 | 1·20 | 1·02 | 1·09 | 1·07 | 0·93 | 1·07 | 1·13 | | |
| 3·62 | 3 59 | 1·59 | 1·32 | 1·29 | 1·59 | 1·59 | 1·45 | 1·43 | 1·63 | 1·28 | 1·17 | 1·68 |
| 3·78 | 3·74 | 3·79 | 4 60 | 4·42 | 4·42 | 4·56 | 4·17 | 3·85 | 3·22 | 3·28 | 2·80 | ... |

| 882 | 1883 | 1884 | 1885 | 1886 | 1887 | 1888 | 1889 | 1890 |
|---|---|---|---|---|---|---|---|---|
| ·29 | 2·83 | 2·83 | 2·39 | 3·30 | 2·92 | 2·65 | 2·90 | 2·82 |
| ... | ... | ... | ... | ... | ... | ... | ... | ... |
| ·00 | 2·39 | 2·90 | 2·59 | 3·28 | 2·50 | 2·34 | 2·55 | 2·80 |
| ... | ... | ... | ... | ... | ... | ... | ... | ... |
| ·82 | 2·80 | 2·70 | 3·35 | 3·48 | 3·31 | 2·61 | 2·94 | 3·00 |
| ·87 | 1·96 | 1·82 | 1·83 | 3·00 | 2·46 | 2·04 | 1·96 | 1·84 |
| ·25 | 1·56 | 1·76 | 1·81 | 3·04 | 2·17 | 2·07 | 2·15 | 1·55 |
| ·73 | 1·81 | 1·70 | 1·59 | 2·46 | 2·27 | 2·11 | 2·32 | 1·75 |
| ·95 | 2·77 | 2·63 | 2·40 | 3·09 | 2·93 | 2·73 | 2·93 | 2·80 |
| ·60 | 1·77 | 1·81 | 1·61 | 2·13 | 2·17 | 1·94 | 1·74 | 1·55 |
| ... | ... | ... | ... | ... | ... | ... | ... | 2·00 |
| ... | ... | ... | ... | ... | ... | ... | ... | ... |
| ·70 | 5·80 | 5·60 | 5·80 | 5·25 | 5·30 | 4·60 | 4·50 | 3·80 |
| ·12 | 2·90 | 3·07 | 2·26 | 2·41 | 1·76 | 1·89 | 1·90 | 2·65 |
| ·18 | 2·77 | 2·69 | 2·13 | 2·56 | 2·37 | 2·31 | 2·50 | 2·36 |
| ·74 | 2·12 | 2·09 | 1·63 | 2·44 | 2·31 | 1·78 | 2·96 | 2·40 |
| ·56 | 1·78 | 1·73 | 1·28 | 1·36 | 1·52 | 1·32 | 1·65 | 1·82 |
| ... | ... | ... | ... | ... | ... | ... | ... | ... |
| ... | ... | ... | ... | ... | ... | ... | ... | ... |
| ·69 | ... | 2·70 | 2·23 | 2·13 | 1·55 | 1·29 | 1·55 | 1·84 |
| ·08 | 2·67 | 2·50 | 4·50 | 6·33 | 4·71 | 4·62 | 3·92 | 4·00 |

Tabelle 245.

# Markt-Durchschnittspreise für Stroh in den im

Per Metercentner in Gulden

| | | 1843 | 1844 | 1845 | 1846 | 1847 | 1848 | 1849 | 1850 | 1851 | 1852 | 1853 | 1854 | 1855 |
|---|---|---|---|---|---|---|---|---|---|---|---|---|---|---|
| Nieder-Österreich | Wien | 1·97 | 1·50 | 1·97 | 2·06 | 1·93 | 2·34 | 2·75 | 2·25 | 2·87 | 3·03 | 4·43 | 3·56 | 3·68 |
| | das übrige Land | 1·75 | 1·22 | 1·28 | 1·47 | 1·37 | 1·31 | 1·56 | 1·72 | 2·25 | 2·68 | 3·18 | 2·22 | 2·06 |
| Ober-Österreich | Linz | | | | | | | 1·31 | 1·31 | 1·50 | 2·78 | 3·40 | 3·06 | 2·93 |
| | das übrige Land | 1·59 | 1·31 | 1·31 | 1·44 | 1·40 | 1·56 | | | | | | | |
| Salzburg | Salzburg (Stadt) | | | | | | | 1·72 | 1·68 | 2·40 | 3·15 | 2·53 | 2·03 | 2·34 |
| | das übrige Land | | | | | | | | | | | | | |
| Steiermark | Graz | 1·56 | 1 19 | 1·25 | 1·50 | 1·62 | 1·59 | 1·81 | 1·68 | 1·93 | 2·18 | 2·37 | 1·97 | 2 34 |
| | das übrige Land | | | | | | | | | | | | | |
| Kärnten | Klagenfurt | | | | | | | 1·62 | 1·50 | 1 78 | 2·00 | 2·43 | 1·97 | 1·68 |
| | das übrige Land | 1·00 | 1·00 | 1·12 | 1·14 | 1·19 | 1·37 | | | | | | | |
| Krain | Laibach | | | | | | | 1·22 | 1·53 | 1·47 | 1·59 | 1·56 | 1·34 | 1·37 |
| | das übrige Land | | | | | | | | | | | | | |
| Triest (Stadt) | | | | | | | | | | | | | | |
| Görz und Gradisca | Görz (Stadt) | | | | | | | | | | | | | |
| | das übrige Land | 1·62 | 1·44 | 1·59 | 1·84 | 1·78 | 2·06 | 2·12 | 1·81 | 1·72 | 2·22 | 2·31 | 1·87 | 1·97 |
| Istrien | Rovigno (Stadt) | | | | | | | | | | | | | |
| | das übrige Land | | | | | | | | | | | | | |
| Tirol und Vorarlberg | Innsbruck | 2·03 | 2·03 | 2·15 | 2·03 | 2·22 | 2·34 | 2 22 | 2·31 | 2·31 | 2·75 | 2·68 | 2·34 | 2·65 |
| | das übrige Land | | | | | | | | | | | | | |
| Böhmen | Prag | 1·97 | 1·06 | 1·09 | 1·40 | 1·47 | 1·28 | 1·40 | 1·37 | 1·53 | 1·90 | 2·00 | 1·93 | 1·87 |
| | das übrige Land | | | | | | | | | | | | | |
| Mähren | Brünn | | | | | | | 1·14 | 1·22 | 1·53 | 1·72 | 2·25 | 1·72 | 1·81 |
| | das übrige Land | 1·47 | 1·15 | 1·09 | 1·37 | 1·40 | 1·22 | | | | | | | |
| Schlesien | Troppau | | | | | | | 1·14 | 1·34 | 2·15 | 1·50 | 2·50 | 2·25 | 2·09 |
| | das übrige Land | | | | | | | | | | | | | |
| Galizien | Lemberg | | | | | | | | | | | | | |
| | Krakau | | | | | | | | | | | | | |
| | Westgalizien | | | | | | | 1·31 | 1·34 | 1·62 | 1·15 | 1·34 | 1·40 | 1·78 |
| | Ostgalizien | 0·75 | 0·72 | 1·06 | 1·09 | 1·06 | 1·12 | | | | | | | |
| Bukowina | Czernowitz | | | | | | | 2·46 | 0·84 | 1·93 | 1·34 | 1·34 | 1·47 | 3·56 |
| | das übrige Land | | | | | | | | | | | | | |
| Dalmatien | Zara | 2·18 | 2·09 | 2·15 | 2·25 | 2·00 | 2·12 | 2·12 | 2·43 | 2·78 | 2·71 | 3·08 | 3·34 | 4·18 |
| | das übrige Land | | | | | | | | | | | | | |

¹) Ohne Bezirk Tolmein.

# Reichsrathe vertretenen Königreichen und Ländern.

österreichischer Währung.

| 1869 | 1870 | 1871 | 1872 | 1873 | 1874 | 1875 | 1876 | 1877 | 1878 | 1879 | 1880 | 1881 | 1882 | 1883 | 1884 | 1885 | 1886 | 1887 | 1888 | 1889 | 1890 |
|---|---|---|---|---|---|---|---|---|---|---|---|---|---|---|---|---|---|---|---|---|---|
| 2·27 | 3·76 | 3·17 | 2·61 | 3·47 | 2·99 | 3·47 | 4·28 | 2·52 | 2·02 | 2·40 | 2·37 | 2·44 | 2·29 | 2·83 | 2·83 | 2·39 | 3·30 | 2·92 | 2·65 | 2·90 | 2·82 |
| 2·08 | 3·04 | 2·29 | 2·29 | 2·26 | 2·11 | 2·77 | 3·66 | 3·01 | 2·06 | 2·02 | 1·88 | 1·86 | · · · | · · · | · · · | · · · | · · · | · · · | · · · | · · · | · · · |
| 1·77 | 1·99 | 1·91 | 1·85 | 2·10 | 1·79 | 2·11 | 2·95 | 3·16 | 2·14 | 2·00 | 2·10 | 2·39 | 2·00 | 2·39 | 2·90 | 2·59 | 3·28 | 2·50 | 2·34 | 2·55 | 2·80 |
|  |  |  |  |  |  |  |  | 2·45 | 1·61 | 1·52 | 1·54 | 1·60 | · · · | · · · | · · · | · · · | · · · | · · · | · · · | · · · |  |
| 2·47 | 2·58 | 2·72 | 2·57 | 2·94 | 3·04 | 3·24 | 3·86 | 4·25 | 3·52 | 2·56 | 2·44 | 2·87 | 2·82 | 2·80 | 2·70 | 3·35 | 3·43 | 3·31 | 2·61 | 2·94 | 3·00 |
|  |  |  |  |  |  |  |  | 3·31 | 3·00 | 2·62 | 2·71 | 2·48 | · · · | · · · | · · · | · · · | · · · | · · · | · · · | · · · |  |
| 1·40 | 2·20 | 2·42 | 1·92 | 1·86 | 1·79 | 4·98 | 2·72 | 2·20 | 1·44 | 1·24 | 1·59 | 1·49 | 1·87 | 1·96 | 1·82 | 1·83 | 3·00 | 2·46 | 2·04 | 1·96 | 1·84 |
|  |  |  |  |  |  |  |  | 2·17 | 1·80 | 1·66 | 1·76 | 1·71 | · · · | · · · | · · · | · · · | · · · | · · · | · · · | · · · |  |
| 1·77 | 2·36 | 2·00 | 1·77 | 1·65 | 1·66 | 1·75 | 2·21 | 1·66 | 1·06 | 1·12 | 1·29 | 1·22 | 1·25 | 1·56 | 1·76 | 1·81 | 3·04 | 2·17 | 2·07 | 2·15 | 1·55 |
|  |  |  |  |  |  |  |  | 1·97 | 1·67 | 1·69 | 1·65 | 1·68 | · · · | · · · | · · · | · · · | · · · | · · · | · · · | · · · |  |
| 1·16 | 1·58 | 2·11 | 1·64 | 1·48 | 1·50 | 1·92 | 2·54 | 2·17 | 1·47 | 1·41 | 1·61 | 1·69 | 1·73 | 1·81 | 1·70 | 1·59 | 2·46 | 2·27 | 2·11 | 2·32 | 1·75 |
|  |  |  |  |  |  |  |  | 1·90 | 1·53 | 1·50 | 1·53 | 1·51 | · · · | · · · | · · · | · · · | · · · | · · · | · · · | · · · |  |
|  |  | 3·96 | 2·72 | 2·54 | 2·27 | 3·08 | 3·74 | 2·34 | 2·87 | 3·25 | 3·15 | 2·95 | 2·95 | 2·77 | 2·63 | 2·40 | 3·09 | 2·93 | 2·73 | 2·93 | 2·80 |
|  |  | 2·08 |  |  |  |  |  |  | 1·13 | 1·66 [1)] | 1·70 [1)] | 1·70 | 1·60 | 1·77 | 1·81 | 1·61 | 2·13 | 2·17 | 1·94 | 1·74 | 1·55 |
| 1·86 | 2·51 |  | 1·88 | 1·79 | 1·63 | 1·90 | 2·61 | 2·23 | 1·29 | 1·99 | 1·97 | 1·97 | · · · | · · · | · · · | · · · | · · · | · · · | · · · | · · · |  |
|  |  | 2·51 |  | 2·18 | 2·18 | 2·26 | 4·56 | 1·96 | 3·58 | 3·50 | 2·40 | 2·45 | · · · | · · · | · · · | · · · | · · · | · · · | · · · | · · · | 2·00 |
|  |  |  |  |  |  |  |  |  | 2·60 | 2·07 |  |  | · · · | · · · | · · · | · · · | · · · | · · · | · · · | · · · |  |
| 2·97 | 3·19 | 3·81 | 3·69 | 3·88 | 4·06 | 4·99 | 4·98 | 6·00 | 5·80 | 5·80 | 5·20 | 5·60 | 5·70 | 5·80 | 5·60 | 5·80 | 5·25 | 5·30 | 4·60 | 4·50 | 3·80 |
|  |  |  |  |  |  |  |  | 3·39 | 3·47 | 3·39 | 3·08 | 3·10 | · · · | · · · | · · · | · · · | · · · | · · · | · · · | · · · |  |
| 2·56 | 2·77 | 3·10 | 2·29 | 2·13 | 2·51 | 3·51 | 4·34 | 3·56 | 2·26 | 2·15 | 2·10 | 2·18 | 2·12 | 2·90 | 3·07 | 2·26 | 2·41 | 1·76 | 1·89 | 1·90 | 2·65 |
|  |  |  |  |  |  |  |  | 2·60 | 1·95 | 1·84 | 1·71 | 1·79 | · · · | · · · | · · · | · · · | · · · | · · · | · · · | · · · |  |
| 2·18 | 2·60 | 2·47 | 1·92 | 1·86 | 1·74 | 1·93 | 2·74 | 2·39 | 1·94 | 1·93 | 1·94 | 2·05 | 2·18 | 2·77 | 2·69 | 2·13 | 2·56 | 2·37 | 2·31 | 2·50 | 2·36 |
|  |  |  |  |  |  |  |  | 2·21 | 1·72 | 1·71 | 1·69 | 1·72 | · · · | · · · | · · · | · · · | · · · | · · · | · · · | · · · |  |
| 2·45 | 2·63 | 2·36 | 1·90 | 2·51 | 2·47 | 2·63 | 2·60 | 1·92 | 1·26 | 1·75 | 1·73 | 1·77 | 1·74 | 2·12 | 2·09 | 1·63 | 2·44 | 2·31 | 1·78 | 2·96 | 2·40 |
|  |  |  |  |  |  |  |  | 2·41 | 2·11 | 2·29 | 2·72 | 2·61 | · · · | · · · | · · · | · · · | · · · | · · · | · · · | · · · |  |
|  |  |  |  |  |  |  |  | 1·43 | 1·30 | 1·29 | 1·57 | 1·56 | 1·56 | 1·78 | 1·73 | 1·28 | 1·36 | 1·52 | 1·32 | 1·65 | 1·82 |
| 1·84 | 1·97 | 1·56 | 1·59 | 1·70 | 1·43 | 1·70 | 1·86 |  |  |  |  |  | · · · | · · · | · · · | · · · | · · · | · · · | · · · | · · · |  |
|  |  |  |  |  |  |  |  | 1·55 | 1·39 | 1·41 | 1·50 | 1·59 | · · · | · · · | · · · | · · · | · · · | · · · | · · · | · · · |  |
| 1·77 | 1·72 | 1·80 | 1·83 | 1·81 | 1·88 | 2·52 | 2·33 | 2·55 | 3·41 | 3·13 | 3·29 | 4·70 | 2·69 | · · · | 2·70 | 2·23 | 2·13 | 1·55 | 1·29 | 1·55 | 1·84 |
|  |  |  |  |  |  |  |  | 1·67 | 1·39 | 1·28 | 1·25 | 1·65 | · · · | · · · | · · · | · · · | · · · | · · · | · · · | · · · |  |
| 2·76 | 3·45 | 3·57 | 3·58 | 2·94 | 3·28 | 3·53 | 3·52 | 3·40 | 4·60 | 4·00 | 3·60 | 1·15 | 1 08 | 2·67 | 2·50 | 4·50 | 6·33 | 4·71 | 4·62 | 3·92 | 4·00 |
|  |  |  |  |  |  |  |  | 3·60 | 3·67 | 3·63 | 2·66 | 3·34 | · · · | · · · | · · · | · · · | · · · | · · · | · · · | · · · |  |

Tabelle 246.

# Markt-Durchschnittspreife für Weizen in den im Reichsrathe vertretenen Königreichen und Ländern.

### Per Hektoliter in Gulden österreichischer Währung.

##### (Nach Perioden.)

| Perioden | Marktorte Wien | Linz | Salzburg | Graz | Klagenfurt | Laibach | Triest | Görz | Rovigno | Innsbruck | Prag | Brünn | Troppau | Lemberg | Krakau | Czernowitz | Zara | Silberagio | Goldagio |
|---|---|---|---|---|---|---|---|---|---|---|---|---|---|---|---|---|---|---|---|
| **a) In absoluten Zahlen** | | | | | | | | | | | | | | | | | | | |
| 1830—1838 | 4·95 | 4·91 | 4·91 | 5·22 | 6·00 | 6·00 | 6·01 | 6·01 | 6·01 | 7·55 | 4·78 | 4·32 | 4·32 | 2·87 | 2·87 | 2·87 | 5·49 | . | . |
| 1839—1847 | 6·01 | 6·42 | 6·42 | 6·02 | 6·56 | 6·56 | 6·73 | 6·73 | 6·73 | 8·85 | 6·18 | 5·33 | 5·33 | 4·30 | 4·30 | 4·30 | 5·90 | . | . |
| 1848—1850 | 7·13 | 6·94 | 7·74 | 7·86 | 8·63 | 8·27 | 7·63 | 7·63 | 7·63 | 9·38 | 5·93 | 6·08 | 6·62 | 5·14 | 5·14 | 4·38 | 6·51 | 14·34 | . |
| 1851—1860 | 9·09 | 8·48 | 11·38 | 9·30 | 9·81 | 9·64 | 9·93 | 9·93 | 9·93 | 11·72 | 9·52 | 9·11 | 9·44 | 8·32 | 7·69 | 5·30 | 9·12 | 17·36 | . |
| 1861—1865 | 7·84 | 8·72 | 9·38 | 7·68 | 8·32 | 7·97 | 8·87 | 8·87 | 8·87 | 10·58 | 7·98 | 7·84 | 8·09 | . . . . . | | 4·87 | 9·43 | 21·43 | 23·30 |
| 1866—1870 | 9·29 | 9·53 | 9·89 | 8·54 | 8·93 | 8·85 | 9·38 | 9·38 | 9·38 | 11·11 | 9·32 | 9·16 | 9·22 | 7·52 | 7·52 | 6·37 | 8·39 | 20·21 | 21·27 |
| 1871—1875 | 11·18 | 11·02 | 11·72 | 10·40 | 10·20 | 9·84 | 10·00 | 10·60 | 10·74 | 12·19 | 10·58 | 10·37 | 10·54 | 8·53 | 8·53 | 7·13 | 8·94 | 9·29 | 13·02 |
| 1876—1880 | 11·23 | 9·55 | 10·10 | 8·86 | 8·92 | 8·96 | 10·13 | 9·51 | 9·97 | 11·16 | 9·73 | 9·29 | 9·48 | 7·24 | 8·21 | 8·88 | 8·36 | [*]5·70 | 18·53 |
| 1881—1885 | 9·08 | 7·96 | 8·12 | 8·67 | 7·67 | 7·94 | 10·03 | 8·49 | [1]10·09 | 10·92 | 8·55 | 8·21 | 8·60 | 6·60 | [2]9·10 | 8·53 | 7·19 | . | 19·84 |
| 1886—1890 | 6·97 | 6·33 | 6·57 | 6·64 | 6·71 | 6·47 | 7 13 | 6·67 | [4]10·00 | 9·12 | 7·26 | 6·64 | 7·28 | 5·48 | . . . | 7·43 | 7·57 | . | . |
| **b) In Verhältniszahlen** | | | | | | | | | | | | | | | | | | | |
| 1830—1838 | 82·4 | 76·5 | 76·5 | 86·7 | 91·5 | 91·5 | 89·3 | 89·3 | 89·3 | 85·3 | 76·5 | 81·1 | 81·1 | 66·7 | 66·7 | 66·7 | 93·1 | 100·00 | . . . . |
| 1839—1847 | 100·0 | 100·0 | 100·0 | 100·0 | 100·0 | 100·0 | 100·0 | 100·0 | 100·0 | 100·0 | 100·0 | 100·0 | 100·0 | 100·0 | 100·0 | 100·0 | 100·0 | 100·00 | . . . . |
| 1848—1850 | 118·6 | 108·1 | 120·6 | 130·6 | 131·5 | 126·1 | 113·4 | 113·4 | 113·4 | 106·0 | 95·9 | 114·1 | 124·2 | 119·7 | 119·7 | 101·9 | 110·3 | 114·34 | . . . . |
| 1851—1860 | 151·2 | 132·1 | 177·3 | 154·5 | 149·5 | 146·9 | 147·5 | 147·5 | 147·5 | 132·4 | 154·0 | 170·9 | 177·1 | 193·5 | 178·8 | 123·2 | 154·6 | 117·36 | . . . . |
| 1861—1865 | 130·4 | 135·8 | 146·1 | 127·6 | 126·9 | 121·5 | 131·8 | 131·8 | 131·8 | 119·5 | 129·1 | 147·1 | 151·8 | . . . . . | | 113·2 | 159·8 | 121·43 | 123·30 |
| 1866—1870 | 154·6 | 148·4 | 154·1 | 141·9 | 136·1 | 134·9 | 139·4 | 139·4 | 139·4 | 125·5 | 150·8 | 171·8 | 173·0 | 174·9 | 174·9 | 148·1 | 142·2 | 120·21 | 121·27 |
| 1871—1875 | 186·0 | 171·6 | 182·5 | 172·8 | 155·5 | 150·0 | 148·6 | 157·5 | 159·6 | 137·7 | 171·2 | 194·6 | 197·7 | 198·4 | 198·4 | 165·8 | 151·5 | 109·29 | 113·02 |
| 1876—1880 | 186·8 | 148·7 | 157·3 | 147·2 | 136·0 | 136·6 | 150·5 | 141·9 | 148·1 | 126·1 | 157·4 | 174·3 | 177·9 | 168·3 | 190·7 | 206·5 | 141·7 | [*]105·70 | 118·53 |
| 1881—1885 | 151·1 | 124·0 | 126·5 | 144·0 | 116·9 | 121·0 | 149·0 | 126·1 | 149·0 | 123·4 | 138·3 | 154·0 | 161·3 | 153·5 | 211·6 | 198·4 | 121·9 | . | 119·84 |
| 1886—1890 | 116·0 | 98·6 | 102·3 | 110·3 | 102·3 | 98·6 | 105·9 | 99·1 | 148·5 | 103 1 | 117·5 | 124·6 | 136·6 | 127·4 | . . . | 172·8 | 128·3 | . | . |

[1] und [*]) kommt nur im Jahre 1881 verzeichnet vor.
[3] Durchschnitt nur für 1876—1878.
[4]) Kommt nur im Jahre 1890 verzeichnet vor.

Tabelle 247.

# Markt=Durchschnittspreise für Roggen in den im Reichsrathe vertretenen Königreichen und Ländern.

### Per Hektoliter in Gulden österreichischer Währung.

(Nach Perioden.)

| Perioden | Wien | Linz | Salzburg | Graz | Klagenfurt | Laibach | Triest | Görz | Rovigno | Innsbruck | Prag | Brünn | Troppau | Lemberg | Krakau | Czernowitz | Zara |
|---|---|---|---|---|---|---|---|---|---|---|---|---|---|---|---|---|---|
| **a) In absoluten Zahlen** | | | | | | | | | | | | | | | | | |
| 1830—1838 | 3·12 | 3·26 | 3·26 | 3·53 | 3·82 | 3·82 | 4·27 | 4·27 | 4·27 | 5·40 | 3·22 | 2·97 | 2·97 | 2·07 | 2·07 | 2·07 | 3·73 |
| 1839—1847 | 4·28 | 4·38 | 4·38 | 4·28 | 4·52 | 4·52 | 4·28 | 4·28 | 4·28 | 5·64 | 4·58 | 4·12 | 4·12 | 2·85 | 2·85 | 2·85 | 3·78 |
| 1848—1850 | 4·32 | 4·32 | 5·04 | 5·58 | 6·03 | 5·81 | 5·01 | 5·01 | 5·01 | 6·62 | 3·80 | 3·86 | 4·20 | 3·88 | 3·88 | 3·31 | 4·15 |
| 1851—1860 | 6·19 | 6·12 | 8·15 | 6·58 | 7·09 | 7·08 | 6·84 | 6·84 | 6·84 | 8·59 | 7·02 | 6·66 | 6·87 | 5·75 | 5·75 | 3·66 | 6·18 |
| 1861—1865 | 5·29 | 5·65 | 6·24 | 5·50 | 6·14 | 5·65 | 6·32 | 6·32 | 6·32 | 7·91 | 5·60 | 5·12 | 5·56 | . . . | . . . | 3·37 | 6·56 |
| 1866—1870 | 6·39 | 6·58 | 7·60 | 6·03 | 6·38 | 5·68 | 6·14 | 6·14 | 6·14 | 7·95 | 7·45 | 6·84 | 6·51 | 8·84 | 4·84 | 4·05 | 5·25 |
| 1871—1875 | 7·57 | 7·40 | 7·83 | 7·14 | 7·66 | 6·71 | 6·41 | 6·86 | 7·73 | 8·79 | 7·64 | 7·30 | 7·30 | 5·69 | 5·69 | 5·22 | 5·99 |
| 1876—1880 | 8·60 | 6·98 | 6·51 | 6·21 | 6·66 | 6·08 | 7·57 | 6·60 | 7·53 | 7·83 | 7·33 | 7·20 | 6·60 | 5·10 | 5·96 | 6·05 | 6·32 |
| 1881—1885 | 7·08 | 6·01 | 6·13 | 6·97 | 6·03 | 5·55 | 7·48 | 6·26 | ¹)7·50 | 8·23 | 6·93 | 6·76 | 6·46 | 4·65 | ¹)7·44 | 6·46 | 6·10 |
| 1886—1890 | 5·87 | 4·50 | 4·60 | 4·92 | 5·21 | 5·73 | . | 5·15 | . | 6·38 | 5·71 | 5·55 | 5·37 | 3·80 | . | 5·34 | 6·15 |
| **b) In Verhältniszahlen** | | | | | | | | | | | | | | | | | |
| 1830—1838 | 72·9 | 74·4 | 74·4 | 82·5 | 84·5 | 84·5 | 99·7 | 99·7 | 99·7 | 95·7 | 70·3 | 72·1 | 72·1 | 72·6 | 72·6 | 72·6 | 98·6 |
| 1839—1847 | 100·0 | 100·0 | 100·0 | 100·0 | 100·0 | 100·0 | 100·0 | 100·0 | 100·0 | 100·0 | 100·0 | 100·0 | 100·0 | 100·0 | 100·0 | 100·0 | 100·0 |
| 1848—1850 | 100·9 | 98·6 | 113·7 | 130·4 | 133·4 | 128·5 | 117·1 | 117·1 | 117·1 | 117·4 | 82·9 | 93·6 | 101·9 | 136·1 | 136·1 | 116·1 | 109·8 |
| 1851—1860 | 144·4 | 139·7 | 186·1 | 153·7 | 156·6 | 156·6 | 159·8 | 159·8 | 159·8 | 152·3 | 153·2 | 161·6 | 166·7 | 201·7 | 201·7 | 128·4 | 163·5 |
| 1861—1865 | 123·6 | 129·0 | 142·4 | 128·5 | 135·8 | 125·0 | 147·6 | 147·6 | 147·6 | 140·2 | 122·3 | 124·2 | 134·9 | . . . | . . | 118·2 | 173·5 |
| 1866—1870 | 149·3 | 150·2 | 178·5 | 140·9 | 141·1 | 125·6 | 143·4 | 143·4 | 143·4 | 140·9 | 162·6 | 166·0 | 158·0 | 169·8 | 169·8 | 142·1 | 138·9 |
| 1871—1875 | 176·9 | 168·9 | 178·7 | 166·8 | 169·5 | 150·6 | 149·7 | 160·2 | 180·6 | 155·8 | 166·8 | 177·2 | 177·2 | 199·6 | 199·6 | 183·1 | 158·4 |
| 1876—1880 | 200·9 | 159·3 | 148·6 | 145·1 | 147·3 | 134·5 | 176·9 | 154·2 | 175·9 | 138·8 | 160·0 | 174·7 | 160·2 | 178·9 | 209·3 | 212·2 | 167·2 |
| 1881—1885 | 165·4 | 137·4 | 140·0 | 162·8 | 133·4 | 122·8 | 174·7 | 146·2 | 175·2 | 145·9 | 151·3 | 164·1 | 156·8 | 163·1 | 261·1 | 226·6 | 161·4 |
| 1886—1890 | 125·5 | 102·7 | 105·0 | 115·0 | 115·3 | 126·8 | . | 120·8 | . | 113·1 | 124·6 | 134·7 | 130·3 | 133·3 | . | 187·4 | 162·7 |

¹) Kommt nur im Jahre 1881 verzeichnet vor.

Tabelle 248.

# Markt=Durchschnittspreise für Gerste in den im Reichsrathe vertretenen Königreichen und Ländern.

### Per Hektoliter in Gulden österreichischer Währnng.

(Nach Perioden.)

| Perioden | Wien | Linz | Salz-burg | Graz | Klagen-furt | Laibach | Triest | Görz | Rovigno | Inns-bruck | Prag | Brünn | Troppau | Lemberg | Krakau | Czerno-wiy | Zara |
|---|---|---|---|---|---|---|---|---|---|---|---|---|---|---|---|---|---|
| **a) In absoluten Zahlen** | | | | | | | | | | | | | | | | | |
| 1830—1838 | 2·66 | 2·65 | 2·65 | 3·15 | 3·36 | 3·36 | 4·72 | 4·72 | 4·72 | 4·74 | 2·60 | 2·31 | 2·31 | 1·56 | 1·56 | 1·56 | 3·02 |
| 1839—1847 | 3·14 | 3·50 | 3·50 | 4·78 | 3·92 | 3·92 | 4·96 | 4·96 | 4·96 | 5·68 | 3·58 | 3·11 | 3·11 | 2·15 | 2·15 | 2·15 | 3·21 |
| 1848—1850 | 3·40 | 3·20 | 4·06 | 4·65 | 5·11 | 5·04 | 4·95 | 4·95 | 4·95 | 5·60 | 3·14 | 3·06 | 3·21 | 3·12 | 3·12 | 2·80 | 3·49 |
| 1851—1860 | 4·66 | 4·50 | 6·50 | 5·67 | 6·41 | 5·88 | 6·53 | 6·53 | 6·53 | 7·47 | 5·46 | 5·11 | 5·24 | 4·50 | 4·76 | 2·61 | 4·96 |
| 1861—1865 | 4·14 | 4·58 | 5·61 | 4·63 | 5·35 | 4·71 | 5·74 | 5·47 | 5·74 | 7·32 | 4·53 | 4·04 | 4·26 | . . . | . . . | 2·43 | 5·45 |
| 1866—1870 | 5·04 | 5·50 | 6·17 | 5·09 | 5·53 | 4·60 | 6·60 | 6·60 | 6·60 | 7·14 | 5·88 | 5·35 | 5·14 | 3·59 | 3·59 | 3·24 | 3·75 |
| 1871—1875 | 5·52 | 5·93 | 7·28 | 5·69 | 6·30 | 5·45 | 5·42 | 7·64 | 7·18 | 7·67 | 6·34 | 5·90 | 5·67 | 4·48 | 4·48 | 4·27 | 4·98 |
| 1876—1880 | 5·82 | 5·49 | 6·91 | 5·69 | 5·44 | 4·91 | 7·27 | 6·33 | 7·14 | 7·80 | 6·27 | 5·70 | 5·79 | 3·81 | 4·74 | 5·29 | 4·93 |
| 1881—1885 | 6·08 | 4·80 | 5·41 | 6·21 | 5·20 | 4·61 | ¹)6·37 | 4·75 | ²)6·70 | 7·62 | 5·61 | 5·74 | 5·59 | 3·63 | . . . | 5·91 | 4·70 |
| 1886—1890 | 4·88 | 4·09 | 4·79 | 4·14 | 4·51 | 4·22 | . . . | 4·16 | ³)10·0 | 6·18 | 5·07 | 5·22 | 4·97 | 3·08 | . . . | 5·59 | 5·27 |
| **b) In Verhältniszahlen** | | | | | | | | | | | | | | | | | |
| 1830—1838 | 84·7 | 75·7 | 75·7 | 65·9 | 85·7 | 85·7 | 95·1 | 95·1 | 95·1 | 83·4 | 72·6 | 74·2 | 74·2 | 73·4 | 73·4 | 73·4 | 94·1 |
| 1839—1847 | 100·0 | 100·0 | 100·0 | 100·0 | 100.0 | 100·0 | 100·0 | 100·0 | 100·0 | 100·0 | 100·0 | 100·0 | 100·0 | 100·0 | 100·0 | 100·0 | 100·0 |
| 1848—1850 | 108·2 | 91·4 | 116·0 | 97·2 | 130·3 | 128·5 | 99·8 | 99·8 | 99·8 | 98·6 | 87·7 | 98·4 | 103·2 | 145·1 | 145·1 | 130·2 | 108·7 |
| 1851—1860 | 148·4 | 128·5 | 185·7 | 118·6 | 163·5 | 150.0 | 131·6 | 131·6 | 131·6 | 131·5 | 152·5 | 164·3 | 168·4 | 209·3 | 221·4 | 121·4 | 154·5 |
| 1861—1865 | 131·8 | 130·8 | 160·0 | 96·8 | 136·4 | 120·1 | 115·7 | 110·3 | 115·7 | 128·8 | 126·5 | 129·9 | 136·9 | . . . | . . . | 113·0 | 169·7 |
| 1866—1870 | 160·5 | 157·1 | 176·3 | 106·4 | 141·0 | 117·3 | 133·0 | 133·0 | 133·0 | 125·7 | 164·2 | 172·0 | 165·2 | 166·9 | 166·9 | 150·7 | 116·8 |
| 1871—1875 | 178·8 | 169·4 | 208·0 | 119·0 | 160·7 | 139·0 | 109·2 | 154·0 | 144·7 | 135·0 | 177·1 | 189·7 | 182·3 | 208·3 | 208·3 | 198·6 | 155·1 |
| 1876—1880 | 185·3 | 154·3 | 197·1 | 119·0 | 138·7 | 125·2 | 146·5 | 127·6 | 143·9 | 137·3 | 175·8 | 183·2 | 186·1 | 177·2 | 220·4 | 246·0 | 153·5 |
| 1881—1885 | 193·6 | 137·1 | 154·3 | 129·9 | 132·6 | 117·6 | 128·4 | 95·7 | 135·1 | 134·1 | 156·7 | 184·5 | 179·7 | 168·8 | . . . | 274·8 | 146·4 |
| 1886—1890 | 155·4 | 116·9 | 136·9 | 86·6 | 115·1 | 107·7 | . . . | 83·9 | 201·6 | 108·8 | 141·6 | 167·8 | 159·8 | 143·3 | . . . | 260·0 | 164·2 |

¹) Kommt nur im Jahre 1885 verzeichnet vor.
²) Kommt nur im Jahre 1881 verzeichnet vor.
³) Kommt nur im Jahre 1890 verzeichnet vor.

Tabelle 249.

# Markt=Durchschnittspreise für Mais in den im Reichsrathe vertretenen Königreichen und Ländern.

### Per Hektoliter in Gulden österreichischer Währung.

(Nach Perioden.)

| Perioden | Wien | Linz | Salzburg | Graz | Klagenfurt | Laibach | Triest | Görz | Rovigno | Innsbruck | Prag | Brünn | Troppau | Lemberg | Krakau | Czernowitz | Zara |
|---|---|---|---|---|---|---|---|---|---|---|---|---|---|---|---|---|---|
| a) In absoluten Zahlen |||||||||||||||||| |
| 1830—1838 | 3·90 | ¹)5·47 | ... | 3·40 | 3·85 | 3·85 | 3·77 | 3·77 | 3·77 | 5·13 | ⁴)5·35 | 3·92 | 3·92 | 1·89 | 1·89 | 1·89 | 3.8 |
| 1839—1847 | 4·50 | ²)7·70 | ... | 3·97 | 4·30 | 4·30 | 4·26 | 4·26 | 4·26 | 6·18 | ⁵)6·84 | 3·95 | 3·95 | 2·83 | 2·83 | 2·83 | 4·10 |
| 1848—1850 | 4·77 | 6·39 | ... | 5·14 | 5·38 | 5·59 | 4·94 | 4·94 | 4·94 | 6·60 | ⁶)14·88 | 5·16 | 6·07 | 3·87 | 3·87 | 3·02 | 4·37 |
| 1851—1860 | 5·89 | 7·30 | 8·87 | 6·23 | 6·72 | 6·64 | 6·62 | 6·62 | 6·62 | 8·37 | 8·33 | 5·90 | 6·77 | 5·90 | 5·99 | 3·23 | 6·35 |
| 1861—1865 | 6·02 | 5·13 | 9·47 | 5·03 | 5·69 | 5·65 | 6·00 | 6·00 | 6·00 | 7·64 | 9·86 | 5·71 | 6·54 | ... | ... | 3·18 | 7·02 |
| 1866—1870 | 5·98 | 5·97 | 8·08 | 5·14 | 5·49 | 5·37 | 6·16 | 6·16 | 6·16 | 7·05 | 7·10 | 6·21 | 6·50 | 4·53 | 4·53 | 4·29 | 5·79 |
| 1871—1875 | 6·61 | 7·26 | 9·08 | 6·31 | 6·50 | 6·60 | 6·09 | 7·27 | 7·38 | 7·33 | 7·95 | 6·77 | 7·18 | 6·16 | 6·16 | 4·90 | 6·13 |
| 1876—1880 | 6·78 | 5·92 | 7·29 | 5·44 | 5·36 | 5·96 | 7·46 | 6·09 | 6·58 | 6·91 | 5·88 | 6·01 | 7·37 | 5·03 | 5·13 | 4·75 | 5·68 |
| 1881—1885 | 6·23 | 5·47 | 5·16 | 6·26 | 5·04 | 5·68 | 6·92 | 5·96 | ³)6·88 | 8·05 | 5·88 | 5·71 | 6·90 | 5·24 | 5·41 | 5·61 | 5·65 |
| 1886—1890 | 5·01 | 4·10 | 5·45 | 5·34 | 4·72 | 5·01 | 4·85 | 5·07 | ⁷)8·00 | 5·48 | 5·38 | 4·85 | 7·01 | 5·05 | ... | 4·80 | 6·11 |
| b) In Verhältnißzahlen |||||||||||||||||| |
| 1830—1838 | 86·6 | 71·0 | ... | 85·6 | 89·5 | 89·5 | 88·5 | 88·5 | 88·5 | 83·0 | 77·9 | 99·2 | 99·2 | 66·7 | 66·7 | 66·7 | 92·6 |
| 1839—1847 | 100·0 | 100·0 | ... | 100·0 | 100·0 | 100·0 | 100·0 | 100·0 | 100·0 | 100 0 | 100·0 | 100·0 | 100·0 | 100·0 | 100·0 | 100·0 | 100·0 |
| 1848—1850 | 106·0 | 83·0 | ... | 129·4 | 125·1 | 130·0 | 115·9 | 115·9 | 115·9 | 106·4 | 217·5 | 130·6 | 153·6 | 136·7 | 136·7 | 106·6 | 106·5 |
| 1851—1860 | 130·9 | 94·8 | ... | 156·9 | 156·2 | 154·4 | 155·4 | 155·4 | 155·4 | 135·4 | 121·7 | 149·3 | 171·3 | 208·4 | 211·6 | 114·1 | 154·8 |
| 1861 - 1865 | 133·8 | 66·6 | ... | 126·7 | 132·0 | 131·4 | 140·8 | 140·8 | 140·8 | 123·6 | 144·1 | 144·5 | 165·5 | ... | ... | 112·3 | 171·2 |
| 1866—1870 | 132·9 | 77·6 | ... | 129·4 | 127·6 | 124·8 | 144·6 | 144·6 | 144·6 | 114·07 | 103·8 | 157·2 | 164·5 | 160·0 | 160·0 | 151·5 | 141·2 |
| 1871 - 1875 | 146·9 | 94·3 | ... | 158·9 | 151·1 | 153·4 | 142·9 | 170·6 | 173·2 | 118·6 | 116·2 | 171·3 | 181·7 | 217·6 | 217·6 | 173·1 | 149·5 |
| 1876—1880 | 150·6 | 76·9 | ... | 137·3 | 124·6 | 138·6 | 175·1 | 142·9 | 154·4 | 111·8 | 85·9 | 152·1 | 186·5 | 177·7 | 181·2 | 167·8 | 138·5 |
| 1881—1885 | 138·4 | 71·0 | ... | 157·7 | 117·2 | 132·1 | 162·4 | 139·9 | 161·5 | 130·2 | 85·9 | 144·5 | 174·6 | 185·1 | 191·1 | 198·2 | 137·8 |
| 1886 - 1890 | 111·3 | 53·2 | ... | 134·5 | 109·8 | 116·5 | 113·8 | 119·0 | 187·7 | 88·7 | 78·6 | 122·8 | 177·5 | 178·4 | ... | 169·6 | 149·0 |

¹) Kommt nur im Jahre 1836 verzeichnet vor.
²) Kommt nur im Jahre 1847 verzeichnet vor.
³) Kommt nur im Jahre 1881 verzeichnet vor.
⁴) Kommt nur in den Jahren 1831, 1833 und 1834 verzeichnet vor
⁵) Kommt nur im Jahre 1841 verzeichnet vor.
⁶) Kommt nur im Jahre 1850 verzeichnet vor.
⁷) Kommt nur im Jahre 1890 verzeichnet vor.

Tabelle 250.

# Markt-Durchschnittspreise für Hafer in den im Reichsrathe vertretenen Königreichen und Ländern.

## Per Hektoliter in Gulden österreichischer Währung.

### (Nach Perioden.)

| Perioden | Marktorte | | | | | | | | | | | | | | | | | |
|---|---|---|---|---|---|---|---|---|---|---|---|---|---|---|---|---|---|---|
| | Wien | Linz | Salz-burg | Graz | Klagen-furt | Laibach | Triest | Görz | Rovigno | Inns-bruck | Prag | Brünn | Troppau | Lemberg | Krakau | Czerno-witz | Zara |
| **a) In absoluten Zahlen** | | | | | | | | | | | | | | | | | |
| 1830—1838 | 2·34 | 1·78 | 1 78 | 2·14 | 2·18 | 2·18 | 2·90 | 2·90 | 2·90 | 3·52 | 1·76 | 1·61 | 1·61 | 1·01 | 1·01 | 1·01 | 2·18 |
| 1839—1847 | 2·52 | 2·15 | 2·15 | 2·50 | 2·45 | 2·45 | 3·16 | 3·16 | 3·16 | 3·88 | 2·05 | 1·94 | 1·94 | 1·36 | 1·36 | 1·36 | 2·17 |
| 1848—1850 | 2·91 | 2·37 | 2·58 | 3·08 | 2·97 | 3·24 | 3·84 | 3·84 | 3·84 | 4·24 | 2·11 | 2·02 | 2·01 | 1·99 | 1·99 | 1·87 | 3·05 |
| 1851—1860 | 3·83 | 3·05 | 3·88 | 3·74 | 3·62 | 2·68 | 4·52 | 4·52 | 4·52 | 4·94 | 3·32 | 2·86 | 3·25 | 2·98 | 2·98 | 1·83 | 3·93 |
| 1861—1865 | 3·48 | 3·05 | 3·42 | 3·27 | 3·33 | 3·41 | 4·06 | 4·06 | 4·06 | 4·96 | 2·84 | 3·17 | 2·82 | . . . | . . . | 1·78 | 3·85 |
| 1866—1870 | 3·75 | 3·51 | 3·69 | 3·26 | 3·22 | 3·15 | 4·08 | 4·08 | 4·08 | 4·60 | 3·75 | 3·40 | 3·43 | 2·66 | 2·66 | 2·18 | 3·65 |
| 1871—1875 | 4 01 | 3·76 | 4·36 | 3·83 | 3·80 | 3·46 | 3·48 | 4·74 | 4·81 | 4·92 | 4·07 | 3·55 | 3·62 | 3·09 | 3·09 | 2·49 | 3·77 |
| 1876—1880 | 3·46 | 3·69 | 3·88 | 3·49 | 3·22 | 3·38 | 6·54 | 4·17 | 5·31 | 6·77 | 3·90 | 3·56 | 3·75 | 2·76 | 3·84 | 4·98 | 3·87 |
| 1881—1885 | 4·22 | 3·16 | 3·30 | 5·13 | 3·15 | 3·14 | 6·89 | 3·61 | ¹) 4·29 | 5·02 | 3·69 | 3·64 | 3·45 | 2·82 | ¹) 3·71 | 5·60 | 3·91 |
| 1886—1890 | 2·94 | 2·71 | 3·00 | 3·25 | 2·93 | 2·95 | 3·57 | 3·06 | ²) 8·00 | 4·16 | 3·18 | 3·42 | 3·10 | 2·60 | . . . | 5·24 | 5·48 |
| **b) In Verhältnisszahlen** | | | | | | | | | | | | | | | | | |
| 1830—1838 | 92·8 | 82·8 | 82·8 | 85·6 | 89·0 | 89·0 | 91·7 | 91·7 | 91·7 | 90·7 | 85·8 | 82·9 | 82·9 | 74·7 | 74·7 | 74·7 | 100·4 |
| 1839—1847 | 100·0 | 100·0 | 100·0 | 100·0 | 100·0 | 100·0 | 100·0 | 100·0 | 100·0 | 100·0 | 100·0 | 100·0 | 100·0 | 100·0 | 100·0 | 100·0 | 100·0 |
| 1848—1850 | 115·4 | 105·6 | 120·0 | 123·2 | 121·2 | 132·2 | 121·5 | 121·5 | 121·5 | 109·2 | 102·9 | 104·1 | 103·6 | 146·3 | 146·3 | 137·5 | 140·5 |
| 1851—1860 | 152·0 | 141·8 | 180·4 | 149·6 | 147·7 | 109·4 | 143·0 | 143·0 | 143·0 | 127·3 | 161·9 | 147·4 | 167·5 | 219·1 | 219·1 | 134·5 | 181·1 |
| 1861—1865 | 138·1 | 141·8 | 159·1 | 130·8 | 135·9 | 139·2 | 128·4 | 128·4 | 128·4 | 127·8 | 138·5 | 163·4 | 145·3 | . . . | . . . | 130·8 | 177·4 |
| 1866—1870 | 148·8 | 163·2 | 171·6 | 130·4 | 131·4 | 128·5 | 129·1 | 129·1 | 129·1 | 118·5 | 182·9 | 175·2 | 176·8 | 195·5 | 195·5 | 160·2 | 168 2 |
| 1871—1875 | 159·1 | 174·9 | 202·8 | 153·2 | 155·1 | 141·2 | 110·1 | 150·0 | 136·4 | 126·8 | 198·5 | 183·0 | 186·6 | 227·2 | 227·2 | 183·1 | 173·7 |
| 1876—1880 | 137·2 | 171·6 | 180·4 | 139·6 | 131·4 | 137·9 | 206·9 | 131·9 | 168·0 | 174·5 | 190·2 | 183·4 | 193·3 | 202·9 | 245·5 | 366·1 | 178 3 |
| 1881—1885 | 167·4 | 147·0 | 153·5 | 205·2 | 128·5 | 128·1 | 218·0 | 114·2 | 135·7 | 129·3 | 180·0 | 187·6 | 177·8 | 207·3 | 272·7 | 411·7 | 180·2 |
| 1886—1890 | 116·7 | 126·0 | 139·5 | 130·0 | 119·6 | 120·4 | 113·0 | 96·8 | 258·1 | 107·2 | 155·1 | 176·3 | 159·8 | 191·2 | . . . | 385·3 | 252·5 |

¹) Kommt nur im Jahre 1881 verzeichnet vor.
²) „ „ „ „ 1890 „ „

Tabelle 251.

# Markt-Durchschnittspreise für Kartoffel in den im Reichsrathe vertretenen Königreichen und Ländern.

### Per Hektoliter in Gulden österreichischer Währung.

(Nach Perioden.)

| Perioden | Marktorte | | | | | | | | | | | | | | | | |
|---|---|---|---|---|---|---|---|---|---|---|---|---|---|---|---|---|---|
| | Wien | Linz | Salzburg | Graz | Klagenfurt | Laibach | Triest | Görz | Rovigno | Innsbruck | Prag | Brünn | Troppau | Lemberg | Krakau | Czernowitz | Zara |
| **a) In absoluten Zahlen** | | | | | | | | | | | | | | | | | |
| 1830—1838 | 1·62 | 0·85 | 0·85 | 1·15 | 1·13 | 1·13 | 2·22 | 2·22 | 2·22 | 1·41 | 0·97 | 0·99 | 0·99 | 0·59 | 0·59 | 0·59 | 2·42 |
| 1839—1847 | 1·79 | 1·08 | 1·08 | 1·21 | 1·19 | 1·19 | 2·53 | 2·53 | 2·53 | 1·63 | 1·32 | 1·24 | 1·24 | 0·76 | 0·76 | 0·76 | 2·40 |
| 1848—1850 | 2·30 | 2·02 | 2·21 | 2·52 | 2·26 | 3·01 | 4·30 | 4·30 | 4·30 | 2·51 | 1·38 | 1·61 | 1·78 | 1·62 | 1·62 | 1·39 | 3·34 |
| 1851—1860 | 2·88 | 2·80 | 3·24 | 3·41 | 2·47 | 3·52 | 4·59 | 4·59 | 4·59 | 2·76 | 2·02 | 2·34 | 2·54 | 2·43 | 2·43 | 1·57 | 5·68 |
| 1861—1865 | 2·79 | 2·36 | 2·16 | 3·18 | 1·89 | 3·15 | 3·78 | 3·78 | 3·78 | 2·82 | 1·63 | 1·67 | 2·04 | . . . | . . . | 1·18 | 6·36 |
| 1866—1870 | 2·82 | 2·42 | 2·87 | 2·80 | 1·88 | 2·66 | 4·27 | 4·27 | 4·27 | 2·62 | 2·06 | 1·98 | 1·76 | 1·82 | 1·82 | 1·46 | 5·02 |
| 1871—1875 | 3·42 | 2·76 | 3·38 | 3·74 | 2·62 | 3·38 | 6·13 | 4·45 | 4·04 | 2·92 | 2·22 | 2·10 | 2·47 | 2·39 | 2·39 | 1·91 | 5·02 |
| 1876—1880 | 3·27 | 2·91 | 3·31 | 4·46 | 2·02 | 3·15 | 6·27 | 3·96 | 5·12 | 2·97 | 2·36 | 2·41 | 1·48 | 2·16 | 2·09 | 2·13 | 5·34 |
| 1881—1885 | 3·59 | 2·06 | 2·62 | 3·69 | 1·78 | 2·97 | 5·25 | 3·47 | ¹)4·96 | 3·39 | 2·29 | 2·51 | 1·17 | 2·13 | ¹)1·97 | 3·22 | 4·54 |
| 1886—1890 | 2·61 | 1·85 | 2·90 | 2·96 | 1·48 | 2·74 | 3·05 | 2·96 | ²)4·00 | 2·78 | 1·55 | 2·11 | 0·97 | 1·45 | . . . | 2·27 | 5·12 |
| **b) In Verhältniszahlen** | | | | | | | | | | | | | | | | | |
| 1830—1838 | 90·5 | 78·7 | 78·7 | 95·0 | 94·9 | 94·9 | 87·7 | 87·7 | 87·7 | 86·5 | 73·4 | 79·8 | 79·8 | 77·6 | 77·6 | 77·6 | 100·8 |
| 1839—1847 | 100·0 | 100·0 | 100·0 | 100·0 | 100·0 | 100·0 | 100·0 | 100·0 | 100·0 | 100·0 | 100·0 | 100·0 | 100·0 | 100·0 | 100·0 | 100·0 | 100·0 |
| 1848—1850 | 128·4 | 187·0 | 204·6 | 208·2 | 190·0 | 252·9 | 170·0 | 170·0 | 170·0 | 153·9 | 104·5 | 129·8 | 143·5 | 213·1 | 213·1 | 182·9 | 139·1 |
| 1851—1860 | 160·8 | 259·2 | 300·0 | 281·8 | 207·5 | 295·8 | 181·4 | 181·4 | 181·4 | 169·3 | 153·0 | 188·7 | 204·8 | 319·7 | 319·7 | 206·5 | 236·6 |
| 1861—1865 | 155·8 | 218·5 | 200·0 | 262·8 | 158·8 | 264·7 | 149·4 | 149·4 | 149·4 | 173·0 | 123·4 | 134·6 | 164·5 | . . . | . . . | 155·2 | 265·0 |
| 1866—1870 | 157·5 | 224·1 | 256·4 | 231·4 | 153·7 | 223·5 | 168·7 | 168·7 | 168·7 | 160·7 | 156·1 | 159·6 | 141·9 | 239·4 | 239·4 | 192·1 | 209·1 |
| 1871—1875 | 191·0 | 255·5 | 312·9 | 309·1 | 220·1 | 284·0 | 242·2 | 175·8 | 159·6 | 179·1 | 168·1 | 169·3 | 199·2 | 314·4 | 314·4 | 251·3 | 209·1 |
| 1876—1880 | 182·6 | 269·4 | 306·4 | 368·5 | 169·7 | 264·7 | 247·8 | 156·5 | 202·3 | 182·2 | 178·7 | 194·3 | 119·3 | 284·2 | 275·0 | 280·2 | 222·5 |
| 1881—1885 | 200·5 | 190·7 | 242·6 | 304·9 | 149·5 | 249·5 | 207·5 | 137·1 | 196·0 | 207·9 | 173·4 | 202·4 | 94·3 | 280·2 | 259·2 | 423·6 | 189·1 |
| 1886—1890 | 145·8 | 171·3 | 268·5 | 244·6 | 124·4 | 230·3 | 120·6 | 117·0 | 158·1 | 170·6 | 117·4 | 170·2 | 78·2 | 190·8 | . . . | 298·7 | 213·3 |

¹) Kommt nur im Jahre 1881 verzeichnet vor.
²) „ „ „ „ 1890 „ „

# Markt-Durchschnittspreise für Rindfleisch in den im Reichsrathe vertretenen Königreichen und Ländern.

### Per Kilogramm in Gulden österreichischer Währung.

(Nach Perioden.)

| Perioden | Marktorte | | | | | | | | | | | | | | | | |
|---|---|---|---|---|---|---|---|---|---|---|---|---|---|---|---|---|---|
| | Wien | Linz | Salzburg | Graz | Klagenfurt | Laibach | Triest | Görz | Rovigno | Innsbruck | Prag | Brünn | Troppau | Lemberg | Krakau | Czernowitz | Zara |
| **a) In absoluten Zahlen** | | | | | | | | | | | | | | | | | |
| 1830—1838 | 0·28 | 0·18 | 0·18 | 0·19 | 0·19 | 0·19 | 0·24 | 0·24 | 0·24 | 0·27 | 0·20 | 0·18 | 0·18 | 0·09 | 0·09 | 0·09 | 0·12 |
| 1839—1847 | 0·29 | 0·19 | 0·19 | 0·21 | 0·21 | 0·21 | 0·24 | 0·24 | 0·24 | 0·30 | 0·22 | 0·21 | 0·21 | 0·10 | 0·10 | 0·10 | 0·13 |
| 1848—1850 | 0·36 | 0·23 | 0·28 | 0·28 | 0·24 | 0·24 | 0·29 | 0·29 | 0·29 | 0·32 | 0·26 | 0·26 | 0·26 | 0·14 | 0·14 | 0·11 | 0·14 |
| 1851—1860 | 0·40 | 0·32 | 0·32 | 0·34 | 0·31 | 0·28 | 0·34 | 0·34 | 0·34 | 0·38 | 0·33 | 0·84 | 0·34 | 0·20 | 0·20 | 0·18 | 0·22 |
| 1861—1865 | 0·46 | 0·38 | 0·38 | 0·39 | 0·36 | 0·32 | 0·40 | 0·40 | 0·40 | 0·47 | 0·40 | 0·35 | 0·36 | . . . | . . . | 0·19 | 0·28 |
| 1866—1870 | 0·52 | 0·45 | 0·44 | 0·43 | 0·40 | 0·34 | 0·50 | 0·50 | 0·50 | 0·51 | 0·48 | 0·42 | 0·41 | 0·33 | 0·33 | 0·26 | 0·32 |
| 1871—1875 | 0·60 | 0·54 | 0·57 | 0·52 | 0·49 | 0·41 | 0·73 | 0·50 | 0·50 | 0·61 | 0·58 | 0·53 | 0·49 | 0·38 | 0·38 | 0·34 | 0·38 |
| 1876—1880 | 0·62 | 0·63 | 0·61 | 0·51 | 0·52 | 0·44 | 0·74 | 0·61 | 0·52 | 0·64 | 0·62 | 0·60 | 0·54 | 0·47 | 0·33 | 0·39 | 0·49 |
| 1881—1885 | 0·67 | 0·65 | 0·61 | 0·52 | 0·54 | 0·51 | 0·65 | 0·60 | ¹)0·53 | 0·71 | 0·61 | 0·62 | 0·58 | 0·53 | ¹)0·34 | 0·47 | 0·49 |
| 1886—1890 | 0·65 | 0·66 | 0·59 | 0·53 | 0·55 | 0·49 | 0·61 | 0·59 | . . . | 0·65 | 0·62 | 0·58 | 0·60 | 0·52 | . . . | 0·45 | 0·58 |
| **b) In Verhältniszahlen** | | | | | | | | | | | | | | | | | |
| 1830—1838 | 96·5 | 94·7 | 94·7 | 94·5 | 94·5 | 94·5 | 100·0 | 100·0 | 100·0 | 90·0 | 90·9 | 85·7 | 85.7 | 90·0 | 90·0 | 90·0 | 92·3 |
| 1839—1847 | 100·0 | 100·0 | 100·0 | 100·0 | 100·0 | 100·0 | 100·0 | 100·0 | 100·0 | 100·0 | 100·0 | 100·0 | 100·0 | 100·0 | 100·0 | 100·0 | 100·0 |
| 1848—1850 | 124·1 | 121·1 | 147·3 | 133·3 | 114·3 | 114·3 | 120·8 | 120·8 | 120·8 | 106·6 | 118·2 | 123·8 | 123·8 | 140·0 | 140·0 | 110·0 | 107·6 |
| 1851—1860 | 137·9 | 168·4 | 168·4 | 161·9 | 147·6 | 133·3 | 141·6 | 141·6 | 141·6 | 126·6 | 150·0 | 161·9 | 161·9 | 200·0 | 200·0 | 180·0 | 169·2 |
| 1861—1865 | 158·6 | 200·0 | 200·0 | 185·7 | 171·4 | 152·4 | 166·6 | 166·6 | 166·6 | 156·6 | 181·8 | 166·6 | 171·4 | . . . | . . . | 190·0 | 215·4 |
| 1866—1870 | 179·3 | 236·8 | 231·5 | 204·7 | 190·5 | 161·9 | 208·3 | 208·3 | 208·3 | 170·0 | 218·2 | 200·0 | 195·2 | 330·0 | 330·0 | 260·0 | 246·1 |
| 1871—1875 | 206·9 | 284·2 | 300·0 | 247·6 | 233·3 | 195·2 | 304·1 | 208·3 | 208·3 | 203·3 | 263·6 | 252·4 | 233·3 | 380·0 | 380·0 | 340·0 | 292·3 |
| 1876—1880 | 213·8 | 331·5 | 321·0 | 242·8 | 247·6 | 209·5 | 308·3 | 254·1 | 216·6 | 213·3 | 281·8 | 285·7 | 257·1 | 470·0 | 330·0 | 390·0 | 376·9 |
| 1881—1885 | 231·0 | 342·1 | 321·0 | 247·6 | 257·1 | 242·8 | 276·6 | 250·0 | 220·8 | 236·6 | 277·3 | 295·2 | 276·2 | 530·0 | 340·0 | 470·0 | 376·9 |
| 1886—1890 | 224·1 | 347·4 | 310·5 | 252·4 | 261·9 | 233·3 | 254·2 | 245·8 | . . . | 216·7 | 281·8 | 276·2 | 285·7 | 520·0 | . . . | 450·0 | 446·2 |

¹) Kommt nur im Jahre 1881 verzeichnet vor.

Tabelle 258.

# Markt-Durchschnittspreise für Heu in den im Reichsrathe vertretenen Königreichen und Ländern.

### Per Metercentner in Gulden österreichischer Währung.

#### (Nach Perioden.)

| Perioden | Marktorte | | | | | | | | | | | | | | | | | |
|---|---|---|---|---|---|---|---|---|---|---|---|---|---|---|---|---|---|---|
| | Wien | Linz | Salz-burg | Graz | Klagen-furt | Laibach | Triest | Görz | Rovigno | Inns-bruck | Prag | Brünn | Troppau | Lemberg | Krakau | Czerno-witz | Zara |
| | | | | | | a) In absoluten Zahlen | | | | | | | | | | | |
| 1830—1838 | 2·19 | 1·79 | 1·79 | 1·91 | 1·89 | 1·89 | 2·31 | 2·31 | 2·31 | 3·03 | 2·26 | 2·01 | 2·01 | 1·29 | 1·29 | 1·29 | 2·92 |
| 1839—1847 | 2·14 | 1·68 | 1·68 | 1·90 | 1·70 | 1·70 | 2·53 | 2·53 | 2·53 | 2·84 | 2·27 | 1·96 | 1·96 | 1·35 | 1·35 | 1·35 | 2·96 |
| 1848—1850 | 2·57 | 2·06 | 2·36 | 2·33 | 2·23 | 2·29 | 2·89 | 2·89 | 2·89 | 3·16 | 2·54 | 2·30 | 1·98 | 2·02 | 2·02 | 2·20 | 3·35 |
| 1851—1860 | 3·37 | 3·09 | 2·80 | 2·91 | 3·02 | 2·53 | 2·99 | 2·99 | 2·99 | 3.68 | 3·17 | 3·07 | 2·91 | 2·40 | 2·40 | 2·98 | 5·08 |
| 1861—1865 | 3·12 | 2·65 | 2·88 | 2·66 | 2·49 | 2·69 | 2·95 | 2·95 | 2·95 | 3·90 | 3·83 | 4·31 | 3·09 | . . . | . . . | 2·44 | 5·96 |
| 1866—1870 | 3·26 | 2·78 | 2·79 | 2·47 | 2·43 | 1·94 | 3·04 | 3·04 | 3·04 | 3·56 | 4·29 | 3·71 | 3·65 | 2·38 | 2·38 | 2·35 | 4·40 |
| 1871—1875 | 3·64 | 3·10 | 3·06 | 2·69 | 2·54 | 2·35 | 3·67 | 2·66 | 2·99 | 4·51 | 4·98 | 3·66 | 3·43 | 2·32 | 2·32 | 3·06 | 4·43 |
| 1876—1880 | 3·12 | 3·14 | 2·78 | 2·28 | 2·06 | 2·12 | 3·37 | 2·55 | 3·22 | 5·58 | 4·41 | 3·46 | 2·99 | 2·03 | 2·33 | 3·66 | 4·85 |
| 1881—1885 | 3·72 | 3·39 | 2·85 | 2·74 | 2·54 | 2·18 | 3·10 | 2·26 | ¹) 2·91 | 5·76 | 4·12 | 4·26 | 3·46 | 2·15 | ¹) 2·37 | 3·85 | 3·91 |
| 1886 1890 | 3·65 | 3·89 | 2·71 | 2·75 | 2·46 | 2·25 | 3·05 | 2·45 | ²) 3·50 | 4·71 | 3·44 | 3·42 | 3 51 | 2·25 | . | 2 49 | 5·18 |
| | | | | | | b) In Verhältniszahlen | | | | | | | | | | | |
| 1830—1838 | 102·3 | 106·5 | 106·5 | 100·5 | 111·2 | 111·2 | 91·3 | 91·3 | 91·3 | 107·7 | 99·5 | 102·5 | 102·5 | 95·5 | 95·5 | 95·5 | 98·6 |
| 1839—1847 | 100·0 | 100·0 | 100·0 | 100·0 | 100·0 | 100·0 | 100·0 | 100·0 | 100·0 | 100·0 | 100·0 | 100·0 | 100·0 | 100·0 | 100·0 | 100·0 | 100·0 |
| 1848—1850 | 120·1 | 122·6 | 140·5 | 122·6 | 131·2 | 134·7 | 114·2 | 114·2 | 114·2 | 111·3 | 111·8 | 117·3 | 101·0 | 149·6 | 149·6 | 163·0 | 113·2 |
| 1851—1860 | 157·5 | 183·9 | 166·7 | 153·1 | 177·6 | 147·1 | 118·2 | 118·2 | 118·2 | 129·6 | 139·6 | 156·6 | 148·4 | 177·7 | 177·7 | 220·7 | 171·6 |
| 1861—1865 | 145·8 | 157·7 | 171·4 | 140·0 | 146·5 | 158·2 | 117·4 | 117·4 | 117·4 | 137·3 | 168·7 | 220·0 | 157·6 | . . . | . . . | 180·7 | 201·3 |
| 1866—1870 | 152·3 | 165·5 | 166·8 | 130·0 | 142·9 | 114·1 | 120·1 | 120·1 | 120·1 | 125·3 | 189·0 | 189·2 | 186·2 | 176·2 | 176·2 | 174·0 | 148·6 |
| 1871—1875 | 170·1 | 184·5 | 182·1 | 141·6 | 149·4 | 138·2 | 145·1 | 105·1 | 118·2 | 158·8 | 219·4 | 186·7 | 175·0 | 171·8 | 171·8 | 226·6 | 149·6 |
| 1876—1880 | 145·8 | 186·9 | 165·5 | 120·0 | 121·2 | 124·7 | 133·2 | 100·8 | 127·3 | 196·5 | 194·3 | 176·5 | 152·5 | 150·3 | 172·6 | 271·1 | 163·8 |
| 1881—1885 | 173·8 | 201·8 | 169·6 | 144·2 | 149·4 | 128·2 | 122·5 | 89·3 | 115·0 | 202·8 | 181·5 | 217·3 | 176·5 | 159·2 | 175·5 | 285·2 | 133·0 |
| 1886—1890 | 170·6 | 231·5 | 161·3 | 144·7 | 144·7 | 132·4 | 120·6 | 96·8 | 134·3 | 165·8 | 151·5 | 174 5 | 179·1 | 166·7 | . | 184·4 | 175 0 |

¹) Kommt nur im Jahre 1881 verzeichnet vor.
²)   „   „   „   „   1890   „   „

48

Tabelle 254.

# Markt-Durchschnittspreise für Stroh in den im Reichsrathe vertretenen Königreichen und Ländern.

### Per Metercentner in Gulden österreichischer Währung.

(Nach Perioden.)

| Perioden | Wien | Linz | Salzburg | Graz | Klagenfurt | Laibach | Triest | Görz | Rovigno | Innsbruck | Prag | Brünn | Troppau | Lemberg | Krakau | Czernowitz | Zara |
|---|---|---|---|---|---|---|---|---|---|---|---|---|---|---|---|---|---|
| | | | | | | | *Marktorte* | | | | | | | | | | |
| | | | | | | a) In absoluten Zahlen | | | | | | | | | | | |
| 1830—1838 | 1·98 | 1·30 | 1·30 | 1·31 | 1·13 | 1·13 | 1·60 | 1·60 | 1·60 | 2·06 | 1·53 | 1·33 | 1·33 | 0·78 | 0·78 | 0·78 | 2·53 |
| 1839—1847 | 2·08 | 1·35 | 1·35 | 1·39 | 1·13 | 1·13 | 1·72 | 1·72 | 1·72 | 2·11 | 1·47 | 1·23 | 1·23 | 0·88 | 0·88 | 0·88 | 2·31 |
| 1848—1850 | 2·45 | 1·39 | 1·65 | 1·69 | 1·50 | 1·37 | 2·00 | 2·00 | 2·00 | 2·29 | 1·35 | 1·19 | 1·23 | 1·26 | 1·26 | 1·47 | 2·22 |
| 1851—1860 | 3·32 | 2·64 | 2·46 | 2·06 | 1·99 | 1·58 | 1·96 | 1·96 | 1·96 | 2·64 | 2·01 | 2·02 | 2·09 | 1·44 | 1·41 | 2·11 | 3·64 |
| 1861—1865 | 2·84 | 1·66 | 2·56 | 1·70 | 1·68 | 1·64 | 1·88 | 1·88 | 1·88 | 2·89 | 2·03 | 2·33 | 1·76 | . . . . | . . . . | 1·54 | 4·04 |
| 1866—1870 | 2·52 | 1·83 | 2·45 | 1·59 | 1·70 | 1·29 | 2·06 | 2·06 | 2·06 | 2·97 | 2·43 | 2·04 | 2·21 | 1·56 | 1·56 | 1·52 | 3·07 |
| 1871—1875 | 3·14 | 1·95 | 2·90 | 2·59 | 1·77 | 1·73 | 2·91 | 1·86 | 2·20 | 4·09 | 2·71 | 1·98 | 2·37 | 1·60 | 1·60 | 1·97 | 3·38 |
| 1876—1880 | 2·72 | 2·47 | 3·33 | 1·84 | 1·47 | 1·84 | 2·97 | 1·87 | 3·20 | 5·56 | 2·88 | 2·19 | 1·85 | 1·49 | 1·54 | 2·94 | 3·82 |
| 1881—1885 | 2·55 | 2·45 | 2·91 | 1·79 | 1·52 | 1·70 | 2·74 | 1·70 | ¹)2·45 | 5·70 | 2·51 | 2·36 | 1·87 | 1·58 | ¹)1·59 | 3·08 | 2·38 |
| 1886—1890 | 2·92 | 2·69 | 3·06 | 2·26 | 2·20 | 2·18 | 2·90 | 1·91 | ²)2·00 | 4·69 | 2·12 | 2·42 | 2·38 | 1·58 | . | 1·67 | 4·72 |
| | | | | | | b) In Verhältniszahlen | | | | | | | | | | | |
| 1830—1838 | 95·2 | 96·3 | 96·3 | 94·2 | 100·0 | 100·0 | 93·0 | 98·0 | 93·0 | 97·6 | 104·1 | 108·1 | 108·1 | 88·6 | 88·6 | 88·6 | 109·5 |
| 1839—1847 | 100·0 | 100·0 | 100·0 | 100·0 | 100·0 | 100·0 | 100·0 | 100·0 | 100·0 | 100·0 | 100·0 | 100·0 | 100·0 | 100·0 | 100·0 | 100·0 | 100·0 |
| 1848—1850 | 117·7 | 102·9 | 122·2 | 121·5 | 132·7 | 121·2 | 116·2 | 116·2 | 116·2 | 108·5 | 91·8 | 96·7 | 100·0 | 143·1 | 143·1 | 167·0 | 96·1 |
| 1851—1860 | 159·6 | 194·0 | 182·2 | 148·2 | 176·1 | 139·8 | 113·9 | 113·9 | 113·9 | 125·1 | 136·7 | 164·2 | 170·0 | 163·6 | 160·2 | 239·7 | 157·5 |
| 1861—1865 | 136·5 | 122·9 | 189·6 | 122·3 | 148·6 | 145·1 | 109·3 | 109·3 | 109·3 | 136·9 | 138·1 | 189·4 | 143·1 | . . . . | . . . . | 175·0 | 170·5 |
| 1866—1870 | 121·1 | 135·5 | 181·4 | 114·3 | 150·4 | 114·1 | 119·7 | 119·7 | 119·7 | 140·7 | 165·3 | 165·8 | 179·6 | 177·2 | 177·2 | 172·7 | 132·9 |
| 1871—1875 | 150·9 | 144·4 | 214·8 | 186·3 | 156·6 | 153·1 | 169·1 | 108·1 | 127·9 | 193·8 | 184·3 | 160·9 | 192·6 | 181·8 | 181·8 | 223·8 | 146·3 |
| 1876—1880 | 130·7 | 182·9 | 246·6 | 132·3 | 130·0 | 162·8 | 172·6 | 108·7 | 186·0 | 263·5 | 195·9 | 178·0 | 150·4 | 169·3 | 175·0 | 334·1 | 165·3 |
| 1881—1885 | 122·6 | 181·4 | 215·5 | 128·7 | 134·5 | 150·4 | 159·3 | 98·8 | 142·4 | 270·1 | 170·7 | 191·8 | 152·0 | 179·5 | 180·6 | 350·0 | 103·0 |
| 1886—1890 | 140·4 | 199·3 | 226·7 | 162·6 | 194·7 | 192·9 | 168·6 | 111·0 | 116·2 | 222·3 | 144·2 | 196·7 | 193·5 | 173·9 | . | 189·8 | 204·3 |

¹) Kommt nur im Jahre 1881 verzeichnet vor.
²)  „    „   „    „    1890     „    „

# Markt-Durchschnittspreise

im

angrenzenden Auslande.

# Markt-Durchschnittspreise für Weizen

### Per Hektoliter in Gulden

| Land | Angrenzendes Ausland | 1830 | 1831 | 1832 | 1833 | 1834 | 1835 | 1836 | 1837 | 1838 | 1839 | 1840 |
|---|---|---|---|---|---|---|---|---|---|---|---|---|
| Ober-Österreich . . . . | Baiern | | | | | | | | | | | |
| Salzburg . . . . . . . | Baiern | 5·70 | 6·13 | 6·81 | 5·13 | 4·87 | 5·30 | 4·47 | 3·82 | 3·99 | 4·47 | 5·56 |
| Kärnten . . . . . . . | Italien . . . | | | | | | | | | | | |
| | Udine (Italien) | . . . | . . . | . . . | . . . | . . . | . . . | . . . | . . . | . . . | . . . | . . . |
| Küstenland . . . . . . | Italien . . . | | | | | | | | | | | |
| | Cividale (Italien) | . . . | . . . | . . . | . . . | . . . | . . . | . . . | . . . | . . . | . . . | . . . |
| | Palmanova (Italien) . . | | | | | | | | | | | |
| | Stadt Fiume | . . . | . . . | . . . | . . . | . . . | . . . | . . . | . . . | . . . | . . . | . . . |
| Tirol und Vorarlberg . . | Baiern, Schweiz, Italien . . . | 7·32 | 8·15 | 9·06 | 6·53 | 6·41 | 6·78 | 6·61 | 6·58 | 7·75 | 8·24 | 8·52 |
| Böhmen . . . . . . . | Baiern | | | | | | | | | | | |
| | Sachsen | 5·84 | 6·78 | 6·44 | 5·19 | 4·99 | 5·73 | 5·22 | 4·87 | 5·44 | 6·44 | 6·56 |
| | Preußen (Preußisch-Schlesien) | | | | | | | | | | | |
| Mähren . . . . . . | Preußisch-Schlesien . . . . | | | | | | | | | | | |
| Schlesien . . . . . . | Preußisch-Schlesien | 4·16 | 5·24 | 4·28 | 3·82 | 4·28 | 4·13 | 3·73 | 3·31 | 4·05 | 4·65 | 4·96 |
| Galizien — Westgalizien | Preußisch-Schlesien | | | | | | | | | | | |
| | Russisch-Polen | | | | | | | | | | | |
| Krakau | Russisch-Polen | | | | | | | | | | | |
| Ostgalizien . . . | Übriges Russland . . . . | 4·85 | 4·59 | 3·56 | 3·22 | . . . | 3·82 | 2·68 | 2·54 | 2·76 | 3·33 | 3·79 |
| Bukowina . . . . . . | Russland . . . . . . | | | | | | | | | | | |
| | Moldau . . . . . | | | | | | | | | | | |
| Dalmatien . . . . . | Bosnien und Hercegovina . . | . . . | . . . | . . . | . . . | . . . | . . . | . . . | . . . | . . . | . . . | . . . |
| | Montenegro | | | | | | | | | | | |
| Lombardie . . . . . | Italien . . . . | | 7·38 | 8·07 | 7·70 | 6·87 | 6·30 | 7·55 | 8·44 | 7·92 | 8·46 | 8·81 |
| Lomb.-venet. Königreich | Lombardie . . . . | 7·18 | 7·81 | 7·47 | 7·41 | 6·75 | 5·76 | 6·67 | 8·12 | 7·50 | 7·89 | 8·15 |
| | Venedig . . . . | 5·64 | 6·50 | 6·04 | 5·87 | 5·13 | 4·79 | 5·24 | 6·47 | 5·99 | 6·67 | 6·58 |
| Ungarn . . . . . . | | 3·71 | 4·50 | 3·65 | 3·65 | 3·42 | 4·02 | 2·85 | 2·79 | 2·42 | 3·14 | 3·82 |
| Serbische Wojwodschaft und Temeser Banat . . . | | | | | | | | | | | | |
| Croatien und Slavonien . . . . . | | | | | | | | | | | | |
| Siebenbürgen . . . . . . | | 4·82 | 5·73 | 3·42 | 3·71 | 4·02 | 3·76 | 2·62 | 2·88 | 3·02 | 5·22 | 5·47 |
| Militärgrenze . . . . . . . . | | 5·36 | 3·79 | 4·36 | 3·90 | 4·10 | 3·39 | 3·62 | 2·99 | 3·59 | 4·10 | 3·68 |

# im angrenzenden Auslande.

österreichischer Währung.

| 1841 | 1842 | 1843 | 1844 | 1845 | 1846 | 1847 | 1848 | 1849 | 1850 | 1851 | 4 | 1875 | 1876 | 1877 | 1878 | 1879 | 1880 | 1881 |
|---|---|---|---|---|---|---|---|---|---|---|---|---|---|---|---|---|---|---|
| 5·64 | 5·84 | 6·13 | 7·41 | 6·78 | 9·89 | 11·37 | 5·90 | 5·90 | 5·70 | {6·07 | 56 | 7·53 | 8·96 | 9·60 | 8·30 | 9·00 | 9·14 | 9·41 |
|  |  |  |  |  |  |  |  |  |  | 6·13 | 45 | 9·10 | 9·61 | 15·42 | 8·50 | 12·58 | 10·00 | 10·41 |
| . . . . | . . . . | . . . . | . . . . | . . . . | . . . . | . . . . | . . . . | . . . . | . . . . | . . . . | 50 | 10·60 | 14·60 | 11·00 | 11·00 | 9·50 | 9·80 | 10·50 |
| . . . . | . . . . | . . . . | . . . . | . . . . | . . . . | . . . . | . . . . | . . . . | . . . . | . . . . |  |  |  |  |  |  |  |  |
| . . . . | . . . . | . . . . | . . . . | . . . . | . . . . | . . . . | . . . . | . . . . | . . . . | . . . . |  |  |  |  |  |  |  |  |
| . . . . | . . . . | . . . . | . . . . | . . . . | . . . . | . . . . | . . . . | . . . . | . . . . | . . . . |  |  |  |  |  |  |  |  |
| 7·61 | 8·24 | 8·29 | 9·83 | 8·84 | 10·86 | 13·25 | 6·67 | 6·67 | 6·78 | 9·18 |  |  |  |  |  |  |  |  |
|  |  |  |  |  |  |  |  |  |  |  | 18 | 9·45 | 8·90 | 9·65 | 8·87 | 9·47 | 10·47 | 10·53 |
| 5·61 | 8·89 | 6·81 | 6·21 | 6·13 | 8·07 | 10·66 | 6·24 | 6·24 | 6·10 | 7·13 | 60 | 9·65 | 9·04 | 8·51 | 8·32 | 8·92 | 9·21 | 10·28 |
|  |  |  |  |  |  |  |  |  |  |  | 60 | 9·98 | 10·80 | 8·24 | 6·50 | 7·33 | 7·26 | 9·47 |
| 4·62 | 4·99 | 4·79 | 5·02 | 5·87 | 7·35 | 9·41 | 6·36 | . . . . | . . . . | . . . . |  |  |  |  |  |  |  |  |
|  |  |  |  |  |  |  |  | . . . . | . . . . | . . . . | 51 | . . . . | . . . . | . . . . | . . . . | . . . . | 9·14 | 8·86 |
|  |  |  |  |  |  |  |  |  |  |  | 99 | 7·61 | 9·85 | 9·47 | 8·79 | 9·86 | 10·96 | 10·78 |
|  |  |  |  |  |  |  |  |  |  | 6·33 | 25 | 7·63 | 7·56 | 8·78 | 7·42 | 8·72 | 9·95 | 9·49 |
| 3·65 | 3·96 | 2·88 | 3·08 | 3·88 | 4·19 | 6·16 | 5·04 | 5·04 | 4·79 |  | 86 | 6·59 | 7·96 | 7·63 | 6·67 | 7·54 | 8·78 | 8·80 |
|  |  |  |  |  |  |  |  |  |  | 4·82 | 99 | 4·66 | 5·20 | 5·75 | 6·00 | 4·54 | 8·66 | 5·42 |
|  |  |  |  |  |  |  |  |  |  |  | 99 | 6·16 | 5·79 | 7·16 | 6·95 | 7·52 | 8·35 | 9·59 |
| . . . . | . . . . | . . . . | . . . . | . . . . | . . . . | . . . . | . . . . | . . . . | . . . . | . . . . |  |  |  |  |  |  |  |  |
| . . . . | . . . . | . . . . | . . . . | . . . . | . . . . | . . . . | . . . . | . . . . | . . . . | . . . . |  |  |  |  |  |  |  |  |
| 8·35 | 7·95 | 5·36 | 7·67 | 6·95 | 8·21 | 10·29 | 9·15 | . . . . | 6·98 | 7·18 |  |  |  |  |  |  |  |  |
| 7·35 | 7·30 | 7·32 | 7·32 | 6·81 | 8·01 | 10·40 | 9·35 | 8·75 | 6·90 | 6·21 |  |  |  |  |  |  |  |  |
| 5·73 | 6·10 | 5·93 | 5·90 | 5·61 | . . . . | 9·09 | 7·41 | 6·50 | 5·87 | 5·61 |  |  |  |  |  |  |  |  |
| 3·65 | 4·50 | 2·94 | 2·65 | 3·33 | 5·39 | 8·01 | 5·58 | . . . . | 5·33 | 5·44 |  |  |  |  |  |  |  |  |
| . . . . | . . . . | . . . . | . . . . | . . . . | . . . . | . . . . | . . . . | . . . . | 4·36 | 4·13 |  |  |  |  |  |  |  |  |
| . . . . | . . . . | . . . . | . . . . | . . . . | . . . . | . . . . | . . . . | . . . . | 5·61 | 5·93 |  |  |  |  |  |  |  |  |
| 4·36 | 4·70 | 4·70 | 3·51 | 4·08 | 5·02 | 5·42 | 4·67 | . . . . | 5·30 | 6·44 |  |  |  |  |  |  |  |  |
| 4·42 | 3·56 | 3·16 | 3·53 | 4·76 | 6·36 | 7·10 | 7·24 | 7·41 | 6·33 | 5·61 |  |  |  |  |  |  |  |  |

Tabelle 255.

# Markt-Durchschnittspreise für Weizen

### Per Hektoliter in Gulden

| Land | Angrenzendes Ausland | 1852 | 1853 | 1854 | 1855 | 1856 | 1857 | 1858 | 1859 | 1860 | 1861 | 1862 |
|---|---|---|---|---|---|---|---|---|---|---|---|---|
| Ober-Österreich ..... | Baiern ........ | 8·21 | 8·18 | 9·66 | 12·11 | 11·77 | 8·72 | 6·60 | 6·47 | 6·93 | 7·32 | 8·30 |
| Salzburg ....... | Baiern ........ | | | | | | | 8·12 | 7·99 | .... | .... | 8·61 |
| Kärnten ....... | Italien ..... | .... | .... | .... | .... | .... | .... | .... | .... | .... | .... | .... |
| | Udine (Italien) .... | .... | .... | .... | .... | .... | .... | .... | .... | .... | .... | .... |
| Küstenland ...... | Italien ..... | .... | .... | .... | .... | .... | .... | .... | .... | .... | .... | .... |
| | Cividale (Italien) ... | .... | .... | .... | .... | .... | .... | .... | .... | .... | .... | .... |
| | Palmanova (Italien) . | .... | .... | .... | .... | .... | .... | .... | .... | .... | .... | .... |
| | Stadt Fiume ..... | .... | .... | .... | .... | .... | .... | .... | .... | .... | .... | .... |
| Tirol und Vorarlberg ... | Baiern, Schweiz, Italien | 11·20 | 11·17 | .... | .... | .... | .... | .... | .... | .... | .... | .... |
| Böhmen ....... | Baiern ...... | 8·24 | 8·89 | 12·74 | 12·91 | 9·83 | 7·58 | 7·76 | 7·79 | 10·24 | 10·14 | 9·23 |
| | Sachsen ...... | | | | | | | | | | | |
| | Preußen (Preußisch-Schlesien) | | | | | | | | | | | |
| Mähren ....... | Preußisch-Schlesien | .... | .... | .... | .... | .... | .... | .... | .... | .... | .... | .... |
| Schlesien ....... | Preußisch-Schlesien ... | .... | .... | .... | .... | .... | .... | .... | .... | .... | .... | .... |
| Galizien { Westgalizien { | Preußisch-Schlesien | | | | | | | .... | .... | 8·04 | 9·78 | 9·36 |
| | Russisch-Polen .... | | | | | | | .... | .... | | | |
| Krakau | Russisch-Polen .... | 6·13 | 5·93 | 7·41 | 8·52 | 8·72 | 6·18 | 7·53 | 7·10 | .... | .... | .... |
| Ostgalizien | Übriges Rußland ... | | | | | | | 4·84 | 4·43 | 5·23 | 7·73 | 6·44 |
| Bukowina ...... { | Rußland ..... | | | | | | | 4·50 | 4·55 | 4·47 | 5·12 | 4·73 |
| | Moldau ...... | | | | | | | | | | | |
| Dalmatien ...... { | Bosnien und Hercegovina | .... | .... | .... | .... | .... | .... | .... | .... | .... | .... | .... |
| | Montenegro ..... | | | | | | | | | | | |
| Lombardie ...... | Italien ...... | 8·27 | 10·00 | 12·34 | 11·60 | 10·77 | 10·35 | | | | | |
| Lomb.-venet. Königreich . { | Lombardie ..... | 7·30 | 8·78 | 11·80 | 10·03 | 11·03 | 9·41 | .... | .... | 7·27 | 8·20 | 8·22 |
| | Venedig ..... | 6·16 | 7·81 | 10·97 | 10·06 | 9·98 | 9·66 | 6·52 | 6·63 | | | |
| Ungarn ........ | | 5·90 | 6·95 | 10·37 | 11·34 | 9·01 | 5·36 | 5·20 | 6·29 | .... | .... | .... |
| Serbische Wojwodschaft und Temeser Banat ..... | | 4·70 | 5·58 | 9·86 | 9·89 | 8·29 | 5·19 | 3·93 | 5·18 | | | |
| Croatien und Slavonien ........... | | 6·56 | 6·87 | 10·92 | 11·40 | 9·15 | 6·90 | 6·05 | 6·89 | 7·74 | 9·29 | 8·77 |
| Siebenbürgen ............. | | 6·10 | 7·04 | 8·41 | 9·43 | 7·75 | 6·61 | 6·72 | 6·24 | .... | .... | .... |
| Militärgrenze ............. | | 6·58 | 7·84 | 11·12 | 11·43 | 8·98 | 8·27 | 4·78 | 7·58 | 7·11 | 8·23 | 6·59 |

# im angrenzenden Auslande.

österreichischer Währung.

| 1863 | 1864 | 1865 | 1866 | 1867 | 1868 | 1869 | 1870 | 1871 | 1872 | 1873 | 1874 | 1875 | 1876 | 1877 | 1878 | 1879 | 1880 | 1881 |
|---|---|---|---|---|---|---|---|---|---|---|---|---|---|---|---|---|---|---|
| 7·37 | 6·85 | 7·27 | 6 93 | 11·20 | 9·44 | 7·68 | 8·08 | 9·41 | 9·78 | 11·21 | 7·86 | 7·53 | 8·96 | 9·60 | 8·30 | 9·00 | 9·14 | 9·41 |
| 8·48 | 7·50 | 6·13 | 7·42 | 10·35 | 8·35 | 7·58 | 8·48 | 9·18 | 10·66 | 14·21 | 9·45 | 9·10 | 9·61 | 15·42 | 8·50 | 12·58 | 10·00 | 10·41 |
|  |  |  |  |  | 10·60 | 8·97 |  |  |  |  |  |  |  |  |  |  |  |  |
|  |  |  |  |  |  |  | 12·39 | 16·30 | 12·23 | 11·21 | 10·60 | 10·60 | 14·60 | 11·00 | 11·00 | 9·50 | 9·80 | 10·50 |
|  |  |  |  |  | 9·78 |  |  |  |  |  |  |  |  |  |  |  |  |  |
|  |  |  |  | 9·78 |  | 9·13 | 8·15 | 11·08 | 10·24 | 13·04 |  |  |  |  |  |  |  |  |
|  |  |  |  |  |  | 6·72 |  |  |  |  |  |  |  |  |  |  |  |  |
|  |  |  |  |  | 15·40 |  |  |  |  |  |  |  |  |  |  |  |  |  |
|  |  |  |  |  |  |  |  |  |  |  |  |  |  |  |  |  |  |  |
|  |  |  |  |  | 9·18 | 8·64 | 9·73 | 9·52 | 11·69 | 12·76 | 11·18 | 9·45 | 8·90 | 9·65 | 8·87 | 9·47 | 10·47 | 10·53 |
| 8·51 | 7·97 | 7·14 | 8·97 | 10·95 | 10·35 | 9·00 | 9·54 | 9·86 | 9·98 | 10·35 | 10·60 | 9·65 | 9·04 | 8·51 | 8·32 | 8·92 | 9·21 | 10·28 |
|  |  |  |  |  | 9·94 | 8·88 | 10·92 | 10·94 |  | 12·06 | 10·60 | 9·98 | 10·80 | 8·24 | 6·50 | 7·33 | 7·26 | 9·47 |
|  |  |  |  |  |  |  |  |  |  |  |  |  |  |  |  |  |  |  |
|  |  |  | 11·04 | 8·64 | 9·01 | 9·86 | 9·75 | 9·75 | 11·49 | 10·51 |  |  |  |  |  | 9·14 | 8·86 |
| 7·38 | 7·63 | 6 28 | 7·03 |  | 10·17 | 10·27 | 9·81 | 10·48 | 11·39 | 11·38 | 9·99 | 7·61 | 9·85 | 9·47 | 8·79 | 9·86 | 10·96 | 10·78 |
|  |  |  |  | 9·18 | 9·13 | 7·61 | 5·95 | 8·48 | 8·83 | 9·34 | 8·25 | 7·63 | 7·56 | 8·78 | 7·42 | 8·72 | 9·95 | 9·49 |
| 4·38 | 3·75 | 3·75 | 6·16 |  | 6·62 | 6·67 | 5·69 | 6·05 | 7·71 | 8·25 | 6·86 | 6·59 | 7·96 | 7·63 | 6·67 | 7·54 | 8·78 | 8·80 |
| 3·41 | 3·49 | 4·76 | 5·77 | 8·14 | 6·98 | 6·78 | 6·24 | 7·20 | 6·99 | 7·34 | 6·99 | 4·66 | 5·20 | 5·75 | 6·00 | 4·54 | 8·66 | 5·42 |
|  |  |  |  |  | 6·34 | 5·74 | 6·01 | 6·63 | 7·32 | 7·94 | 6·99 | 6·16 | 5·79 | 7·16 | 6·95 | 7·52 | 8·35 | 9·59 |
|  |  |  |  | 7·43 |  | 7·92 | 7·34 | 9·57 |  |  |  |  |  |  |  |  |  |  |
|  |  |  |  | 9·78 |  | 11·08 | 8·48 | 8·64 |  |  |  |  |  |  |  |  |  |  |
|  |  |  |  |  |  |  |  |  |  |  |  |  |  |  |  |  |  |  |
| 7·32 | 7·37 | 7·17 |  |  |  |  |  |  |  |  |  |  |  |  |  |  |  |  |
| 6·88 | 6·31 | 4·97 | 6·80 |  |  |  |  |  |  |  |  |  |  |  |  |  |  |  |
|  |  |  |  |  |  |  |  |  |  |  |  |  |  |  |  |  |  |  |
| 7·76 | 6·24 | 6·50 | 8·36 |  |  |  |  |  |  |  |  |  |  |  |  |  |  |  |
| 5·00 | 4·78 | 3·44 | 5·74 |  |  |  |  |  |  |  |  |  |  |  |  |  |  |  |
| 7·27 | 4·53 | 5·82 | 8·85 | 8·43 | 6·49 | 6·49 |  |  |  |  |  |  |  |  |  |  |  |  |

# Markt-Durchschnittspreise für Roggen

### Per Hektoliter in Gulden

| Land | Angrenzendes Ausland | 1830 | 1831 | 1832 | 1833 | 1834 | 1835 | 1836 | 1837 | 1838 | 1839 | 1840 | 1841 | 1842 | 1843 | 1844 | 1845 | 1846 | 1847 | 1848 | 1849 | 1850 |
|---|---|---|---|---|---|---|---|---|---|---|---|---|---|---|---|---|---|---|---|---|---|---|
| Ober-Österreich | Baiern | 4·53 | 4·87 | 4·30 | 2·79 | 3·02 | 3·68 | 2·91 | 2·48 | 2·54 | 2·82 | 3·53 | 3·48 | 3·51 | 3·65 | 4·96 | 5·44 | 7·01 | | 7·78 | 3·19 | 3·5 |
| Salzburg | Baiern | | | | | | | | | | | | | | | | | | | | | |
| Kärnten | Italien | . | . | . | . | . | . | . | . | . | . | . | . | . | . | . | . | . | . | . | . | . |
| | Udine (Italien) | . | . | . | . | . | . | . | . | . | . | . | . | . | . | . | . | . | . | . | . | . |
| Küstenland | Italien | . | . | . | . | . | . | . | . | . | . | . | . | . | . | . | . | . | . | . | . | . |
| | Cividale (Italien) | . | . | . | . | . | . | . | . | . | . | . | . | . | . | . | . | . | . | . | . | . |
| | Palmanova (Italien) | . | . | . | . | . | . | . | . | . | . | . | . | . | . | . | . | . | . | . | . | . |
| | Stadt Fiume | . | . | . | . | . | . | . | . | . | . | . | . | . | . | . | . | . | . | . | . | . |
| Tirol und Vorarlberg | Baiern, Schweiz, Italien | 5·73 | 6·10 | 6·18 | 5·04 | 4·85 | 5·19 | 4·79 | 4·70 | 5·36 | 6·07 | 6·18 | 5·16 | 5·13 | 6·07 | 7·15 | 7·04 | 8·86 | 10·86 | 4·10 | 4·10 | 4·6 |
| Böhmen | Baiern | 4·33 | 4·90 | 4·90 | 3·93 | 3·65 | 4·05 | 3·62 | 3·42 | 4·30 | 4·82 | 4·99 | 4·05 | 5·27 | 4·56 | 4·73 | 6·84 | | 8·98 | 3·99 | 3·99 | |
| | Sachsen | | | | | | | | | | | | | | | | | | | | | |
| | Preußen (Preußisch Schlesien) | | | | | | | | | | | | | | | | | | | | | |
| Mähren | Preußisch-Schlesien | 3·33 | 4·25 | 2·96 | 2·62 | 2·96 | 2·88 | 2·42 | 2·02 | 2·82 | 3·36 | 3·51 | 3·51 | 3·25 | 3·16 | 3·16 | 4·53 | 6·21 | | 7·89 | 3·73 | |
| Schlesien | Preußisch-Schlesien | | | | | | | | | | | | | | | | | | | | | |
| Galizien — Westgalizien | Preußisch-Schlesien | 3·11 | 3·68 | 2·48 | 2·87 | . | 2·96 | 1·77 | 1·62 | 1·80 | 2·25 | 2·74 | 2·54 | 2·79 | 1·91 | 2·22 | 3·08 | 3·39 | | 4·70 | 3·59 | 3·59 |
| — Westgalizien | Russisch-Polen | | | | | | | | | | | | | | | | | | | | | |
| — Krakau | Russisch-Polen | | | | | | | | | | | | | | | | | | | | | |
| — Ostgalizien | Übriges Rußland | | | | | | | | | | | | | | | | | | | | | |
| Bukowina | Rußland | | | | | | | | | | | | | | | | | | | | | |
| | Moldau | | | | | | | | | | | | | | | | | | | | | |
| Dalmatien | Bosnien und Hercegovina | . | . | . | . | . | . | . | . | . | . | . | . | . | . | . | . | . | . | . | . | . |
| | Montenegro | . | . | . | . | . | . | . | . | . | . | . | . | . | . | . | . | . | . | . | . | . |
| Lombardie | Italien | | 5·79 | 5·33 | 5·22 | 4·47 | 4·16 | 5·39 | 6·93 | 6·21 | 6·18 | 6·58 | 5·76 | 6·16 | 6·13 | 6·21 | 5·81 | 5·87 | | 7·81 | 5·64 | 4·8 |
| Lomb.-venet. Königreich | Lombardie | 5·44 | 5·87 | 5·07 | 4·50 | 4·13 | 3·76 | 4·08 | 5·59 | 5·22 | 5·61 | 5·90 | 5·36 | 4·62 | 4·90 | 4·90 | 4·56 | 5·27 | 7·21 | 6·04 | 5·59 | 4·8 |
| | Benedig | 4·30 | 5·02 | 4·19 | 3·73 | 3·71 | 3·62 | 3·36 | 4·10 | 3·99 | 4·30 | 4·59 | 3·88 | 3·93 | 3·85 | 3·79 | 3·68 | . | 5·44 | 4·79 | 4·73 | 4·9 |
| Ungarn | | 2·39 | 3·16 | 2·05 | 2·14 | 2·39 | 2·94 | 1·71 | 1·77 | 1·51 | 2·14 | 2·71 | 2·51 | 2·96 | 1·88 | 1·57 | 2·28 | 3·90 | 5·81 | 3·68 | . | 3·19 |
| Serbische Wojwodschaft und Temeser Banat | | | | | | | | | | | | | | | | | | | | | | 2·84 |
| Croatien und Slavonien | | | | | | | | | | | | | | | | | | | | | | 4·22 |
| Siebenbürgen | | 2·68 | 4·59 | 2·68 | 2·57 | 2·68 | 2·65 | 1·51 | 1·80 | 2·14 | 3·28 | 3·51 | 2·71 | 3·02 | 3·02 | 2·19 | 2·76 | 2·94 | 3·42 | 2·91 | | 2·55 |
| Militärgrenze | | 3·93 | 2·68 | 2·76 | 2·76 | 3·02 | 2·45 | 2·59 | 2·31 | 2·82 | 3·19 | 2·82 | 3·05 | 2·54 | 2·28 | 2·68 | 2·25 | 4·45 | 4·79 | 5·04 | 5·04 | 3·04 |

# im angrenzenden Auslande.

### österreichischer Währung.

| 1851 | 1852 | 1853 | 1854 | 1855 | 1856 | 1857 | 1858 | 1859 | 1860 | 1861 | 1862 | 1863 | 1864 | 1865 | 1866 | 1867 | 1868 | 1869 | 1870 | 1871 | 1872 | 1873 | 1874 | 1875 | 1876 | 1877 | 1878 | 1879 | 1880 | 1881 |
|---|---|---|---|---|---|---|---|---|---|---|---|---|---|---|---|---|---|---|---|---|---|---|---|---|---|---|---|---|---|---|
| 4·56 | | | | | | | 3·39 | 3·57 | 3·75 | 4·25 | 5·62 | 4·65 | 4·29 | 5·12 | 4·24 | 8·56 | 7·17 | 5·13 | 5·44 | 6·11 | 5·90 | 8·02 | 6·37 | 4·54 | 6·16 | 6·98 | 5·69 | 6·45 | 7·60 | 6·44 |
| | 6·90 | 6·81 | 9·49 | 7·58 | 7·04 | 5·27 | | | | | | | | | | | | | | | | | | | | | | | | |
| 3·82 | | | | | | | 4·38 | 4·56 | .. | .. | 5·46 | 5·15 | 4·43 | 3·98 | 4·91 | 7·87 | 5·51 | 5·00 | 5·54 | 4·26 | 7·46 | 8·57 | 7·16 | 5·92 | 6·00 | 9·42 | 5·67 | 9·20 | 7·41 | 6·50 |
| | | | | | | | | | | | | | | | | | 7·50 | 5·87 | | | | | | | | | | | | |
| | | | | | | | | | | | | | | | | | | | 9·78 | 13·86 | .. | 6·52 | 7·66 | 5·87 | .. | 8·00 | 10·00 | 6·50 | 8·50 | 6·80 |
| | | | | | | | | | | | | | | | | 6·85 | | | | | | | | | | | | | | |
| | | | | | | | | | | | | | | | | 6·52 | 5·22 | 5·87 | 6·68 | 6·96 | 9·78 | | | | | | | | | |
| | | | | | | | | | | | | | | | | | 4·25 | | | | | | | | | | | | | |
| | | | | | | | | | | | | | | | | | 12·23 | | | | | | | | | | | | | |
| 6·27 | 9·01 | 9·72 | | | | | | | | | | | | | | | | | | | | | | | | | | | | |
| | | | | | | | | | | | | | | | | | 6·86 | 6·75 | 6·93 | 6·54 | 7·74 | 8·23 | 8·31 | 7·30 | 7·03 | 7·69 | 6·61 | 7·15 | 8·47 | 7·78 |
| 5·76 | 7·15 | 7·24 | 10·06 | 9·83 | 7·30 | 4·93 | 5·13 | 5·43 | 7·30 | 7·25 | 6·72 | 5·72 | 5·35 | 5·04 | 6·82 | 8·59 | 8·36 | 7·32 | 7·94 | 8·12 | 8·12 | 8·83 | 9·03 | 8·43 | 7·99 | 6·31 | 5·91 | 6·55 | 7·52 | 7·81 |
| | | | | | | | | | | | | | | | | | 7·48 | 6·68 | 7·99 | 7·19 | 7·99 | 9·28 | 8·23 | 6·83 | 9·60 | 6·09 | 4·19 | 5·30 | 4·79 | 8·31 |
| | | | | | | | | | | | | | | | | 7·64 | 6·73 | 6·29 | 6·36 | 6·57 | .. | .. | 8·56 | 7·01 | .. | .. | .. | .. | 8·40 | 7·83 |
| | | | | | | | 5·49 | 7·32 | 6·96 | 4·94 | 5·43 | 4·40 | 5·04 | | | | 8·18 | 8·25 | 7·87 | 7·56 | 8·25 | 8·23 | 7·60 | 6·24 | 7·77 | 6·92 | 6·46 | 7·95 | 9·81 | 9·56 |
| 3·99 | | | | | | | 4·82 | 4·82 | .. | .. | | | | | | 6·11 | 6·41 | 5·23 | 4·97 | 5·67 | 6·85 | 7·04 | 6·23 | 5·57 | 5·68 | 6·26 | 5·52 | 6·11 | 8·61 | 7·60 |
| | 4·70 | 4·47 | 6·16 | 6·83 | 5·53 | 4·56 | 2·85 | 2·64 | 3·11 | 4·94 | 4·01 | 2·75 | 2·22 | 2·22 | 4·06 | | 4·22 | 3·80 | 3·19 | 3·65 | 5·41 | 5·41 | 4·76 | 4·73 | 5·80 | 4·98 | 4·19 | 4·42 | 6·83 | 6·33 |
| 2·88 | | | | | | | .. | 2·79 | 3·87 | 3·80 | 3·29 | 2·09 | 1·92 | 3·15 | 4·28 | 5·53 | 4·97 | 4·30 | 3·36 | 3·80 | 4·65 | 5·49 | 4·43 | 4·08 | 4·02 | 4·24 | 3·65 | 2·84 | 7·19 | 4·08 |
| | | | | | | | | | | | | | | | | | 4·04 | 3·11 | 3·54 | 4·61 | 5·41 | 5·17 | 4·78 | 4·74 | 4·37 | 4·78 | 4·86 | 5·05 | 6·48 | 6·84 |
| | | | | | | | | | | | | | | | | | | | .. | 4·42 | 3·91 | 3·91 | | | | | | | | |
| | | | | | | | | | | | | | | | | | | | 6·19 | 6·52 | 6·52 | | | | | | | | | |
| 4·67 | 6·16 | 6·44 | 8·52 | 9·32 | 7·67 | 7·10 | | | | | | | | | | | | | | | | | | | | | | | | |
| 4·45 | 4·93 | 5·99 | 7·75 | 7·55 | 6·98 | 6·27 | .. | .. | .. | 4·76 | 4·74 | 5·33 | 5·02 | 4·60 | 4·50 | | | | | | | | | | | | | | | |
| 3·79 | 4·05 | 4·79 | 6·64 | 6·84 | 6·33 | 6·04 | 4·68 | 2·98 | | | | | | | | | | | | | | | | | | | | | | |
| 3·71 | 4·79 | 5·30 | 7·75 | 8·12 | 5·53 | 3·08 | 3·08 | 3·85 | .. | .. | 6·34 | 5·15 | 4·76 | 4·43 | 5·12 | .. | | | | | | | | | | | | | | |
| 2·62 | 3·43 | 4·19 | 7·27 | 6·98 | 5·36 | 3·11 | 2·66 | 3·42 | .. | .. | .. | | | | | | | | | | | | | | | | | | | |
| 4·93 | 5·33 | 6·24 | 8·86 | 7·84 | 5·90 | 4·36 | 4·08 | 4·63 | 5·41 | 6·18 | 5·81 | 4·47 | 4·50 | 3·96 | 5·97 | | | | | | | | | | | | | | | |
| 4·28 | 3·25 | 3·88 | 4·99 | 5·67 | 3·99 | 3·79 | 4·09 | 3·81 | | | 4·84 | 3·13 | 2·51 | 4·16 | | | | | | | | | | | | | | | | |
| 4·16 | 5·04 | 6·18 | 6·78 | 10·72 | 7·78 | 6·67 | 3·70 | 5·57 | 5·28 | 6·41 | 4·96 | 5·15 | 3·50 | 4·34 | 5·84 | 5·61 | 4·73 | 4·73 | .. | | | | | | | | | | | |

# Markt=Durchschnittspreise für Gerste

### Per Hektoliter in Gulden

| Land | Angrenzendes Ausland | 1830 | 1831 | 1832 | 1833 | 1834 | 1835 | 1836 | 1837 | 1838 | 1839 | 1840 | 1841 | 1842 | 1843 | 1844 | 1845 | 1846 | 1847 | 1848 | 1849 | 1850 |
|---|---|---|---|---|---|---|---|---|---|---|---|---|---|---|---|---|---|---|---|---|---|---|
| Ober-Österreich | Baiern | | | | | | | | | | | | | | | | | | | | | |
| Salzburg | Baiern | 2·96 | 2·94 | 3·16 | 2·31 | 2·54 | 3·51 | 2·71 | 2·28 | 2·42 | 2·79 | 3·62 | 2·68 | 2·62 | 2·88 | 4·10 | 4·22 | 5·76 | 6·30 | 2·54 | | 2·54 2·74 |
| Kärnten | Italien | | | | | | | | | | | | | | | | | | | | | |
| | Udine (Italien) | | | | | | | | | | | | | | | | | | | | | |
| Küstenland | Italien | | | | | | | | | | | | | | | | | | | | | |
| | Cividale (Italien) | | | | | | | | | | | | | | | | | | | | | |
| | Palmanova (Italien) | | | | | | | | | | | | | | | | | | | | | |
| | Stadt Fiume | | | | | | | | | | | | | | | | | | | | | |
| Tirol und Vorarlberg | Baiern, Schweiz, Italien | 4·62 | 4·42 | 5·19 | 4·30 | 4·10 | 4·73 | 4·05 | 4·56 | 5·13 | 5·84 | 6·07 | 4·39 | 4·47 | 5·26 | 6·30 | 5·99 | 7·41 | 8·32 | 3·28 | | 3·28 3·39 |
| Böhmen | Baiern | | | | | | | | | | | | | | | | | | | | | |
| | Sachsen | 3·42 | 3·42 | 3·68 | 2·99 | 3·02 | 3·59 | 3·16 | 2·99 | 3·58 | 3·84 | 4·10 | 4·11 | 3·02 | 4·30 | 3·45 | 3·68 | 5·22 | 7·18 | 3·28 | | 3·28 3·28 |
| | Preußen (Preußisch-Schlesien) | | | | | | | | | | | | | | | | | | | | | |
| Mähren | Preußisch-Schlesien | | | | | | | | | | | | | | | | | | | | | |
| Schlesien | Preußisch-Schlesien | 2·45 | 3·31 | 2·57 | 2·19 | 2·48 | 2·45 | 2·08 | 1·62 | 2·02 | 2·45 | 2·65 | 2·57 | 2·57 | 2·65 | 3·19 | 4·13 | 6·04 | 2·39 | | | |
| Galizien — Westgalizien | Preußisch-Schlesien | | | | | | | | | | | | | | | | | | | | | |
| Galizien — Krakau | Russisch-Polen | 2·17 | 2·68 | 1·80 | 1·80 | 1·80 | 2·34 | 1·57 | 1·40 | 1·48 | 1·57 | 1·91 | 1·85 | 2·65 | 1·45 | 1·62 | 2·08 | 2·37 | 3·71 | 2·74 | | 2·74 2·76 |
| Galizien — Ostgalizien | Russisch-Polen / Übriges Rußland | | | | | | | | | | | | | | | | | | | | | |
| Bukowina | Rußland | | | | | | | | | | | | | | | | | | | | | |
| | Moldau | | | | | | | | | | | | | | | | | | | | | |
| Dalmatien | Bosnien und Hercegovina | | | | | | | | | | | | | | | | | | | | | |
| | Montenegro | | | | | | | | | | | | | | | | | | | | | |
| Lombardie | Italien | | 7·64 | 5·56 | 4·99 | 4·70 | 3·82 | 5·24 | 6·75 | 6·64 | 6·98 | 7·52 | 7·10 | 6·07 | 7·07 | 6·07 | 5·79 | 6·36 | 7·55 | 5·24 | | 5·61 |
| Lomb.-venet. Königreich | Lombardie | 5·59 | 5·70 | 4·99 | 5·27 | 5·19 | 4·56 | 4·76 | 5·07 | 5·04 | 5·50 | 5·56 | 4·96 | 4·65 | 4·79 | 5·72 | 5·64 | 5·70 | 6·67 | 6·10 | 6·20 | 6·44 |
| | Venedig | 5·84 | 6·47 | 5·96 | 5·36 | 4·36 | 4·42 | 4·16 | 4·36 | 4·47 | 4·90 | 5·59 | 4·67 | 4·65 | 4·45 | 3·73 | 4·76 | | 6·70 | 6·58 | 6·90 | 6·56 |
| Ungarn | | 1·65 | 2·34 | 1·45 | 1·74 | 2·00 | 2·42 | 1·45 | 1·54 | 1·28 | 1·68 | 2·11 | 2·00 | 2·22 | 1·48 | 1·20 | 1·71 | 2·65 | 4·28 | 2·42 | | 2·57 |
| Serbische Wojwodschaft und Temeser Banat | | | | | | | | | | | | | | | | | | | | | | 2·29 |
| Croatien und Slavonien | | | | | | | | | | | | | | | | | | | | | | 2·98 |
| Siebenbürgen | | 2·08 | 2·71 | 1·54 | 1·97 | 2·02 | 1·80 | 1·20 | 1·34 | 1·65 | 2·45 | 2·79 | 2·28 | 2·25 | 2·51 | 1·65 | 1·68 | 2·11 | 2·65 | 2·42 | | 3·53 |
| Militärgrenze | | 2·68 | 1·80 | 1·01 | 1·97 | 2·48 | 1·68 | 2·11 | 1·80 | 1·97 | 2·42 | 2·19 | 2·37 | 2·11 | 1·68 | 2·00 | 2·45 | 3·42 | 3·56 | 4·05 | 4·50 | 3·59 |

# im angrenzenden Auslande.

## österreichischer Währung.

| 1851 | 1852 | 1853 | 1854 | 1855 | 1856 | 1857 | 1858 | 1859 | 1860 | 1861 | 1862 | 1863 | 1864 | 1865 | 1866 | 1867 | 1868 | 1869 | 1870 | 1871 | 1872 | 1873 | 1874 | 1875 | 1876 | 1877 | 1878 | 1879 | 1880 | 1881 |
|---|---|---|---|---|---|---|---|---|---|---|---|---|---|---|---|---|---|---|---|---|---|---|---|---|---|---|---|---|---|---|
| 3·53 | 5·42 | 4·93 | 7·35 | 6·38 | 5·44 | 4·13 | 2·89 | 3·06 | 4·01 | 4·29 | 4·43 | 3·83 | 3·50 | 4·22 | 4·73 | 6·15 | 5·57 | 4·55 | 4·81 | 5·00 | 5·10 | 6·78 | 4·99 | 4·91 | 5·32 | 6·60 | 5·31 | 5·45 | 6·04 | 5·75 |
| 3·36 | | | | | | | 4·35 | 4·56 | | | 5·15 | 4·73 | 4·43 | 4·25 | 5·06 | 5·90 | 5·92 | 5·54 | 5·05 | 5·66 | 5·18 | 4·57 | 6·01 | 5·92 | 5·36 | 8·50 | 6·04 | 7·98 | 6·06 | 7·00 |
| | | | | | | | | | | | | | | | | 7·82 | | | | | | | | | | | | | | |
| | | | | | | | | | | | | | | | | | | 8·15 | | | 5·22 | 5·38 | 5·54 | 5·55 | | | | 6·00 | 6·00 | |
| | | | | | | | | | | | | | | | | 6·68 | | | | | | | | | | | | | | |
| | | | | | | | | | | | | | | | | 6·68 | | 9·78 | 4·56 | 5·22 | 6·39 | | | | | | | | | |
| | | | | | | | | | | | | | | | | | | 6·45 | | | | | | | | | | | | |
| | | | | | | | | | | | | | | | | 7·34 | | | | | | | | | | | | | | |
| 4·99 | 6·41 | 6·56 | | | | | | | | | | | | | | | | | | | | | | | | | | | | |
| | | | | | | | | | | | | | | | | | 6·08 | 5·97 | 5·95 | 5·97 | 6·89 | 7·37 | 7·20 | 6·15 | 5·55 | 6·99 | 6·64 | 6·10 | 6·35 | 6·25 |
| 4·59 | 5·10 | 5·73 | 7·58 | 7·18 | 5·59 | 4·08 | 4·38 | 4·48 | 5·87 | 5·85 | 5·10 | 4·68 | 4·50 | 4·03 | 5·05 | 6·34 | 6·89 | 6·11 | 6·49 | 6·72 | 6·94 | 7·84 | 7·69 | 7·22 | 6·57 | 6·03 | 5·48 | 6·09 | 6·31 | 6·30 |
| | | | | | | | | | | | | | | | | | 6·39 | 5·05 | 4·56 | 5·72 | 5·62 | 6·93 | 7·12 | 5·64 | | 4·05 | 3·63 | 4·43 | 4·02 | 5·93 |
| | | | | | | | | | | | | | | | | | | | | | | | | | | | | | | |
| | | | | | | | | | | | | | | | | 5·85 | 5·43 | 5·18 | 5·71 | 5·26 | | | 7·99 | 7·34 | | | | | 6·34 | 5·70 |
| | | | | | | | | | 4·32 | 5·77 | 5·25 | 4·34 | 4·78 | 3·54 | 4·25 | | 6·03 | 6·47 | 6·37 | 6·31 | 6·65 | 6·49 | 6·54 | 5·90 | 7·16 | 5·47 | 5·69 | 7·38 | 8·69 | 8·61 |
| 3·62 | | | | | | | 4·16 | 2·11 | | | | | | | | 4·76 | 5·05 | 4·50 | 4·17 | 4·65 | 5·17 | 5·43 | 4·96 | 4·71 | 4·55 | 5·15 | 4·23 | 5·05 | 6·83 | 6·20 |
| | 3·82 | 3·79 | 4·99 | 5·39 | 3·79 | 3·71 | 2·54 | 2·14 | 2·67 | 3·78 | 3·72 | 2·69 | 2·10 | 2·10 | 3·68 | | 3·68 | 3·46 | 2·95 | 3·37 | 4·45 | 4·19 | 3·93 | 4·16 | 4·75 | 4·11 | 3·71 | 3·94 | 5·51 | 5·47 |
| | | | | | | | | | | | | | | | | | 4·35 | 3·59 | 2·85 | 2·45 | 2·98 | 3·39 | 4·01 | 3·46 | 4·14 | 3·70 | 3·02 | 2·42 | 4·23 | 3·20 |
| 2·39 | | | | | | | 2·05 | 1·94 | 1·84 | 2·25 | 2·07 | 1·40 | 1·26 | 2·28 | 3·26 | 3·73 | 3·10 | 2·36 | 2·90 | 3·52 | 3·46 | 3·36 | 3·67 | 3·18 | 3·21 | 3·27 | 3·26 | 3·90 | 4·51 | 5·52 |
| | | | | | | | | | | | | | | | | 5·17 | | | 4·17 | 4·40 | 5·41 | | | | | | | | | |
| | | | | | | | | | | | | | | | | | | | | | | | | | | | | | | |
| 8·07 | 8·09 | 7·27 | 8·69 | 9·32 | 7·98 | 7·41 | | | | | | | | | | | | | | | | | | | | | | | | |
| 5·53 | 5·22 | 6·41 | 6·50 | 5·99 | 6·73 | 5·26 | | | | | 5·97 | 5·72 | 5·13 | 5·00 | 5·13 | 5·22 | | | | | | | | | | | | | | |
| 5·61 | 5·96 | 6·64 | 8·09 | 7·35 | 7·27 | 6·98 | 6·42 | 5·75 | | | | | | | | | | | | | | | | | | | | | | |
| 2·76 | 3·79 | 3·99 | 4·85 | 5·30 | 4·02 | 2·76 | 2·61 | 2·54 | | | | 3·68 | 3·52 | 3·10 | 3·08 | | | | | | | | | | | | | | | |
| 2·31 | 2·62 | 3·16 | 4·02 | 4·16 | 3·25 | 2·39 | 2·23 | 2·17 | | | | | | | | | | | | | | | | | | | | | | |
| 3·45 | 4·22 | 4·45 | 4·87 | 4·99 | 3·82 | 3·48 | 3·42 | 3·62 | 4·34 | 4·25 | 5·07 | 4·06 | 4·16 | 3·52 | 4·35 | | | | | | | | | | | | | | | |
| 3·82 | 2·85 | 3·16 | 3·68 | 4·76 | 4·02 | 3·31 | 5·34 | 2·82 | | | | 2·74 | 2·38 | 1·91 | 2·18 | | | | | | | | | | | | | | | |
| 3·48 | 4·02 | 4·70 | 4·62 | 5·16 | 4·22 | 3·25 | 2·75 | 3·90 | 3·88 | 4·91 | 4·01 | 4·38 | 2·71 | 3·00 | 4·60 | 4·21 | 3·55 | 3·55 | | | | | | | | | | | | |

# Markt=Durchschnittspreise für Mais

### Per Hektoliter in Gulden

| Land | Angrenzendes Ausland | 1830 | 1831 | 1832 | 1833 | 1834 | 1835 | 1836 | 1837 | 1838 | 1839 | 1840 | 1841 | 1842 | 1843 | 1844 | 1845 | 1846 | 1847 | 1848 | 1849 | 1850 |
|---|---|---|---|---|---|---|---|---|---|---|---|---|---|---|---|---|---|---|---|---|---|---|
| Ober-Österreich | Baiern | | | | | | | | | | | | | | | | | | | | | |
| Salzburg | Baiern | | | | | | | | | | | | | | | | | | | | | |
| Kärnten | Italien | | | | | | | | | | | | | | | | | | | | | |
| | Udine (Italien) | | | | | | | | | | | | | | | | | | | | | |
| Küstenland | Italien | | | | | | | | | | | | | | | | | | | | | |
| | Cividale (Italien) | | | | | | | | | | | | | | | | | | | | | |
| | Palmanova (Italien) | | | | | | | | | | | | | | | | | | | | | |
| | Stadt Fiume | | | | | | | | | | | | | | | | | | | | | |
| Tirol und Vorarlberg | Baiern, Schweiz, Italien | | | | | | | | | | | | | | | | | | | | | |
| Böhmen | Baiern | | | | | | | | | | | | | | | | | | | | | |
| | Sachsen | | | | | | | | | | | | | | | | | | | | | |
| | Preußen (Preußisch-Schlesien) | | | | | | | | | | | | | | | | | | | | | |
| Mähren | Preußisch Schlesien | | | | | | | | | | | | | | | | | | | | | |
| Schlesien | Preußisch-Schlesien | | | | | | | | | | | | | | | | | | | | | |
| Galizien — Westgalizien | Preußisch-Schlesien | | | | | | | | | | | | | | | | | | | | | |
| | Russisch-Polen | | | | | | | | | | | | | | | | | | | | | |
| Krakau | Russisch-Polen | | | | | | | | | | | | | | | | | | | | | |
| Ostgalizien | Übriges Russland | 1·57 | 2·19 | 1·68 | 2·00 | | 2·79 | 2·45 | 2·00 | 2·71 | 2·02 | 2·19 | 1·97 | 2·51 | 1·82 | 1·85 | 1·91 | 1·65 | 2·39 | 4·08 | 4·08 | 4·25 |
| Bukowina | Russland | | | | | | | | | | | | | | | | | | | | | |
| | Moldau | | | | | | | | | | | | | | | | | | | | | |
| Dalmatien | Bosnien und Hercegovina | | | | | | | | | | | | | | | | | | | | | |
| | Montenegro | | | | | | | | | | | | | | | | | | | | | |
| Lombardie | Italien | | 4·67 | 4·79 | 4·79 | 4·01 | 3·59 | 5·27 | 7·15 | 5·59 | 6·75 | 7·41 | 4·85 | 4·36 | 5·47 | 5·36 | 4·87 | 5·24 | 8·01 | 5·36 | | 5·42 |
| Lomb.-venet. Königreich | Lombardie | 4·90 | 5·33 | 2·68 | 4·47 | 3·65 | 3·14 | 4·30 | 6·87 | 4·93 | 5·56 | 6·58 | 3·78 | 3·56 | 4·96 | 5·22 | 4·56 | 4·90 | 7·27 | 4·67 | 4·70 | 4·67 |
| | Benedig | 4·93 | 5·61 | 2·79 | 3·71 | 3·59 | 3·25 | 3·53 | 5·67 | 4·39 | 4·67 | 5·84 | 3·48 | 3·76 | 4·50 | 4·36 | 3·99 | | 6·61 | 4·53 | 4·45 | 4·39 |
| Ungarn | | 2·28 | 3·25 | 1·74 | 2·19 | 2·23 | 3·08 | 1·88 | 2·42 | 1·48 | 2·00 | 2·96 | 2·14 | 2·94 | 1·94 | 1·71 | 2·14 | 3·05 | 5·16 | 2·88 | | 2·96 |
| Serbische Wojwodschaft und Temeser Banat | | | | | | | | | | | | | | | | | | | | | | 2·30 |
| Croatien und Slavonien | | | | | | | | | | | | | | | | | | | | | | 6·65 |
| Siebenbürgen | | 2·51 | 3·59 | 2·19 | 2·85 | 2·65 | 2·85 | 1·31 | 1·57 | 2·02 | 2·83 | 3·25 | 2·39 | 2·91 | 2·91 | 2·31 | 2·65 | 2·54 | 3·22 | 2·42 | | 2·99 |
| Militärgrenze | | 3·25 | 2·39 | 2·54 | 2·39 | 3·02 | 2·17 | 2·74 | 2·22 | 2·42 | 2·88 | 2·57 | 2·71 | 2·48 | 2·08 | 2·42 | 2·71 | 4·05 | 3·98 | 4·62 | 5·30 | 3·90 |

# im angrenzenden Auslande.

österreichischer Währung.

| 1851 | 1852 | 1853 | 1854 | 1855 | 1856 | 1857 | 1858 | 1859 | 1860 | 1861 | 1862 | 1863 | 1864 | 1865 | 1866 | 1867 | 1868 | 1869 | 1870 | 1871 | 1872 | 1873 | 1874 | 1875 | 1876 | 1877 | 1878 | 1879 | 1880 | 1881 |
|---|---|---|---|---|---|---|---|---|---|---|---|---|---|---|---|---|---|---|---|---|---|---|---|---|---|---|---|---|---|---|
| | | | | | | | | | | | | | | | | 5·71 | 5·46 | 5·57 | | | | | | 6·32 | 6·00 | | 6·66 | | | 10·50 |
| | | | | 9·46 | 9·63 | 8·66 | | | | | | | | | | | | | | | | | | | | | | | | |
| | | | | | | | 7·09 | 6·96 | | | 5·79 | 9·24 | 6·98 | 6·99 | 12·12 | 9·32 | 6·96 | 6·98 | | | | | 8·59 | 8·57 | 6·57 | 8·74 | 7·31 | 7·55 | 6·65 | 3·57 |
| | | | | | | | | | | | | | | | | 7·34 | 5·05 | | | | | | | | | | | | | |
| | | | | | | | | | | | | | | | | | 8·15 | 13·86 | 8·64 | 5·71 | 5·05 | 5·22 | 9·00 | 7·50 | 6·00 | 6·40 | | | 6·50 | 7·30 |
| | | | | | | | | | | | | | | | | 5·54 | | | | | | | | | | | | | | |
| | | | | | | | | | | | | | | | | 5·54 | | 5·22 | 5·22 | 7·43 | 6·39 | 8·64 | | | | | | | | |
| | | | | | | | | | | | | | | | | 5·06 | | | | | | | | | | | | | | |
| | | | | | | | | | | | | | | | | 7·34 | | | | | | | | | | | | | | |
| | | | | | | | | | | | | | | | | 8·15 | | | | | | | | | | | | | | |
| | | | | 9·63 | 8·18 | | | 8·56 | 8·15 | 8·97 | 13·04 | | | 4·04 | | 7·50 | | | | | | | | 5·50 | 6·00 | 6·61 | 4·95 | | | |
| | | | | | | | | | | | | | | | | 9·78 | | | | | 12·23 | 7·34 | | | | 6·17 | 7·20 | 5·20 | | 7·38 |
| | | | | | | | | | | | | | | | | 7·38 | 5·54 | 6·52 | 7·82 | 7·66 | | 7·82 | | | | | | 10·07 | | |
| | | | | | | | | | | | | | | | | | | | | | | | | 6·95 | 5·22 | 5·42 | 7·39 | 8·58 | 8·14 | |
| | | | | | | | | | | | | | | | 4·89 | | | | | | | | | 4·08 | 6·72 | 5·48 | 6·75 | 7·72 | 7·40 | |
| | | | | | 3·56 | 2·14 | | | | | | | | 1·60 | | | 4·47 | 4·48 | 4·16 | 3·73 | 4·42 | 5·30 | 4·61 | 4·22 | 4·52 | 4·01 | 3·58 | 3·65 | 5·46 | 5·07 |
| | | | | | | | 3·19 | 2·46 | 8·17 | 3·57 | | 7·08 | 4·25 | | | 4·16 | | 2·98 | 4·48 | 5·68 | 4·21 | 4·61 | 3·37 | 4·08 | 4·16 | 3·64 | 2·25 | 4·16 | 3·24 | |
| | | | | | | | | | | | | | | | | 3·72 | 2·64 | 3·62 | 4·64 | 5·62 | 5·17 | 5·12 | 4·08 | 3·16 | 4·06 | 3·89 | 4·27 | 4·27 | 5·49 | |
| | | | | | | | | | | | | | | | | 5·90 | | 4·42 | 3·91 | 7·09 | | | | | | | | | | |
| | | | | | | | | | | | | | | | | 8·97 | | 6·19 | 6·52 | 7·82 | | | | | | | | | | |
| 4·87 | 5·61 | 6·70 | 9·21 | 7·55 | 6·78 | 5·64 | | | | | | | | | | | | | | | | | | | | | | | | |
| 4·50 | 4·76 | 5·64 | 9·78 | 6·41 | 6·50 | 5·76 | | | 5·67 | 5·18 | | 6·32 | 4·89 | 4·97 | 4·89 | | | | | | | | | | | | | | | |
| 4·16 | 4·65 | 5·19 | 8·61 | 6·64 | 5·04 | 6·13 | 5·35 | 4·40 | | | | | | | | | | | | | | | | | | | | | | |
| 3·33 | 3·99 | 4·50 | 5·47 | 5·79 | 3·73 | 3·36 | 3·36 | 5·13 | | | | 4·58 | 4·73 | 3·83 | 4·22 | | | | | | | | | | | | | | | |
| 2·57 | 3·05 | 3·90 | 4·90 | 4·53 | 3·36 | 2·99 | 3·18 | 3·33 | | | | | | | | | | | | | | | | | | | | | | |
| 4·19 | 4·65 | 5·22 | 6·79 | 6·21 | 4·50 | 4·42 | 4·56 | 4·74 | 5·46 | 6·19 | 6·75 | 4·76 | 5·28 | 4·38 | 5·22 | | | | | | | | | | | | | | | |
| 3·28 | 3·16 | 3·59 | 4·67 | 5·24 | 3·76 | 3·68 | 4·35 | 3·28 | | | | 2·72 | 3·34 | 3·34 | 5·00 | | | | | | | | | | | | | | | |
| 4·08 | 4·85 | 5·59 | 4·33 | 6·47 | 4·90 | 4·45 | 3·16 | 5·12 | 4·27 | 6·03 | 4·19 | 5·35 | 3·29 | 3·39 | 5·50 | 4·97 | 3·80 | 3·80 | | | | | | | | | | | | |

**Tabelle 259.**

# Markt-Durchschnittspreiſe für Hafer
### Per Hektoliter in Gulden

| Land | Angrenzendes Ausland | 1830 | 1831 | 1832 | 1833 | 1834 | 1835 | 1836 | 1837 | 1838 | 1839 | 1840 | 1841 | 1842 | 1843 | 1844 | 1845 | 1846 | 1847 | 1848 | 1849 | 1850 |
|---|---|---|---|---|---|---|---|---|---|---|---|---|---|---|---|---|---|---|---|---|---|---|
| Ober-Österreich | Baiern | 1·74 | 1·82 | 1·94 | 1·77 | 1·97 | 2·22 | 1·88 | 1·57 | 1·57 | 1·77 | 2·05 | 1·97 | 1·85 | 2·11 | 2·31 | 2·19 | 2·71 | 2·82 | 1·97 | 1·97 | 2·03 |
| Salzburg | Baiern | | | | | | | | | | | | | | | | | | | | | |
| Kärnten | Italien | ... | ... | ... | ... | ... | ... | ... | ... | ... | ... | ... | ... | ... | ... | ... | ... | ... | ... | ... | ... | ... |
| | Udine (Italien) | ... | ... | ... | ... | ... | ... | ... | ... | ... | ... | ... | ... | ... | ... | ... | ... | ... | ... | ... | ... | ... |
| Küstenland | Italien | ... | ... | ... | ... | ... | ... | ... | ... | ... | ... | ... | ... | ... | ... | ... | ... | ... | ... | ... | ... | ... |
| | Cividale (Italien) | ... | ... | ... | ... | ... | ... | ... | ... | ... | ... | ... | ... | ... | ... | ... | ... | ... | ... | ... | ... | ... |
| | Palmanova (Italien) | ... | ... | ... | ... | ... | ... | ... | ... | ... | ... | ... | ... | ... | ... | ... | ... | ... | ... | ... | ... | ... |
| | Stadt Fiume | ... | ... | ... | ... | ... | ... | ... | ... | ... | ... | ... | ... | ... | ... | ... | ... | ... | ... | ... | ... | ... |
| Tirol und Vorarlberg | Baiern, Schweiz, Italien | 2·28 | 2·34 | 2·51 | 2·39 | 2·22 | 2·62 | 2·11 | 2·04 | 2·37 | 2·34 | 2·28 | 2·02 | 2·22 | 3·11 | 2·85 | 2·59 | 3·36 | 3·56 | 2·11 | 2·11 | 1·83 |
| Böhmen | Baiern | 2·37 | 2·39 | 2·28 | 1·94 | 2·11 | 2·59 | 2·39 | 2·22 | 2·57 | 2·79 | 2·54 | 2·11 | 2·34 | 3·31 | 2·31 | 2·59 | 3·02 | 3·93 | 2·37 | 2·37 | 2·17 |
| | Sachsen | | | | | | | | | | | | | | | | | | | | | |
| | Preußen (Preußisch-Schlesien) | | | | | | | | | | | | | | | | | | | | | |
| Mähren | Preußisch-Schlesien | 1·60 | 2·14 | 1·60 | 1·34 | 1·88 | 1·94 | 1·54 | 1·08 | 1·45 | 1·54 | 2·00 | 1·97 | 1·85 | 1·88 | 1·71 | 2·37 | 2·74 | 2·09 | 1·85 | | |
| Schlesien | Preußisch-Schlesien | | | | | | | | | | | | | | | | | | | | | |
| Galizien — Westgalizien | Preußisch-Schlesien | 1·60 | 1·71 | 1·17 | 1·25 | .. | .. | 1·88 | 1·05 | 0·91 | 0·91 | 1·00 | 1·57 | 1·37 | 1·60 | 1·05 | 1·23 | 1·68 | 1·65 | 2·28 | 2·17 | 2·08 |
| | Russisch-Polen | | | | | | | | | | | | | | | | | | | | | |
| Galizien — Krakau | Russisch-Polen | | | | | | | | | | | | | | | | | | | | | |
| Galizien — Ostgalizien | Übriges Russland | | | | | | | | | | | | | | | | | | | | | |
| Bukowina | Russland | ... | ... | ... | ... | ... | ... | ... | ... | ... | ... | ... | ... | ... | ... | ... | ... | ... | ... | ... | ... | ... |
| | Moldau | ... | ... | ... | ... | ... | ... | ... | ... | ... | ... | ... | ... | ... | ... | ... | ... | ... | ... | ... | ... | ... |
| Dalmatien | Bosnien und Herzegovina | ... | ... | ... | ... | ... | ... | ... | ... | ... | ... | ... | ... | ... | ... | ... | ... | ... | ... | ... | ... | ... |
| | Montenegro | ... | ... | ... | ... | ... | ... | ... | ... | ... | ... | ... | ... | ... | ... | ... | ... | ... | ... | ... | ... | ... |
| Lombardie | Italien | | 3·19 | 3·62 | 3·11 | 3·25 | 3·08 | 3·11 | 3·26 | 3·38 | 3·85 | 3·82 | 3·56 | 3·39 | 3·59 | 3·59 | 3·42 | 3·53 | 2·90 | 3·88 | | 3·76 |
| Lomb. venet. Königreich | Lombardie | 3·33 | 3·71 | 3·25 | 2·91 | 3·05 | 3·16 | 2·76 | 2·85 | 3·08 | 3·51 | 3·82 | 2·93 | 2·82 | 3·06 | 3·31 | 3·19 | 3·08 | 3·36 | 4·42 | 4·30 | 3·73 |
| | Benedig | 3·09 | 3·19 | 2·91 | 2·51 | 2·88 | 3·08 | 2·45 | 2·38 | 2·65 | 3·31 | 3·68 | 2·71 | 2·62 | 2·96 | 3·68 | 3·26 | .. | 3·51 | 3·99 | 4·05 | 3·51 |
| Ungarn | | 1·37 | 1·60 | 1·14 | 1·25 | 1·77 | 2·28 | 1·14 | 1·17 | 1·70 | 0·94 | 1·31 | 1·74 | 1·65 | 1·71 | 1·25 | 1·17 | 1·43 | 2·00 | 2·48 | 1·77 | 2·22 |
| Serbische Wojwodschaft und Temeser Banat | | | | | | | | | | | | | | | | | | | | | | 2·42 |
| Croatien und Slavonien | | | | | | | | | | | | | | | | | | | | | | 2·62 |
| Siebenbürgen | | 1·28 | 1·31 | 0·91 | 1·25 | 1·43 | 1·74 | 0·71 | 0·83 | 0·94 | 1·20 | 1·51 | 1·51 | 1·77 | 1·77 | 1·14 | 1·43 | 1·54 | 1·53 | 1·48 | | 2·08 |
| Militärgrenze | | 1·62 | 1·17 | 1·23 | 1·43 | 1·85 | 1·40 | 1·45 | 1·11 | 1·34 | 1·82 | 1·88 | 1·91 | 1·60 | 1·23 | 1·65 | 1·94 | 2·48 | 2·22 | 2·69 | 3·14 | 2·73 |

# im angrenzenden Auslande.

## österreichischer Währung.

| 1851 | 1852 | 1853 | 1854 | 1855 | 1856 | 1857 | 1858 | 1859 | 1860 | 1861 | 1862 | 1863 | 1864 | 1865 | 1866 | 1867 | 1868 | 1869 | 1870 | 1871 | 1872 | 1873 | 1874 | 1875 | 1876 | 1877 | 1878 | 1879 | 1880 | 1881 |
|---|---|---|---|---|---|---|---|---|---|---|---|---|---|---|---|---|---|---|---|---|---|---|---|---|---|---|---|---|---|---|
| 2·45 |  |  |  |  |  |  | 1·96 | 2·04 | 2·28 | 2·36 | 1·94 | 2·20 | 2·31 | 2·98 | 2·77 | 3·28 | 3·51 | 3·18 | 3·63 | 3·32 | 2·77 | 3·72 | 3·57 | 3·62 | 3·76 | 3·98 | 3·39 | 3·16 | 3·98 | 4·09 |
| 2·45 | 3·08 | 2·34 | 3·56 | 3·42 | 3·19 | 2·76 | 3·59 | 3·72 |  |  | 2·93 | 2·89 | 3·19 | 2·66 | 2·45 | 2·82 | 3·15 | 2·90 | 3·37 | 3·70 | 2·73 | 6·71 | 4·21 | 3·64 | 3·73 | 6·00 | 3·20 | 4·40 | 3·28 | 3·40 |
|  |  |  |  |  |  |  |  |  |  |  |  |  |  |  |  |  | 4·56 | 3·91 |  |  |  |  |  |  |  |  |  |  |  |  |
|  |  |  |  |  |  |  |  |  |  |  |  |  |  |  |  |  |  |  | 4·78 |  | 4·89 | 5·71 | 5·71 |  | 6·00 | 3·40 | 3·60 |  |  |  |
|  |  |  |  |  |  |  |  |  |  |  |  |  |  |  |  | 5·30 | 5·30 |  |  |  |  |  |  |  |  |  |  |  |  |  |
|  |  |  |  |  |  |  |  |  |  |  |  |  |  |  |  |  |  |  | 4·56 | 6·19 | 4·89 | 3·77 |  |  |  |  |  |  |  |  |
|  |  |  |  |  |  |  |  |  |  |  |  |  |  |  |  |  |  | 3·90 |  |  |  |  |  |  |  |  |  |  |  |  |
|  |  |  |  |  |  |  |  |  |  |  |  |  |  |  |  |  | 4·60 |  |  |  |  |  |  |  |  |  |  |  |  |  |
| 2·71 | 3·36 | 3·08 |  |  |  |  |  |  |  |  |  |  |  |  |  |  |  |  |  |  |  |  |  |  |  |  |  |  |  |  |
|  |  |  |  |  |  |  |  |  |  |  |  |  |  |  |  |  | 3·50 | 3·90 | 4·08 | 3·33 | 4·22 | 4·53 | 5·17 | 4·68 | 4·17 | 4·27 | 4·52 | 3·98 | 4·27 | 4·17 |
| 2·51 | 2·88 | 3·05 | 4·59 | 4·36 | 3·14 | 2·91 | 3·31 | 3·36 |  | 3·63 | 3·43 | 2·71 | 3·23 | 3·16 | 2·71 | 3·89 | 5·09 | 4·52 | 4·24 | 4·56 | 4·30 | 4·35 | 5·87 | 5·38 | 4·47 | 3·97 | 3·53 | 3·82 | 4·37 | 4·99 |
|  |  |  |  |  |  |  |  |  |  |  |  |  |  |  |  |  | 4·02 | 4·08 | 3·91 | 4·43 | 4·89 | 5·13 | 6·01 | 4·32 | 5·20 | 3·46 | 2·48 | 2·83 | 2·95 | 3·98 |
|  |  |  |  |  |  |  |  |  |  |  |  |  |  |  |  | 3·78 | 3·93 | 4·11 | 4·56 | 3·70 |  | 5·05 | 4·48 |  |  |  |  |  | 3·84 | 3·71 |
|  |  |  |  |  |  |  |  |  | 3·26 | 3·99 | 3·78 | 3·24 | 3·57 | 2·80 | 3·05 | 4·29 | 5·41 | 5·46 | 4·76 | 4·84 | 4·24 | 4·65 | 4·68 | 5·79 | 4·54 | 4·17 | 5·19 | 6·01 | 5·88 |
| 2·14 |  |  |  |  |  |  | 3·13 | 3·06 |  |  |  |  |  |  |  | 3·02 | 3·49 | 2·79 | 2·92 | 3·08 | 3·18 | 3·51 | 3·36 | 3·47 | 3·83 | 3·83 | 3·25 | 4·21 | 4·90 | 4·41 |
|  | 2·59 | 2·59 | 3·85 | 3·76 | 3·56 | 2·71 | 1·83 | 1·63 | 2·02 | 2·49 | 2·41 | 2·05 | 1·30 | 1·30 | 2·18 | 2·02 | 2·15 | 2·10 | 2·15 | 2·46 | 2·43 | 2·72 | 3·02 | 4·21 | 2·98 | 2·45 | 2·47 | 3·22 | 3·56 |
|  |  |  |  |  |  |  |  |  |  |  |  |  |  |  |  |  | 3·94 | 3·24 | 2·33 | 2·28 | 1·89 | 1·70 | 2·83 | 3·26 | 2·27 | 2·31 | 2·00 | 1·64 | 3·77 | 1·95 |
| 1·88 |  |  |  |  |  |  | 1·19 | 1·06 | 1·65 | 1·94 | 1·83 | 1·11 | 0·93 | 1·68 | 2·67 | 2·27 | 2·18 | 2·25 | 2·36 | 2·32 | 2·35 | 2·10 | 2·75 | 2·95 | 2·54 | 2·74 | 2·43 | 2·61 | 3·14 | 4·53 |
|  |  |  |  |  |  |  |  |  |  |  |  |  |  |  |  | 2·60 |  | 3·26 | 2·28 | 4·37 |  |  |  |  |  |  |  |  |  |  |
|  |  |  |  |  |  |  |  |  |  |  |  |  |  |  |  | 4·08 |  |  | 4·89 | 4·40 |  |  |  |  |  |  |  |  |  |  |
| 3·71 | 3·71 | 4·16 | 4·23 | 4·19 | 4·90 | 6·36 |  |  |  |  |  |  |  |  |  |  |  |  |  |  |  |  |  |  |  |  |  |  |  |  |
| 3·42 | 3·16 | 3·33 | 4·10 | 3·76 | 4·05 | 4·65 |  |  |  | 3·94 | 3·37 | 3·59 | 3·54 | 3·72 | 3·60 |  |  |  |  |  |  |  |  |  |  |  |  |  |  |  |
| 3·31 | 3·11 | 3·39 | 4·05 | 3·76 | 4·08 | 3·88 | 3·54 | 3·93 |  |  |  |  |  |  |  |  |  |  |  |  |  |  |  |  |  |  |  |  |  |  |
| 2·51 | 2·65 | 3·16 | 3·79 | 3·33 | 2·48 | 2·39 | 2·31 | 2·85 |  |  |  |  | 3·05 | 2·97 | 2·40 | 2·59 |  |  |  |  |  |  |  |  |  |  |  |  |  |  |
| 2·45 | 2·48 | 2·79 | 3·42 | 3·02 | 2·31 | 2·11 | 2·05 | 2·59 |  |  |  |  |  |  |  |  |  |  |  |  |  |  |  |  |  |  |  |  |  |  |
| 2·99 | 3·05 | 3·51 | 4·13 | 3·56 | 2·62 | 2·74 | 2·74 | 2·90 | 3·00 | 3·54 | 3·36 | 3·13 | 3·33 | 2·75 | 3·03 |  |  |  |  |  |  |  |  |  |  |  |  |  |  |  |
| 2·62 | 2·08 | 2·31 | 2·82 | 3·19 | 2·62 | 2·19 | 2·25 | 1·48 |  |  | 1·96 | 2·00 | 1·87 | 1·86 |  |  |  |  |  |  |  |  |  |  |  |  |  |  |  |  |
| 2·68 | 3·16 | 3·36 | 4·36 | 4·02 | 3·25 | 2·57 | 2·23 | 2·80 | 2·67 | 3·13 | 2·69 | 3·36 | 2·09 | 2·00 | 2·95 | 2·89 | 2·43 | 2·43 |  |  |  |  |  |  |  |  |  |  |  |  |

Tabelle 260.

# Markt-Durchschnittspreise für Kartoffel

### Per Hektoliter in Gulden

| Land | Angrenzendes Ausland | 1830 | 1831 | 1832 | 1833 | 1834 | 1835 | 1836 | 1837 | 1838 | 1839 | 1840 | 1841 | 1842 | 1843 | 1844 | 1845 | 1846 | 1847 | 1848 | 1849 | 1850 |
|---|---|---|---|---|---|---|---|---|---|---|---|---|---|---|---|---|---|---|---|---|---|---|
| Ober-Österreich | Baiern | 0·74 | 0·91 | 0·94 | 0·88 | 0·88 | 1·06 | 1·00 | 0·80 | 0·88 | 0·86 | 0·91 | 0·88 | 0·94 | 0·97 | 0·91 | 1·28 | 1·20 | 1·97 | 2·45 | 2·45 | 1·30 |
| Salzburg | Baiern | | | | | | | | | | | | | | | | | | | | | |
| Kärnten | Italien | | | | | | | | | | | | | | | | | | | | | |
| | Udine (Italien) | | | | | | | | | | | | | | | | | | | | | |
| Küstenland | Italien | | | | | | | | | | | | | | | | | | | | | |
| | Cividale (Italien) | | | | | | | | | | | | | | | | | | | | | |
| | Palmanova (Italien) | | | | | | | | | | | | | | | | | | | | | |
| | Stadt Fiume | | | | | | | | | | | | | | | | | | | | | |
| Tirol und Vorarlberg | Baiern, Schweiz, Italien | 1·28 | 1·20 | 1·43 | 1·25 | 1·20 | 1·48 | 1·43 | 1·37 | 1·37 | 1·57 | 1·37 | 1·34 | 1·37 | 1·40 | 1·43 | 1·43 | 2·02 | 2·19 | 1·77 | 1·77 | 1·80 |
| Böhmen | Baiern | 0·77 | 0·94 | 1·00 | 0·91 | 0·86 | 1·05 | 1·05 | 1·03 | 1·05 | 1·05 | 1·03 | 0·80 | 1·57 | 2·45 | 1·77 | 1·51 | 1·71 | 2·37 | 1·08 | 1·08 | 1·25 |
| | Sachsen | | | | | | | | | | | | | | | | | | | | | |
| | (Preußen) Preußisch-Schlesien | | | | | | | | | | | | | | | | | | | | | |
| Mähren | Preußisch-Schlesien | 0·86 | 1·00 | 0·68 | 0·74 | 0·86 | 0·97 | 0·86 | 0·86 | 0·97 | 0·86 | 1·00 | 0·88 | 0·97 | 1·34 | 1·08 | 1·37 | 1·54 | 2·51 | 1·54 | … | |
| Schlesien | Preußisch-Schlesien | | | | | | | | | | | | | | | | | | | | | |
| Galizien Westgalizien | Preußisch-Schlesien | 0·88 | 1·11 | 0·88 | 0·94 | 0·94 | 1·23 | 0·63 | 0·63 | 0·71 | 0·80 | 0·86 | 0·77 | 0·86 | 0·63 | 0·74 | 0·94 | 1·05 | 1·74 | 1·62 | 1·62 | 1·5 |
| | Russisch-Polen | | | | | | | | | | | | | | | | | | | | | |
| Krakau | Russisch-Polen | | | | | | | | | | | | | | | | | | | | | |
| Ostgalizien | Übriges Rußland | | | | | | | | | | | | | | | | | | | | | |
| Bukowina | Rußland | | | | | | | | | | | | | | | | | | | | | |
| | Moldau | | | | | | | | | | | | | | | | | | | | | |
| Dalmatien | Bosnien und Hercegovina | … | … | … | … | … | … | … | … | … | … | … | … | … | … | … | … | … | … | … | … | |
| | Montenegro | | | | | | | | | | | | | | | | | | | | | |
| Lombardie | Italien | | 2·74 | 2·68 | 2·17 | 1·77 | 1·40 | 1·74 | 1·85 | 1·68 | 2·08 | 1·74 | 1·60 | 1·23 | 1·43 | 1·40 | 2·00 | 1·54 | 1·91 | 2·42 | … | 2·17 |
| Lomb.-venet. Königreich | Lombardie | 2·19 | 2·19 | 2·34 | 2·57 | 2·28 | 2·25 | 2·34 | 2·85 | 2·48 | 2·65 | 2·54 | 2·02 | 2·02 | 2·14 | 2·00 | 2·05 | 2·05 | 3·08 | 3·14 | 3·79 | 3·5 |
| | Venedig | 2·37 | 2·17 | 2·00 | 2·11 | 1·97 | 1·91 | 1·91 | 2·05 | 2·19 | 2·57 | 2·48 | 2·25 | 2·06 | 2·00 | 2·05 | 2·11 | … | 2·96 | 2·57 | 2·99 | 2·6 |
| Ungarn | | 2·34 | 0·86 | 0·57 | 0·80 | 0·68 | 1·08 | 0·51 | 0·51 | 0·68 | 1·48 | 1·85 | 1·57 | 1·85 | 1·54 | 1·40 | 1·60 | 1·74 | 3·02 | 2·48 | … | |
| Serbische Wojwodschaft und Temeser Banat | | … | … | … | … | … | … | … | … | … | … | … | … | … | … | … | … | … | … | … | 3·14 | |
| Croatien und Slavonien | | … | … | … | … | … | … | … | … | … | … | … | … | … | … | … | … | … | … | … | 2·66 | |
| Siebenbürgen | | 0·91 | 1·11 | 0·57 | 0·80 | 0·68 | 1·08 | 0·51 | 0·51 | 0·68 | 0·88 | 0·94 | 0·74 | 0·97 | 0·97 | 0·74 | 0·77 | 0·80 | 1·08 | 1·08 | … | 1·80 |
| Militärgrenze | | 1·34 | 0·83 | 0·91 | 0·83 | 1·94 | 1·05 | 1·31 | 0·91 | 0·94 | 1·54 | 0·94 | 1·17 | 1·20 | 1·05 | 1·17 | 1·17 | 1·67 | 1·97 | 2·54 | 3·25 | 3·3 |

# im angrenzenden Auslande.

österreichischer Währung.

| 1851 | 1852 | 1853 | 1854 | 1855 | 1856 | 1857 | 1858 | 1859 | 1860 | 1861 | 1862 | 1863 | 1864 | 1865 | 1866 | 1867 | 1868 | 1869 | 1870 | 1871 | 1872 | 1873 | 1874 | 1875 | 1876 | 1877 | 1878 | 1879 | 1880 | 1881 |
|---|---|---|---|---|---|---|---|---|---|---|---|---|---|---|---|---|---|---|---|---|---|---|---|---|---|---|---|---|---|---|
| (2·37 | | | | | | | 1·83 | 1·50 | 1·74 | 1·74 | 1·42 | 1·63 | 1·56 | 1·89 | 1·30 | 1·88 | 1·84 | 1·61 | 1·97 | 1·96 | 2·31 | 3·05 | 2·05 | 1·96 | 2·41 | 2·36 | 2·69 | 2·73 | 2·51 | 2·44 |
| | 2·37 | 2·37 | 3·25 | 2·91 | 2·68 | 2·82 | | | | | | | | | | | | | | | | | | | | | | | | |
| 2·68) | | | | | | | 2·64 | 2·31 | | | 2·22 | 2·45 | 2·82 | 2·48 | | 2·72 | 2·64 | 2·48 | 2·61 | 2·56 | 3·02 | 3·02 | 3·99 | 3·52 | 3·85 | 5·25 | 5·24 | 4·50 | 5·83 | 3·92 | 3·21 |
| | | | | | | | | | | | | | | | | | 3·26 | 4·89 | | | | | | | | | | | | |
| | | | | | | | | | | | | | | | | | | 3·26 | | | 2·85 | 2·93 | 2·93 | 3·26 | 4·00 | 4·00 | 3·00 | 2·50 | 3·00 | 2·80 |
| | | | | | | | | | | | | | | | | | 3·26 | | | | | | | | | | | | | |
| | | | | | | | | | | | | | | | 3·26 | | | 3·26 | | | 2·61 | 4·34 | | | | | | | | |
| | | | | | | | | | | | | | | | | | 6·52 | | | | | | | | | | | | | |
| 1·68 | 1·68 | 1·68 | | | | | | | | | | | | | | | | | | | | | | | | | | | | |
| | | | | | | | | | | | | | | | | | 1·48 | 1·34 | 1·74 | 2·41 | 2·40 | 2·07 | 2·35 | 1·92 | 1·87 | 2·58 | 2·83 | 3·27 | 3·20 | 2·83 |
| 2·22 | 1·91 | 2·08 | 3·42 | 2·88 | 2·14 | 1·43 | 1·71 | 1·92 | 2·07 | 2·05 | 1·78 | 1·71 | 1·86 | 1·55 | 2·31 | 2·33 | 2·56 | 2·67 | 2·36 | 2·92 | 2·71 | 2·69 | 2·28 | 2·71 | 2·57 | 2·26 | 2·28 | 2·88 | 3·08 | 2·74 |
| | | | | | | | | | | | | | | | | | 2·40 | 1·99 | 1·79 | 2·17 | 2·98 | 2·93 | 2·49 | 2·77 | | 1·85 | 1·44 | 2·44 | 2·47 | 2·02 |
| | | | | | | | | | | | | | | | | 1·94 | 1·35 | 1·35 | 1·30 | 1·70 | | 2·14 | 1·63 | | | | | 2·58 | 1·97 | |
| | | | | | | | | | 2·12 | 3·05 | 2·51 | 1·89 | 2·23 | 1·76 | 1·71 | | 2·00 | 2·23 | 2·43 | 2·64 | 3·21 | 3·50 | 3·10 | 2·59 | 2·75 | 2·99 | 2·96 | 3·22 | 4·21 | 3·79 |
| 1·51 | | | | | | | | | | | | | | | | 2·00 | 1·86 | 1·56 | 1·65 | 2·56 | 2·16 | 2·31 | 2·09 | 1·78 | 1·93 | 2·16 | 1·61 | 2·06 | 2·35 | 2·02 |
| | | | | | | | 1·91 | 1·70 | | | | | | | | | | | | | | | | | | | | | | |
| | 1·82 | 2·02 | 2·74 | 2·59 | 2·31 | 1·80 | 1·48 | 1·09 | 1·40 | 2·05 | 1·68 | 1·26 | 1·03 | 1·03 | 1·30 | | 1·52 | 0·91 | 1·21 | 1·48 | 1·68 | 1·70 | 1·24 | 1·35 | 1·59 | 1·40 | 1·30 | 1·43 | 1·65 | 1·60 |
| | | | | | | | | | | | | | | | | | 1·81 | 1·53 | 1·52 | 2·24 | 2·85 | 2·45 | 2·64 | 2·46 | 1·80 | 1·90 | 1·78 | 1·60 | 2·87 | 1·82 |
| 1·03 | | | | | | | 1·32 | 1·16 | 1·36 | 1·37 | 1·30 | 1·24 | 1·04 | 1·45 | 2·00 | 1·97 | 1·40 | 1·11 | 1·40 | 2·01 | 2·16 | 1·97 | 1·86 | 1·27 | 1·23 | 1·49 | 1·62 | 1·69 | 1·97 | 2·55 |
| | | | | | | | | | | | | | | | | 1·78 | | 4·89 | 5·05 | 6·52 | | | | | | | | | | |
| | | | | | | | | | | | | | | | | 3·26 | | | 1·63 | 3·26 | 2·45 | | | | | | | | | |
| 2·08 | 2·37 | 3·25 | 3·68 | 3·93 | 3·31 | 3·16 | | | | | | | | | | | | | | | | | | | | | | | | |
| 3·22 | 3·45 | 4·19 | 5·36 | 4·08 | 4·02 | 4·10 | | | 6·98 | 3·65 | 3·80 | 3·28 | 3·28 | 3·44 | | | | | | | | | | | | | | | | |
| 3·11 | 3·19 | 3·56 | 4·30 | 4·19 | 3·82 | 3·56 | 2·93 | 3·44 | | | | | | | | | | | | | | | | | | | | | | |
| | | 2·74 | | | | | 2·23 | 2·36 | | | | | | | | | | | | | | | | | | | | | | |
| 3·42 | 4·10 | 3·36 | 2·96 | 2·94 | 2·31 | 2·39 | 2·41 | 2·84 | | | | | | | | | | | | | | | | | | | | | | |
| 4·50 | 3·85 | 4·59 | 4·45 | 4·73 | 3·90 | 3·14 | 3·36 | 3·21 | 3·62 | 4·29 | 3·57 | 2·92 | 3·31 | 2·87 | 3·00 | | | | | | | | | | | | | | | |
| 2·00 | 2·85 | 2·65 | 2·57 | 2·45 | 2·48 | 1·94 | 2·09 | 1·76 | | | | | | | | | | | | | | | | | | | | | | |
| 3·42 | 4·10 | 4·67 | 5·44 | 4·70 | 4·47 | 4·50 | 2·38 | 3·29 | 3·06 | 4·25 | 2·58 | 1·79 | 2·20 | 2·18 | 3·46 | 3·28 | 2·56 | 2·56 | | | | | | | | | | | | |

**Tabelle 261.**

# Markt-Durchschnittspreise für Rindfleisch

### Per Kilogramm in Gulden

| Land | Angrenzendes Ausland | 1830 | 1831 | 1832 | 1833 | 1834 | 1835 | 1836 | 1837 | 1838 | 1839 | 1840 | 1841 | 1842 | 1843 | 1844 | 1845 | 1846 | 1847 | 1848 | 1849 | 1850 |
|---|---|---|---|---|---|---|---|---|---|---|---|---|---|---|---|---|---|---|---|---|---|---|
| Ober-Österreich | Baiern | 0·19 | 0·16 | 0·18 | 0·17 | 0·16 | 0·17 | 0·20 | 0·19 | 0·21 | 0·19 | 0·18 | 0·18 | 0·18 | 0·20 | 0·22 | 0·22 | 0·24 | 0·24 | 0·22 | 0·22 | 0·25 |
| Salzburg | Baiern | | | | | | | | | | | | | | | | | | | | | |
| Kärnten | Italien | . | . | . | . | . | . | . | . | . | . | . | . | . | . | . | . | . | . | . | . | . |
| Kärnten | Udine (Italien) | . | . | . | . | . | . | . | . | . | . | . | . | . | . | . | . | . | . | . | . | . |
| Küstenland | Italien | . | . | . | . | . | . | . | . | . | . | . | . | . | . | . | . | . | . | . | . | . |
| Küstenland | Cividale (Italien) | . | . | . | . | . | . | . | . | . | . | . | . | . | . | . | . | . | . | . | . | . |
| Küstenland | Palmanova (Italien) | . | . | . | . | . | . | . | . | . | . | . | . | . | . | . | . | . | . | . | . | . |
| Küstenland | Stadt Fiume | . | . | . | . | . | . | . | . | . | . | . | . | . | . | . | . | . | . | . | . | . |
| Tirol und Vorarlberg | Baiern, Schweiz, Italien | 0·22 | 0·21 | 0·23 | 0·23 | 0·23 | 0·27 | 0·27 | 0·28 | 0·30 | 0·31 | 0·31 | 0·31 | 0·27 | 0·27 | 0·31 | 0·31 | 0·30 | 0·31 | . | . | 0·25 |
| Böhmen | Baiern | 0·16 | 0·20 | 0·20 | 0·19 | 0·17 | 0·19 | 0·20 | 0·22 | 0·22 | 0·22 | 0·22 | 0·21 | 0·19 | 0·22 | 0·25 | 0·24 | 0·24 | 0·25 | 0·25 | 0·23 | 0·25 |
| Böhmen | Sachsen | | | | | | | | | | | | | | | | | | | | | |
| Böhmen | Preußen (Preußisch-Schlesien) | | | | | | | | | | | | | | | | | | | | | |
| Mähren | Preußisch-Schlesien | 0·16 | 0·17 | 0·16 | 0·17 | 0·17 | 0·19 | 0·17 | 0·20 | 0·21 | 0·19 | 0·20 | 0·20 | 0·20 | 0·20 | 0·20 | 0·22 | 0·21 | 0·23 | 0·25 | | |
| Schlesien | Preußisch-Schlesien | | | | | | | | | | | | | | | | | | | | | |
| Galizien — Westgalizien | Preußisch-Schlesien | 0·09 | 0·12 | 0·12 | 0·12 | 0·12 | 0·09 | 0·09 | 0·11 | 0·09 | 0·12 | 0·09 | 0·09 | 0·12 | 0·11 | 0·11 | 0·10 | 0·12 | 0·13 | 0·15 | 0·14 | 0·16 |
| Galizien — Westgalizien | Russisch-Polen | | | | | | | | | | | | | | | | | | | | | |
| Galizien — Krakau | Russisch-Polen | | | | | | | | | | | | | | | | | | | | | |
| Galizien — Ostgalizien | Übriges Rußland | | | | | | | | | | | | | | | | | | | | | |
| Bukowina | Rußland | . | . | . | . | . | . | . | . | . | . | . | . | . | . | . | . | . | . | . | . | . |
| Bukowina | Moldau | . | . | . | . | . | . | . | . | . | . | . | . | . | . | . | . | . | . | . | . | . |
| Dalmatien | Bosnien und Hercegovina | . | . | . | . | . | . | . | . | . | . | . | . | . | . | . | . | . | . | . | . | . |
| Dalmatien | Montenegro | . | . | . | . | . | . | . | . | . | . | . | . | . | . | . | . | . | . | . | . | . |
| Lombardie | Italien | 0·30 | 0·30 | 0·34 | 0·31 | 0·34 | 0·31 | 0·32 | 0·34 | 0·34 | 0·34 | 0·34 | 0·33 | 0·34 | 0·31 | 0·31 | 0·34 | 0·34 | 0·34 | . | . | 0·41 |
| Lomb.-venet. Königreich | Lombardie | 0·31 | 0·30 | 0·34 | 0·34 | 0·34 | 0·34 | 0·36 | 0·36 | 0·37 | 0·37 | 0·37 | 0·37 | 0·35 | 0·37 | 0·34 | 0·37 | 0·38 | 0·37 | 0·34 | 0·37 | 0·37 |
| Lomb.-venet. Königreich | Venedig | 0·31 | 0·31 | 0·34 | 0·34 | 0·34 | 0·34 | 0·35 | 0·35 | 0·35 | 0·35 | 0·36 | 0·35 | 0·34 | 0·35 | 0·34 | 0·34 | 0·34 | 0·34 | 0·35 | 0·34 | 0·37 |
| Ungarn | | 0·12 | 0·13 | 0·13 | 0·14 | 0·13 | 0·14 | 0·15 | 0·15 | 0·15 | 0·14 | 0·15 | 0·15 | 0·14 | 0·15 | 0·15 | 0·15 | 0·15 | 0·16 | 0·17 | . | 0·25 |
| Serbische Wojwodschaft und Temeser Banat | | . | . | . | . | . | . | . | . | . | . | . | . | . | . | . | . | . | . | . | . | 0·22 |
| Croatien und Slavonien | | . | . | . | . | . | . | . | . | . | . | . | . | . | . | . | . | . | . | . | . | 0·29 |
| Siebenbürgen | | 0·09 | 0·08 | 0·09 | 0·09 | 0·09 | 0·09 | 0·09 | 0·11 | 0·10 | 0·10 | 0·09 | 0·09 | 0·09 | 0·09 | 0·09 | 0·09 | 0·11 | 0·11 | 0·13 | 0·13 | 0·16 |
| Militärgrenze | | 0·09 | 0·11 | 0·12 | 0·12 | 0·10 | 0·10 | 0·12 | 0·12 | 0·12 | 0·12 | 0·12 | 0·11 | 0·09 | 0·12 | 0·12 | 0·12 | 0·12 | 0·12 | 0·12 | 0·14 | 0·19 |

# im angrenzenden Auslande.

## österreichischer Währung.

| 1851 | 1852 | 1853 | 1854 | 1855 | 1856 | 1857 | 1858 | 1859 | 1860 | 1861 | 1862 | 1863 | 1864 | 1865 | 1866 | 1867 | 1868 | 1869 | 1870 | 1871 | 1872 | 1873 | 1874 | 1875 | 1876 | 1877 | 1878 | 1879 | 1880 | 1881 |
|---|---|---|---|---|---|---|---|---|---|---|---|---|---|---|---|---|---|---|---|---|---|---|---|---|---|---|---|---|---|---|
| 0·25 | 0·31 | 0·31 | 0·29 | 0·34 | 0·31 | 0·31 | 0·32 | 0·32 | 0·34 | 0·34 | 0·23 | 0·28 | 0·27 | 0·27 | 0·32 | 0·38 | 0·38 | 0·36 | 0·38 | 0·39 | 0·45 | 0·41 | 0·38 | 0·41 | 0·53 | 0·68 | 0·66 | 0·65 | 0·50 | 0·42 |
| 0·28 | | | | | | | 0·30 | 0·30 | . | . | 0·36 | 0·37 | 0·36 | 0·36 | 0·36 | 0·41 | 0·41 | 0·43 | 0·41 | 0·45 | 0·52 | 0·48 | 0·48 | 0·47 | 0·56 | 0·65 | 0·60 | 0·63 | 0·57 | 0·56 |
| . | . | . | . | . | . | . | . | . | . | . | . | . | . | . | . | . | 0·36 | 0·39 | . | . | . | . | . | . | . | . | . | . | . | . |
| . | . | . | . | . | . | . | . | . | . | . | . | . | . | . | . | . | . | . | . | . | 0·48 | 0·50 | 0·43 | 0·47 | 0·48 | 0·54 | 0·56 | 0·60 | 0·56 | 0·56 |
| . | . | . | . | . | . | . | . | . | . | . | . | . | . | . | . | 0·45 | 0·45 | . | . | . | . | . | . | . | . | . | . | . | . | . |
| . | . | . | . | . | . | . | . | . | . | . | . | . | . | . | . | | . | 0·47 | . | 0·47 | 0·55 | 0·64 | . | . | . | . | . | . | . | . |
| . | . | . | . | . | . | . | . | . | . | . | . | . | . | . | . | | 0·47 | . | . | . | . | . | . | . | . | . | . | . | . | . |
| . | . | . | . | . | . | . | . | . | . | . | . | . | . | . | . | . | 0·39 | 0·45 | 0·50 | 0·52 | 0·61 | 0·63 | 0·48 | 0·50 | 0·49 | 0·63 | 0·64 | 0·60 | 0·58 | 0·58 |
| 0·26 | 0·25 | 0·28 | 0·31 | 0·31 | 0·31 | 0·31 | 0·30 | 0·34 | 0·32 | 0·36 | 0·38 | 0·34 | 0·36 | 0·34 | 0·40 | 0·41 | 0·47 | 0·54 | 0·57 | 0·55 | 0·59 | 0·63 | 0·57 | 0·54 | 0·58 | 0·58 | 0·61 | 0·60 | 0·58 | 0·57 |
| . | . | . | . | . | . | . | . | . | . | . | . | . | . | . | . | | 0·47 | 0·52 | 0·54 | 0·50 | 0·52 | 0·52 | 0·54 | 0·59 | . | . | 0·46 | 0·47 | 0·46 | 0·47 |
| . | . | . | . | . | . | . | . | . | . | . | . | . | . | . | . | 0·39 | 0·41 | 0·47 | 0·41 | 0·47 | . | 0·45 | 0·41 | . | . | . | . | . | 0·47 | 0·5 |
| . | . | . | . | . | . | . | . | . | 0·25 | 0·25 | 0·28 | 0·28 | 0·25 | . | 0·20 | 0·21 | . | . | . | . | 0·41 | 0·47 | 0·48 | 0·52 | 0·50 | 0·53 | 0·53 | 0·59 | 0·60 | 0·60 |
| . | . | . | . | . | . | . | 0·25 | 0·23 | . | . | . | . | . | . | . | 0·23 | 0·23 | 0·21 | 0·23 | 0·23 | 0·29 | 0·30 | 0·27 | 0·27 | 0·30 | 0·27 | 0·28 | 0·32 | 0·30 | 0·33 |
| 0·14 | 0·16 | 0·16 | 0·17 | 0·19 | 0·20 | 0·19 | 0·13 | 0·15 | 0·16 | 0·18 | 0·21 | 0·18 | 0·16 | 0·16 | 0·16 | | 0·18 | 0·18 | 0·23 | 0·23 | 0·23 | 0·27 | 0·27 | 0·25 | 0·29 | 0·29 | 0·28 | 0·29 | 0·26 | 0·26 |
| . | . | . | . | . | . | . | . | . | . | . | . | . | . | . | . | . | 0·21 | 0·21 | 0·27 | 0·29 | 0·29 | 0·30 | 0·34 | 0·34 | 0·33 | 0·33 | 0·31 | 0·30 | 0·31 | 0·32 |
| 0·10 | | | | | | | 0·20 | 0·18 | 0·16 | 0·16 | 0·16 | 0·16 | 0·13 | 0·14 | 0·13 | 0·17 | 0·20 | 0·27 | 0·27 | 0·25 | 0·29 | 0·29 | 0·29 | 0·23 | 0·24 | 0·21 | 0·23 | 0·27 | 0·30 | 0·35 |
| . | . | . | . | . | . | . | . | . | . | . | . | . | . | . | . | 0·20 | . | . | 0·32 | 0·36 | 0·36 | . | . | . | . | . | . | . | . | . |
| . | . | . | . | . | . | . | . | . | . | . | . | . | . | . | . | 0·24 | . | . | . | . | . | . | . | . | . | . | . | . | . | . |
| 0·37 | 0·41 | 0·37 | 0·41 | 0·41 | 0·37 | 0·37 | . | . | . | . | . | . | . | . | . | . | . | . | . | . | . | . | . | . | . | . | . | . | . | . |
| 0·37 | 0·37 | 0·37 | 0·37 | 0·37 | 0·41 | 0·37 | . | 0·43 | 0·43 | 0·43 | 0·45 | 0·47 | 0·47 | . | . | . | . | . | . | . | . | . | . | . | . | . | . | . | . | . |
| 0·41 | 0·37 | 0·38 | 0·38 | 0·37 | 0·40 | 0·43 | 0·45 | 0·45 | . | . | . | . | . | . | . | . | . | . | . | . | . | . | . | . | . | . | . | . | . | . |
| 0·25 | 0·26 | 0·27 | 0·29 | 0·31 | 0·32 | 0·32 | 0·32 | 0·32 | . | . | . | . | . | . | . | . | . | . | . | . | . | . | . | . | . | . | . | . | . | . |
| 0·23 | 0·25 | 0·26 | 0·28 | 0·30 | 0·30 | 0·23 | 0·21 | 0·23 | . | . | . | . | . | . | . | . | . | . | . | . | . | . | . | . | . | . | . | . | . | . |
| 0·22 | 0·23 | 0·19 | 0·24 | 0·24 | 0·27 | 0·27 | 0·27 | 0·25 | 0·25 | 0·29 | 0·30 | 0·30 | 0·30 | 0·27 | 0·27 | . | . | . | . | . | . | . | . | . | . | . | . | . | . | . |
| 0·16 | 0·19 | 0·21 | 0·19 | 0·23 | 0·25 | 0·21 | 0·18 | 0·18 | . | . | . | . | . | . | . | . | . | . | . | . | . | . | . | . | . | . | . | . | . | . |
| 0·19 | 0·19 | 0·19 | 0·26 | 0·25 | 0·27 | 0·27 | 0·20 | 0·21 | 0·21 | 0·27 | 0·27 | 0·25 | 0·23 | 0·20 | 0·21 | 0·27 | 0·30 | 0·30 | . | . | . | . | . | . | . | . | . | . | . | . |

# Markt-Durchschnittspreise für Heu

### Per Metercentner in Gulden

| Land | Angrenzendes Ausland | 1830 | 1831 | 1832 | 1833 | 1834 | 1835 | 1836 | 1837 | 1838 | 1839 | 1840 | 1841 | 1842 | 1843 | 1844 | 1845 | 1846 | 1847 | 1848 | 1849 | 1850 |
|---|---|---|---|---|---|---|---|---|---|---|---|---|---|---|---|---|---|---|---|---|---|---|
| Ober-Österreich | Baiern | 1·72 | 1·78 | 1·75 | 1·65 | 2·12 | 2·40 | 2·65 | 2·31 | 1·56 | 1·37 | 1·56 | 1·68 | 1·81 | 1·81 | 1·53 | 1·37 | 1·56 | 1·78 | 2·06 | 2·06 | 1·… |
| Salzburg | Baiern | | | | | | | | | | | | | | | | | | | | | |
| Kärnten | Italien | | | | | | | | | | | | | | | | | | | | | |
| | Udine (Italien) | | | | | | | | | | | | | | | | | | | | | |
| Küstenland | Italien | | | | | | | | | | | | | | | | | | | | | |
| | Cividale (Italien) | | | | | | | | | | | | | | | | | | | | | |
| | Palmanova (Italien) | | | | | | | | | | | | | | | | | | | | | |
| | Stadt Fiume | | | | | | | | | | | | | | | | | | | | | |
| Tirol und Vorarlberg | Baiern, Schweiz, Italien | 1·44 | 1·47 | 1·59 | 2·00 | 2·06 | 2·56 | 2·56 | 2·81 | 2·71 | 2·46 | 2·06 | 2·25 | 2·15 | 2·50 | 2·15 | 2·02 | 2·15 | 2·31 | 2·50 | 2·50 | 2·87 |
| Böhmen | Baiern | | | | | | | | | | | | | | | | | | | | | |
| | Sachsen | 1·93 | 2·09 | 1·97 | 2·06 | 2·34 | 2·59 | 2·71 | 2·25 | 1·97 | 1·81 | 1·98 | 2·37 | 2·93 | 3·46 | 2·25 | 2·31 | 2·18 | 2·28 | 2·53 | 2·53 | 3·18 |
| | Preußen (Preußisch-Schlesien) | | | | | | | | | | | | | | | | | | | | | |
| Mähren | Preußisch-Schlesien | | | | | | | | | | | | | | | | | | | | | |
| Schlesien | Preußisch-Schlesien | 1·28 | 1·53 | 1·34 | 1·40 | 2·18 | 2·59 | 2·03 | 1·40 | 1·37 | 1·40 | 1·53 | 1·62 | 1·97 | 1·93 | 1·53 | 1·90 | 1·65 | 1·84 | 1·28 | | … |
| Galizien — Westgalizien | Preußisch-Schlesien | | | | | | | | | | | | | | | | | | | | | |
| Galizien — Westgalizien | Russisch-Polen | | | | | | | | | | | | | | | | | | | | | |
| Galizien — Krakau | Russisch-Polen | | | | | | | | | | | | | | | | | | | | | |
| Galizien — Ostgalizien | Übriges Rußland | 0·84 | 1·25 | 0·94 | 1·37 | 1·37 | 2·03 | 1·22 | 1·22 | 1·00 | 0·94 | 1·12 | 1·28 | 1·53 | 1·44 | 1·31 | 1·19 | 1·22 | 1·37 | 1·93 | 1·93 | 2·18 |
| Bukowina | Rußland | | | | | | | | | | | | | | | | | | | | | |
| | Moldau | | | | | | | | | | | | | | | | | | | | | |
| Dalmatien | Bosnien und Hercegovina | | | | | | | | | | | | | | | | | | | | | |
| | Montenegro | | | | | | | | | | | | | | | | | | | | | |
| Lombardie | Italien | | 2·78 | 2·46 | 2·25 | 2·93 | 3·06 | 3·59 | 2·78 | 2·56 | 3·43 | 3·31 | 2·81 | 2·75 | 2·50 | 2·71 | 2·71 | 2·68 | 2·93 | 3·18 | | 2·75 |
| Lomb.-venet. Königreich — Lombardie | | 3·09 | 1·59 | 1·09 | 2·53 | 3·31 | 3·24 | 4·31 | 2·90 | 2·75 | 3·49 | 3·59 | 3·03 | 3·21 | 3·18 | 3·03 | 3·43 | 2·81 | 3·12 | 4·34 | 3·12 | 3·13 |
| Lomb.-venet. Königreich — Venedig | | 1·97 | 2·18 | 1·68 | 1·47 | 2·31 | 1·93 | 1·97 | 1·78 | 1·68 | 2·15 | 2·31 | 1·93 | 2·00 | 1·75 | 1·81 | 2·25 | 2·03 | 2·15 | | 2·03 | 2·00 |
| Ungarn | | 1·90 | 1·93 | 1·68 | 2·03 | 2·53 | 3·15 | 2·25 | 2·31 | 1·72 | 1·93 | 2·43 | 2·68 | 2·72 | 2·00 | 1·90 | 2·37 | 2·31 | 2·56 | 3·18 | | 3·37 |
| Serbische Wojwodschaft und Temeser Banat | | | | | | | | | | | | | | | | | | | | | | 3·34 |
| Croatien und Slavonien | | | | | | | | | | | | | | | | | | | | | | 3·81 |
| Siebenbürgen | | 1·78 | 2·06 | 1·78 | 1·93 | 2·43 | 2·78 | 1·56 | 2·06 | 1·78 | 1·53 | 1·87 | 2·46 | 3·06 | 3·06 | 1·87 | 2·75 | 1·72 | 2·50 | 2·50 | | 2·65 |
| Militärgrenze | | 2·31 | 1·47 | 1·47 | 2·09 | 2·78 | 2·18 | 2·25 | 1·72 | 1·84 | 2·43 | 2·40 | 2·68 | 2·12 | 1·68 | 2·43 | 2·12 | 2·84 | 2·56 | 2·68 | 4·09 | 3·00 |

# im angrenzenden Auslande.

## österreichischer Währung.

| 1851 | 1852 | 1853 | 1854 | 1855 | 1856 | 1857 | 1858 | 1859 | 1860 | 1861 | 1862 | 1863 | 1864 | 1865 | 1866 | 1867 | 1868 | 1869 | 1870 | 1871 | 1872 | 1873 | 1874 | 1875 | 1876 | 1877 | 1878 | 1879 | 1880 | 1881 |
|---|---|---|---|---|---|---|---|---|---|---|---|---|---|---|---|---|---|---|---|---|---|---|---|---|---|---|---|---|---|---|
| (2·03 | | | | | | | 2·27 | 2·17 | 2·27 | 1·84 | 1·66 | 1·85 | 2·74 | 2·74 | 2·69 | 2·00 | 2·58 | 2·45 | 2·72 | 2·56 | 2·15 | 2·00 | 3·29 | 3·47 | 3·80 | 2·63 | 1·78 | 1·58 | 1·96 | 2·32 |
| (2·03 | 2·18 | 1·87 | 1·97 | .. | .. | 2·18 2·23 | (2·24 | 2·13 | .. | .. | .. | 2·06 | 2·08 | 2·40 | 2·60 | 2·04 | 1·99 | 2·15 | 2·09 | 2·65 | 2·40 | 2·40 | 2·17 | 3·06 | 1·99 | .. | .. | .. | .. | .. |
| | | | | | | | | | | | | | | | | | 2·69 | 3·58 | .. | .. | .. | .. | .. | .. | 3·00 | 1·83 | 1·60 | 1·30 | 2·75 | 1·85 |
| | | | | | | | | | | | | | | | | | | 3·58 | .. | | 2·17 | 2·15 | 2·42 | 2·69 | .. | | | | | |
| | | | | | | | | | | | | | | | | {2·51 | 2·69 | .. | .. | .. | | | | | | | | | | |
| | | | | | | | | | | | | | | | | | | 1·79 | 1·79 | 3·22 | 3·19 | 1·79 | | | | | | | | |
| | | | | | | | | | | | | | | | | | | 2·95 | | | | | | | | | | | | |
| | | | | | | | | | | | | | | | | | 3·58 | | | | | | | | | | | | | |
| 2·87 | 3·84 | 2·84 | | | | | | | | | | | | | | | | | | | | | | | 2·50 | 2·60 | 2·50 | 1·60 | 1·60 | 2·20 |
| | | | | | | | | | | | | | | | | | 3·78 | 3·40 | 4·28 | 4·08 | 3·40 | 3·76 | 5·01 | 6·86 | 8·14 | 4·55 | 4·05 | 3·77 | 4·13 | 4·15 |
| 2·43 | 2·50 | 2·09 | 2·40 | 2·18 | 2·31 | 3·68 | 3·85 | 3·03 | | 2·45 | 2·54 | 2·65 | 3·67 | 4·01 | 3·88 | 4·09 3·20 | 5·05 | 4·71 | 4·88 | 4·12 | 4·37 | 4·35 | 6·10 | 7·30 | 6·54 | 4·13 | 3·33 | 3·53 | 3·75 | 3·90 |
| | | | | | | | | | | | | | | | | | 4·65 | 3·85 | 3·31 | 3·10 | 2·86 | 3·58 | 5·55 | 7·70 | .. | .. | .. | .. | | |
| | | | | | | | | | | | | | | | | | | | | | | | | | | | | | 2·36 | 2·97 |
| | | | | | | | | | | | | | | | | 3·08 | 3·76 | 3·99 | 3·94 | 3·58 | .. | 3·76 | 4·56 | .. | .. | 6·25 | 3·43 | 2·17 2·20 | 3·03 | 3·16 |
| | | | | | | | | | 2·31 | 2·38 | 2·22 | 2·47 | 2·79 | 2·51 | 2·63 | | 2·60 | 2·74 | 2·92 | 2·76 | 3·31 | 3·33 | 3·94 | 4·49 | 4·14 | 4·00 | 3·50 | 3·55 | 3·83 | 4·00 |
| {2·37 | | | | | | | | | | | | | | | | {2·29 | 1·93 | 1·79 | 2·02 | 2·11 | 2·29 | 2·08 | 2·17 | 2·51 | | | | | | |
| | | | | | | | 2·97 | 2·42 | | | | | | | | | | | | | | | | | 2·48 | 2·51 | 2·43 | 2·45 | 2·41 | 2·48 |
| | 2·15 | 2·43 | 2·21 | 3·68 | 2·90 | 2·90 | 3·26 | 2·95 | 2·79 | 2·20 | 2·74 | 3·10 | 2·45 | 2·45 | 2·13 | | 2·00 | 2·00 | 2·22 | 2·36 | 2·70 | 2·67 | 2·40 | 3·49 | 2·48 | 2·20 | 2·18 | 2·31 | 2·33 | 2·22 |
| {2·18 | | | | | | | 1·63 | 1·92 | 2·18 | 1·92 | 2·08 | 2·04 | 1·92 | 2·20 | 2·18 | 2·70 | 1·40 | 3·33 | 1·79 | 1·31 | 1·36 | 0·90 | 1·25 | 1·54 | 1·48 | 1·30 | 1·08 | 0·75 | 0·87 | 0·62 |
| | | | | | | | | | | | | | | | | | 1·79 | 2·70 | 2·85 | 2·25 | 3·34 | 2·17 | 2·83 | 3·04 | 3·26 | 2·90 | 1·95 | 1·83 | 1·41 | 1·70 |
| | | | | | | | | | | | | | | | | 7·14 | | | 5·37 | 5·53 | 5·82 | .. | .. | .. | .. | .. | .. | | | |
| | | | | | | | | | | | | | | | | 3·58 | .. | | 3·58 | 3·58 | 3·58 | .. | | | | | | | | |
| 2·84 | 3·00 | 3·09 | 2·81 | 3·53 | 3·71 | 3·37 | | | | | | | | | | | | | | | | | | | | | | | | |
| 2·90 | 3·09 | 3·49 | 3·21 | 4·46 | 4·71 | 4·68 | | | 2·86 | 2·72 | 2·76 | 2·52 | 2·43 | 2·77 | | | | | | | | | | | | | | | | |
| 1·93 | 2·81 | 2·46 | 2·12 | 2·37 | 2·40 | 2·59 | 2·83 | 2·88 | | | | | | | | | | | | | | | | | | | | | | |
| 2·62 | 3·15 | 3·34 | 2·87 | 2·87 | 3·21 | 3·18 | 3·26 | 3·62 | | | | | | | | | | | | | | | | | | | | | | |
| 2·84 | 3·46 | 3·09 | 3·78 | 4·99 | 3·90 | 3·65 | 3·35 | 3·69 | | | | | | | | | | | | | | | | | | | | | | |
| 3·34 | 2·87 | 4·59 | 2·78 | 2·84 | 2·96 | 3·56 | 3·67 | 2·24 | | 2·36 | 3·06 | 3·58 | 3·54 | 3·37 | 2·56 | 2·52 | | | | | | | | | | | | | | |
| 2·50 | 2·22 | 1·84 | 2·46 | 3·34 | 3·53 | 3·18 | 2·95 | 2·90 | | | | | | | | | | | | | | | | | | | | | | |
| 3·59 | 4·09 | 3·00 | 3·96 | 4·71 | 4·80 | 4·84 | 3·04 | 3·06 | | 3·11 | 4·19 | 4·44 | 5·60 | 2·49 | 3·17 | 3·79 | 3·74 | 4·42 | 4·42 | | | | | | | | | | | |

Tabelle 263.

# Markt-Durchschnittspreise für Stroh

### Per Metercentner in Gulden

| Land | Angrenzendes Ausland | 1830 | 1831 | 1832 | 1833 | 1834 | 1835 | 1836 | 1837 | 1838 | 1839 | 1840 | 1841 | 1842 | 1843 | 1844 | 1845 | 1846 | 1847 | 1848 | 1849 | 1850 |
|---|---|---|---|---|---|---|---|---|---|---|---|---|---|---|---|---|---|---|---|---|---|---|
| Ober-Österreich | Baiern | | | | | | | | | | | | | | | | | | | | | |
| Salzburg | Baiern | 1·44 | 1·53 | 1·34 | 1·25 | 1·65 | 1·84 | 1·84 | 1·68 | 1·40 | 1·40 | 1·25 | 1·40 | 1·81 | 1·59 | 1·15 | 1·15 | 1·28 | 1·31 | 1·09 | 1·09 | 1·12 |
| Kärnten | Italien | | | | | | | | | | | | | | | | | | | | | |
| | Udine (Italien) | | | | | | | | | | | | | | | | | | | | | |
| Küstenland | Italien | | | | | | | | | | | | | | | | | | | | | |
| | Cividale (Italien) | | | | | | | | | | | | | | | | | | | | | |
| | Palmanova (Italien) | | | | | | | | | | | | | | | | | | | | | |
| | Stadt Fiume | | | | | | | | | | | | | | | | | | | | | |
| Tirol und Vorarlberg | Baiern, Schweiz, Italien | 1·19 | 1·25 | 1·25 | 1·31 | 1·37 | 1·81 | 2·09 | 2·37 | 2·34 | 2·12 | 1·97 | 1·78 | 1·90 | 1·87 | 1·75 | 1·97 | 1·97 | 1·90 | 1·78 | 1·78 | 1·62 |
| Böhmen | Baiern | | | | | | | | | | | | | | | | | | | | | |
| | Sachsen | 1·59 | 1·65 | 1·50 | 1·50 | 5·74 | 2·18 | 3·34 | 1·72 | 1·72 | 3·24 | 0·53 | 2·09 | 2·34 | 2·46 | 2·18 | 1·84 | 2·03 | 1·78 | 1·62 | 1·62 | 1·72 |
| | Preußen (Preußisch-Schlesien) | | | | | | | | | | | | | | | | | | | | | |
| Mähren | Preußisch-Schlesien | | | | | | | | | | | | | | | | | | | | | |
| Schlesien | Preußisch-Schlesien | 0·97 | 1·15 | 0·78 | 0·94 | 1·31 | 1·62 | 1·22 | 0·90 | 0·84 | 0·87 | 1·12 | 1·12 | 1·28 | 1·28 | 1·97 | 1·31 | 1·64 | 1·40 | 1·19 | | |
| Galizien — Westgalizien | Preußisch-Schlesien | | | | | | | | | | | | | | | | | | | | | |
| | Russisch-Polen | | | | | | | | | | | | | | | | | | | | | |
| Krakau | Russisch-Polen | 0·56 | 0·75 | 0·59 | 0·84 | 0·84 | 1·15 | 0·72 | 0·66 | 0·62 | 0·59 | 0·62 | 0·69 | 0·72 | 0·72 | 0·69 | 0·81 | 0·70 | 0·87 | 1·00 | 1·00 | 1·12 |
| Ostgalizien | Übriges Russland | | | | | | | | | | | | | | | | | | | | | |
| Bukowina | Russland | | | | | | | | | | | | | | | | | | | | | |
| | Moldau | | | | | | | | | | | | | | | | | | | | | |
| Dalmatien | Bosnien und Hercegovina | | | | | | | | | | | | | | | | | | | | | |
| | Montenegro | | | | | | | | | | | | | | | | | | | | | |
| Lombardie | Italien | | 1·12 | 0·94 | 1·00 | 1·40 | 1·28 | 1·53 | 1·19 | 1·00 | 1·15 | 1·25 | 1·19 | 1·06 | 1·03 | 1·06 | 1·09 | 1·19 | 1·22 | 2·15 | | 1·15 |
| Lomb.-venet. Königreich | Lombardie | 1·37 | 1·37 | 0·94 | 1·40 | 1·65 | 1·62 | 2·12 | 1·68 | 1·53 | 1·68 | 1·75 | 1·59 | 1·59 | 1·50 | 1·56 | 1·84 | 1·68 | 1·78 | 2·59 | 2·09 | 1·72 |
| | Benedig | 1·28 | 1·47 | 1·09 | 1·03 | 1·53 | 1·37 | 1·31 | 1·22 | 1·12 | 1·37 | 1·44 | 1·40 | 1·31 | 1·22 | 1·37 | 1·37 | 1·56 | 1·47 | | 1·37 | 1·31 |
| Ungarn | | 1·09 | 1·34 | 1·15 | 1·25 | 1·84 | 2·03 | 1·47 | 1·19 | 1·03 | 1·25 | 1·47 | 1·56 | 1·65 | 1·19 | 1·15 | 1·40 | 1·47 | 1·56 | 1·62 | | 1·33 |
| Serbische Wojwodschaft und Temeser Banat | | | | | | | | | | | | | | | | | | | | | | 2·00 |
| Croatien und Slavonien | | | | | | | | | | | | | | | | | | | | | | 3·35 |
| Siebenbürgen | | 0·66 | 0·59 | 0·53 | 0·47 | 0·87 | 0·69 | 0·41 | 0·53 | 0·56 | 0·53 | 0·56 | 0·59 | 0·75 | 0·59 | 0·53 | 0·75 | 0·75 | 1·19 | 1·59 | | 1·59 |
| Militärgrenze | | 1·22 | 1·09 | 0·69 | 0·69 | | | | | | | | | | | | | | | | | |

# im angrenzenden Auslande.

### österreichischer Währung.

| 1851 | 1852 | 1853 | 1854 | 1855 | 1856 | 1857 | 1858 | 1859 | 1860 | 1861 | 1862 | 1863 | 1864 | 1865 | 1866 | 1867 | 1868 | 1869 | 1870 | 1871 | 1872 | 1873 | 1874 | 1875 | 1876 | 1877 | 1878 | 1879 | 1880 | 1881 |
|---|---|---|---|---|---|---|---|---|---|---|---|---|---|---|---|---|---|---|---|---|---|---|---|---|---|---|---|---|---|---|
| 1·44 | 1·87 | 1·75 | 1·56 | ·· | ·· | 1·93 | 1·97 | 1·88 | 1·88 | 1·83 | 1·22 | 1·31 | 1·24 | 1·07 | 1·61 | 1·43 | 1·97 | 1·58 | 1·56 | 1·74 | 1·83 | 1·61 | 1·83 | 2·77 | 3·15 | 1·82 | 1·64 | 1·42 | 1·41 | 1·55 |
| 1·72 | | | | | | 2·22 | 2·24 | 2·15 | ·· | ·· | 1·93 | 2·03 | 2·09 | 2·34 | 1·84 | 1·99 | 2·04 | 1·97 | 2·13 | 2·04 | 2·04 | 2·37 | 2·51 | 3·78 | 4·17 | 2·97 | 1·53 | 1·66 | 1·93 | 2·16 |
| | | | | | | | | | | | | | | | | | 2·69 | 3·22 | | | | | | | | | | | | |
| | | | | | | | | | | | | | | | | | | | 3·58 | ·· | 2·18 | ·· | 1·97 | 2·51 | 2·50 | 2·20 | 2·20 | 1·60 | 1·60 | 2·00 |
| | | | | | | | | | | | | | | | | 1·43 | 1·43 | | | | | | | | | | | | | |
| | | | | | | | | | | | | | | | | | | 1·25 | 1·61 | 2·25 | 2·54 | 1·79 | | | | | | | | |
| | | | | | | | | | | | | | | | | | | 1·86 | | | | | | | | | | | | |
| | | | | | | | | | | | | | | | | | 2·15 | | | | | | | | | | | | | |
| 2·15 | 2·68 | 2·28 | | | | | | | | | | | | | | | | | | | | | | | | | | | | |
| | | | | | | | | | | | | | | | | | 3·06 | 2·38 | 2·99 | 2·61 | 2·09 | 2·15 | 2·47 | 4·69 | 5·43 | 3·17 | 3·07 | 2·30 | 2·40 | 2·48 |
| 1·50 | 2·03 | 2·37 | 1·93 | 1·78 | 1·56 | 1·93 | 2·31 | 1·90 | 1·83 | 1·74 | 1·97 | 2·15 | 2·33 | 2·43 | 2·51 | 2·18 | 3·71 | 2·99 | 2·79 | 2·79 | 3·10 | 3·10 | 3·10 | 4·53 | 4·55 | 3·40 | 2·51 | 2·60 | 2·66 | 2·77 |
| | | | | | | | | | | | | | | | | | 3·08 | 2·60 | 2·15 | 2·11 | 1·88 | 2·33 | 3·10 | 3·11 | 4·80 | 2·81 | 1·50 | 1·35 | 1·62 | 2·09 |
| | | | | | | | | | | | | | | | | 1·65 | 2·47 | 2·20 | 1·79 | 1·52 | ·· | 1·86 | 1·43 | ·· | | | | | 2·37 | 2·01 |
| | | | | | | | | | 1·70 | 1·79 | 1·99 | 1·43 | 5·98 | 1·75 | 1·74 | | 1·77 | 1·93 | 1·88 | 1·93 | 2·56 | 2·20 | 2·13 | 2·43 | 2·75 | 3·00 | 3·00 | 3·22 | 1·36 | 3·66 |
| 1·19 | | | | | | | | | | | | | | | | 1·49 | 1·32 | 1·24 | 1·29 | 1·18 | 1·41 | 1·32 | 1·38 | 1·54 | 1·50 | 1·62 | 1·60 | 1·69 | 1·56 | 1·71 |
| | | | | | | | 1·79 | 1·63 | | | | | | | | | | | | | | | | | | | | | | |
| | 1·09 | 1·31 | 1·47 | 1·65 | 1·72 | 1·72 | 1·09 | 0·86 | 1·29 | 1·36 | 1·54 | 1·16 | 1·02 | 1·02 | 1·29 | | 0·88 | 1·02 | 1·13 | 1·27 | 1·31 | 1·20 | 1·02 | 1·54 | 1·27 | 1·04 | 1·02 | 1·07 | 1·25 | 1·14 |
| 0·90 | | | | | | | | | | | | | | | | | 0·73 | 1·43 | 0·90 | 1·18 | 1·00 | 1·16 | 1·07 | 1·31 | 1·30 | 1·00 | 0·90 | 0·68 | 0·77 | 0·70 |
| | | | | | | | 0·52 | 0·57 | 0·72 | 0·98 | 0·86 | 0·70 | 0·63 | 1·00 | 1·18 | 1·33 | 1·41 | 1·22 | 1·18 | 1·03 | 1·26 | 1·15 | 1·31 | 1·31 | 1·69 | 1·83 | 1·00 | 0·87 | 0·76 | 0·92 |
| | | | | | | | | | | | | | | | | 3·79 | | 3·58 | 5·37 | 4·03 | | | | | | | | | | |
| | | | | | | | | | | | | | | | | 3·22 | | 2·69 | 5·01 | 5·01 | | | | | | | | | | |
| 1·22 | 1·34 | 1·56 | 1·15 | 1·59 | 1·62 | 1·44 | | | | | | | | | | | | | | | | | | | | | | | | |
| 1·56 | 1·65 | 2·22 | 1·75 | 2·18 | 2·43 | 2·46 | | | | | | | | | | | | | | | | | | | | | | | | |
| 1·25 | 1·56 | 1·84 | 1·50 | 1·50 | 1·56 | 1·59 | 1·56 | 1·79 | 1·61 | 1·77 | 1·70 | 1·56 | 1·59 | 1·90 | | | | | | | | | | | | | | | | |
| 1·47 | 1·49 | 2·25 | 2·12 | 2·12 | 2·25 | 2·28 | 2·27 | 2·38 | | | | | | | | | | | | | | | | | | | | | | |
| 1·72 | 2·03 | 1·72 | 1·84 | 2·90 | 3·28 | 1·97 | 1·22 | 1·28 | | | | | | | | | | | | | | | | | | | | | | |
| 2·37 | 2·87 | 2·84 | 2·37 | 2·34 | 2·25 | 1·81 | 1·81 | 1·49 | 1·61 | 2·22 | 2·15 | 2·04 | 1·77 | 1·81 | 1·65 | | | | | | | | | | | | | | | |
| 1·62 | 1·12 | 1·31 | 1·25 | 1·78 | 2·00 | 1·37 | 1·27 | 1·20 | | | | | | | | | | | | | | | | | | | | | | |
| | | 2·31 | 3·00 | 3·06 | 4·06 | 4·21 | | | | | | | | | | 1·75 | | 1·65 | | | | | | | | | | | | |

Tabelle 264.

# Markt=Durchschnittspreise für Weizen im angrenzenden Auslande.

### Per Hektoliter in Gulden österreichischer Währung.

| Land | Angrenzendes Ausland | In der Periode | | | | | | | |
|---|---|---|---|---|---|---|---|---|---|
| | | 1830—1838 | 1839—1847 | 1848—1850 | 1851—1860 | 1861—1865 | 1866—1870 | 1871—1875 | 1876—1880 |
| **a) In absoluten Zahlen.** | | | | | | | | | |
| Ober-Österreich | Baiern | 5·14 | 7·01 | 5·83 | 8·47 | 7·42 | 8·67 | 9·16 | 9·00 |
| Salzburg | Baiern | 5·14 | 7·01 | 5·83 | 8·78 | 7·61 | 8·44 | 10·52 | 11·22 |
| Kärnten | Italien | … | … | … | … | … | 9·79 | … | … |
| | Udine (Italien) | … | … | … | … | … | 1)12·39 | 12·19 | 11·15 |
| Küstenland | Italien | … | … | … | … | … | 9·78 | … | … |
| | Cividale (Italien) | … | … | … | … | … | 9·02 | 11·45 | … |
| | Palmanova (Italien) | … | … | … | … | … | 8·25 | … | … |
| | Stadt Fiume | … | … | … | … | … | 12·59 | … | … |
| Tirol und Vorarlberg | Baiern, Schweiz, Italien | 7·24 | 9·30 | 6·71 | 10·52 | | 9·49 | | |
| Böhmen | Baiern | | | | | | 9·49 | 10·92 | 9·47 |
| | Sachsen | 5·61 | 7·26 | 6·19 | 9·31 | 8·60 | 9·76 | 10·09 | 8·80 |
| | Preußen (Preußisch-Schlesien) | | | | | | 9·93 | 10·90 | 8·03 |
| Mähren | Preußisch-Schlesien | 4·11 | 5·74 | 2)6·36 | | | | | |
| Schlesien | Preußisch-Schlesien | 4·11 | 5·74 | 2)6·36 | | | 9·64 | 10·38 | 3)9·14 |
| | Preußisch-Schlesien | | | | | | 9·29 | 10·17 | 9·79 |
| Galizien — Westgalizien | Russisch-Polen | | | | 5·91 | 8·09 | 7·78 | 8·51 | 8·49 |
| Galizien — Krakau | Russisch-Polen | 3·50 | 3·77 | 4·96 | 7·09 | | 7·97 | | |
| Galizien — Ostgalizien | Übriges Rußland | | | | 6·37 | 5·21 | 6·86 | 7·09 | 7·72 |
| Bukowina | Rußland | | | | | | 6·77 | 6·64 | 6·03 |
| | Moldau | 3·50 | 3·77 | 4·96 | 6·12 | 4·30 | 6·40 | 7·01 | 7·15 |
| Dalmatien | Bosnien und Hercegovina | | | | | | 7·56 | 4)9·57 | … |
| | Montenegro | | | | | | 9·78 | 4)8·64 | … |
| Venedig | Italien | 7·53 | 8·01 | 8·07 | 10·07 | | | | |
| Lomb.-venet. Königreich | Lombardie | 7·19 | 7·84 | 8·33 | 8·98 | 7·66 | | | |
| | Venedig | 5·74 | 6·48 | 6·59 | 8·07 | 7·66 | | | |
| Ungarn | | 3·45 | 4·16 | 5·53 | 7·32 | 6·05 | 5)6·80 | | |
| Serbische Wojwodschaft und Temeser Banat | | | | 6)4·36 | 6·30 | | | | |
| Croatien und Slavonien | | | | 6)5·61 | 7·84 | 7·71 | 5)8·36 | | |
| Siebenbürgen | | 3·84 | 4·72 | 4·98 | 7·19 | 4·41 | 5)5·74 | | |
| Militärgrenze | | 3·90 | 4·52 | 6·99 | 7·93 | 6·49 | 7·57 | | |
| **b) In Verhältniszahlen.** | | | | | | | | | |
| Ober-Österreich | Baiern | 73·32 | 100·00 | 83·16 | 120·82 | 105·84 | 123·68 | 130·67 | 128·39 |
| Salzburg | Baiern | 73·32 | 100·00 | 83·16 | 125·24 | 108·56 | 120·39 | 150·07 | 160·05 |
| Kärnten | Italien | … | … | … | … | … | … | … | … |
| | Udine (Italien) | … | … | … | … | … | … | … | … |
| Küstenland | Italien | … | … | … | … | … | … | … | … |
| | Cividale (Italien) | … | … | … | … | … | … | … | … |
| | Palmanova (Italien) | … | … | … | … | … | … | … | … |
| | Stadt Fiume | … | … | … | … | … | … | … | … |
| Tirol und Vorarlberg | Baiern, Schweiz, Italien | 77·84 | 100·00 | 72·15 | 113·11 | | 130·71 | 150·41 | 130·44 |
| Böhmen | Baiern | | | | | | 130·71 | 150·41 | 130·44 |
| | Sachsen | 77·27 | 100·00 | 85·26 | 128·23 | 118·45 | 134·43 | 138·98 | 121·21 |
| | Preußen (Preußisch-Schlesien) | | | | | | 136·76 | 150·13 | 110·60 |
| Mähren | Preußisch-Schlesien | | | | | | | | |
| Schlesien | Preußisch-Schlesien | | | | 156·76 | 214·58 | 246·41 | 269·76 | 259·68 |
| Galizien — Westgalizien | Russisch-Polen | | | | 156·76 | 214·58 | 206·36 | 225·72 | 225·20 |
| Galizien — Krakau | Russisch-Polen | 92·83 | 100·00 | 131·56 | 188·06 | | 211·40 | | |
| Galizien — Ostgalizien | Übriges Rußland | | | | 168·96 | 188·19 | 181·96 | 188·06 | 204·77 |
| Bukowina | Rußland | | | | | | 179·57 | 176·12 | 159·94 |
| | Moldau | 92·83 | 100·00 | 131·56 | 162·33 | 114·05 | 169·76 | 185·94 | 189·65 |
| Dalmatien | Bosnien und Hercegovina | | | | | | | | |
| Venedig | Montenegro / Italien | | | | | | | | |
| Lomb.-venet. Königreich | Lombardie / Venedig | | | | | | | | |
| Ungarn | | | | | | | | | |
| Serbische Wojwodschaft und Temeser Banat | | | | | | | | | |
| Croatien und Slavonien | | | | | | | | | |
| Siebenbürgen | | | | | | | | | |
| Militärgrenze | | | | | | | | | |

1) Kommt nur im Jahre 1870 verzeichnet vor.
2) Kommt nur im Jahre 1848 verzeichnet vor.
3) Kommt nur im Jahre 1880 verzeichnet vor.
4) Kommt nur im Jahre 1871 verzeichnet vor.
5) Kommt nur im Jahre 1866 verzeichnet vor.
6) Kommt nur im Jahre 1850 verzeichnet vor.

Tabelle 265.

# Markt-Durchschnittspreise für Roggen im angrenzenden Auslande.

### Per Hektoliter in Gulden österreichischer Währung.

| Land | Angrenzendes Ausland | In der Periode | | | | | | | |
|---|---|---|---|---|---|---|---|---|---|
| | | 1830—1838 | 1839—1847 | 1848—1850 | 1851—1860 | 1861—1865 | 1866—1870 | 1871—1875 | 1876—1880 |
| **a) In absoluten Zahlen.** | | | | | | | | | |
| Ober-Österreich | Baiern | 3·46 | 4·69 | 3·21 | 5·84 | 4·79 | 6·11 | 6·19 | 6·58 |
| Salzburg | Baiern | 3·46 | 4·69 | 3·21 | 5·96 | 4·76 | 5·77 | 6·67 | 7·54 |
| Kärnten | Italien | ... | ... | ... | ... | ... | 6·69 | ... | ... |
| | Udine (Italien) | ... | ... | ... | ... | ... | 1) 9·78 | 8·48 | 8·25 |
| | Italien | ... | ... | ... | ... | ... | 6·69 | ... | ... |
| Küstenland | Cividale (Italien) | ... | ... | ... | ... | ... | 5·87 | 7·81 | ... |
| | Palmanova (Italien) | ... | ... | ... | ... | ... | 5·39 | ... | ... |
| | Stadt Fiume | ... | ... | ... | ... | ... | 9·38 | ... | ... |
| Tirol und Vorarlberg | Baiern, Schweiz, Italien | 5·33 | 6·95 | 4·08 | 8·33 | ... | ... | ... | ... |
| | Baiern | | | | | | 7·19 | 7·62 | 7·39 |
| Böhmen | Sachsen | 4·12 | 5·37 | 3·97 | 7·01 | 6·02 | 7·81 | 8·51 | 6·86 |
| | Preußen (Preußisch-Schlesien) | | | | | | 7·51 | 7·99 | 5·99 |
| Mähren | Preußisch-Schlesien | 2·92 | 4·29 | 2) 3·73 | | | | | |
| Schlesien | Preußisch-Schlesien | 2·92 | 4·29 | 2) 3·73 | ... | ... | 6·76 | 7·38 | 3) 8·40 |
| Galizien { Westgalizien | Preußisch-Schlesien | | | | 5·22 | 5·81 | 7·09 | 7·58 | 7·78 |
| Galizien { Westgalizien | Russisch-Polen | | | | 5·22 | 5·81 | 5·55 | 6·27 | 6·44 |
| Galizien { Krakau | Russisch-Polen | 2·47 | 2·85 | 3·50 | 5·10 | ... | 5·68 | 6·27 | 6·44 |
| Galizien { Ostgalizien | Übriges Rußland | | | | 4·48 | 3·23 | 4·28 | 4·79 | 5·44 |
| Bukowina | Rußland | 2·47 | 2·85 | 3·50 | 4·64 | 2·85 | 4·49 | 4·49 | 4·39 |
| | Moldau | | | | | | 4·10 | 4·94 | 5·10 |
| Dalmatien | Bosnien und Hercegovina | ... | ... | ... | ... | ... | 4·17 | 4) 3·91 | ... |
| | Montenegro | ... | ... | ... | ... | ... | 6·36 | 4) 6·52 | ... |
| Venedig | Italien | ... | ... | ... | ... | ... | ... | ... | ... |
| Lomb.-venet. Königreich | Lombardie | 4·85 | 5·37 | 5·48 | 6·09 | 4·84 | | | |
| | Benedig | 4·00 | 4·18 | 4·42 | 5·09 | 4·84 | | | |
| Ungarn | | 2·23 | 2·86 | 3·44 | 5·04 | 5·15 | 5) 5·12 | | |
| Serbische Wojwodschaft und Temeser Banat | | ... | ... | 5) 2·94 | 4·34 | | | | |
| Croatien und Slavonien | | ... | ... | 5) 4·22 | 5·76 | 4·99 | 5) 5·97 | | |
| Siebenbürgen | | 2·60 | 2·98 | 3·38 | 4·19 | 3·49 | 5) 4·16 | | |
| Militärgrenze | | 2·81 | 3·23 | 4·96 | 6·19 | 4·87 | 5·23 | | |
| **b) In Verhältniszahlen.** | | | | | | | | | |
| Ober-Österreich | Baiern | 73·77 | 100·00 | 68·44 | 124·52 | 102·13 | 130·27 | 131·98 | 140·30 |
| Salzburg | Baiern | 73·77 | 100·00 | 68·44 | 127·08 | 101·49 | 123·03 | 142·21 | 160·76 |
| Kärnten | Italien | | | | | | | | |
| | Udine (Italien) | | | | | | | | |
| | Italien | | | | | | | | |
| Küstenland | Cividale (Italien) | | | | | | | | |
| | Palmanova (Italien) | | | | | | | | |
| | Stadt Fiume | | | | | | | | |
| Tirol und Vorarlberg | Baiern, Schweiz, Italien | 76·69 | 100·00 | 58·70 | 119·85 | | | | |
| | Baiern | | | | | | 133·89 | 141·89 | 137·61 |
| Böhmen | Sachsen | 76·72 | 100·00 | 73·93 | 130·54 | 112·10 | 145·43 | 158·47 | 127·74 |
| | Preußen (Preußisch-Schlesien) | | | | | | 139·85 | 148·79 | 111·54 |
| Mähren | Preußisch-Schlesien | | | | | | | | |
| Schlesien | Preußisch-Schlesien | | | | | | | | |
| Galizien { Westgalizien | Preußisch-Schlesien | | | | 183·14 | 203·86 | 248·77 | 265·96 | 272·98 |
| Galizien { Westgalizien | Russisch-Polen | | | | 183·14 | 203·86 | 194·73 | 220·00 | 225·96 |
| Galizien { Krakau | Russisch-Polen | 86·67 | 100·00 | 122·80 | 178·94 | | 199·29 | 220·00 | 225·96 |
| Galizien { Ostgalizien | Übriges Rußland | | | | 153·68 | 113·34 | 150·17 | 168·07 | 190·90 |
| Bukowina | Rußland | 86·67 | 100·00 | 122·80 | 162·80 | 100·00 | 157·54 | 157·54 | 154·00 |
| | Moldau | | | | | | 143·86 | 173·33 | 178·94 |
| Dalmatien | Bosnien und Hercegovina | | | | | | | | |
| | Montenegro | | | | | | | | |
| Venedig | Italien | | | | | | | | |
| Lomb.-venet. Königreich | Lombardie | | | | | | | | |
| | Benedig | | | | | | | | |
| Ungarn | | | | | | | | | |
| Serbische Wojwodschaft und Temeser Banat | | | | | | | | | |
| Croatien und Slavonien | | | | | | | | | |
| Siebenbürgen | | | | | | | | | |
| Militärgrenze | | | | | | | | | |

1) Kommt nur im Jahre 1870 verzeichnet vor.
2) Kommt nur im Jahre 1848 verzeichnet vor.
3) Kommt nur im Jahre 1880 verzeichnet vor.
4) Kommt nur im Jahre 1871 verzeichnet vor.
5) Kommt nur im Jahre 1866 verzeichnet vor.
6) Kommt nur im Jahre 1850 verzeichnet vor.

Tabelle 266.

# Markt-Durchschnittspreise für Gerste im angrenzenden Auslande.

### Per Hektoliter in Gulden österreichischer Währung.

| Land | Angrenzendes Ausland | In der Periode | | | | | | | |
|---|---|---|---|---|---|---|---|---|---|
| | | 1830—1838 | 1839—1847 | 1848—1850 | 1851—1860 | 1861—1865 | 1866—1870 | 1871—1875 | 1876—1880 |
| **a) In absoluten Zahlen.** | | | | | | | | | |
| Ober-Österreich | Baiern | 2·76 | 3·89 | 2·61 | 4·71 | 4·05 | 5·16 | 5·36 | 5·74 |
| Salzburg | Baiern | 2·76 | 3·89 | 2·61 | 4·99 | 4·64 | 5·49 | 5·47 | 6·79 |
| Kärnten | Italien | | | | | | [1]) 7·82 | | |
| | Udine (Italien) | | | | | | [2]) 8·15 | 5·38 | 5·85 |
| | Italien | | | | | | 6·68 | | |
| Küstenland | Cividale (Italien) | | | | | | 7·01 | 5·81 | |
| | Palmanova (Italien) | | | | | | 6·57 | | |
| | Stadt Fiume | | | | | | 7·01 | | |
| Tirol und Vorarlberg | Baiern, Schweiz, Italien | 4·57 | 6·01 | 3·32 | 5·99 | | | | |
| | Baiern | | | | | | 5·88 | 6·72 | 6·33 |
| Böhmen | Sachsen | 3·31 | 4·21 | 3·28 | 5·46 | 4·83 | 6·18 | 7·28 | 6·10 |
| | Preußen (Preußisch-Schlesien) | | | | | | 5·48 | 6·21 | 4·03 |
| Mähren | Preußisch-Schlesien | 2·35 | 3·21 | [3]) 2·39 | | | | | |
| Schlesien | Preußisch-Schlesien | 2·35 | 3·21 | [3]) 2·39 | | | 4·43 | 6·87 | [4]) 6·34 |
| Westgalizien | Preußisch-Schlesien | | | | 4·18 | 4·74 | 5·58 | 6·38 | 5·88 |
| | Russisch-Polen | | | | 4·18 | 4·74 | 4·55 | 4·98 | 5·14 |
| Galizien Krakau | Russisch-Polen | 1·89 | 2·07 | 2·75 | 3·93 | | 4·62 | 4·98 | 5·14 |
| Ostgalizien | Übriges Rußland | | | | 3·65 | 2·88 | 3·71 | 4·02 | 4·40 |
| Bukowina | Rußland | 1·89 | 2·07 | 2·75 | 3·56 | | 3·56 | 3·26 | 3·50 |
| | Moldau | | | | 3·37 | 1·85 | 3·07 | 3·44 | 3·63 |
| Dalmatien | Bosnien und Hercegovina | | | | | | 4·58 | [5]) 5·41 | |
| | Montenegro | | | | | | | | |
| Venedig | Italien | 5·67 | 6·75 | 5·43 | 8·12 | | | | |
| Lomb.-venet. Königreich | Lombardie | 5·13 | 5·47 | 6·28 | 5·96 | 5·24 | | | |
| | Venedig | 5·04 | 4·93 | 6·66 | 6·60 | 5·24 | | | |
| Ungarn | | 1·76 | 2·15 | 2·50 | 3·62 | 3·43 | [6]) 3·08 | | |
| Serbische Wojwodschaft und Temeser Banat | | | | [7]) 2·28 | 2·92 | | | | |
| Croatien und Slavonien | | | | [7]) 2·99 | 4·07 | 4·83 | [6]) 4·35 | | |
| Siebenbürgen | | 1·81 | 2·23 | 2·98 | 3·53 | 2·33 | [6]) 2·18 | | |
| Militärgrenze | | 2·04 | 2·47 | 4·05 | 4·00 | 3·80 | 3·98 | | |
| **b) In Verhältniszahlen.** | | | | | | | | | |
| Ober-Österreich | Baiern | 70·95 | 100 | 67·09 | 121·07 | 104·11 | 132·64 | 138·30 | 147·55 |
| Salzburg | Baiern | 70·95 | 100 | 67·03 | 128·27 | 119·28 | 141·13 | 140·82 | 174·55 |
| Kärnten | Italien | | | | | | | | |
| | Udine (Italien) | | | | | | | | |
| | Italien | | | | | | | | |
| Küstenland | Cividale (Italien) | | | | | | | | |
| | Palmanova (Italien) | | | | | | | | |
| | Stadt Fiume | | | | | | | | |
| Tirol und Vorarlberg | Baiern, Schweiz, Italien | 76·04 | 100 | 55·24 | 99·66 | | | | |
| | Baiern | | | | | | 139·66 | 159·62 | 150·35 |
| Böhmen | Sachsen | 78·62 | 100 | 77·91 | 129·69 | 114·72 | 146·79 | 172·92 | 144·89 |
| | Preußen (Preußisch-Schlesien) | | | | | | 130·16 | 147·50 | 95·72 |
| Mähren | Preußisch-Schlesien | | | | | | | | |
| Schlesien | Preußisch-Schlesien | | | | | | | | |
| Westgalizien | Preußisch-Schlesien | | | | 201·93 | 228·98 | 269·56 | 308·21 | 284·05 |
| | Russisch-Polen | | | | 201·93 | 228·98 | 219·80 | 240·58 | 248·30 |
| Galizien Krakau | Russisch-Polen | 91·30 | 100 | 132·85 | 189·85 | | 223·19 | 240·58 | 248·30 |
| Ostgalizien | Übriges Rußland | | | | 176·32 | 139·13 | 179·22 | 194·20 | 212·56 |
| Bukowina | Rußland | 91·30 | 100 | 132·85 | 171·98 | | 171·98 | 157·49 | 169·08 |
| | Moldau | | | | 162·80 | 89·37 | 148·31 | 166·18 | 175·36 |
| Dalmatien | Bosnien und Hercegovina | | | | | | | | |
| | Montenegro | | | | | | | | |
| Venedig | Italien | | | | | | | | |
| Lomb.-venet. Königreich | Lombardie | | | | | | | | |
| | Venedig | | | | | | | | |
| Ungarn | | | | | | | | | |
| Serbische Wojwodschaft und Temeser Banat | | | | | | | | | |
| Croatien und Slavonien | | | | | | | | | |
| Siebenbürgen | | | | | | | | | |
| Militärgrenze | | | | | | | | | |

[1]) Kommt nur im Jahre 868 verzeichnet vor.
[2]) Kommt nur im Jahre 1870 verzeichnet vor.
[3]) Kommt nur im Jahre 1848 verzeichnet vor.
[4]) Kommt nur im Jahre 1880 verzeichnet vor.
[5]) Kommt nur im Jahre 1871 verzeichnet vor.
[6]) Kommt nur im Jahre 1866 verzeichnet vor.
[7]) Kommt nur im Jahre 1850 verzeichnet vor.

Tabelle 267.

# Markt-Durchschnittspreise für Mais im angrenzenden Auslande.

### Per Hektoliter in Gulden österreichischer Währung.

| Land | Angrenzendes Ausland | In der Periode | | | | | | | |
|---|---|---|---|---|---|---|---|---|---|
| | | 1830—1838 | 1839—1847 | 1848—1850 | 1851—1860 | 1861—1865 | 1866—1870 | 1871—1875 | 1876—1880 |
| | | In absoluten Zahlen. | | | | | | | |
| Ober-Österreich . . . . . | Baiern . . . . . | . . . . | . . . . | . . . . | 9·25 | . . . . | 5·59 | 5·59 | 6·33 |
| Salzburg . . . . . . . | Baiern . . . . . | . . . . | . . . . | . . . . | 8·36 | 7 25 | 8·85 | 8·58 | 7·36 |
| Kärnten . . . . . { | Italien . . . . . | | | | | | 6·20 | . . . . | . . . . |
| { | Udine (Italien) | | | | | | 1) 8·15 | 7·70 | 7·08 |
| Küstenland . . . . { | Italien . . . . . | | | | | | 5·54 | | |
| { | Cividale (Italien) | | | | | | 5·33 | 7·49 | |
| { | Palmanova (Italien) | | | | | | 5·30 | | |
| { | Stadt Flume | | | | | | 6·44 | | |
| Tirol und Borarlberg . . . . | Baiern, Schweiz, Italien | | | | | | | | |
| Böhmen . . . . . { | Baiern . . . . . | | | | | | 2) 8·15 | | |
| { | Sachsen . . . . . | | | | 8·79 | 8·68 | 7·50 | . . . . | 5·77 |
| { | Preußen (Preußisch-Schlesien) | | | | | | 9·78 | 9·79 | 6·19 |
| Mähren . . . . . . | Preußisch-Schlesien | | | | | | | | |
| Schlesien . . . . . | Preußisch-Schlesien | | | | | | 6·82 | 7·74 | 3) 10·07 |
| Galizien { Westgalizien . . . { | Preußisch-Schlesien | | | | | | | | 6·71 |
| { | Russisch-Polen . . . | 2·17 | 2·04 | 4·14 | | | 4) 4·89 | | 6·15 |
| Krakau . . { Russisch-Polen . . . | | | | | | | | | |
| Ostgalizien . . . | Übriges Rußland . . . . . | | | | 2·35 | . . . . | 3·92 | 4·46 | 4·24 |
| Bukowina . . . . . { | Rußland . . . . . | 2·17 | 2·04 | 4·14 | | 4·35 | 4·62 | 4·47 | 3·66 |
| { | Molbau . . . . . | | | | | | 4·26 | 4·93 | 3·93 |
| Dalmatien . . . . . { | Bosnien und Hercegovina | | | | | | 4·74 | 5) 7·09 | . . . . |
| { | Montenegro . . . . . | | | | | | 7·23 | 5) 7·82 | |
| Benedig . . . . . | Italien . . . . . | 5·00 | 5·81 | 5·39 | 6·62 | | | | |
| Lomb.-venet. Königreich . . { | Lombardie . . . . | 4·47 | 5·15 | 4·86 | 6·13 | 5·25 | | | |
| { | Benedig . . . . . | 4·16 | 4·65 | 4·46 | 5·58 | 5·25 | | | |
| Ungarn . . . . . . . | | 2·28 | 2·67 | 2·92 | 4·30 | 4·38 | 6) 4·22 | | |
| Serbische Wojwodschaft und Temeser Banat | | | | 7) 2·39 | 3·53 | | | | |
| Croatien und Slavonien . . . . | | | | 7) 3·65 | 5·07 | 5·47 | 6) 5·22 | | |
| Siebenbürgen . . . . . . | | 2·39 | 2·78 | 2·71 | 3·89 | 3·13 | 6) 5·00 | | |
| Militärgrenze . . . . . | | 2·57 | 2·87 | 4·61 | 4·71 | 4·45 | 4·52 | | |

1) Kommt nur im Jahre 1870 verzeichnet vor.
2) Kommt nur im Jahre 1868 verzeichnet vor.
3) Kommt nur im Jahre 1880 verzeichnet vor.
4) Kommt nur im Jahre 1867 verzeichnet vor.
5) Kommt nur im Jahre 1871 verzeichnet vor.
6) Kommt nur im Jahre 1866 verzeichnet vor.
7) Kommt nur im Jahre 1850 verzeichnet vor.

# Markt-Durchschnittspreise für Hafer im angrenzenden Auslande.

### Per Hektoliter in Gulden österreichischer Währung.

| Land | Angrenzendes Ausland | 1830–1838 | 1839–1847 | 1848–1850 | 1851–1860 | 1861–1865 | 1866–1870 | 1871–1875 | 1876–1880 |
|---|---|---|---|---|---|---|---|---|---|
| **a) In absoluten Zahlen.** | | | | | | | | | |
| Ober-Österreich | Baiern | 1·83 | 2·20 | 1·99 | 2·70 | 2·36 | 3·27 | · | 3·65 |
| Salzburg | Baiern | 1·83 | 2·20 | 1·99 | 3·04 | 2·81 | 2·94 | 4·20 | 4·13 |
| Kärnten | Italien | | | | | | 4·23 | · | · |
| Kärnten | Udine (Italien) | | | | | | 1) 4·73 | 5·51 | 3·25 |
| Küstenland | Italien | | | | | | 5·30 | · | · |
| Küstenland | Cividale (Italien) | | | | | | 5·12 | 4·33 | · |
| Küstenland | Palmanova (Italien) | | | | | | 4·60 | | |
| Küstenland | Stadt Fiume | | | | | | 4·95 | | |
| Tirol und Vorarlberg | Baiern, Schweiz, Italien | 2·32 | 2·70 | 2·53 | | | | | |
| Böhmen | Baiern | | | | | | 3·75 | 4·39 | 4·24 |
| Böhmen | Sachsen | 2·32 | 2·75 | 2·30 | 3·37 | 2·99 | 4·23 | 4·89 | 4·03 |
| Böhmen | Preußen (Preußisch-Schlesien) | | | | | | 3·88 | 4·96 | 3·38 |
| Mähren | Preußisch-Schlesien | 1·62 | 2·12 | 2) 1·85 | | | | | |
| Schlesien | Preußisch-Schlesien | 1·62 | 2·12 | 2) 1·85 | | | 4·10 | 4·41 | 3) 3·84 |
| Galizien Westgalizien | Preußisch-Schlesien | | | | 3·06 | 3·46 | 4·25 | 4·63 | 5·14 |
| Galizien Krakau | Russisch-Polen | 1·31 | 1·49 | 2·14 | 3·06 | 3·46 | 3·05 | 3·28 | 3·91 |
| Galizien Krakau | Russisch-Polen | | | | 3·04 | | 3·05 | 3·28 | 3·91 |
| Galizien Ostgalizien | Übriges Russland | | | | 2·67 | 1·91 | 2·35 | 2·56 | 3·07 |
| Bukowina | Russland | 1·31 | 1·49 | 2·14 | 2·49 | 1·50 | 2·89 | 2·39 | 2·40 |
| Bukowina | Moldau | | | | | | 2·35 | 2·49 | 2·69 |
| Dalmatien | Bosnien und Hercegovina | | | | | | 2·71 | 4) 4·37 | |
| Dalmatien | Montenegro | | | | | | 4·46 | | |
| Benedig | Italien | 3·25 | 3·63 | 3·82 | 4·46 | | | | |
| Lomb.-venet. Königreich | Lombardie | 3·12 | 3·24 | 4·15 | 3·80 | 3·56 | | | |
| Lomb.-venet. Königreich | Benedig | 2·79 | 3·14 | 3·85 | 3·70 | 3·56 | | | |
| Ungarn | | 1·41 | 1·64 | 2·00 | 2·83 | 2·81 | 5) 2·59 | | |
| Serbische Wojwodschaft und Temeser Banat | | | | 6) 2·42 | 2·58 | | | | |
| Croatien und Slavonien | | | | 6) 2·62 | 3·12 | 3·22 | 5) 3·03 | | |
| Siebenbürgen | | 1·16 | 1·52 | 2·08 | 2·39 | 1·94 | 5) 1·96 | | |
| Militärgrenze | | 1·40 | 1·86 | 2·87 | 3·11 | 2·65 | 2·68 | | |
| **b) In Verhältniszahlen.** | | | | | | | | | |
| Ober-Österreich | Baiern | 83·18 | 100·00 | 90·45 | 122·72 | 107·27 | 148·63 | 154·54 | 165·90 |
| Salzburg | Baiern | 83·18 | 100·00 | 90·45 | 138·18 | 127·72 | 133·63 | 190·90 | 187·73 |
| Kärnten | Italien | | | | | | | | |
| Kärnten | Udine (Italien) | | | | | | | | |
| Küstenland | Italien | | | | | | | | |
| Küstenland | Cividale (Italien) | | | | | | | | |
| Küstenland | Palmanova (Italien) | | | | | | | | |
| Küstenland | Stadt Fiume | | | | | | | | |
| Tirol und Vorarlberg | Baiern, Schweiz, Italien | 85·92 | 100·00 | 93·70 | | | | | |
| Böhmen | Baiern | | | | | | 136·36 | 159·65 | 154·18 |
| Böhmen | Sachsen | 84·36 | 100·00 | 83·63 | 122·54 | 108·73 | 153·81 | 177·81 | 146·54 |
| Böhmen | Preußen (Preußisch-Schlesien) | | | | | | 141·08 | 180·36 | 122·91 |
| Mähren | Preußisch-Schlesien | | | | | | | | |
| Schlesien | Preußisch-Schlesien | | | | | | | | |
| Galizien Westgalizien | Preußisch-Schlesien | | | | 205·36 | 232·21 | 281·80 | 310·73 | 344·96 |
| Galizien Krakau | Russisch-Polen | 81·20 | 100·00 | 143·62 | 205·36 | 232·21 | 204·69 | 220·13 | 262·41 |
| Galizien Krakau | Russisch-Polen | | | | 204·02 | | 204·69 | 220·13 | 262·41 |
| Galizien Ostgalizien | Übriges Russland | | | | 178·52 | 128·18 | 157·72 | 171·81 | 206·04 |
| Bukowina | Russland | 81·20 | 100·00 | 143·62 | 167·11 | 100·67 | 194·09 | 160·40 | 161·07 |
| Bukowina | Moldau | | | | | | 157·72 | 167·11 | 180·53 |
| Dalmatien | Bosnien und Hercegovina | | | | | | | | |
| Benedig | Montenegro | | | | | | | | |
| Lomb.-venet. Königreich | Lombardie | | | | | | | | |
| Lomb.-venet. Königreich | Benedig | | | | | | | | |
| Ungarn | | | | | | | | | |
| Serbische Wojwodschaft und Temeser Banat | | | | | | | | | |
| Croatien und Slavonien | | | | | | | | | |
| Siebenbürgen | | | | | | | | | |
| Militärgrenze | | | | | | | | | |

1) Kommt nur im Jahre 1870 verzeichnet vor.
2) Kommt nur im Jahre 1848 verzeichnet vor.
3) Kommt nur im Jahre 1880 verzeichnet vor.
4) Kommt nur im Jahre 1871 verzeichnet vor.
5) Kommt nur im Jahre 1866 verzeichnet vor.
6) Kommt nur im Jahre 1850 verzeichnet vor.

Tabelle 269.

# Markt-Durchschnittspreise für Kartoffel im angrenzenden Auslande.

### Per Hektoliter in Gulden österreichischer Währung.

| Land | Angrenzendes Ausland | In der Periode | | | | | | | |
|---|---|---|---|---|---|---|---|---|---|
| | | 1830—1838 | 1839—1847 | 1848—1850 | 1851—1860 | 1861—1865 | 1866—1870 | 1871—1875 | 1876—1880 |
| **a) In absoluten Zahlen.** | | | | | | | | | |
| Ober-Österreich | Baiern | 0·90 | 1·10 | 2·23 | 2·38 | 1·65 | 1·72 | 2·27 | 2·54 |
| Salzburg | Baiern | 0·90 | 1·10 | 2·23 | 2·58 | 2·49 | 2 60 | 3·37 | 4·95 |
| Kärnten | Italien | ... | ... | ... | ... | ... | 4·08 | ... | ... |
| | Udine (Italien) | | | | | | 1) 3·26 | 2·99 | 3·50 |
| | Italien | | | | | | 3·26 | | |
| Küstenland | Cividale (Italien) | | | | | | 3·26 | 3·48 | |
| | Palmanova (Italien) | | | | | | 2) 3 26 | | |
| | Stadt Fiume | | | | | | 4·86 | | |
| Tirol und Vorarlberg | Baiern, Schweiz, Italien | 1·33 | 1 57 | 1·78 | 1·68 | | | | |
| | Baiern | | | | | | 1·84 | 2·23 | 2·75 |
| Böhmen | Sachsen | 1·18 | 1·58 | 1·13 | 2·18 | 1·79 | 2·45 | 2·66 | 2·61 |
| | Preußen (Preußisch-Schlesien) | | | | | | 2·16 | 2·67 | 2·05 |
| Mähren | Preußisch-Schlesien | 0·87 | 1·28 | 3) 1·54 | | | | | |
| Schlesien | Preußisch-Schlesien | 0·87 | 1·28 | 3) 1·54 | | | 1·49 | 1·82 | 4) 2·58 |
| | Preußisch-Schlesien | | | | 2·11 | 2·29 | 2·07 | 3·01 | 3·25 |
| Galizien — Westgalizien | Russisch-Polen | | | | 2·11 | 2 29 | 1·76 | 2·17 | 2·02 |
| Galizien — Krakau | Russisch-Polen | 0·88 | 0·93 | 1·58 | 2·04 | | 1·77 | 2·17 | 2·02 |
| Galizien — Ostgalizien | Übriges Russland | | | | 1 88 | 1·41 | 1·39 | 1·49 | 1·47 |
| Bukowina | Russland | 0·88 | 0 93 | 1·58 | 1·82 | 1·28 | 1 77 | 2 53 | 1·99 |
| | Moldau | | | | | | 1·58 | 1·85 | 1·60 |
| Dalmatien | Bosnien und Hercegovina | | | | | | 3·91 | 5) 6·52 | ... |
| | Montenegro | | | | | | 2·72 | 5) 2·45 | ... |
| Benedig | Italien | 2·— | 1·66 | 2·30 | 3·11 | | | | |
| Lomb.-venet. Königreich | Lombardie | 2·39 | 2·28 | 3·49 | 4·43 | 3·49 | | | |
| | Benedig | 2·08 | 2·31 | 2·61 | 3·91 | 3 49 | | | |
| Ungarn | | 0·89 | 1·78 | 5) 2·48 | 2 44 | | | | |
| Serbische Wojwodschaft und Temeser Banat | | | | 6) 3·14 | 2·97 | | | | |
| Croatien und Slavonien | | | 6) 2·68 | 3 94 | 3 39 | 7) 3·— | | | |
| Siebenbürgen | | 0·76 | 0·88 | 1·44 | 2 31 | | | | |
| Militärgrenze | | 1·12 | 1·32 | 3·10 | 4·— | 2·60 | 2·97 | | |
| **b) In Verhältniszahlen.** | | | | | | | | | |
| Ober-Österreich | Baiern | 81·81 | 100 | 202·72 | 216·36 | 150 | 156·36 | 206·36 | 230·91 |
| Salzburg | Baiern | 81·81 | 100 | 202·72 | 234·55 | 226·36 | 236·36 | 306·36 | 450 — |
| Kärnten | Italien | | | | | | | | |
| | Udine (Italien) | | | | | | | | |
| | Italien | | | | | | | | |
| Küstenland | Cividale (Italien) | | | | | | | | |
| | Palmanova (Italien) | | | | | | | | |
| | Stadt Fiume | | | | | | | | |
| Tirol und Vorarlberg | Baiern, Schweiz, Italien | 84·71 | 100 | 113·87 | 107 | | | | |
| | Baiern | | | | | | 116 45 | 141·14 | 174·05 |
| Böhmen | Sachsen | 74·68 | 100 | 71·52 | 137·97 | 113·29 | 155·06 | 168·35 | 165·19 |
| | Preußen (Preußisch Schlesien) | | | | | | 136·71 | 168·98 | 129·74 |
| Mähren / Schlesien | Preußisch-Schlesien | | | | | | | | |
| | Preußisch-Schlesien | | | | 226·88 | 246·23 | 222·58 | 323·65 | 349·46 |
| Galizien — Westgalizien | Russisch-Polen | | | | 226·88 | 246·23 | 189·24 | 233·33 | 217·20 |
| Galizien — Krakau | Russisch-Polen | 94·62 | 100 | 169·89 | | | 190·32 | 233·33 | 217·20 |
| Galizien — Ostgalizien | Übriges Russland | | | | 202·15 | 151·61 | 149·46 | 160·21 | 158·60 |
| Bukowina | Russland | 94·62 | 100 | 169 89 | 195·70 | 137·63 | 190·32 | 272·04 | 213·98 |
| | Moldau | | | | | | 169·89 | 198·92 | 172 04 |
| Dalmatien | Bosnien und Hercegovina | | | | | | | | |
| | Montenegro | | | | | | | | |
| Benedig | Italien | | | | | | | | |
| Lomb.-venet. Königreich | Lombardie | | | | | | | | |
| | Benedig | | | | | | | | |
| Ungarn | | | | | | | | | |
| Serbische Wojwodschaft und Temeser Banat | | | | | | | | | |
| Croatien und Slavonien | | | | | | | | | |
| Siebenbürgen | | | | | | | | | |
| Militärgrenze | | | | | | | | | |

1) Kommt nur im Jahre 1870 verzeichnet vor.
2) Kommt nur im Jahre 1867 verzeichnet vor.
3) Kommt nur im Jahre 1848 verzeichnet vor.
4) Kommt nur im Jahre 1880 verzeichnet vor.
5) Kommt nur im Jahre 1871 verzeichnet vor.
6) Kommt nur im Jahre 1850 verzeichnet vor.
7) Kommt nur im Jahre 1866 verzeichnet vor.

# Markt-Durchschnittspreise für Rindfleisch im angrenzenden Auslande.

### Per Kilogramm in Gulden österreichischer Währung.

| Land | Angrenzendes Ausland | In der Periode | | | | | | | |
|---|---|---|---|---|---|---|---|---|---|
| | | 1830—1838 | 1839—1847 | 1848—1850 | 1851—1860 | 1861—1865 | 1866—1870 | 1871—1875 | 1876—1880 |
| **a) In absoluten Zahlen.** | | | | | | | | | |
| Ober-Österreich | Baiern | 0·18 | 0·21 | 0·23 | 0·31 | 0·28 | 0·36 | 0·41 | 0·60 |
| Salzburg | Baiern | 0·18 | 0·21 | 0·23 | 0·31 | 0·36 | 0·40 | 0·48 | 0·60 |
| Kärnten | Italien | | | | | | 0·38 | | |
| | Udine (Italien) | | | | | | | 0·47 | 0·55 |
| Küstenland | Italien | | | | | | 0·45 | | |
| | Cividale (Italien) | | | | | | 0·46 | 0·55 | |
| | Palmanova (Italien) | | | | | | 1) 0·45 | | |
| | Stadt Fiume | | | | | | 0·46 | | |
| Tirol und Vorarlberg | Baiern, Schweiz, Italien | 0·25 | 0·30 | 2) 0·25 | | | | | |
| Böhmen | Baiern | | | | | | 0·43 | 0·53 | 0·59 |
| | Sachsen | 0·19 | 0·23 | 0·24 | 0·30 | 0·36 | 0·48 | 0·58 | 0·59 |
| | Preußen (Preußisch-Schlesien) | | | | | | 0·47 | 0·53 | 0·37 |
| Mähren | Preußisch-Schlesien | 0·18 | 0·21 | 3) 0·25 | | | | | |
| Schlesien | Preußisch-Schlesien | 0·18 | 0·21 | 3) 0·25 | | | 0·42 | 0·44 | 4) 0·47 |
| | Preußisch-Schlesien | | | | 0·18 | 0·25 | | 0·47 | 0·55 |
| Galizien — Westgalizien | Russisch-Polen | 0·11 | 0·11 | 0·15 | 0·18 | 0·25 | 0·22 | 0·27 | 0·29 |
| Galizien — Krakau | Russisch-Polen | | | | 0·19 | | | 0·27 | 0·29 |
| Galizien — Ostgalizien | Übriges Rußland | | | | 0·17 | 0·18 | 0·20 | 0·25 | 0·28 |
| Bukowina | Rußland | 0·11 | 0·11 | 0·15 | 0·17 | 0·15 | 0·20 | 0·31 | 0·32 |
| | Moldau | | | | | | 0·21 | 0·27 | 0·25 |
| Dalmatien | Bosnien und Hercegovina | | | | | | | 5) 0·36 | |
| | Montenegro | | | | | | 1) 0·24 | | |
| Benedig | Italien | 0·32 | 0·33 | 0·38 | 0·39 | | | | |
| Lomb.-venet. Königreich | Lombardie | 0·34 | 0·37 | 0·36 | 0·38 | 0·45 | | | |
| | Benedig | 0·34 | 0·35 | 0·35 | 0·41 | 0·45 | | | |
| Ungarn | | 0·14 | 0·15 | 0·21 | 0·30 | | | | |
| Serbische Wojwodschaft und Temeser Banat | | | | 6) 0·22 | 0·25 | | | | |
| Croatien und Slavonien | | | | 6) 0·20 | 0·24 | 0·29 | 7) 0·27 | | |
| Siebenbürgen | | 0·90 | 0·10 | 0·15 | 0·20 | | | | |
| Militärgrenze | | 0·11 | 9·12 | 0·16 | 0·22 | 0·24 | 0·27 | | |
| **b) In Verhältniszahlen.** | | | | | | | | | |
| Ober-Österreich | Baiern | 85·71 | 100·00 | 109·52 | 147·61 | 133·33 | 171·43 | 195·24 | 285·71 |
| Salzburg | Baiern | 85·71 | 100·00 | 109·52 | 147·61 | 171·43 | 190·47 | 228·57 | 285·71 |
| Kärnten | Italien | | | | | | | | |
| | Udine (Italien) | | | | | | | | |
| Küstenland | Italien | | | | | | | | |
| | Cividale (Italien) | | | | | | | | |
| | Palmanova (Italien) | | | | | | | | |
| | Stadt Fiume | | | | | | | | |
| Tirol und Vorarlberg | Baiern, Schweiz, Italien | 83·33 | 100·00 | 83·33 | | | | | |
| Böhmen | Baiern | | | | | | 186·96 | 239·13 | 256·52 |
| | Sachsen | 82·61 | 100·00 | 104·34 | 130·43 | 156·51 | 208·69 | 252·17 | 256·52 |
| | Preußen (Preußisch-Schlesien) | | | | | | 204·69 | 230·43 | 169·56 |
| Mähren | Preußisch-Schlesien | | | | | | | | |
| Schlesien | Preußisch-Schlesien | | | | | | | | |
| | Preußisch-Schlesien | | | | 163·63 | 227·27 | | 427·27 | 500·00 |
| Galizien — Westgalizien | Russisch-Polen | 100·00 | 100·00 | 136·36 | 163·63 | 227·27 | 200 | 246·44 | 263·66 |
| Galizien — Krakau | Russisch-Polen | | | | 172·72 | | | 246·44 | 263·66 |
| Galizien — Ostgalizien | Übriges Rußland | | | | 154·54 | 163·63 | 181·81 | 227·27 | 254·46 |
| Bukowina | Rußland | 100·00 | 100·00 | 136·36 | 154·54 | 136·36 | 181·81 | 281·81 | 290·90 |
| | Moldau | | | | | | 190·91 | 246·44 | 227·27 |
| Dalmatien | Bosnien und Hercegovina | | | | | | | | |
| | Montenegro | | | | | | | | |
| Benedig | Italien | | | | | | | | |
| Lomb.-venet. Königreich | Lombardie | | | | | | | | |
| | Benedig | | | | | | | | |
| Ungarn | | | | | | | | | |
| Serbische Wojwodschaft und Temeser Banat | | | | | | | | | |
| Croatien und Slavonien | | | | | | | | | |
| Siebenbürgen | | | | | | | | | |
| Militärgrenze | | | | | | | | | |

1) Kommt nur im Jahre 1867 verzeichnet vor.
2) Kommt nur im Jahre 1850 verzeichnet vor.
3) Kommt nur im Jahre 1848 verzeichnet vor.
4) Kommt nur im Jahre 1880 verzeichnet vor.
5) Kommt nur im Jahre 1871 verzeichnet vor.
6) Kommt nur im Jahre 1850 verzeichnet vor.
7) Kommt nur im Jahre 1866 verzeichnet vor.

**Tabelle 271.**

# Markt-Durchschnittspreise für Heu im angrenzenden Auslande.

### Per Metercentner in Gulden österreichischer Währung.

## a) In absoluten Zahlen.

| Land | Angrenzendes Ausland | 1830—1838 | 1839—1847 | 1848—1850 | 1851—1860 | 1861—1865 | 1866—1870 | 1871—1875 | 1876—1880 |
|---|---|---|---|---|---|---|---|---|---|
| Ober-Österreich | Baiern | 1·99 | 1·61 | 1·86 | 2·13 | 2·17 | 2·49 | 2·69 | 2·35 |
| Salzburg | Baiern | 1·99 | 1·61 | 1·86 | 2·14 | 2·29 | 2·18 | 2·40 | .... |
| Kärnten | Italien | .... | .... | .... | .... | .... | 3·14 | .... | 2·10 |
| | Udine (Italien) | .... | .... | .... | .... | .... | 3·58 ¹) | 2·36 | .... |
| Küstenland | Italien | | | | | | 2·60 | | |
| | Cividale (Italien) | | | | | | 2·03 | 2·73 | |
| | Palmanova (Italien) | | | | | | 2·73 | | |
| | Stadt Fiume | | | | | | 3·05 | | |
| Tirol und Vorarlberg | Baiern, Schweiz, Italien | 2·13 | 2·29 | 2·62 | 3·18 | | | | 2·16 |
| Böhmen | Baiern | | | | | | 3·75 | 4·62 | 4·94 |
| | Sachsen | 2·21 | 2·39 | 2·41 | 2·69 | 3·85 | 4·38 | 5·25 | 4·26 |
| | Preußen (Preußisch-Schlesien) | | | | | | 3·82 | 4·56 | |
| Mähren | Preußisch-Schlesien | 1·68 | 1·71 | 1·28 ²) | | | | | 2·36 ³) |
| Schlesien | Preußisch-Schlesien | 1·68 | 1·71 | 1·28 ²) | | | 3·69 | 3·97 | 3·42 |
| Galizien — Westgalizien | Preußisch-Schlesien | | | | 2·62 | 2·47 | 2·64 | 3·57 | 3·80 |
| Westgalizien | Russisch-Polen | | | | 2·62 | 2·47 | 2·13 | 2·23 | 2·46 |
| Krakau | Russisch-Polen | 1·25 | 1·27 | 2·01 | 2·67 | | 2·01 | 2·23 | 2·46 |
| Ostgalizien | Übriges Rußland | | | | 2·76 | 2·59 | 2·13 | 2·73 | 2·30 |
| Bukowina | Rußland | 1·25 | 1·27 | 2·01 | 2·42 | 2·03 | 2·28 | 1·27 | 1·10 |
| | Moldau | | | | | | 2·44 | 2·44 | 2·27 |
| Dalmatien | Bosnien und Hercegovina | | | | | | 6·01 | 5·82 ⁴) | |
| | Montenegro | | | | | | 3·58 | 3·58 ⁴) | |
| Venedig | Italien | 2·80 | 2·87 | 2·97 | 3·19 | | | | |
| Lomb.-venet. Königreich | Lombardie | 2·76 | 3·21 | 3·54 | 3·68 | 2·64 | | | |
| | Venedig | 1·89 | 2·05 | 2·06 | 2·53 | 2·64 | | | |
| Ungarn | | 2·17 | 2·32 | 3·28 | 3·12 | | | | |
| Serbische Wojwodschaft und Temeser Banat | | | | 3·34 ⁵) | 3·64 | | | | |
| Croatien und Slavonien | | | | 3·81 ⁵) | 3·12 | 3·22 | 2·52 ⁶) | | |
| Siebenbürgen | | 2·02 | 2·31 | 2·59 | 2·77 | | | | |
| Militärgrenze | | 2·01 | 2·35 | 3·27 | 3·82 | 3·98 | 4·09 | | |

## b) In Verhältniszahlen.

| Land | Angrenzendes Ausland | 1830—1838 | 1839—1847 | 1848—1850 | 1851—1860 | 1861—1865 | 1866—1870 | 1871—1875 | 1876—1880 |
|---|---|---|---|---|---|---|---|---|---|
| Ober-Österreich | Baiern | 123·60 | 100·00 | 115·53 | 132·30 | 134·78 | 154·66 | 167·08 | 145·96 |
| Salzburg | Baiern | 123·60 | 100·00 | 115·53 | 132·92 | 142·23 | 135·40 | 149·06 | .... |
| Kärnten | Italien | | | | | | | | |
| | Udine (Italien) | | | | | | | | |
| Küstenland | Italien | | | | | | | | |
| | Cividale (Italien) | | | | | | | | |
| | Palmanova (Italien) | | | | | | | | |
| | Stadt Fiume | | | | | | | | |
| Tirol und Vorarlberg | Baiern, Schweiz, Italien | 93·01 | 100·00 | 114·61 | 138·86 | | | | 94·82 |
| Böhmen | Baiern | | | | | | 156·90 | 193·30 | 206·69 |
| | Sachsen | 92·47 | 100·00 | 100·83 | 112·55 | 140·16 | 183·26 | 219·66 | 178·24 |
| | Preußen (Preußisch-Schlesien) | | | | | | 159·83 | 190·79 | |
| Mähren | Preußisch-Schlesien | | | | | | | | |
| Schlesien | Preußisch-Schlesien | | | | | | | | |
| Galizien — Westgalizien | Preußisch-Schlesien | | | | 206·30 | 194·49 | 207·87 | 281·10 | 299·21 |
| Westgalizien | Russisch-Polen | | | | 206·30 | 194·49 | 167·71 | 175·59 | 193·70 |
| Krakau | Russisch-Polen | 98·42 | 100·00 | 158·26 | 210·23 | | 158·26 | 175·59 | 193·70 |
| Ostgalizien | Übriges Rußland | | | | 217·32 | 203·93 | 167·71 | 214·96 | 181·10 |
| Bukowina | Rußland | 98·42 | 100·00 | 158·26 | 190·55 | 159·84 | 179·53 | 100·00 | 86·61 |
| | Moldau | | | | | | 192·12 | 192·12 | 178·74 |
| Dalmatien | Bosnien und Hercegovina | | | | | | | | |
| Venedig | Montenegro | | | | | | | | |
| | Italien | | | | | | | | |
| Lomb.-venet. Königreich | Lombardie | | | | | | | | |
| | Venedig | | | | | | | | |
| Ungarn | | | | | | | | | |
| Serbische Wojwodschaft und Temeser Banat | | | | | | | | | |
| Croatien und Slavonien | | | | | | | | | |
| Siebenbürgen | | | | | | | | | |
| Militärgrenze | | | | | | | | | |

¹) Kommt nur im Jahre 1870 verzeichnet vor.
²) Kommt nur im Jahre 1848 verzeichnet vor.
³) Kommt nur im Jahre 1880 verzeichnet vor.
⁴) Kommt nur im Jahre 1871 verzeichnet vor.
⁵) Kommt nur im Jahre 1850 verzeichnet vor.
⁶) Kommt nur im Jahre 1866 verzeichnet vor.

# Markt-Durchschnittspreise für Stroh im angrenzenden Auslande.

### Per Metercentner in Gulden österreichischer Währung.

## a) In absoluten Zahlen.

| Land | Angrenzendes Ausland | 1830—1838 | 1839—1847 | 1848—1850 | 1851—1860 | 1861—1865 | 1866—1870 | 1871—1875 | 1876—1880 |
|---|---|---|---|---|---|---|---|---|---|
| Ober-Österreich | Baiern | 1·55 | 1·37 | 1·13 | 1·83 | 1·23 | 1·63 | 1·96 | 1·89 |
| Salzburg | Baiern | 1·55 | 1·37 | 1 13 | 1·98 | 2·10 | 1·99 | 2·55 | 2·45 |
| Kärnten | Italien | | | | | | 2·96 | | |
| | Udine (Italien) | | | | | | [1]3·58 | 2·22 | 2·02 |
| Küstenland | Italien | | | | | | 1·43 | | |
| | Cividale (Italien) | | | | | | 1·43 | 2·19 | |
| | Palmanova (Italien) | | | | | | 1·65 | | |
| | Stadt Fiume | | | | | | 1·79 | | |
| Tirol und Vorarlberg | Baiern, Schweiz, Italien | 1·66 | 1·91 | 1·73 | 2·37 | | 2·62 | 2·80 | 3·27 |
| Böhmen | Baiern | | | | | | | | |
| | Sachsen | 2·34 | 2·39 | 1·51 | 1·91 | 2·12 | 2·84 | 3·31 | 3·14 |
| | Preußen (Preußisch-Schlesien) | | | | | | 2·50 | 2·51 | 2·42 |
| Mähren | Preußisch-Schlesien | 1·08 | 1·33 | [2]1·19 | | | | | |
| Schlesien | Preußisch-Schlesien | 1·08 | 1·33 | [2]1·19 | 1·48 | 2·59 | 2·03 | 1 60 | [3]2·37 |
| | | | | | 1·48 | 2·59 | 1·76 | 2·25 | 2·67 |
| Galizien — Westgalizien | Russisch-Polen | 0·75 | 0·71 | 1·04 | 1·51 | | 1·42 | 1·37 | 1·59 |
| Krakau | Russisch-Polen | | | | 1·34 | 1·22 | 1·42 | 1·37 | 1·59 |
| Ostgalizien | Übriges Rußland | | | | | | 1·16 | 1·27 | 1·13 |
| Bukowina | Rußland | 0·75 | 0·71 | 1·04 | 1·17 | 0·83 | 1·11 | 1·14 | 0 95 |
| | Moldau | | | | | | 1·26 | 1·18 | 1 23 |
| Dalmatien | Bosnien und Hercegovina | | | | | | 4·25 | [4]4·08 | |
| | Montenegro | | | | | | 3·64 | [4]5·01 | |
| Benedig | Italien | 1·18 | 1·14 | 1·65 | 1·42 | | | | |
| Lomb.-venet. Königreich | Lombardie | 1·52 | 1·66 | 2·13 | 1·98 | 1·70 | | | |
| | Benedig | 1·27 | 1·86 | 1·38 | 1·58 | 1·70 | | | |
| Ungarn | | 1·38 | 1·41 | 1·58 | 2·07 | | | | |
| Serbische Wojwodschaft und Temeser Banat | | | | [5]2·00 | 2·00 | | | | |
| Croatien und Slavonien | | | | [5]2·25 | 2·13 | 2·00 | [6]1·65 | | |
| Siebenbürgen | | 0·59 | 0·69 | 1·55 | 1·44 | | | | |
| Militärgrenze | | 0·92 | | | 3·83 | | 1·70 | | |

## b) In Verhältniszahlen.

| Land | Angrenzendes Ausland | 1830—1838 | 1839—1847 | 1848—1850 | 1851—1860 | 1861—1865 | 1866—1870 | 1871—1875 | 1876—1880 |
|---|---|---|---|---|---|---|---|---|---|
| Ober-Österreich | Baiern | 113·14 | 100·00 | 82·48 | 133·57 | 97·08 | 118·97 | 143·06 | 137·95 |
| Salzburg | Baiern | 113·14 | 100 00 | 82·48 | 144·52 | 153·28 | 145·25 | 186·13 | 178·83 |
| Kärnten | Italien | | | | | | | | |
| | Udine (Italien) | | | | | | | | |
| Küstenland | Italien | | | | | | | | |
| | Cividale (Italien) | | | | | | | | |
| | Palmanova (Italien) | | | | | | | | |
| | Stadt Fiume | | | | | | | | |
| Tirol und Vorarlberg | Baiern, Schweiz, Italien | 86·91 | 100·00 | 90·57 | 124·08 | | 109 62 | 117·15 | 136·82 |
| Böhmen | Baiern | | | | | | | | |
| | Sachsen | 97·91 | 100·00 | 63·18 | 79·91 | 88·70 | 118·83 | 138·49 | 131·38 |
| | Preußen (Preußisch-Schlesien) | | | | | | 104·60 | 105·02 | 101·25 |
| Mähren | Preußisch-Schlesien | | | | | | | | |
| Schlesien | Preußisch-Schlesien | | | | | | | | |
| | Preußisch-Schlesien | | | | 208·45 | 364·79 | 247·89 | 316·90 | 376 05 |
| Galizien — Westgalizien | Russisch-Polen | 105·63 | 100 00 | 146·48 | 208·45 | 364·79 | 200·00 | 192·95 | 223·94 |
| Krakau | Russisch-Polen | | | | 212·67 | | 200·00 | 192·95 | 223·94 |
| Ostgalizien | Übriges Rußland | | | | 188·73 | 171·83 | 163·88 | 178·87 | 159 15 |
| Bukowina | Rußland | 105·63 | 100·00 | 146·48 | 164·79 | 116·90 | 156·34 | 160·56 | 133·80 |
| | Moldau | | | | | | 177·46 | 166·20 | 173·24 |
| Dalmatien | Bosnien und Hercegovina | | | | | | | | |
| | Montenegro | | | | | | | | |
| Benedig | Italien | | | | | | | | |
| Lomb.-venet. Königreich | Lombardie | | | | | | | | |
| | Benedig | | | | | | | | |
| Ungarn | | | | | | | | | |
| Serbische Wojwodschaft und Temeser Banat | | | | | | | | | |
| Croatien und Slavonien | | | | | | | | | |
| Siebenbürgen | | | | | | | | | |
| Militärgrenze | | | | | | | | | |

[1] Kommt nur im Jahre 1870 verzeichnet vor.
[2] Kommt nur im Jahre 1848 verzeichnet vor.
[3] Kommt nur im Jahre 1880 verzeichnet vor.
[4] Kommt nur im Jahre 1871 verzeichnet vor.
[5] Kommt nur im Jahre 1850 verzeichnet vor.
[6] Kommt nur im Jahre 1866 verzeichnet vor.

**Tabelle 273.**

# Vergleichung der Getreidepreise im Großhandel in Wien, Leipzig und München.

## 1. Weizen

| Jahre | Wien. Frucht- und Mehlbörse in österreichischer Währung Gulden Noten per Metercentner. (Kalenderjahre) | | | Leipzig. Productenbörse in Mark per Tonne (1000 kg.) (Erntejahre) | | | München. Schrankenpreise in Mark per 50 Kilogramm. (Kalenderjahre) | | | München. Großhandelpreise in Mark per 50 Kilogramm. (Kalenderjahre) | | |
|---|---|---|---|---|---|---|---|---|---|---|---|---|
| | Jahres-durchschnitt | Jahres-Maximum im Monate | Jahres-Minimum im Monate | Jahres-durchschnitt | Jahres-Maximum | Jahres-Minimum | Jahres-durchschnitt | Jahres-Maximum im Monate | Jahres-Minimum im Monate | Jahres-durchschnitt [1] | Jahres-Maximum im Monate [2] | Jahres-Minimum im Monate [2] |
| 1872 | 14·49 | 14·92½ XII. | 14·20 VII. | 241 | 270 | 192 | 13·06 | . . . | . . . | . . . | . . . | . . . |
| 1873 | 16·62 | 17·90 VI. | 15·17½ I. | 257 | 306 | 240 | 14·78 | . . . | . . . | . . . | . . . | . . . |
| 1874 | 14·29 | 17·25 II. | 10·40 XI. | 272 | 297 | 249 | 13·57 | . . . | . . . | . . . | . . . | . . . |
| 1875 | 10·65 | 12·02 VII. | 9·40 VI. | 199 | 270 | 166 | 10·37 | . . . | . . . | . . . | . . . | . . . |
| 1876 | 12·00 | 12·90 XII. | 10·70 I. | 202 | 246 | 175 | 11·47 | . . . | . . . | . . . | . . . | . . . |
| 1877 | 13·60 | 15·87½ V. | 12·25 XI. | 230 | 267 | 180 | 12·46 | . . . | . . . | . . . | . . . | . . . |
| 1878 | 11·80 | 13·67½ IV. | 10·40 X. | 213 | 264 | 190 | 10·67 | . . . | . . . | . . . | . . . | . . . |
| 1879 | 12·30 | 15·20 XII. | 10·60 I. | 172 | 218 | 175 | 10·32 | 12·81 X. | 8·62 II. | 10·71 | 13·50 X. | 9·25 I. |
| 1880 | 13·40 | 15·12½ III. | 11·95 VIII. | 225 | 244 | 180 | 11·59 | 12·75 VIII. | 10·59 XII. | 11·68 | 12·75 VI. | 11·50 IX. |
| 1881 | 13·40 | 13·67 X. | 13·00 XII., II. | 229 | 250 | 218 | 11·94 | 12·71 X. | 10·62 I. | 11·96 | 13·00 X. | 11·75 I. |
| 1882 | 12·10 | 13·55 VI. | 10·42 IX. | 234 | 247 | 220 | 11·28 | 13·12 VIII. | 8·52 XII. | 10·38 | 12·50 I. | 9·25 XI., XII. |
| 1883 | 11·00 | 11·85 VIII. | 10·36 XII. | 175 | 243 | 135 | 9·11 | 10·01 XI. | 8·16 VII. | 9·09 | 11·00 VIII. | 9·00 II., III., VI. |
| 1884 | 9·80 | 10·72½ VI. | 8·67½ IX. | 136 | 205 | 160 | 9·33 | 10·03 VII. | 8·42 VIII. | 8·84 | 9·75 IV., VII. | 8·50 XI., XII. |
| 1885 | 9·00 | 9·88 V. | 8·60 I. | 167 | 190 | 150 | 8·94 | 9·45 V. | 8·35 VIII. | 9·03 | 9·38 IV., V. | 8·60 I. |
| 1886 | 9·30 | 9·78 XII. | 8·64 I. | 162 | 180 | 154 | 9·27 | 9·86 VIII. | 8·63 I. | 9·43 | 10·00 VIII. | 8·80 I. |
| 1887 | 9·10 | 10·26 IV. | 7·70 IX. | 169 | 198 | 154 | 9·14 | 10·09 VI. | 8·46 XI. | 9·50 | 10·13 VI. | 8·80 IX. |
| 1888 | 8·20 | 8·67½ X. | 7·70 VII. | 170 | 198 | 152 | 9·74 | 10·27 VIII. | 8·94 I. | 9·69 | 10·13 VIII. | 9·30 I. |
| 1889 | 8·67 | 9·50 XII. | 7·94 VII. | . . . | . . . | . . . | 9·82 | 10·49 XI. | 9·01 VII. | 9·86 | 10·58 XII. | 9·10 VI. |
| 1890 | 8·91 | 9·55 IV. | 8·27½ IX. | . . . | . . . | . . . | . . . | . . . | . . . | . . . | . . . | . . . |
| 1891 | 10·72 | 12·07½ XI. | 9·02 I. | . . . | . . . | . . . | . . . | . . . | . . . | . . . | . . . | . . . |

**Tabelle 274.**

# Vergleichung der Getreidepreise im Großhandel in Wien, Leipzig und München.

## 2. Roggen

| Jahre | Wien. Frucht- und Mehlbörse in österreichischer Währung Gulden Noten per Metercentner. (Kalenderjahre) | | | Leipzig. Productenbörse in Mark pr. Tonne (1000 kg.) (Erntejahre) | | | München. Schrankenpreise in Mark per 50 Kilogramm (Kalenderjahre) | | | München. Großhandelpreise in Mark per 50 Kilogramm (Kalenderjahre) | | |
|---|---|---|---|---|---|---|---|---|---|---|---|---|
| | Jahres-durchschnitt | Jahres-Maximum im Monate | Jahres-Minimum im Monate | Jahres-durchschnitt | Jahres-Maximum | Jahres-Minimum | Jahres-durchschnitt | Jahres-Maximum im Monate | Jahres-Minimum im Monate | Jahres-durchschnitt [1] | Jahres-Maximum im Monate [2] | Jahres-Minimum im Monate [2] |
| 1872 | 8·79 | 9·17½ XII. | 8·62 III. | 180 | 198 | 168 | 9·09 | . . . | . . . | . . . | . . . | . . . |
| 1873 | 11·57 | 13·72½ VIII. | 9·02½ II. | 184 | 234 | 168 | 11·03 | . . . | . . . | . . . | . . . | . . . |
| 1874 | 11·56 | 13·35 III. | 9·55 XII. | 214 | 233 | 195 | 11·26 | . . . | . . . | . . . | . . . | . . . |
| 1875 | 8·68 | 9·22 VII. | 8·10 X., XI. XII. | 181 | 228 | 163 | 8·29 | . . . | . . . | . . . | . . . | . . . |
| 1876 | 9·46 | 10·84 XII. | 8·10 I. | 176 | 204 | 165 | 8·22 | . . . | . . . | . . . | . . . | . . . |
| 1877 | 10·08 | 12·37½ V. | 8·60 XI., XII. | 195 | 216 | 178 | 8·72 | . . . | . . . | . . . | . . . | . . . |
| 1878 | 7·87 | 9·05 IV. | 6·92½ XII. | 157 | 195 | 144 | 7·56 | . . . | . . . | . . . | . . . | . . . |
| 1879 | 8·23 | 10·77½ XI. | 6·65 II. | 139 | 158 | 134 | 7·47 | 8·94 XII. | 6·72 I. | 7·48 | 9·50 XII. | 7·50 I., II., III., V., VI., VII. |
| 1880 | 10·86 | 11·47½ VI. | 9·88 VII. | 184 | 218 | 152 | 9·64 | 11·03 VII | 8·67 I. | 9·73 | 11·00 VI. | 9·50 I., IV. |
| 1881 | 10·60 | 11·82½ V. | 9·54 XII. | 221 | 238 | 200 | 10·28 | 11·42 V. | 9·45 VIII. | 10·38 | 11·50 VI., VII. | 10·25 VIII., IX., XII. |
| 1882 | 8·70 | 9·60 II. | 7·72 IX. | 182 | 208 | 156 | 8·59 | 9·71 II. | 6·73 XI. | 8·58 | 10·00 I. | 8·00 XI., XII. |
| 1883 | 8·30 | 8·68 XII. | 8·00 I., II. | 147 | 182 | 130 | 7·17 | 7·99 XI. | 6·46 VI. | 7·48 | 8·75 X., XI. | 7·50 II., III. |
| 1884 | 8·70 | 9·67½ V. | 7·70 IX. | 156 | 173 | 145 | 7·72 | 8·24 VII. | 7·37 XII. | 7·92 | 8·50 V., VI. | 7·75 IX., X. |
| 1885 | 7·70 | 8·62½ IV. | 6·90 IX. | 148 | 168 | 140 | 7·67 | 8·27 V. | 7·00 VIII. | 7·90 | 8·40 V., VI. | 7·25 XII. |
| 1886 | 7·20 | 7·47½ III. | 6·92 VII. | 143 | 158 | 133 | 7·13 | 7·42 III. | 6·87 VIII. | 7·25 | 7·38 VII., VIII. | 7·10 XI. |
| 1887 | 6·90 | 7·57½ II., III | 5·15 IX. | 134 | 144 | 127 | 7·04 | 7·84 III. | 6·59 VIII. XII | 7·08 | 7·60 XI. | 6·43 IX. |
| 1888 | 6·40 | 6·57½ V. | 6·12½ VII. | 127 | 143 | 118 | 7·32 | 8·43 XII. | 6·39 I. | 7·54 | 8·55 XI. | 6·78 I. |
| 1889 | 7·19 | 8·87½ XII. | 6·37½ I. | . . . | . . . | . . . | 7·60 | 8·41 XI. | 6·59 VII. | 8·01 | 8·50 XII. | 7·33 VII. |
| 1890 | 8·12 | 9·20 IV. | 6·78 VIII | . . . | . . . | . . . | . . . | . . . | . . . | . . . | . . . | . . . |
| 1891 | 9·41 | 11·42½ XI. | 7·96 I. | . . . | . . . | . . . | . . . | . . . | . . . | . . . | . . . | . . . |

[1] Jahresdurchschnitt von 1879 bis 1884 für beste Mittelware.
[2] Maximum und Minimum bis 1884 von Ware „vorzüglich" (prima), seit 1885 von „guter mittlerer bairischer Frucht".

**Tabelle 275.**

# Vergleichung der Getreidepreise im Großhandel in Wien, Leipzig und München.

### 3. Hafer

| Jahre | Wien — Frucht- und Mehlbörse in österreichischer Währung Gulden Noten per Metercentner. (Kalenderjahre) Jahresdurchschnitt | Jahres-Maximum im Monate | Jahres-Minimum im Monate | Leipzig — Productenbörse in Mark per Tonne (1000 kg.) (Erntejahre) Jahresdurchschnitt | Jahres-Maximum | Jahres-Minimum | München — Schrannenpreise in Mark per 50 Kilogramm. (Kalenderjahre) Jahresdurchschnitt | Jahres-Maximum im Monate | Jahres-Minimum im Monate | München — Großhandelpreise in Mark per 50 Kilogramm. (Kalenderjahre) Jahresdurchschnitt [1] | Jahres-Maximum im Monate [2] | Jahres-Minimum im Monate [3] |
|---|---|---|---|---|---|---|---|---|---|---|---|---|
| 1872 | 6·90 | 7·60 II. | 6·20 X., XII. | 149 | 168 | 138 | 6·20 | . . . | . . . | . . . | . . . | . . . |
| 1873 | 7·20 | 8·52½ XII. | 6·07½ II. | 138 | 165 | 129 | 7·60 | | | | | |
| 1874 | 9·50 | 10·82½ VI. | 8·37½ XII. | 183 | 222 | 159 | 10·23 | | | | | |
| 1875 | 8·60 | 9·48 | 7·62½ VI. | 183 | 222 | 150 | 8·69 | | | | | |
| 1876 | 9·40 | 10·77½ VI. | 7·62 IX. | 171 | 200 | 140 | 8·63 | | | | | |
| 1877 | 7·80 | 9·10 V. | 7·05 VIII. | 173 | 194 | 160 | 8·53 | | | | | |
| 1878 | 7·00 | 7·70 IV. | 6·45 XII. | 151 | 170 | 136 | 7·11 | | | | | |
| 1879 | 6·60 | 7·80 XII. | 6·10 VIII. | 136 | 158 | 120 | 6·84 | 7·78 VIII. | 6·07 I. | 6·69 | 8·00 VII. | 6·00 I. |
| 1880 | 7·40 | 8·25 III. | 6·67½ XI. | 141 | 175 | 140 | 7·06 | 8·00 XI. | 6·39 XII. | 6·85 | 8·00 VI. | 7·25 X., XI., XII. |
| 1881 | 7·45 | 10·15 X. | 6·67½ III. | 156 | 180 | 140 | 7·69 | 8·55 X. | 6·51 I. | 7·50 | 8·75 X., XI., XII. | 7·25 I. |
| 1882 | 7·60 | 8·45 VI. | 6·40 X. | 161 | 185 | 150 | 7·88 | 9·15 IV. | 5·82 XII. | 7·48 | 9·25 II., III. | 6·75 VI., VII. |
| 1883 | 7·10 | 7·50 III. | 6·82½ II. | 134 | 162 | 120 | 6·10 | 6·69 XI. | 5·57 III. | 6·31 | 7·00 IV.—XII. | 6·50 I., II. |
| 1884 | 7·50 | 8·57½ VI. | 6·80 IX. | 151 | 170 | 140 | 7·18 | 8·28 VII. | 6·44 I. | 6·94 | 8·00 VII. | 6·75 I., II. |
| 1885 | 7·20 | 7·82½ IV. | 6·82½ XII. | 145 | 164 | 130 | 7·45 | 8·02 VII. | 6·91 VIII. | 7·16 | 7·65 V. | 6·83 I. |
| 1886 | 6·80 | 7·17½ III | 6·55 IX. | 145 | 157 | 140 | 6·86 | 7·71 III. | 5·77 XII. | 6·48 | 6·85 I., II., III. | 6·00 X., XI., XII. |
| 1887 | 6·30 | 7·10 V. | 5·77½ IX. | 120 | 148 | 112 | 6·39 | 6·78 III. | 5·89 I. | 5·92 | 6·25 XII. | 5·58 VI. |
| 1888 | 5·80 | 6·05 VIII. | 5·62½ V., VII. | 122 | 144 | 108 | 7·82 | 8·43 IV. | 6·96 I. | 7·35 | 7·68 VIII., X., XI. | 6·50 I. |
| 1889 | 6·68 | 8·35 XII. | 5·82½ I. | . . . | . . . | . . . | 7·56 | 7·93 XII. | 7·18 I. | 7·56 | 7·88 XI., XII. | 7·40 VII., VIII. |
| 1890 | 8·07 | 9·22½ VI. | 6·97½ IX. | . . . | | | | | | | | |
| 1891 | 7·05 | 7·70 IV. | 6·42½ VII. | . . . | | | | | | | | |

**Tabelle 276.**

# Vergleichung der Getreidepreise im Großhandel in Wien, Leipzig und München.

### 4. Gerste

| Jahre | Wien — Frucht- und Mehlbörse in österreichischer Währung Gulden Noten per Metercentner. (Kalenderjahre) Jahresdurchschnitt | Jahres-Maximum im Monate | Jahres-Minimum im Monate | Leipzig — Productenbörse in Mark per Tonne (1000 kg.) (Erntejahre) Jahresdurchschnitt | Maximum | Minimum | München — Schrannenpreise in Mark per 50 Kilogramm. (Kalenderjahre) Jahresdurchschnitt | Jahres-Maximum im Monate | Jahres-Minimum im Monate | München — Großhandelpreise in Mark per 50 Kilogramm. (Kalenderjahre) Jahresdurchschnitt [1] | Jahres-Maximum im Monate [2] | Jahres-Minimum im Monate [3] |
|---|---|---|---|---|---|---|---|---|---|---|---|---|
| 1872 | 8·30 | 8·70 XII. | 8·00 III., IV. V. | 174 | 192 | 144 | 8·09 | . . . | . . . | . . . | . . . | . . . |
| 1873 | 10·40 | 12·65 XII. | 8·70 I. | 181 | 216 | 150 | 10·37 | | | | | |
| 1874 | 11·10 | 13·25 II. | 8·90 XI. | 213 | 246 | 180 | 10·43 | | | | | |
| 1875 | 8·90 | 9·80 V. | 7·80 VI. | 178 | 222 | 134 | 7·94 | | | | | |
| 1876 | 9·90 | 10·50 III.—VII. | 9·00 VIII. | 167 | 250 | 135 | 8·32 | | | | | |
| 1877 | 10·50 | 11·42 XII | 9·75 VIII. | 171 | 200 | 150 | 8·74 | | | | | |
| 1878 | 10·10 | 12·00 I. | 8·80 VII. | 172 | 205 | 120 | 7·77 | | | | | |
| 1879 | 10·10 | 11·40 XI., XII. | 9·30 I. | 156 | 175 | 130 | 7·59 | 9·35 XI. | 6·00 V. | 9·56 | 12·00 VIII. | 9·00 I. |
| 1880 | 10·20 | 10·90 I. | 8·97½ VII. | 176 | 200 | 140 | 7·90 | 8·70 IV. | 7·37 XI. | 9·63 | 10·50 I.—VIII. | 10·00 XII. |
| 1881 | 10·70 | 10·85 IX. | 10·10 XII. | 172 | 195 | 160 | 8·33 | 10·30 VII. | 6·70 I. | 9·56 | 11·00 VIII. | 9·50 VI., VII. |
| 1882 | 10·20 | 10·80 X. | 9·80 IV.—VII. V., VI. VII., IX., X. | 170 | 190 | 160 | 8·21 | 10·58 IV. | 6·70 XII. | 8·33 | 10·75 I., II. | 9·50 IX.—XII. |
| 1883 | 10·60 | 11·00 XII | 10·50 | 172 | 210 | 160 | 6·80 | 8·36 IX. | 5·66 III., VII. | 8·51 | 10·75 VIII., IX., X. | 8·00 VII. |
| 1884 | 11·00 | 11·30 II.—VI. | 10·07½ XII. | 166 | 200 | 150 | 7·52 | 9·26 VI. | 6·69 VI. | 8·89 | 10·75 IV. | 9·50 XII. |
| 1885 | 9·20 | 10·30 II. | 8·50 VIII.—XII. | 149 | 170 | 125 | 7·40 | 9·55 III | 6·50 VII. | 8·11 | 8·38 II., III. | 7·63 VI., VII. |
| 1886 | 9·20 | 10·50 X. | 7·87½ VI. | 144 | 175 | 125 | 7·09 | 7·91 V. | 5·93 IX. | 8·01 | 8·38 X., XI. | 7·75 VI., VII. |
| 1887 | 8·90 | 9·80 I, II | 8·30 IX. | 139 | 160 | 120 | 6·94 | 8·35 IV. | 5·46 V. | 7·87 | 8·10 X., XI., XII. | 7·50 VI., VII., VIII. |
| 1888 | 8·80 | 9·75 XI. | 8·42½ VII. | 136 | 150 | 120 | 7·75 | 9·17 IV. | 6·48 I. | 8·51 | 8·88 VIII. | 8·20 I. |
| 1889 | 9·52 | 10·50 VIII. | 8·30 VI. | . . . | . . . | . . . | 7·45 | 9·55 XI. | 5·30 VII | 8·29 | 10·35 XII. | 7·00 V., VI. |
| 1890 | 9·48 | 10·50 I. | 8·80 VIII. | . . . | | | | | | | | |
| 1891 | 8·57 | 8·97½ IX. | 8·30 VI. VII. | . . . | | | | | | | | |

[1] Jahresdurchschnitt von 1879—1884 für „beste Mittelware".
[2] [3] Maximum und Minimum bis 1884 von Ware „vorzüglich" (prima), seit 1885 von „guter mittlerer baierischer Frucht".

Tabelle 277.

# Getreidepreise im Großhandel in Wien. (Frucht= und Mehlbörse.)

### In österreichischer Währung Gulden Noten per Metercentner (Kalenderjahre.)

| Jahre | Jahresdurchschnitt | Jahres-Maximum im Monate | | Jahres-Minimum im Monate | |
|---|---|---|---|---|---|
| | | **5. Mais** | | | |
| 1872 | 8·20 | 9·06 | Juni | 6·22½ | Jänner |
| 1873 | 8·80 | 10·52½ | December | 7·75 | Februar |
| 1874 | 9·50 | 10·70 | März, April | 6·47½ | November |
| 1875 | 6·30 | 6·77½ | August | 5·62 | December |
| 1876 | 6·40 | 7·27½ | November | 5·20 | Jänner |
| 1877 | 7·60 | 8·62 | December | 6·90 | August |
| 1878 | 7·20 | 8·42½ | April | 6·10 | December |
| 1879 | 6·30 | 7·97½ | November | 5·30 | Jänner, Februar |
| 1880 | 8·20 | 8·60 | October | 7·48 | " |
| 1881 | 6·90 | 9·35 | " | 6·20 | " |
| 1882 | 8·30 | 9·28 | September | 7·27½ | " |
| 1883 | 7·00 | 7·27½ | Mai | 6·55 | " |
| 1884 | 7·10 | 7·67½ | December | 6·60 | " |
| 1885 | 6·50 | 7·02½ | April | 6·14 | August |
| 1886 | 6·30 | 6·80 | November, December | 5·74 | Juli |
| 1887 | 6·50 | 7·02 | December | 6·12½ | Juni, August |
| 1888 | 6·60 | 7·00 | Juni | 6·14 | December |
| 1889 | 5·49 | 6·35 | December | 5·10 | Jänner |
| 1890 | 6·05 | 7·30 | November | 5·38 | Mai |
| 1891 | 6·96 | 7·37½ | April | 6·52½ | Juli |

Tabelle 278.

# Vergleichung der Bewegung der Getreidepreise im Großhandel in Wien, Leipzig und München 1872 bis 1891.

### In Verhältniszahlen gegenüber den Durchschnittspreisen des Jahres 1880.

| Jahre | 1. Weizen | | | 2. Roggen | | | 3. Hafer | | | 4. Gerste | | | 5. Mais |
|---|---|---|---|---|---|---|---|---|---|---|---|---|---|
| | Wien | Leipzig | München | Wien | Leipzig | München | Wien | Leipzig | München | Wien | Leipzig | München | Wien |
| 1872 | 107 | 107 | . . . . . | 81 | 97 | . . . . . | 93 | 106 | . . . . . | 81 | 98 | . . . . . | 100 |
| 1873 | 124 | 114 | . . . . . | 106 | 100 | . . . . . | 97 | 97 | . . . . . | 101 | 102 | . . . . . | 107 |
| 1874 | 106 | 120 | . . . . . | 106 | 116 | . . . . . | 129 | 129 | . . . . . | 108 | 115 | . . . . . | 116 |
| 1875 | 79 | 88 | . . . . . | 80 | 98 | . . . . . | 116 | 129 | . . . . . | 87 | 98 | . . . . . | 77 |
| 1876 | 89 | 89 | . . . . . | 88 | 95 | . . . . . | 127 | 121 | . . . . . | 97 | 95 | . . . . . | 78 |
| 1877 | 101 | 102 | . . . . . | 92 | 106 | . . . . . | 106 | 122 | . . . . . | 103 | 97 | . . . . . | 93 |
| 1878 | 88 | 89 | . . . . . | 73 | 85 | . . . . . | 95 | 107 | . . . . . | 99 | 97 | . . . . . | 87 |
| 1879 | 91 | 77 | 91 | 76 | 75 | 76 | 89 | 96 | 97 | 99 | 88 | 99 | 77 |
| 1880 | 100 | 100 | 100 | 100 | 100 | 100 | 100 | 100 | 100 | 100 | 100 | 100 | 100 |
| 1881 | 100 | 102 | 102 | 98 | 120 | 106 | 100 | 110 | 109 | 105 | 97 | 99 | 84 |
| 1882 | 90 | 104 | 88 | 80 | 98 | 88 | 103 | 114 | 109 | 100 | 97 | 86 | 101 |
| 1883 | 81 | 77 | 77 | 76 | 79 | 76 | 96 | 95 | 92 | 104 | 97 | 88 | 85 |
| 1884 | 72 | 61 | 75 | 80 | 84 | 81 | 101 | 107 | 101 | 108 | 94 | 92 | 86 |
| 1885 | 67 | 74 | 77 | 71 | 80 | 81 | 98 | 102 | 104 | 90 | 84 | 84 | 79 |
| 1886 | 69 | 72 | 79 | 67 | 77 | 74 | 92 | 102 | 94 | 90 | 81 | 83 | 77 |
| 1887 | 68 | 75 | 80 | 64 | 72 | 72 | 85 | 85 | 86 | 87 | 79 | 81 | 79 |
| 1888 | 61 | 76 | 82 | 59 | 69 | 77 | 78 | 86 | 107 | 86 | 77 | 88 | 80 |
| 1889 | 64 | . . . . . | 83 | 66 | . . . . . | 82 | 90 | . . . . . | 110 | 93 | . . . . . | 86 | 67 |
| 1890 | 66·5 | . . . . . | | 74·8 | . . . . . | | 109 | . . . . . | | 93 | . . . . . | | 72 |
| 1891 | 80 | . . . . . | | 86·6 | . . . . . | | 95·3 | . . . . . | | 84 | . . . . . | | 84·9 |

# Tabelle 279.

Graphische Vergleichung der Bewegung der Weizenpreise im Großhandel in Wien, Leipzig und München; nach Verhältniszahlen der Jahresdurchschnitte gegenüber dem Durchschnittspreise im Jahre 1880 dargestellt.

Durchschnittspreis für 250 Frcs. Gold in Noten ö. W.

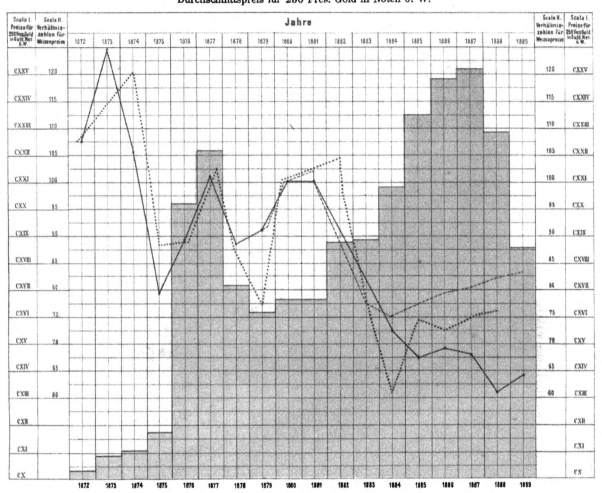

## Erklärung der Zeichen:

———— = Preise an der Wiener Frucht- und Mehlbörse.

............ = Preise an der Leipziger Productenbörse.

– – – – = Preise im Großhandel in München.

Die Jahresdurchschnitte sind für Wien und München nach Kalenderjahren gerechnet, für Leipzig nach Erntejahren, so dass das Jahr 1872 dem Erntejahre 1871/72 u. s. w. entspricht.

▭ = Preis für 250 Frcs. Gold in Noten ö. W.

K. k Hof-u. Staatsdruckerei.

# Tabelle 280.

Graphische Vergleichung der Bewegung der Roggenpreise im Großhandel in Wien, Leipzig und München; nach Verhältniszahlen der Jahresdurchschnitte gegenüber dem Durchschnittspreise im Jahre 1880 dargestellt. Durchschnittspreis für 250 Frcs. Gold in Noten ö. W.

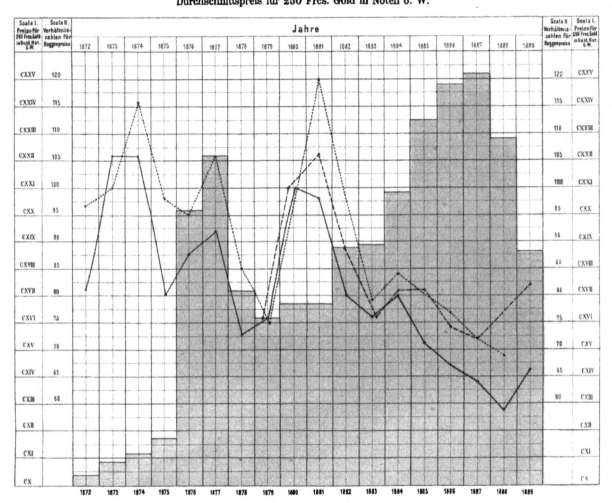

## Erklärung der Zeichen:

———— = Preise an der Wiener Frucht- und Mehlbörse.

‑‑‑‑‑‑ = Preise an der Leipziger Productenbörse.

— ‑ — = Preise im Großhandel in München.

Die Jahresdurchschnitte sind für Wien und München nach Kalenderjahren gerechnet, für Leipzig nach Erntejahren, so dass das Jahr 1872 dem Erntejahre 1871/72 u. s. w. entspricht.

▭ = Preis für 250 Frcs. Gold in Noten ö. W.

K. k. Hof- u. Staatsdruckerei.

# Tabelle 281.

Graphische Vergleichung der Bewegung der Haferpreise im Großhandel in Wien, Leipzig und München; nach Verhältniszahlen der Jahresdurchschnitte gegenüber dem Durchschnittspreise im Jahre 1880 dargestellt. Durchschnittspreis für 250 Frcs. Gold in Noten ö. W.

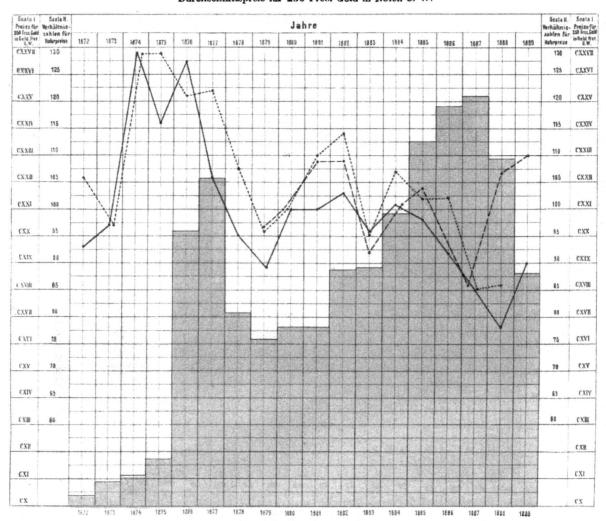

## Erklärung der Zeichen:

———— = Preise an der Wiener Frucht- und Mehlbörse.

-------- = Preise an der Leipziger Productenbörse.

— — — = Preise im Großhandel in München.

Die Jahresdurchschnitte sind für Wien und München nach Kalenderjahren gerechnet, für Leipzig nach Erntejahren, so dass das Jahr 1872 dem Erntejahre 1871/72 u. s. w. entspricht.

▭ = Preis für 250 Frcs. Gold in Noten ö. W.

K k Hof u Staatsdruckerei.

# Tabelle 282.

Graphische Vergleichung der Bewegung der Gerstepreise im Großhandel in Wien, Leipzig und München; nach Verhältniszahlen der Jahresdurchschnitte gegenüber dem Durchschnittspreise im Jahre 1880 dargestellt. Durchschnittspreis für 250 Frcs. Gold in Noten ö. W.

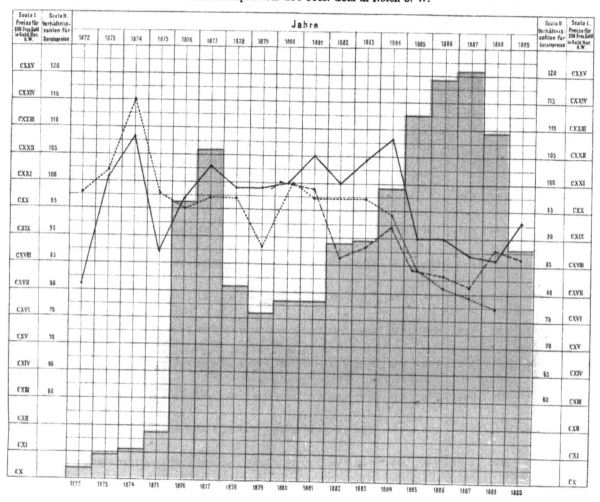

## Erklärung der Zeichen:

———— = Preise an der Wiener Frucht- und Mehlbörse.

----- = Preise an der Leipziger Productenbörse.

— — — = Preise im Großhandel in München.

Die Jahresdurchschnitte sind für Wien und München
nach Kalenderjahren gerechnet, für Leipzig nach Erntejahren, so dass das Jahr 1872 dem Erntejahre 1871/72
u. s. w. entspricht.

▭ = Preis für 250 Frcs. Gold in Noten ö. W.

K. k. Hof-u Staatsdruckerei.

Tabelle 288.

# Großhandels-Preise wichtiger Waren 1879 bis 1890.

(Statistisches Jahrbuch des Deutschen Reiches.)

### Preise in Mark.

| Jahre | Roggen 1000 kg | | | Weizen 1000 kg | | | Hafer 1000 kg | | | Gerste 1000 kg | | | Kartoffeln 1000 kg | | Schlachtvieh 100 kg | | | |
|---|---|---|---|---|---|---|---|---|---|---|---|---|---|---|---|---|---|---|
| | Berlin | Danzig | München | Berlin | Danzig | München | Berlin | Danzig | München | Danzig | Magdeburg | München | sortirte Speise- Berlin | schles. Speise- Breslau | Rinder | Schweine | Kälber | Hammel |
| | | | | | | | | | | | | | | | Berlin | | | |
| 1879 | 132·8 | 125·7 | 149·6 | 197·9 | 196·2 | 214·2 | 126·8 | 121·8 | 133·8 | 139·2 | 188·7 | 191·1 | . . . . | . . . . | . . . . | . . . . | . . . . | . . . . |
| 1880 | 187·9 | 180·9 | 194·6 | 217·8 | 209·8 | 233·5 | 147·9 | 150·5 | 137·1 | 158·2 | 194·3 | 192·5 | . . . . | . . . . | . . . . | . . . . | . . . . | . . . . |
| 1881 | 195·2 | 188·2 | 207·5 | 219·5 | 210·6 | 239·2 | 150·6 | 157·2 | 150·0 | 152·4 | 187·5 | 191·3 | . . . . | . . . . | 98·5 | 110·4 | 107·2 | 102·9 |
| 1882 | 152·3 | 141·4 | 171·6 | 204·2 | 196·3 | 207·5 | 132 4 | 125·6 | 149·6 | 131·7 | 181·2 | 186·7 | 36·3 | 38·7 | 97·9 | 108·2 | 108·1 | 106·9 |
| 1883 | 144·7 | 136·1 | 149·6 | 186·1 | 181·4 | 181·9 | 128·1 | 127·0 | 126·3 | 132·4 | 166·1 | 170·2 | 55·7 | 47·9 | 101·7 | 103·5 | 101·3 | 107·5 |
| 1884 | 143·3 | 138·7 | 158·3 | 162·2 | 157·1 | 176·9 | 131·3 | 131·5 | 138·7 | 138·5 | 176·3 | 177·7 | 39·3 | 38·8 | 98·2 | 92·3 | 94·6 | 94·6 |
| 1885 | 140·6 | 131·3 | 158 1 | 160·9 | 143·2 | 180·6 | 134·2 | 131·5 | 143·3 | 132·1 | 159·3 | 162·3 | 32·2 | 28·8 | 97·0 | 99·3 | 83·8 | 87·1 |
| 1886 | 130·6 | 120·2 | 145·0 | 151·3 | 138·9 | 188·5 | 120·4 | 119·1 | 129·5 | 121·8 | 157·4 | 160·2 | 29·9 | 29·4 | 93·5 | 94·2 | 86·5 | 92·7 |
| 1887 | 120·9 | 108·0 | 141·6 | 164·4 | 141·5 | 190·1 | 98·4 | 99·6 | 118·5 | 108·8 | 153·3 | 157 4 | 33·3 | 31·8 | 91·9 | 87·2 | 83 6 | 88·5 |
| 1888 | 134·5 | 121·9 | 150 8 | 172·2 | 135·2 | 193·9 | 123·0 | 113·4 | 146·9 | 115·0 | 160·0 | 170·3 | 37 9 | 34·4 | 90·1 | 85·8 | 85·5 | 87·5 |
| 1889 | 155·5 | 149·6 | 160·1 | 187·7 | 137·5 | 197·2 | 149·6 | 140·9 | 151·2 | 131·2 | 182·9 | 165·8 | 33·8 | 32·6 | 95·9 | 110·6 | 95·2 | 92·0 |
| 1890 | 170·0 | 159·4 | 179·2 | 195·4 | 145·1 | 213·3 | 157·8 | 144·6 | 177·9 | 153·5 | 195·2 | 196·5 | 36·4 | 34·6 | 109·9 | 115·7 | 103·2 | 106·6 |

# Verhältniszahlen der Durchschnittspreise von 114 Handelsartikeln in Hamburg während des Zeitraumes 1851 bis 1885, verglichen mit den Durchschnittspreisen in den Jahren 1847 bis 1850.

| Jahre | I Ackerbau-producte | II Producte der Viehzucht | III Südfrüchte | IV Colonial-waren | V Bergwerks-Producte | VI Textilstoffe | VII Diverses | VIII Britische Exportartikel | (I—VIII) Artikel 1—114 zusammen |
|---|---|---|---|---|---|---|---|---|---|
| 1847—1850 | 100·00 | 100·00 | 100·00 | 100·00 | 100·00 | 100·00 | 100·00 | 100·00 | 100·00 |
| 1851 | 99·02 | 110·38 | 90·00 | 99·94 | 95·70 | 104·39 | 103·98 | 97·98 | 100·21 |
| 1852 | 110·71 | 106·68 | 95·33 | 99·95 | 95·76 | 105·01 | 95·09 | 95·98 | 101·69 |
| 1853 | 128·18 | 114·94 | 124·78 | 115·28 | 109·24 | 101·43 | 105·17 | 100·61 | 113·69 |
| 1854 | 150·49 | 121·12 | 112·91 | 118·17 | 115·95 | 111·64 | 119·44 | 99·58 | 121·35 |
| 1855 | 158·82 | 123·54 | 142·03 | 121·02 | 119·10 | 103·58 | 109·68 | 98·27 | 124·23 |
| 1851—1855 | 129·99 | 114·79 | 110·43 | 110·97 | 107·03 | 105·20 | 106·65 | 98·47 | 112·29 |
| 1856 | 149·03 | 127·61 | 155·95 | 123·95 | 116·65 | 100·02 | 100·50 | 98·50 | 123·27 |
| 1857 | 138·11 | 140·18 | 169·32 | 140·32 | 124·58 | 112·18 | 108·01 | 101·25 | 130·11 |
| 1858 | 119·92 | 127·02 | 120·69 | 112·76 | 109·04 | 103·59 | 99·70 | 100·91 | 113·32 |
| 1859 | 119·48 | 130·69 | 113·40 | 115·74 | 108·57 | 104·69 | 115·57 | 105·77 | 116·84 |
| 1860 | 133·75 | 133·75 | 120·36 | 120·28 | 108·66 | 108·74 | 116·83 | 105·60 | 120·98 |
| 1856—1860 | 131·84 | 132·31 | 134·72 | 122·61 | 113·59 | 107·12 | 108·21 | 102·41 | 120·91 |
| 1861 | 131·46 | 124·79 | 122·08 | 117·19 | 102·40 | 110·85 | 119·65 | 105·84 | 118·10 |
| 1862 | 126·80 | 127·19 | 113·93 | 117·28 | 101·58 | 124·31 | 156·99 | 114·22 | 122·65 |
| 1863 | 120·12 | 124·12 | 114·97 | 116·87 | 102·92 | 151·84 | 161·36 | 333·45 | 125·49 |
| 1864 | 117·89 | 129·21 | 109·41 | 125·74 | 104·53 | 154·26 | 162·58 | 146·53 | 129·28 |
| 1865 | 126·48 | 135·23 | 114·01 | 116·11 | 98·93 | 117·80 | 121·06 | 137·80 | 122·63 |
| 1861—1865 | 124·46 | 128·24 | 114·13 | 118·64 | 102·11 | 131·83 | 144·33 | 127·56 | 123·59 |
| 1866 | 137·64 | 135·64 | 126·30 | 117·90 | 96·54 | 134·94 | 111·30 | 140·36 | 125·85 |
| 1867 | 146·88 | 132·68 | 126·44 | 114·35 | 93·28 | 130·31 | 108·13 | 133·91 | 124·44 |
| 1868 | 141·59 | 133·48 | 120·75 | 116·75 | 91·76 | 127·18 | 101·25 | 127·56 | 121·99 |
| 1869 | 132·40 | 143·25 | 115·58 | 122·10 | 96·33 | 130·52 | 98·17 | 128·15 | 123·98 |
| 1870 | 131·23 | 139·32 | 118·57 | 120·56 | 99·68 | 122·87 | 111·21 | 122·68 | 122·87 |
| 1866—1870 | 137·74 | 136·35 | 121·54 | 118·32 | 95·47 | 129·17 | 105·90 | 130·55 | 123·57 |
| 1871 | 144·76 | 144·14 | 122·99 | 120·22 | 101·85 | 119·23 | 117·48 | 122·64 | 127·06 |
| 1872 | 144·17 | 155·82 | 125·36 | 130·25 | 121·63 | 122·79 | 128·54 | 130·07 | 135·62 |
| 1873 | 146·21 | 156·72 | 132·15 | 134·32 | 140·60 | 119·58 | 119·14 | 128·52 | 138·28 |
| 1874 | 150·99 | 157·76 | 145·02 | 136·74 | 116·70 | 112·80 | 112·21 | 126·06 | 136·29 |
| 1875 | 138·16 | 158·59 | 131·35 | 132·11 | 107·49 | 111·47 | 98·74 | 124·96 | 129·65 |
| 1871—1875 | 144·90 | 154·57 | 131·50 | 130·72 | 116·90 | 117·17 | 114·98 | 126·44 | 133·29 |
| 1876 | 141·06 | 155·79 | 128·69 | 129·74 | 106·27 | 105·54 | 101·78 | 119·28 | 128·33 |
| 1877 | 145·84 | 152·51 | 140·55 | 130·29 | 98·87 | 108·33 | 99·60 | 114·04 | 127·70 |
| 1878 | 132·50 | 141·53 | 134·34 | 125·61 | 94·14 | 102·33 | 97·24 | 111·03 | 120·60 |
| 1879 | 132·92 | 137·60 | 139·10 | 123·34 | 84·28 | 98·76 | 90·21 | 105·93 | 117·10 |
| 1880 | 138·11 | 147·30 | 154·65 | 122·92 | 88·33 | 96·72 | 95·23 | 108·15 | 121·89 |
| 1876—1880 | 138·12 | 146·76 | 138·91 | 126·38 | 94·35 | 102·33 | 96·79 | 111·70 | 123·07 |
| 1881 | 137·50 | 151·21 | 146·57 | 122·60 | 84·87 | 99·29 | 94·89 | 103·08 | 121·07 |
| 1882 | 138·45 | 155·17 | 139·23 | 122·47 | 86·99 | 95·10 | 99·10 | 104·72 | 122·14 |
| 1883 | 143·33 | 156·40 | 142·38 | 120·17 | 82·93 | 95·93 | 95·38 | 104·72 | 122·24 |
| 1884 | 123·85 | 150·26 | 120·16 | 117·90 | 78·69 | 97·02 | 84·82 | 105·36 | 114·25 |
| 1885 | 110·75 | 140·45 | 123·78 | 116·39 | 74·23 | 95·89 | 81·35 | 100·48 | 108·72 |
| 1881—1885 | 130·77 | 150·65 | 134·41 | 119·91 | 81·55 | 96·65 | 91·11 | 103·28 | 117·68 |

Tabelle 285.

# Waren-Großhandelpreise in London und Manchester.

(In Verhältniszahlen nach „The Economist" [og. Index Numbers.])

| Datum | 1 Kaffee | 2 Zucker, Britische Plantagen und Bengal | 3 Thee, Congo | 4 Tabak, Virginiablätter | 5 Weizen, Amtliche Zeitungsberichte | 6 Fleisch, Rindvieh- und Hammelfleisch, frisch | 7 Roh-Baumwolle, Hochland, mittlere und mittel jähne Sorte und Pernambuco | 8 Rohseide, Wolllimbuga | 9 Flachs und Hanf, Flachs von St. Petersburg, Hanf von St. Petersburg, ordinär Betlisch | 10 Schafwolle, English South down und Port Philip, Kämmer und Stücke | 11 Indigo, Bengal | 12 Oele, Gerböol, Oliven (Gallipoli) und Walrat | 13 Bauholz von Danzig und Memel und Canada-Fichten | 14 Talg, Gehmilcht und von St. Petersburg | 15 Leder, English | 16 Platten, Kupfer | 17 Eisen, Brittisch und schwedisch Stabeisen | 18 English Blei in Biel | 19 English Blockzinn | 20 Baumwolle, Pernambuco | 21 Baumwollgarn, Mühlinengarn Nr. 40 sda. | 22 Baumwollstuch, Drucktattun und Schirtings | 23 Zusammen, (Total-Summe) (Nummbed) | 24 Gesammtvariationlauf in Groß-Britanien |
|---|---|---|---|---|---|---|---|---|---|---|---|---|---|---|---|---|---|---|---|---|---|---|---|---|
| 1845—50 | 100 | 100 | 100 | 100 | 100 | 100 | 100 | 100 | 100 | 100 | 100 | 100 | 100 | 100 | 100 | 100 | 100 | 100 | 100 | 100 | 100 | 100 | 2200 | 100 |
| 1857 1. Juli | 151 | 123 | 162 | 210 | 118 | 105 | 95 | 204 | 121 | 146 | 121 | 141 | 103 | 147 | 150 | 133 | 121 | 143 | 166 | 97 | 126 | 113 | 2996 | 101 |
| 1870 1. Jänner | 134 | 83 | 102 | 167 | 80 | 123 | 173 | 174 | 116 | 96 | 151 | 126 | 99 | 106 | 128 | 88 | 88 | 109 | 138 | 144 | 154 | 135 | 2689 | 110 |
| 1878 1. „ | 183 | 60 | 111 | 189 | 98 | 135 | 93 | 143 | 92 | 122 | 169 | 110 | 132 | 89 | 150 | 81 | 91 | 109 | 85 | 82 | 104 | 101 | 2529 | 123 |
| 1879 1. „ | 143 | 55 | 111 | 156 | 75 | 127 | 73 | 113 | 80 | 107 | 164 | 104 | 115 | 83 | 146 | 72 | 77 | 84 | 77 | 71 | 88 | 81 | 2202 | 141 |
| 1880 1. „ | 151 | 70 | 141 | 180 | 88 | 119 | 110 | 135 | 78 | 117 | 205 | 106 | 105 | 102 | 144 | 81 | 92 | 112 | 109 | 88 | 110 | 95 | 2538 | 120 |
| 1881 1. „ | 122 | 60 | 100 | 161 | 82 | 146 | 105 | 130 | 71 | 120 | 197 | 95 | 106 | 89 | 144 | 75 | 79 | 87 | 110 | 86 | 110 | 101 | 2376 | 120 |
| 1882 1. „ | 100 | 67 | 89 | 222 | 84 | 126 | 102 | 139 | 75 | 108 | 196 | • 94 | 110 | 103 | 139 | 86 | 86 | 88 | 134 | 82 | 110 | 99 | 2435 | 115 |
| 1883 1. „ | 82 | 60 | 76 | 240 | 77 | 145 | 89 | 126 | 68 | 106 | 190 | 100 | 108 | 111 | 139 | 80 | 78 | 83 | 114 | 78 | 100 | 92 | 2342 | 117 |
| 1884 1. „ | 106 | 54 | 92 | 200 | 73 | 123 | 92 | 117 | 76 | 98 | 151 | 110 | 100 | 113 | 139 | 71 | 69 | 70 | 104 | 74 | 99 | 88 | 2221 | 110 |
| 1885 1. „ | 93 | 37 | 78 | 228 | 60 | 122 | 93 | 89 | 78 | 92 | 167 | 93 | 102 | 87 | 144 | 60 | 75 | 65 | 90 | 75 | 100 | 80 | 2098 | 112 |
| 1886 1. „ | 85 | 50 | 93 | 216 | 57 | 106 | 80 | 93 | 76 | 90 | 163 | 86 | 92 | 70 | 142 | 50 | 66 | 72 | 113 | 65 | 83 | 85 | 2023 | 110 |
| 1887 1. „ | 132 | 38 | 73 | 200 | 66 | 112 | 88 | 130 | 79 | 116 | 131 | 76 | 86 | 60 | 136 | 48 | 62 | 74 | 120 | 68 | 86 | 84 | 2069 | 110 |
| 1. Juli | 176 | 36 | 82 | 205 | 66 | 107 | 88 | 128 | 74 | 112 | 131 | 73 | 92 | 68 | 133 | 49 | 63 | 70 | 124 | 71 | 87 | 85 | 2116 | 111 |
| 1888 1. Jänner | 166 | 49 | 64 | 244 | 58 | 108 | 90 | 117 | 66 | 111 | 129 | 74 | 80 | 73 | 133 | 91 | 67 | 90 | 173 | 70 | 90 | 87 | 2230 | 108 |
| 1. Juli | 131 | 43 | 98 | 231 | 59 | 119 | 85 | 108 | 62 | 104 | 129 | 73 | 90 | 81 | 130 | 85 | 67 | 74 | 108 | 69 | 87 | 85 | 2121 | 110 |
| 1889 1. Jänner | 172 | 50 | 70 | 227 | 57 | 100 | 91 | 110 | 62 | 107 | 125 | 82 | 111 | 87 | 130 | 89 | 70 | 76 | 118 | 72 | 93 | 88 | 2187 | 107 |
| 1. Juli | 169 | 71 | 59 | 228 | 54 | 116 | 95 | 111 | 71 | 108 | 127 | 73 | 108 | 87 | 130 | 58 | 69 | 71 | 112 | 76 | 95 | 89 | 2161 | 111 |
| 1890 1. Jänner | 186 | 42 | 63 | 222 | 56 | 123 | 92 | 114 | 64 | 120 | 130 | 82 | 115 | 75 | 130 | 64 | 109 | 82 | 120 | 75 | 92 | 91 | 2236 | 108 |
| 1. Juli | 190 | 44 | 66 | 244 | 61 | 125 | 100 | 114 | 63 | 105 | 124 | 85 | 101 | 77 | 130 | 68 | 100 | 75 | 115 | 80 | 100 | 92 | 2259 | 113 |
| 1891 1. Jänner | 173 | 36 | 70 | 244 | 61 | 126 | 82 | 130 | 65 | 102 | 137 | 86 | 106 | 80 | 130 | 66 | 87 | 76 | 111 | 70 | 97 | 89 | 2924 | 112 |

# Auszug aus dem Tarife über die Naturalien=

### Ohne Admini-

(Aus dem Verordnungsblatte

| Jahre | Länder, respective Militär-Intendanzbezirke | Eine Portion | | | Ein Centner à 3 Pfund | | Ein Bund à 3 Pfund | Ein Centner | | Ein Bund à 12 Pfund |
|---|---|---|---|---|---|---|---|---|---|---|
| | | Brot | Hafer | Heu à 10 Pfund | Streu- | | | Betten- | | |
| | | | | | Stroh | | | Stroh | | |
| | | Kreuzer | | | fl. | Kreuzer | | fl. | Kreuzer | |
| | **Länder:** | | | | | | | | | |
| 1866 | Böhmen | 6·39 | 18·25 | 23·65 | 1 | 47·66 | 4·43 | 1 | 77·41 | 21·29 |
| | Nieder- und Oberösterreich | 5·43 | 18·94 | 17·13 | 1 | 49·66 | 4·49 | 1 | 71·41 | 20·57 |
| | Tirol | 8·34 | 31·13 | 26·32 | 1 | 96·23 | 5·84 | 1 | 96·86 | 23·60 |
| | Ungarn | 4·93 | 15·76 | 15·74 | 1 | 1·00 | 3·02 | 1 | 8·83 | 13·08 |
| | Galizien | 6·34 | 15·00 | 11·76 | .. | 67·00 | 2·01 | .. | 72·66 | 8·72 |
| | **Gesammt-Durchschnitt für alle Länder** | **5·35** | **17·44** | **16·73** | **1** | **6·00** | **3·18** | **1** | **30·17** | **15·62** |
| 1867 | Böhmen | 9·19 | 24·93 | 20·70 | 1 | 12·33 | 3·37 | 1 | 23·91 | 14·87 |
| | Nieder- und Oberösterreich | 8·95 | 27·00 | 21·48 | 1 | 39·66 | 4·19 | 1 | 41·25 | 16·95 |
| | Tirol | 9·66 | 41·10 | 26·43 | 1 | 96·00 | 5·88 | 2 | 41·50 | 28·98 |
| | Ungarn | 8·52 | 24·21 | 20·31 | .. | 69·33 | 2·08 | .. | 76·83 | 9·22 |
| | Galizien | 6·60 | 18·27 | 12·67 | .. | 57·66 | 1·73 | .. | 65·66 | 7·88 |
| | **Gesammt-Durchschnitt** | **8·35** | **23·49** | **18·74** | **..** | **85·35** | **2·56** | **1** | **12·54** | **13·51** |
| 1868 | Böhmen | 11·34 | 28·36 | 15·35 | .. | 90·00 | 2·70 | .. | 99·91 | 11·99 |
| | Nieder- und Oberösterreich | 9·43 | 29·41 | 15·21 | 1 | 9·33 | 3·28 | 1 | 11·91 | 13·43 |
| | Tirol | 10·89 | 37·78 | 24·43 | 1 | 82·33 | 5·47 | 1 | 94·66 | 23·36 |
| | Ungarn | 8·15 | 23·47 | 17·72 | .. | 69·00 | 2·07 | .. | 75·25 | 9·03 |
| | Galizien | 8·57 | 20·72 | 15·12 | .. | 65·00 | 1·95 | .. | 65·58 | 7·87 |
| | **Gesammt-Durchschnitt** | **8·91** | **24·32** | **16·16** | **..** | **76·66** | **2·30** | **..** | **96·25** | **11·55** |
| 1869 | Böhmen | 9·97 | 32·21 | 27·62 | 1 | 73·66 | 5·21 | 1 | 80·58 | 21·67 |
| | Nieder- und Oberösterreich | 7·15 | 28·95 | 16·47 | 1 | 12·00 | 3·36 | 1 | 14·58 | 13·75 |
| | Tirol | 8·82 | 36·58 | 22·46 | 1 | 73·33 | 5·20 | 2 | 5·66 | 24·68 |
| | Ungarn | 6·59 | 22·17 | 16·25 | .. | 69·33 | 2·08 | .. | 83·83 | 10·06 |
| | Galizien | 6·15 | 21·36 | 13·73 | .. | 82·66 | 2·48 | .. | 87·33 | 10·48 |
| | **Gesammt-Durchschnitt** | **7·49** | **24·48** | **17·62** | **..** | **49·33** | **2·63** | **1** | **16·83** | **14·02** |
| | **Militär-Intendanzbezirke:** | | | | | | | | | |
| 1870 | Prag | 8·64 | 27·38 | 26·08 | 1 | 18·33 | 3·55 | 1 | 29·75 | 15·57 |
| | Wien | 7·05 | 27·57 | 21·47 | 1 | 46·33 | 4·39 | 1 | 44·16 | 17·30 |
| | Innsbruck | 8·77 | 36·50 | 21·37 | 1 | 78·00 | 5·34 | 1 | 95·66 | 23·48 |
| | Ofen | 6·96 | 25·70 | 25·35 | .. | 89·00 | 2·67 | .. | 98·16 | 11·78 |
| | Krakau | 6·56 | 21·44 | 15·98 | .. | 97·66 | 2·93 | 1 | 15·25 | 13·83 |
| | **Gesammt-Durchschnitt für alle Intendanzbezirke** | **7·18** | **25·31** | **21·99** | **1** | **2·33** | **3·09** | **1** | **26·25** | **15·15** |
| 1871 | Prag | 7·91 | 33·13 | 28·33 | 1 | 89·33 | 5·68 | 2 | 2·16 | 24·26 |
| | Wien | 7·39 | 29·42 | 24·93 | 2 | 27·00 | 6·81 | 2 | 45·00 | 29·40 |
| | Innsbruck | 8·69 | 38·36 | 38·49 | 2 | 16·00 | 6·48 | 2 | 47·05 | 29·61 |
| | Ofen | 7·27 | 25·27 | 22·84 | 1 | 3·33 | 3·10 | 1 | 24·16 | 14·90 |
| | Krakau | 6·10 | 23·38 | 16·39 | .. | 87·00 | 2·61 | 1 | 2·66 | 12·82 |
| | **Gesammt-Durchschnitt** | **7·29** | **27·22** | **22·64** | **1** | **43·00** | **4·29** | **1** | **52·75** | **18·33** |
| 1872 | Prag | 7·96 | 28·15 | 20·10 | 1 | 30·00 | 3·90 | 1 | 45·83 | 17·50 |
| | Wien | 8·29 | 27·66 | 19·56 | 1 | 38·66 | 4·16 | 1 | 40·33 | 16·84 |
| | Innsbruck | 8·68 | 35·30 | 23·64 | 1 | 91·00 | 5·73 | 2 | 3·75 | 24·45 |
| | Ofen | 7·61 | 24·26 | 18·95 | .. | 84·33 | 2·53 | 1 | 3·66 | 12·44 |
| | Krakau | 6·97 | 21·73 | 14·62 | .. | 85·66 | 2·57 | .. | 99·25 | 11·91 |
| | **Gesammt-Durchschnitt** | **7·95** | **24·80** | **18·08** | **1** | **2·00** | **3·06** | **1** | **30·17** | **15·62** |
| 1873 | Prag | 8·11 | 27·37 | 19·95 | 1 | 17·34 | 3·52 | 1 | 34·25 | 16·11 |
| | Wien | 8·46 | 26·49 | 23·85 | 1 | 67·00 | 5·01 | 1 | 72·67 | 20·72 |
| | Innsbruck | 8·41 | 31·61 | 20·47 | 1 | 86·00 | 5·58 | 1 | 87·67 | 22·52 |
| | Ofen | 8·27 | 22·67 | 20·58 | 1 | 91·34 | 2·74 | 1 | 20·42 | 14·45 |
| | Krakau | 8·23 | 21·50 | 13·56 | .. | 84·34 | 2·58 | 1 | 5·84 | 12·70 |
| | **Gesammt-Durchschnitt** | **8·33** | **23·55** | **19·29** | **1** | **11·00** | **3·63** | **1** | **33·42** | **16·01** |

# und Service=Beköftigungs=Durchschnittspreife.

ftrationskosten.

für die k. und k. Armee.)

| Eine Klafter | | Ein Centner | | | | Ein Pfund | | | Ein Maß | | Ein Pfund | | Eine Portion | |
|---|---|---|---|---|---|---|---|---|---|---|---|---|---|---|
| hartes Brennholz | | Stein- | | Holz- | | Stearin- | | Unschlitt- | Brennöl | | Talg | Petroleum | Zwieback | Gulyás-Fleisch-conserven |
| | | Kohlen | | | | Kerzen | | | | | | | | |
| fl. | Kreuzer | fl. | Kreuzer | fl. | Kreuzer | fl. | Kreuzer | | fl. | Kreuzer | Kreuzer | Kreuzer | Kreuzer | Kreuzer |
| 14 | 28·24 | .. | 57·61 | 1 | 64·94 | .. | 64·41 | 39·27 | .. | 74·48 | | | | |
| 15 | 52·55 | | 68·48 | 1 | 79·43 | .. | 60·37 | 37·43 | .. | 79·08 | | | | |
| 11 | 74·20 | .... | | 2 | 8·76 | .. | 63·00 | 38·50 | .. | 85·59 | | | | |
| 7 | 64·59 | .. | 43·21 | 1 | 79·47 | .. | 63·62 | 35·62 | .. | 69·57 | | | | |
| 6 | 29·29 | .. | 28·00 | 1 | 8·00 | .. | 64·76 | 32·48 | .. | 67·97 | | | | |
| **10** | **39·69** | .. | **54·61** | **1** | **89·42** | .. | **63·39** | **34·35** | .. | **74·62** | | | | |
| 14 | 78·17 | .. | 50·80 | 2 | 15·11 | .. | 66·93 | 41·13 | .. | 76·98 | | | | |
| 14 | 33·32 | .. | 64·96 | 1 | 62·02 | .. | 66·40 | 36·44 | .. | 73·22 | | | | |
| 13 | 25·41 | .... | | 2 | 43·44 | .. | 80·40 | 40·04 | 1 | 10·43 | | | | |
| 7 | 69·43 | .. | 47·37 | 1 | 85·25 | .. | 66·59 | 36·42 | .. | 72·73 | | | | |
| 6 | 8·06 | .. | 28·00 | | 76·68 | .. | 69·13 | 33·10 | .. | 67·65 | | | | |
| **8** | **74·35** | .. | **55·54** | **1** | **62·62** | .. | **68·43** | **35·34** | .. | **70·59** | | | | |
| 14 | 70·05 | .. | 42·29 | 2 | 79·74 | .. | 68·98 | 40·16 | .. | 69·44 | | | | |
| 13 | 75·39 | .. | 56·09 | 1 | 55·14 | .. | 65·57 | 38·70 | .. | 65·21 | | | | |
| 11 | 1·82 | .. | | 2 | 70·59 | .. | 69·12 | 46·92 | .. | 95·02 | | | | |
| 7 | 60·97 | .. | 43·10 | 1 | 66·94 | .. | 68·68 | 38·92 | .. | 71·08 | | | | |
| 5 | 84·49 | .. | 28·00 | 1 | 4·53 | .. | 70·00 | 36·77 | .. | 67·53 | | | | |
| **8** | **45·09** | .. | **46·09** | **1** | **76·02** | .. | **64·71** | **37·76** | .. | **71·33** | | | | |
| 15 | 22·47 | .. | 41·70 | 1 | 64·06 | .. | 63·95 | 39·30 | .. | 61·23 | | | | |
| 12 | 96·88 | .. | 61·39 | 1 | 33·78 | .. | 62·37 | 37·05 | .. | 66·08 | | | | |
| 11 | 73·24 | .. | | 2 | 2·62 | .. | 70·52 | 40·60 | .. | 84·70 | | | | |
| 11 | 68·31 | .. | 62·64 | 2 | 23·86 | .. | 66·26 | 42·97 | .. | 73·33 | | | | |
| 6 | 12·22 | .. | 28·00 | | 4·48 | .. | 67·23 | 35·40 | .. | 64·10 | | | | |
| **10** | **41·34** | .. | **46·36** | **1** | **62·72** | .. | **64·92** | **38·37** | .. | **66·08** | | | | |
| 14 | 69·59 | .. | 39·81 | 1 | 95·54 | .. | 62·76 | 38·81 | .. | 72·14 | | | | |
| 14 | 46·36 | .. | 72·00 | 1 | 96·77 | .. | 64·45 | 37·77 | .. | 65·07 | | | | |
| 11 | 77·00 | .... | | 1 | 97·50 | .. | 71·26 | 39·95 | .. | 87·64 | | | | |
| 11 | 27·13 | .. | 59·70 | 2 | 89·41 | .. | 66·38 | 38·86 | .. | 74·76 | | | | |
| 8 | 44·58 | .. | 27·99 | 1 | 83·00 | .. | 68·86 | 43·03 | .. | 66·82 | | | | |
| **10** | **95·83** | .. | **47·15** | **1** | **86·87** | .. | **65·33** | **39·02** | .. | **71·82** | | | | |
| 14 | 43·57 | .. | 53·36 | 1 | 97·00 | .. | 65·27 | 40·55 | .. | 77·24 | | | | |
| 15 | 7·00 | .. | 77·50 | 1 | 94·63 | .. | 67·40 | 38·11 | .. | 77·66 | | | | |
| 12 | 27·82 | .. | | 2 | 12·36 | .. | 68·38 | 37·16 | .. | 90·41 | | | | |
| 11 | 80·26 | .. | 58·90 | 2 | 20·63 | .. | 67·12 | 38·06 | .. | 73·71 | | | | |
| 7 | 87·73 | .. | 28·00 | .. | | .. | 71·16 | 44·00 | .. | 81·50 | | | | |
| **11** | **33·50** | .. | **59·91** | **1** | **96·77** | .. | **66·67** | **37·68** | .. | **78·12** | | | | |
| 15 | 24·84 | .. | 57·92 | 2 | 15·62 | .. | 64·76 | 40·04 | .. | 77·53 | | | | |
| 15 | 26·91 | .. | 66·41 | 1 | 99·76 | .. | 67·10 | 38·27 | .. | 71·52 | | | | |
| 12 | 40·00 | .. | | 2 | 29·20 | .. | 68·00 | 36·45 | .. | 85·02 | | | | |
| 12 | 54·44 | .. | 58·90 | 2 | 98·64 | .. | 66·06 | 38·18 | .. | 73·61 | | | | |
| 8 | 59·95 | .. | 28·49 | .. | | .. | 71·36 | 44·00 | .. | 81·48 | 37·66 | 23·50 | | |
| **11** | **79·21** | .. | **57·36** | **2** | **23·05** | .. | **65·63** | **37·94** | .. | **77·74** | **37·73** | **19·73** | | |
| 16 | 34·00 | .. | 58·98 | .. | | .. | 64·00 | 41·43 | .. | 76·05 | 37·00 | 24·00 | | |
| 19 | 51·00 | .. | 90·27 | 2 | 52·99 | .. | 62·22 | 40·46 | .. | 71·92 | | | | |
| 12 | 44·00 | .. | | 2 | 14·00 | .. | | 36·00 | .. | 81·57 | | 24·00 | | |
| 13 | 62·62 | .. | 60·00 | 3 | 41·09 | .. | 65·50 | 37·00 | .. | 72·32 | | 24·00 | | |
| 8 | 3·92 | .. | 28·00 | .. | | .. | 68·00 | 40·00 | .. | 69·18 | 40·00 | 16·50 | | |
| **12** | **33·02** | .. | **65·38** | **2** | **40·16** | .. | **64·93** | **39·24** | .. | **74·53** | **34·48** | **18·84** | | |

| Jahre | Militär-Intendanzbezirke | Eine Portion | | | Streu- — Stroh | | | Betten- — Stroh | | |
|---|---|---|---|---|---|---|---|---|---|---|
| | | Brot | Hafer | Heu à 10 Pfund | Ein Centner (fl.) | Ein Centner (Kreuzer) | Ein Bund à 3 Pfund (Kreuzer) | Ein Centner (fl.) | Ein Centner (Kreuzer) | Ein Bund à 12 Pfund (Kreuzer) |
| | | Kreuzer | Kreuzer | Kreuzer | | | | | | |
| 1874 | Prag | 10·71 | 32·63 | 26·62 | 1 | 36·00 | 4·08 | 1 | 57·33 | 18·88 |
| | Wien | 11·71 | 30·47 | 24·93 | 2 | 15·00 | 6·45 | 2 | 17·58 | 26·11 |
| | Innsbruck | 9·67 | 35·23 | 21·65 | 2 | 8·00 | 6·24 | 2 | 2·50 | 24·30 |
| | Ofen | 11·20 | 26·81 | 20·15 | . . | 94·33 | 2·83 | 1 | 37·17 | 16·46 |
| | Krakau | 8·34 | 24·12 | 12·66 | . . | 77·67 | 2·33 | . | 86·92 | 10·43 |
| | Gesammt-Durchschnitt | 10·59 | 27·32 | 19·66 | 1 | 12·33 | 3·37 | 1 | 36·42 | 16·61 |
| 1875 | Prag | 8·61 | 34·10 | 40·83 | 1 | 90·00 | 5·70 | 2 | 5·83 | 24·70 |
| | Wien | 8·36 | 31·11 | 20·65 | 1 | 62·00 | 4·86 | 1 | 96·58 | 23·59 |
| | Innsbruck | 8·75 | 31·71 | 20·29 | 1 | 95·67 | 5·87 | 1 | 93·08 | 23·17 |
| | Ofen (Budapest) | 8·39 | 27·25 | 26·79 | . . | 93·67 | 2·81 | 1 | 34·00 | 16·08 |
| | Krakau | 7·27 | 27·53 | 14·84 | . . | 78·67 | 2·36 | . | 86·92 | 10·43 |
| | Gesammt-Durchschnitt | 7·82 | 28·05 | 22·57 | 1 | 8·67 | 3·02 | 1 | 60·08 | 19·21 |
| | | à 875 g | à 965 cl | à 3400 g | 100 kg | à 1700 g | | 100 kg | à 10 kg | |
| 1876 | Prag | 7·78 | 38·80 | 19·77 | 4 | 31·17 | 7·33 | 4 | 34·73 | 43·47 |
| | Wien | 7·50 | 39·11 | 13·18 | 3 | 32·94 | 5·66 | 3 | 77·23 | 37·72 |
| | Innsbruck | 8·12 | 42·24 | 15·39 | 3 | 58·82 | 6·10 | 3 | 77·67 | 37·76 |
| | Ofen (Budapest) | 7·05 | 35·16 | 13·75 | 2 | 11·17 | 3·59 | 2 | 55·19 | 25·51 |
| | Krakau | 7·12 | 35·53 | 8·70 | 2 | 4·70 | 3·48 | 2 | 44·64 | 24·46 |
| | Gesammt-Durchschnitt | 7·14 | 35·92 | 12·70 | 2 | 43·53 | 4·14 | 2 | 96·43 | 29·64 |
| | | | à 770 cl | à 5600 g | | | | | | |
| 1877 | Prag | 8·32 | 31·51 | 28·64 | . . . . . . | | 7·69 | 4 | 40·60 | . . . . |
| | Wien | 8·90 | 30·27 | 25·08 | | | 6·53 | 4 | 21·50 | . . . . |
| | Innsbruck | 8·34 | 35·62 | 25·99 | | | 7·18 | 4 | 50·90 | . . . . |
| | Budapest | 8·23 | 24·60 | 20·60 | | | 2·84 | 2 | 41·60 | . . . . |
| | Krakau | 7·46 | 25·53 | 14·86 | | | 2·64 | 2 | 6·00 | . . . . |
| | Gesammt-Durchschnitt | 8·10 | 25·99 | 22·13 | . . . . . . | | 4·13 | 2 | 61·60 | . . . . |
| 1878 | Prag | 8·48 | 27·13 | 20·63 | | | 4·05 | 2 | 50·25 | . . . . |
| | Wien | 8·06 | 28·00 | 19·01 | | | 3·94 | 2 | 68·57 | . . . . |
| | Innsbruck | 8·69 | 36·00 | 24·47 | | | 6·81 | 3 | 90·52 | . . . . |
| | Budapest | 7·44 | 23·88 | 17·13 | | | 2·40 | 1 | 80·50 | . . . . |
| | Krakau | 7·13 | 25·24 | 15·06 | | | 2·74 | 2 | 14·00 | . . . . |
| | Gesammt-Durchschnitt | 7·91 | 25·18 | 17·49 | . . . . . . | | 3·00 | 2 | 24·13 | . . . . |
| | | | à 770 cl oder 3360 g | | | | | | | |
| 1879 | Prag | 6·99 | 24·78 | 13·99 | | | 2·83 | 1 | 85·71 | . . . . |
| | Wien | 6·79 | 25·68 | 16·75 | | | 3·27 | 2 | 10·99 | . . . . |
| | Innsbruck | 7·84 | 35·30 | 24·70 | | | 6·58 | 3 | 86·39 | . . . . |
| | Budapest | 6·37 | 21·50 | 17·49 | | | 2·26 | 1 | 69·84 | . . . . |
| | Krakau | 5·82 | 20·35 | 13·00 | | | 2·72 | 2 | 2·00 | . . . . |
| | Gesammt-Durchschnitt | 6·53 | 22·50 | 16·19 | | | 2·65 | 1 | 92·95 | . . . . |
| 1880 | Prag | 8·23 | 25·97 | 20·04 | | | 3·21 | 2 | 12·56 | . . . . |
| | Wien | 8·16 | 25·59 | 16·81 | | | 3·80 | 2 | 47·67 | . . . . |
| | Innsbruck | 8·57 | 35·01 | 25·85 | | | 6·94 | 4 | 23·75 | . . . . |
| | Budapest | 7·23 | 23·33 | 19·06 | | | 2·53 | 1 | 89·26 | . . . . |
| | Krakau | 7·47 | 21·41 | 13·29 | | | 3·20 | 2 | 25·80 | . . . . |
| | Gesammt-Durchschnitt | 7·54 | 24·00 | 16·56 | | | 2·86 | 2 | 15·40 | . . . . |
| 1881 | Prag | 8·93 | 25·96 | 15·80 | | | 3·15 | 2 | 2·74 | . . . . |
| | Wien | 8·96 | 25·16 | 16·37 | | | 3·57 | 2 | 24·72 | . . . . |
| | Innsbruck | 9·32 | 34·78 | 23·30 | | | 6·43 | 3 | 77·33 | . . . . |
| | Budapest | 8·66 | 21·96 | 17·71 | | | 3·22 | 2 | 14·65 | . . . . |
| | Krakau | 8·65 | 24·52 | 15·88 | | | 3·53 | 2 | 44·61 | . . . . |
| | Gesammt-Durchschnitt | 8·81 | 23·70 | 16·64 | | | 3·04 | 2 | 74·12 | . . . . |
| 1882 | Prag | 8·53 | 28·54 | 18·69 | | | 3·42 | 2 | 22·10 | . . . . |
| | Wien | 8·46 | 29·54 | 17·44 | | | 3·79 | 2 | 40·24 | . . . . |
| | Innsbruck | 9·84 | 37·03 | 24·31 | | | 6·93 | 4 | 32·20 | . . . . |
| | Budapest | 8·03 | 27·85 | 16·67 | | | 2·45 | 2 | 0·05 | . . . . |
| | Krakau | 7·17 | 24·37 | 13·22 | | | 2·67 | 1 | 76·00 | . . . . |
| | Gesammt-Durchschnitt | 8·63 | 27·36 | 16·45 | . . . . . . | | 2·88 | 2 | 19·29 | . . . . |

| Eine Klafter | | Ein Centner | | | | Ein Pfund | | | Ein Maß | | Ein Pfund | | Eine Portion | |
|---|---|---|---|---|---|---|---|---|---|---|---|---|---|---|
| hartes Brennholz | | Stein- | | Holz- | | Stearin- | | Anschlitt- | Brennöl | | Talg | Petroleum | Zwieback | Gulyás-Fleisch-conserven |
| | | Kohlen | | | | Kerzen | | | | | | | | |
| fl. | Kreuzer | fl. | Kreuzer | fl. | Kreuzer | fl. | Kreuzer | | fl. | Kreuzer | Kreuzer | | | |
| 17 | 21·77 | . | 58·42 | . | . . . . | . . | . . . . | 40·51 | . . | 69·34 | | | | |
| 19 | 68·03 | . | 89·91 | 2 | 68·74 | . . | . . . . | . . . . | . . | 69·40 | | | | |
| 10 | 95·00 | . | . . . . | 1 | 98·00 | . . | . . . . | 36·00 | . . | 80·00 | | | | |
| 18 | 7·37 | . | 55·00 | 2 | 73·01 | . . | 65·00 | 39·00 | . . | 81·87 | | | | |
| 8 | 11·00 | . | 52·00 | . | . . . . | . . | 66·00 | 44·00 | . . | 72·00 | 36·00 | 26·00 | | |
| **11** | **38·45** | . . | **65·70** | **2** | **29·05** | . . | **65·05** | **38·26** | . . | **68·98** | **37·68** | **18·05** | . . . . | |
| 18 | 15·00 | . . | 57·89 | . | . . . . | . . | . . . . | 38·96 | . . | 58·48 | | | | |
| 19 | 3·54 | . . | 88·48 | 3 | 17·99 | . . | . . . . | 38·48 | . . | 57·26 | | 16·00 | | |
| 12 | 61·18 | . . | 56·00 | 2 | 8·67 | . . | . . . . | 36·00 | . . | 80·67 | | | | |
| 11 | 60·42 | . . | 56·00 | 2 | 86·52 | . . | 65·00 | 36·00 | . . | 68·82 | | | | |
| 7 | 58·00 | . . | 43·79 | . | . . . . | . . | . . . . | 44·00 | . . | 67·81 | 34·47 | 16·50 | | |
| **11** | **46·72** | . . | **64·54** | **2** | **30·19** | . . | **65·59** | **37·32** | . . | **67·12** | **34·86** | **16·61** | | |
| 1 m³ = 423 kg | | 100 kg | | | | 1 kg | | | 1300 g | | 1 kg | | | |
| 7 | 16·86 | . . | 92·64 | 5 | 90·98 | . . | . . . . | 65·07 | . . | 50·47 | | | | |
| 6 | 22·71 | 1 | 45·46 | 3 | 46·71 | . . | . . . . | 67·84 | . . | 55·40 | | | | |
| 5 | 12·00 | . . | 77·14 | 5 | 28·42 | . . | . . . . | 64·28 | . . | 78·18 | | | | |
| 4 | 12·63 | . . | . . . . | . | . . . . | 1 | 10·71 | 64·28 | . . | 64·61 | | | | |
| 2 | 98·00 | . . | 75·89 | . | . . . . | . . | . . . . | . . . . | . . | 68·22 | | | | |
| **4** | **21·39** | **1** | **3·55** | **4** | **2·26** | **1** | **9·00** | **65·57** | . . | **63·34** | | | | |
| 7 | 9·31 | . . | 97·28 | . | . . . . | . . | . . . . | 71·63 | . . | 63·12 | | | | |
| 5 | 94·74 | 1 | 0·37 | 5 | 76·23 | . . | . . . . | 69·92 | . . | 72·80 | | | | |
| 5 | 14·03 | . . | . . . . | 4 | 14·40 | . . | . . . . | . . . . | . . | . . . . | | | | |
| 4 | 27·72 | . . | 87·34 | . | . . . . | . . | . . . . | . . . . | . . | . . . . | | | | |
| 3 | 32·19 | . . | 69·90 | . | . . . . | . . | . . . . | . . . . | . . | . . . . | | | | |
| **4** | **2·50** | . . | **95·16** | **4** | **36·86** | **1** | **15·94** | **70·26** | . . | **74·56** | | | | |
| 6 | 25·32 | . . | 83·27 | . | . . . . | . . | . . . . | 71·00 | . . | 62·41 | | | | |
| 5 | 79·25 | 1 | 13·94 | 5 | 62·55 | . . | . . . . | 70·67 | . . | 75·40 | | | | |
| 4 | 92·28 | . . | . . . . | 4 | 11·57 | . . | . . . . | . . . . | . . | . . . . | | | | |
| 3 | 96·00 | . . | 79·00 | . | . . . . | . . | . . . . | . . . . | . . | . . . . | | | | |
| 2 | 74·00 | . . | 69·60 | . | . . . . | . . | . . . . | . . . . | . . | . . . . | | | | |
| **3** | **74·23** | . . | **95·87** | **3** | **66·03** | **1** | **15·87** | **73·60** | . . | **67·43** | | | | |
| 5 | 90·42 | . . | 77·49 | 3 | 87·42 | . . | . . . . | 77·75 | . . | 66·14 | | 27·50 | | |
| 5 | 40·47 | 1 | 15·92 | 4 | 8·53 | . . | . . . . | 66·07 | . . | 80·60 | | | | |
| 4 | 73·10 | . . | . . . . | . | . . . . | . . | . . . . | . . . . | . . | . . . . | | | | |
| 3 | 82·00 | . . | 96·20 | . | . . . . | . . | . . . . | . . . . | . . | . . . . | | | | |
| 2 | 78·20 | . . | 65·00 | . | . . . . | . . | . . . . | . . . . | . . | . . . . | | | | |
| **3** | **73·55** | . . | **90·99** | **2** | **96·08** | **1** | **10·00** | **72·18** | . . | **69·53** | . . . . | **27·50** | | |
| 5 | 72·75 | . . | 76·37 | . | . . . . | . . | . . . . | 65·00 | . . | 49·40 | | 27·50 | | |
| 5 | 4·10 | 1 | 22·56 | 3 | 22·58 | . . | . . . . | 77·38 | . . | 65·97 | | | | |
| 4 | 66·20 | . . | . . . . | 4 | 8·57 | . . | . . . . | 67·71 | . . | 72·80 | | | | |
| 3 | 49·00 | . . | 88·00 | . | . . . . | . . | . . . . | . . . . | . . | . . . . | | | | |
| 2 | 52·64 | . . | 65·00 | . | . . . . | . . | . . . . | . . . . | . . | . . . . | | | | |
| **3** | **61·88** | . . | **92·68** | **4** | **9·29** | **1** | **10·00** | **70·95** | . . | **68·82** | . . . . | **27·50** | | |
| 5 | 49·70 | . . | 75·69 | . | . . . . | . . | . . . . | 66·00 | . . | 57·20 | | 26·90 | | |
| 5 | 12·25 | 1 | 24·31 | 3 | 47·89 | . . | . . . . | 70·66 | . . | 61·82 | | | | |
| 4 | 41·96 | . . | . . . . | 4 | 30·00 | . . | . . . . | 69·39 | . . | 74·00 | | | | |
| 2 | 94·59 | . . | 95·00 | . | . . . . | 1 | 2·00 | . . . . | . . | . . . . | | | | |
| 2 | 41·56 | . . | 65·00 | . | . . . . | . . | . . . . | . . . . | . . | . . . . | | | | |
| **3** | **53·83** | . . | **94·43** | **3** | **98·57** | **1** | **15·78** | **66·70** | . . | **63·29** | . . . . | **26·90** | | |
| 5 | 77·39 | . . | 84·03 | . | . . . . | . . | . . . . | 70·00 | . . | 58·50 | | | | |
| 5 | 1·32 | 1 | 24·54 | 3 | 70·58 | . . | . . . . | 73·17 | . . | 63·45 | | | | |
| 4 | 56·02 | . . | . . . . | 4 | 30·00 | . . | . . . . | 65·18 | . . | 62·40 | | | | |
| 3 | 81·63 | . . | 95·00 | . | . . . . | . . | . . . . | . . . . | . . | . . . . | | | | |
| 2 | 59·00 | . . | 65·00 | . | . . . . | . . | . . . . | . . . . | . . | . . . . | | | | |
| **3** | **33·17** | . . | **96·83** | **4** | **5·88** | **1** | **16·33** | **69·59** | . . | **61·73** | . . . . | | | |

| Jahre | Militär-Intendanzbezirke | Eine Portion | | | 100 kg | | Eine Portion à 1700 g | 100 kg | | Ein Bund à 10 kg |
|---|---|---|---|---|---|---|---|---|---|---|
| | | Brot à 875 g | Hafer à 770 cl oder 3360 g | Heu à 5600 g | Streu- Stroh | | | Wetten- Stroh | | |
| | | Kreuzer | | | fl. | Kreuzer | | fl. | Kreuzer | Kreuzer |
| 1883 | Prag | 7·34 | 25·02 | 25·53 | . | . | 3·24 | 2 | 3·62 | . |
| | Wien | 6·97 | 24·64 | 26·11 | . | . | 3·92 | 2 | 43·91 | . |
| | Innsbruck | 9·06 | 35·74 | 23·63 | . | . | 6·40 | 4 | 1·60 | . |
| | Budapest | 6·56 | 22·63 | 20·00 | . | . | 2·22 | 1 | 84·24 | . |
| | Krakau | 6·13 | 22·27 | 14·44 | . | . | 3·00 | 2 | 25·68 | . |
| | **Gesammt-Durchschnitt** | **7·30** | **23·32** | **21·64** | . | . | **2·94** | **2** | **25·87** | . |
| 1884 | Prag | 8·02 | 25·74 | 30·14 | . | . | 5·99 | 3 | 84·20 | . |
| | Wien | 7·50 | 26·79 | 24·15 | . | . | 4·77 | 2 | 96·72 | . |
| | Innsbruck | 8·37 | 32·77 | 25·54 | . | . | 6·39 | 4 | 14·30 | . |
| | Budapest | 6·68 | 23·78 | 18·52 | . | . | 2·48 | 2 | 6·40 | . |
| | Krakau | 6·63 | 23·83 | 20·70 | . | . | 3·30 | 2 | 37·89 | . |
| | **Gesammt-Durchschnitt** | **7·15** | **24·85** | **20·49** | . | . | **3·53** | **2** | **59·67** | . |
| 1885 | Prag (à 840 g) | 7·46 | 24·29 | 23·99 | . | . | 3·92 | 2 | 74·63 | . |
| | Wien | 7·08 | 24·90 | 22·31 | . | . | 4·61 | 3 | 8·10 | . |
| | Innsbruck | 8·33 | 32·91 | 23·37 | . | . | 7·39 | 3 | 91·63 | . |
| | Budapest | 6·19 | 22·33 | 20·27 | . | . | 2·41 | 2 | 10·18 | . |
| | Krakau | 6·28 | 24·27 | 19·98 | . | . | 3·55 | 2 | 46·82 | . |
| | **Gesammt-Durchschnitt** | **6·56** | **23·48** | **19·76** | . | . | **3·24** | **2** | **46·57** | . |
| 1886 | Prag | 7·18 | 27·71 | 28·57 | . | . | 5·46 | 3 | 24·29 | . |
| | Wien | 6·82 | 27·58 | 23·30 | . | . | 4·86 | 3 | 23·77 | . |
| | Innsbruck | 7·89 | 32·86 | 25·85 | . | . | 6·87 | 3 | 88·40 | . |
| | Budapest | 6·13 | 22·52 | 24·06 | . | . | 2·49 | 1 | 85·40 | . |
| | Krakau | 5·80 | 22·67 | 17·95 | . | . | 3·30 | 2 | 43·00 | . |
| | **Gesammt-Durchschnitt** | **6·42** | **24·63** | **25·55** | . | . | **3·70** | **2** | **56·45** | . |
| 1887 | Prag | 6·75 | 23·67 | 22·64 | . | . | 3·61 | 2 | 54·00 | . |
| | Wien | 7·12 | 26·72 | 22·97 | . | . | 5·04 | 3 | 34·00 | . |
| | Innsbruck | 7·69 | 30·89 | 25·56 | . | . | 6·79 | 4 | 22·00 | . |
| | Budapest | 6·17 | 22·81 | 20·03 | . | . | 3·10 | 2 | 54·00 | . |
| | Krakau | 6·00 | 21·12 | 18·01 | . | . | 3·97 | 2 | 65·00 | . |
| | **Gesammt-Durchschnitt** | **6·45** | **23·53** | **21·05** | . | . | **3·86** | **2** | **68·00** | . |
| 1888 | Prag | 6·20 | 21·38 | 19·35 | . | . | 3·17 | 2 | 5·00 | . |
| | Wien | 6·52 | 23·20 | 21·34 | . | . | 4·60 | 3 | 10·00 | . |
| | Innsbruck | 7·20 | 27·86 | 24·52 | . | . | 6·65 | 4 | 35·00 | . |
| | Budapest | 5·59 | 20·30 | 17·97 | . | . | 2·39 | 2 | 95·00 | . |
| | Krakau | 5·77 | 18·89 | 15·05 | . | . | 3·89 | 2 | 74·00 | . |
| | **Gesammt-Durchschnitt** | **5·84** | **20·65** | **18·67** | . | . | **3·41** | **2** | **44·00** | . |
| 1889 | Prag | 6·41 | 21·27 | 20·69 | . | . | 3·39 | 2 | 15·00 | . |
| | Wien | 6·85 | 22·42 | 20·96 | . | . | 4·51 | 3 | 7·00 | . |
| | Innsbruck | 7·08 | 29·52 | 25·99 | . | . | 6·67 | 4 | 19·00 | . |
| | Budapest | 5·62 | 19·68 | 19·10 | . | . | 2·74 | 2 | 18·00 | . |
| | Krakau | 5·66 | 21·39 | 19·21 | . | . | 3·81 | 2 | 48·00 | . |
| | **Gesammt-Durchschnitt** | **5·95** | **21·17** | **19·42** | . | . | **3·51** | **2** | **16·00** | . |
| 1890 | Prag | 7·27 | 27·80 | 22·67 | . | . | 4·79 | 2 | 85·00 | . |
| | Wien | 7·40 | 28·24 | 22·03 | . | . | 4·73 | 3 | 25·00 | . |
| | Innsbruck | 6·97 | 31·52 | 18·76 | . | . | 4·68 | 3 | 50·00 | . |
| | Budapest | 6·80 | 25·75 | 18·01 | . | . | 2·75 | 2 | 22·00 | . |
| | Krakau | 7·12 | 28·83 | 23·50 | . | . | 5·50 | 3 | 24·00 | . |
| | **Gesammt-Durchschnitt** | **6·83** | **27·55** | **20·14** | . | . | **3·91** | **2** | **65·00** | . |
| 1891 | Prag | 6·97 | 25·93 | 20·62 | . | . | 3·37 | 2 | 18·00 | . |
| | Wien | 6·83 | 27·01 | 21·68 | . | . | 4·60 | 3 | 20·00 | . |
| | Innsbruck | 7·67 | 27·13 | 18·97 | . | . | 4·05 | 3 | 59·00 | . |
| | Budapest | 6·39 | 25·43 | 18·24 | . | . | 2·71 | 2 | 6·00 | . |
| | Krakau | 6·68 | 25·06 | 21·62 | . | . | 4·05 | 2 | 62·00 | . |
| | **Gesammt-Durchschnitt** | **6·52** | **25·49** | **18·19** | . | . | **3·23** | **2** | **30·00** | . |

| 1 m² = 423 kg | | 100 kg | | | | 1 kg | | | 1300 g | | 1 kg | | Eine Portion | |
|---|---|---|---|---|---|---|---|---|---|---|---|---|---|---|
| hartes Brennholz | | Stein- (Kohlen) | | Holz- (Kohlen) | | Stearin- (Kerzen) | | Unschlitt- (Kerzen) | Brennöl | | Talg | Petroleum | Zwieback | Gulyás-Fleisch-conserven |
| fl. | Kreuzer | fl. | Kreuzer | fl. | Kreuzer | fl. | Kreuzer | Kreuzer | fl. | Kreuzer | | | | |
| 5 | 11·54 | · · | 77·94 | · · | | | | 69·20 | · · | 67·15 | | | | |
| 4 | 96·94 | 1 | 23·75 | 3 | 75·61 | | | | | | | | | |
| 4 | 32·78 | · · | | 4 | 30·00 | | | | | | | | | |
| 3 | 74·59 | · · | 62·00 | · | | | | | | | | | | |
| 3 | 22·00 | · · | 62·00 | · | | | | | | | | | | |
| **3** | **28·79** | · · | **92·09** | **5** | **11·63** | **1** | **16·33** | **65·68** | · · | **63·42** | | | | |
| 5 | 8·66 | · | 75·26 | | | | | 72·00 | | | | | | |
| 5 | 0·77 | 1 | 1·61 | | | | | 68·00 | | | | | | |
| 4 | 31·52 | | | 4 | 37·23 | | | 66·80 | | | | | | |
| 3 | 73·18 | · · | 95·22 | · | | | | | | | | | | |
| 2 | 66·48 | · · | 62·00 | · | | | | 70·00 | | | | | | |
| **3** | **54·59** | · · | **90·06** | **5** | **1·86** | | | **68·41** | · · | | | | | |
| 5 | 33·40 | · · | 64·18 | · · | | | | | | | | | | |
| 5 | 12·84 | · · | 92·21 | 9 | | | | 70·00 | | | | | | |
| 4 | 52·83 | | | 4 | 30·00 | | | 65·54 | | | | | | |
| 3 | 66·46 | · · | 95·46 | · | | | | | | | | | | |
| 2 | 67·69 | · · | 56·00 | · | | | | | | | | | | |
| **3** | **57·36** | · · | **87·28** | **5** | **19·80** | | | **69·28** | · · | | | | | |
| 5 | 47·98 | · · | 74·25 | · · | | | | | | | | | | |
| 5 | 5·77 | 1 | 10·70 | · · | | | | | | | | | | |
| 4 | 60·31 | · · | | | | | | 62·66 | | | | | | |
| 3 | 98·98 | · · | 95·60 | · · | | | | | | | | | | |
| 2 | 44·00 | · · | 56·41 | · · | | | | | | | | | | |
| **4** | **1·16** | · · | **93·98** | **2** | **80·00** | | | **62·66** | · · | | | | | |
| 5 | 44·00 | · | 77·00 | · · | | | | | | | | | | |
| 4 | 56·00 | 1 | 8·00 | · · | | | | | | | | | | |
| 4 | 77·00 | · · | | | | | | 65·00 | | | | | | |
| 3 | 61·00 | · · | 96·00 | · · | | | | | | | | | | |
| 2 | 49·00 | · · | 58·00 | · · | | | | | | | | | | |
| **3** | **87·00** | · · | **92·00** | **2** | **80·00** | | | **65·00** | · · | | | | | |
| 5 | 34·00 | · · | 73·00 | | | | | | | | | | 9·07 | 42·00 |
| 4 | 57·00 | 1 | 2·00 | | | | | | | | | | 9·39 | 42·00 |
| 5 | 14·00 | · · | | | | | | | | | | | 9·93 | 38·50 |
| 3 | 54·00 | · · | 97·00 | | | | | | | | | | 8·28 | 38·90 |
| 2 | 58·00 | · · | 55·00 | | | | | | | | | | 8·50 | 42·00 |
| **3** | **86·00** | · · | **90·00** | **2** | **75·00** | | | | | | | | **8·86** | **40·53** |
| 5 | 52·00 | · · | 71·00 | | | | | | | | | | 9·07 | 42·00 |
| 4 | 49·00 | 1 | | | | | | | | | | | 9·39 | 42·00 |
| 5 | 51·00 | | | | | | | | | | | | 9·93 | 38·50 |
| 3 | 62·00 | · · | 96·00 | | | | | | | | | | 8·28 | 38·90 |
| 2 | 72·00 | · · | 58·00 | | | | | | | | | | 8·50 | 42·00 |
| **3** | **94·00** | · · | **90·00** | | | | | | | | | | **8·86** | **40·53** |
| 4 | 80·00 | · · | 88·00 | | | | | | | | | | 9·93 | 39·95 |
| 5 | 5·00 | 1 | 11·00 | | | | | | | | | | 9·94 | 39·95 |
| 4 | 97·00 | 1 | 3·00 | | | | | | | | | | 9·82 | 38·20 |
| 3 | 60·00 | · · | 96·00 | | | | | | | | | | 9·26 | 37·00 |
| 3 | 4·00 | · · | 65·00 | | | | | | | | | | 9·96 | 39·95 |
| **3** | **77·00** | · · | **95·00** | | | | | | | | | | **9·75** | **38·85** |
| 4 | 81·00 | · · | 86·00 | | | | | | | | | | 9·47 | 40·34 |
| 4 | 98·00 | 1 | 16·00 | | | | | | | | | | 9·55 | 40·34 |
| 5 | 18·00 | 1 | 27·00 | | | | | | | | | | 10·17 | 38·56 |
| 3 | 53·0. | · · | 97·00 | | | | | | | | | | 8·66 | 37·34 |
| 3 | 30·00 | · · | 69·00 | | | | | | | | | | 9·00 | 40·34 |
| **3** | **82·00** | · · | **97·00** | | | | | | | | | | **9·07** | **39·07** |

# Taglohn mit Kost in den im Reichs-

In Gulden

| | | 1830 | 1831 | 1832 | 1833 | 1834 | 1835 | 1836 | 1837 | 1838 | 1839 | 1840 | 1841 | 1842 |
|---|---|---|---|---|---|---|---|---|---|---|---|---|---|---|
| Nieder-Österreich | Wien | | | | | | | | | | | | | |
| | das übrige Land | 0·21 | 0·23 | 0·23 | 0·25 | 0·23 | 0·26 | 0·25 | 0 25 | 0·25 | 0 23 | 0·25 | 0·25 | 0 25 |
| Ober-Österreich | Linz | | | | | | | | | | | | | |
| | das übrige Land | 0·18 | 0·15 | 0·15 | 0·16 | 0·17 | 0·16 | 0·18 | 0·17 | 0 17 | 0·18 | 0·19 | 0·19 | 0·19 |
| Salzburg | Salzburg (Stadt) | | | | | | | | | | | | | |
| | das übrige Land | | | | | | | | | | | | | |
| Steiermark | Graz | 0 18 | 0·16 | 0·18 | 0 18 | 0·17 | 0·18 | 0·16 | 0·16 | 0 15 | 0·16 | 0·16 | 0 18 | 0·18 |
| | das übrige Land | | | | | | | | | | | | | |
| Kärnten | Klagenfurt | | | | | | | | | | | | | |
| | das übrige Land | | | | | | | | | | | | | |
| Krain | Laibach | 0·19 | 0·21 | 0·23 | 0·23 | 0·21 | 0·21 | 0·21 | 0·23 | 0 23 | 0 23 | 0 23 | 0·21 | 0·21 |
| | das übrige Land | | | | | | | | | | | | | |
| Triest (Stadt) | | | | | | | | | | | | | | |
| Görz und Gradisca | Görz (Stadt) | | | | | | | | | | | | | |
| | das übrige Land | 0·32 | 0·28 | 0·?0 | 0 30 | 0·30 | 0·30 | 0·28 | 0·28 | 0·28 | 0·28 | 0 28 | 0·32 | 0·31 |
| Istrien | Rovigno (Stadt) | | | | | | | | | | | | | |
| | das übrige Land | | | | | | | | | | | | | |
| Tirol und Vorarlberg | Innsbruck | 0·23 | 0·25 | 0·23 | 0 24 | 0·25 | 0·25 | 0·26 | 0·28 | 0 28 | 0·26 | 0 28 | 0·26 | 0·26 |
| | das übrige Land | | | | | | | | | | | | | |
| Böhmen | Prag | 0·12 | 0·14 | 0·14 | 0·13 | 0·14 | 0·14 | 0·14 | 0 14 | 0·14 | 0 14 | 0·15 | 0·14 | 0·15 |
| | das übrige Land | | | | | | | | | | | | | |
| Mähren | Brünn | | | | | | | | | | | | | |
| | das übrige Land | | | | | | | | | | | | | |
| Schlesien | Troppau | 0·14 | 0·15 | 0·15 | 0 14 | 0·14 | 0·16 | 0·14 | 0·14 | 0·14 | 0 15 | 0·16 | 0·16 | 0·16 |
| | das übrige Land | | | | | | | | | | | | | |
| Galizien | Lemberg | | | | | | | | | | | | | |
| | Krakau | | | | | | | | | | | | | |
| | Westgalizien | | | | | | | | | | | | | |
| | Ostgalizien | 0·12 | 0 13 | 0·12 | 0·12 | 0·12 | 0·12 | 0·12 | 0·12 | 0·12 | 0·12 | 0·12 | 0·12 | 0·12 |
| Bukowina | Czernowitz | | | | | | | | | | | | | |
| | das übrige Land | | | | | | | | | | | | | |
| Dalmatien | Zara | 0·32 | 0·32 | 0·32 | 0 32 | 0·32 | 0·32 | 0·32 | 0·30 | 0·32 | 0·33 | 0·32 | 0 32 | 0·30 |
| | das übrige Land | | | | | | | | | | | | | |

¹) Ohne Bezirk Tolmein

# rathe vertretenen Königreichen und Ländern.

österr. Währ.

| 1869 | 1870 | 1871 | 1872 | 1873 | 1874 | 1875 | 1876 | 1877 | 1878 | 1879 | 1880 | 1881 | 1882 | 1883 | 1884 | 1885 | 1886 | 1887 | 1888 | 1889 | 1890 |
|---|---|---|---|---|---|---|---|---|---|---|---|---|---|---|---|---|---|---|---|---|---|
| 1843 | 1844 | 1845 | 1846 | 1847 | 1848 | 1849 | 1850 | 1851 | 1852 | 1853 | 1854 | 1855 | | | | | | | | | |
| · · · | · · · | · · · | · · · | · · · | · · · | · · · | · · · | · · · | · · · | · · · | · · · | · · · | · · · | · · · | · · · | · · · | · · · | · · · | · · · | · · · | · · · |
| 0·24 | 0·23 | 0·25 | 0 26 | 0 26 | 0·28 | 0·26 | 0·30 | 0·32 | 0·39 | 0·38 | 0·34 | 0·34 | ·· | 0·50 | 0·50 | 0·50 | 0·50 | 0 60 | 0·60 | 0·60 | 0·60 |
| 0·21 | 0·21 | 0·21 | 0·22 | 0·25 | 0·23 | 0·25 | 0·26 | 0 26 | 0·42 | 0·42 | 0·42 | 0·42 | ·40 | · · · | · · · | 1·00 | · · · | · · · | · · · | · · · | · · · |
| | | | | | | 0·35 | 0·35 | 0·35 | 0·26 | 0·28 | 0·26 | 0·27 | ·50 | 0·50 | 0·50 | 0·50 | 0·50 | 0·50 | 0·50 | 0·50 | 0·50 |
| 0·19 | 0·19 | 0·19 | 0·21 | 0 25 | 0·26 | 0·25 | 0·26 | 0·32 | 0 30 | 0·30 | 0·35 | 0·32 | ·45 | 0·45 | 0·45 | 0·45 | 0·40 | 0·40 | 0·40 | 0 40 | 0·40 |
| 0·25 | 0·25 | 0·23 | 0·23 | 0·25 | 0·26 | 0·26 | 0·28 | 0·80 | 0·23 | 0·27 | 0·25 | 0·30 | ·60 | 0·60 | 0·60 | 0·60 | 0·60 | 0·60 | 0·60 | 0·60 | 0·60 |
| | | | | | | 0·28 | 0·32 | 0·32 | 0·30 | 0·33 | 0·28 | 0·30 | · · · | 0·30 | 0·40 | 0·40 | 0·40 | 0·40 | 0·40 | 0·40 | 0·35 |
| 0 34 | 0·32 | 0·30 | 0·37 | 0 32 | 0 32 | 0·30 | 0·33 | 0·32 | 0·33 | 0·33 | 0·35 | 0·37 | · · · | · · · | · · · | · · · | · · · | · · · | · · · | · · · | · · · |
| | | | | | | | | | | | | | ·00 | 1 00 | 1·00 | 1·00 | 0·85 | 0·90 | 0·90 | 0·90 | 0·90 |
| 0·26 | 0·26 | 0·28 | 0·30 | 0·30 | 0·32 | 0·32 | 0·28 | 0·30 | 0·33 | 0·37 | 0·35 | 0·35 | ·· | 0·58 | 0·55 | 0·57 | 0·55 | · · · | 0·55 | 0·60 | 0·60 |
| 0·14 | 0·15 | 0·15 | 0·16 | 0·17 | 0·17 | 0·17 | 0·18 | 0 22 | 0·23 | 0·23 | 0·25 | 0·23 | · · · | · · · | · · · | · · · | · · · | · · · | · · · | · · · | · · · |
| 0·17 | 0 16 | 0·16 | 0·17 | 0·18 | 0·18 | 0·18 | 0·18 | 0 21 | 0·21 | 0 21 | 0·21 | 0·21 | 1 50 | 0 40 | 0·40 | 0·60 | 0·50 | 0·50 | 0·40 | 0·40 | 0·40 |
| | | | | | | · · | 0·14 | 0·18 | 0·20 | 0·18 | · · · | 0·23 | 1·30 | 0·47 | 0·50 | 0·50 | 0·45 | 0·50 | · | · · · | · · · |
| | | | | | | | | | | | | | · · · | · · · | · · · | · · · | · · · | · · · | · · · | · · · | · · · |
| 0·12 | 0·11 | 0·11 | 0·12 | 0·13 | 0 15 | 0·23 | 0·21 | 0·23 | 0·21 | 0·19 | 0·19 | 0·32 | 1 50 | 0·40 | 0·44 | 0·46 | 0·35 | 0·36 | 0·37 | 0·40 | 0·40 |
| | | | | | | 0·21 | 0 18 | 0·21 | 0·80 | 0·26 | 0·28 | 0·32 | 1·60 | 0·66 | 0·60 | 0·60 | 0·60 | 0·60 | 0·60 | 0·60 | 0·61 |
| 0 30 | 0·30 | 0·30 | 0·30 | 0·28 | 0·28 | 0·30 | 0 30 | 0·32 | 0·3? | 0 33 | 0·42 | 0·47 | | | | | | | | | |

# Taglohn mit Kost in den im Reichs=

In Gulden

| | | 1830 | 1831 | 1832 | 1833 | 1834 | 1835 | 1836 | 1837 | 1838 | 1839 | 1840 | 1841 | 1842 |
|---|---|---|---|---|---|---|---|---|---|---|---|---|---|---|
| | | 1856 | 1857 | 1858 | 1859 | 1860 | 1861 | 1862 | 1863 | 1864 | 1865 | 1866 | 1867 | 1868 |
| Nieder-Österreich | Wien | | | | | | | | | | | | | |
| | das übrige Land | | | | | | | | | | | | | |
| Ober-Österreich | Linz | | | | | 1·00 | 1 00 | 1·00 | 1·00 | 1·00 | 1·00 | | | |
| | das übrige Land | 0·35 | 0·36 | 0·37 | 0·38 | 0·73 | 0·77 | 0·75 | 0·73 | 0·70 | 0·70 | 0·37 | 0·38 | 0·48 |
| Salzburg | Salzburg (Stadt) | 0·42 | 0·42 | 0·51 | 0·57 | 0·66 | 0·71 | 0·71 | 0·71 | 0·71 | 0·71 | 0·43 | 0·42½ | 0·43 |
| | das übrige Land | | | | | | | | | | | | | |
| Steiermark | Graz | 0·31 | 0·32 | 0·35 | 0·35 | | | 0·82 | 0·81 | 0·82 | 0·80 | 0·35½ | 0 32 | 0·33 |
| | das übrige Land | | | | | | | | | | | | | |
| Kärnten | Klagenfurt | 0·32 | 0·33 | 0·35 | 0·33 | 0·64 | 0·89 | 0·56 | 0·60 | 0·64 | 0·62 | 0·35 | 0 41 | 0·48½ |
| | das übrige Land | | | | | | | | | | | | | |
| Krain | Laibach | 0·28 | 0·30 | 0·28 | 0·27 | 0·67 | 0 65 | 0·66 | 0·66 | 0·66 | 0·64 | 0·31 | 0·29 | 0·29 |
| | das übrige Land | | | | | | | | | | | | | |
| Triest (Stadt) | | 0·33 | 0·32 | 0·33 | 0·31 | | | 0·62 | 0·61 | 0·66 | 0·63 | 0·31 | 0·31 | 0·36 |
| Görz und Gradisca | Görz (Stadt) | | | | | | | | | | | | | |
| | das übrige Land | | | | | | | | | | | | | |
| Istrien | Rovigno (Stadt) | | | | | | | | | | | | | |
| | das übrige Land | 0·40 | 0·40 | 0·40 | 0·39 | 0·72 | 0·74 | 0·73 | 0·72 | 0 71 | 0·70 | 0·34 | 0·36 | 0·62 |
| Tirol und Vorarlberg | Innsbruck | | | | | | | | | | | | | |
| | das übrige Land | | | | | | | | | | | | | |
| Böhmen | Prag | 0·35 | 0·35 | 0·33 | 0·71 | 0·83 | 0·80 | 0·84 | 0·88 | 0·88 | 0·88 | 0·47 | 0·42½ | 0·39 |
| | das übrige Land | | | | | | | | | | | | | |
| Mähren | Brünn | 0·23 | 0·23 | 0·23 | 0·23 | 0 49 | 0 52 | 0·49 | 0·52 | 0·52 | 0·50 | 0·26 | 0 27 | 0·26 |
| | das übrige Land | | | | | | | | | | | | | |
| Schlesien | Troppau | 0·21 | 0·22 | 0·21 | 0·21 | | | 0·38 | 0·39 | 0·39 | 0·40 | 0·21 | 0·22½ | 0 25 |
| | das übrige Land | | | | | | | | | | | | | |
| Galizien | Lemberg | 0·16 | 0·14 | 0·16 | 0·19 | 0·39 | 0 38 | 0·41 | 0·38 | 0 38 | 0·38 | 0·22 | 0·24 | 0·26 |
| | Krakau | | | | | | | | | | | | | |
| | Westgalizien | | | | | | | | | | | | | |
| | Ostgalizien | 0·31 | 0·16 | 0·21 | 0·23 | | | | | | | | 0·21 | 0·21 |
| Bukowina | Czernowitz | | | | | 0·40 | 0·38 | 0·48 | 0·44 | 0·34 | 0·43 | 0·25 | | |
| | das übrige Land | | | 0·20 | 0·20 | 0·36 | 0·38 | 0·39 | 0·39 | 0·39 | 0·38 | 0·21 | | |
| Dalmatien | Zara | 0·32 | 0·32 | 0·32 | 0·31 | 0·47 | 0·50 | 0·47 | 0·46 | 0·47 | 0·41 | 0·21½ | 0·25 | 0 32½ |
| | das übrige Land | 0·49 | 0·47 | 0·49 | 0·49 | 0·96 | 1·00 | 1·07 | 1·03 | 1·01 | 0·97 | 0·53 | 0·54 | 0·54 |

¹) Ohne Bezirk Tolmein.

# rathe vertretenen Königreichen und Ländern.

österr. Währ.

| 1869 | 1870 | 1871 | 1872 | 1873 | 1874 | 1875 | 1876 | 1877 | 1878 | 1879 | 1880 | 1881 | 1882 | 1883 | 1884 | 1885 | 1886 | 1887 | 1888 | 1889 | 1890 |
|---|---|---|---|---|---|---|---|---|---|---|---|---|---|---|---|---|---|---|---|---|---|
| ... | ... | ... | ... | ... | ... | ... | ... | ... | ... | ... | ... | ... | ... | ... | ... | ... | ... | ... | ... | ... | ... |
| 0·50 | 0·52 | 0·60 | 0·66 | 0·76 | 0·68 | 0·66 | 0·61 | 0·63 | 0·58 | 0·59 | 0·53 | 0·56 | ... | ... | ... | ... | ... | ... | ... | ... | ... |
| 0·38 | 0·40 | 0·48½ | 0·53½ | 0·56 | 0·66 | 0·64 | 0·76 | 0·90 | 0·60 | 0·90 | 0·50 | 0·60 | ... | 0·50 | 0·50 | 0·50 | 0·50 | 0·60 | 0·60 | 0·60 | 0·60 |
|  |  |  |  |  |  |  |  | 0·54 | 0·53 | 0·46 | 0·47 | 0·49 | ... |  |  |  |  |  |  |  |  |
| 0·35 | 0·35 | 0·38½ | 0·41½ | 0·61 | 0·57 | 0·60 | 0·58 | 0·40 | 0·40 | 0·40 | 0·40 | 0·40 | 0·40 | ... | ... | 1·00 |  |  |  |  |  |
|  |  |  |  |  |  |  |  | 0·59 | 0·65 | 0·62 | 0·71 | 0·61 |  |  |  |  |  |  |  |  |  |
| 0·37 | 0·42 | 0·49 | 0·62 | 0·40 | 0·52 | 0·52 | 0·51 | 0·50 | 0·30 | 0·40 | 0·50 | 0·50 | 0·50 | 0·50 | 0·50 | 0·50 | 0·50 | 0·50 | 0·50 | 0·50 | 0·50 |
|  |  |  |  |  |  |  |  | 0·51 | 0·51 | 0·50 | 0·48 | 0·43 | ... |  |  |  |  |  |  |  |  |
| 0·34 | 0·33 | 0·37 | 0·45 | 0·47 | 0·48 | 0·47 | 0·42 | 0·45 | 0·45 | 0·45 | 0·45 | 0·45 | 0·45 | 0·45 | 0·45 | 0·45 | 0·40 | 0·40 | 0·40 | 0·40 | 0·40 |
|  |  |  |  |  |  |  |  | 0·40 | 0·38 | 0·41 | 0·39 | 0·39 | ... |  |  |  |  |  |  |  |  |
| 0·38 | 0·41 | 0·48½ | 0·53 | 0·53½ | 0·52 | 0·52 | 0·54 | 0·60 | 0·60 | 0·60 | 0·60 | 0·60 | 0·60 | 0·60 | 0·60 | 0·60 | 0·60 | 0·60 | 0·60 | 0·60 | 0·60 |
|  |  |  |  |  |  |  |  | 0·46 | 0·48 | 0·45 | 0·46 | 0·46 | ... |  |  |  |  |  |  |  |  |
|  |  | 0·85 | 0·90 | ... | ... | 0·85 | ... |  |  |  |  |  |  | 0·30 | 0·40 | 0·40 | 0·40 | 0·40 | 0·40 | 0·40 | 0·35 |
| 0·40 | 0·47 | 0·43 |  | ... | 0·50 | 0·47 | 0·50 | 0·57 | ... | ... | ¹) | ¹) | ... |  |  |  |  |  |  |  |  |
|  |  | 0·49 |  |  |  |  |  |  |  |  |  |  |  |  |  |  |  |  |  |  |  |
|  |  | 0·49 | 0·47 | 0·62 | 0·52 | 0·51 |  | ... | ... | ... | ... |  |  |  |  |  |  |  |  |  |  |
| 0·40 | 0·50 | 0·49½ | 0·48 | 0·58½ | 0·80 | 0·71 | 0·82 | 1·00 | 1·00 | 1·00 | 1·00 | 1·00 | 1·00 | 1·00 | 1·00 | 1·00 | 0·85 | 0·90 | 0·90 | 0·90 | 0·90 |
|  |  |  |  |  |  |  |  | 0·62 | 0·57 | 0·51 | 0·54 | 0·54 | ... |  |  |  |  |  |  |  |  |
| 0·30 | 0·34 | 0·40 | 0·45 | 0·48 | 0·45 | 0·43 | 0·59 | 0·70 | ... | ... | ... | ... | ... | 0·58 | 0·55 | 0·57 | 0·55 | ... | 0·55 | 0·60 | 0·68 |
|  |  |  |  |  |  |  |  | 0·39 | 0·38 | 0·37 | 0·37 | 0·37 |  |  |  |  |  |  |  |  |  |
| 0·28 | 0·32 | 0·32 | 0·35 | 0·36 | 0·34 | 0·32 | 0·32 | ... | ... | ... | ... | ... | ... |  |  |  |  |  |  |  |  |
|  |  |  |  |  |  |  |  | 0·31 | 0·31 | 0·30 | 0·29 | 0·30 |  |  |  |  |  |  |  |  |  |
| 0·31 | 0·33 | 0·39 | 0·44 | 0·44 | 0·41 | 0·38 | 0·36 | 0·60 | 0·50 | 0·60 | 0·60 | 0·60 | 0·50 | 0·40 | 0·40 | 0·60 | 0·50 | 0·50 | 0·40 | 0·40 | 0·40 |
|  |  |  |  |  |  |  |  | 0·31 | 0·31 | 0·28 | 0·31 | 0·30 | ... |  |  |  |  |  |  |  |  |
|  |  |  |  |  |  |  |  | 0·33 | 0·35 | 0·35 | 0·30 | 0·30 | 0·30 | 0·47 | 0·50 | 0·50 | 0·45 | 0·50 | ... | ... | ... |
| 0·24 | 0·27 | 0·30 | 0·31 | 0·31 | 0·30 | 0·31 | 0·30 |  |  |  |  |  |  |  |  |  |  |  |  |  |  |
|  |  |  |  |  |  |  |  | 0·30 | 0·29 | 0·27 | 0·28 | 0·27 | ... | ... | ... | ... | ... | ... |  |  |  |
| 0·41 | 0·42 | 0·41½ | 0·43 | 0·40½ | 0·40 | 0·41 | 0·43 | 0·48 | 0·52 | 0·52 | 0·50 | 0·54 | 0·50 | 0·40 | 0·44 | 0·46 | 0·35 | 0·36 | 0·37 | 0·40 | 0·40 |
|  |  |  |  |  |  |  |  | 0·40 | 0·43 | 0·37 | 0·35 | 0·33 | ... |  |  |  |  |  |  |  |  |
| 0·60 | 0·61 | 0·58 | 0·75 | 0·63 | 0·61 | 0·63 | 0·63 | 0·70 | 0·66 | 0·67 | 0·75 | 0·60 | 0·60 | 0·66 | 0·60 | 0·60 | 0·60 | 0·60 | 0·60 | 0·60 | 0·61 |
|  |  |  |  |  |  |  |  | 0·60 | 0·72 | 0·78 | 0·85 | 0·82 | ... |  |  |  |  |  |  |  |  |

# Taglohn ohne Koſt in den im Reichs=

### In Gulden

| Land | Ort | 1880 | 1881 | 1882 | 1888 | 1884 | 1885 | 1886 | 1887 | 1888 | 1889 | 1840 | 1841 | 1842 |
|---|---|---|---|---|---|---|---|---|---|---|---|---|---|---|
| Nieder-Öſterreich | Wien | 0·42 | 0·42 | 0·40 | 0·40 | 0·40 | 0·40 | 0·42 | 0·42 | 0·42 | 0·42 | 0·42 | 0·42 | 0·42 |
|  | das übrige Land | 0·35 | 0·37 | 0·40 | 0·40 | 0·39 | 0·42 | 0·42 | 0·40 | 0·40 | 0·40 | 0·42 | 0·42 | 0·40 |
| Ober-Öſterreich | Linz |  |  |  |  |  |  |  |  |  |  |  |  |  |
|  | das übrige Land | 0·35 | 0·32 | 0·33 | 0·33 | 0·33 | 0·33 | 0·35 | 0·35 | 0·35 | 0·35 | 0·37 | 0·35 | 0·35 |
| Salzburg | Salzburg (Stadt) |  |  |  |  |  |  |  |  |  |  |  |  |  |
|  | das übrige Land |  |  |  |  |  |  |  |  |  |  |  |  |  |
| Steiermark | Graz | 0·32 | 0·32 | 0·32 | 0·32 | 0·32 | 0·33 | 0·30 | 0·32 | 0·28 | 0·35 | 0·32 | 0·33 | 0·35 |
|  | das übrige Land |  |  |  |  |  |  |  |  |  |  |  |  |  |
| Kärnten | Klagenfurt |  |  |  |  |  |  |  |  |  |  |  |  |  |
|  | das übrige Land |  |  |  |  |  |  |  |  |  |  |  |  |  |
| Krain | Laibach | 0·39 | 0·10 | 0·40 | 0·42 | 0·42 | 0·42 | 0·42 | 0·42 | 0·42 | 0·42 | 0·42 | 0·42 | 0·42 |
|  | das übrige Land |  |  |  |  |  |  |  |  |  |  |  |  |  |
| Trieſt (Stadt) |  |  |  |  |  |  |  |  |  |  |  |  |  |  |
| Görz und Gradisca | Görz (Stadt) |  |  |  |  |  |  |  |  |  |  |  |  |  |
|  | das übrige Land | 0·53 | 0·47 | 0·51 | 0·51 | 0·53 | 0·53 | 0·47 | 0·53 | 0·53 | 0·51 | 0·51 | 0·53 | 0·53 |
| Iſtrien | Rovigno (Stadt) |  |  |  |  |  |  |  |  |  |  |  |  |  |
|  | das übrige Land |  |  |  |  |  |  |  |  |  |  |  |  |  |
| Tirol und Vorarlberg | Innsbruck | 0·49 | 0·49 | 0·49 | 0·49 | 0·51 | 0·51 | 0·53 | 0·53 | 0·54 | 0·53 | 0·54 | 0·53 | 0·53 |
|  | das übrige Land |  |  |  |  |  |  |  |  |  |  |  |  |  |
| Böhmen | Prag | 0·23 | 0·23 | 0·23 | 0·23 | 0·23 | 0·23 | 0·24 | 0·23 | 0·25 | 0·25 | 0·26 | 0·23 | 0·25 |
|  | das übrige Land |  |  |  |  |  |  |  |  |  |  |  |  |  |
| Mähren | Brünn |  |  |  |  |  |  |  |  |  |  |  |  |  |
|  | das übrige Land | 0·23 | 0·21 | 0·23 | 0·23 | 0·23 | 0·23 | 0·23 | 0·23 | 0·23 | 0·25 | 0·26 | 0·25 | 0·25 |
| Schleſien | Troppau |  |  |  |  |  |  |  |  |  |  |  |  |  |
|  | das übrige Land |  |  |  |  |  |  |  |  |  |  |  |  |  |
| Galizien | Lemberg |  |  |  |  |  |  |  |  |  |  |  |  |  |
|  | Krakau |  |  |  |  |  |  |  |  |  |  |  |  |  |
|  | Weſtgalizien | 0·19 | 0·21 | 0·21 | 0·21 | 0·21 | 0·21 | 0·19 | 0·19 | 0·21 | 0·21 | 0·21 | 0·19 | 0·21 |
|  | Oſtgalizien |  |  |  |  |  |  |  |  |  |  |  |  |  |
| Bukowina | Czernowitz |  |  |  |  |  |  |  |  |  |  |  |  |  |
|  | das übrige Land |  |  |  |  |  |  |  |  |  |  |  |  |  |
| Dalmatien | Zara | 0·67 | 0·58 | 0·56 | 0·56 | 0·56 | 0·56 | 0·54 | 0·53 | 0·56 | 0·54 | 0·51 | 0·53 | 0·53 |
|  | das übrige Land |  |  |  |  |  |  |  |  |  |  |  |  |  |

¹) Ohne Bezirk Tolmein.

# rathe vertretenen Königreichen und Ländern.

österr. Währ.

| 1843 | 1844 | 1845 | 1846 | 1847 | 1848 | 1849 | 1850 | 1851 | 1852 | 1858 | 1854 | 1855 | 82 | 1883 | 1884 | 1885 | 1886 | 1887 | 1848 | 1889 | 1890 |
|---|---|---|---|---|---|---|---|---|---|---|---|---|---|---|---|---|---|---|---|---|---|
| 0·42 | 0·42 | 0·42 | 0·42 | 0·42 | 0·48 | 0·53 | 0·47 | 0·67 | 0·70 | 0·70 | 0·70 | 0·79 | ·80 | 1·30 | 1·30 | 1·30 | 1·30 | 1·30 | 1·30 | 1·30 | 1·30 |
| 0·40 | 0·40 | 0·42 | 0·42 | 0·46 | 0·48 | 0·44 | 0·51 | 0·53 | 0·61 | 0·62 | 0·61 | 0·65 | ·· | ·· | ·· | ·· | ·· | ·· | ·· | ·· | ·· |
|  |  |  |  |  |  | 0·40 | 0·42 | 0·46 | 0·63 | 0·63 | 0·74 | 0·63 | ·· | 0·90 | 0·90 | 1·10 | 1·10 | 1·10 | 1·10 | 1·10 | 1·10 |
| 0·37 | 0·39 | 0·40 | 0·42 | 0·44 | 0·44 |  |  |  |  |  |  |  | ·· | ·· | ·· | ·· | ·· | ·· | ·· | ·· | ·· |
|  |  |  |  |  |  | 0·53 | 0·53 | 0·53 | 0·54 | 0·58 | 0·58 | 0·66 | ·90 | 1·00 | 1·00 | ··· | 0·90 | 0·75 | 0·80 | 0·90 | 0·90 |
| 0·35 | 0·35 | 0·39 | 0·37 | 0·46 | 0·42 | 0·44 | 0·47 | 0·53 | 0·54 | 0·58 | 0·58 | 0·60 | ·80 | 0·80 | 0·80 | 0·80 | 0·80 | 0·80 | 0·90 | 0·80 | 0·90 |
|  |  |  |  |  |  |  |  |  |  |  |  |  | ·· | ·· | ·· | ·· | ·· | ·· | ·· | ·· | ·· |
|  |  |  |  |  |  | 0·47 | 0·51 | 0·56 | 0·54 | 0·61 | 0·58 | 0·61 | ·90 | 0·90 | 0·90 | 0·90 | 0·90 | 0·90 | 0·90 | 0·90 | 0·90 |
| 0·46 | 0·44 | 0·44 | 0·46 | 0·46 | 0·49 |  |  |  |  |  |  |  |  |  |  |  |  |  |  |  |  |
|  |  |  |  |  |  | 0·53 | 0·54 | 0·60 | 0·56 | 0·61 | 0·58 | 0·61 | ·80 | 0·80 | 0·80 | 0·80 | 0·80 | 0·80 | 0·80 | 0·80 | 0·80 |
|  |  |  |  |  |  |  |  |  |  |  |  |  | ·· | ·· | ·· | ·· | ·· | ·· | ·· | ·· | ·· |
|  |  |  |  |  |  |  |  |  |  |  |  |  | ·· | 0·85 | 0·85 | 0·85 | 0·85 | 0·85 | 0·85 | 0·88 | 1·00 |
|  |  |  |  |  |  |  |  |  |  |  |  |  | ·· | 0·80 | 0·80 | 0·80 | 0·80 | 0·80 | 0·80 | 0·80 | 0·70 |
| 0·55 | 0·53 | 0·51 | 0·61 | 0·60 | 0·54 | 0·53 | 0·67 | 0·61 | 0·61 | 0·63 | 0·65 | 0·68 | ·· | ·· | ·· | ·· | ·· | ·· | ·· | ·· | ·· |
|  |  |  |  |  |  |  |  |  |  |  |  |  | ·· | ·· | ·· | ·· | ·· | ·· | ·· | ·· | ·· |
| 0·53 | 0·54 | 0·54 | 0·58 | 0·60 | 0·61 | 0·61 | 0·54 | 0·58 | 0·72 | 0·72 | 0·72 | 0·68 | ·50 | 1·50 | 1·50 | 1·50 | 1·50 | 1·50 | 1·40 | 1·40 | 1·50 |
|  |  |  |  |  |  |  |  |  |  |  |  |  | ·· | ·· | ·· | ·· | ·· | ·· | ·· | ·· | ·· |
| 0·25 | 0·25 | 0·26 | 0·27 | 0·29 | 0·29 | 0·30 | 0·34 | 0·39 | 0·42 | 0·46 | 0·46 | 0·46 | ·75 | 0·85 | 0·87 | 0·77 | 0·80 | 0·67 | 0·80 | 0·90 | 1·00 |
|  |  |  |  |  |  |  |  |  |  |  |  |  | ·· | ·· | ·· | ·· | ·· | ·· | ·· | ·· | ·· |
|  |  |  |  |  |  | 0·30 | 0·30 | 0·33 | 0·35 | 0·37 | 0·39 | 0·40 | ·75 | 0·75 | 0·75 | 0·75 | 0·74 | 0·74 | 0·75 | 0·75 | 0·75 |
| 0·25 | 0·25 | 0·25 | 0·27 | 0·28 | 0·30 |  |  |  |  |  |  |  |  |  |  |  |  |  |  |  |  |
|  |  |  |  |  |  | ·· | 0·25 | 0·30 | 0·32 | 0·33 | ··· | 0·46 | ·80 | 0·60 | 0·60 | 0·90 | 0·80 | 0·70 | 0·70 | 0·70 | 0·70 |
|  |  |  |  |  |  |  |  |  |  |  |  |  | ·· | ·· | ·· | ·· | ·· | ·· | ·· | ·· | ·· |
|  |  |  |  |  |  | 0·35 | 0·33 | 0·37 | 0·33 | 0·32 | 0·37 | 0·51 | ·65 | 0·65 | 0·70 | 0·70 | 0·75 | 0·75 | 0·70 | 0·70 | 0·70 |
| 0·21 | 0·20 | 0·19 | 0·21 | 0·23 | 0·25 |  |  |  |  |  |  |  |  |  |  |  |  |  |  |  |  |
|  |  |  |  |  |  | 0·37 | 0·32 | 0·35 | 0·44 | 0·37 | 0·39 | 0·42 | ·70 | 0·60 | 0·71 | 0·65 | 0·65 | 0·56 | 0·55 | 0·60 | 0·60 |
|  |  |  |  |  |  |  |  |  |  |  |  |  | ·· | ·· | ·· | ·· | ·· | ·· | ·· | ·· | ·· |
| 0·53 | 0·53 | 0·53 | 0·53 | 0·51 | 0·52 | 0·52 | 0·53 | 0·56 | 0·56 | 0·60 | 0·68 | 0·84 | ·00 | 1·20 | 1·20 | 1·20 | 1·33 | 1·33 | 1·33 | 1·33 | 1·03 |

# Taglohn ohne Kost in den im Reichs=

In Gulden

| | | 1856 | 1857 | 1858 | 1859 | 1860 | 1861 | 1862 | 1863 | 1864 | 1865 | 1866 | 1867 | 1868 |
|---|---|---|---|---|---|---|---|---|---|---|---|---|---|---|
| Nieder-Österreich | Wien | 0·79 | 0·79 | 0·70 | 1·00 | . . . | . . . | . . . | . . . | . . . | . . . | 1·00 | 1·00 | 1·00 |
| | das übrige Land | 0·66 | 0·67 | 0·66 | 0·70 | 0·38 | 0·41 | 0·39 | 0·40 | 0·37 | 0·37 | 0·69 | 0·85 | 0·79 |
| Ober-Österreich | Linz | | | | | | | | | | | | | |
| | das übrige Land | 0·63 | 0·63 | 0·33 | 0·36 | 0·40 | 0·44 | 0·43 | 0·45 | 0·43 | 0·44 | 0·72½ | 0·73 | 0·73 |
| Salzburg | Salzburg (Stadt) | | | | | | | | | | | | | |
| | das übrige Land | 0·67 | 0·62 | 0·63 | 0·63 | . . . | . . . | 0·38 | 0·37 | 0·40 | 0·38 | 0·76 | 0·74 | 0·73 |
| Steiermark | Graz | | | | | | | | | | | | | |
| | das übrige Land | 0·54 | 0·60 | 0·61 | 0·62 | 0·34 | 0·44 | 0·30 | 0·34 | 0·39 | 0·37 | 0·60 | 0·72 | 0·66 |
| Kärnten | Klagenfurt | | | | | | | | | | | | | |
| | das übrige Land | 0·58 | 0·63 | 0·61 | 0·56 | 0·31 | 0·32 | 0·31 | 0·29 | 0·31 | 0·27 | 0·65 | 0·66 | 0·66 |
| Krain | Laibach | | | | | | | | | | | | | |
| | das übrige Land | 0·63 | 0·63 | 0·63 | 0·61 | . . . | . . . | 0·33 | 0·31 | 0·33 | 0·33 | 0·59 | 0·59 | 0·64 |
| Triest (Stadt) | | | | | | | | | | | | | | |
| Görz und Gradisca | Görz (Stadt) | | | | | | | | | | | | | |
| | das übrige Land | 0·72 | 0·70 | 0·70 | 0·73 | 0·36 | 0·38 | 0·38 | 0·35 | 0·36 | 0·35 | 0·68 | 0·76 | 0·94 |
| Istrien | Rovigno (Stadt) | | | | | | | | | | | | | |
| | das übrige Land | | | | | | | | | | | | | |
| Tirol und Vorarlberg | Innsbruck | | | | | | | | | | | | | |
| | das übrige Land | 0·68 | 0·70 | 0·68 | 0·33 | 0·40 | 0·40 | 0·42 | 0·44 | 0·45 | 0·47 | 0·87 | 0·83½ | 0·76 |
| Böhmen | Prag | | | | | | | | | | | | | |
| | das übrige Land | 0·46 | 0·47 | 0·46 | 0·47 | 0·24 | 0·26 | 0·27 | 0·27 | 0·26 | 0·25 | 0·66 | 0·68 | 0·58 |
| Mähren | Brünn | | | | | | | | | | | | | |
| | das übrige Land | 0·41 | 0·39 | 0·38 | 0·39 | . . . | . . . | 0·21 | 0·21 | 0·24 | 0·24 | 0·40 | 0·42 | 0·46 |
| Schlesien | Troppau | | | | | | | | | | | | | |
| | das übrige Land | 0·35 | 0·33 | 0·33 | 0·38 | 0·22 | 0·21 | 0·24 | 0·22 | 0·25 | 0·24 | 0·39 | 0·42 | 0·50 |
| Galizien | Lemberg | 0·47 | 0·35 | . . . | . . . | | | | | | | | 0·44 | 0·47 |
| | Krakau | | | 0·47 | 0·44 | | | | | | | | | |
| | Westgalizien | | | . . . | . . . | 0·17 | 0·18 | 0·25 | 0·25 | 0·25 | 0·22 | 0·49 | | |
| | Ostgalizien | | | 0·35 | 0·34 | 0·20 | 0·21 | 0·22 | 0·23 | 0·23 | 0·23 | 0·38 | | |
| Bukowina | Czernowitz | | | | | | | | | | | | | |
| | das übrige Land | 0·42 | 0·42 | 0·45 | 0·45 | 0·31 | 0·35 | 0·31 | 0·31 | 0·32 | 0·22 | 0·35½ | 0·38½ | 0·48 |
| Dalmatien | Zara | | | | | | | | | | | | | |
| | das übrige Land | 0·86 | 0·84 | 0·84 | 0·88 | 0·53 | 0·59 | 0·66 | 0·60 | 0·30 | 0·52 | 1·00 | 1·04½ | 1·04½ |

¹) Ohne Bezirk Tolmein.

# rathe vertretenen Königreichen und Ländern.

österr. Währ.

| 1869 | 1870 | 1871 | 1872 | 1873 | 1874 | 1875 | 1876 | 1877 | 1878 | 1879 | 1880 | 1881 | 1882 | 1883 | 1884 | 1885 | 1886 | 1887 | 1888 | 1889 | 1890 |
|---|---|---|---|---|---|---|---|---|---|---|---|---|---|---|---|---|---|---|---|---|---|
| 1·00 | 1·00 | 1·00 | 1·27 | 1·30 | 1·30 | 1·30 | 1·30 | 1·30 | 1·30 | 1·30 | 1·30 | 1·30 | 1·30 | 1·30 | 1·30 | 1·30 | 1·30 | 1·30 | 1·30 | 1·30 | 1·30 |
| 0·85 | 0·87 | 1·09 | 1·18 | 1·18 | 1·17 | 1·10 | 1·05 | 1·04 | 1·01 | 0·99 | 0·99 | 0·99 | . . . | . . . | . . . | . . . | . . . | . . . | . . . | . . . | . . . |
| 0·72 | 0·72 | 0·83 | 0·87 | 0·90 | 0·98 | 1·06 | 1·11 | 1·50 | 1·00 | 1·50 | 0·90 | 1·00 | . . . | 0·90 | 0·90 | 1·10 | 1·10 | 1·10 | 1·10 | 1·10 | 1·10 |
|  |  |  |  |  |  |  |  | 0·99 | 1·01 | 0·94 | 0·93 | 0·94 | . . . |  |  |  |  |  |  |  |  |
| 0·79 | 0·80 | 0·87½ | 0·90½ | 0·96¼ | 1·11 | 1·12 | 1·08 | 0·90 | 0·90 | 0·90 | 0·90 | 0·90 | 0·90 | 1·00 | 1·00 | . . . | 0·90 | 0·75 | 0·80 | 0·90 | 0·90 |
|  |  |  |  |  |  |  |  | 1·15 | 1·19 | 1·10 | 0·96 | 1·09 | . . . |  |  |  |  |  |  |  |  |
| 0·71 | 0·76 | 0·87 | 1·09 | 0·80 | 0·93 | 0·92 | 0·87 | 0·90 | 0·60 | 0·80 | 0·80 | 0·80 | 0·80 | 0·80 | 0·80 | 0·80 | 0·80 | 0·80 | 0·90 | 0·80 | 0·90 |
|  |  |  |  |  |  |  |  | 0·90 | 0·87 | 0·80 | 0·83 | 0·85 | . . . |  |  |  |  |  |  |  |  |
| 0·70 | 0·70 | 0·81 | 0·89 | 0·92 | 0·93 | 0·94 | 0·89 | 0·90 | 0·80 | 0·80 | 0·80 | 0·90 | 0·90 | 0·90 | 0·90 | 0·90 | 0·90 | 0·90 | 0·90 | 0·90 | 0·90 |
|  |  |  |  |  |  |  |  | 0·88 | 0·84 | 0·89 | 0·87 | 0·83 | . . . |  |  |  |  |  |  |  |  |
| 0·60 | 0·70 | 0·77½ | 0·83 | 0·86 | 0·88 | 0·89 | 0·87 | 0·80 | 0·80 | 0·80 | 0·80 | 0·80 | 0·80 | 0·80 | 0·80 | 0·80 | 0·80 | 0·80 | 0·80 | 0·80 | 0·80 |
|  |  |  |  |  |  |  |  | 0·91 | 0·92 | 0·84 | 0·86 | 0·88 | . . . |  |  |  |  |  |  |  |  |
|  |  | 1·50 | 1·40 | 0·85 | 0·85 | . . . | 0·85 | 0·85 | . . . | . . . | . . . | . . . | . . . | 0·85 | 0·85 | 0·85 | 0·85 | 0·85 | 0·85 | 0·88 | 1·00 |
|  |  | 0·84 |  |  |  |  |  |  |  |  |  |  |  | 0·80 | 0·80 | 0·80 | 0·80 | 0·80 | 0·80 | 0·80 | 0·70 |
| 0·78 | 0·84 |  | 1·00 | 1·00 | 1·00 | 1·02 | 1·05 | . . . |  | ¹) |  | ¹) | . . . |  |  |  |  |  |  |  |  |
|  |  | 0·90 |  |  |  |  |  |  |  |  |  |  |  |  |  |  |  |  |  |  |  |
|  |  | 0·79 | 0·97 | 1·02 | 1·06 | 0·89 | . . . |  |  |  |  |  |  |  |  |  |  |  |  |  |  |
| 0·80 | 0·90 | 0·87 | 0·95 | 1·21 | 1·25 | 1·30 | 1·31 | 1·50 | 1·50 | 1·50 | 1·50 | 1·50 | 1·50 | 1·50 | 1·50 | 1·50 | 1·50 | 1·40 | 1·40 | 1·40 | 1·50 |
|  |  |  |  |  |  |  |  | 1·03 | 0·99 | 1·01 | 0·99 | 0·99 | . . . |  |  |  |  |  |  |  |  |
| 0·56 | 0·62 | 0·95 | 0·93 | 0·99 | 0·96 | 0·97 | 1·15 | 1·30 | 1·78 | 0·84 | 0·84 | 0·90 | 0·75 | 0·85 | 0·87 | 0·77 | 0·80 | 0·67 | 0·80 | 0·90 | 1·00 |
|  |  |  |  |  |  |  |  | 0·68 | 0·67 | 0·65 | 0·65 | 0·66 | . . . |  |  |  |  |  |  |  |  |
| 0·52 | 0·57 | 0·61 | 0·64 | 0·67 | 0·63 | 0·61 | 0·61 | 0·65 | 0·75 | 0·75 | 0·75 | 0·75 | 0·75 | 0·75 | 0·75 | 0·75 | 0·74 | 0·74 | 0·75 | 0·75 | 0·75 |
|  |  |  |  |  |  |  |  | 0·59 | 0·58 | 0·57 | 0·57 | 0·56 | . . . |  |  |  |  |  |  |  |  |
| 0·54 | 0·60 | 0·67 | 0·76 | 0·72 | 0·70 | 0·67 | 0·68 | 0·90 | 0·80 | 0·90 | 0·90 | 0·90 | 0·80 | 0·60 | 0·60 | 0·90 | 0·80 | 0·70 | 0·70 | 0·70 | 0·70 |
|  |  |  |  |  |  |  |  | 0·61 | 0·61 | 0·58 | 0·57 | 0·58 | . . . |  |  |  |  |  |  |  |  |
|  |  |  |  |  |  |  |  | 0·76 | 0·70 | 0·65 | 0·65 | 0·65 | 0·65 | 0·65 | 0·70 | 0·70 | 0·75 | 0·75 | 0·70 | 0·70 | 0·70 |
| 0·40 | 0·44 | 0·59 | 0·65 | 0·52 | 0·66 | 0·71 | 0·62 | 0·51 | 0·48 | 0·46 | 0·46 | 0·46 | . . . |  |  |  |  |  |  |  |  |
| 0·51 | 0·64 | 0·57 | 0·71 | 0·64 | 0·66 | 0·63 | 0·64 | 0·68 | 0·67 | 0·67 | 0·70 | 0·74 | 0·70 | 0·60 | 0·71 | 0·65 | 0·65 | 0·56 | 0·55 | 0·60 | 0·60 |
|  |  |  |  |  |  |  |  | 0·61 | 0·64 | 0·56 | 0·55 | 0·55 | . . . |  |  |  |  |  |  |  |  |
| 1·18 | 1·18 | 1·20 | 1·50 | 1·21 | 1·19 | 1·20 | 1·23 | 1·40 | 0·66 | 1·14 | 1·06 | 1·00 | 1·00 | 1·20 | 1·20 | 1·20 | 1·33 | 1·33 | 1·33 | 1·33 | 1·03 |
|  |  |  |  |  |  |  |  | 1·10 | 1·27 | 1·32 | 1·22 | 1·44 | . . . |  |  |  |  |  |  |  |  |

# Taglohn mit Kost in den im Reichsrathe vertretenen Königreichen und Ländern.

## In Gulden österr. Währ.

### (Nach Perioden.)

| Perioden | In den Städten | | | | | | | | | | | | | | | | |
|---|---|---|---|---|---|---|---|---|---|---|---|---|---|---|---|---|---|
| | Wien | Linz | Salzburg | Graz | Klagenfurt | Laibach | Triest | Görz | Rovigno | Innsbruck | Prag | Brünn | Troppau | Lemberg | Krakau | Czernowitz | Zara |
| **a) In absoluten Zahlen.** | | | | | | | | | | | | | | | | | |
| 1830—1838 | . . . | 0·17 | 0·17 | 0·17 | 0·22 | 0·22 | 0·29 | 0·29 | 0·29 | 0·25 | 0·14 | 0·14 | 0·14 | 0·12 | 0·12 | 0·12 | 0·32 |
| 1839—1847 | . . . | 0·21 | 0·21 | 0·19 | 0·23 | 0·23 | 0·32 | 0·32 | 0·32 | 0·27 | 0·15 | 0·16 | 0·16 | 0·12 | 0·12 | 0·12 | 0·31 |
| 1848—1850 | . . . | 0·25 | 0·31 | 0·26 | 0·27 | 0·29 | 0·32 | ·0·32 | 0·32 | 0·31 | 0·17 | 0·18 | 0·16 | 0·20 | 0·20 | 0·18 | 0·29 |
| 1851—1860 | 1)1·00 | 0·45 | 0·31 | 0·36 | 0·32 | 0·31 | 0·40 | 0·40 | 0·40 | 0·43 | 0·26 | 0·21 | 0·20 | 0·23 | 0·23 | 0·31 | 0·48 |
| 1861—1865 | 1·00 | 0·71 | 0·81 | 0·66 | 0·65 | 0·63 | 0·72 | 0·72 | 0·72 | 0·86 | 0·51 | 0·39 | 0·39 | . . . | . . . | 0·46 | 1·02 |
| 1866—1870 | . . . | 0·41 | 0·34 | 0·41 | 0·31 | 0·35 | 0·44 | 0·44 | 0·44 | 0·44 | 0·29 | 0·26 | 0·27 | 0·23 | 0·23 | 0·32 | 0·56 |
| 1871—1875 | . . . | 0·58 | 0·52 | 0·51 | 0·15 | 0·52 | 0·87 | 0·48 | 0·52 | 0·61 | 0·44 | 0·34 | 0·41 | 0·31 | 0·31 | 0·41 | 0·64 |
| 1876—1880 | . . . | 0·73 | 0·44 | 0·44 | 0·44 | 0·59 | . . . | 0·51 | 0·51 | 0·96 | 0·65 | 2)0·32 | 0·53 | 0·32 | 0·29 | 0·49 | 0·68 |
| 1881—1885 | . . . | 0·53 | 0·60 | 0·50 | 0·45 | 0·60 | . . . | 0·37 | . . . | 1·00 | 0·57 | . . . | 0·50 | 0·41 | 0·41 | 0·47 | 0·61 |
| 1886—1890 | . . . | 0·58 | . . . | 0·50 | 0·40 | 0·60 | . . . | 0·39 | . . . | 0·89 | 0·60 | . . . | 0·44 | . . . | . . . | 0·38 | 0·60 |
| **b) In Verhältniszahlen.** | | | | | | | | | | | | | | | | | |
| 1830—1838 | . . . | 80·9 | 80·9 | 89·4 | 95·6 | 95·6 | 90·6 | 90·6 | 90·6 | 92·5 | 93·3 | 87·5 | 87·5 | 100·0 | 100·0 | 100·0 | 103·2 |
| 1839—1847 | . . | 100·0 | 100·0 | 100·0 | 100·0 | 100·0 | 100·0 | 100·0 | 100·0 | 100·0 | 100·0 | 100·0 | 100·0 | 100·0 | 100·0 | 100·0 | 100·0 |
| 1848—1850 | . . . | 119·0 | 147·6 | 136·8 | 117·3 | 126·1 | 100·0 | 100·0 | 100·0 | 114·8 | 113·3 | 112·5 | 100·0 | 166·6 | 166·6 | 150·0 | 93·5 |
| 1851—1860 | . . . | 214·3 | 147·6 | 189·4 | 139·1 | 134·7 | 125·0 | 125·0 | 125·0 | 159·2 | 173·3 | 131·2 | 125·0 | 191·6 | 191·6 | 258·3 | 154·8 |
| 1861—1865 | . . | 338·1 | 385·7 | 347·3 | 282·6 | 278·9 | 225·0 | 225·0 | 225·0 | 318·5 | 340·0 | 243·7 | 243·7 | . . . | . . . | 383·3 | 329·0 |
| 1866—1870 | . . . | 195·2 | 161·9 | 215·7 | 134·7 | 152·1 | 137·5 | 137·5 | 137·5 | 163·0 | 193·3 | 162·5 | 168·7 | 191·6 | 191·6 | 266·6 | 180·6 |
| 1871—1875 | . . . | 276·2 | 247·6 | 268·4 | 195·6 | 226·1 | 271·8 | 150·0 | 162·5 | 225·9 | 293·3 | 212·5 | 256·2 | 258·3 | 258·3 | 341·6 | 206·4 |
| 1876—1880 | . . . | 347·6 | 209·5 | 231·5 | 191·3 | 256·5 | . . . | 159·3 | 159·3 | 355·5 | 433·3 | 200·0 | 331·2 | 266·6 | 241·7 | 408·3 | 219·3 |
| 1881—1885 | . . . | 252·3 | 285·7 | 263·1 | 195·6 | 260·8 | . . . | 115·6 | . . . | 370·3 | 380·0 | . . . | 312·5 | 341·6 | 341·6 | 391·6 | 196·7 |
| 1886—1890 | . . . | 276·2 | . . . | 263·1 | 173·9 | 260·8 | . . . | 12·.8 | . . . | 329·6 | 400·0 | . . . | 275·0 | . . . | . . . | 316·7 | 193·5 |

¹) Kommt nur im Jahre 1860 verzeichnet vor.
²) Kommt nur im Jahre 1876 verzeichnet vor.

Tabelle 290.

# Taglohn ohne Kost in den im Reichsrathe vertretenen Königreichen und Ländern.

## In Gulden österr. Währ.

### (Nach Perioden.)

| Perioden | Wien | Linz | Salzburg | Graz | Klagenfurt | Laibach | Triest | Görz | Rovigno | Innsbruck | Prag | Brünn | Troppau | Lemberg | Krakau | Czernowitz | Zara |
|---|---|---|---|---|---|---|---|---|---|---|---|---|---|---|---|---|---|
| | | | | | | | **a) In absoluten Zahlen.** | | | | | | | | | | |
| 1830—1838 | 0·41 | 0·34 | 0·34 | 0·31 | 0·41 | 0·41 | 0·51 | 0·51 | 0·51 | 0·51 | 0·23 | 0·23 | 0·23 | 0·20 | 0·20 | 0·20 | 0·57 |
| 1839—1847 | 0·42 | 0·38 | 0·38 | 0·36 | 0·44 | 0·44 | 0·54 | 0·54 | 0·54 | 0·55 | 0·26 | 0·26 | 0·26 | 0·21 | 0·21 | 0·21 | 0·53 |
| 1848—1850 | 0·49 | 0·42 | 0·50 | 0·44 | 0·49 | 0·52 | 0·58 | 0·58 | 0·58 | 0·59 | 0·31 | 0·30 | 0·28 | 0·31 | 0·31 | 0·31 | 0·53 |
| 1851—1860 | 0·76 | 0·55 | 0·61 | 0·55 | 0·60 | 0·61 | 0·64 | 0·64 | 0·64 | 0·62 | 0·43 | 0·38 | 0·32 | 0·39 | 0·41 | 0·40 | 0·72 |
| 1861—1865 | . . . | 0·44 | 0·38 | 0·37 | 0·30 | 0·33 | 0·36 | 0·36 | 0·36 | 0·44 | 0·26 | 0·23 | 0·23 | . . . | . . . | 0·30 | 0·53 |
| 1866—1870 | 1·00 | 0·72 | 0·76 | 0·69 | 0·67 | 0·62 | 0·80 | 0·80 | 0·80 | 0·83 | 0·62 | 0·47 | 0·49 | 0·44 | 0·44 | 0·47 | 1·09 |
| 1871—1875 | 1·23 | 0·93 | 0·99 | 0·92 | 0·90 | 0·85 | 1·15 | 0·95 | 0·95 | 1·12 | 0·96 | 0·63 | 0·70 | 0·65 | 0·65 | 0·64 | 1·26 |
| 1876—1880 | 1·30 | 1·20 | 0·94 | 0·79 | 0·84 | 0·81 | 0·85 | 1·03 | ¹) 0·89 | 1·46 | 1·18 | 0·70 | 0·84 | 0·68 | 0·51 | 0·67 | 1·10 |
| 1881—1885 | 1·30 | 0·98 | 0·95 | 0·80 | 0·90 | 0·80 | 0·85 | 0·80 | . . . | 1·50 | 0·83 | 0·75 | 0·76 | 0·67 | ²) 0·46 | 0·68 | 1·12 |
| 1886—1890 | 1·30 | 1·10 | 0·82 | 0 84 | 0·90 | 0·80 | 0·89 | 0·78 | . . . | 1·44 | 0·83 | 0·75 | 0 72 | 0·72 | . . . | 0·59 | 1·27 |
| | | | | | | | **b) In Verhältniszahlen.** | | | | | | | | | | |
| 1830—1838 | 97·6 | 89·4 | 89·4 | 86·1 | 93·1 | 93·1 | 94·4 | 94·4 | 94·4 | 92·7 | 88·4 | 88·4 | 88·4 | 95·2 | 95·2 | 95·2 | 107·5 |
| 1839—1847 | 100·0 | 100·0 | 100·0 | 100·0 | 100·0 | 100·0 | 100·0 | 100·0 | 100·0 | 100·0 | 100·0 | 100·0 | 100·0 | 100·0 | 100·0 | 100·0 | 100·0 |
| 1848—1850 | 116·6 | 110·5 | 131·5 | 122·2 | 111·3 | 118·1 | 107·4 | 107·4 | 107·4 | 107·2 | 119·2 | 115·3 | 107·6 | 147·6 | 147·6 | 147·6 | 100·0 |
| 1851—1860 | 180·9 | 144·7 | 160·5 | 152·7 | 136·3 | 138·6 | 118·1 | 118·1 | 118·1 | 112·7 | 165·3 | 146·1 | 123·1 | 185·7 | 195·2 | 190·4 | 135·8 |
| 1861—1865 | . . . | 115·7 | 100·0 | 102·7 | 68·1 | 75·0 | 66·6 | 66·6 | 66·6 | 80·0 | 100·0 | 88·4 | 88·4 | . . . | . . . | 142·8 | 100·0 |
| 1866—1870 | 238·1 | 189·4 | 200·0 | 191·6 | 152·2 | 140·9 | 148·1 | 148·1 | 148·1 | 150·9 | 238·4 | 180·7 | 188·4 | 209·5 | 209·5 | 223·8 | 205·6 |
| 1871—1875 | 292·8 | 244·7 | 260·5 | 255·5 | 204·5 | 193·1 | 212·9 | 175·9 | 175·9 | 203·6 | 369·2 | 242·3 | 269·2 | 309·5 | 309·5 | 304·7 | 237·7 |
| 1876—1880 | 309·5 | 315·7 | 247·3 | 219·4 | 190·9 | 184·1 | 157·4 | 190 7 | 164·8 | 265·4 | 453·8 | 269·2 | 323·1 | 323·8 | 242·8 | 319·0 | 207·5 |
| 1881—1885 | 309·5 | 257·9 | 250·0 | 222·2 | 204·5 | 181·8 | 157·4 | 148·1 | . . . | 272·7 | 319·9 | 288·4 | 292·3 | 319·0 | 219·0 | 323·8 | 211·3 |
| 1886—1890 | 309·5 | 315·8 | 215·8 | 233·3 | 204·5 | 181·8 | 164·8 | 144·4 | . . . | 260·7 | 319·9 | 288·4 | 276 9 | 342·8 | . . . | 280 9 | 239·6 |

¹) Kommt nur im Jahre 1876 verzeichnet vor.

²) Kommt nur im Jahre 1881 verzeichnet vor.

# Taglohn mit Kost im

### In Gulden

| Land | Angrenzendes Ausland | 1830 | 1831 | 1832 | 1833 | 1834 | 1835 | 1836 | 1837 | 1838 | 1839 | 1840 | 1841 | 1842 | 1843 | 1844 | 1845 | 1846 | 1847 | 1848 | 1849 | 1850 |
|---|---|---|---|---|---|---|---|---|---|---|---|---|---|---|---|---|---|---|---|---|---|---|
| Ober-Österreich | Baiern | | | | | | | | | | | | | | | | | | | | | |
| Salzburg | Baiern | 0·19 | 0·19 | 0·19 | 0·19 | 0·19 | 0·19 | 0·19 | 0·19 | 0·19 | 0·19 | 0·12 | 0·19 | 0·19 | 0·19 | 0·19 | 0·19 | 0·19 | 0·19 | 0·18 | 0·19 | 0·19 0·23 |
| Kärnten | Italien | .. | .. | .. | .. | .. | .. | .. | .. | .. | .. | .. | .. | .. | .. | .. | .. | .. | .. | .. | | |
| | Udine (Italien) | .. | .. | .. | .. | .. | .. | .. | .. | .. | .. | .. | .. | .. | .. | .. | .. | .. | .. | .. | | |
| Küstenland | Italien | .. | .. | .. | .. | .. | .. | .. | .. | .. | .. | .. | .. | .. | .. | .. | .. | .. | .. | .. | | |
| | Cividale (Italien) | .. | .. | .. | .. | .. | .. | .. | .. | .. | .. | .. | .. | .. | .. | .. | .. | .. | .. | .. | | |
| | Palmanova (Italien) | .. | .. | .. | .. | .. | .. | .. | .. | .. | .. | .. | .. | .. | .. | .. | .. | .. | .. | .. | | |
| | Stadt Fiume | .. | .. | .. | .. | .. | .. | .. | .. | .. | .. | .. | .. | .. | .. | .. | .. | .. | .. | .. | | |
| Tirol und Vorarlberg | Baiern, Schweiz, Italien | 0·28 | 0·26 | 0·28 | 0·28 | 0·26 | 0·23 | 0·23 | 0·23 | 0·25 | 0·23 | 0·26 | 0·28 | 0·25 | 0·26 | 0·23 | 0·21 | 0·19 | 0·19 | 0·26 | 0·26 | 0·30 |
| Böhmen | Baiern | | | | | | | | | | | | | | | | | | | | | |
| | Sachsen | 0·16 | 0·18 | 0·18 | 0·19 | 0·18 | 0·19 | 0·19 | 0·19 | 0·19 | 0·18 | 0·19 | 0·23 | 0·21 | 0·21 | 0·21 | 0·21 | 0·21 | 0·21 | 0·22 | 0·22 | 0·21 |
| | Preußen (Preußisch-Schlesien) | | | | | | | | | | | | | | | | | | | | | |
| Mähren | Preußisch-Schlesien | | | | | | | | | | | | | | | | | | | | | |
| Schlesien | Preußisch-Schlesien | 0·14 | 0·17 | 0·14 | 0·15 | 0·15 | 0·14 | 0·14 | 0·13 | 0·14 | 0·14 | 0·14 | 0·14 | 0·14 | 0·13 | 0·13 | 0·14 | 0·14 | 0·18 | | | |
| Galizien — Westgalizien | Preußisch-Schlesien | | | | | | | | | | | | | | | | | | | | | |
| | Russisch-Polen | | | | | | | | | | | | | | | | | | | | | |
| Krakau | Russisch-Polen | | | | | | | | | | | | | | | | | | | | | |
| Ostgalizien | Übriges Rußland | 0·18 | 0·16 | 0·18 | 0·16 | .. | .. | 0·14 | 0·14 | 0·14 | 0·14 | 0·16 | 0·18 | 0·14 | 0·15 | 0·16 | 0·15 | 0·16 | 0·17 | 0·19 | 0·21 | 0·21 0·19 |
| Bukowina | Rußland | | | | | | | | | | | | | | | | | | | | | |
| | Moldau | | | | | | | | | | | | | | | | | | | | | |
| Dalmatien | Bosnien und Hercegovina | .. | .. | .. | .. | .. | .. | .. | .. | .. | .. | .. | .. | .. | .. | .. | .. | .. | .. | .. | | |
| | Montenegro | .. | .. | .. | .. | .. | .. | .. | .. | .. | .. | .. | .. | .. | .. | .. | .. | .. | .. | .. | | |
| Lombardie | Italien | 0·23 | 0·25 | 0·21 | 0·23 | 0·23 | 0·21 | 0·23 | 0·21 | 0·21 | 0·21 | 0·21 | 0·21 | 0·21 | 0·21 | 0·21 | 0·19 | 0·21 | 0·19 | 0·21 | .. | 0·21 |
| Lomb.-venet. Königreich | Lombardie | 0·25 | 0·26 | 0·26 | 0·21 | 0·25 | 0·28 | 0·26 | 0·28 | 0·30 | 0·32 | 0·33 | 0·30 | 0·32 | 0·30 | 0·28 | 0·30 | 0·30 | 0·30 | 0·28 | 0·30 | 0·32 |
| | Venedig | 0·18 | 0·19 | 0·19 | 0·19 | 0·19 | 0·19 | 0·19 | 0·19 | 0·19 | 0·19 | 0·19 | 0·19 | 0·19 | 0·21 | 0·21 | 0·21 | 0·21 | 0·21 | 0·21 | 0·23 | 0·23 |
| Ungarn | | | | | | | | | | | | | | | | | | | | | | |
| Serbische Wojwodschaft und Temeser Banat | | | | | | | | | | | | | | | | | | | | | | |
| Croatien und Slavonien | | | | | | | | | | | | | | | | | | | | | | |
| Siebenbürgen | | | | | | | | | | | | | | | | | | | | | | |
| Militärgrenze | | 0·25 | 0·25 | 0·21 | 0·28 | 0·28 | 0·26 | 0·26 | 0·26 | 0·25 | 0·26 | 0·26 | 0·26 | 0·28 | 0·28 | 0·33 | 0·33 | 0·54 | | | | |

# angrenzenden Auslande.

### öſterr. Währ.

| 1851 | 1852 | 1853 | 1854 | 1855 | 1856 | 1857 | 1858 | 1859 | 1860 | 1861 | 1862 | 1863 | 1864 | 1865 | 1866 | 1867 | 1868 | 1869 | 1870 | 1871 | 1872 | 1873 | 1874 | 1875 | 1876 | 1877 | 1878 | 1879 | 1880 | 1881 |
|---|---|---|---|---|---|---|---|---|---|---|---|---|---|---|---|---|---|---|---|---|---|---|---|---|---|---|---|---|---|---|
| 0·19 |  |  |  |  |  |  | 0·28 | 0·28 | 0·28 | 0·30 | 0·21 | 0·27 | 0·29 | 0·25 | 0·25 | 0·32 | 0·32¼ | 0·34 | 0·38 | 0·42 | 0·52 | 0·62 | 0·46 | 0·97 | 0·65 | 0·65 | 0·62 | 0·50 | 0·36 | 0·54 |
|  | 0·35 | 0·29 | 0·28 | 0·19 | 0·26 | 0·21 | 0·35 | 0·40 |  |  | 0·44 | 0·37 | 0·34 | 0·37 | 0·31 | 0·31 | 0·31 | 0·31 | 0·33 | 0·27 | 0·27 | 0·71 | 0·63 | 0·59 | 0·42 | 0·48 | 0·45 | 0·36 | 0·42 | 0·32 |
|  |  |  |  |  |  |  |  |  |  |  |  |  |  |  |  |  | 0·50 | 0·50 |  |  |  |  |  |  |  |  |  |  |  |  |
|  |  |  |  |  |  |  |  |  |  |  |  |  |  |  |  |  |  |  | 0·40 |  | 0·51½ | 0·70 | 0·60 | 0·65 | 0·75 | 0·60 | 0·50 | 0·45 | 0·50 | 0·50 |
|  |  |  |  |  |  |  |  |  |  |  |  |  |  |  |  | 0·20 | 0·20 |  |  |  |  |  |  |  |  |  |  |  |  |  |
|  |  |  |  |  |  |  |  |  |  |  |  |  |  |  |  |  |  | 0·30 |  | 0·40 | 0·60 | 0·60 |  |  |  |  |  |  |  |  |
|  |  |  |  |  |  |  |  |  |  |  |  |  |  |  |  |  | 0·50 |  |  |  |  |  |  |  |  |  |  |  |  |  |
| 0·35 | 0·35 | 0·35 |  |  |  |  |  |  |  |  |  |  |  |  |  |  |  |  |  |  |  |  |  |  |  |  |  |  |  |  |
|  |  |  |  |  |  |  |  |  |  |  |  |  |  |  |  |  | 0·30 | 0·31 | 0·35 | 0·35 | 0·45 | 0·50 | 0·54 | 0·67 | 0·70 | 0·75 | 0·60 | 0·63 | 0·62 | 0·68 |
| 0·23 | 0·19 | 0·21 | 0·25 | 0·23 | 0·18 | 0·25 | 0·26 | 0·28 | 0·23 | 0·26 | 0·26 | 0·27 | 0·31 | 0·29 | 0·30¼ | 0·30 | 0·44 | 0·45 | 0·49 | 0·54 | 0·56 | 0·57 | 0·74 | 0·61 | 0·77 | 0·53 | 0·56 | 0·58 | 0·58 | 0·64 |
|  |  |  |  |  |  |  |  |  |  |  |  |  |  |  |  |  | 0·40 | 0·35 | 0·35 | 0·40 |  |  | 0·50 | 0·55 | 0·40 |  | 0·50 | 0·50 | 0·37 | 0·58 |
|  |  |  |  |  |  |  |  |  |  |  |  |  |  |  |  | 0·24 | 0·33 | 0·28 | 0·18 | 0·35 |  | 0·30 |  |  |  |  |  |  | 0·58 | 0·23 |
|  |  |  |  |  |  |  |  |  | 0·38 | 0·34 | 0·39 | 0·33 | 0·35 | 0·28 | 0·27 |  | 0·40 | 0·51 | 0·46 | 0·44 | 0·61 | 0·54 | 0·77 | 0·78 | 0·85 | 0·85 | 0·76 | 0·78 | 0·70 | 0·66 |
| 0·21 |  |  |  |  |  |  | 0·33 | 0·33 |  |  |  |  |  |  |  | 0·34 | 0·23 | 0·25 | 0·28 | 0·27 | 0·29 | 0·28 | 0·32 | 0·36 | 0·33 | 0·32 | 0·30 | 0·34 | 0·24 | 0·26 |
|  |  | 0·23 | 0·23 | 0·25 | 0·30 | 0·30 | 0·23 | 0·23 | 0·24 | 0·28 | 0·26 | 0·23 | 0·25 | 0·23 | 0·21 | 0·26 | 0·26 | 0·33 | 0·35 | 0·41 | 0·39 | 0·46 | 0·42 | 0·40 | 0·37 | 0·31 | 0·33 | 0·29 | 0·36 |  |
| 0·19 |  |  |  |  |  |  | 0·31 | 0·23 | 0·23 | 0·29 | 0·27 | 0·25½ | 0·27 | 0·21 | 0·23 | 0·27 | 0·15 | 0·30 | 0·45 | 0·50 | 0·50 | 0·55 | 0·60 | 0·54 | 0·60 | 0·60 | 0·55 | 0·43 | 0·44 | 0·40 |
|  |  |  |  |  |  |  |  |  |  |  |  |  |  |  |  |  | 0·35 | 0·44 | 0·47 | 0·52 | 0·49 | 0·48 | 0·49 | 0·45 | 0·46 | 0·36 | 0·37 | 0·37½ | 0·38 | 0·41 |
|  |  |  |  |  |  |  |  |  |  |  |  |  |  |  |  | 0·38 |  | 0·60 | 0·70 | 0·40 |  |  |  |  |  |  |  |  |  |  |
|  |  |  |  |  |  |  |  |  |  |  |  |  |  |  |  | 0·40 |  |  |  |  |  |  |  |  |  |  |  |  |  |  |
| 0·26 | 0·23 | 0·26 | 0·25 | 0·28 | 0·25 | 0·26 |  |  |  |  |  |  |  |  |  |  |  |  |  |  |  |  |  |  |  |  |  |  |  |  |
| 0·30 | 0·30 | 0·30 | 0·30 | 0·32 | 0·33 | 0·32 |  |  |  | 0·24 | 0·23 | 0·23 | 0·23 | 0·24 | 0·24 |  |  |  |  |  |  |  |  |  |  |  |  |  |  |  |
| 0·21 | 0·22 | 0·22 | 0·23 | 0·22 | 0·24 | 0·24 | 0·22 | 0·25 |  |  |  |  |  |  |  |  |  |  |  |  |  |  |  |  |  |  |  |  |  |  |
|  |  |  |  |  |  |  | 0·42 | 0·42 | 0·45 | 0·39 | 0·50 | 0·51 | 0·50 | 0·47 | 0·47 | 0·47 |  |  |  |  |  |  |  |  |  |  |  |  |  |  |
|  |  |  |  |  |  |  | 0·33 | 0·33 | 0·32 |  |  |  |  |  |  |  |  |  |  |  |  |  |  |  |  |  |  |  |  |  |
| 0·49 | 0·53 | 0·65 |  |  |  |  | 0·50 | 0·48 | 0·54 | 0·58 | 0·58 | 0·44 | 0·51 | 0·44 | 0·46 | 0·55 |  | 0·26 | 0·26 |  |  |  |  |  |  |  |  |  |  |  |

# Taglohn ohne Kost im

### In Gulden

| Land | Angrenzendes Ausland | 1830 | 1831 | 1832 | 1833 | 1834 | 1835 | 1836 | 1837 | 1838 | 1839 | 1840 | 1841 | 1842 | 1843 | 1844 | 1845 | 1846 | 1847 | 1848 | 1849 | 1850 |
|---|---|---|---|---|---|---|---|---|---|---|---|---|---|---|---|---|---|---|---|---|---|---|
| Ober-Österreich | Baiern | 0.40 | 0.40 | 0.42 | 0.37 | 0.42 | 0.44 | 0.44 | 0.40 | 0.40 | 0.39 | 0.39 | 0.39 | 0.39 | 0.39 | 0.39 | 0.37 | 0.37 | 0.39 | 0.40 | 0.39 | 0.44 |
| Salzburg | Baiern | | | | | | | | | | | | | | | | | | | | | |
| Kärnten | Italien | | | | | | | | | | | | | | | | | | | | | |
| | Udine (Italien) | | | | | | | | | | | | | | | | | | | | | |
| Küstenland | Italien | | | | | | | | | | | | | | | | | | | | | |
| | Cividale (Italien) | | | | | | | | | | | | | | | | | | | | | |
| | Palmanova (Italien) | | | | | | | | | | | | | | | | | | | | | |
| | Stadt Fiume | | | | | | | | | | | | | | | | | | | | | |
| Tirol und Vorarlberg | Baiern, Schweiz, Italien | 0.58 | 0.56 | 0.61 | 0.61 | 0.61 | 0.61 | 0.61 | 0.61 | 0.61 | 0.61 | 0.61 | 0.61 | 0.53 | 0.54 | 0.59 | 0.47 | 0.44 | 0.44 | 0.53 | 0.53 | 0.61 |
| Böhmen | Baiern | 0.30 | 0.32 | 0.32 | 0.35 | 0.33 | 0.33 | 0.33 | 0.33 | 0.33 | 0.32 | 0.35 | 0.35 | 0.37 | 0.35 | 0.37 | 0.39 | 0.39 | 0.41 | 0.37 | 0.38 | 0.37 |
| | Sachsen | | | | | | | | | | | | | | | | | | | | | |
| | Preußen (Preußisch-Schlesien) | | | | | | | | | | | | | | | | | | | | | |
| Mähren | Preußisch-Schlesien | 0.23 | 0.26 | 0.26 | 0.26 | 0.26 | 0.25 | 0.25 | 0.25 | 0.23 | 0.25 | 0.25 | 0.26 | 0.25 | 0.26 | 0.25 | 0.28 | 0.27 | 0.28 | 0.30 | | |
| Schlesien | Preußisch-Schlesien | | | | | | | | | | | | | | | | | | | | | |
| Galizien / Westgalizien | Preußisch-Schlesien | 0.25 | 0.26 | 0.26 | 0.26 | | | 0.23 | 0.23 | 0.23 | 0.23 | 0.25 | 0.26 | 0.23 | 0.25 | 0.23 | 0.25 | 0.25 | 0.27 | 0.31 | 0.33 | 0.33 |
| | Russisch-Polen | | | | | | | | | | | | | | | | | | | | | |
| Krakau | Russisch-Polen | | | | | | | | | | | | | | | | | | | | | |
| Ostgalizien | Übriges Russland | | | | | | | | | | | | | | | | | | | | | |
| Bukowina | Russland | | | | | | | | | | | | | | | | | | | | | |
| | Moldau | | | | | | | | | | | | | | | | | | | | | |
| Dalmatien | Bosnien und Hercegovina | | | | | | | | | | | | | | | | | | | | | |
| | Montenegro | | | | | | | | | | | | | | | | | | | | | |
| Lombardie | Italien | | | 0.43 | 0.47 | 0.42 | 0.42 | 0.40 | 0.40 | 0.40 | 0.39 | 0.40 | 0.40 | 0.39 | 0.39 | 0.39 | 0.39 | 0.37 | 0.41 | 0.40 | 0.56 | 0.42 |
| Lomb.-venet. Königreich | Lombardie | 0.46 | 0.47 | 0.46 | 0.46 | 0.46 | 0.46 | 0.47 | 0.47 | 0.47 | 0.47 | 0.49 | 0.49 | 0.51 | 0.52 | 0.52 | 0.51 | 0.51 | 0.51 | 0.51 | 0.51 | 0.53 |
| | Venedig | 0.35 | 0.37 | 0.37 | 0.35 | 0.37 | 0.36 | 0.37 | 0.37 | 0.37 | 0.37 | 0.39 | 0.39 | 0.39 | 0.39 | 0.39 | 0.39 | 0.40 | 0.42 | | 0.40 | 0.40 |
| Ungarn | | 0.23 | 0.28 | 0.30 | 0.33 | 0.35 | 0.33 | 0.32 | 0.33 | 0.35 | 0.35 | 0.35 | 0.35 | 0.35 | 0.35 | 0.37 | 0.37 | 0.39 | 0.42 | 0.42 | | 0.62 |
| Serbische Wojwodschaft und Temeser Banat | | | | | | | | | | | | | | | | | | | | | | 0.69 |
| Croatien und Slavonien | | | | | | | | | | | | | | | | | | | | | | 0.75 |
| Siebenbürgen | | | | | | | | | | | | | | | 0.21 | 0.21 | | | | | | 0.42 |
| Militärgrenze | | 0.35 | 0.42 | 0.40 | 0.40 | 0.42 | 0.49 | 0.44 | 0.44 | 0.42 | 0.42 | 0.42 | 0.42 | 0.42 | 0.44 | 0.44 | 0.44 | 0.46 | 0.51 | | 0.56 | 0.77 |

# angrenzenden Auslande.

### österr. Währ.

| 1851 | 1852 | 1853 | 1854 | 1855 | 1856 | 1857 | 1858 | 1859 | 1860 | 1861 | 1862 | 1863 | 1864 | 1865 | 1866 | 1867 | 1868 | 1869 | 1870 | 1871 | 1872 | 1873 | 1874 | 1875 | 1876 | 1877 | 1878 | 1879 | 1880 | 1881 |
|---|---|---|---|---|---|---|---|---|---|---|---|---|---|---|---|---|---|---|---|---|---|---|---|---|---|---|---|---|---|---|
| 0·42 | | | | | | | 0·47 | 0·52 | 0·58 | 0·57 | 0·40 | 0·49 | 0·52 | 0·49 | 0·60 | 0·64½ | 0·67 | 0·77 | 0·73 | 0·87 | 0·92 | 0·90 | 0·96 | 1·74 | 1·17 | 1·12 | 1·17 | 0·96 | 0·64 | 0·95 |
| | 0·53 | 0·53 | 0·48 | 0·43 | 0·38 | 0·44 | | | | | | | | | | | | | | | | | | | | | | | | |
| 0·54 | | | | | | | 0·58 | 0·58 | | | 0·65 | 0·63 | 0·58 | 0·60 | 0·35 | 0·37 | 0·54 | 0·63 | 0·74 | 0·77 | 0·77 | 1·06 | 1·08 | 0·99 | 0·85 | 0·80 | 0·78 | 0·78 | 0·78 | 0·67 |
| | | | | | | | | | | | | | | | | | | 1·00 | | | | | | | | | | | | |
| | | | | | | | | | | | | | | | | | | | 1·00 | | 1·00 | 1·20 | 1·00 | 1·20 | 1·30 | 1·00 | 1·00 | 0·80 | 0·80 | 0·80 |
| | | | | | | | | | | | | | | | | 0·40 | 0·40 | | | | | | | | | | | | | |
| | | | | | | | | | | | | | | | | | | 0·70 | | 1·00 | 1·06 | 1·00 | | | | | | | | |
| | | | | | | | | | | | | | | | | | 1·10 | | | | | | | | | | | | | |
| 0·70 | 0·70 | 0·70 | | | | | | | | | | | | | | | | | | | | | | | | | | | | |
| | | | | | | | | | | | | | | | | | 0·58 | 0·61 | 0·67 | 0·70 | 0·85 | 0·92 | 0·92 | 1·17 | 1·10 | 1·07 | 1·05 | 0·97 | 1·05 | 1·08 |
| 0·39 | 0·40 | 0·40 | 0·47 | 0·44 | 0·46 | 0·47 | 0·49 | 0·48 | 0·47 | 0·54 | 0·51 | 0·52 | 0·59 | 0·56 | 0·57½ | 0·60 | 0·74 | 0·79 | 0·89 | 0·94 | 1·05 | 1·12 | 1·13 | 1·03 | 1·05 | 0·88 | 0·90 | 0·88 | 0·89 | 0·98 |
| | | | | | | | | | | | | | | | | | 0·72 | 0·75 | 0·60 | 0·70 | | | 0·90 | 1·11 | 0·67 | | 1·17 | 0·75 | 0·75 | 0·83 |
| | | | | | | | | | | | | | | | | 0·44 | 0·57 | 0·50 | 0·36 | 0·70 | | 0·60 | | | | | | | 0·87 | 0·46 |
| | | | | | | | | | 0·60 | 0·61 | 0·57 | 0·58 | 0·57 | 0·50 | 0·53 | | 0·71 | 0·85 | 0·79 | 0·80 | 0·99 | 0·99 | 1·18 | 1·12 | 1·16 | 1·20 | 1·05 | 1·06 | 1·02 | 1·05 |
| 0·35 | | | | | | | 0·61 | 0·59½ | | | | | | | | 0·52 | 0·42 | 0·40 | 0·45 | 0·48 | 0·47 | 0·47 | 0·49 | 0·54 | 0·50 | 0·50 | 0·47 | 0·47 | 0·38 | 0·43 |
| | 0·40 | 0·39 | 0·42 | 0·49 | 0·51 | | 0·45 | 0·43 | 0·47 | 0·48 | 0·46 | 0·44 | 0·43 | 0·45 | 0·36 | | 0·50 | 0·54 | 0·54 | 0·62 | 0·64 | 0·64 | 0·67 | 0·77 | 0·74 | 0·73 | 0·68 | 0·60 | 0·60 | 0·57 |
| 0·32 | | | | | | | | | | | | | | | | 0·43½ | 0·34 | 0·50 | 0·87 | 1·00 | 1·00 | 1·00 | 1·00 | 1·08 | 1·00 | 1·00 | 0·90 | 0·94 | 0·94 | 0·90 |
| | | | | | | | 0·45 | 0·35 | 0·36 | 0·43 | 0·41 | 0·41½ | 0·42 | 0·35 | 0·36 | | 0·45 | 0·64 | 0·65 | 0·80 | 0·75 | 0·73 | 0·73 | 0·72 | 0·65 | 0·57 | 0·68 | 0·57 | 0·62 | 0·67 |
| | | | | | | | | | | | | | | | | 0·58 | | 1·00 | 1·26 | 0·80 | | | | | | | | | | |
| | | | | | | | | | | | | | | | | 0·70 | | | | | | | | | | | | | | |
| 0·46 | 0·42 | 0·47 | 0·47 | 0·49 | 0·42 | 0·44 | | | | | | | | | | | | | | | | | | | | | | | | |
| 0·53 | 0·51 | 0·53 | 0·51 | 0·53 | 0·56 | 0·53 | | | | | | | | | | | | | | | | | | | | | | | | |
| 0·40 | 0·41 | 0·43 | 0·42 | 0·42 | 0·42 | 0·43 | 0·44 | 0·44 | 0·44 | 0·44 | 0·45 | 0·47 | 0·46 | 0·46 | | | | | | | | | | | | | | | | |
| 0·70 | 0·66 | 0·79 | 0·86 | 0·89 | 0·81 | 0·95 | 0·94 | 0·92 | | | | | | | | | | | | | | | | | | | | | | |
| 0·74 | 0·74 | 0·77 | 0·88 | 0·96 | 0·91 | 0·74 | 0·66 | 0·64 | | | | | | | | | | | | | | | | | | | | | | |
| 0·75 | 0·70 | 0·63 | 0·68 | 0·79 | 0·86 | 0·74 | 0·79 | 0·75 | 0·78 | 0·83 | 0·82 | 0·83 | 0·79 | 0·76 | 0·77 | | | | | | | | | | | | | | | |
| 0·53 | 0·53 | 0·53 | 0·58 | 0·63 | 0·63 | 0·55 | 0·57 | 0·54 | | | | | | | | | | | | | | | | | | | | | | |
| 0·79 | 0·81 | 0·93 | 1·12 | 1·19 | 1·16 | 1·14 | 0·80 | 0·80 | 0·87 | 0·93 | 0·86 | 0·73 | 0·81 | 0·76 | 0·79 | 0·89 | 0·97 | 0·97 | | | | | | | | | | | | |

# Taglohn mit Koft im angrenzenden Auslande.

### In Gulden österr. Währ.

| Land | Angrenzendes Ausland | In der Periode | | | | | | | |
|---|---|---|---|---|---|---|---|---|---|
| | | 1830—1838 | 1839—1847 | 1848—1850 | 1851—1860 | 1861—1865 | 1866—1870 | 1871—1875 | 1876—1880 |
| **a) In absoluten Zahlen.** | | | | | | | | | |
| Ober-Österreich | Baiern | 0·19 | 0·19 | 0·20 | 0·26 | 0·26 | 0·32 | 0·60 | 0·56 |
| Salzburg | Baiern | 0·10 | 0·19 | 0·20 | 0·30 | 0·38 | 0·31 | 0·49 | 0·43 |
| Kärnten | Italien | | | | | | 0·50 | | |
| | Udine (Italien) | | | | | | 1) 0·40 | 0·62 | 0·56 |
| Küstenland | Italien | | | | | | 0·20 | | |
| | Cividale (Italien) | | | | | | 0·25 | 0·53 | |
| | Palmanova (Italien) | | | | | | 2) 0·20 | | |
| | Stadt Fiume | | | | | | 0·35 | | |
| Tirol und Vorarlberg | Baiern, Schweiz, Italien | 0·26 | 0·23 | 0·27 | 0·35 | | | | |
| Böhmen | Baiern | | | | | | 0·31 | 0·50 | 0·66 |
| | Sachsen | 0·18 | 0·21 | 0·22 | 0·23 | 0·28 | 0·40 | 0·60 | 0·60 |
| | Preußen (Preußisch-Schlesien) | | | | | | 0·34 | 0·46 | 0·46 |
| Mähren | Preußisch-Schlesien | 0·14 | 0·14 | 3) 0·18 | | | | | |
| Schlesien | Preußisch-Schlesien | 0·14 | 0·14 | 3) 0·18 | | | 0·26 | 0·33 | 4) 0·58 |
| Galizien — Westgalizien | Preußisch-Schlesien | | | | 0·27 | 0·34 | 0·40 | 0·63 | 0·79 |
| | Russisch-Polen | | | | 0·27 | 0·34 | 0·27 | 0·30 | 0·31 |
| Krakau | Russisch-Polen | 0·16 | 0·16 | 0·20 | 0·27 | | 0·28 | 0·30 | 0·31 |
| Ostgalizien | Übriges Russland | | | | 0·25 | 0·25 | 0·28 | 0·41 | 0·34 |
| Bukowina | Russland | 0·16 | 0·16 | 0·20 | 0·25 | 0·26 | 0·28 | 0·54 | 0·52 |
| | Moldau | | | | | | 0·35 | 0·49 | 0·39 |
| Dalmatien | Bosnien und Hercegovina | | | | | | 0·34 | 5) 0·40 | |
| | Montenegro | | | | | | 2) 0·40 | | |
| Benedig | Italien | 0·23 | 0·21 | 0·21 | 0·26 | | | | |
| Lomb.-venet. Königreich | Lombardie | 0·26 | 0·31 | 0·30 | 0·30 | 0·23 | | | |
| | Benedig | 0·19 | 0·20 | 0·22 | 0·23 | 0·23 | | | |
| Ungarn | | | | | | | | | |
| Serbische Wojwodschaft und Temeser Banat | | | | | | | | | |
| Croatien und Slavonien | | | | | 0·42 | 0·49 | 6) 0·47 | | |
| Siebenbürgen | | | | | 0·33 | | | | |
| Militärgrenze | | 0·26 | 0·27 | 0·42 | 0·53 | 0·51 | 0·38 | | |
| **b) In Verhältniszahlen.** | | | | | | | | | |
| Ober-Österreich | Baiern | 100·00 | 100·00 | 105·26 | 136·84 | 136·84 | 168·42 | 315·79 | 294·73 |
| Salzburg | Baiern | 52·65 | 100·00 | 105·26 | 157·89 | 200·00 | 163·15 | 257·89 | 226·31 |
| Kärnten | Italien | | | | | | | | |
| | Udine (Italien) | | | | | | | | |
| Küstenland | Italien | | | | | | | | |
| | Cividale (Italien) | | | | | | | | |
| | Palmanova (Italien) | | | | | | | | |
| | Stadt Fiume | | | | | | | | |
| Tirol und Vorarlberg | Baiern, Schweiz, Italien | 113·04 | 100·00 | 117·39 | 152·17 | | 147·62 | 238·10 | 314·28 |
| Böhmen | Baiern | | | | | | 147·62 | 238·10 | 314·28 |
| | Sachsen | 85·71 | 100·00 | 104·76 | 109·52 | 133·33 | 190·48 | 285·71 | 285·71 |
| Mähren | Preußen (Preußisch-Schlesien) | | | | | | 161·90 | 219·05 | 219·05 |
| Schlesien | Preußisch-Schlesien | | | | | | | | |
| Galizien — Westgalizien | Preußisch-Schlesien | | | | 168·75 | 212·50 | 250·00 | 393·75 | 493·75 |
| | Russisch-Polen | | | | 168·75 | 212·50 | 168·75 | 187·50 | 193·75 |
| Krakau | Russisch-Polen | 100·00 | 100·00 | 125·00 | 168·75 | | 175·00 | 187·50 | 193·75 |
| Ostgalizien | Übriges Russland | | | | 156·25 | 156·25 | 175·00 | 256·25 | 212·50 |
| Bukowina | Russland | 100·00 | 100·00 | 125·00 | 156·25 | 162·50 | 175·00 | 337·50 | 325·00 |
| | Moldau | | | | | | 218·75 | 306·25 | 243·75 |
| Dalmatien | Bosnien und Hercegovina | | | | | | | | |
| | Montenegro | | | | | | | | |
| Benedig | Italien | | | | | | | | |
| Lomb.-venet. Königreich | Lombardie | | | | | | | | |
| | Benedig | | | | | | | | |
| Ungarn | | | | | | | | | |
| Serbische Wojwodschaft | | | | | | | | | |
| Croatien und Slavonien | | | | | | | | | |
| Siebenbürgen | | | | | | | | | |
| Militärgrenze | | | | | | | | | |

1) Kommt nur im Jahre 1870 verzeichnet vor.
2) Kommt nur im Jahre 1867 verzeichnet vor.
3) Kommt nur im Jahre 1848 verzeichnet vor.
4) Kommt nur im Jahre 1880 verzeichnet vor.
5) Kommt nur im Jahre 1871 verzeichnet vor.
6) Kommt nur im Jahre 1866 verzeichnet vor.

Tabelle 294.

# Taglohn ohne Kost im angrenzenden Auslande.

### In Gulden österr. Währ.

## a) In absoluten Zahlen.

| Land | Angrenzendes Ausland | 1830—1838 | 1839—1847 | 1848—1850 | 1851—1860 | 1861—1865 | 1866—1870 | 1871—1875 | 1876—1880 |
|---|---|---|---|---|---|---|---|---|---|
| Ober-Österreich | Baiern | 0·41 | 0·39 | 0·41 | 0·48 | 0·49 | 0·68 | 1·08 | 1·01 |
| Salzburg | Baiern | 0·41 | 0·39 | 0·41 | 0·52 | 0·62 | 0·53 | 0·93 | 0·80 |
| Kärnten | Italien | | | | | | [1] 1·00 | | |
| | Udine (Italien) | | | | | | [2] 1·00 | 1·10 | 9·98 |
| Küstenland | Italien | | | | | | 0·40 | | |
| | Cividale (Italien) | | | | | | 0·55 | 1·02 | |
| | Palmanova (Italien) | | | | | | [3] 0·40 | | |
| | Stadt Fiume | | | | | | 0·75 | | |
| Tirol und Vorarlberg | Baiern, Schweiz, Italien | 0·60 | 0·54 | 0·56 | 0·70 | | | | |
| Böhmen | Baiern | | | | | | 0·61 | 0·91 | 1·05 |
| | Sachsen | 0·33 | 0·37 | 0·37 | 0·45 | 0·54 | 0·72 | 1·05 | 0·92 |
| | Preußen (Preußisch-Schlesien) | | | | | | 0·65 | 0·85 | 0·86 |
| Mähren | Preußisch-Schlesien | 0·25 | 0·26 | [4] 0·30 | | | | | |
| Schlesien | Preußisch-Schlesien | 0·25 | 0·26 | [4] 0·30 | | | 0·37 | 0·65 | [5] 0·87 |
| Galizien — Westgalizien | Russisch-Polen | | | | 0·45 | 0·57 | 0·68 | 1·02 | 1·10 |
| Galizien — Krakau | Russisch-Polen | 0·24 | 0·26 | 0·33 | 0·45 | 0·57 | 0·46 | 0·49 | 0·46 |
| Galizien — Ostgalizien | Übriges Rußland | | | | 0·43 | 0·45 | 0·49 | 0·69 | 0·62 |
| Bukowina | Rußland | | | | | | 0·50 | 1·02 | 0·96 |
| | Moldau | 0·24 | 0·26 | 0·33 | 0·41 | 0·40 | 0·51 | 0·75 | 0·61 |
| Dalmatien | Bosnien und Hercegovina | | | | | | 0·95 | [6] 0·80 | |
| | Montenegro | | | | | | [2] 0·70 | | |
| Venedig | Italien | 0·42 | 0·39 | 0·49 | 0·45 | | | | |
| Lomb.-venet. Königreich | Lombardie | 0·46 | 0·50 | 0·52 | 0·52 | 0·46 | | | |
| | Benedig | 0·36 | 0·39 | 0·41 | 0·43 | 0·46 | | | |
| Ungarn | | 0·31 | 0·37 | 0·52 | 0·84 | | | | |
| Serbische Wojwodschaft und Temeser Banat | | | | [7] 0·69 | 0·77 | | | | |
| Croatien und Slavonien | | | | [7] 0·75 | 0·74 | 0·81 | [8] 0·77 | | |
| Siebenbürgen | | | 0·21 | [7] 0·42 | 0·57 | | | | |
| Militärgrenze | | 0·42 | 0·43 | 0·61 | 0·88 | 0·82 | 0·91 | | |

## b) In Verhältniszahlen.

| Land | Angrenzendes Ausland | 1830—1838 | 1839—1847 | 1848—1850 | 1851—1860 | 1861—1865 | 1866—1870 | 1871—1875 | 1876—1880 |
|---|---|---|---|---|---|---|---|---|---|
| Ober-Österreich | Baiern | 105·13 | 100·00 | 105·13 | 123·07 | 125·64 | 174·36 | 276·92 | 258·97 |
| Salzburg | Baiern | 105·13 | 100·00 | 105·13 | 133·33 | 158·97 | 135·90 | 238·46 | 205·13 |
| Kärnten | Italien | | | | | | | | |
| | Udine (Italien) | | | | | | | | |
| Küstenland | Italien | | | | | | | | |
| | Cividale (Italien) | | | | | | | | |
| | Palmanova (Italien) | | | | | | | | |
| | Stadt Fiume | | | | | | | | |
| Tirol und Vorarlberg | Baiern, Schweiz, Italien | 111·11 | 100·00 | 103·70 | 129·63 | | | | |
| Böhmen | Baiern | | | | | | 164·86 | 245·94 | 288·78 |
| | Sachsen | 89·19 | 100·00 | 100·00 | 121·62 | 145·94 | 194·59 | 283·78 | 248·65 |
| | Preußen (Preußisch-Schlesien) | | | | | | 175·67 | 229·78 | 232·43 |
| Mähren | Preußisch-Schlesien | | | | | | | | |
| Schlesien | Preußisch-Schlesien | | | | | | | | |
| Galizien — Westgalizien | Russisch-Polen | | | | 173·07 | 219·23 | 261·54 | 392·31 | 423·08 |
| Galizien — Krakau | Russisch-Polen | 92·31 | 100·00 | 126·92 | 173·07 | 219·23 | 176·92 | 188·46 | 176·92 |
| Galizien — Ostgalizien | Übriges Rußland | | | | 165·38 | 173·07 | 188·46 | 265·38 | 238·46 |
| Bukowina | Rußland | | | | | | 192·31 | 392·31 | 369·23 |
| | Moldau | 92·31 | 100·00 | 126·92 | 157·69 | 153·84 | 196·15 | 288·46 | 234·61 |
| Dalmatien | Bosnien und Hercegovina | | | | | | | | |
| | Montenegro | | | | | | | | |
| Venedig | Italien | | | | | | | | |
| Lomb.-venet. Königreich | Lombardie | | | | | | | | |
| | Benedig | | | | | | | | |
| Ungarn | | | | | | | | | |
| Serbische Wojwodschaft und Temeser Banat | | | | | | | | | |
| Croatien und Slavonien | | | | | | | | | |
| Siebenbürgen | | | | | | | | | |
| Militärgrenze | | | | | | | | | |

[1] Kommt nur im Jahre 1869 verzeichnet vor.
[2] Kommt nur im Jahre 1870 verzeichnet vor.
[3] Kommt nur im Jahre 1867 verzeichnet vor.
[4] Kommt nur im Jahre 1848 verzeichnet vor.
[5] Kommt nur im Jahre 1880 verzeichnet vor.
[6] Kommt nur im Jahre 1871 verzeichnet vor.
[7] Kommt nur im Jahre 1850 verzeichnet vor.
[8] Kommt nur im Jahre 1866 verzeichnet vor.

# Erläuterungen.

Tabellen über die Preise und Löhne haben zunächst die Aufgabe, die Veränderungen, welche auf diesen Gebieten des wirtschaftlichen Lebens eintreten, ersichtlich zu machen. Allein diese Darstellung der absoluten Verhältnisse kann hier nicht der angestrebte Zweck sein. Dieser liegt vielmehr in der Untersuchung, ob und welche Veränderungen in dem wirtschaftlichen Leben durch die gestörte Ordnung des Geldwesens veranlaßt wurden. Um eine solche Untersuchung zu ermöglichen, schien es von Wesenheit, eine möglichst ausgedehnte Reihe von Consumwaren in ihrer Preisgestaltung zu beobachten und daneben sowohl die Preisgestaltung auf dem Geldmarkte selbst, als auch diejenigen congruenter Warengattungen auf einigen ausländischen Märkten ersichtlich zu machen. Singuläre Abweichungen von allgemeinen Erscheinungen gestatten den empirischen Schluß auf singulär wirkende Ursachen. Zur Lösung der international aufgeworfenen Frage einer Veränderung der Kaufkraft des Geldes überhaupt bietet gerade die Preisgestaltung in einem Papierwährungslande wegen Isolierung desselben keinen Stoff. Einigen Überblick gewähren aber in dieser Richtung die Tabellen über die Preise im Auslande, welche zugleich die Möglichkeit bieten sollen, festzustellen, ob und inwieweit der heimische Verkehr durch den jeweiligen Wertstand unserer Valuta beeinflußt worden sein dürfte, oder ob und inwieweit unsere Valuta sich im einheimischen Verkehr als ein stabiler Wertmesser erwies.

Die Darstellung der absoluten Preisgestaltung auf den Märkten der im Reichsrathe vertretenen Königreiche und Länder, dem angrenzenden Auslande und der Lohnlisten ist über amtliches Ansuchen des k. k. Finanzministeriums durch das Präsidium der k. k. statistischen Centralcommission nach den dort bereits vorgelegenen amtlichen Quellen (diese sind die regelmäßigen Berichte der politischen Landesbehörden der im Reichsrathe vertretenen Königreiche und Länder, welche der k. k. statistischen Centralcommission die Jahresdurchschnittsdaten für das betreffende Land und respective auch das angrenzende Ausland mittheilen) veranlaßt worden.[1] Die Wiener Getreide-Großhandelspreise sind dem österreichischen statistischen Handbuche entnommen und beruhen auf den Mittheilungen des Generalsecretariates der Frucht- und Mehlbörse in Wien. Die Preisangaben für München und Leipzig sind den statistischen Mittheilungen der städtischen statistischen Ämter dieser beiden Städte, München 1890, Leipzig 1889 entnommen. Die Tabelle von Hamburg ist den Soetbeer'schen Materialien entnommen.

Die Naturalien- und Service-Durchschnittspreise des k. und k. Heeres sind dem Verordnungsblatte der k. und k. Armee entnommen.

Eine generelle preis- oder lohnstatistische Bearbeitung lag außer der gestellten Aufgabe und wurde nicht erstrebt. Eine solche würde vor allem auch eine analytische Verarbeitung des in den Berichten der Handels- und Gewerbekammer gebotenen reichen Materiales erfordern.

---

[1] Als Grundlage für die Umrechnung der alten Maße, Gewichte und der Währung in die neuen wurden die officiellen Verhältniszahlen angewendet, und zwar:

1 Wiener Metzen = 0·6148682 Hektoliter,
1 Wiener Pfund = 0·560060 Kilogramm,
1 Wiener Centner = 0·560060 Metercentner,
1 Gulden Conv.-Münze = 1 fl. 05 kr. österr. Währ.,
1 Kreuzer Conv.-Münze = 1·75 kr. österr. Währ.

# Siebzehnter Abschnitt.

## Hypothekarlastenstand und dessen Bewegung. Jahresaufbau der Hypothekarbelastung. Zinsfuß.

(Tabellen 295—299.)

Tabelle 295.

# Grundbücherlicher Hypothekar=Lastenstand und dessen Bewegung in den im Reichsrathe vertretenen Königreichen und Ländern 1858—1888.

In den Ländern mit geordneten Grundbuchs-, beziehungsweise Verfachbüchern (Niederösterreich, Oberösterreich, Salzburg, Steiermark, Kärnten, Krain, Tirol (seit 1871), Böhmen, Mähren und Schlesien).

### a) In absoluten Zahlen

### in 1000 fl. österreichischer Währung.

| | 1 | 2 | 3 | 4 | 5 | 6 | 7 | 8 | 9 |
|---|---|---|---|---|---|---|---|---|---|
| Jahre | Neue Belastung | Entlastung | — + Belastung | Gesammtstand der Belastung am Ende des Jahres österr. Währung | Neue Belastung nach dem Rechtstitel | | | | |
| | | | | | Hypothekar-darlehen | Kaufschillings-reste | Andere Verträge | Justificat exec. Intabulat. | Im Verlassen-schaftswege |
| 1858 | . . . . . . . | . . . . . . . | | 965.019 | . . . . . . . | | | | . . . . . . |
| 1868 ¹) | 148.026 | 135.234 | + 12.792 | ²) 1,844.189 | . . . . . . . | | ³) 120.326 | 8.476 | 19.224 |
| 1869 ¹) | 183.032 | 157.708 | + 25.324 | ²) 1,869.513 | . . . . . . . | | ³) 154.806 | 9.277 | 18.949 |
| 1870 ¹) | 181.156 | 174.563 | + 6.593 | ²) 1,876.106 | . . . . . . . | | ³) 152.764 | 11.250 | 17.142 |
| 1871 | 209.182 | 162.441 | + 46.741 | 1,922.847 | . . . . . . . | | ³) 179.763 | 10.405 | 19.014 |
| 1872 | 292.207 | 184.586 | + 107.621 | 2,030.468 | . . . . . . . | | ³) 264.887 | 10.267 | 17.053 |
| 1873 | 409.991 | 207.532 | + 202.459 | 2,232.927 | . . . . . . . | | ³) 377.179 | 13.352 | 19460 |
| 1874 | 383.085 | 226.958 | + 156.127 | 2,389.054 | . . . . . . . | | ³) 341.237 | 21.377 | 20.471 |
| 1875 | 350.204 | 213.511 | + 136.693 | 2,525.747 | . . . . . . . | | ³) 301.013 | 28.064 | 21.127 |
| 1876 | 313.259 | 213.983 | + 99.276 | 2,625.023 | . . . . . . . | | ³) 262.062 | 30.839 | 20 358 |
| 1877 | 251.600 | 226.905 | + 24.695 | 2,649.718 | . . . . . . . | | ³) 202.609 | 27.019 | 21.972 |
| 1878 | 262.680 | 218.520 | + 44.160 | 2,693.878 | 147.080 | 39.340 | 30.370 | 24.652 | 21.238 |
| 1879 | 229.526 | 206.761 | + 22.765 | 2,716.643 | 113.600 | 37.077 | 35.556 | 20.977 | 22.316 |
| 1880 | 238.718 | 242.867 | — 4.149 | 2,712.494 | 126.318 | 40.742 | 31.476 | 16.380 | 23.802 |
| 1881 | 246.225 | 236.191 | + 10.034 | 2,722.528 | 124.729 | 46.006 | 37.477 | 16.345 | 21.668 |
| 1882 | 255.729 | 232.803 | + 22.926 | 2,745.454 | 131.809 | 52.856 | 32.069 | 15.193 | 23.802 |
| 1883 | 256.695 | 222.406 | + 34.289 | 2,779.743 | 138.682 | 47.223 | 35.098 | 12.796 | 22.896 |
| 1884 | 264.488 | 207.247 | + 57.241 | 2,836.984 | 139.102 | 46.937 | 41.802 | 12.883 | 23.764 |
| 1885 | 264.849 | 208.978 | + 55.871 | 2,892.855 | 146.379 | 42.628 | 37.267 | 14.749 | 23.826 |
| 1886 | 261.869 | 209.162 | + 52.707 | 2,945.562 | 155.208 | 38.418 | 32.270 | 13.377 | 22.496 |
| 1887 | 265.533 | 209.203 | + 56.330 | 3,001.892 | 157.708 | 38.723 | 33.957 | 13.938 | 21.207 |
| 1888 | 262.429 | 205.474 | + 56.955 | 3,058.847 | 155.190 | 37.516 | 33.290 | 15.492 | 20.941 |
| **Hauptsumme 1868—1888 21 Jahre** . . | 5,530.463 | 4,303.033 | + 1,227.450 | 53,072.472 | | | | | |
| Durchschnittsziffer . | 263.356 | 204.906 | + 58.450 | 2,527.260 | | | | | |

¹) Ohne Tirol.
²) In diesen berechneten Summen ist der bis 1871 ausgewiesene alte Hypothekarlastenstand Tirols mit 118 605 fl. inbegriffen. Nach Ausscheidung stellt sich die Summe für
1870 mit . . . . . . . . . . . 1,757.501 fl.
1869 „ . . . . . . . . . . . 1,750 908 „
1868 „ . . . . . . . . . . . 1,725.584 „
³) Begreift 3 Rubriken 5—7.

Tabelle 296.

# Grundbücherlicher Hypothekar=Lastenstand und dessen Bewegung in den im Reichs= rathe vertretenen Königreichen und Ländern 1868—1888.

In den Ländern mit geordneten Grundbuchs-, beziehungsweise Verfachbüchern (Niederösterreich, Oberösterreich, Salzburg, Steiermark, Kärnten, Krain, Tirol, Böhmen, Mähren und Schlesien).

b) In Procenten.

| Jahre | Gesammtstand der Belastung am Ende des Jahres | Neue Belastung nach dem Rechtstitel | | | | | |
|---|---|---|---|---|---|---|---|
| | | Hypothekar-Darlehen | Kaufschillingsreste | Andere Verträge | Justificat exec. Intabulation | Im Verlassenschaftswege | Zusammen |
| 1868 | 67·7 | . . . . . | . . . . . | 81·3 | 5·7 | 13·0 | 100 |
| 1869 | 68·7 | . . . . . | . . . . . | 84·6 | 5·1 | 10·3 | 100 |
| 1870 | 68·9 | . . . . . | . . . . . | 84·3 | 6·2 | 9·5 | 100 |
| 1871 | 70·6 | . . . . . | . . . . . | 85·9 | 5·0 | 9·1 | 100 |
| 1872 | 74·6 | . . . . . | . . . . . | 90·7 | 3·5 | 5·8 | 100 |
| 1873 | 82·0 | . . . . . | . . . . . | 92·0 | 3·3 | 4·7 | 100 |
| 1874 | 87·8 | . . . . . | . . . . . | 89·1 | 5·6 | 5·3 | 100 |
| 1875 | 92·8 | . . . . . | . . . . . | 86·0 | 8·0 | 6·0 | 100 |
| 1876 | 96·4 | . . . . . | . . . . . | 83·7 | 9·8 | 6·5 | 100 |
| 1877 | 97·3 | . . . . . | . . . . . | 80·5 | 10·8 | 8·7 | 100 |
| 1878 | 98·9 | 50·3 | 16·9 | 13·1 | 10·6 | 9·1 | 100 |
| 1879 | 99·8 | 49·5 | 16·2 | 15·5 | 9·1 | 9·7 | 100 |
| 1880 | 99·6 | 52·9 | 17·1 | 13·2 | 6·8 | 10·0 | 100 |
| 1881 | 100·0 | 50·7 | 18·7 | 15·2 | 6·6 | 8·8 | 100 |
| 1882 | 100·8 | 51·6 | 20·7 | 12·5 | 5·9 | 9·3 | 100 |
| 1883 | 102·1 | 54·1 | 18·3 | 13·7 | 5·0 | 8·9 | 100 |
| 1884 | 104·2 | 52·5 | 17·7 | 15·9 | 4·9 | 9·0 | 100 |
| 1885 | 106·3 | 55·3 | 16·1 | 14·0 | 5·6 | 9·0 | 100 |
| 1886 | 108·0 | 59·3 | 14·9 | 12·4 | 4·7 | 8·7 | 100 |
| 1887 | 110·0 | 59·4 | 14·5 | 12·8 | 5·3 | 8·0 | 100 |
| 1888 | 112·0 | 59·2 | 14·3 | 12·7 | 5·9 | 7·9 | 100 |

Tabelle 297.

# Grundbücherlicher Hypothekar-Lastenstand und dessen Bewegung in den im Reichsrathe vertretenen Königreichen und Ländern 1868—1888.

In den Ländern mit geordneten Grundbuchs-, beziehungsweise Verfachbüchern (Niederösterreich, Oberösterreich, Salzburg, Steiermark, Kärnten, Krain, Tirol, Böhmen, Mähren und Schlesien).

c) Berechnung und Bewertung in Francs Gold

In 1000 Gulden österreichischer Währung Noten und 1000 Francs Gold.

| 1 | 2 | | 3 | | 4 | 5 | | 6 |
|---|---|---|---|---|---|---|---|---|
| | + oder − Belastung | | Gesammtstand der Belastung | | Jährliche Veränderung der Belastung im Werte in Francs Gold | Werthveränderung | | 100 fl. Noten österr. Währ. = Francs Gold |
| Jahre | in Noten österr. Währ. | in Francs Gold | in Noten österr. Währ. | in Francs Gold | | Vergleichung der Veränderung (4) mit der Mehrbelastung in Francs Gold (2) absolut + oder − | % | |
| 1868 | + 12.792 | + 27.490·05 | 1,844.189 | 3,961.871·23 | . . . . . . . | | . . . . . . . | 214·83 |
| 1869 | + 25.324 | + 51.420·04 | 1,869.513 | 3,796.046·15 | − 165.825·08 | − 217.245·12 | − 5·4840 | 203·05 |
| 1870 | + 6.593 | + 13.238·74 | 1,876.106 | 3,767.220·85 | − 28.825·30 | − 42.064·04 | − 1·1000 | 200·80 |
| 1871 | + 46.741 | + 96.571·58 | 1,922.847 | 3,972.941·19 | + 205.720·34 | + 109.148·76 | + 2·8900 | 206·61 |
| 1872 | + 107.621 | + 243.772·33 | 2,030.468 | 4,599.213·07 | + 626.271·88 | + 382.499·55 | + 9·6300 | 226·51 |
| 1873 | + 202.459 | + 456.362·83 | 2,232.927 | 5,033.240·75 | + 434.027·68 | − 22.335·15 | − 0·4900 | 225·41 |
| 1874 | + 156.127 | + 351.254·52 | 2,389.054 | 5,374.893·69 | + 341.652·94 | − 9.601·58 | − 0·1900 | 224·98 |
| 1875 | + 136.693 | + 305.877·93 | 2,525.747 | 5,651.864·06 | + 276.970·37 | − 28.907·56 | − 0·5380 | 223·77 |
| 1876 | + 99.276 | + 206.484·15 | 2,625.023 | 5,459.785·34 | − 192.078·72 | − 398.562·87 | − 7·0500 | 207·99 |
| 1877 | + 24.695 | + 50.501·28 | 2,649.718 | 5,418.673·31 | − 41.112·03 | − 91.613·31 | − 1·6790 | 204·50 |
| 1878 | + 44.160 | + 94.188·86 | 2,693.878 | 5,745.772·39 | + 327.099·08 | − 232.910·22 | + 4·3370 | 213·29 |
| 1879 | + 22.765 | + 48.951·58 | 2,716.643 | 5,841.597·44 | + 95.825·05 | + 46.873·47 | + 0·8157 | 215·03 |
| 1880 | − 4.149 | − 8.884·25 | 2,712.494 | 5,808.263·40 | − 33.334·04 | − 24.449·79 | − 0·4650 | 214·13 |
| 1881 | + 10.034 | + 21.485·80 | 2,722.528 | 5,829.749·21 | + 21.485·80 | . . . . . . . | | 214·13 |
| 1882 | + 22.926 | + 48.245·47 | 2,745.454 | 5,777.533·40 | − 52.215·81 | − 100.461·28 | − 1·7200 | 210·44 |
| 1883 | + 34.289 | + 72.078·91 | 2,779.743 | 5,843.297·76 | + 65.764·36 | − 6.314·55 | − 0·1100 | 210·21 |
| 1884 | + 57.241 | + 118.317·17 | 2,836.984 | 5,864.045·93 | + 20.748·17 | − 97.569·00 | − 1·6700 | 206·70 |
| 1885 | + 55.871 | + 113.032·62 | 2,892.855 | 5,852.534·95 | − 11.510·98 | − 124.543·60 | − 2·1200 | 202·31 |
| 1886 | + 52.707 | + 105.529·96 | 2,945.562 | 5,897.604·24 | + 45.069·22 | − 60.460·67 | − 1·0400 | 200·22 |
| 1887 | + 56.330 | + 112.451·58 | 3,001.892 | 5,992.677·00 | + 95.072·76 | − 17.378·82 | − 0·2900 | 199·63 |
| 1888 | + 56.955 | + 115.886·31 | 3,058.847 | 6,223.835·99 | + 231.158·99 | + 115.272·99 | + 1·9200 | 203·47 |
| **Summe .** | **1,227.450** | **2,644.257·49** | | | | | | |

Diese Summe einheitlich berechnet für das Jahr 1888 = **2,497.492·52** Francs Gold

− **146.764·97**

oder − **5·6** %

**Tabelle 298.**

# Zinsfuß der grundbücherlichen Hypotheken in den im Reichsrathe vertretenen Königreichen und Ländern.

| Percent-Scala | 1. Aller im Jahre 1881 ausgewiesenen Hypotheken der Länder mit geordnetem Grundbuchswesen | 2 Grundbücherliche Einzelnerhebungen über Darlehen | | Dieselben in Percenten | | |
|---|---|---|---|---|---|---|
| | | 1879 114.074 Fälle | 1885 109.337 Fälle | 1881 | 1879 | 1885 |
| | | respective 110.607.000 fl. | 146.278.000 fl. | | | |
| 0 . . . . | 506.175 | 2.004 | 963 | 18·5 | 1·8 | 0·7 |
| 1—2 . . . . | 1.018 | 69 | 21 | 0·0 | 0·1 | 0·0 |
| 2—3 . . . . | 11.176 | 191 | 255 | 0·4 | 0 2 | 0·2 |
| 3—4 . . . . | 130.664 | 2.214 | 13.534 | 4·8 | 2·0 | 9·3 |
| 4—4½ . . . | 781.276 { | 437 | 6.829 | 28·7 { | 0 4 { | 4·7 |
| 4½—5 . . . | | 15.748 | 52.560 | | 14·2 | 35·9 |
| 5—5½ . . . | 144.203 | 12.980 | 14.698 | 5·3 | 11·7 | 10·0 |
| 5½—6 . . . | 935.921 | 51.932 | 42.773 | 34·5 | 47·0 | 29·2 |
| 6—6½ . . | 125.204 { | 2.567 | 2.313 | 4·6 { | 2·3 { | 1·6 |
| 6½—7 . . | | 9.274 | 6.509 | | 8·4 | 4·4 |
| 7—8 . . . . | 60.109 | 8.262 | 5.399 | 2·2 | 7·5 | 3·7 |
| 8—10 . . . . | 18.475 | 3.226 | 409 | 0·7 | 2 9 | 0 3 |
| 10—12 . . . . | 5.948 | 1.246 | 15 | 0 2 | 1 1 | 0·0 |
| 12—15 | 2.359 { | 161 | . . . . . | 0·1 { | 0·4 { | 0·0 |
| 15—20 . . . | | 146 | . . . . . | | | 0·0 |
| 20 | | 150 | | | | |
| **Summe .** | **2,722.528** | **110 607** | **146,278.618** | **100** | **100** | **100** |

**Tabelle 299.**

# Darstellung der am 30. Juni 1890 aushaftenden, in Noten österr. Währ. zahlbaren Hypothekarforderungen auf Hypotheken innerhalb der im Reichsrathe vertretenen Königreiche und Länder, und zwar

| | nach dem Jahre der Zuzählung | | nach dem vertragsmäßigen Zinsfuße | | |
|---|---|---|---|---|---|
| Jahr | Österreich.-ungar. Bank, Boden-Credit-Anstalt, Österreich. Hypothekenbank Gulden österr. Währ. | In Procenten der Gesammtsumme | Vertragsmäßiger Zinsfuß in Procenten | Österreich.-ungar. Bank, Boden-Credit Anstalt, Österreich. Hypothekenbank Gulden österr. Währ. | In Procenten der Gesammtsumme |
| 1858 | 1 144·73 | 0 00 | 4·00 | 461.655·66 | 1·05 |
| 1859 | 7.114·35 | 0·02 | | | |
| 1860 | 4.036·10 | 0·01 | 4·50 | 1,108.017·96 | 2·52 |
| 1861 | 12.537·78 | 0 03 | | | |
| 1862 | 28.986·86 | 0·07 | 4·60 | 3,291.620·99 | 7·50 |
| 1863 | 46.959·60 | 0·11 | | | |
| 1864 | 39.928·39 | 0·09 | 4·70 | 1,574.117·— | 3·59 |
| 1865 | 64.348·54 | 0 15 | | | |
| 1866 | 87.222·97 | 0·20 | 4 75 | 17,541.079·80 | 40·00 |
| 1867 | 56.632·88 | 0 13 | | | |
| 1868 | 48.880·54 | 0·11 | 5·00 | 8,672.643·22 | 19·78 |
| 1869 | 182.045·65 | 0 42 | | | |
| 1870 | 772.428·53 | 1·76 | 5·25 | 2,688.081·07 | 6·13 |
| 1871 | 224.278·13 | 0·51 | | | |
| 1872 | 527.344·32 | 1·20 | 5 35 | 537 695·38 | 1·23 |
| 1873 | 302.762·64 | 0·67 | | | |
| 1874 | 216.340·50 | 0·49 | 5·50 | 5,484.557·43 | 12·51 |
| 1875 | 103.408·27 | 0·24 | | | |
| 1876 | 275.526·08 | 0·63 | 5 75 | 448.673·20 | 1·02 |
| 1877 | 222.361·21 | 0·51 | | | |
| 1878 | 162.648·86 | 0·37 | 6·00 | 2,047.537·44 | 4·67 |
| 1879 | 503.183·97 | 1·15 | | | |
| 1880 | 601.985·49 | 1·37 | | | |
| 1881 | 3.325.997·40 | 7 58 | | | |
| 1882 | 3.586.595·44 | 8·18 | | | |
| 1883 | 1.369.721·80 | 3·12 | | | |
| 1884 | 1.535.245·48 | 3·50 | | | |
| 1885 | 3.150.236·21 | 7·18 | | | |
| 1886 | 3.682.332·57 | 8·40 | | | |
| 1887 | 6.206.089·31 | 14·15 | | | |
| 1888 | 8.743.364·82 | 19·91 | | | |
| 1889 | 5.897.219·10 | 13·45 | | | |
| 1890 | 1.866.821·10 | 4·26 | | | |
| **Summe .** | **43,855.679·15** | **100·00** | | **43,855.679·15** | **100·00** |

# Erläuterungen.

Die Erhebung des Hypothekarlastenstandes des Jahres 1858 erfolgte infolge Justizministerialerlasses vom 25. Februar 1858 und sollte die Gesammtsumme der grundbücherlich haftenden Darlehensbeträge, nach dem Maße ihrer Verzinsung vertheilt, begreifen. Dieselbe ergab als Resultat den Betrag von 1.068,982.000 Gulden Conventions-Münze oder 1.222,431.000 Gulden österreichischer Währung für alle Länder.

Durch den Justizministerial-Erlaß vom 5. October 1867, Z. 8113, ist den Grundbuchsämtern die regelmäßige Ausweisung über die Bewegung im Besitz- und Lastenstande vom 1. Jänner 1868 ab, aufgetragen worden. Auf diesen Ausweisungen beruht die diesfalls von der k. k. statistischen Central-Commission verfaßte grundbücherliche Hypotheken-Statistik. Dieselbe begreift alle im Reichsrathe vertretenen Königreiche und Länder mit vollständig geordnetem und mit noch nicht geordnetem Grundbuchswesen.

Dem Zwecke der gegenwärtigen Benützung entsprechend sind nur die Ausweisungen für die Länder mit geordnetem Grundbuchswesen benützt und zwar einheitlich, ohne weitere Aufnahme von Ländern, in denen die Ordnung des Grundbuchswesens später erfolgte, mit Ausnahme von Tirol, dessen grundbuchsämter schon zufolge des Justizministerial-Erlasses vom 10. December 1870 vom Jahre 1871 ab regelmäßige vollständige Ausweisungen gleich den anderen Ländern gaben. Eine Veränderung in der Ausweisung der neuen Belastung nach dem Rechtstitel derselben erfolgte durch den Justizministerial-Erlaß vom 5. Juli 1877, infolge dessen seit dem 1. Jänner 1878 die früher unter der Rubrik 3 einheitlich ausgewiesenen Beträge nunmehr in 3 Titeln (Rubriken 1—3) ausgewiesen erscheinen.

Der Gesammtstand der Belastung wurde gemäß Justizministerial-Erlasses vom 17. Mai 1882 für den 31. December 1881 summarisch erhoben. Die Summe der erhobenen grundbücherlichen Belastung betrug für alle Länder 3.062,000.000 Gulden österreichischer Währung. Es wurde für das Jahr 1881 wie auch für das Jahr 1858 nur die auf die oben bezeichneten Länder mit geordnetem Grundbuchswesen entfallende Summe in die Tabelle eingetragen. Die für die übrigen Jahre eingetragenen Summen sind nicht erhoben, sondern berechnet. Bezüglich der Neubelastung ist ausdrücklich zu bemerken, daß in derselben niemals Conversionen älterer Schulden in Ansatz kamen. Über die Höhe des Zinsfußes aller grundbücherlicher Hypotheken liegen drei Erhebungen vor. (Tabelle 298.)

Es muß hier betont werden, daß erstlich immer nur der grundbücherliche, nicht der thatsächliche Stand der Belastung als das Ergebnis dieser Darstellung erscheint, welch' letztere erheblich von der ersteren abweicht, nicht allein aus Gründen nicht gehöriger Evidenzhaltung seitens der Parteien, sondern auch infolge der Durchführung der Amortisation in bedungenen Jahresraten, welche einzeln nicht zur grundbücherlichen Abschreibung gelangen; zweitens ermöglicht es die Methode der amtlichen Hypothekarstatistik nicht zu entnehmen, aus welchen Beträgen verschiedener Jahrgänge sich der gesammte Belastungsfond des letzten Ausweisungsjahres (1888) zusammensetzt. Mit dem wechselnden Agio des Metallgeldes wechselt aber der effective Wert der Belastung Jahr für Jahr und die Gesammtsumme derselben stellt sich sohin ihrer Entstehung nach nicht als homogene Wertsumme dar. Um den Betrag der Nominalbelastung des Jahres 1888 per 3.058,847.000 Gulden österreichischer Währung zu erreichen, muß in der Belastungszunahme bis über die ganze Periode der Ausweisung (1868) hinaus zurückgegangen werden, denn die Gesammtzunahme seit 1868 beträgt nur 1.227,450.000 Gulden österreichischer Währung. Da aber die gesammte Neubelastung dieser Periode 5.530,483.000 Gulden und die Gesammtentlastung dieser Periode 4.303,033.000 Gulden österreichischer Währung (beide ohne Conversionen) betragen, so ist nicht allein nicht ausgeschlossen, sondern vielmehr ganz wahrscheinlich, daß von dem Gesammtbetrage des Belastungsstandes des Jahres 1888 ein viel bedeutenderer Theil jüngerer Entstehung ist, wie es denn auch die allgemeine Erfahrung lehrt, daß derlei Hypothekarbelastungen nur zum Theile langzeitige Haftungen, dem größeren Theile nach aber aus Haftungen aus den letzten 20 bis 25 Jahren bestehen. Um nun den Jahresaufbau der Hypothekarbelastung, wenn auch nicht umfassend, aber doch typisch zur Darstellung zu bringen, wurde von der k. k. statistischen Central-Commission über amtliches Ersuchen von Seite des k. k. Finanzministeriums die Gefälligkeit der österreichisch-ungarischen Bank, der k. k. privilegierten österreichischen Bodencreditanstalt und der privilegierten österreichischen Hypothekenbank in Anspruch genommen, um das Verhältnis der zu Gunsten dieser Hypothekarinstitute am 30. Juni 1890 aushaftenden, in Noten österreichischer Währung zahlbaren Hypothekarforderungen auf Hypotheken innerhalb der im Reichsrathe vertretenen Königreiche und Länder nach den Jahren der Zuzählung, und zwar Netto, d. h. nach Abzug der Amortisationsraten und der sonst in Abzug kommenden Beträge festzustellen. Das aus der Tabelle Nr. 299 ersichtliche Resultat ist in seiner Wichtigkeit nur durch die relative Geringfügigkeit der Gesammtsumme im Verhältnisse zu der aller eingetragenen Hypothekarforderungen beeinträchtigt.

Außer dieser Mittheilung der k. k. statistischen Central-Commission wurde benützt:

Österreichische Statistik XIII, Mittheilungen aus dem Gebiete der Statistik XVI, XVII und XIX, Statistische Jahrbücher für 1870—1879, Statistische Handbücher 1886—1889 und Österreichische statistische Monatschrift, und zwar:

Inama von Sternegg: „Statistik der Hypothekarschulden M. S. 1883", Winckler J.: „Realitätenverkehr und Realitätenbelastung M. S. 1875, 1883, 1885 und 1887".

# Register.

446

CPSIA information can be obtained
at www.ICGtesting.com
Printed in the USA
BVOW04s0914210617
487485BV00007B/84/P